LA
DÉFENSE NATIONALE DANS LE NORD
de 1792 à 1802

LA DÉFENSE NATIONALE
DANS LE NORD
de 1792 à 1802

Ouvrage publié aux frais du département du Nord

PAR

PAUL FOUCART ET **JULES FINOT**
Avocat à Valenciennes   Archiviste départemental
ancien Bâtonnier   du Nord

avec la collaboration de

A. JENNEPIN, A. TERQUEM, A. DURIEUX ET L. QUARRÉ-REYBOURBON

et une Préface par

PIERRE LEGRAND

Conseiller général et Député du Nord
Ancien Ministre du Commerce et de l'Industrie

TOME PREMIER

LILLE
IMPRIMERIE LEFEBVRE-DUCROCQ
Rue de Tournai, 88

1890

PRÉFACE

'ouvrage que nous présentons aujourd'hui au public et qui constitue l'apport principal du département du Nord à la célébration du Centenaire de la Révolution française, a eu pour première origine un vœu proposé par M. Émile Moreau au Conseil général de ce département, et ainsi formulé :

« L'histoire de la Révolution, de ce grand mou-
» vement émancipateur des sociétés modernes, reste à
» compléter. A cet effet, il serait bon que les départe-
» ments et les communes copiassent dans leurs archives
» tous les documents relatifs à cette grande époque. La
» centralisation et la comparaison de ces pièces seraient
» du plus grand intérêt pour la France et permettraient
» aux écrivains d'écrire avec plus de certitude le récit
» des faits et des mœurs de la fin du XVIIIe siècle.

» Le département du Nord, pays de frontière, a été
» appelé à jouer un rôle important dans les événements

» révolutionnaires. A Lille, à Tourcoing, à Valen-
» ciennes, à Hondschoote, à Wattignies, l'armée et la
» population ont donné de grandes preuves d'ardent
» patriotisme, et d'autres villes, pour avoir joué un rôle
» moins brillant, ne se sont pas montrées moins
» dévouées. Il y aurait, dans les archives de ces com-
» munes, dans leurs procès-verbaux de délibérations,
» dans les archives départementales, des pièces écrites,
» des cartes et plans, des lettres, dont la divulgation
» serait fort importante. On y trouverait les éléments
» d'une exposition départementale intéressante, qui
» figurerait avec honneur au Centenaire de 1789. Il y
» aurait à la fois profit pour l'histoire et honneur pour
» notre grand département.

» En conséquence, je demande au Conseil général
» de vouloir bien appuyer la proposition suivante :

» 1° Les communes et les archives départementales
» sont invitées à faire copier, avant le 31 décembre 1888,
» toutes les pièces, délibérations, cartes, plans, lettres,
» relatifs à la période révolutionnaire ;

» 2° Les communes sont priées de réunir, outre ces
» documents, tous objets : tableaux, gravures, meubles,
» faïences se rapportant à la même époque ;

» 3° Une commission d'érudits, d'archéologues et
» d'officiers sera nommée à l'effet de centraliser et de
» mettre en ordre tous ces éléments de l'exposition par-
» ticulière du Nord au Centenaire. »

Ce vœu donna lieu, dans le sein du Conseil général, à un rapport daté du 19 août 1886, et il fut renvoyé à l'administration préfectorale pour que celle-ci étudiât les dépenses qu'entraînerait son exécution.

Consulté, l'archiviste départemental, M. Finot, jugea

absolument impossible la copie intégrale des documents révolutionnaires existant dans les divers dépôts du Nord. En effet, rien qu'aux Archives départementales, ces documents comprennent 1552 registres in-folio et plus de 30,000 pièces isolées. Dans cette masse, beaucoup ne concernent que des intérêts administratifs privés tels que le séquestre et la vente des biens nationaux, le domaine des communes, les réclamations en matière de contributions. Ceux-ci ne présentent aucun véritable intérêt historique. Au contraire, les arrêtés des directoires du département et des districts, les correspondances et les arrêtés des représentants en mission, les livres d'ordre des généraux, d'autres papiers encore en grand nombre, peuvent servir à mettre en lumière l'énergie avec laquelle nos aïeux ont défendu le sol de la patrie envahie, réprimé les conspirations des factieux à l'intérieur et les intrigues des émigrés au dehors. Avant de pouvoir se décider en faveur soit d'une publication, soit d'une exposition, soit des deux ensemble, M Finot déclarait donc nécessaire de faire un choix. Il ajoutait que, pour la copie totale, la dépense s'élèverait à 10,000 francs au moins, tandis que, pour l'exposition et la publication des pièces les plus intéressantes seulement, elle ne dépasserait pas 4 à 5,000 francs.

Consulté de son côté, M. le Ministre de l'Instruction publique, qui était alors M. Berthelot, répondit le 11 janvier 1887, par des objections de même nature. La copie de la totalité des pièces lui semblait impossible, et il craignait, en outre, que le travail, même partiel, ne pût être prêt pour figurer à l'Exposition universelle qui se préparait dès cette époque.

C'est en cet état que la question revint le 29 avril 1887 devant le Conseil général du Nord. Celui-ci, après un débat où furent pesés le pour et le contre, chargea M. le Préfet du Nord, l'honorable M. Saisset-Schneider, de nommer la Commission dont avait, dès le premier jour, parlé M. Moreau et qui serait chargée de proposer un vœu ferme. Formée par deux arrêtés en date des 16 juillet 1887 et 1er février 1888, cette Commission se composa, sous ma présidence, de :

MM. Henri Sculfort, conseiller général, à Maubeuge ;

Émile Moreau, conseiller général, à Bois-le-Roi (Seine-et-Marne) ;

Géry Legrand, maire de Lille ;

Brunel, inspecteur d'Académie, directeur de l'enseignement primaire du département du Nord, à Lille ;

Paul Foucart, avocat à Valenciennes ;

A. Durieux, conservateur du Musée de Cambrai ;

Benjamin Rivière, bibliothécaire et archiviste adjoint de la ville de Douai ;

Augustin Terquem, ancien professeur, président de la Société de géographie de Dunkerque ;

H. Théry, professeur au Collége d'Hazebrouck ;

Hippolyte Verly, publiciste, à Lille ;

Henri Rigaux, archiviste municipal, à Lille ;

Quarré-Reybourbon, membre de la Commission historique du Nord, à Lille ;

Eugène Debièvre, bibliothécaire de la ville de Lille ;

Jennepin, chef d'institution à Cousolre ;

Jules Finot, archiviste du département du Nord, à Lille, secrétaire.

Cette Commission se réunit pour la première fois le 27 juillet 1887. Elle décida à l'unanimité :

1° Qu'elle comprendrait dans ses études, non seulement l'époque de 1789, mais toute la période s'étendant de la convocation des États-Généraux à l'an VIII ;

2° Qu'elle reconnaissait en principe l'utilité d'une exposition matérielle des tableaux, gravures, meubles, faïences, médailles, costumes, armes, bannières, etc., relatifs à cette période, ainsi que des manuscrits et des imprimés les plus curieux que ses recherches lui feraient découvrir ;

3° Que lors de sa plus prochaine réunion, chacun de ses membres ferait connaître les pièces intéressantes dont il aurait constaté l'existence dans les archives communales, ou les collections particulières de l'arrondissement qu'il habitait ; qu'à cet effet, M. le Préfet serait prié de leur transmettre une autorisation destinée à faciliter leurs recherches dans les dépôts d'archives et les bibliothèques publiques.

Aussitôt cette lettre envoyée, chacun des membres de la Commission se mit à l'œuvre et, dans une nouvelle séance tenue le 18 janvier 1888, apporta le résultat de ses recherches. M. Brunel y ajouta les nombreuses réponses des instituteurs primaires du département à un questionnaire qu'il leur avait adressé, et dont quelques-unes signalaient des pièces jusque-là inconnues. MM. Paul Foucart et Jules Finot furent chargés de dépouiller ces inventaires et de dresser la liste des documents qui pourraient être soit exposés, soit publiés.

Mais dès lors, l'exposition projetée apparut comme devant être exclusivement locale et avoir lieu non à Paris, mais à Lille. A Paris, elle serait perdue dans les immenses bâtiments qui commençaient à s'élever vers l'ouest de la ville et dont on racontait déjà des merveilles ; rejetée dans l'ombre par bien d'autres attraits plus capables de séduire la foule, elle ne produirait pas tout l'effet voulu ; elle serait d'ailleurs isolée, puisque le Nord seul semblait disposé à grouper ses souvenirs de l'époque révolutionnaire, et beaucoup d'amateurs de la région refuseraient de soumettre leurs collections aux hasards d'un voyage. A Lille, au contraire, elle serait placée au milieu de son cadre naturel, et personne n'hésiterait, pour l'enrichir, à se priver, même pour quelques mois, de papiers curieux ou d'œuvres d'art importantes.

La Commission se réunit de nouveau le 14 mars 1888. MM. Paul Foucart et Jules Finot y résumèrent le résultat de leur examen. Le premier insista avec beaucoup de force sur ce fait que, sauf les cahiers de 1789, dont la presque totalité avait déjà été publiée, les documents civils découverts dans les dépôts publics et les collections particulières du Nord et datant du début de la Révolution, offraient peu d'intérêt ; que beaucoup se trouvaient déjà analysés soit dans la remarquable étude sur *Sénac de Meilhan* publiée par M. Louis Legrand, avant qu'il ne devint député de Valenciennes et représentant de la France à La Haye, soit dans le livre que préparait M. Ardouin-Dumazet sur le *Nord de la France en 1789* ; et que ceux postérieurs à cette date soulèveraient maintes controverses peu compatibles avec le caractère officiel de l'ouvrage projeté. Au contraire, il fit remarquer que les documents relatifs aux faits de guerre étaient infiniment plus nombreux, variés et intéressants ; que la vraie gloire du Nord pendant la Révolution consiste dans la part qu'il a prise à la défense nationale ; et que l'appréciation des luttes dont il a été le théâtre offrait l'immense avantage de ne pouvoir donner lieu à aucune divergence sérieuse, toutes les opinions pouvant se réunir sur le terrain patriotique. Il opina donc pour une publication surtout militaire.

Son avis détermina celui de ses collègues, et la Commission décida, en conséquence, de proposer au Conseil général :

1° D'organiser à Lille, en 1889, soit au Palais-Rameau, soit à la Mairie, et avec le concours de la ville, une exposition historique des objets d'art, meubles, armes, costumes, bannières, gravures, plans, autographes, etc , se rapportant à la Révolution dans le Nord ;

2° De publier les documents les plus curieux relatifs aux événements militaires et maritimes dont le département et son littoral ont été le théâtre de 1792 à l'an VIII, en les groupant suivant l'ordre chronologique des campagnes, et en les reliant par un texte rappelant la marche générale des événements et les personnages qui y ont marqué.

Le 10 avril suivant, le Conseil général, après avoir entendu des explications que lui présentèrent MM. Sculfort et Mariage, vota une somme de 6,000 francs pour cette exposition et cette publication, dont il comprenait toute l'importance historique, patriotique et populaire. Jointe à une somme de 500 francs déjà votée en 1887 et qui n'avait pas été employée, cette allocation porta le crédit total à 6,500 francs.

Je ne pris aucune part à ce vote, car, dès le 3 avril, j'avais été appelé à faire partie du cabinet présidé par M. Floquet, et chargé du ministère du Commerce et de l'Industrie. C'est à moi dès lors qu'incombait, en ma qualité de commissaire général, le soin de préparer au Champ-de-Mars et à l'Esplanade des Invalides le succès de l'Exposition universelle à laquelle notre pays conviait tous les peuples pour célébrer le centième anniversaire de 1789, de cette Exposition qui, après avoir rencontré beaucoup d'incrédules, a depuis ébloui le monde et contribué plus que tout le reste à accroître le prestige de la France. Absorbé par cette grande œuvre, il me fut désormais impossible d'assister aux séances de la Commission réunie à Lille, et je ne pus qu'applaudir de loin aux patriotiques efforts de mes collègues.

Le 25 juillet 1888, cette Commission s'assembla de nouveau et se divisa en deux fractions : la première, composée de MM. Sculfort, P. Foucart, Terquem, Durieux, Jennepin, Théry, Rivière et Verly, fut chargée de s'occuper de la publication des documents ; la seconde, comprenant MM. Géry Legrand, Quarré-Reybourbon, Rigaux, Debièvre et Brunel, reçut pour mission de préparer l'exposition historique. M. Finot fit partie de toutes deux, et auprès de lui prit place M. Rigaux en qualité de secrétaire de la sous-Commission de l'exposition. Quant aux 6,500 francs votés, ils furent ainsi répartis : 1,000 francs pour la copie des documents ; 3,500 francs pour leur impression ; 2,000 francs pour l'exposition.

Dans la même séance, M. Paul Foucart présenta le plan complet de l'ouvrage projeté, avec sa division par chapitres. Au lieu de s'arrêter à l'an VIII, il poursuivit jusqu'en 1802 afin d'embrasser les opérations maritimes des Dunkerquois, qui ne s'arrêtèrent qu'à la paix d'Amiens. Ce plan fut adopté sans aucune modification. MM. Foucart et Finot acceptèrent, séance tenante, d'en exécuter la plus grande partie et de coordonner avec l'ensemble de l'entreprise les chapitres que voudraient bien rédiger MM. Jennepin, Terquem, Durieux et Quarré-Reybourbon.

La Commission décida, en outre, que l'impression des documents aurait lieu en conservant l'orthographe des originaux, et en ne corrigeant que les mots trop défigurés pour rester compréhensibles.

L'ouvrage étant dès lors arrêté dans sa forme définitive, les matériaux déjà recueillis furent distribués entre les différents collaborateurs, et chacun se mit avec ardeur au travail. Restait néanmoins encore à résoudre une question délicate : celle du mode de la publication. Le département l'entreprendrait-il à ses risques et périls, ou traiterait-il à forfait avec un éditeur? Ce second procédé sembla préférable, et on demanda des spécimens aux divers imprimeurs de Lille. Finalement M. Lefebvre-Ducrocq fut choisi pour imprimer et publier l'ouvrage moyennant une subvention et l'obligation de livrer 200 exemplaires. Un traité, réservant la propriété littéraire de l'ouvrage au département, fut, en conséquence, signé le 21 décembre 1888.

Parmi les documents trouvés dans les Archives du Nord figurent des lettres du grand Carnot. Avant de les publier, la Commission jugea convenable d'en faire parvenir des copies à M. le Président de la République. Je me chargeai avec le plus grand plaisir de cette mission, et, pour marquer tout l'intérêt que lui inspire notre entreprise, M. le Président de la République voulut bien tirer de ses archives familiales et nous donner en échange une lettre de son aïeul au général Jourdan, commandant l'armée de Sambre-et-Meuse, portant la date du 10 messidor an IV.

Pendant ce temps était distribuée une circulaire invitant les municipalités et les particuliers à envoyer à la Mairie de Lille toutes les œuvres d'art et les documents qui seraient de nature à figurer dans l'exposition projetée. Cet appel fut entendu : les villes de Valenciennes, de Tourcoing, de Maubeuge et de Bailleul, des collectionneurs tels que MM. Quarré-Reybourbon, Ch. de Prins, Charles Mas, Fernand Danchin, Jules Lenglart, Louis Paquet, Victor Delattre, Hippolyte Verly, Alexandre Hette, Descatoires, Roger Laloy, Ducoin, et bien d'autres encore qui ne nous en voudront pas de ne point les nommer, s'empressèrent de nous envoyer ce qu'ils possédaient de plus curieux. De son côté, M. Herlin, conservateur du musée de peinture de Lille, voulut bien nous donner le précieux concours de son expérience et de son activité. Installée au second étage de l'Hôtel de ville, dans trois salles du Musée, l'exposition fut ouverte le 14 juillet 1889 et reçut le 28 août la visite officielle du Conseil général. Prorogée à plusieurs reprises, elle ne fut fermée que le 14 novembre, après avoir été parcourue par plus de 30,000 personnes. Un élégant catalogue, imprimé chez M. Lefebvre-Ducrocq, en perpétue le souvenir [1].

Aujourd'hui, nous achevons notre tâche en publiant le grand ouvrage depuis longtemps promis sur la *Défense nationale dans le Nord de 1792 à 1802*. Ceux de nos collègues qui y ont pris part n'ont rien négligé pour l'enrichir de documents rares ou inédits et pour

---

[1] Il est intitulé : *Notice sur l'exposition historique du Centenaire de 1789, ouverte à Lille sous les auspices du Conseil général du Nord* et se compose de 29 pages.

le rendre digne, en la forme, des mémorables événements qu'ils avaient à raconter. Nous n'avons pas à juger leur œuvre, mais nous avons la conviction qu'elle sera toujours consultée avec fruit et qu'en leur faisant honneur, elle fera honneur aussi au département du Nord.

PIERRE LEGRAND.

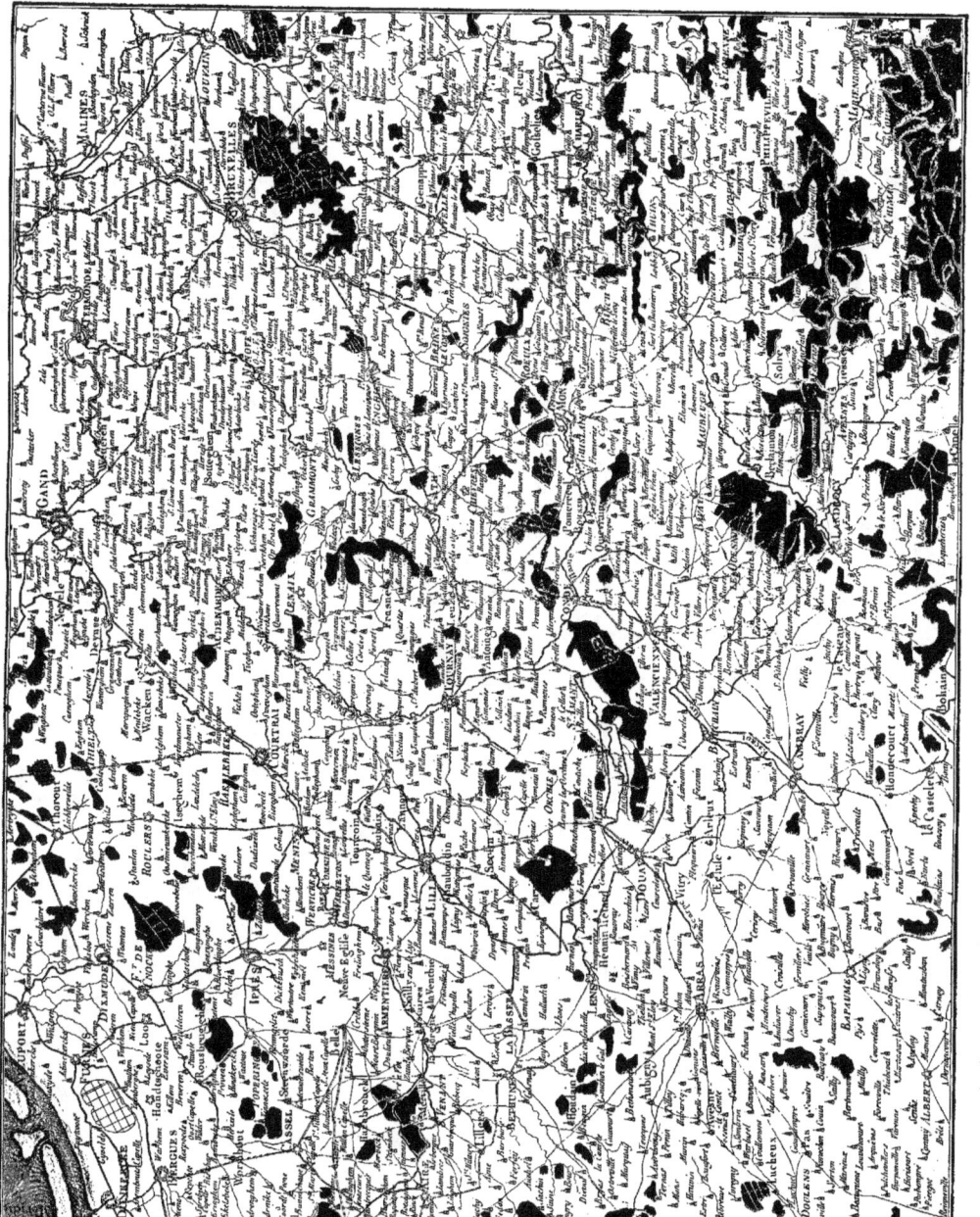

CARTE GÉNÉRALE DU DÉPARTEMENT DU NORD ET D'UNE PORTION DES PAYS-BAS AUTRICHIENS, D'APRÈS FERRARIS

CHAPITRE I

CAUSES GÉNÉRALES DES GUERRES ENTRE LA FRANCE ET LES ÉTATS MONARCHIQUES EUROPÉENS. RÉCLAMATIONS DES PRINCES ALLEMANDS CONTRE LES CONSÉQUENCES DE LA NUIT DU 4 AOUT. ÉMIGRATION D'UNE PARTIE DE LA NOBLESSE FRANÇAISE. APPUI DONNÉ A CES PRINCES ET A CETTE NOBLESSE PAR L'AUTRICHE ET LA PRUSSE. — PRÉPARATIFS MILITAIRES DE LA FRANCE. NOMINATION DES GÉNÉRAUX EN CHEF, ROCHAMBEAU A L'ARMÉE DU NORD, LA FAYETTE A L'ARMÉE DU CENTRE, LUCKNER A L'ARMÉE DU RHIN. DÉCLARATION DE GUERRE A L'AUTRICHE LE 20 AVRIL 1792. — PREMIÈRES OPÉRATIONS MILITAIRES DE L'ARMÉE DU NORD. COMBAT DE QUIÉVRAIN, GAGNÉ PAR BIRON SUR LES AUTRICHIENS LE 28 AVRIL. DÉROUTE DE BIRON SURVENUE LE LENDEMAIN. LE MÊME JOUR 29 AVRIL, DÉROUTE DE THÉOBALD DILLON A BAISIEUX. SON MASSACRE A LILLE. DÉMISSION DE ROCHAMBEAU [1].

Comme tous les autres départements de l'ancienne France, celui du Nord fut créé et délimité par différents actes législatifs des mois de janvier, février et mars 1790. Réunissant une partie des territoires autrefois compris dans les Intendances de Flandre et de Hainaut, il se divisa d'abord en huit districts ayant pour centres Valenciennes, Le Quesnoy, Avesnes, Cambrai, Douai, Lille, Hazebrouck et Bergues.

Dans cette première organisation, Douai était, en outre, le lieu de réunion de l'assemblée départementale [2].

Sa situation frontière, son contact d'environ 330 kilomètres sur une ligne sinueuse et inclinée du nord à l'est avec les Pays-Bas, le prédestinaient à de vigoureuses opérations militaires pour le cas où des hostilités viendraient à éclater de nouveau entre la France et l'Autriche. Grâce à la triple rangée des forteresses restaurées un siècle auparavant par Vauban, aux places nombreuses qui, de la mer à la Meuse, sur tous les cours d'eau et sur divers points intermédiaires, se soutenaient mutuellement, per-

---

[1] Ce chapitre a été rédigé par M. Paul Foucart.

[2] Voir, pour l'histoire des divisions administratives du département, et pour sa géographie, le *Nord pittoresque de la France*, par M. Henri Cons, professeur à la Faculté des Lettres de Lille.

mettant à une armée de manœuvrer entre elles de façon à tenir en échec un ennemi bien supérieur en nombre, il était merveilleusement préparé à la défensive. D'un autre côté, en cas d'offensive, il constituait une excellente base d'opérations pour des forces prêtes à envahir les Pays-Bas.

Au nombre de treize principales, les places fortes du département du Nord avaient été divisées en plusieurs catégories par un décret de l'Assemblée constituante du 8 juillet 1791. C'étaient Gravelines à l'embouchure de l'Aa, Dunkerque avec son port, Bergues à la jonction de canaux importants, Lille sur la Deûle, Douai sur la Scarpe, Cambrai, Bouchain, Valenciennes et Condé sur l'Escaut, Le Quesnoy à l'entrée de la forêt de Mormal, Landrecies et Maubeuge sur la Sambre ; enfin, Avesnes sur l'Helpe majeure. A l'exception de Cambrai, de Bouchain, du Quesnoy, de Landrecies et d'Avesnes, toutes ces forteresses étaient de première classe.

Dans les territoires qu'elles défendaient, les faits d'armes mémorables ne manquèrent point durant les grandes guerres de la défense nationale qui, entreprises en 1792, se terminèrent provisoirement en 1802 par la sanction donnée à la conquête de la rive gauche du Rhin et au triomphe de la France.

Ce sont ces faits d'armes, leurs prémisses et leurs conséquences que nous allons mettre sous les yeux du lecteur, au moyen de documents authentiques, les uns absolument inédits tirés des archives publiques ou particulières du Nord, les autres peu connus tirés de placards ou de journaux contemporains.

Quant à notre texte, après que nous aurons terminé l'exposé succinct des causes de la guerre, il n'ambitionnera plus d'autre rôle que celui, très modeste, du fil qui relie les perles d'un collier, du ciment qui assemble les matériaux d'un édifice.

En dehors des motifs généraux qui devaient faire regarder de mauvais œil, par tous les rois, la rénovation commencée chez nous en 1789, l'origine première des querelles de la France avec l'Empire germanique, noyau de la future coalition européenne, se trouva dans la nuit du 4 août. Lorsque, en un moment d'inoubliable enthousiasme, la noblesse française abandonna tous les privilèges qui la séparaient de la nation, elle abolit du même coup ceux que plusieurs princes allemands, les uns laïques, les autres ecclésiastiques, possédaient en Alsace, en Lorraine et en Franche-Comté. Parmi ces potentats figuraient trois électeurs mitrés du Saint-Empire : les archevêques de Mayence, de Trèves et de Cologne ; les ducs de Wurtemberg et des Deux-Ponts, le landgrave de Hesse-Darmstadt, le margrave de Bade, les évêques de Spire, de Bâle et de Strasbourg, les princes de Nassau, de Leiningen et de Lœwenstein ; enfin, les membres de l'Ordre Teutonique. La France ne pouvait évidemment pas être régie par deux lois, dont l'une à l'exclusif profit de ces étrangers. Ils prétendirent pourtant conserver quand même leurs prérogatives, et, dès le mois de janvier 1790, ils tinrent dans ce but des conciliabules à Francfort-sur-le-Mein. L'empereur Joseph II, frère aîné de la reine Marie-Antoinette, dont certaines réformes avaient été bien plus hardies que celles jusque-là tentées en France, écouta leurs doléances avec une réserve bien naturelle. A l'inverse, le roi de Prusse Frédéric-Guillaume, neveu et peu digne héritier de Frédéric II, prince énorme de corps, obtus d'intelligence et tout adonné aux femmes, les accueillit avec empressement. En sa qualité de membre de l'Empire, il s'empressa donc, le 16 février 1790, d'envoyer au comte de Gœrtz, son représentant à la cour de Ratisbonne, une note en faveur des mécontents.

Sur ces entrefaites, Joseph II mourut, laissant son trône à son frère Léopold II qui, dans un règne de vingt-cinq ans comme grand-duc de Toscane, avait poussé à d'utiles progrès. Non moins débauché que Frédéric-Guillaume, il était en même temps, contrairement à lui, rempli d'expérience, et médiocrement porté aux partis extrêmes. Il trouva l'Autriche fort occupée d'affaires extérieures : outre une guerre à soutenir contre les Turcs et un soulèvement à comprimer dans les Pays-Bas, elle discutait avec la Prusse à propos d'un projet d'échange de la Bavière contre les provinces belges, entre elle et l'électeur palatin. En homme prudent, avant de rien entreprendre du côté de l'Ouest, Léopold voulut résoudre les questions pendantes et d'abord se réconcilier avec son rival du Nord. Il atteignit son but dans des conférences qui s'ouvrirent à Reichembach. Le traité d'alliance fut signé le 27 juillet 1790. Date fatale : car, en unissant les deux principales puissances allemandes, cet instrument diplomatique devint l'origine de toutes les luttes qui, pendant près d'un quart de siècle, ensanglantèrent l'Europe.

Aussitôt libre de ce côté, Léopold tourna son attention vers les Pays-Bays révoltés contre les réformes peu réfléchies qu'y avait appliquées Joseph II. Les privilèges antiques du clergé et des oligarchies municipales se trouvant également menacés, prêtres, nobles et riches bourgeois avaient fait cause commune et prêché l'insurrection. Après s'être rendus maîtres de Gand et de Bruxelles, leurs partisans avaient déclaré l'empereur déchu de sa souveraineté. Mais avec la victoire était venue la désunion : tandis que le parti clérical et nobiliaire voulait une Constitution aristocratique, le parti populaire, auquel les privilégiés avaient bien été obligés de faire appel pour avoir une armée, réclamait, au contraire, une Constitution fondée sur les principes qui venaient de prévaloir en France. Profitant de ces querelles, l'Autriche chargea d'envahir le pays le baron de Bender, gouverneur de Luxembourg, soldat de fortune, né en 1713, dont un mariage avec une vieille princesse d'Isembourg constituait le plus beau titre de gloire. En une huitaine de jours, grâce à 30,000 hommes de renfort qu'amena le comte de Mercy-Argenteau, lui et ses lieutenants terminèrent leur tâche, et les provinces belges, si facilement subjuguées, reçurent pour gouvernante Marie-Christine, archiduchesse d'Autriche, à laquelle fut adjoint son époux, le duc Albert de Saxe-Teschen.

Beaucoup de patriotes belges se réfugièrent alors en France. Ils renforcèrent nos armées de leurs volontaires, firent retentir nos clubs de leur colérique éloquence. Entre tous, les Liégeois se distinguaient par leur véhémence. Leur ville n'était pas soumise à l'Autriche : elle formait une petite principauté ecclésiastique, et la crosse d'un évêque s'y montrait encore plus lourde que le sceptre d'un roi.

Soutenu désormais par la Prusse, Léopold, jusque-là simple roi de Bohême et de Hongrie, avait été, le 30 septembre 1790, élu sans peine roi des Romains et empereur d'Allemagne. Pendant les cérémonies préparatoires, il avait reçu une pétition des princes allemands dépossédés en France, et, dans le but vulgaire d'acquérir des voix, avait commis l'imprudence de leur promettre solennellement son appui. Pour tenir parole, il écrivit dès le 14 décembre à Louis XVI. Il prêchait un converti, car le roi de France aurait voulu ne rien sacrifier des prérogatives de sa noblesse ; mais, pas plus en cette circonstance qu'en beaucoup d'autres, il n'eut le courage de mettre sa conduite en accord avec ses idées. Il répondit donc que la question n'intéressait pas l'Empire ; qu'elle devait être traitée directement entre la France et ses anciens vassaux ; que, du reste, l'Assemblée constituante leur avait offert une compensation pécuniaire qui enlevait tout intérêt sérieux à leurs réclamations. Cette offre généreuse résultait, en effet, d'un décret du 28 octobre 1790 lequel « prenant en considération la bienveillance et l'amitié qui depuis si longtemps unissent intimement la nation française aux princes d'Allemagne » priait le roi « de faire négocier avec lesdits princes une détermination amiable des indemnités qui leur seront accordées pour raison de droits seigneuriaux et féodaux qui existaient à l'époque de la réunion de la ci-devant province d'Alsace au royaume de France. » Et ce décret, qui ne s'appliquait qu'aux deux départements du Haut et du Bas-Rhin, fut plus tard complété par un autre du 19 juin 1791 déclarant que l'indemnité s'étendrait aux biens possédés par les princes étrangers dans les autres départements. Communiquée à la Diète, la réponse de Louis XVI y fit éclater une violente indignation, car ses membres voulaient, non de l'argent, mais le retour pur et simple à l'ancien régime ; et la Diète, après avoir proclamé légitimes les prétentions des nobles dépossédés, fit adresser une circulaire aux puissances garantes du Traité de Westphalie.

Ainsi mis en demeure d'agir, Léopold II renoua sa correspondance avec le roi de Prusse. Louis XVI lui-même, dans une lettre confidentielle adressée le 3 décembre 1790 à Frédéric-Guillaume, sollicitait une intervention armée. L'original de cette lettre, dont le texte a été publié pour la première fois par le ministre Hardenberg dans ses *Mémoires tirés des papiers d'un homme d'Etat*, se trouve aux archives de Prusse [1]. Il constitue de la part de son auteur un crime de haute trahison. Non content de pousser ainsi à l'envahissement de la patrie, Louis XVI chargea l'ancien contrôleur des finances de Calonne, originaire du Nord où il était né à Douai en 1734, de suivre les négociations. Et comme Léopold allait partir pour la Toscane afin d'y faire couronner grand-duc son second fils Ferdinand, on convint qu'une réunion secrète aurait lieu à Mantoue pour décider des mesures à prendre.

Cette réunion se tint le 20 mai 1791. Outre l'empereur, elle comprenait le général Bischoffswerder, représentant du roi de Prusse, lord Elgin, représentant de la Grande-Bretagne, de Calonne et le comte de Durfort, autre interprète confidentiel de Louis XVI ; enfin le comte d'Artois, second frère du roi qui, dès 1789, avait donné à la noblesse française le signal de l'émigration. L'accord fut bientôt conclu ; les six négociateurs arrêtèrent ensemble le programme d'une invasion à laquelle prendraient part l'Autriche, la Prusse, l'Angleterre, les Cercles d'Allemagne, la Suisse, la Sardaigne et l'Espagne. Mais sur la demande de l'empereur, qui craignait à juste titre que des mesures militaires immédiates de la part de l'étranger, ne donnassent, en France, le signal de cruelles représailles à l'égard de Louis XVI et de sa femme, on convint d'user d'abord de remontrances, et de ne recourir à la force qu'au mois de juillet.

Au milieu de fêtes quotidiennes, Léopold continuait à parcourir l'Italie septentrionale, lorsqu'il reçut tout à coup la nouvelle de la fuite du roi de France dans la nuit du 20 au 21 juin, de son arrestation à Varennes, et de sa réintégration forcée aux Tuileries. Terrible déconvenue pour les coalisés, puisqu'ils perdaient ainsi l'espoir de posséder Louis XVI dans leurs

---

[1] Nous prenons cette indication, et plusieurs de celles qui suivent, dans le livre excellent de M. Alfred Michiels intitulé : *l'Invasion prussienne en 1792 et ses conséquences*, livre qui, mieux que tout autre, a nettement résumé les préliminaires de ce grand événement politique et militaire.

rangs, de pénétrer en France en l'ayant à leur tête. Afin de raffermir ses complices, Léopold, à peine arrivé à Padoue, s'empressa d'adresser à tous les souverains de l'Europe une lettre circulaire, où il les invitait à déclarer nettement à la France que la cause de Louis XVI était la leur ; que ce roi et sa famille devaient être mis en liberté sans délai, avec droit de s'installer où il leur plairait ; que l'Europe vengerait d'une manière impitoyable toute atteinte portée à leur sécurité ; qu'elle regarderait comme nulles et non avenues les lois votées sans le libre consentement du roi ; qu'en outre elle punirait sévèrement, comme du plus funeste exemple pour les nations voisines, l'usurpation de pouvoirs qu'avait commise le peuple français.

Pendant que ces trames s'ourdissaient à l'étranger, des mesures décisives avaient enfin, en France, été promulguées contre Louis XVI dont l'attitude ne pouvait plus désormais inspirer aucune confiance ; en conséquence, l'Assemblée constituante avait pris possession du pouvoir exécutif, remplacé le sceau royal par le sceau de l'Etat, fait prêter serment à la Constitution par l'armée, porté au complet de 750 hommes par bataillon et de 170 hommes par escadron les régiments destinés aux frontières du Nord, puis mis en activité 97.000 hommes pour la défense de ces mêmes frontières. Dès qu'elle fut connue, la lettre de Léopold en date du 6 juillet, excita une patriotique indignation. Les républicains, dont le nombre augmentait chaque jour, demandèrent la déchéance du roi et sa mise en accusation immédiate. Mais les constitutionnels l'emportèrent dans l'Assemblée. Louis XVI échappa pour cette fois, et, d'après une décision du 15 juillet, les seuls complices de sa fuite durent être poursuivis. Toutefois, le public n'accepta pas sans protester un tel manque de logique. Des adresses furent, le 16, présentées à l'Assemblée, qui les repoussa dédaigneusement par l'ordre du jour pur et simple. Le soir, le club des Jacobins rédigea une pétition plus énergique, et invita les électeurs à la signer le lendemain 17 juillet, au Champ-de Mars, sur l'autel de la Patrie. On sait que les manifestants furent violemment dispersés par les troupes de Bailly et de La Fayette : première scission entre la bourgeoisie et le peuple, qu'accentua bientôt aux Jacobins le départ des royalistes constitutionnels, qui allèrent s'installer ailleurs et furent désormais connus sous le nom de *Feuillants*.

La réaction étant égale à l'action aussi bien dans le monde politique que dans les choses matérielles, les évènements qui se précipitaient en France d'une manière si rapide amenèrent, par une conséquence fatale, l'empereur et le roi de Prusse à prendre, de leur côté, des résolutions plus énergiques. Le 25 juillet, leurs représentants conclurent donc un traité préliminaire d'alliance, destiné à rester d'abord secret et à ne devenir définitif qu'après que Léopold aurait fait sa paix avec les Turcs.

Cette condition fut remplie le 4 août. Le 14, au moyen d'une note où elle chargeait l'empereur de mobiliser les troupes des Cercles, la Diète de Ratisbonne intervint de nouveau en faveur des princes dépossédés. Enfin, le 25, les deux souverains se rencontrèrent au château électoral de Pilnitz, situé sur les bords de l'Elbe.

Par l'entremise du marquis de Noailles, ambassadeur à Vienne, le parti constitutionnel, en apprenant l'imminence de cette entrevue, avait fait parvenir à l'empereur une lettre confidentielle pour l'engager à temporiser encore : il espérait que tout finirait par s'arranger en France si l'étranger n'intervenait pas. Au contraire, le roi de Prusse avait été travaillé par le baron colonel de Roll, délégué du comte d'Artois et du comte de Provence, lequel, plus heureux que Louis XVI, était aussi parti de Paris durant la nuit du 20 au 21 juin, mais avait pu gagner Bruxelles. Les deux potentats se trouvèrent donc tiraillés par des influences contraires. Grâce aux exhortations pacifiques de Léopold, le roi de Prusse commençait à calmer un peu son impatience belliqueuse, lorsque le comte d'Artois, de Calonne, le marquis de Bouillé et d'autres émigrés firent irruption dans la salle. Le comte d'Artois réclama une intervention militaire immédiate, et, appuyé par le roi de Prusse, parvint enfin à entraîner l'empereur. Un projet de manifeste fut rédigé par le baron de Spielmann pour l'Autriche, par le général Bischoffswerder pour la Prusse, et par de Calonne pour les princes français. L'empereur et le roi l'adoptèrent dans la soirée du 27. Malgré tout, si ce manifeste déclarait la situation de Louis XVI « un objet d'un intérêt commun pour tous les souverains de l'Europe », s'il finissait en disant que les deux souverains donneraient à leurs troupes « les ordres convenables pour qu'elles soient à portée de se mettre en activité, » il subordonnait l'action effective de l'Autriche et de la Prusse à un accord préalable avec les autres puissances, et de la sorte laissait encore place aux négociations diplomatiques.

Communiquée à Louis XVI et à de Lessart, alors son ministre des relations extérieures, la déclaration de Pilnitz resta soigneusement cachée à l'Assemblée constituante. Sinon, cette Assemblée eut immédiatement relevé une telle menace et, de suite, le feu eut été mis aux poudres. Le parti constitutionnel employait toutes sortes de moyens émollients qui, même à cette époque, eussent pu sauver la monarchie si Louis XVI s'était sincèrement appuyé sur lui, avait nettement coupé court aux espérances des émigrés, et s'était mis résolument à la tête des réformes au lieu de se laisser traîner sans cesse à la remorque des faits accomplis. Le roi sembla même un instant entrer dans ses vues puisque, le 14 septembre 1791, il prêta serment à la Constitution.

Par malheur, comme pour enlever à sa démarche jusqu'à l'apparence de la sincérité, ses deux frères, dès le 10 septembre, avaient publié une attaque anticipée contre cette même Constitution, attaque à laquelle adhérèrent, le lendemain, le prince de Condé ainsi que les ducs de Bourbon et d'Enghien. C'était plus qu'une félonie. La déclaration de Pilnitz se trouvait de la sorte implicitement dévoilée, l'accord rendu presqu'impossible entre Louis XVI et la France, la guerre devenue presque inévitable entre la France et l'Europe.

L'émigration, dont nous avons vu que le comte d'Artois avait été le principal instigateur, continuait par de telles manœuvres l'entreprise détestable à laquelle elle s'était dévouée. Depuis 1789, des officiers de terre et de mer, d'autres nobles, certains fonctionnaires et des bourgeois enrichis avaient peu à peu gagné la frontière, et s'étaient installés dans les Pays-Bas autrichiens ainsi que dans les Electorats du Rhin qu'ils surnommaient *la France extérieure*, formant à leur pays une ceinture d'opposition et cherchant à soulever contre lui l'opinion européenne. Bruxelles et Coblentz étaient leurs principaux centres de réunion. Ils adressaient des mises en demeure formelles aux nobles restés à l'intérieur. Au besoin, pour railler leur manque d'énergie à les suivre, ils leur envoyaient des quenouilles, et les menaçaient de les reléguer dans la bourgeoisie lorsqu'auraient été rétablis les privilèges de la noblesse. En 1792, un Allemand contemporain estimait leur nombre à plus de 36,000. C'était une véritable armée, ardente à combattre et prête à diriger l'invasion.

L'une des rares considérations que l'on puisse faire valoir à la décharge de ces transfuges, c'est l'importance qu'avait, d'après les idées féodales, l'engagement de l'homme envers l'homme, du noble envers le roi. Cet engagement pouvait être rompu comme il avait été formé et, bien que le connétable de Bourbon eût laissé la réputation d'un traître, Turenne et Condé avaient depuis servi un instant l'Espagne sans encourir l'indélébile flétrissure qui, aujourd'hui, les atteindrait en pareil cas. Du dévoûment à cet être abstrait et collectif qu'on nomme la Patrie, il n'était guère alors question dans les hautes classes. Né dans le peuple à l'époque de la guerre de Cent-Ans, ce sentiment y était resté comme un dépôt sacré. Il n'avait pourtant pas encore développé toutes ses conséquences logiques et particulièrement la haine des mercenaires étrangers, lesquels, sans être aimés, n'étaient pas absolument honnis par la nation. Celle-ci tolérait dans son sein des régiments suisses ou allemands, et acceptait d'obéir à des généraux qui, tels qu'Eugène de Savoie et le maréchal de Saxe, avaient tantôt combattu, tantôt servi l'Autriche ou la France sans être en butte à de sévères blâmes, pourvu qu'ils tinssent avec fidélité leur engagement actuel. Dans le conflit qui s'élevait entre leur roi et leur pays, certains nobles purent donc croire que l'honneur leur imposait de prendre parti pour le premier contre le second.

Ajoutons encore à la décharge de quelques-uns qu'à toute époque, dans les guerres qui mettent moins en jeu des questions d'amour-propre ou de territoire, que de grands problèmes sociaux ou religieux, les hommes ont une tendance à prendre plutôt parti d'après leur opinion propre que d'après leur nationalité. Ainsi l'avait-on vu au XVIe siècle et pendant la guerre de Trente-Ans ; ainsi le vit-on de nouveau vers la fin du XVIIIe.

Mais ce serait se montrer trop indulgent que d'étendre à tous les émigrés ces circonstances atténuantes. La majeure partie n'avait nul souci du roi et voulait simplement rétablir quand même à son profit les vieilles inégalités sociales. On s'en aperçut bien par les propos scandaleux qu'inspira plus tard à certains la mort de Louis XVI, et dont Barthélémy, l'ambassadeur de France en Suisse, s'est fait l'écho dans sa *Correspondance* : « On est surpris, » écrivait ce diplomate au commencement de 1793, « de voir la légèreté avec laquelle les émigrés français qui sont ici ont pris l'évènement du 21. Ils disent communément qu'ils ne peuvent regretter un roi qui a sacrifié la noblesse et qu'ils sont bien aises d'être débarrassés de ce fagot. Ils ajoutent qu'il est aisé de voir que le testament de cet imbécile lui a été dicté par des prêtres réfractaires. » Le peuple ne se trompa donc point lorsque, dans les guerres qui suivirent, il détesta toujours bien plus l'émigré que l'étranger. Ce sentiment fut particulièrement vif dans le Nord, les émigrés n'ayant qu'un pas à faire pour rentrer dans leur ville ou leur village, y guider l'ennemi et y reprendre le pouvoir de connivence avec lui.

Une nouvelle Assemblée, dite Législative, se réunit le 1er octobre 1791. Justement émue des renseignements qui lui arrivaient de la frontière, elle invita Louis XVI à écrire une lettre à ses frères pour leur demander de rentrer sur le sol français. Le roi obéit le 16 mars, mais, selon son fatal et déloyal système, en neutralisant par une correspondance secrète l'effet de ses lettres publiques. Ainsi qu'on devait s'y attendre, les princes se bornèrent à répondre qu'ils ne pouvaient tenir compte de ses injonctions, puisque lui-même n'était pas libre en les leur adressant.

Sur ces entrefaites, le ministre de la guerre Duportail vint déclarer à la tribune que dix-neuf cents officiers avaient quitté leurs drapeaux pour passer à l'étranger. Des discussions solennelles s'ouvrirent ainsi sur le grave problème de l'émigration et passionnèrent les séances des 20, 22, 25, 28 et 31 octobre, où les Girondins se distinguèrent par la violence de leur langage. Couthon, député de l'Auvergne, demanda que le duc de Provence fût déchu de ses droits éventuels à la régence ; puis l'Assemblée chargea un comité d'étudier les mesures à prendre. Le travail de ce comité se discuta dans les séances des 8 et 9 novembre, et aboutit à deux projets de décret, le premier contre les frères du roi, le second contre le reste des émigrés. Selon son habitude et comme pour tenir la balance égale entre Paris et Coblentz, Louis XVI sanctionna l'un en refusant de sanctionner l'autre.

De plus en plus inquiète, l'Assemblée envoya au roi, le 29 novembre, un message que lui portèrent vingt-cinq de ses membres, pour essayer de le pousser aux résolutions viriles. Après deux semaines de tergiversation, Louis vint enfin lui dire qu'il ferait savoir à l'électeur de Trèves et à ses collègues que si, avant le 15 janvier 1792, tous attroupements et toutes manifestations hostiles de la part des émigrés ne cessaient point dans leurs états, il ne verrait plus en eux que des ennemis; qu'il écrirait à l'empereur afin de l'engager, comme chef du corps germanique, à user de son autorité pour prévenir les malheurs qu'amènerait une plus longue obstination de quelques-uns de ses subordonnés; que sinon, il n'aurait plus qu'à proposer la guerre.

Ces promesses formelles avaient été précédées, le 6 décembre, du remplacement comme ministre de la guerre, de Duportail, jugé au-dessous de sa tâche, par Narbonne. Colonel à trente ans, le nouveau secrétaire d'Etat en avait alors trente-six; il appartenait au parti constitutionnel et passait pour être l'amant de Mme de Staël. Entré après le roi, il annonça à l'Assemblée qu'il comptait prendre les mesures militaires les plus énergiques; qu'avant un mois il aurait réuni 150.000 hommes en trois armées que dirigeraient Rochambeau au nord, Lückner à l'est et La Fayette au centre; qu'il irait lui-même inspecter les frontières; et qu'il comptait ne pas se voir marchander les subsides.

Ces paroles furent accueillies par de vigoureux applaudissements. Le 24 décembre, l'Assemblée reçut communication d'une nouvelle lettre où Léopold ressassait les sempiternelles réclamations des princes dépossédés; puis, les 27 et 28 du même mois, faisant exception à la loi du 4 mars 1791 qui avait fixé à six le nombre des maréchaux de France, afin de faciliter au roi « les moyens de donner aux généraux Rochambeau et Lückner une preuve authentique de la confiance de la nation », elle décida exceptionnellement que deux officiers généraux, commandants d'armée, pourraient être élevés à la dignité suprême, sauf à revenir ensuite par voie d'extinction au chiffre normal. C'était sanctionner de la façon la plus éclatante les propositions de Narbonne.

Né à Vendôme en 1725 et, par conséquent, âgé de soixante-huit ans, Jean-Baptiste Donatien de Vimeur, autrefois comte de Rochambeau, figurait, auprès de La Fayette, parmi les héros de la guerre d'Amérique, où, avec Washington, il avait, à York, en Virginie, forcé à capituler le général anglais Cornwallis. Mais ce qui doit lui compter au moins autant que son commandement dans cette belle et chevaleresque expédition, c'est d'avoir été, avec

Guibert, l'un des régénérateurs de la tactique française. Jusqu'à la guerre de Sept-Ans, celle-ci était demeurée fort arriérée, et plus tard encore, la théorie surannée de l'ordre profond cachait à la plupart des officiers généraux la valeur des innovations de Frédéric II. Le célèbre édit de 1776 avait néanmoins fait prévaloir l'ordre mince, qui empêche des rangs entiers d'être enfoncés d'un seul coup par l'artillerie, et néanmoins cet ordre conserva beaucoup d'adversaires jusqu'au jour où, dans de grandes et solennelles manœuvres exécutées à Vaussieux en Normandie, Rochambeau luttant contre le maréchal duc de Broglie, en rendit évidente l'écrasante supériorité. Jointe à la refonte de l'artillerie, à laquelle présida l'illustre Gribeauval, et à la fondation de l'Ecole du Génie à Mézières, cette réforme rendit pour quelques années à l'armée française toutes les supériorités, sauf celle du nombre qui continua d'appartenir à l'Autriche et à la Russie.

Envoyé dans l'Alsace en 1788 pour y maintenir la tranquillité, Rochambeau s'était convenablement acquitté de sa tâche. Il comptait parmi les meilleurs chefs de l'armée française, quoique déjà bien vieux pour la nouvelle entreprise à laquelle on le conviait.

Quant à Lückner, très inférieur à Rochambeau sous tous les autres rapports et encore plus antique que lui, puisqu'il était né en 1722, il avait conservé une certaine verve extérieure qui entretenait l'illusion sur sa véritable valeur stratégique. Soldat de fortune, il obtint ses premiers grades dans un régiment bavarois, puis passa au service de la Prusse et devint colonel des hussards. Lorsque la France songea à profiter des rudes leçons de la guerre de Sept-Ans, elle voulut donner pour instructeur à ses armées au moins l'un des lieutenants du grand Frédéric. Elle lui adressa donc des propositions avantageuses, qu'il accepta et, après l'avoir combattue, il entra ainsi à son service, le 20 juin 1763, conformément aux habitudes que nous avons signalées plus haut, avec le grade de lieutenant-général. Il n'avait trouvé depuis aucune occasion de se distinguer. « C'est, » a écrit de lui Mme Roland, « un vieux soldat, demi-abruti, sans esprit, sans caractère, véritable fantôme que purent conduire les premiers marmousets venus, et qui, à la faveur d'un mauvais langage, du goût du vin, de quelques jurements et d'une certaine intrépidité, acquérait de la popularité dans nos armées, parmi les machines stipendiées, toujours dupes de qui les frappe, les tutoie, et les fait quelquefois punir. » Après avoir brillé au second rang, il allait s'éclipser au premier. Un décret spécial et tout bienveillant, l'avait maintenu dans ses fonctions. Adversaires durant la guerre de Sept-Ans, d'où avait plus d'une fois surgi pour eux l'occasion de se mesurer, Rochambeau et Lückner étaient loin de se douter alors que, bien des années après, un même décret du 1er janvier 1792 les nommerait tous deux maréchaux de France.

Le troisième des nouveaux commandants en chef, La Fayette, s'était retiré en Auvergne, après l'adoption apparente de la Constitution par le roi. C'est de cette retraite qu'il partit pour se mettre à la tête de l'armée du centre qui fut déployée entre Philippeville et les lignes de Wissembourg.

Pour appuyer le décret proposé en faveur de Rochambeau et de Lückner à l'Assemblée législative, un député du Nord, M. Prouveur, avait préparé un discours. N'ayant pu le prononcer, mais ne voulant pas le perdre, il en adressa le texte à une société des Amis de la Constitution qui, depuis le 7 août 1790, s'était établie à Valenciennes. Composée d'esprits libéraux, attachés aux réformes, au milieu desquels fermentaient néanmoins quelques éléments plus hardis, cette société se recrutait aussi bien parmi les militaires et les fonctionnaires que parmi les habitants de la ville. Un instant, elle choisit pour son président Alexandre de Beauharnais, époux de la future impératrice Joséphine, qui, après avoir servi en Amérique sous Rochambeau, et avoir été député de la noblesse et de la sénéchaussée de Blois à l'Assemblée constituante, était venu à l'armée du Nord en qualité d'adjudant-général. Elle reçut favorablement la communication de M. Prouveur, et lui fit répondre en ces termes [1] :

Valenciennes, le 4 janvier 1792,
l'an 3 de la Liberté.

Frère et Ami,

La Société a entendu avec plaisir la lecture de la lettre que vous lui avez adressée et du discours que vous aviez préparé pour engager l'Assemblée Nationale à rendre justice au mérite et au patriotisme de Messieurs Lückner et Rochambeau en décrétant qu'il y auroit deux places de maréchaux de France de plus qui seroient données pour récompense à ces deux grands généraux.

Si nous sommes peinés de voir que, malgré votre zèle et vos travaux, vous n'avez pas encore pu obtenir la parole sur des objets d'une aussi grande importance, nous en sommes consolés, en apprenant que les deux articles qui vous avoient intéressé avoient réussi auprès de vos désirs et des nôtres.

Persuadés d'ailleurs, par la connaissance que nous avons de votre caractère, que le soutien de la Constitution faisant votre unique but, que les intérêts du peuple étant les vôtres, si jamais des êtres assez lâches formoient une coalition pour y porter atteinte, nous verrions en vous un deffenseur intègre et qui, dans l'occasion, saura prouver que l'Assemblée renfermoit dans son sein des membres dignes d'elle et de la confiance des François.

C'est avec ces sentimens que nous sommes

Les membres du Comité de correspondance

Dambry	De Clully	Lépine	Bary
	vice-président		
Goffard	Dambriez	Lauron	
		secrétaire	

---

[1] L'original de cette lettre est conservé à la Bibliothèque municipale de Valenciennes.

Au lieu de dater cette lettre de « l'an 3 de la Liberté », ses auteurs auraient dû écrire : « l'an 4, » car un décret rendu quarante-huit heures auparavant, le 2 janvier 1792, par l'Assemblée législative, avait décidé que l'*Ere de la Liberté* commencerait le 1ᵉʳ janvier 1789.

Sa minute originale est ornée d'une jolie vignette inscrite dans un ovale et signée : « Durig, à Lille. » Né à Strasbourg le 13 octobre 1750, Durig possédait quelque mérite : après avoir servi dans la musique du régiment d'Auvergne, il s'installa comme graveur à Valenciennes en 1771, retourna en Alsace où il resta huit ans, puis vint habiter définitivement Lille où il mourut le 16 février 1816 [1]. Dans sa vignette, deux Amours sont assis sur des nuages, au pied de l'autel de la Patrie, que surmonte une flamme ; l'un est coiffé d'une couronne de laurier, l'autre tient une branche de chêne, et ils se serrent réciproquement la main ; sous leurs pieds passe une banderolle portant ces mots : « Unis pour la Constitution. »

Le 11 janvier 1792, au retour de son voyage vers les frontières, Narbonne vint apporter à l'Assemblée législative les affirmations les plus rassurantes. D'après lui, l'armée formait, de Dunkerque à Besançon, un échelonnement de 240 bataillons et de 160 escadrons, avec l'artillerie nécessaire à 200.000 hommes et six mois de vivres ; les forteresses de première ligne étaient pourvues de tous les effets de campement utiles, et celles de seconde recevraient bientôt de quoi en fournir à 100.000 soldats ; 6.000 chevaux étaient déjà rassemblés pour l'artillerie et les services auxiliaires, et 6.000 autres allaient les rejoindre ; les caissons, les chariots, les approvisionnements en obus et en cartouches, en un mot tout le matériel indispensable au succès d'une guerre moderne allaient sous peu se trouver au complet. Quant aux fortifications qu'il avait visitées, elles étaient en excellent état, et il déclara qu'il avait choisi pour inspecter les autres, La Fayette, sur la foi duquel il engagerait toujours sa responsabilité.

Les députés se trouvaient encore sous l'impression de ces déclarations optimistes lorsque, le 14 janvier, après un rapport de Gensonné, représentant de la Gironde, sur les intrigues de la cour de Vienne, et un discours énergique de Guadet, autre Girondin, elle adopta d'enthousiasme une proposition ainsi conçue :

L'Assemblée nationale déclare infâme, traître à la patrie et coupable du crime de lèse-nation, tout agent du pouvoir exécutif, tout Français qui pourroit prendre part, directement ou indirectement, soit à un Congrès dont l'objet seroit d'obtenir la modification de la Constitution française, soit à une média-

---

[1] Voir Julien Potier, *Catalogue du Musée de Valenciennes*, publié en 1841.

tion entre la nation française et les rebelles conjurés contre elle, soit enfin à une composition avec les princes possessionnés dans la ci-devant province d'Alsace, qui tendroit à leur rendre, sur notre territoire, quelques-uns des droits supprimés par l'Assemblée constituante, sauf une indemnité conforme aux principes de la Constitution.

L'éloquence des orateurs avait été foudroyante. Elle avait entraîné les ministres, et le roi, contrairement à son habitude, sanctionna le décret le jour même.

Mais ce ne fut pas tout et, le 17, comme de Lessart, le ministre des relations extérieures, venait de paraphraser d'une manière pacifique un rapport de l'envoyé français à Coblentz, Brissot, député de Paris, prit la parole, stigmatisa les machinations de l'empereur, et termina son discours en proposant de signifier au cabinet de Vienne que les hostilités commenceraient s'il n'avait pas fourni, avant le 10 février, des explications de nature à ne laisser aucun doute sur ses intentions.

Cet ultimatum causa une terrible déconvenue au parti constitutionnel, comme faisant échouer un complot qui, depuis au moins un mois, commençait à prendre corps, et qui devait avoir pour exécuteurs Narbonne, La Fayette, Rochambeau et Lückner. Depuis la fuite de Louis XVI à Varennes, jamais le projet de le soustraire aux dangers populaires n'avait été abandonné. Mme de Staël avait proposé au roi et à la reine de les emmener déguisés l'un en maître d'hôtel, l'autre en femme de chambre, dans sa voiture d'ambassadrice. Mais, avec un entêtement et une légèreté caractéristiques, Marie-Antoinette s'était fortement moquée de cette mascarade. Narbonne avait alors résolu de former des armées ayant des chefs dévoués, voisines des frontières afin qu'elles pussent être, au moment propice, renforcées de l'infanterie et de la cavalerie des émigrés, proches aussi de Paris, afin que le roi pût sans trop de peine accourir dans le sein de l'une d'elles. La garde constitutionnelle de Louis XVI était légalement de 1.800 hommes et autant de brevets avaient été distribués ; mais, choisis parmi les plus déterminés monarchistes, 10.000 surnuméraires avaient été enrôlés. Au jour dit, ces coupe-jarrets devaient envahir ensemble le palais législatif, assassiner quelques patriotes, enlever le roi, et le conduire à Pontoise. De là, Louis XVI aurait gagné Dieppe où un bateau l'aurait mené à Ostende. D'Ostende, il se serait rendu à Metz. Puis, avec l'aide de ses deux collègues, La Fayette aurait marché sur Paris pour y « rétablir la paix et le bon ordre comme au Champ de Mars le 17 juillet, » et pour y rendre au roi ce qu'il regardait comme ses véritables pouvoirs constitutionnels.

Cette conjuration ne pouvait réussir que si la guerre, tout en étant assez imminente pour légitimer des préparatifs militaires, n'éclatait pas avec l'étranger, ou tout au moins, se bornait à quelques escarmouches avec les principicules des bords du Rhin. Il fallait donc amadouer l'Autriche et la Prusse, ce à quoi avait pourvu l'envoi d'un certain nombre d'émissaires. Il fallait, d'un autre côté, se donner l'air de ne pas trembler. Le rapport militaire de Narbonne avait été rédigé spécialement dans ce but. Ainsi que les événements ne le montrèrent que trop un peu plus tard, il renfermait la plus impudente série de mensonges qu'ait jamais débitée un ministre de la guerre à la tribune d'une Assemblée.

A ce beau projet manquait toutefois un élément assez important : le concours sincère du roi. En dépit de son serment, Louis XVI et surtout sa femme ne voulaient pas entendre parler de la Constitution ; ce qu'ils voulaient, c'était le rétablissement pur et simple de la monarchie, du clergé et de la noblesse dans leurs anciennes prérogatives. Si donc La Fayette, qui prétendait sauver quand même la monarchie et dont aucune déconvenue ne parvenait à dissiper l'incurable illusion, avait pu exécuter son projet, il en eut été la première dupe. Mais l'ultimatum de l'Assemblée le préserva de ce ridicule [1].

A la suite des tumultueuses séances du 14 et du 17 janvier, de Lessart qui, semblable à son maître, jouait constamment double jeu, adressa le 21 à l'empereur une demande d'explications catégoriques. Le 25 janvier, l'Assemblée qui, elle, n'avait pas d'arrière-pensée, y donna pour corollaire une motion déclarant que le traité de 1756 entre la France et l'Autriche était rompu ; que dans le cas où l'empereur n'aurait pas, avant le 1er mars, donné satisfaction pleine et entière, son silence, ou une réponse évasive, serait considéré comme un *casus belli* ; que le roi était, en conséquence, invité à prendre sans délai les mesures nécessaires pour donner aux troupes françaises les moyens d'entrer en campagne.

Ainsi poussée, l'Autriche conclut, le 7 février, à Berlin, avec la Prusse, un traité définitif, qui confirmait la convention préliminaire du mois de juillet 1791. Les deux puissances s'y garantissaient leurs possessions et s'engageaient mutuellement, en cas de danger, à s'envoyer un secours de 20.000 hommes. Mais, autant à cause des assurances pacifiques qu'elle recevait d'autres côtés que par sa crainte justifiée et persistante de mettre en péril la vie de Louis XVI et de Marie-Antoinette, la cour de Vienne avait terminé le traité par un article disant que l'on essaierait encore d'éviter une lutte armée.

---

[1] Voir, sur ce complot, les *Considérations sur la Révolution française*, de Mme de Staël, 3e partie, chapitre VI, les *Mémoires et correspondances* de Mallet du Pan, tome I, chapitre II, pages 258 et 259, et les *Mémoires* de Dumouriez, tome I, page 439.

Envoyée de Vienne le 17 février, la réponse de Kaunitz à la dernière communication de de Lessart, commençait par des paroles assez conciliantes ; mais elle se terminait par de violentes attaques, absolument déplacées dans un document diplomatique, contre le parti républicain qui déjà faisait parler de lui. D'après Mme de Staël, le modèle de cette mercuriale aurait été envoyé à son frère par Marie-Antoinette. Celle-ci attisait par-là une fois de plus le feu qui devait la consumer [1]. Pendant que ce message était en route, Léopold mourut subitement, empoisonné par quelque drogue aphrodisiaque ; il rendit le dernier soupir le 1er mars, juste à l'heure où sa note était communiquée à l'Assemblée.

Lue par le ministre des relations extérieures, elle souleva une violente tempête, et, dans une séance tenue le soir, un député accusa sans ambages de Lessart de l'avoir rédigée lui-même. Une motion de défiance fut votée, et, soupçonnant de complicité son comité diplomatique, l'Assemblée le renouvela sur-le-champ.

Cet insuccès de son collègue rendit perplexe Narbonne, instrument de la même politique. Pour essayer de raffermir sa position, il conçut l'étrange idée d'appeler à Paris La Fayette, Rochambeau et Lückner, et de se faire écrire par eux des lettres déclarant que sa retraite du ministère compromettrait la défense du pays. Publiées par les journaux, ces épîtres parurent étranges à Louis XVI qui fit appeler aux Tuileries les trois généraux. Ceux-ci balbutièrent de vagues excuses, ce qui ne les empêcha point de renouveler leur tentative sous forme d'une missive à l'Assemblée, où se trouvaient implicitement critiquées les opinions de la Cour. Pendant que ces maladresses perdaient Narbonne, les députés, le 8 mars, accusaient de trahison un autre de ses collègues, Bertrand de Molleville, ministre de la marine, pour n'avoir pas dénoncé l'émigration des officiers de la flotte. Le lendemain, Narbonne fut remplacé par le maréchal-de-camp de Grave, et, quoique beaucoup mieux en cour, Bertrand de Molleville tomba également.

Les jours suivants, un coup beaucoup plus terrible tombait sur l'infortuné ministère feuillant qui, n'ayant su se concilier ni le roi ni l'Assemblée, était pour ainsi dire pris entre deux feux : de Lessart, convaincu d'avoir caché aux députés la convention de Pilnitz, le traité conclu depuis entre la Prusse et l'Autriche et d'autres documents diplomatiques, fut mis en accusation à une imposante majorité, et renvoyé devant la haute-cour d'Orléans. Arrêté presque aussitôt, il trouva un peu plus tard la mort dans les massacres de septembre.

---

[1] *Considérations sur la Révolution française*, 3e partie, chapitre V.

Ces événements amenèrent la reconstitution totale du ministère. Pour satisfaire sa haine contre le parti constitutionnel, et faciliter en même temps ses rapports avec l'Assemblée, le roi le choisit dans le parti girondin, qui y avait la majorité. C'est ainsi que Lacoste fut délégué à la marine, Clavière aux finances, Duranton à la justice, Roland à l'intérieur, et Charles-François Dumouriez aux relations extérieures.

Encore peu connu à cette époque, mais destiné à conquérir en peu de mois une éclatante célébrité, ce dernier, qui doit nous occuper spécialement, était né à Cambrai le 26 janvier 1739, d'Antoine-François Dumouriez, écuyer, commissaire des guerres, plus tard chevalier de Saint-Louis, et de dame Sophie-Eléonore-Ernestine Patissier de Chateauneuf, tous deux originaires de Paris où ils s'étaient mariés le 16 novembre 1730. Une rectification à son acte de baptême, ordonnée par sentence du Chatelet de Paris, en date du 22 février 1769, adjoignit à son nom de famille le surnom de *Dupérier* sous lequel ses ancêtres étaient connus [1]. Il fut élevé par son père pour la guerre, par un de ses oncles, employé au ministère des affaires étrangères, pour la diplomatie. Bientôt sous-lieutenant de cavalerie et aide-de-camp du maréchal d'Armentières, il prit part à la campagne de Hanovre, et, après s'être distingué par sa bravoure, fut grièvement blessé et fait prisonnier. S'étant échappé, il rejoignit les maréchaux de Soubise et de Broglie, et assista aux défaites qu'infligea à la France leurs lamentables rivalités. Capitaine à vingt-quatre ans, avec 7 campagnes et 22 blessures, il s'ennuya plus tard de la vie de garnison et se lança dans les intrigues diplomatiques. Le cabinet de Versailles l'envoya comme agent secret d'abord en Corse, puis en Espagne et en Pologne. Il tomba ensuite en disgrâce et fut enfermé successivement à la Bastille et à la citadelle de Caen. Lors de sa libération, le roi le nomma commandant de Cherbourg, où il conçut le plan du port militaire, son meilleur titre de gloire avant la défense de l'Argonne ; c'est là que le trouva la Révolution. L'émigration ayant creusé dans l'armée les vides que nous avons marqués, il devint enfin, en janvier 1792, à l'ancienneté, maréchal-de-camp, c'est-à-dire en langue moderne, général de brigade.

Un instant employé dans l'Ouest, parmi ces provinces où venaient d'éclater les guerres de Vendée, Narbonne l'avait appelé à Paris, dans le but de l'envoyer à l'armée de Lückner et de lui donner le commandement de la

---

[1] On trouvera les pièces constatant ces faits dans un travail de M. A. Durieux, intitulé : *Un mot sur Dumouriez*, renfermé dans le tome XLIIIe des *Mémoires de la Société d'Émulation de Cambrai*. Le nom du général est très souvent, par les contemporains, écrit avec un *r* final, mais c'est par erreur.

division de Besançon. Mais, préférant l'indépendance, Dumouriez fit observer au ministre que personne ne s'occupait du Midi, bien qu'une double attaque le menaçât du côté de la Savoie et du côté de l'Espagne, et il s'offrit à dresser un plan de campagne défensif contre ces deux puissances. Sa proposition fut agréée. Spirituel, insinuant et hardi, il se lia, tout en y songeant, avec quelques Girondins, qui le conduisirent rapidement au pouvoir.

Il se donna pour tâche de placer ostensiblement le roi à la tête du mouvement révolutionnaire, et de s'appliquer lui-même à conserver à la fois son crédit à la cour et sa popularité extérieure. A peine ministre, son premier soin, ainsi que celui de de Grave, fut de pousser activement les préparatifs de la guerre. Le mauvais sort de de Lessart leur indiquait la voie à suivre, et d'ailleurs, la situation de la France devenait intolérable. Un neveu de Marie-Antoinette, fils aîné de Léopold, François II, jeune homme impatient, hautain et entêté, avait été, quelques jours après la mort de son père, proclamé roi de Hongrie et de Bohême, en attendant d'être, le 7 juillet, couronné empereur. Au système de sourde hostilité prédominant jusque-là, succéda avec lui un système de provocation directe. L'Autriche avait violé le territoire de Bâle et mis garnison dans le pays de Porentruy afin de se procurer un accès commode dans le département du Doubs. Un instant dispersés par Léopold, les rassemblements d'émigrés, avec état-major d'officiers généraux et cocarde blanche, recommençaient à Coblentz et à Bruxelles. Enfin, pour que nul n'ignorât ses intentions, le prochain empereur fit savoir, par des notes en date des 18 mars et 7 avril, qu'il ne se départirait point des conditions précédemment imposées. Malgré l'assassinat de Gustave III, le roi de Suède que les coalisés voulaient placer à la tête de leurs troupes, assassinat qui survint sur ces entrefaites, l'illusion n'était plus possible : la France se trouvait menacée du sort de la Pologne. La guerre étant certaine, il ne lui restait plus qu'à l'attendre ou à la déclarer.

Louis XVI qui, le premier, avait provoqué la coalition et appelé l'étranger à son secours, sentait de plus en plus maintenant que la guerre lui serait fatale. Il écrivit donc une lettre conciliante à son neveu. Mais la situation était devenue plus forte que les hommes, et rien ne pouvait arrêter les événements.

Pour marquer avec fermeté son intention de recourir aux armes si les menaces extérieures le rendaient nécessaire, l'Assemblée législative avait, depuis les premiers jours de 1792, pris une série d'imposantes mesures pour essayer de rendre un peu de force à l'armée et à la marine. Tel avait été le but des décrets du 24 janvier, sur le mode de recrutement et d'engagement des troupes de ligne ; du 27, sur l'augmentation du nombre des officiers généraux ; du 6 février, sur la nouvelle formation et le traitement des officiers civils du corps de la marine ; du 8, en faveur des sous-officiers et soldats qui avaient déserté antérieurement au 1ᵉʳ juin 1789 ; du 10 février, sur les bataillons de volontaires nationaux ; du 27 février, sur une augmentation à accorder aux gens de guerre pour leur entrée en campagne ; du 2 mars, sur le remplacement des officiers de l'armée ; du 13, sur le service des transports militaires ; du 19, sur la caisse des invalides de la marine et les enrôlements ; du 9 avril, relatif au mode de nomination aux emplois militaires ; du 10 avril, touchant les commissaires ordonnateurs des guerres ; enfin du 17 avril, sur l'augmentation du corps de l'artillerie.

Ce qui poussait encore à la guerre c'étaient les illusions étranges que se faisait le parti girondin sur les sacrifices que nécessiterait un conflit européen et sur l'appui qu'apporteraient à la France les populations voisines. Les droits de l'homme, la souveraineté populaire, étant conçus par lui comme des dogmes absolument vrais et bons, toute organisation politique où ils n'étaient point reconnus et proclamés, lui apparaissait comme une insupportable tyrannie, une monstruosité sociale. Nulle croyance que des peuples civilisés voulussent un instant de plus rester sous un tel joug s'ils voyaient une main secourable se tendre vers eux pour les en délivrer. L'Assemblée était maintenue dans ce préjugé par l'enthousiasme que les principes de la Révolution avaient allumé chez certains étrangers, par les adresses de dévouement qui lui arrivaient de toutes parts, non moins que par les déclamations furibondes dont quelques réfugiés faisaient retentir les clubs. Mais ce qui pouvait être vrai d'une certaine élite, considérable en Angleterre, déjà moindre dans les Pays-Bas, peu nombreuse en Allemagne, presque nulle en Espagne et en Italie, était absolument faux de l'ensemble des populations. « Prises en masse » a dit avec raison M. le docteur Robinet [1] « elles nous méconnaissaient, nous ignoraient profondément, nous jalousaient, nous détestaient par tradition et par préjugé. Sans parler des déchirements intérieurs de la France, l'attachement invétéré des populations occidentales (nous ne parlons même pas ici de la Russie et de la Turquie d'Europe) pour l'ancienne religion et pour l'ancienne monarchie.... n'explique que trop la répulsion instinctive qu'elles éprouvaient pour la Révolution... » L'erreur des Girondins, comme « de Cloots et de tous les cosmopolites, qui étaient certains qu'à Bruxelles, à La Haye, à Francfort, à Trèves, à Manheim, à Vienne et à

---

[1] *Danton émigré*, chapitre III.

Berlin on n'attendait que d'apercevoir les trois couleurs « pour renverser « la Bastille », fut précisément de prendre pour base de leur système et de leur entreprise le contraire de la vérité que nous venons d'émettre ».

Imbue de ces idées aussi généreuses qu'irrationnelles, l'Assemblée législative avait rendu le 15 avril un décret formulant les principes qui dirigeraient la France dans l'exercice du droit de guerre, lorsque, le 20, le roi se transporta dans son sein. Dumouriez lut un mémoire résumant les griefs de la nation, et Louis XVI y ajouta une déclaration complémentaire manifestant son intention de recourir aux armes. Mais, toujours faible et tiraillé par des sentiments contradictoires, il ne put s'empêcher de pleurer en prononçant ces décisives paroles. Pour ne pas délibérer sous le coup de l'émoi que firent naître ces communications, l'Assemblée tint une seconde séance le soir même, et y adopta, à la quasi-unanimité, un décret dont le dispositif était ainsi conçu :

L'Assemblée nationale déclare que la nation française, fidèle aux principes, consacrés par sa constitution, *de n'entreprendre aucune guerre dans la vue de faire des conquêtes, et de n'employer jamais ses forces contre la liberté d'aucun peuple*, ne prend les armes que pour le maintien de sa liberté et de son indépendance ;

Que la guerre qu'elle est forcée de soutenir n'est point une guerre de nation à nation, mais la juste défense d'un peuple libre contre l'injuste agression d'un roi ;

Que les Français ne confondront jamais leurs frères avec leurs véritables ennemis ; qu'ils ne négligeront rien pour adoucir le fléau de la guerre, pour ménager et conserver les propriétés, et pour faire retomber sur ceux-là seuls qui se ligueront contre sa liberté tous les malheurs inséparables de la guerre ;

Qu'elle adopte d'avance tous les étrangers qui, abjurant la cause de ses ennemis, viendront se ranger sous ses drapeaux, et consacrer leurs efforts à la défense de sa liberté ; qu'elle favorisera même, par tous les moyens qui sont en son pouvoir, leur établissement en France ;

Délibérant sur la proposition formelle du Roi, et après avoir déclaré l'urgence, décrète la guerre contre le roi de Hongrie et de Bohême.

De la lutte qui allait s'ouvrir, les premiers événements, auxquels servit de théâtre la frontière des Pays-Bas, nous ont été soigneusement racontés par l'*Argus du Département du Nord*, journal dont la collection complète est devenue presque introuvable. Parue dès le lundi 2 avril 1792, tous les jours, le dimanche excepté, en petit cahier de huit pages, cette gazette s'imprima d'abord à Valenciennes, chez J.-H.-J. Prignet, puis en différents autres lieux, selon les mouvements de l'armée du Nord. Son prix était « de 18 livres pour six mois et de 9 livres pour trois mois, franc de port et par la poste ». « Déjouer les projets des factieux » disait l'éditeur dans son *Prospectus* « et propager les bons principes constitutionnels : voilà quel est le but de mon entreprise ; et, pour l'atteindre, en véritable *Argus*, j'aurai un œil constamment dirigé sur les pas et sur les menées honteuses de l'aristocratie, un autre sur la marche ferme, assurée et glorieuse du patriotisme ; enfin, je publierai la honte de l'une et les progrès de l'autre. » Rédigé sur les lieux mêmes où se passaient les faits, l'*Argus* constitue un document historique d'une réelle valeur. Suivant l'exemple du *Moniteur* du temps, nous lui emprunterons de nombreuses citations.

A l'heure où les hostilités allaient s'ouvrir, les forces combinées de l'Autriche et de la Prusse, prêtes à entrer en campagne, étaient approximativement celles-ci :

Armée autrichienne du Brabant	58.000 hommes
Troupes prussiennes »	12.000 »
Armée autrichienne du Luxembourg	25.000 »
Troupes prussiennes »	15.000 »
Armée autrichienne dans le Palatinat. . . .	30.000 »
» prussienne »	25.000 »
» autrichienne en Brisgau.	35.000 »
Total	200.000 hommes [1]

Auxquels devaient être ajoutés les faibles contingents du landgrave de Hesse et de l'électeur de Mayence, qui venaient d'adhérer à la coalition.

La France avait à leur opposer trois armées, comprenant :

Celle du Nord, environ	53.000 hommes
Celle de l'Est, qui bordait la frontière de l'Alsace, environ	62.000 »
Celle du Centre, qui avait à défendre les vallées de la Sarre, de la Moselle et de la Sambre, environ.	49.000 »
Total	164.000 hommes [2]

En dehors de ces troupes, les garnisons postées dans les places frontières ou distribuées à l'intérieur du pays, montaient à 77.000 hommes. De plus, conformément aux propositions de Dumouriez, 62.000 hommes environ, sous le nom d'armée du Midi, gardaient les Alpes et les Pyrénées.

Rien de mieux, si la qualité avait répondu à la quantité. Mais les troupes

---

[1] Montgaillard, *Histoire de France*, tome III, page 83.
[2] *Rapport* à l'Assemblée, du 27 juin 1792, par Aubert-Dubayet.

françaises étaient divisées en deux fractions irréconciliables, l'une criant : « Vive le Roi ! », l'autre : « Vive la Nation ! ». Elles n'avaient confiance ni dans leurs anciens cadres, que désorganisait quotidiennement l'émigration, ni dans leurs nouveaux officiers, qui manquaient d'une expérience que ne pouvaient remplacer l'ardeur et le patriotisme. Chose grave : elles étaient rétives à l'obéissance. Si certains désordres commis en juillet 1789 par quatre régiments en garnison à Valenciennes et dont les conséquences matérielles avaient été estimées 45.933 fr., étaient déjà loin, à une époque toute récente, au mois de mars, la garnison de Lille avait envoyé une pétition à l'Assemblée pour réclamer contre « une discipline qui ne respire que tyrannie et esclavage ». « Les défenseurs de la liberté », avait-elle ajouté, « n'ont pas besoin de chaînes pour marcher à la victoire [1] ». De plus, cette armée, que le paiement de la solde en assignats avait longtemps mécontentée, n'avait ni uniforme régulier, ni effets suffisants d'habillement et de campement, ni intendance organisée. En un mot, contrairement aux hâbleries de Narbonne, elle n'était ni moralement ni physiquement prête à faire campagne.

Rochambeau se trouvait à Paris lorsque, le 15 avril, il reçut verbalement du roi l'ordre de rassembler, du 1er au 10 mai, trois camps, l'un de 18.000 hommes à Valenciennes, l'autre de 4 à 5.000 à Maubeuge, et le troisième de 3 ou 4.000 à Dunkerque [2]. Il fut ainsi mis au courant de la guerre qui se préparait. Connaissant le peu de cohésion de ses troupes, son avis fut de se tenir d'abord sur la défensive, d'essayer en même temps d'inspirer confiance aux soldats par de petits succès partiels, et d'attendre des renforts. Il essaya de le faire prévaloir, reçut des instructions écrites le 17, et quitta Paris le 21, sans connaître les résolutions définitives de Dumouriez qui, bien que simple ministre des relations extérieures, était aussi le véritable ministre de la guerre.

En arrivant à Valenciennes le 22 avril, le premier soin de Rochambeau fut d'envoyer à Mons, avec un trompette, un de ses officiers, l'adjudant-général Foissac [3], au chef des troupes du roi de Hongrie et de Bohême. Dans un but d'humanité, il lui demandait de laisser leur cordon respectif dans l'état où il se trouvait, pour éviter de fouler sans utilité le peuple des deux nations et pour ne commettre d'hostilités que lorsque, de part ou d'autre, commenceraient de véritables opérations militaires.

---

1 *Moniteur*, séance du 8 mars 1792.

2 Note rédigée par Rochambeau à Valenciennes, le 29 avril, à 11 heures 1/2 du soir, publiée dans le no de l'*Argus* du 1er mai.

3 *Moniteur*, no du 30 avril.

Rochambeau avait en face de lui le général autrichien Jean-Pierre, baron de Beaulieu, qui commandait sous les ordres du maréchal de Bender. Né en 1725, d'une ancienne famille du comté de Namur, Beaulieu avait déjà parcouru une longue et brillante carrière. Après s'être distingué dans l'artillerie durant la guerre de Sept-Ans, il avait, en 1789, contribué à soumettre les Brabançons révoltés, et avait usé envers eux de procédés à la douceur desquels les vaincus eux-mêmes s'étaient plu à rendre hommage. Aussi accepta-t-il avec empressement la proposition de Rochambeau, empressement doublé par cette circonstance que, dans les Pays-Bas, malgré leur attitude provocatrice, les Autrichiens étaient encore moins que les Français en état de lutter sérieusement. Il renvoya avec honneur le parlementaire, en le faisant accompagner de deux hulans.

La trêve ne fut pas de longue durée car, dès le 23, le maréchal reçut des ordres précis, très différents de ceux qu'il avait emportés de Paris, et relatifs à une attaque presque immédiate [1], dont le plan, proposé par Dumouriez, avait été adopté la veille par le Conseil des Ministres. Ces ordres disaient : « Au reçu de la présente, M. Rochambeau fera passer les instructions et rassembler les troupes » [2]. Mais la première partie de ces recommandations n'était qu'un leurre puisqu'en même temps, au mépris de la hiérarchie, le ministère écrivait directement à ses principaux lieutenants.

Beaucoup pensaient que le premier effort des Français devait être porté vers les électorats du Rhin. Mais Dumouriez ne partageait pas cet avis. L'invasion inopinée des Pays-Bas autrichiens, telle était l'idée-mère de son plan, encore plus politique que militaire. Nous avons vu que ces provinces s'étaient révoltées en 1790 non point pour réclamer des réformes mais pour s'y opposer. Aveuglé par les préjugés régnants et assourdi par les clameurs des Liégeois réfugiés, Dumouriez supposait qu'elles se relèveraient à l'approche des Français, chassant de nouveau elles-mêmes leurs maîtres étrangers, et pour préparer ce résultat, il y avait, dès son arrivée au ministère, expédié plusieurs agents secrets.

Son plan comprenait quatre attaques simultanées, deux vraies et deux fausses.

La première des deux attaques vraies devait être dirigée par La Fayette. De Metz, où il se trouvait alors, il reçut l'ordre de se rendre à Givet, d'en partir le 1er ou le 2 mai au plus tard, avec un corps de 10.000 hommes pour attaquer Namur, et après avoir emporté cette forteresse, de se poster

---

[1] Note du 29 avril.

[2] Phrase lue à la tribune de l'Assemblée le 4 mai par Dumouriez pour essayer de démontrer l'indépendance laissée à Rochambeau.

sur la Meuse, dans une position défensive, afin de protéger la droite des opérations principales.

Celles-ci étaient confiées à l'armée du Nord, avec Valenciennes comme point de départ. Ordre était donné au maréchal de réunir ses troupes pour envahir immédiatement la Belgique. Pour le cas où les effets de campement feraient défaut, il ne s'arrêterait pas devant cet obstacle, mais exécuterait la marche par cantonnement. Un de ses meilleurs officiers, Biron, devait se porter de suite d'abord sur Quiévrain, le premier village belge de la frontière, puis sur Mons, avec une avant-garde de 10.000 hommes. Rochambeau le remplacerait aussitôt à Quiévrain, où il pourrait se défendre longtemps si l'affaire ne réussissait pas. Si, au contraire, elle obtenait un plein succès, le maréchal suivrait Biron à la course et le rejoindrait à Bruxelles. Surtout, il ne fallait point perdre une minute. Le moindre retard, disaient les instructions de Rochambeau, « donnerait aux Autrichiens de l'argent pour nous faire la guerre, compromettrait des peuples qui se livrent à notre bonne foi, nous priverait de la ressource d'un grand numéraire, qui nous manque, et nous réduirait à une défensive infiniment dangereuse, moralement ou physiquement, au début de la guerre. »

Biron, ainsi chargé du rôle prépondérant dans l'attaque, était l'ancien duc de Lauzun, brillant homme de cour, sincèrement rallié au parti constitutionnel qui, après avoir servi dans un poste inférieur en Amérique et avoir été député à l'Assemblée constituante, cherchait alors à se créer un grand nom dans les camps. Il était alors lieutenant-général, c'est-à-dire, en langage moderne, général de division. Il reçut directement une lettre de Dumouriez, datée du 26 avril, et qui complétait l'exposé du plan d'attaque. Le bruit courait qu'une flotte russe allait venir de la Baltique au secours des Alliés. A cette flotte, le ministre des relations extérieures ne croyait pas beaucoup, surtout à brève échéance. Il voulait néanmoins pourvoir aux moyens d'en empêcher le débarquement. Selon lui, Biron emporterait Bruxelles du 2 au 4 mai, et y serait rejoint par Rochambeau du 10 au 13. La Fayette poursuivrait alors ses succès et s'avancerait vers Liège. Dès que ce mouvement serait exquissé, Biron marcherait sur Anvers, surtout si les Prussiens faisaient mine de menacer Louvain. « Vous passerez l'Escaut à Anvers, » continuait Dumouriez « et vous pousserez sur Ostende. Je vous destine encore cette besogne, quoi qu'en dise le bon maréchal, qui prend pour une intrigue ce qui n'est que l'œuvre de la raison. Car vous ignoriez parfaitement mon plan. Vous devez être du 12 au 15 devant Ostende, que vous bombarderez, s'il ne se rend pas. Songez que votre avant-garde sera alors grossie de 10 à 12.000 Belges ou déserteurs. » Et il terminait par ces mots : « Soyons des foudres ! Cela est nécessaire contre les Autrichiens, et plus encore contre les clubs et oisifs de Paris. Il faut entraîner la nation ! Je m'en rapporte à vous pour me sentir et me seconder 1. »

Les deux fausses attaques destinées à compléter l'ensemble des opérations devaient avoir lieu vers le nord-ouest. Dumouriez craignait que, sur le danger couru par Mons, la nombreuse garnison de Tournai ne volât à son secours. Afin de paralyser cette garnison, le lieutenant-général d'Aumont, commandant de Lille, reçut mission d'envoyer vers Tournai un détachement composé principalement de cavalerie, sauf à le faire battre en retraite si des forces sérieuses se présentaient pour le refouler. Enfin, à titre de seconde diversion, de Carl, commandant de Dunkerque et lieutenant-général, devait courir droit à Furnes, à la tête de 1.200 hommes 2. Comme celui de Biron, ces mouvements secondaires furent commandés directement de Paris, sans passer par Rochambeau.

L'exécution de ce plan eut été extrêmement avantageuse, puisque la cour de Vienne aurait appris ensemble la déclaration de la guerre et l'invasion des Pays-Bas, puisque du même coup ceux-ci seraient devenus pour nous un boulevard au lieu de nous être un obstacle. Mais il était fort dangereux, en faisant s'avancer en pleins pays ennemis de petits paquets d'hommes, sans charrois de vivres, sans effets de campement, sans force suffisante pour rien faire de sérieux s'ils n'étaient soutenus par les populations. Nous allons voir, du reste, qu'il échoua misérablement.

Ajoutons que Dumouriez se montrait fort léger dans le choix de ses agents. Il aurait dû se souvenir qu'à l'Assemblée constituante, La Fayette s'était opposé à la lecture de dépêches réclamant contre Joseph II l'appui de la France, et que, par suite, ce général était le moins propre de tous à s'attirer la confiance des patriotes belges. Il aurait dû penser aussi que Rochambeau, qui avait proposé un tout autre plan de campagne, ne pouvait pas être raisonnablement désigné pour l'exécution de celui-ci.

Le 18 avril, l'Assemblée législative avait voté un décret ordonnant au ministre de la guerre de confier aux troupes de nouveaux drapeaux, étendards et guidons, et de faire incinérer les anciens en présence des officiers municipaux chargés de dresser un procès-verbal destiné aux archives du Corps législatif. Pour s'y conformer, on brûla d'abord à Valenciennes les enseignes abolies ; puis on bénit les nouvelles dans l'église

---

1 Cette lettre, et celle écrite à Rochambeau, ont été publiées pour la première fois en 1827 par Gagern dans son livre intitulé : *Mein Antheil an der Politik*. Nous empruntons nos citations à l'ouvrage de M. Alfred Michiels.
2 Rapport de Dumouriez à l'Assemblée nationale, du 4 mai 1792.

Saint-Nicolas, attenante à l'hôtel du gouverneur, située dans la partie de la ville opposée à l'Escaut, et dont la tour haute et massive dominait de beaucoup les remparts. C'est ce que relate la pièce suivante [1] :

DU 27 AVRIL 1792.

L'an mil sept cent quatre vingt douze, le vingt sept avril, Nous, Maire et Officiers municipaux de la Commune de Valenciennes, invités par M. l'Officier Commandant dans la place de nous rendre en l'église paroissiale de St Nicolas de cette ville pour y assister à la bénédiction et au brûlement des drapeaux et guidons de la garnison, nous y étant transportés avec la garde nationale de cette ville qui auroit [2] joint ses drapeaux et guidon à ceux de la garnison pour y être bénis.

Il auroit été procédé publiquement à la bénédiction des drapeaux et guidons de la garde nationale, des cinquième et quatre-vingt-neuvième régiments d'infanterie et des quatorzième et dix-septième de dragons.

Ensuite on auroit brûlé à la porte de l'église, en notre présence et publiquement, les drapeaux des cinquième et quatre-vingt-neuvième régiment d'infanterie.

Les chefs des quatorzième et dix-septième régiments de dragons nous auroient déclarés que les anciens guidons de leurs régiments ne pouvoient être brûlés, parce qu'ils les avoient envoyés au bureau de la guerre conformément aux ordres qu'ils avaient reçus à cet effet, avant l'arrivée du décret qui ordonne que les anciens drapeaux et guidons seront brûlés.

De tout quoi nous avons dressé le présent procès verbal pour servir et valoir ce que de raison.

Fait les jour, mois et an que dessus.

ANT. DUQUESNOY   MOHIER   CHAUVIN Aîné   BENOIST
DUFRESNOY   POULART-MONFORT   LAINÉ
J: C: PERDRY LE CADET
maire

Cependant Rochambeau, bien que justement froissé du peu d'initiative qui lui était laissé et absolument résolu dès lors à se démettre de ses fonctions, se hâtait d'exécuter les ordres reçus. Beaucoup de choses lui manquaient. Arrivé presque seul, trois jours avant le commissaire général faisant fonction d'intendant, sans aucun chef d'administration pour les subsistances, il fut puissamment aidé par ses officiers généraux, par son état-major, où figurait César Berthier, adjudant général et frère du futur prince de Wagram, par le peu de commissaires des guerres qui se trouvaient à Valenciennes et par le corps administratif de la ville. Tous ensemble, ils firent l'impossible afin de mettre ses soldats en état de marcher.

Beaucoup de troupes appartenant à l'armée du Nord étaient alors grou-

---

[1] Extraite des *Registres aux délibérations du Conseil municipal de Valenciennes*, tome II, conservés aux archives de la ville, D 1/11.

[2] Cette forme *aurait*, au lieu de *avait*, est fréquemment employée dans les procès-verbaux du temps. La suite de notre travail en montrera de nombreux exemples.

pées à Famars, vieux poste romain, situé au sud de Valenciennes, protégé par cette ville, par l'Escaut et par deux de ses affluents, la Rhonelle et l'Ecaillon. Un camp y avait été établi. C'est de là que fut tirée la majeure partie des corps destinés à frapper, sur Mons, le premier coup de toutes ces guerres.

Conformément à ses instructions, Biron cantonna ses troupes le 27 avril aux environs de Valenciennes. Il se mit en marche le lendemain, emmenant avec lui, entre autres personnages connus, Louis-Philippe, alors maréchal de camp, et son frère, le jeune Montpensier, lesquels, en leur qualité d'appelés éventuellement au trône, avaient reçu de la Constitution de 1791 le titre de *Princes Français*. Avant d'atteindre la frontière, il eut à traverser les villages de Saint-Saulve, Onnaing, Quarouble et Quiévrechain. Chacun sait que son expédition n'obtint aucun succès. Le résultat final n'en est que trop fidèlement résumé dans la note suivante, contenue dans un manuscrit de la bibliothèque de Mons,[1] auquel nous ferons quelques autres emprunts, manuscrit intitulé : *Journal du Palais et historique*, ayant pour auteur un certain A. J. Paridaens, conseiller au Conseil souverain de Hainaut :

DU 1ᵉʳ MAI 1792.

Désastre total des François ; nos chasseurs, qui avoient pris poste hier au soir à l'abbaye de Crépin, leur sont tombés sur le corps pendant la nuit ; ils ont cru que toute l'armée autrichienne étoit sur leur dos ; la terreur et la confusion s'y sont mises, ils ont tout abandonné. On évalue à un million de florins d'Allemagne le butin que notre armée y a fait.

Nous pourrions reproduire les péripéties de la courte campagne de Biron, d'après le rapport officiel que lui-même rédigea le 2 mai et qui fut lu à l'Assemblée, par le ministre de la guerre, dans la séance du 3, ou encore d'après celui que de Beaulieu adressa de l'autre côté de la frontière au maréchal de Bender. Ces rapports étant imprimés au *Moniteur*, nous préférons nous servir d'une pièce tout aussi véridique et beaucoup moins connue : le récit des évènements fait à la Société des Amis de la Constitution de Valenciennes, dont il était alors président, par Alexandre Beauharnais, à la valeur, à l'intelligence et à l'activité duquel Biron se plut à rendre hommage. Nous la reproduisons intégralement d'après une petite brochure imprimée chez Prignet et distribuée comme supplément à l'*Argus*[2] :

---

[1] No 379.

[2] Son titre exact est : *Compte-rendu à la Société des Amis de la Constitution de Valenciennes, par Alexandre Beauharnais, adjudant général de l'armée du Nord, président de la Société*. Nous la copions avec les notes de l'auteur, notes que nous distinguons par le signe (B).

L'armée aux ordres du général Biron est partie le 28 de Valenciennes et des différents villages des environs où elle étoit cantonnée ; elle s'est rendue en bon ordre au camp de Quiévrechain, quoique déjà fatiguée par la précipitation du rassemblement, par le défaut de fourrages et d'étapes dans quelques lieux du cantonnement. La position de Quiévrechain a été prise, la droite appuyée à ce village, la gauche à Crespin ; le village de Quiévrechain étoit devant nous ; un détachement de 400 hommes du 74e régiment et de 50 hommes du 3e régiment de hussards l'ont occupé après en avoir chassé le détachement ennemi. Le soldat montroit partout une grande détermination et une ardeur qui lui faisoit oublier tout ce qui lui manquoit. Le lendemain 29, l'armée s'est mise en marche sur trois colonnes, l'une a pris par Crespin, celle du centre a suivi la chaussée de Mons, celle de droite s'est dirigée par Quiévrechain, Baisieux, Elouge..... sur Hornu. Cette colonne n'a fait aucune rencontre. Celle de gauche, qui s'est réunie à celle du centre sur la chaussée de Mons, n'en a fait aucune. Celle du centre a successivement fait l'attaque de Hainin, Boussus, Saint-Guislain et de la barrière de Quaregnon. Dans ces différentes attaques, plusieurs hussards et hulans ont été blessés. M. Cazeneuve, lieutenant-colonel du 3e régiment de hussards, ayant eu son cheval tué sous lui, a été enlevé et pris par les hulans à la sortie du village. M. Dupuch, lieutenant-colonel d'artillerie, a eu une balle dans le bras. Dans cette plaine, entre Wasmes et Saint-Guislain, les deux colonnes se sont réunies, l'armée s'est rangée en ordre de bataille, ayant sa droite au village de Wasmes, la gauche entre Saint-Guislain et la barrière : Saint-Guislain étoit occupé par le bataillon du département de Paris, la barrière et le village de Vamielle, par le bataillon du 89e régiment. L'armée a été au bivac le jour et la nuit ; il n'y a eu dans le jour qu'un détachement ennemi repoussé et quelques hulans tués par les grenadiers du 1er et du 49e régiment et par un détachement d'hussards et du 3e régiment de cavalerie, qui occupoient Wasmes ; il y a eu aussi quelques tirailleurs en avant de la ligne de bataille, des chasseurs tiroliens ont cherché à inquietter l'armée, quelques soldats et quelques gardes nationales en ont tué plusieurs.

L'armée étoit excédée de fatigue. On nous avoit promis toutes les ressources que la précipitation du départ pouvoit permettre, et une grande partie de l'armée a manqué de vivres, de fourrages. Point de commissaires de guerres, point d'hôpitaux ambulans. Avec cela, la fatigue, je dirai même l'épuisement n'apportoit aucun découragement. Mais on nous avoit promis qu'à notre entrée dans le pays ennemi, on viendroit au devant de nous, que les secours des habitans du Pays subviendroient à ce que cette fatale précipitation pourroit nous laisser manquer ; mais ces espérances ont été vaines. Les mêmes ennemis intérieurs qui n'ont point laissé ignorer à nos ennemis extérieurs, nos forces, notre marche et l'insuffisance de nos moyens, ont créé une mesure infernale qui a réussi à rendre sans effet le courage le plus sûr. Dans la nuit, un grand mouvement se fait entendre, occasionné par trois coups de pistolets tirés dans le camp. A ce bruit, quelques hommes de troupes à cheval crient : « Aux armes, on nous trahit, » l'ennemi est dans notre camp, sauve qui peut ! » Trois (*) cents hommes ont pris l'épouvante, ont forcé le Général Biron, en lui disant qu'il étoit un traître, à se mettre à leur tête et l'ont ramené ainsi à deux lieues sur la route de Quiévrain. Il est venu à bout de leur persuader que leur épouvante étoit une fausse terreur, et comme une partie de cette colonne suivoit la tête, persuadée que c'étoit un mouvement commandé et que parmi eux beaucoup de gens induits en erreur par des hommes, qui faisoient courir le bruit que les généraux étoient

---

(*) Quelques jeunes gens du 5e régiment de dragons suivirent l'impulsion donnée, mais le fond du régiment se rallia en 3 minutes, à la voix du colonel Dampierre, et resta en bataille jusqu'au retour du régiment (B).

passés à Mons, croyoient que toute l'armée faisoit retraite [1]. On est enfin venu à bout de leur faire entendre que, dans toutes les hypothèses, on ne pouvoit pas abandonner le reste de l'armée, l'infanterie surtout, qu'enfin on ne devoit pas fuir : le général Biron a donc réussi à réunir la presque totalité de ces fuyards, qui ont reconnu tout à la fois avec le jour, leur honte et leur erreur. A la pointe du jour, l'on a apperçu des mouvements de l'ennemi qui indiquoient l'intention de nous tourner par la droite. D'autres avis ont fait craindre qu'on ne fût coupé par St-Guislain. Les moyens de subsistance et les ressources attendues n'arrivoient point ; les troupes à cheval surtout souffroient de notre situation. Le Général s'est déterminé à se replier, pour reprendre la position qu'il avoit occupée la veille à Quiévrechain. La retraite a été ordonnée en conséquence. Elle s'est faite avec ordre et la fatigue a plus fait perdre de monde que le feu de l'ennemi.

Jusques-là nous pensions, et avec fondement, que nous avions fait plus de mal que nous n'en avions éprouvé. Comme il étoit important de couvrir la retraite de l'armée, je me suis porté promptement auprès du colonel Dampierre, qui commandoit l'avant-garde, et, de concert avec lui, nous avons fait une disposition qui a protégé la rentrée en France de toute l'armée. Le bataillon de Beauce, celui des Gardes Nationales de l'Orne, ont été placés derrière des vergers, en avant des Saulçois avec 4 pièces de canon ; 3 escadrons de dragons nous appuyoient à la droite et à la gauche, et ce n'est qu'après que toute l'armée française a été rentrée dans le camp de Quiévrechain, que notre retraite s'est faite.

En entrant dans Quiévrain en bon ordre, nous avons trouvé la tête du village occupée par le bataillon des Gardes Nationales du Nord, par de l'artillerie et commandé par M. de Fleury, maréchal-de-camp, qui n'étoit pas de notre armée, mais que M. le maréchal Rochambeau avoit envoyé à Quiévrain sur la fausse nouvelle de déroute apportée la veille par les fuyards de la nuit.

Nous sommes entrés ensuite à Quiévrechain, protégés par M. de Fleury. Nous y avons trouvé l'armée ayant repris sa position du 28. Tout jusques-là avoit offert une retraite faite en ordre, mais les mêmes manœuvres qui n'avoient eu qu'un succès incomplet dans la nuit, furent renouvellées le jour, et ce qu'il y a d'incompréhensible, c'est que l'effet qu'elles produisirent fut la retraite de toute l'armée dans Valenciennes, et dans le plus grand désordre. J'étois auprès du 74e régiment dans la partie droite, quand je vis toute l'aile gauche se mettre en mouvement, comme pour prendre une position plus éloignée de Quiévrain : je fis demander quel étoit l'objet de ce mouvement qui ne s'accordoit pas avec la disposition de la droite, puisque dans le même tems, un bataillon d'infanterie se portoit dans Quiévrain pour chasser les troupes ennemies. Personne ne pût me dire quel étoit l'objet de ce mouvement. Je ne tardai pas à voir qu'il n'offroit plus l'effet d'une disposition militaire, mais le résultat d'une nouvelle intrigue criminelle. L'aile gauche ne se retiroit pas en ordre, mais en déroute, nous étions sur le territoire français, ayant à peu de lieues derrière nous Valenciennes et des troupes fraîches, et l'épouvante se semoit cependant en disant, en faisant répéter : *Nous sommes trahis, on nous mène à la boucherie, sauve qui peut.*

Un bataillon entroit dans Quiévrain ; il fit feu sur notre artillerie, sur celle de nos troupes qui se retiroient. M. Gossart, membre de notre Société, lieutenant d'artillerie, vit tomber près de lui, par l'effet de ce feu, M. de Fleury, maréchal de camp : ce général fut blessé et eut son cheval tué sous lui. Le désordre de la gauche entraîna bientôt celui de la droite, et toute l'armée entra

---

[1] Nous reproduisons cette phrase telle qu'elle est donnée par le texte imprimé ; mais elle est peu compréhensible.

le jour même en tumulte à Valenciennes. Mes efforts pour le ralliement furent inutiles. Dans mon désespoir, je fus rejoindre les braves chasseurs d'Alsace, commandés par M. de Noailles ; je trouvai Messieurs de Chartres, et de Montpensier, un capitaine de hussards et plusieurs hussards, qui s'étoient rassemblés près d'Onnain pour charger l'ennemi s'il se présentoit. Une heure après, mes forces épuisées par trois jours de fatigue, sans aucun sommeil, sans aucun repos, sans aucune nourriture prise, ayant eu la cuisse foulée par mon cheval tombé sur moi, ne pouvant plus être porté par celui sur lequel j'étois monté, parce que depuis trois jours il n'avoit rien mangé, je suis tombé moi-même de fatigue et les soins de plusieurs chasseurs d'Alsace, de M. le Pege, lieutenant-colonel et du chirurgien-major m'ont rappelé à la vie. Jamais, en fouillant dans les Annales d'aucunes histoires anciennes et modernes, on ne verra une armée de 8,000 hommes défendant sur leur territoire la Constitution, la liberté de leur patrie, frappée d'épouvante, se retirer en désordre à la vue de quelques hulans, en présence d'une troupe ennemie beaucoup moins nombreuse, se retirer, abandonner quelques-uns de leurs canons à un corps à cheval, qui n'en avoit pas, parce que des ennemis de la Patrie ont séduit deux, trois, quelques misérables pour crier : *Sauve qui peut*, et ont, pour donner du crédit à leurs effroyables menées, semé la défiance envers leurs généraux (*), accompagné leur cri d'épouvante du mot fatal : *Nous sommes trahis par nos généraux, on nous mène à la boucherie*. Trois coups de pistolets tirés dans la nuit du 29, à la vue de Mons, ont fait fuir 300 hommes à cheval ; ils étoient persuadés que le camp étoit livré à l'ennemi ; et à leur retour à la pointe du jour, ils ont retrouvé l'infanterie dans un calme parfait. Ah ! quel est votre nom, brave grenadier (a) du 74e regiment d'infanterie, lorsque le 30 vous fûtes blessé à mes côtés : vous me dites près de Quiévrain : « *Mon officier, achevez-moi, que je ne voie pas la* » *honte de cette journée ; mon officier, vous le voyez, je meurs à côté de mon* » *fusil et avec le regret de ne plus le porter !* » Quel est votre nom, brave grenadier, vous qui vous êtes si bien conduit? Je le saurai, je vous le promets, et les Amis de la Constitution vous décerneront ces honneurs civiques qui sont la plus douce récompense des soldats français ! Dites à vos camarades que la chose publique est en danger, si on ne livre pas à la rigueur des lois le premier misérable qui exposera à la honte les soldats de la liberté en semant la méfiance dans leur camp, en leur donnant le conseil de la fuite, en les frappant de cette épouvante qui a fait plus de victimes de nos propres coups que du feu de l'ennemi. Je vous le demande, oui, à vous tous, témoins de ces fatales journées, qui vous a commandé de faire feu sur nos concitoyens, à Quiévrain ? Soyez donc calmes, obéissans, et dût une voix de l'enfer conjuré contre la liberté et le courage s'élever pour commander la fuite, restez immobiles à votre poste jusqu'à ce qu'une nouvelle disposition militaire vous place plus avantageusement pour le succès de nos armes ; ainsi répondez à ceux qui vous parlent de trahison pour vous commander la fuite, répondez-leur : « *La fuite* » *est pour nous un opprobre. La trahison, s'il en existe, sera punie d'une mort* » *honteuse et, pour nous, la mort est un léger revers qui assure notre gloire,* » *qui cimente avec notre sang la liberté de nos concitoyens.* »

La Société a arrêté l'impression de ce rapport et l'envoi à la Société des Amis de la Constitution de Paris.

ALEX. BEAUHARNOIS, Président.

BAILLEZ, Secrétaire.

(*) Cette méfiance étoit d'autant moins fondée que les deux seuls qu'il y eut dans notre armée sont des zélés patriotes, membres de tous tems des Sociétés d'Amis de la Constitution (B).

(a) Son nom est Pie ; il est à l'hôpital de Valenciennes (B).

Ce récit fut envoyé à M. Prouveur avec la lettre suivante : [1]

Frère et Ami,

Vous avez bien raison de compter sur notre zèle à surveiller les ennemis de la chose publique, sur notre courage à repousser l'armée des tirans, si elle s'approche de nos murs. Nos soins égaleront les dangers des circonstances présentes ; ils seront dignes de la confiance dont vous nous donnez des preuves.

Nous vous envoyons le récit qui nous a été fait par un de nos membres de la malheureuse expédition des 28, 29 et 30 avril et l'adresse que le même citoyen avait rédigé pour répandre dans le Brabant et y assurer nos succès. Une intrigue qui a menacé les jours des généraux patriotes et jetté l'épouvante dans l'armée en y répandant des faux bruits ; une trame artificieusement ourdie sera détruite par nos efforts et nous espérons que nos troupes répareront à la première rencontre une déroute dont elles sentent si vivement le malheur et les conséquences.

Nous sommes véritablement,

Vos amis et vos frères,

Les Membres du Comité de Correspondance,

Alexandre BEAUHARNOIS,
Président.

BERNAY,
Secrétaire.

MELLETIER,
Secrétaire.

KOLLY. GOFFARD.

REBUT. BARRÉ.

Nous avons vu que, dès le 29, des fuyards étaient venus à Valenciennes annoncer la défaite. Le soir, le maréchal rédigea, outre une lettre au roi, dont nous parlerons ultérieurement, une note explicative de sa conduite, qui parut dans l'*Argus* du lendemain ; et, le 30 au matin, des bruits alarmants ayant recommencé à circuler, la municipalité, afin d'en combattre l'effet, ordonna de placarder un avis ainsi conçu : [2]

AVIS AU PUBLIC
DU 30 AVRIL 1792.

Maire et Officiers municipaux,

Informés que les ennemis du repos public se plaisent à répandre des faux rapports sur les évènemens de l'armée qui tendent à alarmer nos concitoyens et les induire en erreur, déclarent que le premier qui sera surpris de tenir des propos, d'avancer des faits autres que ceux réels et dont il sera chaque jour donné une connoissance officielle, sera à l'instant arrêté et poursuivi rigoureusement suivant les voies de droit. Requérons les bons citoyens de nous seconder dans nos efforts, en amenant devant nous les coupables, déclarant que la municipalité et corps administratifs supérieurs resteront assemblés jour et nuit. Les citoyens peuvent s'assurer qu'il se fait douze mille cartouches,

---

[1] Conservée à la bibliothèque de Valenciennes.
[2] Archives municipales de Valenciennes, D 1/11.

qu'on en a distribué ce matin à la citadelle et à la porte Cardon au moins six chariots.

On prévient les volontaires de la garde nationale de s'adresser aux capitaines de leurs compagnies respectives pour avoir des cartouches, à qui il en a été distribué.

Chaque citoyen sentira qu'il importe que la distribution des poudres se fasse avec ordre et précaution.

Mais bientôt, on vit accourir les fuyards et se passer d'effroyables scènes de désordre dont le récit sera donné plus loin. Dans ce désarroi, ne sachant exactement à qui avoir recours pour réprimer les excès de la soldatesque, la municipalité adressa au maréchal la lettre suivante : [1]

ENVOYÉE LE 30 AVRIL 1792.

Nous, Maire et Officiers municipaux de Valenciennes, de concert avec MM. les membres du Directoire du District, Requerrons Monsieur le Maréchal de Rochambeau de désigner l'officier général chargé du commandement de la place avec lequel nous puissions correspondre pour tout ce qui est relatif tant au service qu'à la sureté de la place et à celle des Citoyens.

Nous vous demandons aussi ce que vous allez faire de l'armée qui est dans nos murs et quels moyens vous avez de pourvoir à sa subsistance ainsi qu'aux moyens à prendre pour maintenir l'ordre parmi elle.

10 heures de nuit.

Le maréchal était déjà depuis quelque temps sorti de la ville et il s'était posté, avec des troupes de réserve, dans le village de Saint-Saulve, le premier que l'on rencontre sur la route de Mons en sortant de Valenciennes, et qu'avait longtemps distingué un prieuré, jadis établi par Charlemagne, et transformé en abbaye au XVIIe siècle. Ces troupes comprenaient 6 escadrons et 2 bataillons du 5e régiment avec 4 pièces d'artillerie. Elles arrêtaient en partie les fuyards et protégeaient la retraite des Français contre la poursuite des hulans. De son quartier général, un aide de camp répondit sans aucun retard : [2]

A messieurs les Maire et Officiers municipaux de Valenciennes.

Monsieur le Maréchal de Rochambeau m'ayant chargé d'ouvrir les lettres qui lui seroient adressées et d'y répondre ; j'ai l'honneur de répondre à celle dont vous l'avez honoré ce jourd'hui à 10 heures du soir, que :

1°) M. le Maréchal a laissé le commandement de la place de Valenciennes à M. Linch, maréchal de camp, logé place du Boudinet, vis à vis le quartier de Schomberg. Vous pouvez vous adresser à lui en toute confiance, pour tout ce qui concerne les troupes.

---

[1] Archives municipales de Valenciennes, H. 2, 23.
[2] Archives municipales, même numéro.

2°) Vous connaissez mieux que personne l'impossibilité de faire partir aujourd'hui les troupes qui sont entrées à Valenciennes ; mais demain matin elles recevront les ordres de se rendre dans différents cantonnements, dont vous recevrez un Duplicata ainsi que M^{rs} les Administrateurs du District.

3°) Quant aux subsistances, nous vous conjurons, au nom de la patrie, que vous avez si bien servie à cet égard, de faire encore délivrer à ces troupes la nourriture nécessaire, pour que demain elles aient la force et la volonté d'évacuer la ville, pour se rendre dans les garnisons qui leur seront désignées.

4°) Tout est fort tranquille dans les environs d'ici, et notre position couvrant Valenciennes, vous devez être entièrement tranquilles. Il seroit bien à désirer que les citoyens et les troupes en fussent persuadés.

Fait au quartier général de St Sauve.

d'AOUST aide de camp du maréchal de Rochambeau.

A onze heures du soir le 30 avril 1792.

Presque immédiatement après, cette première lettre fut suivie d'une autre ainsi conçue : [1]

St Saulve le 1er May 1792. L'an 4e de la Liberté, à 1 heure du matin.

Messieurs,

J'ay l'honneur de vous adresser l'état cy-joint, des dispositions de M. le M^{al} Rochambeau, pour le cantonnement des troupes, en attendant qu'elles puissent entrer dans le camp sous Valenciennes.

M. le Maréchal me charge de vous témoigner toute sa satisfaction, de la prudence et de l'activité des mesures que vous avés bien voulu prendre pour assurer la subsistance et le logement du grand nombre de troupes que les circonstances ont fait affluer hier à Valenciennes.

L'adjudant général de l'armée du Nord,

JARRY.

MM. les Maire et Officiers municipaux de Valenciennes.

Le signataire de cette lettre avait le grade de maréchal de camp. Nous le retrouverons plus tard à Menin avec Lückner, et à Sedan avec La Fayette. Quant à l'annexe qu'elle renfermait, la voici :

ÉTAT des cantonnements ordonnés par M. le Maréchal de Rochambeau, Derrière la Rhonelle, la droite au Quesnoi et la gauche à Valenciennes. Pour le 1er may 1792.

L'an 4ème de la Liberté.

Bataillons de campagne.

22° régiment,	à Famars.
45° —	à Sepmerie.
56° —	non encore arrivé.
68° —	à Villerspol.
74° —	à Artre.
Trois compagnies de grenadiers,	à Aulnoit.

---

[1] Même origine.

Bataillons de gardes nationales.

2ᵐᵉ du département de Paris	à Marchiennes.
1ʳ du Nord	à Querenaing.
2ᵐᵉ de l'Oise	à Vendegies sur l'Écaillon.
2ᵐᵉ de l'Orne	à Sommaing.
1ʳ de Paris	à St-Amand..... *Poste détaché.*
1ʳ de l'Orne	à Monchaux sur l'Ecaillon.
2ᵐᵉ du Nord	à Ruesne.
1ʳ de l'Yonne	à Maing.
1ʳ de l'Aisne	à Beaudignies près le Quesnoy.

Trouppes à cheval.

11 de dragons	à Trith-St-Léger, St-Léger succursale.
1ʳ régiment de chasseurs	à Marly.
3ᵐᵉ de hussards	à St-Waast sous Bavay.

Trouppes qui retournent dans leurs garnisons.

1ʳ régiment d'infanterie		à Condé.
18ᵐᵉ	— —	à Maubeuge.
49ᵐᵉ	— —	au Quesnoy.
89	— —	à Valenciennes.
3ᵐᵉ de cavalerie		à Maubeuge.

Nta. Une division d'artillerie de Douay est parquée dans un Bastion de Valenciennes.

Fait au quartier général à St-Saulve à une heure du matin le 1ᵉʳ may 1792.

L'adjudant général en chef de l'armée du Nord,

JARRY.

Quant aux déplorables événements qui, le 30 avril, s'étaient passés dans la ville, le procès-verbal suivant les fera connaître en détail : [1]

Le trente avril mil sept cent quatre-vingt-douze, la municipalité extraordinairement assemblée, M. le Maire a dit :

Que retournant chez lui vers minuit, après avoir fait, avec M. le Procureur de la Commune, la ronde des cinq portes dont la garde étoit confiée aux volontaires de cette ville, il auroit rencontré une voiture qu'il auroit soupçonné chargée de blessés ;

Que trois quarts d'heures après, un volontaire de la garde nationale du poste de la place vint lui demander où il feroit loger le conducteur qui avoit amené des blessés, les aubergistes refusant d'ouvrir ; qu'il lui auroit dit de choisir une auberge et d'ordonner de sa part à l'aubergiste d'ouvrir ;

Que vers les deux heures du matin, le commandant du poste de la place vint lui dire qu'on demandoit de faire battre la générale, que l'armée de M. de Biron étoit en déroute, qu'on prétendoit qu'il y avoit des chariots poussés et culbutés jusques dans les fossés où on entendoit quelqu'un se plaindre et que les troupes vaincues étoient à la porte ;

Qu'il auroit défendu de battre la générale et auroit envoyé aussitôt avertir M. le Maréchal et se seroit à l'instant rendu au corps de garde national de la

---

[1] Il est extrait des *Registres aux délibérations du Conseil municipal de Valenciennes*, tome II, page 255, conservé aux archives municipales D 1/11.

place ; qu'il y auroit trouvé un jeune homme avec l'uniforme de garde nationale ; qu'il auroit dit venir de l'armée, qu'elle étoit en déroute et que c'étoient des dragons françois qui eux-mêmes avoient crié : « *Sauve qui peut, nous sommes trahis* ;

Qu'il étoit venu avec un de ses camarades qui étoit blessé et avoit été conduit à l'hôpital ;

Que des conducteurs de chariots chargés de paille et de foin marchant pour l'armée qui étoient revenus en ville et se trouvoient sur la place, rapportèrent la même chose ;

Qu'à peine ils avoient fini leur rapport que M. D'Hédouville, officier de l'Etat-major de l'Armée du Nord, arriva sur la place avec une ordonnance venant de chez M. le Maréchal et se transporta au corps de garde national de la place où il entendit le fuyart qui y étoit ; ensuite, il se rendit avec M. le Maire à la porte de Mons, accompagné de trois gardes nationaux et d'un sergent de ville ;

Qu'ils remarquèrent que la rue de Mons étoit jonchée de bottes de paille ;

Qu'arrivé à la porte, l'officier de garde et le poste dirent que des voituriers s'étoient présentés à la porte, avoient crié que l'armée étoit battue et repoussée et qu'il falloit les laisser rentrer, si on ne vouloit pas perdre les vivres dont ils étoient chargés, pourquoi ils les avoient refusé d'entrer.

Le rapport fait, M. D'Hédouville sortit de la ville pour aller à la découverte et je revins sur la place où nous étions convenus de nous réunir. J'entendis de rechef les voituriers et le garde nationale : ils répétèrent ce qu'ils avoient déjà dit et pendant qu'ils faisoient leur récit, se présentèrent sur la place des chirurgiens de l'armée de M. de Biron : ils contèrent que l'on étoit trahi et que M. de Biron étoit passé à l'ennemi. Je soutins le fait faux et M. D'Hédouville revenant de sa découverte, je le joignis aussitôt, ayant avant fait demander MM. Duquesnoy et Lenglet, désirant conférer avant de convoquer la Municipalité et M. D'Hédouville m'ayant assuré qu'il n'y avoit rien à craindre pour cette place.

MM. D'Hédouville, Duquesnoy, Lenglet et moi nous rendimes ensemble chez M. le Maréchal. Il étoit quatre heures du matin. Nous le trouvames au lit et l'instruisimes des rapports et mouvements qui avoient eu lieu la nuit.

A notre retour sur la place, nous trouvames divers chirurgiens de l'armée qui faisoient le récit de la déroute et disoient que M. de Biron étoit passé à l'ennemi.

Nous vimes aussitôt arriver différens chariots chargés d'équipages et de dragons du régiment de la Reine avec des hussards, et un de ces dragons nous ayant dit que la déroute de l'armée provenoit d'une erreur dans laquelle avoient été jetté les voituriers qui étoient placés sur un terrein dont on avoit besoin pour se défendre et d'où on les avoit fait retirer avec désordre, M. le Maire alla avec ce dragon chez M. le Maréchal où ils virent un des adjudans, M. de Clozen auquel le Dragon conta ce qu'il avoit déjà dit à M. le Maire.

Alors nous convoquâmes la Municipalité pour sept heures et, en cette séance, elle délibéra de rester assemblée pour attendre des nouvelles ultérieures du Maréchal.

Dans l'intervalle se présentèrent à notre séance deux citoyens qui nous firent le récit de ce qu'ils avoient vu à l'armée d'où ils revenoient ; nous les menames aussitôt chez M. le Maréchal qui fit faire devant nous rapport de l'état des choses par le Sr Duvignol, un de ses aides de camp, et le rapport des citoyens que nous avions amené se trouvant conforme à celui qu'ils nous avoient fait, ils déclarèrent n'avoir rien à ajouter.

Peu après, on vint le prévenir qu'il arrivoit force de fuyards ; on vit, en effet, des chariots, des troupes et quantité de monde arriver par la porte de Mons, parcourant la ville en désordre, criant : « Sauve qui peut, nous sommes trahis ! »

Voyant cette confusion, la Municipalité a demandé des Commissaires du District pour l'aider dans les mesures à prendre dans des circonstances aussi allarmantes ; et, à l'instant, sont arrivés MM. Carette et Briez, membre et procureur-syndic du District.

La Municipalité a délibéré qu'elle resteroit assemblée jour et nuit, et les différens rapports qui lui étoient faits la portèrent à prendre la délibération cottée A, qu'elle fit aussitôt publier en présence d'un de ses membres [1].

Vers dix heures, M. le Maire, deux officiers municipaux et M. le Procureur de la Commune se rendirent chez M. le Maréchal pour conférer avec lui sur les précautions à prendre dans l'état actuel des choses, mais M. le Maréchal étoit monté à cheval. En conséquence, nous dumes revenir à la Municipalité et entendant battre la générale, nous avons fait sonner l'alarme, armer nos concitoyens qui se rendirent aussitôt aux places et remparts et nous requimes M. le Commandant de la garde nationale de demander des poudres et de les faire distribuer aux Volontaires qui en demandoient à grands cris.

On s'écria aussitôt : « A qui les demandera-t-on ? il n'y a plus en ville ni » officiers d'artillerie, ni officiers commandant dans la place. Tous ont suivi » M. le Maréchal et il faut nous défendre ! »

Alors M. de Chevraud, commandant de bataillon, à qui nous avons remis une réquisition pour le chef d'artillerie à effet d'obtenir des munitions, s'est transporté chez le S. Ducroquet, garde-magasin de l'arcenal, pour qu'il ait à lui ouvrir le magasin à poudre et délivrer des cartouches.

Réquisition que nous fumes forcés de donner, ne se trouvant pas en ville aucun chef militaire ; les citoyens et les militaires mêlés avec eux criant, d'un autre côté, à la trahison et exigeant des poudres.

Les troupes de toutes armes qui se présentoient en foule et forcèrent même l'entrée de la salle des séances, s'emportoient en injures et menaces contre les généraux qu'elles accusoient de trahison, exigeant que la Municipalité reçut leurs dénonciations, plaintes et démissions et qu'elle les envoyât à l'Assemblée ; qu'enfin elles mouroient de faim et de soif et étoient dans le plus grand besoin, nous demandant à grands cris des logements.

Il nous fut impossible de maintenir l'ordre dans la salle ; tous se pressoient, tous exigeoient, plusieurs même avec emportement, et M. le Maire fut trois fois mis en joue dans la séance et reçut même des coups dans la poitrine par un hussard qui lui parut ivre. Il fut aussi forcé de signer plusieurs déclarations de différens soldats contre M. le Maréchal.

Différens soldats et officiers dirent même des injures en notre présence à M. de Crillon, Lieutenant-général, le chargeant aussi de faire connoitre aux Généraux leur indignation.

Pour éviter les lenteurs de la distribution des logemens, la Municipalité fit proclamer dans la ville, avec deux tambours et deux officiers municipaux, que chaque citoyen auroit à loger et fournir tous secours en proportion de l'étendue de leur logement et, en conséquence, trois officiers municipaux conduisirent les troupes de rues en rues, leur assignant leur logement et les recommandant à la bienveillance des citoyens.

Pendant que les Officiers municipaux procédoient à cette opération, on amena à la Municipalité un chasseur ennemi fait prisonnier et dont la face étoit ensanglantée et que plusieurs soldats tenoient avec violence, les uns crioient de le pendre, les autres non. La salle en étoit remplie.

M. le Maire, M. Ravestin, juge de paix de cette ville, employèrent toutes les sollicitations possibles, dans le tumulte qui régnoit.

Ils montèrent l'un et l'autre sur une table et représentèrent qu'il étoit indigne de la *généralité* [2] françoise d'ôter la vie à ce prisonnier à qui on l'avoit laissée lorsqu'on pouvoit la lui ôter sur le champ de bataille ; qu'il falloit considérer que nous avions aussi des prisonniers ; qu'on les traiteroit avec la même barbarie.

---

1 Nous l'avons reproduite ci-dessus.
2 Il faut sans doute lire : *générosité*.

Les soldats se rendirent à ces raisons ; ils crièrent qu'il ne lui seroit rien fait, et on l'emmena en prison.

Peu d'instants après, des soldats de Navarre et des Volontaires de la Garde Nationale nous amenèrent M. Ducroquet, garde d'artillerie.

Tout le monde l'accusoit avec emportement et menaces d'avoir refusé de donner des poudres, d'avoir trompé le Commandant de la Garde Nationale en lui donnant des clefs autres que celles du magasin. Sa vie étoit menacée et M. le Maire, après l'avoir entendu, l'envoya en arrestation.

Des soldats de l'armée vinrent ensuite demander avec extrémement de chaleur qu'on leur livrât un homme qu'ils vouloient avoir ; ils parloient tous ensemble et avec une confusion qui empêcha de deviner de qui ils vouloient parler et M. le Maire crut qu'ils vouloient la mort du chasseur prisonnier de guerre conduit un instant avant en prison. Il leur reprocha leur cruauté et leur dit qu'il périroit plutôt que de consentir à une telle atrocité.

Ils répondirent qu'ils l'auroient bien sans sa permission et ils sortirent en tumulte.

Les demandes de logements se multiplioient et se répétoient pendant ces scènes affligeantes.

La plus grande partie des officiers municipaux étoit répandue dans toute la ville pour chercher à loger les troupes. Un citoyen vint dire à M. le Maire qu'on alloit pendre un homme. Ce citoyen n'avoit pu passer qu'avec peine au travers de la troupe qui entouroit M. le Maire et il ne lui dit aucune circonstance de l'événement dont il parloit ; il ne désigna rien : ni quel étoit cet homme qu'il annonçoit qu'on alloit pendre ; ni dans quel endroit de la ville cette horreur alloit se commettre, ni quels étoient ceux qui alloient se rendre coupables de cette violence.

M. le Maire voulut sortir aussitôt et aller s'opposer à cet assassinat ; mais les soldats qui l'entouroient, le pressoient pour avoir logement et étape, l'arrêtèrent et il ne put même parvenir jusqu'au milieu de la salle. Il fut contraint de reprendre l'opération des logements ; il continua sans que personne soit revenu l'instruire ni de ce qui se passoit ni de ce qui s'étoit passé. Néanmoins un officier municipal qui se trouvoit dans la salle, mêlé parmi les troupes qui y étoit, provoqua aussitôt le plus de soldats qu'il put pour empêcher cet assassinat. Une douzaine de grenadiers armés le suivirent jusques sur le perron de la maison commune. Arrivés là, la Place d'armes étoit remplie de troupes, ils ne purent pénétrer plus avant.

A sept heures du soir, la Municipalité apprit que la prison avoit été forcée et qu'un homme avoit été pendu et étoit exposé à tous les yeux. M. le Maire voulut faire ôter cette preuve de désordre dans lequel étoit la ville : on l'en empêcha et on refusa d'aller toucher à cet homme. Alors il donna des ordres pour qu'on emportât et enterrât le cadavre aussitôt que les circonstances le permettroient.

L'opération du logement se prolongea toute la soirée et très avant dans la nuit et les troupes voulant avoir des billets de logement, quoiqu'on leur disoit qu'ils étoient inutiles, puisqu'on logeoit à la craie, elles en firent elles-mêmes.

Dans cette soirée, MM. Devaux et Crancé, officiers du génie, vinrent demander à la Municipalité si elle avoit requis qu'on mit les eaux dans les fossés de la ville et on leur répondit que la défense de la place n'étoit pas confiée à la Municipalité et qu'elle n'entendoit pas se mêler de ce qui n'appartenoit qu'à l'officier chargé de cette deffense et qu'ils veuillent bien s'adresser à lui. Ils dirent qu'ils ne savoient qui c'étoit et qu'ils ne trouvoient personne à qui s'adresser.

Dans le même instant, M. de Fleury, maréchal de camp, retenu au gouvernement par une blessure qu'il avoit reçu, écrivit un mot à la Municipalité pour qu'elle veuille lui envoyer un de ses membres. M. Duquesnoy s'y rendit, il lui fit part qu'il étoit Commandant de la place et qu'il prioit la Municipalité de vouloir continuer ses soins pour maintenir la tranquillité dans la ville.

Vers onze heures de nuit, la Municipalité reçut une note de M. Jarry, Adjudant général, qui l'informoit que M. le Maréchal passoit la nuit à St Saulve.

La Municipalité considérant l'importance des événemens qui venoient de se passer, arrêta une lettre circonstanciée reprise sous la lettre B 1.

Le mardi 1ᵉʳ mai, jour destiné au départ des troupes pour leurs cantonnemens, la troupe nous parut agitée, plusieurs soldats disant hautement qu'ils ne partiroient pas. Dès sept heures du matin, M. le Procureur de la Commune écrivit au nom de la Municipalité au Commandant de la place en lui exposant qu'il importoit de réunir le grand nombre des troupes répandus dans la ville et de donner les ordres du départ pour leurs cantonnemens. Vers dix heures, il écrivit de nouveau. Les ordres du départ ont été donnés à midi et il s'effectua sans bruit, sauf que quelques soldats, tant d'infanterie que de cavalerie, vinrent, s'annonçant chargés de députations de leurs Corps, déclarant qu'ils ne partiroient pas sans avoir de bonnes armes au lieu des mauvaises qu'ils avoient et le Général les fit changer. D'autres disoient qu'ils étoient trahis, et qu'ils n'obéiroient pas à M. de Rochambeau et ne partiroient qu'après un décret. Néanmoins, ils partirent comme les autres.

Enfin, sur le soir, les inquiétudes de nos concitoyens se manifestant par l'éloignement des troupes et l'absence du Maréchal resté à St Saulve, la Municipalité lui écrivit et lui exposa que tout nécessitoit son retour en ville. Au même instant, la Municipalité fut informée que M. le Maréchal alloit rentrer.

La journée du mercredi deux mai s'est passée sans événement et sans trouble. En conséquence la Municipalité a clos le présent procès-verbal qu'elle a tenu extraordinairement.

L'individu percé de coups de baïonnettes, mis à la lanterne et éventré le 29 avril par la populace valenciennoise, était, non comme l'avait cru d'abord le maire, un prisonnier autrichien, mais un garde national d'Anzin accusé d'avoir tué son capitaine.

La déclaration finale de la lettre que nous venons de reproduire n'est pas tout à fait exacte. En effet, le 2 mai, au matin, des hulans s'étant approchés, Rochambeau marcha vers eux avec un de ses officiers, M. de Noailles, et le 1ᵉʳ régiment de chasseurs. Il força ainsi l'ennemi à retourner sur le territoire autrichien, et la municipalité de Valenciennes fut informée aussitôt de ce petit succès [2] :

> Au quartier général à 11 heures et demie
> le 2 May 1792.
>
> M. le Maréchal Rochambeau vient de faire replier les ennemis au delà du village de Quarouble. La ville et la garnison de Valenciennes peuvent se reposer et être parfaitement tranquille.
>
> Par ordre de M. le Maréchal Rochambeau.
>
> CLOSEN.
> Colonel aide de camp.

Le même jour, dans l'après-midi, sur un autre point de la frontière, le poste avancé de Bétigny fut attaqué par des chasseurs et des hulans

---

1 C'est la lettre à l'Assemblée, reproduite ci-après.
2 Archives municipales, H, 2, 23.

autrichiens. C'est ce que le conseiller Paridaens constata ainsi dans son journal :

> Un détachement de nos troupes en a été aux mains avec un corps français vers Maubeuge, près de Bois Bourdon ; on n'en sait pas bien le résultat mais on voit ramener à Mons, sept prisonniers français. J'entends dire aussi qu'on a ramené un chariot de blessés de nos gens. C'est vrai, vers le soir, un corps de 3,000 hommes de notre armée est détaché, passe par Hion, prend la chaussée de Binch et la route de Namur où l'on craint sans doute une invasion de la part de M. de La Fayette, célèbre général français.

Le poste français avait été contraint de se retirer sur Maubeuge. Mais le lendemain, à sept heures du matin, M. de Tourville, colonel du 18e régiment d'infanterie, envoya à la poursuite des ennemis un détachement qui en tua une quinzaine et fit déguerpir le reste.[1]

Dès le 1er mai, nous avons vu que la municipalité de Valenciennes avait averti le pouvoir central de ce qui se passait à la frontière.[2] Ses registres renferment, à ce sujet, la délibération suivante :

DU 1er MAI 1792.

> Délibéré d'envoyer un courier à l'Assemblée Nationale pour faire connoitre l'inquiétante position dans laquelle nous nous trouvions et l'instruire des différens rapports qui nous avoit été fait par l'armée, ainsi qu'il conste de la lettre suivante de ce jourd'hui une heure du matin.
>
> Messieurs,
>
> Nous ne pouvons rendre la position critique et allarmante où se trouve notre ville. L'armée a dû subitement se replier sous nos murs et y prendre logement et nourriture chez nos concitoyens, se trouvant tellement harassée de fatigues qu'il lui fut impossible de se rendre au camp d'observation à une lieue de la ville du côté de l'intérieur. Notre courage, notre dévouement à la chose publique, nous a soutenu dans ce moment de crise. Il est des faits néanmoins qu'on nous a rapportés que nous ne pouvons dissimuler : c'est que les vivres et munitions ne se trouvoient pas à leur destination, que des bataillons de gardes nationaux soldés, destinés pour attaquer se trouvoient sans fusils, au moins la plus grande partie sans être en état. Il devient de la plus grande importance que notre armée soit promptement renforcée, qu'il soit donné dans la partie des vivres et subsistances militaires les ordres les plus précis pour que le service s'en fasse avec la plus entière exactitude. Valenciennes étant la première ville, il importe qu'elle soit environnée de forces imposantes. Vous ne sauriez assez tôt prendre des mesures les plus promptes sur tous les objets que nous vous exposons.

---

[1] Supplément à l'*Argus* du 7 mai.
[2] Extrait du registre des délibérations. Cette résolution et cette lettre y précèdent le procès verbal commencé le 30 avril et terminé le 2 mai.

Nous n'osons entrer dans le détail de tous les faits qu'on nous rapporte, les dires, les mécontentements de l'armée tant des troupes de lignes que des Gardes nationaux volontaires, privés de nourriture pendant deux à trois jours et les défiances qui en sont résultées. Les murmures que nous entendons de toutes parts exigeroient une grande étendue et nous ne pouvons appuyer la vérité sur tout cela, mais nous vous conjurons, Messieurs, de vouloir bien envisager si ne seroit pas le moment de décréter et exécuter l'envoi de commissaires civils de l'Assemblée Nationale pour se concerter plus particulièrement avec les chefs de l'armée et pour s'assurer par eux-mêmes de la vérité des faits, de l'exécution des Loix et des ordres donnés sur la subsistance des troupes.

Vous voudrez bien, Messieurs, excuser le désordre de notre lettre et la précipitation avec laquelle nous vous l'adressons de concert avec ceux des membres du Directoire du district qui sont encore ici assemblés avec nous et qui ont résisté comme nous aux fatigues et aux assauts de cette journée.

Tel fut le résultat de l'attaque réelle que tenta l'armée du Nord sur Mons. Pendant que Rochambeau prenait, pour la sûreté de la frontière, les mesures que nous avons indiquées, il recevait coup sur coup deux lettres de Lille, la première datée du 29 avril à onze heures du matin et signée de l'adjudant-général Antoine Dupont-Chaumont, lui annonçant que la fausse attaque sur Tournay avait eu un résultat plus lamentable encore [1].

Celui qui l'avait dirigée était l'ancien comte Théobald Dillon. Né à Dublin vers 1745, il appartenait à une de ces familles de catholiques irlandais qui, depuis plusieurs générations, étaient entrés au service de la France et avaient nombre de fois versé leur sang pour elle. C'est ainsi qu'un colonel Jacques Dillon était mort à Fontenoy. D'abord, lui aussi, colonel de cavalerie, puis brigadier d'infanterie en 1780 et maréchal de camp trois ans après, Théobald avait fait la guerre d'Amérique. Plus tard, après avoir appartenu quelque temps à la garnison de Valenciennes, il s'était rendu à Lille.

Il y vivait dans une position irrégulière, avec une femme qu'il connaissait depuis neuf années, qui lui avait déjà donné plusieurs fils, et qui s'apprêtait à le rendre père une fois de plus. Elle se nommait Joséphine de Viefville. Aux yeux du monde, ils passaient pour mariés, et nous ignorons pourquoi ils ne l'étaient pas effectivement. L'événement attendu se réalisa le samedi 28 avril, et le nouveau-né fut encore un garçon. En prévision d'une mort brusque, toujours possible à la guerre, mais qu'il ne savait pas devoir être si proche et si horrible, Dillon rédigea le même jour son testament, dont (sous toute réserve quant à certaines parties) nous

---

[1] Les deux lettres dont nous parlons furent lues à l'Assemblée dans sa séance du 1er mai 1792, et insérées au *Moniteur*.

empruntons la substance à un rapport que fit un peu plus tard Carnot à l'Assemblée nationale [1] :

« Je fais ici mon dernier testament. Je n'ai pas eu le temps d'épouser Joséphine... Elle est mère de mes trois enfants et de celui qui vient de naître aujourd'hui. Je leur laisse tout ce que je possède et tout ce qui pourra me revenir par la suite après mes dettes payées. J'espère que ma famille voudra bien les reconnaître. Je recommande mon âme à Dieu, et ma mémoire à mes chers parents. »

Ce devoir rempli, Dillon, après avoir diné avec un ami, monte à cheval vers sept heures et demie du soir pour se mettre à la tête de la colonne chargée de marcher vers Tournai. Elle se composait de dix escadrons de cavalerie, cuirassiers, dragons et chasseurs, tirés des ci-devant régiments de Languedoc, *colonel-général*, et d'Orléans ; de six bataillons d'infanterie des ci-devant régiments de Brie, de Bourbon et de Chartres, augmentés d'une compagnie de volontaires de Seine-et-Oise ; enfin, de six pièces de canon [2]. Elle fut, jusqu'à la porte de Fives, escortée par la population lilloise, qui l'applaudissait à outrance.

Dès qu'elle eut dépassé les glacis de la forteresse, la colonne s'avança silencieuse le long de la grande route de Lille à Tournai. Après avoir traversé les communes d'Hellemmes et d'Annappes, elle fit halte en arrivant à Ascq. Là, Dillon parcourut les rangs, excitant l'ardeur des soldats par de patriotiques paroles.

Vers une heure du matin, le gros de la troupe atteignit Baisieux, le dernier village français. Il y avait été précédé par une cinquantaine de chasseurs à cheval envoyés comme éclaireurs, et s'y arrêta de nouveau. De Berthois, colonel du génie, commandant les fortifications de Lille, et un adjudant-général nommé Valabris se portèrent en avant pour étudier la position. Le premier était un officier des plus distingués : au commencement de la guerre d'Amérique, il avait reçu une pension de 4,000 livres réversible en totalité sur sa veuve et par moitié sur ses enfants ; une loi postérieure la lui avait supprimée, et il n'en avait pas moins servi avec le même zèle [3]. Dillon ne tarda pas à suivre de Berthois et Valabris, et ils acquirent bientôt la conviction que, depuis la veille, sur quelque avis

---

[1] *Moniteur*, séance du 9 juin 1792. — Nous avons en vain recherché à Lille le texte original du testament. Les archives départementales possèdent les actes du tabellion de la ville, avec un répertoire, jusqu'en 1789. Celles du tribunal civil conservent les actes de dépôt de certains testaments à partir de l'an VII, mais rien n'existe entre 1789 et cette époque.

[2] Ces détails sont tirés d'une relation publiée in-12, à Paris, en 1792, par Pierre Dupont-Chaumont, aide de camp du général. Elle est datée du 10 mai. Nous en reparlerons plus loin.

[3] Rapport de Carnot, lu le 9 juin à l'Assemblée.

secret venu de Lille, la barrière située à l'entrée des terres de l'Autriche était gardée par l'ennemi.

Néanmoins, voulant poursuivre sa mission, le général, vers trois heures, ordonna d'enlever la barrière. Ce fut l'affaire d'un instant. Puis il envoya un trompette porter la déclaration de guerre au premier poste ennemi, situé à Marquain. Pendant ce temps, des escarmouches s'engagèrent, et l'on fit quelques prisonniers ; puis la colonne s'ébranla, et Dillon enjoignit à ses troupes d'occuper les villages d'Hertain et de Lamain situés l'un à gauche, l'autre à droite de la route. Elles s'avancèrent ainsi d'environ une demi-lieue sur le territoire ennemi. A l'aube, elles reçurent du pain, de l'eau-de-vie et des fourrages.

Par les renseignements que pendant cet arrêt lui donnèrent ses éclaireurs, Dillon fut dès lors certain d'avoir devant lui presque toute la garnison de Tournai, c'est-à-dire des forces très supérieures à celles dont il disposait lui-même. On sut plus tard qu'elles comprenaient un bataillon de Clerfayt, deux divisions de d'Alton, une division du régiment de Ligne-infanterie, avec deux divisions de Latour, chevaux-légers, commandés par le colonel baron de Wogelsang et le major de Retz, pour les fantassins ; par le colonel Pfortzheim et le lieutenant-colonel de Roe pour la cavalerie [1].

Selon ses instructions, Dillon donna à ce moment les ordres nécessaires pour battre en retraite.

Afin de masquer le mouvement rétrograde de l'infanterie, ses cavaliers durent marcher en avant, et se poster sur une hauteur, tandis que ses grenadiers et ses artilleurs gardaient l'entrée de Baisieux, sauf à reculer ensuite, pour protéger la queue de la colonne.

Ces sages mesures s'exécutèrent d'abord avec assez d'exactitude. Mais dès que l'ennemi s'aperçut de la retraite, il tira une douzaine de coups de canon sur les cavaliers placés devant lui. Ses pièces étant hors de portée, elles ne leur causèrent physiquement aucun mal. Néanmoins, ces cavaliers firent demi-tour, et tombèrent sur l'arrière-garde arrêtée à Baisieux. Celle-ci se laissa entraîner, et rompit la colonne, qu'elle rejeta en désordre des deux côtés de la chaussée. Alors retentirent les cris ordinaires des soldats qui ne veulent pas se battre : « Nous sommes trahis ! Sauve qui peut ! » et la débandade devint irrésistible, laissant derrière elle les bagages et quatre canons.

---

[1] *Rapport du général comte d'Apponcourt au maréchal baron de Bender, daté de Tournay le 29 avril 1792*, publié par l'*Argus* du 4 mai et par le *Moniteur*.

Ne comprenant rien à cette déroute, l'ennemi ne chercha pas à en profiter ; il se borna à reconduire les Français tambour battant jusqu'à la frontière. Il trouva sur le champ qu'ils avaient abandonné deux cadavres de dragons et ceux de quelques chevaux ; il glana en outre une quarantaine de prisonniers. Tout le bagage, les attirails de guerre, le pain, les fourrages furent distribués aux paysans, qui manifestèrent leur allégresse en criant : « Vivent les troupes autrichiennes [1] ! »

Pendant ce temps, Dillon galopait en essayant de gagner la tête de la colonne afin d'arrêter la panique. Méconnaissant son autorité, certains de ses soldats lui crachaient à la face des injures où le mot *traître* comptait parmi les plus doux. L'un d'eux lui tira même un coup de pistolet qui lui brisa la cuisse Deux frères, Antoine et Pierre Dupont-Chaumont, le premier adjudant-général, le second aide de camp de Dillon, furent blessés auprès de lui ; Antoine se trouva entraîné par les fuyards, tandis que Pierre, ramassé par des paysans, arriva à Valenciennes le 30 au matin. Quant au général, il voulut gagner Orchies, mais quatre de ses cavaliers le conduisirent à l'abbaye de Cysoing, située non loin de Baisieux ; puis, après un premier pansement de sa blessure, ils le placèrent dans un cabriolet, et, tout en lui servant d'escorte, eurent l'idée fâcheuse de le ramener à Lille.

Cette ville était le théâtre des plus lamentables excès. Les fuyards y étaient entrés en désordre, et leur fureur, comme celle de la populace, s'était portée principalement sur les officiers. Saisi par ces forcenés, de Berthois, après avoir reçu un coup de sabre à la tête et un coup de pistolet à la poitrine, fut hissé par le pied à la corde d'une lanterne. Quatre prisonniers autrichiens que ramenait l'infanterie furent assassinés en un clin d'œil, et leurs corps, piétinés et percés de coups par la foule. Vers deux heures de l'après-midi, les officiers municipaux vinrent avec une charrette enlever les cadavres, et l'effervescence sembla se calmer un peu.

Mais elle ne tarda pas à reprendre avec plus d'énergie. Le général n'avait pas encore paru, et on l'attendait pour lui faire un mauvais parti ; 4.000 hommes en armes, répandus à travers la ville, la plupart ivres et vociférants, rendaient impossible toute tentative de rétablissement de l'ordre. Enfin Dillon arriva, sans chapeau, l'air calme et ferme. A peine son cabriolet avait-il dépassé la porte intérieure de la ville qu'une multi-

---

[1] Dans son rapport, d'Apponcourt, commandant de la place de Tournai, affirme que les Autrichiens n'eurent « ni tués, ni blessés, ni égarés. » Nous verrons plus loin que cette dernière affirmation est, par malheur, inexacte.

tude de baïonnettes se dirigèrent vers sa poitrine. Les cavaliers de son escorte les détournèrent d'abord avec leurs épées. Mais un coup de feu l'atteignit et le tua. Son cadavre fut alors tiré de la voiture et insulté de mille façons.

Qu'on nous permette d'abréger ces honteux détails. Rappelons seulement qu'à sept heures du soir, les parties principales de son corps furent brûlées sur la place au moyen d'un bûcher formé d'enseignes arrachées, tandis qu'autour de ce feu de joie tournoyait une ronde de sauvages. Disons enfin que pour que rien ne manquât aux excès de cette déplorable journée, elle se termina par l'assassinat d'un prêtre rencontré dans la rue [1].

Le général avait emporté avec lui, pour se guider, une carte routière collée sur toile. Elle fut volée sur son cadavre, et figura dans diverses collections particulières. M. E. Hornez en a fait don aux Archives départementales du Nord. Elle porte la signature de Théobald et une vignette à ses armes.

Sa sœur, qui se trouvait alors à Lille, courut aussi les plus grands dangers. Menacée du même sort, ses amis durent la déguiser et la faire quatre fois changer de maison.

La triste fin du guerrier irlandais a servi de thème à plus d'une gravure contemporaine. L'une d'elles porte ces inscriptions : « Mort du Général Dillon dans la ville de Lille le 29 avril 1792. — Prieur inv. et del. Berthault sculp. » Elle mesure 0,25 de long sur 0,19 de haut. Une copie anonyme, sur cuivre comme l'original, mesure seulement 0,20 sur 0,05. Une autre, sur bois, est insérée dans la réimpression du *Moniteur* éditée par Plon.

Les funérailles des victimes eurent lieu le lendemain de leur mort, dans la grande et superbe église Saint-Étienne, qui se dressait alors à Lille, vers le nord de la grande place, et qui devait, peu de mois après, périr incendiée par les obus autrichiens. Cet édifice est figuré sur une toile de Louis Watteau, neveu du célèbre peintre des fêtes galantes et né comme lui à Valenciennes, toile représentant *la Procession de Lille en* 1780, et conservée au musée de cette dernière ville [2]. Voici leurs actes de décès, dans l'ordre où ils ont été consignés sur les registres de la paroisse :

---

[1] On trouvera des renseignements étendus sur les événements que nous venons de raconter dans une brochure d'un témoin oculaire datée du 4 mai 1792, imprimée chez Migneret à Paris, rue Jacob, certifiée exacte par le lieutenant général d'Aumont, et qui fut communiquée à l'Assemblée le 11 mai 1792.

[2] Un plan de l'église se trouve en outre dans le livre de M. L. Quarré-Reybourbon, intitulé : *Chronique d'une maison lilloise racontée par ses parchemins*.

Le 30 avril 1792, Théobalde Dillon, maréchal des camps des armés françoise, décédé hier agé de . . . . . après les formalités prescrites par la loy, a été inhumé dans le cimetière commun de cette ville, faubourg St Maurice. Presens Cesar Theodore Joseph Delecambre, vicaire de cette paroisse, et Jean Baptiste Dubaille.
Signé Dubaille, Delecambre, vic.

Le 30 avril 1792, après les formalités prescrites par la loy et la requisition de MM. les Maires et officiers Municipaux de cette ville, a été inhumées dans le cimetière commun de cette dite ville, faubourg St Maurice, les cadavres de quatre étrangers et inconnues que l'on crois être autrichiens. Présens César Théodore Joseph Delecambre, vicaire de cette paroisse, et Jean Baptiste Dubaille.
Signé Dubaille, Delecambre, vic.

Le 30 avril 1792, après les formalités prescrites par la loy, et sur la requisition de Messieurs les officiers municipaux de cette ville, a été inhumé dans le cimetière commun de cette ditto ville, faubourg St Maurice, Pierre Augustin Berthois, natif de Vitré, departement de Lisle et Vilaine, colonel du corps du génie, décédé hier agé de cinquante cinq ans. Présens César Théodore Joseph Delecambre ptre, vicaire de cette paroisse et Jean Baptiste Dubaille.
Signé Dubaille, Delecambre, vic.

Ce dernier acte donna lieu à plusieurs rectifications. Le rédacteur avait oublié de marquer le lieu de naissance de la victime ; après qu'il l'eut ajouté, il inscrivit en marge : « Approbo verba inter lineam posita ». Puis, il avait été trompé sur l'un des prénoms. Cette erreur fut rectifiée après de longues années, ainsi que l'indique la note suivante, également inscrite en marge de l'acte.

Par jugement du Tribunal civil, séant à Lille, en date du 24 juin 1819, transcrit sur les registres de décès de laditte année 1819, page 273, il a été ordonné que l'acte de décès de Pierre François Berthois, dressé en la paroisse de St Etienne à Lille le 30 avril 1792, ne sera plus délivré qu'en substituant le prénom de *François* à celui d'*Augustin*.

Par un de ces rapprochements que semblerait avoir inventé l'amour du contraste s'ils n'étaient attestés par des pièces authentiques, le même jour et dans la même église où avait lieu le service funèbre de Théobald Dillon, fut célébré le baptême de son dernier fils. Voici l'acte qu'on en dressa :

Le 30 avril 1792, je soussigné, curé de cette paroisse, ai baptisé Théobalde, né le vingt huit dudit mois, fils posthume *en légitime mariage* de Theobalde Dillon, maréchal de camp des armées françaises et de Joséphine de Viefville. Ont été parrain Jean François Joseph Grenier, la marraine Rosalie Ribon, le parrain a déclaré ne sçavoir écrire.
Ribon, Bécu, curé.

Nous avons dit qu'à Lille Dillon passait pour marié. Le curé lui-même partageait cette erreur. Lorsqu'il en fut revenu, il corrigea son acte et écrivit en marge : « Approuvé la rature des mots : "en légitime mariage". Bécu, curé. » Il aurait pu, du même trait de plume, supprimer le mot *posthume*, lequel, d'après son acception actuelle, ne convenait nullement à l'enfant, né la veille de la mort de son père.

Les graves événements de Lille ne doivent pas nous faire oublier les deux autres fausses attaques projetées simultanément l'une à l'ouest, l'autre à l'est.

La première n'avait été qu'une promenade militaire. Le 30 avril le général de Carl avait quitté Dunkerque, avec 1.400 hommes et 240 chevaux pour marcher vers Furnes. En approchant de la ville, il fit arrêter sa troupe, et envoya distribuer dans la ville, en français et en flamand, une proclamation ainsi conçue :

« M. de Carl recommande aux soldats du détachement à la tête duquel il marche, de regarder les habitants de la partie des Pays-Bas qu'il va parcourir, comme des amis absolument dévoués à la cause des Français. Il leur défend, au nom de la loi, d'offenser qui que ce soit dans ses biens comme dans sa personne. C'est à cette preuve de subordination et de générosité que le général reconnaîtra de vrais Français. »

Puis, la troupe pénétra dans la ville. Elle se fit servir de la nourriture et des rafraîchissements, et, à 10 heures du matin, reprit le chemin de Dunkerque [1].

Quant à La Fayette, qui s'était mis en mouvement avec une louable activité, il s'arrêta à la nouvelle des paniques du Nord, et le 2 mai, envoya de Givet le compte-rendu de ses opérations au ministre de la guerre [2].

Vers la frontière de l'Est, le général Custine avait été un peu plus heureux que ses collègues, puisque, le 29 avril, à la tête de 3.000 hommes, il s'était emparé de la ville de Porentruy, évacuée durant la nuit précédente, par l'évêque de Bâle et les soldats autrichiens. Mais ce n'était qu'une bien faible compensation aux événements des Pays-Bas.

Nous avons dit que, dès la soirée du 29 avril, Rochambeau avait écrit au roi. Sa lettre fut lue par Dumouriez à l'Assemblée législative, le vendredi 4 mai. Voici les extraits qu'en donne le *Moniteur* :

Sire,

Je suis fâché d'annoncer à Votre Majesté le peu de succès des avant-gardes que j'ai été forcé, par ordre de ses ministres, et l'instruction qui l'accompagnoit,

---

[1] *Argus*, no du 8 mai.
[2] Sa lettre fut communiquée à l'Assemblée le 6 mai, et insérée au *Moniteur*.

délibérée unanimement au Conseil, de faire marcher, dès le 29 de ce mois, dans le territoire du roi de Hongrie. La différence des deux instructions ci-jointes, l'une du 17 avril, que j'avois reçue avant mon départ, et apportée avec moi, l'autre du 22, qui m'est venue ici 36 heures après mon arrivée, prouvera à V. M. toute la précipitation et le décousu de cette mesure. Je n'ai pu qu'obéir à des ordres absolus, et j'ai du moins le mérite, ainsi que ceux qui m'ont secondé, comme V. M. le verra dans le détail de mon journal, d'avoir franchi tous les obstacles que cette ouverture de campagne, quinze jours plutôt qu'elle n'avoit été réglée, présentoit dans tous les détails de l'administration.

Ici, Rochambeau rendait compte au roi de l'exécution des ordres directs et des instructions envoyés par ses ministres aux chefs des trois corps qui devaient agir : il y racontait le résultat des opérations de Biron et de Dillon, n'ayant pas encore à ce moment, reçu de nouvelles de de Carl, envoyé à Furnes. Puis le vieux maréchal continuait en ces termes :

Je garde la minute des lettres ministérielles, plus pressantes les unes que les autres, de celles particulièrement du ministre des affaires étrangères ; elles prouveront que nos représentations n'ont pas été écoutées, et que, quelques nouvelles que j'aie pu donner sur ce que je ne voyois aucune disposition de la part des troupes à passer de notre côté, on a cru de préférence devoir ajouter foi aux lettres qui leur ont été distribuées. M. Biron qui, depuis deux jours, est en présence, n'a vu encore aucun émigrant ni déserteur brabançon.

Il résulte, Sire, de toutes ces mesures échouées, que si vos ministres, et celui des affaires étrangères particulièrement, veulent jouer toutes les pièces de l'échiquier et que je ne doive rester qu'une pièce passive, contrarié et obligé de jouer tous les coups d'une partie dont V. M. m'a donné la conduite, je supplie Votre Majesté d'accepter ma démission, et de me permettre d'aller continuer les remèdes et le soin de ma santé, et de rester dans les environs de cette ville, d'où je puisse, au premier instant d'une place menacée, aller me jeter dedans, et en défendre les palissades jusqu'à la mort contre les ennemis de l'État. Je suis, etc.

Rochambeau ne tarda pas à écrire au roi une seconde lettre. Elle était ainsi conçue :

Sire,

Je prie V. M. de vouloir bien faire imprimer la lettre que j'ai eu l'honneur de lui écrire ; je crois cette publicité indispensable pour le service de l'État et de V. M. qui sont inséparables. Je suis, etc.

Elle se terminait par ce post-scriptum énergique :

Je n'ai rien vu de pareil à ce que je vois, et j'espère que Votre Majesté me dispensera de le voir longtems. Toutes ces scènes font perdre la confiance ; on ne parle plus que de trahison. Quant à la discipline, il n'en est plus question dans ce moment de crise. A la vérité, la troupe a eu beaucoup à souffrir ; mais je dois laisser à M. Biron le récit de ces malheureux détails. J'ai perdu, Sire, par ce complot infernal, la confiance de l'armée ; Votre Majesté sait si j'ai mérité de la perdre ; tous les généraux qui sont ici sont dans le même cas.

Rochambeau écrivit encore au roi une troisième lettre, dont Merlin (de Thionville) demanda en vain communication dans la séance du 6 mai. Mais nous n'en possédons ni le texte, ni l'analyse.

CHAPITRE II

DÉMARCHES FAITES PAR ARTHUR DILLON POUR OBTENIR VENGEANCE ET RÉPARATION DE LA MORT DE THÉOBALD. MESURES PRISES DANS CE BUT PAR L'ASSEMBLÉE LÉGISLATIVE. — NOMINATION DE LUCKNER COMME GÉNÉRAL EN CHEF DE L'ARMÉE DU NORD. ATTAQUE DE BAVAY PAR LES AUTRICHIENS. AFFAIRE DE RUMEGIES. LES DEMOISELLES FERNIG. DÉPART DE ROCHAMBEAU. — RÉCOMPENSE DES ACTES DE BRAVOURE ET PUNITION DE CEUX DE LACHETÉ. COMBAT DE LA GLISUELLE, PRÈS MAUBEUGE, LIVRÉ PAR GOUVION LE 11 JUIN. MARCHE DE LUCKNER LE LONG DE LA FRONTIÈRE. PRISE DE COURTRAI, LE 18 JUIN. ARRIVÉE DE DUMOURIEZ A L'ARMÉE DU NORD. RETRAITE DE LUCKNER SUR VALENCIENNES. — DÉCLARATION DE LA PATRIE EN DANGER LE 11 JUILLET. DÉPART DE LUCKNER POUR L'ARMÉE DE L'EST. SON REMPLACEMENT A L'ARMÉE DU NORD PAR ARTHUR DILLON. INTÉRIM CONFIÉ A DUMOURIEZ. PRISE D'ORCHIES PAR LES AUTRICHIENS, ET REPRISE DE LA VILLE PAR LES FRANÇAIS. — ARRIVÉE D'ARTHUR DILLON. CONSEIL DE GUERRE RÉUNI PAR LUI. DISPOSITIONS ADOPTÉES PAR DUMOURIEZ POUR RENFORCER LE CAMP DE MAULDE ET PAR L'ASSEMBLÉE POUR RÉGULARISER LA SITUATION DES DÉSERTEURS BELGES.[1]

Les déroutes de Quiévrain et de Baisieux furent annoncées à l'Assemblée Législative, dans sa seconde séance du 1er mai 1792, par le ministre de la guerre. Lecture lui fut également donnée de la lettre de la municipalité de Valenciennes[2]. Ces nouvelles y causèrent, comme de juste, une extraordinaire émotion, émotion doublée bientôt par d'énergiques paroles du lieutenant-général Arthur Dillon, « parent, frère d'armes et ami » de Théobald, qui vint à la barre réclamer vengeance au nom de l'assassiné.

Comme Théobald, Arthur appartenait à la famille des Dillon d'Irlande. Plus jeune que lui de cinq ans, il était né à Braywick, dans l'île Verte, le

---

[1] Ce chapitre a été rédigé par M. Paul Foucart.
[2] Cette lettre fut insérée au *Moniteur*. Nous en avons plus haut donné copie d'après la minute originale.

3 septembre 1750. Par droit de naissance il avait été, presque enfant, nommé colonel au service de la France, et avait pris, à partir de 1777, une part active dans les guerres d'Amérique. A la suite de l'expédition de Savannah, Arthur Dillon devint successivement gouverneur de Saint-Christophe, brigadier le 1er mars 1780 et maréchal de camp le 1er janvier 1784. La paix étant rétablie, il fit un voyage en Angleterre, où la cour lui réserva le meilleur accueil. Puis il retourna aux colonies, se maria avec une cousine de la future impératrice Joséphine et fut nommé gouverneur de Tabago. Elu plus tard député de la Martinique aux Etats-Généraux, il y soutint les intérêts des colons et s'y montra l'adversaire des gens de couleur.

D'une grande bravoure, Arthur Dillon était en même temps d'une étrange légèreté de caractère. « Il est bon homme et très bon officier » écrivait de lui, le 9 août 1792, Alexandre de Lameth, « mais il n'a pas la consistance, le maintien et la discrétion qu'il faut pour commander. [1] » Nous verrons plus tard les mésaventures que lui valut son étourderie.

Dans les circonstances critiques qu'avait créées la déroute de Baisieux, Arthur se trouvait être, par son grade et sa notoriété, le défenseur naturel de l'honneur de sa famille. Or les bruits les plus calomnieux couraient sur le malheureux Théobald. Dans l'ignorance où restait le public des instructions qu'il avait reçues, les uns ne manquaient pas de soutenir qu'il avait volontairement conduit les soldats dans un guet-apens, les autres qu'il s'était lâchement enfui devant l'ennemi. En quelques brèves paroles adressées aux députés, Arthur protesta avec véhémence contre ces infamies, réclamant une enquête et la punition des meurtriers.

La pétition fut immédiatement renvoyée à un comité chargé de recueillir tous les documents relatifs à cette triste affaire.

Deux jours après, le jeudi 3 mai, l'Assemblée reçut communication de la lettre écrite à Valenciennes le 2, où Biron rendait compte de ses opérations. « J'ai trouvé, » y disait-il, « le pays entièrement déclaré contre nous ; pas un patriote ne nous a donné de nouvelles, pas un ne nous a joints, pas un déserteur ne nous est arrivé » [2]. Ce qui équivalait à une condamnation formelle du plan de campagne adopté.

Le lendemain, arrivèrent aux députés les deux lettres de Rochambeau

---

[1] Cette lettre, adressée au ministre d'Abancourt, est imprimée dans le *Rapport sur la conduite du lieutenant-général Arthur Dillon, présenté au nom du Comité de la guerre à la Convention Nationale*, par Ph.-A. Merlin (de Douai), député du département du Nord.

[2] La lettre de Biron se trouve imprimée au *Moniteur*.

adressées à Louis XVI. Après que lecture en eut été donnée, Dumouriez ajouta :

Il me reste à vous annoncer que le roi a cru devoir accorder la demande de M. Rochambeau, en lui accordant un congé illimité pour soigner sa santé. Le général Lückner va le remplacer. Et bientôt on jugera de tous les avantages que doivent nous donner son activité et ses talents supérieurs.

L'avis de ce général est pour la guerre offensive. Voici ce qu'il écrivait le 24 avril : « Je ne doute pas, Monsieur, que M. Grave ne concoure, ainsi que vous, à la justice de mes demandes, à la nécessité d'y satisfaire, et de quitter ce rôle défensif aussi ruineux que peu assorti au caractère du Français, et aux vrais intérêts nationaux. »

Ce billet, d'une correction grammaticale douteuse, fut vigoureusement applaudi malgré son peu d'application aux événements du 29 avril ; puisque c'était justement pour avoir voulu tenter l'offensive sans y être assez préparé, qu'on avait provoqué les deux déroutes.

Dans cette même séance, l'Assemblée adopta d'urgence un décret relatif à la situation des prisonniers de guerre. Elle voulut ainsi éviter des récriminations diplomatiques et des représailles au sujet du meurtre des Autrichiens assassinés à Lille.

Pendant ce temps-là, la municipalité de Valenciennes avait continué son enquête et s'était aperçue du caractère erroné de certaines des allégations par elle produites dans sa première lettre aux députés. Elle s'empressa donc de leur en adresser une seconde :

A L'ASSEMBLÉE NATIONALE, LE 4 MAI 1792.

Messieurs,

Depuis notre dernière dépêche, nous avons différé de vous instruire des détails et rapports venus à notre connaissance, pour mieux en constater la réalité. Nous sommes maintenant convaincu que les défiances et soupçons jettés sur nos généraux par une partie de l'armée, le jour de sa retraite en notre ville, sont injustes, et nous appercevons avec plaisir que le soldat s'en convainc lui-même. Quoique le service des subsistances et fournitures militaires, tels que fours de campagne et hopitaux ambulans, n'ait pas le mouvement et toute l'activité nécessaires, nous savons que le pain a été réellement donnée aux soldats. Les plaintes que nous ont fait les volontaires nationaux soldés la journée du 30, sur ce qu'on les faisoit venir sans être armés, ne peuvent être reprochés à aucun de nos généraux puisqu'il se trouve que c'étoit ici qu'ils devoient recevoir leurs armes. Nous croyons pouvoir vous assurer, en général, que l'armée est repentante de s'être laissée entraîner par des instigations et les manœuvres employées au milieu d'elle par nos ennemis. Elle n'attend que le moment de se réunir sous les ordres de ses chefs pour réparer le revers qu'elle s'est donnée elle-même [1].

---

[1] Cette lettre a été imprimée dans l'*Argus* du lundi 7 mai. Nous la reproduisons d'après la minute.

Une troisième lettre suivit de près :

DU 5 MAI 1792, A L'ASSEMBLÉE NATIONALE.

Messieurs,

Depuis la malheureuse journée du 30 avril, des moments de calme sont survenus ; nous avons mûrement refléchi sur le revers de notre armée et, après avoir réuni les détails et rapports qui nous ont été faits, les avoir balancés avec ce qui étoit à notre connaissance, nous avons reconnu qu'il étoit l'ouvrage de nos ennemis secrets, l'effet de leurs manœuvres et de leurs coupables instigations. Calculant sur la facilité d'ôter aux officiers la confiance de leurs soldats, en raison que ceux qui jusqu'à présent avoient quitté leurs drapeaux l'avoient démérité, ils cherchèrent à semer la défiance dans l'armée, à faire soupçonner de la trahison de la part de ceux qui leur restoient fidèles ; ils crièrent que *l'armée étoit trahie et vendue*. Trop malheureusement, elle y crut ; l'épouvante, le désordre y régnèrent ; il faut même le dire, la discipline, l'obéissance furent oubliées. Mais ce revers qu'elle s'est donnée elle-même est réparable ; entraînée par l'erreur, par l'instigation, elle eut un moment des soupçons ; ils sont oubliés et la confiance y a succédé. Le héros de l'Amérique ne peut la perdre. Ses ennemis, qui sont les nôtres, peuvent élever des nuages, mais non ternir sa gloire et celle qui l'attend dans les pays où il fera reconnoître notre liberté. Nous sommes, Messieurs, plus que jamais convaincus que les soupçons, les défiances jettés sur nos généraux sont réellement injustes et ne sont que l'effet des manœuvres de nos ennemis. Il est également bien constaté que le pain a été donné à toute l'armée pour quatre jours ; que celui même de sa retraite, qui étoit le troisième, il lui en avoit été fait un second envoi. Les bataillons de gardes volontaires soldées qui faisoient partie de l'armée, ont eu tous leurs armes avant de s'y rendre. Ceux qui devoient y aller en deuxième ligne sous les ordres de M. le maréchal Rochambeau, ont reçu et reçoivent à leur arrivée, les armes qui leur manquent et qui leur sont destinées à Valenciennes. Nous avons maintenant une égale certitude sur ces faits. De plus grands revers pouvoient se suivre dans cette triste journée du 30 avril, mais le génie militaire du maréchal Rochambeau sut les éviter et maintenant, nous avons la satisfaction de tenir de lui des espérances.

Mise en goût d'écrire, la municipalité valenciennoise ne tarissait plus. A peine la lettre précédente était-elle partie que, sur la nouvelle du remplacement de Rochambeau, celle-ci fut expédiée sans retard :

A L'ASSEMBLÉE NATIONALE.

M. le maréchal de Rochambeau a mérité et mérite toujours la confiance et les honneurs qui lui ont été accordés. Il est général de l'armée du Nord ; les ennemis de la chose publique sont arrivés à faire essuyer quelque revers à cette armée ; la défiance du soldat s'est, en effet, montrée ; mais il est maintenant convaincu de l'erreur dans laquelle il a été jetté ; il voit, avec tout le monde, que la précipitation avec laquelle on contraria et força les opérations de M. de Rochambeau est la cause, la seule cause du désastre qu'éprouva l'armée. N'étoit-ce donc que pour dégoûter ce général qu'on ménageoit et préparoit avec tant d'intrigues cette fatale journée du 30 avril? Messieurs, aujourd'hui sont venus en notre séance des Députés de l'avant-garde de l'armée du Nord ; M. de Noailles, maréchal de camp des armées françoises, étoit à leur tête : ils nous dirent : « Réunissons-nous, Messieurs, sauvons la chose publique. Nous apprenons que M. de Rochambeau va quitter l'armée du Nord, nous ne prévoyons pas de plus grand malheur pour la France. Et qui donc, nous dirent ces braves militaires, viendra le remplacer ? Quel est l'officier qui, comme lui, connoît le pays où nous allons combattre ? Qui, comme lui, en connoît toutes les localités ? Qui, plus que lui, méritera et obtiendra la confiance de l'armée et des habitants du pays ? Nous combattrons fermes à nos postes, mais qu'on nous laisse un général en qui nous mettons avec tant de raison toute notre confiance et avec lequel, encore aujourd'hui, nous avons repoussé l'ennemi jusques sur son terrain ».

Messieurs, nous nous joignons à l'armée. Avec elle, nous vous disons : « La chose publique est en danger : faites que la France ne soit pas sacrifiée à l'intrigue, à l'amour propre ; que des opérations militaires qui ne peuvent s'enfanter et se diriger que sur le champ de bataille et d'après les circonstances qu'il est si décisif de saisir au point fixé, ne le soient pas d'un cabinet et à tant de distance de l'ennemi. Sauvez la chose publique, faites que l'armée ne perde pas le général Rochambeau ».

Nous écrivons au Roi, nous lui demandons qu'il se refuse à tout ce qui tendroit à éloigner ce général de l'armée. Joignez-vous à nous. Ce brave maréchal mérite toujours les applaudissements dont vous l'aviez couvert.

P. S. Nous avions écrit aujourd'hui par la poste et nous vous adressons copie de notre lettre par le courrier extraordinaire chargé de celle-ci [1].

Quant à la lettre adressée à Louis XVI, la voici :

AU ROI, LE 6 MAI 1792, A MINUIT.

La ville de Valenciennes, l'avant-garde de l'armée du Nord, sont frappés d'une grande consternation : nous apprenons à l'instant l'affligeante nouvelle que le maréchal Rochambeau auroit sollicité et obtenu un congé ! Sire, nous déposons dans votre cœur paternel nos inquiétudes et nos allarmes, de refuser à ce Général la retraite qu'il auroit pu demander : vainqueur de la liberté américaine, il cimentera la nôtre. Sire, nous vous devons la vérité, veuillez l'entendre ; la retraite de Rochambeau feroit le triomphe de nos ennemis. A la tête de nos armées, il les confondra, il les forcera à respecter nos droits, notre liberté, notre constitution, les seuls vrais amis de votre trône et de la monarchie françoise. [2]

Cette correspondance fut immédiatement transmise par la municipalité au département, non toutefois sans une légère incohérence chronologique, puisque dans la lettre suivante, datée du 5, se trouve citée celle au roi qui porte elle-même la date du 6 :

AU DÉPARTEMENT LE 5 MAI 1792.

Messieurs,

Une députation de l'avant garde de l'armée du Nord à laquelle étoit M. de Noailles, maréchal de camp des armées françoises, nous apprend qu'une intrigue

---

1 Cette pièce est reproduite dans le n° de l'*Argus* du 8 mai avec cette indication : « De la nuit du 6 mai ». Le *Moniteur* (n° du mardi 8 mai 1792) imprime de même : « La nuit du 5 au 6 ».

2 Reproduit dans l'*Argus* du 7 mai.

infernale vient de faire accorder un congé à M. de Rochambeau ; toute cette partie de l'armée nous a manifesté les plus grandes allarmes sur le changement de ce Général : « Il n'est personne », dit-elle, « qui puisse remplacer M. de Rochambeau ; il connoit toutes les localités du pays où nous devons combattre ; nous le connoissons tous et nous avons la plus grande confiance en lui. Veut-on donc nous ôter toute espérance de succès ? » disent ces braves militaires : « Nous nous adressons à vous avec confiance », nous ont-ils dit : « Nous voulons le bien général. Joignez-vous à nous, unissez-vous à tous les corps constitués, et demandons tous à l'Assemblée nationale et au Roi qu'on détourne de dessus la France les maux inévitables qui résulteroient d'un changement aussi contraire à la chose publique. »
Nous nous empressons, Messieurs, de vous faire connoitre les vœux qu'ils nous ont manifestés, nous vous envoyons copie des lettres que nous adressons à l'Assemblée nationale et au Roi, persuadés que, comme nous, vous trouverez important de démontrer les conséquences terribles qui pourroient résulter de l'exécution d'un projet qui tendoit à ôter toute confiance à l'armée et aux habitans de ces contrées.

Les nouvelles lettres de la municipalité valenciennoise furent communiquées à l'Assemblée dans sa séance du 7 mai. Immédiatement après leur lecture, M. Prouveur monta à la tribune pour demander l'envoi, au roi, d'un message sollicitant de lui le maintien de Rochambeau à la tête de l'armée du Nord.

Une vive discussion s'ensuivit. Plusieurs membres soutinrent, non sans raison, que cette proposition était inconstitutionnelle, comme tendant à faire imposer par l'Assemblée au pouvoir exécutif le choix d'un agent déterminé. Après un flux abondant de paroles, les députés finirent par adopter la motion suivante, d'une rédaction assez anodine :

L'Assemblée nationale, ayant entendu la lecture d'une lettre de la municipalité de Valenciennes, par laquelle est exprimée la confiance que les citoyens et l'armée ont témoignée au maréchal de Rochambeau, décrète que son procès-verbal fera mention de la satisfaction avec laquelle elle en a entendu la lecture, et passe à l'ordre du jour.

Dès qu'elle eut connaissance de ce vote, la municipalité valenciennoise s'empressa, en ces termes, de remercier M. Prouveur de son initiative :

Valenciennes, le 10 mai 1792.

Monsieur,

Nous sommes sensibles aux applaudissemens que l'Assemblée nationale a donné à notre conduite, lors de la désastreuse journée du 30 avril dernier et à la mention honorable dans son procès-verbal du vif désir que nous avons exprimés pour la conservation de M. le Maréchal Rochambeau à la tête de notre armée. Nous vous devons aussi des remercimens, pour le zèle que vous avez mis pour remplir le but des diverses dépêches que nous vous avons adressées pour l'Assemblée nationale et le Roi.
Nous vous prions, Monsieur, de solliciter la prompte exécution du décret qui vient d'être rendu tout récemment et qui ordonne qu'une nouvelle somme à titre de secours sera répartie entre les divers départemens. Nous croyons aussi

devoir vous observer qu'il devient indispensable que l'Assemblée nationale s'occupe des moyens d'assurer la subsistance des villes frontières de première ligne, en cas d'une surprise ou d'une attaque subite ; Valenciennes sur-tout, qui paroit fixer l'attention de nos ennemis, exige une plus grande promptitude à y faire des approvisionnemens.

Veuillez soumettre à l'Assemblée nationale cet objet important, puisqu'il tient à la conservation des villes frontières.

Le Maire et Officiers municipaux de la ville de Valenciennes,
MOITIEZ.

M. Prouveur, député du département du Nord à l'Assemblée nationale.

Pendant ces échanges de correspondances, Arthur Dillon s'était occupé avec une fiévreuse activité de réunir les témoignages devant laver Théobald des accusations dont les fuyards de Baisieux essayaient de salir sa mémoire. Le ministère savait pertinemment à quoi s'en tenir sur la conduite du général, puisque les instructions qu'il lui avait transmises lui ordonnaient d'éviter le combat. Aussi, dès le 8 mai, l'Assemblée rendit-elle le décret suivant, que le roi sanctionna le 11 :

L'Assemblée nationale, délibérant sur les événemens arrivés à Lille et aux environs le 29 avril dernier, après avoir entendu le rapport de ses Comités de législation, diplomatique et militaire réunis ;

Considérant que des attentats violent toutes les lois et toutes les règles de la sûreté publique, de la discipline militaire et de l'ordre social ; que la prompte et éclatante punition des coupables est due à la Nation et à l'Armée ; qu'elle peut seule adoucir le sentiment de douleur et d'indignation que l'Assemblée nationale a manifesté, et qu'a jeté dans tous les cœurs français, le récit de ces événemens désastreux ;

Décrète que le Pouvoir exécutif rendra compte de huitaine en huitaine au Corps législatif, de l'état des procédures et poursuites qui ont été et seront faites contre les auteurs, fauteurs et complices des attentats commis sur MM. Dillon, Berthois, Chaumont et autres, le 29 du mois dernier.

L'Assemblée nationale charge ses Comités de l'Instruction publique et de l'Extraordinaire des finances, de lui présenter dans le plus bref délai un projet de décret sur les réparations et indemnités qui pourraient être dues à la mémoire et aux familles de ceux qui ont été victimes de ces attentats.

Aussitôt que l'émotion des premiers jours fut calmée, la municipalité de Lille fit célébrer en l'honneur des victimes du 29 avril une cérémonie plus convenable que celle improvisée le lendemain de leur massacre. Cette cérémonie eut lieu le 15 mai, dans l'église Saint-Etienne :

Tous les Corps civils et militaires, nous dit une lettre contemporaine [1], et les deux Sociétés de citoyens et citoyennes Amis de la Constitution, y assis-

---

[1] *Lettre de la Société des Dames Amies de la Constitution de Lille à celle de Valenciennes*, publiée par l'*Argus* du 15 juin.

tèrent ; et si la pompe funèbre la plus imposante, si le deuil le plus profond et les regrets les plus sincères et les plus expressifs, peuvent toucher les mânes et consoler ceux qui leur survivent, rien ne fut omis pour honorer et consacrer leur mémoire.

Huit jours après, nos Frères les Amis de la Constitution renouvelèrent la même cérémonie en particulier, pour leur frère et ami le vertueux Berthois, et pour les braves soldats qui ont péri à la malheureuse affaire de Tournai. À l'issue de la messe, un prêtre patriote prononça l'éloge funèbre de ce généreux martyr de la bonne cause.

Malgré le commencement de satisfaction que lui donnait le décret du 8, Arthur Dillon ne discontinua pas ses démarches.

Pierre Dupont-Chaumont, l'aide de camp de Théobald, s'étant rendu de Valenciennes à Paris, termina le 10 mai le récit détaillé des événements dont il avait été le témoin. Arthur Dillon le fit imprimer sans aucun retard. Il fit de même d'une « Relation de l'assassinat de M. Théobald Dillon, maréchal de camp, commis à Lille, le 29 avril 1792, par un témoin oculaire » datée de Paris, du 4 mai 1792. La brochure de huit pages qui la renferme se termine par une note ainsi conçue :

L'original de cette relation a été déposé chez un notaire. La copie collationnée a été remise aux Comités réunis de l'Assemblée nationale, signée de l'auteur. S'il étoit possible que quelqu'un pût douter de l'exacte vérité de ce récit, ceux qui seroient dans ce cas sont priés de remettre leurs observations à l'imprimeur. La famille de M. Théobald Dillon s'engage à y répondre.

Si l'auteur de ce second récit ne se fit point connaître, c'est vraisemblablement qu'étant Lillois, il n'aura point tenu à s'exposer, sans nécessité absolue, à l'animadversion de quelques-uns de ses compatriotes.

Nous avons dit que Théobald Dillon s'était un instant trouvé en garnison à Valenciennes. Aussitôt que les deux brochures eurent été imprimées, Arthur les envoya aux magistrats de cette ville avec une lettre dont, par malheur, nous n'avons pu retrouver le texte. Dans sa séance du 24 mai, la municipalité s'empressa de répondre à cette démarche par une délibération ainsi conçue [1] :

Lecture faite de la relation du mouvement exécuté les 28 et 29 avril par un détachement de la garnison de Lille, commandé par M. Théobald Dillon, maréchal de camp, et signée par M. Dupont-Chaumont, aide de camp du feu général Théobald Dillon ;
Lecture faite d'une autre relation, en date du 29 avril, par un témoin oculaire et non signée ;
Lecture faite de la pétition de M. Arthur Dillon à l'Assemblée nationale dans

---

[1] Tiré du *Registre aux délibérations*, tome II, page 277.

la séance du soir du 1er mai 1792 et de la lettre du 19 mai 1792 a nous adressée par mon dit S. Arthur Dillon :

La Municipalité, considérant que si les fonctionnaires publics, quels qu'ils soient, sont toujours prêts à se dévouer pour la patrie, la patrie aussi leur doit en toute occasion la protection la plus efficace et la vengeance la plus éclatante quand toutes les Loix furent violées en leur personne.

M. Théobald Dillon fut employé à Valenciennes comme maréchal de camp et il s'y montra toujours bon citoyen. Rien ne donna, dans sa conduite, matière au plus léger soupçon d'incivisme et de trahison, et cependant il vient d'être lâchement assassiné par les ennemis de la chose publique qui, effrayés de son patriotisme, le couvrirent de cris séditieux, de *traître*, de *trahison*.

Il est temps que l'Assemblée nationale déjoue ces moyens de désorganisation et de destruction que nos ennemis n'ont mis en jeu qu'avec trop de succès sur la malheureuse frontière que nous habitons. Notre courage ne nous abandonnera pas, mais il sera illusoire, si, à ce seul cri de *trahison*, les fonctionnaires publics chargés de la marche de toute la machine, sont aussitôt assassinés.

Deux moyens puissants sont dans la main du législateur pour empêcher les maux que nous voyons sortir de cette ruse, de cette méchanceté de nos ennemis.

Le premier est la terreur imprimée aux vils agents de nos ennemis, en punissant sévèrement tout cri, tout signe de sédition contre un fonctionnaire public. Il faut que le coupable serve d'exemple, car il a exposé la chose publique, dès qu'il a exposé un fonctionnaire public et le crime ne doit jamais rester impuni ; l'indulgence, le pardon, seraient une faiblesse criminelle.

Le deuxième est l'indignation et la douleur que la Patrie doit marquer toutes les fois qu'un fonctionnaire public a été sacrifié. Il est facile, il est doux à tout bon citoyen de se dévouer pour la Patrie, mais quoi de plus encourageant pour un citoyen qui soutient la chose publique au risque de sa vie, que le regard de la Patrie, que l'assurance de son souvenir, un monument éternel doit consacrer les sentiments de la Patrie !

En conséquence, la municipalité a délibéré d'adresser à M. Arthur Dillon le présent témoignage d'estime qu'elle se croit obligée de rendre à M. Théobald Dillon, maréchal de camp, ainsi que le vœu qu'elle fait de voir accorder par la nation à cet officier indignement assassiné la vengeance et la justice qui lui sont dues et que tous les bons citoyens, les amis de la Patrie, attendent de l'Assemblée nationale sur la sagesse de laquelle la municipalité se repose entièrement.

Ant. DUQUESNOY. CHAUVIN aîné.
DUFRESNOY.   POULART-MONFORT.
BENOIST (l'aîné). J.-C. PERDRY, le cadet, *maire*.

Dès le lendemain des désordres de Lille, les recherches avaient commencé sur les auteurs des crimes abominables dont la ville s'était trouvée souillée. Elles furent activées par le décret du 8 mai, et aboutirent, en peu de jours, à la poursuite d'un certain nombre d'individus devant le tribunal criminel du Nord, dont le siège était à Douai.

Ce tribunal avait alors pour président Philippe-Antoine Merlin, l'un des hommes du Nord qui se créèrent la plus éclatante réputation pendant la période révolutionnaire, et sur les antécédents duquel nous devons dire ici quelques mots.

Merlin ne posséda jamais qu'une âme versatile et médiocre ; mais il posséda aussi un talent de premier ordre comme jurisconsulte et son nom se trouvera toujours cité parmi ceux des principaux formulateurs du droit moderne.

BUSTE DE MERLIN

Marbre de David d'Angers

(Musée de Douai)

Il avait été baptisé le 30 octobre 1754, dans l'église d'Arleux-en-Paluel, village marécageux situé près de Douai. Son père était fermier, et plusieurs de ses parents occupaient des terres dépendant de la célèbre et puissante abbaye des bénédictins d'Anchin, située dans le voisinage. Auprès de son frère et de ses trois sœurs, des moines le remarquèrent, et le firent entrer d'abord comme externe, puis comme interne dans le collège d'Anchin, situé à Douai, laïcisé par un édit du 18 février 1765, mais où ils avaient gardé la disposition d'un certain nombre de bourses. Ses études y furent rapides et brillantes. Ses humanités finies, il entra à la Faculté de droit de Douai, puis le 14 juillet 1775, à l'âge d'environ vingt ans, il fut admis à prêter le serment d'avocat, devant le Parlement de Flandre.

A partir de l'année suivante, Merlin entra en rapport avec un ancien magistrat lorrain nommé Guyot qui, sous le titre de *Répertoire*, voulait publier une vaste encyclopédie du droit contemporain. Ses articles se firent promptement remarquer par leur style clair et simple, par la rigueur de leur logique ; et il finit par exécuter à lui seul le quart de la besogne totale. Après s'être avantageusement marié avec la fille d'un riche négociant de Douai, il acheta un office de secrétaire du roi au Parlement de Flandre, ce qui lui valut la noblesse au premier degré. Une seconde édition du *Répertoire* de Guyot l'occupa en 1784 et 1785. Puis il coopéra à une autre encyclopédie du même genre, le *Traité des droits, fonctions, franchises, exemptions, privilèges annexés à chaque office*, etc., où il soutenait l'indépendance complète de la couronne de France à l'égard de l'Église, l'autorité absolue du roi en matière législative, l'inaliénabilité de cette puissance suprême dont tout partage serait, suivant lui, funeste ; enfin, où il n'accordait aux sujets que le simple droit de remontrance, la volonté du monarque devant toujours être finalement prépondérante. Merlin venait d'acheter, avec Guyot, le privilège de la *Gazette des Tribunaux*, moyennant 50.000 livres ; il avait, en outre, été nommé l'un des avocats du duc d'Orléans et songeait à devenir aussi *avocat de la reine* lorsque les électeurs du Bailliage de Douai l'envoyèrent comme député aux États-Généraux [1].

Malgré son inhabileté oratoire, sa constante incapacité d'improviser de bouche, Merlin ne tarda pas à briller d'un vif éclat dans cette assemblée. La plume à la main, il montrait toutes ses qualités de juriste et faisait de ses rapports de vrais chefs-d'œuvre. Lui qui, jusque-là, ne s'était nullement rangé parmi les ennemis de l'ancien régime, se donna pour tâche principale

---

[1] On trouvera de plus amples détails sur les débuts de Merlin, dans un *Discours* de rentrée prononcé le 3 novembre 1874 devant la Cour de Douai par M. Carpentier, premier avocat-général.

de tirer les conséquences pratiques du décret du 4 août 1789, abolitif du régime féodal ; d'extirper jusqu'aux dernières racines de ce vieil arbre abattu. Comme corollaire, il proposa une nouvelle législation sur la chasse, la suppression des droits d'aînesse et de masculinité, du retrait lignager, des privilèges d'habitation et de bourgeoisie, et la proclamation du partage égal des biens entre tous les enfants. En un mot, il se plaça au premier rang de ceux qui, avant tout, voulaient assurer d'une manière irrévocable les conquêtes de la Révolution dans les matières de droit civil.

Quand l'Assemblée constituante eut déclaré son mandat achevé, il s'opposa sagement à la motion de Robespierre d'après laquelle ses membres seraient exclus de l'assemblée suivante, disant, non sans raison : « Je crains qu'une nouvelle législature ne change la constitution ou que, si elle ne la change pas, elle la laisse périr ». La motion du député d'Arras ayant été adoptée, il cessa un instant d'être législateur, mais ayant été élu à la fois président de l'un des tribunaux d'arrondissement de Paris et du tribunal criminel du Nord, siégeant à Douai, il s'empressa d'opter pour cette dernière fonction.

Il la remplissait avec une haute compétence et un zèle infatigable, qui lui valurent plusieurs fois les félicitations méritées du ministre de la justice et du roi [1].

A côté de Merlin siégeait, dans le tribunal criminel du Nord, un accusateur public nommé Ranson, jurisconsulte distingué, non moins populaire que lui parmi les plus ardents patriotes douaisiens. Un arbre de la liberté, de plus de cent pieds de haut, ayant été planté sur la grand'place de la ville, le 1er mai 1792, la société locale des Amis de la Constitution avait résolu de profiter de la circonstance pour offrir, à chacun des deux magistrats, une couronne civique. Mais, nous dit l'*Argus* [2] :

> L'accusateur public, interprète des sentiments de M. Merlin, absent, a refusé, et pour ce juge inappréciable et pour lui, cette couronne ; et la société, qui la leur avoit décernée, s'est vue forcée d'accéder à ce refus, dont les motifs, puisés dans le sentiment de la modestie, ont rendu M. Ranson plus estimable encore et plus précieux : « Réservez » a-t-il dit à ses concitoyens, « réservez cette couronne pour le premier soldat de cette ville, ou de cette garnison, qui fera une action signalée dans cette guerre également sainte et juste, que la Nation entreprend, et permettez-moi d'y joindre une épée d'argent, dont je lui fais l'hommage. Ce don est celui de l'amour, que fait un citoyen ami de la régénération française, au courage héroïque qui va la cimenter. »

---

[1] Voir une de ces lettres de félicitation, écrite par Duranthon, le 4 juin 1792, dans le n° de l'*Argus* du 12 juin.

[2] N° du 3 mai 1792. Il place la cérémonie le 1er avril, mais c'est une faute d'impression, puisqu'il dit ailleurs : « avant-hier ».

— 59 —

Le premier individu qui comparut devant le tribunal criminel du Nord, à raison du meurtre de Théobald Dillon, se trouva être un nommé Vasseur, à la fois tailleur et sergent des grenadiers de la garde nationale de Lille. Il avait, le 16 mai, été conduit à Douai sous bonne escorte [1]. Commencés le lendemain, les débats empiétèrent sur le 18. Ils se terminèrent par le jugement suivant [2] :

> Du dix-sept may mil sept cent quatre vingt douze, en la salle d'audience du tribunal criminel du département du Nord, sont entrés MM. Deschood, Tondeur, Virnot, Contamine, David, Prévot, Debet, Desmoutiers, Mercier, Langlé, La Rivière et Delebarre, jurés de jugement, et MM. Desmytter, Simon et Fenasse, jurés adjoints de jugement. Ayant pris les places à eux destinés, M. le président a reçu de MM. les jurés de jugement, individuellement, le serment prescrit par la loi.
>
> Les formalités prescrites par les articles vingt-quatre et vingt-cinq du titre six, et vingt-huit du titre sept de la seconde partie de la loy du vingt-neuf septembre mil sept cent quatre vingt onze, ainsi que par les passages de la loi en forme d'instruction du vingt-sept octobre mil sept cent quatre vingt onze, y correspondant, ayant été remplies, M. le président a reçu de M. Dubois le serment prescrit par la loi, a fait asseoir l'accusé et lui a demandé ses noms, âge, profession et demeure. A quoi il a répondu s'appeler Antoine-Joseph Vasseur, âgé de trente-cinq ans, tailleur, demeurant en la ville de Lille.
>
> Les formalités prescrites par les articles deux, trois, sept, huit, onze et trente-six du titre sept de la seconde partie de ladite loi, et par les passages de la loi en forme d'instruction du vingt-deux octobre mil sept cent quatre vingt onze y correspondant ayant été remplies, ont été entendus successivement les témoins suivans dont la liste avoit été notifiée audit Vasseur, le quinze du présent mois : Alexandre-François-Joseph Gourmez, âgé de vingt-huit ans, marchand, demeurant à Lille ; Jean-Baptiste-Joseph Menart, âgé de trente-neuf ans, capitaine des grenadiers de la garde nationale, demeurant à Lille ; Amédée-André-Joseph Lefebvre, âgé de trente-six ans, officier de la garde nationale, demeurant à Lille ; Jean-François Delannoy, âgé de cinquante ans, capitaine de la garde nationale, demeurant à Lille ; Omer-Jean-Baptiste Lefebvre, âgé de quarante-un ans, avoué au district de Lille, y demeurant ; Joseph Collo, âgé de trente-quatre ans, officier de la garde nationale, demeurant à Lille ; Édouard-Philippe Capron, âgé de trente-trois ans, négotiant, demeurant à Lille ; Albert-Joseph Descarnin, âgé de cinquante-cinq ans, épicier, demeurant à Lille ; Pierre-Joseph Mullier, âgé de quarante-huit ans, maître bottier, demeurant à Lille ; Louis-Joseph Bigot, officier de la garde nationale, âgé de trente ans, demeurant à Lille ; Jean-Baptiste Jamart, âgé de vingt-quatre ans, receveur du bureau d'enregistrement à Cisoing ; Charle-Joseph-Marie-Virgile Senepart, âgé de vingt-un ans, architecte, demeurant à Lille ; Louis-Joseph Dathis, commis chez le trésorier de la ville de Lille, y demeurant ; Charle-Antoine Dubrule, âgé de vingt ans, ébéniste, demeurant à Lille ; Louis Vendervinck, âgé de quarante-trois ans, tailleur, demeurant à Lille ; Vincent Borgnier, âgé de trente-huit ans, épicier, demeurant à Lille ; Auguste-César Gourmez, âgé de vingt-un ans, compagnon orphèvre, demeurant à Lille ; Joseph-Philippe-Marie Martin, âgé de trente-cinq ans, marchand frippier, demeurant en cette ville ; Jean Balam, âgé

---

[1] *Argus* n° du 19 Mai.

[2] Extrait du registre du tribunal criminel du département du Nord. Du 13 février au 15 juin 1792. — FF os 326 à 331.

de quarante-un ans, maréchal-de-logis au premier régiment de cavalerie, en garnison à Cambray ; Louis-Guillaume Laloi, soldat au vingt-quatrième régiment, âgé de dix-neuf ans, en garnison en la ville de Lille.

Le débat achevé et les formalités prescrites par les articles six, neuf, dix-huit et dix-neuf du titre susdit, et par les passages de la loi en forme d'instruction y correspondant ayant été remplies, M. le président, après avoir pris l'avis du tribunal, a annoncé aux jurés qu'il y avoit lieu de délibérer : 1°) L'homicide mentionné dans l'acte d'accusation est-il constant ? 2°) L'accusé est-il convaincu d'y avoir coopéré ? 3°) Est-il constant que l'homicide a été commis avec préméditation ? 4°) Est-il constant que ledit homicide a été précédé, accompagné ou suivi de sédition ? 5°) Est-il constant que ledit homicide a été précédé, accompagné ou suivi d'offense à la loi ? 6°) Est-il constant que ledit homicide a été précédé, accompagné ou suivi d'autres crimes ? Et il a remis publiquement aux jurés les questions ainsi arrangées par écrit, après quoi il a ordonné qu'ils se retirassent dans leur chambre et qu'on reconduisît l'accusé en la maison de justice, ce qui a été fait.

Les formalités prescrites tant par les articles vingt-deux, vingt-trois, vingt-quatre, vingt-cinq, vingt-six, vingt-sept, vingt-neuf, trente, trente-un et trente-deux du titre susdit, que par les passages de la loi en forme d'instruction y correspondant, ayant été remplies, les jurés sont rentrés dans la salle d'audience, et, sur l'interpellation de M. le président, leur chef se levant a dit : Sur mon honneur et ma conscience, la déclaration du juré est : 1°) Que l'homicide mentionné dans l'acte d'accusation est constant ; 2°) Qu'il est constant que l'accusé est convaincu d'y avoir coopéré ; 3° Qu'il est constant que l'homicide a été commis avec préméditation ; 4°) Qu'il est constant que ledit homicide a été commis, précédé, suivi et accompagné de sédition ; 5°) Qu'il est constant que l'hommicide a été précédé, accompagné ou suivi d'offense à la loi ; 6°) Qu'il est constant que ledit hommicide a été précédé, accompagné ou suivi d'autres crimes, et a été ladite déclaration remise sur le champ à M. le président qui l'a signé ainsi que le greffier.

En conséquence, M. le président a fait amener de la maison de justice ledit Vasseur, accusé, et lui a donné connoissance de ladite déclaration.

Les formalités prescrites par les articles cinq, six, sept et onze, du titre susdit ayant été remplies, M. le président a prononcé, dans la forme et avec les avertissements prescrits par l'article treize du même titre, le jugement suivant :

Vu par le tribunal criminel du département du Nord ;

L'acte d'accusation dressé contre Antoine-Joseph Vasseur, par le directeur du juré du district de Lille, et dont la teneur suit : « Le directeur du juré du tribunal du district de Lille expose que le quatre du présent mois, il auroit été délivré par le juge de paix, officier de police de l'arrondissement de la paroisse de Saint-Étienne, à Lille, un mandat d'arrêt contre le nommé Antoine-Joseph Vasseur, marchand tailleur, rue Notre-Dame, paroisse de Saint-Maurice, audit Lille, prévenu d'avoir, le vingt-neuf avril dernier, quatre heures environ après-midi, près de la porte de Fives, assassiné le sieur de Dillon, lieutenant-général des armées françoise, et les pièces de procédure concernant ledit Vasseur, remise au greffe du tribunal, qu'aussitôt ladite remise ledit Vasseur a été entendu par le directeur du juré sur les causes de sa détention, qu'ayant ensuite vérifié la nature du délit dont est prévenu ledit Vasseur, il a trouvé que ce délit étoit de nature à mériter peine afflictive ou infamante, pourquoi le directeur du juré a dressé le présent acte d'accusation pour, après les formalités requises par la loi, être présenté au juré d'accusation. Le directeur du juré déclare, en conséquence, qu'il résulte de l'examen des pièces de la procédure que, le vingt-neuf avril dernier, quatre heures de l'après-midi, il a été commis un assassinat près de la porte de Fives en cette ville, en la personne de Dillon, lieutenant-général des armées françoises, et que ledit Antoine-Joseph Vasseur, demeurant rue Notre-Dame, paroisse de Saint-Maurice en cette ville, et détenu en la maison d'arrêt du district de Lille, est prévenu d'avoir commis ledit assassinat ; que ledit Antoine-Joseph Vasseur a déclaré au directeur du juré soussigné qu'il étoit, à la vérité, au faubourg de Fives lorsque le sieur de Dillon est entré en Lille, ledit jour, vingt-neuf avril dernier, et qu'il est entré en ville avec ledit sieur de Dillon, mais qu'il ne l'a point assassiné et qui ne l'a pas même touché, ni avec son sabre, ni autrement ; qu'il résulte de tous ces détails, et qu'il est de notoriété publique que l'assassinat dont il s'agit a été commis, sur quoi les jurés auront à prononcer s'il y a lieu à accusation contre ledit Antoine-Joseph Vasseur, à raison du délit mentionné au présent acte. Fait à Lille, le dix may mil sept cent quatre vingt douze. Signé : DUBRULE » ;

La déclaration du juré d'accusation du district de Lille, écrite au bas dudit acte et portant qu'il y a lieu à l'accusation mentionnée audit acte ;

L'ordonnance de prise de corps, rendue par le directeur du juré dudit district contre ledit Antoine-Joseph Vasseur ;

Le procès-verbal de la remise de sa personne en la maison de justice du département, et la déclaration du juré de jugement portant : 1° que l'homicide mentionné dans l'acte d'accusation est constant ; 2° qu'il est constant que l'accusé est convaincu d'y avoir coopéré ; 3° qu'il est constant que l'homicide a été commis avec préméditation ; 4° qu'il est constant que ledit homicide a été commis, précédé, suivi et accompagné de sédition ; 5° qu'il est constant que ledit homicide a été précédé, accompagné ou suivi d'offenses à la loi ; 6° qu'il est constant que ledit homicide a été précédé, accompagné ou suivi d'autres crimes.

Le tribunal, après avoir entendu le commissaire du roi, condamne Antoine-Joseph Vasseur, à être conduit sur la place publique de la ville de Lille, vêtu d'une chemise rouge, et y avoir la tête tranchée sur un échafaud, conformément aux articles onze et quatorze de la première section du titre second, et à l'article quatre du titre premier de la première partie du code pénal, dont il a été fait lecture, lesquels sont ainsi conçus : « L'homicide commis avec préméditation sera qualifié assassinat et puni de mort. Sera qualifié assassinat et, comme tel, puni de mort, l'homicide qui aura précédé, accompagné ou suivi d'autres crimes, tels que ceux de vols, d'offenses à la loi, de sédition ou tous autres. Quiconque aura été condamné à mort pour crime d'assassinat, d'incendie ou de poison, sera conduit au lieu de l'exécution, revêtu d'une chemise rouge ; le paricide aura la tête et le visage voilé d'une étoffe noire ; il ne sera découvert qu'au moment de l'exécution » ;

Ordonne que le présent jugement sera imprimé, publié, affiché dans tout le département et exécuté à la diligence du commissaire du roi.

Fait à Douay, en l'audience du tribunal criminel, le dix-huit may, à minuit et demi, mil sept cent quatre vingt douze. (Signé) : MERLIN, NAVETEUR, DE BRUYNE, DELESAULX.

Cette longue audience avait été marquée par un incident émouvant : la preuve de la culpabilité de Vasseur étant plus que complète, son conseil, « fidèle au serment qu'il avoit fait de n'employer à son égard que la vérité », se trouva réduit à l'engager à faire l'aveu de son crime [1].

Le tribunal de Douai eut, le mois suivant, à juger quelques autres individus accusés d'avoir pris, comme Vasseur, une part criminelle aux événements du 29 avril.

C'est ainsi que, le 15 juin, il déclara un certain Nicolas Lhuillier convaincu d'avoir promené dans les rues de Lille, conspué et foulé aux

---

[1] Lettre de Ranson, publiée dans l'*Argus* du 23 mai.

pieds une jambe de Théobald Dillon, et ordonna que le Corps législatif serait consulté sur les questions de savoir si ces excès étaient susceptibles de l'application de la peine infligée par le Code pénal à l'homicide.

C'est ainsi encore que le 18 juin, il déclara Félicité Brié, femme Pinard, convaincue d'avoir remué avec un fusil armé d'une bayonnette les entrailles du général au moment où la multitude les brûlait, et décida qu'une question semblable serait posée à la même Assemblée.

C'est ainsi enfin que le 21, ce tribunal condamna Jean Dupret à avoir la tête tranchée pour avoir coopéré à l'assassinat et que le même jour, il acquitta Jean-Pierre Guillaume, dit Fleur d'Amour, qui, à tort, avait été accusé du même crime.

Les renvois à l'Assemblée, dont il vient d'être question, avaient lieu par suite de la défense faite aux nouveaux tribunaux de statuer en dehors du texte précis des lois. Bien souvent, ces renvois s'éternisaient, les députés étant absorbés par les graves événements qui se déroulaient presque chaque jour, et les questions posées demeuraient sans solution [1].

L'un des assassins eut la tête tranchée le 13 juillet 1792, sur la grand'place de Lille, presque au lieu où avait été carbonisé le corps de Dillon. Crime et châtiment eurent ainsi même théâtre. Mais ainsi qu'il arrive souvent dans les méfaits collectifs, le principal coupable échappa : nous voulons dire l'individu qui, en tirant un coup de fusil dans le cabriolet, avait tué le général.

La machine qui servit à l'exécution avait été construite à Douai ; et quoique, suivant l'*Argus* [2], on n'éprouvât « aucun doute sur son effet infaillible », on l'avait essayée d'abord sur une victime bien innocente : un mouton.

Entre la condamnation de Vasseur et celle de Dupret, l'Assemblée législative avait eu à statuer sur le rapport de ses comités.

Ce rapport lui fut présenté par un député du Pas-de-Calais, déjà connu alors, illustre quelques mois après : Lazare-Nicolas-Marguerite Carnot, que, pour le distinguer de son frère Claude-Marie Carnot-Feulins, député du même département, les comptes-rendus officiels désignaient alors sous le nom de *Carnot l'aîné*. On sait que, né le 13 mai 1753 à Nolay, en Bourgogne, et entré dans l'arme du génie, Lazare Carnot s'était de bonne heure distingué à la fois comme militaire, comme écrivain et comme

---

[1] *Argus*, n° du 27 au 29 juin. — Le discours prononcé par Merlin pour clôturer la session du tribunal criminel du Nord où furent rendus les jugements ci-dessus relatés, est reproduit dans ce numéro.

[2] N° du 21 mai.

mathématicien ; qu'il avait été longtemps en garnison à Calais, s'était marié à Saint-Omer, et avait fait de l'Artois sa seconde patrie avant de faire du Nord l'un des principaux théâtres de sa gloire.

Dans son rapport, Carnot rendit pleine justice au caractère de Théobald Dillon et à celui de Berthois :

> Ce qu'il vous importe de savoir, Messieurs, y disait-il, c'est que les hommes dont j'ai à vous entretenir étaient purs et dignes d'un meilleur sort ; c'est que les recherches officielles les plus exactes, les rapports authentiques les mieux constatés, n'indiquaient pas un seul reproche à leur faire, c'est que tous s'accordent à représenter leur conduite comme sage et rigoureusement conforme aux ordres qu'ils avoient reçus ; c'est que leur vie entière n'offrit que loyauté, vertus militaires, vertus privées, services importants rendus à l'État, amour des lois, de l'égalité, de la justice et de la liberté publique.

Puis Carnot, après avoir expliqué les ordres reçus par Dillon, examinait les causes probables de la double déroute de ses troupes et de celles de Biron :

> Rapprochons, disait-il, les diverses circonstances ; comparons ce qui a eu lieu le même jour à Lille et à Valenciennes ; considérons que les mêmes cris de *trahison* et de *sauve qui peut* se firent entendre dans les deux armées ; que, dans les deux villes, il parut, la veille et le jour même de l'action, un nombre de personnes plus que suspectes, des émigrés fameux par leur rage aristocratique, qui disparurent aussitôt ; remarquons enfin que nos projets étoient si bien connus d'avance par nos ennemis, qu'ils n'étoient aucune de leurs mesures qui ne fût visiblement prise et calculée sur la tentative que nous devions faire ; et nous aurions peine de nous refuser à la persuasion intime, que les atrocités commises le 29 avril, n'ont pu être que le résultat d'une trame ourdie dans les ténèbres de la politique autrichienne.

Carnot, on le voit, adoptait pleinement l'hypothèse que nous avions déjà vue mise en avant dans le rapport d'Alexandre de Beauharnais. Il aurait pu ajouter, pour la corroborer, qu'à Baisieux comme à Quiévrain, la déroute avait commencé, non point par les volontaires, dont l'inexpérience aurait pu excuser la panique, mais par les troupes de ligne et spécialement par la cavalerie, arme qui, à toute époque, offre un caractère plus ou moins aristocratique.

Le rapporteur indiquait ensuite le montant des pensions à accorder aux familles des deux victimes et terminait en proposant de construire en l'honneur des morts un monument commémoratif sur le glacis de la porte de Lille qui conduit à Tournai. Il avait, en conséquence, inséré dans son projet de décret trois articles ainsi conçus :

ARTICLE PREMIER.

Il sera élevé, aux frais du trésor public, sur le glacis de la porte de Lille, vers le bord du chemin qui conduit à Tournay, un monument à la mémoire de

Théobald Dillon, maréchal de camp, et de Pierre-François Berthois, colonel-directeur des fortifications, morts le 29 avril 1792, l'an quatrième de la liberté, après s'être dévoués pour la défense de la patrie et de la loi.

Article II.

Le premier article du présent décret sera inscrit sur la face la plus apparente du monument.

Article III.

Le Pouvoir exécutif est tenu de prendre les mesures nécessaires pour que ce monument soit achevé dans le plus bref délai possible, et de remettre à l'Assemblée nationale les mémoires, plans et devis qu'exigent son exécution.

Cette proposition souleva de vives polémiques, parmi lesquelles un député nommé Lasource s'écria, non sans quelque raison :

Gardez-vous d'éterniser des traits qui nous deshonorent. Elevez des monuments qui rappellent, non des actions criminelles, mais des actions dignes d'être imitées.

Bref, l'Assemblée ajourna indéfiniment ces articles, et adopta le décret suivant :

L'Assemblée Nationale considérant que la plus précieuse fonction des législateurs d'un peuple libre, est de réparer les outrages faits à l'humanité, d'honorer la mémoire des citoyens qui se sont dévoués pour le salut de leur pays, de porter des consolations dans le sein de leurs familles, d'offrir enfin aux guerriers des modèles à suivre, et le tableau des malheurs qu'entrainent la désobéissance aux loix et le mépris des autorités légitimes ;
Considérant que Théobald Dillon, maréchal de camp, employé à Lille, et Pierre-François Berthois, colonel, directeur des fortifications de la même ville, sont morts le 29 avril de cette année, ayant bien mérité de la patrie, et victimes des complots tramés contre la sûreté de l'Etat et le succès de nos armes, décrète qu'il y a urgence ;
L'Assemblée nationale, après avoir déclaré qu'il y a urgence, ouï le rapport de ses comités de l'instruction publique et de l'extraordinaire des finances, décrète ce qui suit :

Article premier.

Il sera payé par forme d'indemnité à chacun des enfans de Pierre-François Berthois, une somme annuelle de huit cent livres, pour leur éducation, jusqu'à l'âge de vingt-un ans, ou jusqu'à ce qu'ils soient pourvus d'emplois dont le produit soit de huit cent livres ; et à leur mère une somme annuelle de quinze cent livres durant sa vie.

II.

Il sera payé également à Auguste, Édouard et Théobald, enfans de Théobald Dillon et de Joséphine Viefville, une somme annuelle de huit cent livres, pour leur éducation jusqu'à l'âge de vingt-un ans, où jusqu'à ce qu'ils soient pourvus d'emplois dont le produit soit de huit cents livres, et à leur mère, une somme annuelle de quinze cents livres durant sa vie.

III.

Antoine Dupont-Chaumont, adjudant-général et Pierre Dupont-Chaumont, aide-de-camp, blessés l'un et l'autre dans la journée du 29 avril, sont déclarés susceptibles dès à présent de la décoration militaire.

IV.

Extrait en forme du procès-verbal de la séance sera envoyé, avec une lettre du président de l'Assemblée nationale, aux familles de Théobald Dillon et de Pierre-François Berthois, et aux deux frères Antoine et Pierre Dupont-Chaumont.

Dans son rapport, Carnot, en racontant les événements de Lille, et après avoir rappelé que Théobald Dillon laissait trois enfants, avait ajouté ce trait :

Son quatrième fils est massacré comme on le portait au baptême, et la mère obligée, pour se sauver, de faire à pied trois quarts de lieue.

Mais nous pouvons, en toute conscience, décharger de ce crime supplémentaire les populations du Nord. D'abord, les registres des paroisses qui ont, sans aucune peine, livré à M. Rigaux, archiviste de la ville de Lille, les actes publiés au précédent chapitre, n'en contiennent aucun applicable au décès du nouveau-né ; on ne trouve rien non plus dans les registres des communes voisines, Wazemmes et Esquermes. Puis nous remarquons que ce nouveau-né avait reçu pour prénom *Théobald*, comme le troisième fils vivant du général au jour du décret, ce qui nous fait supposer qu'il s'agit du même enfant. Enfin Joséphine Viefville étant accouchée le 28 avril, nous ne pouvons admettre que, les émotions de la journée du 29 étant venues s'ajouter à la fatigue qui suit une délivrance, elle ait pu, le 30, présenter elle-même son fils au baptême, et faire ensuite, sans en mourir, trois quarts de lieue pour échapper à la fureur du peuple.

On objectera les termes du testament de Théobald disant au sujet de Joséphine Viefville : « Elle est mère de mes trois enfants et de celui qui vient de naître aujourd'hui ». Mais nous répondrons que le texte exact de ce testament nous est inconnu ; que Carnot n'en donne qu'une analyse, et qu'une erreur glissée dans cette analyse aura été cause de tout le mal.

Ajoutons, pour en finir avec ce triste épisode, que le décret réparateur du 9 juin avait été devancé par un bienfait particulier, le général d'Aumont, commandant la place de Lille, s'étant empressé de placer en rente viagère, sur la tête de Joséphine Viefville, une somme de 4.000 livres, réversible sur ses enfants [1].

Pendant qu'Arthur Dillon poursuivait avec tant d'énergie et de succès

---

[1] *Argus*, n° du 25 mai 1792. Ce journal, dans le récit qu'il donne des événements de Lille, ne parle nullement du meurtre de l'enfant. C'est un argument de plus en faveur de la thèse que nous soutenons.

l'œuvre d'honneur familial à laquelle il s'était consacré, des combats, nombreux, mais peu décisifs, avaient eu lieu presque quotidiennement sur la frontière du Nord.

Si Beaulieu avait possédé les forces et l'audace nécessaires pour profiter de l'état d'anarchie que les deux déroutes qu'elle venait de subir révélait dans l'armée française, les provinces qui séparent la frontière de la capitale eussent été fort exposées. Mais outre que l'Autriche et la Prusse n'avaient pas encore terminé leurs préparatifs, qu'elles ne voulaient rien livrer au hasard, et que la témérité qu'avait eue la France de déclarer la guerre en imposait à leur prudence, les Pays-Bas manquaient presque totalement de l'artillerie de siège, indispensable pour se lancer dans un pays hérissé de places fortes. Au lieu de poursuivre ses adversaires à outrance, Beaulieu se borna donc à les taquiner par d'assez insignifiantes escarmouches. Des corps plus ou moins nombreux sortaient tantôt de Mons, tantôt de Tournai, assaillaient quelque village, puis rentraient avec leurs dépouilles. C'étaient plutôt là des actes de rapine que de véritables entreprises militaires.

Beaulieu commença même par faire un pas en arrière, ce que nous apprend en ces termes le *Journal* du conseiller Paridaens :

DU 7 MAI.

Hier et aujourd'hui, notre armée, campée près de Quiévrain, revient prendre son premier camp près de Frameries et de Cuesmes, précisément à cause que la position est plus avantageuse et plus à portée de nous donner du renfort soit vers Namur, soit vers Leuze où est l'armée de S. A. le duc de Saxe-Teschen.

Deux jours après, le général en chef changea lui-même de résidence :

DU 9 MAI 1792.

Le quartier-général de l'armée autrichienne qui était à Leuze, vient se placer à Mons. S. A. R. Monseigneur le duc Albert de Saxe-Teschen arrive le soir et vient se loger à l'hôtel du Grand Bailliage.

Ces atermoiments de la coalition furent mis à profit par les généraux français. Les déroutes de Quiévrain et de Marquain, l'assassinat de Dillon, leur imposaient le devoir de rétablir la discipline, de compléter l'instruction du soldat, de gagner sa confiance et de perfectionner l'organisation des services administratifs dont le fonctionnement laissait fort à désirer. Appuyés par l'Assemblée législative, ils réunirent leurs efforts pour remédier aux désordres dont les suites avaient été si graves. En outre, des exemples furent faits, par la récompense éclatante de quelques actes de bravoure et par la punition d'un certain nombre de crimes.

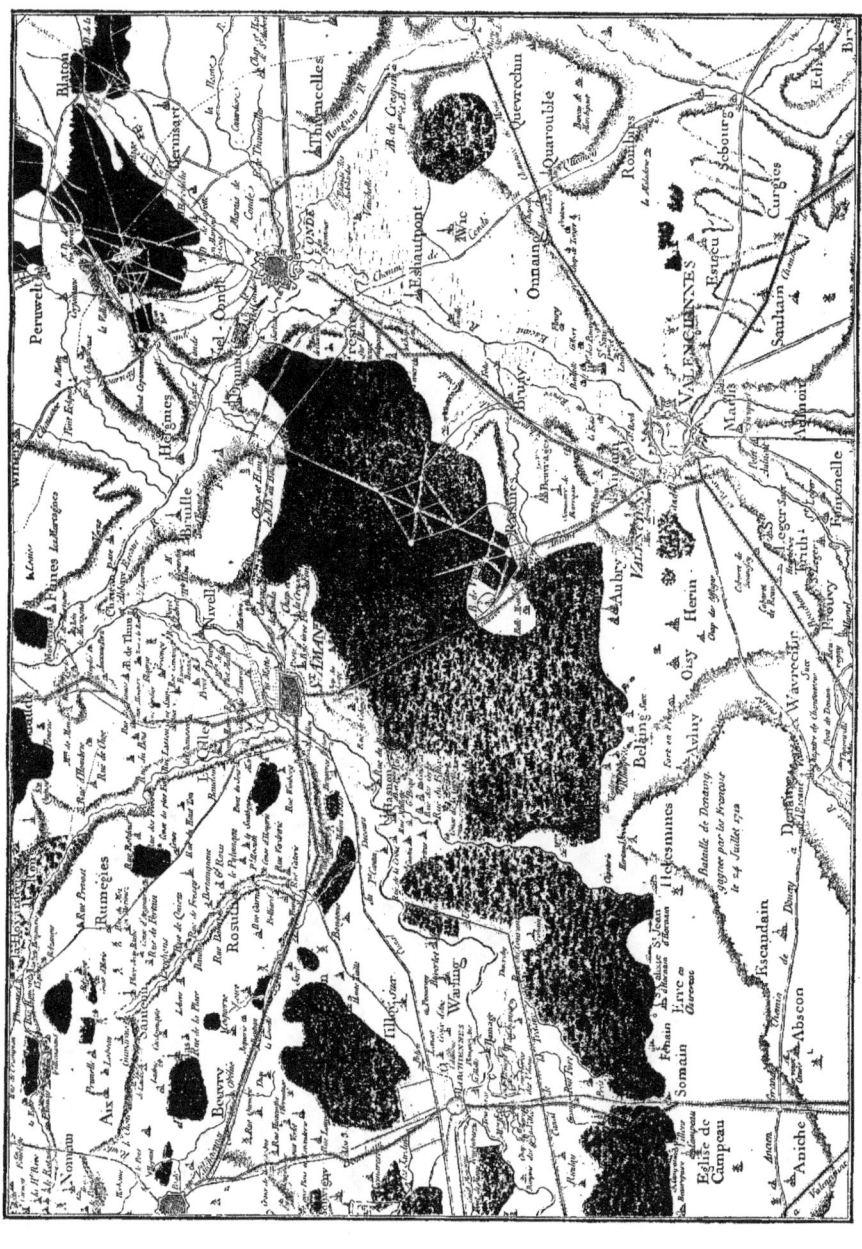

CARTE DES ENVIRONS DE SAINT-AMAND ET DE VALENCIENNES, D'APRÈS CASSINI

Pour reformer le gros de son armée, Rochambeau l'avait échelonnée derrière la Rhonelle, entre Valenciennes et Le Quesnoy et en avait fait rentrer une portion dans le camp de Famars. Elle logeait sous des tentes récemment arrivées de Lille, et destinées à remplacer celles abandonnées à Quiévrain. De St-Saulve à Sebourg, ses cantonnements étaient protégés par un cordon de hussards, de dragons et de chasseurs à cheval, avec de l'infanterie aux ordres de Louis de Noailles [1]. Cela n'empêchait pas des hulans de paraître constamment dans plusieurs communes françaises, entre autres Onnaing, Quarouble, Quiévrechain, Crespin, Sebourg et Thivencelles ; ils y étaient, nous dit l'*Argus*, « conduits par des émigrés français, entr'autres M. Maillard, des officiers et de ci-devant seigneurs qui ne rougissent pas de faire le métier de brigand » [2].

Le 13 mai, Rochambeau se rendit à l'hôpital de Valenciennes pour y visiter les blessés. Il tint à ceux-ci un petit discours, qu'avec une brusquerie toute militaire, il termina par ces mots :

« Savez-vous ce que je crains plus que 100.000 hommes devant moi ? C'est un seul j..... f..... derrière, à qui la peur ou la scélératesse fait crier : « Nous sommes « trahis, sauve qui peut !..... » [3].

Malgré mille sollicitations et l'ordre du jour voté par l'Assemblée le 7 mai, le maréchal persistait dans sa résolution de se retirer. Prévenu qu'il devait le remplacer, Lückner remit son commandement de l'Est au vieux Lamorlière, arriva à Paris, et demanda de tenter une dernière démarche auprès de son collègue pour le prier de rester à la tête de l'armée du Nord, offrant même, avec un désintéressement dont on ne saurait contester la noblesse, de servir sous lui comme simple aide-de-camp. Cette permission fut accordée à Lückner. Dès le 15 à six heures du soir, il arriva à Valenciennes, et, accompagné de Biron et d'autres généraux, traversa la ville à pied pour se rendre chez Rochambeau. Il trouva celui-ci inébranlable. Il n'eut plus dès lors qu'à se préparer à prendre sa succession, et c'est dans ce but que, le 16, les deux maréchaux se rendirent ensemble au camp de Famars [4].

Une alerte les surprit le lendemain. Le 17, vers quatre heures du matin, les Autrichiens s'avancèrent, en effet, sur trois colonnes, vers Bavai. Cette

---

[1] Note d'Alexandre Beauharnais publiée dans le supplément de l'*Argus* du 7 mai.
[2] *Argus*, n° du 12 mai.
[3] *Argus*, n° du 14 mai.
[4] *Argus*, nos du 16 et du 17 mai.

petite ville, capitale des Nerviens, puis colonie romaine, avait, à cause de sa situation sur une colline dominant la frontière, été rangée par le décret du 8 juillet 1791, parmi les postes militaires de seconde classe. Néanmoins, on n'y avait exécuté aucun travail sérieux de fortification, et elle n'était défendue que par un détachement d'environ 80 hommes du 49e régiment d'infanterie. Les Autrichiens purent donc y pénétrer sans grande peine. Au premier avis de cette incursion, Lückner partit de Valenciennes avec de la cavalerie, tandis que Rochambeau le soutenait avec dix escadrons, trois bataillons et une forte artillerie. Certes, l'entreprise était peu digne du concours de deux maréchaux de France ; mais c'était la première sortie exécutée depuis la déroute de Quiévrain et rien ne devait être négligé pour rendre aux troupes quelque hardiesse. A la vue des Français, les ennemis déguerpirent en toute hâte, de telle sorte que Rochambeau ne dépassa pas le village de Jenlain, situé à mi-route [1].

Le 18 mai, c'est du côté de St-Amand que fut attirée l'attention : des hulans s'avancèrent vers la ville, mais ils furent repoussés par des dragons du 14e régiment. Biron marcha aussitôt de ce côté avec plusieurs compagnies de grenadiers [2].

Ce n'était là qu'une reconnaissance et le prélude d'une affaire plus sérieuse. Car le lendemain 19 mai, Biron était à peine rentré dans Valenciennes avec ses soldats [3], qu'à neuf heures du soir Rochambeau reçut l'avis que l'ennemi, parti de Tournai, se portait sur St-Amand et Orchies.

Le maréchal résolut aussitôt de s'opposer à son entreprise.

Avant de dire quel fut le succès de cette tentative ennemie, jetons un coup d'œil sur le pays situé entre Valenciennes et St-Amand, en même temps que sur la bande de terrain qui sépare cette dernière ville de la frontière des Pays-Bas autrichiens. Cette contrée ayant joué un rôle important dans les campagnes de 1792 et de 1793, il est bon, afin de rendre compréhensibles les opérations militaires ultérieures, d'en tracer, une fois pour toutes, une image bien nette.

Lorsqu'en remontant obliquement vers le nord-ouest, on se dirige de Valenciennes vers St-Amand, par la grand'route qui existait déjà vers la fin du XVIIIe siècle, et dont le siècle suivant n'a pas modifié le tracé, on rencontre d'abord, au-delà de l'Escaut, Anzin, placé sur une colline, simple village alors, ville importante aujourd'hui. Puis, de l'autre côté du

---

1 *Argus*, no du 18 mai.
2 *Argus*, no du 19 mai.
3 *Argus*, no du 21 mai.

monticule, après avoir laissé sur sa gauche le bois de Bonne-Espérance, on traverse le village de Raismes, et son hameau de Vicoigne, entouré d'une vaste forêt s'étendant, à droite, vers les communes de Bruai, d'Escaupont et de Fresnes ; à gauche, vers celle de Wallers, et, plus au nord, d'Hasnon. En poursuivant le voyage, on aborde Saint-Amand par l'un de ses hameaux, nommé le *Moulin des Loups*, et ce n'est qu'après avoir traversé la Scarpe, qui y arrive après avoir déjà baigné Arras, Douai et Marchiennes, que l'on pénètre dans la ville proprement dite.

Saint-Amand possède un territoire fort étendu ; il confine aux communes de Lecelles, Rosult, Millonfosse, Raismes-Vicoigne et Nivelles. Autour de son noyau central gravitent, comme autant de satellites, les hameaux de la Wimberghe, de la Bruyère, du Moulin-des-Loups, du mont des Bruyères, de la Croisette et de Cubray.

Les entours de la vaste forêt que nous avons décrite étaient, presque depuis l'origine de la chrétienté, occupés par d'opulentes abbayes, récemment sécularisées et déclarées biens nationaux par les lois émanées de l'Assemblée Constituante, mais dont l'antique domination laissait encore bien des souvenirs sur le sol et dans les âmes.

C'était d'abord, vers le milieu des bois, l'abbaye de Vicoigne, de l'ordre de Prémontré, fondée vers 1125, jadis célèbre par la richesse de sa bibliothèque, privée toutefois d'une portion de ses trésors, dès 1566, par une violente irruption d'iconoclastes protestants, et décorée depuis de nombreuses sculptures par un artiste valenciennois nommé Pierre Schleiff.

Plus loin, c'était l'abbaye d'Hasnon, fondée en 670 par Jean d'Hasnon et sa sœur Eulalie, ruinée ensuite par les Normands, puis occupée par les Bénédictins. Placée sous le patronage de saint Pierre, elle relevait, avec toutes ses dépendances, du diocèse d'Arras. Sa puissance territoriale avait été considérable. Du comte Baudouin II, de Jérusalem, fils de la pieuse comtesse Richilde, elle tenait, depuis 1086, l'église Notre-Dame-la-Grande, de Valenciennes, avec des revenus suffisants pour les besoins des desservants et les frais du culte. Son prieur exerçait, en outre, une certaine juridiction à Valenciennes sur la paroisse de Saint-Vaast-hors-les-murs, et sur le couvent des Sœurs Pénitentes de Saint-François, avec droit de moyenne et basse justice sur le Neufbourg. Les bâtiments de la communauté étaient luxueux et ses supérieurs ne dédaignaient pas de protéger l'art, même profane ; durant le XVIIIe siècle, ils avaient fait tailler, pour la décoration de leurs jardins, un *Milon de Crotone* en pierre blanche, par le Valenciennois Jean-Baptiste Danezan, et ils y avaient ajouté beaucoup d'autres sculptures qu'avait exécutées un second artiste du même cru, Joseph Gillet, aidé de son élève François Milhomme.

Vers le nord, à deux pas de la frontière, entre l'Escaut et la Scarpe, se dressait le couvent qui, avec une bicoque voisine, servait à désigner le lieu où ils étaient situés : Château-l'Abbaye, modeste hameau, aux moines duquel, avant la Révolution, payait la dîme celui de Bruille ; et dont le nom rappelle deux des principales puissances dominatrices de l'ancien régime : la noblesse et le clergé.

Mais toutes ces abbayes pâlissaient devant celle de St-Amand. Sa fondation remontait à l'an 639. Sous les Carolingiens, on y avait vu tour à tour embrasser l'état monastique : Agelfrid, neveu de « l'empereur à la barbe fleurie », Arnou, frère d'Alcuin, Adalleod, parent de Louis-le-Pieux, Karloman, fils de Charles-le-Chauve, et Gozlin, comte palatin. Beaucoup de cénobites y avaient, en outre, cultivé les arts patients de la calligraphie et de la miniature, ce que montrent les nombreux manuscrits sortis de leurs mains, et qui aujourd'hui encore servent de parure à la bibliothèque de Valenciennes. Au XVIIe siècle, ses bâtiments tombant en ruines, elle avait été entièrement reconstruite, sous le règne de Philippe IV d'Espagne, par Dom Nicolas Dubois, son soixante-seizième abbé. Il en avait fait un énorme ensemble d'édifices, une vraie ville, entourée de larges fossés, et que dominait de haut la tour de l'église, aux détails du plus mauvais goût, mais à la masse imposante et gracieuse, qu'avec les deux pavillons d'entrée ont seule épargnée le temps et les hommes [1]. L'intérieur brillait de dorures et de marbres, et Rubens y avait laissé un admirable tryptique, consacré à saint Étienne, patron de l'église, représentant au centre, lorsqu'il est ouvert, le *Martyre* du saint ; sur la face des volets sa *Prédication* et ses *Funérailles*, et au revers, l'*Annonciation*. Les moines étaient de puissants seigneurs et de richissimes propriétaires : tout le territoire compris aujourd'hui dans les communes de St-Amand, Lecelles, Rosult, Saméon, Rumegies, Nivelles, Maulde, Sars-et-Rosières, se trouvait, avant 1789, soumis à leur juridiction, et désigné sous le nom de *Prévôté* ou *Généralité de St-Amand* ; ils y possédaient les sept huitièmes des biens fonds ; des rentes seigneuriales leur donnaient droit au quart des revenus du reste, et ils ajoutaient à cette opulence bien des terres et des rentes dans les Pays-Bas. Pour garder leur liberté, ils payaient, en dernier lieu, 60.000 livres de rentes à un abbé nominal, qui n'était jamais venu leur rendre visite : le cardinal duc d'York, descendant des Stuarts, déjà abbé d'Anchin et de Ste-Marie-de-Ripalta, protecteur de l'ordre de Citeaux et

---

[1] On peut s'en faire une idée d'après deux peintures conservées au musée de Valenciennes, l'une d'un moine de l'abbaye, nommé Neits, mesurant un mètre de haut sur deux de large, l'autre d'un inconnu, mesurant 0,52 sur 0,72 (nos 121 et 214 du *Catalogue* de 1861).

archevêque de Corinthe. Les événements de 1789 avaient excité des émeutes parmi les populations qu'ils pressuraient depuis si longtemps. En mai 1792, les vastes bâtiments de l'abbaye étaient encore intacts. Les moines avaient émigré ; de Tournai ou de couvents belges, situés à quelques pas de la frontière, ils guettaient l'occasion de rentrer à la suite de l'ennemi. On ne trouvait donc plus dans leur palais, qu'un petit nombre de services municipaux, avec deux escadrons de dragons que Rochambeau y avait envoyés le 4 mai [1].

Vers le nord-est, St-Amand est baigné par un canal appelé le *Décours*, qui vient de Marchiennes parallèlement à la Scarpe, et qui, à St-Amand même, dans le faubourg de Tournai, s'enrichit d'une riviérette nommée l'Elnon, laquelle, coulant de l'ouest, a précédemment, vers Rumegies, servi de frontière entre la France et les Pays-Bas. Après avoir longé la ville, la Scarpe poursuit sa route vers le nord. A une distance d'une douzaine de kilomètres environ vers le sud-est, l'Escaut, venant du département de l'Aisne, de Cambrai et de Bouchain, lui reste à peu près parallèle entre Valenciennes et Condé. Mais, sous les murs de cette dernière ville, il fait, vers l'ouest, un angle presque droit, pour recueillir la Scarpe et le Décours à Mortagne. Les villages ou hameaux d'Odomez, de Bruille, de Château-l'Abbaye, sont donc naturellement protégés. Mais il n'en est pas de même de Saint-Amand, situé tout entier sur la rive gauche de la Scarpe : une troupe venant de Tournai pouvait suivre d'abord la rive gauche de l'Escaut ; puis, à partir de Maulde, celle de la Scarpe ; et, après avoir traversé en un point quelconque le Décours, obstacle insignifiant, s'introduire dans la ville. Il est vrai que la garnison de Condé aurait pu gêner le mouvement, sur le flanc gauche de l'ennemi, et couper celui-ci de ses communications. Tant que Maulde, où se trouvait une vieille redoute en ruines, surveillée par une grand'garde, ne serait pas efficacement défendu, il suffisait, pour éviter ce danger, de reporter l'entrée en France un peu plus loin de Condé, vers Rumegies, que surveillait simplement aussi une autre grand'garde. Rumegies étant situé à peu près à égales distances de St-Amand et d'Orchies, les Autrichiens obtenaient, de plus, en y pénétrant, l'avantage de laisser un instant les Français douteux sur leur véritable objectif.

Nous avons vu que, sur l'avis d'une attaque probable de St-Amand et d'Orchies, Rochambeau avait résolu de contrecarrer le projet de l'ennemi.

---

[1] Voir pour plus de détails, *St-Amand aux derniers jours de la Monarchie et pendant la Révolution*, par M. Auguste Pelé, juge de paix, avec une préface de M. Alfred Girard, sénateur du Nord. Nous ferons plus d'un emprunt à cet intéressant récit.

Il fit, à cet effet, partir immédiatement de Valenciennes un détachement composé de 600 hommes d'infanterie et du 6ᵐᵉ régiment des chasseurs à cheval, aux ordres de Charles de Lameth [1].

Appartenant à une famille de noblesse picarde, qui, depuis le début de la Révolution, avait conquis une bruyante notoriété, celui-ci n'était pas le premier venu. Officier général, son père avait épousé la sœur du dernier maréchal de Broglie, dont il eut quatre fils. Le moins connu fut l'aîné, jadis marquis, lequel ne fit que siéger, de 1806 à 1810, dans le Corps législatif de l'Empire. Les trois autres Théodore, Charles-Malo-François et Alexandre-Théodore-Victor, prirent part à la guerre d'Amérique, et figurèrent ensuite, le premier, à la droite de l'Assemblée législative, comme député du Jura ; le second et le troisième, à la gauche de l'Assemblée Constituante, où les avait envoyés la noblesse de l'Artois. Charles, qui nous occupe spécialement à cette heure, avait, de l'autre côté de l'Atlantique, compté, comme aide-major général des logis, dans le corps d'armée de Rochambeau ; blessé au siège d'Yorktown, il était devenu colonel en second du régiment des dragons d'Orléans ; puis, à son retour, colonel des cuirassiers du roi, et gentilhomme d'honneur du comte d'Artois. Ses actes à l'Assemblée Constituante sont bien connus et appartiennent à l'histoire générale. Rappelons seulement qu'on l'y avait vu ardent partisan des réformes, s'étant, l'un des premiers de sa caste, réuni au Tiers-État, et ayant voté en faveur de la liberté de la presse, de celle des cultes, de la suppression des justices féodales, de l'attribution à l'Assemblée du droit de paix et de guerre, de l'enlèvement de toute fonction aux prêtres réfractaires à la constitution civile du clergé. Après la fuite de Varennes, il avait opiné pour l'arrestation du marquis de Bouillé et de tous les officiers suspects d'aristocratie, mais, élu président de l'Assemblée le 5 juillet 1791, il s'était opposé de toutes ses forces à la déchéance de Louis XVI dans l'espoir chimérique de lui voir établir une royauté vraiment constitutionnelle. Son mandat expiré et la guerre étant devenue imminente, il était revenu prendre place auprès de Rochambeau.

En passant à Raismes, le détachement commandé par Charles de Lameth, y trouva sous les armes une compagnie, qui y existait depuis le commencement de la Révolution, et qui se composait en majorité de jeunes gens, pleins d'ardeur, exercés, armés et équipés. A la tête des officiers, le maire de Raismes demanda à Lameth de permettre à cette compagnie de

---

[1] *Argus*, nº du 24 mai.

se joindre à lui. Lameth accepta, plaça cette petite troupe à la suite du bataillon de Paris, et se remit en route avec ce renfort [1].

Arrivé à Saint-Amand, il trouva les habitants très alarmés, bien que O'Moran, maréchal de camp, qui commandait à Condé, eût lancé à leur secours un détachement de 100 chasseurs à cheval du 5me régiment. Les postes avancés de Maulde et de Rumegies venaient d'être renforcés. Dans le premier de ces villages, avait été envoyé le premier bataillon de la garde nationale parisienne. C'est lui qui eut à supporter l'attaque principale, et, vers minuit, Lameth, croyant inutile de sacrifier des hommes pour conserver un point jugé alors sans grande importance, le fit replier sur St-Amand. A trois heures, il reçut, de l'officier commandant à Orchies, l'avis que le poste avancé de Rumegies venait d'être forcé, et contraint de se replier vers le sud-est, à Saméon. L'ennemi avait été guidé dans Rumegies par plusieurs émigrés et ecclésiastiques français, dont un M. de Vasseur, ci-devant capitaine au 5me régiment d'infanterie, qui y fut blessé et mourut le 21 à Tournai [2]. Il entra chez le curé constitutionnel, dont il maltraita la servante, perça de vingt coups de bayonnettes un jeune homme qui sonnait le tocsin, prit cinq chevaux au maire et pilla sa maison [3]. Ces méfaits commis, il s'avança avec de l'artillerie comme pour attaquer Orchies. Le 20 au matin, Lameth, après avoir fait réoccuper le poste de Maulde, s'empressa donc, dès quatre heures, de partir pour Orchies, avec son détachement et quatre pièces de canon. Il y arriva à neuf heures, mais apprit qu'à son approche, l'ennemi s'était replié sur Tournai. Afin de s'en assurer, il envoya 100 gardes nationaux de la Somme et 25 dragons, pour observer les Autrichiens. Ces éclaireurs rentrèrent vers six heures du soir, en affirmant que l'ennemi avait quitté la terre française. Lameth laissa à Orchies 200 fantassins, 50 chasseurs et 2 pièces de canon ; puis, vers le soir, rentra dans Valenciennes [4].

Ce fut dans la nuit qui suivit la double attaque des postes de Maulde et de Rumegies que se distinguèrent pour la première fois deux jeunes filles, dont les noms sont restés populaires entre ceux de toutes les héroïnes des guerres révolutionnaires, et que nous retrouverons plus tard à Valmy, à Jemmapes et à Nerwinde : les deux sœurs Félicité et Théophile Fernig.

Elles avaient pour père un ancien sous-officier alsacien, que les hasards de la vie avaient fixé à Château-l'Abbaye, hameau de Mortagne, jolie petite

---

[1] *Argus*, n° du 21 mai.
[2] *Argus*, n° du 21 mai.
[3] *Argus*, n° du 21 mai.
[4] *Argus*, n° du 24 mai.

ville située sur la rive droite de l'Escaut, où, avec le village de Flines, il formait une enclave française entourée de trois côtés par les Pays-Bas Autrichiens [1]. Fernig y exerçait les modestes fonctions de greffier de la juridiction seigneuriale. De son mariage avec une demoiselle Basset, fille d'un cultivateur des environs de Valenciennes, il avait eu cinq enfants, savoir :

Louise, mariée à un négociant français, M. Neremburger, né à Saint-Avold et qui habita longtemps Amsterdam ;

Aimée, qui épousa le chef de bataillon, plus tard général Guilleminot, né à Dunkerque, lequel dirigea, sous la Restauration, la guerre d'Espagne, avec une habileté à laquelle Jomini a rendu hommage, et devint ensuite ambassadeur à Constantinople ;

Louis-Alexandre-Désiré, né à Château-l'Abbaye, le 12 juin 1772, promu général sous le règne de Louis-Philippe, mis à la retraite en 1833, et mort en Égypte, où il accompagnait un M. de Rothschild, vers 1847 ;

Enfin nos deux héroïnes : l'une plus âgée, l'autre plus jeune que leur frère : Marie-Félicité-Louise, née à Château-l'Abbaye, le 10 mai 1770 ; mariée en 1798 à un jeune officier originaire des Pays-Bas, M. Vanderwallen ; morte à Bruxelles, le 4 avril 1841 ; Marie-Théophile-Françoise-Norbertine, née au même lieu le 17 juillet 1775 ; morte chez sa sœur, le 2 août 1819, sans s'être jamais mariée [2].

Fernig avait donné à ses filles une éducation toute virile. « Sans négliger pour nous » a écrit plus tard Théophile « les petits talents nécessaires, on nous accoutuma de bonne heure à ne craindre ni les armes, ni les animaux, ni l'eau, ni le feu. On nous faisait faire des marches fatigantes ; on nous exerçait à franchir de larges fossés, pour développer l'agilité, en même temps que la force. Nous aimions la chasse et l'exercice du cheval ; notre père nous enseigna l'art de l'équitation ».

Elu commandant de la garde nationale de Mortagne, Fernig père prit son rôle au sérieux : il exerça ses troupes et les mit promptement en état de se livrer à de petites expéditions. Comme beaucoup de francs-tireurs, il pécha même quelquefois par excès de zèle, en arrêtant intempestivement des convois de grains destinés à la garnison de Condé.

---

[1] On lit dans l'*Annuaire du département du Nord*, de Bottin : « Avant la Révolution, les communes de Flines, Château-l'Abbaye, fesaient partie des dépendances de Mortagne et y étaient soumises tant pour les contributions directes, impôts, octrois, que pour les procédures de toute nature ».

[2] Nous empruntons ces renseignements, dont M. Pelé a vérifié l'exactitude, à la *Notice biographique sur les demoiselles Fernig*, rédigée sur les manuscrits et notes de la famille, par M. le docteur Duhem, décédé à Douai, le 14 décembre 1873. Elle a été reproduite dans les *Mémoires historiques* publiés par la Société d'Agriculture, Sciences et Arts de Valenciennes, et tirée à part.

Les deux jeunes filles avaient assisté avec impatience aux préparatifs de la guerre. Théophile surtout, de cinq ans plus jeune que sa sœur, et alors âgée de dix-sept, se faisait remarquer par son ardeur. D'abord major en second sous son père, leur frère était parti comme volontaire. Elles voulurent l'imiter, et firent leurs premières armes dans la nuit du 19 au 20 mai. Sans délai, leur père l'annonça au public au moyen d'une lettre qu'inséra l'*Argus* dans son numéro du 22 mai.

Cette lettre est ainsi conçue :

Mortagne, près St-Amand, 20 mai. « Nos volontaires du 1er bataillon sont partis cette nuit ainsi que le brave détachement de Maulde ; il ne nous reste qu'une trentaine de Bourguignons. — Je vous annonce que mes deux filles habillées en uniforme se sont mises hier au soir à la tête de vingt volontaires de la Garde nationale de cette ville, chaqu'une armée d'un fusil avec des cartouches et le sabre au côté ; elles ont conduit notre patrouille jusqu'au milieu du village de la Plaigne (sur la frontière) et elles sont rentrées chez moi au jour » [1].

Le même journal imprima quelques jours après [2] une lettre, écrite de Dunkerque, le 24 mai, par Louis Fernig, où ce jeune homme, blâmant l'imprudence de ses sœurs, disait à Félicité :

Tes mains ne sont point faites pour être teintes du sang de ces lâches ; et, au lieu d'armes meurtrières, elles ne doivent tenir que des couronnes civiques, pour en orner le front de nos guerriers victorieux.

Le 19 mai, pendant que Lameth s'en allait en reconnaissance, La Fayette était arrivé à Valenciennes. Différents corps militaires, ainsi que les gardes nationales, s'étaient empressés d'aller lui rendre visite. Il venait concerter, avec Lückner et Rochambeau, un nouveau plan de campagne. Ce plan consistait à faire entrer Lückner en Belgique par la Flandre

---

[1] D'après M. Pelé, les demoiselles Fernig se seraient armées pour la première fois au su de leur père « dans la soirée du 4 juin, quinze jours après l'affaire de Rumegies » et c'est alors qu'aurait eu lieu une scène de reconnaissance dont Théophile a fait plus tard un émouvant récit. Le document qui précède établit que cette scène ne saurait être postérieure au 20 mai. — Nous ferons du reste observer d'une manière générale que l'on doit se défier beaucoup, au point de vue de l'exactitude, de la plupart des écrits consacrés à nos deux héroïnes. La brochure du docteur Duhem manque souvent de précision quant aux dates, et n'est pas toujours irréprochable dans celles qu'elle cite. Les *Girondins* de Lamartine, sont en ce qui regarde les événements de Mortagne comme beaucoup d'autres, un prestigieux poème en prose plutôt qu'un véritable livre d'histoire. Mais le comble de la fantaisie est dépassé par un volume signé : *Joseph Bertal* et intitulé : *Les demoiselles de Fernig*. (Pourquoi : *de* ?). D'après l'auteur, elles auraient eu, en 1792, l'une seize ans, l'autre quatorze, et la scène de la reconnaissance se serait passée « un soir d'une froide journée du mois de février » à la suite d'un combat livré par leur père, six semaines au moins avant la déclaration de guerre à l'Autriche ! La justice nous contraint toutefois à déclarer que, si on regarde ce récit comme un simple roman, il est agréable et plein de patriotisme.

[2] Dans son no du 4 juin.

maritime ; pendant ce temps, l'armée du centre, pour avoir l'air de menacer la route de Mons, s'établirait aux environs de Maubeuge et y maintiendrait les Autrichiens, jusqu'au moment où celle du Nord serait venue prendre position sur leurs derrières. Dès la sortie du conseil de guerre, La Fayette retourna à son poste. Quant à Rochambeau, il remit son commandement à Lückner, adressa des lettres d'adieu aux corps administratifs ainsi qu'à l'armée, et quitta Valenciennes durant la nuit du 20 au 21.

En s'éloignant de Valenciennes, Rochambeau était accompagné de son fils Donatien-Marie-Joseph de Vimeur, né en 1750 et maréchal de camp depuis le 30 juin 1791. Rochambeau fils se trouvait à Maubeuge lors des évènements du 29 avril. Entendant les calomnies auxquelles son père était alors en butte et craignant, comme il le disait lui-même, « la perfidie de ses propres soldats »[1], il résolut dès lors de quitter l'armée du Nord. Ni une adresse des Maubeugeois, ni une délégation de la Société des Amis de la Constitution de Valenciennes[2], ne purent le déterminer à rester. Il n'obtint néanmoins d'abord qu'un congé de dix-huit jours. Mais il le fit prolonger, fut nommé lieutenant-général le 9 juillet 1792, et se fit ensuite envoyer aux colonies, où il lutta vigoureusement contre les Anglais Il périt plus tard à la bataille de Leipzig.

Peu de jours après les deux Rochambeau, un autre officier dont nous avons déjà cité le nom, César Berthier, quitta l'armée du Nord. Mais avant de gagner Paris, où le rappelaient des affaires d'intérêt et de famille, il envoya à la Société des Amis de la Constitution de Valenciennes, 150 livres destinées à récompenser des actes de bravoure, promettant, en outre, d'offrir chaque mois à l'Assemblée Nationale tout ce que ses facultés, bien diminuées par sa retraite, lui permettraient de donner pour les frais de la guerre[3]. L'armée du Nord ne perdit rien à son départ, car César Berthier y fut remplacé par Alexandre, le futur maréchal de l'Empire, qui, avant de devenir le chef d'état-major favori de Bonaparte, se contenta d'être celui de Lückner.

L'un des derniers actes de Rochambeau avant son départ, avait eu pour but de rendre hommage à Pie, ce grenadier du 74e régiment, dont Beauharnais avait, dans le *Rapport* que nous avons reproduit, loué la conduite lors de la déroute de Quiévrain. A la suite de la lecture de son président, la Société des Amis de la Constitution avait chargé des

---

[1] *Argus*, no du 16 mai.
[2] La réponse de Rochambeau fils à la Société se trouve dans l'*Argus* du 18 mai.
[3] Sa lettre d'envoi se trouve dans l'*Argus* du 28 mai.

commissaires de se rendre chaque jour, auprès du blessé, à l'hôpital de Valenciennes ; et, de plus, sur un second rapport de Beauharnais adressé à l'autorité militaire, l'Assemblée Législative, dans sa séance du 11 mai, avait décidé que le nom de Pie serait inscrit à son procès-verbal, que ce soldat serait particulièrement recommandé à Rochambeau et à Lückner, qu'il recevrait, au nom des députés, une lettre de félicitation avec un sabre d'honneur, qu'il serait, en outre, autorisé à porter un autre sabre d'honneur qu'avaient déposé pour lui, sur l'autel de la Patrie, « les citoyens soldats du bataillon de Saint-Joseph de la section du faubourg Montmartre, et les citoyens soldats du quatorzième bataillon d'infanterie légère en garnison à Paris ».

En conséquence, le 18 mai, pour répondre au vœu de l'Assemblée, Rochambeau et Lückner, accompagnés de généraux et d'une députation de chaque corps militaire, se rendirent au lit du grenadier. Après lecture du décret de l'Assemblée, les deux maréchaux lui remirent son sabre d'honneur, et, recueillant ses forces, Pie balbutia des paroles quelconques de remerciement, dont l'*Argus* fabriqua ensuite ce petit discours :

Vous voyez, mes camarades, combien je suis honoré et récompensé ! Ah ! pénétrons-nous tous de cette vérité : la subordination et l'obéissance à ses chefs peuvent seules nous illustrer et nous mériter de tels honneurs, les éloges et la confiance de la nation ! [1]

Pie reçut encore l'épée d'argent offerte par Ranson [2] — une paire de gants avec une broderie représentant une épée surmontée du bonnet de la Liberté, et une ceinture garnie d'un ruban aux trois couleurs avec cette devise : *Vivre libre ou mourir*, de la part de la Société des Amis de la Constitution de Lille [3], — une médaille d'or de la part de la Société des Amis de la Constitution de Perpignan, — une gratification de 150 livres de la part du roi [4] et plusieurs autres récompenses de diverses associations patriotiques.

Quelques jours après sa visite à l'hôpital de Valenciennes, Lückner se rendit seul à Condé, pour une cérémonie du même genre.

Le 9 mai au matin, un détachement de hulans et de chasseurs tyroliens s'était montré du côté de cette forteresse, où il tua quelques hommes, et,

---

[1] *Argus* n° du 19 mai.
[2] *Argus* n° du 12 mai.
[3] *Argus* n° du 15 mai.
[4] *Argus* n° du 12 juillet.

le 10, un autre détachement avait attaqué tout auprès, à Macou [1], un poste avancé, dont le chef, un sergent au 1er régiment d'infanterie, nommé Denis Rousselot, et surnommé Saint-Denis, s'était conduit avec une rare intrépidité.

C'était un de ces vieux soldats, ferrés sur le règlement, à cheval sur la discipline, dont l'ancien régime bornait la carrière au grade de bas officier : mot malheureux, selon la juste remarque d'Albert Duruy [2], car jamais un gouvernement ne doit laisser croire à l'armée qu'elle renferme quelque chose de bas. Né à Rosce-sur-Maresnie, près le Fayl-Billot, communes comprises depuis dans le district de Langres, département de la Haute-Marne, il était âgé de cinquante-deux ans, et avait trente années de service. Engagé au 1er régiment d'infanterie le 6 avril 1762, Rousselot avait été fait caporal le 19 mars 1775, sergent le 1er septembre 1786, et vétéran breveté du roi le 4 novembre 1786 [3].

A Macou, il n'avait avec lui que huit volontaires. « Enfants, » leur avait-il dit, « si je recule, tuez-moi, si quelqu'un recule, je le tue ! ». Ces paroles avaient électrisé ses soldats, qui résistèrent avec énergie aux attaques des cavaliers ennemis. Trois furent blessés, dont l'un d'une balle à la cuisse. Comme il en faisait l'observation à Rousselot, celui-ci lui avait répondu : « Ce n'est rien, tu marches encore, et s'il te reste des cartouches, ne fais pas attention à cette misère : charge et tire [4]. » Tous rentrèrent dans Condé.

Le lendemain, Rochambeau l'invita à dîner et le félicita au nom de l'armée [5].

Le 25 mai, Lückner fit à son tour assembler le 1er régiment d'infanterie sur les glacis de Condé, et là, après que Rousselot eût été promu officier, Beauharnais lui lut une lettre et une délibération élogieuses de la Société des Amis de la Constitution de Valenciennes. Puis le maréchal lui remit une épée, et l'embrassa en présence des troupes [6].

A cette cérémonie militaire étaient venus assister les deux jeunes princes français, fils du futur Philippe-Égalité. Lorsqu'elle fut terminée, l'aîné, « M. Louis-Philippe », profitant de l'occasion pour se livrer à une

---

[1] Macou n'est pas une commune distincte : c'est un simple hameau de Condé, touchant au bois de Bousecours.

[2] Dans sa remarquable étude sur l'*Armée Royale en 1789*.

[3] *Argus*, no du 26 mai.

[4] *Argus*, no du 15 mai.

[5] *Argus*, no du 12 mai.

[6] *Argus*, no du 26 mai.

petite réclame en l'honneur de sa famille, demanda la parole, et prononça le *speach* suivant :

« Mon père, ne voulant pas rester oisif à Paris tandis que nous nous battons sur les frontières, a désiré servir comme volontaire dans cette Armée, où sont ses Enfans et son Ami [1]. Etant Amiral, il n'a pas voulu partir sans instruire de son projet le ministre de la marine, qui lui a répondu que le roi l'approuvoit fort et qu'il n'y avoit nul inconvénient. Il arrivera donc ici sous très peu de jours ; mais j'étois bien aise de détruire avant son arrivée les bruits que les mal intentionnés se plaisent à répandre, et dont il semble que le désintéressement qu'il a montré depuis le commencement de la Révolution auroit dû le préserver ; je désire donc, Messieurs, que vous sachiez positivement que c'est comme volontaire qu'il veut servir ici et participer avec nous au bonheur de défendre la Patrie et la Liberté ».

Cette manifestation n'avait pas le moindre rapport avec la circonstance. Elle fut néanmoins « couverte d'applaudissements » [2].

En même temps que ces honneurs étaient rendus à Pie et à Rousselot, des châtiments sévères se préparaient contre un certain nombre des auteurs de la panique des 29 et 30 avril. Le 12 mai fut, en effet, voté un « décret relatif à l'établissement d'une cour martiale pour juger les crimes commis à l'affaire de Mons par les 5e et 6e régimens », décret ainsi conçu :

L'Assemblée Nationale, considérant qu'elle doit au salut public, à l'honneur national et au juste ressentiment de l'armée, de veiller à ce que la punition de ceux qui ont abandonné la cause de la liberté à l'affaire de Mons, et désobéi aux ordres du général Biron, soit prompte et éclatante ;
Voulant, au nom de la nation, que les généraux soient toujours et promptement obéis ;
Considérant cette entière obéissance comme la sauve-garde de la liberté et de la Constitution ;
Voulant que la tache de cette défection demeure aux traîtres seuls, dont la lâche désobéissance a porté le désordre dans les rangs des soldats fidèles ;
Voulant, par cet acte de justice, consoler ceux-ci d'un revers que leur courage va réparer ;
Après avoir entendu le rapport de ses comités militaire, diplomatique et de législation réunis, décrète :
Art. 1er. — Le pouvoir exécutif donnera des ordres pour qu'il soit assemblé, dans tel lieu que le général de l'armée du Nord désignera, une cour martiale devant laquelle seront traduits les officiers, sous-officiers ou dragons des cinquième et sixième régimens, prévenus d'avoir abandonné le poste qui leur avoit été confié dans l'ordre de bataille du corps des troupes commandé par le lieutenant-général Biron.
2. Immédiatement après la publication du présent décret, le général de l'armée fera sommer les cinquième et sixième régimens de dragons de déclarer et de faire connoître les officiers, sous-officiers ou dragons qui, soit en prononçant

---

[1] Quel est cet ami ? Probablement Valence.
[2] *Argus*, no du 26 mai.

le cri de la trahison, soit en excitant leurs compagnons à la défection, se seraient les premiers rendus coupables d'avoir abandonné le poste de bataille.

3. Dans le cas où ces deux régimens de dragons ne feroient pas connaître les coupables dans le délai prescrit par le général, et se trouveroient par là chargés collectivement du crime de l'abandon du poste devant l'ennemi, le pouvoir exécutif donnera les ordres nécessaires pour que ces deux régimens soient cassés, sans préjudice toutefois de l'information et poursuites qui pourront résulter des comptes déjà rendus et des dénonciations qui sont ou pourroient être faites contre les prévenus coupables, comme aussi de l'examen et justification légale et authentique de la conduite des officiers, sous-officiers et dragons qui auront fait leur devoir.

4. Si, en conséquence des articles ci-dessus, il y a lieu à casser les cinquième et sixième régimens de dragons, les guidons des deux régiments seront déchirés et brûlés à la tête du camp ; les numéros qui marquent leur rang dans l'armée resteront à jamais vacans.

5. Le ministre de la justice rendra compte, de huitaine en huitaine, des poursuites que les accusateurs publics ont dû faire, en vertu de l'article 3 du titre III du décret des 16-30 septembre 1791, contre toutes les personnes suspectes d'avoir provoqué à commettre les crimes qui ont eu lieu dans les journées des 29 et 30 avril, soit par des discours prononcés dans des lieux publics, soit par des placards ou bulletins affichés ou répandus, soit par des écrits rendus publics par la voie de l'impression.

L'Assemblée compléta son œuvre en rendant, le 12 mai, un décret relatif à la tenue des cours martiales, et à la forme des jugements militaires en campagne ; le 17, un autre décret relatif à la discipline de l'armée, et le 18, un troisième relatif à la force publique nécessaire pour exécuter les jugements des tribunaux militaires et veiller au maintien de l'ordre dans les camps.

Le 5ᵉ régiment de dragons, l'un de ceux que visait avec raison le vote sévère des représentants du peuple, avait pour colonel Auguste-Henri-Marie Picot, ancien marquis de Dampierre, que nous retrouverons plus tard général en chef de l'armée du Nord. Né à Paris en 1756, Dampierre servit successivement dans les gardes françaises et dans les régiments de Chartres et des chasseurs de Normandie. Grand admirateur de Frédéric II, il voulut l'imiter jusque dans son costume, ce qui lui valut un mot piquant de Louis XVI, à la suite duquel il donna sa démission et se retira dans ses terres. Il y jouissait tranquillement de sa fortune, qui était considérable, lorsqu'éclata la Révolution. Il en adopta les principes, protesta hautement contre certains journaux qui avaient inscrit son nom parmi ceux des membres d'un club monarchique, fut nommé président du département de l'Aube, mais ne put résister au désir de reprendre du service dès la fin de 1791, où Rochambeau le fit son aide-de-camp.

En usant tout à la fois de sévérité et de douceur, Dampierre fut assez heureux pour obtenir, presque sans délai, dans son régiment, l'aveu des principaux coupables. Il évita ainsi la destruction totale du corps qu'il avait commandé, et, par un décret du 25 mai, ce corps ne tarda point à être « honorablement acquitté ».

— 81 —

Les coupables appartenant au 6e régiment, ci-devant de la Reine, se laissèrent moins facilement persuader, de telle sorte que l'acquittement de cette demi-brigade ne fut prononcé que le 1er juin. Elle fut envoyée à Douai, et le maréchal de camp Duval consentit à reprendre les fonctions de colonel pour y rétablir la discipline [1].

La cour martiale prévue par le décret du 12 mai se réunit au chef-lieu du département. Elle commença ses opérations le 1er juin [2]. C'est à l'une des poursuites intentées devant elle que se rapporte la pièce suivante, extraite des archives municipales de Valenciennes [3] :

ARMÉE DU NORD.

M. Beauvallon, commissaire auditeur de la division, recevra la déposition relative à M. Defoissy, colonel du 3me régiment d'hussards. Valenciennes, le 8 juin 1792.

Signé : le maréchal LUCKNER.

Pour l'intelligence de ce qui va être écrit cy-après, nous prévenons que M. Defoissy, colonel du 3me régiment d'hussards, ayant l'intention de se rendre à Douay, en a demandé la permission à M. le maréchal Lückner, lequel sentant la nécessité de conserver cet officier à la tête du corps qu'il commande et désirant lui faciliter le moyen d'exposer la vérité de ce qu'il connoit relativement à l'affaire de M. son frère, actuellement en état d'arrestation à Douay, nous a délégué ainsi que le prouve l'ordre cy-dessus écrit que nous certifions conforme à l'original resté en nos mains.

Lequel M. Defoissy, colonel du 3me régiment d'hussards, a déclaré et dit que M. Decautière, lieutenant-colonel du 6me régiment de dragons, étoit à la retraite de Quiévrain à Valenciennes, à la tête d'environ un escadron de son régiment, auquel il a représenté à plusieurs reprises de suivre l'exemple du 3me régiment de hussards et faire les mêmes manœuvres de retraite, leur disant que c'étoit la meilleure, que par là ils seroient à même de repousser l'ennemi, s'il venoit à nous charger.

« Cela a non-seulement été entendu de moi mais même de la plupart des officiers du régiment qui l'attesteront, et je n'ai perdu de vue mon frère et la partie de son régiment à la tête de laquelle il étoit, qu'après avoir dépassé le défilé du village d'Onnaing où M. de Noailles, maréchal de camp, vint me trouver en me donnant l'ordre de mettre le 3me régiment de hussards en bataille à la gauche du 1er régiment de chasseurs à cheval, où nous sommes restés l'espace de trois heures.

« J'affirme que toutes les accusations faites contre mon frère sont fausses ; je parle en militaire, en homme d'honneur ; j'en appelle à ceux qui pensent comme moi, et je ne doute pas qu'ils rendent justice à mon malheureux frère, qui après quarante ans de service et des actions qu'il auroit pû faire valoir, n'auroit pas dû se voir exposé à la plus monstrueuse calomnie, car je ne puis appeler autrement la dénonciation qui a été faite contre lui par un homme qui, après en avoir donné une copie à M. Duval, colonel du 6me régiment de dragons, une à

---

1 *Argus*, no du 4 juin.

2 Merlin signale le fait dans une lettre datée de ce jour, adressée à Louis de Noailles, et insérée dans l'*Argus* du 4 juin.

3 H. 2, 30.

M. le maréchal Rochambeau, une autre enfin à l'accusateur public du tribunal criminel de Douay, a eu la lâcheté de se sauver, n'ayant aucun moyen de soutenir ce qu'il avoit avancé : preuve incontestable de la fausseté de son inculpation. »

Toujours en vertu de l'ordre cy-dessus, nous, commissaire auditeur des guerres de la 2me subdivision de la 1re division militaire, avons reçu la déclaration cy-dessus pour servir et valoir ce que de raison, et que M. Defoissy, déclarant, a signé avec nous.

Signé : FOISSY. DE BEAUHARDHOIN.

La justice s'efforçait aussi, mais trop souvent en vain, d'atteindre les menées occultes par lesquelles l'émigration désagrégeait infatigablement l'armée. Un jugement de renvoi à l'Assemblée législative, rendu le 15 mai par le tribunal criminel du Nord, se rapporte à cet ordre d'idées :

Vu, par le tribunal criminel du département du Nord :

L'acte d'accusation dressé contre Joseph Boyer, par le directeur du juré du district d'Hazebrouck, et dont la teneur suit : « Le directeur du juré du tribunal du district d'Hazebrouck, séant à Bailleul, expose que, le treize de ce mois, la cavalerie de la gendarmerie nationale en résidence à Hazebrouck, département du Nord, porteuse du mandat d'arrêt délivré par le sieur Jean-Baptiste Pochez, juge de paix de la ville du même Hazebrouck, contre Joseph Boyer, résident à Poperingue, prévenu d'embauchage, ont conduit en la maison d'arrêt du tribunal la personne dudit Joseph Boyer, et remis les pièces concernant ce délit au greffe du tribunal; qu'aussitôt ladite remise, ledit Boyer a été entendu par ledit directeur sur les causes de sa détention, et il a procédé à l'examen des pièces relatives aux causes de la détention et arrestation dudit Boyer; qu'ayant vérifié la nature du délit dont est prévenu celui-cy, et trouvé qu'il est de nature à mériter peine afflictive ou infamante, le directeur du juré a dressé le présent acte d'accusation pour, après les formalités requises par la loi, être présenté au juré d'accusation ; le directeur du juré déclare en conséquence qu'il résulte de l'examen des pièces, et, notamment par le procès-verbal dressé par le juge de paix susdit, le huit de ce mois, lequel procès-verbal est annexé au présent acte, que ledit Joseph Boyer s'est rendu chez le sieur François Bailleul, lieutenant-colonel de la garde nationale à Hazebrouck, et lui a dit que s'il vouloit faire avec lui, ils auroient pu gagner cent louis d'or dans la quinzaine ; que ces cent louis proviendroient d'un comte émigré ; que lui Boyer devoit retourner à Poperingue pour les chercher ; que nous allons bientôt être trahi ; qu'il a parlé du régiment Royal-Cravatte et de celui des cuirassiers qui, suivant lui, doivent bientôt déserter de la France ; qu'il avoit apris cela à Poperingue d'un seigneur et d'un prêtre, qui lui avoit fait, suivant que ledit Boyer a déclaré devant le juge d'Hazebrouck, la proposition de lui donner cent louis, s'il vouloit les presser à aller chercher lesdits régiments ; que ledit Boyer a déclaré au directeur soussigné qu'il a été soldat au régiment dans les chasseurs à cheval du Languedoc et qu'il en a déserté ; qu'il est revenu en France pour voir sa maitresse appellée Philippine Fauchet, demeurante à Aire ; qu'il est arrivé le jour de Pâques à Hazebrouck au soir, et qu'il est allez chez le sieur Bailleul, qui ne le connoissoit que sous le nom de *Charpentier*, pour l'avertir qu'un seigneur et un prêtre, domicilié à Poperingue, lui avoient fait la proposition de venir en France pour embaucher des hommes et les amener à Poperingue, sous offre de lui donner cent louis ; qu'il n'a embauché personne, ni tenté à le faire.

« Qu'il résulte de tous ces détails, attestés par ledit procès-verbal du juge de paix, que ledit Boyer a tenu les discours susmentionnés : sur quoi les jurés auront à prononcer s'il y a lieu à accusation contre ledit Boyer, à raison du délit susdit et détaillé au présent acte. Fait à Bailleul, le quatorze avril mil sept cent quatre vingt douze. Signé : P.-J.-J. LEBLEU. »

La déclaration du juré d'accusation du district d'Hazebrouck, écrite au bas dudit acte et portant qu'il y a lieu à l'accusation mentionnée au dit acte ;

L'ordonnance de prise de corps rendue par le directeur du juré dudit district contre ledit Joseph Boyer, le procès-verbal de la remise de sa personne en la maison de justice du département ;

Le tribunal ordonne que les pièces du procès, instruit à la charge de Joseph Boyer, accusé pour les causes mentionnés dans l'acte d'accusation dressé contre lui par le directeur du juré d'Hazebrouck, seront à l'instant addressés à l'Assemblée nationale, pour être par elle statuée ce qu'il appartiendra.

Fait à Douay, en l'audience du tribunal, le quinze may mil sept cent quatre vingt douze.

Signé : MERLIN, NAVETEUR, DE BREYNE, DELESAULX [1].

Ces poursuites n'avaient pas empêché deux jours auparavant, le 13 mai, deux officiers de l'ancien Royal-Suédois, accompagnés de plusieurs autres du corps de l'artillerie, de partir du Quesnoy pour émigrer [2].

Elles n'empêchèrent pas non plus, le 19 mai, le lieutenant-colonel du 6° régiment de dragons en garnison à Douai — ce régiment éminemment coupable dont nous avons parlé précédemment — d'essayer de gagner la frontière. Déguisé en bourgeois, il fut arrêté avec un tailleur d'Orchies qui lui servait de guide, et incarcéré au chef-lieu du département [3].

Elles n'empêchèrent pas davantage, dans la nuit du 8 au 9 juin, M Dangest, colonel du 3° régiment de dragons (ci-devant Bourbon), deux autres officiers, un adjudant-major et trois maréchaux des logis, de gagner de Dunkerque, les Pays-Bas par la route de Furnes, en emportant le guidon du régiment [4].

Tout était, du reste, préparé pour recevoir ces transfuges, ainsi que le montre la pièce suivante, imprimée sur de petits carrés de papier, et que des mains inconnues répandaient à profusion :

Soldats Français, qui brûlez de suivre l'exemple des braves régiments de Royal-Allemand, Lauzun et Berchigny, qui viennent de passer sous les drapeaux de l'honneur, on vous a exagéré la difficulté du passage. Sachez que LL. AA. RR. Monsieur, frère du roi, Monseigneur le comte d'Artois, ont établi à Mons, à Tournai, et dans toutes les autres villes frontières, des commissaires pour vous recevoir, vous solder, et vous faire passer auprès d'eux. Les généraux autrichiens ont donné ordre à leurs postes avancés de vous accueillir. Là vous déposerez vos armes, qui vous seront remises à votre arrivée auprès de LL. AA. et on vous conduira au commissaire préposé, qui vous soldera et qui dirigera votre marche [5].

---

1 Extrait du registre du tribunal criminel du Nord du 13 février au 15 juin 1792. Fol. 284-286.
2 *Argus*, n° du 15 mai.
3 *Argus*, n° du 21 mai.
4 *Argus*, n° du 13 juin.
5 *Argus*, n° du 4 juin.

Après l'entrevue de Valenciennes, La Fayette avait mis son armée en marche pour exécuter le plan concerté entre lui et Lückner. Laissant son aile droite vers Givet, afin de surveiller la route de Namur, il occupa avec son centre le camp retranché de Maubeuge, et plaça son aile gauche vers Le Quesnoy. Puis, dans le but de détourner l'attention des Autrichiens du mouvement qu'ébauchait alors Lückner, il résolut de faire une démonstration du côté de Mons.

Vers le 27 mai eut lieu une première escarmouche, où se distingua le lieutenant-général Jean-Baptiste Gouvion, compatriote et parent du futur maréchal [1].

Né à Toul, Gouvion avait fait la campagne d'Amérique sous les ordres de La Fayette en qualité de capitaine du génie. Plus tard, son ancien général le choisit pour major de la garde nationale de Paris. Elu ensuite député de la capitale à l'Assemblée législative, il donna sa démission en avril 1792, après s'être vainement opposé à ce que ses collègues admissent aux honneurs de la séance des soldats de Châteauvieux, condamnés à la suite des troubles de Nancy, où son frère, commandant de la garde nationale de Toul, avait perdu la vie. Sa motion n'obtint aucun succès, et interpellé en termes injurieux par un nommé Chondieu, il l'appela en duel et le blessa grièvement. Après quoi, il rejoignit La Fayette à l'armée du centre.

Gouvion avait fait, avec beaucoup de succès, un fourrage aux environs de Maubeuge, lorsqu'il fut attaqué, près d'un lieu nommé Hamptine, par des forces très supérieures. Il se retira durant une demi-heure, en disputant chaque pli de terrain. La Fayette accourut au secours de son lieutenant avec quelques escadrons et un bataillon de grenadiers, et il resta maître du champ de bataille, dont l'ennemi s'éloigna d'environ deux lieues, mais en emmenant trois canons pris aux Français [2].

Cette rencontre aurait dû rendre prudents Gouvion et La Fayette. Nous allons voir qu'ils ne surent point profiter de la leçon.

Le conseiller Paridaens nous apprend en ces termes qu'à Mons, on préparait alors une fête en l'honneur de l'avènement du roi François II :

DU 9 JUIN,

Aujourd'hui samedi le prince de Ligne, fils, quoique depuis longtemps au quartier général de Mons, a fait son entrée en cette ville, en qualité de commissaire de Sa Majesté, pour l'inauguration fixée à après-demain. On a tiré

---

[1] Certains écrivains lui attribuent parfois le prénom de *François*.
[2] *Argus*, no du 28 mai.

le canon quoiqu'au centre de la guerre. Il a fait son entrée à cheval par la porte d'Havré. Il a traversé la place et remonté la rue Neuve et de là à l'hôtel de Ligne, au son de la grosse cloche et du carillon. Il était suivi de quelques officiers de dragons du régiment de Cobourg et de gens de sa livrée.

Le 10 juin, les Autrichiens envoyèrent une assez forte patrouille vers Macou ; mais n'étant chargée que d'une simple reconnaissance, elle déguerpit prudemment au bruit de deux coups de canon tirés à propos [1].

La grande démonstration résolue par La Fayette eut lieu le 11 juin, sous les ordres de Gouvion. Lorsqu'il vit les mouvements préparatoires des Français, le général autrichien Clairfayt, qui commandait dans ces parages, crut au sérieux de cette offensive. En conséquence, dès le 10 au soir, il rassembla ses troupes et le 11, vers deux heures du matin, marcha vers l'avant-garde française, qu'il fit attaquer dans le bois de Glisuelle par des forces puissantes [2]. Gouvion soutint avec énergie le choc des adversaires ; il comptait être appuyé par le centre de La Fayette, et résista tant qu'il le put, mais une tempête s'éleva, chassant du côté de la Belgique le bruit de cette lutte inégale. Les troupes de Maubeuge confondirent donc avec celui du tonnerre le grondement du canon. Laissé à lui-même, Gouvion dut, vers cinq heures du matin, livrer ses positions, et il fut tué presque aussitôt après par un boulet qui ricocha. Sa mort devint le signal d'une sanglante déroute. Si La Fayette avait été autre chose qu'un général de gardes nationales et avait possédé le moindre talent pour la grande guerre, il n'aurait pas manqué de rester sans cesse, par des estafettes, en rapport avec son avant-garde. Au lieu de cela, lui qui avait ordonné le mouvement, n'apprit le danger que par les fuyards et les blessés. Il vola alors au devant des débris de cette troupe, déborda Clairfayt par le flanc, enfonça son centre, et le rejeta en désordre sur le chemin de Mons [3].

Ce mince avantage final se trouva payé trop cher. Gouvion est le premier général qui, dans cette guerre, fut tué à l'ennemi. La Fayette parut inconsolable de la perte qu'il venait d'éprouver ; et, à la tribune de l'Assemblée, Pastoret, avec Mathieu Dumas, se fit le porte-parole de la douleur nationale. Un peu plus tard, le 24 juin, l'oraison funèbre de Gouvion

---

[1] *Argus*, n° du 13 juin.

[2] Voir l'*Argus* du 13 juin.

[3] Dans son utile résumé chronologique intitulé : *Histoire de la République et de l'Empire*, publié à Bruxelles en 1849, Félix Wouters, prétendant corriger la date habituellement admise pour le combat de Glisuelle et inscrite à Versailles sur les tables de bronze de la galerie des Batailles, soutient que ce combat aurait été livré le 13 ; mais c'est lui-même qui se trompe certainement.

fut prononcée dans l'église Notre-Dame par Mulot, un de ses anciens collègues de la députation de Paris.

Ainsi, que nous l'apprend le véridique Paridaens, le combat de la Glisuelle n'avait pas empêché, à Mons, la cérémonie projetée en l'honneur de François II :

DU 11 JUIN.

L'inauguration se fait avec les solennités ordinaires, il avait plu beaucoup jusqu'au moment où le prince de Ligne se mit en marche de son hôtel pour se rendre sur le théâtre, mais alors la pluie a cessé. Le Prince s'était fait un peu attendre, parce qu'il n'était revenu qu'à sept heures du combat qu'il y a eu avec les Français de très grand matin dans les environs de Maubeuge, dans lequel il avait couru grand danger d'être fait prisonnier. Pendant la cérémonie, on a amené sur la place deux gardes nationaux pris dans l'affaire de la nuit, et au moment que le cortège s'en allant à Ste-Waudru, était à l'entrée de la Chaussée, on s'y est rencontré avec les généraux revenant d'avoir combattu les Français. On apprit dans cet instant que M. Degouvion, commandant en chef de l'armée française, avait été tué ; un officier des hulans a été ramené blessé. On sait vaguement que les Français ont été repoussés après avoir néanmoins pour la première fois tenu longtemps ferme. En effet, on a entendu le canon depuis deux heures jusque vers six heures.

Pendant ce temps l'armée du Nord préparait l'invasion dont elle avait été chargée. Le repos relatif dont elle jouissait ne fut troublé que par quelques alertes, dont la plus grave, le dimanche 27 mai, aux environs de Condé.

Parmi les troupes réinstallées à Maulde depuis l'affaire du 17 mai, se trouvait le 1ᵉʳ régiment de ligne, lequel avait remplacé, à partir du 1ᵉʳ janvier 1791, l'ancien régiment de Picardie. Le colonel Charles-Auguste d'Hervilly, qui le commandait depuis le 23 novembre 1791, avait détaché en avant de l'Escaut et sous les ordres du capitaine de Gastines, un petit nombre de compagnies afin de garder les postes de Vieux-Condé, de la Chaussette, du Coq et de Macou. Or, le 27 mai, sur les quatre heures et demie du matin, un paysan, jambes nues, vint avertir le capitaine de Gastines, qu'au nombre d'environ 2.000 hommes, dont 600 de cavalerie et le reste d'infanterie, les Autrichiens débouchaient sur trois colonnes par les postes de Macou, de la Chaussette et de Vieux-Condé. C'étaient des grenadiers hongrois, que dirigeait le prince de Ligne, dont nous venons déjà de citer le nom et qui était colonel au corps du génie. Après s'être assuré de la réalité du fait, de Gastines envoya le paysan à O'Moran qui, sur le champ, expédia une ordonnance à Lückner pour l'avertir que l'ennemi paraissait vouloir faire une attaque sur Condé, mais que son véritable objectif était probablement Mortagne et Maulde. Cependant les Autrichiens, ayant étendu leur front de bataille, assaillirent à la fois les postes de la Chaussette, du Coq et de Macou, d'où, après une belle défense, les soldats du 1er régiment furent contraints de se replier sur la ville. Alors l'ennemi, ayant voulu couper la retraite à cette troupe, s'approcha trop près de la place, dont le feu le contraignit bientôt à s'éloigner.

L'affaire dura une heure et demie. D'après les rapports français, l'ennemi y perdit plus de 60 hommes, outre 6 chevaux, dont 5 morts et un capturé. D'après ses propres aveux, il n'y aurait perdu qu'un seul tué et huit blessés.

Au premier avis, Lückner était parti pour Condé, et y avait dirigé plusieurs bataillons, en même temps qu'il en envoyait d'autres vers Saint-Amand. Mais sur la nouvelle de la retraite des Autrichiens, ces bataillons rentrèrent au camp de Famars [1].

Par malheur, bien que l'esprit des troupes se fût amélioré, l'émigration n'avait pas terminé ses ravages, principalement dans le corps des officiers. Le 7 juin, juste au moment de partir pour l'expédition projetée, on en eut une preuve nouvelle par une tentative de désertion de deux frères nommés Morlaix, l'un capitaine, l'autre sous-lieutenant au 89e régiment de ligne [2]. Ce jour-là même, Lückner expédia en avant une portion de son artillerie ; puis, le 8 juin, à cinq heures, le maréchal lança une vigoureuse proclamation à son armée et passa la revue générale du camp de Famars, qui fut en grande partie levé le lendemain [3], et désormais gardé seulement par quelques milliers de soldats.

Toutes les troupes qui l'avaient composé, avec quelques autres, au nombre de 6.000 hommes environ, arrivées la veille de l'armée de La Fayette, remontèrent vers le nord-ouest, longeant la frontière sur trois colonnes, dont deux avaient à leur tête Lückner et Biron, tandis que l'avant-garde était commandée par Jarry, et la réserve, composée de grenadiers à pied et à cheval, ainsi que d'artillerie volante, par Valence [4].

D'ancienne noblesse, Cyrus-Marie-Alexandre de Timbrune, autrefois comte de Valence, comptait parmi les familiers les plus intimes de la branche cadette des Bourbons. Né à Agen en 1757 et entré dans l'artillerie en 1774, son avancement avait été rapide : colonel en second du régiment de Bretagne en 1784, il devint coup sur coup, par suite d'un mariage improvisé avec Pulchérie de Genlis, fille cadette de la célèbre comtesse,

---

[1] *Argus*, no du 29 mai. — Le rapport officiel autrichien, daté du 28 mai, est reproduit dans l'*Argus* du 2 juin.

[2] *Argus*, no du 7 juin.

[3] *Argus*, no du 9 juin.

[4] *Argus*, no du 15 juin.

premier écuyer du duc d'Orléans et colonel des dragons de Chartres. Dès le début de la Révolution, il se prononça en faveur des réformes, et fut élu député suppléant de la noblesse parisienne aux Etats-généraux. En 1790, il avait été envoyé dans le département de la Sarthe, et promu maréchal de camp le 17 décembre 1791.

A son avant-garde avait été joint un petit corps de déserteurs belges, recruté durant ces dernières semaines. Malgré les déroutes de Quiévrain et de Baisieux, le mouvement sur lequel Dumouriez avait eu le tort de compter trop tôt, s'était finalement dessiné quelque peu. Un judicieux emploi d'une portion des six millions de fonds secrets alloués au ministre des relations extérieures par les décrets des 26 avril et 14 juin 1792, et dont on l'accusa d'avoir gaspillé une autre portion pour entretenir une maîtresse, n'était pas absolument étranger à ce résultat. Une somme de 500.000 francs, accordée à titre de fonds secrets à chaque général en chef, y avait aussi contribué. Du 1er au 12 mai, 150 déserteurs environ s'étaient présentés à Lille, la cocarde tricolore à la poitrine ou au bonnet [1]; le 16 mai, 47 étaient arrivés encore, et tous avaient, le 17, été envoyés en patrouille du côté de Baisieux. Pour les recevoir, une agence spéciale s'était établie à Lille dans la maison de la veuve Rigaud, rue de la Vieille-Comédie, tandis qu'à Valenciennes un réfugié belge, Vanmiert-Dequesne, qui s'intitulait : « Commandant des volontaires à cheval de la ville de Mons, membre du Comité révolutionnaire », en installait une semblable au n° 8 de la rue de Mons [2].

Le premier soir, les troupes de Lückner campèrent au lieu dit l'*Alène d'or*, à une demi-lieue de Saint-Amand [3]. Le maréchal profita de son passage dans ces régions pour étudier sérieusement, en face de Tournai. que les Autrichiens crurent un instant être son objectif, la position de Maulde, jusque-là gardée seulement d'une manière intermittente. D'un coup d'œil, il vit l'importance des hauteurs qui, sur la rive gauche de la Scarpe, dominent le confluent de cette rivière avec l'Escaut et protègent l'entrée de la France. Il résolut donc d'y établir de suite un camp régulier, dont il confia l'installation à Alexandre de Lameth.

Ainsi que nous l'avons dit en parlant de son frère, celui-ci avait pris part à la guerre d'Amérique avant de figurer à l'Assemblée constituante. Là, il s'était montré des plus libéraux, et avait pris l'initiative

---

1 *Argus*, no du 14 mai.
2 *Argus*, no du 11 juin.
3 *Argus*, no du 11 juin.

d'un certain nombre de mesures capables de fortement frapper l'esprit public ; par exemple, pour marquer les sentiments pacifiques de la France et son respect des puissances étrangères, celle de la suppression des statues de nations enchaînées aux pieds de Louis XIV sur la place des Victoires, à Paris. Il s'était plus tard rapproché de Louis XVI, et figurait, comme Charles, parmi les plus fermes partisans d'une royauté constitutionnelle. Son grade était celui de maréchal de camp.

Pendant qu'Alexandre de Lameth se préparait à fortifier la position de Maulde, l'armée de Lückner continuait sa marche parallèle à la frontière. Le 11, elle campa au-dessus d'Orchies et, le 13, son avant-garde arriva à Lille. L'un de ses corps resta à Cysoing, entre Lille et Orchies, comme pour menacer Tournai ; un autre fut installé à Annappes, un peu en deçà de la ville, à l'est ; et le troisième en avant, au nord, dans le faubourg de la Magdeleine. C'est là aussi que se trouva le quartier général. Mais Biron, avec Valence, logea plus au nord encore, à l'abbaye de Marquette [1].

Le 13 juin, l'ancien ministre de la guerre, de Grave, arriva à Valenciennes, pour inspecter l'armée. A la suite d'accusations d'incapacité relatives aux tristes débuts de la campagne, il s'était démis de son portefeuille le 8 mai, et avait été remplacé par Joseph Servan de Gerbais, honorablement connu par des articles sur l'art militaire insérés dans l'*Encyclopédie*, non moins que par un livre intitulé le *Soldat-Citoyen*, et promu la veille seulement au grade de maréchal de camp.

« L'Assemblée ayant bien voulu décréter que je pourrais m'absenter pour des fonctions militaires, » a écrit de Grave lui-même, « le roi a approuvé que je parcourusse les différents camps et les principales garnisons, pour l'instruire des choses qui peuvent être en retard, et qui excitent les réclamations et les plaintes des généraux. [2] » Comme l'armée du Nord était partie de Valenciennes depuis plusieurs jours, il la rejoignit à Lille et put ainsi se rendre compte de son état.

En vue de l'invasion qui se préparait, une foule de proclamations révolutionnaires étaient imprimées à Lille, et expédiées en contrebande au-delà de la frontière, afin d'encourager les patriotes des Pays-Bas autrichiens à se joindre aux Français. Voici l'une d'elles, à titre d'échantillon :

---

1 *Argus* du 15 juin.
2 *Lettre de M. de Grave, ancien ministre de la guerre, au président de l'Assemblée nationale, écrite du camp de l'armée du centre, le .... juin 1792, l'an IV° de la liberté.*

AVIS DU COMITÉ BELGIQUE, SÉANT A LILLE.

Patriotes Belges !... mettez vos armes en état ; procurez-vous bien vite des munitions de guerre de toute espèce ; soyez tous d'accord, et établissez des correspondances dans toutes les villes, bourgs et villages de notre Pays.... Ne négligez aucun des moyens qui peuvent être employés pour chasser les satellites de nos Tyrans et de nos Oppresseurs.... *Bientôt*, chers Amis, *bientôt* vous aurez l'occasion de montrer votre courage, votre bravoure, votre patriotisme. *Bientôt* vous pourrez arborer hardiment le signe de la Liberté, et vous parer de la devise sacrée : VIVRE LIBRES OU MOURIR.

L'an 4e de la Liberté Françoise, qui sera l'an 1er de la Liberté des Belges, etc., etc., le 10 juin 1792.

N. B. *Faites réimprimer et distribuer cet Avis par-tout* [1].

Plus explicite, la proclamation suivante nous indique à quel ordre de sentiments on entendait surtout faire appel :

Les Membres du Comité révolutionnaire des Belges à tous les Habitans des Provinces Belgiques, leurs Frères et Amis.

CITOYENS,

Vous avez voulu être libres ; les Autrichiens vous avoient domptés, ils ne vous avoient point asservis ; au milieu des fers dont vos mains s'indignoient, vous appelliez encore la liberté. Les armées françoises viennent vous l'offrir ; nous venons vous aider à la recouvrer. A notre voix, un grand nombre de vos frères s'est réuni à nous ; nous les avons armés ; ils marchent aussi pour vous défendre.

Aux armes, Citoyens ! travaillez avec nous et les braves François à chasser ces satellites des despotes, ces ennemis de tout homme libre. Aidez-nous à reprendre vos droits qui sont les nôtres. *Que le peuple soit établi dans la souveraineté qui réside en lui seul ! qu'il reprenne tous les pouvoirs qui émanent de lui ! qu'au moment où nous serons parvenus à établir votre indépendance, il ne puisse plus exister de pouvoirs légitimes que ceux dont le peuple aura lui-même accordé l'exercice.* CITOYENS, LE PEUPLE EST SOUVERAIN ; il doit être LIBRE ! c'est la volonté de DIEU, c'est le vœu de la nature ; que notre cri de ralliement soit à jamais VIVRE LIBRE OU MOURIR.

Ayez confiance en nous ; nous sommes vos amis et vos frères. Depuis deux ans, nous avons quitté notre patrie esclave pour travailler à briser ses chaînes ; nous avons gémi des cruautés de ces barbares Autrichiens et de leur monarque perfide. Le moment est venu, l'heure de la liberté est sonnée. Généreux CITOYENS, marchez avec nous ; nous avons juré de vous rétablir dans tous vos droits ; vous, *peuple souverain*, qu'insultoient de cruels tyrans, nous avons juré *de vous rendre libres ou mourir*.

C'est notre seul but, notre unique intérêt. Prenez vos armes ; aidez-nous ; secondez-nous ; aimez les François ; prodiguez-leur les productions de vos riches contrées ; vous ne payerez jamais le sang qu'ils veulent répandre pour vous. Répétez avec eux, répétez avec nous : LA LIBERTÉ OU LA MORT [2].

---

1 *Argus*, n° du 15 juin.

2 *Argus*, n° du 18 juin.

A ces excitations publiques doivent en être ajoutées d'autres, secrètes, émanées de la Franc-Maçonnerie. Celle-ci avait pris, dans la seconde moitié du XVIII⁰ siècle, un grand développement le long de la frontière, tant d'un côté que de l'autre. En 1786, les Pays-Bas possédaient trente loges [1], dont Joseph II, qui y voyait un obstacle à sa puissance, restreignit le nombre d'abord par un édit du 9 janvier de cette année, puis par celui du 15 mai 1786. Plus tard, en 1789, l'empereur alla même jusqu'à interdire sans exception toutes les réunions maçonniques dans l'étendue de ses états. Mais beaucoup des loges des Pays-Bas continuèrent à mener une existence mystérieuse et à demeurer en rapport avec celles de France. Là, le Nord, à lui seul, en comptait sept, savoir : *l'Amitié et la Fraternité* de Dunkerque, fondée en 1756 ; *les Amis Réunis* de Lille, fondés en 1766 ; *la Parfaite Union et Saint-Jean-du-Désert*, groupés à Valenciennes en 1773 ; *la Parfaite Union* de Douai, fondée en 1777 ; *la Fidélité* de Lille, fondée en 1781 ; *la Trinité* de Dunkerque, fondée en 1784 ; enfin *la Thémis* de Cambrai, fondée en 1786 [2]. Ces loges étaient le centre d'un grand mouvement intellectuel, le prétexte de relations intimes entre hommes que rapprochaient les idées et le langage et que séparait seulement une frontière conventionnelle. Nul doute qu'elles n'aient puissamment servi à faciliter l'entrée des Français dans les Pays-Bas.

Aux proclamations que nous avons reproduites, le gouvernement autrichien répondait par des affiches dans le goût de celle-ci :

Par ordre et de la part de S. A. R. le duc de Saxe-Teschen, généralissime de l'Armée Autrichienne aux Pays-Bas, il est ordonné que tous déserteurs de ladite armée, ainsi que tous ceux qui se sont émigrés des Pays-Bas pour aller joindre l'armée de Béthune-Charost [3], ou toute autre troupe armée contre la maison d'Autriche, seront, en cas qu'ils soient pris, tant en uniforme qu'en habit bourgeois, les armes à la main, ou parmi les combattans, traités comme rebelles et traîtres à la patrie, et, en conséquence, punis sur-le-champ et sans autre forme de procès que celui dit *Standtrecht*, par le premier régiment ou corps qui l'aura arrêté.
Par ordonnance, J. de Pernet, auditeur-général [4].

Le samedi 16 juin, afin de se rapprocher du théâtre des événements, l'*Argus* quitta Valenciennes et se mit à la suite des troupes, s'imprimant

---

[1] On en trouvera la liste dans les *Etudes historiques* de M. Ph. Van der Haeghen.

[2] Nous empruntons ces renseignements à un *Précis historique de l'ordre de la Franc-Maçonnerie*, imprimé en 1829.

[3] Nous ne connaissons point ce Béthune-Charost. C'était vraisemblablement quelque organisateur de bataillons de réfugiés belges, dans le genre de Vanmiert-Dequesne.

[4] *Argus*, n⁰ du 15 juin.

désormais là où elles campaient. Il put ainsi publier une foule de renseignements de première main ; mais si ces renseignements intéressèrent fortement les contemporains et nous intéressent encore, ils durent fournir plus d'une fois à l'ennemi de précieuses indications ; et l'on s'étonne que Lückner ait non seulement toléré, mais encore soutenu et encouragé un si indiscret organe.

L'*Argus* prenait bien son temps. Jusque-là les opérations militaires avaient été quelque peu gênées par la pluie ; mais, le 16, le soleil se mit à luire et, vers dix heures du soir, les officiers reçurent l'avis que les troupes se mettraient en mouvement à la pointe du jour. Dès trois heures du matin, les trois camps furent donc levés et l'armée s'avança en trois colonnes droit au nord, vers la frontière des Pays-Bas.

Son premier objectif était Menin, petite ville située sur la Lys et voisine de Courtrai.

La réserve, que commandait Valence, joua en cette circonstance le rôle d'avant-garde. A sa tête marchait le corps des déserteurs belges. Après avoir laissé, à sa droite, Roubaix, qui ne possédait alors que 8.000 habitants, et Tourcoing qui n'en possédait que 12.000, elle traversa les villages de Bondues, de Roncq et d'Halluin pour arriver devant Menin vers neuf heures du matin.

Trois jours auparavant, malgré la proximité des corps de Lückner, Halluin avait reçu la désagréable visite d'une bande autrichienne : en effet, à sept heures du soir, des chasseurs du régiment de Landon-Vert et des dragons de Latour, au nombre d'environ 40, y avaient pénétré, tué un épicier et un garde national, fouillé deux fois la maison du secrétaire de la municipalité, et s'en étaient allés en emportant des plats d'étain avec quelques nippes volées çà et là [1].

Menin n'était occupé que par une quarantaine d'hommes, les mêmes peut-être que ceux dont nous venons de parler. Ils y avaient construit deux redoutes incapables de résister au canon. Ce faible détachement se mit en état de défense et tira un certain nombre de coups de fusil. Il coupa aussi un petit pont, mais les chasseurs belges franchirent l'obstacle, tandis que les grenadiers de Lückner poursuivaient les Autrichiens. Le chiffre des morts et des blessés fut très minime de part et d'autre.

A l'heure même où la réserve de Lückner prenait Menin, des troupes composées de 6.000 hommes environ qui, depuis le 9 juin, étaient sorties

---

[1] *Argus*, no du 18 juin.

de Dunkerque, aux ordres de de Carl [1], occupèrent, sans aucune résistance, Ypres ainsi que la partie autrichienne du village de Warneton et quelques localités environnantes.

Comme par représailles, le même jour, 600 Autrichiens, tant fantassins que cavaliers, venant de Courtrai, s'emparèrent de Tourcoing, et y pillèrent le bureau de la douane. Mais ils n'avaient en vue qu'une simple démonstration, et se retirèrent devant une cinquantaine de gardes nationaux.

Cet événement donna lieu à l'adresse suivante [2] :

C'est avec l'ame navrée de douleur, que nous avons appris les événemens facheux qui accompagnèrent les premières hostilités dans ce Bourg, ces événemens, hélas! n'auroient pas eu lieu, si la prudence de nos braves combattans avoient été proportionnée à leur zèle, si les citoyens inscrits sur le Registre de la garde nationale, s'étoient, conformément à leur devoir, rendus à l'hotel Commun au bruit de l'appel général, car nous ne pouvons dissimuler que nous avons vu partir avec peine un corps de braves Cytoyens sans chef à leur tête, et sans réquisition du Corps Municipal.

C'est mal à propos qu'on reprocheroit, soit à la Municipalité, soit aux chefs de la Garde nationale, d'avoir fait battre la Générale ; car il est certain qu'on ne s'est décidé à appeler les Citoyens qu'après avoir été avertis plus de dix fois par les Habitans de la Marlière, que les Autrichiens ravageoient, pilloient et avanceoient vers ce Bourg ; l'on reprocheroit également mal à propos d'avoir laissé manquer de munition dans la journée du 15, d'autant plus que depuis le jeudi à neuf du soir, jusqu'au vendredi à dix heures du matin, on a distribué plus de sept cens cartouches, et qu'il restoit encore cinq ou six livres de poudre qui auroient été rendues en cartouches, si les ordres précis du Corps Municipal avoient été exécutés. Néanmoins, l'affluence de ceux qui en demandoient étoit si grande, qu'il étoit impossible de mettre de l'ordre dans la distribution, de sorte que certains en ont reçu le triple de ce qu'ils avoient besoin, et par la, il se pût faire que quelques individus en aient manqué.

Pour qu'à l'avenir nous puissions prévenir toutes ces disgraces, nous avons dans la séance de ce jourd'hui ; ouï sur ce, le Substitut du Procureur de la Commune, délibéré et arrêté :

1° Qu'aussitôt qu'on sonnera le Tocsin, ou qu'on battera la Générale, le Chef de la Garde montante, mettra ses hommes sous les armes, tiendra l'entrée de l'Hôtel Commun libre, et ne laissera entrer que les Citoyens actifs en exercice, inscrits sur le Registre de la Garde Nationale ;

2° Qu'au même appel, les trois premiers Chefs de la Garde Nationale se rendront à la Petite Chambre du Corps Municipal, pour, de concert avec lui, aviser aux moyens les plus formidables à la chose commune ;

3° Que tous les Citoyens inscrits sur le Registre de la Garde nationale, et dans l'état de service, se rendront également à l'Hotel Commun armés, ou non armés, pour y prendre les ordres du Corps Municipal, accompagné des Chefs de la Garde nationale ;

---

1 Voir l'*Argus* du 13 juin.

2 Elle est intitulée : *Adresse aux habitans du bourg de Tourcoing, district de Lille*, et fut imprimée en cette ville, sous forme d'affiche in-folio sur deux colonnes, chez C.-M. Peterinck-Cramé, rue Esquermoise.

4° Que tous les contrevenans au présent arrêté seront punis selon toute la rigueur des Lois, et que l'on n'admettra aucunes excuses de maladie ou d'absence qu'autant qu'elles seront très fondées.

Pour que personne n'en ignore, le présent arrêté sera lu, publié et affiché partout où besoin sera.

Fait et arrêté en la séance du Corps Municipal de Tourcoing, le dix huit juin mil sept cent quatre-vingt-douze.

Signé, Motte-Florin, Maire, J.-P. Lemaire, Louis-Joseph Honoré, officier municipal, Armand-Joseph Duprez, Jean-Baptiste Delobel, Destombes-Descamont, Officier municipal, S.-J. Delobel, P.-J. Cotpain, Officier municipal.

Ce même jour, vers les sept heures, Lückner s'avança vers Menin à la tête du gros de son armée. Au moment où il pénétrait dans le village de Geluwe, les troupes de de Carl, venant d'Ypres, y arrivèrent de leur côté. Les deux corps opérèrent ainsi leur jonction et marchèrent ensuite de concert. Le quartier général fut, sans délai, établi à Menin, et une portion des troupes installée près de la Lys, à Werwick-Nord, commune autrichienne des environs [1].

Le même jour, vers les trois heures de relevée, l'avant-garde, commandée par Jarry, prit position non loin de Menin où elle devait se fixer jusqu'au lendemain. Mais après avoir lui-même examiné les lieux, Lückner dit à cette poignée de soldats : « Pourquoi n'irions-nous pas coucher à Courtrai ? Allons, du courage, marchons ! » Aussitôt cette troupe, remplie d'ardeur, prit le chemin de Courtrai. Elle s'avançait sans encombre lorsque, à une demi-lieue de la ville, elle reçut une assez forte décharge d'artillerie, sans presque savoir d'où. Au nombre de 1.000 à 1.100 hommes, l'ennemi, commandé par le colonel Mylius, s'était retranché derrière les haies, dans un moulin, et avait, en outre, coupé un pont. On en eut bientôt construit un autre, et Lückner, ayant fait dresser une batterie de dix pièces de canon, riposta vigoureusement.

Le feu dura près de deux heures, jusqu'au moment où l'ennemi s'aperçut que les Français s'apprêtaient à tourner la ville. Il s'enfuit alors à toutes jambes à travers un terrain couvert de récoltes, coupé de haies et de fossés [2].

Durant la lutte, les Belges et les Liégeois, qui servaient dans l'armée française, s'étaient emparés d'un canon autrichien. Lückner s'empressa de leur en faire cadeau.

Parmi les officiers qui se distinguèrent spécialement à la prise de

---

[1] *Argus,* no du 18 juin.

[2] *Argus,* no du 19 juin.

Courtrai, figurèrent un aide de camp du général Jarry, nommé de Sahuc, et Chancel, alors colonel-adjudant-général, que nous retrouverons plus tard à Condé et à Maubeuge. Ajoutons-y le vieux Lückner lui-même, mauvais général, mais vaillant soldat. « Les balles respectent les braves gens », disait-il à ceux qu'étonnait son intrépidité ; et, continuant à prêcher d'exemple, il fut l'un des premiers à entrer dans la ville.

C'est par des traits semblables qu'il maintenait sa popularité dans l'armée, et, quoique Allemand, s'était attiré de certains de ses flatteurs le surnom d'*Achille Français !* [1] Achille bien suranné, et qu'assurément Briséis aurait quitté sans regrets.

Le Comité révolutionnaire des Brabançons qui, jusque-là, avait son siège à Lille, s'empressa de le transférer à Courtrai, afin d'être mieux à même d'influer sur l'esprit des villes restées en la possession de l'Autriche [2].

L'invasion française, qui semblait s'annoncer d'une manière heureuse, augmenta, dans l'armée ennemie, le mouvement de désertion qui avait commencé à s'y dessiner : un jour, 200 chasseurs belges se présentèrent ensemble aux avant-postes français pour rejoindre leurs camarades ; ils ne demandaient qu'à marcher en avant. Mais le temps de la conquête des Pays-Bas autrichiens n'était pas encore venu, et les manœuvres de l'armée du Nord allaient être interrompues, d'abord par les préoccupations de la politique intérieure, puis par celles de l'attaque que préparait la Prusse.

Pour essayer de réparer les dernières défaites et avoir près de la capitale une armée de réserve, l'Assemblée législative avait décidé, le 8 juin, à la demande de Servan, le nouveau ministre de la guerre, de former sous Paris, pour le 14 juillet, un camp de 20.000 hommes appelés des départements. Elle avait également cherché à échauffer les imaginations au moyen de fêtes révolutionnaires, et à enrôler la multitude par un armement de piques, pensant que, dans un péril aussi imminent, toutes les forces nationales devaient être mises en action.

Louis XVI montrait depuis quelque temps moins de confiance à ses ministres qui, de leur côté, commençaient à le presser de remplir avec plus de promptitude et de précision ses devoirs constitutionnels. Les décrets dont nous venons d'indiquer la substance, d'autres encore relatifs aux prêtres réfractaires, furent le signal de sa rupture avec les Girondins.

---

[1] *Argus*, no du 12 juin.

[2] Voir, à ce sujet, l'*Histoire de Menin*, par le Dr Rembry-Barch, tome III, pages 62 et suivantes.

Roland lui écrivit une lettre restée fameuse. Cette lettre aigrit davantage le roi, alors soutenu par Dumouriez qui, rompant avec certains de ses amis, avait, en compagnie de Lacoste et de Duranthon, formé dans le ministère un groupe opposé à Roland, Servan et Clavière. En homme rompu aux intrigues, il conseillait à Louis XVI de renvoyer les ministres qui lui déplaisaient, tout en sanctionnant des décrets susceptibles de le rendre populaire ; il prenait l'engagement de pallier les inconvénients révolutionnaires du camp de 20.000 hommes en en faisant partir le plus de troupes possible pour l'armée, à mesure de leur arrivée. Moyennant quoi, il soutiendrait l'attaque de la Gironde évincée. Cette machination eut d'abord l'air de réussir ; Roland, Clavière et Servan furent renvoyés le 12 juin 1792, et Dumouriez accepta le portefeuille de la guerre dans un ministère composé en majorité de Feuillants. Mais il ne tarda pas à voir qu'il avait été joué. Dès le 16, il donna bruyamment sa démission. Le roi rejeta ensuite les décrets et, ne comptant plus que sur les coalisés, leur envoya Mallet-Dupan avec une mission secrète.

Comme ministre de la guerre, Dumouriez fut immédiatement remplacé par un simple colonel, Pierre-Auguste de Lajard, né à Montpellier le 20 avril 1757, ancien premier aide-major général de la garde nationale parisienne, à l'époque où La Fayette en était commandant en chef. Lajard ne devait occuper ce poste que durant environ cinq semaines, du 16 juin au 24 juillet.

Cependant La Fayette qui, de son camp, persistait à s'occuper beaucoup plus des événements de Paris qu'il n'était convenable à un général d'armée, avait écrit le 16, de Maubeuge, une lettre à l'Assemblée où il dénonçait la faction jacobine, demandait la fin du règne des clubs, l'affermissement de la royauté constitutionnelle, et pressait la représentation nationale, au nom des amis de la liberté, de ne prendre que des mesures légales pour assurer le salut public. Cette lettre excita une vive émotion, indigna la Gironde qui, chassée du pouvoir, se voyait, de plus, entravée dans ses mesures militaires. N'ayant pas été prise en considération, la demande de La Fayette constitua pour son auteur un nouvel et grave échec.

Depuis la déclaration de guerre, l'Assemblée avait toléré que des pétitionnaires, s'offrant pour la défense de la patrie, défilassent tout armés à travers la salle des séances. Cette condescendance, assez explicable, rendait néanmoins illusoires toutes les lois contre les attroupements. Certains meneurs résolurent d'en profiter. Le 20 juin, jour anniversaire du serment du Jeu de Paume, 8.000 hommes armés environ partirent des faubourgs Saint-Antoine et Saint-Marceau, et se dirigèrent vers l'Assemblée. Menacée d'être envahie de force, celle-ci les admit dans son sein. Leur orateur y tint un discours menaçant, spécialement contre le pouvoir exécutif qui entravait la défense nationale. Puis ils se dirigèrent vers les Tuileries. Le roi en fit ouvrir les grilles. La foule monta dans les appartements où Louis XVI se présenta à elle. La populace lui demanda à grands cris la sanction des décrets. Le roi la refusa ; mais il ne crut pas devoir repousser un signe vain pour lui, le bonnet rouge, que beaucoup regardaient comme le symbole de la liberté ; il le prit au bout d'une pique, et s'en coiffa. Il but aussi un verre de vin, que lui offrit un homme à moitié ivre. Des députés et Pétion, maire de Paris, étant survenus, haranguèrent le peuple, et finirent par le déterminer à se retirer sans violences.

La journée du 20 juin excita violemment contre ses promoteurs l'opinion constitutionnelle. La garde nationale de Paris, composée encore d'éléments surtout bourgeois, offrit à Louis XVI de se réunir autour de lui et de le défendre. L'ancien duc de La Rochefoucault-Liancourt, dont les troupes occupaient Rouen, lui demanda de se rendre au milieu d'elles. De son côté, La Fayette voulut le conduire à Compiègne et le placer à la tête de son armée. Mais le roi refusa toutes ces avances ; il crut que les agitateurs seraient dégoûtés du mince succès de leur tentative, et il ne voulut recevoir aucun service des constitutionnels, de peur d'avoir ensuite à leur accorder des concessions.

Néanmoins, La Fayette voulut tenter une dernière démarche en faveur de la monarchie légale. Il céda au général d'Hangest le commandement de son armée, et recueillit des adresses contre les derniers événements ; puis, sans être attendu, il se présenta le 28 à la barre de l'Assemblée. Tant en son nom qu'au nom de ses soldats, il demanda la punition des attentats du 20 juin, et la destruction de la secte jacobine. Ses paroles jetèrent un grand trouble parmi les députés. La droite l'applaudit avec enthousiasme ; mais la gauche critiqua sa conduite, et Guadet, s'élançant à la tribune, proposa d'examiner s'il n'était pas coupable d'avoir quitté son poste pour venir essayer de dicter des lois aux représentants du peuple. Après une discussion tumultueuse, on l'admit malgré tout aux honneurs de la séance. La Fayette fit ensuite diverses démarches auprès de la garde nationale et du roi. Il n'obtint aucun succès, et regagna la frontière, après avoir usé dans ces tentatives vaines ses derniers restes d'influence et de popularité.

L'Assemblée reprit ensuite l'étude de la situation générale, que les derniers événements n'avaient pas améliorée. Un représentant, nommé Jean Debry, proposa, si le péril devenait extrême, de le déclarer par ces mots : *la patrie est en danger*. La discussion s'ouvrit sur cette motion importante. Dans un discours véhément, Vergniaud peignit toutes les menaces qui pesaient sur la France, et dénonça le roi comme le chef des émigrés. Peu de jours après, Brissot l'attaqua d'une façon encore bien plus énergique. La Gironde préparait ainsi les esprits à la déchéance de Louis XVI. Mais il restait à trancher la question posée par Debry. Le 5 juillet, sur la nouvelle des dispositions de plus en plus hostiles de plusieurs princes allemands, sa proposition fut adoptée, et, le 11, l'Assemblée la fit suivre de la déclaration suivante :

> Des troupes nombreuses s'avancent vers nos frontières ; tous ceux qui ont horreur de la liberté s'arment contre notre Constitution.
> Citoyens, la patrie est en danger. Que ceux qui vont obtenir l'honneur de marcher les premiers pour défendre ce qu'ils ont de plus cher, se souviennent toujours qu'ils sont Français et libres ; que leurs concitoyens maintiennent dans leurs foyers la sûreté des personnes et des propriétés ; que les magistrats du peuple veillent attentivement ; que tous, dans un courage calme, attribut de la véritable force, attendent pour agir le signal de la loi, et la patrie sera sauvée.

Le 22 juin avait eu lieu la dernière tentative de l'armée de Lückner pour s'avancer en Belgique :

> M. de la Marche, colonel du 24e régiment, ci-devant Brie, — nous dit à ce sujet un rapport d'Alexandre de Beauharnais [1] — a attaqué un château de l'évêque de Tournay, situé à Ennechin, entre Courtray, Menin et Tournay. C'est un fort hérissé de canons et environné de larges fossés. Il fut attaqué vivement. Les Français s'emparèrent de 10 pièces de canon de fer qu'on a conduits au camp, et de plusieurs caissons de poudre ; de boulets qu'on a fait amener à l'arsenal de Lille. Des hulans blessés ont assuré que ce château était le repaire de plus de 400 prêtres et aristocrates.

Mais sur la nouvelle des évènements du 20 juin, Lückner, circonvenu de toutes parts et spécialement par de Grave, arrêta subitement l'élan de ses soldats. Le parti de la reine voulait quand même l'empêcher de s'avancer sur les terres de l'Autriche. D'un autre côté, La Fayette, toujours hanté de sa manie de rétablir par la force le véritable régime constitutionnel, ne pouvait consentir à laisser l'armée du Nord s'éloigner trop de Paris ; dans plusieurs lettres, il s'appliqua à troubler la faible cervelle de son collègue au moyen de dangers imaginaires, lui faisant craindre d'être, par les Autrichiens, coupé de Valenciennes, peut-être même de Lille. A un certain moment, on lui fit accroire que les Prussiens occupaient Gand, et il ne fut détrompé qu'au retour de courriers qu'il expédia [2]. Ce fut pendant plusieurs jours un perpétuel chassé-croisé entre le quartier général de Menin et Paris. Valence partit pour la capitale le 24, à la tombée de la nuit, et en revint le 28 vers les sept heures du soir.

---

[1] Inséré au *Moniteur* du 27 juin.
[2] Lettre écrite du camp de Menin, lue à l'Assemblée le 2 juillet.

Sans même attendre son retour, Lückner avait expédié un autre courrier à Paris, pour porter au ministre de la guerre une lettre datée du 26 et où il lui promettait de lui donner l'état exact de ses forces, avec tous les détails les plus circonstanciés « de la position de notre armée, de l'esprit qui y règne et de la sensation qu'y a produite la dernière démarche scandaleuse envers le roi, qui est aussi chéri que la Constitution [1] ». A peine Valence était-il rentré qu'un conseil de guerre fut tenu, à la suite duquel Alexandre de Beauharnais partit à son tour pour Paris [2]. Il emportait une lettre au roi, datée du 28, protestant contre les évènements du 20, et signée par Lückner ainsi que par tous ses aides de camp [3].

Pendant ces tergiversations, voici d'après une lettre que publia l'*Argus* peu de jours après [4], ce que devenait l'armée du Nord :

Le 10, on distribua avec profusion la lettre de M. La Fayette à l'Assemblée nationale [5]. Les personnes chargées de l'expliquer n'omirent rien pour inspirer aux soldats un entier dévouement et une obéissance aveugle aux volontés du Roi, et leur inspirer surtout une indignation décidée contre les sociétés populaires, vulgairement appelées *clubs*.

Du 20 au 24, l'armée étoit dans une position passive et n'avoit à combattre que les réflexions suscitées par l'intrigue des factieux.

On crut le moment favorable. Le 25, on fit circuler dans chaque régiment, chaque tente même, la proclamation du roi, du 22, sur les évènements du 20, en ornant cette production de l'amplification dont elle étoit susceptible.

Cependant les factieux croyoient que l'armée avoit sucé le venin qu'ils avoient distillé en secret, ensuite prodigué. Ils proposèrent de porter au roi le vœu de l'armée, consigné dans une lettre. Il n'étoit pas difficile de la faire ; on croyoit qu'il l'étoit encore moins de la revêtir de signatures. Confiant dans le succès et comme s'il étoit déjà assuré, on parla de faire marcher l'armée à Paris, pour mettre la canaille parisienne à la raison, et lui apprendre à respecter le Roi *de France*. Cependant, l'armée, connoissant ses devoirs, et la profondeur du piège dans lequel on vouloit la faire tomber, refusa ces signatures mendiées avec toutes sortes de bassesses. Les noms de plusieurs chefs devinrent pour chaque soldat un objet de défiance : leurs ordres n'inspiroient que de la suspicion, leur présence du mépris et leur souvenir de l'indignation.

Parmi les chefs en question figura Charles de Lameth. Il avait colporté à travers les régiments soumis à ses ordres une lettre qu'imprima le *Moniteur* du 1er juillet ; mais, sauf dans le 13e régiment de cavalerie, il n'avait guère recueilli de signatures.

Les mêmes intrigues se perpétraient au camp de Maulde, alors placé

---

[1] Lettre lue à l'Assemblée dans sa séance du 29 juin, *Moniteur* du 30.
[2] *Argus*, no du 27 au 29.
[3] Insérée dans le *Moniteur* du 1er juillet.
[4] No du 9 juillet. Lettre écrite du camp de Famars et datée du 7.
[5] La Fayette en avait fait imprimer tout exprès trois mille exemplaires à Valenciennes. (*Argus*, no du 3 au 5 juillet).

sous le commandement de René-Joseph de Lanoue, né en Bretagne vers 1740, officier durant la guerre de Sept-Ans, et promu lieutenant-général à l'époque de la Révolution.

Mais, dit l'*Argus*, nos braves canonniers sont partout fidèles à la Constitution, et dignes d'être les soldats de la Patrie. On présente une de ces lettres à un capitaine, qui refuse de la signer ; on lui répond avec humeur, et l'on s'adresse ensuite à un caporal qui répond comme son capitaine : les voilà déjà tous deux notés. Mais l'on s'adresse à un canonnier ; et celui-ci, après avoir fixé l'*honnête* homme qui lui présente cette insidieuse pétition, tourne ses regards du côté de l'ennemi et ne prononce que ces mots, en portant la main sur son canon, et en le montrant : « Voilà comment et avec quoi je suis prêt à signer votre pétition ! [1]

Exécutant la menace contenue dans le discours prononcé à Condé par le jeune Louis-Philippe, M. d'Orléans, comme on disait alors, était arrivé à Valenciennes le mercredi 30 mai dans l'après-midi [2] et avait, depuis lors, suivi l'armée de Lückner. En compagnie de ses deux fils, il errait à travers le camp de Menin, sans que les autres, ni peut-être lui-même, se rendissent bien compte des motifs de sa présence. Ces allées et venues, permettant de croire à quelque noir complot tramé en sa faveur, ne faisaient qu'augmenter la confusion des esprits.

Pour protester contre ces menées, la plupart des régiments avaient, dans les chemins du camp, planté chacun un arbre de la liberté. Beaucoup de tentes même se glorifiaient d'avoir le leur et de porter sur leurs toiles des inscriptions exprimant les vrais sentiments du soldat [3].

Pendant ce temps, l'ennemi, stupéfait de l'étrange engourdissement où était tombée l'armée française, reprenait de l'audace et la harcelait à son tour :

Le 24 juin, à la pointe du jour, — nous dit un rapport d'Alexandre de Beauharnais, — les bataillons ont reçu ordre de quitter le camp et de se rendre à Courtrai, parce que les postes avancés de cette ville avoient été attaqués. M. Achille du Châtelet, qui avoit momentanément remplacé M. de Valence à la réserve, s'est porté en avant, fort près du poste ennemi pour le reconnaître. Le premier coup de canon tiré par les Autrichiens a traversé les deux cuisses à un Belge, cassé une jambe à un tambour et emporté le mollet de la jambe gauche au général du Châtelet. Les grenadiers qui étoient derrière ce brave officier, lui donnèrent, dans cette circonstance malheureuse, avec leurs soins et leurs preuves d'attachement, des marques de leur affliction ; mais il chercha à les consoler en les remerciant de leurs regrets et en leur disant que cet accident ne devoit pas les empêcher de chanter *ça ira*. [4]

---

[1] No du 3 au 5 juillet.
[2] *Argus*, no du 31 mai.
[3] *Argus*, no du 12 juillet.
[4] Ce rapport, daté du 25 juin, a été inséré au *Moniteur* du 29.

A ce moment, d'après un tableau que publia l'*Argus* dans son numéro du 25 juin, les forces de Lückner se décomposaient ainsi :

ORDRE DE BATAILLE DÉFINITIF DE L'ARMÉE DU NORD AUX ORDRES DE M. LE MARÉCHAL LUCKNER, ARRÊTÉ LE 25 JUIN, L'AN 4° DE LA LIBERTÉ.

M. le maréchal Lückner, général d'armée.

MM. ***	Colonel	⎫
Jhlre	Lieutenant-colonel	⎬ Aides-de-camp.
Lagrange	Capitaine	⎬
Montmorency	Capitaine	⎭

État-Major.

M. Berthier, maréchal de camp, chef de l'état-major.
M. *** .... Aide-de-camp.

Adjudans généraux.

MM. Beauharnais	Colonel.
Chancel	Colonel.
Foissac	Lieutenant-colonel.
Duvigneau	Lieutenant-colonel.
Berneron	Lieutenant-colonel.
d'Hédouville	Lieutenant-colonel.

Adjoints aux Adjudans généraux.

MM. Cantabre	Sous-chef de l'état-major du quartier général.
Pontavice	Capitaine au 24ᵐᵉ régiment d'infanterie.
Coulange	Capitaine au 19ᵐᵉ régiment d'infanterie.
Guenand	Capitaine au 5ᵐᵉ régiment d'infanterie.
Bertrand	Capitaine au 99ᵐᵉ régiment d'infanterie.
Toiras	Capitaine de mineurs.
Desprez	Lieutenant au 17ᵐᵉ régiment de dragons.
Laurès	Sous-lieutenant au 6ᵐᵉ régiment de chasseurs.
Chérin	Sous-lieutenant au 12ᵐᵉ régiment d'infanterie.
Corbineau	Sous-lieutenant au 3ᵐᵉ régiment de dragons.
Michault	Sous-lieutenant au 4ᵐᵉ régiment de cavalerie.
Grigny	Sous-lieutenant au ....

M. Eustace, colonel américain, employé à l'état-major général.

PREMIÈRE LIGNE.

DIVISIONS	BRIGADES	BATAILLONS OU ESCADRONS	MARÉCHAUX DE CAMP	LIEUT. GEN.
Division de cavalerie.	Aile droite. Première ligne.	3ᵐᵉ régiment de cavalerie. 8ᵐᵉ régiment de cavalerie.	M. Ch. Lameth.	M. Biron.
	Aile droite. Deuxième ligne	10ᵐᵉ régiment de cavalerie. 13ᵐᵉ régiment de cavalerie.		M. Carle.
Première division d'infanterie	Aile droite. 1re brigade.	1ᵉʳ régiment d'infanterie 24ᵐᵉ régiment 81ᵐᵉ régiment 22ᵐᵉ régiment	M. Linch.	
	Centre. 2ᵐᵉ brigade.	5ᵐᵉ régiment 74ᵐᵉ régiment 89ᵐᵉ régiment 49ᵐᵉ régiment		M. Biron
Moitié de la deuxième division d'infanterie	Aile gauche. Gardes nationales. 3ᵐᵉ brigade.	1ᵉʳ bataillon de Paris 1ᵉʳ de la Seine-Inférieure 2ᵐᵉ bataillon de Paris 1ᵉʳ bataillon de l'Aisne	M. Beurnonville.	

SECONDE LIGNE.

DIVISIONS	BRIGADES	BATAILLONS OU ESCADRONS	MARÉCHAUX DE CAMP	LIEUT. GÉN.
Troisième division d'infanterie	Aile droite. 4me brigade.	12me régiment d'infanterie .... 56me régiment .... 78me régiment .... 19me régiment	M. Duchastelet.	M. Carle.
	Centre. Gardes nationales. 5me brigade.	1er bataillon du Pas-de-Calais 1er de l'Eure .... 2me de l'Eure .... 1er de la Manche............		
Moitié de la seconde division d'infanterie	Aile gauche. Gardes nationales. 6me brigade.	3me bataillon du Nord........ 1er de l'Isle-et-Vilaine .... 1er de la Somme............. 4me de la Somme.............	M. Beurnonville.	
Division de dragons.	Aile gauche. Première ligne.	17me régiment de dragons...... 14me régiment de dragons......	M. Louis-Philippe, P.F. M. Duhoux.	M. Biron.
	Aile gauche. Deuxième ligne.	6me régiment de dragons...... 3me régiment de dragons......	....	M. Carle.
Flanc-quants.	Bataillon d'infanterie. Aile droite.	44me régiment	M. Duchastelet.	M. Carle.
	Bataillon d'infanterie. Aile gauche.	90me régiment	M. Beurnonville.	M. Biron.
	Artillerie.	Bataillon de l'Yonne détaché à l'artillerie : Parc .... 273 Détaché à l'artillerie..... Artillerie................ 455 Des bataillons............	M. d'Aboville.	

Avant-Garde
Commandée par M. DE JARRY.

| | Avant-garde. | 1er bataillon Belge............ 1er bataillon de gren. 7 comp.. 3 escad. du 1er régiment de chas. 3 escad. du 6me régiment de chas. 3 esc. du 3me rég. des hussards. | M. Jarry. | |

Réserve
Commandée par M. DE VALENCE.

| | Réserve. | 6 esc. de carabiniers.......... 5 bataillons de grenadiers...... et un de chasseurs à pied..... | M. Berruyès. | |

La force de l'armée du Nord est de............. 36.000 hommes.
Au camp de Maulde............................ 7.000 hommes.
                          Total............. 43.000 hommes.

Ces chiffres sont un peu supérieurs à ceux donnés trois jours après, le 28 juin, à la tribune de l'Assemblée, par le député Dubayet dans un rapport sur l'état des armées françaises. En ce qui concerne celle de Lückner, Dubayet donnait les indications suivantes :

Forces disponibles actuellement sous la tente. — 17 bataillons d'infanterie et un de troupes légères, 14.491 hommes ; 42 escadrons, 6.300 hommes ; 4 bataillons d'artillerie, 2.258 hommes ; total : 23.049 hommes.
Troupes laissées pour la défense des places. — 25 bataillons d'infanterie, 12.505 hommes ; 16 escadrons, 2.870 hommes ; total : 15.373 hommes. Total général pour l'armée de M. Lückner, en troupes de ligne, 38.624 hommes.
Il manque au complet 3.735 hommes d'infanterie, 898 de cavalerie, et 776 canonniers. Total du défaut 5.409 hommes ; en sorte que si l'armée de Lückner était au complet elle serait composée, en troupes de ligne, de 44.030 hommes.

Cependant le vieux maréchal, que certains accusaient d'avoir renoncé dès son passage à Lille à l'idée sérieuse d'envahir la Belgique, était de plus en plus le jouet de sentiments opposés. Ainsi que Dumouriez l'a écrit peu après dans ses *Mémoires*, « il n'avait jamais pu se mettre dans la tête le plan de campagne des Pays-Bas ; il n'en avait jamais conçu que l'avant-garde : et, à tout ce que le ministre lui en avait expliqué, il avait toujours répondu : Oui, oui, moi tourne par la droite, tourne par la gauche, et marcher vite. » Mais Lückner ne marchait plus ni vite ni lentement. Deux fois il donna l'ordre de battre en retraite, et deux fois il le retira. Tout à coup il apprit que le duc de Brunswick, généralissime désigné des troupes réunies de l'Autriche et de la Prusse, avait l'intention de pénétrer en France par les défilés du Palatinat et du Luxembourg, et non par la Belgique ; que Clairfayt était en route pour le rejoindre avec quinze mille Autrichiens, et qu'une vingtaine de milliers d'hommes, restés dans les Pays-Bas aux ordres du duc de Saxe-Teschen, avaient simplement pour but de s'opposer aux Français, sans devoir prendre eux-mêmes l'initiative des hostilités. L'invasion prussienne était encore lointaine et Lückner avait l'avance. C'eût donc été pour lui le cas d'exécuter les promesses de sa lettre du 24 avril, de se livrer à cette offensive qu'il avait préconisée, et, puisqu'il possédait la supériorité du nombre, de frapper un grand coup en s'emparant de Gand, de Bruxelles peut-être. En même temps La Fayette se serait avancé parallèlement à la Meuse pour le rejoindre ensuite dans la capitale. Ce plan eut été l'ébauche de celui qu'exécutèrent magistralement en l'an II Pichegru, Jourdan et leurs émules. Toute la suite de la guerre se fut ainsi trouvée modifiée au grand avantage de la France. Au lieu de cela Lückner bousculait les Belges qui venaient lui offrir leurs services, et, malgré les supplications de certains de ses officiers, particulièrement de Biron, il résolut finalement d'abandonner ses maigres conquêtes pour faire descendre ses forces vers l'Est.

Il s'empressa d'annoncer ce mouvement au ministre de la guerre par une lettre ainsi conçue :

Au quartier général à Menin, le 29 juin 1792, l'an 4e de la liberté, à dix heures et demie du soir.

Les dépêches, Monsieur, que je vous ai adressées par M. Beauharnois, adjudant-général, doivent vous avoir suffisamment éclairé sur ma situation politique ; et les raisonnements que vous avez pu en tirer, n'ont dû vous laisser aucun doute sur ma conduite ultérieure. Les éclaircissements que j'ai pu omettre dans ma lettre, M. Beauharnois est chargé, de ma part, de vous les faire parvenir verbalement.

Je vais encore vous retracer des détails qui doivent vous êtes connus, pour servir à la fois à la justification de ma conduite, qui n'est guidée que par ma longue expérience, par les principes de la délicatesse de mon âme, et par l'attachement le plus inviolable au bonheur de la France.

C'est d'après les dispositions prises et la certitude d'un grand mouvement dans le Brabant, que l'ancien ministère avoit décidé le roi à la guerre offensive. J'ai en conséquence fixé les moyens pour porter mon armée dans le pays ennemi. M. Lafayette s'est rapproché de Maubeuge, pour contenir les troupes campées sur Mons. J'ai placé un corps de cinq mille hommes à Maulde, pour tenir en échec les troupes campées à Tournay, et je me suis porté dans le pays ennemi, par Menin et Courtray, où j'ai réuni quatre mille hommes.

Je suis dans la position de Menin ; mon avant-garde est à Courtray ; tout le pays entre Lannoy, Bruges et Bruxelles est couvert par mon armée, et sans troupes ennemies. Malgré cela, aucun mouvement ne s'effectue de la part des Belges ; je n'entrevois pas même la plus légère espérance de l'insurrection manifestement annoncée ; et quand je serais encore maître de Gand et de Bruxelles, j'ai presque la certitude que le peuple ne se rangerait pas plus de notre côté, quoi qu'en dise un petit nombre de personnes à qui peu importe le salut de la France dans la seule vue de satisfaire leur ambition et leur fortune.

Lille et le canton de Rouloy ont défendu l'envoi de fourrages pour mon armée. Des paysans, par plusieurs reprises, ont tiré, aux environs de Menin, sur des patrouilles françaises. Mon avant-garde et ma réserve à Courtray sont harcelés par les ennemis qui se renforcent tous les jours vers Tournay, entre Courtray et Gand.

Dans cette position, et avec 20.000 hommes qui forment la totalité de mon armée, je ne puis que me maintenir devant l'ennemi, sans laisser Lille à découvert. Alors l'ennemi me coupe en marchant sur les derrières, et le seul parti qui me reste dans le cas où une grande insurrection ne me seconderait pas, serait de me retirer vers Nieuport, Furnes et Dunkerque. Vous jugerez des inconvénients d'un pareil mouvement. Dans ce moment, je n'ai encore que 5 à 600 Belges.

Voilà, Monsieur, ma position particulière ; mais un objet de la dernière importance doit occuper essentiellement le conseil du roi. Ce qui me détermine encore d'une manière bien plus forte à un mouvement rétrograde, c'est la position de nos frontières ; entre le Rhin et la mer, entre la Sambre et le Rhin, il ne reste point de troupes, et la tête des colonnes ennemies s'avance dans l'électorat de Trèves et non dans les Pays-Bas. M. Lafayette ne peut quitter sa position sans que mon armée se trouve en opposition à des forces doubles ; alors Valenciennes et Lille sont à découvert. Voilà, Monsieur, ce qui doit occuper le conseil du roi.

Quant à ce qui me regarde, mon unique pensée et toutes mes lumières ne cessent de se porter sur l'ensemble des moyens de défense entre Dunkerque et Sarrelouis. Depuis que je vois que les Belges ne se sont pas prononcés pour nous, j'y réfléchis jour et nuit, et n'ai trouvé qu'un seul moyen d'éviter un grand malheur : c'est celui de retirer mon armée sur Valenciennes. Le moment devenant de jour en jour plus pressant, j'ai cru ne pas devoir attendre votre réponse concernant la position de mon armée ; en conséquence, je la ferai partir demain 30, pour Lille ; le 1er jour au Chilly, le 2me à Saint-Amand, et le 3me à Valenciennes.

J'envoie à la même heure qu'à vous, Monsieur, un courrier à l'armée de M. Lafayette, pour lui faire part de ce mouvement, en le prévenant que je donne des ordres à M. Lanoue, lieutenant-général, commandant le camp de...... [1], pour qu'il parte avec ses cinq mille hommes et se rende à Maubeuge. D'après cet avis, l'armée de M. Lafayette peut faire ses dispositions en conséquence, et se retirer dans la partie où il prévoit qu'il sera le plus nécessaire. Je prévois que ma démarche va exciter un essaim de mécontens et de calomnies contre moi.

Mes vues n'ont d'autre but que le bien, et je me croirais un traître à la patrie, si j'avais tenu une conduite différente dans les circonstances présentes. Je vous demande, Monsieur, que vous soumettiez mes démarches et mes réflexions au roi et à son conseil afin qu'il les juge ; sans cela, comme j'ai eu l'honneur de vous le mander, je ne puis conserver le commandement de l'armée.

Le maréchal de France, général d'armée,
LUCKNER.

Rédigée en hâte et à la diable par les conseillers du maréchal, qui craignaient sans doute de le voir encore changer de résolution et qui voulaient le compromettre d'une manière irrémissible, cette incroyable épître était pleine d'incohérences et d'âneries de toutes sortes. Lückner y diminuait ses forces comme à plaisir, disant qu'il n'avait que 600 Belges lorsque nous savons qu'il en avait bien davantage ; affirmant que Lanoue ne possédait à Maulde que 5.000 hommes quand lui-même imprimait quatre jours auparavant que ce général en possédait 7.000 ; enfin, ayant l'air de n'avoir jamais compté pour s'emparer des Pays-Bas que sur une insurrection des habitants, lorsque l'inanité de cette espérance avait été péremptoirement démontrée par les vaines tentatives du mois d'avril. Cette lettre parut dans le *Moniteur* du 7 juillet. Si nous nous sommes étonnés de la légèreté de Lückner encourageant les indiscrétions de l'*Argus*, comment qualifiera-t-on l'acte du roi de France et du ministre de la guerre livrant à l'impression un document de ce genre ?

Presque sans délai, il fut réfuté par une autre lettre qu'écrivirent de Lille, le 8 juillet, des nommés E.-L. Rens, président, J.-J. Smits et E.-S. Dinné, secrétaires d'un « Comité général révolutionnaire des Belges et Liégeois réunis », lettre insérée au *Moniteur* du 13, et dont nous extrayons les passages suivants :

..... « Tout le pays, » dit le rédacteur de la lettre de M. Lückner, « entre Lannoy, Bruges et Bruxelles, est couvert par mon armée et sans troupes ennemies. » Cette indication géographique est tellement incompréhensible qu'on doit supposer une faute dans l'impression de la lettre ; en effet, il résulterait de l'expression, telle qu'elle est, qu'on a voulu faire dire à M. le Maréchal, que tout le pays qui se trouve renfermé dans le triangle formé par Lannoy, village à deux lieues de Lille, et les villes de Bruges et de Bruxelles, était couvert par son armée, tandis que son armée était presque dehors de ce triangle, et que M. le

---

[1] Maulde. Ce mot est en blanc au *Moniteur*.

Maréchal lui-même avait jugé qu'il ne pourrait, sans s'exposer à être coupé, faire marcher un corps de troupes vers Bruges, qui est plus éloigné des lieux où l'ennemi avait rassemblé ses forces qu'aucun autre point de l'espace indiqué. L'Escaut se trouve renfermé dans cet espace, et M. le Maréchal n'a sans doute pas chargé le rédacteur de sa lettre de dire que l'Escaut était couvert par son armée, puisqu'il était entièrement en la possession de l'ennemi. M. le Maréchal n'a pas eu davantage l'intention de laisser croire que son armée couvrait Gand, puisqu'entre cette ville et celle de Courtrai, où se trouvait l'avant-garde française, l'ennemi occupait deux postes importans, celui de Harlebeck et celui de Pettegen ; cependant on sait qu'un pays entre difficilement en insurrection, et ne peut, sans danger, faire des efforts pour l'indépendance, si la capitale est encore au pouvoir du despote.

Il est donc très clair que presque tout le pays n'était couvert que par les troupes autrichiennes ! Or, pour tout Français vraiment ennemi de la maison d'Autriche, ce pays n'était pas *sans troupes ennemies*.

Le rédacteur de la lettre de M. le maréchal continue : « Malgré cela, dit-il, « aucun mouvement ne s'effectue de la part des Belges ». Si, malgré cela, les Belges avaient fait quelques mouvemens, nous n'aurions eu qu'à gémir de l'imprudence de nos compatriotes.

« Je n'entrevois pas même la plus légère espérance de l'insurrection si manifestement annoncée ». Dans les villes que le corps de M. Carle avait parcourues, depuis Dunkerque jusqu'à Menin, des acclamations patriotiques avaient pu donner une légère espérance d'insurrection. A Menin, on avait arboré la cocarde nationale, ce qui était encore au moins une légère espérance d'insurrection. A Courtrai, l'armée avait été accueillie par les cris de « Vive la nation ! Vive Lückner !», ce qui était encore une espérance d'insurrection. Il est vrai qu'un morne silence avait succédé ; mais la cause en est naturelle et simple. Dès le lendemain, des hommes bien intentionnés sans doute, avaient publié partout que M. le Maréchal ne voulait plus avancer sans les ordres du nouveau ministère, et ils avaient obtenu la confiance qu'on doit à la vérité. Il était raisonnable de croire que ces ordres pouvaient être contraires à ceux du ministère précédent. Il aurait été absurde d'en douter en voyant M. le Maréchal lui-même donner deux fois l'ordre de la retraite, et n'envoyer des contre-ordres qu'au moment où elle commençait à s'effectuer ; cependant des citoyens de Gand et de Bruges venaient chaque jour nous parler des dispositions favorables de nos frères, et leurs rapports étaient communiqués à M. le Maréchal. Le 27, une députation des habitans de Bruges se rendit chez le maréchal même. Il aurait pu voir dans la démarche de ces patriotes, et dans ce qu'ils lui déclaraient, un peu plus qu'une légère espérance d'insurrection. « Et quand je serais encore maître de Gand et de Bruxelles, j'ai presque la certitude que le peuple ne se rangerait pas de notre côté ». Il nous est difficile, et il sera difficile à tout homme impartial, de croire, d'après ce qu'on vient de lire, que c'est à Menin que le rédacteur de la lettre de M. le Maréchal a eu la presque certitude qu'il annonce.

Puisqu'il se permet des conjectures, nous pouvons dire le résultat des nôtres :

On paraissait avoir cette quasi-certitude avant même que l'armée quittât le camp de Famars ; le changement opéré à Lille dans les plans de M. le maréchal n'avait pas d'autre objet que d'empêcher les succès de notre armée dans le pays ; ces succès ne semblaient pas assez douteux pour qu'on ne craignît point que, si M. le Maréchal s'avançait jusqu'à Gand, ses talens militaires, et le courage de ses soldats ne déterminassent bientôt la conquête et l'indépendance des Pays-Bas. Il fallait qu'il vînt toucher à Menin, afin qu'on pût calomnier le patriotisme des Belges, et les projets de l'ancien ministère : on ne voulait pas même qu'il marchât jusqu'à Courtray, où le hasard seul, ou plutôt des circonstances personnelles, ont porté l'armée française. Ce système de garantie des Pays-Bas à la maison d'Autriche est beaucoup plus évident que la certitude qu'avait le rédacteur de la lettre de M. le Maréchal, et ses conseils, qu'à Gand et à Bruxelles, le peuple ne se rangerait pas du côté des Français......

De Carle commandait, au nom de ceux-ci, la ville de Courtrai sur laquelle, du 26 au 28 juin, les Autrichiens avaient encore tenté plusieurs coups de main [1]. Dans sa lettre datée du 29, Lückner annonçait son mouvement pour le lendemain ; mais ce n'était que pour sauver les apparences, car la retraite commença le jour même. Voulant s'offrir un succès facile, le duc de Saxe-Teschen fit alors vivement porter sur Courtrai la division de Beaulieu dont les tirailleurs harcelèrent les Français. De trois à cinq heures du matin, la fusillade ne cessa donc de crépiter. Mais Jarry s'indigna de cette impatience et fit inviter Beaulieu à s'abstenir de pareilles démonstrations. Sur la réponse hautaine du chef autrichien, plusieurs des soldats ennemis s'étant réfugiés dans des maisons et derrière deux moulins situés hors de la porte de Gand, Jarry y fit mettre le feu. L'incendie gagna et s'étendit jusqu'à Harlebeck, village voisin. Des bâtiments brûlaient encore à trois heures et demie de l'après-midi, lorsque Lückner apparut une dernière fois à Courtrai [2].

Voici l'état des pertes tel qu'il fut dressé quelques jours après [3] :

Faubourg de Lille. — Quinze maisons et une grange brûlées. Une blanchisserie avec une petite campagne brûlées. Quatre censes brûlées. Une campagne brûlée et ravagée. Un moulin à huile et la maison contigüe fort endommagés.

Faubourg de Tournai. — Un moulin à vent avec la maison du meunier brûlés. Une grande cense brûlée. Une maison de plaisance avec son jardin et une maison contigüe brûlées. Huit censes brûlées. Trois maisons avec écuries et dépendances brûlées. Quarante maisons brûlées. Une campagne considérable brûlée et ravagée.

Faubourg de Saint-Jean. — Dix-neuf maisons brûlées. Quatre campagnes brûlées et ravagées. Cinq maisons de plaisance brûlées et ravagées. Trois cabarets brûlés. Un autre à moitié brûlé et 700 pièces de toile enlevées.

Injustifiable au point de vue militaire, la conduite de Jarry n'était pas moins contraire à la politique qu'à l'humanité. L'attitude de ce général, « ancien officier prussien, qui a été aide de camp de M. Liancourt et ami d'un colonel des chasseurs qui vient d'émigrer [4] », avait, du reste, donné lieu déjà à de sérieuses accusations. En effet, s'il faut en croire l'*Argus* [5] :

Le jour de l'entrée des troupes françaises dans Menin, des volontaires voulurent supprimer le tableau des armes de la Maison d'Autriche, qui se

---

[1] *Argus*, nos des 26 au 30 juin.
[2] *Argus*, no du 30 juin.
[3] *Argus*, no du 14 juillet.
[4] Lettre écrite du camp de Menin, communiquée à l'Assemblée dans sa séance du 2 juillet (*Moniteur* du 3).
[5] No du 6 juillet.

trouvoit à côté le bureau des postes de la ditte ville, et M. Jarry s'y opposa avec une véhémence étonnante, invoquant la loi et le droit des gens. On obéit à M. Jarry. Ces mêmes armoiries ont existé à la vue des Français, pendant leur séjour à Menin, jusque l'avant-veille de leur départ de cette ville; et je ne sais comment et par qui elles ont été supprimées. Et le jour que nous abandonnons la Belgique, M. Jarry fait incendier les chaumières des habitans : tout le monde n'est-il donc pas dans le cas de dire : nous avions cependant si souvent réitéré que nous ne voulions faire la guerre qu'aux tyrans et non aux peuples, et n'est-ce pas plutôt aux peuples que nous avons fait la guerre, tout en respectant jusqu'à l'empreinte des tyrans ?

Jarry était évidemment coupable, quand ce n'eût été que de grave imprudence. Le devoir strict de Lückner eût donc été de le déférer immédiatement à un conseil de guerre ou, tout au moins, de lui enlever son commandement. Il se contenta de déplorer les désastres et de promettre une indemnité aux sinistrés [1]. Il devait plus tard payer de sa tête cet acte de complicité ou de faiblesse.

Le jour même de l'incendie, à neuf heures du soir, les troupes reçurent l'ordre de lever le camp de Menin, et, à neuf heures et demie, elles marchaient sur deux colonnes par Werwick et par Halluin, vers Lille, où elles reprirent bientôt les positions qu'elles avaient occupées une quinzaine auparavant [2]. Pour leur faire place, Lanoue emmena ses soldats vers Maubeuge, et le camp de Famars fut évacué par 18.000 hommes de l'armée du Centre qui étaient venus l'occuper depuis quelques jours. En même temps, le 2ᵐᵉ bataillon du 1ᵉʳ régiment de ligne était envoyé à Condé pour y tenir garnison. Les jours suivants, l'armée de Lückner continua sa marche rétrograde le long de la frontière, et, le 5 juillet, elle était en grande partie réinstallée à Maulde et à Famars.

La nouvelle de cette retraite causa à Paris une pénible surprise. C'était la seconde fois qu'échouait l'invasion de la Belgique, et l'on se demandait si les projets des généraux français allaient ainsi aboutir à de perpétuels avortements. Le 2 juillet, un député, Delmas, que nous retrouverons le mois suivant en mission dans le Nord, monta à la tribune de l'Assemblée pour lire diverses lettres du camp de Menin dévoilant les intrigues qui avaient circonvenu Lückner, et stigmatisant particulièrement la conduite de Berthier et de Charles Lameth. La discussion ayant continué le lendemain, l'Assemblée, pour faire bon visage à mauvais jeu, finit par déclarer que Lückner conservait la confiance de la nation, et par voter sans délai des indemnités aux victimes de l'incendie de Courtrai.

---

1 *Argus*, no du 30 juin.

2 *Argus*, no du 30 juin.

A peine l'armée de Lückner avait-elle quitté les environs de Lille que ceux-ci devinrent le théâtre de maintes incursions ennemies. Werwick, le village d'extrême frontière dont nous avons parlé plus haut, se divise en deux parties dont celle du nord aux Pays-Bas. Le maire de la partie française, légèrement soupçonné jusque-là de sympathie pour les Autrichiens, ayant, le dimanche précédent, fait cesser tout service par la garde nationale, un corps de tyroliens et de hulans se présenta dans sa commune et y abattit l'arbre de la liberté. Puis il pilla diverses maisons, dont celle du maire, qui se trouva du coup réhabilité dans l'esprit de ses concitoyens [1]. Des patrouilles furent organisées, et l'ennemi déguerpit. Mais quelques-uns de ses tirailleurs s'installèrent dans le clocher de Werwick-Nord, dominant les bords de la Lys, et de là, s'amusèrent à tirer sur les passants. Il fallut du canon pour les déloger [2].

Depuis le mardi 3 juillet, Dumouriez se trouvait à Valenciennes. Déchu du ministère, il comprit que sa place était aux armées, et que là seulement il pouvait se créer une notoriété proportionnée à son ambition. Un décret en date du 19 juin l'avait autorisé formellement à se rendre à celle du Nord. Le 5 juillet, il visita avec Lückner le camp de Famars où La Fayette, qui arriva dans la nuit du 5 au 6, se rendit le lendemain, en compagnie d'Alexandre Berthier, de Charles Lameth et de quelques autres officiers supérieurs. La Fayette fut très froidement reçu par les troupes [3], et ne tarda pas à s'éloigner.

Le 6 juillet, Lückner écrivit de Valenciennes une lettre protestant contre les attaques dirigées par Delmas contre Berthier et Charles Lameth, dans la séance du 2 juillet, et, le lendemain, une autre lettre pour remercier l'Assemblée du témoignage de confiance qu'elle lui avait donné.

En même temps avait lieu une nouvelle réorganisation des armées. La Fayette reçut le commandement de celle du Nord, chargée de défendre la ligne des frontières, de la Meuse à Dunkerque ; et les armées du Centre et du Rhin furent groupées sous les ordres de Lückner. Un ordre en date du 8 juillet donna aux deux généraux en chef des pouvoirs fort étendus quant au choix de leurs subordonnés. Cet ordre était ainsi conçu :

Sa Majesté autorise le maréchal Lückner et le général Lafayette à répartir les troupes de leurs armées de la manière la plus convenable, en conservant chacun des corps et des officiers généraux qu'ils désirent avoir plus particulièrement à leurs ordres.

---

[1] *Argus*, no du 11 juillet.
[2] *Argus*, no du 12 juillet.
[3] *Argus*, no du 6 juillet.

Pour se débarrasser de Dumouriez, l'état-major de Lückner l'envoya au camp de Maulde. De ce lieu d'exil, l'ancien ministre se fit un piédestal. La position lui sembla importante, et, en outre, possédant l'art de manier les hommes, sachant que la confiance dans le chef est l'un des principaux facteurs de la victoire, il ne tarda pas à se faire bien venir du soldat. Il le séduisit par sa crânerie militaire, l'énergie qui éclatait dans toutes ses actions, une familiarité de parole qui n'enlevait rien au respect, et cette physionomie sympathique qu'a fixée une admirable terre cuite d'Houdon, conservée aujourd'hui au musée d'Angers, après avoir appartenu au sculpteur David. A cette date, le camp de Maulde ne comprenait, des troupes revenues de Menin, que deux bataillons de Paris, deux régiments d'infanterie et quelques escadrons, en tout un peu plus de 3.000 hommes [1]. Il résolut de ne leur laisser aucun repos, de les aguerrir par de petites escarmouches et d'attaquer l'ennemi quand l'ennemi ne l'attaquerait pas.

Il résolut aussi d'attirer à lui tous les Belges envers lesquels Lückner avait fini par montrer tant de mauvaise humeur. Il continuait ainsi l'exécution du plan conçu lors de son passage au ministère des affaires étrangères. A ce moment, il avait formé non seulement des légions belges, mais une légion batave, mesure fort imprudente, puisque la France ne se trouvait pas encore en guerre avec les Provinces-Unies ; et il avait poussé si loin le désir de mettre de suite cette légion en état de faire campagne, que, sur ses fonds secrets, il lui avait, d'après Brissot [2], versé jusqu'à 700.000 livres. Forcé désormais de se montrer moins généreux, il agit d'une manière peut-être plus efficace encore, à cause de son voisinage de la frontière.

Celle-ci et particulièrement le village de Flines-lez-Mortagne, proche du camp, servait de théâtre à de petits combats presque journaliers où les jeunes Fernig se distinguaient constamment. C'est que les Autrichiens, aidés des émigrés, n'y ménageaient pas leurs déprédations. Le 24 juin, certains avaient enlevé des bêtes à cornes conduites par trois bouchers, et tué l'un d'eux, nommé J.-B. Fromont. D'autres s'étaient retranchés au moyen d'abattis d'arbres dans le bois de Mortagne, sur la rive droite de l'Escaut, d'où ils sortaient à chaque instant pour mettre à sac les fermes voisines [3]. Le 3 juillet, un détachement autrichien, commandé par un

---

[1] *Argus*, nos du 3 au 5 juillet.
[2] Discours prononcé à l'Assemblée dans la séance du 8 juillet, imprimé dans le *Moniteur* du 9.
[3] C'est à l'une de ces incursions que se rapporte la visite, à Mortagne, de maisons appartenant à une veuve Haubourdin et à un sieur Jacques Henneton, ainsi que l'enlèvement d'un sieur J.-B. Haubourdin. Le procès-verbal de ces évènements, conservé à la mairie de Mortagne, est reproduit dans l'ouvrage de M. Pelé.

officier, poussa même l'insolence jusqu'à venir abattre l'arbre de la liberté planté en plein village de Flines ; l'officier déclara en outre qu'à la première occasion il pillerait et brûlerait la maison des Fernig [1]. Dans la nuit du 12 au 13 eut lieu une affaire plus sérieuse, dont l'*Argus* du lendemain rendit compte en ces termes :

DU CAMP DE MAULDE, LE 13 JUILLET

Les patrouilles autrichiennes s'amusent à nous harceler constamment, et cela sans doute pour nous décourager, car l'ennemi sait bien que notre position est redoutable et que tous les projets d'attaque ou d'invasion seroient inutiles.— La nuit dernière, une quarantaine de hulans se sont approchés de Mortagne et du camp ; il y a eu de part et d'autre une fusillade conséquente et très suivie, et les deux demoiselles Fernig, volontaires, guerrières intrépides, sont restées constamment au feu, elles y ont passé la nuit entière, et elles se sont montrées véritablement au-dessus de leur sexe. Le Lieutenant-général commandant à Maulde, M. Dumouriez, n'a pu s'empêcher de rendre justice au courage et à l'héroïsme de ces deux jeunes patriotes et de leur en témoigner son admiration [2].

Trois jours auparavant, le 10 juillet, vers cinq heures et demie de l'après-midi, Lückner en compagnie de Biron, Valence et autres généraux, avait visité une dernière fois le camp de Famars. Pour se rendre un peu de popularité, il avait ordonné, à l'imitation de ce qu'il avait vu faire à Menin, de planter près de chaque brigade un arbre de la liberté. Dans le 14me régiment de dragons et dans le 17me, ci-devant de Schomberg, cet ordre fut exécuté le lendemain à onze heures du matin ; le commandant du premier de ces deux corps, qui était un patriote, reçut l'arbre, à l'entrée du camp, au son de la musique du régiment et de l'air expressif *Ça ira* [3].

Toujours grand voyageur, La Fayette vint de nouveau à Valenciennes le jeudi 12 juillet au matin. Un conseil de guerre se tint aussitôt. Par suite des résolutions qui y furent prises, une partie des troupes du camp de Famars fut, le lendemain vers trois heures, dirigée vers Metz par Landrecies, Guise, Vervins et Rethel. Lückner quitta en même temps Valenciennes. Le commandement, sous La Fayette, de l'armée du Nord, venait d'être confié à Arthur Dillon qui se trouvait encore à Paris. En attendant l'arrivée du titulaire, ce commandement fut, par intérim, donné à Dumou-

---

[1] Les détails qui précèdent sont tirés d'une lettre de Fernig père, d'un style assez ridicule, insérée dans l'*Argus* du 13 juillet.

[2] Une note analogue parut dans le *Moniteur* du 22 juillet 1792.

[3] *Argus*, no du 12 juillet.

riez [1] qui, lui-même, céda provisoirement à Beurnonville celui du camp de Maulde.

Beurnonville, destiné à devenir sous la Restauration, marquis et maréchal de France, était né à Champignolle, près Bar-sur-Seine, le 10 mai 1752, et avait, par conséquent, quarante ans. Volontaire au régiment de l'Ile-de-France le 10 janvier 1774, porte-drapeau le 10 août 1775, lieutenant sous-aide-major aux milices de l'île Bourbon le 13 août 1780, enfin capitaine aide-major, il avait fait, sous le bailli de Suffren, les campagnes de 1779 à 1781 dans les colonies orientales. Rentré en France, il était devenu lieutenant dans la compagnie des Suisses du comte d'Artois, avec rang de colonel à partir du 22 novembre 1789. Choisi comme aide de camp par Lückner le 6 mars 1792, il l'avait accompagné dans le Nord, où nommé le 13 mai maréchal de camp, nous l'avons vu commander une brigade d'infanterie lors de la marche sur Menin.

Au moment où les mutations que nous venons d'indiquer s'accomplissaient dans l'armée du Nord, l'Assemblée législative prenait des mesures en rapport avec la gravité des circonstances : par un décret du 11 juillet, elle déclarait la patrie en danger, et, par un décret en date du lendemain, elle ordonnait une levée de 85.400 hommes pour compléter l'armée. Quelques jours après, par un décret du 24 juillet, elle autorisa les généraux d'armée à requérir une portion des grenadiers et chasseurs des gardes nationaux du royaume. Le général en chef de l'armée du Nord acquit ainsi un pouvoir de réquisition, non seulement sur le département du Nord, mais encore sur ceux du Pas-de-Calais, de l'Aisne, de la Somme, de l'Oise, de la Seine-Inférieure, de l'Eure, du Calvados, de l'Orne, de la Manche, de la Mayenne, du Maine-et-Loire, de l'Ille-et-Vilaine, des Côtes-du-Nord, du Morbihan et du Finistère.

Le début de l'intérim de Dumouriez coïncida avec la fête du 14 juillet. A Valenciennes, cette solennité fut célébrée le matin, sur la plaine de Mons, sorte de Champ-de-Mars situé sur les glacis de la partie nord de la place, par toutes les gardes nationales et la garnison de la ville, « avec beaucoup de vénération et d'ordre ». Tous les corps administratifs et militaires, à l'exception du tribunal du district et d'un juge de paix, dont l'absence fut remarquée, renouvelèrent le serment de fidélité à la Nation, à la Loi et au Roi. Les Autrichiens avaient annoncé qu'ils viendraient se mêler à la cérémonie et Dumouriez avait fait installer des canons pour les recevoir. Mais ils se contentèrent de rôder aux environs : on les distin-

---

1 *Argus*, no du 13 juillet.

BUSTE DE DUMOURIEZ
Terre cuite d'Houdon
(Musée d'Angers)

guait de la hauteur du moulin du Roleur, qui est toute voisine, et qui domine Valenciennes vers le nord. Pour tout exploit, ils firent prisonniers un commandant de la garde nationale et un volontaire du village de Sebourg en route pour assister à la fête.

La même cérémonie eut lieu vers quatre heures au camp de Famars. Lorsque les troupes furent en rang pour jurer, des estafettes vinrent annoncer qu'un corps considérable d'ennemis s'approchait du côté du camp ; mais, avec son sang-froid et sa bonne humeur ordinaires, Dumouriez dit : « Prêtons toujours le serment, mes camarades, nous aurons plus de force pour leur parler ensuite, s'ils osent venir ici. » Ainsi fut fait. Et lorsqu'on chercha l'ennemi, on le découvrit qui se retirait au loin [1].

Le même jour encore, non loin du camp de Maulde, à Mortagne, une messe fut dite en plein air, sur l'autel de la Patrie, érigé en face de la maison commune.

Le lendemain eut lieu à Orchies une affaire assez importante.

Ayant appris que le trésor et les effets d'un régiment de carabiniers y étaient arrivés la veille, les Autrichiens, partis de Mons sous le commandement du général comte de Latour et du colonel Keim, se présentèrent devant cette petite ville en force supérieure et avec du canon, tandis qu'un corps d'environ 400 hommes se livrait à une fausse attaque du côté de Maulde.

Un brouillard les protégeait ; mais dès qu'on pût se bien reconnaître, la petite troupe cantonnée à Orchies et la garde nationale de la ville se mirent sérieusement sur la défensive. En même temps, elles expédièrent des estafettes dans toutes les directions pour faire part du danger qu'elles couraient.

Voici, du reste, le rapport officiel qui fut, quelques jours après, et non sans une certaine enflure de style, rédigé sur ce combat par Arthur Dillon [2] :

Le 15 juillet, la garnison d'Orchies, commandée par M. Demarest, et composée de 3 bataillons de volontaires de la Somme, de 50 chasseurs du régiment ci-devant Beaujolois, et de 30 dragons, fut attaquée et presque surprise à deux heures du matin par un corps de troupes autrichiennes de trois mille hommes ; le brouillard ce jour-là étoit si épais qu'ils parvinrent jusqu'à trente pas du fauxbourg de Tournay, avant qu'on les eût apperçus. La sentinelle en faction tira le premier coup de fusil, qui devint le signal du feu des volontaires

---

[1] *Argus*, no du 16 juillet.

[2] Il est intitulé : *Relation de l'affaire d'Orchies, d'après les renseignements les plus certains*, et se trouve compris dans une brochure que publia l'Imprimerie nationale, par ordre de l'Assemblée.

qui gardoient cette porte et de deux pièces de canon, le tout commandé par M. Thory, capitaine des grenadiers de la Somme. Le feu fut si vif, que l'ennemi d'après tous les rapports, perdit, en moins d'un quart d'heure, plus de quatre cents hommes, tant tués que blessés ; le sergent d'artillerie, Vassot, fit tirer 74 coups à la pièce qu'il commandoit, en un quart d'heure ; les ennemis se culbutèrent les uns sur les autres, avec des cris et des hurlemens horribles ; le brouillard continuoit à cacher leur manœuvre ; ils abandonnèrent la porte de Tournay, où ils avoient été repoussés, et vinrent s'établir devant la porte de Douay. Le commandant du poste y fit passer une pièce de canon, des deux qui étoient à la porte de Tournay. L'ennemi canonna pendant une heure, abattit un pan de muraille, qui, par ses éclats, blessa un capitaine des volontaires et un soldat ; il brisa la porte qui étoit mauvaise et mal fermée, s'avança jusqu'au pied, et acheva de la détruire à coups de haches et entra dans la ville. Le commandant d'Orchies ordonna la retraite dans ce moment, et abandonna la ville avec toute sa troupe et une pièce de canon, sans avoir le temps d'avertir, à la porte du fauxbourg de Tournay, les cent volontaires qui la défendoient avec l'autre pièce de canon. L'ennemi entre dans la ville, la traverse et vient prendre à dos les cent volontaires et leur tue quatre hommes à la première décharge. Ceux-ci se retournent, battent l'ennemi, et l'obligent de rentrer dans la ville, et, après avoir usé toutes leurs munitions, font leur retraite en marchant sur les morts entassés sur le chemin de Tournay, sans que l'ennemi osât les suivre. Les charretiers de l'artillerie s'étoient enfuis du côté de la ville, et étoient tombés au pouvoir de l'ennemi. Il ne restoit que deux chevaux ; on en attelle un au canon, l'autre au caisson, et l'on marche 400 toises environ, au bout desquelles le canon et le caisson ayant un fossé à traverser, y restèrent engagés, au point qu'on ne put les en retirer: l'ennemi s'en est emparé ; les cent hommes rejoignirent tranquillement le reste de la garnison, qui se retiroit à Saint-Amand.

Les ennemis, maîtres de la ville, massacrèrent deux recrues, qui, ayant oublié leurs sacs, allèrent imprudemment les chercher dans le lieu où ils avoient logé, et s'étoient rendus prisonniers ; ils se jetèrent dans les maisons pour les piller, mais ils furent contenus par les officiers, et surtout par le colonel Keim, qui les commandoit. Mais à peine le gros de la troupe fut-il sorti de la ville, que les traîneurs hulans ou chasseurs autrichiens se repandirent dans la ville, pillèrent tous les citoyens, menaçant de massacrer tout le monde, assassinèrent quatre citoyens dans leur maison, dont un officier principal, M. Bitau, avec des circonstances qui font frémir ; l'un, ils l'ont tiré d'une cheminée où il s'étoit caché, pour lui plonger le sabre dans le sein, l'autre, ils lui ont brûlé la cervelle en buvant à sa santé un moment après qu'il leur eut versé à boire ; le dernier de ces soldats barbares, qui avoit commis tant d'horreurs et qui étoit chargé de butin, a été tué par un citoyen courageux, au moment où il mettait le pistolet sur la gorge d'un autre citoyen, pour lui demander la bourse ou la vie.

Le lieutenant-général commandant sur la frontière du Nord,
A. DILLON.

Le *citoyen courageux* dont parle le rapport qui précède était un vitrier nommé Lorgué. Il fut assez heureux pour échapper à l'ennemi et pour rejoindre les troupes françaises en emportant les dépouilles de sa victime. De son côté, le maire d'Orchies, par lequel les Autrichiens vouloient faire présenter à leur chef les clefs de la ville, déclara qu'il aimerait mieux mourir que de se soumettre à cette humiliante cérémonie [1].

---

[1] *Argus*, no du 16 juillet.

Nous avons dit que, dès le début de l'attaque, des secours avaient été réclamés de toutes parts. Ces secours tardèrent à venir, Lille et Douai étant assez éloignés et menacés, et le camp de Maulde ne pouvant diviser ses forces. Mais Beurnonville, qui le commandait provisoirement, avait, de son côté, prévenu Dumouriez.

Sur cet avis, Dumouriez avait fait en hâte lever le reste du camp de Famars et avait marché à la tête de 11 bataillons et de 5 escadrons pour chasser l'ennemi d'Orchies et pour l'envelopper. Mais loin de l'attendre, les Autrichiens se retirèrent vers Tournai, sans remporter d'autre avantage qu'une vaine représaille de l'incendie de Courtrai.

En entrant dans Orchies, Dumouriez trouva 700 hommes qui venaient d'y arriver de Douai. Il y laissa quelques soldats de plus, pour protéger les environs, et plaça d'autres détachements à Hasnon ainsi qu'à Marchiennes [1].

Avant de regagner Valenciennes, le général jeta un coup d'œil sur le camp de Maulde qui, le 16 juillet, se renforça de 400 déserteurs belges, et le lendemain de plus encore [2]. C'étaient autant d'agents pour la conquête des Pays-Bas autrichiens qui avait toujours été et continuait à être son projet favori.

Le 17 juillet, il apprit à Valenciennes que le matin, vers les dix heures, les Autrichiens, au nombre de 10.000 environ, étaient entrés de nouveau dans Bavay et s'y étaient fortifiés. On supposait que leur dessein était de s'approcher du Câteau-Cambraisis et de Cambrai, places alors presque dénuées de troupes. Le Quesnoy n'en possédait guère davantage et il était, en outre, presque privé de vivres. Des émissaires vinrent sans délai en demander à Valenciennes.

30 chasseurs du 6me régiment envoyés vers Bavay, en éclaireurs avec un officier [3], virent que l'ennemi s'était établi dans le camp de Malplaquet, récemment abandonné par La Fayette ; qu'il faisait travailler les paysans à ses retranchements et qu'il se livrait à des réquisitions jusqu'à Jenlain [4]. Mais Dumouriez ne crut point, pour le moment, devoir risquer une affaire pour le déloger.

Venant après l'occupation d'Orchies, celle de Bavay semblait indiquer de la part des Autrichiens un plan raisonné d'agression. En s'emparant de la première ville, il avait voulu couper Valenciennes de ses communica-

---

1 *Argus*, no du 16 juillet.
2 *Argus*, no du 17 juillet
3 *Argus*, no du 18 juillet.
4 *Argus*, no du 20 juillet.

tions directes avec Lille ; en s'emparant de la seconde, il le coupait de ses communications directes avec Maubeuge.

Or Dumouriez avait reçu l'ordre d'être rendu dans cette dernière ville pour le 20, tandis que Lanoue, qui y commandait, devait venir avec ses troupes le remplacer au camp de Maulde. Comme plusieurs autres, ce chassé-croisé avait pour but de séparer certains régiments et d'amalgamer une portion des troupes de l'armée du Nord avec celles de l'armée du Centre. Mais Dumouriez se refusa absolument à changer de poste. Le 18, il transmit de Valenciennes sa résolution au président de l'Assemblée nationale, démarche assez insolite qu'il colorait en prétendant ignorer si un ministre de la guerre existait encore ; le même jour, du camp de Maulde, il écrivit dans le même but à La Fayette, allant jusqu'à lui dire qu'il renverrait Lanoue à Maubeuge si celui-ci se présentait. Tout cela montrait l'homme décidé, bien qu'il ne se trouvât officiellement qu'au second rang, à n'en faire qu'à sa tête. Ayant reçu un ordre analogue, Beurnonville n'obéit pas davantage. L'occupation de Bavay par les Autrichiens justifiait évidemment leur conduite.

Arthur Dillon était arrivé à Avesnes le 18 juillet, c'est-à-dire le lendemain de la prise de Bavay. Dès le soir, il augmenta le camp de Maubeuge, et jeta un bataillon dans Avesnes, alors fort menacé [1]. Puis, le 20, il arriva à Valenciennes et mit ainsi fin à l'intérim de Dumouriez.

Presque aussitôt, il reçut de La Fayette l'ordre d'arrêter ce général. Mais il garda l'ordre dans sa poche, et loin de lever le camp de Maulde, il s'empressa de le fortifier.

Le jour de l'entrée de Dillon dans Valenciennes, la Société des Amis de la Constitution de cette ville, qui ne cessait de s'intéresser aux événements politiques et militaires, écrivit à M. Prouveur la lettre suivante [2] :

Valenciennes, le 20 juillet 1792.

Frerre et Ami,

Vous trouverez cy inclus une addresse à l'Assemblée Nationale, qui a été délibérée dans notre société, laquelle a trait à différents objets ; nous vous prions qu'après en avoir fait lecture, si vous croyez qu'elle puisse être efficace, comme nous osons l'espérer, vous vouliez bien la remettre à sa destination, en solliciter la lecture et demander qu'elle soit prise en considération.

Le désir et le but de la société seroit que le Corps législatif décréta que, sans distinction de grade, les noms de tous les individus qui dans les différentes

---

[1] Nous empruntons ces détails au *Compte-Rendu au ministre de la guerre par le lieutenant-général A. Dillon, commandant l'armée des Ardennes, suivi de pièces justificatives.* Paris, chez Migneret, rue Jacob, 1792.

[2] L'original est conservé à la bibliothèque de Valenciennes.

armées seront morts ou blessés en déffendant la patrie soient imprimés tous les mois, envoyés aux 83 départements, districts et municipalités pour être affichées dans touttes les maisons communes, ou lues aux prônes des messes paroissiales, afin de prouver que la patrie a les yeux ouverts, chéri et regrette également tous ses déffenseurs.

Vos frerres et amis, Les membres du Comité de correspondance de la Société des Amis de la Constitution séante à Valenciennes.

Le Frère Vice-Président,
Bernay.

Dillon voulut de suite se rendre compte des ressources et des besoins de la frontière. Il convoqua donc pour le 23 un conseil de guerre composé des militaires suivants dont la liste, empruntée à l'*Argus,* nous indiquera une partie des changements éprouvés par l'état-major de l'armée depuis le 25 juin :

M. Arthur Dillon, lieutenant-général ; M. Dumourier, lieutenant-général, employé à l'armée de M. le Maréchal Lückner ; M. de Chermont, maréchal de camp, inspecteur général de l'artillerie ; M. de Marassé, maréchal de camp, employé à Douai ; M. de Moreton, maréchal de camp, employé à l'armée ; M. Omoran, maréchal de camp, employé à Condé ; M. de Beurnonville, maréchal de camp, commandant le camp de Maulde ; M. Malus, commissaire-ordonnateur de la première subdivision, de la première division, résidant à Lille, employé à l'armée ; M. Morlet, commissaire-ordonnateur de la deuxième subdivision de la première division résidant à Valenciennes ; M. de Sinceny, colonel du 3ᵉ régiment d'artillerie, commandant l'artillerie ; M. de Champmorin, colonel au corps du génie, directeur des fortifications à Lille, commandant la brigade du génie à l'armée ; M. de Vouillers, colonel du 5ᵉ régiment d'infanterie, commandant la place à Valenciennes ; M. de Chancel, colonel, adjudant-général ; M. Dumesnil, lieutenant-colonel, sous-directeur de l'artillerie ; M. Meerman, lieutenant-colonel, adjudant-général ; M. de Crancé, lieutenant-colonel, commandant le génie à Valenciennes ; M. Desmaret, directeur des subsistances militaires [1].

Tenue secrète, leur délibération fut immédiatement portée à Paris par Chancel, qui partit de Valenciennes le 25 juillet à 7 heures du soir.

Ce même jour, vu la présence des ennemis à Bavay et dans ses environs, Arthur Dillon prit un arrêté relatif à la défense des villages situés le long de la Sambre et sur la grande Helpe entre la chaussée d'Avesnes et la forêt de Mormal, ainsi que des villages situés à l'ouest des bois, depuis Landrecies jusqu'au Quesnoy.

La forêt de Mormal, de laquelle Dillon avait grandement raison de s'occuper puisqu'elle pouvait fournir à l'ennemi des positions presque inexpugnables, couvre 9.000 hectares environ dans le district du Quesnoy devenu plus tard l'arrondissement d'Avesnes. Débris de l'antique forêt Charbonnière, dont la surface était beaucoup plus étendue, elle est inscrite

---

[1] Nᵒ du 26 juillet.

dans un quadrilatère irrégulier et allongé s'inclinant vers le nord-est, et se trouve un peu au sud de Bavay. On sait que, de cette ville, partaient jadis huit chaussées romaines, dites aujourd'hui de Brunehault, et rayonnant vers Tongres, Trèves, Reims, Soissons, Cambrai, Tournai, Gand et Utrecht [1]. La forêt est limitée sur ses deux grands côtés par l'antique chaussée de Bavay à Soissons et par la Sambre ; sur les deux autres, au sommet par la chaussée de Bavay à Reims, à la base par les communes d'Englefontaine, d'Hecq et de Preux-au-Bois. Les deux angles supérieurs du quadrilatère que nous avons indiqué portent deux larges échancrures comprenant, au-dessous de Bavay, les communes de Mecquignies et d'Obies ; au-dessous de la jonction de la chaussée de Reims avec la Sambre, celles de Pont, d'Aymeries, de Berlaimont et de Sassegnies. Au centre de la forêt, se trouve le hameau du Locquignol. Du nord au sud, elle sépare Bavay de Landrecies ; de l'ouest à l'est, Le Quesnoy d'Avesnes. Les Autrichiens l'infestaient. Il était de première importance de ne pas leur permettre de s'y établir solidement [2].

Dillon ordonna donc aux maires et aux officiers municipaux des communes riveraines de remettre au maréchal de camp Chazot, commandant les villes du Quesnoy, de Landrecies et d'Avesnes, un état détaillé et circonstancié des gardes nationales organisées, des armes dont elles étaient pourvues, et des volontaires qui voudraient coopérer, avec les troupes de ligne, à nettoyer la forêt. A ces volontaires, il promettait, pendant leurs jours de marche, la même solde, avec la même ration de pain et de riz, qu'aux troupes régulières [3].

Le 26, Dumouriez présenta les demoiselles Fernig à Arthur Dillon, qui s'engagea à les mener au feu à la première action qui se présenterait [4]; et le lendemain, ce devoir de politesse militaire accompli, il alla pour un instant reprendre sa position subalterne.

Dillon se rendit le 27 à Condé et, le 28, alla voir son prédécesseur au camp de Maulde, pour les fortifications duquel il venait d'accorder 500 voitures de palissades. Il y passa la revue des troupes, dont il fut très satisfait [5].

---

[1] D'Oultreman, dans son *Histoire de la ville et Comté de Valenciennes*, en ajoute une neuvième allant vers Valenciennes, et M. l'abbé Villers, dans son *Etude sur les chaussées romaines*, six autres.

[2] On trouvera des renseignements plus complets dans une étude intitulée *la Forêt de Mormal*, par M. Henri Bécourt, inspecteur des forêts au Quesnoy, publiée dans le *Bulletin de la Société de Géographie de Lille*, années 1886 et 1887.

[3] *Argus*, no du 25 juillet.

[4] *Argus*, no du 26 juillet.

[5] *Argus*, no du 28 juillet.

En rentrant à Valenciennes, il eut la satisfaction d'apprendre que les Autrichiens venaient d'évacuer Bavay, en se repliant sur le bois de Sars, par où ils étaient arrivés.

Sur ces entrefaites, un nouveau ministre de la guerre fut nommé : c'était Charles-Xavier-Joseph Franqueville d'Abancourt, neveu de Calonne, né à Douai le 4 juillet 1758, et qui, à l'opposé de son oncle, s'était montré sympathique aux principes de la Révolution. On remarquera que le septième mois de 1792 n'était pas encore achevé et que déjà cette année comptait six ministres de la guerre, savoir : Narbonne, de Grave, Servan, Dumouriez, Lajard et d'Abancourt. Certains ont, non sans raison, reproché à la troisième république ses trop fréquents changements de titulaire pour un portefeuille d'où dépend en grande partie la sûreté de l'État. Mais que penser de Louis XVI qui, en pleine guerre, et lorsque la France allait être envahie, se livrait, de gaîté de cœur, à un tel abus de l'instabilité ministérielle ?

Nous avons rappelé que Dumouriez était né à Cambrai. Ses compatriotes se montraient à ce moment très fiers de sa notoriété et, de son côté, le général ne négligeait rien pour augmenter parmi eux son crédit. Par une lettre du 22 juillet insérée dans l'*Argus*, Dumouriez avait manifesté le désir de posséder auprès de lui une compagnie franche, composée de Cambraisiens. Mais cette lettre, simplement publiée par un journal, ne sembla point d'une authenticité incontestable. Pour s'en assurer, le maire de Cambrai, nommé Caudron, s'empressa d'écrire en ces termes à Dumouriez :

Cambrai, de l'an 4ᵉ de la liberté, le 24 juillet.

Mon Général,

Il est glorieux pour Cambrai d'avoir vu naître Dumourier, non parce qu'il est général, mais parce qu'il est patriote, et qu'il peut et veut sauver la patrie. Si je n'étois retenu ici par la place que mon zèle ne me permet pas de quitter en ce moment critique, je volerois dans vos bras pour savoir si la lettre du 22 courant, insérée dans l'*Argus*, est vraiment de vous, et si vous désirez d'avoir une compagnie franche de Cambrelots [1] qui ne vous quittent pas.

Si telles sont vos intentions, adressez-moi aussitôt les conditions de leur engagement, et le témoignage authentique de vos désirs, et je serai votre recruteur.

Tout m'attache à vous, un seul mur sépare la maison qui vous a vu naître de la mienne : mes enfans furent élevés à Fervaques, sous madame votre sœur, qui les honoroit, ainsi que moi, de ses bontés : vivre libre ou mourir est notre devise respective.

D'après cela, nous sommes frères et bons frères ; le départ du courier m'empêche de me relire ; mes amitiés, s'il vous plaît, à notre cher Oudart. Je suis tout à vous sans réserve.

A.-J. CODRON, maire.

M. Oudard, capitaine. Un détail des grades et combien de fusiliers ; je tâcherai de vous former cela au mieux possible, et en braves patriotes.

---

[1] Nom familier des Cambraisiens, dans le patois du pays.

Le signataire de cette lettre, Alphonse Codron, a laissé quelque souvenir. Né à Cambrai le 21 février 1743, dans la rue des Liniers, il était fils d'un boulanger. Lui-même devint marchand de vin, et demeura alors dans la rue Molière, autrefois Cachebœuvons, puis de la Comédie et enfin du Petit-Séminaire. Or Dumouriez était né au n° 24 de la rue Cachebœuvons. C'est ce qui explique ces mots : « Un seul mur sépare la maison qui vous a vu naître de la mienne. »

Quant à la sœur de Dumouriez, dont parle également Codron, elle se nommait Nicole-Amélie, et n'était point Cambraisienne. De 1767 à 1790, elle fut abbesse du couvent de Fervacques, à Saint-Quentin, et précéda immédiatement dans cette dignité une dame de Schomberg. L'abbaye des religieuses de Notre-Dame de Fervacques avait été fondée vers 1119, dans la vallée où la Somme prend sa source, au territoire de Fonssomme, et tirait son nom du bouillonnement des eaux : *ferventes aquæ*. Souvent dévastée au moyen-âge et au XVIe siècle, elle avait été transférée dans l'enceinte des fortifications de Saint-Quentin en 1645, et y subsista jusqu'en 1792, où elle fut dissoute [1].

A l'époque de la Révolution, Codron fut deux fois maire de Cambrai ; et, bien que chargé de famille, il donna sa démission le 28 octobre 1792 pour devenir aide-de-camp de Dumouriez, avec lequel il fit la campagne de Belgique.

Sans perdre un instant, le général s'empressa de lui répondre en ces termes :

Le 24 juillet, Valenciennes.

Mon digne compatriote, respectable maire, oui c'est moi qui ai écrit cette lettre, pour engager mes frères à venir combattre auprès de moi pour leur patrie. Elle devroit vous être arrivée. Elle vous est portée par le sieur Thuring de Rhys, destiné à être lieutenant dans la compagnie d'Oudart, qui doit aller vous aider à mettre sur pied les braves Cambrelots, sur lesquels je compte comme sur moi-même. Les conditions de cette levée sont fixées par le décret sur les compagnies franches, ainsi que leur solde. Qu'ils arrivent à Valenciennes en foule, ils trouveront le brave Oudart dont l'expérience guidera prudemment leur courage et leur patriotisme. Vous me rappelez les souvenirs de mon enfance. Pourrois-je ne pas défendre les lieux qui m'ont vu naître ? La liberté nous rend frères et nous unit à jamais.

Le lieutenant-général DUMOURIER [2].

Ces lettres étant toutes deux datées du 24, nous devons croire que la première fut portée par un cavalier qui rapporta la seconde, car, sans

---

[1] Ces renseignements sont extraits de l'*Histoire de l'Abbaye de Fervacques à Saint-Quentin*, par M. l'Abbé Pocquet, curé-doyen de Berry-au-Bac (Aisne), publiée par la Société Académique de Saint-Quentin, 4me série, tome 1er, travaux de 1876 à 1878.

[2] Les deux lettres qui précèdent sont extraites de l'*Argus*, n° du 25 juillet.

perdre une minute, le soir du même jour, le Conseil municipal de Cambrai prit une délibération ainsi conçue :

> Considérant que l'opinion de cet officier général que cette ville se félicite d'avoir vu naître, est infiniment honorable à ses concitoyens ;
> Persuadés que, répondant à ses vœux et à sa confiance, plusieurs bons patriotes s'empresseront d'aller se ranger sous ses drapeaux pour voler à la victoire ;
> Connaissant d'ailleurs la mâle intrépidité, les sentiments généreux et la longue expérience dans l'art de la guerre, du respectable compatriote qui leur est désigné pour chef ;
> Désirans donner à l'empire, l'exemple patriotique d'une compagnie entière composée de frères, de citoyens d'une même ville associés et réunis pour la défense de la patrie et de la constitution ;
> Nous, maire et officiers municipaux, avons arrêté et arrêtons ce qui suit :
> 1° La dite lettre et la présente délibération seront incontinent imprimées, lues, publiées et affichées en lieux ordinaires dans cette ville et banlieue ;
> 2° Tous les citoyens en état de porter les armes seront fortement invités à concourir sans délai à la formation de la compagnie franche proposée par M. Dumouriez et, en conséquence, à se rendre au plutôt au lieu par lui indiqué comme rendez-vous.
>
> . . . .
>
> 4° En adressant au général Dumouriez plusieurs exemplaires des présentes, il lui sera écrit non seulement pour qu'il prenne sous sa protection particulière les bons citoyens qui céderont à nos vœux en profitant de ses offices, mais encore pour lui développer toute la confiance qu'il inspire à ses compatriotes et lui donner à connaître avec quelle satisfaction ils l'ont vu se souvenir de ses frères, pour leur donner des éloges qu'ils s'efforceront de justifier autant par leur soumission à la discipline militaire que par leur ardeur à partager sa gloire en moissonnant des lauriers [1].

Cette délibération fut, dès le lendemain, envoyée au camp de Maulde, avec la lettre suivante [2] :

> Au lieutenant-général DUMOURIER.
>
> Cher concitoyen,
> Nous travaillons vigoureusement à vous rassembler *des braves cambrelots*, nous ne tarderons pas à vous en envoyer dont le courage et l'intrépidité justifieront bien cette épithète. Ils se souviennent que vous êtes né dans leur mur (sic) ; et sous un chef qui est leur compatriote, nous ne doutons pas qu'ils fassent des prodiges de valeur. Vous leur avés donné l'assurance que *vous les recevriés comme vos enfans*, ils y comptent comme nous. Ils vont, sous les drapeaux de la liberté, courir la carrière de l'honneur et voler infailliblement à la victoire ; ils sçavent que leur retour sera ombragé par les palmes de la gloire et que leurs noms, devenus chers à la patrie, seront pour jamais consignés dans les fastes de la reconnaissance publique. Leur zèle ne sçauroit être plus

---

1 Conseil municipal de Cambrai, 1er registre, fol. 106 et 109. Nous empruntons ce document au travail de M. Duricux intitulé : *Un mot sur Dumouriez.*
2 Archives municipales de Cambrai.

efficacement stimulé et nous sommes bien convaincus qu'il aura les plus heureux résultats.

Avec quelques exemplaires de la délibération que nous avons prise le 24 de ce mois, en conséquence de votre lettre du 22, recevés l'hommage de l'entière confiance des maire et officiers municipaux de Cambray.

Cambray 25 juillet 1792 l'an 4ᵉ de la Liberté.

La compagnie fut levée et, réunie au camp de Maulde, ne contribua pas médiocrement à y augmenter la popularité de Dumouriez.

Le général s'appliquait en même temps à profiter de celle acquise par les demoiselles Fernig. La femme d'un volontaire étant accouchée d'une fille, il résolut d'en être le parrain, et de lui donner pour marraine l'une des deux sœurs. La cérémonie eut lieu au soleil couchant, avec force fanfares et coups de canon. Elle fut suivie d'un banquet et on en dressa l'acte suivant :

> Cejourd'hui deux du mois d'août mil sept cent quatre vingt douze, l'an quatrième de la liberté, vers les huit heures du soir, fut baptisé par le soussigné, Curé constitutionnel de Beuvrage, district de Valenciennes, département du Nord, Félicité-Théophile-Victoire, fille de légitime mariage du sieur François-Alexandre Larue, caporal du second bataillon du Calvados, et de Marie-Julienne Touchart son épouse, tous deux faisant profession de la religion catholique, apostolique et romaine, y celui sacrement de baptême ayant été administré sur l'autel de la Patrie au milieu du camp de Maulde et en présence de l'armée ; ont été parrain Monsieur Charles-Alexandre Dumouriez, lieutenant-général, commandant le camp du dit Maulde, accompagné de Messieurs Jacques-Henri-Sébastien-César Moreton, lieutenant-général [1] et Pierre de Beurnonville, maréchal de camp, et Jean-Baptiste Galopin, capitaine du 2ᵐᵉ bataillon du Calvados, et demoiselle Félicité Fernig, volontaire faisant partie de la dite armée, en qualité de maraine, accompagnée des sieurs Charles-Gabriel-Julien Louvet, capitaine en second du premier bataillon de l'Eure, et de Louis Fernig, secrétaire-greffier de la municipalité de Mortagne, lesquels cy dessus dénommés ont signé avec le soussigné curé constitutionnel, les jour, mois et an que dessus.
>
> Ch.-François Dumouriez, lieutenant-général commandant le camp de Maulde.
> Jacques-Henri-Sébastien-César Moreton, maréchal de camp, commandant la 1ʳᵉ division du camp de Maulde.
> Pierre Beurnonville, maréchal de camp, commandant la 2ᵐᵉ division du camp de Maulde.
> Galopin, capitaine du 2ᵉ bataillon du Calvados.
> Félicité Fernig, volontaire et maraine.
> Fernig, secrétaire et greffier.
> Louvet, 2ᵐᵉ capitaine du premier bataillon de l'Eure.
> Larue, père.

Sur les registres de la paroisse de Maulde, tous les autres actes sont signés du curé P.-L. Herbomez ou du vicaire Mathon. Le prêtre constitutionnel

---

[1] On verra, par les signatures, que Moreton n'était que maréchal de camp.

de Beuvrages, petite commune située au nord d'Anzin, se nommait Léonard Richir. Il oublia d'apposer sa signature sur le registre, et nous ignorons pourquoi, en cette circonstance, on eut recours à son ministère [1].

Nous avons dit que, depuis longtemps, les Autrichiens se proposaient, à la première occasion, de piller et de brûler la maison des Fernig. Ils avaient même formulé la prétention d'enlever les jeunes filles, mortes ou vives. Mais, loin de se laisser émouvoir au récit de ces menaces, celles-ci ne faisaient que s'animer davantage.

Dans la nuit du 3 au 4 août, Beurnonville mit six cents hommes à leur disposition, et après avoir connu par un déserteur, la situation et les forces de l'ennemi, elles exécutèrent un de leurs plus hardis coups de main.

Il s'agissait d'enlever aux Autrichiens un gros détachement qui leur servait d'avant-garde et fournissait à leurs avant-postes. Il fallait, pour le surprendre, arriver à lui sans tirer un coup de fusil. Le corps français devait passer entre sept petits détachements ennemis placés très à portée les uns des autres, et cela par un clair de lune très dangereux, surtout pour les cavaliers. Le poste à attaquer était à la ferme de Morlies, à un quart de lieue du camp autrichien de Bury, et à cinq quarts de lieue du camp de Maulde. Il avait, sur son front, un grand bois garni de troupes et les flancs étaient couverts par des piquets. Il était donc dans la plus parfaite tranquillité et se croyait à l'abri de toute surprise. Le déserteur guidait l'expédition qui, à la faveur des blés assez hauts pour couvrir le reflet de la lune sur les armes, se déroba aux détachements à traverser et arriva heureusement à l'endroit indiqué. Les Français firent alors entourer le poste ennemi commandé par un capitaine ; et six hommes seulement, simulant une patrouille autrichienne, s'approchèrent de la sentinelle pour la surprendre, afin qu'on pût, sans faire feu, s'emparer des hommes endormis. Au cri de la sentinelle : *Werda !* le déserteur répondit en allemand ; mais les Français, en avançant pour donner le mot d'ordre, furent reconnus, et la sentinelle lâcha un coup de feu qui avertit le poste entier. Les Autrichiens, toutefois, n'eurent pas le temps de se mettre en défense ; on fondit sur eux et tous ceux qui ne résistèrent pas furent faits prisonniers. Le capitaine fut tué, en se défendant dans sa chambre ; les chevaux furent emmenés, et l'on enleva les objets transportables, tels que les papiers et la caisse du quartier-maître. La mousqueterie répandit l'alarme dans le camp ennemi, et les Français, pour se garantir contre un escadron de dragons de la Tour, furent forcés de se retirer dans le bois. La connaissance parfaite qu'avaient de ce bois les demoiselles Fernig sauva nos troupes qui, vu la proximité du camp autrichien et l'éloignement du nôtre, eussent échappé difficilement. « Nous ne perdîmes, » dit Mlle Théophile, « qu'un « seul homme qui fut tué à nos côtés par la sentinelle »[2]. Le compte-rendu officiel en cite deux, parmi lesquels un volontaire.

La ferme de Morlies, théâtre de cet exploit, appartenait à un nommé Louis-Joseph Lecluselle. Avec les chevaux des chasseurs tyroliens, les

---

[1] Duhem donne au baptême que nous venons de rappeler une date inexacte, puisqu'il le place après le 26 août.

[2] Extrait de la *Notice Biographique* du docteur Duhem.

Français avaient enlevé trois des siens, savoir : « une jument brune âgée de douze ans ; une autre jument de pelage jeaunâtre, le nez blanc et marquée de blanc au pied de derrière ; finalement, un cheval hongre marqué aux quatre pieds avec un fer chaud [1] ». Il vint à Maulde dans la journée du 4 août pour les réclamer, et ces animaux lui furent probablement rendus.

Dans une lettre adressée le lendemain à l'Assemblée législative, Dumouriez fit l'éloge de tous ceux qui avaient pris part à l'affaire de Morlies :

> Cette expédition, y disait-il, a augmenté l'ardeur des troupes. Aussi leur ai-je promis de les mener souvent en détachement. C'est ainsi que je parviendrai à les dresser aux marches de nuit, au choix des positions, et à tous les détails de la guerre.

Pendant que ces escarmouches avaient lieu à la frontière, l'Assemblée prenait d'importantes mesures dans le but de régulariser la situation des étrangers qui, en nombre croissant, venaient combattre pour la France.

Par un décret du 26 juillet sanctionné le 1er août, elle autorisa officiellement la formation d'une *Légion franque étrangère*, et lui donna pour lieu de rassemblement Dunkerque. Mais comme, lorsqu'il était ministre des affaires étrangères, Dumouriez avait fait des avances au conseil d'administration de ce corps, l'article 10 du décret ordonna au ministre de la guerre de les rembourser à son successeur.

Par un autre décret des 28 et 29 juillet, elle pourvut spécialement, en ces termes, aux besoins des déserteurs originaires des Pays-Bas :

> L'Assemblée nationale, considérant qu'il est de sa justice de ne pas laisser dans le dénuement des hommes qui sont venus combattre sous les drapeaux de la nation françoise, et voulant donner à tous les peuples une preuve de l'accueil qu'elle fera à ceux qui se dévoueront à sa cause, décrète provisoirement que, sur les six millions affectés aux dépenses secrètes de son département, le ministre des affaires étrangères emploiera, sous sa responsabilité, la somme de cinq cent mille livres à l'entretien, armement et équipement de ceux des citoyens belges et liégeois qui se sont déjà réunis ou pourront se réunir à l'avenir pour combattre sous les drapeaux de la liberté, et qu'ils continueront de servir en corps, comme ils l'ont fait jusqu'à présent, sous les ordres des généraux françois, auxquels ils seront tenus de se conformer, tant sur le territoire françois qu'en pays étranger.
> Approuve et confirme le don qu'a fait le maréchal Lückner auxdits Belges et Liégeois du canon par eux enlevé à l'ennemi dans la journée du 18 juin dernier, à la prise de Courtray.
> Déclare que la France s'honorera toujours de recevoir dans son sein et sous ses drapeaux les soldats de la liberté qui viendront s'y ranger pour la défendre ; et, quelle que soit leur patrie, ils ne seront jamais étrangers pour elle.

---

[1] Extrait du procès-verbal de la réclamation de Lecluselle, dressé par la municipalité de Maulde, et publié dans l'ouvrage de M. Pelé.

Enfin, par un troisième décret, en date des 2 et 3 août, l'Assemblée régla, d'une manière générale, le sort des « sous-officiers et soldats des armées ennemies qui abandonneraient leurs drapeaux pour se ranger sous celui des Français. » Ce décret, comprenant vingt articles, est un véritable *Traité de l'encouragement à la désertion*. Voici son texte complet, qui servira de clôture à ce long chapitre :

L'Assemblée nationale, considérant que tout ce qui tend au succès des armes de la nation françoise et au triomphe de la cause de la liberté ne peut souffrir aucun retardement, décrète qu'il y a urgence.

L'Assemblée nationale, considérant que les hommes libres ont seuls une patrie ; que celui qui abandonne une terre asservie pour se réfugier sur celle de la liberté ne fait qu'user d'un droit légitime et qu'il ne peut exister aucune obligation entre l'homme privé de ses droits naturels et celui qui les lui a ravis ;

Considérant qu'elle ne doit négliger aucun moyen de terminer une guerre que la nation françoise n'a entreprise que pour défendre sa constitution et son indépendance ; que, parmi ces moyens, elle doit surtout préférer ceux qui, par cela seul qu'ils épargnent le sang des hommes, s'accordent le plus avec ses principes ;

Considérant enfin que, si la cause de la liberté appartient à tous les hommes, et s'il est de leur devoir et de leur intérêt à tous de se dévouer à sa défense, la nation française n'en doit pas moins, ne fût-ce qu'à titre d'indemnité, des marques de sa reconnaissance et de son intérêt aux guerriers étrangers qui viennent se ranger sous ses drapeaux, ou qui abandonnent ceux de ses ennemis pour n'être pas forcés à tourner leurs armes contre un peuple dont tous les vœux et tous les principes appellent la paix universelle et le bonheur de tous les hommes ;

Voulant d'ailleurs faire connaître aux nations étrangères les principes de justice qui dirigeront toujours sa conduite, décrète ce qui suit :

1. Les sous-officiers et soldats des armées ennemies qui, jaloux de vivre sur la terre de la liberté et de l'égalité, abandonneront les drapeaux d'une puissance en guerre avec la France et se présenteront soit à un poste militaire, soit à une des autorités constituées, soit à un citoyen français, seront accueillis avec amitié et fraternité, et recevront d'abord, comme signe d'adoption, une cocarde aux trois couleurs.

2. Ces sous-officiers et soldats, après avoir fait la déclaration de vouloir embrasser la cause de la liberté, recevront, à titre d'indemnité des sacrifices qu'ils auront pu faire, un brevet de pension viagère de la somme de cent livres, laquelle leur sera annuellement payée de trois en trois mois et d'avance, et pendant tout le temps qu'ils résideront en France, par le receveur du district dans lequel ils résideront ; ils seront en outre admis à prêter le serment civique, et il leur sera délivré une expédition du procès-verbal de la prestation de leur serment.

3. Les dits sous-officiers et soldats recevront en outre une gratification de cinquante livres, qui leur sera payée sur les ordres du chef militaire ou de l'officier civil en présence duquel ils auront fait la déclaration prescrite par l'article 2.

4. Les dits sous-officiers et soldats ne seront point forcés de contracter un engagement militaire ; ceux qui voudront contracter un tel engagement seront indifféremment admis à leur volonté, soit dans les bataillons volontaires nationaux, soit dans les différents corps de troupes de ligne, soit dans les légions, soit dans les compagnies franches.

5. Ceux des dits sous-officiers et soldats qui contracteront un engagement militaire recevront, au moment de leur engagement, en sus de la gratification

et de la pension viagère ci-dessus énoncées, le prix fixé par les lois antérieures pour les différentes armes.

6. Il sera formé un tableau général des sous-officiers et soldats étrangers qui auront embrassé la cause de la liberté et de l'égalité, et une masse générale des sommes qui leur auront été accordées en vertu de l'article 2 du présent décret. Les pensions seront reversées, à mesure de leur extinction, sur les survivants, et ce, jusqu'au moment où ils jouiront tous de cinq cents livres de pension viagère.

7. La pension viagère de cent livres sera reversible sur la tête de la veuve du sous-officier ou soldat qui se sera marié en France ; mais la veuve ne concourra point à l'accroissement progressif porté par l'article 6.

8. Pendant la durée de la guerre actuelle, les sous-officiers et soldats étrangers qui ne voudront pas contracter d'engagement militaire se retireront dans l'intérieur du royaume ; ils pourront choisir le lieu où ils voudront fixer leur résidence ; mais il leur sera indiqué des villes où ils trouveront des interprètes.

9. Ceux des dits sous-officiers et soldats qui contracteront un engagement militaire seront, par les soins des généraux et des chefs de corps, répartis avec égalité dans les différentes compagnies du corps dans lequel ils sont entrés, afin qu'ils puissent plus aisément former des liaisons d'amitié et de fraternité avec les défenseurs de la constitution et de la liberté françoise.

10. Ceux des dits sous-officiers et sous-officiers et soldats qui auront contracté un engagement militaire obtiendront, pour leurs services, leurs actions d'éclat ou leurs blessures, les récompenses et les retraites accordées aux citoyens français, dont ils seront dès ce moment censés faire partie.

11. L'Assemblée nationale recommande à la sollicitude de tous les fonctionnaires publics, et à la fraternité des officiers et soldats des armées françaises, les sous-officiers et soldats étrangers qui se réuniront à eux pour servir et défendre la cause des peuples et de la liberté.

12. Les sous-officiers et soldats étrangers qui sont entrés en France depuis la déclaration de guerre recevront, immédiatement après la publication du présent décret, les indemnités prescrites par l'article 2 ; en conséquence, il sera, par la Trésorerie nationale, mis pour cet objet deux millions à la disposition du ministère de la guerre.

13. La pension viagère de cent livres, et son accroissement progressif, auront lieu même pour ceux des sous-officiers et soldats étrangers qui refuseront de contracter un engagement militaire, et qui préféreront se retirer dans l'intérieur du royaume, l'Assemblée nationale regardant comme indigne de la générosité d'un peuple libre de n'offrir qu'à ce prix une indemnité aux étrangers qui auroient refusé de combattre contre lui.

14. L'Assemblée nationale hypothèque le produit des biens des émigrés, dont la vente est décrétée, et subsidiairement les revenus de l'Etat, au paiement des pensions viagères ci-dessus promises et accordées.

15. Dans le cas où, contre son vœu et ses espérances, la France se trouveroit engagée dans une guerre contre une nation libre et exerçant les droits de sa souveraineté, les citoyens de cette nation ne seront point admis à jouir des avantages accordés par le présent décret.

CHAPITRE III

Manifeste du duc de Brunswick. Mise en marche des armées de la coalition le 26 juillet. Journée du 10 août. Révolte et destitution de Lafayette le 19 août. Nomination de Dumouriez comme général en chef des armées du Nord et du Centre, et de Kellermann, de l'armée de l'Est. Mise en réquisition, le 26 août, de 30.000 gardes nationales pour renforcer l'armée du Nord. Prises de Longwy et de Verdun par les Prussiens. Appel de Labourdonnaie a l'armée de Valenciennes. Départ de Dumouriez pour le camp de Sedan. Ses hésitations sur le plan de campagne a suivre. Sa résolution de renoncer momentanément à la conquête de la Belgique pour défendre la Champagne. Sa demande de renforts à l'armée du Nord. Levée du camp de Maulde et départ de troupes sous les ordres de Beurnonville. Licenciement du régiment suisse de Courten. Bataille de Valmy, livrée le 20 septembre 1792. Proclamation de la République. Négociations de Danton et de Dumouriez. Retraite des Prussiens. Pointe de Custine au-delà du Rhin [1].

Cependant la France était de plus en plus menacée par les ennemis du dehors. A l'Autriche et à la Prusse étaient venus se joindre les princes de Hesse, de Bade et de Nassau. Quoiqu'elle ne comprît ni la Suède, ni l'Espagne, quoique la Russie et l'Angleterre n'y eussent pas encore formellement adhéré, la coalition était formidable. Un conseil de guerre tenu à Mayence avait réglé la marche de ses armées. Elles s'ébranlèrent le 26 juillet 1792, jour où leur généralissime, le duc-régnant Charles-Guillaume-Ferdinand de Brunswick-Lunebourg, passa le Rhin à Coblentz. Il disposait de 70.000 Prussiens escortés de 20.000 émigrés, des contingents des princes allemands et du corps autrichien de Clairfayt. De Coblentz, où il avait d'abord établi son quartier-général, il devait suivre la rive gauche de la Moselle et marcher sur Paris par Longwy, Verdun et Châlons. Sur sa gauche, le prince de Hohenlohe-Kirchberg devait s'avancer vers

---

[1] Ce chapitre a été rédigé par M. Paul Foucart.

Thionville et Metz, tandis que Clairfayt avait pour mission de battre La Fayette, cantonné entre Sedan et Mézières, de passer la Meuse et de se diriger aussi sur la capitale par Reims et Soissons. Flanquées par d'autres corps postés sur le Haut-Rhin et par les troupes autrichiennes des Pays-Bas, ces trois armées devaient donc se réunir sous les murs de Paris, pénétrer dans la ville et y écraser la Révolution.

Le duc de Brunswick passait alors pour le premier homme de guerre de l'Europe. Cousin de Marie-Thérèse, et doublement neveu du grand Frédéric, il était né le 9 octobre 1735 et avait déjà, par conséquent, cinquante-sept ans. Ses premières armes dataient de la guerre de Sept-Ans où, à la tête des contingents du Brunswick, sa bravoure personnelle dans les batailles de Hastenbeck, de Crefeld et dans d'autres rencontres, lui attirèrent les éloges de son oncle. Il accrut encore cette faveur en jouant les parties de premier violon dans les quatuors du roi. Après la paix, il épousa la princesse Augusta de Galles et, déjà allié aux familles royales de Prusse et d'Autriche, le devint ainsi à celle d'Angleterre. Mais à peine sa femme lui avait-elle donné un héritier, qu'il ramena d'Italie, en 1766, une jeune Romaine, dont Gœthe a tracé le portrait le plus flatteur, qu'il la décora du nom de comtesse de Branconi et en eut un fils, qui devint son enfant de prédilection. Il la remplaça bientôt par une demoiselle de Hartenfeld, d'origine noble, à laquelle succéda sans retard une simple actrice française. On raconte qu'à la vue de cette mésalliance, un vieux domestique du palais se suicida de désespoir !

Malgré ces fredaines, qui troublaient singulièrement le *decorum* dont il s'était fait un idéal, le duc de Brunswick rétablit les finances de sa cour, fort obérées par les prodigalités de son prédécesseur, et, tout en se livrant à la traite des blancs, puisqu'il fournissait moyennant finance des soldats brunswickois aux princes voisins, opéra dans ses états certaines réformes assez libérales.

En 1787, il fut mis à la tête d'une armée prussienne destinée à envahir la Hollande pour y maintenir les usurpations du stathouder. Celui-ci avait épousé une nièce de Frédéric II, sœur du roi Frédéric-Guillaume, la princesse Sophie-Wilhelmine, d'un caractère acariâtre et vindicatif. Des difficultés s'étant élevées entre ce couple médiocrement sympathique d'un côté et les États des Provinces-Unies de l'autre, ceux-ci conclurent un traité avec le faible gouvernement de Louis XVI qui, après avoir réuni un camp à Givet, et prêté aux États des officiers de diverses armes, n'osa pas aller plus loin. En quelques semaines, le duc de Brunswick vint donc facilement à bout de ces marchands trahis par leur chef, abandonnés par leur allié, et cette victoire sans péril augmenta la gloire peu méritée du prince allemand.

De haute taille, avenant de manières, s'étudiant soigneusement à bien jouer son rôle en toutes circonstances, le duc de Brunswick avait fait illusion sur sa vraie valeur aux observateurs les plus perspicaces, à Mirabeau lui-même [1]. Comme Lückner, mais dans un autre genre, c'était une incapacité méconnue. Plus fait pour les subtiles intrigues d'une diplomatie subalterne que pour les grandes conceptions politiques et militaires, son esprit comportait nombre de qualités médiocres, aucune supérieure. Trop longtemps accoutumé à l'obéissance, il avait perdu toute faculté d'initiative ; sa clairvoyance lui faisait apercevoir les obstacles ; son manque d'énergie l'empêchait de résister à ceux qui voulaient le précipiter sur eux. Ainsi que l'a dit justement Alfred Michiels [2] « sa conduite était donc souvent une marche incertaine, équivoque, chancelante pour ainsi dire, comme par l'effet d'une ébriété morale : ses idées saines et les malencontreuses influences qu'il subissait malgré lui, le ballottaient au milieu d'une perpétuelle bourrasque ».

Telle était, avant les défaites que lui infligèrent Dumouriez et Bonaparte, sa réputation d'invincible guerrier que, dans les premiers mois de 1792, elle avait inspiré à Narbonne et au parti constitutionnel une étrange idée : celle d'engager Brunswick au service de la France, afin de priver la coalition de son généralissime désigné. Le jeune Renaud-Philippe de Custine, fils du général dont nous aurons à parler plus tard, avait fait ses études militaires en Prusse ; il fut chargé de la négociation, et se présenta porteur d'une lettre de Louis XVI [3]. Mais Brunswick le fit attendre quatre jours. Le cinquième, bien que l'envoyé français lui promît des pouvoirs supérieurs à ceux possédés jadis par le maréchal de Saxe, il déclina l'offre : uni par toutes sortes de liens à la Prusse, où il venait immédiatement après le roi, il n'entendait pas échanger ces avantages certains contre d'aléatoires promesses.

Officiellement consulté par le roi de Prusse sur les chances d'une lutte contre la France, Brunswick n'avait pas dissimulé son opinion : « Si toute discipline, » avait-il dit, « n'est pas anéantie dans l'armée ennemie, si les officiers qui en étaient autrefois l'ornement sont encore à la tête de leurs compagnies, si des généraux habiles et expérimentés les conduisent, et que l'on fasse la guerre, non pas au parti dominant mais à la nation elle-même, il est hors de doute que l'entreprise rencontrera des difficultés innombrables et incalculables. » Mais d'autres conseils

---

[1] Voir l'*Histoire secrète de la cour de Berlin*.
[2] Dans l'*Invasion prussienne*, chapitre XIV.
[3] *Mémoires tirés des papiers d'un homme d'État*, tome I, page 187.

prévalurent ; la Prusse et l'Autriche n'avaient-elles pas soumis l'une la Hollande, l'autre la Belgique en quelques semaines ? Pourquoi la France résisterait-elle plus de quelques mois ? « N'achetez pas trop de chevaux, » disait le général Bischoffswerder à plusieurs officiers : « la comédie ne durera pas longtemps. Les fumées de la liberté se dissipent déjà à Paris. L'armée des avocats sera bientôt anéantie, et nous serons de retour dans nos foyers vers l'automne. »[1] Tout fut conduit d'après les mêmes principes. A quoi bon se soucier des vivres et du coucher, ou simplement de la force de l'armée ? Dès les premiers pas au-delà de la frontière, les habitants n'allaient-ils pas accueillir les Alliés comme des libérateurs, et loin de diminuer leurs contingents par des combats, n'allaient-ils pas les accroître de leurs volontaires et les pousser, triomphants, jusque dans Paris ?

Étrange aveuglement et qui, dans cette guerre, semblait devoir successivement couvrir du même bandeau les yeux des deux partis ! Nous avons vu, à la fin d'avril, les Français prétendre envahir les Pays-Bas avec quelques milliers d'hommes, sans tentes, sans vivres, sans avoir pris aucune précaution contre un revers possible, en comptant naïvement sur l'accueil enthousiaste des populations. En voulant conquérir la France, les Austro-Prussiens commettaient à présent une faute analogue. Dans les deux cas, la même présomption devait entraîner les mêmes revers.

Lorsque Frédéric-Guillaume n'était que prince royal, il avait épousé une sœur du duc de Brunswick, la charmante Élisabeth. Lorsqu'elle fut morte, il épousa Louise de Darmstadt. Mais il possédait en même temps une maîtresse en titre, Wilhelmine Encke, mère déjà de deux enfants reconnus, le comte et la comtesse de la Marck, et qui, sur les injonctions de Frédéric II, afin de donner un éditeur responsable aux suites de son inconduite future, dut, pour la forme, se marier avec un nommé Rietz, colossal employé du château. Plus tard, sans rompre avec elle, et après de nombreuses fantaisies, il avait, du vivant de sa seconde femme, contracté, avec les bénédictions de l'église réformée, deux mariages morganatiques, le premier avec une jeune fille, Julie von Voss, qui lui avait longtemps résisté, la seconde avec la comtesse Frédérike de Dœnhoff, beauté violente et impérieuse. Pleine de clairvoyance, celle-ci réprouvait l'expédition projetée, et ne se lassait point de lui en mettre sous les yeux tous les dangers. « Je vous abandonne irrémissiblement, » lui disait-elle, « si vous vous précipitez avec une semblable irréflexion dans une entreprise si grave et si périlleuse. Ou vous devez marcher contre la France à la tête de

---

[1] *Mémoires tirés des papiers d'un homme d'État*, t. I, page 357.

200.000 Prussiens et de 250.000 Autrichiens, ou vous devez renoncer à tout espoir de succès. Avec une poignée de soldats, vous ne ferez que mettre votre vie en jeu et votre honneur en péril. Vous serez repoussé des frontières. Vos caprices chevaleresques vous font ressembler à Don Quichotte, qui allait aussi par monts et par vaux pour redresser les torts, qui s'élançait et s'escrimait contre toutes sortes d'antagonistes, sans jamais calculer ni leur force ni leur nombre »[1]. Mais la comtesse tomba en disgrâce. Quant à Madame Rietz, sa vertu germanique s'indignait des tentatives d'affranchissement de la France. De plus en plus en faveur, elle vint, entourée d'une cour royale, s'installer d'abord à Aix-la-Chapelle, puis à Spa, afin de recevoir plus promptement les bulletins de victoire.

Ayant finalement accepté la direction d'une attaque qu'il désapprouvait au fond et dont il comprenait tous les périls, le duc de Brunswick se fit précéder par un manifeste resté célèbre et qui proférait contre les Français les plus terribles menaces s'ils ne rétablissaient pas l'ancien régime. Encore ici, il montra l'incurable faiblesse de son caractère. Ce manifeste, œuvre de l'émigration, il en déplorait l'insolence ; il consentit néanmoins à y mettre son nom, qui y reste attaché comme à un pilori. Il y traitait les Français non comme des ennemis à combattre, mais comme des factieux à châtier. Son but était « de faire cesser l'anarchie..., d'arrêter les attaques portées au trône et à l'autel, de rétablir le pouvoir légal. »

La ville de Paris et tous ses habitants, sans distinction, ajoutait-il, seront tenus de se soumettre sur-le-champ et sans délai au roi, de mettre ce prince en pleine et entière liberté, et de lui assurer, ainsi qu'à toutes les personnes royales, l'inviolabilité et le respect auxquels le droit de la nature et des gens oblige les sujets envers les souverains ; leurs majestés impériale et royale rendant personnellement responsables de tous les évènements, sur leur tête, pour être jugés militairement sans espoir de pardon, tous les membres de l'Assemblée nationale, du département, du district, de la municipalité et de la garde nationale de Paris, les juges de paix et tous autres qu'il appartiendra ; déclarant en outre, leurs dites majestés, sur leur foi de parole d'empereur et roi, que si le château des Tuileries est forcé et insulté, que s'il est fait la moindre violence, le moindre outrage à leurs majestés le roi, la reine et la famille royale, s'il n'est pas pourvu immédiatement à leur sureté, à leur conservation et à leur liberté, elles en tireront une vengeance exemplaire et à jamais mémorable, en livrant la ville de Paris à une exécution militaire et à une subversion totale, et les révoltés coupables d'attentats aux supplices qu'ils auront mérités.

A cette provocation, chacun sait que le peuple de Paris répondit par la journée du 10 août ou de la Saint-Laurent, comme l'appelèrent parfois les

---

[1] Voir sur ce point Alfred Michiels, ouvrage cité, chapitre II.

contemporains, c'est-à-dire par la prise de ce château des Tuileries que l'ennemi lui-même venait si imprudemment de signaler à sa fureur.

Aussitôt après le succès des assaillants, l'Assemblée prit, relativement à la suspension du pouvoir exécutif, un décret ainsi conçu :

L'Assemblée nationale, considérant que les dangers de la patrie sont parvenus à leur comble ;
Que c'est pour le Corps législatif le plus saint des devoirs d'employer tous les moyens de la sauver ;
Qu'il est impossible d'en trouver d'efficaces, tant qu'on ne s'occupera pas de tarir la source de ses maux ;
Considérant que ces maux dérivent principalement des défiances qu'a inspirées la conduite du chef du pouvoir exécutif, dans une guerre entreprise en son nom contre la constitution et l'indépendance nationale ;
Que ces défiances ont provoqué, des diverses parties de l'empire, un vœu tendant à la révocation de l'autorité déléguée à Louis XVI ;
Considérant néanmoins que le Corps législatif ne doit ni ne veut agrandir la sienne par aucune usurpation ;
Que, dans les circonstances extraordinaires où l'ont placé des évènements imprévus par toutes les lois, il ne peut concilier ce qu'il doit à sa fidélité inébranlable à la Constitution, avec sa ferme résolution de s'ensevelir sous les ruines du temple de la Liberté plutôt que de la laisser périr, qu'en recourant à la souveraineté du peuple, et prenant en même temps les précautions indispensables pour que ce recours ne soit pas rendu illusoire par des trahisons ;
Décrète ce qui suit :

Art. 1er. — Le peuple français est invité à former une Convention nationale ; la commission extraordinaire présentera demain un projet pour indiquer le mode et l'époque de cette Convention.

Art. 2. — Le chef du pouvoir exécutif est provisoirement suspendu de ses fonctions, jusqu'à ce que la Convention nationale ait prononcé sur les mesures qu'elle croira devoir adopter pour assurer la souveraineté au peuple et le règne de la liberté et de l'égalité.

Art. 3. — La commission extraordinaire présentera, dans le jour, un mode d'organiser un nouveau ministère ; les ministres actuellement en activité continueront provisoirement l'exercice de leurs fonctions.

Art. 4. — La commission extraordinaire présentera, également dans le jour, un projet de décret sur la nomination du gouverneur du prince royal.

Art. 5. — Le paiement de la liste civile demeurera suspendu jusqu'à la décision de la Convention nationale. La commission extraordinaire présentera dans vingt-quatre heures, un projet de décret sur le traitement à accorder au Roi pendant la suspension.

Art. 6. — Les registres de la liste civile seront déposés sur le bureau de l'Assemblée nationale, après avoir été cotés et paraphés par deux commissaires, de l'Assemblée qui se transporteront à cet effet chez l'intendant de la liste civile.

Art. 7. — Le Roi et sa famille demeureront dans l'enceinte du Corps législatif, jusqu'à ce que le calme soit rétabli dans Paris.

Art. 8. — Le département donnera des ordres pour leur faire préparer, dans le jour, un logement au Luxembourg, où ils seront mis sous la garde des citoyens et de la loi.

Art. 9. — Tout fonctionnaire public, tout soldat, sous-officier, officier, de quelque grade qu'il soit, et général d'armée qui, dans ces jours d'alarmes, abandonnera son poste, est déclaré infâme et traitre à la patrie.

Art. 10. — Le département et la municipalité de Paris feront proclamer sur le champ et solennellement le présent décret.

Art. 11. — Il sera envoyé par des courriers extraordinaires aux quatre-vingt-trois départements qui seront tenus de le faire parvenir dans les vingt-quatre heures aux municipalités de leur ressort, pour y être proclamé avec la même solennité.

L'habitation du roi et de sa famille, qui, on vient de le voir, avait d'abord été fixée au Luxembourg, fut, par un décret du 12 août, transférée dans l'hôtel du ministre de la justice, puis, dès le lendemain, au Temple.

Presque immédiatement après le vote dont nous venons d'indiquer les résultats, fut adoptée une seconde motion, la suivante, assez différente de la première, et qui montre avec quelle rapidité marchaient les esprits:

L'Assemblée nationale décrète:

1° Que le roi est suspendu et que sa famille et lui restent en ôtage; 2° que le ministère actuel n'a pas la confiance de la nation et que l'Assemblée va procéder à le remplacer; 3° que la liste civile cesse d'avoir lieu.

Après avoir décidé que les ministres ne pourraient être choisis parmi eux, les députés en désignèrent trois au moyen d'un vote par appel nominal. Danton obtint ainsi le portefeuille de la justice par 222 voix, Monge celui de la marine par 184 et Lebrun, après un ballottage, celui des affaires étrangères. Quant aux portefeuilles de l'intérieur, de la guerre et des contributions publiques, ils furent restitués à Roland, Servan et Clavières qui, lors de leur brutal renvoi par Louis XVI, avaient emporté « les regrets de la nation. » Par un décret du 15 août, ces six ministres furent chargés de toute la puissance exécutive, chacun remplissant à tour de rôle, semaine par semaine, les fonctions de président du conseil.

Toutefois, comme Servan était momentanément absent, l'intérim de son ministère fut, sous le couvert de Clavières, confié à Lacuée, son ami de vieille date, administrateur éminent, qui plus tard devait être l'un des meilleurs auxiliaires de Bonaparte.

Le 10 août, Paris avait fait un coup d'État, et ce coup d'État avait été sanctionné par l'Assemblée. Mais ni Paris ni l'Assemblée ne savaient quel en serait l'effet sur le reste du pays et surtout sur les armées. La France était régie par la constitution de 1791, et cette constitution avait établi la décentralisation la plus complète: « Départements, districts, communes, avaient, pour délibérer, des conseils électifs sous des présidents élus, et, pour administrer, des citoyens tirés de ces conseils; directoires dans les départements et les districts; municipalités dans les communes. Il y avait pourtant, au sein des directoires et des municipalités, des officiers publics qui auraient pu y représenter l'autorité centrale: le procureur-général-syndic du département, le procureur-syndic du district, le procureur de la commune; mais ils n'étaient eux-mêmes (leur nom l'indique assez) que les agents des départements, des districts, des communes, et sortaient, comme tous les autres, de l'élection. » Ce n'est donc point par eux que l'Assemblée pouvait agir sur ces différents corps. « On recevait les lois, on les enregistrait, on devait y obéir; mais il n'y avait personne pour y veiller et y contraindre au nom du pouvoir central. » [1] En telle sorte que le gouvernement ne possédait aucun moyen légal de mâter les récalcitrants. C'est pourquoi l'Assemblée, aussitôt qu'elle eut suspendu le roi et pris en ses mains le pouvoir exécutif, s'empressa d'envoyer en mission un certain nombre de ses membres dans le but de faire reconnaître, par les départements et les armées, la révolution nouvelle qui venait de s'accomplir.

L'annonce de la prise des Tuileries et de la suspension des pouvoirs de Louis XVI, prélude de l'abolition de la royauté, fit naître, chez les divers chefs militaires, des sentiments bien différents.

Dans son camp de Richemont, à deux lieues de Thionville, d'où il laissait tranquillement les Alliés pénétrer en France sans faire aucun effort sérieux pour les repousser, Lückner, qui ne comprenait rien aux choses politiques, mais qui avait assez de finesse pour ne pas trop se compromettre, ébaucha une vague approbation des événements. Le lendemain, sur un avis contraire de La Fayette, il modifia son langage, et déclara à ses troupes qu'elles devaient se défier des agents de désordre qui viendraient de Paris. Puis, s'étant réfugié sous le canon de Metz, il finit par se déclarer Jacobin ! Des commissaires de l'Assemblée vinrent avec l'intention de le destituer ; il pleurnicha, gémit, fit valoir ses services, son dévouement au roi, à la Constitution, à l'Assemblée, au Conseil exécutif, à tout ce qu'on voulut, et les entortilla si bien qu'ils le laissèrent en place.

En sa qualité d'ami des d'Orléans, dont la chute de Louis XVI semblait, aux yeux de certains, préparer l'avénement, Biron, qui se trouvait alors à Strasbourg, étouffa des germes de révolte contre le coup d'État de Paris, et se mit aux ordres du Conseil exécutif provisoire.

Quant à La Fayette, il se montra résolument hostile. Considéré à juste titre comme le chef du parti constitutionnel, il voulut résister. Dans cet état d'esprit, tout autre, à sa place, aurait marché sans délai sur Paris, essayé de culbuter les auteurs du 10 août avant qu'ils n'eussent encore bien affermi leur victoire. Il était, au contraire, et bien intempestivement, tourmenté de scrupules de forme. « La Constitution, » nous dit M. Arthur Chuquet, [2] « portait que les troupes ne devaient agir dans le royaume que

---

[1] Henri Wallon, *Les représentants du Peuple en mission*, chapitre premier.

[2] Dans son livre sur la *Première Invasion Prussienne*, auquel font suite deux autres volumes l'un sur *Valmy*, l'autre sur la *Retraite de Brunswick*.

sur la réquisition des corps administratifs. Faire une grande manifestation de la province contre Paris, rallier autour de la municipalité de Sedan toutes les municipalités, et autour du conseil général qui siégeait à Mézières tous les conseils généraux de France ; former soit à Châlons, soit en Flandre, un congrès des départements qui se serait déclaré investi de tous les pouvoirs, être le Washington de cette assemblée, tel fut le plan du marquis de La Fayette. » Mais l'exécution de ce plan lui fit perdre du temps. L'Assemblée, elle, n'en perdit point, et, par son énergie, assura son succès.

S'étant assuré l'appui de la municipalité de Sedan et du conseil général des Ardennes, La Fayette fit arrêter les trois députés. Kersaint, Antonnelle et Péraldi, que l'Assemblée envoyait à son armée. Mais celle-ci, passée en revue, le 15 août, ne répondit guère à son attente. Les artilleurs refusèrent de jurer autre chose que fidélité à la nation et à ses députés. Les volontaires de l'Allier se joignirent à eux, et entraînèrent les grenadiers de Maine-et-Loire, avec d'autres corps.

Le lendemain, ce même bataillon de l'Allier envoya à l'Assemblée une adhésion catégorique :

Au Camp retranché sous Sedan, le 16 août 1792, l'an quatrième de la liberté.

Monsieur le Président,

La lecture des pièces que vous trouverez ci-jointes, mettra l'Assemblée Nationale à même de juger des dispositions d'une armée qui n'est dévouée à ses Généraux que parce qu'elle a confiance en leur patriotisme. Les manœuvres dont on se sert depuis longtemps pour l'égarer, ne tourneront qu'à la confusion des ennemis de la liberté et de l'égalité, si l'on se hâte d'éclairer le soldat, et de fixer son opinion sur les événements du jour. Fortement persuadée que l'Assemblée Nationale n'est plus libre dans ses délibérations, l'armée croit soutenir la constitution en cédant aux insinuations perfides, aux calomnies atroces de ses officiers, qui ne veulent plus reconnoître les représentants de la nation. Les corps administratifs contribuent aussi de tout leur pouvoir à égarer les citoyens par des proclamations et des arrêtés inconstitutionnels. Vos Commissaires et leur suite sont détenus à la citadelle, et traités comme des scélérats contre-révolutionnaires. Toute communication au dehors leur est interceptée ; et les bons citoyens, qui n'ont pu connoître encore l'objet de leur mission, gémissent des dangers auxquels ils sont journellement exposés.

Le réveil sera terrible pour les tyrans ; mais il faut tirer le soldat de sa léthargie. Les provisions, les munitions s'accumulent, et les traîtres se réunissent. Hâtez-vous, législateurs ; faites rétablir la circulation des lettres et des papiers publics qui peuvent éclairer le peuple sur ses véritables devoirs ; que les départements vous secondent dans vos efforts, et éclairent leurs bataillons ; nos ennemis seront bientôt exterminés.

Hier, la municipalité, de concert avec le général, a fait réunir les citoyens et l'armée dans la prairie de Sedan, et a jugé à propos de leur faire réitérer le serment civique du 14 Juillet. L'ardeur avec laquelle toutes les troupes l'ont prêté, ne doit pas laisser douter de leur patriotisme ; mais les horreurs qui étoient dans la bouche des factieux de Coblentz, et la noire satisfaction qui étoit peinte sur leurs fronts audacieux, ont ouvert les yeux aux véritables patriotes sur l'usage qu'ils vouloient faire d'une démarche aussi imprévue.

Le bataillon de l'Allier a juré d'être fidèle à la Nation et à ses Représentans, et n'a pas voulu prêter d'autre serment. Nos canonniers, notre brave artillerie n'en feront jamais d'autre. *Liberté, Égalité,* c'est leur devise et la nôtre. Notre cri de ralliement : *L'Assemblée Nationale.*

Le jour même de l'arrestation des trois députés, l'Assemblée avait rendu un décret ordonnant celle d'un des plus intimes amis de La Fayette, Alexandre de Lameth. Le surlendemain, un gendarme arriva à Maubeuge, pour essayer de mettre ce décret à exécution. Mais il n'y parvint pas, ainsi que l'établissent les deux pièces suivantes [1] :

DU 17 AOUT, ONZE HEURES DU SOIR.

Est comparu le sieur Colon, brigadier de la gendarmerie nationale de la ville de Paris, lequel nous a administré les ordres à lui remis par le ministre de la guerre, en date du 16 août du présent mois, par lesquels il lui est ordonné de mettre à exécution le décret de l'Assemblée nationale du 15 du dit mois, qui déclare qu'il y a lieu à accusation contre Alexandre Lamette, député à l'Assemblée nationale constituante ; il nous a aussi remis la copie authentique de laditte loi avec une lettre du ministre de la guerre par intérim, signée Clavier, par laquelle nous sommes priés de donner des ordres pour que l'exécution du décret d'accusation rendu contre Alexandre Lamette, n'éprouve aucune difficulté. De tout ce que nous lui avons donné acte, et le dit Alexandre Lamette étant parti de Maubeuge avant-hier, quinze de ce mois, par ordre du général Lanoue, pour se rendre à Rocroy, il a été arrêté, ouï le procureur de la Commune, de requerrir le général Lanoue de faire remettre de suite en la maison commune, copie authentique de l'ordre qu'il a expédié audit Alexandre Lamette, ce qui a été exécuté sur le champ.

Le Conseil général de la commune resta en permanence une partie de la nuit, et continua ainsi son procès-verbal :

DU 18 AOUT, DEUX HEURES DU MATIN.

Après avoir attendu jusqu'à deux heures après la réponse du général Lanoue, il nous a fait passer celle qui suit :

Je ne puis, MM., satisfaire à la demande que vous me faites pour la réquisition que vous m'avez envoyée datée de onze heures du soir, le dix-sept août 1792, qui ne m'a été remise qu'à une heure moins un quart du matin le dix-huit même de ce mois et ordonnant de vous remettre copie authentique de l'ordre que j'ai remis à M. Alexandre Lamette, maréchal des camps employé sous mes ordres ; n'en ayant pas gardé de minute. L'ayant lui-même écrit, je l'ai signé d'après un fragment de la lettre qu'il m'a présentée signée La Fayette, qui est le seul titre qui me reste et qui m'a paru suffisant pour lui délivrer l'ordre de se rendre à Regniowcz, près Rocroy ; je le représenterai, ce titre, dès qu'il me sera demandé. Etoit signé, le lieutenant-général Lanoue, à Maubeuge, le dix-huit août l'an 4 de la liberté.

---

[1] Elles sont extraites du *Registre des délibérations du Conseil général de la commune de Maubeuge,* conservé à la mairie de cette ville.

Cette lettre nous laissant peu de renseignement sur le séjour du sieur Lamette, nous l'avons communiquée au dit Colon, brigadier de la gendarmerie de Paris, qui a déclaré qu'il allait prendre la route de Rocroy pour faire tout ce qui dépendra de lui pour mettre à exécution, les ordres dont il est porteur. De tout quoi il a été arrêté que nous renderions compte à M. Clavière, ministre de la guerre par intérim, en lui envoyant copie des présentes.

Pendant que ces vaines recherches avaient lieu à Maubeuge, l'Assemblée, après avoir appris l'attentat commis à Sedan contre ses trois délégués, ordonna l'arrestation du maire et du procureur-syndic de la ville, ainsi que de tous les administrateurs du département des Ardennes qui avaient concouru à l'acte du 14 août. Elle décida ensuite l'envoi de trois nouveaux délégués pris dans son sein, en les autorisant « à requérir la force publique soit du département des Ardennes, soit des départements voisins, soit même des armées et du camp de Soissons, pour assurer la liberté de leurs fonctions. » [1]

Le 18 août, l'Assemblée rendit un nouveau décret déclarant les habitants de Sedan responsables des mauvais traitements que pourraient éprouver ses commissaires ; et, le 19, prenant une mesure encore plus décisive, elle mit en accusation « le sieur Moitié La Fayette » lui-même.

Ce décret fut porté à Sedan par un courrier extraordinaire. La Fayette le laissa pénétrer dans le camp. Avec lui étaient venus divers partisans de l'Assemblée ; entre autres Westermann, l'ami de Danton, son bras droit dans la journée du 10 août. Les propos les plus fâcheux coururent bientôt contre le général destitué, qu'une partie de ses troupes considérait déjà comme un traître ; et, dans son armée, la situation ne tarda point à devenir intenable pour lui.

Les choses ne marchaient guère mieux du côté des autorités civiles, aucun département autre que celui des Ardennes n'ayant consenti à le seconder ; et ce jour-même, certain de son irrémédiable insuccès, il résolut de quitter son armée, et de passer en pays neutre, abandonnant aux vengeances de l'Assemblée les comparses dont il avait fait ses instruments. Vingt-et-une personnes l'accompagnèrent, parmi lesquelles les deux frères La Tour-Maubourg, Alexandre de Lameth, que le gendarme Colon n'avait pas eu l'adresse de rejoindre, Bureau de Puzy, suivies, peu de jours après, du trop célèbre Jarry, l'auteur de l'incendie de Courtray. Charles de Lameth était alors en congé et se dirigeait avec sa femme et sa fille vers le Hâvre lorsqu'il fut arrêté à Rouen et tenu au secret durant vingt-sept jours ; rendu à la liberté, il put se réfugier à Hambourg, où les deux

---

[1] Décret du 17 août 1792, art. 4.

frères fondèrent une maison de commerce qui releva leur fortune. La Fayette voulait gagner l'Angleterre, la Hollande, puis l'Amérique ; tombé dans un poste d'émigrés, on le transféra à Namur, à Nivelles, à Luxembourg, ailleurs encore. Le duc de Saxe-Teschen lui ayant réclamé le trésor de l'armée, que l'ennemi croyait avoir été emporté par lui : « Votre Altesse, » répondit-il, « n'y aurait sans doute pas manqué à ma place ! » Dans le style épigrammatique qui lui était familier, Benjamin Constant écrivait quelques jours après [1] : « La Fayette est enfermé à Wesel, seul dans une chambre grillée, sans livres, plumes, encre ni papiers, avec quatre factionnaires qui le gardent à vue et qui ont ordre de ne jamais lui répondre. Il a été livré aux Autrichiens par les émigrés, aux Prussiens par l'Autriche et il le sera par les Prussiens à la France, lorsque le rétablissement du calme sera effectué et que la fin des désordres permettra le commencement des vengeances. Les émigrés ont voulu anticiper sur cet heureux moment en forçant la porte de sa prison à Luxembourg, mais on a désapprouvé cette opération comme prématurée. » La prédiction de Benjamin Constant ne se réalisa pas tout à fait : jeté successivement dans les cachots de Magdebourg, de Glatz, de Neiss, La Fayette fut ensuite conduit dans ceux d'Olmütz, — cédé de la sorte par la Prusse non à la France, mais à l'Autriche ; et il n'en sortit que le 19 septembre 1797, après cinq ans de captivité, lors des préliminaires de Campo-Formio. [2]

Ainsi se termina, dans la Révolution française, le rôle de La Fayette. Si on peut louer le général de sa fidélité à ses principes politiques, on ne saurait en faire autant ni de sa clairvoyance, ni surtout de son rôle militaire. Partisan convaincu de la royauté constitutionnelle, il aurait dû comprendre que, pour faire vivre ce régime, il avait besoin non seulement d'une constitution, mais encore d'un roi décidé à l'appliquer. Dès la fuite de Varennes, tous les hommes intelligents avaient compris que ce roi ne pouvait être Louis XVI. La Fayette devait donc alors, ou renoncer à son idée favorite et se rallier au parti républicain, ou chercher pour la suprême fonction un titulaire nouveau : — entreprise difficile, reconnaissons-le, puisque le duc d'Orléans, que sa naissance semblait désigner à l'image de ce qui s'était fait de l'autre côté de la Manche en 1688, n'était qu'un débauché perdu de dettes, qu'un méprisable vaniteux dépourvu de toute

---

[1] Lettre de Benjamin Constant, alors à Brunswick, adressée à sa tante, Madame de Nassau, née de Chandieu, et publiée par la *Revue Internationale* de Rome en janvier 1889.

[2] On trouvera tous les documents authentiques relatifs aux événements des Ardennes, dans un travail intitulé : *La Fayette à Sedan*, publié par M. H. Rony dans l'*Echo des Ardennes*, à partir de février 1889.

haute ambition. Au lieu de prendre un parti logique, La Fayette s'entêta à vouloir quand même imposer à Louis XVI un rôle dont celui-ci ne voulait point. Il eut encore le tort infiniment plus grave d'oublier pour cette chimère ses plus élémentaires devoirs de patriote et de soldat, de contribuer par ses intrigues à paralyser la défense nationale, et finalement de tenter d'employer à la guerre civile une armée qui ne devait servir qu'à la guerre étrangère. Il fournit ainsi un exemple que Dumouriez ne devait que trop fidèlement imiter, et devint comme le patron de cette détestable race de généraux politiciens qui, dans le siècle suivant, ont troublé l'Espagne de leurs *pronunciamientos*, et dont, en France, Bazaine n'a malheureusement pas été le dernier échantillon.

A Valenciennes, ce fut le 13 août qu'arriva la nouvelle de la prise des Tuileries. Elle y causa, comme partout, une vive émotion, et y donna lieu, sans retard, à la délibération suivante de la municipalité [1] :

MM. les Commissaires permanents ont fait rapport à la Municipalité, assemblée extraordinairement, de la loi relative à la suspension du Pouvoir Exécutif à eux apportée cette nuit de la part du District : la municipalité, ayant fait lecture de cette loi, a délibéré d'écrire au Directoire du District pour lui demander le genre de solennité à donner à la proclamation de cette loi, le décret ne s'expliquant pas à cet égard.

A été fait lecture de la lettre du District en date de cejourd'huy, concernant le mode de solennité à observer pour la publication de la loi du 10 de ce mois relative à la suspension du Pouvoir Exécutif.

Délibéré de s'y conformer.

. . . .

En conséquence de la réponse du District relative à la publication de la loi sur la suspension du Pouvoir Exécutif, nous nous sommes assemblés cejourd'huy à cinq heures et MM. du District s'étant rendus en notre séance, ainsi que M. De Vouillier, commandant la troupe de ligne en cette ville, M. Deferrand, commandant de la place et autres officiers, nous nous sommes rendus sur le perron de l'hôtel de ville, et les troupes ayant été mises sous les armes et un ban battu, le secrétaire du District auroit lu à haute voix la loi, et, sa lecture finie, MM. du District l'auroient remise à M. le Maire qui aussitôt l'auroit donnée à MM. les Commissaires de la municipalité pour aller la promulguer dans les différents quartiers de la ville, ce qu'ils auroient été faire, précédés par la gendarmerie nationale, et de différents piquets de cavalerie qui fermoient la marche. De laquelle proclamation l'huissier nous a remis le procès-verbal ci-joint......

Par suite sans doute de l'émoi causé par l'événement, le procès-verbal en question n'a pas été transcrit sur le registre d'où nous extrayons la pièce qui précède.

---

[1] Elle est tirée du *Registre aux délibérations du Conseil municipal de la ville de Valenciennes*, commencé le 2 juillet 1792 et fini le 12 juin 1793, conservé aux Archives de la ville, D, 12.

Le même jour, 13 août, Dillon apprit les événements de Paris, et sans se rendre bien compte de la portée de sa démarche, il s'empressa de rédiger la proclamation suivante :

ORDRE DU 13 AOUT 1792, L'AN QUATRIÈME DE LA LIBERTÉ, AU QUARTIER GÉNÉRAL DE PONT-SUR-SAMBRE.

De grands et sinistres événemens ont eu lieu dans la ville de Paris ; le général Arthur Dillon, commandant en chef sur la frontière du Nord, ne peut les communiquer à l'armée, avant d'en avoir été instruit d'une manière officielle ou certaine ; mais on assure que la constitution a été violée : quels que soient les parjures, ils sont les ennemis de la liberté française ; le général saisit cette occasion périlleuse de renouveler le serment de verser jusqu'à la dernière goutte de son sang pour le maintien de l'intégrité de la constitution du royaume, décrétée par l'Assemblée Nationale Constituante aux années 1789, 1790 et 1791, et d'être en tout fidèle à la nation, à la loi et au roi.

Le lieutenant-général, commandant en chef sur la frontière du Nord,
Arthur DILLON.

« Cet ordre signé, » nous dit Merlin (de Douai) dans un rapport à la Convention [1], « le général Dillon l'a envoyé, non-seulement à tous les officiers généraux qui étoient sous son commandement, mais encore à tous les commandants de place qui se trouvoient sous les ordres immédiats de ces officiers généraux sur la frontière du Nord, puisque même le commandant du fort de Scarpe l'a reçu avant le général Marassé, commandant à Douai, à qui il étoit directement subordonné ».

L'ordre reçu par ce commandant indigna le conseil général du district de Douai qui, par un arrêté en date du 16, essaya d'en corriger les effets. Proclamant avec raison le principe tutélaire de la subordination de l'armée au pouvoir civil, il disait, d'après Merlin [2] :

Que tout ce qui tend à diviser les esprits est en tout temps, et surtout dans les circonstances d'alors, d'une imprudence très sensible ; que l'ordre adressé au général Marassé, semble destiné à annoncer aux troupes qu'elles sont subordonnées à la manière dont leur chef envisage les événemens politiques, tandis que la conduite d'un général, en tout ce qui a rapport au gouvernement, doit être purement passive ; qu'il est, au surplus, fort étrange, que, tout en convenant *qu'il ne peut communiquer aux troupes les grands et sinistres événemens qui ont eu lieu dans la ville de Paris, avant d'en avoir été instruit officiellement et d'une manière certaine,* le général Dillon se permette d'assurer que la constitution a été violée, et que ceux qui l'ont enfreinte sont les ennemis de la liberté françoise ; que certainement le général Dillon, s'il ne savoit pas au juste ce qui s'étoit passé, devoit se renfermer dans le silence, et qu'il n'a pu le rompre que par des intentions perfides ou par une souveraine imprudence ; que la même contradiction se fait remarquer dans sa lettre au général Marassé, où, après lui avoir dit : « Je

---

[1] Nous en avons cité le titre exact au chapitre II.
[2] *Rapport à la Convention.*

suis informé, mais très imparfaitement », il ajoute : « les affaires présentent une nouvelle face »; que, de cette précaution dont aucun ordre, soit du pouvoir législatif, soit du pouvoir exécutif ne lui avoit fait un devoir, il résulte que le général Dillon veut accaparer son armée, ou qu'il avertit, par son ignorance même, tous ses subordonnés de ne lui obéir qu'avec circonspection ; que sa conduite provoque les soupçons et la défiance, surtout par le soin qu'il prend de faire adresser directement aux inférieurs un ordre qu'ils ne devoient recevoir que de leurs supérieurs immédiats ; qu'enfin il y a de l'insidiosité à un général de faire dire de sa part à l'ordre qu'il versera jusqu'à la dernière goutte de son sang pour le maintien de la constitution, puisqu'il déclare ne pas bien connoître si elle a été attaquée.

Cet arrêté du conseil général du district de Douai n'arriva à la connaissance de l'Assemblée législative que le 20 août. Mais, dès le 16, elle avait, d'après des lettres de la municipalité de Landrecies et d'un officier non désigné du camp de Pont-sur-Sambre, déclaré par un décret que Dillon avait perdu la confiance de la nation, et ordonné qu'il serait remplacé [1].

Cependant, dès le 14 août, étaient arrivés à Valenciennes, trois commissaires de l'Assemblée législative. Ils se nommaient Delmas, de Bellegarde et Dubois-Dubais, et jouèrent pendant un certain temps dans le Nord, un rôle considérable.

Né aux environs de Toulouse, en 1754, Delmas avait été nommé député à l'Assemblée législative par le département de la Haute-Garonne. Il y avait travaillé dans le comité militaire, et avait été revêtu, le 25 janvier 1792, des fonctions de secrétaire. Pendant son séjour dans le Nord, il fut nommé par ses commettants, membre de la Convention où il vota la mort du roi, sans appel et sans sursis. Plus tard membre du comité de Salut public, et membre du conseil des Anciens, il mourut en 1800.

Ancien militaire, Antoine Dubois de Bellegarde était chevalier de Saint-Louis. Il avait embrassé avec ardeur les principes de la Révolution, avait été nommé commandant de la garde nationale d'Angoulême, et, vers l'âge de 52 ans, député de la Charente à l'Assemblée législative. Réélu à la Convention, il s'y rangea parmi les Montagnards, et vota avec eux dans le procès de Louis XVI. Il revint ensuite à l'armée du Nord, fit la campagne de Hollande, devint membre du conseil des Cinq-Cents, puis de celui des Anciens, et entra dans l'administration des eaux-et-forêts après le 18 brumaire. Député de la Charente à la fédération du Champ de Mai en 1815, il fut ensuite exilé comme régicide, et mourut à Bruxelles en 1825.

Chevalier de Saint-Louis comme son collègue, Dubois-Dubais appartenait à des opinions moins énergiques. Né à Cambremer, en Normandie, en 1743, il était capitaine de cavalerie dans la maison du roi, au moment où

---

[1] Rapport de Merlin.

éclata la Révolution. En 1789, il avait publié une brochure intitulée : *Mon opinion motivée, ou le vœu d'un gentilhomme normand à la noblesse normande*, grâce à la notoriété de laquelle il s'était fait élire député à la Législative. Réélu à la Convention, il s'y opposa par toutes sortes de moyens dilatoires à l'exécution du roi. Il figura plus tard au conseil des Cinq-Cents, puis à celui des Anciens, visita, après le 18 brumaire, en qualité de commissaire, les quatre départements de la rive gauche du Rhin, fut, à son retour, nommé sénateur, ensuite comte de l'Empire, commandeur de la Légion-d'honneur, et titulaire de la sénatorerie de Nimes. Exilé par erreur comme régicide, il rentra en France en 1818 et mourut, fort vieux, le 1er novembre 1834.

Delmas, de Bellegarde et Dubois-Dubais avaient mission de destituer Dillon et Lanoue. Ces généraux plaidaient les circonstances atténuantes. Loin de se montrer impitoyables, les trois commissaires écrivirent en faveur de Dillon une lettre qui, lue le 16 à l'Assemblée, fit annuler le décret rendu contre lui le même jour. Dillon n'était pas un grand général ; amolli par des habitudes de cour, il se levait à dix heures du matin et s'abandonnait trop à ses aides de camp, parmi lesquels figurait le jeune Dupont-Chaumont, qu'il avait hérité de Théobald. Néanmoins, les commissaires lui auraient sans doute conservé son commandement, si un concurrent des plus sérieux ne s'était présenté pour le remplacer.

Ce concurrent était Dumouriez.

De son camp de Maulde, dont il avait cherché par tous les moyens à accroître l'importance, l'ancien ministre des relations extérieures n'avait cessé de se tenir au courant des événements politiques. Il s'était mis en rapport avec les hommes les plus avancés, tant de Paris que du Nord, spécialement avec Merlin de Douai. Les partisans de la monarchie constitutionnelle ne conservaient aucune illusion à son égard : « Otez Dumouriez d'où il est, » écrivait, le 9 août [1], Alexandre de Lameth à d'Abancourt, « car il est coalisé avec Lille, avec le département, les clubs, et il vous jouera quelque mauvais tour. » Sur la nouvelle de la prise des Tuileries, désobéissant à Dillon et à La Fayette, il écrivit à l'Assemblée qu'il resterait fidèle à la nation, qu'il ne reconnaîtrait jamais d'autre souverain que le peuple français, qu'il approuvait « sans détours ni ménagements la terrible catastrophe du 10 août à laquelle on devait s'attendre de la part d'une nation trompée, trahie et poussée à bout. » [2] Brûlant ses vaisseaux, il donna donc hardiment son armée au parti vainqueur.

---

[1] *Moniteur* du 20.
[2] Lettre du 14 août, *Moniteur* du 19.

Ce n'est point qu'il fût à aucun degré partisan des principes républicains. Bien que l'un de ses premiers actes comme ministre eût été de se coiffer du bonnet rouge en plein club des Jacobins, ses opinions politiques ne différaient pas essentiellement, au fond, de celles de La Fayette. « Il n'était ni opposé au système des deux Chambres, » nous disent ses *Mémoires*, « ni partisan de ce système : pourvu que la monarchie fût appuyée d'une constitution solide peu lui importait laquelle. » — « Dumouriez, » nous avoue encore cette confession, « n'a jamais eu en vue qu'un objet : c'était d'unir d'une manière indissoluble le roi et la nation par la Constitution. Hors de là, il n'envisageait aucun moyen de salut pour sa patrie, dont il apercevait les dangers [1]. » Avant tout, le général était un homme d'intrigue et d'expédients, doué en même temps d'un véritable génie militaire. Resté jusqu'à cette heure dans la demi-teinte des emplois subalternes, il espéra que le 10 août le placerait en pleine lumière, le ferait enfin parvenir aux premières dignités. C'est pourquoi, non sans bien des restrictions mentales et des réserves secrètes quant à l'avenir, il fit, jusqu'à nouvel ordre, semblant d'en adopter chaudement les principes.

Sur le territoire de Saint-Amand, au hameau de la Croisette, existent des boues sulfureuses, connues depuis les Romains et où, perclus des jambes, le jeune député Couthon était venu demander la guérison. En voisin habile, Dumouriez n'avait pas manqué de lui rendre visite afin de capter ses bonnes grâces. Couthon nourrissait contre Dumouriez de fortes préventions ; mais son humeur sauvage fut bientôt apprivoisée par l'habile charmeur. Il se réconcilia avec l'ancien ministre quand il vit les soldats du camp de Maulde entourer leur général en poussant des vivats et en l'appelant leur père. Couthon loua donc à ses trois collègues le civisme de Dumouriez. Celui-ci se rendit lui-même à Valenciennes, le 15, pour voir les commissaires et les déterminer à le proposer comme général en chef de l'armée du Nord. Séduits à leur tour, les commissaires y consentirent et écrivirent à Paris. Là pouvait être la pierre d'achoppement, car on n'a pas oublié que Servan, Clavières et Roland avaient, peu de mois auparavant, été chassés du ministère par les sourdes menées de leur collègue des affaires extérieures. Mais, dans ces circonstances critiques, ils voulurent bien ratifier le choix des délégués et sacrifier leurs rancunes particulières sur l'autel de la patrie.

Pendant l'attente de la décision du gouvernement provisoire et de l'Assemblée, les trois commissaires résolurent de se faire voir aux troupes. Le 17 août, vers huit heures du matin, ils se rendirent dans ce but à

---

1 Tome I, page 475.

Saint-Amand. La ville était en fête ; muette depuis la fuite des moines, la grosse cloche faisait retentir l'air de ses notes graves ; les tambours de la garde nationale battaient le rappel; le bataillon de volontaires caserné à l'abbaye traversait la rue d'Orchies et allait prendre position au delà de la barrière qu'ornait un arc de triomphe surmonté du bonnet de la liberté. Tout à coup, les commissaires arrivèrent et descendirent de voiture pour entendre le discours d'un patriote nommé Louis Leblanc.

Avocat, franc-juré et échevin de la ville, particulièrement estimé de ses compatriotes, Leblanc était depuis longtemps regardé comme le chef du parti démocratique local. En 1789, il avait été délégué par l'assemblée primaire de sa paroisse et avait eu l'honneur d'inscrire son nom au bas des « plaintes, doléances, remontrances et vœux du tiers-état de la ville de Saint-Amand et des villages de Rumegies, Lecelles, Nivelles, Rosult, Saméon, Maulde et Sars-en-Rozières. » Un peu plus tard, après la nuit du 4 août, il avait été chargé de notifier au grand prieur, dom Henri Donné, le décret qui mettait l'abbaye à la disposition de la nation. Dès l'arrivée de Dumouriez, il s'était lié avec l'ancien ministre, et lui avait plus d'une fois offert l'hospitalité dans une vieille maison adossée aux murailles des jardins de l'abbaye.

Après avoir donné à Leblanc l'accolade fraternelle, les commissaires remontèrent en voiture et prirent la route de Tournay, au milieu d'un cortège criant: « Vive la liberté! Vive l'Assemblée nationale! » et brûlant de nombreuses cartouches.

A Maulde, le canon tonnait ; de minute en minute, les coups se succédaient de la redoute construite à droite d'un moulin, en face du grand quartier général. Trente dragons accompagnèrent les commissaires jusqu'au château de Montboisier, antique demeure seigneuriale dont le propriétaire avait émigré. Dumouriez s'y tenait sur le seuil, à la tête de son état-major. Il leur offrit un déjeuner auquel prirent part tous les généraux de la région, ainsi que deux administrateurs du département du Nord. Après quoi, les convives se rendirent au camp.

Les troupes attendaient sous les armes. Au nom de l'Assemblée nationale, les représentants embrassèrent tous les colonels en les chargeant de transmettre, par la voie hiérarchique, ce baiser à leurs corps. Dès qu'un bataillon était passé en revue, officiers et soldats quittaient leurs rangs pour augmenter l'escorte des commissaires; les musiques jouaient des airs guerriers, tandis que la foule criait: « Vive la nation! Vive la liberté et l'égalité! Vive l'Assemblée nationale! »

Les députés prodiguaient à chacun les bonnes paroles : « C'est là, » disaient-ils aux militaires en leur montrant la frontière, « que doit se porter votre attention. Tout ce qui est derrière vous nous regarde ; vous pouvez vous en fier à nous. Vive l'égalité! » A neuf heures du soir arriva le courrier annonçant officiellement la nomination de Dumouriez comme général en chef. « Ce fut, » dit Couthon, « un nouveau sujet d'allégresse universelle [1], » et le décret parut le lendemain.

A peine devenu général en chef, Dumouriez jura, devant les trois commissaires, de vaincre ou de mourir. Il écrivit au président de l'Assemblée que les députés lui donnaient l'exemple du courage, et promit de punir la révolte de La Fayette, ce « nouveau Sylla » [2]. Puis, pour savoir exactement ce qui se passait à Sedan, il y envoya l'un des officiers de son état-major, Chérin, en compagnie d'un trompette.

Malgré son repentir, Arthur Dillon se trouva donc destitué. Lanoue partagea le même sort et fut remplacé par Duval.

> Le résultat de mes opérations, — a écrit Dillon lui-même, — fut, pendant un mois que je commandai en chef sur la frontière du Nord, d'augmenter le camp de Maulde de neuf bataillons, celui de Maubeuge de deux ; d'en former un de 7.000 hommes à Pont-sur-Sambre ; de chasser les ennemis de tous les points qu'ils occupoient sur le territoire françois à mon arrivée ; de les inquiéter sur leur propre terrain ; d'approvisionner les places, de compléter les dépôts des régiments de ligne, de lever et d'organiser huit compagnies franches que je laissai à moitié complètes ; de requérir et d'encourager les gardes nationales à me fournir un corps de 10.000 hommes, ce dont je convins avec le département. [3]

Cette destitution ne termina point les péripéties d'Arthur Dillon. Nous avons vu qu'à la fin de la séance du 16, l'Assemblée avait rapporté le décret de défiance précédemment rendu le même jour contre lui : mais le 20 août, arrive l'arrêté du district de Douai avec une dénonciation de ce Thuring de Rhys (ou de Rheys) dont nous a parlé le 24 juillet une lettre de Dumouriez, et qui accusait le général de préparatifs contre-révolutionnaires dans la citadelle de Valenciennes. Par suite, l'Assemblée législative rapporta sur-le-champ la décision par laquelle elle avait suspendu le premier décret du 16 ; ce qui déclara une seconde fois Arthur Dillon déchu de la confiance de la nation. Mais le lendemain, une nouvelle missive des trois commissaires fit apparaître la conduite du général sous un jour plus avantageux ; le 26, une lettre de Dillon lui-même fut lue, et le tout renvoyé à une commission extraordinaire. Cette commission ne statua point. Comme le décret de défiance du 16 août n'avait pas été notifié officiellement et que, d'un autre côté, le comité de correspondance de l'Assemblée, ignorait

---

[1] Voir, sur cet épisode, la lettre des commissaires à l'Assemblée datée du 19 et publiée le 23 au *Moniteur*; la lettre de Couthon, aussi du 19, publiée par Ternaux, III, 446; enfin, la lettre du grenadier Belingue publiée dans le *Moniteur* du 26.

[2] Lettre du 18 août au président de l'Assemblée, reproduite par le *Moniteur* du 22.

[3] *Compte-rendu au ministre de la guerre.*

apparemment celui du 20, ce comité écrivit le 24 à Delmas, Bellegarde et Dubois-Dubais que le général pouvait continuer à servir.[1] En vertu de toutes ces négligences et de tous ces conflits d'attribution, il resta donc à l'armée du Nord, forcé, par un étrange coup de bascule, d'obéir à Dumouriez qu'il venait de commander. Mais, selon ses expressions, plus belles peut-être que la réalité de ses sentiments, « il s'agissait de combattre les ennemis de la patrie ; je n'hésitai pas à me ranger sous les ordres de Dumouriez, quoique je fusse son ancien... »[2]

Peu de jours après fut ouverte par le 104ᵉ régiment, une souscription en faveur des « veuves et des orphelins des citoyens morts victimes pour le soutien de l'égalité et de la liberté, dans la journée du 10 août 1792. » S'y associer fut un certificat de civisme. Dillon en avait plus besoin qu'un autre. Aussi s'inscrivit-il en tête. Dans la lettre que publia l'*Argus* du 6 septembre, nous relevons donc les noms suivants :

Le général Dillon...	200	livres papier
Le général Miaczinski..	48	or
Dupont-Chaumont, aide de camp du général Dillon	25	papier
Schenetz, *id*...	20	»
Lapoype, colonel du 104ᵉ régiment..................................	50	»
Malus, aide de camp général...	25	»
Le général Moreton...	50	»
Les commis des bureaux de M. Malus.............................	5	»
Cornu, lieutenant-colonel, chef d'état-major	5	»
Le général Dumouriez...	200	»
Rouhière, commissaire de guerre.....................................	10	»
Delarue, aide de camp du général Dumouriez..................	5	»
Chancel, colonel-adjudant général de l'armée du Nord.....	50	»
Ferrand, maréchal de camp, commandant de Valenciennes..	10	»
Le général Chazot...	50	»
Maubant, colonel, aide de camp.......................................	15	»
Bazet, colonel du 90ᵉ régiment..	25	»
Chérin, adjoint à l'état-major..	35	»
Chedulant, lieutenant-colonel, commandant du 2ᵉ bataillon du Nord...	20	»
Les commissaires députés de l'Assemblée nationale, Dubois-Dubais, Delmas et Bellegarde	50	»
Delanaye, lieutenant-colonel du 2ᵉ bataillon de Paris	5	»
Le patriote Carra...	5	»
Arnaud, lieutenant-colonel en 2ᵉ du 2ᵉ bataillon du Calvados	5	»
Couthon, député à l'Assemblée nationale.........................	10	»
Dubouzet, 1ᵉʳ lieutenant-colonel au 104ᵉ régiment...........	25	»
Dehahn, 2ᵉ » »	25	»
Dinot, volontaire canonnier de Valenciennes	15	»
Lefebvre, dit *Laplume*, dépositaire de l'*Argus* au camp de Maulde...	5	»
L'auteur de l'*Argus*...	10	»
Les compagnons imprimeurs de l'*Argus*........................	9	»
Total...............	1304 livres 10	

---

[1] *Rapport* de Merlin.
[2] *Compte-rendu*, de Dillon.

Parmi les noms que nous signale pour la première fois cette liste se trouve celui de Miaczynski, aventurier cosmopolite récemment entré au service de la France. A l'époque où, dans la Pologne, son pays natal, il commandait avec Pulawski et Walewski les troupes de la confédération de Bar, Dumouriez l'y avait connu. Très versé dans la guerre d'escarmouches, mais sans aucune moralité, Bertrand de Molleville raconte qu'un peu plus tard, commandant une avant-garde, il demanda 200.000 francs pour se faire battre et entraîner ainsi, en même temps qu'une déroute de l'armée française, la chute du parti jacobin.

Un autre nom que nous devons retenir est celui de Carra, publiciste, né à Pont-de-Veyle en 1743. Après avoir étudié en Allemagne et habité la Valachie, où les Turcs étranglèrent sous ses yeux un hospodar, il fut employé, par les cardinaux de Rohan et de Loménie, à des écrits polémiques. Puis il se lança dans le journalisme et coopéra à la rédaction du *Mercure national* et des *Annales patriotiques*, dont le succès fut prodigieux. Soit dans la presse, soit à la tribune des Jacobins, il attaqua violemment les armements des étrangers, dénonça le *comité autrichien*, réclama pour le peuple un armement de piques et fut l'un des promoteurs de la journée du 10 août. Il était accouru dans le Nord pour se rendre compte par lui-même de l'effet qu'elle avait produit sur l'armée.

Dès qu'ils apprirent la promotion de Dumouriez, les Cambrésiens s'empressèrent de lui adresser la lettre suivante :

A M. Dumouriez.

Général patriote,

Rien ne pouvoit nous flatter davantage que la nouvelle de votre élévation au grade de général en chef de l'armée du Nord. C'est une justice rendue à votre fermeté, à vos vertus civiques ; recevés en nos félicitations bien sincères. Tant que nous vous sçaurons à la tête de nos frères d'armes, nous demeurerons sans inquiétude sur les menaces de l'ennemi, bien persuadés qu'elles ne nous atteindront jamais. Vous avez à deffendre non seulement la nation qui vous donne des marques de la plus haute confiance, non seulement la liberté, et l'égalité qui sont vos idoles, mais le pays même qui s'honore de vous avoir vu naître, vos concitoyens, vos frères. Quels plus forts stimulans pourroient exalter le courage d'un généreux guerrier, si le vôtre n'étoit au-dessus de tous accroissemens !

Continués, brave Dumourier, à vous montrer le plus sûr ami du peuple. La gloire a déjà inscrit votre nom dans les fastes de la reconnaissance publique ; bientôt la victoire couvrira de ses palmes les monuments qui vous sont élevés dans tous les cœurs des vrais François.

Les maire et officiers municipaux de Cambray.

Cambray, le 21 août 1792, l'an 4 de la liberté.[1]

---

[1] La minute originale de cette pièce repose aux Archives de Cambrai.

Le lendemain, les troupes de ligne et la garde nationale prêtèrent à Valenciennes ce qu'on nommait alors le *serment du 10 août*, c'est-à-dire celui d'être fidèle à la nation, et ce, en présence de trois commissaires de l'Assemblée, et au son d'une musique guerrière jouant *Ça ira*.

Puis, le *patriote* Carra avec les généraux Labourdonnaie et Ferrand furent reçus à la Société des Amis de la Liberté et de l'Égalité. Tel était le nouveau nom que, depuis les derniers évènements, avait pris la Société des Amis de la Constitution.

Le 11 août, l'Assemblée avait rendu un décret ordonnant d'enlever des places de Paris les statues de rois qui les décoraient et, le 14, un autre décret prescrivant la destruction de tous les signes rappelant la féodalité. Or, depuis le 10 septembre 1752, se dressait, à l'extrémité sud de la place de Valenciennes, au pied d'un antique beffroi, une statue de Louis XV. Taillée dans le marbre blanc, elle s'élevait sur un piédestal, orné sur ses faces antérieure et postérieure d'inscriptions dédicatoires qu'avait composées l'académicien de Boze, mais dont les faces latérales n'avaient jamais été achevées. Elle avait pour auteur le fils d'un humble ménétrier, Jacques Saly, baptisé à Valenciennes le 20 juin 1717, prix de Rome en 1740, et qui, à la requête du roi de Danemarck, dans la capitale duquel il exécuta une statue équestre de Frédéric V, fut, par celui de France, anobli et créé chevalier de Saint-Michel. Fort louée par les uns, l'œuvre de Saly a été assez vertement critiquée par Diderot dans son *Voyage en Hollande*.[1] Elle ne devait pas résister aux orages de la Révolution et fut abattue par le peuple le 23 août.

Ce même jour, les Cambraisiens écrivirent à leur compatriote une nouvelle lettre qui jette une triste lumière sur l'état matériel d'une partie de l'armée :

A Monsieur DUMOURIEZ, général de l'armée du Nord.

Général patriote,

Cent trente gardes nationaux du premier bataillon de l'Oise sont en dépôt à Cambray. Aucuns ne sont armés. La plupart manque de vêtements les plus indispensables : sans bas, sans souliers, sans habits, sans chemises, ils présentent le spectacle hideux de la misère, le plus déchirant pour des âmes sensibles, disons le plus honteux pour la nation française. Tous sont animés du plus ardent patriotisme. Tous ne demandent rien tant que d'être utiles à la cause commune. Il semble que leur dénuement est la seule cause de leur inactivité. Eh quoi donc, sous un régime populaire, les enfans de la patrie doivent-ils avoir à se plaindre d'être oubliés, d'être avilis ? Sous un ministère franc et

---

[1] On peut consulter encore sur cette statue les *Monuments érigés en France à la gloire de Louis XV*, par Pierre Patte ; *Antoine Watteau, son enfance, ses contemporains*, par Louis Cellier, et l'*Histoire de deux Bas-Reliefs*, par M. Paul Foucart.

loyal, peut-on laisser subsister les résultats odieux des manœuvres criminelles des correspondans de Coblentz ? Le soldat citoyen doit-il être amené successivement à cette affreuse réflexion : « *Nous sommes moins heureux que les satellites du despotisme ?* » Ah ! sans doute, leurs plaintes bien légitimes vous frapperont d'indignation et vous prendrés les moyens les plus prompts pour les faire cesser. Au nom de la patrie, au nom de l'humanité, nous vous conjurons de ne pas les perdre de vue ; nous nous flattons que vous entendrés leur voix et la nôtre et que bientôt ils auront à s'applaudir des mesures de bienfaisance que vous prendrés à leur égard.

Ne croyés pas que le tableau ci-dessus, tout affreux qu'il est, soit exagéré : nous avons vérifié par nous-mêmes la situation de ces infortunés, et nous pouvons vous assurer qu'elle est encore plus triste que la peinture que nous en avons esquissée.

Nous saisissons cette nouvelle occasion de vous réitérer les sentiments de la confiance sans borne et de la tendresse fraternelle que vous ont vouée pour jamais vos compatriotes, les Maire et officiers municipaux de Cambray.

Cambray, 23 août 1792, l'an 1er de l'Egalité.[1]

Chose étrange de la part d'un homme aussi avisé que Dumouriez : au moment où il reçut cette lettre et où les Prussiens violaient la frontière de l'Est pour marcher sur la capitale, il ne songeait qu'à la conquête de la Belgique. Nous avons vu que c'était, depuis le début de la guerre, son idée favorite ; elle finissait par tourner à la manie. En 1763, après ses aventures en Corse, il avait visité Mons, et depuis, en 1790, grâce à La Fayette, il avait obtenu une mission secrète qui lui avait permis de parcourir de nouveau la Belgique et de s'y lier avec les chefs du parti démocratique. Se croyant sûr de réussir là où avaient échoué Biron et reculé Lückner, il écrivait superbement au président de l'Assemblée qu'il allait « tenter la noble entreprise de porter la liberté dans les provinces qui frémissaient sous le despotisme. » Et il ajoutait : « C'est ainsi que le peuple romain transportait son armée en Afrique, pendant qu'Annibal était aux portes de Rome ! »

Ajoutons, pour être juste, que Dumouriez essayait d'appuyer ses projets de considérations politiques. Suivant lui, l'alliance de la Prusse avec l'Autriche n'était guère solide et se briserait au moindre choc ; on devait ménager l'une de ces puissances et écraser l'autre ; dès les premiers coups de fusils tirés dans les Pays-Bas, Clairfayt, qui s'était joint à Brunswick pour l'invasion de la Champagne, abandonnerait le généralissime, et accourerait à marches forcées afin de couvrir Bruxelles. De la sorte, les Prussiens n'ayant plus avec eux que les contingents des petits princes allemands avec les émigrés, et se trouvant considérablement affaiblis, Dillon et Kellermann en viendraient facilement à bout.

---

[1] Cette pièce est également tirée des Archives de Cambrai.

Servan était loin d'approuver le plan de campagne de Dumouriez. Il trouvait que la prise de Bruxelles par les Français serait une faible compensation à celle de Paris par les Austro-Prussiens. En même temps qu'il mettait la capitale en état de défense, et faisait monter des canons sur la butte Montmartre, il adressait au général de justes remontrances. Mais Dumouriez ne se rendait pas ; et, un seul homme ne pouvant se flatter de tout diriger de la mer à la Meuse, il proposa à Dillon d'aller commander, sous le nom d'*Armée des Ardennes*, la partie des anciennes troupes de La Fayette qui se trouvait « depuis la Sambre jusqu'à la Meuse.[1] »

Croyant dès lors avoir assez fait pour la frontière de l'Est, Dumouriez se remit avec une activité fébrile à préparer son invasion. Il appela auprès de lui et choisit pour aide de camp un de ses anciens agents secrets les plus retors, Fortair. Il fixa à 6.000 le nombre des volontaires belges devant lui servir d'avant-garde. Il conçut l'idée de créer, au moyen de déserteurs autrichiens et des soldats des régiments suisses, dont le licenciement n'était plus qu'une affaire de jours, huit corps francs composés chacun de 800 hommes. Il fit venir, en contrebande, des armes d'Angleterre et de Hollande. Enfin, il compléta ses cadres : Beurnonville et Moreton furent créés lieutenants-généraux en même temps que Labourdonnaie, Marassé et O'Moran, gouverneurs de Lille, de Douai et de Condé ; Duval redevint maréchal de camp ; Dampierre, son futur successeur, fut promu à ce grade en compagnie de Ruault, colonel du 56e régiment d'infanterie, de La Marlière, colonel du 14e, de Flers, colonel du 3e régiment de cavalerie, et d'autres encore. Les promotions ne furent pas moindres dans les rangs inférieurs, et son « armée offensive » comme il l'appelait, ne tarda pas à être sur un vrai pied de guerre.

En vain d'Hangest, chef de l'artillerie du camp de Sedan, à qui en était échu le commandement provisoire, envoyait des estafettes pour annoncer que les ennemis investissaient Longwy. Il s'en réjouissait : pendant que les Austro-Prussiens perdraient leur temps à des sièges, il aurait le loisir de conquérir la Belgique. En vain Servan lui écrivait que le danger était dans l'Est, que l'armée de Sedan manquait d'une tête, qu'il devait y courir. Dumouriez répondait que Dillon et Chazot d'un côté, que Kellermann de l'autre, pourvoiraient à tout, et il continuait à diriger ses regards vers les Pays-Bas.

Pendant ce temps, les évènements se précipitaient et venaient démentir l'optimisme obstiné du général en chef. Westermann arriva à Valen-

---

[1] *Compte-rendu* de Dillon.

ciennes dans la nuit du 24 au 25 août. Il lui décrivit la désorganisation de l'armée de La Fayette, la mauvaise disposition des esprits dans les Ardennes, et l'imminence des progrès de l'ennemi. Celui-ci s'avançait comme un torrent à travers l'Alsace et la Lorraine. Trente mille hommes, conduits par le prince de Hohenlohe, avaient passé le Rhin le 10 août et s'étaient portés en hâte vers les avant-postes de Biron. Ils avaient manqué d'enlever par surprise Landau que son gouverneur Martignac avait démantelé avant de passer à l'ennemi, et où Custine, Kellermann et Victor de Broglie s'étaient jetés à travers les brèches des remparts. Brunswick, de son côté, menaçait en même temps les places de Montmédy, de Longwy et de Thionville, et plaçait le corps de Clairfayt entre les deux dernières afin d'en couper les communications. Lückner avait voulu s'opposer à ce mouvement, et avait d'abord résisté le 19 août à 22.000 Autrichiens ; mais le lendemain il s'était retiré, découvrant les trois forteresses menacées et ne songeant plus qu'à protéger la route de Verdun. Le corps des émigrés avait alors investi la place de Thionville, dont Félix de Wimpfen commandait la garnison, et la citadelle de Longwy avait été assiégée le 23 par Clairfayt. Elle pouvait résister quinze jours et n'avait résisté que quinze heures.

Dumouriez résolut enfin de se rendre sur-le-champ dans l'Est afin d'essayer de couper court à ces désastres, et fit venir de Lille La Bourdonnaie, commandant cette forteresse, afin de lui confier, en son absence, la direction de l'armée de Valenciennes, avec Moreton comme second. Mais il ne voulut point partir avant d'avoir visité une dernière fois le camp de Maulde.

Il y arriva juste pour y voir la conclusion d'un petit combat livré dans des circonstances tout à fait originales, à la suite d'un bal organisé dans le but d'attirer les Autrichiens. Ce qui permit à Beurnonville d'écrire : « Les demoiselles Fernig, qui aiment la danse aux bayonnettes, fesaient partie de l'embuscade. Elles ont tué plusieurs Autrichiens, en ont blessé leur bonne part et repoussé l'ennemi jusqu'à l'entrée du bois.[1] »

Le soir même, Dumouriez partit pour Sedan en compagnie de Westermann, d'un seul aide de camp, et de son valet de chambre, Baptiste, dont le dévouement devint bientôt célèbre dans l'armée.

Le 27, les trois commissaires donnèrent à Dillon, jusque-là resté dans

---

[1] On trouvera des détails sur cette affaire dans le *Moniteur* du 7 septembre, ainsi que dans la *Notice biographique* du docteur Duhem, et dans l'ouvrage de M. Pelé.

le Nord, l'ordre de suivre son chef.[1] Il partit sur-le-champ en chaise de poste et arriva à Sedan le 29, où l'avait précédé une lettre de Servan exposant le plan de campagne qui devait sauver la France :

> Paris, le 25 août 1792, l'an 4ᵉ de la Liberté et le 1ᵉʳ de l'Egalité.
>
> D'après la connoissance que vous avez sans doute, Monsieur, de la reddition de Longwy, vous ne serez pas surpris que je m'empresse de vous faire part de mes idées sur l'usage que vous devez faire des forces que vous avez à votre disposition. L'ennemi peut prendre deux partis : ou il se porte sur Verdun, et, dans ce cas, vous devez vous attacher à lui interdire le passage de la Meuse, en vous approchant de cette place par la rive gauche de la rivière ; ou il veut attaquer Thionville. Dans cette supposition, vous n'avez qu'à le suivre ; inquiéter ses derrières et gêner les opérations de ce siège. Vous sentirez certainement combien il est important de ne pas vous compromettre et de vous concerter avec M. de Lückner. Si les ennemis, trop inquiétés par vous, se portoient de votre côté, vous devez vous tenir à portée de vous retirer sur Verdun, pour défendre la Meuse.
>
> Dans tous les cas, l'objet de toutes vos mesures doit être de prévenir l'ennemi vers Paris, soit en le fatiguant sur ses derrières et ses flancs, soit en le devançant si cela est plus avantageux.
>
> J'envoie dans ce moment un courrier à M. Dumouriez pour qu'il se joigne à vous avec tout ce qu'il pourra tirer de ses camps et de ses garnisons du côté de Dunkerque. Il sera peut-être très sage que vous lui fassiez savoir quel est le parti que vous prenez, et ce que vous savez de l'ennemi.
>
> Nous prenons pour la défense de Paris les mesures les plus promptes, et nous espérons recevoir l'ennemi de manière à vous donner, ainsi qu'aux autres généraux, que je me hâte de prévenir, le temps de l'attaquer et de l'envelopper.
>
> Le ministre de la guerre.
> J. SERVAN.[2]

On voit quelle était l'idée du ministre de la guerre : sacrifier l'accessoire au principal, renoncer à l'emploi des petits paquets et à la dispersion des forces sur de trop larges étendues de terrain ; pour cela, concentrer le plus de troupes possible sur le point qui importait davantage. Comme il n'avait pas de quoi former deux armées sérieuses et que la garde des places du Nord ou une marche sur la Belgique lui semblaient actuellement moins urgentes que la défense de la route de Paris, c'est dans l'Est qu'il voulait réunir en un seul bloc la majeure partie des forces de Dillon, de Dumouriez et de Lückner. Il ne se dissimulait certes point les dangers auxquels la frontière des Pays-Bas allait se trouver exposée, car un

---

[1] *Rapport* de Merlin, et *Compte-rendu* de Dillon, pages 6 et 7. M. Chuquet, dans son volume sur *Valmy*, page 28, dit que le 25 août, tandis que Dumouriez se trouvait encore à Valenciennes, Dillon n'osait se rendre au camp de La Fayette et attendait à Givet les ordres de l'Assemblée. Nous pensons qu'il fait erreur et que les faits se sont bien passés tels que nous les racontons.

[2] Cette lettre est tirée du *Compte-rendu* de Dillon, *Pièces justificatives*, nᵒ III.

mouvement, récemment opéré par son général, faisait deviner les desseins de l'ennemi. Paridaens nous dit, en effet :

DU 16 AOUT, DIMANCHE.

S. A. R. le duc de Saxe Teschen, et tout le quartier général, partent de Mons vers Tournay par Ath.

Les Autrichiens avaient montré ainsi leur intention de s'attaquer à Lille, s'ils se croyaient de force à enlever une grande place, ou à Condé, s'ils bornaient provisoirement leur ambition à une petite. Mais le ministre savait qu'ils n'étaient pas nombreux et qu'ils manquaient de matériel de siège ; il pensait, en outre, que, grâce à l'épaisseur des murs, à la largeur des fossés, et à la portée des canons, les faibles garnisons laissées dans les places du Nord suffiraient à empêcher un malheur, et qu'après la prompte défaite des Austro-Prussiens, l'armée de l'Est aurait encore le temps de voler utilement à leur secours.

Arrivé à Sedan le 28, et au camp de La Fayette le 29, Dumouriez y fut reçu par les murmures d'une partie de l'armée qui regrettait son ancien général et ne connaissait pas encore le nouveau. Pas un cri, pas un vivat ; partout des visages chagrins et méfiants. Un grenadier osa même s'écrier : « C'est ce b.... là qui a fait déclarer la guerre. » Dumouriez entendit cette exclamation, et répartit sans se troubler : « Croyez-vous gagner la liberté sans vous battre ? » D'autres mots pleins d'à-propos, joints à quelques actes de vigueur, ne tardèrent pas à faire comprendre aux soldats qu'ils avaient enfin à leur tête un véritable chef.

Cette revue passée, le premier soin de Dumouriez fut d'envoyer au secours de Verdun le lieutenant-colonel d'artillerie Galbaud, créé pour la circonstance maréchal de camp. Son second, de donner un meilleur emplacement à ses troupes, pour lesquelles il craignait une prochaine attaque de la part de Clairfayt.

Mais qu'allait-il faire de son armée ? A peine arrivé à Sedan, il ordonnait à Duval de se rendre à Rethel avec les troupes du camp de Pont-sur-Sambre ; il appelait à lui ses *chers amis* Bellegarde, Delmas et Dubois-Dubais, pour qu'ils appuyassent de leur autorité toutes ses réquisitions. Selon le désir de Servan, il semblait donc vouloir faire la guerre défensive en se portant sur le flanc des Teutons, et en leur barrant le chemin de Paris.

Toutefois, plus il examinait son armée, et moins il la croyait capable de résister en rase campagne. Par suite, il en revint bientôt à son éternel projet de diversion dans les Pays-Bas ; et, pour forcer la main au ministre, réunit un conseil de guerre. Dumouriez en a fait, dans ses *Mémoires* [1], un récit fort inexact. Voici ce que, peu de mois après, en avait dit Arthur Dillon [2] :

Le 30, le général Dumouriez assembla près de lui les officiers généraux qui étoient à Sedan ; il exposa la situation déplorable où se trouvoit l'armée que venoit d'abandonner La Fayette ; et à peine celle-ci se trouvoit avoir 17.000 hommes disponibles, en ne laissant que les garnisons absolument indispensables dans Sedan et Mézières ; encore étoit-elle éparpillée dans divers points inutiles à garder : cependant l'ennemi avoit déjà passé la Chiers sans y trouver d'opposition, s'étoit emparé de Longwy, et étoit au moment ou de marcher sur Verdun ou de faire le siège de Montmédy ; il étoit impossible de s'opposer à sa marche.

L'armée prussienne, forte de 55.000 hommes, étoit en entier sur la frontière, ou déjà en France. Clairfayt, avec 16.000 hommes, étoit arrivé des Pays-Bas, et avoit pris poste sur la Chiers, à la droite de l'armée prussienne. On savoit qu'une seconde colonne d'Autrichiens, commandé par Hohenlohe, une d'Emigrés et une de Hessois, succéderoient aux Prussiens, à mesure qu'ils avanceroient ; on savoit aussi que le maréchal Lückner n'avoit pas plus de 15.000 hommes disponibles, en laissant de suffisantes garnisons dans ses places.....

Les officiers généraux assemblés par Dumouriez, reconnoissant l'impossibilité d'attaquer de front un ennemi aussi formidable, que l'on ne pouvoit empêcher de passer la Meuse, guéable dans 64 endroits de Verdun à Stenay, pensèrent que le meilleur moyen seroit de faire une puissante diversion dans les Pays-Bas, en laissant seulement de bonnes garnisons dans les places depuis Sedan jusqu'à Maubeuge.

Cette opinion fut émise par Dillon, et chaleureusement soutenue par Dumouriez, qui avait à l'avance endoctriné son collègue. La majorité se prononça en ce sens, mais non sans hésitation. Plusieurs généraux regrettèrent publiquement leur vote à peine émis, et l'avis du Conseil fut accueilli « avec indignation » par un grand nombre d'officiers à qui leur grade ne permettait pas d'y figurer.

Cette attitude de ses troupes fit réfléchir Dumouriez. En même temps, il apprenait que Clairfayt s'était avancé par Longuyon et Merville, que le général autrichien dépassait Montmédy, dédaignant d'en faire le siège, et poussait ses éclaireurs jusqu'aux environs de Stenay. Le camp de Sedan n'était pas défendable, et si le général en chef y était attaqué par les Autrichiens tandis que les Prussiens s'empareraient de Verdun, il pouvait se trouver entre deux feux.

Voyant l'attitude aggressive de Clairfayt, il ne crut plus possible de l'entraîner à sa suite par une diversion en Belgique. Non sans gémir,

---

[1] I, 254-257.

[2] Dans son *Compte-rendu*. M. Chuquet (*Valmy*, chapitre 2me) place le conseil de guerre à la date, non du 30 août, comme Dillon, mais à celle du 29.

il renonça enfin à son plan aventureux, et en conçut un autre, celui d'appeler les ennemis et de les défaire dans l'Argonne, longue ligne de forêts qui s'étend de Sedan à Sainte-Menehould, entre Verdun et Châlons, défilés obscurs alors, glorieux depuis, et dont, en se promettant plus de bonheur que n'en avait eu Léonidas, il voulut faire les Thermopyles de la France.

Une fois son plan arrêté, il en poursuivit l'exécution avec son activité et sa bonne humeur ordinaires, en se faisant vigoureusement aider par un nouvel auxiliaire, le jeune Pierre Thouvenot.

Celui-ci, dont le frère avait déjà été tiré par Dumouriez de la fonderie d'Indret, venait de recevoir du général en chef le grade de lieutenant-colonel et le brevet d'adjudant-général. Auparavant, il était capitaine au 44me régiment d'infanterie. Hardi, fécond en ressources, il ne se trouvait jamais embarrassé, et fut bientôt regardé comme l'officier le plus instruit de l'armée, comme l'homme indispensable pour tout ce qui regardait la castramétation et les reconnaissances. Nous le retrouverons en Belgique.

Après avoir chargé Thouvenot de préparer certains détails du mouvement, Dumouriez envoya ordre à Beurnonville de lui amener 10.000 hommes d'infanterie et de cavalerie tirés du camp de Maulde. Il assigna à Duval un nouveau rendez-vous à Autry, au beau milieu des défilés. Il fit venir, des arsenaux de Douai et de La Fère, les munitions de guerre dont il avait besoin. Il indiqua Châlons et Sainte-Menehould pour camps aux renforts qui lui seraient envoyés de l'intérieur. Enfin, voulant combler les vides creusés dans les rangs supérieurs par la défection des partisans de La Fayette, il promut aux grades de lieutenants-généraux ou de maréchaux de camp plusieurs officiers populaires et aimés du soldat.

Ayant envoyé en avant Dillon, il venait de former une seconde avant-garde placée sous le commandement de Stengel, brillant colonel des hussards de Bercheny, lorsqu'il apprit que Galbaud s'était heurté à 50.000 hommes qui assiégeaient Verdun et se repliait sur l'un des défilés de l'Argonne.

Si Brunswick avait profité de son foudroyant succès de Longwy pour tomber sur l'armée encore déployée en faibles pelotons sur une ligne trop étendue, c'en était fait de la France. Sous le prétexte d'attendre des renforts, il perdit dix jours où il conquit Verdun, mais où il permit à Dumouriez de prendre ses dispositions. C'est le 30 août seulement que l'armée prussienne était arrivée sur les hauteurs qui dominent Verdun. Faiblement fortifiée, mais défendue par une garnison de 3.500 hommes que dirigeait le colonel Beaurepaire et les chefs de bataillon Lemoine, Dufour et Marceau, elle pouvait retarder sérieusement la marche des envahisseurs. Le bombardement, commencé le 31, brûla quelques édifices. Une suspension d'armes, offerte par le roi de Prusse, fut acceptée. La population était royaliste. Un conseil de défense composé de magistrats civils auxquels, par défiance de l'armée, l'Assemblée législative avait confié la puissance dans les villes en état de siège, força Beaurepaire à capituler, et le colonel se tua de désespoir.

A la suite de la prise de Longwy, Lückner était tombé en disgrâce, et le décret de sa destitution fut apporté à son armée. Kellermann était désigné pour lui succéder; colonel au moment de la Révolution, celle-ci l'avait promu général, et la bataille de Valmy allait bientôt l'illustrer. Mais il n'accepta que si Lückner devenait généralissime. Cette condition fut admise. Toutefois, le vieux soudard n'eut plus que de vains honneurs, et il fut chargé d'organiser à Châlons les bataillons de volontaires.

Cependant Dumouriez, enfermé dans le camp de Grandpré, dont la position lui semblait presque inexpugnable, occupait, avec de petits détachements, les passages intermédiaires entre Sedan et Sainte-Menehould. Il attendait les renforts qu'il avait réclamés avant de risquer sur une bataille le sort de la France. Son seul espoir sérieux était dans sa jonction, derrière l'Argonne, avec l'armée que Kellermann lui amenait de Metz, et avec les troupes qui lui venaient du Nord.

La mise en route de celles-ci n'avait pas eu lieu sans bien de l'émoi et de l'hésitation, la frontière du Nord ayant, depuis le départ de Dumouriez, été en butte à des attaques presque quotidiennes.

Elles avaient surtout pour objet le camp de Maulde, que Dumouriez avait tant contribué à faire regarder comme le *palladium* de la France. Du 24 au 29 août, il y en eut quatre successives. Puis, le 29 et le 31 août, deux autres plus importantes, dont l'*Argus* rendit compte en ces termes dans son numéro du samedi 1ᵉʳ septembre :

Le 29, vers les six heures du soir, le brave Ballan, commandant le bataillon de Flanqueurs, sur la rive droite de l'Escaut, harceloit les Autrichiens dans la forêt de Mortagne. Le brave et bon patriote, M. Deflers, maréchal de camp, étoit de jour et en visite de poste. Rendu aux avancées de Mortagne, il entendit une fusillade continuée; il se rendit au moulin de Flines, où il trouva M. Ballan qui se reploit; il étoit près de sept heures et demie du soir; M. Leval, adjudant de cette troupe de braves, étoit encore au feu. M. Deflers demanda à M. Ballan à voir ses dispositions ; il met pied à terre pour mieux examiner. A peine ont-ils fait 200 pas, qu'il part d'une haie un coup de carabine dont la balle perce la cuisse de M. Deflers. On a rapporté cet excellent général qui n'a consulté que sa bravoure. L'os n'est pas endommagé : sa blessure ne sera pas longue à guérir. Mais le général Beurnonville, qui commande le camp, est profondément affligé de perdre pour la campagne cet excellent officier de cavalerie et le seul qu'il y eut au camp pour cette partie.

Le 30 au matin, l'ennemi a paru à trois heures et demie du matin sur deux colonnes appuyées par 4 ou 500 hussards. Il a commencé à tirer sur la redoute de Maulde occupée par les grenadiers. Deux compagnies de Belges se sont avancées pour reconnoître la force de l'ennemi ; sur-le-champ, le général Beurnonville a fait avancer la 1re brigade de la 1re division aux ordres de M. Deforest, maréchal de camp, entre l'Escaut et le village de Maulde, près le marais, pour tourner l'ennemi derrière la ferme qui se trouve sur la droite du chemin de Tournai, au-dessus de Bléharies. Il a fait placer une pièce de 12 et 400 hommes à l'entrée du village. Le bataillon des Flanqueurs de gauche a eu ordre de se porter jusqu'à Ledin en passant entre Rongy et Bléharies. Ce bataillon devoit servir d'avant-garde à la 1re division aux ordres de M. Gelain, maréchal de camp, qui devoit tourner l'ennemi de ce côté. Le feu s'est engagé entre les flanqueurs et les chasseurs autrichiens. L'ennemi n'avoit pas encore tiré 30 inutiles coups de canons qu'il s'est vitement replié en perdant un hussard qui a été fait prisonnier. Nous n'avons perdu personne, pas même eu un seul blessé. L'ennemi s'est mis dans le cas de ne rien exposer, et on pense que les habitants de Tournai n'étoient pas fort tranquilles ; car les portes de la ville ont été fermées jusqu'à cinq heures du soir.

On affirme la perte des Autrichiens dans quatre actions précédentes, pendant la semaine, dans la forêt de Mortagne, à 63 tués, 700 blessés. On en juge par le fait, et par les rapports conformes des 3 prisonniers et 27 déserteurs de cette partie. Le général Beurnonville ne néglige aucune mesure pour les harceler, pour faciliter la désertion, pour protéger les cultivateurs et empêcher la dévastation. On est toujours sûr que ce camp, qui est sur la plus grande défensive, couvrira cette frontière en détruisant tous les projets hostiles contre les places sur lesquelles il pourra toujours envoyer des renforts.

Cette note porte la marque de Beurnonville, grand hâbleur, qui, dans ses rapports militaires, avait l'habitude de réduire à rien ses pertes et d'exagérer ridiculement celles de l'ennemi. — Le lendemain, nouvelle attaque, dont l'*Argus* publia le 3 septembre le compte-rendu, sortant probablement de la même fabrique :

Le 31, à trois heures après-midi, les Autrichiens se déployèrent au nombre de 3 ou 4.000 hommes, et 500 chevaux, à une demie lieue du camp de Maulde.

Ils avancèrent une batterie de fort calibre à 500 toises du camp et à 200 toises de la redoute de Maulde. Ils tirèrent 60 coups de canon sur la redoute et 20 boulets à toute volée qui vinrent au milieu du camp. Les généraux firent passer deux pièces de 12 à la redoute en avant de Maulde : elles démontèrent promptement une pièce de la batterie ennemie. A cette époque, l'ennemi fit retirer son artillerie. On aperçut, des redoutes du camp, un bataillon de chasseurs ennemis qui débouchoient des hayes du village de Bléharies. Quand il se fut formé dans une prairie où il se croyoit un peu à couvert, on tira 12 ou 13 coups de canon qui massacrèrent et firent retirer ce bataillon dans le village d'où il sortoit. A la droite, l'ennemi inquiéta dans le même moment le village de Mortagne où il y eut une fusillade d'une demi heure. Quelques coups de canon massacrèrent également des chasseurs autrichiens dans cette partie. Nous avons eu 3 hommes tués et 13 blessés. La perte des ennemis dut être considérable, car indépendamment des fusillades des chasseurs, on a vu distinctement l'effet de notre artillerie qui mit le désordre dans le bataillon qui sortoit de Bléharies pour se porter sur notre gauche. Le lieutenant-général Marassé, commandant à Douai, et le maréchal de camp Dorbé, inspecteur d'artillerie, se trouvoient au quartier général pour assister à un conseil de guerre pour différents objets importans de service. Ces généraux se sont joins aux lieutenans-généraux Labourdonnais, Moreton et Beurnonville, aux maréchaux de camps Desforets et Gélain. Tous les généraux se sont divisés les postes et ont dirigé les opérations. Les soldats, animés par leur exemple, n'aspiroient qu'à se mesurer avec l'ennemi. Les cris de « Vive la *liberté*, l'*égalité* », furent répétés. Il ne manquoit à ce spectacle ravissant, pour combler la joie, que de combattre de plus près. Mais la retraite précipitée de l'ennemi nous a privés de cet avantage.

Dans cette affaire, le général Beurnonville observoit les mouvemens de l'ennemi pour diriger sa manœuvre, et il paroit qu'elle étoit simple, qu'elle se réduisoit à user le boulet sur l'ennemi et à hacher le reste à coups de bayonnettes. On ne peut se faire une idée de l'ivresse du soldat, sur la leçon énergique de ce général, pendant toute la canonnade. La musique de ce bataillon n'a pas cessé de jouer l'air chéri de ce général, *Ça-ira*. Cent boulets ont traversé le camp, percé des tentes et n'ont fait qu'animer la troupe ardente et qui veut *vivre libre ou mourir*.

On assure que l'ennemi a emporté près de 20 voitures, tant de blessés que de tués. On évalue sa perte à plus de 300 hommes.

Le premier septembre, à deux heures du matin, le poste qui observe le passage de l'Escaut a été attaqué. Le commandant du Château-l'Abbaye, M. Desavennes, s'y est porté avec du renfort, et l'ennemi y a été harcelé dans un instant.

..... Les paysans estiment à plus de 350 hommes la perte de l'ennemi dans les diverses attaques, dont le plus grand nombre tués, beaucoup de chevaux, une pièce cassée et trois démontées.

Un grenadier du 3ᵉ bataillon de la Somme a eu les deux bras enlevés d'un boulet qui a blessé 4 volontaires. Voilà toute notre perte depuis le 24 qu'il y a eu des affaires tous les jours, et on estime celle de l'ennemi depuis cette époque à plus de 300 tués, et plus de 1.000 de blessés. Plus de 80 déserteurs sont venus goûter la liberté au camp de Maulde, et 3 prisonniers ont été faits et qui ont pris du service.

On a remarqué dans cette glorieuse journée pour le camp de Maulde la plus grande activité de la part de l'adjudant-général-colonel, M. Berneton, qui a coopéré avec tant de soin à la formation de ce camp avec le général Beurnonville : les braves officiers et canonniers ont mis autant d'intrépidité que de précision et de sang froid dans leurs manœuvres, et la joie de combattre dans une aussi belle cause brilloit sur tous les visages des braves officiers et soldats patriotes.

MM. les commissaires sont venus le soir au camp pour témoigner à l'armée leur satisfaction ; ils en ont reçu l'accueil dû à leur patriotisme et à la dignité des représentants de la nation : dans toutes les redoutes, on leur a offert les boulets peu dangereux des ennemis.

Parmi les différents traits de bravoure et de courage dans l'affaire du 31, on distingue celui-ci :

M. Mortemart reçut le 10 août un coup d'épée dans la poitrine, qui faillit lui faire perdre la vie ; on l'a saigné sept fois en vingt-quatre heures ; il étoit à l'ambulance de Mortagne depuis cette époque. Le 31, l'ennemi vient, avec du canon, attaquer la redoute de Maulde. Le 56ᵉ régiment se mit en marche pour aller soutenir la retraite. M. Mortemart est instruit de la destination de son régiment ; il monte à sa chambre, s'habille sur-le-champ, prend son épée, et sort de l'ambulance. Le chirurgien Dufourd le rencontre, et lui demande où il va : « Quelque part. » — « Mais j'espère que vous n'allez point trouver votre régiment ; vous êtes encore trop faible. » Il répond : « Je vais où l'honneur m'appelle ; le canon m'électrise, et je me porte bien, lorsqu'il s'agit d'aller défendre mon pays. » En effet, il joint sa compagnie, en prend le commandement et paroit devant l'ennemi. Un boulet de canon tombe à dix pas de son poste ; il le ramasse et dit : « Puisque je ne puis pas le renvoyer, je vais le conserver toute la vie. » Lorsque l'ennemi fut repoussé, M. S. Quentin, colonel du 56ᵉ régiment, à la tête de son bataillon, dit à M. Mortemart : « Monsieur, retournez à votre ambulance ; n'allez pas plus loin ; lorsqu'on s'acquitte de son devoir aussi honorablement que vous venez de faire, on acquiert l'estime et l'amour de tout un corps. » M. Moreton, lieutenant général, dit à M. Labour-

— 159 —

donnais : « Général, voici un brave officier que je vous présente ; il a quitté l'ambulance où il étoit pour aller combattre l'ennemi. » M. Moreton a donné une place dans sa voiture à M. Mortemart ; il l'a conduit au quartier-général de St-Amand, où il est encore. M. Mortemart joint à ses qualités personnelles un patriotisme très éclairé. Différens ouvrages lui ont déjà mérité les suffrages du public.

Le 30 août, sur un autre point de la frontière, les Autrichiens se livrèrent à un véritable pillage, que l'*Argus* décrivit en ces termes [1] :

Jeudi dernier, dans la matinée, un gros détachement d'impériaux, d'environ 100 hommes armés de toutes pièces, se sont portés avec une fureur barbare sur les pauvres chaumières des habitants de Warneton-France et surtout de Deûlemont. Profitant de la distance qu'il y a de ces deux endroits à Comines, Lille et Quesnoy, ils ont, en attendant qu'on ait eu le temps de marcher contre eux, ou plutôt de les mettre en fuite, ils ont pillé, dévasté, maltraité tout ce qui s'est présenté sans défense au devant de leur brutalité, et, secondés par des scélérats de Warneton-esclave, ils ont chargé sur des chariots les effets, les outils, le linge et même des meubles de plusieurs indigents ; ils ont même porté l'audace jusqu'à déplanter les palissades, que la prudence et les efforts des bons citoyens avaient eu tant de peine à obtenir pour leur propre sûreté. La seule grâce qu'ils ayent faite à nos malheureux concitoyens, c'est de ne pas les assassiner : au reste, ils en ont forcé 10 à 12 de les suivre jusqu'à Wervick, et ce n'est qu'après les plus révoltantes menaces qu'ils les ont relachés, à l'exception cependant de 2, qu'ils ont su être plus chauds patriotes que les autres, et auxquels on assure qu'ils ont fait subir le supplice du bâton.....

Le 5 septembre, nouvelle attaque, mais à Roubaix [2] :

Les brigands autrichiens qui se sont présentés mercredi à Roubaix, au nombre de 4 à 5.000 hommes, ainsi que je l'ai dit hier, n'y ont pénétré qu'avec une perte considérable, malgré que ce bourg n'étoit défendu que par 150 hommes, auxquels se joignirent 2 compagnies de chasseurs belges qui y étoient cantonnés : mais nous avons eu la douleur d'apprendre qu'il n'étoit échappé que 11 hommes de ces 2 compagnies, dont le capitaine Vanrossem étoit du nombre. — Ces voleurs et assassins, sortant de Roubaix, se sont portés sur Lannoy, où ils ont commis toutes sortes d'atrocités. Ce qui est bien étonnant et ce qui prouve combien nous sommes à la merci de nos ennemis intérieurs, c'est que les scélérats se portent exactement dans tous les lieux où ils savent qu'ils n'éprouveront point ou peu de résistance. Les habitants des campagnes, alarmés, ont abandonné leurs habitations et se sont retirés à Lille avec les effets qu'ils ont pu emporter.

Quelques jours auparavant, le dimanche 2 septembre au matin, le lieutenant-général Labourdonnaie, mandé par le ministre de la guerre, était parti pour Paris pour s'entendre avec lui sur différents objets de

---

[1] No du 4 septembre.
[2] *Argus*, no du 8 septembre.

service militaire ; et il avait, en son absence, laissé le commandement à son collègue Moreton.

Puis arriva une lettre de Dumouriez, répondant aux idées exprimées le 23 août par la municipalité de Cambrai, et dont le directoire du district de Valenciennes s'empressa de donner connaissance aux municipalités du district [1] :

> Messieurs,
>
> Je m'occupe essentiellement de tout ce qui peut assurer le succès de nos armes, et j'ai besoin du concours de toutes les autorités constituées, et du zèle des citoyens. Je connois vos dispositions, et je m'adresse à vous avec confiance. Il s'agit d'assurer très promptement le service de l'habillement, mais il nous manque des bras. Engagez donc, Messieurs, au nom de la patrie, les tailleurs qui pourroient se rendre ici pour y travailler, dans les ateliers que je vais ouvrir, à s'y transporter sur-le-champ : *ils seront logés, recevront vingt sols de paye par jour, et, en outre, le salaire de leurs ouvrages à un taux convenable.* Je me repose entièrement sur votre civisme, du choix des moyens qui peuvent me procurer les bras que je vous demande. Vous communiquerez rapidement cet avis aux municipalités qui vous enverront les tailleurs, à qui vous délivrerez une route, et au lieutenant-général Moreton, chef de l'état-major de l'armée. Vous acquérerez, Messieurs, de nouveaux droits à la reconnoissance civique.
>
> DUMOURIEZ.

L'avis fut publié et rendez-vous donné, dans la ville de Saint-Amand, à tous les tailleurs de bonne volonté.

Cette lettre de Dumouriez ne précéda que de peu de jours, celle infiniment plus importante, où le général en chef commandait à Beurnonville de lui amener d'urgence une portion des forces du camp de Maulde. Il y ajoutait la prière expresse de conduire avec lui, dans l'Est, Félicité et Théophile Fernig. Connaissant le courage de ces jeunes filles, l'empire qu'elles avaient acquis sur le soldat, et l'émulation que donnait leur exemple, il ne voulait pas se priver de ce puissant moyen d'entraîner ses troupes.

A ce moment, les deux sœurs revenaient du Quesnoy où, en vertu d'un décret en date du 24 août, s'était tenue l'assemblée électorale du département du Nord. Des patriotes influents avaient offert une candidature à leur père, et celui-ci avait appelé près de lui ses filles afin de les consulter en cette grave occurrence. Avec beaucoup de bon sens, elles lui donnèrent le conseil de ne pas accepter, et reçurent elles-mêmes une ovation enthousiaste des électeurs assemblés. Par suite du refus de Fernig, les députés envoyés par le Nord à la Convention nationale comprirent, entre

---

[1] *Argus,* n° du 3 septembre.

autres, Merlin, de Douai ; Duhem, de Lille ; Gossuin, d'Avesnes ; Henri Cocher, de Catillon ; Fockedey, de Dunkerque ; Briez, de Brillion, procureur-syndic du district de Valenciennes ; Carpentier, d'Hazebrouck ; Lesage-Senaux, de Lille et Salengros, de Maubeuge.

La lettre de Dumouriez fut l'occasion d'un conseil de guerre dont voici le procès-verbal :

Ce jourd'hui, 6 septembre 1792, sur les ordres donnés par M. Dumouriez, général en chef de l'armée du Nord, à M. Beurnonville, lieutenant-général, de partir du camp de Maulde avec une division de 8 bataillons et de 2 escadrons, le huit de ce mois, pour se rendre à Avesnes et s'y réunir avec une division partant du camp de Maubeuge, composée de 5 bataillons et 4 escadrons, et marcher ensemble à Rethel, pour être à portée d'y attendre ses ordres et de renforcer son armée, M. Moreton, lieutenant-général, chef de l'état-major de l'armée, commandant provisoirement sur la frontière du Nord, jugea à propos de rassembler un conseil de guerre au quartier général du camp de Maulde, lequel s'est trouvé composé ainsi qu'il suit :

MM. Moreton, lieut.-gén. ; Beurnonville, lieut.-gén. ; O'Moran, mar.-de-camp ; Deforest, mar.-de-camp ; Lamarlière, mar.-de-camp ; Champmorin, colonel, directeur et commandant la brigade du génie ; Chancel, colonel, adjudant-général ; Pille, lieut.-col., adjudant-général ; Berneron, col., adjudant-gén. ; Malus, commissaire ordonnateur en chef de l'armée ; Gélin, mar.-de-camp.

M. Moreton a exposé l'état de la frontière et toutes les considérations qu'il fallait observer pour prendre un parti dans la circonstance critique des affaires. Il a lu les ordres exprès du général Dumouriez, exposé les motifs de protection du pays, la foiblesse où se trouveroit le camp de Maulde, la nécessité de prendre un parti décisif tant sur le départ du général Beurnonville, avec les forces demandées par M. Dumouriez, que sur la position à prendre avec le reste des troupes campées à Maulde, en un mot il a présenté toutes les questions qui résultoient de la position actuelle, lesquelles ont été posées, discutées et décidées dans l'ordre qui suit :

PREMIÈRE QUESTION

Doit-on fournir à M. Dumouriez les troupes qu'il demande ?

Décidé à la pluralité qu'il fallait exécuter à la lettre l'ordre de M. Dumouriez, pour le salut de la patrie.

DEUXIÈME QUESTION

Quel parti prendre pour les troupes qui resteront ?
Et doit-on les laisser au camp de Maulde ?
Décidé à l'unanimité que non.

TROISIÈME QUESTION

Doit-on prendre un autre camp ? Doit-on jeter le reste des troupes dans les garnisons ?

Décidé à l'unanimité qu'il faut tenir la campagne le plus longtemps possible.

QUATRIÈME QUESTION

Quelle position prendre et quand ?
Décidé à la pluralité qu'il faut prendre la position de Bruille et ce soir.

Dans son numéro du 10 septembre, l'*Argus* fait suivre ce procès-verbal qui précède d'une note ainsi conçue :

Ce fait, M. Moreton a exposé, avec plus de modestie que de vérité, que ses moyens physiques et moraux ne lui permettoient pas de se charger d'un commandement aussi important que celui de cette frontière ; que, plein de zèle pour le service de la patrie, il désiroit se concentrer dans les fonctions où il croyoit pouvoir lui être utile ; exempt d'ambition et d'un vain amour-propre, il demandoit que le conseil se réunit à lui pour demander un commandant en chef sous lequel il serviroit avec constance et résignation.

Sur quoi le conseil, loin d'adhérer aux motifs de M. Moreton, a, d'une voix unanime, délibéré que M. Moreton, réunissant la confiance des troupes et toutes les connoissances de la frontière qui pouvoient le mettre en état d'y diriger les opérations de défense auxquelles on paroissoit devoir se borner, le conseil ne pouvoit que former le vœu de lui voir conserver le commandement provisoire dont il étoit investi ; et qu'il s'en référoit à lui seul dans le cas où ses forces lui paroitroient insuffisantes, de demander au conseil exécutif les secours de conseil et d'adjonction dont il croiroit avoir besoin.

Moreton aurait mieux fait de persister dans sa résolution, car nous allons voir, par le décousu de ses plans, qu'il n'était pas à la hauteur de ses devoirs.

Quant à l'idée même d'évacuer Maulde, elle se justifiait facilement. Ayant un caractère offensif, le camp ne pouvait être gardé que par une nombreuse garnison. Avec peu d'hommes, il eut perdu son efficacité et se fut trouvé exposé à être tourné. Bruille menaçait moins l'ennemi, mais offrait le double avantage de posséder en avant une excellente défense : l'Escaut, et derrière, une retraite facile sur Condé et Valenciennes.

Dès le soir, à onze heures, le camp fut donc levé, et Moreton conduisit une partie des troupes à Bruille où de nouveaux retranchements furent tracés le lendemain 7 septembre vers six heures du matin.

Après ces dispositions, Beurnonville ayant témoigné le désir d'aller camper le même jour sous Valenciennes, pour laisser reposer le lendemain ses troupes, Moreton ne crut pas devoir s'y refuser, Beurnonville partit donc avec sa division vers neuf heures du matin, et Moreton le fit précéder à Valenciennes, d'une estafette chargée de réclamer des logements de la municipalité.

Cette estafette se rendit sans retard à l'Hôtel de Ville, où elle fut reçue par le corps municipal, qui, dans son procès-verbal, mentionna le fait en ces termes :

DU 7 SEPTEMBRE 1792.

S'est présenté en notre séance M. l'Ecuyer, lieutenant-colonel de la gendarmerie nationale, lequel nous a demandé, de la part de M. Moreton, de loger, s'il est possible, en cette ville, l'armée composée de cinq mille hommes et qui va arriver partout deux heures (sic).

La municipalité a délibéré qu'elle attendroit, sur la proposition de M. Lécuyer, les ordres écrits du Général, ou du commandant de la Place.

A été délibéré qu'à l'instant le Conseil général de la commune seroit convoqué et que MM. les commissaires de l'Assemblée Nationale seroient priés, par lettre expresse, de se rendre en séance, ainsi que MM. les membres du Directoire du District.

A été arrêté une réquisition à la Garde Nationale pour le doublement de tous les Postes.

. . . .

(Signé)
HOUTART-MONTFORT.   Ant. DUQUESNOY.   J.-C. PERDRY le cadet, maire.
DUPONT.   CHAUWIN aîné.   BOUCHER.

Sur sa route, Moreton avait renforcé le poste de Mortagne, y avait placé 2 pièces de canon et en avait mis autant, avec un bataillon, à celui de Château-l'Abbaye. Le commandant de Mortagne avait eu ordre de tourner les deux ponts de la Scarpe et de l'Escaut ; de tenir tant qu'il pourrait, s'il était attaqué et, dans le cas où il aurait contre lui des forces trop supérieures, de se replier sur Château-l'Abbaye, puis sur Bruille.

Mais, dans sa précipitation, Moreton avait oublié de faire retirer des bateaux de fourrage flottant sur la Scarpe. Les Autrichiens s'en aperçurent, passèrent au moyen de ces bateaux, et, au nombre de 4 ou 5.000, attaquèrent Mortagne et Château-l'Abbaye.

Moreton était revenu, sur les dix heures, au quartier général de St-Amand afin d'y prendre quelques dispositions relatives à l'établissement d'un nouveau quartier-général à Raismes, d'y déjeuner et de s'y reposer. Il avait, en son absence, laissé, pour commander les troupes, Gélain, maréchal de camp avec Puthod, adjudant-général à ses ordres. Vers une heure, il reçut, presque coup sur coup, trois ordonnances qui lui apprirent la prise de Mortagne, après une défense très vigoureuse du premier bataillon de la Côte d'Or et celle de Château-l'Abbaye, où le premier bataillon du Pas-de-Calais avait perdu une quarantaine d'hommes, son premier lieutenant-colonel, plus sa caisse et tous ses effets de campement [1].

Pour comble de malheur, Moreton reçut de l'adjudant-général Puthod, un billet écrit de Bruille et ainsi conçu :

Général,

On me charge de vous marquer que l'ennemi s'avance sur le camp de Bruille, avec force et sur trois colonnes ; on entend le feu de sa mousqueterie et de son canon ; notre camp n'est pas encore bien établi : que faut-il faire ? On demande une prompte réponse [2].

Moreton se porta immédiatement sur Bruille ; mais déjà Gélain, se disposant à se retirer, avait donné ordre au commandant d'artillerie de

---

[1] On trouvera des détails circonstanciés sur ces événements dans un article de l'*Argus*, n° du 10 décembre.

[2] *Argus,* n° du 12 septembre.

faire marcher en retraite ses pièces de position ; puis, cédant au désir que les troupes marquaient de combattre, il commençait à les mettre en bataille lorsque Moreton arriva sur le terrain.

Moreton prit sur-le-champ ses dispositions ; il plaça l'infanterie sur deux lignes faisant face à l'Escaut, et la cavalerie sur les ailes ; mais à l'instant où il achevait son mouvement, le commandant d'artillerie vint l'avertir que les pièces de position ayant déjà effectué la retraite ordonnée par Gelain, et étant sur le chemin de Valenciennes, ne pouvaient rétrograder ; il ajouta que Beurnonville, ayant emmené avec sa division 50 ou 60 canonniers volontaires des bataillons de Paris, il ne possédait ni assez d'hommes, ni assez de munitions pour servir ses pièces.

Voyant l'impossibilité de se servir de sa grosse artillerie, Moreton crut plus sage de battre en retraite que de s'exposer à être défait et peut-être enveloppé par des forces qu'on lui annonçait très supérieures. Il se décida donc à faire retirer sa colonne d'infanterie par le bois de Raismes, préalablement éclairé par sa cavalerie dont il forma ensuite son arrière-garde. Les troupes arrivèrent en bon ordre aux portes de Valenciennes, où elles entrèrent vers les neuf heures du soir.

Le 8 au matin, O'Moran, commandant à Condé, envoya à Bruille un détachement qui ramassa quelques effets de cantonnement, que le défaut de chariots au moment de la retraite, avait fait laisser sur le terrain.

Le poste d'Orchies reçut en même temps l'ordre de se replier sur Douai, s'il était attaqué par des forces trop considérables [1].

Vers la même heure, Moreton fit partir 2 bataillons pour renforcer le camp de Maubeuge, que le départ des troupes demandées par Dumouriez devait affaiblir. Il jeta 2 bataillons à Douai, 1 au Quesnoy, 2 à Condé et il en laissa 5 à Valenciennes. Le poste de Saint-Amand n'était que de 800 hommes et n'avait plus aucune raison d'être. Au lieu de le rappeler à Valenciennes, Moreton se disposait à le renforcer de 2 bataillons avec une pièce de huit, des munitions et des vivres, lorsqu'il apprit vers dix heures du matin, que l'ennemi se dirigeait en nombre sur ce point.

De suite, 3 bataillons avec le 3e régiment de cavalerie et environ 60 dragons partirent sous le commandement du maréchal de camp Lamarlière, auquel Moreton donna l'ordre de protéger la retraite de la garnison si une force supérieure le forçait à l'évacuer.

Le commandant de St-Amand ne tarda pas à recevoir du chef des troupes ennemies un billet ainsi conçu :

---

[1] Le récit qui précède est extrait principalement du rapport fait sur la levée du camp de Maulde par le général Moreton, reproduit dans l'*Argus* du 12 septembre.

Le général comte de Latour, à la garnison de St-Amand, fait les propositions suivantes au commandant de la garnison :

De rendre la ville telle qu'elle est, sans en faire sortir les canons ni la garnison, ses troupes étant en marche sur cette ville, sur deux colonnes.

(Signé) Le baron Chanleihme, capitaine [1].

Environ 600 Autrichiens s'étaient portés sur l'abbaye. Mais le commandant français opéra sa retraite sans perdre un seul homme. Il manœuvra si bien qu'il dégagea sa troupe avant que l'ennemi ne fût arrivé sur la place de la ville et qu'il put filer par les bois sans être inquiété, bientôt suivi de 150 patriotes de la garde nationale commandés par Leblanc.

Après son départ, 2.000 ennemis s'emparèrent des postes. Ils furent reçus à bras ouverts par toute la réaction amandinoise, à la tête de laquelle se plaça le maire qui, rejetant le masque dont il s'était jusque-là couvert le visage, s'empressa d'accepter le titre de prévôt que lui décernèrent les Autrichiens.

Ancien échevin, ce traître avait nom Charles Bar. Jadis entrepreneur de l'hôpital militaire de Fontaine-Bouillon, il s'était, par son mariage, allié aux premières familles de la ville. Les proches des deux époux comptaient parmi les plus renforcés cléricaux : lui, possédait un oncle chanoine de la collégiale de Condé ; elle, une sœur abbesse des religieuses de Paix. Néanmoins, grâce à une apparente modération, il était arrivé à conquérir l'écharpe tricolore, au détriment de Leblanc et de ses amis.

A peine maîtres de St-Amand, les Autrichiens firent venir 310 voitures pour enlever les différents objets qu'ils y avaient trouvés. Ils réclamèrent aussi de chaque village 40 hommes de corvée pour détruire les retranchements du camp de Maulde [2].

Fort occupés les jours précédents par une émeute qui avait éclaté à Cambrai au sujet de prêtres réfractaires, juste au moment où se perpétraient à Paris les massacres de septembre, les commissaires étaient ensuite partis pour le camp de Maubeuge afin d'y passer en revue les troupes de Lanoue. Ils avaient, en outre, inspecté Avesnes, Landrecies et Le Quesnoy. Ce ne fut que le 7, vers dix heures du matin, qu'ils rentrèrent à Valenciennes, où ils apprirent l'évacuation du camp de Maulde [3].

Sans perdre une minute, de Bellegarde se mit à la tête de la gendarmerie nationale et de quelques troupes, et se dirigea vers Raismes, dans le but

---

1 *Argus*, n° du 12 septembre.
2 *Argus*, n° du 11 septembre.
3 *Argus*, n° du 8 septembre.

de contribuer à la reprise de St-Amand. Mais il rencontra les troupes qui battaient en retraite sur l'ordre de Moreton [1].

Les trois commissaires convoquèrent pour le soir une réunion de généraux qui eut lieu à l'Hôtel de Ville et qui fut suivie, le lendemain, d'un conseil de guerre tenu à dix heures du matin [2].

Les troupes qui avaient afflué à Valenciennes dans un état fort semblable à une déroute, se montraient fort excitées. L'aspect de la ville rappelait celui du 30 avril. Des soldats furent dirigés de suite vers le camp de Famars, d'autres logés chez l'habitant et dans divers couvents et églises supprimés. Le maître de la poste aux chevaux de Saint-Amand, nommé Dutordoir, s'était toujours fait remarquer par ses menées réactionnaires. Le 9 au matin, il fut reconnu, principalement par des soldats du bataillon du Calvados qui, le samedi précédent, avait été obligé d'évacuer St-Amand. Il n'en fallut pas plus pour provoquer une scène de sauvagerie que nous fera connaître le procès-verbal suivant de la municipalité [3] :

DU 9 SEPTEMBRE 1792.

MM. les Commissaires permanents ont fait rapport d'un rassemblement qui a existé sur la place aujourd'huy à neuf heures du matin, dont l'objet étoit de s'emparer d'un homme de St-Amand, nommé Dutordoir, arrêté et détenu au corps de garde, comme suspecté d'avoir abattu l'arbre de la Liberté aud. St-Amand ; que M. le Procureur de la commune et le Juge de Paix ont requis les commandants des Postes de laditte Place de dissiper cet attroupement ; que M. le Maire, M. Benoist, M. Dufresnoy, M. Duquesnoy, officiers municipaux, et M. le Procureur de la commune s'y sont rendus en Echarpes ; que, pour enlever cet homme à la première fureur du peuple et le mettre entre les mains de la justice, l'auroient placé, accompagnés d'une partie du Poste militaire, pour le conduire en prison ; que, chemin faisant, le peuple se seroit rassemblé en plus grand nombre, se seroit porté sur la Troupe et sur les officiers municipaux pour leur enlever ; que la garde les auroit contenus avec tout le courage et la force qu'elle pouvoit avoir ; que M. le Maire, Officiers municipaux et Procureur de la commune auroient dit respectivement au peuple ce que la Loi, l'humanité et la justice leur suggéroit pour qu'il ne se porte pas au meurtre et laisse livrer cet homme aux Tribunaux ; qu'ils avoient parés eux-mêmes, ainsi que la Troupe, les coups qu'on lui portoit ; que ne pouvant parvenir à le faire conduire jusque dans la Prison, ils avoient réussi à le faire monter à la maison commune jusques dans le Sanctuaire des Loix ; qu'arrivés là, ils donnèrent des ordres de faire battre la générale ; que deux chirurgiens s'y trouvoient déja rendus pour le panser, aidés même de MM. Verdavaine, Menu, Deldai aîné et Fabre, Notables ; que l'attroupement étant parvenu à entrer de force dans la maison commune y auroit enfoncé différentes portes ; que lesdits officiers municipaux, voyant le danger que cet homme alloit de nouveau courir, l'auroient fait esquiver dans une chambre attenante à la salle du Conseil ; que l'attroupement, malgré toutes les

---

[1] *Argus*, n° du 14 septembre.
[2] *Argus*, n° du 8 septembre.
[3] Conservé aux Archives de Valenciennes.

représentations des Notables et des officiers municipaux, avoit de nouveau enfoncé les portes de la chambre où il étoit détenu et auroit rencontré cet homme ; qu'aussitôt la vengeance s'exerça sur lui, sans que par aucun moyen il fût possible de lui sauver la vie.

Sur ce Rapport, le Conseil général délibéra de requérir le Commandant de la Place d'ordonner des piquets de cavalerie et de gendarmerie sur la place, des patrouilles fréquentes d'infanterie dans toutes les Rues et le doublement de tous les postes.

Il délibéra aussi que des Commissaires de la municipalité, en Echarpes, se répandroient dans toutes les Rues, pour rappeler le peuple à l'ordre et au respect des Loix.

Il fut délibéré ensuite que le Procureur sindic du District et le Juge de Paix de ce canton seroient informés des événements qui se passoient, conformément à l'art. 32 de la Loi du 3 Aoust 1791.

. . . .

Les Commissaires de la municipalité, à leur retour, apprirent au Conseil que la tranquillité régnoit partout.

MM. les Commissaires de l'Assemblée Nationale et les membres du District, qu'on auroit aussi informés, se rendirent en séance.

. . . .

(Signé :)
Houtart-Montfort.   Ant. Duquesnoy.   J.-C. Perdry le cadet, maire.
Dupont.   Chauwin aîné.   Boucher.

Dans l'après-midi, pour essayer de calmer un peu les esprits, les trois députés firent publier et afficher la proclamation suivante :

AVIS A TOUS LES CITOYENS DE VALENCIENNES, DE LA PART DES COMMISSAIRES DE L'ASSEMBLÉE NATIONALE POUR LES FRONTIÈRES ET L'ARMÉE DU NORD, ET DES CORPS ADMINISTRATIFS DE LA DITE VILLE DE VALENCIENNES.

Les commissaires de l'Assemblée nationale pour les frontières et l'armée du Nord, ensemble les conseils généraux de l'administration du district et de la commune de Valenciennes, avertissent tous les citoyens, et tous les habitants de cette ville, indistinctement, de se mettre en garde contre les suggestions perfides des malveillants, et contre tous les rapports, les bruits ou les craintes que l'on répand pour semer la division et inspirer de la méfiance.

La levée du camp de Maulde, les suites funestes qui en sont résultées, la lâcheté avec laquelle les habitants de St-Amand[1] ont livré ou rendu cette ville aux ennemis ; la conduite des prêtres réfractaires, et les faits qui s'y passent actuellement ; rien n'échappera à la surveillance active des commissaires de l'assemblée nationale, et de l'administration du district. De grands exemples, des châtiments sévères, seront la juste punition des scélérats qui ont trahi leur Patrie, ou abandonné lâchement le poste civil qui leur étoit confié. Les partisans du fanatisme doivent voir maintenant, par l'exemple de ce qui se passe à

---

[1] L'*Argus*, dans son n° du 11 septembre, place ici la note suivante, sans nous dire si elle émane de lui ou des commissaires : « On doit excepter du nombre de ces lâches habitants MM. Guvignet, procureur de la commune, Lenglé-Bougy, Leblanc, Dubois-Durabo, Louis Dubois, qui se trouvoient alors à l'assemblée électorale au Quesnoi, et qui auroient certainement empêché l'invasion de l'ennemi.— 115 hommes de la garde nationale se sont aussi repliés sur Valenciennes avec leurs drapeaux, et sous les ordres de leur commandant M. Leblanc, qui venoit d'arriver à St-Amand ».

St-Amand, quelle est l'âme féroce et sanguinaire des anciens prêtres réfractaires, qui, au nom de la religion et d'un Dieu de paix et de clémence, ne rougissent pas de prêcher ouvertement le pillage, le carnage, excitent les citoyens à s'égorger les uns les autres, et se montrent encore audacieusement et effrontément à la tête des Autrichiens et des ennemis qui veulent s'emparer des villes et des propriétés des Français.

Mais quelques soient les projets des ennemis extérieurs, quelques puissent être les intentions perfides et la coalition des ennemis de l'intérieur, les commissaires de l'Assemblée nationale, le Conseil général du district et le Conseil général de la commune de Valenciennes, avertissent formellement tous les citoyens et tous les habitants de cette ville indistinctement, que le premier d'entr'eux qui se permettra aucun propos allarmant contre la sûreté publique ; le premier sur tout qui oseroit parler de se rendre, au cas que l'ennemi ait assez de témérité pour se présenter devant cette place, ou pour l'assiéger, sera puni de mort sur le champ, en conformité de la loi [1].

Les commissaires de l'Assemblée nationale, et le Conseil général du District, déclarent en outre qu'ils vont, de concert avec les officiers généraux, prendre les mesures les plus promptes et les plus efficaces pour repousser les ennemis extérieurs, et les chasser du territoire français.

Finalement, les commissaires de l'Assemblée nationale, et les corps administratifs, invitent tous les citoyens à l'union, à la fermeté, au courage digne de tout français ; au respect envers les autorités constituées, les personnes et les propriétés ; à l'amour de la patrie, de la liberté et de l'égalité. Ils déclarent que, décidés à s'ensevelir sous les ruines de cette ville, plutôt que de l'abandonner à l'ennemi, ils attendent la même preuve de dévouement de la part de tous les citoyens, de la brave garde nationale de cette ville, et des autres soldats-citoyens, défenseurs de la patrie.

Il sera sur le champ nommé et établi des commissaires pour faire des visites domiciliaires dans toute l'étendue de cette municipalité ; afin de s'assurer tant des armes et munitions, que de l'exactitude des déclarations qui ont dû être faites en exécution de la loi du 8 juillet dernier.

La présente proclamation a été lue, publiée et mise à exécution, le dimanche 9 septembre, et a été signée de MM. Delmas, Bellegarde et Dubois-Dubais, commissaires députés de l'Assemblée nationale à l'armée du Nord.

Cependant, les commissaires de la Convention se faisaient rendre compte des événements qui avaient accompagné la levée du camp de Maulde. La conduite de Gelain leur sembla particulièrement répréhensible :

Nous, commissaires de l'Assemblée Nationale, envoyés aux frontières et à l'armée du Nord, en vertu des pouvoirs qui nous sont délégués, considérant que le salut de la patrie exige impérieusement que les armées de la nation française soient commandés par des officiers généraux expérimentés ; que le patriotisme, que l'amour de la liberté et de l'égalité ne suffisent point ; considérant que, dans l'affaire de Bruille qui a eu lieu le sept de ce mois, M. Gélain, maréchal de camp, n'a point donné l'ordre de secourir les postes de Mortagne et du Châteaul'Abbaye, vivement attaqués par l'ennemi ; qu'il n'a pas protégé leur retraite, qu'il a fait partir l'artillerie avant de lever le camp et que, dans sa retraite, elle étoit placée de manière à ne pouvoir plus s'en servir s'il eût été attaqué ; que ses dispositions, lorsqu'il a fait mettre les troupes en bataille, étoient mauvaises ;

---

[1] La loi dont parlent les commissaires avait été votée par l'Assemblée le 26 août.

considérant enfin, d'après le compte qui nous a été rendu, et les renseignements que nous avons pris, que M. Gélain n'est pas en état de commander, en qualité de maréchal de camp : le suspendons provisoirement de ses fonctions, et lui défendons de les exercer jusqu'à ce qu'il en ait été autrement ordonné ; lui permettons de se retirer dans le lieu qui lui conviendra le mieux, à la charge par lui de se présenter préalablement par devant la municipalité de Valenciennes, pour lui déclarer le domicile dans lequel il désire se retirer ; requerrons le général Moreton de faire notifier le présent arrêté audit sieur Gélain et de pourvoir de suite à son exécution.

Fait à Valenciennes, le 11 septembre 1792.

J.-F.-B. Delmas, Dubois-Dubais, Debellegarde [1].

Après plus ample examen, la conduite de l'adjudant-général Puthod ne leur sembla guère moins digne de reproches. Le dimanche 9 septembre, cet officier avait assisté à la représentation du théâtre de Valenciennes où, dans une pièce intitulée les *Deux Savoyards,* ses oreilles s'étaient trouvées offusquées d'entendre un personnage dire à l'autre : *mon seigneur.* Dans une lettre adressée à l'*Argus* et publiée le 11, il protesta contre ce souvenir de l'ancienne inégalité. Cela ne l'empêcha point de pouvoir lire le 17, dans le même journal, l'arrêté que voici :

Nous commissaires..., etc..., envoyés aux frontières et à l'armée du Nord, en vertu des pouvoirs qui nous sont délégués : considérant que le salut de la patrie exige impérieusement que les armées de la nation françoise soient commandées et dirigées par des officiers dont le patriotisme et les talens ne soient pas douteux ; considérant que, dans l'affaire de Bruille, qui a eu lieu le 7 de ce mois, le sieur Puthod, adjudant-général, a donné avis au général Moreton et au maréchal de camp Gélain que les Autrichiens s'avançoient sur trois colonnes ; que ces dispositions de la part des ennemis n'ont été constatées par aucun rapport ; qu'il nous est revenu que ledit s. Puthod demandoit au maréchal de camp Gélain s'il falloit mettre dans le billet l'avis que l'ennemi marchoit sur deux ou trois colonnes ; que le s. Puthod n'a point veillé à la conservation des bagages des troupes ; que, sous le prétexte que l'ennemi s'avançoit, ces bagages ont été abandonnés sur le terrain, tandis qu'il est constant que les Autrichiens ne se sont point présentés au camp de Bruille, puisque le lendemain matin les détachements sortis de Condé, par ordre de M. O'Moran, maréchal de camp, pour faire des reconnaissances, ont trouvé à Bruille et dans les environs la plus grande partie de ces bagages ; considérant enfin, d'après les rapports qui nous ont été faits, que le s. Puthod a de grands reproches à se faire, et que, dans cette circonstance si importante à la sûreté de cette frontière, il a rempli ses fonctions sans cette intelligence et cette capacité indispensables au succès de nos armes et à l'intérêt de la chose publique. D'après ces considérations, suspendons provisoirement ledit s. Puthod de ses fonctions, et lui défendons de les exercer, jusqu'à ce qu'il en ait été autrement ordonné. Lui permettons de se retirer dans le lieu qui lui conviendra le mieux, à la charge par lui de se présenter préalablement par devant la municipalité de Valenciennes, pour déclarer le domicile dans lequel il désire se retirer.

---

1 Extrait de l'*Argus,* nº du 13 septembre.

Requérons le général Moreton de faire notifier le présent arrêté au s. Puthod, et de pourvoir à son exécution.

Fait à Valenciennes, le 15 septembre 1792, l'an 4ᵉ de la liberté, le 1ᵉʳ de l'égalité.

J.-F.-B. DELMAS, DUBOIS-DUBAIS, DEBELLEGARDE.

Avant que ces deux arrêtés ne fussent pris, était, le 9 septembre, arrivée la loi ordonnant le licenciement des régiments suisses, dont l'un, celui de Courten, se trouvait en garnison à Valenciennes.

Il n'y était installé que depuis quelques jours, mais il y était connu, ayant déjà occupé cette ville sous Louis XV, à l'époque des campagnes de Flandre. Précédemment, la majeure partie des hommes qui le composaient se trouvait à Douai, mais le régiment y était venu de Cambrai le 3 août 1791. Plus tard, deux bataillons, le 8ᵉ et le 1ᵉʳ, en avaient été provisoirement détachés. Parti de Douai pour Saint-Omer le 3 mai 1792, puis pour Dunkerque le 3 août, le 8ᵉ s'était, le 10 août, mis en route pour Valenciennes où il était parvenu le 14. De son côté, le 1ᵉʳ bataillon, parti de Douai pour Lille le 5 juin, avait, aussi le 14, rejoint à Valenciennes le gros de la troupe [1].

Même à la fin de l'ancien régime, les corps suisses constituaient une sorte d'anachronisme, contrastant de la façon la plus choquante avec la constitution générale de l'armée. Tandis que les régiments des Gardes françaises, par exemple, comprenaient 4.000 hommes, eux n'en renfermaient qu'un millier environ. Ils appartenaient à leur colonel, qui préférait souvent cette position à celle, plus haute dans la hiérarchie, mais moins lucrative, d'officier général. Les fils, les frères, les neveux, les cousins, les alliés et les amis du propriétaire arrivaient sans peine à en remplir les cadres. Quant aux soldats, ils étaient, à prix d'argent, recrutés par les officiers eux-mêmes soit en Suisse, soit dans les pays voisins, particulièrement en Alsace. Formant une sorte de grande famille, des corps ainsi constitués possédaient une grande solidité et s'étaient presque toujours montrés animés, à défaut de toute idée patriotique, d'un vif sentiment de l'honneur professionnel : ils servaient exactement celui qui les payait. Mais ces mercenaires présentaient une disproportion excessive entre le nombre des officiers et celui des simples soldats, et comprenaient beaucoup trop d'éléments vieillis. Par des motifs purement militaires, leur suppression s'imposait donc depuis longtemps.

---

[1] Voir, à ce sujet, l' « Etat pour servir au paiement du supplément du logement des officiers de ce corps, à partir du 1ᵉʳ janvier 1791 au 18 septembre 1792 exclusivement » conservé aux Archives de Valenciennes, H 2, 18. C'est des nombreuses pièces du même dossier que sont tirés tous les détails que nous donnons ici sur le régiment de Courten.

Un rapide examen de la composition du régiment de Courten va justifier cette appréciation.

Il avait pour colonel Jean-Antoine de Courten, né à Sierre, en Valais, le 20 octobre 1726 ; nommé sous-lieutenant le 6 février 1744 ; lieutenant le 18 avril 1747 ; capitaine-lieutenant le 31 août 1752 ; chef d'une demi-compagnie le 12 mai 1754 ; décoré militairement en septembre 1760 ; devenu chef d'une compagnie entière le 16 septembre 1763 ; major le 20 avril 1766 ; lieutenant-colonel le 20 juillet 1767 ; colonel le 12 novembre 1770 ; brigadier le 1er janvier 1780 ; maréchal de camp le 1er janvier 1784 ; enfin rentré comme colonel propriétaire le 8 mars 1790. Alors âgé de 66 ans et ayant fait les campagnes de 1745, 1746 et 1747 en Flandre, plus celles de 1757, 1758, 1759, 1760, 1761 et 1762 en Allemagne, c'était déjà un vétéran.

Sous lui commandaient, en qualité de lieutenant-colonel, Antoine-Ignace de Courten, né à Sion, en Valais, le 15 janvier 1734 ; en qualité de major, Joseph-Hyacinthe de Courten, né à Sierre le 18 mars 1733.

Les capitaines étaient au nombre de 25. Ils se nommaient :

François-Joseph Venetz, né à Mondolsheim, en Alsace, mais originaire de Viège, en Valais, le 9 mars 1737 ; François-Antoine de Courten, né à Sion le 15 janvier 1733 ; Pierre-Hyacinthe Preux, né à Sierre le 15 septembre 1733 ; Gaspard-Benjamin Demicé, né à Vouvry en Valais, le 31 mars 1733 ; Jean-Joseph Claret, né à Trois-Torrents, en Valais, le 18 octobre 1737 ; Charles Preux, né à Marsal, en Lorraine, mais originaire de Sierre, le 13 avril 1738 ; Jean-Joseph Chapelet, né à Salvan, en Valais, le 4 août 1740 ; Joseph-Emmanuel de Bons, né à Saint-Maurice, en Valais, le 19 janvier 1739 ; François-Joseph-Marc de Courten, né à Sierre le 24 mai 1741 ; Jean-Michel Nantermod, né à Montay, en Valais, le 24 juin 1726 ; Jean-Antoine-Arnold de Courten, né à Sierre le 3 février 1736 ; François-Joseph-Nicolas de Quartery, né à Saint-Maurice le 25 septembre 1740 ; Pierre-Louis-Nicolas Odet, né à Saint-Maurice le 20 février 1743 ; Claude-Joseph-Edouard Devantery ; Louis de Courten, né à Valenciennes, mais originaire de Sierre, le 26 décembre 1746 ; François-Joseph de Courten, né à Sierre le 6 août 1741 ; Pierre-Joseph-Georges Bays, né à Vouvry le 16 novembre 1738 ; Joseph-Aloïse-Jean-Baptiste Kalbermatten, né à Viège le 4 mai 1743 ; Joseph-Eugène-Alexis Willa, né à Loche, en Valais, le 30 avril 1744 ; Simon-Jean-Chrétien Venetz, né à Viège le 18 septembre 1751 ; François-Joseph-Christophe de Courten, né à Sion le 17 septembre 1747 ; Chrétien-Aloïse-Thadé Weguener, né à Brigues, en Valais, le 7 juin 1750 ; Pierre-Maurice-Etienne de Courten, né à Sierre le 26 mai 1747 et remplissant les fonctions d'aide-major : Jean-Joseph-Arnold Gard, né à Bagne, en Valais, le 19 septembre 1750 ; enfin, François-Joseph Cocatrix, né à Saint-Maurice, en Valais, le 4 mars 1743.

Comme lieutenants, le régiment comprenait :

Joseph-Théodule de Lovina, né à Sierre le 8 mars 1751 ; Louis-Alphonse-Ferdinand de Courten, né à Sierre le 5 mars 1750 ; Charles-Joseph-Marie-Louis de Bons, né à Saint-Maurice le 6 mai 1756 ; Louis-Joseph-Antoine-Marie de Courten, né à Sierre le 25 janvier 1756 ; François-Joseph Muller, né à Erlebach, en Alsace, le 1er janvier 1725 ; Pierre-Louis-Bonaventure Preux, né à Saint-Maurice le 24 janvier 1761.

Les sous-lieutenants étaient :

François-Joseph-Ignace-Maximilien Schinner ; Balthasard Ambuelle, né à Sion le 31 octobre 1760; Marie-Hyacinthe-Emmanuel de Nucé, né à Saint-Maurice le 1er juillet 1762; Pierre-Maurice-Eugène Perrig, né à Brigues en 1758 ; Jean-Joseph-Maurice-Alexis Werra, né à Loche, en Valais, le 23 juin 1766, et remplissant les fonctions de sous-aide-major; François-Joseph Ebener, né à Letchen, en Valais, le 11 juin 1758 ; Pierre-Louis-Basile-Antoine Bernard du Fay, né à Montai, en Valais, le 14 juin 1768 ; Jean-Henry Preux, né à Saint-Maurice le 25 septembre 1765 ; Louis-Alexis Joris, né à Orsières, en Valais, le 6 janvier 1764 ; Antoine-Joachim-Eugène-Louis, comte de Courten, né à Sierre le 10 mars 1771 ; François-Antoine-Joseph-Ignace-Pierre-Maurice de Courten, né à Sierre le 1er août 1769 ; François-Joseph Perrig, né à Brigues le 15 février 1769 ; Joseph-Adrien-Eugène-Antoine de Courten, né à Sierre le 1er juin 1771 ; Antoine-Joseph-Aloïse Borret, né à Sierre le 22 avril 1752 ; Jean-Joseph-Louis-Antoine Pancrace, comte de Courten, né à Sierre le 2 janvier 1774 ; Joseph-Adrien Preux, né à Saint-Maurice le 11 juin 1771 ; François-Antoine Preux, né à Sierre le 29 mars 1768 ; Charles-Joseph-Nicolas-Auguste Preux, né à Saint-Maurice le 17 octobre 1775 ; Marie-Pierre-Joseph-Michel Bays, né à Sion le 29 septembre 1773 ; Joseph-Maurice-Eugène-Alphonse de Courten, né à Sierre le 2 mai 1771.

Enfin, les porte-drapeaux du régiment se nommaient :

Thomas-Richard, né en Alsace le 15 mars 1737 ; Jean Ritter, né à Viège le 9 septembre 1733, et François-Joseph Sigel, né à Paderborn, en Allemagne, le 1er novembre 1757.

A ces officiers proprement dits, nous devons, pour être complet, ajouter le chirurgien-major, François-Joseph Muller, né à Toul, le 29 octobre 1751, et l'aumônier, Gaspard-Joseph Arnold, né à Brigues, le 5 juillet 1739.

La troupe se composait de 970 bas-officiers et soldats ; de telle sorte que, les officiers s'élevant à 57, chacun n'avait, en moyenne, à commander que 17 hommes.

Aux raisons militaires que nous avons indiquées s'ajoutaient, pour faire dissoudre sans délai les régiments suisses, des raisons politiques tirées des événements du 10 août et de la part qu'ils avaient prise à la défense des Tuileries. Après diverses mesures inspirées par les circonstances, parut, le 20 août, le décret de dissolution.

Par l'article 1er de ce document législatif, l'Assemblée « fidèle aux principes de la liberté française, qui ne lui permettent pas de tenir au service de la France des troupes étrangères sous un régime particulier et différent de celui des troupes françaises, et vu d'ailleurs l'expiration du terme des capitulations », supprimait les régiments suisses, ou des pays alliés de la Suisse. Par les articles suivants, les officiers, sous-officiers et soldats de ces anciens corps pouvaient, s'ils le désiraient, rester au service de la France avec le grade qui leur appartenait, à la seule charge d'en faire la déclaration à la municipalité de leur domicile et de prêter le serment du 10 août. Les indemnités dues aux capitaines propriétaires des compagnies, ainsi que les retraites et pensions des officiers, sous-officiers et soldats qui voudraient se retirer, devaient être fixées « conformément à l'esprit des capitulations et à la générosité qui caractérise la nation française, et qu'elle doit témoigner à de fidèles alliés. » L'Assemblée législative chargeait le pouvoir exécutif de faire déclarer aux cantons helvétiques, par l'ambassadeur de France, les intentions de la nation française d'entretenir avec eux toutes les relations d'amitié, de fraternité, de commerce et de bon voisinage résultant du traité d'alliance du 28 mai 1777. Elle le chargeait, en outre, de faire traduire son décret en allemand et en italien, et de le distribuer immédiatement dans les régiments intéressés.

Un second décret, en date du 24, fixa le mode de l'incorporation, dans quatorze bataillons d'infanterie légère, des officiers, sous-officiers et soldats suisses qui voudraient continuer à servir la France.

En exécution de ces actes, Moreton délivra l'ordre suivant :

M. Roman, commissaire des guerres, procédera à la revue qui doit suivre le licenciement des Suisses du ci-devant régiment de Courten fait aux termes de la loi du 20 août dernier.

A Valenciennes, le 10 septembre 1792.

Le lieutenant-général commandant en chef
sur la frontière du Nord,
J.-H. MORETON.

Le Conseil de la commune de Valenciennes fut averti de ce qui se préparait, et il prit à ce sujet une délibération ainsi conçue [1] :

DU 10 SEPTEMBRE 1792.

. . . .

Ce jour, à dix heures, est venu M. le commandant de la place nous annoncer que MM. les commissaires de l'Assemblée nationale nous attendoient sur la Place, pour procéder au licenciement du Régiment de Courten, Suisse, en garnison en cette ville.

Délibéré de s'y rendre à l'instant.

S'est ensuite présenté M. Defontenay, capitaine au Corps des mineurs, exerçant les fonctions de commandant temporaire de cette ville, qui nous a remis quatre drapeaux avec leurs enveloppes qu'il nous a déclaré être ceux du régiment de Courten, Suisse.

Délibéré que lesdits drapeaux seroient déposés en la salle de nos séances.

Rapport fait d'une lettre de M. Moreton, demandant des logements chez les citoyens, pour les Suisses licenciés du régiment de Courten.

---

[1] Elle est tirée des registres conservés aux Archives de Valenciennes.

A été arrêté une réponse exposant qu'ils resteroient à leurs casernes, et que copie de la présente délibération seroit envoyée au ministre de la guerre.

M. le Procureur de la commune a communiqué à la municipalité un arrêté des commissaires de l'Assemblée nationale à l'armée du Nord, demandant qu'il soit donné des logements chez les citoyens, aux Suisses licenciés du régiment Courten, Suisse.

A été arrêté une lettre en réponse qui a été adoptée et signée par MM. Perdry, Duquesnoy, Boucher, Sohier, Dufresnoy, Chauvin, et le Procureur de la commune, lesquels avoient chargé M. Lenglet, officier municipal de permanence, de l'envoyer signer aux autres, et de l'envoyer au commissaire de l'Assemblée nationale.

Le licenciement eut lieu sans aucune difficulté, ainsi que le relate le procès-verbal suivant :

L'an mil sept cent quatre vingt douze, 4ᵉ de la Liberté et 1ᵉʳ de l'Egalité, le lundy dix septembre, dix heures du matin, en conséquence de la loy du 20 aoust dernier relative aux régiments suisses, et des Ordres à Nous donnés par Mʳ Moreton, lieutenant général commandant en chef sur la frontière du Nord, pour procéder à la revue qui doit opérer le licentiement du régiment suisse de Courten, et en assurer la subsistance jusqu'au jour déterminé,

Nous Commissaire des guerres employé à Valenciennes, rendû sur la place d'armes de cette ville où étoit assemblé ledits régiment Courten suisse, en présence de MM. Delmas, de Bellegarde, et du Bois-Dubais, commissaires de l'Assemblée nationalle envoyés sur les frontières et à l'armée du Nord, de Mʳˢ les Maire et Officiers municipaux de cette Place, de M. Ferrand, maréchal de camp y commandant, et de M. Beauvalon, commissaire auditeur des guerres, lecture a été faite de la loy du 20 aoust dernier, qui ordonne que les régiments suisses doivent cesser, comme troupes étrangères, d'être au service de la France, et après avoir procédé à la revue de celui de Courten, pour en assurer la subsistance jusqu'au dix-huit inclus de ce mois, terme accordé par MM. les Commissaires de l'Assemblée nationale afin de faciliter et donner le tems aux capitaines de terminer les décomptes de leurs soldats, et tous autres objets relatifs aux finances de ce régiment ; il a été licentié aussitôt, les drapeaux remis à la Municipalité, et les armes déposées à l'Arcenal de cette place, suivant le recepissé du garde d'artillerie cy reporté.

De tout ce que dessus, Nous Commissaires des guerres susdits avons fait et rédigé le présent procès verbal, que MM. les Commissaires de l'Assemblée nationalle, les Membres de la Municipalité, Férrand et Beauvalon ont signé avec Nous.

A Valenciennes les jour, mois et an que dessus.

De Bellegarde.   J.-F.-B. Delmas.
        Dubois-Dubais.

A la suite de cette revue, 949 fusils furent déposés dans les magasins de l'artillerie de Valenciennes. Puis, le commissaire des guerres dressa un état des forces du régiment de Courten « pour servir au paiement des appointements, soldes et masses dudit régiment, pendant les mois de juillet, août et 18 premiers jours de septembre de la présente année, conformément aux ordonnances du roi des 10 mai 1764, 1ᵉʳ juillet 1766, 18 février 1772, concernant l'infanterie suisse, du 20 juin 1788, concernant les masses ; aux décrets de l'Assemblée nationale des 1er octobre et 5 novembre derniers, sanctionnés par le roi, et aux lettres du ministre des 4 et 27 novembre suivant. »

Il ne restait plus dès lors, pour avoir terminé l'opération du licenciement, qu'à proposer des récompenses, et qu'à délivrer un certain nombre de « congés absolus ».

Le colonel se chargea du premier de ces soins.

Ses propositions portèrent sur 74 individus. Plusieurs avaient jusqu'à 71 et 76 ans d'âge. L'un d'eux, Mathis Clair, né à Sarreguemines, ne comptait pas moins de cinquante et une années de service. En face du nom de beaucoup, leur chef inscrivit cette mention, brève autant qu'éloquente : « usé, très usé ».

Les congés furent délivrés par chaque capitaine, contresignés par le major, et visés par le commandant de place. Les uns sont écrits sur le papier spécial du régiment, plus large que haut, portant en tête les armes des Courten, répétées sur un sceau imprimé dans la cire rouge ; les autres, sur un papier plus haut que large, portant en tête les armes de France, soutenues par des nuages, et sur les côtés deux figures de soldats : le premier, assis, tenant un fusil, et coiffé d'un haut bonnet de fourrure, le second, debout, coiffé du bicorne, pressant son congé de la main droite, et montrant de la gauche son pays, vers lequel il va se diriger.

Peu de soldats valides semblent être retournés en Suisse. Plusieurs des vétérans se fixèrent à Valenciennes, à Cambrai et à Dunkerque. Un grand nombre regagnèrent l'Alsace, leur pays natal.

Pendant que ces événements se passaient dans le Nord, Beurnonville, accompagné des demoiselles Fernig et de leur père, avait pris la route de l'Est. Aux troupes provenant du camp de Maulde, il avait ajouté certains corps tirés de Saint-Amand, du camp de Famars et de Valenciennes. C'est le 10 septembre, à Avesnes, qu'eut lieu la réunion de ces troupes avec celles venant de Maubeuge et des lieux environnants. Après avoir été intercalées les unes dans les autres, elles furent réparties en deux divisions que dirigèrent l'une Beurnonville lui-même, l'autre, Dampierre. En voici la composition, avec l'origine de chaque corps [1] :

Première division : 56e et 78e de ligne (camp de Maulde) ; 1er bataillon de la Seine-Inférieure (Saint-Amand) ; 1er et 2e de Paris, 1er de la Vendée (Maulde) ; 1er de l'Aisne (Avesnes) ; 1er des Deux-Sèvres (Pont-sur-Sambre) ; 6e de dragons (Maulde) ; légion belgique (Valenciennes).

---

[1] Nous l'empruntons à M. Chuquet, *Valmy*, chapitre VIII.

Seconde division : 45ᵉ de ligne (Landrecies) ; 10ᵉ d'infanterie légère (Avesnes) ; 3ᵉ de la Marne, 2ᵉ et 3ᵉ de la Meurthe, 4ᵉ de la Meuse, 5ᵉ de dragons et 5ᵉ de chasseurs à cheval (Famars) ; 200 canonniers de Douai.

En tout, 10.594 hommes.

Le 13 septembre, Beurnonville arriva à Rethel. Ses troupes étaient harassées et crottées, mais joyeuses. « Qu'on nous donne deux choses, » s'écriaient les soldats, « demain, séjour pour nettoyer nos armes, et après-demain, bataille [1] ». Mais la veille, le défilé de la Croix-aux-Bois avait été forcé, et là avait péri le jeune prince de Ligne, dont nous avons plusieurs fois parlé. Son corps, amené au château de Belœil, dans le Tournaisis, fut enfermé dans un tombeau où se lisent encore ces médiocres vers :

D'un prince valeureux, monument de la gloire,
A la postérité fais passer la mémoire [2].

L'Argonne étant entamée, Dumouriez fit, par son aide-de-camp Macdonald — le futur maréchal de France, — ordonner à Beurnonville de rejoindre l'armée en longeant la Suippe, petit affluent de l'Aisne.

Beurnonville voulut d'abord se conformer aux instructions du général en chef. Mais en apprenant une déroute survenue dans la plaine de Montcheutin, il craignit de tomber au milieu des ennemis, et n'avança plus qu'avec une extrême circonspection. Le 16 septembre, il était parvenu au village d'Auve, lorsqu'au loin il aperçut des troupes marchant en bon ordre vers Sainte-Menehould. C'était Dumouriez qui changeait de camp. Sans se donner la peine de faire aucune reconnaissance sérieuse, il recula et entra le soir à Châlons, où il soutint à Lückner avoir vu les Prussiens entre Dumouriez et lui.

Ayant, durant huit jours et trois nuits, marché sous une pluie battante, ses troupes n'en pouvaient plus. La fatigue de tous était si grande que Beurnonville n'osa repartir le lendemain. En vain Dumouriez le priait de quitter Châlons le 17 septembre à minuit ; il ne se remit en marche que le 18.

A Châlons, Beurnonville avait ajouté, à ses deux divisions, sept bataillons de fédérés, organisés tant bien que mal par Lückner.

Avec ce renfort de très mince valeur, il s'avança jusqu'à ce même village d'Auve où il s'était si maladroitement arrêté deux jours aupara-

---

[1] Dumouriez, *Mémoires*, I, 287.
[2] *Tournai et le Tournaisis*, par L. Cloquet.

vant. Il y bivouaqua, et le lendemain, la veille de Valmy, s'avança vers le nouveau camp établi par Dumouriez non loin de Sainte-Menehould.

Dumouriez marcha lui-même à cheval à la rencontre de Beurnonville. Du plus loin que l'aperçurent ses anciens soldats du camp de Maulde, ils l'accueillirent par une immense acclamation. Le général passa en revue ces troupes déjà vieilles, où chaque visage et presque chaque nom lui étaient familiers, et leur admiration inspira confiance aux soldats de La Fayette, qui servaient depuis moins longtemps sous ses ordres. « Les Français, » a écrit plus tard Marmont, dans son livre *De l'esprit des institutions militaires*, « valent dix fois leur nombre avec un chef qu'ils estiment et qu'ils aiment. » Dès lors, possédant ce chef, ils se crurent capables de tout.

A peine Dumouriez venait-il de rentrer dans son camp, que Westermann et Thévenot lui apprirent que les masses prussiennes avaient dépassé la pointe de l'Argonne. Presque au même instant, Macdonald lui annonça que Kellermann, si impatiemment attendu, arrivait avec 20.000 hommes de l'armée de Metz et quelques milliers de volontaires de la Lorraine. Ainsi les plans de Dumouriez se réalisaient au moment voulu ; désormais, sans trop de témérité, il pouvait essayer de résister au choc des combattants de la coalition.

Nous ne raconterons pas la canonnade de Valmy où Dumouriez et Kellermann, ayant conservé leurs positions, purent se regarder comme vainqueurs, le jour même où les membres qui devaient former la Convention se réunirent pour la première fois aux Tuileries, la veille de celui où ils proclamèrent la République. Contrairement à une légende qui a longtemps régné, les volontaires n'y eurent qu'une faible part et, dans cette rencontre fameuse, le mérite de la résistance appartint avant tout aux vieilles troupes de ligne, à la cavalerie, qui était restée bonne, et à l'artillerie, regardée encore à juste titre comme la première de l'Europe. L'intendance, — les « vivriers » comme on disait alors, — ne fut pas sans mériter elle-même une mention honorable. Le rôle héroïque des volontaires, — surtout de ceux de 1791, qui formaient vraiment l'élite de la jeunesse française, et des rangs desquels sortirent un nombre extraordinaire de grands hommes de guerre, — ne commença que beaucoup plus tard, quand l'expérience les eut formés. En attendant, ils n'agissaient que par leur masse, par l'effet moral que produisait leur multitude. De telles vérités sont utiles à constater, car il est mauvais de laisser croire à une nation qu'elle puisse, à l'heure du danger et par le seul enthousiasme, improviser de solides armées.

A Valmy, les demoiselles Fernig s'étaient, comme à leur ordinaire, signalées par leur intrépidité. Peu de jours après, elles furent présentées aux trois conventionnels Carra, Prieur et Sillery, ex-comte de Genlis, qui écrivirent d'elles à l'Assemblée : « Ces deux jeunes enfants sont sans cesse aux avant-gardes et dans les postes les plus périlleux ; sous le règne de Charles VII, une fille célèbre contribua à replacer ce roi sur le trône ; nous en avons maintenant deux qui combattent pour nous délivrer des tyrans qui nous ont opprimés tant de siècles [1]. » D'accord avec les représentants, Dumouriez leur offrit comme récompense le grade d'adjoint aux adjudants-généraux, tandis que leur bataillon voulait, par acclamation, leur accorder celui de sous-lieutenant. Se croyant insuffisantes, elles refusèrent ces grades : mais, le général en chef n'admettant point leurs raisons, elles se soumirent, à la seule condition d'être toujours placées aux avant-postes.

La canonnade de Valmy avait momentanément sauvé la France. Commencée le 11 août, par la violation de la frontière, l'invasion germanique s'arrêta quarante jours plus tard, non loin des lieux où, en 452, Aétius avait dispersé les bandes d'Attila. Puissamment secondé par les hésitations de Brunswick, par la lenteur de ses mouvements, par la dysenterie qui minait ses troupes, ainsi que par les conditions atmosphériques, Dumouriez avait énervé l'adversaire, était arrivé à le tenir embourbé dans les plaines de la Champagne. Tout le monde croyait qu'il allait maintenant le détruire d'un seul coup. Mais, préférant par caractère la peau du renard à celle du lion, il voulut, par la ruse, achever l'œuvre de la force.

Il avait ses motifs : l'un venait du peu de confiance que lui inspirait encore son armée, et des doutes qu'il continuait d'éprouver sur l'issue d'un combat décisif en rase campagne ; l'autre, des nouvelles d'une attaque probable des Autrichiens sur Lille, et du désir d'en finir promptement avec Brunswick dans le but de retourner ensuite en Flandre ; le troisième enfin de l'espoir, qu'il ne nourrissait pas seul, de détacher les Prussiens de la coalition, et de transformer ces ennemis momentanés en alliés permanents de la France.

Pendant la canonnade, avait été fait prisonnier un nommé Lombard, secrétaire du roi de Prusse. Dumouriez l'échangea, et profita des pourparlers préliminaires pour faire porter au camp prussien, par Westermann, un mémoire qu'avait rédigé Fortair.

Brunswick fut frappé de ce mémoire, qui insistait fortement sur les dangers que la coalition faisait courir à Louis XVI, et sur le rôle de dupe

---

[1] Lettre du 2 octobre, *Moniteur* du 4.

que jouait la Prusse par rapport à l'Autriche. Il le fut d'autant plus que, peu de jours auparavant, les deux complices n'avaient pu se mettre d'accord sur le partage des dépouilles de la France, parmi lesquelles l'empereur exigeait l'Alsace. En même temps, il attribua à Dumouriez le secret dessein de vouloir, dans le but de rétablir la monarchie renversée le 10 août, s'unir aux Alliés pour marcher sur Paris. Dumouriez ne songeait alors à rien de semblable; il essayait simplement de pousser sa pointe, de tourner les événements à son profit. Mais, grâce à ce malentendu, des conversations eurent lieu, et un confident du roi de Prusse, Manstein, finit par résumer en trois points les propositions de son maître.

Pour gagner du temps, Dumouriez envoya Westermann à Paris avec ces propositions, le mémoire de Fortair, et une lettre explicative.

Ces documents n'étaient pas de nature à déplaire au Conseil exécutif. Contrairement aux Girondins, dont la brillante faconde et le sort déplorable ont longtemps troublé l'impartialité de l'histoire, Danton, qui le dominait, était un véritable homme d'Etat. A tort ou à raison, il ne croyait point que la France fût assez forte pour résister seule à l'Europe coalisée. Il voulait donc, après avoir terrifié les ennemis par quelques victoires, conclure la paix à bref délai, et, en attendant, maintenir la neutralité des nations avec lesquelles la France ne se trouvait pas encore en état d'hostilité ouverte. Au premier rang de celles-ci figurait l'Angleterre. Dans une partie de la nation, les tentatives faites par la France pour sortir de l'ancien régime avaient été accueillies avec enthousiasme et, à Londres, à Manchester, à Norwich, à Rochester, à Birmingham, à Dublin, à Edimbourg, toutes sortes de sociétés populaires s'étaient empressées d'appuyer les principes de la Révolution. L'opposition libérale, les wighs tout entiers, voulaient éviter une rupture entre les deux pays. Plusieurs d'entre eux, tels que Priestley et Wilberforce, venaient même d'être déclarés citoyens français par la célèbre loi du 26 août 1792, votée à l'unanimité sur la proposition de Guadet. Décrété de prise de corps en 1791, après le massacre du Champ-de-Mars, Danton avait, en personne, passé quelques semaines en Angleterre, dont il connaissait la langue, et, plus tard, l'ancien évêque d'Autun, Talleyrand, y avait été envoyé en mission par le ministre de Lessart. Talleyrand et Danton s'étaient connus précédemment comme membres du Directoire du département de la Seine. Devenu membre du Conseil exécutif provisoire, le second avait voulu user encore des talents que le premier avait déjà montrés pour la diplomatie et, le 7 septembre 1792, il l'avait fait partir de nouveau pour le Royaume-Uni. Tant d'efforts ne parvinrent pas à maintenir la paix entre les deux nations, mais ils ajournèrent au moins l'instant où éclata dans toute sa laideur la rage gallophobe de Pitt et de Georges III, et peut-être sauvèrent-ils la Révolution. Ainsi que l'a dit M. le docteur Robinet [1], « que l'on imagine une armée anglaise débarquant à Calais ou tout autre point de la côte, et descendant par la Somme, vers Paris, à la fin d'août 1792, tandis que nous étions aux prises avec les Austro-Prussiens dans l'Argonne, ou venant renforcer les coalisés à Jemmapes (pas très loin de Waterloo !) et l'on comprendra de quelle importance il fut, pour la France et pour la République, de retarder, autant qu'on parvint à le faire, l'accession effective de la Grande-Bretagne à la coalition, et son entrée en ligne contre notre armée du Nord. »

L'attitude de Danton ne fut pas différente à l'égard de la Prusse. Le Conseil exécutif délibéra le 25 septembre sur les *points essentiels* proposés par Manstein. Sans les accepter en aucune façon, puisqu'ils supposaient le rétablissement de la royauté, le tribun-diplomate fut d'avis, comme Dumouriez, de continuer les pourparlers avec le successeur du grand Frédéric [2]. Pendant que, pour donner le change à l'opinion, Lebrun déclamait contre les rois à la tribune de la Convention et affirmait que ses négociations n'auraient jamais rien de caché, il expédiait deux agents au camp de Sainte-Menehould. C'étaient Westermann lui-même, plus un nommé Benoît, ancien auxiliaire de Dumouriez qui l'avait, quelques mois auparavant, employé à Berlin sans en être bien satisfait.

Durant leur voyage, les cartes se brouillèrent. Le 27, Dumouriez envoya à Manstein une nouvelle lettre avec un second mémoire détaillant les avantages que vaudrait à la Prusse une étroite alliance avec la jeune République française. Mais il se trompait étrangement sur les dispositions de l'adversaire : le bigame prussien était un fanatique, non un calculateur et, de son camp de Hans, il n'avait rien laissé ignorer à l'ambassadeur impérial, le comte de Reuss. Indigné du langage de Dumouriez, il fit, le 28 septembre, signer par Brunswick un second manifeste auquel, suivant la juste remarque d'un émigré, rien ne manquait que d'avoir d'abord battu l'ennemi.

Dès ce moment, un suprême appel semblait devoir être fait aux armes. Les Prussiens se trouvaient dans un état déplorable, au point de n'avoir plus en état de combattre le quart de leur effectif. Beaucoup jugeaient que la position de Dumouriez n'était pas beaucoup meilleure parce que, chose

---

[1] Dans son livre intitulé *Danton émigré*, auquel nous avons emprunté les détails qui précèdent.

[2] Voir sur ce point une étude de M. A. Sorel, dans la *Revue des Deux-Mondes*, no du 15 avril 1884.

étrange, il se trouvait séparé de la France par l'armée ennemie, qui envoyait des éclaireurs jusqu'à Reims. Servan lui conseillait d'abandonner son camp pour se rapprocher de Paris, dont certains journaux l'accusaient d'être vendu à la Prusse ; Kellermann et ses autres lieutenants faisaient chorus, et son armée murmurait sourdement. Lui seul demeurait inébranlable. Loin de partir, il avait appelé à lui toutes les forces disponibles des départements environnants ; les généraux Sparre, Dubouquet et d'Harville l'avaient ainsi rejoint, et, le 1er octobre, les troupes françaises occupaient tout le territoire situé entre Sainte-Menehould et Voilemont, sur deux lieues et demie de longueur, avec des corps détachés sur la Vesle et la Suippe.

Dumouriez avait tellement raison contre tous qu'aussitôt les négociations rompues, Brunswick comprit la lourde faute qu'il avait commise, la honteuse défaite qui l'attendait s'il essayait de livrer bataille. Aussi, pour amuser à son tour l'adversaire, fit-il, dès le 29 septembre, renouer par Manstein de fallacieux pourparlers. Du 30 septembre au 3 octobre, il vit employer à ces nouvelles entrevues Westermann et, secondairement, Benoit. Mais les Prussiens battaient en retraite, et, au lieu de les écraser, Dumouriez ménagea ceux que, bien à tort, il continuait à regarder comme ses alliés de demain. Quoi qu'il en ait dit dans ses *Mémoires*, il fut alors la dupe de Brunswick, et, non content de l'épargner lui-même, il interdit à ses lieutenants, spécialement à Kellermann, de l'attaquer. Dillon fit plus et se livra avec l'ennemi à de telles familiarités, à des correspondances tellement compromettantes, qu'il s'exposa au reproche de trahison. Verdun et Longwy furent restitués à l'amiable; et finalement les Prussiens sortirent de France sans trop d'avaries.

Ainsi se réalisa la prédiction de la comtesse de Dœnhoff ; pour ne pas avoir mesuré ses forces à la grandeur de son entreprise, le roi de Prusse y avait pitoyablement échoué. Une autre part de responsabilité, et des plus graves, retombait sur Brunswick ; mais celui-ci pouvait au moins se vanter d'avoir, par ses négociations finales, retiré son armée du mauvais pas où il l'avait d'abord conduite, et évité un désastre.

Pendant la lente retraite des Prussiens, un faible corps français accomplissait d'étonnants exploits sous la conduite de Custine, que nous retrouverons plus tard général en chef de l'armée du Nord.

Né à Metz en 1740, Philippe-Adam de Custine appartenait à cette vieille et bonne race de petite noblesse qui, sans compter, consacrait le meilleur d'elle-même, ses gars les plus solides, au service du roi et de la France. A sept ans, il assista comme sous-lieutenant au siège de Maestricht. Plus tard, il étudia la tactique à Vienne et à Berlin, et, aux manœuvres de Potsdam, s'entretint avec le grand Frédéric. Épris du système allemand, il envoya au-delà du Rhin son fils, dont nous avons dit un mot déjà au sujet des négociations tentées avec le duc de Brunswick, se déclara le partisan convaincu des réformes, quelques-unes utiles, d'autres maladroites, tentées par le comte de Saint-Germain, et fatigua le soldat par d'interminables exercices. Quand survint la guerre d'Amérique, il échangea un régiment de dragons qui portait son nom, contre celui de Saintonge-infanterie. A son retour, il fut, le 5 décembre 1781, nommé maréchal de camp. Élu député par la noblesse du baillage de Metz, il appuya les innovations. Un peu plus tard, le 6 octobre 1791, promu lieutenant-général, il espérait devenir chef d'armée, et ne cessait, dans ce but, de s'aboucher avec les démocrates les plus accentués. Néanmoins, on lui préféra successivement une série d'autres officiers, ce qui donna lieu, de sa part, à d'incessantes récriminations. Les motifs ne manquaient pourtant point. « Brave, » a dit Albert Duruy,[1] « incontestablement Custine l'était, entreprenant plus encore ; quant à conduire avec suite et méthode une grande opération de guerre et quant à combiner ses propres mouvements avec ceux des autres armées, il en était parfaitement incapable. Ayant longtemps servi dans les dragons, il eut peut-être fait un excellent commandant d'avant-garde et de cavalerie ; ce n'était pas un général en chef. Avec cela, fort personnel, envieux, violent, hâbleur et mal embouché, traitant volontiers ses inférieurs comme des nègres, ses égaux comme des imbéciles, et son ministre.... comme le dernier des barbouilleurs de papier. » Tel était l'homme.

Custine se trouvait, à sa grande fureur, subordonné à Biron qui, lui-même, avait remplacé Lückner en qualité de chef de l'armée du Rhin. Mais, depuis sa déroute de Mons, Biron était devenu par trop circonspect et il laissait volontiers à son lieutenant la bride sur le cou. Enfermé dans Landau, et assiégé par les Prussiens, Custine bouscula les assaillants, et les poursuivit l'épée dans les reins. Dès lors, rien ne l'arrêta plus, et tandis qu'il recevait l'ordre d'attaquer Coblentz, d'où l'ennemi, avec des forces doubles des siennes, pouvait sortir à chaque instant, il n'en tint compte, et, au risque d'être coupé, poussa en avant ses 16.000 hommes. Au point de vue stratégique, cette pointe était bien la plus folle entreprise qui se pût concevoir. « Mais quel entrain et quel brio dans l'exécution ! Quelle série de succès ! Spire et Worms enlevés en moins de quinze jours, Mayence ouvrant à première sommation ses portes ; Francfort lui-même, la capitale politique et commerciale de l'Allemagne,

---

[1] Dans ses *Etudes d'histoire militaire sous la Révolution et l'Empire : le Brigadier Muscar.*

tombant à son tour avec ses richesses entre nos mains ! Jamais la *furia francese* n'avait accompli plus belles prouesses, jamais coup d'audace n'avait été couronné d'un plus facile et d'un plus brillant résultat. Danton pouvait être fier : c'était sa flamme qui brûlait, son souffle puissant qui avait passé dans la poitrine de l'ex-comte de Custine et qui, par une inspiration du génie révolutionnaire, l'avait ainsi, d'un bond, porté jusqu'au cœur de l'Empire [1]. »

---

[1] Albert Duruy, même ouvrage. Mayence fut pris le 21 octobre et Francfort le 22.

CHAPITRE IV

MESURES PRISES PAR LE CONSEIL GÉNÉRAL DU DÉPARTEMENT ET PAR LES DÉLÉGUÉS DE L'ASSEMBLÉE POUR ESSAYER D'ARRÊTER LES INCURSIONS DE L'ENNEMI DANS LE NORD DÉGARNI DE TROUPES. ESCARMOUCHES DIVERSES VERS LE SUD-EST DU DÉPARTEMENT. CONSEILS ÉNERGIQUES DU DÉPUTÉ BRIEZ, SUIVIS PAR LES HABITANTS DE WANDIGNIES. MARCHE DE L'ARMÉE DU DUC DE SAXE-TESCHEN SUR LILLE. REPRISE ET ABANDON DE SAINT-AMAND. BOMBARDEMENT DE LILLE A PARTIR DU 29 SEPTEMBRE 1792. LEVÉE DU SIÈGE LE 7 OCTOBRE. DÉFENSE D'HASNON. DÉCRETS DES 11 OCTOBRE 1792 ET 3 FÉVRIER 1793 DÉCLARANT QUE LILLE ET HASNON ONT BIEN MÉRITÉ DE LA PATRIE. MONUMENTS ÉLEVÉS EN SOUVENIR DE CES DEUX DÉCRETS [1].

Nous avons, dans le chapitre précédent, donné une rapide esquisse des opérations de Dumouriez et de Custine dans l'Est. Revenant chronologiquement en arrière, nous devons maintenant indiquer ce qu'était devenue la frontière du Nord depuis la levée du camp de Maulde et le départ, pour l'Argonne, des divisions de Beurnonville et de Dampierre.

Plus que jamais cette frontière avait été en butte aux attaques des Autrichiens restés dans les Pays-Bas. Suffisantes pour défendre les places fortes, les troupes françaises restaient trop faibles pour tenir la campagne et prendre l'offensive. Aussi les villages furent-ils pillés. Aussi Lille put-il être bombardé, mais cette ville résista et les ennemis n'étant ni assez nombreux, ni assez énergiques pour se livrer à des opérations décisives, manquant, en outre, de l'artillerie de siège suffisante pour imposer leur volonté, Dumouriez eut le temps de revenir avant qu'on ait eu à déplorer des malheurs irréparables.

Ni les commissaires de l'Assemblée, ni les autorités locales n'avaient négligé les encouragements et les mesures nécessaires pour tirer parti des ressources de toutes sortes que pouvait fournir la contrée elle-même, et,

---

[1] Ce chapitre a été rédigé en ce qui regarde le siège de Lille, par M. Quarré-Reybourbon, et pour le reste, par M. Paul Foucart.

dès le 31 août, le Conseil général du département du Nord, pour user d'une initiative accordée par le Conseil exécutif provisoire, avait pris l'arrêté suivant [1] :

La guerre entre le despotisme et la liberté n'est susceptible ni de trêves, ni de capitulation : il faut que la liberté périsse et qu'elle entraîne l'empire dans sa chute, ou que le despotisme soit à jamais renversé !

La France veut être libre. Ce vœu si généralement et si fortement prononcé est particulièrement celui des citoyens du département du Nord. Le moment est venu de déployer les efforts auxquels ce vœu peut porter leur courage. Le moment est venu d'épouvanter, par de grandes mesures, les tyrans qui veulent nous apporter des fers.

La cause de la Liberté et de l'Egalité est celle de la justice. Elle doit triompher. Déjà la source des trahisons qu'on formait contre elle est tarie ; les manœuvres de l'intrigue sont paralysées et les différents pouvoirs marchent aujourd'hui d'un pas égal et dirigent leurs efforts vers le même but, nous garantissant le plus heureux succès.

Ces circonstances doivent exciter notre courage ; elles appellent tous les Français à repousser les coups que leurs ennemis ligués s'apprêtent à leur porter ; elles les appellent à venger l'échec, moins considérable qu'humiliant, qu'ont attiré sur nos armes, à Longwy, les perfidies dont nous venons de couper la trame.

Plus donc de lenteur, plus de demi-effort. Que tout devienne une arme dans nos mains ; que nos chants se transforment en des cris de guerre ; que partout il s'élève des boulevards ; qu'à chaque pas, l'ennemi trouve des obstacles à vaincre ou des Français à combattre ; que son sang, enfin, marque partout ses traces s'il ose paraître sur la terre de la liberté.

D'après ces considérations, vu la lettre de M. Roland, ministre de l'intérieur, en date du 17 de ce mois, mandant que tous pouvoirs sont donnés au département pour pourvoir à tout ce qui peut coopérer à la défense de notre frontière ; ouï le commissaire procureur-général syndic,

Nous administrateurs, composant le Conseil général du département, avons arrêté les points et articles suivants :

Art. 1er. — Les villes d'Avesnes, Quesnoy, Landrecy, Condé, Valenciennes, Bouchain, Cambrai, Douai, Lille, Bergues, Gravelines et Dunkerque, seront incessamment mises en état de soutenir un siège.

Art. 2. — Toutes les autres villes, tous bourgs, villages, ou hameaux situés vers la frontière, seront fortifiés par des fossés, des retranchements, des palissades, et par tous autres moyens que les localités permettront.

Art. 3. — Les routes qui communiquent à l'ennemi seront coupées à l'extrême frontière, s'il est possible ; puis, en outre, de demi-lieue en demi-lieue, dans l'étendue d'une lieue et demie ou deux lieues, ou jusqu'à leur communication à une place de guerre.

Art 4. — A chaque coupure, il sera établi un pont-volant, fermé par une barrière et défendu de chaque côté par des parapets.

Art. 5. — Il sera fait de semblables coupures dans les principales communications des forêts, et il sera pratiqué des abatis de bois dans toutes celles par

---

[1] Nous extrayons cette pièce, et les deux qui vont suivre, d'un recueil en plusieurs volumes écrits en entier de la main de Verdavainne fils, membre du Conseil municipal et suppléant du juge de paix de Valenciennes au moment du siège de 1793, plus tard commissaire du Directoire exécutif dans la même ville. Ce recueil nous a été confié par un de ses descendants en ligne directe, M. Charles Verdavainne, ancien juge suppléant près le tribunal civil de Valenciennes.

où des partis ennemis pourraient pénétrer, ainsi que sur les routes, en avant de chaque coupure.

Art. 6. — Pour l'exécution des cinq articles qui précèdent, les districts sont autorisés à prendre les bois nécessaires, tant dans les forêts nationales que dans les propriétés particulières, après toutefois une estimation préalable desdits bois, à la charge d'en informer le département.

Art. 7. — Les ponts existant sur les rivières et canaux et conduisant enfin à l'ennemi seront détruits dans toute l'étendue desdits canaux et rivières, jusqu'à leur communication avec une place de guerre.

Art. 8. — Pour l'exécution de tout ce qui précède, les districts se concerteront avec les généraux, les commandants des places et les officiers du génie, dont ils requerront à cet effet les ordres nécessaires ; et, en cas que les derniers trouvent quelque obstacle à l'un ou à l'autre desdits moyens, il en sera référé sur-le-champ au département.

Art. 9. — Il sera tenu registre exact par les districts des noms des bons citoyens que l'amour de la patrie portera à coopérer gratuitement aux travaux qu'exige l'exécution des articles qui précèdent. Il sera pourvu au paiement des autres par mandat sur la caisse du Trésor public, à charge par lesdits districts d'en faire passer à fur et mesure des états au département.

Art. 10. — Les districts s'empareront incessamment de tous les cuivres, plombs et fers des maisons religieuses, à l'exception seulement de ceux qui ne pourraient être pris sans dégrader les bâtiments, et il sera, de tout, dressé sur-le-champ des inventaires, dont des doubles seront adressés au département.

Art. 11. — Les cuivres seront envoyés sans délai à la fonderie de cette ville pour être convertis en canon ; les plombs seront déposés dans des fabriques de balles que les districts prendront soin d'établir, et les fers seront employés à fabriquer des sabres et des piques.

Art. 12. — Il sera fait défense à tous armuriers, forgeurs, maréchaux, fondeurs et autres ouvriers généralement quelconques qui peuvent coopérer à la fabrication des armes ou des ustensiles de guerre, de s'occuper d'aucune espèce de travail particulier, sous quelque prétexte que ce puisse être, tant qu'ils auront entrepris ou qu'il leur sera offert quelque ouvrage pour le compte de la Nation.

Art. 13. — Toutes les cloches qui seront reconnues pour n'être pas nécessaires au culte seront incessamment descendues et envoyées à la monnoie de Lille pour y être converties en numéraire, et le district de cette ville prendra tous les moyens qu'il trouvera convenables pour en accélérer la fabrication et en assurer l'emploi.

Art. 14. — Il sera fait par les districts, et, à leur défaut, par les municipalités, des visites exactes dans tous les arsenaux et magasins de boulets, cartouches et poudres, pour constater, dans le plus bref délai, la quantité, l'espèce et l'état des armes et munitions. Les relevés seront incessamment adressés au département pour en être par lui rendu compte au ministre, en sollicitant, au besoin, les secours nécessaires à cet égard.

Art. 15. — Les districts veilleront à ce qu'il ne reste aucun dépôt de grains ou de subsistance d'avoine et de fourrage dans des lieux ouverts et exposés aux incursions de l'ennemi, particulièrement dans les villages situés sur la frontière en avant des places de première ligne. Ils procureront, à cet effet, aux propriétaires, et gratuitement, des emplacemens sûrs et propres à recevoir ces dépôts.

Art. 16. — Les districts enfin feront passer incessamment au département, toutes les observations dont le présent arrêté leur paraîtra susceptible, et tous les moyens qu'ils croient pouvoir ajouter à ceux qui sont indiqués, sans néanmoins que leurs observations puissent arrêter l'exécution des dispositions qui précèdent.

Fait à Douai en la séance du Conseil général du département du Nord, le 31 août 1792, l'an 4 de la Liberté. Présens : MM^{rs} *Michel*, président ; *Parent, Vankempan, Top, Fockedey, Revel, Contamine* (de Landrecy), *Fauvel, Fliniaux, Blondeau, Denier,* administrateurs ; *Delval-Lagache,* commissaire, faisant les fonctions de procureur-général-syndic, et *Lagarde,* secrétaire-général.

Quelques jours après avoir pris cet important arrêté, qui indiquait la volonté ferme d'organiser la plus vigoureuse défensive, la même Assemblée en prit un autre ainsi conçu :

DU 9 SEPTEMBRE 1792.

Nous, administrateurs composant le Conseil général du département du Nord, informés que les mesures générales de défense du Royaume ont nécessité la levée du camp de Maulde pour renforcer, d'une partie des troupes qui le formaient, l'armée destinée à secourir la ville de Sedan et à repousser avec vigueur les grands coups que l'ennemi veut nous porter de ce côté ;

Considérant qu'il importe de renforcer les garnisons de plusieurs de nos places frontières et de former, dans divers autres endroits, des corps capables d'en imposer aux détachements ennemis qui se livrent à toutes sortes d'excès dans les lieux où le dénuement de force leur permet de pénétrer ;

Considérant que le salut de la France est attaché à la réunion de nos efforts qui peuvent, dans ce moment, être employés au succès ;

Considérant qu'il n'est plus un citoyen qui ne s'empresse de prendre les armes et de s'exposer à une mort glorieuse plutôt que de souffrir la dévastation de ses propriétés, de voir périr ses frères, ses enfans, son épouse et d'attendre lui-même lâchement la mort ou l'esclavage ;

Déterminés à rester fidèles au serment sacré que nous avons fait de maintenir la liberté et l'égalité ou de mourir en les défendant ;

Désirant répondre à la confiance que la nation a mise dans les citoyens du département du Nord, en laissant à la prudence des administrateurs de ce département tous les moyens qu'ils jugeraient pouvoir concourir à la défense de cette frontière ;

Vu les lois des 8, 11, 25 juillet, 3 août et 2 septembre de la présente année, et vu notre arrêté du 31 dudit mois d'août ;

Ouï le commissaire faisant les fonctions de procureur-général-syndic,

Nous, administrateurs susdits, avons arrêté et arrêtons les points et articles suivants :

ART. 1er. — En conséquence de la réquisition faite dans la présente séance par le Lieutenant-général, il sera fait, sur toute l'étendue du département, une levée de 20.000 hommes à raison, savoir, de 2.600 hommes pour le district de Bergues ; 2.200 pour celui d'Avesnes ; 3.068 pour Cambrai ; 1.600 pour Douay ; 2.532 pour Hazebrouck ; 4.268 pour Lille ; 1.266 pour le Quesnoy, et 2.466 pour Valenciennes.

ART. 2. — Dans le contingent ci-dessus des districts, seront comprises les levées commencées en conséquence de la réquisition, faite précédemment par M. Dillon, d'un corps de 10.000 hommes.

ART. 3. — A l'instant de la réception du présent arrêté, dont il sera donné acte aux porteurs, avec mention du jour et de l'heure, les districts procèderont sans déplacer à la répartition par commune de leur contingent dans ladite levée et expédieront sur-le-champ aux dites communes, les ordres nécessaires pour leurs levées particulières.

ART. 4. — Les Conseils généraux des communes s'assembleront à l'instant de la réception des dits ordres, pour délibérer sans déplacer sur les moyens de fournir, en dedans vingt-quatre heures, le contingent que la patrie attend d'eux.

Art. 5. — A cet effet, ils assembleront aussi de suite les citoyens de leur commune, au son du tocsin, et ils feront faire lecture à haute voix du présent arrêté et de l'adresse qui y est jointe ; cette lecture sera répétée dans autant de lieux et autant de reprises qu'il sera nécessaire pour qu'elle soit connue de tous les citoyens et des exemplaires de ces deux pièces seront, en même temps, affichés dans les lieux ordinaires.

Art. 6. — Les municipalités dresseront et feront passer au département, par la voie des districts, des listes des citoyens en état de porter les armes qui ne se seront pas rendus dans les assemblées à l'effet ci-dessus, et il sera avisé aux moyens de faire prononcer contre eux une taxe ou autre peine, s'il y échet.

Art. 7. — Il sera remis à la disposition des municipalités, par les districts qui expédieront à cet effet des mandats sur leurs receveurs, des sommes à raison de 40 sous par homme, à fournir par lesdites municipalités, pour frais d'engagement tels que salaires des préposés au rassemblement, boissons aux engagés et autres menus objets de cette nature.

Art. 8. — L'engagement des citoyens que l'amour de la patrie et le désir de défendre leur vie, leurs propriétés et celles de leurs frères porteront à s'inscrire pourra être borné à la durée de cette campagne.

Art. 9. — Si des citoyens demandent à s'engager pour un plus long terme, ou pour toute la durée de la guerre, les municipalités sont autorisées à leur accorder des primes sur le produit des sous additionnels affectés aux charges locales de leurs communes et sur les autres fonds disponibles qu'elles pourraient avoir. Ces citoyens seront incorporés dans les corps des gardes nationaux, levés en exécution de la loi du 22 juillet dernier, titre III, article 3°.

Art. 10. — Les citoyens aisés qu'aucune fonction publique, aucun commerce ou aucune fonction nécessaire à leur subsistance ne retiennent chez eux, sont particulièrement invités à prouver leur civisme, en prenant part les premiers dans les enrôlemens qui les intéressent plus que tout autre, puisqu'ils ont pour objet la conservation des propriétés.

Art. 11. — Si les engagements volontaires ne suffisent pas pour fournir le contingent d'une commune, il y sera pourvu en la forme prescrite par la loi du 22 juillet dernier, relative au complément de l'armée de ligne, titre I, section 1re, article 8°.

Art. 12. — Les citoyens qui devront marcher, d'après les articles qui précèdent, se rassembleront en dedans trois jours au chef-lieu du district, où ils seront formés en compagnies et bataillons, en la manière ordinaire, après avoir prêté individuellement le serment de maintenir la liberté et l'égalité, ou de mourir en les défendant.

Art. 13. — Les compagnies ou bataillons ainsi formés resteront, dans le chef-lieu de district, à la disposition des généraux, pour être par eux employés seulement à la défense des villes et frontières de ce département. Les districts pourvoiront entre temps à tout ce qui pourra contribuer à l'instruction de cette nouvelle levée.

Art. 14. — Les districts pourvoiront encore aux frais nécessaires, en cas que les généraux, en vertu de la loi du 25 juillet dernier, requièrent une portion quelconque des grenadiers, chasseurs et canonniers des gardes nationales de ces départements.

Art. 15. — Pour seconder, par tous les moyens possibles, les mesures prises pour procurer les armes nécessaires à l'armement des citoyens qui se dévoueront à la défense de la patrie, il sera fait par les officiers municipaux, s'il ne l'a déjà été, des visites domiciliaires, en dedans vingt-quatre heures de la réception du présent arrêté, pour constater l'espèce et le nombre des armes, dont la déclaration n'aura pas été faite par les habitants.

Art. 16. — Les procès-verbaux qui seront dressés à cet effet et dans lesquels les noms des contrevenans et l'espèce de la contravention seront désignés, nous seront incessamment adressés par lesdites communes, par l'intermédiaire des districts, pour lesdits contrevenans être déclarés infâmes et traîtres à la patrie s'il y échet, et pour être référé par nous au Corps législatif, sur les moyens de provoquer contre eux la peine de mort, portée par la loi du 2 de ce mois.

Art. 17. — Les armes que les districts se seront procurées, tant en vertu de notre circulaire du 6 du présent mois [1] que par le moyen des déclarations des citoyens et des visites domiciliaires, seront employées, ainsi que celles à l'achat desquelles il a été pourvu ce jourd'hui, à l'armement des citoyens qui formeront la levée prescrite par le présent arrêté, après le complément de l'armement des levées précédentes.

Art. 18. — Les citoyens, qui ne pourraient pas être armés de fusils, seront armés de piques, dont la fabrication a été confiée aux municipalités, sous la surveillance des districts.

Art. 19. — Pour que les citoyens enrôlés, d'après les articles précédents, soient, autant que possible, pourvus d'uniformes, les citoyens non enrôlés et ceux mêmes qui forment des gardes nationales sédentaires qui ont des habits uniformes, seront tenus de les remettre au chef-lieu de leur district, où il leur sera délivré des mandats sur le receveur pour le paiement de ces habits, après estimation.

Art. 20. — Les citoyens qui ne serviront que pour cette campagne devront, lorsqu'elle sera terminée, remettre à leur municipalité leur habit avec ledit armement et leur équipement.

Art. 21. — Le service des gardes nationales sédentaires pour la police intérieure des villes, bourgs et villages, ne devront pas souffrir du vuide que les enrôlemens ci-dessus pourront laisser parmi ceux qui faisaient ordinairement ce service. Tous les citoyens seront tenus de le faire en personne sans qu'ils puissent en être dispensés sous quelque prétexte que ce puisse être, sauf en cas de maladie grave, légalement constatée, sauf aussi des absences, reconnues légitimes par le département, que des citoyens faisant le commerce par état seraient obligés de faire pour des causes y relatives qu'ils indiqueraient.

Art. 22. — D'après l'article 16 de la section première de la loi du 14 octobre 1791 et de la loi du 2 du présent mois, les membres des administrations, municipalités, tribunaux, leurs secrétaires et commis, et tous individus fonctionnaires publics, dont le poste est déclaré par lesdites lois être au lieu de leurs fonctions, devront se faire remplacer à leurs frais pour le service mentionné dans l'article qui précède.

Art. 23. — Les citoyens de chaque commune seront invités, par les municipalités des lieux, à fournir un contingent dans une contribution volontaire, dont le produit sera affecté aux besoins des femmes et enfants que l'enrôlement de leurs pères et maris priveront de la totalité ou d'une grande partie de leurs ressources ; sauf, en cas d'insuffisance de la contribution volontaire, à assurer cette indemnité sur les sous additionnels, destinés aux charges locales. Il ne sera néanmoins accordé aucune indemnité à ceux qui ne serviront que par remplacement, cet objet devant concerner personnellement tous les citoyens qu'ils remplacent.

Art. 24. — Toutes les dispositions contenues dans notre arrêté du 31 du mois dernier seront exécutées suivant leur forme et teneur, et les districts se conformeront, à cet égard, à tout ce qui est prescrit par les instructions qui seront ci-jointes ; ils rendront compte chaque jour, au département, de la marche de leurs opérations et il sera envoyé des commissaires dans lesdits districts, et à leurs frais, en cas qu'ils négligent de rendre compte de ce que dessus, ou en cas que leurs opérations marchent avec trop de lenteur.

---

[1] Nous n'avons pu nous procurer cette circulaire.

Art. 25. — Les districts nous feront exactement tenir des procès-verbaux des négligences qui pourraient être apportées dans les communes, soit à l'exécution de ce que dessus, soit à celles des dispositions de notre arrêté du 31 du mois dernier pour mettre le pays en état de défense, et seront les Conseils généraux des communes, ou les habitants suivant les cas, poursuivis comme parjures à leurs serments et traîtres à la patrie.

Art. 26. — Le présent arrêté dont les dispositions généralement quelconques, vu l'urgence du cas, seront provisoirement exécutées, sera incessamment envoyé à l'Assemblée nationale, à ses commissaires près l'armée du Nord, et au Conseil exécutif, pour être par eux approuvé. Il sera aussi envoyé aux départements du Pas-de-Calais et de la Somme pour les engager à seconder les vues de celui du Nord.

Art. 27. — Afin que rien ne retarde, sous aucun prétexte, l'exécution du présent arrêté, les exprès porteurs d'icelui près les districts, et ceux envoyés par les districts près les municipalités, en demandant acte de la réception dudit arrêté, le demanderont également de l'avertissement qu'ils auront donné, que l'exécution d'icelui n'est susceptible d'aucune espèce de délai, sans qu'il compromette la sûreté de l'Etat.

Et sera le présent arrêté imprimé, publié et affiché en la forme et manière accoutumée.

Fait à Douai, en séance du Conseil général du département du Nord, le 9 septembre 1792, l'an 4ᵉ de la Liberté et la 1ʳᵉ de l'Egalité. Présents : MM*ʳˢ* *Michel*, président ; *Parent, Crépin, Top, Contamine* (de Landrecy), *Blondeau, Dinoir* et *Deschodt*, administrateurs ; *Delval-Lagache*, commissaire faisant les fonctions de procureur-général-syndic, et *Lagarde*.

En même temps que cet arrêté, fut publiée une proclamation ainsi conçue :

Citoyens,

L'ennemi est à nos portes, mais nous ne devons pas nous en effrayer : il est loin d'avoir des forces suffisantes pour attaquer nos places, et nous l'aurons même bientôt chassé de nos campagnes si nous voulons faire quelques efforts. Se pourroit-il que les citoyens d'un département qui contient un million d'individus, secondés par le courage des braves militaires qui sont restés dans nos villes, puissent craindre six ou huit mille hommes que l'ennemi a peut-être laissés sur cette partie de la frontière ? Non ; et pénétrés de l'opinion qu'ils devaient prendre de nous à cet égard, les généraux n'ont pas balancé à porter une partie des forces du camp de Maulde vers l'armée du centre qui va frapper de grands coups.

Citoyens, aux armes ! La patrie, nos intérêts, nos sermens vous appellent : les administrateurs que vous avez honorés de votre confiance ont concerté avec nos généraux patriotes les moyens de seconder votre zèle. Vos femmes, vos enfants seront ceux de la patrie. Elle veillera sur eux pendant que vous irez combattre pour elle ; elle les adoptera, si vous mourez en la défendant. Aux armes, citoyens ! Montrez-vous tous à la fois. Qu'épouvantés de notre union et de la masse imposante de force que nous pouvons leur présenter, les esclaves qu'on voudrait vous faire craindre fuyent à votre aspect. Que la terreur que vous leur inspirerez ne laisse place dans leur âme qu'à l'admiration et au respect que l'homme libre sait inspirer. Union, calme, courage, persévérance, obéissance aux autorités que vous avez établies et la France est sauvée !

A cette proclamation, les commissaires de l'Assemblée ne tardèrent pas à en ajouter une autre, rédigée en ces termes :

DU 14 SEPTEMBRE 1792, L'AN 4ᵉ DE LA LIBERTÉ ET 1ᵉʳ DE L'ÉGALITÉ.

Citoyens ! habitans des Villes et des Campagnes ! écoutez la voix des représentans du peuple, dont nous sommes les organes ; écoutez ceux qui sont envoyés pour vous exprimer la tendre sollicitude de l'Assemblée Nationale et qui employent journellement tous leurs efforts et leurs moyens pour votre salut et celui de la Patrie.

Citoyens ! des ennemis, ou plutôt des brigands effrénés, ont envahi le territoire Français ; ils portent par-tout la dévastation et la mort ; ils pillent vos maisons, ils vous enlèvent vos riches moissons, fruits de vos veilles et de vos sueurs ; ils arrachent la vie à tout ce que vous avez de plus cher, et leur glaive assassin vous menace vous-même ; ils violent enfin sans pitié tous les droits de l'humanité et de la propriété, que s'honoroient de respecter autrefois, les guerriers les plus acharnés : rien n'est sacré pour eux, et leurs exploits sont autant de crimes, dont vous êtes chaque jour les malheureuses victimes.

Souffrirez-vous donc plus long-tems que ces esclaves soudoyés, ces vils satellites des tyrans, vous ravissent tout ce que vous possédez, et souillent de leurs traces empoisonnées la terre de la Liberté ? Qu'un noble courage vous enflamme ! qu'un ardeur bouillante et vengeresse de tant d'attentats, vous porte à anéantir d'un seul coup ces scélérats !

Citoyens ! soyez dignes du nom Français, et montrez ce que peuvent, dans leur juste fureur, des hommes libres, attaqués sans raison et dépouillés avec tant de cruauté.

Armez-vous, réunissez-vous au premier signal, marchez contre ces brigands avec la rage implacable et légitime qui doit vous animer. Portez dans leurs rangs la terreur et l'effroi ; et jurez, en quittant vos foyers, d'exterminer jusqu'au dernier.

Citoyens ! si vous le voulez, ces ennemis dévastateurs et barbares disparoîtront devant vous comme la fumée, car des brigands sont toujours des lâches ; ils ne sont braves que lorsqu'ils sont quatre contre un. Que des flots d'hommes libres, de courageux Français, se précipitent le même jour et au même instant sur ces hordes méprisables !

Aux armes, Citoyens, aux armes ! ne differez pas un instant : les Commissaires de l'Assemblée Nationale, vivement pénétrés du sentiment de votre salut et de votre bonheur, vous y invitent, au nom de la Nation et de la Patrie !

Sauvez, Citoyens, sauvez la Liberté et l'Égalité que vous avez jurés de défendre et de maintenir jusqu'à la mort ! sauvez enfin vos propriétés, vos femmes, vos enfans, vos frères, vos amis, et sauvez vous vous-même !

Les Commissaires de l'Assemblée Nationale près les frontières et l'Armée du Nord.

Signés, Dubois-Dubais, Debellegarde, Delmas.

Cette proclamation était accompagnée d'un arrêté complétant et modifiant en quelques parties ceux émanés du Conseil général du département du Nord. Il était ainsi conçu :

Nous Commissaires de l'Assemblée Nationale, envoyés aux Frontières et à l'Armée du Nord, considérant qu'il ne peut y avoir de capitulation entre les hommes Libres et les tyrans ; que tous les Français, Amis de leur Patrie, ont juré de vaincre ou mourir en défendant la souveraineté du Peuple, la Liberté et l'Égalité ; qu'il est tems que la Nation entière se lève, et qu'elle coure aux Armes pour exterminer les satellites du despotisme, qui ravagent les campagnes, qui pillent les moissons, et égorgent nos frères ; considérant enfin, que les brigandages qu'ils commettent, ne peuvent qu'exciter l'indignation universelle ; que nous serions coupables envers la Patrie, si, pour sauver les Citoyens de cette frontière, nous ne déployions, à l'instant même, la plénitude des pouvoirs qui nous ont été délégués ; que notre devoir est de faire punir sans délai des hommes qui violent aussi audacieusement le Droit des Gens, et pour qui rien n'est sacré.

D'après ces considérations, arrêtons ce qui suit :

Article premier.

Après la publication du présent arrêté, tous les habitans, des Départemens du Nord, de la Somme et du Pas-de-Calais, en état de porter les armes, sont invités, au nom de la Patrie, à partir, dans 24 heures, de leurs Communes respectives, avec leurs armes et leurs munitions, pour se rendre sans délai dans le chef-lieu de leur District.

Art. II.

Les Citoyens de bonne volonté, avant de partir, se feront inscrire au Greffe de leur Municipalité, qui est tenue de délivrer à chaque citoyen un extrait de son inscription, et un état de route, au moyens desquels il recevra, au chef-lieu de District, *trois sous* par lieue, et en outre *quinze sous* par jour, à compter de la date de son inscription.

Quant à ceux domiciliés dans les chefs-lieux de District, ils recevront aussi leur solde à compter du jour de leur inscription.

Art. III.

Sont invités, pareillement, tous les bons Citoyens, en état de porter les armes, des Communes qui sont dans ce moment au pouvoir de l'ennemi, de se rendre de suite au chef-lieu de leur District avec leurs armes et munitions de guerre.

Art. IV.

Il sera pourvu au payement des *trois sous* par lieue et à la solde de chaque Volontaire, par le Receveur de l'administration, et sur les mandats des Membres composant le Directoire de District.

Art. V.

Promettons les plus amples dédommagemens, la protection de la Nation et des Lois, et notre sollicitude immédiate à tout Citoyen qui donnera dans cette occasion des marques de son civisme, et qui quittera sur le champ ses foyers pour marcher à la défense de la Patrie.

Art. VI.

Mettons pareillement sous la protection de la Nation, des Lois et de notre sollicitude immédiate, les femmes, enfans, et propriétés des Citoyens qui s'armeront et se rendront sans délai au chef-lieu de leur District, en vertu du présent arrêté.

Art. VII.

Sont pareillement mis sous la protection de la Nation, des Lois et de notre sollicitude immédiate, les Boulangers, Bouchers, Employés pour les Vivres et Fourrages de l'Armée, les Armuriers et généralement tout Citoyen faisant un service public et notamment celui des Armées, sans être tenus de s'armer et de se rendre au chef-lieu de leur District, pour la défense de la Patrie.

Art. VIII.

Tout Citoyen, en état de porter les armes, qui ne se rendra pas au chef-lieu de son district, pour contribuer de tout son pouvoir à repousser les ennemis de la Patrie, ne doit pas compter sur la protection de la Nation et des Lois pour obtenir des indemnités, dans le cas où l'ennemi ravageroit ses propriétés.

Art. IX.

Requérons expressément tout Citoyen, qui n'est pas en état de porter les armes, ou qui ne s'inscrira point pour marcher à l'ennemi, de remettre, immédiatement après la publication du présent arrêté, à la Municipalité de sa Commune, les armes et munitions de guerre, tant en poudre qu'en plomb, qu'il peut avoir à sa disposition.

Art. X.

Aussitôt que lesdites armes et munitions de guerre auront été remises aux Municipalités, elles en feront dresser procès-verbal, et l'adresseront de suite au Directoire de leur District.

Art. XI.

Quant aux armes et munitions de guerre qui sont à la disposition des Citoyens, hors d'état de défendre la Patrie, ou qui ne s'inscriront pas, et dont les communes sont au pouvoir de l'ennemi, les requérons pareillement de les faire passer sans délai, au chef-lieu de leur district, par la voie qui leur paroîtra la plus sûre.

Art. XII.

Tout Citoyen, tenu de remettre ses armes et ses munitions de guerre en conformité des articles précédens, et qui refusera de se conformer à ladite réquisition, est déclaré, en vertu de la Loi, infâme et traître à la Patrie, et digne de la peine de mort.

Art. XIII.

Déclarons pareillement en vertu de la Loi, infâme et traître à la Patrie et digne de la peine de mort, tout Citoyen Français, tout fonctionnaire public qui a accepté ou accepteroit quelque commission, ou emploi de la part des agens civils et militaires des tyrans dévastateurs armés contre notre liberté et nos propriétés ; sans préjudice de la confiscation de leurs biens au profit de la Nation.

Art. XIV.

Il sera nommé, par nous, des Commissaires Civils et Militaires, qui se rendront dans chaque chef-lieu de district du département du Nord et qui seront chargés de toutes les opérations relatives à l'exécution du présent arrêté, conformément aux instructions particulières qui leurs seront adressées.

Art. XV.

Quant aux rassemblemens qui doivent se faire dans les chefs-lieux de District des Départemens du Pas-de-Calais et de la Somme, autorisons les Conseils généraux de ces deux Départemens, à nommer les Commissaires Civils et Militaires, pour remplir les fonctions mentionnées en l'Article précédent et lesdits Commissaires se conformeront en tout à l'instruction qui leur sera adressée.

Art. XVI.

Défendons à tout Fonctionnaire Public, Civil ou Militaire, à tout Citoyen, d'entraver directement ou indirectement les mesures desdits Commissaires, de tenir des propos tendant à retarder ou empêcher l'exécution du présent arrêté, sous peine d'être puni suivant la sévérité des Lois.

Art. XVII.

Le présent arrêté sera imprimé, affiché et publié, à son de trompe ou de tambour, dans toutes les villes des départemens du Nord, du Pas-de-Calais, et de la Somme, en la forme et manière accoutumées, et lecture en sera faite, dans les Communes de campagne, aux Citoyens rassemblés extraordinairement au son de la cloche, le tout à l'instant même de la réception du présent arrêté.

Fait à Valenciennes, le 15 septembre 1792.

ÉGALITÉ, LIBERTÉ.

Signés, J.-F.-B. Delmas, Dubois-Dubais, Debellegarde.

Ces trois commissaires ajoutèrent bientôt aux pièces qui précèdent une proclamation adressée aux habitants de la campagne, et que reproduisit le *Moniteur* :

> Nous commissaires, etc., indignés de l'audace sanguinaire et dévastatrice des brigands soudoyés qui pillent et ravagent journellement les propriétés des citoyens habitants des campagnes de cette frontière, autorisons lesdits citoyens et leur commandons même, au nom de leur propre intérêt, de se réunir dans les lieux les plus exposés aux incursions desdits brigands pour les repousser, s'en défendre et même les attaquer s'ils sont en force suffisante, par tous les moyens qui seront en leur pouvoir ; nous nous engageons de leur obtenir les indemnités qui leur sont accordées par la loi pour les pertes qu'ils pourraient éprouver, les récompenses que leur auront méritées leur activité, leur courage et leur zèle, de même que toute indemnité et récompense seront refusées à ceux qui n'auront pas concouru de tous leurs efforts à la défense commune.
>
> J.-F.-B. DELMAS, DUBOIS-DUBAIS, BELLEGARDE.

Les mesures prises, les fortifiantes paroles prodiguées par le Conseil général du département et par les commissaires de l'Assemblée, n'empêchèrent assurément point, comme nous l'avons déjà dit et comme nous allons le voir, les incursions de l'ennemi ; mais elles y suscitèrent des obstacles, soutinrent le moral des populations, et permirent ainsi à toute la frontière française des Pays-Bas de traverser sans trop d'encombres cette période de crise.

Nous avons laissé les Autrichiens à St-Amand. Ils s'y étaient établis, pillant les logements des patriotes. Les moines qui, de Tournai, guettaient depuis longtemps le progrès de l'ennemi, avaient repris possession de l'abbaye ; les prêtres réfractaires étaient rentrés en exercice et donnaient une nouvelle consécration aux enfants qu'avaient baptisés les curés constitutionnels ; l'ancien maire, devenu prévôt, avait même offert un bal aux envahisseurs [1].

En outre les Autrichiens avaient, comme nous l'avons vu, détruit toutes les fortifications du camp de Maulde [2]. Ils vexaient les habitants d'Orchies, ceux de Saméon et de toute la frontière. Enfin, à Mortagne, pour exécuter une menace déjà vieille, ils avaient renversé de fond en comble la maison des demoiselles Fernig.

La Convention ne voulut pas laisser sans abri la famille des deux héroïnes, et, à la nouvelle de leur malheur, elle ordonna que cette maison serait

---

[1] Voir, sur ces faits, les discours de Salles, Daoust et Merlin (de Douai) dans la séance de la Convention du 30 septembre 1792 ; et, dans l'ouvrage de M. Pelé, le chapitre XIV intitulé : *La prise de St-Amand*.

[2] *Argus*, n° du 13 septembre.

reconstruite aux frais de la République. En attendant que ce décret put être exécuté, le département du Nord logea leurs sœurs dans une propriété qui se trouvait à sa disposition, à Bruai près de Valenciennes.

Grâce à la tradition locale et aux recherches de M. Joseph Defline, ingénieur des Arts-et-Manufactures, et maire de la commune, nous avons retrouvé ce dernier immeuble. C'était le château de Bruai, tombé dans le domaine public par suite de l'émigration de son ancien propriétaire, le comte Pierre-Louis-Georges du Buat, colonel du génie, brigadier-lieutenant du roi, chevalier de Saint-Louis et de Saint-Jean de Jérusalem, membre correspondant de l'ancienne Académie des Sciences et plus tard de l'Institut, auteur des plans du canal du Jard et de l'hôtel de ville de Condé, et dont les belles recherches sur le mouvement des eaux ont considérablement ajouté aux travaux de Guglielmini sur la même question [1]. Le château de Bruai fut définitivement aliéné par les soins du Directoire du district de Valenciennes, suivant procès-verbal du 27 floréal an III, enregistré le 1er prairial suivant. Il appartint ensuite à la Société de la Verrerie de Bruai et à la famille Hautcœur [2].

Le mercredi 12 septembre au matin, un corps d'Autrichiens s'avança avec de l'artillerie sur l'avant-garde de l'armée de Maubeuge, campée à Grisevelle. Le poste de Grisevelle se replia sur la forteresse voisine ; et les canons français tuèrent huit hommes à l'ennemi [3].

Le lendemain 13, ce fut le tour de Valenciennes vers lequel, nous dit l'*Argus* [4], un corps d'Autrichiens assez considérable marcha sur trois colonnes du côté de la porte de Mons :

> On fit battre la générale, et, dans un seul instant, toutes les troupes se placèrent avec joie à leur poste. Les colonnes ennemies s'avancèrent assez près pour qu'on leur lachât une bordée de canon : un de leurs chevaux fut tué et, sur le champ, l'ennemi se replia.

---

[1] On trouvera des détails plus étendus sur du Buat, dans une *Notice* de M. de Saint-Venant, imprimée en 1866 dans les *Mémoires de la Société des Sciences de Lille*, et réimprimée en 1884, avec des documents nouveaux, dans les *Mémoires de l'Académie des Sciences, Arts et Belles-Lettres de Caen*.

[2] Nous extrayons ces renseignements d'un acte passé devant Mes Hippolyte Paillard et Pierre Guislain, notaires à Valenciennes, les 28 et 29 mars 1834. L'immeuble y est ainsi décrit : « Les bâtiments de l'ancien château de Bruai, situés commune de Bruai et formant les nos 6 et 7 du plan ci-après annexé.... Le no six se compose de bâtiments, écuries, grange et cour, le tout de la contenance de 21 ares (73 verges un dixième) et tient d'un côté au chemin d'Hautières, aux héritiers Lecaillon, au no 7 et au restant de la cour.... Le no sept se compose également de bâtiments d'habitation avec jardin clos de murailles avec saut de loup du côté du sieur Maniez... et contient 35 ares 20 centiares (une mencaudée 42 verges 5 dixièmes) en superficie. Ce lot est contigu au précédent ».

[3] *Argus*, no du 13 septembre.

[4] Dans son no du 14 septembre.

A l'instant de l'allarme, les commissaires de l'Assemblée Nationale furent appellés à la maison commune, ils y trouvèrent réunis les administrateurs du district et les officiers généraux.

Le général Moreton fit déclarer la place de Valenciennes en état de siège ; tous les fonctionnaires civils et militaires jurèrent unanimement de défendre courageusement la ville, et de s'ensevelir sous ses ruines, plutôt que de la rendre.

Les commissaires de l'Assemblée Nationale, après avoir parcouru les différents postes et quartiers de la place, remarquèrent avec admiration que les citoyens en uniforme et sans uniforme de la ville, avoient tous pris les armes avec le plus grand empressement, qu'ils furent aussi tôt prêts à la défendre que la garnison, et qu'ils se montroient partout avec le ton de l'assurance et du courage.

Accourir aux remparts, prendre ses postes, brûler d'envie de se mesurer avec l'ennemi ; le tout ne fut que l'affaire du moment pour les habitants et gardes nationales de cette ville, qui montrèrent un courage digne d'hommes libres. Ils se sont même offerts à leur brave commandant, M. Ferrand, pour faire les patrouilles les plus dangereuses, avec leurs camarades des troupes de ligne, et gardes nationales. Les grenadiers non soldés de la ville ont voulu faire les reconnoissances, et ils s'en sont parfaitement bien acquités. Cette conduite honore infiniment les habitants de Valenciennes, dont on avoit voulu suspecter le civisme, et en leur méritant l'estime de tous les Français, elle déjouera les projets de l'ennemi de la France, qui comptoient trouver parmi les habitans de Valenciennes, cette lâcheté digne des habitants de Longwy et Verdun.

De retour à la commune, M. Dubois-Dubais, l'un des commissaires, prenant la parole au nom de ses collègues, témoigna, aux corps administratifs réunis, combien ils avoient été satisfaits de la conduite de ces braves citoyens ; ils chargèrent les officiers municipaux de le leur témoigner et de les assurer qu'ils rendroient compte, à l'Assemblée Nationale, de leur bonne contenance, de l'énergie et du courage qu'ils avoient déployé au moment où la ville a paru menacée.

L'*Argus* accompagnait cet article de la note suivante :

Il faut aussi rendre justice à des officiers suisses, qui se sont présentés à la maison commune, et, s'adressant au général Moreton et aux commissaires de l'Assemblée Nationale, ils dirent : « Quoique nous soyons licenciés, nous réclamons le bonheur de servir la nation française dans ce moment de danger. »

Au même instant, deux volontaires, sortant de l'hôpital, se présentent aussi disant : « Nous venons ici, au nom de nos camarades qui se trouvent à l'hôpital et qui sont encore en état de porter les armes, demander le bonheur de pouvoir mourir sur les remparts plutôt qu'à l'hôpital. » Tous les citoyens n'auroient-ils pas été pénétrés du plus vif enthousiasme, dans ce moment de péril, en voyant le digne et brave législateur, M. Debellegarde, commissaire de l'Assemblée Nationale, affronter les dangers, et aller lui-même à la découverte ?... On doit aussi de grands éloges à l'intrépidité et au patriotisme de la gendarmerie nationale : encouragée par son digne commandant M. Lécuyer, on doit et on peut compter, dans toutes les occasions, sur les importants services de ce corps.

Voici l'arrêté par lequel, vu l'imminence du péril, Moreton avait déclaré la ville en état de siège [1] :

---

[1] Nous l'empruntons aux Archives municipales de Valenciennes. H2, 23.

Valenciennes, le 13 septembre 1792.
L'an 4ᵉ de la liberté et le 1ᵉʳ de l'égalité.

Nous, Jacques-Henry-Sébastien-César Moreton, lieutenant-général commandant en chef sur la frontière du Nord, considérant que la ville de Valenciennes est menacée par l'approche des ennemis qu'on annonce marcher sur trois colonnes vers la porte de Mons ;

Considérant que la loi du 10 juillet et les autres subséquentes autorisent les commandants militaires à déclarer, en pareille circonstance, les places de guerre en état de siège et à s'emparer, en pareil cas, de toute l'autorité confiée dans l'état ordinaire aux corps civils et dont la loi investit alors les commandants militaires.

Nous déclarons la ville de Valenciennes en état de siège, et requérons, sur leur responsabilité, les corps administratifs de la municipalité de prendre toutes les précautions que leur prudence et leur civisme leur dictent, pour maintenir l'ordre et la tranquillité dans l'intérieur de la ville, pour contenir et réprimer au besoin tout propos indiscrets et toutes suggestions perfides qui tendraient à aliéner la confiance, ou entraver les opérations militaires qui seront faites par nos ordres ; déclarons infâmes et traitres à la patrie quiconque oseroit parler de se rendre ou qui ne se conformeroit pas sans délai à ce que la loi du 1ᵉʳ septembre prescrit dans ces circonstances.

Fait à la maison commune de Valenciennes, et en présence de Messieurs les administrateurs du département du Nord, du district de Valenciennes, de la Municipalité et du Conseil général de la commune, le jeudi 13 septembre 1792, l'an 4ᵉ de la liberté et le 1ᵉʳ de l'égalité.

J.-H. Moreton.

Les commissaires avaient, en outre, fait publier et afficher l'arrêté suivant [1] :

Nous, commissaires de l'Assemblée nationale, envoyés sur les frontières et à l'armée du Nord ; considérant que les ennemis du bien public cherchent à égarer la garnison de Valenciennes, dont le patriotisme est pur, et qui sera fidèle à la cause de la liberté et de l'égalité, qu'elle défend avec un courage digne d'éloges ; qu'ils provoquent le peuple à une insurrection ; qu'on cherche à répandre des soupçons et des allarmes capables de désorganiser l'armée, de décourager les citoyens patriotes, de les désunir, dans un moment où l'union est si nécessaire, car elle fait la force ; que les suites de ces machinations sont incalculables, et peuvent attirer sur cette frontière de grandes calamités ;

Considérant enfin, que si l'on n'arrêtoit promptement ces manœuvres coupables, la place de Valenciennes pourroit, en bien peu de temps, devenir la proie de ces mercenaires qui font la guerre en brigands :

Au nom de la Nation et de la Loi, requérons le Conseil général de la commune de Valenciennes, de nous rendre compte et par écrit, toutes les vingt-quatre heures, de tout ce qui lui paroîtra suspect dans la conduite particulière des habitants de cette ville, et de surveiller plus que jamais les ennemis de la chose publique ;

Rendons ledit Conseil général de la commune, responsable de la moindre négligence à cet égard, et des considérations qui pourroient enchaîner son zèle. Lui déclarons que nous déployerons la sévérité des lois et la plénitude de nos pouvoirs contre tout fonctionnaire public qui ne se conformeroit pas au présent arrêté.

---

[1] Publié dans l'*Argus*, nᵒ du 14 septembre.

L'instant est venu où il faut avoir le courage de dénoncer les traitres, et on le devient soi-même, quand des considérations empêchent de remplir ce devoir sacré.

Les dangers de la patrie, le salut du peuple, la sûreté de cette frontière et des bons citoyens exigent impérieusement cette grande mesure.

Fait à Valenciennes le 13 septembre 1792, l'an 4° de la liberté, 1er de l'égalité.

(Signé) : J. F. B. DELMAS, DUBOIS-DUBAIS, DEBELLEGARDE.

Deux jours après, le 15 septembre, un détachement d'environ 350 hommes de la garnison de Douai se porta jusqu'au village de Coutiche près d'Orchies, où se trouvait un poste autrichien. Les mesures furent sagement prises pour envelopper les ennemis et elles réussirent Sans qu'ils aient pu tirer un seul coup de fusil, on leur tua 21 hommes et on leur retint 23 prisonniers avec 5 chevaux. L'un de ces animaux était attelé à la voiture d'un officier du génie autrichien, nommé Tobasch, qui, dans son véhicule, fut amené à Douai.

A la nouvelle de cet heureux coup de main, les commissaires écrivirent la lettre suivante au maréchal-de-camp Marassé [1] :

Valenciennes, le 16 septembre 1792.
L'an 4° de la liberté et le 1er de l'égalité.

Nous vous félicitons, brave général, ainsi que les braves militaires sans-culottes, qui par vos ordres ont fait mordre la poussière aux brigands autrichiens enrégimentés, qui dévastent nos frontières et nos campagnes. Qu'il seroit à souhaiter que nos généraux suivissent votre exemple ! ils trouveront toujours dans les défenseurs de la patrie, quand ils voudront, le courage et la bravoure des hommes libres que la mort même n'étonne pas. Il est inutile de vous engager à recommencer quand l'occasion s'en présentera : vous êtes Français et libre, et avec ce caractère, on frappe fort et l'on passe partout sur le ventre à ses ennemis, surtout quand on a votre bravoure, votre activité et vos talens. Les Romains ne récompensoient leurs généraux que par des triomphes et des couronnes périssables, et nous, mon général, plus généreux qu'eux, vous décernons l'estime publique, l'amour des braves soldats, la plus grande confiance dans vos lumières, et votre exemple à suivre aux autres généraux.

Santé, prospérité et patriotisme, sont ce que nous vous désirons, mon général.

(Signé) : J. F. B. DELMAS, DUBOIS-DUBAIS, DEBELLEGARDE.

Le même jour, O'Moran, qui commandait à Condé, fit sortir par la porte de Tournai six compagnies de grenadiers avec des piquets, sur deux colonnes commandées par des lieutenants-colonels nommés l'un Cazalot, l'autre Bernard. Il avait pour but d'enlever les postes de tyroliens et de

---

[1] Ce document est tiré de l'*Argus*, n° du 17 septembre.

hussards qui occupaient le Vieux-Condé, mais les Autrichiens déguerpirent à temps. D'où une autre lettre des commissaires [1] :

> Vous avez bien mérité de la patrie, mon général, et si le brigand autrichien n'a pas succombé sous le fer de vos guerriers, sa fuite précipitée en est cause : en partageant vos regrets et les leurs, nous vous assurons que vos succès une autre fois seront plus heureux. Vos talents, votre bravoure et toutes les qualités qui honorent un général, un honnête homme et un excellent patriote comme vous, sont un sûr garant de ce que nous avançons. Ayant sous vos ordres des Français, des hommes libres et courageux, un général comme vous peut tout entreprendre, et donner exemple aux autres : l'estime publique, la confiance des troupes, l'amour des braves militaires, sont déjà votre récompense. Que vous reste-t-il à désirer ? Qu'à vaincre ou périr et c'est constamment votre ambition.
> Nous ne vous désirons que la présence de l'ennemi et, en vous souhaitant santé et prospérité, nous nous apprêtons à chanter vos victoires.
> (Signé) : J. F. B. DELMAS, DUBOIS-DUBAIS, DEBELLEGARDE.

Pendant ce temps, les Autrichiens continuaient à réquisitionner les villages :

Le 14 septembre, un nommé Sturbois, « commissaire de Sa Majesté impériale, » ordonna « aux mayeurs et gens de loi de Sebourg, » de faire conduire à Quiévrain, pour le lendemain à midi, mille bottes de foin du poids de 12 livres. Pour le même jour, à cinq heures du matin, il exigeait la présence de 25 bûcherons munis de haches, scies et coins de fer, au bois d'Ambise.

Le lendemain, les Autrichiens enlevèrent 800 voitures de bois à Onnaing [2].

Le dimanche 16 septembre, une vingtaine d'entre eux vinrent à Raismes, et s'amusèrent à y couper deux arbres de la Liberté [3].

Le 17, l'ennemi ayant porté ses forces du côté de Maubeuge, esquissa sur la place une nouvelle tentative qui lui coûta de 40 à 50 hommes [4].

Peu de jours après, Saint-Waast et Houdain, communes voisines de Bavay, furent réquisitionnées à leur tour ; ce qui fournit au député Briez, resté seul à Valenciennes dans des circonstances que nous indiquerons plus loin, l'occasion d'écrire une lettre ainsi conçue [5] :

> Vous conviendrez qu'il est affreux que des communes entières soient assez foibles et assez pusillanimes pour se soumettre à des réquisitions faites par

---

[1] Tirée de l'*Argus*, n° du 17 septembre.
[2] *Argus*, n° du 17 septembre.
[3] *Argus*, n° du 18 septembre.
[4] *Argus*, n° du 18 septembre.
[5] Reproduite dans l'*Argus* du 25 septembre.

l'ennemi, lorsqu'il est éloigné de leur territoire. Je conçois que la force militaire peut les assujettir, lorsqu'elle occupe le territoire même ; mais je le répète une obéissance passive, c'est-à-dire, lorsqu'on n'est sommé que par des écrits ; que de cette manière l'on est averti, et qu'on a le tems de se réunir et de se rallier plusieurs communes ensemble, pour résister à l'oppression, c'est une tâche, c'est une honte ineffaçable pour des Français que de se soumettre aussi lâchement.

J'ai entendu plusieurs habitans de la campagne me dire : qu'ils craignoient qu'on ne vienne mettre le feu à leurs habitations ; mais, 1° s'il étoit permis de se déterminer par une crainte aussi puérile, le caractère et la dignité de l'homme ne seroient plus rien ; 2° un aristocrate ne sera pas assez imbécile pour faire incendier la maison de son voisin, qui peut exposer la sienne propre ; 3° la nation protègera et dédommagera amplement tout citoyen qui, pour se ranger sous les drapeaux de la patrie, exposera sa personne et ses propriétés ; au lieu qu'elle refusera toute protection et tout secours aux individus qui la trahiront ou l'abandonneront lâchement ; 4° j'ai vu des exemples frappans de l'heureux succès de l'opposition des communes qui ont eu assez de courage et de fermeté pour mépriser les réquisitions, et pour résister aux sommations qui leur ont été faites de la part des ennemis ; 5° enfin, les habitants des communes ainsi exposées et sommées devroient plutôt amener dans l'intérieur toutes les denrées, ainsi que les vivres, les fourrages, les chariots, les chevaux et les bestiaux qui sont à leur disposition ; ce seroit même l'unique moyen de décourager les ennemis dans leurs entreprises, ou tout au moins de faire distinguer les vrais amis de la patrie d'avec les individus qui la trahissent ou qui sont indifférents sur le bonheur et la prospérité de la nation.

Mais pour revenir à l'objet dont il s'agit (des communes de St-Vaast et d'Houdain) on va donner les ordres de renforcer le poste de Jeanlain, et de le faire porter au secours de ces communes.

Puis vint le tour de Wandignies ; ce village, situé derrière la Scarpe, entre Marchiennes et Saint-Amand, reçut l'ordre de fournir le 25, pour six heures du soir, « la quantité de 24 rasières d'avoine, 40 livres de viande en lard, une rondelle de bière, et 20 pots d'eau-de-vie, à péril d'exécution militaire ».

Persistant dans la doctrine que nous venons de lui voir exposer, Briez, dès qu'il eut reçu de la municipalité l'avis de cette réquisition, lui répondit en ces termes [1] :

Je réponds à la lettre que vous m'avez écrite. Je vous prie et vous conjure de n'obéir à aucune réquisition des ennemis. Je vais m'occuper de vous faire envoyer du secours de Bouchain, de Sommain et de Douai, s'il le faut. Prenez patience : sous peu de jours, la nation française sera vengée de tous les attentats des satellites autrichiens. En deux mots, ne fournissez rien aux Autrichiens ; dussiez-vous tous fuir et vous retirer, soit à Bouchain, soit à Valenciennes. Venez demain ici, si cela vous est possible : je vous expliquerai tous les motifs. Dites à ceux de chez vous qui craindroient les menaces ou le feu de la part des Autrichiens, que l'on fera mettre le feu de la part des Français

---

[1] *Argus*, n° du 25 septembre.

dans les villages qui ne résisteroient pas aux Autrichiens et qui leur fourniront les objets demandés. Il vaut mieux tout conduire à Bouchain et si chaque village se conduisoit de même, les ennemis n'auroient aucun secours, ou seroient obligés de diviser leurs forces pour parcourir les campagnes. Ils n'oseroient sûrement pas le faire ; et s'ils le faisoient, rien ne seroit plus aisé avec un peu de courage et de civisme, que de les exterminer tous. Si les aristocrates veullent obéir aux Autrichiens, laissez-les faire. Fuyez-les, vous trouverez ici tous les secours possibles, et les biens des aristocrates répondront des dommages faits aux propriétés des bons citoyens : je vous attends demain sans faute.

Je suis votre frère et compatriote.   BRIEZ.

Un second ordre survint, plus dur encore dans ses menaces. « En cas de refus », disait le commandant autrichien, « tout le village entier sera mis en combustion, et les habitants massacrés ». De plus, il ajoutait aux demandes précédentes, celle de 20 chariots attelés de 2 chevaux et de 10 ouvriers, dont 8 avec des scies et les autres avec des haches. Mais les habitants restèrent sourds à ces injonctions ; ils trouvèrent indigne d'eux de travailler pour l'ennemi, et prirent le parti qui leur avait été conseillé. A la manière de ces populations gallo-romaines qui, vers le Ve siècle, fuyaient devant les barbares, ils attelèrent leurs chariots, chargèrent dessus leurs récoltes, leur mobilier, les vieillards et les infirmes ; puis, poussant devant eux leur bétail, hommes, femmes et enfants se réfugièrent à Valenciennes [1].

Le mardi 25, au matin, pendant que se préparait cet exode, 24 hommes de cavalerie du détachement autrichien de Château-l'Abbaye s'étaient portés vers Bruille pour y rapiner, mais ils avaient été repoussés par un détachement de volontaires en garnison à Condé, qui leur avaient tué 3 hommes et fait prisonnier leur officier [2].

Toutes les escarmouches que nous venons de décrire avaient eu pour théâtre la partie sud-est du département du Nord. Elles n'avaient eu pour but que de tenir en haleine les troupes autrichiennes et de leur procurer des vivres à bon marché, tout en inquiétant les Français. Car, nous le savons, le duc de Saxe-Teschen méditait un plus vaste dessein ; il n'en voulait ni à Maubeuge, ni à Condé, ni à Valenciennes. Incapable de l'enlever de vive force, il prétendait s'emparer de Lille par la terreur, comme Brunswick l'avait fait de Verdun et de Longwy, en suscitant, à coups de bombes, une révolte de la bourgeoisie, qui, d'après lui, et dans le but de

---

[1] *Argus*, no du 27 septembre. Voir aussi, à ce sujet, une lettre du même jour, écrite de Valenciennes et imprimée au *Moniteur*.
[2] *Argus*, no du 27 septembre.

sauver le reste de ses propriétés, imposerait au gouverneur une prompte capitulation.

« Lille, » dit avec raison M. Chuquet [1], « passait pour le chef-d'œuvre de Vauban. La citadelle, entourée d'un double fossé et d'un double chemin couvert, formait un pentagone régulier, armé de cinq bastions et de courtines protégées par des tenailles en terre. Les angles rentrants de l'avant-fossé étaient garnis, du côté de la campagne, par sept demi-lunes. La ville elle-même avait une enceinte que défendaient quatre ouvrages à corne et quatorze bastions couverts de demi-lunes et de tenailles. »

Dès le début de 1792, la municipalité de Lille s'attendait à une attaque aussitôt que la guerre, déjà imminente à cette époque, serait déclarée; et elle s'en préoccupait, ainsi que le prouve un opuscule de 3 pages in-4° intitulé : *Adresse des Maire et Officiers municipaux de la ville de Lille aux militaires de la garnison de cette ville* [2], adresse datée du 20 janvier, signée WAYMEL, *secrétaire-greffier*, et qui avait pour but d'encourager la garnison à se défendre vigoureusement.

Depuis lors, à la suite des événements militaires dont le Nord avait été le théâtre, du mauvais état d'esprit de certains corps de troupes, du massacre de Théobald Dillon, de la retraite de Lückner, et des dernières proclamations du Conseil général du département et des représentants en mission, l'attention de la municipalité, non seulement de Lille, mais encore de toutes les communes environnantes, n'avait pas cessé d'être attirée vers les questions militaires. Cette préoccupation était arrivée à son paroxysme vers le début du mois de septembre, et on en trouve une preuve, entre plusieurs, dans l'*Extrait du procès-verbal de la Commission de toutes les communes du canton d'Haubourdin, district de Lille, assemblée extraordinairement pour aviser aux moyens de porter des secours aux citoyens de la frontière contre les brigands ennemis* [3], imprimé chez Deboubers, place de Rihour, en 3 pages in-4°.

Cette pièce, signée par Degland, maire de Wazemmes, par Gilquin, maire de Loos, et par nombre d'autres, relate les diverses mesures prises par la Commission le 9 septembre 1792, en vue de la défense de la place de Lille et notamment du recrutement des volontaires du canton d'Hau-

---

[1] *La retraite de Brunswick*, chapitre VII.

[2] Cet opuscule se vendait à Lille, chez Corblet, marchand de nouveautés, à la Bourse. Ainsi que presque tous les documents relatifs au siège de Lille, et que nous reproduisons dans ce chapitre, il est tiré de la collection Quarré-Reybourbon, très riche en pièces rares de l'époque révolutionnaire.

[3] Ce document nous a été communiqué par M. Danchin, avocat, arrière-petit-fils de Degland.

bourdin, qui devaient se rendre dans cette ville au premier signal, soit pour la défendre en cas d'attaque, soit pour donner facilité à la garnison de courir sus aux Autrichiens.

Le 10, Orchies et Tourcoing ayant été occupés par l'ennemi, la municipalité de Lille fit, à partir de ce moment, bivouaquer chaque nuit cent hommes sur les remparts dont les arbres furent abattus, tandis qu'on s'occupait en même temps, dans les faubourgs, de raser tous les ouvrages de maçonnerie élevés sur la zone militaire.

De ces événements, on retrouvera l'écho dans la lettre suivante d'un patriote lillois nommé Delannoy. Il habitait rue des Jardins, dans une maison construite au coin du petit et du grand canal, lesquels, depuis, ont été couverts. Filtier de son état, où il avait succédé à son père Antoine Delannoy, il avait été délégué en 1790 à la Fédération de Paris et appartenait au corps des canonniers. Sa fille, alors âgée de quatorze ans, habitait la capitale, et c'est à elle que cette lettre est adressée [1] :

Lille, le 10 septembre 1792.
L'an 4me de la liberté, 1er de l'égalité.

J'ai reçu, ma chère petite Rosette, avec bien du plaisir, votre missive du 4 courant. Nous en avons lue avec interests et afflictions les détails sur lesquelles je ne reviendrai pas, n'étant pas moins affligé ici de tout ce qui se passe depuis cinq jours et ce qui m'a empêché de pouvoir vous repondre plutôt, ayant toujours été occupé tant en dehors de la ville qu'en dedans. Je vous dirai donc que, dans ces cinq jours, on a tout pilliez les bourges de Comines-France, Roubaix et Lanoix ainsi que tous les villages circonvoisins des dits lieux. On ne voit que chariots entrer en ville chargé d'effets, grains, etc., etc., appartenant à tous ces pauvres gens. La frayeur est générale parmie eux et, c'est encore un effet de nos malintentionnés, on illumine ici depuis deux jours. Hier matin, on bâttit la générale : nous fumes tous sous les armes sur un bruit qu'une armée ennemie arrivoit sur Lille. La troupe est sortie avec sept pièce de canons de campagne et fut à sa rencontre jusqu'à Lesaine [2], village que tu connois à une lieu d'ici et finalement, apres toutes informations faites, il n'y avait qu'environs cent cinquante hommes tant fantassins que hussards ennemics qui venoient encore pour pillier et voler (étant le seul moyen qu'ils ont pour se substanter). On en tua neuf, on fit un prisonnier, et le reste prit la fuite. Aujourd'hui tout est assez tranquille. Ce soir, je suis de garde au quartier général et notre ami M. Cadot est aux travaux qu'on fait encore de nouveau aux fortifications pour former de nouvelles batteries aux avancés. Tout le monde y prête la main avec pioche, pelle, brouette ; on abat tous les beaux arbres des belles et solitaires

---

1 Elle a été, en 1883, communiquée à M. Hippolyte Verly, avec d'autres que nous publierons plus loin, par M. Eugène Verstraete, de Lomme. Le père de celui-ci, Célestin Verstraete, de Gravelines, s'engagea à dix-sept ans, devint sergent en même temps que Mortier, le futur duc de Trévise, et Bernadotte, le futur roi de Suède, reçut trois blessures au siège de Maestricht et vint à Lille pour se marier, à vingt-trois ans, avec Rose Delannoy, qui avait alors perdu son père.

2 Lezennes, commune située au sud-est de Lille, entre Fives et Ascq.

promenades entre la porte de Fives et St-Maurice qui, de nos ramparts, ressembloit plutot à un bois qu'à toute autre destination ; tu ne l'a surement pas oublié. Voilà, ma chère fille, à quoi nous en sommes ; juge de notre position ! Les braves cytoiens cependant ne la craignent pas. Ta maman est un peu affectée, mais nous la rassurons ; elle est fort sensible, ce qui en produit la cause.

Rien d'autre de nouveau pour le moment. Le reste, sur les autres entreprises que nos ennemis font, tu les sçais comme nous. Ainsi je me bornerai à te dire que nous nous portons tous bien, nous t'embrassons tous un millions de fois, (ce que tu voudra bien faire aussi pour nous à l'égard de Mad. Bailleul à qui nous presentons nos sincères amitiés). François Hieffrie, Henriette Duvivier, Mad. Morel, te présentent tous leurs amitiés. Tu trouvera cy inclus une lettre de ta chère sœur Adelaide qui s'est chargée, tant pour elle que pour ta petite sœur, des compliments qu'ils doivent te faire. Adieu, je t'embrasse de rechef, ecrit-moi le plus souvent possible, et je reste pour la vie ton cher papa et vrai cytoien,

Delannoy fils aîné.

Bien des compliments à tous ceux qui te parlerons de moi.

Le lendemain, préoccupé de la nourriture des troupes en cas de siège, le maire André écrivait à l'Administration des hospices la lettre suivante :

Les circonstances présentes exigeant un prompt approvisionnement de subsistances pour la garnison, j'ai l'honneur de vous informer que j'écris à l'instant à M. Juvernay, directeur du magasin des vivres, de s'entendre avec vous, Messieurs, pour que le moulin de l'hôpital général, lorsqu'il ne sera pas occupé par les besoins de cette maison, travaille à moudre le grain du magasin des vivres. Je ne doute pas que votre amour et votre zèle pour le bien public ne vous engagent à y contribuer par tous les moyens qui seront en votre pouvoir.

Le Maire de la ville,
André [1].

Sous l'empire de la même préoccupation, la municipalité lilloise avait, à plusieurs reprises, réclamé du gouvernement des munitions de guerre, et des provisions de bouche. Dans le Conseil exécutif provisoire, c'est Roland qui était chargé d'habitude de la correspondance et qui, en outre, avait pris en main ce qu'on pourrait nommer *le ministère de l'esprit public*. Il faisait imprimer et distribuer à des milliers d'exemplaires soit de petites brochures de propagande, soit certains décrets, tel que celui sur la désertion, reproduit à la fin de notre chapitre II, et qui, tant en français qu'en allemand, était, par tous les moyens, dont certains bien étranges, répandu

---

[1] Archives des Hospices de Lille, sous le plumitif de la séance du 18 septembre 1792. Nous devons cette communication à la bienveillance de M. Scrive-Bertin, ancien administrateur des hospices de Lille.

à profusion parmi les troupes des Alliés. Si sa plume se montra toujours intarissable, elle ne se montra pas toujours très adroite. On en jugera par l'épître suivante [1] :

Aux Officiers municipaux de la ville de Lille, le 15 septembre 1792, l'an quatrième de la liberté.

Les gémissements continuels que vous poussez, Messieurs, sont fatigants. Le Ministre de la guerre m'assure que vous êtes approvisionnés en munitions, en hommes et en vivres, de manière à résister à des forces bien autrement imposantes que celles dont vous êtes menacés. Vous demandez des armes ; mais à quoi serviraient donc les places, s'il fallait toujours les défendre par des camps ? Votre place défiait les potentats du Nord lorsqu'elle n'avait que des satellites du despotisme dans ses murs ; et elle tremblerait aujourd'hui qu'elle est défendue par les soldats de la liberté ! Cessez, Messieurs, cessez des plaintes pusillanimes et déshonorantes ; ayez la noble fermeté de vous ensevelir sous les ruines de vos fortifications. Que vos ennemis connaissent ce généreux dévouement, et vous les ferez fuir.

Ils n'inondent votre territoire, ils ne vous harcèlent que parce qu'ils espèrent trouver des traîtres ou des lâches. Voilà, Messieurs, ce que mon âme opprimée par votre manque de courage doit vous dire.

J'ajouterai cependant, pour exciter votre confiance, que si des dangers pressants vous environnaient, on volera de toutes parts pour détruire et combattre vos assaillants.

Le Ministre de l'intérieur,

Signé : ROLAND.

Justement indignée, la municipalité répondit en ces termes :

Les Officiers municipaux de la commune de Lille, à M. Roland, ministre de l'intérieur.

Monsieur,

Le style et le ton de votre lettre du 15 de ce mois nous imposent le devoir d'y répondre, sous peine d'avouer, par notre silence, que nous méritons les qualifications infâmantes de traîtres et de lâches. Nous allons le faire avec cette noble et franche fermeté que les hommes libres ne doivent perdre qu'avec la dernière goutte de leur sang, versé pour la défense de la patrie et de l'égalité.

Nous vous avons rendu avec exactitude les comptes de notre situation ; nous vous avons sollicité avec les plus vives instances, réitérées à mesure de l'urgence, des besoins impérieux de nous mettre en état de faire agir efficacement notre zèle et notre courage, ainsi que celui de nos concitoyens, afin que nos efforts ne fussent pas perdus pour le salut de la chose publique. A tout cela, Monsieur, vous répondez, le 15 de ce mois, que nos gémissements continuels sont fatigants ; que le ministre de la guerre vous assure que nous sommes approvisionnés en munitions, en hommes et en vivres, de manière à

---

[1] *Moniteur universel*, second semestre, 1792, n° 275.

résister à des forces bien autrement imposantes que celles dont nous sommes menacés.

Nous ne nous permettons pas de douter que le ministre ne vous ait donné l'assurance dont vous nous parlez au sujet de nos approvisionnements, mais nous osons lui dire, ainsi qu'à vous, Monsieur, que les comptes à lui rendus sur cet objet sont d'une fausseté notoire, constatée par les rapports de nos généraux, qui n'ont cessé de demander toute sorte d'approvisionnement dont notre place avait besoin. Et vous qualifiez nos sollicitations réitérées de *gémissements fatigants que nous poussons continuellement !* Ainsi donc nos généraux poussent aussi continuellement des gémissements fatigants, car ils ne cessent de demander des forces.... des forces.... et puis encore des forces ; non parce que nous sommes menacés, mais parce que l'ennemi, après avoir ravagé environ vingt lieues de notre territoire, est à nos portes.

Vous paraissez étonné que nous réclamions des armes et vous nous écrivez, avec le ton et les expressions de l'indignation : « A quoi serviraient les places, s'il fallait les défendre par des camps ? Votre place défiait les potentats lorsqu'elle n'avait que des satellites du despotisme dans ses murs, et elle tremblerait aujourd'hui qu'elle est défendue par des soldats de la liberté ! »

Monsieur, il ne nous appartient pas de décider s'il faut ou non toujours des camps pour défendre des places ; mais nous pouvons dire avec vérité que nos généraux ont unanimement pensé qu'il fallait un nombre suffisant de troupes dans une place, quelle que fut sa force, non seulement afin de pouvoir soutenir avec succès les attaques des ennemis, qu'il est impossible de repousser avec une poignée de soldats, mais encore pour se mettre en état d'en purger absolument la terre de liberté, qu'ils ont souillée, sans attendre leurs attaques.

Les habitants de notre ville, les soldats citoyens en petit nombre qu'elle renferme, ne tremblent pas ; ils en sont incapables, soyez-en bien convaincu, mais ils veulent verser leur sang avec utilité pour la patrie, et leur désir serait vain, leur but serait manqué, si on nous laissait en l'état actuel des choses ; vous n'y croyez pas, Monsieur, à en juger par ces autres expressions de votre lettre : « Cessez, Messieurs, des craintes pusillanimes et deshonorantes, ayez la noble fermeté de vous ensevelir sous les ruines de vos fortifications ; que nos ennemis connaissent ce généreux dévouement, et vous les ferez fuir ; ils n'inondent votre territoire, ils ne vous harcèlent que parce qu'ils espèrent encore trouver des traîtres et des lâches ! »

Notre cœur a bondi à la lecture de ce passage ; il se soulève encore en le transcrivant et c'est à des Français, à des hommes libres, à des braves citoyens, que vous vous permettez de tenir un pareil langage ! Non, Monsieur, non, il n'est pas de vous ; c'est, à coup sûr, d'un de vos commis, car vous êtes connu pour très éloigné de penser aussi défavorablement de vos concitoyens sans les connaître.

Quoiqu'il en soit, nous nous garderons bien de descendre ici jusqu'à la justification. Forts de la pureté de nos intentions et de notre amour inviolable pour la nation, pour la liberté, pour l'égalité ; forts encore de ces sentiments dont brûlent tous nos concitoyens, nous nous bornerons à vous prier instamment d'ordonner à vos commis de mesurer désormais leurs expressions et de n'en jamais employer vis-à-vis de nous d'aussi déplacées.

Soyez en outre convaincu, Monsieur, que nos ennemis et l'Europe entière apprendront que les Lillois sont dignes d'être libres et ne perdez jamais de vue ce que nos généraux répètent sans cesse avec vérité comme avec raison : que le courage produit bien des actions d'éclat, mais qu'il faut les continuer pour vaincre complètement, à quoi il est démonstrativement impossible de parvenir sans un nombre suffisant de combattants.

Voilà ce que notre cœur comprimé par votre langage, voilà ce qu'une noble fermeté nous forcent impérieusement de vous dire ; nous nous le devions ; nous y étions tenus par nos concitoyens outragés, et nous ne pouvions nous en dispenser envers nos généraux, qui méritent à juste titre notre confiance et sur la conduite desquels retombe cruellement la critique si peu méritée que l'on s'est permise de la nôtre dans vos bureaux.

Le Maire et Officiers municipaux de la ville de Lille.

Par cette fière réponse, la municipalité semblait mettre en doute qu'une lettre aussi insolente et grossière vînt du ministre lui-même, et lui donnait ainsi la facilité de réparer son injustice. Mais, le 27 septembre, Roland répondit en ces termes :

Vous paraissez douter, Messieurs, que la lettre que je vous ai écrite le 15 soit mon ouvrage : cessez d'avoir cette crainte injurieuse à l'attention que j'ai de surveiller tout ce qui porte ma signature. Ma lettre du 15 est le résultat d'une conférence du Conseil exécutif provisoire où j'avais porté vos plaintes. On y calcula les vivres, forces et munitions que vous aviez ; on fut d'accord que la place de Lille, secondée par la garde nationale de la ville, pouvait défier cent mille assiégeants et leur résister pendant plus d'un mois.

Je n'ai donc pu traiter que de faiblesse et de pusillanimité les plaintes continuelles que vous m'adressez, et je vous répète que si l'ennemi venait à s'emparer de votre ville, il n'y a que la perfidie et la lâcheté qui pourrait lui en ouvrir les portes. Voilà mon opinion, je ne craindrai pas d'en rendre juge la France entière.

Le Ministre de l'intérieur,
Signé : Roland [1].

Quand cette dernière lettre parvint à destination, la ville était bombardée et ses habitants faisaient leur devoir.

Quelques jours auparavant, les commissaires de l'Assemblée, qui n'avaient pu encore se rendre à Lille, avaient écrit à la municipalité, mais sur un tout autre ton :

Valenciennes, le 13 septembre 1792.
L'an 4ᵉ de la liberté et 1ᵉʳ de l'égalité.

Nous sommes vivement affligés, Messieurs, que les événements des 7 et 8 de ce mois, nous retiennent encore ici. Nous avions formé le projet, après avoir parcouru le Quesnoi, Landrecis, Avesne et Maubeuge, de nous rendre à Lille ; cette cité si recommandable par sa position, sa population et son patriotisme, nous inspire le plus grand intérêt. Quand nous aurons conféré avec vous sur les motifs qui nous ont empêché jusqu'à présent de vous transmettre verbale-

---

[1] Ces trois lettres se trouvent dans une brochure rare, intitulée : « *Les députés extraordinaires de la ville de Lille à la Convention nationale* Extrait de la correspondance officielle de la commune de Lille, avec les ministres et les généraux de la République, avant, pendant et après le bombardement de la ville de Lille Paris, de l'imprimerie de la citoyenne Tremblay, 7 pages in-8° ».
— Les pièces de cette brochure portent : « Certifié conforme aux originaux déposés au Greffe de la commune de Lille, Théry-Falligan, Moreau, députés extraordinaires de Lille. »

ment les sentiments de l'Assemblée nationale à votre égard, vous approuverez sans doute nos raisons. Nous ne tarderons pas, Messieurs, de nous rendre au milieu de vous : si nous n'eussions consulté que notre cœur, nous y serions depuis longtems.

Nous nous occupons constamment à combiner les moyens de chasser de cette frontière les satellites du despotisme, qui ravagent vos moissons et égorgent vos frères : comptez, Messieurs, sur notre courage et sur notre zèle. Le tocsin de la liberté va sonner ; l'heure des tyrans approche ; le succès des mesures que nous avons déjà prises, ne nous permettent pas encore de les rendre publiques : vous ne tarderez point à en être informés. Rétablissez la confiance, calmez les allarmes des citoyens, soutenez le courage des cultivateurs ; bientôt vous jouirez des avantages de cette nouvelle révolution ; il sera pourvu aux subsistances qui vous sont nécessaires. Le fil des trahisons est rompu, une cour perfide ne dirige plus les opérations du pouvoir exécutif, les ministres sont dignes maintenant de la confiance de la nation.

Demain, sur notre réquisition, MM. Fauvel et Contamine, administrateurs du Directoire du département du Nord, se rendront près de nous ; c'est d'ici que partira la foudre pour écraser, sur cette frontière, les ennemis de notre liberté ; encore quelques jours, et nous vous prouverons que nous sommes dignes de l'estime du peuple français et de la confiance dont l'Assemblée nationale vient une seconde fois de nous honorer, en prorogeant nos pouvoirs. Puissent ses vœux et les vôtres être remplis, nous serons trop bien récompensés !

Les instructions que nous ont donné vos commissaires, méritent toute notre attention : croyez qu'au milieu des grands intérêts qui nous occupent, nous ne perdrons pas de vue la situation affligeante, dans laquelle se trouvent les citoyens de la commune de Lille.

Nous sommes bien fraternellement, Messieurs,

Les Commissaires de l'Assemblée nationale à l'armée du Nord,
(Signé) J.-F.-B. DELMAS, DUBOIS-DUBAIS, DEBELLEGARDE [1].

Mais les trois délégués de l'Assemblée ne purent tenir leur promesse et visiter la ville de Lille. Récemment élus à la Convention nationale par leurs départements respectifs, ils se virent, le 21, dans la nécessité de partir pour Paris, afin d'y prendre possession de leur siège et d'y rendre compte de leur mandat. Ils publièrent donc un arrêté destiné à pourvoir à l'expédition des affaires pendant leur absence, et où ils disaient :

Nous commissaires susdits, chargeons M. Briez, procureur-syndic du district de Valenciennes, et notre collègue à la Convention nationale, de suivre, en notre nom, les opérations commencées en vertu de notre arrêté du 15 du présent mois, de notre proclamation et des instructions par nous délivrées aux commissaires particuliers choisis dans chaque district ; le chargeons de correspondre tant avec lesdits commissaires particuliers qu'avec les directoires des départements du Nord, du Pas-de-Calais et de la Somme, et les administrateurs de district, ainsi qu'avec les Conseils généraux des communes et les comman-

---

[1] Cette lettre est extraite de l'*Argus*, no du 14 septembre.

dants de l'armée ; l'autorisons à terminer provisoirement les difficultés qui pourroient se rencontrer dans l'exécution des dispositions par nous ordonnées, à charge de nous en rendre compte, et d'attendre notre décision sur les objets majeurs qui ne dépendroient pas essentiellement des mesures prises par notre dit arrêté et notre dite instruction. Autorisons également ledit sieur Briez, à faire l'ouverture des paquets qui nous seront adressés, et de répondre directement, relativement aux objets sur lesquels il croira pouvoir le faire sans nous compromettre, et sous sa responsabilité particulière [1].

Depuis leur lettre du 13, les opérations ennemies étaient devenues de plus en plus nombreuses vers le nord-ouest du département, et la situation de Lille beaucoup plus critique.

Déjà maîtres de Roubaix, de Tourcoing, de Comines-France et de Lannoy, les Autrichiens, vers le milieu de septembre, s'étaient encore emparés d'Halluin et de Roncq, où ils s'étaient logés chez les particuliers [2].

Le 17, le baron Mylius, colonel-commandant autrichien à Linselles, commune située au nord de Lille, entre Roncq et Quesnoy-sur-Deûle, avait défendu aux habitants de porter la cocarde française ; il avait ordonné à la municipalité de lui désigner les mécontents, afin de les exiler, avec menace de raser la maison de tous ceux qui insulteraient les Autrichiens. Le même jour encore un sieur Detrauteghem, commissaire civil à Halluin, avait requis la municipalité de Linselles d'avoir à lui fournir, pour le surlendemain à midi, 6.000 gerbes de fourrage [3].

Le 18, les Autrichiens s'en étaient pris à Pont-Rouge et à Quesnoy qui précédemment avaient déjà été, de leur part, le but d'une première tentative. Ce que l'*Argus* raconta en ces termes :

Mardi, les Autrichiens en force se sont portés de nouveau sur le Pont-Rouge et sur Quesnoy. Le tocsin a sonné de toutes parts, et bientôt les valeureux cultivateurs se sont rendus en armes au rendez-vous ; mais les secours ne sont pas arrivés assez tôt pour empêcher d'emmener 12 paysans qui ont été surpris dans leur corps de garde et de tuer un jeune tambour qui battait la générale. Hier, les braves habitants de la campagne, ayant à leur tête le Commandant de la garde nationale d'Armentières, homme courageux et intelligent, qui a servi dans les troupes de ligne, doivent avoir marché en nombre sur le territoire ennemi pour enlever 28 paysans autrichiens et les emmener prisonniers, jusqu'à ce qu'on leur renvoie leurs frères. Dans l'après-midi, 300 volontaires sont partis pour Armentières. C'est de ce côté que l'ennemi semble vouloir voltiger de

---

1 *Argus*, no du 24 septembre 1792.

2 *Argus*, no du 18 septembre.

3 *Argus*, no du 24 septembre.

préférence, par une sorte de vengeance de ce qu'il a été repoussé vertement par les gardes nationales de ce canton, lorsqu'il a osé venir y troubler la paix et le bon ordre qui y règne [1].

La suite de cette expédition nous est indiquée par une lettre conçue en ces termes et qu'imprima le *Moniteur :*

Lille, le 24 septembre.

Hier il est arrivé un bataillon de volontaires soldés ; on attend aujourd'hui encore un grand nombre d'hommes. — Nos détachements qui se sont portés sur les bords de la Lys, ont repoussé l'ennemi jusqu'à Warnéton, ils se sont rendus maîtres du Pont-Rouge et du bac. Les maisons qui servaient de retraite aux Autrichiens ont été incendiées sans miséricorde ; plusieurs de ces victimes du despotisme ont trouvé la mort dans les flammes. A cinq heures du soir, ils attaquèrent Warnéton avec une valeur qui ne laisse pas douter que ce lieu ne soit en ce moment en leur possession. L'ennemi qui occupe depuis quelque temps les postes de Lannoy, Roubaix, Tourcoing, etc., se dispose à les évacuer. Il commande des chariots de corvées pour emporter le pillage et les équipages sur leur territoire.

Hier, chaque bataillon, ayant en tête son drapeau déployé, s'est rendu à la parade. La loi qui prononce la peine de mort *contre tout citoyen qui parlerait de rendre une place assiégée* a été solennellement publiée [2].

Le lendemain, la garnison de Lille songeait encore à prendre l'offensive, ainsi que l'indique une autre lettre également insérée au *Moniteur* et ainsi conçue :

Lille, le 25 septembre.

Le maréchal de camp Dehoux est parti de cette ville avec 1.200 hommes divisés en deux colonnes, il marche sur Ypres pour en faire le siège. Les habitants des campagnes, ruinés par les brigandages des Autrichiens, crient : *Aux armes ! A la vengeance !* et demandent à suivre M. Dehoux. On aura bientôt des nouvelles de cette expédition.

Mais cette expédition n'eut aucune suite, et les troupes françaises durent rentrer précipitamment dans Lille à la nouvelle du mouvement décisif que, dès la veille, avaient dessiné les Autrichiens.

Le corps de Latour qui, déjà, opérait dans les districts de Valenciennes, Douai et Lille, avait, en effet, pris l'offensive. De Mons, celui de Beaulieu vint le rejoindre, et, d'après certains documents allemands [3], les forces autrichiennes comprirent alors 11 bataillons, 4 compagnies légères et

---

[1] *Argus*, no du 21 septembre, reproduit en partie dans le *Moniteur*, 1792, no 268.

[2] *Moniteur*, 1792, no 273.

[3] Voir spécialement J.-B. Schels, *Oesterreichische milit. Zeitschrift*, 1811, p. 299-301.

12 escadrons, c'est-à-dire 11.000 fantassins et 1.840 cavaliers. D'après des documents français, elles se seraient élevées jusqu'à 25.000 hommes. La vérité doit se trouver entre les deux chiffres. Elles traînaient après elles un petit parc d'artillerie composé de 50 canons et de 12 mortiers. Ce n'était guère comme quantité et c'était encore moins comme qualité, beaucoup de pièces se trouvant très vieilles, ayant été ramassées çà et là dans les châteaux et les villes des Pays-Bas, et mises tant bien que mal en état de servir une dernière fois.

Le duc Albert laissa 14 compagnies à Mons, et plaça, entre cette ville et Maubeuge, la division du feld-maréchal Lilien. Le colonel Kheim demeura à Saméon, c'est-à-dire entre Saint-Amand et Orchies, avec 2 bataillons, 3 compagnies légères et 6 escadrons, pour observer les garnisons de Condé, de Valenciennes et de Douai. Enfin, un corps d'émigrés, commandé par le duc de Bourbon, dut rester très loin des opérations, relégué aux environs de Namur.

Le général en chef des troupes autrichiennes se mit en marche le 24 septembre. Dès ce jour, des chasseurs tyroliens occupèrent Hellemmes, commune située à l'est de Lille, après avoir refoulé dans le faubourg de Fives des hussards, puis, vers le soir, un bataillon de volontaires qui voulait reprendre le terrain perdu. Le duc établit alors son centre un peu au nord, à Flers, appuyant son aile droite sur Mons-en-Barœul et sa gauche sur Lezennes, et couvrant ainsi tout le front est de la forteresse.

De son quartier-général, il s'empressa d'adresser la proclamation suivante aux habitants du pays qu'il avait envahi :

Les malheureux événements, en France, ayant déterminé l'Empereur et roi, *comme bon voisin de la Flandre française*, de venir au secours des *bons citoyens* de cette province, et sauver leur légitime roi et leur famille des malheurs qui les accablent,

Nous déclarons, par ceci, que tous ceux qui déposeront leurs armes et se soumettront à la *protection* de Sa Majesté l'Empereur et roi, seront traités en amis et jouiront de toute la *protection de la loi* (comme tous nos habitants des villes et campagnes où ils ont pénétré ont joui), mais ceux qui s'y opposeront seront traités comme rebelles à leur légitime souverain.

Donné à notre quartier général devant Lille, le 24 septembre 1792.

Signé : ALBERT.

Par ordonnance de S. A. R.

J. DEPERNET, *général-auditeur.*

Avant l'attaque, Lille n'était gardé que par cinq à six mille hommes. Mais comme la ville ne put jamais être investie, comme elle conserva toujours, sur une portion de son périmètre, et malgré les pelotons que l'ennemi lançait dans ses faubourgs, de libres communications avec l'extérieur, elle reçut continuellement des renforts. De telle sorte que, finalement, elle posséda une garnison ainsi composée :

Volontaires nationaux.	La Manche............ 522 1er de l'Oise .... 457 3e de l'Oise............ 457 4e de la Somme. 576	2.012.		Dans ce nombre sont compris les prisonniers de guerre faits à Roubaix et Lannoy, les hôpitaux et les recrues non-instruites, et, dans la cavalerie, le nombre des chevaux en état de servir n'étoit que de 600.
Infanterie.	15e régiment............ 666 24e régiment............ 576 56e régiment............ 645 90e régiment............ 513	2.400.		
Artillerie.	3me régiment.. 132	132.		
Cavalerie.	6me régiment............ 356 13me — .... 450 1er escadron d'hussards.. 322	1.128.		
	Total au 5 septembre......	5.672.		

Troupes arrivées dans la place, à commencer le 11 septembre 1792.

l'Eure, 11 septembre...... 467 le Nord, 14 — ...... 368 2e de la Somme, 20 septbre.. 660 Calvados, 21 — 654 2e vol. nat., — — 745 Pas-de-Calais, — — 482 74e rég. d'inf., octobre.... 524 87e idem. .... 429 *Bataillons de Fédérés.*	8.403.	
Ces six bataillons cantonnés { 6e, 1er octobre............ 362 8e, 1er — .... 400 14e, 1er — .... 450 15e, 1er — .... 540 16e, 1er — .... 480 17e, 1er — .... 564 22e d'inf., 4 octobre........ 600 25e id. 5 — 656		
TOTAL............ 14.075. [1]		

---

[1] Ce tableau de l'*État des troupes qui composaient la garnison de Lille, à l'époque du 5 septembre 1792, que les postes de Roubaix et Lannoy ont été attaqués,* est extrait du *Journal précis de l'attaque de Lille du 24 septembre au 8 octobre 1792, l'an 1er de la république françoise, rédigé sous les yeux du Conseil de guerre.* Lille, de l'Imprimerie de C.-L. Dehoubers, place de Rihour, 16 pages in-4o. On en connait plusieurs autres éditions.

Si on ajoute à ce chiffre la garde nationale composée de huit mille hommes, les canonniers bourgeois, les réfugiés belges et les habitants volontaires, qui vinrent en aide avec ardeur, on reconnaît qu'il y avait au moins égalité numérique dans la lutte.

Au moment de la première attaque, Lille était commandée par le lieutenant-général Duhoux. Maréchal de camp antérieurement à la Révolution, cet officier en avait adopté les principes, et avait servi au camp de Soissons jusqu'en août 1792. Il quitta Lille le 29 septembre, appelé à Paris afin de donner des explications sur sa conduite. Destitué, il servit plus tard en Vendée où il ne fut pas heureux, prit part, le 13 vendémiaire an IV, à la révolte des sections parisiennes contre la Convention, et disparut ensuite de l'histoire.

A Lille, il eut pour successeur Ruault, cet ancien colonel du 56e régiment d'infanterie qui, en août, avait été promu maréchal de camp. Dans son état-major figura le capitaine Morand, qui devait se signaler parmi les meilleurs généraux de l'Empire. A lui revint le principal honneur de la défense.

Dès le 26 septembre, des bombes furent dirigées sur la ville, ainsi que l'indique la lettre suivante, imprimée au *Moniteur* :

Lille, 26 septembre.

On vient de proclamer, en exécution d'une décision du Conseil de guerre de ce jour et notifiée au Corps municipal par le lieutenant-général Duhoux, *que la ville était en état de siège*. Ainsi la loi du 10 juillet 1791 concernant la conservation des places de guerre se trouve en vigueur . . . .
Les Autrichiens sont venus se loger au faubourg de Fives. Ce faubourg couvert de maisons qui auraient dû être détruites, sert, dans ce moment, de retraite à ces brigands qui ont tiré toute la journée sur la ville. Le canon de nos remparts doit en avoir détruit beaucoup. M. Chabot, officier d'un grand mérite dans le 15e régiment, a reçu un coup de feu dans le flanc et est mort peu d'heures après, de sa blessure. Il y a eu quelques chasseurs belges de blessés. Ces braves gens sont des lions quand ils sont au feu [1]. . . . .

Le lendemain, les choses, ainsi qu'on va le voir, ne s'améliorèrent guère :

Lille, 27 septembre.

..... Le canon a tiré toute la journée d'hier, de part et d'autre. Le nôtre a fait grand ravage ; une bombe surtout, qui a éclaté au milieu des travailleurs ennemis qui élevoient des retranchements, en a tué un grand nombre et détruit leur ouvrage . . . .
Les intrépides chasseurs belges font merveilles ; un seul, qui s'étoit tapi derrière le pignon d'une maison, a tiré quarante coups de carabine et a tué ou blessé

---

[1] *Moniteur universel*, second semestre, 1792, no 274.

40 casquettes ; un boulet de canon est malheureusement venu emporter le brave homme, au grand regret de ses camarades. On voit de nos remparts que l'ennemi charge sur des chariots ses blessés et ses morts. Les Belges ont été, hier au soir, mettre le feu dans plusieurs maisons du faubourg de Fives, qui auroit dû être détruit plus tôt, afin de ne pas donner retraite à l'ennemi qui alors ne se seroit pas approché si près de nos remparts. Ce matin, on dit que ce faubourg est tout en feu et presque détruit [1].

Dans le même temps, les membres de l'Assemblée électorale du département du Nord écrivaient à la Convention [2] :

> Représentants du peuple français, nous vous envoyons, par une députation extraordinaire, le procès-verbal de nos séances au Quesnoy. Nous y joignons une adresse que nous vous prions de prendre en considération sur-le-champ. Pendant le temps de nos séances au Quesnoy, l'ennemi nous menaçoit ; nous avons juré alors de nous ensevelir dans les ruines de cette ville plutôt que d'abandonner notre poste. Nous avons pris l'inspection de l'état des moyens de défense de cette place ; nous avons vu avec indignation qu'elle auroit été infailliblement la proie de l'ennemi, si nous n'y étions venus. Sans munitions, sans approvisionnements, dans le plus mauvais état de défense, Le Quesnoy étoit perdu. Régie par des administrateurs et une municipalité insouciants et sans énergie, qui auroit à coup sûr imité Verdun et Longwuy ; telle étoit la position critique de cette place. Le regard sévère du Corps électoral et sa vigoureuse résolution ont sur-le-champ terrassé l'aristocratie qui infestoit cette ville.
> Notre présence est également nécessaire à Lille ; entourée de toutes parts, cette ville est sans cesse attaquée par l'ennemi. Au moment même, le canon gronde, et les bombes tombent non loin de l'enceinte de nos séances. Les frontières sont dévastées, les courageux habitans trouvent des consolations et des secours au milieu de nous. Le vertueux général Denoue [3], digne de commander des hommes libres, s'empresse de concourir à tout ce que nous lui demandons. Déjà les braves citoyens d'Armentières, de Frelinghien et de Quesnoy, près de Lille, ont reçu par nos soins des secours. Ils ont combattu en héros les scélérats autrichiens, et ont reçu en vain toutes leurs menaces . . . . . .
> Comptez, législateurs, que Lille ne sera rendu que lorsqu'il ne sera qu'un monceau de ruines ; mais nous ne serons pas longtemps menacés. Nous demandons, Représentants, que le général Denoue nous reste, et qu'il ait carte blanche dans ce district.
> Nous vous adressons aussi, Représentants, plusieurs exemplaires imprimés des lettres d'un officier autrichien à la commune de Frelinghien et celle de cette commune au Corps électoral.
>
> Les Membres de l'Assemblée électorale du département du Nord séant à Lille.

Le jour où ce rapport parvint à la Convention, cette assemblée prit aussi connaissance d'une lettre écrite par un sieur Degrun, premier lieute-

---

[1] *Moniteur universel*, second semestre, 1792, no 275.

[2] *Moniteur universel*, second semestre, 1792, no 270.

[3] Le nom est ainsi imprimé au *Moniteur*. On doit sans doute lire : *Duhoux*.

nant de Verd-Landun, aux maire et officiers municipaux de Frelinghien, afin de les menacer de la vengeance de « Sa Majesté impériale et royale » s'ils ne reconnaissaient pas leur roi.

L'assemblée accorda une mention honorable au corps électoral du Nord et renvoya au pouvoir exécutif la question des pouvoirs à donner au commandant de la place de Lille [1].

Le jeudi 27 septembre, dans le but de tâter l'ennemi et d'essayer de le détourner de Lille, le lieutenant-général Moreton tenta une attaque sur Saint-Amand.

Il fit coopérer à cette petite expédition les garnisons de Condé, de Bouchain, de Douai et de Valenciennes, auxquelles les ordres furent envoyés le mercredi soir seulement. La garnison de Bouchain devait se porter sur Marchiennes, celle de Douai sur Orchies, celle de Valenciennes directement sur Saint-Amand par Raismes, avec injonction de forcer à l'arme blanche, s'il était nécessaire, le poste du moulin des Loups qui devait être de 300 hommes; et enfin celle de Condé était chargée d'une attaque du côté de la porte de la fontaine Bouillon, et devait faire tous ses efforts pour tenter de passer la Scarpe afin d'entrer en ville.

Les ennemis étaient au nombre de 1.800 environ, tant à Saint-Amand qu'à Maulde, Mortagne, Marchiennes et environs.

L'ordre arriva le mercredi à dix heures du soir, à Douai, de faire avancer une quantité indéterminée de troupes sur Coutiches. 200 hommes seulement partirent. — La colonne de Bouchain marcha sur Marchiennes avec une pièce de canon. Au second coup, les chaînes du pont de Marchiennes furent brisées; les Autrichiens baissèrent le pont et les Français s'avançaient avec sécurité lorsque trois pièces tirèrent sur eux à mitraille, et les forcèrent à se retirer. — La colonne valenciennoise, de 1,500 hommes d'élite, commandée par le maréchal de camp Ferrand, força le poste du moulin des Loups à se retirer sur Saint-Amand ; puis elle tira plus de deux cents coups de canon sur la porte de la ville, avant de pouvoir en briser les chaînes. — Quant à celle de Condé, composée de grenadiers du 1er régiment d'infanterie d'Indre-et-Loire, de Seine-et-Oise, de l'Yonne, et d'un piquet de 60 hommes par bataillon de la garnison, formant 800 hommes, avec une seule pièce de canon, et commandée par le lieutenant-colonel Bégu, du bataillon d'Indre-et-Loire, elle réussit fort bien son attaque. Son feu commença à cinq heures et demie du matin. La porte de la ville de Saint-Amand, canonnée d'aussi près que possible, ne fut pourtant forcée qu'après quatre heures d'efforts.

---

1 *Moniteur universel,* second semestre, 1792, no 273.

La colonne de Bégu et celle de Ferrand s'élancèrent ensemble dans la ville, et les Autrichiens se sauvèrent d'abord à Maulde et à Château-l'Abbaye, puis vers Tournai, sans être poursuivis [1].

Tout sembla d'abord marcher à souhait ; mais, ainsi que le constata Moreton dans son rapport officiel, l'indiscipline compromit le succès :

> Nos troupes ont montré un grand courage et beaucoup de subordination pendant l'action, mais du moment qu'elles ont été en possession de la ville, il n'y a plus eu moyen d'empêcher le soldat de se débander et de piller beaucoup de maisons. Quelques officiers ont même partagé cet excès ; une grande partie s'est enivrée au point de n'être plus capable de rendre aucun service si l'ennemi eût attaqué. Le maréchal de camp Ferrand a, en conséquence, fait approcher de lui, pour le soutenir en cas de besoin, un corps de 1200 hommes que j'avais mis à sa portée, sous les ordres du maréchal de camp Lamarlière. Pendant ce temps arrivait à Saint-Amand le détachement de la garnison de Condé qui avait marché sur Bruille et qui se livra aux mêmes excès. Le maréchal de camp Ferrand apprit alors que la partie de la garnison de Bouchain qui s'était portée sur Marchiennes, avait été repoussée par l'ennemi qui y était retranché derrière la Scarpe, avec trois pièces de canon ; que M. Marassé n'avait pu sortir de Douai que 200 hommes qui avaient attaqué le poste de Coutiches en avant d'Orchies et n'avaient même pu l'entamer, parce qu'il avait été renforcé à temps par Orchies.
>
> Ces nouvelles, jointes à la situation de la troupe dans Saint-Amand, déterminèrent M. Ferrand à évacuer cette ville, dans laquelle il pouvait très facilement être attaqué par les troupes de Maulde, et tourné par celles d'Orchies et de Marchiennes de manière à ce que sa retraite fût coupée. Cette expédition n'a pas eu, comme vous le voyez, tout le succès que je pouvais en attendre ; mais beaucoup de causes y ont concouru : l'impossibilité où a été M. Marassé d'attaquer Orchies ; le renforcement des postes de Marchiennes que nous ne savions pas ; le défaut de cavalerie qui ne consistait qu'en cent hommes à ce détachement ; enfin, l'indiscipline de la troupe, qui, après s'être parfaitement conduite pendant l'action, s'est totalement débandée à quelques compagnies de grenadiers près ; tout cela nous a empêchés de garder Saint-Amand, de pousser l'ennemi dans sa retraite et de lui faire des prisonniers. Cependant, il me reste une satisfaction : c'est que cette expédition, qui a été conduite avec zèle et intelligence par le maréchal de camp Ferrand, donne une bonne idée du courage de nos troupes et qu'à leur indiscipline près, personne n'a de reproches à se faire.
>
> Le lieutenant-général en chef de l'état-major de l'armée du Nord.
>
> J. H. MORETON.
>
> P.-S. — J'apprends à l'instant que l'ennemi est rentré hier au soir en forces dans Saint-Amand, presque aussitôt la retraite de M. Ferrand et qu'il a fait sommer le village d'Hasnon de payer la moitié des impositions des années 1791 et 1792. Il s'y porte ce matin ; je viens d'y envoyer 200 hommes et du canon.

Sans se laisser détourner ni par l'attaque dirigée vers Saint-Amand, ni par le feu de la place, ni par diverses tentatives de la garnison, les

---

[1] *Argus*, no du 28 septembre.

Autrichiens avaient pu, à Lille, établir leurs batteries et les diriger contre le quartier Saint-Sauveur qu'ils savaient être le plus populeux de la ville. Ils se trouvaient prêts à ouvrir le feu le 29 au matin.

Ce jour même à onze heures, le major d'Aspres, parlementaire autrichien, se présenta à une porte. Reçu par deux officiers et conduit avec les précautions d'usage devant le Conseil de défense, il remit à Ruault, qui venait de prendre possession de son commandement, une lettre conçue en ces termes :

Monsieur le commandant,

L'armée de S. M. l'Empereur et Roi, que j'ai l'honneur de commander, est à vos portes ; les batteries sont dressées ; l'humanité m'engage, Monsieur, de vous sommer, vous et votre garnison, de me rendre la ville et la citadelle de Lille, pour prévenir l'effusion du sang. Si vous vous y refusez, Monsieur, vous me forcerez, malgré moi, de bombarder une ville riche et peuplée que j'aurais désiré ménager. Je demande incessamment une réponse catégorique.

Fait au camp devant Lille, le 25 septembre 1792.

ALBERT.

L'envoyé était aussi porteur d'une lettre pour la municipalité. Ayant appris que les lois françaises ne permettaient pas de le laisser communiquer avec les autorités civiles, il remit cette seconde dépêche au général. Voici en quels termes elle était formulée :

A la Municipalité de Lille,

Etabli devant votre ville avec l'armée de Sa Majesté l'Empereur et Roi, confiée à mes ordres, je viens, en vous sommant de la rendre ainsi que la citadelle, offrir à ses habitants sa puissante protection. Mais si, par une vaine résistance, on méconnaissait les offres que je leur fais, les batteries étant dressées et prêtes à foudroyer la ville, la Municipalité sera responsable à ses concitoyens de tous les malheurs qui en seraient la suite nécessaire.

Fait au camp devant Lille, ce 29 septembre 1792.

Le Lieutenant Gouverneur et Capitaine général des Pays-Bas autrichiens et Commandant général de l'armée impériale et royale.

ALBERT DE SAXE.[1]

Ruault répondit au nom de ses soldats :

Monsieur le Commandant-Général,

La garnison que j'ai l'honneur de commander et moi, sommes résolus à nous ensevelir sous les ruines de cette place, plutôt que de la rendre à nos ennemis ; et les citoyens, fidèles comme nous à leur serment de vivre libres ou de mourir, partagent nos sentiments et nous seconderont de tous leurs efforts.

Lille, le 29 septembre 1792, l'an 1ᵉʳ de la République française.

Le maréchal de camp, commandant Lille,

RUAULT.

---

[1] Ces deux pièces ont été reproduites plusieurs fois en fac-simile.

La fière réponse de la Municipalité, que le maire André eut l'honneur de signer, fut aussi remise à l'envoyé. La voici :

La Municipalité de Lille à M. Albert de Saxe, lieutenant-gouverneur et Capitaine général des Pays-Bas autrichiens.

Nous venons de renouveler notre serment d'être fidèles à la Nation ; de maintenir la liberté et l'égalité, ou de mourir à notre poste : nous ne sommes pas des parjures.

Fait à la Maison commune, le 29 septembre 1792, l'an 1er de la République française.

Le Conseil permanent de la commune de Lille.

ANDRÉ, maire, et ROHART, secrétaire-greffier par intérim.

Le district ne voulut pas se montrer moins énergique : il adhéra donc, en ces termes, à la déclaration qui précède :

Vu la lettre originale d'Albert de Saxe-Teschen, en date de ce jour, adressée à la Municipalité de Lille et apportée par un officier autrichien, l'original de la lettre dont minute est ci-dessus ; après en avoir conféré avec MM. André, maire, Saqueleu, procureur de la commune, Desoubry et Moreau, notables ; Ouy le procureur-syndic ;
Nous, administrateurs composant le Conseil général du district de Lille, approuvons la réponse de ladite municipalité.
Pour extrait conforme au registre aux délibérations du Conseil général du district de Lille.

SALMOND, président,   SIRJEAN, secrétaire par ordre.[1]

Aussitôt le placard suivant fut affiché dans la ville :

Proclamation du Conseil de guerre, tenu à Lille le 29 septembre 1792, à midi, et l'an premier de la République françoise.

Citoyens,

Nos ennemis, désespérant de s'emparer de cette place par les règles de l'art, nous menacent, pour parvenir au même but, de la bombarder. Citoyens, soyez calmes, souvenez-vous de vos serments, soyez assurés que la République vous indemnisera de vos pertes et nos ennemis éprouveront que c'est sans succès que l'on attaque un peuple libre.
Par ordre du Conseil de guerre.

Signé : POISSONNIER, secrétaire-greffier.[2]

La réponse des Lillois fut transmise, par des gendarmes nationaux, à Douai, où se tenait, comme nous le savons, le Conseil général du dépar-

---

[1] La minute de cette pièce se trouve aux Archives départementales du Nord, série L, liasse 1211.
[2] A Lille de l'Imprimerie de C. L. Deboubers, place Rihour. Affiche in-folio sur papier blanc.

tement et où, de plus, le lieutenant-général Labourdonnaie venait d'arriver. Le Conseil général s'empressa, le jour même, de louer en ces termes le courage de ces patriotes :

>Douay, ce 29 septembre, l'an premier de la République françoise.
>
>Citoyens,
>
>Vous avez parlé en Lacédémoniens ; vous agirez de même.
>Vous tenez une des clefs de l'Empire, elle ne peut être mieux confiée.
>Les administrateurs composant le Conseil du département du Nord.
>MICHEL, président, A. FAUVEL, DONDEAU, J. B. JOSSON, DELVAL-LAGACHE, commissaire, procureur général syndic et LAGACHE, secrétaire-général.[1]

Quant au district il reçut la lettre que voici :

>Braves citoïens,
>
>Nous venons de communiquer au général Labourdonnaie les dépêches par lesquelles vous nous informez de la sommation du général autrichien, de la réponse de la municipalité et de la vôtre.
>Vous ne démentirez pas, nous en sommes certains, ces réponses dignes de Lacédémoniens. Vous communiquerez à vos concitoïens les sentiments généreux qui les ont dictés, et si quelques lâches, indignes du nom Français que vous honorez, osent parler de se rendre, la loi et le salut de la patrie veulent qu'ils soient sur-le-champ voués à l'infamie et à la mort.
>Si nous ne pouvons partager vos dangers, soyez assurés, citoïens, que nous ne bornerons pas notre zèle à de simples encouragements.

Sans désemparer, le Conseil du département adressa au ministre de l'intérieur la lettre suivante :

>Douai, l'an 1ᵉʳ de la République française, le 29 septembre 1792.
>
>Citoyen,
>
>Nous profitons du courrier qu'expédie le général La Bourdonnaye pour vous donner avis et à la Convention nationale, que la ville de Lille est sommée de

---

[1] La minute de cette pièce se trouve aux Archives départementales du Nord, série L, liasse 1211.
Cette première lettre de félicitations fut suivie d'un grand nombre d'autres qui ont été réunies en un volume in-4° sous le titre : *Recueil de lettres et autres pièces, adressées à la Municipalité, ou au Conseil permanent de la commune de Lille à l'occasion du Bombardement de cette Place, commencé le 29 septembre 1792, l'an premier de la République Françoise.* De l'Imprimerie de Jacquez, imprimeur de la Municipalité, 122 p. in-4°.
Ce livre est consacré à l'apologie de la conduite de Lille durant le siège. Il renferme après la sommation du duc de Saxe, la réponse du maire André et les lettres des administrateurs composant le Conseil du département du Nord ; l'extrait d'une lettre écrite par le commandant en chef de l'armée du Nord, Labourdonnaie ; de celles des directeurs des districts ; des officiers municipaux et des délibérations de soixante-douze conseils de villes, de districts et de départements ; d'un *Hymne aux Lillois*, de leurs frères de la garde nationale de Douai ; d'un couplet du citoyen Poupart, de la section de la Croix-Rouge à Paris ; d'autres couplets : *Aux braves Lillois*, d'un patriote admirateur et reconnaissant, envoyés de La Fère-en-Tardenois par le citoyen Ragon, ces trois pièces de vers sur l'air de la Marseillaise. Le volume se termine par le détail des secours adressés aux Lillois en assignats et en billets de confiance, par diverses villes.

se rendre par le duc de Saxe-Teschen. La municipalité n'a répondu que par une expédition du serment civique. Les trois administrateurs du district qui restent en place (l'assemblée électorale ayant fait arrêter les autres) nous mandent qu'au bruit des bombes et des boulets rouges, ils vont joindre les cris de *vive la Liberté, vive l'Egalité.* Le général nous promet qu'après demain y entrera un premier secours ; il prend d'autres mesures pour y conduire le plus de secours possibles.

Nous vous prions d'en faire part au plus tôt à la Convention nationale.

Les administrateurs composant le Conseil du département du Nord.

MICHEL, président.[1]

Le lendemain, le Conseil du district de Lille écrivit à son tour à celui du département :

Lille le 1er octobre, l'an 1er de la République.

Depuis le départ des gendarmes nationaux que nous avons dépêchés hier, l'ennemi a fait un feu considérable sur la ville. Il a tiré des boulets froids, des boulets rouges et des bombes qui ont détruit et incendié une quantité de maisons, notamment dans la paroisse Saint-Sauveur, dans le quartier comprenant la droite de la rue de Fives, et la gauche de Saint-Sauveur. Tous les secours possibles y sont successivement portés. Nous voudrions tenir ici les calomniateurs du peuple pour leur faire voir celui de Lille, avec quel calme, quelle tranquillité, quelle contenance, il supporte les malheurs inévitables de la position où nous sommes. Ici, c'est un père qui a perdu son fils et sa fille, un mari qui a perdu sa femme, et qui paie sans murmurer le tribut de la nature souffrante en disant : *Les scélérats n'auront point la ville pour cela.* Là, ce sont des hommes et des femmes, emportant avec eux ce qu'ils ont pu arracher aux flammes. Il faut avouer que les ennemis font une guerre de scélérats ; ils se servent des habitants des campagnes ; ils les font travailler à coups de sabre et de bâton. S'ils se sauvent, ils les arrêtent à coups de fusil. Quand serons-nous donc vengés de ces monstres ? Il est dix heures, le feu se ralentit. La nuit sera terrible, l'ennemi change ses batteries. Mais comptez sur nous, nous ne broncherons jamais. Deux cents maisons sont brûlées et 2,000 plus ou moins endommagées.[2]

Ce même jour avait pénétré dans la ville le général Lamarlière avec six bataillons de volontaires nationaux, deux de troupes de ligne et trente-sept canonniers-citoyens de Béthune.[3] De plus, les habitants avaient pu lire sur les murs une affiche ainsi conçue :

Proclamation du Conseil de guerre tenu à Lille, le 1er octobre 1792, à midi, l'an 1er de la République française.

Citoyens,

Vous le voyez ! un ennemi atroce ne veut pas vous gouverner, il veut vous exterminer : courage ! redoublez de zèle contre les incendies ; envoyez dans les

---

[1] Les minutes des deux pièces qui précèdent sont conservées aux Archives départementales du Nord, série L, liasse 1211.

[2] *Moniteur universel*, second semestre, 1792, n° 279.

[3] Nous extrayons ce détail du *Journal précis du siège de Lille*, in-4° pages 8 et 9, publication à laquelle nous ferons de nombreux emprunts.

campagnes libres vos tendres épouses, vos chers enfans ; défendez vos habitations des flâmes ; soyez assurés, soyez absolument certains que la République, riches de ses vastes domaines et des propriétés des infâmes émigrés, fera rebâtir vos maisons, vous indemnisera de toutes vos pertes : le Conseil de guerre en prend de rechef l'engagement au nom de la Nation entière, libre enfin de ses tyrans

Par ordre du Conseil de guerre,
Signé : Poissonnier, secrétaire-greffier.[1]

Le 2 octobre, le district écrivait encore :

Depuis l'heure du départ du courrier d'hier, l'ennemi a continué son feu ; mais il a été plus vif, comme nous l'avions prévu. Il a changé ses batteries. Le côté de la ville longeant l'Esplanade, est le plus incommodé des boulets ; mais les bombes n'atteignent que les maisons de la seconde ligne avoisinant les remparts. Il semble que l'hôpital et la Maison commune soient l'objet de leur convoitise incendiaire.

L'incendie du quartier Saint-Sauveur continue et l'on s'est occupé à couper les maisons pour arrêter le progrès des flammes. Il était impossible de s'y opposer. L'église Saint-Sauveur brûle actuellement ; l'hôpital Saint-Sauveur est en grand danger et ce serait un grand malheur, s'il était brûlé. Le peuple supporte ses maux avec patience ; et, quand la ville sera réduite en cendres, il sera encore armé contre l'ennemi.[2]

Et le même jour, le canonnier Delannoy donnait de ses nouvelles à sa fille :

Du 2 octobre 1792. Lille, l'an 1ᵉʳ de la République françoise.

Ne m'en veut pas, ma chère petite Rosette, si je ne t'ai pas écrits. Si tu avois vu le citoyen Poupellier, il t'aurois dit quelques choses de notre misère. Depuis huit jours nous sommes en siège et assiegé depuis samedy à trois après midy. Nous avions bien canoné avant ce tems, mais ce n'étoit que pour abattre leurs tranchée et baterie. Le jeudy et vendredy, on fit des sorties pour bruller toutes les maisons des faubourgs de Fives et Saint-Maurice, ce qui a été exécuté généralement et ce que j'ai vu de mes yeux. Le samedy matin, un parlementaire est venu par la porte de Saint-Maurice avec un trompette pour scavoir si on vouloit rendre la ville ou sinon qu'ils auroient tiré dessus à trois heures. On fut partout dans tous les districts et tous ont répondu qu'il mourreroit tous plutôt que de se rendre. A trois heures après midy, ils commencèrent l'aubade par nous envoiers des bombes et boulets rouges ; nous leur ripostâmes joliment, mais leurs boulets rouges nous firent grand torts. Vers huit heures du soir, le feu s'est manifesté grandement, car depuis le Grand Soleil sur la place, il n'est rien resté. La paroisse et le beau clochez de Saint-Etienne, ainsi que la petite chapelle adjasante et contours, tout en est en cendre. Presque tout le quartier de Saint-Sauveur, rue Fives, totalement détruit et cela continue toujours, mais nous ne nous rendrons pas pour cela, il ne paroit pas dans les rues que cela soit et ça ira, va toujours. Mes occupations m'empêchent de t'en dire davantage. Plus d'ouvriers, plus d'affaire, sauf pour le feu. Grâce au ciel, je n'ai encore

---

1 A Lille de l'imprimerie de C. L. Deboubers, place Rihour. Placard in-folio sur papier blanc.
2 *Moniteur universel*, second semestre, 1792, no 282.

qu'une ardoise de brisé, étant plus bas que le rempart. Nous sommes occupés à tout embaler en cas de feu et ta maman m'a dit de te dire que si tu as besoin de quelque chose, la maman Bailleul est là : Ménage-toi, car notre cas est périlleux et peut-être qu'au moment que tu recevera la présente, nous pourrions être ruiné. Ceci pour ta gouverne. Nous t'embrassons tous et suis à la hate

Le citoyen DELANNOY, ton cher papa,

Sitôt de bonne nouvels, je te les annoncerai par courrier. Il me seroit bien doux de t'annoncer la victoire : nous n'en désespérons personnes quand nous serions tous en cendre pourvue la vie.

Le même jour encore, les administrateurs du département du Nord écrivirent coup sur coup deux lettres aux administrateurs du district de Lille.

La première était ainsi conçue :

2 octobre.

Nous ne pouvions, citoyens, vous donner aucun motif d'encouragement dans la cruelle position où vous êtes que vous n'en trouviez de plus puissans dans vos désastres et dans votre propre courage.

Après tous les maux que l'ennemi vous a faits, il lui en reste peu à vous faire, à moins qu'il n'exerce sur vos personnes la fureur qu'il déploie contre vos murs et vos habitations.

Après une contenance si héroïque et qui tiendra une place distinguée dans l'histoire, vous ne voudriez pas perdre, par un instant de faiblesse, le prix de tant de courage.

Nous ne cessons de faire les démarches les plus vives pour hâter le secours qui doit vous venger. Hier encore, une députation s'est transportée pour cet effet chez le général. D'un autre côté, nous allons encore envoyer une personne chargée d'accélérer le départ des bleds que vous attendez et de remonter à la source des causes qui en retardent l'expédition. Faites-nous part de ce que vous apprendrez à ce sujet et mandez-nous si vous avez commencé à recevoir des renforts.

Nous vous autorisons à puiser, dans telle caisse que vous trouverez à propos, les fonds que vous jugerez nécessaires pour venir à l'instant même au secours des particuliers qui auront le plus souffert, et pour leur procurer des moyens de subsistances jusqu'à ce que nous ayons pu faire régler et obtenir pour eux de justes indemnités. Vous voudrez bien nous informer à mesure de ce que vous aurez fait. Nous avons lieu de croire que la Convention nationale ne nous désapprouvera pas.

Voici la seconde :

Nous louons, Citoïens, le zèle et le courage qui vous anime pour la défense de la ville de Lille. Votre exemple donnera du courage aux plus timides et rendra vaines les mesures et les attaques de vos ennemis. Vous allez recevoir des secours puissans qui, en secondant les efforts de votre brave garnison, mettront en fuite ces incendiaires assassins.

Les administrateurs, etc.[1]

---

[1] Les minutes de ces lettres se trouvent aux Archives départementales du Nord, série L, liasse 1211.

Ceux-ci écrivirent encore en ces termes au ministre de la guerre :

Du 2 octobre.

Nous avons l'honneur, citoïen, de vous envoier ci-jointes copies de deux lettres que nous venons de recevoir du district de Lille en date du 30 septembre et 1ᵉʳ octobre.[1] Vous y verrez sans doute avec douleur le tableau affligeant des ravages que le feu de l'ennemi fait dans cette malheureuse ville, mais vous admirerez avec nous la constance héroïque de ses habitants dont l'adversité ne peut abattre le courage. Donnez-leur des secours suffisants et bientôt ils forceront les vils esclaves qui les assiègent, de cacher par la fuite la honte dont les couvrira le peu de succès de leurs procédés barbares ; encore une fois, donnez-nous des secours, si vous voulez soustraire cette riche frontière aux brigandages et aux vexations tyranniques des ennemis de la Liberté et de l'Egalité.

Les administrateurs du Conseil, etc.

P.-S. — Nous joignons aussi copie d'une troisième lettre que nous recevons à l'instant qu'on allait fermer la présente.[2]

Enfin, sans lâcher la plume, ces administrateurs écrivirent une quatrième lettre au président de la Convention nationale :

2 octobre.

Les Autrichiens sont, depuis quelques jours, citoyen, sous les murs de Lille. Cette ville, presque investie par cette troupe de brigands, est exposée à un bombardement continuel. Déjà 200 maisons ont été incendiées et 2,000 endommagées : les citoyens sont fermes et pleins de courage. Mais leur situation mérite toute votre sollicitude. Nous avons cru devoir autoriser le Conseil général du district de Lille à accorder sur la caisse du receveur les secours nécessaires à ceux dont la propriété a été la proie des flammes.

Nous vous prions, citoyen, de mettre sous les yeux de la Convention nationale l'état déplorable où cette ville se trouve dans ce moment, non seulement afin qu'elle approuve les mesures que nous avons prises pour secourir ces infortunés citoyens, mais encore afin qu'elle arrête, dans sa sagesse, les dispositions nécessaires pour les indemniser des pertes qu'ils ont essuyées et qu'ils essuyeront encore.[3]

Le lendemain, Ruault, qui faisait face à tous les obstacles, et dont l'ardeur ne se refroidissait pas un seul instant, écrivait à son tour en ces termes :

3 octobre.

Depuis le 29 septembre, à deux heures et demie après-midi, les ennemis n'ont pas discontinué de tirer des bombes et des boulets rouges sur la ville ; le quart des maisons est incendié ; mais je vous apprends avec plaisir que le

---

[1] La seconde de ces lettres a été reproduite ci-dessus.

[2] La minute de cette lettre se trouve aux Archives départementales du Nord, série L, liasse 1211. Elle porte en tête ces mots : Lettre au ministre de la guerre, et envoi de copies de deux lettres du district de Lille relativement au bombardement de cette ville.

[3] La minute de cette lettre se trouve aux Archives départementales du Nord, série L, liasse 1211.

courage et l'énergie du corps administratif et des citoyens non seulement se soutiennent, mais s'accroissent par l'horreur qu'inspire la conduite atroce de ces brigands. Le cri général est que les maisons, dussent-elles être toutes réduites en cendres, les boulevards n'en seront pas moins défendus avec l'énergie d'un peuple qui combat pour la liberté. Le feu de la place ne discontinue point, et j'ai appris avec plaisir que nous avons déjà tué beaucoup de monde à nos tyrans.

Le général Labourdonnaye assemble des forces avec lesquelles il pourra attaquer avec succès et opérer une utile diversion. Le maréchal de camp Lamarlière vient d'arriver avec sept bataillons ; ce qui soulagera la garnison qui est occupée jour et nuit, soit sur les remparts, soit à éteindre l'incendie.[1]

Depuis le début du bombardement, les pompes de la ville suffisaient à peine à combattre le feu, et ce fut avec d'universels transports de joie qu'on vit arriver à la fois celles de Béthune, d'Aire, de Saint-Omer et de Dunkerque, cette dernière expédiée en poste.

En même temps, les administrateurs du département s'adressaient à la Convention elle-même :

3 octobre.

Représentans du peuple françois,

Vous verrez dans les copies cy-jointes de trois lettres successives du district de Lille, dont les deux premières vous ont déjà été envoyées par la voie du ministre à qui nous les avons adressées, le tableau trop fidèle de l'attaque la plus atroce dont il soit fait mention dans l'histoire.

Depuis trois jours, Lille, cette importante clef de l'empire, cette ville si grande, si belle, si florissante, est inondée de bombes et boulets enflammés ; deux à trois cents maisons sont incendiées ; des rues entières ont disparu et ses habitans souffrent tant de maux sans se plaindre et ses imperturbables administrateurs sont à la veille de siéger dans les places publiques.

Voilà, Représentans, voilà les suites horribles de cette levée du camp de Maulde, inexcusable pour tous ceux qui en ont été témoins, et de la conduite inexplicable qui l'a suivie.

Depuis trois grands mois, nos campagnes sont en proie à toutes les horreurs d'une guerre dont on ne voit pas d'exemples chez les peuples les plus barbares. L'ennemi a pris successivement et sans obstacles tous les postes qui pourroient favoriser ses desseins et nos soldats frémissent en vain de voir leur courage enchaîné dans nos murs. Nos laboureurs offrent leurs bras pour exterminer leurs tyrans. Ils demandent des armes et, à leur défaut, ils s'armeront des instruments aratoires qui leur sont désormais inutiles. Mais au moins qu'une force réglée marche à leur tête et dirige leurs efforts. Nous n'avons pas épargné nos sollicitations auprès des généraux. Cependant dix-huit mille hommes [2] tiennent en échec une ville qu'on n'auroit pas assiégée à moins de cinquante mille dans d'autres tems. Des munitions exhorbitantes accumulées, semble-t-il, tout exprès, et ce qui nous reste d'effets de campement depuis qu'on a livré les autres à l'ennemi dans les camps de Tournai, de Mons et de Maulde ; une artillerie

---

[1] *Moniteur universel*, second semestre, 1792.

[2] C'est le chiffre moyen dont nous avons parlé plus haut, comme étant vraisemblablement celui des ennemis.

immense, tout le commerce du Nord de la France, semble réunis en un point pour être abandonnés aux Autrichiens.

Tel est, Représentans, le sort de ce département. Si vous ne venez à notre secours, nous ne voyons pas de termes à nos maux.[1]

Durant la nuit du 3 au 4, l'ennemi tira moins, étant occupé, sans doute, à réparer le désordre que les batteries françaises avaient causé dans les siennes ; mais le 4, de huit heures du matin à onze heures, il fit à la fois le feu le plus vif et le mieux soutenu de bombes, de boulets rouges et de boulets froids. La riposte de la ville ne fut pas moins énergique et le duel d'artillerie recommença à deux heures de l'après-midi avec la plus grande violence. Vers le soir, la population fut encore réconfortée par l'entrée dans la place de deux bataillons de volontaires et d'un de troupes de ligne.[2]

Ce jour-là sans doute eut lieu l'action d'éclat que, dans son nº 47, raconte le *Courrier de l'égalité* : « Les braves Belges, qui combattaient comme des lions, ont enlevé un *drapeau autrichien* avec lequel ils sont rentrés : ils en ont encore repris un autre appartenant à des volontaires de la campagne, ils ont fait des prisonniers dont deux Suisses. » Episode qui, un peu plus tard, servit de thème à un tableau que peignit un nommé Flamen, élève de Louis Watteau [3].

Le lendemain, le Conseil général du district écrivit en ces termes au Conseil du département :

Lille, 5 octobre.

Citoyens, nous sommes toujours dans la même position ; le feu n'a pas été trop vif depuis notre lettre d'hier; les bombes et les boulets rouges ont fait peu de dégâts, grâce à la surveillance de l'admirable peuple de Lille.

Les grains arrivent de Béthune par 30 voitures par jour; nous avons pris des mesures de sûreté nécessaires pour qu'ils nous arrivent. Croiriez-vous que les secours pécuniaires par nous distribués jusqu'à cet instant ne montent qu'à 830 livres environ ? Il y a plus, citoyens : certains ouvriers en ont refusé en disant qu'il leur restait encore de quoi vivre pendant quatre ou cinq jours, et qu'après ils viendront se réclamer de nous. Nous pleurâmes. Nous pourrions vous citer plusieurs traits de cette nature, mais ils cumulent trop, et les uns l'emportent sur les autres en générosité et en vertu, etc.

Le 2 octobre, la Convention avait mis à la disposition du Ministre de l'intérieur deux millions pour la subsistance des villes assiégées, et elle

---

[1] Archives départementales du Nord, série L, liasse 1211.

[2] *Journal précis de l'attaque de Lille*, page 10.

[3] Peint sur bois, ce tableau mesure 0.35 de hauteur sur 0.47 de longueur. Il fait partie de la collection Quarré-Reybourbon, à Lille.

avait voté en outre que, sur cette somme, une avance de quatre cent mille livres serait faite à la commune de Lille. Dès qu'il avait été informé de la décision de l'Assemblée, le Conseil général du département en avait donné avis au district de cette ville, qui, à la lettre qui précède, reçut, en outre, une réponse ainsi conçue :

Douai, ce 5 octobre, l'an 1er de la République.

Et nous aussi, citoyens, nous avons pleuré d'admiration et de sensibilité, en lisant votre lettre.

Croyez que si nous n'avions pas aimé, estimé le peuple, nous ne l'aurions jamais servi ; ces vertus justifient votre dévouement et le nôtre ; sa cause nous est commune plus que jamais ; que le peuple connaisse toujours ses vrais amis, il ne manquera rien à son bonheur.

Nous vous avons autorisé à puiser dans les caisses publiques pour secourir vos courageux citoyens ; nous vous avons annoncé un secours provisoire de 400.000 livres ; le Ministre nous informe qu'il l'envoie directement. Ce n'est pas le seul qui vous soit dû, ni que vous obtiendrez, nous ne dirons pas de la générosité, mais de la justice de la nation. Mais qu'il est glorieux pour le peuple de Lille d'avoir montré que son courage n'en dépend pas ! Dites-lui donc qu'il ne sera pas abandonné à ses propres ressources, ni pour son rétablissement ni pour sa vengeance : bientôt ses ennemis craindront pour eux-mêmes tous les maux qu'ils lui ont faits. Nous avons sous les yeux des preuves qui justifient les assurances que nous donnons.

Ce même jour arrivèrent à Lille six commissaires récemment nommés par la Convention pour se rendre dans le département du Nord afin d'y prendre d'urgence toutes les mesures nécessaires. Choisis dans la séance du 30 septembre, celle même où avait été lu le rapport de Moreton, reproduit ci-dessus, et relatif à l'évacuation de Saint-Amand, c'étaient les citoyens Delmas, Bellegarde, Duhem, Doulcet, d'Aoust et Loisel, bientôt remplacé par Duquesnoy.

De ces commissaires, les deux premiers nous sont très connus. Nous savons que le troisième était député du Nord. Disons quelques mots des autres.

Le citoyen Doulcet n'était autre que l'ex-comte Louis-Gustave de Pontécoulant, né en novembre 1764, capitaine de cavalerie en 1783, administrateur en 1790 et président en 1791 du département du Calvados, député suppléant à l'Assemblée législative ; enfin, député titulaire à la Convention. Après sa mission dans le Nord, il devait se prononcer pour le bannissement de Louis XVI, contre l'arrestation des Girondins, être mis hors la loi, se réfugier en Suisse, rentrer à la Convention et y devenir membre du Comité de gouvernement. Plus tard, il devait encore être élu membre du Conseil des Cinq-Cents, nommé préfet du département de la Dyle, puis sénateur ; être chargé d'une mission à Constantinople en 1805, puis d'une autre mission dans les anciens Pays-Bas autrichiens en 1813 ; enfin mourir pair de France.

Ex-marquis, d'Aoust (ou d'Avoust) était d'origine non moins noble que son collègue. Né à Douai, il vivait dans ses terres après avoir servi quelque temps lorsqu'éclata la Révolution. Il en adopta les principes, fut élu par la noblesse du bailliage de Douai député aux Etats-Généraux, vota la réunion de son ordre au tiers-état, et fut plus tard envoyé à la Convention. Lorsqu'il eut cessé d'être législateur, il devint commissaire près de l'administration centrale du département du Nord, puis maire de Cuincy, village où étaient situées beaucoup de ses propriétés.

Pierre Loisel a peu marqué. Il descendait du célèbre auteur des *Institutions du droit civil*, et, après avoir été vice-président du Directoire du département de l'Aisne, député à l'Assemblée législative et à la Convention, où il vota la mort du roi sans sursis, devint administrateur de l'enregistrement.

Pour son malheur, Duquesnoy a marqué bien davantage. Né à Bouvigny-Boyeffles, et ami de Joseph Lebon avant de devenir son dénonciateur, il appartenait à cette catégorie d'individus qui, après avoir jeté la soutane aux orties, se laissèrent aller, par faiblesse de caractère et étroitesse d'esprit, aux opinions les plus violentes. Député du Pas-de-Calais à l'Assemblée législative et à la Convention, il vota la mort du roi sans appel ni sursis, se fit remarquer, après le 31 mai, parmi les terroristes sans pitié, montra du courage aux armées, proposa quelques bonnes mesures parmi lesquelles la vente par petits lots des biens des émigrés, et se tua d'un coup de couteau après avoir été condamné par une Commission militaire à la suite de l'insurrection du 1er prairial an III [1].

Pendant leur séjour à Douai, les commissaires de l'Assemblée eurent à prendre des mesures de rigueur contre le maire de Cassel, nommé Langlé, dont la conduite antipatriotique leur était signalée. Le citoyen Lécuyer, lieutenant-colonel de gendarmerie et grand-prévôt de l'armée, fut requis d'aller l'arrêter dans son château d'Oxelaere. Après avoir pris la poste de Douai jusqu'à Cassel pour devancer tout avis, lui et 20 gendarmes le surprirent dans son château avec son fils et un ancien chanoine de Saint-Omer. Ils les ramenèrent tous trois dans la prison de Douai [2].

Le lendemain du départ des commissaires eut lieu à Douai même une autre arrestation plus importante : celle du général Lanoue, accusé de ne

---

[1] Cette scène a été reproduite par le peintre Louis-Léopold Boilly qui, on le sait, était né à La Bassée, près Lille, en 1761. Son œuvre, appartenant à M. le capitaine Delaunoy, a figuré à l'*Exposition Watteau* ouverte au Palais-Rameau, à Lille, du 31 mars au 30 avril 1889.

[2] *Argus*, no du 2 octobre.

vouloir point marcher au secours de Lille [1]. Mais cet officier fut un peu plus tard acquitté à l'unanimité par le tribunal criminel, et il obtint ensuite le commandement d'une division d'infanterie lors de l'invasion de la Belgique.

Delmas, Duhem, Debellegarde, Duquesnoy, d'Aoust et Doulcet assistèrent le 5 octobre, à huit heures du soir, aussitôt leur arrivée à Lille, à un conseil de guerre où se discutait un projet de sorties vigoureuses proposé par le général Labourdonnaie ; et Ruault leur rendit compte de l'état de la place ainsi que des moyens de résistance opposés jusque-là [2].

Ils expédièrent le lendemain à la Convention une dépêche avec un boulet en deux morceaux lancé par l'ennemi sur Lille.

Ces objets furent montrés et la lettre lue par Vergniaud dans la séance du 8. Cette lettre était ainsi conçue :

Lille, le 6 octobre 1792 à deux heures.

Citoyens, nous sommes entrés hier, vers les huit heures du soir, dans cette ville, où l'on rencontre à chaque pas les traces de la barbarie et de la vengeance des tyrans.

Christine, d'après les rapports, est venue jouir en personne des horreurs commandées par son frère qu'elle a si bien secondé ; on a fait pleuvoir devant elle une grêle de bombes et de boulets rouges pour hâter la destruction de cette belle et opulente cité, qu'elle appela un repaire de scélérats, et qu'elle se plaignait de ne pas voir encore détruite ; elle s'est donné le plaisir de lui envoyer de sa main quelques boulets rouges.[3]

Nos ennemis, trompés sur la fermeté et le patriotisme des citoyens de Lille, comptaient qu'une insurrection allait leur livrer la place et c'est pour la provoquer que, sans s'arrêter aux lois de la guerre, ils commencèrent leur feu au retour du trompette qui leur rapportait la fière et républicaine réponse que la municipalité fit à la sommation du duc Albert de Saxe et qu'ils dirigèrent particulièrement leur feu sur le quartier Saint-Sauveur, le plus peuplé de la ville, et dont les citoyens, toutes les fois qu'il a fallu déployer l'énergie du patriotisme, se sont constamment montrés les premiers ; mais ce peuple, sur la lâcheté duquel on osait fonder de coupables espérances, s'est trouvé un peuple de héros. Le quartier Saint-Sauveur n'est, à la vérité, qu'un amas de ruines : 500 maisons sont entièrement détruites, 2.000 sont endommagées par un feu d'artillerie sou-

---

[1] *Argus*, no du 8 octobre.

[2] *Journal précis de l'attaque de Lille*, page 10.

[3] Cette scène : l'Archiduchesse, — ou, comme disait l'*Argus*, — l'Archiligresse Christine mettant le feu à une pièce de canon, a été reproduite par plusieurs gravures.

De plus, Louis Watteau a peint, en 1797, une *Scène du Bombardement de Lille* ainsi décrite par le catalogue du Musée de cette ville, établissement auquel elle a été donnée en 1862 par M. Charles Delerue : « Sur le premier plan, à gauche, l'archiduc Albert de Saxe, suivi d'un nombreux état-major, donne un ordre à un aide-de-camp ; près de là, des soldats autrichiens sortent d'un souterrain des barils de poudre ; deux autres portent un blessé sur une civière. Plus loin, les fourneaux dans lesquels on fait rougir les boulets ; une batterie de canons et de mortiers. Dans le fond, la ville qui brûle sur plusieurs points. La scène se passe en pleine nuit ; la lune, en perçant les nuages, laisse apercevoir quelques moulins du côté de la porte de Paris. » La toile mesure 0m40 1/2 de haut, sur 0.59 de large. Elle a été gravée par Masquelier le jeune.

vent aussi nourri qu'un feu de file ; mais c'est là tout ce qu'ont pu les tyrans. Ils n'entreront jamais dans cette importante forteresse, dont ils ménagent les remparts, parce qu'ils appartiennent, disent-ils, au roi de France, et les maisons qu'ils n'épargnent qu'autant qu'elles se trouvent dans la rue Royale et les environs, quartier de l'aristocratie lilloise. Sous cette voute de boulets, les citoyens que nous sommes venus admirer, encourager et consoler de leur perte, ont apris à déjouer les projets destructeurs de nos ennemis.

On a descendu des greniers et des étages les plus exposés tout ce qui pouvait servir d'aliment au feu. On a rassemblé à la porte de chaque maison des tonneaux toujours remplis d'eau ; les citoyens, distribués avec ordre, veillent les bombes et les boulets rouges, les jugent et donnent le signal convenu. Dès qu'un boulet est entré dans une maison, les citoyens désignés s'y portent sans confusion, le ramassent avec une casserole, l'éteignent, crient *Vive la Nation* et courent reprendre leur poste pour en attendre un autre. On a vu des volontaires, des citoyens, des enfants même courir sur les bombes et en enlever la mêche, courir après les boulets pour les éteindre avant qu'ils n'aient roulé dans les maisons. Tout se fait dans le calme, l'ordre règne partout. Trente mille boulets rouges, six mille bombes ont aguerri les citoyens au point de leur faire mépriser le danger. Les Autrichiens ont beaucoup perdu. Leur feu a cessé, il y a environ deux heures, et l'on dit qu'ils lèvent le siège ; ils se retireront chargés de l'exécration des habitants du pays, qu'ils ont rempli de meurtres de toute espèce, de brigandages et d'actes d'inhumanité et de barbarie dont le récit vous ferait frémir. Une foule d'actions, dignes des héros des anciennes républiques, méritent de fixer votre attention. Nous vous les présenterons dans une autre lettre. Les citoyennes ont égalé les citoyens dans leur intrépidité ; tous, en un mot, se sont montrés dignes de la liberté.

Les citoyens députés-commissaires de la Convention nationale à l'armée du Nord,

BELLEGARDE, J.-S.-B. DELMAS, E.-B.-M. D'AVOUST, G. DOULCET, DUQUESNOY, DÜHEM [1].

De Bellegarde écrivait en même temps au député Gorsas :

.... Au milieu des flammes dont la ville de Lille est la proie, nous avons trouvé le courage et l'héroïsme des habitants inflexibles. Je me contenterai de vous citer deux traits : Un particulier, nommé Ovigneur, servant une pièce de canon sur les remparts, est averti que sa maison avait été allumée par un boulet rouge et qu'elle allait être réduite en cendres. Il se retourne, voit en effet sa maison en feu et répond : « Je suis ici à mon poste ; rendons-leur feu pour feu. » Et ce citoyen est demeuré à son poste jusqu'à ce qu'il ait été remplacé. [2]

Le curé de Marchiennes, électeur, a aussi donné un exemple éclatant de courage et d'intrépidité. Le Corps électoral était réuni ; un boulet perce le mur, et passe, entre le secrétaire et le curé de Marchiennes : « Nous sommes en permanence, dit celui-ci, je fais la motion que le boulet y soit aussi, et qu'il soit un monument de notre fermeté et de notre assiduité à nos séances. »

On dit que l'ennemi manque de munitions et qu'il se dispose à lever le siège, bien assuré que les citoyens de Lille sont prêts à s'ensevelir sous les murs de la ville plutôt que de se rendre.

---

1 *Moniteur universel*, second semestre, 1792, no 283.

2 *Moniteur universel*, second semestre, 1792, no 283. Cette scène a été reproduite par plusieurs tableaux, gravures et lithographies.

Voici une autre lettre des commissaires :

Lille, 6 octobre.

Citoyens, nous avons parcouru hier, dans l'après-dîner, les ruines encore fumantes du quartier St-Sauveur. Nous étions suivis d'une foule de citoyens qui marchaient avec nous sur les débris de leurs demeures, sur les cendres de leurs meubles, de leurs marchandises, sur leurs parents, leurs amis ensevelis dans leurs décombres ; tous déploraient leurs malheurs et criaient avec courage : *Vive la Nation, vive la République, périssent les tyrans !* Quels hommes que ces sans-culottes que l'aristocratie désignait aux Autrichiens comme des lâches que l'on pouvait corrompre, et que ces barbares ont ruinés, écrasés, parce qu'ils n'ont pas voulu lui livrer la place ! Nous leur avons juré, au nom de la République, qu'ils ne périraient pas de misère, après avoir si courageusement supporté les horreurs auxquelles l'amour de la patrie et la vertu les ont exposés. Nous leur avons dit qu'un peuple qui a eu le courage de se délivrer du lourd fardeau de la royauté, est devenu un peuple de frères dont le devoir est de s'aimer et de s'entresecourir ; que, dans un gouvernement républicain, l'homme étant compté pour tout ce qu'il est, ne peut jamais gémir pour avoir bien servi la patrie, qui est la mère commune.

Il est certain, citoyens, que l'heureuse résistance de la ville de Lille fait époque dans la Révolution. Si cette grande forteresse fût tombée au pouvoir des Autrichiens, plus d'une ville eût voulu, à l'exemple de Lille, échapper aux boulets rouges et aux bombes. Les Pays-Bas se fussent trouvés couverts par nos propres places ; et le théâtre de la guerre, qui désormais doit être naturellement loin de nos frontières, se fut trouvé établi chez nous, dans nos départements, qui eussent fourni à l'ennemi tous les moyens possibles de subsister.

Signé, les citoyens députés-commissaires de la Convention nationale à l'armée du Nord,

BELLEGARDE, J.-S.-B. DELMAS, E.-B.-M. D'AOUST, G. DOULCET, DUQUESNOY, DUHEM.

P.-S. — Depuis hier à midi, les Autrichiens ont absolument cessé leur feu ; il paraît certain qu'ils se retirent. Leur artillerie de siège est déjà partie. Trois cents hommes de la garnison, envoyés à la découverte, ont trouvé l'ennemi en force dans les lieux qui avoisinent le faubourg de Fives. Cinq déserteurs autrichiens viennent d'arriver ; il résulte de leur rapport que l'ennemi occupe encore le camp de Mons-en-Barœul et celui d'Hellemmes ; que leurs retranchements sont protégés par deux batteries et gardés par un bataillon de fusiliers et plusieurs demi-bataillons de grenadiers, la cavalerie voltigeant sur les ailes [1].

Les nouvelles encourageantes que relatent ce post-scriptum sont confirmées par une seconde lettre de Delannoy à sa fille :

Lille, le 6 octobre 1792, l'an 1er de la République françoise.

Enfin, ma chère amie, depuis samedy onze heures du matin, la cannonade est finie et espérons que l'ennemi est retiré, du moins à peu de choses près, ce que nous ignorons encore. C'est bien assez d'en avoir reçu huit jours plains avec un acharnement incroiable. Toute notre belle ville est presque destruite, sur tout sur St-Sauveur où il y a plusieurs rues entières tout à fait desmolis.

---

1 *Moniteur universel*, second semestre, no 284.

Le jour que je t'ai écrit ma dernière et pendant que nous dinions, j'ai reçu trois boulets rouges de quart d'heure en quart d'heure. Le premier traversa le toit de devant, le plafond du grenier, brisa en partie un moulin et, sorti au travers d'un mur, il tomba dans l'eau. Le second traversa la fasade de devant et est tombé sur le pavé du grenier, mort, vis-à-vis le bassin ; on le ramassa dans un chauderon et on le mit dans l'eau. Et le troisième traversa le toit de devant, celui de la cour, en jettant bas la petite fenêtre, passa celui au-dessus de votre chambre, et alla percer le mur de l'écurie de Mr Stradin. Voilà tout ce que j'en ai eus pour mon compte. Dans les maisons appartenant à la famille, il y en a de toute à fait rassé.

Nous espérons bien prendre notre revange sitôt que notre armée sera toute réunie, ce qui s'exécute à grand force, nous arrivant des troupes tous les jours.

La maman est partie samedy avec tes deux sœurs pour Dunkerque avec ma voiture pour se remettre un peu des peurs qu'elle a eut. Nous avons été sept jours et sept nuit sur pied, sans repos. Juge si nous devions être fatigué, mais tout cela est passé et allons travailler à remettre tout en place. La maison étoit comme un déluge et toujours une vingtaine d'homme avec nous pour veiller. Je suis bien contant pour toi que tu n'ai pas vue ce désastre. Tu en a vue assez de ton côté à Paris [1]. Tu voudra bien faire agréer de ma part à la citoyenne Bailleul mille choses des plus gracieuse et l'embrasser pour moi. De mon cotté, je t'embrasse de bien bon cœur et crois-moi pour la vie ton cher papa,

Le citoyen DELANNOY fils aîné.

Je ne te dis rien du citoyen Cado ; je ne le vois presque plus depuis qu'il est du Comité centralle. Henriette et Duvivier te font bien leurs compliments. Thieffrie, je ne l'ai pas vue depuis quinze jours : j'en suis fort inquiet, avec ces coquins d'Autrichiens qui ont tout desvasté les villages. Baron, ainsi que ses enfants, ont été mis à la porte : tant va la cruche à l'eau qu'à la fin elle brise.

Le même jour, tandis que tout faisait prévoir la cessation prochaine des malheurs de la ville, les administrateurs du département du Nord arrêtèrent en ces termes l'impression de la lettre de ceux du district de Lille que nous avons reproduite plus haut :

Vu par nous administrateurs du Conseil du département du Nord, la lettre en date du 5 octobre 1792 des administrateurs du Conseil du district de Lille.
Ouï le commissaire procureur-général-syndic.
Nous administrateurs susdits, considérant qu'on ne sauroit donner assez de publicité au courage et au généreux dévouement des citoïens de la ville de Lille, des administrateurs du district et de la municipalité de la ville qui doivent servir de modèle à tous les citoïens et à toutes les administrations de la République françoise.
Avons arrêté et arrêtons que ladite lettre, en date du 5 courant des administrateurs du Conseil de district de Lille, sera imprimée et envoyée à la Convention nationale, au Ministre de l'intérieur et à tous les districts de ce département pour y être affichée et envoïée aux municipalités de leur arrondissement.[2]

---

[1] Nous supposons que Delannoy fait ici allusion aux massacres de septembre.
[2] Archives départementales du Nord, série L, liasse 1211.

Et, le surlendemain, les mêmes administrateurs, en transmettant au Ministre de l'intérieur ainsi qu'au président de la Convention, une lettre du district de Lille datée du 6, leur adressèrent le billet suivant :

> Nous avons l'honneur, citoïen, de vous envoïer l'extrait d'une lettre, en date du 6 de ce mois, que nous venons de recevoir du district de Lille.
> Le peuple de cette ville persévère toujours dans ce calme et cette constance que nous admirons. Les boulets rouges, loin de l'épouvanter, lui servent de jouet ; le sentiment de la liberté suffit seul pour le rendre capable de résister aux efforts du despotisme. Nous espérons que la persévérance glorieuse de cette ville rendra vains les projets destructeurs de nos ennemis, et fera échouer leurs tentatives.
>
> Les administrateurs, etc.
>
> *P.-S.* — Nous apprenons à l'instant que les ennemis ont cessé leur feu, et nous ne doutons point de leur prochaine retraite.[1]

Par suite des pertes qu'avaient subies les gens du peuple, la misère devenait extrême. De là, en date du 7 octobre, une délibération du Bureau de charité générale :

> M. Fabricy a exposé que les pauvres de cette ville ont considérablement souffert par le feu que l'ennemi n'a cessé d'allumer depuis plusieurs jours dans cette ville ; que, quelle que soit la pénurie à laquelle la Bourse commune est réduite en ce moment, il conviendrait d'y puiser tout ce qu'elle peut encore fournir pour procurer, autant qu'il dépend du Bureau, quelques secours aux pauvres. Il a été résolu d'envoyer à MM. les Ministres paroissiaux de Saint-Sauveur une ordonnance de 1.000 livres ; à ceux de Saint-Maurice une de 800 l., à ceux de Sainte-Catherine et de la ci-devant paroisse Saint-Pierre une de 300 l.; à chacune sur la Bourse, en les prévenant qu'ils peuvent recevoir la somme aujourd'hui, soit total, 2.400 l.[2]

Le même jour, les commissaires écrivirent à leur collègue Briez la lettre suivante pour le prier de venir les rejoindre et seconder les efforts qu'ils allaient faire afin de réparer les maux causés par le bombardement :

> Lille, le 7 octobre 1792, l'an 1er de la République Françoise.
>
> La situation déplorable de cette cité, les pertes énormes qu'elle vient d'éprouver, exigent notre sollicitude paternelle. Notre présence, cher collègue, est absolument nécessaire ici ; nous serions coupables si nous en partions avant d'avoir prononcé sur les justes réclamations des Citoyens, dont les propriétés viennent d'être détruites par les scélérats Autrichiens.

---

[1] La minute de cette lettre, conservée aux Archives départementales, série L, liasse 1211, porte en tête ces mots : *Projet-Circulaire au Ministre de l'intérieur et au Président de la Convention nationale, en envoi de l'extrait de la lettre du district de Lille relativement au bombardement de cette ville.*

[2] Archives hospitalières de Lille. Renseignement donné par M. Scrive-Bertin.

Il est impossible de se faire une idée de la barbarie de ces monstres. La ville de Lille auroit été réduite en cendres, elle ne seroit plus qu'un amas de ruines sans le courage et le patriotisme des habitans. Si nous n'avions pas été les témoins de ce tableau affligeant, nous n'aurions jamais cru tout ce qu'ils ont souffert. Nous ne pouvons donc pas vous dire dans ce moment à quelle époque nous irons à Valenciennes ; mais nous pouvons vous donner la certitude, d'après nos pouvoirs, que nous ne quitterons cette frontière qu'après en avoir chassé tous les brigands qui l'ont pillée, qu'après avoir donné des consolations et fait obtenir des secours aux citoyens que la patrie doit indemniser. C'est une dette sacrée que la Convention Nationale s'empressera d'acquitter. Nous voulons aussi porter la guerre sur le sol de la tyrannie et nous espérons, en bien peu de tems, soustraire le Brabant au joug de la maison d'Autriche, à cette famille qui a tant fait de mal à la France. D'après ce projet, nous pensons qu'il importe au salut de la République, et particulièrement à la sûreté de cette frontière, que vous veniez nous joindre promptement à Lille pour conférer ensemble sur ces grands intérêts, ainsi que sur l'exécution de notre arrêté du 15 septembre dernier ; nous avons un logement à vous donner ; procurez nous bientôt le plaisir d'embrasser un aussi digne collègue.

Nous sommes logés rue Royale, chez un émigré nommé St. Aldegonde.

Nous sommes bien fraternellement, les *Citoyens Commissaires de la Convention Nationale.*

Signé, DEBELLEGARDE, J. F. B. DELMAS, DUHEM, E. J. M. D'AOUST, DUQUESNOY, Gustave DOULCET.

Dans cette journée du 7, nul coup de l'ennemi ne s'était plus fait entendre. C'est que, dès la veille, au moment même où l'armée de Dumouriez quittait Sainte-Menehould pour marcher sur Vouziers et de là sur les Pays-Bas, le général autrichien avait pris la résolution de lever le siège. Tout lui dictait ce parti : la supériorité de moins en moins douteuse de l'artillerie de la forteresse, les renforts que les assiégés ne cessaient de recevoir, la perte de 2.000 hommes environ tant tués que blessés, qu'avait subie son armée, les nouvelles de la retraite des Prussiens et des rapides succès de Custine.

La nuit suivante, deux salves des canons français précédèrent une reconnaissance que Ruault avait ordonnée à six heures du matin. Bourdeville, 1er lieutenant-colonel du 74e régiment, sortit par la porte de Saint-Maurice avec deux cents hommes, comprenant deux compagnies de grenadiers et un détachement de hussards. Plusieurs coups de mousqueterie des vedettes de l'ennemi indiquèrent que celui-ci ne s'était pas encore complètement retiré. Le lieutenant-colonel put se rendre compte *de visu* des énormes travaux exécutés par les assiégeants : leurs tranchées avaient jusqu'à huit banquettes, et, en certains endroits, douze pieds du sommet du parapet jusqu'au fond. Comme il avait ordre de marcher avec précaution et de ne rien hasarder, il fit sa retraite sous la protection du feu de la place. Des déserteurs rapportèrent, en effet, à midi, que l'ennemi gardait encore ses retranchements avec un bataillon d'infanterie, de nombreux piquets de grenadiers et deux dernières pièces de canon.

Mais le 8 octobre, dans la matinée, Ruault fut averti que les derniers soldats autrichiens s'étaient, durant la nuit, retirés de l'autre côté de la Marque, à peu près à moitié route de Tournai. En conséquence, il ordonna au maréchal de camp Champmorin de se porter en avant du faubourg de Fives, à la tête de cinq cents volontaires nationaux, de soldats de ligne aux ordres de Dorières, lieutenant-colonel du 15e régiment, et d'Okeeff, lieutenant-colonel du 87e, et d'un peloton de hussards ; puis, de faire raser les retranchements de l'ennemi par deux cents travailleurs commandés, auxquels nombre de citoyens lillois vinrent avec joie donner volontairement un coup de main [1].

En apprenant la levée définitive du siège, les commissaires de la Convention adressèrent la proclamation suivante aux habitants de Lille :

Citoyens,

Vous venez de prouver à l'Europe votre amour pour la Liberté et votre haine pour la tyrannie.

Vous avez vu périr vos frères, réduire en cendres une partie de vos propriétés et vous êtes restés fidèles au poste où la patrie et l'honneur vous avoient placés ; vous vous êtes élevés à la hauteur de la Révolution mémorable et salutaire du 10 août dernier.

VOUS ÊTES DIGNES D'ÊTRE RÉPUBLICAINS.

Au milieu de l'incendie, prêts à périr sous les décombres de vos habitations, votre voix ne s'est fait entendre que pour crier : *Vive la Nation, périsse les despotes ! Nous voulons être libres et nous le serons.*

« Ces brigands de l'Autriche, ces lâches Emigrés, peuvent détruire, » avez-vous dit, « toutes nos maisons ; mais les remparts de la place nous resterons, et les habitans et la garnison de Lille ne se rendront point. »

CITOYENS ! VOUS AVEZ BIEN MÉRITÉ DE LA PATRIE.

Les Commissaires de la Convention nationale étoient venus partager vos dangers. Les Représentants de la République françoise doivent donner l'exemple de mourir en défendant la souveraineté du peuple et son indépendance.

Ils veulent assurer de tout leur pouvoir la Liberté et l'Egalité, sous l'empire des lois.

Vous venez, par votre courage, par votre attitude fière et imposante, de placer une colonne au grand édifice de la félicité publique.

La Convention nationale, à qui nous allons transmettre le tableau affligeant de votre situation, applaudira à votre patriotisme. Elle ne tardera pas à acquitter, envers les citoyens de Lille, une dette sacrée. Vos pertes sont considérables, vous serez justement indemnisés. Comptez sur sa sollicitude paternelle.

Les rois furent toujours inhumains et parjures. Les représentans du peuple ne manqueront jamais à leurs engagemens. Ils ne veulent que son bonheur ;

---

[1] *Journal précis de l'attaque de Lille.* — J.-J. Regnault-Warin, témoin du siège, en a fait un récit énergique dans son livre intitulé : *Lille ancienne et moderne*, publié à Lille chez Castiaux, libraire, Grand-Place (au coin de la rue de la Nef) en l'an XII. Il fit partie des citoyens dont nous venons de parler. Il dit, en effet : « Le 8, l'ennemi débusqué fit sa retraite sur Tournay, et nous allâmes raser ses retranchements. »

— 235 —

ils veilleront sans cesse au salut de la République et à la prospérité de la grande famille.

Citoyens ! n'oubliez jamais qu'un roi parjure et corrupteur est la cause que ses satellites, que des rebelles, ont porté le fer et la flamme sur le territoire françois ; qu'ils ont massacré vos frères ; qu'ils ont ravagé vos moissons ; qu'ils ont incendié vos habitations.

Vouez, à ces monstres altérés de sang humain, une haine éternelle, et qu'ils sachent que les patriotes françois, plutôt que de courber leur tête sous le joug affreux du despotisme, sont tous résolus à périr les armes à la main.

A Lille, le 8 octobre 1792, l'an premier de la République françoise.

E.-J.-M. d'Avoust, Gustave Doulcet, J.-F.-B. Delmas, A. Debellegarde, P.-J. Duhem, Ernest Duquesnoy [1].

De leur côté, les Officiers municipaux de Lille écrivirent la lettre suivante au Président de la Convention :

Enfin l'ennemi nous a délivrés de sa présence, nous sommes maintenant à couvert des effets de sa rage et de ses projets atroces contre la Liberté et l'Egalité. Il emporte avec lui l'exécration de l'univers, et la certitude de nous payer chèrement, un jour ou l'autre, les maux qu'il nous a faits et qu'il étoit dans l'intention de nous faire. 2 à 3.000 hommes des siens, tués ou blessés dans cette expédition de cannibales, et toute sa grosse artillerie entièrement démontée et hors de service, sont les avant-coureurs de notre vengeance, et l'ont forcé à la retraite. Nous espérons, Citoyen président, que vous apprendrez la nouvelle avec autant de plaisir que nous prenons à vous l'annoncer.

Les rues de la ville étaient obstruées en mille endroits par les décombres des maisons écroulées. D'accord avec les autorités civiles, l'administration militaire prit sans délai des mesures énergiques pour assurer l'ordre et la promptitude dans les opérations de déblaiement. En outre, le district donna des instructions pour ne pas laisser perdre le matériel de guerre abandonné par l'ennemi :

Vu le réquisitoire du Maréchal de camp Ruault, commandant à Lille ; ouï le Procureur syndic :

Les citoyens administrateurs composant le Conseil général du district de Lille, ont arrêté que les Municipalités environnant la ville de Lille, nommément celles d'Esquermes, Wazemmes, Fives, Lezennes, Marcq-en-Barœul et Saint-André, feront faire, dans l'étendue de leur territoire, la recherche des boulets, bombes et éclats de bombes, ainsi que de toutes munitions et attirails de guerre qui peuvent s'y trouver, et les feront conduire sous bonne escorte au Parc au fer coulé sur l'Esplanade de cette ville le plus promptement possible et remettront au Secrétariat du District l'état de ce qu'ils auront amené, pour être transmis à qui il appartiendra.

---

[1] Cette proclamation a été imprimée sous le titre : *Les citoyens commissaires-députés de la Convention nationale, aux défenseurs de la ville de Lille*. A Lille, de l'imprimerie de G.-L. Deboubers, place de Rihour. C'est une affiche sur papier blanc, format in-fo. Une autre édition en a été faite en un placard in-4o.

Fait et arrêté au Conseil général permanant du District de Lille, le huit octobre 1792, l'an 1ᵉʳ de la République Françoise, où étoient présens : A. Salmon, président ; F.-J. Vantourout, administrateur ; Sta, procureur syndic, et Sirjean, secrétaire par *intérim* [1].

Le 9 octobre, la destruction des ouvrages de l'ennemi fut poursuivie sous les ordres du lieutenant-colonel Guiscard, commandant de l'artillerie, et ne s'arrêta qu'après disparition des derniers vestiges.

Nous avons eu l'occasion de citer déjà un certain nombre d'actes d'héroïsme ou de sang-froid commis par les habitants ou les défenseurs de la ville. La lettre suivante fera connaître celui de tous dont le souvenir est resté le plus populaire :

Lille, le 10 octobre.

Toute l'intrépidité, toutes les vertus qu'inspire chez les peuples libres, le sublime amour de la patrie, on en a trouvé, parmi les habitants de Lille, de touchants et mémorables exemples. — Le quartier exposé au bombardement de l'ennemi, et que les monstres avoient choisi comme le plus peuplé est celui qui avoit témoigné le plus de civisme. Sur les ruines encore fumantes, au sifflement des boulets rouges, un seul sentiment s'est manifesté, un seul cri s'est fait entendre : *Vive la Liberté, vive la République !* Toutes les classes de citoyens, tous les âges ont des traits d'héroïsme à citer : — un enfant de quatorze ans vit tomber une bombe, il arrache la mèche, — une bombe éclate.... c'est à qui pourra en avoir des morceaux. Un barbier en prend un, et il s'écrie aussitôt : « Voilà mon plat à barbe ! Qui veut se raser ? » A l'instant, il rase à la même place où étoit tombé la bombe, et dans cet éclat, quatorze personnes.

Cet épisode, qui a sauvé de l'oubli le nom du barbier Maës, a été peint au moins deux fois par Louis Watteau dont les œuvres se conservent aujourd'hui, l'une au Musée de Lille, l'autre dans la collection de M. Delemer-Langlart [2].

Parmi les habitants des communes voisines venus au secours de Lille s'était distingué surtout le nommé Bolle. Les témoignages de satisfaction ne lui manquèrent pas :

---

[1] Cet avis a été imprimé sous ce titre : *Aux citoyens des Municipalités avoisinant la ville de Lille.* Lille, de l'imprimerie de C.-L. Deboubers, place de Rihour; placard in-fo. Une autre édition en a été faite en un placard in-4o.

[2] Cette seconde peinture a figuré à l'Exposition Watteau.

Dans leur ouvrage intitulé : *Les sept sièges de Lille*, MM. Brun disent en note : « Nous croyons devoir rapporter ici un épisode dont l'authenticité est constatée par le passage suivant d'une lettre écrite à l'administration centrale du département du Nord par le Conseil du district : « Une grosse bombe ayant éclaté dans la rue du Vieux-Marché-aux-Moutons, le citoyen Maës, perruquier, en prit un éclat, et le voisinage se fit faire la barbe en plein air et au sifflement des boulets, en se servant de l'éclat de bombe pour bassin à barbe. Cette lettre du 6 octobre 1792 est signée par les trois citoyens composant le Conseil général du district de Lille, Salmond, prés.; E.-J. Vantourout, Sta, pr.-synd. » Elle était conservée aux Archives départementales, 4ᵉ section, dans le dossier n° 1211, mais elle ne s'y trouve plus. C'est le motif pour lequel nous l'avons reproduite.

NÉ A LANNOY (NORD)
le 15 janvier 1758.

DÉCÉDÉ A LILLE
le 25 avril 1824.

SABRE D'HONNEUR OFFERT A BOLLE PAR LA COMMUNE DE LILLE, LE 9 DÉCEMBRE 1792

Détails de la lame — 1/2 grandeur

Nous, citoiens Maire et Officiers municipaux de la ville de Lille, certifions que le citoien Alexandre-Modeste Bolle, domicilié actuellement en notre ville, depuis que les ennemis se sont emparés de sa demeure à Lannoy, a rempli les fonctions de surveillant aux batteries de Fives, et de Saint-Maurice desquelles il avoit été chargé, avec une exactitude et une activité étonnantes pendant tous les jours et les nuits entières du bombardement, que nous en avons été plus d'une fois étonnés, donnant tous ses soins particuliers non seulement à l'approvisionnement des munitions de guerre à plusieurs de nos batteries, mais encore à la subsistance d'une très grande partie des bombardiers, canonniers et servans de ces différentes batteries.

Attendu de plus qu'il s'est utilement employé à nous donner les renseignemens qui nous étoient nécessaires pour fonder nos observations à transmettre aux citoïens généraux et commandans, notamment dans la partie du service relatif à la défense des remparts.

Attestons encore que le citoïen Bolle a constamment refusé la récompense pécuniaire que notre reconnoissance nous avoit porté à lui offrir, ce qui nous pénètre pour lui d'une estime à laquelle il n'est pas possible d'ajouter.

Prions, en conséquence, les citoïens généraux de prendre en grande considération le voeu que nous formons de conserver au milieu de nous un citoïen aussi précieux et les engageons, par toute la confiance qu'ils ont bien voulu nous témoigner, d'employer tous les moïens possibles pour le fixer ici par une place quelconque relative soit aux vivres, soit aux munitions de guerre. En foi de quoi nous lui avons délivré le présent certificat pour lui servir et valoir ce que de raison.

Fait à Lille le 12 octobre 1792, l'an 1ᵉʳ de la République françoise.

MOURCOU-BONNIER,
officier municipal.

MARICOURT,
officier municipal.

BERNARD,
officier municipal.

BRYAN,
chef de légion.

MOTTEZ-GILLON,

DU ROT-CLEMME,

DUJARDIN-GUILLAIN,

ANDRÉ,
maire.

CAPRON-LEDIEU,
notable.

THÉRY-FALLIGAN,

DEVINCK-THIÉRY,
officier municipal.

ROHART,
secrétaire-greffier par *intérim* 1.

Le même jour, le Conseil de guerre établi à Lille recommanda Bolle d'une manière expresse au maréchal de camp Lamarlière et au commissaire-ordonnateur Malus, tandis que, de son côté, la municipalité lui faisait préparer un sabre d'honneur :

EXTRAIT DE LA DÉLIBÉRATION DU CONSEIL DE GUERRE ASSEMBLÉ DANS LA PLACE DE LILLE, LE 12 OCTOBRE 1792, L'AN 1ᵉʳ DE LA RÉPUBLIQUE FRANÇOISE.

Il a été rendu compte au Conseil de guerre des services qui ont été rendus pendant le temps du bombardement par le citoyen Alexandre-Modeste Bolle, domicilié actuellement en cette ville, qui s'est employé jour et nuit avec un zèle infatigable en vertu d'une autorisation au service des batteries pour faire fournir les munitions nécessaires pour les services.

---

1 Nous devons communication de cette pièce ainsi que des deux suivantes à M. le docteur Folet, dont M. Alexandre Bolle était le grand-oncle maternel.

— 238 —

Le Conseil de guerre a reconnu les services rendus par le citoyen Bolle, et comme ce citoyen a perdu son état à Lannoy par l'invasion des ennemis, le Conseil de guerre le recommande particulièrement au citoyen Maréchal de camp Lamarlière, et au citoyen Malus, commissaire-ordonnateur des guerres, pour l'employer dans la partie de l'administration de l'armée suivant ses talens et pour lui assurer un sort. A arrêté de plus que copie de la présente délibération sera remise audit citoyen, en témoignage de la satisfaction qu'il a de ses services.

Pour copie conforme,
Le Maréchal de camp Commandant,
RUAULT.[1]

Ce à quoi certains sous-officiers ajoutèrent :

Nous soussignons et attestons que le nommés Alexandre-Modeste Bolle, volontaire aux 9ᵐᵉ bataillon de la garde national de Lille, nous a distribués les munitions de guerre et de bouche avec la plus grandes assiduités et exactitude possibles pendant tous les jours et les nuits du bombardement de Lille, s'exposant comme nous aux feu de l'ennemi.

En foi de quoi nous lui avons deslivrés le présent certificat pour lui servir et valoir ainsi que de raison.

Fait à Lille le 16 octobre 1792, l'an pʳ de la République françoise.

PIERRE, premier au régiment d'artillerie.
MARÉCHAL, premier au régiment d'artillerie.
BOUCHET-DUBOSQ.

VALLET, caporal au 7ᵉ régiment d'artillerie.
ANTOINE, au 3ᵉ régᵗ d'artillerie.
PAULÉ, au 3ᵉ régᵗ d'artillerie.
GEORGE, sergent.[2]

Pendant ce temps, Labourdonnaie s'était, dès le 10, empressé d'envoyer à la Convention l'excellente nouvelle du départ des Autrichiens :

Au quartier général de Lens.
Citoyens,

Je vous annonce avec plaisir que les ennemis ont totalement levé le blocus de Lille ; ils étoient hier au soir campés à Chéreng et Baisieux de l'autre côté de la Marque. Il y a eu des attaques au Pont-Rouge sur la Lys, mais ces postes ont été renforcés.

Le Commandant en chef de l'armée du Nord,
BOURDONNAY.[3]

Dès la veille, Gossuin avait proposé à l'Assemblée de déclarer que Lille avait bien mérité de la patrie. Il avait proposé aussi qu'on lui envoyât une bannière aux trois couleurs avec cette inscription :

A LA VILLE DE LILLE
LA PATRIE RECONNAISSANTE.

---

1 Pièce petit in-fo entièrement écrite, avec cachet de cire rouge.
2 Pièce de 3 pages in-4o, papier timbré extraordinaire, cachet à froid.
3 Archives du Nord, série L, liasse 1211.

Et au revers :

PÉRISSE QUICONQUE AGIRA, PARLERA OU PENSERA
CONTRE LA RÉPUBLIQUE FRANÇOISE.

De plus, il avait demandé, à titre de secours provisoire, deux millions de francs, et, à titre d'exemple, la mise à prix de la tête de « Albert-Ignace-François-Xavier, duc de Saxe-Teschen, qui avait, contre tous les principes, manifestement violé le droit des gens et de la guerre ». En conséquence, il avait requis la Convention de déclarer que « la République française permettait de courir sus, et promettait une somme de mille livres à celui qui livrerait la tête du prince autrichien ». Ces divers points ayant été renvoyés à l'examen d'une Commission et les choses paraissant devoir traîner en longueur, le même Gossuin proposa, le 12 octobre, de décréter uniquement la première partie de ses propositions, ce qui fut voté à l'unanimité. Voici le texte de ce décret :

LA CONVENTION NATIONALE, après avoir entendu la lecture d'une lettre de ses commissaires à l'armée du Nord, et sur la proposition d'un de ses membres, décrète que les habitans de Lille ont bien mérité de la patrie.

AU NOM DE LA NATION, le Conseil exécutif provisoire mande et ordonne à tous les Corps administratifs et tribunaux, que les présentes ils fassent contresigner dans leurs registres, lire, publier et afficher dans leurs départemens et ressorts respectifs, et exécuter comme loi. En foi de quoi nous avons signé les présentes, auxquelles nous avons fait apposer le sceau de la République. A Paris, le dix-septième jour du mois d'octobre mil sept cent quatre-vingt-douze, l'an premier de la République françoise. Signé MONGE. Contresigné GARAT, et scellé du sceau de la République [1].

Le 11 novembre, une estrade ayant été élevée au milieu des ruines du quartier Saint-Sauveur, le Maire André proclama le décret qui précède et prononça un discours ainsi conçu :

Citoyens,

Ils sont enfin passés, ces jours de destruction et de deuil, ces jours où des milliers de foudres enflammés, lancés sur notre ville, y portoient de toutes parts l'incendie et la mort. Le barbare Autrichien n'est plus sous nos murs ; il est chassé loin de nous, cet ennemi féroce et sanguinaire. Votre résistance vigoureuse, jointe à la fermeté et à l'habileté du digne Général Ruault, au courage de la Garnison et aux savantes manœuvres de nos intrépides Canonniers, ont arrêté ses projets dévastateurs.

BRAVES HABITANS DE CETTE CITÉ, VOUS AVEZ BIEN MÉRITÉ DE LA PATRIE.

---

[1] A Paris, de l'Imprimerie nationale exécutive du Louvre, 1792, in-4o. Ce décret a été imprimé dans presque toutes les villes de France. On le trouve aussi au *Moniteur universel*, second semestre, no 287.

Qu'il est grand ! qu'il est magnifique, cet éloge donné à votre valeur par un décret de la Convention nationale! C'est la plus digne récompense que l'on puisse offrir à des républicains ; c'est le plus haut prix dont la Nation puisse payer leurs services.

Mais autant est précieuse la gloire que vous vous êtes acquise, autant et plus encore devez-vous être jaloux de la conserver. Ne perdez pas, Braves Lillois, le fruit d'une aussi belle conquête. Que ces édifices renversés, que ces ruines encore fumantes, rallument dans vos cœurs l'amour sacré de la Patrie. Inspirez à vos enfans ces sentimens d'un peuple libre et régénéré, qui vous ont rendu victorieux des tyrans ; laissez-leur sans flétrissure et comme leur plus riche héritage, le titre honorable dont la main reconnaissante de la République a couronné votre civisme ; faites enfin, Citoyens, que, fidèles imitateurs de vos vertus, ils transmettent aux races futures, et votre haine des despotes et votre inviolable amour de la Liberté et de l'Egalité [1].

Cette proclamation produisit un effet immense [2].

Le décret de la Convention n'avait pas été la seule marque d'honneur donnée à la ville de Lille. Enthousiasmé par sa belle défense, la Commune de Paris décida que la *rue Bourbon*, située dans le faubourg Saint-Germain, prendrait le nom de *rue de Lille* qu'elle a depuis conservé. Pour un instant, dans la capitale, tout Lillois fut regardé comme un héros, et la jeune Rose Delannoy elle-même subit le contre-coup de cette admiration, lorsqu'un beau jour les habitants de la Cité allèrent la chercher place Dauphine, la conduisirent à leur section et, avec force louanges, la firent asseoir sur le siège présidentiel. D'un autre côté, de Marseille à Dunkerque et de Brest à Strasbourg, des plus humbles villages comme des communes les plus populeuses, les municipalités, les associations nationales, les soldats, les bourgeois, les paysans, adressèrent des félicitations à la ville de Lille. Elle reçut des lettres élogieuses de Dumouriez, de Beurnonville et d'autres officiers généraux. Depuis lors, l'histoire, la littérature, la poésie, le théâtre, la gravure ne se sont pas lassés d'exalter sa conduite, et les anniversaires célébrés par elle en 1842, en 1845, en 1848 et en 1882 à la gloire de ses courageux défenseurs ont empêché leur mémoire de tomber un seul instant dans l'oubli [3].

---

[1] S. l., 3 pages in-4o.

[2] Le peintre Louis Watteau a, en 1793, reproduit cette scène sur une toile reposant au Musée de Lille, et mesurant 1m32 de haut sur 1.64 1/2 de large, avec des figures de 0m14.

Un croquis avait été dessiné sur les lieux mêmes par l'architecte J. Verly, artiste sur lequel nous donnerons plus loin quelques détails. Ce document appartient au Musée Wicar.

[3] Dans une étude intitulée : *Essai bibliographique et catalogue de plans et gravures concernant le bombardement de Lille en 1792*, L. Quarré-Reybourbon a rappelé tous les ouvrages, affiches, poésies, chansons, scènes théâtrales, gravures, lithographies, peintures, dessins, photographies, céramiques, etc., ayant trait à ce fait considérable. Les lecteurs trouveront dans ce volume une foule de renseignements que nous ne pouvons, vu leur étendue, consigner dans le présent travail.

L'ÉGLISE SAINT-ÉTIENNE APRÈS LE BOMBARDEMENT
(D'après les croquis de François Verly)

Vue extérieure.

Vue intérieure.

Vue prise des greniers du citoyen Dathis, rue de Fives.

La rue du Croquet, vers la rue de Fives.

La rue du Croquet, vers Saint-Sauveur.

Angle des rues du Curé-Saint-Sauveur et du Croquet.

La rue du Curé-Saint-Sauveur, vue de l'angle de la rue du Croquet.

La rue du Curé-Saint-Sauveur, vue du côté de l'église.

L'ÉGLISE SAINT-SAUVEUR APRÈS LE BOMBARDEMENT

Vue de l'allée du petit portail.

Les autorités locales ne se bornaient pas à collectionner d'élogieuses adresses : elles s'occupaient aussi avec activité de la question des indemnités promises aux personnes dont les propriétés avaient souffert. Le Ministre de l'intérieur continua, à ce sujet, à montrer un certain mauvais vouloir, comme le prouve la lettre suivante :

Paris, le 25 octobre 1792, l'an 1er de la République françoise.

A Messieurs les Officiers municipaux de Lille,

Vous faites, Messieurs, une mauvaise interprétation de la loi du 2 de ce mois : elle dit positivement qu'il vous sera fait l'avance de 400 mille francs ; comme toute avance entraîne l'obligation du remboursement, vous ne pouvez pas vous dispenser de vous y soumettre.

Que la Convention vienne ensuite à votre secours, qu'elle vous accorde de justes indemnités des pertes que votre courage et votre patriotisme vous ont fait supporter, rien n'est plus juste, et je ferai moi-même tous les efforts pour appuyer ces réclamations, parce que je suis convaincu que la France entière vous doit de la reconnoissance. Mais vouloir dicter vous-même des loix à cette reconnoissance, c'est aller contre vos intérêts et tenter une chose qui n'est pas en votre pouvoir.

Le Ministre de l'intérieur,
Signé ROLAND.

Quoi qu'il en soit, la municipalité de Lille fit faire les estimations des pertes de la ville et des environs. Nous possédons plusieurs de ces procès-verbaux et divers reçus de sommes perçues comme indemnités. Celle de ces estimations qui regarde la commune de Wazemmes figure aujourd'hui à Lille dans la collection Quarré-Reybourbon. Elle montre avec quel soin il fut procédé à ce travail, et permet en même temps d'apprécier la valeur de la main-d'œuvre ainsi que le prix de certains objets mobiliers, dans le Nord, vers la fin du XVIIIe siècle. Voici le texte de ce document curieux :

L'an mil sept cent quatre vingt douze et premier de la République françoise, le quinze octobre, Nous commissaires du Corps municipal de Wazemmes, desnommés en conformité de la lettre de M. Sta, procureur sindic du district de Lille, département du Nord, à effet de procéder à l'estimation des dommages causés aux bâtimens et meubles des citoyens de cette commune par le feu de l'ennemi et le siège de Lille commencé le vingt neuf du mois de septembre dernier, nous sommes transportés au faubourg des Malades, chez Jean-Baptiste Morelle, aubergiste, accompagné de Philippe-Joseph Duhem, menuisier, Séraphin-Joseph Bauvin, charpentier, et Charles Delezennes, experts, que nous avons choisis pour faire l'estimation desdits dommages. Nous avons, chez ledit Morelle, constaté qu'il y avoit en menuiserie pour la somme de

dix livres quinze sous de chassis de vitres cassés............	10 l.	15 s.	»
Pour les verres, cinquante-neuf carreaux à six sous trois deniers, la somme de dix-huit livres huit sous neuf deniers.	18	8	9 d.
Pour les dommages causés aux commodes et secrétaires, la somme de vingt livres...	20	»	»
	49 l.	3 s.	9 d.

Dans la maison occupée par la veuve Joseph Duburcq, cabaretière : dommages causés aux chassis de vitres, une livre cinq sous, ici................................ .	1	5	»
Neuf carreaux de vitres................................	2	5	»
Une caisse de pendule fracassée, la somme de trois livres quatre sous	3	4	»
La pendule en cuivre emportée par les Brabançons, vingt-quatre livres, ici................................	24	»	»
Une garde-robbe estimée quinze livres, ici................	15	»	»
Un autre chassis et verres estimés deux livres dix sous.....	2	10	»
Deux petites armoires, deux livres cinq sous, ici...........	2	5	»
Maison appartenant à Pierre-Joseph Ghesquière, située pied-sente de Ronchin : les chassis de vitres, dommages causés pour la somme de neuf livres deux sous six deniers, compris une batante de porte, etc., ici....................	9	2	6
Septante-six carreaux de vitres à neuf sous, la somme de trente-quatre livres quatre sous, ici	34	4	»
Pour la maçonnerie, deux livres	2	»	»
Dans une maison appartenant au s^r Viart, boulanger à Lille :			
Chassis de fenêtres, quatre livres dix-sept sous six deniers, ici.	4	17	6
Trente-un carreaux de vitres à huit sous, douze livres huit sous, ici................................	12	8	»
Un fourneau, une livre, ici................................	1	»	»
Les serrures à raccommoder, une livre, ici.................	1	»	»
Dans une maison appartenant et occupée par Jean-Baptiste Renague :			
Un chassis avec les vitres, huit livres, ici................	8	»	»
Une armoire à raccommoder, trois livres, ici...............	3	»	»
Dans une maison appartenant à M. Luytens de Bossue, occupée par Auguste Sarcé :			
Raccommodage de chassis de fenêtre et maçon, trois livres...	3	»	»
Vingt-sept carreaux de vitre à huit sous, onze livres, seize sous, ici................................	11	16	»
Dans une maison appartenant et occupée par Marc Ghesquière :			
Un chassis avec neuf carreaux de vitres, sept livres, ici.....	7	»	»
Dans une maison appartenant à Jacques Lomme, occupée par Jean-Baptiste Dutoict :			
Un raccommodage de chassis, une livre................	1	»	»
Treize carreaux de vitres à neuf sous, cinq livres, dix-sept sous................................	5	»	»
A deux autres petites maisons, sept pieds de vitres en plomb, trois livres................................	3	»	»
Dans la maison de François Plantefeve père, marchand-aubergiste :			
Raccommodage de chassis, de porte et de garderobbe, la somme de quatre livres dix sous	4	10	»
Dix-huit carreaux de vitres à neuf sous, huit livres deux sous................................	8	2	»
Une table et dessus de marbre, quinze livres, ici...........	15	»	»
Raccommodage d'armoire et garderobbe, quatre livres.......	4	»	»
Chez Louis Guermonpret, dit Masure, vingt et un carreaux de vitres à huit sous, huit livres huit sous..................	8	8	»
Dans la maison de Séraphin Cordonnier, appartenant audit Guermonpret, dit Masure :			

Raccommodage de chassis de vitres....................................	2	»	»
Onze carreaux de vitres à huit sous, quatre livres huit sous.	4	8	»
Un dessus de table, deux livres..	2	»	»
Raccommodage d'une garde-robbe et de deux petites armoires, sept livres, ici..	7	»	»

Dans la maison appartenant et occupée par Hubert Tirlimant, commissionnaire :

Raccommodage de chassis et d'armoires, deux livres, ici....	2	»	»
Trente-deux carreaux de vitres à huit sous, douze livres seize sous, ici..	12	16	»
Une table de console et une autre table brisées, quinze livres	15	»	»
Maçonnerie, une livre...	1	»	»

Tous lesquels dommages nous ont été déclarés être causés par les Belges Brabançons. Pourquoi nous avons signés les jour, mois et an repris au texte. Ledit Delezenne, maçon, a déclaré ne savoir écrire ni signer.

Signés P.-J. Duhem, Placide Gilquin, L.-S. Nolf.
Cornillot.

L'opération n'ayant pu être achevée d'un seul coup, le procès-verbal qu'on vient de lire fut ainsi continué quelques jours après :

Le vingt-cinq dudit mois d'octobre mil sept cent quatre-vingt-douze, Nous commissaires du Corps municipal de Wazemmes susdit, assistés de Charles Mouquet, charpentier, et Jean-Paul Lallemant, maçon, avons, à la requête du Sr Jean-Baptiste Petit, blanchisseur de fil, faubourg de la Barre, fait l'évaluation du dommage causé à ses batimens, prairies, etc., par l'inondation faite à cause du siège de la ville de Lille.

Nous avons, après visite faite desdits bâtimens par lesdits Mouquet, charpentier, et Lallemant, maçon, expers que nous avons dénommés à cet effet, remarqué que le dommage causé tant en maçonnerie , menuiserie , bois à mettre en œuvre, bois à bruler, planchers, bâtimens croulés, pouvait monter à la somme de trois mille livres..................... 3.000 l.
Dommages des jardins tant en légumes, arbres , fumiers dans la cour, six cents livres.. 600 l.
Epoudres dans les prés croulés, herbes gâtées à faucher et détérioration causée aux prairies servant au blanchiment, quatre mille cinq cens livres, compris matières détériorées .... 4.500 l.
Pour indemnité à cause des ouvrages commencés non achevés, un mois et demi encore à travailler, déménagement des personnes et des bestiaux, etc, la somme de deux mille cinq cens livres....... 2.500 l.
Dans une autre maison appartenant à la veuve du Sr Antoine Mullier, occupée par Christophe Grunel, blanchisseur de linges, nous avons trouvé, pour dommages causés tant aux murs en maçonnerie que charpente et autres murs croulés, cinq cens cinquante livres, compris quatre-vingts livres, pour une burie appartenant à l'occupeur, ici.. 550 l.
Pour la non jouissance de l'occupeur, déménagement, etc., dans le temps du plus fort de ses ouvrages, deux cents livres............ 200 l.
Dans la maison à usage de blanchirie appartenant à ladite veuve Mullier, occupée par François Mullier, audit faubourg :
Dommages causés aux bâtimens et maçonnerie, bois à mettre en œuvre, etc., quinze cens livres, compris cinq cens livres pour les objets regardant l'occupeur... 1.500 l.

Dommages des jardins tant en légumes, arbres, engrais, fumiers dans la cour, époudres dans les prés, herbes gâtées à faucher, détériorations causées aux prés servant au blanchissement, compris matières détériorées, deux mille quatre cens livres.........	2.400 l.
Pour indemnité à cause des ouvrages commencés, non achevés, un mois et demi encore à travailler, déménagement des bestiaux, etc., trois mille six cens livres, ici..................................	3.600 l.
Les hayes du jardin potager coupées et cinquante-six arbres montans le long de la digue, le dommage porte huit cens soixante livres...	860 l.

Chez le Sr Lefrancq-Duplouy, blanchisseur de fil, faubourg de la Barre :

Époudres dans les prés croulés, herbes à faucher, détérioration aux prés servant au blanchiment des fils. Intérêts à cause de vingt-quatre mille livres de fil qui étoient à l'ouvrage dans le moment de l'inondation, nourriture et gages de 16 ouvriers qui sont restés dans l'inaction pendant le tems de ladite inondation, etc., la somme de quatre mille livres, ici..................................	4.000 l.

Pourquoi nous avons signé les jour et an repris au texte. Ledit Mouquet, charpentier, a déclaré ne savoir écrire.

Signé Placide GILQUIN, Paul LALLEMANT.

CORNILLOT,
greffier.

Pour appuyer le rapport qu'ils se proposaient de rédiger sur la question des indemnités, les commissaires de la Convention demandèrent à l'architecte François Verly, de tracer des croquis des principaux dégâts. Une portion de ces esquisses est perdue ; le reste, une vingtaine, est encore entre les mains du petit-neveu de leur auteur, M. Hippolyte Verly, qui les a mises, ainsi que d'autres relatives à la transformation de l'église Saint-Maurice en temple de la Raison, à la disposition des organisateurs de l'Exposition de 1889.

François Verly était né à Lille en 1760 ; il est inhumé à Saint-Saulve, où il mourut en 1822. Elève très brillant des écoles artistiques de Lille et ensuite de l'Académie royale de Paris, protégé du gouverneur des Flandres, Rohan-Soubise, il débuta vers 1785, dans une carrière qu'il devait parcourir avec honneur, par la création du Colysée, parc fameux situé non loin de Lille, près du pont de Canteleu, détruit en 1792 pour faciliter la défense de la citadelle, mais dont une charmante toile de François Watteau a perpétué le souvenir.[1] Après avoir restauré le palais épiscopal et reconstruit le séminaire Saint-Louis d'Arras, organisé en 1790 les élé-

---

[1] François-Louis Joseph Watteau, né à Valenciennes le 18 août 1758, mort à Lille le 1er décembre 1823, était le fils de Louis et, par conséquent, le petit-neveu du peintre des fêtes galantes. Sa toile intitulée : *Une fête au Colysée*, figure au musée de Lille, et mesure 0 m 75 de haut sur 0 m 91 de long.

ments décoratifs de la fête de la Fédération de Lille,[1] dressé, sur la demande de la municipalité, les plans et les perspectives des édifices à ériger pour reconstituer et embellir la ville à la suite du siège, plans qui n'ont jamais été réalisés, François Verly devint successivement architecte de la ville d'Anvers, avec le titre honorifique d'architecte de l'Empereur (après l'entrée solennelle de Napoléon dans cette ville), architecte du gouvernement belge et professeur honoraire à l'Académie royale. Sa qualité de Français lui suscita plus tard des difficultés qui l'obligèrent à renoncer à sa position et à abandonner, en quittant Bruxelles, le fruit du labeur de vingt années.

Outre un assez grand nombre de dessins qui attestent un talent de composition et d'exécution de premier ordre, François Verly a laissé quelques gravures à l'eau forte : *La Fédération de Lille, le Plat à barbe lillois, la destruction de la Sainte Chandelle d'Arras*, etc.

Comme architecte, on lui doit ou plutôt on lui devait, car la plupart de ces monuments ont disparu depuis, la préfecture, le musée, les casernes, les prisons, le lycée, le théâtre et le palais de justice d'Anvers, l'ancien palais de justice de Bruxelles, plusieurs châteaux modernes et la restauration de plusieurs châteaux anciens de la Belgique.[2]

Nous avons vu que, pendant le bombardement, les canonniers-bourgeois s'étaient signalés à maintes reprises. Les marques de reconnaissance ne leur manquèrent point et une fête spéciale fut organisée en leur honneur le 14 octobre. En voici la description, d'après un imprimé du temps :[3]

Le cortège partit de chez la citoyenne *Buisine*[4] à quatre heures et demie ; une musique ouvroit la marche ; deux jeunes citoyens en uniforme et sabre nud suivoient et précédoient les couronnes civiques portées dans une corbeille par deux jeunes citoyennes ; venoit ensuite un jeune citoyen armé d'une pique ; un groupe de jeunes citoyennes accompagnoit la citoyenne *Buisine* ; la marche étoit fermée par plusieurs citoyens, parmi lesquels on distinguait les citoyens

---

[1] Cette fête qui eut lieu le 6 juin, et dont on trouvera une description dans l'*Histoire de Lille*, par V. Derode, a été, la même année, reproduite par Louis Watteau. La toile mesurant 1 m 25 de haut sur 1 m 65 de long, figure aujourd'hui au musée de Lille, et a été gravée par Helman.

[2] La reproduction à la plume des dessins de François Verly relatifs au siège de Lille, a été faite en réduction par M. J. Van Driesten, excellent peintre héraldiste et miniaturiste.

[3] Il est intitulé : *Récit véridique de la Cérémonie civique qui a eu lieu dimanche dernier 14 octobre, l'an 4 de la liberté et 1er de la République françoise.* Il se compose de quatre pages petit in-8º.

[4] Ici notre imprimé place la note suivante : « La citoyenne *Buisine* en avoit conçu l'idée et l'avoit communiquée à d'autres citoyens, qui applaudirent avec enthousiasme à une démarche qui ne respiroit que patriotisme, puisqu'il étoit question de présenter des couronnes civiques aux canonniers-citoyens et aux citoyens-canonniers qui, pendant le bombardement de la ville, avoient si bien répondu au feu de l'ennemi. »

Duriez, trésorier du district, *Tirant-Gruson*, négociant, *Buisine*, *Colin*, *Mallez*, huissiers, *Houzet*, curé de Sainte-Catherine, et le brave *Manin*, capitaine au troisième bataillon de l'Oise, à qui on doit l'ordre qui a régné dans la marche : le cortège a traversé la ville et s'est rendu au fort Saint-Sauveur, où, les canonniers-citoyens rassemblés près de l'arbre de la liberté, la citoyenne *Buisine* leur a adressé le discours suivant :

« Canonniers-Citoyens,

« Si la ville de Lille s'est rendue immortelle par son attitude fière et imposante pendant le cruel et le plus atroce bombardement ; si elle a bien mérité de la patrie par une résistance courageuse à un ennemi barbare et féroce, c'est à ses défenseurs qu'elle doit et cette attitude et cette résistance, qui la rendent à jamais célèbre. Elle vous compte parmi ses plus fermes soutiens. Mille bouches à feu répandoient dans son sein la mort, le carnage, la frayeur et l'effroi : mille fois vous avez démonté ces bouches meurtrières, mille fois vous les avez condamnées au silence. Vous avez encore fait davantage : vous avez forcé l'ennemi à se retirer. Vous êtes nos sauveurs, nos libérateurs, et, à ces titres, vous méritez les hommages de notre reconnaissance. Recevez ces couronnes civiques, et la postérité, en chantant nos triomphes, célèbrera votre courage, votre bravoure et vos talens militaires. »

Les airs ont retenti des cris de *vive la République françoise*.

Une musique analogue aux circonstances s'est fait entendre. On s'est embrassé fraternellement, et le cortège, accompagné des braves et généreux canonniers-citoyens, s'est rendu à l'hôtel des citoyens-canonniers à qui la citoyenne *Buisine* a adressé le discours suivant :

« Citoyens-Canonniers,

« Un ennemi féroce s'approche de nos murs, sans qu'on lui oppose la moindre résistance. Il foudroie nos propriétés et répand parmi nous la mort, l'effroi et le carnage. La patrie, vos familles, vos concitoyens, vos frères, élèvent la voix et demandent des secours ! Vous prévenez leurs vœux et déjà vous êtes sur nos remparts ; déjà vous partagez les travaux et les dangers de nos braves soldats-canonniers ; déjà vous repoussez dans le camp ennemi la mort, qu'il vous envoie ; déjà... Vous avez obéi à la voix de Boufflers sous le régime du despotisme : vous obéissez à un sentiment plus noble sous celui de la liberté et de l'égalité. Ces couronnes que nous vous offrons ne se flétriront jamais. Nos arrières-neveux célèbreront votre gloire, votre courage, vos triomphes, et l'histoire retracera dans les siècles futurs vos noms, que votre bravoure a rendus immortels. »

La salle retentit des mêmes airs d'alégresse : on y dansa, on y but à la prospérité de la république naissante et à la santé de nos généreux défenseurs. On revint ensuite dans le même ordre.

Le 21 du même mois, les canonniers durent déposer leur drapeau à l'hôtel de ville, et, à cette occasion, le curé Housez, dont la tête était fort exaltée, prononça un discours où il faisait contraster le courage des Lillois avec la lâcheté des habitants de Verdun et de Longwy.[1]

---

[1] Ce morceau d'éloquence a été reproduit dans une brochure portant ce titre : *Discours prononcé par le citoyen Housez, curé de Sainte-Catherine, le vingt-et-un octobre 1792, lors de la déposition du drapeau des citoyens-canonniers en l'hôtel commun de la ville de Lille. On y joint une lettre du citoyen Roland, ministre de l'intérieur du 18 de ce mois, adressée audit citoyen Housez, qui mérite la publicité*. Lille, de l'imprimerie de J. B. Roger, rue du Vieux-faubourg, 15 pages in-8°.

Pendant ces manifestations de la joie publique, Bolle n'était pas oublié. Un armurier habile travaillait au sabre d'honneur qui lui était destiné. Cette arme ne fut achevée que dans le dernier mois de l'année, et elle fut alors remise à son destinataire, avec la lettre suivante :

Lille, le 9 décembre 1792, l'an 1er de la République.

Citoyen,

Pour reconnaître les services rendus à la nation par les habitans de Lille, la Convention a décrété qu'ils ont bien mérité de la patrie.

Pour reconnaître les services rendus à la commune de Lille par le citoyen Bolle, la Commune a décrété qu'il a bien mérité d'elle, et qu'on lui offriroit un sabre sur lequel seroit gravé le témoignage de sa satisfaction.

Cette arme vient d'être achevée. Recevez-la, citoyen, conservez les sentiments généreux qui vous l'ont acquise, et vous aurez encore la gloire de bien mériter du digne général dans l'armée duquel vous êtes employé.

Les membres du Conseil général de la commune de Lille,

THÉRY-FALLIGAN, notable.
LEFEBVRE-DHENNIN,
ANDRÉ, maire.
L. J. SCHEPPERS, officier municipal.
T. LACHAPELLE, officier municipal.
BERNARD, officier municipal.
A. SELOSSE, officier municipal.
SAQUELEU, P^r de la commune.
MOTTEZ-GILLON,
MARICOURT, officier municipal.
CUVELIER-BRAME, officier municipal.
J. CHARVET, officier municipal.
THOMAS, officier municipal.
JOS. ROUSSEL.
P. QUESTROY, officier municipal.
PHILIPPE-BRAME, officier municipal.

H. DEVINCK,
Substitut du Procureur de la Commune,
ROHART, secr.-greffier par intérim.

Au moment de la levée du siège de Lille, personne ne connaissait les intentions des Autrichiens, et beaucoup pensaient que, n'ayant pu s'emparer d'une place de cette envergure, ils allaient se rabattre sur une autre de moindre importance. Valenciennes pouvant être de ce nombre, Ferrand y fit afficher le placard suivant, que l'*Argus* publia dans son numéro du 12 octobre :

Mesures et dispositions concertées entre le commandant de la place de Valenciennes et le Conseil général.

1° Toutes personnes tenant des propos tendant à provoquer du trouble, du désordre ou à ôter aux autorités constituées la confiance qui leur est due, seront à l'instant arrêtées, conduites en arrestation et poursuivies judiciairement.

2° Tous rassemblemens sont expressément défendus. Ceux qui les auront occasionnés en seront responsables, arrêtés et conduits en arrestation.

3° Toutes personnes qui auront des plaintes à porter contre d'autres, les remettront par écrit et les signeront. Ceux qui auront avancés des faits ou plaintes qui ne se trouveront pas réels ni fondés, seront dénoncés, affichés comme agitateurs du peuple et punis suivant toute la sévérité des lois.

4° Les commandans, sous-commandans de bataillons, les capitaines, lieutenans, capitaines des compagnies de la garde nationale de cette ville, sont prévenus de se concerter pour que chacun d'eux soit toujours présent et en mesure pour exécuter promptement les réquisitions du commandant de la place et des corps administratifs.

5° Les commandans de bataillon de la garde nationale sont requis par la présente, de faire assembler de suite, sans armes, toutes les compagnies de chaque bataillon ; ils feront choisir trois ouvriers, ou charpentiers, menuisiers, couvreurs ou autres par chaque compagnie, qui seront les plus propres à la manœuvre des pompes ; il leur sera fixé un traitement à raison du service qu'ils seront dans le cas de faire. Ceux des citoyens ainsi choisis par compagnie, qui se refuseront au service des pompes, y seront contraints militairement.

6° Tout volontaire de la garde nationale devra, dans les vingt-quatre heures faire, devant le capitaine de sa compagnie, la déclaration des balles et poudres dont il est muni. Ceux qui ne satisferont pas au présent article, et qui se trouveront en contravention lors des visites qui seront faites, seront désarmés, arrêtés et punis militairement. Ceux qui se trouveront avoir des balles sans cartouches les porteront à l'arsenal où il leur sera rendu en échange des cartouches complettes.

7° Il est expressément défendu, sous les peines les plus sévères, d'acheter de qui que ce soit des balles de cartouches.

8° Tous volontaires de la garde nationale qui se trouveront avoir besoin de cartouches s'adresseront aux capitaines de leurs compagnies, et ces derniers au commandant de leur bataillon.

9° Les boulangers de cette ville sont prévenus de faire ôter de leurs maisons, dans les vingt-quatre heures, tous fagots qu'ils peuvent avoir, de les déposer ou aux Chartreux, au collège, à l'église ou au couvent de Beaumont, suivant que les emplacements leur conviendront. Il sera posé des sentinelles à chacun desdits emplacemens.

10° Tous citoyens ayant chez eux de grandes quantités de bois, de paille, foin, graisseries et autres matières combustibles, sont prévenus de les placer en petites quantités en différens quartiers de la ville, et où ils pourroient moins incendier.

Heureusement les craintes qu'inspirait un retour offensif des Autrichiens étaient vaines. L'ennemi reprit son ancien système de pillerie à l'égard des villages mal défendus, et l'armée française alla se placer en avant de Lille.

Elle manquait encore de bien des choses indispensables, ainsi que l'atteste la lettre suivante des commissaires restés à Lille tandis que leurs collègues étaient partis pour Douai :

Citoyens,

L'armée actuellement campée à la Magdeleine, se renforce journellement. Les troupes qui la composent brûlent de l'amour de la patrie et du désir de la venger des barbares : mais il faut, pour que cette armée agisse, qu'elle soit abondamment pourvue de tout ce qui lui est nécessaire. Elle manque de petits effets de campement. Il faut des étoffes de laine pour l'habillement des soldats de nouvelle levée : ils arrivent presque nuds. Il faut des souliers, des capotes, des armes.

Pour le concert des opérations militaires sur cette longue frontière, il est indispensable que le général Labourdonnaye aie un lieutenant-général de plus sous ses ordres ; les lieutenants généraux Lanouc, Carl, Duhoux, qui y servaient sont ou destitués ou suspendus. Un seul peut suffire pour les remplacer s'il est patriote, actif et expérimenté. L'on nous atteste de toute part que tel est le lieutenant général Berruyer. Le succès de nos armes parait le rendre inutile au camp de Paris qui n'a rien à craindre d'un ennemi glorieusement repoussé et chez lequel on va porter la guerre.

On vient de nous présenter le citoyen François Hoïnzelin, l'un des habitants et des défenseurs de cette ville. Le clocher de Saint-Etienne étoit en feu ; il consumoit également sa maison attenante à l'église. Il ne veut rien sauver de ce qui lui appartient tant que le bonnet de la liberté, placé sur la croix du clocher, est menacé d'être la proie des flammes. Il y monte avec intrépidité, en descend avec bonheur et tenant à la main ce signe de la liberté qu'il va déposer à la maison commune.

Les dernières nouvelles de Douai sont d'hier à trois heures. Tout y étant encore tranquille, nos collègues vous auront informés des succès qu'ils ne peuvent manquer d'y avoir eu. Le département du Nord nous a fait passer le décret qui étend notre mission dans les autres départements de cette frontière. Au retour de nos collègues qui se rendront ici probablement demain, nous nous hâterons d'aller dans celui du Pas-de-Calais.

P.-S. — Le capitaine d'Abouville, du 24ᵉ régiment d'infanterie, détenu à la citadelle de Cambrai avec le capitaine Legros et dont on ignoroit le sort, est venu ce matin se présenter à nous, pour se constituer prisonnier. Le général Labourdonnaye l'a envoyé à la citadelle de cette ville.[1]

Quant à l'état de l'opinion à Lille et dans l'armée, les commissaires s'en exprimaient ainsi dans une lettre du même jour :

Les cris de *Vive la République* qui, dans la défense de Lille, ont servi à ses concitoyens, à sa garnison, aux citoyens tant des communes qui ont volé à son secours comme des cris de ralliement contre l'ennemi, sont d'autant plus remarquables que l'on n'a pas encore appris dans le Nord officiellement que les François sont légalement débarrassés de la royauté...

Nous ne négligeons rien de ce qui est en notre pouvoir pour faire prendre à l'esprit public la tournure républicaine. Vous avez fait brûler ou fondre les ornements de la royauté : on ne sauroit trop faire disparaître ce qui rappelle nos ci-devant tyrans. Il y a encore des fleurs de lys aux habits des soldats de la République ; on y verroit avec plus de plaisir le bonnet de la liberté, que les bombes et les boulets des Autrichiens ont respecté, malgré eux, dans cette ville au milieu même des maisons qu'elles écrasoient. Vous connoissez la puissance des signes ; le désir d'abbattre ceux qui rappellent la tyrannie que l'on déteste, porte à des voies de fait que la loi ne sauroit avouer et qu'il est embarrassant de punir. Un décret qui ordonnera que les yeux des François républicains n'en soient plus affectés préviendra le désordre.[2]

Le 19 octobre, les Français firent un mouvement en avant et s'emparèrent du poste autrichien de Mouveau, situé au nord de Lille, entre

---

[1] *Argus*, nº du 17 octobre.
[2] *Argus*, même numéro.

Bondues et Roubaix. Mais, une heure après, l'ennemi revint au nombre de 3,000 hommes avec une forte artillerie.

D'autres mouvements secondaires eurent encore lieu vers la même époque. On en trouvera le détail dans les lettres suivantes écrites à Rose Delannoy par l'un des amis de sa famille nommé Cadot : La première renferme une sorte d'histoire sommaire du siège de Lille, reproduisant certains détails que nous avons déjà donnés. Nous croyons néanmoins intéressant de l'imprimer en entier :

Lille, le 14 octobre 1792. An 1er de la république.

Chère citoyenne, vos deux agréables des 9 et 11 courant sont parvenues en leur tems. Comme j'en ai aujourd'huy un peu le loisir, le cher papa a bien voulu me donner le soin d'y satisfaire : agréable besogne, comme vous ne pouvez en douter. Votre première y exprime tout au long les sentiments du plus grand patriotisme ; personne de ceux qui vous lisent n'en est étonné. Oui, ma chère Rosette, nous avons beaucoup souffert ; mais vainqueurs de nos tirans, nos maux sont oubliés. Le papa, au reçu de votre susdite, a prié votre oncle Théophile de venir le voir ; il est faux que sa maison soit brûlée et encore moins vrai que votre oncle Auguste ait souffert : il n'y a point une brique qui manque au bien de grand-maman. Est-il possible qu'il se trouve des êtres qui ne puissent faire usage de leur réthorique qu'à force d'en imposer ? Le papa fut aussi assez heureux : il n'eut que trois boulets ; avec cinquante écus il en sera quitte. Nous ne fumes point aussi heureux : le bien de mon père a un peu plus souffert ; la ferme du Brandenbourg est entièrement criblée : les toits, cheminées et vitres de notre maison, Marché aux poulets, sont tout brisés ; plusieurs de nos maisons en ville sont aussi plus ou moins endommagées, jusqu'à notre jardin à l'Esplanade et le Grand Magazin : le premier a eu un boulet qui a percé les deux murs et le second a reçu une bombe qui a fait grand fracas. Mais cela n'empêche point de chanter : « Ça va, ça va. »

Votre seconde, toujours remplie des sentiments du plus pur patriotisme, demande un détail net de notre bombardement, de vous faire connoître les actions de bravoure, les héros enfin, qui se sont le plus distingués. Tout cela est très difficile, même presqu'impossible, car il faudroit, pour être succint dans ce récit, avoir pu se trouver dans touts les endroits de la ville et cela presqu'en même tems. Il se trouvera sûrement une personne qui, plus hardie que moy, satisfera pleinement à ce que vous demandez : il vaut mieux attendre que d'avancer l'incertain. Cependant, pour vous prouver ma bonne volonté à satisfaire à vos petits désirs, je veux bien volontiers vous dire ce que je sçais.

RÉCIT.

Le 29 septembre, vers onze heures le matin, un officier supérieur autrichien se présenta à la porte Saint-Maurice accompagné d'un trompette ; il traversa la ville en voiture, les yeux bandés. Arrivé à la Maison commune, il remit au Conseil de guerre une dépêche du capitaine-général Albert de Saxe portant sommation au général commandant de rendre la ville et la citadelle à l'Empereur et Roy. Vers une heure après midy, l'officier autrichien sortit du Conseil et fut reconduit avec les mêmes précautions à la porte Saint-Maurice, portant avec lui la réponse de notre commandant Ruault et de notre municipalité au tirant Albert de Saxe, que voicy : « Nous venons de renouveler notre serment d'être fidèles à la Nation, de maintenir la liberté, l'égalité ou de mourir à notre poste. Nous ne sommes point des parjures. La garnison et les citoyens sommes résolus de nous ensevelir sous les ruines de la place plutôt que de la rendre à nos ennemis et tirants. Nous nous seconderons de tous nos efforts. »

Il falloit voir, ma chère Rosette, l'entrée et la sortie de ce baudet d'autrichien; une foule de citoyens de tout sexe s'empressoit à joindre sa voiture, le bonet de la liberté sur la tête et criant : « Vaincre ou mourir ! Viens, coquin, nous t'attendons ! » et puis : « Vive la Nation, vive la Liberté ! »

Il fut de cette manière accompagné jusqu'à ladite porte. Officiers généraux, citoyens soldats, tous partagèrent l'indignation d'une sommation aussi révoltante ; nous nous donnions touts la main, et jurions encore de nouveau de bien se défendre et de vivre libre ou mourir. Enfin, en ce moment, nous ne fumes plus qu'une même famille. Le coquin d'envoyé avoit à peine rejoint son poste qu'une détonation subite de douze mortiers et de vingt-quatre pièces de gros canons tirant à boulets rouges jetta l'alarme dans les divers quartiers de la ville. Notre artillerie s'opposa à ce feu épouvantable. Cependant l'église de Saint-Estienne et les maisons voisines furent bientôt la proie des flammes. Malgré la célérité des secours que nos officiers municipaux conduisirent en personne dans le principe de cette canonade, les braves Lillois étoient fort embarrassés et ne sçavoient comment empêché le progrès des boulets rouges jusqu'à ce qu'enfin des citoyens plus instruits se répandirent dans tous les quartiers pour ordonner de monter de l'eau dans touts les greniers et qu'aussitôt qu'on entendroit un boulet de voler sur le lieu où il tomberoit et l'appercevant l'enlever avec une castrolle ou pince et l'éteindre dans un sceau d'eau. Cela fut si bien observé qu'aussitôt qu'on entendoit un boulet tomber ou fracasser un mur, aussitôt il étoit enlevé, de manière qu'il n'avoit pas le tems de mettre le feu. Nos braves Lillois étoient si familiarisés avec le boulet rouge, que c'étoit à celuy qui auroit couru et grimpé le plus vite pour avoir la gloire de le raporter dans sa petite castrolle encore tout fumant. Pendant les huit jours de bombardement, personne n'a entendu la moindre plainte, au contraire : « Vive la Nation, la liberté et l'égalité ! » étoient l'écho de toute la ville. On s'embrassoit, on se donnoit la main : jamais union ne fut plus complette. Les maisons étoient ouvertes jour et nuit. Les lits dans nos caves étoient couverts pour ceux qui, les premiers, s'en emparoient ; il en étoit de même pour la table. D'après celà, ma chère Rosette, cherchez-moy des héros personnels : je crois bien que tous les Lillois l'étoient dans ces désastres car touts, suivant leur force et leur capacité, ont fait leur devoir. Une belle réponse du citoyen Ovigneur, filtier, en sa qualité de canonnier : se trouvant aux batteries, on vint lui dire que sa maison étoit en feu : « Tant pis, » dit-il, « je suis à mon poste et j'ai juré de ne point l'abandonner. » Cet Ovigneur, cy-devant lieutenant de votre cher papa, a onze ans de service dans les canoniers. La conduite de nos braves citoyens et troupes de ligne pendant le tems du furieux bombardement ne s'est point démentie d'un moment. Grâce aux pompes étrangères, c'est-à-dire celles de nos voisins, nous sommes parvenus à éteindre le feu partout. Les cinq pompes angloises que les citoyens de Dunkerque nous ont envoyé en poste par MM. Morel frères qui les ont accompagné et dirigé, ont fait des effets admirables. Grands remerciements à nos frères de Dunkerque.

La garnison de cette place à l'attaque n'étoit que de 6.000 hommes. Le 8 courant, l'ennemy se retire avec une perte de 10,000 hommes et tous leurs canons en partie démontés. Nous avons perdu 42 personnes tant en ville que sur les remparts et 9 à 10 de blessés. Le quartier de Saint-Sauveur et son église, celuy de Saint-Etienne et son église, tout est en ruine par la flamme du bombardement. Beaucoup de maisons particulières entièrement brûlées et la plupart endomagées : on évalue la perte de nos désastres à 37 millions.

Tout est icy fort calme. Actuellement, nous sommes occupés à remplir les tranchées de nos tirants où ce matin on a trouvé un de leur canon enterré. Nos citoyens soldats arrivent de toute part pour aider au service de la place et toutes troupes soldées ou de ligne évacuent aujourd'huy la ville pour joindre le camp de La Magdeleine où une armée formidable se forme pour nous venger. Tâchez de me lire. Beaucoup de choses à Madame Bailleul.

Le citoyen CADOT.

La poste part.

Lille le 24 octobre 1789. An 1er de la République.

Aimable citoyenne, papa ny maman ne peuvent vous écrire aujourd'huy ; maman est aux affaires du mercredy,[1] et papa sorti avec des étrangers de Dunkerque, entre autres le cousin Constant Hovelt, que la curiosité de voir les désastres de notre ville ont amené icy. Ce n'est qu'à la hate que je vous écris, car je brûle d'envie de sortir. Les nouvelles sont excellentes et, dans les divers attaques que nous avons fait depuis deux jours, le François est partout vainqueur. Notre camp est sur la droite de la porte de La Magdelaine, il est de vingt-cinq mille hommes et s'étend depuis Magdelaine au long jusqu'au Dieu de Marcq. Il est sur trois lignes formant chaque ligne demy cercle de manière que les glacis de La Magdelaine et porte Saint-Maurice jusqu'à la hauteur du Dieu de Marcq, campagne de Carbonelle, chemin de Croix, tout est occupé par nos guerriers républicains. Nous parcourûmes hier les rangs depuis neuf heures du matin jusqu'à une heure après-midy, époque du départ de 1.200 hommes de nos guerriers, 4 pièces de canon et 50 cavaliers pour Waskalle,[2] petite lieu du camp. Entre Lannoy et Roubaix, nos braves guerriers ne marchoient point mais voloient à la victoire et effectivement leur succès fut complet et l'ennemy fut repoussé avec une perte considérable, de manière que, d'après le dire des campagnards, les chemins sont couverts de morts ou de blessés. Notez que 2.000 hommes françois étoient déjà près de Waskalle depuis deux jours et que les 1,200 hommes cy-dessus leur fut un renfort. Plus de la moitié du camp a été levée cette nuit. Depuis une heure jusqu'à six heures ce matin, l'armée défila devant la porte de cette maison ; et, comme je vous écris, on me porte la nouvelle officielle que Lannoy et Roubaix sont repris par nos François et que l'ennemy encore a été bien frotté. On nous envoye à chaque instant des voitures de leurs blessés et beaucoup de prisonniers. On m'assure que jusqu'icy, nous n'avons encore eu que 4 à 5 de blessés.

Si papa n'a pas écrit à Madame Bailleul c'est qu'il fut malade, qu'il se porte à présent bien et qu'aussitôt qu'il aura un moment à luy il satisfera à sa missive. A présent, *vive la Nation*, ça va. Adieu, je t'écrirai, tâche de me lire et embrassons-nous ; ton amy citoyen,

CADOT.

Maman doit aussi t'écrire demain ou après-demain. On se porte tous bien. Mille choses obligeantes de toute la maison à Madame Bailleul.

La reprise de Roubaix coïncida avec d'autres évènements qui eurent pour théâtre le district de Valenciennes où, depuis un mois, une commune au moins, celle d'Hasnon, était en train de se couvrir de gloire.

Le jeudi 27 septembre, tandis que la garnison de Bouchain se rendait à Saint-Amand pour coopérer au mouvement combiné par Moreton, elle passa par Hasnon, et fut suivie des volontaires du lieu. Aussi, comme nous l'a appris dans son post-scriptum le rapport du général français, à peine l'ennemi fut-il rentré dans Saint-Amand, que, pour se venger, il poussa une pointe sur Hasnon.

Mais ce village se trouvait défendu de trois côtés par la forêt de Vicoigne,

---

[1] Jour du marché de Lille.
[2] Wasquehal, entre La Magdeleine et Croix, sur la route de Roubaix.

le bois de Wallers, le bois des Faux et le bois des Eclusettes, d'un quatrième par le canal de la Scarpe ; et accoutumée à faire le coup de feu sur le gibier des bois voisins, ne craignant pas de coucher à la belle étoile, son énergique population de forestiers ne tarda pas à prouver qu'elle n'était point d'humeur à se laisser molester impunément.

Lorsque les Autrichiens se présentèrent devant la commune, ils la menacèrent d'un incendie général en cas d'hostilités :

> Mais, nous dit l'*Argus*,[1] les braves citoyens de ce village, résolus de se défendre jusqu'à la mort pour résister à l'oppression, se sont retranchés et ont appelé à leur aide les braves citoyens et les braves gardes nationales de Raismes, Wallers et autres lieux circonvoisins. Menacés ensuite par le canon des ennemis, ils sont venus chercher à Valenciennes un secours de la même force, qui leur a été accordé avec un détachement de troupes réglées.

Les organisateurs de cette défense ne furent d'abord qu'au nombre de neuf[2] ; mais nous avons le regret de ne pas connaître les noms de ces patriotes.

Bien que le gros des Autrichiens fût alors occupé au siège de Lille, nous savons que l'ennemi n'en continuait pas moins à occuper les principales localités, et ses fourrageurs à battre le pays. Le poste d'Hasnon était sans cesse ou attaqué ou menacé. Un officier supérieur, venu de Valenciennes et relevé tous les cinq jours, y faisait le service de grand garde. L'un des plus distingués fut le lieutenant-colonel Muller, homme habile et audacieux, qui mit en excellent état de défense le poste confié à ses soins[3] et sut, au milieu de fréquentes alertes, maintenir la confiance aussi bien parmi les soldats que parmi les gardes nationaux du pays.

Ceux-ci s'enhardissaient et passaient quelquefois à l'offensive. En ce cas, l'*Argus* enregistrait leurs hauts faits. Le lundi 15 octobre, nous apprend-il, l'ennemi a perdu trois hommes :

> Et un valeureux citoyen de ce village a, en outre, cassé la cuisse à l'un de ces brigands. Ce même jour lundi, un canonnier, impatient de voir qu'on ne se présentait point devant sa batterie, prend un fusil, court dans une embuscade, et en ensevelit un dans la boue, tandis qu'un détachement en tue cinq autres sans que nous ayons perdu un seul homme.[4]

---

[1] N° du 29 septembre.

[2] *Argus*, n° du 2 octobre.

[3] *Argus*, n° du 17 octobre.

[4] *Argus* n° du 17 octobre, dont l'article a été en partie reproduit dans le *Moniteur* du 21 octobre.

Un tel exploit méritait vengeance. L'ennemi fit des préparatifs assez considérables ; mais, par bonheur, le lieutenant-colonel Muller avait eu pour successeur un homme non moins énergique, le lieutenant-colonel Ducarion, du Pas-de-Calais. Celui-ci approuva et compléta toutes les mesures de défense prises par son collègue. Animés par son exemple, ses 250 soldats firent bonne contenance lorsque, « au nombre de plus de mille » l'ennemi les attaqua dans la nuit du 16 au 17, dans le double but d'essayer de surprendre le poste et de faire passer un convoi. La canonnade dura de deux heures à huit heures du matin. Protégés par les bois, les défenseurs ne reçurent que d'insignifiantes blessures, tandis que les pertes des assaillants s'élevèrent à une trentaine d'hommes.[1]

Néanmoins, la municipalité d'Hasnon éprouva des craintes pour la sûreté du village, en cas de nouvelle attaque des Autrichiens. A sa tête se trouvait un maire nommé Nicolas-Joseph Vilain. Elle demanda des renforts à Valenciennes, et crut ne pouvoir mieux faire, pour les obtenir, que d'user de l'entremise du lieutenant-colonel Muller. Dans la journée du 17, elle lui écrivit donc une lettre dont l'*Argus* publia le lendemain l'extrait suivant, que reproduisit le *Moniteur* du 22 :

> L'ennemi nous harcèle plus que de coutume ; il a fait construire une redoute la nuit dernière, sur la chaussée du Rosult, à portée du canon ; nous avons reçu leurs boulets ; plusieurs sont tombés sur l'Abbaye. Il y a deux soldats du 104ᵉ blessés. Notre canon leur a répondu. Nous ne craignons rien, tant que nos braves défenseurs nous soutiendront. Ayez la bonté d'entretenir la bonne disposition de notre bon général à notre égard.

Comme ses prédécesseurs, le commandant Ducarion aurait dû être relevé au bout de cinq jours. Mais, vu le péril des circonstances, la municipalité sollicita son maintien pour une période plus longue. Cette demande lui fut accordée,[2] et Hasnon reçut des renforts durant la nuit.[3] Dans la journée du 18, le général Ferrand alla lui-même inspecter le poste, qui fut encore canonné la nuit suivante[4] ; et le 10, craignant de le voir tourner par le bois si l'ennemi venait en force de Saint-Amand, il se rendit à Vicoigne ; là il fit couper les chemins et construire un retranchement fort solide, qu'il arma de deux pièces de canon de 8.[5]

Ces habiles dispositions enhardirent les défenseurs du village au point

---

1 *Argus*, nᵒˢ des 17 et 18 octobre.

2 *Argus*, no du 24 octobre.

3 *Argus*, no du 18 octobre.

4 *Argus*, no du 19 octobre.

5 *Argus*, no du 20 octobre, dont l'article fut reproduit en partie par le *Moniteur* du 24.

de les déterminer à opérer une attaque dont l'*Argus* du lendemain rendit compte en ces termes :

> Hier, à quatre heures et demie de relevée, des détachements sont rentrés dans Hasnon, en criant *Vive la République*, et apportant au bout de leurs baïonnettes des vivres, sacs et autres ustensiles pris sur l'ennemi, lui ayant forcé un poste ; des officiers ont rendu compte que nous leur avons tué au moins 16 hommes, fait un prisonnier et blessé un très grand nombre ; nous n'avons eu de notre côté que deux blessés. Ces détachements, braves au point d'être taxés d'imprudence, ont poursuivi les lâches fuyards jusqu'au delà du village de Brillon : le commandant Ducarion leur a fait même un reproche, à leur retour, de s'être trop exposés. Nos canonniers ont aussi tué deux cavaliers d'une patrouille ennemie qui passait au bout du pavé.

S'il faut en croire un témoignage recueilli par l'*Argus* du 24 octobre, l'escarmouche aurait été plus meurtrière encore, puisque les habitants d'Orchies déclarèrent avoir vu passer sept voitures d'Autrichiens morts dans cette affaire.

Nous verrons au chapitre suivant, que le samedi, 20 octobre, Dumouriez qui, depuis Valmy, était allé à Paris d'où il revenait par Cambrai, rentra dans Valenciennes accompagné de Labourdonnaie et d'autres généraux. Ce fut le terme des épreuves des habitants d'Hasnon, car, à cette nouvelle, les Autrichiens s'empressèrent de se retirer :

> Le 22, au matin, dit l'*Argus*, le lieutenant-colonel Ducarion, commandant à Hasnon, voyant que l'ennemi ne répondait pas à deux coups de canons qu'il avait fait tirer sur lui, se douta bien que la frontière était déjà évacuée, et il ne tarda pas à en être convaincu. Il en donna avis sur le champ au général Ferrand, et il envoya également des ordonnances aux commandants des postes de Raismes et de Somain, avec invitation de se porter en même temps que lui sur l'ennemi, l'un sur Saint-Amand, et l'autre sur Marchiennes : ledit commandant Ducarion entra le premier dans Saint-Amand à sept heures du matin, avec son poste de Hasnon et 17 dragons : sitôt l'arrivée de sa troupe, celle de Raismes se présenta ; il les forma en bataillon carré, et il exhorta tous ses soldats à ne se porter à aucun excès...
> Le général donna ordre au commandant Ducarion, au moment qu'il était sur la place, de s'emparer de Marchiennes. Celui-ci se mit en marche sur le champ, avec le reste de la troupe, laissant 150 hommes dans Saint-Amand en attendant le renfort de Valenciennes. Il prit aussi sur lui de s'emparer d'Orchies, où il était assuré qu'il n'y avait pas encore de nos troupes : il y arriva au milieu des cris d'allégresse de ses infortunés habitants. Son détachement, qui l'avait devancé d'une demi-heure, trouva sur la place des vivres et de la boisson : l'arbre de la liberté fut relevé et placé au même instant : les officiers municipaux vinrent au devant de lui et lui firent bon accueil : il laissa dans la ville 250 hommes, deux pièces de canon de 8, et il se mit en marche à quatre heures pour Marchiennes, où il trouva le détachement de Somain, à qui il avait donné ordre de s'emparer de ce poste.
> Les braves volontaires d'Hasnon, ajoute l'*Argus*, n'ont pas voulu abandonner le commandant Ducarion : ils le suivent partout.[1]

---

[1] *Argus*, no du 24 octobre. Ces nouvelles avaient déjà été annoncées d'une manière plus brève dans le numéro précédent, dont un fragment fut reproduit par le *Moniteur*.

Nous ne savons jusqu'où ils allèrent, et nous ne les retrouverons guère qu'au mois d'août 1793.

Mais leur bravoure avait fait du bruit ; les bulletins de leurs exploits avaient obtenu les honneurs du *Moniteur*. Ils rêvèrent davantage et au commencement de 1793, expédièrent à Paris deux délégués.

C'est le 3 février, le surlendemain du jour où la Convention avait déclaré la guerre à la Hollande et à l'Angleterre, que ces deux envoyés furent admis à la barre de l'Assemblée. Tous les yeux, tous les cœurs patriotes se dirigeaient alors vers elle, et, à côté de scènes terribles, elle était le théâtre de bien des épisodes touchants. La séance commença par l'acceptation de dons pour les armées ou les victimes de la guerre. Une société de Langon offrait des habits et des souliers ; une société d'Ambérieux, 115 livres, avec l'annonce de trois ballots de chemises, souliers et autres effets destinés au général Custine ; enfin les gardes nationaux de Toulon adressaient à la Convention 7500 livres, trois croix de Saint-Louis et une médaille d'or au profit des incendiés de Lille. Un Hollandais vint féliciter les représentants de la France de leur déclaration de guerre au stathouder. Puis les mandataires d'Hasnon furent entendus.[1] Nous ne possédons ni leurs noms, ni le texte de leur requête. La seule chose que nous sachions, et elle suffit, c'est que leur demande fut admise dans les termes suivants :

La Convention Nationale, après avoir entendu la pétition de deux députés de la commune d'Hasnon, admis à la barre, tendant à ce que les gardes nationaux de cette commune soient conservés sous le nom de gardes nationaux flanqueurs d'Hasnon, et sur la motion d'un membre, autorise cette commune à augmenter le nombre des soldats, leur conserve le nom de gardes nationaux flanqueurs d'Hasnon et décrète en outre que la commune d'Hasnon a bien mérité de la patrie.

Lorsqu'elle rendit ce décret, la Convention nationale visa évidemment autre chose que le cas particulier qui lui était soumis ; elle voulut pousser à l'énergie tous les citoyens afin qu'en dehors de l'armée régulière et sans mandat exprès, ils prissent au besoin la défense de leurs foyers et repoussassent l'envahisseur.

C'est qu'en effet, dès ce temps comme aujourd'hui, deux théories luttaient quant au moyen de maintenir l'intégrité du territoire.

D'après les uns, l'armée a le privilège de la défense de la patrie. En dehors d'elle pas de salut. Si elle est défaite dans un duel avec les troupes

---

[1] *Moniteur* du 5 février 1793.

adverse, le pays, dans ses masses profondes, n'a plus qu'à se soumettre et à attendre passivement la venue de l'étranger. Bien plus, il doit lui réserver ses faveurs, lui donner bon gîte et le reste, afin de s'épargner de justes représailles. Malheur au paysan ou au bourgeois qui tenterait de s'opposer à l'ennemi. Ce serait un vrai malfaiteur, tuant sans patente, et simplement fait pour attirer sur ses compatriotes le pillage, l'incendie et la mort.

D'autres, au contraire, repoussent cette doctrine de lâcheté et d'abjection. Pour eux, l'armée n'a pas seule le mandat de défendre la terre de la patrie ; c'est un devoir qui incombe à tous les citoyens, qu'ils soient revêtus de l'uniforme ou de la blouse, qu'ils soient armés du fusil, de la faux, de la pioche ou de la pique. Dès que le sol national a été violé, tous ses enfants n'ont qu'un devoir : chasser l'envahisseur par quelque moyen que ce soit.

C'est au nom de cette seconde théorie que Briez encouragea les populations frontières et que la Convention nationale, excitant l'enthousiasme patriotique, lança contre la coalition des milliers de volontaires. C'est en son nom que l'Espagne soutint les attaques de Bonaparte et organisa la sublime défense de Saragosse. C'est en son nom encore que Gambetta, après la défaite des armées régulières, sauva l'honneur de la France.

L'avoir spontanément appliquée dans des circonstances tragiques est, pour les habitants d'Hasnon, une gloire que sanctionne à jamais le décret du 3 février 1793.

Par cet acte législatif, ils se trouvèrent égalés à ceux de Lille. Mais leur titre de noblesse tomba bientôt dans l'oubli tandis que l'autre était, comme nous l'avons déjà dit, sans cesse rappelé à l'attention.

En effet, non content du décret du 12 octobre 1792, et de tout ce qui en avait été la suite, David, l'illustre peintre, avait, dès le 9 novembre, demandé qu'on édifiât, dans la grande forteresse du Nord, un monument impérissable. Sa motion se terminait par ces mots :

> Je vous propose donc d'élever dans cette ville, ainsi que dans celle de Thionville, un grand monument, soit une pyramide ou un obélisque, en granit français provenant des carrières de Rethel, de Cherbourg ou de celles de la ci-devant province de Bretagne ; je demande qu'à l'exemple des Egyptiens et autres anciens, ce monument soit élevé en granit comme la pierre la plus durable, et qui portera à la postérité le souvenir de la gloire dont se sont couverts les habitants de Lille et de Thionville.

David fit part de son projet à la municipalité lilloise, par une lettre écrite le jour même de sa motion, et, pour le réaliser, il adressa du même coup un chaleureux appel aux artistes locaux.

Ceux-ci n'y restèrent pas sourds, et se mirent à l'œuvre avec ardeur.

Peintres, sculpteurs et architectes rivalisèrent d'entrain, et Louis Watteau Charles-Louis Corbet, F. Verly, un amateur même, Lenglart, soumirent successivement leurs idées au public. Mais aucun d'eux n'eut le bonheur de les voir réaliser.[1]

Si ce projet était ajourné, les canonniers lillois étaient, en revanche, l'objet d'une constante faveur. Voulant récompenser leur conduite, les consuls, le 13 fructidor an XI (31 août 1803), ordonnèrent que leur corps, fondé le 2 mai 1483, serait réorganisé, qu'une maison leur serait donnée pour tenir lieu de l'ancienne qui avait été vendue et qu'il leur serait, en outre, fait présent de deux pièces de quatre sur lesquelles seraient gravés ces mots : *Le premier Consul aux Canonniers de Lille*, avec la date du 29 septembre 1792.

L'année suivante, la plus importante des promesses de ce décret se trouva réalisée par le don de la maison des Urbanistes.

L'administration militaire l'occupait déjà depuis plusieurs années, ainsi que l'indique la lettre suivante :

3me DIVISION

BUREAUX DE L'ARTILLERIE.

LIBERTÉ   ÉGALITÉ

Paris, le 21 vendémiaire, an   de la République française, une et indivisible.

Le Général de brigade d'artillerie, chef de la 3e division du département de la guerre.

Au directeur d'artillerie à Lille,

Le ministre a reçu, citoyen, votre lettre du 6 de ce mois, par laquelle vous l'informez que la cy-devant église des Urbanistes dite de Riche-claires, située en cette commune, et affectée au service de l'artillerie, a dû être mise en vente le 7 de ce mois ; vous ajoutez que ce bâtiment se trouvant rempli d'affûts et autres attirails d'artillerie, vous allez être obligé, si cette disposition a lieu, de parquer tous ces objets en plein air, faute d'un autre local pour les remplir.

Le ministre partage votre sollicitude à cet égard, et me charge en conséquence de vous prévenir que, par décision du quatrième jour complémentaire, il a fait conserver deffinitivement ce bâtiment à l'artillerie. Il ne doute nullement que le ministre des finances, auquel il a fait connaître cette décision, ne s'empresse de donner à l'administration centrale du département du Nord, l'ordre de la retirer de la liste de ceux destinés à être vendus comme propriété nationale.

Salut et fraternité.

DROUAS.[2]

---

[1] On trouvera d'intéressants documents sur ces projets dans les *Etudes artistiques* de M. Jules (Houdoy, membre de l'Académie des Arts de Lille.

[2] Lettre de deux pages in-folio, en-tête imprimé, gravure sur bois, le reste manuscrit. Collection Quarré-Reybourbon).

Par un décret du 2 thermidor an XII (21 juillet 1804), cet immeuble fut définitivement attribué aux canonniers :

Article 1er. — La Maison des Urbanistes et dépendances, situées, à Lille, est abandonnée aux Canonniers sédentaires de cette ville, à titre d'indemnité de celle vendue au profit de la République qu'ils possédaient anciennement et dont le remplacement a été ordonné par arrêté du gouvernement le 13 fructidor an XI, etc.

Quant au monument dont l'idée première avait été émise par David, il ne fut construit que beaucoup plus tard. Dû à la collaboration de l'architecte Benvignat et du sculpteur Bra, chacun sait qu'il s'élève aujourd'hui sur la grande place de Lille où il a été inauguré le 8 octobre 1845.

Les flanqueurs d'Hasnon attendirent quarante-cinq ans de plus. C'est, en effet, le 22 mai 1887 seulement, qu'une inscription rappelant le décret du 3 février 1793 a été placée sur la façade de la mairie du village qu'ils avaient défendu avec tant d'énergie. A ce sujet, un éloquent discours fut prononcé par M. Alfred Girard, ancien député de la deuxième circonscription de Valenciennes, qui, le 19 juin suivant, devait être élu sénateur du Nord.[1]

---

[1] On trouvera ce discours à la suite d'une brochure de M. Paul Foucart, d'où a été tiré ce que nous avons dit de cet épisode. Le compte rendu de la cérémonie d'inauguration se trouve dans le journal l'*Impartial du Nord*, paraissant à Valenciennes, no du 24 mai 1887.

CHAPITRE V

RETOUR DE DUMOURIEZ DANS LE NORD. RÉCEPTION TRIOMPHALE A CAMBRAI, PUIS A VALENCIENNES. ÉVACUATION DE LA FRONTIÈRE PAR LES AUTRICHIENS. BATAILLE DE JEMMAPES. PRISES DE MONS, DE TOURNAI ET DE GAND. DÉBUTS DE VANDAMME. COMBAT D'ANDERLECHT ET PRISE DE BRUXELLES. OCCUPATION TOTALE DE LA BELGIQUE ET DU PAYS DE LIÈGE. DIFFICULTÉS SOULEVÉES PAR L'ORGANISATION POLITIQUE DES PROVINCES ENVAHIES. DÉCRETS DES 19 NOVEMBRE ET 15 DÉCEMBRE 1793. ENVOI DE COMMISSAIRES DE LA CONVENTION EN BELGIQUE. LEURS CONFLITS AVEC DUMOURIEZ. VOYAGE DE CELUI-CI A PARIS LE 1ᵉʳ JANVIER 1793. ANNEXION DE LA BELGIQUE A LA FRANCE. DÉCLARATION DE GUERRE A L'ANGLETERRE, A LA HOLLANDE ET A L'ESPAGNE. PLAN DE DUMOURIEZ POUR L'INVASION DE LA HOLLANDE. PRISES DE GERTRUYDENBERG ET DE BRÉDA. LE VALENCIENNOIS RONZIER. SIÈGE DE MAESTRICHT. RAPPEL DE DUMOURIEZ EN BELGIQUE PAR SUITE DES DÉFAITES DE L'ARMÉE DE LA MEUSE. COMMANDEMENT DE DE FLERS EN HOLLANDE. ABANDON DU PAYS PAR LES FRANÇAIS [1].

Le 11 octobre 1792, Dumouriez s'était rendu à Paris afin de se concerter avec les ministres sur le plan général de toutes les opérations militaires. Il y passa quatre jours, et si sa présence dans la capitale contribua à lui faire de nombreux ennemis tout à la fois parmi les Jacobins et parmi les Girondins, en revanche elle fut loin d'être inutile au point de vue de la défense nationale. Il déclara ne plus vouloir commander d'armée particulière, mais vouloir planer sur l'ensemble des opérations, et réussit à faire complètement approuver par le Conseil exécutif les nouvelles combinaisons stratégiques qu'il avait conçues. « D'après ce plan général, dit Thiers, Montesquiou devait se maintenir le long des Alpes et s'assurer la grande chaîne pour limites, en achevant la conquête de Nice et en s'efforçant de conserver la neutralité suisse. Biron devait être renforcé afin de garder le Rhin depuis Bâle jusqu'à Landau. Un corps de 12.000

---

[1] Ce chapitre a été rédigé par MM. Jules Finot et Paul Foucart.

hommes, aux ordres du général Meusnier, était destiné à se porter sur les derrières de Custine, afin de couvrir ses communications. Kellermann avait reçu ordre de quitter ses quartiers, de passer rapidement entre Luxembourg et Trèves pour courir à Coblentz et de faire ainsi ce qu'on lui avait conseillé et ce que lui et Custine auraient dû exécuter depuis longtemps. Prenant enfin l'offensive lui-même avec 80.000 hommes, Dumouriez devait compléter le territoire français par l'acquisition projetée de la Belgique. Gardant ainsi la défensive sur toutes les frontières protégées par la nature du sol, on n'attaquait hardiment que sur la frontière ouverte, celle des Pays-Bas, où, comme le disait Dumouriez, on ne pouvait se défendre qu'en gagnant des batailles [1]. »

Le général partit donc avec joie de Paris le 16 octobre (et non le 20 comme le portent ses *Mémoires*) pour aller passer deux jours dans une propriété qu'il possédait aux environs de Péronne. C'est là qu'il devait méditer son plan de campagne, tout en se reposant des fatigues et des intrigues de la capitale [2]. Pendant ce temps, son armée se concentrait autour de Valenciennes. Pour se rendre dans cette place où il avait établi son quartier général, il devait traverser Cambrai, sa ville natale, qui, ainsi que nous le savons, n'avait pas attendu la victoire de Valmy pour se montrer fière de lui avoir donné le jour.

C'est donc avec un grand enthousiasme que, le vendredi 19 octobre, les Cambraisiens reçurent leur illustre compatriote. Les registres des délibérations du Conseil général conservent le récit de l'ovation qui lui fut faite, récit que nous reproduisons pour montrer quels étaient alors les sentiments de la province à l'égard de Dumouriez :

Le 19 octobre 1792 est un jour dont la mémoire ne s'effacera jamais des fastes de cette ville. Vers deux heures de relevée, notre concitoyen, notre frère, le libérateur de la France, le brave Dumouriez, est entré dans nos murs aux acclamations de tout le peuple. La garde nationale avec les canons et les troupes de ligne avoient été à sa rencontre à une lieue au dehors, précédées d'une musique bruyante. Plusieurs salves d'artillerie ayant annoncé son arrivée, il fut porté (sic) à l'hôtel commun où un superbe trophée d'armes élevé à sa gloire comme un hommage rendu à ses exploits, portoit pour inscription :

La commune de Cambray
s'applaudit d'avoir vu naître
Dumourier
le 26 janvier 1739.

Le Maire lui ayant adressé un discours où il peignoit avec énergie toutte la satisfaction qu'éprouvoient les habitans de cette ville de voir un général

---

[1] Thiers, *Histoire de la Révolution française*, tome III, p. 67-68.
[2] *Mémoires* de Dumouriez, tome III, p. 438.

qui avoit aussi bien mérité de la République, Dumourier y répondit avec attendrissement ; les larmes de la plus touchante sensibilité mouillèrent tous les yeux lorsqu'on célébrat à grand orchestre l'hymne des Marseillois.

Dumourier passat ensuite en revue la garde nationale et les troupes de la garnison ; il reçut de la part des soldats, et leur rendit, l'expression de la plus entière confiance, de la plus intime fraternité.

Une illumination générale terminat cette belle journée. Toutte la nuit se passat en fête et cejourd'hui, vers neuf heures du matin, Dumourier partit pour Valenciennes emportant avec lui le souvenir précieux des témoignages multipliés d'amour et d'estime dont il a été comblé dans le lieu de sa naissance.

Cambray, 20 octobre 1792, l'an premier de la République.

Le Conseil général de la Commune de Cambray.

Ce même jour, 20 octobre, Dumouriez arrivait à Valenciennes d'où il écrivait aussitôt à la municipalité de Cambrai pour l'informer qu'il approuvait la formation d'un corps de volontaires soldés. En voici le texte :

Sur le compte que m'a rendu le citoyen Codron, que le général Bourdonnaie avoit accordé, sous l'agrément des six commissaires-députés de la Convention nationale, la formation d'un corps de troupes soldés (sic), qui feroient le service de la place sous les ordres du commandant de la ville de Cambray, et des sorties au cas de siège, j'approuve cette mesure et je sai gré à mon concitoyen de m'avoir prévenu ; pourquoi il me sera agréable d'apprendre sa plus prompte formation.

A Valenciennes le 20 octobre, l'an 1er de la République.

Le général en chef,
(Signé) DUMOURIEZ [1].

Sa réception n'avait guère été moins chaleureuse dans cette seconde ville que dans la première. Voici, en effet, ce que l'*Argus* nous en dit [2] :

Dumouriez est arrivé ici samedi à deux heures ; son entrée dans nos murs a été annoncée par douze coups de canons : il étoit accompagné du général Labourdonnois, etc. Il s'est presque aussitôt rendu à la municipalité, et de là au district. Le concours des citoyens, pour voir et admirer ce libérateur de la République, étoit partout prodigieux. Vers les trois heures, le général Beurnonville est arrivé, et ces généraux, véritablement défenseurs de la République, ont assisté ce jour même au spectacle. Les cris de : « Vive l'Ajax françois ! Vive Beurnonville ! Vive Dumouriez ! » retentissoient de toutes parts ; un jeune enfant a posé une couronne de laurier sur la tête du brave général Dumouriez, et, entre les deux pièces, les acteurs ont chanté quelques couplets sur l'air « *Aux armes, citoyens !* » de la composition d'un acteur de la troupe ; il y a eu, ce même jour, illumination générale.

---

[1] Nous extrayons cette pièce et la précédente, dont les originaux reposent aux Archives municipales de Cambrai, du travail de M. Durieux intitulé : *Un mot sur Dumouriez*. La première se trouvait déjà reproduite dans le no de l'*Argus* du 22 octobre 1792.

[2] Dans le même numéro.

Le lendemain dimanche, Dumouriez se rendit à la séance des Amis de la liberté et de l'égalité, de Valenciennes, en même temps que « les généraux citoyens Beurnonville, Moreton, Egalité fils et le Corps électoral ». Sous le sobriquet d' « Egalité fils » se cachait, on ne l'ignore pas, l'ancien duc de Chartres, le futur roi Louis-Philippe. Le président de la Société, s'adressant à Dumouriez et à ses compagnons, leur dit :

Citoyens,

Vous avez bien mérité de la patrie, en ne désespérant pas de la République ; vous avez rempli votre devoir en la sauvant. Les despotes ont appris enfin ce que valent les moindres efforts d'une nation courageuse et libre ; ils fuyent, emportant avec eux la triste certitude de leur impuissance et de notre force. Voilà ce que vous rappelez au milieu de nous. Allez dans la Belgique aujourd'hui ; le soldat français, qui déjà sous vous a forcé ses ennemis abusés à l'estimer, y est attendu. Rendez à la liberté ce peuple généreux qui soupire après elle, bien digne d'en savourer, ainsi que nous, la douce jouissance. Que le tyran autrichien, que cette mégère sortant du même gouffre, tremblent à l'aspect de nos phalanges nationales ; que leur sceptre de fer soit brisé par les mains de nos braves soldats ; qu'enfin précipités d'un trône de sang et de crimes, ils viennent implorer la générosité du peuple français et demander la paix, la liberté, l'égalité dans leur pays. Voilà la base de notre accommodement avec les despotes vaincus.

Dumouriez, quel vaste champ d'honneur la patrie confiante ouvre à ton courage, à ton ardent amour pour elle ; vas apprendre à l'univers entier que la gloire du peuple français sera toujours de mépriser de vaines conquêtes, de fraterniser avec tous les hommes, de leur faire aimer et suivre les principes sacrés de la raison et de la nature ; enfin, pars et ne reviens parmi nous qu'après avoir changé, s'il est possible, toutes les couronnes, restes de superstition, contre le bonnet de la liberté dont nous ceignons ta tête ; alors, accours dans le sein de la patrie couvert de tes habits de fête ; viens recevoir de ses mains reconnaissantes la couronne civique, seule récompense digne d'un soldat républicain.

Le général, nous dit l'*Argus* [1], fit la réponse suivante « avec cette franchise qui le caractérise » :

Citoyens,

C'est pour la deuxième fois que le bonnet de la liberté m'est présenté par mes frères de la liberté et de l'égalité. La première fois que je le portoi, j'ai fait déclarer la guerre. Quelques personnes ont blâmé cette mesure ; tout ce qui s'est passé depuis nous a bien convaincu que la guerre étoit aussi nécessaire qu'indispensable ; qu'elle étoit même le seul moyen de connoître les trahisons dont on cherchoit à rendre le peuple françois la victime ; mais la nation est enfin parvenue à secouer, par son énergie, le joug le plus pesant qui l'accabloit encore, celui de la royauté. — Pour cette fois, j'espère bien et je m'engage même de ne déposer ce bonnet de la liberté, dont la couleur est celle du sang des ennemis que nous avons à combattre, que pour l'échanger contre les couronnes de fleurs que mériteront les braves soldats qui vont m'aider à faire la conquête du Brabant.

---

[1] Dans son numéro du jeudi 25 octobre.

Les troupes placées sous le commandement de Beurnonville étant, à la suite de ce général, arrivées sous Valenciennes les 21 et 22 octobre, Dumouriez ordonna immédiatement les mesures nécessaires à l'exécution du plan de campagne arrêté. Ce plan consistait à diviser l'armée en quatre corps afin d'obliger l'ennemi à partager sa défense et à la rendre ainsi plus faible. Le premier, constitué par l'armée des Ardennes, et placé sous les ordres du général Valence, qui n'en avait pas encore officiellement le commandement, était composé de dix bataillons de ligne, quinze bataillons de volontaires et douze escadrons, soit un total de 16.000 hommes ; il formait la droite de l'armée devant marcher par Givet sur Namur pour couper le général Clairfayt qui arrivait à grandes traites de Luxembourg, et empêcher sa jonction avec le duc de Saxe-Teschen. Le deuxième corps, commandé par le lieutenant-général d'Harville, fort de 12.000 hommes, fut placé en avant de Maubeuge ; il était destiné à tenir en échec les Autrichiens campés du côté de Luxembourg. Le troisième, dont Dumouriez s'était réservé le commandement, montait à 40.000 hommes ; il devait marcher sur Mons et, après la prise de cette ville, en droite ligne sur Bruxelles, poussant devant lui le duc de Saxe-Teschen avec intention de lui livrer bataille s'il l'atteignait. Enfin, le quatrième, aux ordres du général Labourdonnaie, formait la gauche et comptait 18.000 combattants qui devaient menacer Tournai afin d'obliger l'ennemi à étendre sa défense.

Les Autrichiens opposaient à ces troupes : le général Latour, à droite, au camp de la Trinité, couvrant Tournai avec 8.000 hommes ; le duc de Saxe-Teschen, sous Mons, avec 20.000 hommes ; une division à l'Ermitage près de Condé, un petit corps à Bury pour communiquer avec elle et des détachements encore plus faibles à Warneton, Tourcoing, Lannoy, Roubaix pour inquiéter Lille et contenir la garnison de cette ville.

Afin d'essayer d'accroître ses forces et de diminuer celles de son adversaire au moyen d'une amnistie accordée aux déserteurs et aux émigrants originaires des Pays-Bas autrichiens et des principautés voisines, Albert de Saxe avait, quelques jours auparavant, écrit la lettre suivante au colonel Osten, commandant les troupes belges et liégeoises, attachées au service de la France, et se trouvant alors à Quesnoy-sur-Deûle :

> J'autorise Monsieur le colonel, baron de Milius, commandant les troupes de Sa Majesté l'empereur et roi, le long de la Lys, d'accorder à tous les émigrés Brabançons, déserteurs de nos troupes, ou autres émigrés, ainsi qu'à ceux qui servent dans la même légion ou corps, de quelle dénomination qu'il soit et de quelle nation qu'il puisse être, plein et entier pardon, tant aux officiers qu'aux sous-officiers et soldats, à condition qu'à dater d'aujourd'hui, dans l'espace des quinze jours, ils déposent leurs armes et se rendent à nos avant-postes.
>
> Ceux qui ont servi chez nous, pourront retourner à leurs régiments ou à d'autres, sans subir la moindre punition ; ceux qui n'ont pas servi chez nous seront libres de s'engager dans l'un ou dans l'autre des régiments ou de retour-

ner paisiblement chez eux. Enfin, ceux qui n'ont pas servi chez nous et sont étrangers, seront les maîtres ou de prendre service chez nous, ou chez les princes français, ou bien on leur expédiera des passe-ports pour se rendre dans leur pays.

Ceux qui ne se présenteront pas dans les quinze jours, qui leur sont accordés, ne pourront jouir de ce pardon.

Quant aux officiers, il s'entend qu'ils ne pourront point, comme tels, passer à notre service, mais qu'ils seront les maîtres de retourner chez eux, sans subir la moindre punition.

Fait au quartier-général de Luchin, le 12 octobre 1792.

Signé : ALBERT, avec paraphe.

Le commandant s'était empressé de communiquer cette lettre au comité des Belges et Liégeois unis qui lui avait donné les instructions suivantes :

Lille, le 16 octobre 1792, l'an 1er de la République.

Citoyen colonel,

Le comité, après une mûre délibération, croit que vous devez faire, au nom des braves militaires que vous commandez, la réponse ci-jointe à l'insolent pardon du féroce et imbécile Albert, pardon qui prouve d'une manière non équivoque l'embarras et la détresse où se trouvent nos ennemis.

Le comité vous conseille de communiquer cette réponse à toute la troupe Belgique et Liégeoise : il est persuadé d'avance qu'elle est conforme aux sentiments de tous ces intrépides défenseurs des droits imprescriptibles du peuple souverain. D'après leur adhésion, vous le signerez au nom de tout le corps.

Les membres du comité général des Belges et Liégeois unis.

Signé : Alex. BALSA, président, A. de RAET, secrétaire.

En conséquence, la réponse adressée à Albert avait été celle-ci :

Les Belges et les Liégeois unis ont juré, par leur manifeste, d'exterminer leurs tyrans ; ils tiendront leur serment. C'est l'unique réponse à l'insolent pardon offert par Albert.

Signé : Alex. BALSA, président ; A. de RAET, secrétaire ; E. DINNE, secrétaire ; E. VAN DE STENNE.[1]

Parmi les troupes composant l'armée de Dumouriez et de ses lieutenants se trouvaient les bataillons de volontaires levés dans le Nord tant en 1791 qu'en 1792. Trois seulement, ayant pour chefs Desenfans, Lepoutre et Cardon, dataient de la première de ces deux années, une quinzaine de la seconde, et tous n'étaient pas encore formés. Si on y ajoute plusieurs corps francs d'infanterie et quelques escadrons de hussards et

---

[1] Nous extrayons ces documents de l'*Argus*, n° du 23 octobre.

de chasseurs, on aura à peu près le contingent fourni par le Nord durant cette première période des guerres révolutionnaires.

Grâce à lui et à ses autres forces, Dumouriez possédait incontestablement à l'égard de son adversaire la supériorité du nombre. Mais son armée était travaillée par une cause incessante de décomposition, dont, avec plusieurs autres, l'influence amena les désastres qui, après de merveilleux succès, signalèrent la fin de la campagne. Nous voulons parler du départ des volontaires. Beaucoup ne s'étaient engagés que pour un an, et n'entendaient pas rester plus longtemps. Afin d'essayer de les retenir, la Convention leur avait, le 19 octobre, adressé la proclamation suivante :

> La loi permet à quelques-uns d'entre vous de se retirer. Le cri de la patrie le leur défend. Les Romains ont-ils abandonné leurs armes quand Porsenna était encore aux portes de Rome ! L'ennemi a-t-il passé le Rhin ? Le sang des Français dont il a arrosé la terre de la liberté est-il vengé ? Ses ravages et ses barbaries sont-ils punis ? A-t-il reconnu la majesté de la République et la souveraineté du Peuple ? Soldats, voilà le terme de vos travaux : c'est en dire assez aux braves défenseurs de la patrie. La Convention nationale se borne à vous recommander l'honneur français, l'intérêt de la République et le soin de votre propre gloire.

Un grand nombre de volontaires demeurèrent sourds à ces belles paroles et à bien d'autres du même genre. Qu'on en juge par cet exemple : Le 1er bataillon de Maine-et-Loire, celui auquel avait appartenu Beaurepaire, se trouvait le 25 octobre au camp de Famars ; son commandant, Lemoine, ayant fait l'appel des volontaires qui voulaient reprendre leur liberté à partir du premier décembre suivant, 357 hommes se présentèrent. Il est vrai que la moitié environ d'entre eux déclaraient qu'ils resteraient à leur poste si la patrie ne cessait pas d'être en danger.[1]

Les premières opérations de Dumouriez consistèrent à nettoyer le territoire français des postes ennemis qui l'occupaient encore. Au moment où ils avaient annoncé une adjudication de bois dans la forêt, les Autri-

---

[1] Nous extrayons ce renseignement d'un ouvrage en quatre volumes mis au jour en 1850 par F. Grille, d'Angers, et intitulé : *Lettres, mémoires et documents publiés avec des notes sur la formation, le personnel, l'esprit du 1er bataillon des Volontaires de Maine-et-Loire, et sur sa marche à travers les crises de la Révolution française.* Cet ouvrage contient sur la campagne de Belgique, la retraite de l'armée française, la trahison de Dumouriez, et les opérations dont Valenciennes devint le centre en avril et mai 1793, une série de lettres particulières d'un vif intérêt auxquelles nous ferons quelques emprunts. Précédemment, étant le chef de la division des sciences et des arts au ministère de l'intérieur, Grille avait conçu de faire officiellement imprimer une *Description générale de la France*. Il a lui-même publié, de 1825 à 1830, une fort intéressante *Description du département du Nord*, comprenant l'histoire, la topographie, la population, l'administration, l'industrie, le commerce, l'agriculture et les mœurs. Il compléta plus tard ses travaux par trois volumes sur *La Vendée en 1793*, recueil de documents spécialement destiné à réfuter un grand nombre des allégations de l'académicien de Barante.

chiens déguerpirent de Saint-Amand dans les circonstances indiquées vers la fin du chapitre précédent. Ce qui valut à un bataillon du Pas-de-Calais une découverte fort agréable :

> Lors de l'évacuation du camp de Maulde, le 7 septembre dernier, le premier bataillon du Pas-de-Calais, principale victime de cette fatale journée, avoit été obligé de laisser sa caisse dans les environs du Château-l'abbaye, et on la croioit enlevée par les Autrichiens ; mais, le lendemain de la reprise de Saint-Amand et de tous ces environs par nos troupes, le 23 octobre pendant la nuit, les volontaires Louis Dumont, dit l'*Espérance*, Joseph Desailly, Louis Manœuvre et Joseph Cousin, ayant découvert que ledit trésor du bataillon étoit encore au village de Château-l'abbaye, que les fonds avoient été extraits de la caisse dans laquelle ils se trouvoient, par certains particuliers qui l'avoient eux-mêmes enterrée, et après avoir pris les mesures les plus sages, ils ont ramené dans Saint-Amand, environ cinq mille livres, tant en numéraire qu'en assignats, dudit trésor qui avoit été évalué à près de quinze mille livres. Ces mêmes volontaires ont aussi rapporté du Château-l'abbaye, une certaine quantité de bidons, gamelles et marmites ainsi que cinq chemises appartenant à des volontaires dudit bataillon.[1]

Ce même jour, quelques postes français furent établis à Quiévrain, puis sans combat, dans quelques villages plus voisins de Mons. Le lendemain 24 octobre :

> Le général Omoran ayant résolu de déloger des postes de Bon-Secours, de Péruwé et même des bois, les brigands autrichiens qui y étoient répandus en assez grand nombre, combina avec sagesse l'expédition qui a eu lieu avant-hier avec tout le succès désirable. A cet effet, il a fait marcher deux colonnes en même temps sur Bon-Secours et Péruwé. La colonne de droite, commandée par le chef du 104ᵉ régiment, a suivi le chemin de Bon-Secours et étoit composée de 150 hommes du 104ᵉ régiment, de 100 hommes de la Côte-d'Or, de 300 hommes d'Indre-et-Loire, de 300 hommes des Côtes-du-Nord, précédée d'une avant-garde, d'une compagnie franche et de 24 grenadiers, avec deux pièces de canon.
> La colonne destinée pour Péruwé et commandée par le lieutenant-colonel du 1ᵉʳ régiment, étoit composée de 300 hommes du 1ᵉʳ régiment d'infanterie, de 300 hommes de Seine-et-Oise et s'est portée par le mont Caupremont. Il y avoit une troisième colonne, composée de 300 hommes du bataillon de l'Yonne et commandée par un lieutenant-colonel de ce corps, qui s'est portée sur le château de l'Hermitage en passant par le Chêne-Raout et qui étoit occupé par un poste ennemi. Tous les hommes et les chevaux en état de service des quatre escadrons, qui se trouvoient dans Condé, occupoient la plaine et ont parfaitement secondé l'expédition de l'infanterie. Le dépôt du 17ᵉ régiment de dragons et celui du 1ᵉʳ régiment de cavalerie, formoient conjointement un petit escadron auxiliaire qui a gardé la plaine entre la maison de Montigny et le hameau du Coq. Depuis le volontaire jusqu'au général, chacun étoit également animé de la hauteur de la gloire à laquelle la nation doit se distinguer. La canonade a commencé à cinq heures du matin ; l'action a été chaude de part et d'autre ; la colonne à la tête de laquelle s'est trouvé le brave général Omoran avoit deux pièces de canons ennemis à repousser ; mais l'ensemble de l'expé-

---

1 *Argus*, no du 26 octobre.

dition a été au comble, quoique dirigée sur une circonférence de quatre lieues. Nous avons fait vingt-cinq prisonniers au fossé de Bon-Secours et trente-sept à celui de Péruwetz, desquels postes nous nous sommes emparés : indépendamment de ces prisonniers, l'ennemi a dû faire une perte considérable. C'étoit au son de la musique et des airs chéris Ça ira, que nos troupes faisoient feu : on ne peut se faire une idée de leur courage et de leur intrépidité : nous avons perdu onze hommes et nous avons eu une trentaine de blessés.

Parmi les prisonniers faits dans cette expédition, se trouvoit un officier croate, qui avoit été légèrement blessé, et qui dit à ceux qui l'ont conduit à Condé : « Ah ! que n'ai-je été tué, car je sais bien que je périrai en arrivant « chez vous. » On lui a rappelé les principes et le véritable caractère des Français, on l'a désabusé, et, pour l'en convaincre, on l'a fait dîner à une table d'hôte où se trouvoient indistinctement des officiers et des simples soldats. Un volontaire même lui fit faire l'observation que hors du service tous les soldats et officiers étoient égaux. Ce prisonnier, touché et pénétré de l'accueil qu'on lui faisoit, ne put se refuser de porter un toast à la République françoise.

A l'instant, cet officier arrive ici.[1] Hier quarante-trois prisonniers sont également arrivés, ainsi que plusieurs déserteurs. Dans le nombre des hommes que nous avons perdus, on distingue et on regrette infiniment le capitaine Lafond, le sous-lieutenant des grenadiers Dubois et l'adjudant sous-officier du 1ᵉʳ régiment d'infanterie.[2]

Le 26, quelques hussards de Lauzun et de Chamboran, placés aux avant-postes de Beurnonville, firent une incursion et se signalèrent par un hardi coup de main dans un village qui, peu de jours après, allait acquérir une impérissable renommée. En effet, nous dit l'*Argus*[3] :

> Ces braves chasseurs ont tourné le poste de Gemappe, l'ont attaqué vigoureusement, ont fait vingt prisonniers et ont mis en fuite les hussards d'Estherazy autrichiens qui ont lâchement abandonné leur capitaine. Ces vingt-huit prisonniers et le capitaine des hussards ennemis ont été conduits ici sur deux charettes, hier, vers les trois heures après-midi.

Tout le monde s'attendait à la prompte mise en marche de l'armée française, et, de Paris, l'utopiste allemand Anacharsis Clootz (autrefois Jean-Baptiste), que les électeurs de l'Oise venaient de faire siéger à la Convention, envoyait en ces termes ses vœux de succès :

> A Dumouriez, vainqueur des Prussiens, des Hessois, des Autrichiens et autres rebelles.
>
> Général du genre humain,
>
> L'Irlandais Ward et le Prussien Gerrechem sont animés d'un zèle révolutionnaire et civique. Leur bravoure égale la vôtre, et leurs talents dirigés par votre génie, seront funestes à la cause des rois. Amant de la victoire, vous

---

[1] C'est-à-dire à Valenciennes.

[2] *Argus*, no du 26 octobre. On trouvera dans le nᵒ du lendemain quelques détails complémentaires.

[3] Nᵒ du 27 octobre.

allez engendrer les départements de l'Escaut, de la Lys, de la Meuse Inférieure
de l'Issel, des Bouches-du-Rhin, etc. C'est ce que vous souhaite l'orateur du
genre humain,
ANACHARSIS CLOOTS.

Cosmopole, l'an 1ᵉʳ de la république universelle. [1]

Enfin, le 27 octobre, Dumouriez lançait deux proclamations, l'une au peuple belge, l'autre à son armée :

> Brave nation Belge, vous avez levé avant nous l'étendard de la liberté ; mais trompée par ceux de vos concitoyens en qui vous aviez placé votre confiance, abusée par les perfides insinuations des cours auxquelles vous vous étiez adressée, ou qui s'étoient mêlées dans vos affaires, uniquement pour vous agiter, pour embarrasser votre despote et pour vous livrer ensuite à sa vengeance ; victime de la politique insidieuse et cruelle de toutes les cours de l'Europe et particulièrement de celle de France, qui regardoit votre liberté comme le dernier coup porté au despotisme qu'elle vouloit rétablir sur nous ; non seulement vous n'avez reçu aucun secours efficace des François vos voisins, mais vous avez été abandonnée et trahie par les François mêmes, lorsqu'ils sont entrés dans vos provinces.
>
> Il falloit que la France eût triomphé du despotisme, en abattant la royauté ; il falloit qu'établie en république, elle eût triomphé des sattellites des despotes et que leurs nombreuses armées fussent venues se fondre devant les légions des hommes libres ; et qu'eux-mêmes les poursuivissent jusque dans leur propre territoire, pour que vous puissiez prendre une entière confiance dans la république françoise et dans les armées qu'elle envoye à votre secours.
>
> Nous entrons incessamment sur votre territoire ; nous y entrons pour vous aider à planter l'arbre de la liberté, sans nous mêler en rien de la constitution que vous voudrez adopter.
>
> Pourvu que vous établissiez la souveraineté du peuple, et que vous renonciez à vivre sous des despotes quelconques, nous serons vos frères, vos amis et vos soutiens. Nous respecterons vos propriétés et vos loix. La plus exacte discipline règnera dans les armées françoises.
>
> Nous entrons dans vos provinces pour y poursuivre les barbares autrichiens qui ont commis dans le département du Nord les excès les plus atroces. Nos justes armes seront très sévères contre ces indignes soldats du despotisme. Vous avez aussi des injures, des violences et des crimes à venger : joignez-vous à nous, pour que nous ne confondions pas les Belges avec les Allemands dans le cas où, par apathie, vous les laisseriez maîtres de vos villes, que nous serions obligés de bombarder et de brûler, pour détruire cette horde barbare, qu'il vous est facile de chasser à jamais, si vous joignez vos armes aux nôtres.
>
> Belges, nous sommes frères ; notre cause est la même, vous avez donné trop de preuves de votre impatience pour le joug, pour que nous ayons à craindre d'être obligés de vous traiter en ennemis.
>
> Le général DUMOURIEZ.

Quant à son armée, il lui disait :

> Généraux, officiers, soldats, estimables compagnons de mes travaux, fiers républicains chargés de soutenir la gloire de nos justes armes, nous allons entrer dans un pays qui nous attend avec impatience, comme ses libérateurs.

---

[1] *Argus*, no du 29 octobre.

Nous allons y poursuivre ces barbares autrichiens, ces perfides émigrés, qui ont porté le fer et la flamme dans nos départements frontières. Nous allons les chasser de ces belles provinces Belgiques qu'ils tiennent depuis si longtemps dans l'esclavage.

Entrons dans ces provinces comme des frères et des libérateurs : des citoyens libres doivent honorer, par leur conduite généreuse et sage, les armes que la patrie leur confie. Nous sommes les dépositaires de la gloire de la république. Montrons un courage sévère contre les Autrichiens. Montrons une grande douceur envers les prisonniers, une grande fraternité envers les habitants du pays, à moins qu'aveuglés par leurs despotes ils ne prennent les armes contre nous, ce qui n'arrivera certainement pas, surtout, si nous faisons aimer la liberté par notre bonne conduite et par notre humanité.

Au quartier général à Valenciennes, le 27 octobre 1792, l'an premier de la république.

Le général en chef : DUMOURIEZ.

Le numéro de l'*Argus* en date du 29 octobre 1792, auquel nous empruntons ces deux proclamations, les fait suivre de cette note :

Tous les effets de campements, la grosse artillerie et la grande armée, ont filé hier matin vers Mons ; le général Dumouriez est aussi parti hier à dix heures et demi du matin avec tout son état-major, et il a établi son quartier général à Onnain, près de Quiévrain. Plus de soixante mille hommes sont maintenant placés sur trois lignes aux environs, et même aux portes de Mons.

La communication du côté de Leuze, entre Tournai et Mons, a été coupée par la colonne de Condé ; Labourdonnois est aux portes de Tournai. Dumouriez connoît parfaitement toutes les forces et la situation de ces deux places ; elles ne sont pas de nature à pouvoir résister à une armée aussi imposante, lors même que les habitants ne seroient pas disposés à nous seconder, et entièrement dévoués à faire cause commune avec nous. Il n'y a donc pas de doute, qu'avant vingt-quatre heures, nous serons dans Mons.

Vingt-quatre heures, c'était évidemment trop peu. Mais pour être légèrement différé, l'évènement ne s'en réalisa pas moins à bref délai.

A peine arrivé à son quartier général, Dumouriez y reçut une adresse moitié vers, moitié prose, du bataillon des Lombards. Ce bataillon ayant été à tort soupçonné de lâcheté, Dumouriez, lors de son voyage à Paris, s'était rendu à la section de son quartier pour le laver de cette accusation :

On nous avoit ravi l'honneur
Et nous étions sans énergie
Les venins de la calomnie
Sembloient abattre notre cœur ;
Nous nous disions : O ma patrie
Nous volons tous pour te servir ;
C'est notre seul vœu, notre envie
Et l'on s'acharne à nous flétrir.

La mort n'est rien, et tout François
Doit la voir d'un regard tranquille ;
Du moment qu'il peut être utile
Il doit expirer sans regrets ;
Mais mourir et voir son semblable
Douter encor de votre cœur,
Tout nous atterre et nous accable
C'est là le comble du malheur.

Puis, après avoir rappelé l'intervention de Dumouriez, l'adresse ajoutait :

> Et partout à la voix d'un père
> On nous verra toujours voler ;
> Sous toi nous voudrions braver
> Et les frimats et la misère ;
> Oui, la fatigue de la guerre
> Ne peut ébranler notre cœur ;
> Pour la liberté, pour l'honneur,
> On défleroit la terre entière.

Malgré la gravité des circonstances, Dumouriez, en homme qui veut plaire à tous et qui ne néglige aucune occasion, quelque futile qu'elle soit, de se faire de la popularité, s'empressa de répondre en ces termes :

> Je suis sensible, braves frères d'armes, aux sentiments de votre bataillon. Je répondrai sans cesse à la confiance de mes camarades. Je leur rendrai justice comme je l'ai fait pour vous à la section des Lombards. Continuez, chers amis, de tout braver pour votre patrie. Le bonheur de la servir est la plus douce récompense des républicains.
>
> Le général d'armée : Signé DUMOURIEZ [1].

Vers le soir du 29, les commissaires de la Convention, Delmas, Bellegarde et Duhem, arrivèrent à Valenciennes. Le lendemain matin, ils allèrent à Onnaing pour conférer avec Dumouriez. Le soir, le général se rendit à Lille en leur compagnie, et ne rentra dans son camp que le 2 novembre.

Pendant que Delmas, Bellegarde et Duhem s'occupaient des opérations militaires, leurs collègues faisaient une tournée dans le sud du département, où, d'Avesnes, le 27, ils avaient écrit en ces termes à la Convention, pour lui signaler la défectuosité des hôpitaux, les négligences des commissaires des guerres, et les vices de certaines fournitures destinées à l'armée :

> Citoyens,
>
> Nous avons visité soigneusement les hôpitaux de Landrecy et d'Avesnes où il y a un grand nombre de malades de l'armée de Dumouriez. Celui de Landrecy est dans un état déplorable. Nous y avons trouvé des malades, exposés à presque toutes les injures de l'air, dans un cloître humide et fétide, d'autres couchés sur la paille dans des galletas ; nous avons requis la municipalité de prendre sur-le-champ les mesures provisoires qui pouvoient apporter quelque soulagement à nos braves frères d'armes.
>
> Les malades sont un peu moins mal à Avesnes, par les soins des Corps administratifs qui ont pris sur eux de faire le service des commissaires des guerres qu'on n'y voit paraître, ainsi qu'à Landrecy, que pour les revues.

---

[1] *Argus*, no du 1er novembre.

A quoi sert-il de payer chèrement ces officiers, si l'on n'en peut obtenir aucun service ? Telle est la question que nous font, sur cette frontière, les Corps administratifs patriotes et tous les citoyens. Telle est aussi celle que nous faisons à la Convention nationale.

Les souliers des magazins de l'armée sont reçus par eux. Nous avons pris, sur cet objet important, des renseignements, dont voici le résultat :

Les souliers tirés des magazins de l'armée manquent rarement par les empeignes, mais il n'y a pas d'exemple que les semelles aient résisté à huit journées de marche dans la boue, parce que les premières semelles sont mal cousues et à longs points, et presque toujours les semelles sont en cuir de vache ; et, si elles sont en bœuf, le cuir n'a pas été assez battu avant d'être employé, ce qui fait que les soldats, en général, depuis le commencement de la campagne jusqu'à ce jour, ont usé au moins six paires de souliers par homme.

Nous nous joignons à nos braves frères d'armes, pour solliciter de la Convention nationale des mesures propres à faire cesser tant d'abus. Nous nous joignons à ceux que nous rencontrons, à chaque pas, couverts de gloire et de lambeaux, marchant dans la boue sans souliers et sans se plaindre, pour demander une punition exemplaire des principaux auteurs de ces funestes friponneries.

Elles retracent l'ancien régime qu'il faut poursuivre partout où il ose encore se montrer.

Les commissaires de la Convention, sur la frontière du Nord,

Signé : E.-J.-M. d'Aoust, Ernest Duquesnoy, et Gustave Doulcet [1].

Jusqu'au 3 novembre, les Autrichiens étaient demeurés maîtres de Maulde. Ce jour-là, de bon matin, les troupes françaises de Saint-Amand les attaquèrent et, après les avoir délogés, leur donnèrent la chasse jusqu'aux portes de Tournai [2].

Ce même jour, la grande armée de 40.000 hommes commença sérieusement ses opérations. Beurnonville quitta Quiévrain. Il rencontra une assez vive résistance, mais, avec le renfort de la division du général Dampierre, il obligea l'ennemi à lui céder le terrain. Le 5, l'avant-garde de Dumouriez prit position en avant du village de Fromines, tandis que son corps d'armée se plaçait entre les villages d'Elouges et d'Haynin. Le général d'Harville était en colonne près de Genly et de Noirchain. Le lendemain, 6, l'engagement qui ne tarda point à devenir général et à se terminer par une grande bataille, commença par une vive canonnade sur la droite. Ce ne fut qu'à deux heures que les retranchements de Jemmapes purent être définitivement emportés après le massacre des grenadiers hongrois qui les défendirent énergiquement. Les généraux autrichiens n'eurent plus qu'à donner le signal d'une retraite précipitée.

---

[1] *Argus*, n° du 3 novembre.

[2] *Argus*, n° du 3 novembre.

Le mardi 6 novembre, dans cette journée à jamais glorieuse pour les armes de la jeune République, à l'heure même où se livrait la bataille, l'*Argus*, qui continuait à s'imprimer à Valenciennes, mais qui avait évidemment un service de *reportage* des mieux organisés, publiait les lignes suivantes :

> L'avant-garde de l'armée de Dumouriez est toujours aux prises avec l'ennemi ; elle est actuellement à la portée du canon de Mons ; le corps d'armée est au-delà de Boussu et le quartier général à Saint-Ghislain à une lieue et demie de Mons. Dans ce moment même, l'avant-garde attaque les postes avancés des Autrichiens ; on entend continuellement le bruit du canon : la canonade a commencé à six heures du matin ; à onze heures elle a été très vive et elle a fini à une heure et demie. On attend de grandes nouvelles.
>
> Les Autrichiens s'étoient embusqués dans le bois de Boussu ; mais nos chasseurs et hussards les en ont débusqués, en ont tué un grand nombre et fait environ 250 prisonniers, qui ont tous été conduits ici ; il arrive aussi continuellement des déserteurs.

Quatre jours après, dans son numéro du samedi 10 novembre, l'*Argus* faisait en ces termes un récit complet de la bataille :

> Que ceux qui ont osé calomnier ou suspecter la bravoure de nos troupes, que ces chefs assez lâches eux-mêmes pour accuser nos défenseurs de lâcheté ou d'insubordination, lisent avec attention les détails suivants ; ils y trouveront deux vérités bien frappantes : c'est que des républicains qui combattent pour la liberté et la défense des droits de l'homme, ne peuvent jamais être vaincus et que de bons commandants ont toujours de bons soldats.
>
> L'armée de Dumouriez occupoit encore le samedi 3 novembre les plaines de Quiévrechain, Crépin et Onnaing, et ce fut ce jour au matin, que le général changea sa position pour aller avec son avant-garde en prendre une autre, entre Elouge et Whiéris ; l'armée fut repoussée au village de Thieulain. Les Belges chargés de cette attaque, s'étant trop aventurés et n'ayant point pris de canons avec eux, se trouvoient enveloppés par 1.500 hussards autrichiens qui en ont taillé en pièces deux compagnies, et tout le corps auroit été détruit, sans l'extrême valeur de 300 hussards du 2me régiment qui ont chassé les hussards autrichiens et dégagés les Belges tout en assurant leur retraite. Ce même jour 3 novembre, le général Harville est arrivé avec son armée à Bavay.
>
> Le dimanche 4, le général Dumouriez tira d'Onnaing neuf bataillons pour fortifier l'attaque de Thieulain et prendre de force la position de Boussu ; son dessein étant d'effectuer sa réunion avec le général Harville, il étoit donc nécessaire de chasser les Autrichiens de la longue bande de bois qui s'étendoit depuis Sars jusqu'à Boussu. Le colonel Frégerville, du 11me régiment de chasseurs à cheval, avec son régiment et de l'infanterie légère, fut chargé de s'emparer du village de Frameries, et le général Harville du château de Sars, tandis que le général Dumouriez s'emparerait lui-même de Boussu : ces attaques ont parfaitement réussi, les Autrichiens ont été dépostés du moulin de Boussu, ils ont perdu au moins 600 hommes ; l'artillerie seule a travaillé ; le général Dumouriez, infatigable, a lui-même bivouaqué ce jour-là.
>
> Le lundi 5, le général ayant reconnu la position des ennemis sur les hauteurs de Gemappes, fit faire l'attaque du village de Quaraignon, et il y eut ce jour-là divers combats d'infanterie et de cavalerie où nous avons toujours eu l'avantage. Le général Harville n'a pu arriver ce jour-là à la hauteur de Frameries qu'avec la moitié de son armée, d'environ 6.000 hommes ; alors le général Dumouriez établit son camp en face de Gemappe ; il fit venir sa grosse artillerie à

Boussu et il se décida à faire le lendemain une attaque décisive, pour empêcher l'armée du général Clairfayt d'opérer sa jonction. Le mardi 6, au matin, le général fit avancer 12 pièces de 16, douze de douze et 12 obusiers qu'il fit placer sur tout le front de sa ligne. Le général Harville placé sur la hauteur de Ciply, flanquoit la gauche de l'ennemi, et le village de Quaraignon étoit soutenu par les Belges et neuf bataillons aux ordres des maréchaux de camp Ferrand, Rosière et Blottefière. Le centre de l'attaque étoit occupé de 18 bataillons aux ordres du lieutenant-général Egalité et des maréchaux de camp Stétenhof, Defforet et Drouet. La droite, ou avant-garde, étoit aux ordres du lieutenant-général Beurnonville et du maréchal de camp Dampierre. L'armée ennemie étoit de 28.000 hommes dont environ 4.000 de cavalerie. Notre armée n'étoit pas alors composée de plus de 30.000 combattants. La position des Autrichiens étoit formidable : leur droite appuyée au village de Gemape, formoit un équerre avec leur front et leur gauche qui étoit appuyée à la Chaussée de Valenciennes. Ils étoient placés dans toute cette longueur sur une montagne boisée où s'élevoient en amphithéâtre trois étages de redoutes garnies de 20 pièces de grosse artillerie, d'au moins autant d'obusiers et de trois pièces de canon de campagne par bataillon, ce qui présentoit une artillerie de près de cent bouches à feu. Nous en avions autant, mais l'élévation de leurs batteries leur donnoit un grand avantage, si nous avions persévéré à vouloir terminer l'affaire avec le canon. Les troupes désiroient vivement de se mesurer de près avec l'ennemi.

La canonnade la plus vive de part et d'autre s'est ouverte à sept heures du matin ; elle a duré jusqu'à dix heures du matin sans que le général ait aperçu un succès assez décisif pour se borner à ce genre de combat. Les troupes, enflammées par les dernières paroles de leurs frères et camarades d'armes qui expiroient à leurs côtés en criant : « Vive la Nation ! » ; animées par le général Dumouriez qui parcouroit les batteries et les rangs de bataille en criant : « Courage camarades, courage républicains ; c'est pour la liberté que nous combattons ! » toutes les troupes témoignoient au général une vive impatience d'approcher l'ennemi à la baïonnette. L'Ajax Beurnonville et l'intrépide Egalité lui proposoient déjà depuis longtemps ce genre de combat. Le général, satisfait de voir toute son armée, depuis les chefs jusqu'aux soldats, si bien disposée, déjà résolu à décider cette affaire en remportant les redoutes, rapprocha ses batteries et ordonna l'attaque du village de Quarégnon parce qu'il ne pouvoit plus attaquer Gemappe avant d'avoir pris ce premier village. L'adjudant-général Thouvenot fut chargé de diriger cette attaque, d'emporter Gemappe et tout le flanc droit de l'ennemi ; il manda au général Harville de rapprocher ses batteries, pour qu'elles fissent plus d'effet sur la gauche de l'ennemi ; et il manda au général Beurnonville de faire la même manœuvre, et d'être prêt à attaquer à midi.

A midi, toute l'infanterie s'est mise en un clin d'œil en colonne de bataillon, et s'est portée avec la plus grande rapidité et la plus grande allégresse vers les retranchements de l'ennemi. O moment qui immortalise à jamais le courage et la valeur des soldats républicains ! que n'en avez-vous été témoins, vils détracteurs des Français ? Vous auriez tout à la fois reconnu votre honte, votre erreur, et auriez bien été forcés de rendre justice à ces soldats républicains, à ces valeureux défenseurs de la liberté ! Pas une colonne n'est restée en arrière. Le premier étage des redoutes fut d'abord emporté avec la plus grande vivacité : mais bientôt les obstacles se multiplièrent, le centre courut des dangers et la cavalerie ennemie étoit prête à entrer en plaine, pour charger les colonnes par leurs flancs. Le lieutenant-général Egalité fut chargé de rallier très vite les colonnes et, avec un sang froid étonnant, il les ramena au deuxième étage des redoutes. Le sixième régiment des hussards et le troisième des chasseurs chargèrent vivement la cavalerie.

Le général Dumouriez se porta en même temps à la droite où il trouva, après un ample succès de la part de la colonne du général Beurnonville dans l'attaque de ces redoutes qu'elle avoit tournées et emportées, un peu de désordre qui s'étoit mis dans sa cavalerie pendant qu'il étoit occupé à la tête de son infanterie. Cet intrépide général Dumouriez, le sabre au clair, ainsi que tous ses aides de camp qui l'accompagnoient, menaçant, encourageant sa troupe, rallia avec une vitesse étonnante cette cavalerie qui chargea dans l'instant même, et avec la plus grande vigueur la cavalerie ennemie, commandée par Lambesc, et qui gagnoit déjà le flanc droit. Cette cavalerie voulut, pendant ce ralliement, enfoncer notre 1er bataillon de Paris qui l'a reçue avec une extrême vigueur et lui a tué d'une seule décharge 60 hommes. Dans l'intervalle de ce combat de la droite, la gauche avoit emporté le village de Gemappe, le centre avoit enlevé les secondes redoutes, il fallut donc donner un nouveau combat sur la hauteur, mais il fut moins vif et moins long. Les Autrichiens étant entièrement consternés de la valeur de nos troupes, firent à deux heures leur retraite dans le plus grand désordre : nos troupes occupoient alors tout le terrain de l'ennemi, jonché de morts et de blessés des deux parties : sa perte a été considérable, et sa consternation si grande, qu'il a traversé la ville de Mons sans s'arrêter, ni sur Bertaumont, ni sur le mont Parisel, ni même sur le haut de Nimy.

Le général Dumouriez porta alors toute son armée victorieuse sur la hauteur du village de Cuesnes qu'il occupa avec de l'infanterie ; on a pris dans ce village une pièce de canon de 13 livres, on y a ramassé une quantité de blessés et de déserteurs. La division du général Harville occupa ce même jour le mont Parisel, et celui de Bertaumont fut occupé par le général Stetenhoff. Le général envoya sommer sur le soir la ville de Mons : il est à remarquer qu'à l'approche du trompette, 4 escadrons autrichiens croyant déjà avoir tous les Français à leurs trousses, s'enfuirent au grand galop par la porte de Nimy. Quelques émigrés qui se trouvoient encore dans Mons, entr'autres les nommés Dusart, Heniau et Renversé, de Valenciennes, s'enfuirent aussi au même instant à toutes jambes. Il y eut des pourparlers : Dumouriez ne leur donnoit qu'une heure pour se rendre à discrétion. Les troupes qui bivouaquoient depuis trois jours, constamment pleines d'ardeur, demandoient à marcher vers Mons et de l'escalader.

Le général le leur ayant promis pour le lendemain, s'occupa à compléter la circonvallation de Mons pour l'attaquer par plusieurs endroits à la fois : l'ennemi avoit profité de la nuit pour l'évacuer, et les derniers 400 hommes qu'on y avoit laissés en sont sortis le 7, vers neuf heures du matin. Le général étoit occupé du plan des batteries lorsqu'à neuf heures et un quart les habitants de Mons, après avoir rompu les portes que les Autrichiens avoient fermées, sont venus l'inviter à entrer dans la ville, ce qu'il a exécuté sur-le-champ : les magistrats se sont trouvés à la porte de la ville et lui en ont offert les clefs ; enfin la bataille de Gemappe a décidé le sort de nos armes malgré les avantages précédemment remportés. Partout, après une résistance opiniâtre, la Nation française a triomphé, moins avec le canon qu'avec l'arme blanche ; tous les individus ont personnellement et courageusement combattus : soldats, généraux, tous ont donné des preuves de courage et se sont montrés les *Vainqueurs de la Liberté*.

Le général Drouet a eu une jambe cassée d'un coup de feu. Le colonel aide-de-camp Chaumont a eu un bras traversé d'une balle et son cheval tué sous lui. Le général Ferrand a eu une forte contusion à la jambe et son cheval tué sous lui. L'adjudant-général Montjoie a eu la bouche percée d'une balle qui lui a cassé 7 dents. Le colonel Dubouzet, du 104me régiment, a été grièvement blessé, ainsi que le citoyen Bertéche, lieutenant de la gendarmerie nationale, qui a reçu 41 coups de sabre [1]. Le citoyen Lafosse, lieutenant-colonel du bataillon des Deux-Sèvres, a eu le bras cassé d'une balle. Beaucoup d'autres officiers et

---

[1] Ce brave était né à Sedan. Il devint lieutenant colonel de gendarmerie et, plus tard, commandant de l'*Ecole de Mars*. Marie-Joseph Chenier lui fit décerner une couronne civique et un sabre d'honneur.

soldats ont été tués ou blessés. On évalue de 3 à 400 le nombre de tués et le double celui de blessés.

Le cinquième régiment a enlevé un drapeau aux ennemis. Ceux-ci ont perdu 11 pièces de canon, cinq pièces prises par l'avant-garde, dont deux de gros calibre : trois par l'attaque de gauche et trois en différents postes. La perte des ennemis est évaluée à plus de 5.000 hommes et autant de déserteurs ou égarés.

La bibliothèque de la ville de Mons possède le manuscrit des curieux *Mémoires* de P.-P.-J. Harmignies qui donnent des événements qui ont précédé et suivi immédiatement la bataille de Jemmapes, un récit intéressant dans sa concision, parce qu'il émane d'un personnage plus sympathique aux Autrichiens qu'à leurs adversaires, et dont la plume néanmoins ne peut s'empêcher de constater la valeur et les succès de l'armée française. Quoique ces *Mémoires* aient été publiés par la Société des bibliophiles de Mons, ils sont peu connus, et nous croyons utile de reproduire ici le passage relatif à la bataille de Jemmapes et à l'entrée de l'armée française à Mons :

Les alliés s'étant ensuite retirés de la Champagne, le comte de Clerfayt qui commandoit les Autrichiens, amena son armée au secours des Pays-Bas menacés par les François. Le 23 octobre 1792, ceux-ci entrèrent dans le pays par Quiévrain où ils prirent poste, et peu après, à Elouges et autres endroits. Le 27, étant à Bonsecours près Péruwels, ils voulurent avancer vers Blaton pour intercepter la communication de Mons à Tournai par la chaussée qui passe à Saint-Ghislain. Ils attaquèrent jusqu'à quatre fois et furent enfin repoussés avec perte jusque sous le canon de Condé. Le 4 novembre, le corps d'armée en deçà de Quiévrain s'avança et s'empara de Boussu après une assez faible résistance de la part des Autrichiens. Le 5, il y eut une vive canonnade depuis onze heures du matin jusqu'au soir. Le succès fut pour les François qui s'emparèrent des villages de Wasmes et Frameries, et on se disposa à la bataille de part et d'autre pour le lendemain. L'armée françoise, commandée par Dumouriez, étoit bien composée et beaucoup supérieure en hommes et surtout en artillerie à celle des Autrichiens[1] commandés par le duc de Saxe-Teschen lui-même et par le comte de Clerfayt. Le 6 novembre, dès huit heures du matin, l'attaque commença. Les Autrichiens occupoient les hauteurs de Jemmapes, Cuesmes, etc., leur aile gauche s'étendant jusqu'à Hyon. Ils étoient bien retranchés[2] et se confioient surtout sur l'avantage du terrain. Le feu fut terrible de part et d'autre. Vers midi, l'artillerie françoise qui étoit très belle, très nombreuse et très bien servie, parvint à démonter en partie une des deux principales batteries des Autrichiens qui consistoient en trois ou quatre pièces de canon chacune, vers le centre de l'armée ; alors la cavalerie françoise, s'étant ébranlée, marcha à ces batteries ; malgré leur feu et un feu terrible de l'infanterie autri-

---

[1] On la faisoit monter au moins à 60.000 hommes, tandis que les Autrichiens n'en avoient pas 30.000. — (*Note de P. P.-J. Harmignies.*)

[2] Il n'y avoit que le village de Jemmapes qui fût retranché ; le reste consistoit en redoutes et plates-formes à tous les endroits avantageux sur les montagnes qu'il falloit gravir, pour ainsi dire, pour arriver à eux. Mais ces postes étoient beaucoup trop étendus pour si peu de monde. — (*Idem.*)

chienne, quelques escadrons autrichiens qui soutenoient l'infanterie furent mis en déroute, nommément les dragons de la Tour et ceux de Cobourg; après quoi, les François emportèrent avec intrépidité une de ces batteries, l'épée à la main. C'est ce qui décida de la bataille. Alors l'aile droite des Autrichiens qui avoit beaucoup souffert [1], étant sur le point d'être prise en flanc, songea à la retraite, surtout une partie de la cavalerie du centre ayant pris la fuite en déroute vers Cuesmes et le lieu nommé le Tour à la mode. L'aile gauche des Autrichiens, dont une partie n'avoit presque rien fait, défila par Hyon et l'aile droite par Jemmapes sur des ponts jetés au-delà de ce village sur la Haine, passa par les grands prés de Mons et de là sur Nimy. Le reste passa par Cuesmes et par Mons ou alentour, ce qui permit aux François de s'emparer d'abord des hauteurs de Cuesmes, qui dominent la ville. Ils y envoyèrent peu après une trompette pour sommer la ville de se rendre. On capitula, et ce qui y restoit d'Autrichiens sortit le lendemain matin avec armes et bagages. Vers dix à onze heures du matin, les François y entrent. On descend l'aigle planté sur la place, on le met en pièces, et on y substitue un *bonnet de liberté*. Le même jour après-midi, une partie de l'armée françoise défile par la ville vers Casteau, tandis qu'une autre partie passe sur les côtés.

Rapprochons de ce récit quelques fragments du journal où Paridaëns enregistrait chaque jour les faits parvenus à sa connaissance :

DU 6 NOVEMBRE 1792.

Affaire décisive entre les Français et les Autrichiens. La canonade commence à sept heures et demie ; elle est terrible jusque vers deux heures après-midi. Les Autrichiens sont forcés dans tous leurs retranchements. Le succès des Français est décisif ; on voit défiler les Autrichiens par la ville, par les boulevards et autres chemins. Vers la chaussée de Bruxelles, dans l'après-dîner, un trompette vient jusqu'à deux fois sommer la garnison de rendre la ville : on apprend que l'officier autrichien commandant dans la ville a capitulé et est convenu de l'évacuer demain. Trois coups de canon tirés de la part des Français et autant de coups tirés de la part des Autrichiens en réponse, vers cinq heures et demie, annoncent que les articles sont acceptés. Nous nous couchons dans l'incertitude si, à notre réveil, nous ne serons pas déjà Français.

Dans la bataille dont nous venons de voir que la prise de Mons fut le premier résultat, les hussards noirs ou hussards francs du Nord, ainsi que les dragons de même origine, s'étaient conduits d'une manière si brillante, que désormais on ne les nomma plus dans l'armée que *hussards* et *dragons de Jemmappes*, ou *de la Liberté*. Ils furent incorporés dans l'armée régulière les premiers par une loi du 24 mars 1793, les seconds par une loi du 13 mars de la même année. Ceux-ci avaient pour colonel le citoyen Mériau, originaire de Valenciennes.

De leur côté, les demoiselles Fernig avaient montré leur vaillance ordinaire. Le 4, dans le bois de Boussu, ayant été envoyées en expédition

---

[1] Elle s'étendoit jusqu'à la chaussée de Valenciennes au-delà de Jemmapes ou plutôt elle comprenoit tout le village de Jemmapes même qui étoit retranché. — (*Idem.*)

contre les postes avancés de l'ennemi, elles avaient couru de grands dangers. « Un chasseur autrichien, nous dit le docteur Duhem, s'acharnant à terrasser l'une d'elles, les deux adversaires se défendent longtemps corps à corps. Mlle Fernig manque d'un coup de pistolet le chasseur qui, la manquant à son tour d'un coup de fusil, s'avance sur elle pour la percer de sa baïonnette ; mais elle est assez heureuse pour lui porter un coup de sabre qui le désarme et le fait prisonnier. » — Le 6, continue le même auteur, « les colonnes, sous le feu meurtrier des batteries croisées, commençaient à fléchir et à se débander. Le général Egalité s'en aperçoit et s'élance vers elles, le sabre à la main ; les colonnes sont vigoureusement ralliées, ramenées à la charge, les batteries sont conquises et les Français sont maîtres des positions. Les demoiselles Fernig s'étaient élancées à la suite du général pour rallier les colonnes ; dans l'attaque des redoutes, deux ennemis étaient tombés sous leurs coups. »

C'est presque immédiatement après ces nouveaux exploits, mais en l'honneur de leurs hauts faits antérieurs, qu'elles reçurent des « citoyennes de Strasbourg armées de piques », une adresse ainsi conçue :

        Citoyennes Françoises,

Votre ardent amour pour la patrie, votre zèle de voler à sa défense, le courage que vous avez montré dans toutes les occasions où vous aviez à combattre et à terrasser nos barbares ennemis, vous ont attiré l'admiration de tous les François et l'amitié de toutes les Françoises. Les détails qui nous sont parvenus de votre conduite héroïque ont rempli nos âmes d'un saint enthousiasme, et, malgré le peu d'espoir que nous ayons de vous ressembler, nous tâcherons au moins d'imiter votre généreux dévoûment.

Illustres héroïnes de la liberté, nous vous faisons passer comme un hommage digne de vous, la copie d'une pétition que nous venons de présenter à nos administrateurs. Elle vous prouvera mieux que ne pourroient les plus beaux discours, combien nous désirons de devenir vos émules ; car le plus bel éloge qu'on puisse faire de la vertu, c'est d'obéir à ses douces influences.

        Les citoyennes qui veulent comme vous
        Vivre libres ou mourir[1].

Bien d'autres hauts faits individuels signalèrent la bataille de Jemmapes. Une femme belge qui, ainsi que les demoiselles Fernig, y combattit sous l'habit masculin, fut plus tard nommée, par Napoléon, membre de la Légion d'honneur, et la requête suivante, remise peu de jours après par Dampierre à Dumouriez, révèle un acte non moins honorable :

Le nommé Jolibois, vétéran à l'armée françoise, ayant appris que son fils étoit déserté du premier bataillon de Paris, est arrivé le matin de la bataille

---

[1] *Argus*, n° du 9 novembre.

— 279 —

de Gemappe, a pris la place de son fils, et s'écrioit à chaque coup de fusil qu'il tiroit sur l'ennemi : « O mon fils, faut-il que le souvenir douloureux de ta faute empoisonne des moments aussi glorieux ! »

Les braves volontaires du bataillon de Paris, Balan et moi, nous prions le général Dumouriez de vouloir bien faire avoir un *brevet d'officier* à ce brave vétéran [1].

Notons pour en finir avec cette bataille mémorable à tant d'autres titres, qu'elle eut encore ce résultat d'accélérer considérablement une transformation déjà ébauchée dans l'artillerie de campagne. La Fayette, ayant assisté quelques années auparavant aux manœuvres de l'armée prussienne, avait obtenu, le 11 janvier 1792, à l'imitation de ce qu'il avait vu, la création à Metz de deux compagnies d'artillerie volante. Tandis qu'en Prusse, les servants étaient montés sur les voitures et les sous-verges, il les avait tous établis sur des chevaux indépendants. L'essai ayant réussi avait amené, le 17 avril, la création de 9 batteries. Comme plusieurs d'entre elles firent merveille à Jemmapes, tous les généraux en demandèrent et on en créa 30 d'un coup. La suite de la guerre en fit encore surgir une vingtaine [2].

Nous avons vu que, dès le lendemain de sa victoire, Dumouriez était entré dans Mons. Voici ce qu'à ce sujet nous dit l'*Argus* dans son numéro du 9 novembre :

Nos troupes sont entrées le 7 à onze heures du matin dans Mons ; elles y ont été accueillies par les braves Montois, qui depuis si longtemps, soupiroient après leur liberté, au milieu des cris d'allégresse, et elles y ont reçu de la part de ces dignes frères et amis les témoignages de la plus vive reconnaissance. Les magistrats de Mons ont offert au général Dumouriez les clefs de la Ville ; mais Dumouriez s'est comporté en libérateur et non en vainqueur : « Les François viennent ici, » leur dit-il, en posant seulement la main sur les clefs, « comme frères et amis, pour vous engager à tenir toujours vos portes fermées contre vos anciens oppresseurs, et à défendre cette liberté qu'ils vous ont conquis. »
C'étoit à qui pourroit donner une accolade de fraternité et de reconnaissance au général ; on entendoit de toutes parts ces cris : « Vive la liberté, Vivent les François ». Le général est monté dans la salle du Conseil et là, il a répété au peuple que les François ne venoient point pour le conquérir, mais pour le rendre libre. Tout s'est passé dans le plus grand ordre, pas un seul excès soit de la part du soldat, soit de la part du peuple n'a été commis. Les travaux n'ont point été suspendus. Le soir et hier, il y a eu illumination générale, grand bal.

A peine entré dans « la ville libre de Mons », Dumouriez, pour commencer l'exécution du programme politico-militaire qu'il s'était tracé, y fit

---

1 *Argus*, n° du 27 novembre.
2 On trouvera dans le livre de Grille sur *les Volontaires*, au tome 3, à partir de la page 130, quatre lettres très importantes et très curieuses de témoins oculaires de la bataille de Jemmapes ; la première de Dumouriez au président de la Convention nationale, écrite le 7 novembre du quartier général de Mons ; les autres d'un nommé Barbot, d'Egalité fils, et de Lemoine, ce commandant du bataillon de Maine-et-Loire dont nous avons déjà dit un mot.

établir une « Société des Amis de la Liberté et de l'Egalité ». De plus, il se rendit à la première séance publique de cette Société, qui eut lieu le soir même, et où le président lui adressa le discours suivant :

Citoyen général,

Vous avez donné tant de preuves de vos vertus civiques, de vos talents diplomatiques et militaires, que toutes vos actions en font l'éloge. Vous avez déclaré la guerre à notre tyran, comme ministre ; vous l'avez battu, terrassé comme général en chef des armées de la République françoise et des Pays-Bas. Vous nous apportez le bonheur, en détruisant chez nous la tyrannie monarchique et aristocratique. Soutenez notre courage, soyez le libérateur, l'appui des amis de la liberté et de l'égalité de la Belgique ; ce grand bienfait sera la plus douce récompense d'un citoyen tel que vous : recevez de nous le bonnet rouge, comme le gage de nos sentiments républicains.

Ce à quoi le général répondit :

Citoyen Président et vous, mes frères, il est bien doux pour moi de me trouver à l'ouverture de la première séance publique de votre Société des *Amis de la Liberté et de l'Egalité*, la première établie en Belgique. Il étoit réservé à la ville de Mons de donner cet exemple à tous les citoyens des Pays-Bas, qui, par leur empressement à le suivre, confondront les vils intriguans qui osoient calomnier le peuple Belgique, en soutenant qu'il n'étoit pas encore mûr pour la liberté. Pour moi, braves citoyens, dévoué sans réserve à la cause sublime des peuples, rien ne pourra changer mes sentimens : j'accepte avec reconnaissance la couronne civique que vous voulez bien me déférer ; offerte par des frères, par des amis imperturbables des droits éternels du peuple, elle est d'un prix infini ; toutes les couronnes des despotes doivent s'incliner devant elle [1].

La nouvelle société montoise ne tarda point à solliciter, en ces termes, son affiliation à la société mère de Paris :

Citoyens frères et amis, la cocarde tricolore fera le tour du globe ; il y a longtemps qu'on l'a dit. Cette prédiction se vérifie de jour en jour, et il nous est bien doux de vous annoncer qu'à peine notre ville a été délivrée, par le courage invincible des soldats de la République françoise sous le commandement du *Fabius moderne*, des vils satellites de l'Autriche, que l'arbre sacré de liberté fut élevé sur la Grand-Place par un peuple ivre de son bonheur.

L'instruction publique, ce fléau terrible de toute tyrannie sacrée et profane, devant faire le principal objet de la sollicitude des vrais amis du peuple, nous nous sommes réunis en assez grand nombre pour former, à votre exemple, une Société de vrais amis de la liberté et de l'égalité qui tiendra ce soir sa première séance publique. Nous vous prions, frères et amis, de vouloir nous accorder votre affiliation, et nous compter au nombre de vos enfants ; notre amour ardent pour la liberté, nos principes démocratiques, nous osons le dire, nous rendent dignes de cette faveur.

Nous sommes, avec une cordialité républicaine, vos très dévoués voisins et amis. Suivent les signatures [2].

---

[1] Les deux pièces qui précèdent sont tirées de l'*Argus*, n° du 11 novembre.
[2] *Argus,* n° du 17 novembre.

De son côté, le lendemain de son entrée dans leurs murs, Dumouriez adressa la proclamation suivante :

AUX CONCITOYENS DE LA VILLE LIBRE DE MONS.

Les Belges ont eu le courage de lever l'étendart de la liberté Belgique en France ; ils se sont armés, ils ont aidé à établir la liberté françoise, et à conquérir avec les François la liberté opprimée dans les Pays-Bas. Vous commencez à goûter déjà tous les bienfaits qu'elle vous procure. Pour la conserver, citoyens, il faut employer tous les moyens, que les droits imprescriptibles et inaliénables de l'homme vous suggèrent, pour qu'aucune espèce de tyrannie aristocratique ne vienne l'étouffer dans son berceau. Ces moyens les plus propres, les plus indispensables pour déjouer toutes les cabales, toutes les intrigues, sont que vous vous assembliez sans délai, dans le jour même, pour élire, à la place de vos anciens tyrans, des administrateurs provisoires, pour gérer les intérêts de votre province. Il faut, pour votre honneur, que vous choisissiez, concitoyens, de ces hommes intègres, de ces hommes purs et fermes qui n'ont jamais su plier leur tête républicaine sous aucun joug despotique, de ces hommes dont la vie entière ne vous offre qu'un tableau de vertus civiques.

Rendez-vous donc aujourd'hui, 8 novembre 1792, première année de la République Belgique, à trois heures après-diner, à l'église Sainte-Waudru, vous tous citoyens qui avez atteint l'âge de vingt et un ans, de quelque rang, de quelque fortune, quelque soit votre profession, puisque la nature nous a tous rendus égaux, pour choisir vos représentants provisoires. Ceux que vous honorerez d'une confiance qu'ils auront méritée, s'en rendront dignes par leurs talents, leur zèle, leur activité à servir la cause de la République Belgique.

Fait dans la Ville de Mons, ce 8 novembre 1792, première année de la liberté Belgique.

Vive la liberté, l'égalité [1].

La réunion provoquée par Dumouriez eut lieu, mais non sans encombre, à ce que nous apprend le correspondant de l'*Argus* [2] :

Le peuple s'est assemblé. Les membres du Comité Belgique, et particulièrement le citoyen Edouard Walkiers, ont rappelé au peuple les droits imprescriptibles de la liberté, et l'ont invité à se choisir provisoirement des représentans ou 30 administrateurs. J'étois présent à cette première assemblée : la cabale des prêtres et des Etats, la véritable aristocratie, a levé un instant son front altier ; mais la bonne cause a triomphé, et le peuple a choisi 30 représentans dignes de lui.

Séance tenante, ces représentants rédigèrent à l'adresse de leurs compatriotes, une proclamation ainsi conçue :

Au nom du Peuple souverain,

Nous déclarons à la face du ciel et de la terre, que tous les liens qui nous attachoient à la maison d'Autriche-Lorraine, sont brisés ; jurons de ne plus les

---

1 *Argus*, no du 11 novembre.

2 No du 10 novembre.

renouer et de ne reconnoître en qui que ce soit aucun droit à la souveraineté de la Belgique ; car nous voulons rentrer dans nos droits primitifs, imprescriptibles et inaliénables.

Tout pouvoir émanant essentiellement du peuple, nous déclarons que le corps des Etats, toute judicature supérieure et subalterne cessent, d'autant qu'ils n'ont pas été constitués par le peuple, leur défendant expressément, en son nom, d'exercer aucune fonction, à peine d'être poursuivis comme usurpateurs du pouvoir souverain.

Fait en assemblée générale tenue en la ville libre de Mons, ce 8 novembre 1792, l'an 1ᵉʳ de la République Belgique.

Signé : A.-G. GRENIER, vice-président.
C.-F.-J. LARIVIÈRE, secrétaire [1].

Aussitôt après la bataille de Jemmapes, les Autrichiens avaient retiré leurs troupes de tous les lieux voisins de la frontière de France, et les lieutenants de Dumouriez en avaient profité pour prendre, sans coup férir, possession du terrain abandonné par l'ennemi.

Une partie de l'armée de Labourdonnaie, divisée en quatre colonnes, s'était avancée vers l'ennemi par le Pont-Rouge, Warneton, etc. Le général avait, en outre, ordonné une reconnaissance, dont l'*Argus* nous dit ceci [2] :

Cinquante chasseurs à cheval du 5ᵉ régiment s'étant portés en avant du camp de Sainghin, pour faire une reconnoissance, ont tué 43 Tyroliens : ils auroient pu se retirer sans perdre un seul homme ; mais, ayant voulu sabrer les ennemis restés sur le champ de bataille, des hulans cachés dans un bois leur ont tué 10 hommes. C'est une perte, car ce régiment fait parfaitement bien la guerre. L'artillerie françoise mérite les plus grands éloges. C'est un corps bien précieux pour la République ; il est aussi patriote que brave et se couvre de gloire dans toutes les actions.

Les chasseurs à pied de Paris, nouvellement organisés, se conduisent parfaitement et se battent comme des lions.

Le général Duval a fait dégrader, à la tête du camp, un officier et un maréchal-des-logis des hussards de la République, qui avoient fui devant l'ennemi ; ils ont été rasés, et leur uniforme et marques distinctives ont été brûlés : les troupes ont applaudi à cette punition. Les défenseurs de la liberté n'aiment pas les lâches.

Le général Labourdonnois, satisfait de la conduite et de la bravoure de la gendarmerie parisienne, a écrit la lettre suivante au citoyen Verrières, colonel-général de cette valeureuse troupe :

« Camp de Sainghin, le 7 novembre 1792,
l'an 1ᵉʳ de la République française.

« Je vous félicite, citoyen, de la bonne conduite de la troupe que vous commandez, et qui a si bien répondu à l'idée que je m'en étois faite ; le maréchal de

---

[1] *Argus*, no du 11 novembre.

[2] No du 12 novembre. L'article de l'*Argus* mélange les événements du 7 avec ceux du 8. Sans y changer un seul mot, nous avons modifié l'ordre des paragraphes, afin de le rendre plus clair.

camp Champmorin m'en a rendu un compte très avantageux. Je vous prie d'en témoigner toute ma satisfaction à la gendarmerie. J'ai un très grand empressement de rapprocher de moi votre corps, et je l'appelle sur-le-champ à mon armée pour l'occuper à des opérations plus sérieuses, et d'une plus grande utilité pour la gloire de nos armées et l'affermissement de la République. »

Le lieutenant-général commandant l'armée du Nord,
LABOURDONNOIS.

Le général Labourdonnois étoit parti le 8 au matin du camp de Sainghin pour venir à Lille, où il avoit des ordres à donner ; à midi, l'aide de camp du maréchal de camp Ruault lui a apporté la nouvelle qu'un citoyen de Tournay venoit d'arriver à toute bride au quartier général pour l'informer que les Autrichiens avoient évacué cette ville la nuit précédente, à deux heures du matin. Des ordres ont été donnés sur-le-champ, pour faire marcher une forte avant-garde chargée de s'assurer si Tournay étoit effectivement évacué.

Il arrive à chaque instant un grand nombre de déserteurs ; plusieurs assurent que l'armée ennemie manque de tout ; que son courage est entièrement abattu, et que, sous peu de jours, des compagnies entières avec armes et bagages, déserteront. 100 hommes de l'armée de Clairfayt lui ont échappé et sont entrés à Charleville avec leurs armes.

La ville de Tournay a reçu la visite d'un grand nombre de Lillois et autres François. Les autres Tournésiens aujourd'hui libres, les fêtent avec toute cette fraternité qu'inspirent la liberté et l'égalité. Les émigrants ont suivi le torrent qui a entraîné les immondices qui infectoient la ville, et les brigands d'Autriche, au moment de plier bagage et prêts à prendre la fuite, l'ont pillée pour grossir le butin qu'ils ont volé sur notre territoire.

Labourdonnaie entra dans Tournai le 9 au matin. Les magistrats municipaux lui en apportèrent les clefs. Il n'y trouva pas une pièce de canon.

Pendant ce temps, une autre partie des troupes du général prenait Menin, Courtrai et Ypres, et s'avançait vers la Flandre maritime. Parmi elle figuraient des corps francs, plus ou moins semblables aux Flanqueurs d'Hasnon dont nous avons déjà parlé. L'un d'eux, au moins, mérite une mention spéciale à cause du lieu de naissance de son chef, et de la célébrité qu'il sut acquérir. C'est celui de Vandamme. Le futur général était originaire de Cassel, jolie petite ville construite sur les flancs d'une colline élevée, du sommet de laquelle, quand le temps est clair, peuvent être aperçues les côtes d'Angleterre. L'acte suivant en fait foi :

L'an de grâce mil sept cent soixante-dix, le cinq novembre, je soussigné prêtre par commission du sieur de Ceuvelaere, doyen de chrétienneté et curé de Notre-Dame à Cassel, ay baptizé Dominique-Joseph Réné, fils légitime de Maurice Van Damme, maître chirurgien juré, natif de Morslede, fils de feu Réné, et de Barbe-Françoise Baert, sa femme, native de cette paroisse, fille de Dominique, né le même jour à cinq heures du matin. Le parain a été ledit Dominique Baert et la maraine Isabelle-Rosalie Van Damme au nom de Jeanne-Marie Pyn, mère grande du baptizé, lesquels ont signés en double avec moy le présent acte le même jour, mois, et an que dessus.

(Signé) Mauritius VAN DAMME, Dominicus BAERT, Isabelle VAN DAMME, L.-J. GHYS, prêtre.

L'enfant avait montré de bonne heure du goût pour la carrière militaire et avait été mis à seize ans dans une école préparatoire. Mais, assez mauvaise tête, il avait si peu profité de ses études que sa famille l'avait ensuite engagé comme soldat dans le régiment colonial Royal-Martinique. Quoique devenu successivement caporal et sergent et très estimé pour sa bravoure, il n'avait pas voulu rester au corps, était débarqué en France le 29 avril 1790, avait passé le 22 juin 1791 dans le régiment de Brie et reçu son congé absolu le 26 août 1792. C'est alors que, pour satisfaire ses instincts belliqueux, tout en restant plus libre dans ses allures, il avait fait solliciter de Labourdonnaie l'autorisation de créer une compagnie franche qui, en peu de semaines, s'était élevée d'abord à 78, puis à 140 hommes.

De son côté, le jour même de l'entrée des Français à Tournai, O'Moran avait lancé la proclamation suivante « aux habitants de Bon-Secours, Blaton, Péruwetz et autres bourgs ci-devant Autrichiens : »

Du 8 novembre 1792.
Citoyens,

Les François vous apportent la liberté, l'égalité, le bonheur. S'ils entrent à main armée sur votre territoire, c'est pour en chasser les satellites du despotisme et vous rendre la plénitude de vos droits qui vous avoient été injustement ravis..... Les Belges, les François ne feront désormais qu'un peuple de frères. Tels sont les sentiments d'une nation généreuse dont je m'honore d'être l'organe.

Par quelle injuste prévention arrive-t-il donc que plusieurs habitants de Péruwetz, dupes des perfides insinuations des ennemis de la République, ont abandonné leur domicile à l'approche de nos troupes ? Rentrez dans vos foyers, paisibles citoyens : ne voyez dans les François que des libérateurs et des amis qui ne déposeront les armes qu'après avoir consolidé votre liberté et la leur.

Dès ce jour, le peuple françois ne reconnoît pour souverain que la nation Belgique, et c'est en son nom et pour elle seule, que nous enjoignons aux percepteurs des impositions de continuer à prélever sur l'ancien pied les taxes publiques.

Le lieutenant-général,
Signé OMORAN [1].

Partie de Bon-Secours, sa division se mit en marche le 8 novembre à deux heures de l'après midi et s'avança sur Ath, petite ville située à environ trois lieues de Mons, que les Autrichiens, instruits de son mouvement, évacuèrent le 10 au matin. Il y opéra sa jonction avec Berneron et Dampierre, que Dumouriez avait envoyés de Mons. Dans le commandement de cette avant-garde, Dampierre venait de remplacer Beurnonville, qui,

---

[1] *Argus*, n° du 11 novembre.

le jour même de la bataille de Jemmapes, avait reçu l'ordre de se rendre dans l'Est afin d'y succéder à Kellermann [1].

Cependant Dumouriez ne s'endormait pas, et ainsi que nous l'apprend Paridaens, prenait les mesures nécessaires pour marcher vers la capitale des Pays-Bas autrichiens :

DES 9, 10, 11, ETC.

L'armée française se porte en avant vers Bruxelles ; on voit passer ici leur artillerie formidable, ainsi que des munitions de toutes espèces.

Le général Dumouriez demande à titre d'emprunt des sommes considérables aux différents corps ecclésiastiques savoir : 250.000 florins au chapitre de Sainte-Waudru, 250.000 florins au chapitre de Saint-Germain, etc., etc. On voit paraître aux coins des rues des affiches de la part de ces corps pour faire des levées à 5 pour cent.

Dumouriez quitta Mons le dimanche 11 novembre. Il y laissait en qualité de gouverneur militaire le maréchal de camp Ferrand, dont nous avions déjà eu l'occasion de parler plusieurs fois avant de signaler sa brillante conduite à la bataille de Jemmapes, que nous retrouverons plus tard au siège de Valenciennes, et avec lequel il est temps de nouer plus ample connaissance.

Jean-Henri Becays-Ferrand, seigneur de la Caussade, naquit le 16 septembre 1736, de noble famille, à Mont-Flanquin en Agenois. Entré de bonne heure dans la carrière militaire, il reçut en 1746 une lieutenance au régiment de Normandie-infanterie ; fit les campagnes de 1747 et de 1748, et fut présent aux sièges de Berg-op-Zoom, du fort Lillo et de Maestricht, ainsi qu'à la bataille de Lauteld. Sérieusement blessé au combat de Clostercamp, à l'époque de la guerre de Sept-Ans, il conquit ses galons de capitaine en 1755, se maria, et devint en 1773, major commandant de Valenciennes. Il occupa cette fonction jusqu'à la suppression des états-majors de place en 1790. Dès le commencement de la Révolution, Valenciennes avait organisé une garde nationale qui, peu après, s'étant groupée avec d'autres institutions semblables du Hainaut, avait donné une grande fête les 30 et 31 mai 1790 et avait ensuite, la même année, envoyé 120 représentants à la grande fédération du Champ-de-Mars [2]. Son premier commandant fut le comte d'Espienne, et Ferrand lui avait plus tard succédé.

---

[1] On trouvera la lettre de Beurnonville au ministre de la guerre pour lui annoncer son départ de la Belgique, dans l'*Argus* du 13.

[2] On trouvera le règlement de la garde nationale de Valenciennes, et le discours prononcé par le comte d'Espienne le 30 mai, devant un autel de la patrie érigé sur la grand'place de Valenciennes, dans l'*Essai sur l'organisation militaire de la ville de Valenciennes*, publié en 1878 par M. Henri Cailliaux, docteur ès-lettres.

Comme gouverneur de Mons, Ferrand n'était pas un personnage banal. Depuis longtemps, il connaissait à fond le pays, où il possédait d'assez gros intérêts. En effet, le 7 mars 1782, suivant acte reçu par « les notaire royal, hommes de fiefs et jurés de cattels de Valenciennes, » il avait, en même temps que plusieurs autres personnes haut placées dans l'administration, l'armée, le clergé et le commerce, déclaré « qu'ayant acquis divers intérêts dans l'entreprise des mines à charbon de terre nommées du Longterne, Désirée, Grande-Veine et Moriaux, au territoire d'Elouges, en deçà du Ruisseau, du côté du Moulin, cy devant exploitées par une société de maîtres charbonniers, suivant leur contrat d'association du 11 juin 1772, en vertu de la concession à eux faite par M. Emmanuel de Belhomme de Quinkelberg, écuyer, seigneur Dophain, Boisseigneur-Isaac, prévôt d'Elouges, etc., par acte du 11 avril 1768, et désirant rendre leur nouvelle société chose ferme, stable et permanente à toujours pour eux, leurs hoirs, héritiers et ayants-cause, » ils en avaient divisé le capital en « 32 sols, » et confié l'administration à neuf commissaires qui, le premier dimanche de chaque mois, devaient arrêter le compte des recettes et des dépenses. Ferrand possédait sept-soixante-quatrième du capital, d'une valeur de 12.600 francs environ, et, nommé commissaire, n'avait cessé de se rendre plusieurs fois par mois à Elouges qu'au moment de la déclaration de guerre. Ainsi familiarisé avec les intérêts, les mœurs et les préjugés du Borinage, il était évidemment plus apte qu'un autre à le gouverner au nom de la France [1].

Quant à Tournay, Dumouriez lui donna pour gouverneur O'Moran. Un tel choix n'était pas non plus dénué d'à-propos puisque, bien que né en Irlande, le général, avant de s'engager au service de la France dans le régiment de Dillon, et de combattre au-delà des mers sous Rochambeau, avait été élevé dans cette ville. On fit élire, comme partout, des administrateurs provisoires, et un sieur Val, physicien, y fonda une Société des Amis de la Liberté et de l'Egalité, dont le citoyen Almain, de Tours, lieutenant-colonel au deuxième bataillon d'Indre-et-Loire, fut élu président. Dans cette Société, O'Moran prononça un jour le discours suivant :

---

[1] Les actes relatifs à la constitution de la société du Longterne, connue aujourd'hui, en souvenir du général, sous le nom de *Longterne-Ferrand*, ont été reçus par Me Bouly, notaire à Valenciennes, et sont conservés en l'étude de Me Cartigny, son successeur. Le 8 septembre 1782, on voit, par d'autres actes, Ferrand vendre, au nom de la société, des parts d'intérêts à deux maîtres porions, Emmanuel Dufour et Antoine-François Mathieu, afin de s'assurer de leur dévouement aux affaires communes. Ferrand ne cessa jamais de s'occuper de cette affaire car le 4 frimaire an XI, il se fit donner, par ses co-associés, procuration de suivre devant toutes les juridictions une instance contre la société de Bellevue à raison d'anticipations commises au préjudice de celle de Longterne.

Citoyens, Frères et Amis,

Appelé au commandement des troupes françoises, qui doivent occuper cette ville et son arrondissement, je crois devoir, au nom de mes frères d'armes et au mien propre, vous faire une déclaration authentique de mes sentiments.

Les François ont pris les armes pour défendre leur liberté, contre laquelle se sont liguées les tyrans de l'Europe. Forts de la justice de leur cause et de leur courage, ils ont triomphé de la plus formidable coalition ; le sol de la République Françoise est encore couvert des dépouilles nombreuses des esclaves téméraires qui n'ont pas craint d'en souiller la pureté. C'étoit assez pour la tranquillité de la République d'avoir chassé ses ennemis, c'étoit trop peu pour sa gloire et pour le bonheur des nations impatientes d'un joug si honteux qu'elles brûloient de secouer. Les soupirs des Belges opprimés avoient retenti jusqu'à nous, et le moment de briser leurs fers étoit venu : nos troupes victorieuses entrèrent dans la Belgique : Permettez-moi, citoyens, de me féliciter ici d'avoir porté les premiers coups à vos tyrans, et d'avoir (par trois avantages successifs, remportés sur les Autrichiens, dans les journées du 24, 26 et 27 octobre) donné le signal de la victoire, que le brave Dumouriez a su fixer sous nos drapeaux.

Citoyens, c'est pour vous, pour vous seuls que nous avons combattu, et votre liberté est le seul prix que nous attendions du sang français versé dans la Belgique. Voyez en nous des frères, des amis armés pour votre défense, et qui, sans prétendre influencer en rien le gouvernement et l'administration (sur lesquels ils reconnaissent la souveraineté du peuple belge), se borneront à protéger vos propriétés, à respecter vos droits et à former des vœux pour l'établissement d'une constitution assise sur les bases impérissables de la liberté et de l'égalité.

Pour moi, citoyens, c'est par des actions et non par des paroles que je veux mériter votre estime et me concilier vos suffrages. Elevé parmi les citoyens de Tournay, j'ai conservé pour eux ce sentiment d'amitié, de fraternité, que les douces affections de la jeunesse gravent au cœur de l'homme sensible et qui changent en plaisir l'obligation qui m'est imposée de contribuer autant, qu'il est en moi, à faire régner dans ses murs, l'union, la paix, le bonheur.

Si vous ne me voyez pas aussi souvent dans cette Société que je le désirerois, c'est que je prévois que mes nombreuses occupations me laisseront peu de loisir, et qu'à mes propres yeux, le premier devoir d'un homme public est de s'acquitter de ceux que lui impose la place qu'il occupe.

Je n'ajouterai qu'un mot, frères et amis : j'ai scellé de mon sang la liberté américaine ; j'aurois cru payer trop peu de ce qui m'en reste le triomphe de la liberté française, et je suis prêt à le verser pour le maintien de la liberté de la Belgique.

Le président Almain remercia le général de ses généreuses intentions. Puis un aide-de-camp d'O'Moran prit la parole, et la cérémonie se termina au milieu de l'allégresse générale. [1]

Ce fut sans trop de peine que Dumouriez s'avança vers Bruxelles. Néanmoins, posté sur des hauteurs, le prince de Wurtemberg s'efforça de lui barrer la route :

Les Autrichiens s'étoient ralliés à Hall, au nombre de près de 25.000 hommes, et ils ont voulu repousser l'armée de Dumouriez, qui s'avançoit sur Bruxelles

---

[1] Tous ces discours sont recueillis dans l'*Argus* du 24 novembre.

par trois colonnes. Celle venant d'Ath, et commandée par le maréchal de camp Berneron, ayant rejoint les deux autres à Hall, lundi 13, il s'est engagé, ce même jour, une affaire qui a été très vive de part et d'autre. Notre avant-garde a même été repoussée un instant ; mais, animée de ce saint amour de la liberté, et encouragée par le général Harville et autres dignes chefs, renforcée par une partie du corps d'armée, elle a fondu avec impétuosité sur l'ennemi, a taillé en pièce des Hongrois, et l'a pourchassé jusqu'au village d'Anderlecht, à une lieue de Bruxelles, où il s'est encore engagé un combat qui a duré près de vingt-quatre heures. Cette journée a été aussi meurtrière et aussi honorable pour l'armée de la République que celle de Gemmappe. [1]

« Dans cette affaire, » dit Duhem, « l'une des demoiselles Fernig, pénétrant dans le faubourg d'Anderlecht, à la tête de quelques dragons pour éclairer le village, faillit perdre la vie. Deux Tyroliens, cachés dans une haie, lâchèrent, à bout portant, deux coups de carabine ; heureusement, le cheval de la jeune fille, effrayé par le mouvement des deux hommes, fit un écart et les balles passèrent, l'une dans les cheveux, l'autre dans la plume du chapeau de Mlle Fernig. La petite troupe fut entourée, mais l'arrivée d'un détachement la sauva. » Les deux sœurs payèrent, à Anderlecht, courageusement de leur personne, et Dumouriez terminait son rapport au ministre par ces mots : « Je recommande à la » Convention nationale les deux sœurs Fernig ; ce sont d'intrépides » guerrières. »

Ajoutons qu'à la suite de ce combat, en revenant de porter un ordre à l'avant-garde, Félicité rencontra un très jeune officier de volontaires belges renversé de son cheval d'un coup de feu, et se défendant avec son sabre contre des hulans qui voulaient l'achever. Sans se donner le temps de la réflexion, elle tua deux des cavaliers ennemis, mit les autres en fuite et, descendant de cheval, ramassa le blessé qu'elle confia à ses hussards pour le conduire à l'ambulance, où elle alla le voir ensuite. Cet officier, âgé de dix-neuf ans, se nommait Vanderwallen. Il devait plus tard l'épouser.

Le combat d'Anderlecht livra Bruxelles à Dumouriez, comme la bataille de Jemmapes lui avait livré Mons :

L'armée ennemie, vaincue, terrassée et encore une fois en pleine déroute, a tourné la ville de Bruxelles, et s'est retirée dans la nuit du 14 au 15, partie par la porte de Louvain, et partie par les portes de Flandres et du Rivage ; traversant le village de Kokeelberg, elle a gagné Anvers, Diest, et s'est répandue dans la Campine.

Mardi au soir, [2] Dumouriez fit sommer la ville et garnison de Bruxelles de se rendre, dans les mêmes termes que la ville de Mons et aux mêmes conditions.

---

[1] *Argus*, n° du 16 novembre.
[2] 13 novembre.

Mercredi, à 7 heures du matin, les magistrats sont venus lui offrir les clefs de la ville de Bruxelles où il a fait son entrée avec une partie de son armée, vers les 9 heures du matin, aux acclamations de « *Vive la liberté! vivent les Français !* » Le témoignage de satisfaction, à la vue des Français, n'a pas été aussi général dans cette dernière ville que dans Mons, parce que les moines, en tous temps, ont trop mal disposé les esprits des habitants de cette ville contre les Français et leurs principes.

Mais les Bruxellois ne seront pas les derniers à ouvrir les yeux, à reconnaître les avantages et tous les dons précieux que les Français apportent dans la Belgique.[1]

En lui présentant les clefs, l'un des magistrats avait dit à Dumouriez :

La municipalité de Bruxelles vient, avec allégresse, vous offrir les clefs de la ville : tous les cœurs vous sont acquis ; veuillez agréer le pur hommage de notre juste reconnaissance, pour les grands bienfaits dont vous nous comblez : recevez, sous l'égide de votre puissante protection, les intérêts de la nation, et en particulier ceux de la municipalité; que la loi règne sous vos heureux auspices et que la félicité de la nation Belgique naisse sur les pas du héros immortel que la *Victoire* et la *Liberté* nous amènent.

Et, en substance, le général avait répondu :

Citoyens, il ne faut plus de ces cérémonies : gardez vos clefs ; gardez-les bien vous-mêmes : ne vous laissez plus dominer par aucun étranger ; vous n'êtes point faits pour l'être. Joignez vos citoyens aux nôtres, pour chasser les Allemands. Nous sommes vos amis, vos frères. [2]

A Bruxelles comme à Mons, Dumouriez s'occupa sans retard d'organiser une société populaire et de substituer de nouvelles autorités aux anciennes. Un article paru dans l'*Argus* du 22 novembre va nous dire quel fut d'abord son succès :

Les Belges ne démentiront point ce qu'on doit attendre de leur énergie. La société des amis de la liberté et de l'égalité a exprimé hautement son vœu pour l'abolition des Etats, et pour inviter le peuple à rentrer dans tous ses droits, à se former incessamment en assemblées primaires pour consolider son bonheur.
Le général devoit se rendre le 16 à la comédie où il étoit invité. La société, par acclamation, arrêta de l'y accompagner : « Mais, dit le citoyen d'Espagnac, qu'il me soit permis de vous rappeler, en ce jour d'allégresse, que ce général que vous chérissez, au moment d'attaquer les Prussiens, se mettant à la tête de ses braves compagnons, entonna l'hymne célèbre des Marseillais, et que c'est en faisant retentir les airs de ce cantique sacré que les François marchèrent à la victoire. Pénétrons-nous des mêmes sentiments ; le général mêlera sa voix avec les nôtres. » Il dit ; tous les spectateurs applaudissent ; le général

---

1 *Argus,* no du 16 novembre.
2 *Argus,* no du 19 novembre.

entonne l'hymne de la victoire : tous les assistants dans l'enthousiasme, en répétèrent le refrain. Un feu nouveau électrise tous les cœurs. D'un ton plus religieux encore, la tête nue, le général poursuit l'apostrophe à la liberté, à l'égalité : un silence religieux rend ce moment plus auguste, et la foule, sur les pas de Dumouriez, va répandre dans toute la ville les sentiments dont elle est pénétrée.

Dans la séance du 17, la société s'occupa des moyens d'inviter au plus tôt le peuple à user de ses droits de souveraineté, en s'assemblant pour élire ceux qui doivent exercer provisoirement le pouvoir exécutif. Il y eut différents avis : les uns demandoient qu'on nommât des commissaires pour examiner la question et proposer un mode de convocation du peuple ; mais d'autres, ramenant les avis aux vrais principes de l'égalité, firent souvenir la société que, par elle-même, elle n'avoit aucun pouvoir, que son intention n'étoit pas de les usurper, que tout son droit, dans cette circonstance, n'étoit pas plus étendu que celui de chaque particulier qui, au moment que tous les pouvoirs sont suspendus par le fait, a celui de publier hautement son opinion. D'autres membres de la société observèrent qu'il étoit urgent de faire cette invitation au peuple, pour ôter tout le temps aux malveillants de cabaler pour arrêter l'effet de cette mesure salutaire. Le peuple est trompé parce qu'il ne connoît pas toute la plénitude de la liberté qu'il a recouvrée.

Le peuple ne sait pas qu'en ce moment-ci, il n'a point de constitution. Ce qu'on appelle ici constitution n'est qu'une liste des privilèges, des grâces que les princes s'étoient arrogés le droit de lui accorder, et plus souvent de lui vendre. Il seroit honteux pour ce peuple de conserver, comme bienfaits de ses ducs, des droits qu'il peut augmenter, étendre par sa seule volonté. En chassant les ducs, on a déchiré le contrat, seule base de leur pouvoir, et la destruction de ce contrat rend nulles toutes les prétendues grâces que leur orgueil avoit accordées à leurs sujets. Le peuple Belgique n'a plus besoin de grâces. Les grâces étoient des chaînes : il les a brisées. C'est au peuple souverain à établir un nouveau gouvernement, à dicter les lois par lesquelles il veut maintenant se gouverner.

Il a été résolu à l'unanimité qu'on inviteroit le peuple à se réunir le 18 à 3 heures de l'après-midi, dans l'église de Sainte-Gudule, pour y procéder à l'élection d'un conseil général de la commune. On l'invitera à élire un citoyen sur mille. Ainsi, en estimant la population de la ville de Bruxelles à 80.000 âmes, on a élu le même jour 80 personnes pour les représenter provisoirement et gérer les affaires générales jusqu'à ce que le peuple, réuni en assemblées primaires, ait prononcé sa volonté sur le mode de se former en Convention nationale.

Le même journal nous dit dans son numéro du lendemain :

Le 19, à onze heures du matin, les représentants élus le 18, s'étant rassemblés à l'hôtel du prince de Galles, à Bruxelles, se rendirent d'abord chez le général Dumouriez ; mais, ne l'ayant pas trouvé, ils continuèrent leur marche jusqu'à l'hôtel de ville. Le général avoit disposé une force militaire sur la grande place pour leur faire honneur. Lorsqu'ils furent arrivés avec lui dans une des salles des Etats, ils commencèrent par se constituer Assemblée des représentants provisoires du peuple de Bruxelles, après avoir prononcé le serment civique ainsi conçu :

« Je jure d'être fidèle à la cause de la liberté, de l'égalité ; de défendre de tout mon pouvoir les droits du peuple souverain belge, et de mourir, s'il le faut, à mon poste, en les défendant. »

Ce serment prêté, ils élurent pour président le citoyen Balza, et pour secrétaires les citoyens Michiels l'aîné et d'Outrepont.

Le général Dumouriez ayant alors donné le baiser de paix au nom de la nation françoise au citoyen Balza,[1] comme président des représentants Belges, promit à la nation entière, au nom de la France, de défendre de toutes les forces et de tous les trésors de la République françoise les représentants librement élus du peuple belge : « Que le nom Belge, s'écria-t-il, soit désormais le seul nom connu dans ces provinces ; que les noms de Hennuyers, de Flamands, de Tournaisiens, de Namurois, de Brabançons, disparaissent à jamais. Ne formez qu'un peuple de frères sous une même dénomination. »

Le 20, « l'Assemblée des représentans provisoires du peuple libre de Bruxelles, » déclara supprimer tous les anciens tribunaux. Puis elle en établit de nouveaux dont les membres prêtèrent un serment ainsi conçu :

Je jure d'être fidèle au peuple, mon seul souverain légitime ; de maintenir la liberté, l'égalité, et de rendre bonne et briève justice à tous les citoyens du ressort.[2]

Au même instant où Dumouriez entrait dans Bruxelles, nous apprend encore l'*Argus* du 16, Labourdonnaie entra dans Gand où il n'éprouva aucune résistance et où il trouva un assez grand nombre de pièces d'artillerie. Suivant un usage qui, dans cette campagne, semblait s'établir, une représentation théâtrale fut, ainsi que nous l'apprend un correspondant du même journal, immédiatement organisée en son honneur :

Le jour de notre entrée triomphante à Gand, la troupe de cette ville annonça et joua la comédie de *Paul et Virginie*, où le nom de Labourdonnaie est prononcé avec éloge et à plusieurs reprises. Dans le cours de la pièce, on présenta au général Labourdonnaie une couronne de lauriers. Celui-ci la reçut avec modestie, et, au milieu des plus vifs applaudissements, il prononça ce discours : « Citoyens, cette couronne est destinée à la statue de la Liberté qui sera placée dans la chambre de vos représentans. Je vous invite à la décorer des attributs de la justice et de l'humanité. »[3]

Le succès avait, jusque-là, favorisé les armes françaises, et les *soldats de papier*, ainsi que les surnommaient les Autrichiens à cause des assignats qui servaient à les payer, s'étant montrés à la hauteur de toutes les tâches, il importait de ne pas laisser reposer l'ennemi. Il importait surtout de conquérir sans retard Anvers et les villes de la Meuse. C'est en avançant vers le grand port de l'Escaut que les soldats républicains éprouvèrent d'abord une déception lorsqu'ayant aperçu à l'horizon la tour

---

[1] C'était probablement le même que le citoyen Alexandre Balsa que nous avons vu ci-dessus répondre à l'offre d'amnistie du duc de Saxe-Teschen.

[2] On trouvera le compte-rendu des opérations et le nom des juges dans le numéro de l'*Argus* du 29 novembre.

[3] *Argus*, n° du 20 novembre.

inachevée de Saint-Rombaut, ils crurent pouvoir, sans coup férir, aller bivouaquer à son ombre :

> La tête de la colonne de l'armée du général Dumouriez se présenta à la porte de la ville de Malines, le 15 au soir, croyant y pénétrer sans résistance ; mais l'ennemi l'a reçu à coups de boulets et à mitraille : Un seul boulet tua trois hommes et en blessa plusieurs. L'avant-garde se replia pour un instant, et il fut envoyée de suite une ordonnance à Bruxelles, à l'effet de demander 6 pièces de 12, lesquelles arrivèrent le lendemain, 16 novembre : l'armée s'avança alors sous les murs de Malines. Le premier trompette qu'on envoya, accompagné d'un lieutenant-colonel, s'étant présenté à la porte de la ville, sonna un appel. L'ennemi répondit par un coup de canon à mitraille, qui ne produisit aucun effet fâcheux. Le lieutenant-colonel et le trompette se replièrent sur l'armée, et on fit une décharge d'artillerie sur la ville, où un obus mit le feu.
> Les habitants de Malines, assez bons patriotes et voyant le danger qui menaçoit leur ville, se soulevèrent. Ils eurent bientôt deux de leurs concitoyens tués par les Autrichiens ; mais, ils forcèrent bientôt la garnison de se rendre. Le commandant envoya un tambour, faute de trompette, et à peine ce malheureux esclave eut-il respiré l'air de la liberté qui accompagne partout les armes de la République, qu'il déclara hautement, en remettant la dépêche dont il étoit porteur, entre les mains du général, qu'il ne vouloit plus rejoindre sa horde. Les ennemis demandoient jusqu'au lendemain à cinq heures du matin, pour évacuer Malines. Le général leur envoya alors un trompette avec réponse que toute la garnison seroit passée au fil de l'épée si elle ne se rendoit pas dans l'espace d'une demi-heure : déjà les troupes étoient parfaitement disposées.
> Ils se rendirent aussitôt et nos troupes entrèrent dans la ville au milieu des acclamations et des cris de *Vive la nation Françoise*. L'ennemi étoit placé sur la place en ordre de bataille, et le chef ayant demandé l'hospitalité, ne sachant plus où se retirer avec toute sa troupe pour passer la nuit, le général lui permit de coucher en ville, sous des conditions de circonstances, ce qui a donné la facilité de déserter à beaucoup de soldats, las de vivre de coups de bâton ; et l'armée ennemie s'est retirée le 17 au matin au nombre de 2.000 hommes avec tous les honneurs de la guerre. Les magasins laissés dans cette ville par les Autrichiens sont considérables ; on les évalue à près de trois millions.[1]

Voici le texte de la capitulation accordée à la ville :

> La garnison composée de 1.300 hommes environ d'infanterie des régiments François Kinske et de Ligne, et, en cavalerie, de deux pelotons de Saxe-Cobourg et d'un peloton de hussards de Blanckenstein, et d'un corps de 70 hommes d'artillerie, et généralement de toutes les personnes du militaire au service de S. M. I., devra quitter, demain 17 novembre, la ville de Malines, pour se rendre par la route de Louvain, à l'armée du général Clairfayt. Les troupes conserveront leurs armes et pièces de bataillon, les officiers et soldats ou familles militaires pourront emporter leurs équipages. Le général françois garantit leur retraite et celle d'un détachement de 20 hommes environ venant d'Anvers.
> L'arsenal, l'artillerie, les magasins de tous genres, munitions et vivres, généralement tous les effets appartenant à S. M. l'empereur, seront livrés aux troupes françoises et l'inventaire sommaire en sera fidèlement remis au lieute-

---

[1] *Argus*, n° du 20 novembre.

nant-colonel Barrois, par le baron Brandenstein, lieutenant-colonel et commandant l'arsenal de Malines, qui sera responsable si les effets sont détériorés ou égarés.

Les portes de Bruxelles et d'Anvers seront livrées ce soir aux troupes françoises.

La compagnie d'invalides, dont plusieurs individus sont hors d'état d'être transportés, restera à Malines, et le général en chef Dumouriez en ordonnera ce qu'il jugera convenable, de concert avec le général des troupes impériales.

Quelques malades et blessés resteront à Malines et seront recommandés aux soins des François. Ces malades et blessés recevront, à l'époque de leur guérison, des passe-ports pour rejoindre leur corps.

Le général françois consent qu'on fournisse et engagera les magistrats à faire fournir 36 chevaux de trait et un cheval de selle pour le transport des effets de la garnison. Il sera fourni au même usage un chariot attelé de quatre chevaux.[1]

Outre l'avantage de dégager la route directe de Bruxelles à Anvers, la nouvelle conquête eut celui de procurer à l'armée républicaine de nombreux approvisionnements ; car, nous dit l'*Argus* dans son numéro du 21 novembre :

Il a été trouvé dans Malines 16.000 fusils, plusieurs pièces de canon, une quantité de poudre et autres munitions, chargés sur des bateaux, prêts à partir pour la Hollande : les bateliers ont voulu faire couler à fond les bateaux, mais se voyant eux-mêmes en danger, ils se sont rendus et le tout a été saisi et emmagasiné.[2]

Pendant ce temps, Labourdonnaie continuait sa marche à travers la Flandre occidentale dégarnie de troupes autrichiennes pour aller former le siège d'Anvers. L'avant-garde de son corps, commandée par les généraux La Marlière et Champmorin, ne tarda pas à arriver devant cette place. Elle fut presque immédiatement rejointe par le gros de la troupe dont la direction avait été enlevée à Labourdonnaie pour être donnée au péruvien Miranda, et, ainsi que nous l'apprend l'*Argus*,[3] les Français pénétrèrent sans difficulté dans la ville :

Le 18, vers les quatre heures, les François, si longtemps désirés, sont entrés dans notre ville. Les serments (corporations), les volontaires et les magistrats ont été à leur rencontre. A l'entrée de ces guerriers invincibles dans notre ville, les cris de *Vivent les François*, les applaudissements retentissoient de toutes parts, les croisées des maisons étoient remplies de monde ; les chapeaux, les mouchoirs qui s'agitoient dans les airs obscurcissoient le jour. Les François

---

1 *Argus*, n° du 22 novembre.

2 Dans son numéro du 22, l'*Argus* donne une énumération plus complète des approvisionnements militaires trouvés à Malines.

3 N° du 23 novembre.

ont été conduits, au milieu de ces cris et démonstrations de joie sur la place, et de là au quartier qui avoit été préparé pour les recevoir. Le général françois Lamarlière, accompagné de quatre officiers, s'est rendu au spectacle où il a été accueilli par des applaudissements sans nombre, et par l'air *Ça ira*. Un officier de sa suite a chanté une chanson patriotique et tous les spectateurs se sont mis à faire chorus. Une actrice, vers la fin du spectacle, a présenté au général une couronne et a chanté un couplet adressé à la nation françoise. Cette galanterie a été très applaudie et lui a valu une accolade du général Lamarlière et de sa suite.

Le commandant de notre citadelle se dispose à se défendre avec 1.000 hommes qui y sont renfermés avec lui. C'est un fou ; il pourra bien tenir quelques jours, mais à en juger par les dispositions d'attaque, il ne peut que succomber, et cette résistance fera couler bien du sang car toute la garnison sera passée au fil de l'épée, si malheureusement elle s'obstine à ne pas céder à la force. Le commandant a demandé à sortir avec les honneurs de la guerre ; le général lui a dit de se rendre avec armes.

Mais cette résistance ne fut pas de longue durée et le château lui-même se rendit quelques jours après sur la menace d'un assaut.

Nous avons dit au début de ce chapitre que, se considérant comme généralissime, Dumouriez ne voulait plus conserver de commandement particulier. Il avait, étant à Bruxelles, rappelé cette intention au ministre de la guerre par une lettre où il insistait pour faire officiellement donner à Valence le titre de général en chef de l'armée des Ardennes. On va voir qu'il y faisait, en outre, parade du plus merveilleux désintéressement :

Citoyen ministre, le citoyen Lebrun vous dira que, vu la manière dont je suis employé, je n'ai ni pu, ni dû conserver le commandement d'une armée particulière ; que j'en ai donné ma démission, et que j'en ai rendu le brevet. Je vous déclare, et comme philosophe et comme bon républicain, bien pénétré de conserver l'égalité entre les citoyens, qu'aussitôt cette guerre finie, je veux être libre et sans emploi. Que plus le rôle que j'aurai joué pendant la guerre sera important, plus la nation, ses représentants et son pouvoir exécutif doivent approuver cette abdication, et devroient même en faire une loi, si je ne le proposois pas moi-même. Non seulement je désirerai mon repos mais encore celui de la République : *Otium cum dignitate*, sera la seule chose qui convienne à ma patrie, et à moi. Ainsi, respectable citoyen, d'après cette seconde démission encore plus formelle que la première, vous ne devez pas balancer de donner au général Valence le titre de général en chef de l'armée des Ardennes, que lui a accordé le ministre Lebrun. S'il faut un décret pour cette nomination, lisez ma lettre à la Convention nationale : c'est un engagement sacré que je prends à la face de l'univers et que je consigne dans ses registres. Quant à moi, digne ministre, je vous déclare encore qu'après avoir prouvé que je sais faire la guerre je prouverai que je l'abhore, et qu'aussitôt que la paix sera faite, je pendrai mon épée à un clou, et ne la reprendrai qu'en cas que de vils despotes viennent encore mettre la République en danger.

Signé : Dumouriez.

Avant de devenir ministre de la guerre, puis des affaires étrangères, Lebrun avait été journaliste en Belgique et s'était mêlé de la révolution de ce pays. Ayant eu une fille peu de jours après l'entrée des Français dans les Pays-Bas autrichiens, il venait de manifester son admiration pour le général en la présentant le 12 novembre 1792, à la municipalité de Paris, sous les étranges prénoms de *Civilis-Victorine-Jemappe-Dumouriez !*

Le 17 novembre, Valence, comme pour gagner son nouveau titre, emporta brillamment les retranchements du Bois d'Asche, où un autre corps ennemi, commandé par le général Schrœder, était posté en deça de la Meuse, pour défendre sur ce point l'approche de Namur. Pour l'aider, Dumouriez lança sur Louvain un important détachement qui ne tarda pas à occuper la ville :

> La Colonne de l'armée française, marchant sur Louvain, étoit à peine arrivée dimanche matin [1] sur la hauteur de Cortenberg, qu'elle découvrit un feu qui lui fit craindre que l'ennemi n'eût le dessein d'incendier cette ville : le général fit hâter la marche de sa colonne et, arrivé près de Louvain, il fit sommer le commandant de la place de se rendre incessamment avec toute la garnison, sous peine d'être passé au fil de l'épée. Mais les lâches satellites du despote autrichien, voyant bien que leur seul espoir étoit dans la fuite, après avoir tiré quelques coups de canon, évacuèrent très promptement cette place et se retirèrent sur Diest et sur Tirlemont. Nos troupes sont entrées lundi 19, au matin, dans Louvain, où elles ont été accueillies comme des amis et des libérateurs, par la saine partie des habitants de cette ville. Je dis *saine partie*, parce qu'il y a un foyer de fanatisme dans cette cité, qu'il sera nécessaire de détruire totalement, si l'on veut que l'arbre de la liberté y prenne racine. Qui allume ce foyer de fanatisme et d'aristocratie dans cette ville? Certaine université, véritable école d'erreurs et d'ignorance. On a trouvé dans cette place 22 pièces de canon et quantité de munitions de guerre. [2]

Le 20, Dumouriez coucha à Louvain, d'où il écrivit la lettre suivante au président de l'Administration, à Bruxelles :

> Le citoyen Balza est prévenu que je suis dans Louvain, et qu'il est essentiel qu'il y envoie, dès ce soir, quelques forts amis de la liberté et de l'égalité, entre autres le citoyen Dignief. Je marche demain sur Tirlemont, et après-demain sur Saint-Trond. Ainsi, j'entrerai tout de suite dans le pays de Liège. [3]

Et le 22, avec sa verve habituelle, pour expliquer un léger retard éprouvé par sa marche, il écrivit de nouveau :

> Je devois coucher hier à Tirlemont. Les Autrichiens m'ont fait bivaquer ; mais il leur en a coûté quatre cents hommes et j'ai eu le bonheur de n'en perdre que quatre. Demain je vais coucher à Saint-Trond ; et le 26, je serai à Liège, à moins qu'il ne plaise à MM. les Autrichiens de m'arrêter encore une journée,

---

[1] 18 novembre.

[2] *Argus,* no du 21 novembre.

[3] *Argus,* no du 23 novembre.

ou une victoire. Vous voyez que je ne suis pas modeste. En ce cas, je ne serai à Liège que le 27. [1]

En quittant Tirlemont, il se porta du côté de la Meuse pour chasser l'arrière-garde ennemie, forte de 12.000 hommes, commandée par le général Staroy, et retranchée à une lieue en avant de Liège. Il la força à repasser la Meuse et, le 28 novembre, au matin, douze heures seulement après celle indiquée dans le billet qui précède, il entra en vainqueur à Liège, dont le prince-évêque cessa dès lors de régner.

Dampierre l'accompagnait ; et c'est de Liège que le 6 décembre, en écrivant en anglais à son ami, le romancier Holcroft, pour lui recommander un jeune homme appelé Mergies, qui se rendait à Londres, il vantait avec enthousiasme les victoires de la République française. [2]

C'est de Liège aussi, que, peu de semaines après, fut écrite la lettre suivante, dont la minute repose aux archives de Cambrai :

      Citoyens,

Informé que le général Dumourier avoit arrêté le complettement du bataillon des Cambrélots, je me suis présenté à l'état major pour faire l'entreprise des habillemens. Là j'ai appris que c'étoit une affaire qui concernoit votre municipalité et qu'elle devoit en faire les avances : ce qui m'a déterminé à vous écrire la présente.

J'ai sçu ici que chaque habillement de soldat avoit coûté à Cambrai, environ cent livres et spéculation faite, je trouve que je puis vous livrer à soixante-dix livres en argent compté ici, l'uniforme consistant en chapeau, habit, gilet, pantalon et guettons. Par là vous trouveriez à raison de 500 hommes, une économie d'environ 15000 livres ; et quoique cette somme ne seroit qu'une avance que votre municipalité feroit, je suis bien persuadé que vous avez trop à cœur le profit du soldat qui doit payer son habillement de son prêt, pour ne pas tâcher de le lui procurer au plus bas prix possible, dès qu'il remplit vos vues par la qualité, solidité, etc.

Si le prix que je vous propose vous convient, il vous plaira m'écrire, et, de suite, je vous enverrai des échantillons des étoffes que je compte employer.

    Je suis avec fraternité, citoyen, votre concitoyen
                     B. E. DUMONT.
                    Au cavalier Outre-Meuse.

Liège, le 22 décembre 1792. [3]

Sur la Meuse, Valence profitant de l'heureux résultat de l'affaire du Bois d'Asche, marcha sur Namur, dont le siège fut vivement commencé. Le général Leveneur s'empara, par une hardie surprise, du fort Villate qui

---

[1] *Argus*, n° du 26 novembre.

[2] Charavay, *Revue des Autographes*, décembre 1888.

[3] Il a été répondu par la municipalité le 22 décembre ; mais cette lettre ne se retrouve pas aux Archives de Cambrai.

faisait la principale défense de la place. La garnison n'avait plus qu'à capituler, ce qu'elle fit le 2 décembre 1793, et, tout en obtenant les honneurs de la guerre, elle dut se rendre prisonnière pour être conduite dans l'intérieur de la France.

A la suite de ces succès, l'armée française occupa toute la Belgique et refoula les Autrichiens au-delà de la Roër. Le 8 décembre, elle entra à Aix-la-Chapelle et put prendre ses quartiers d'hiver entre la Meuse et la Roër sans autre événement remarquable que l'occupation de Verviers, le 11 décembre.

Pour compléter le succès de son invasion en Belgique et en rendre la conquête définitive, Dumouriez avait résolu de faire assiéger Maëstricht, ville qui appartenait à la Hollande, et de poursuivre les Autrichiens jusqu'au-delà du Rhin. La neutralité de la Hollande et celle du duché de Juliers faisant partie des Etats de l'Electeur Palatin, empêchèrent, en décembre 1793, l'exécution de ce projet qui eût évité les désastres dont fut victime l'armée française trois mois plus tard. Le Conseil exécutif ordonna au général en chef, par l'organe du ministre des Affaires étrangères, Lebrun, de respecter le territoire de ces deux puissances. Dumouriez dut alors se borner à assurer les cantonnements de ses troupes.

Dès le commencement de la campagne, la désertion avait exercé de grands ravages dans les rangs de l'armée autrichienne, et elle ne fit que s'accroître avec les succès des troupes républicaines. Mais elle donna lieu à bien des abus, dont l'*Argus* se plaignit justement dans un article du 15 novembre :

HUIT CENTS DRAGONS de Latour ont déserté avec armes et bagages et sont arrivés à Givet, demandant de porter les armes contre le tyran qu'ils abandonnent. A peine nos troupes ont-elles été installées dans Courtrai que deux bataillons complets d'Autrichiens sont venus fraternellement les joindre. Ils ont déserté avec armes et bagages. C'est ainsi que cette armée redoutable, que l'on retenoit sous le joug du despotisme à force d'impostures, se dissout et que la guerre des enfants de la liberté contre les satellites des despotes se terminera.

Il est entré en France plus de 10.000 déserteurs, tant Autrichiens que Prussiens, depuis le décret qui leur accorde une gratification et une pension viagère ; [1] mais combien en est-il qui, parmi ceux-ci, forcés de se rendre, ont dit qu'ils désertoient, et qui, par conséquent, jouissent d'un avantage accordé par la nation à ceux seulement qui abandonnent les drapeaux ennemis ? Cette mesure étoit digne de la sagesse des représentants de la République ; mais la Convention nationale devroit bien mettre des bornes à ce décret, car il seroit bien injuste que de vils satellites, qui ont dévasté nos campagnes, assassiné nos frères sous les murs de Mons, et qui viennent chercher un asile parmi nous, quand leur tyran ne peut plus leur fournir du pain, ou quand ils sont en pleines défaites et qu'ils ne peuvent plus exercer leurs brigandages sur notre territoire,

---

[1] On a lu cet important décret à la fin du chapitre II.

usurpassent ainsi une récompense qui n'est due qu'à des soldats amis des Français, amis de la liberté et de l'équité. Il faut donc espérer que la Convention appréciera cette conséquence et y fera droit incessamment, pour ne pas entraîner la nation dans les frais aussi injustes qu'onéreux.

Et le 17 novembre, venant à la rescousse, Hécart, que nous retrouverons plus tard secrétaire de la mairie de Valenciennes, écrivait au rédacteur en chef du journal :

Dans votre n° 188, citoyen, vous parliez de l'abus qui résulte de l'admission des déserteurs autrichiens aux droits de citoyens françois. Sans doute, c'en est un très grand que celui d'accorder l'asyle à des fuyards qui, après avoir dévasté nos campagnes, reçoivent une gratification et un état civil parmi nous ; mais il est un autre abus, qui est au moins aussi intolérable : c'est que ces brigands, pour la plupart, après avoir reçu leur gratification, et s'être enrôlés dans nos troupes, retournent prendre leurs anciens fers, après avoir été revêtus de l'uniforme de la République. Il en existe encore un autre : c'est que ceux qui ne s'engagent pas, viennent toucher leurs 50 livres à Valenciennes, s'en vont à Lille en toucher encore autant, ensuite à Douai ou ailleurs, et continuent de cette manière, jusqu'à ce qu'ils trouvent l'occasion de s'échapper. Je voudrois qu'on ne leur payât rien, qu'après un an de résidence : on éviteroit par là une perte considérable au trésor national, et on pareroit à des abus criants.

Avant même que la conquête de la Belgique ne fût achevée, et que l'ère des périls militaires ne fût terminée, celle des difficultés politiques avait commencé pour les Français qui occupaient ce pays. Considérant comme déchues toutes les autorités établies par l'Autriche, ils voulaient les remplacer par la libre initiative du peuple. Mais ce peuple était loin d'avoir aussi nettement rompu toute amitié avec les rois, les nobles et les prêtres que se l'imaginaient Clootz et les Girondins. Aussi les déboires allaient-ils se multiplier pour leurs libérateurs.

Nous avons vu qu'à Mons, Dumouriez avait, le 8 novembre, fait nommer trente représentants provisoires chargés de remplacer les anciennes autorités, en attendant que l'on élît les membres de la *Convention Belgique,* ce qui ne pourrait avoir lieu qu'après la conquête de tout le pays. Un intéressant article, daté du 2 novembre et paru dans l'*Argus* du 26, va nous dire ce qui était survenu depuis :

Dans leur premier arrêté,[1] les administrateurs ont déclaré qu'il n'existoit plus d'Etats, ni de Conseil souverain ; les États ni le Conseil ne pouvoient plus exister ; mais comme il y avoit encore des procès à juger, et que la justice ne pouvoit pas être longtemps interrompue, le 17, en suite d'une délibération, les administrateurs ont invité les citoyens assez éclairés pour remplir les fonctions de Juges de Paix, de se présenter et que l'on en choisiroit cinq parmi eux, à

---

[1] Celui du 8 novembre, que nous avons reproduit ci-dessus.

qui l'on donneroit provisoirement toute juridiction et 1200 livres de gages en attendant que l'Assemblée Nationale ait décrété un nouveau mode. Mais comme les avocats et les conseillers ne voyoient plus dans cette place des moyens de voler le peuple et de s'enrichir à ses dépens comme ils n'ont cessé de le faire jusqu'à présent, ils ont formé une cabale et personne ne s'est présenté, excepté sept dont deux étoient tout au plus capables d'occuper cette place ; il étoit donc impossible d'en nommer cinq. Ces MM. ne se sont pas bornés là : avant-hier au soir, huit ou dix d'entre eux ont été dans toutes les maisons pour attirer les citoyens à leur parti, et les ont invités à se rendre le lendemain à sept heures du matin à l'église Ste-Waudrud, pour nommer de nouveaux administrateurs, disant que les premiers n'avoient pas été élus légalement. Toute la Cabale s'est donc rendue à St-Waudrud, et là un nommé Criquillion, avocat, est monté à la tribune, a fait jurer tous les assistants d'être *fidèles à la religion catholique, apostholique et romaine*, qui étoit celle de leurs ancêtres *et de la défendre jusqu'à la mort* ; leur a dit ensuite de prendre bien garde d'adopter le système des François, que nous avions des *Constitutions, qu'il falloit les garder,* que nous nous étions battus pour les défendre et que, par conséquent, nous n'en avions pas besoin d'autres ; que si les François pensoient venir se mêler de nos affaires, ils étoient bien trompés, que nous n'avions aucun ordre à prendre d'eux, ni de Dumouriez (notez que ce même Criquillion avoit prononcé quelques jours auparavant, à la Société des Amis de la liberté et de l'égalité, un discours dans lequel il traitoit Dumouriez d'illustre, d'immortel, d'incomparable, et mille autres platitudes). Sa harangue finie, ils ont déclaré le conseil remis dans ses droits et sont allés chez les conseillers les inviter à venir reprendre séance dans l'après-midi. Alors ces mêmes hommes se disant commissaires du peuple, sont allés à la maison commune, ont dit aux administrateurs qu'ils étoient des intrus, et qu'ils venoient leur signifier de retourner chez eux et que le lendemain on procéderoit à la nomination de huit échevins et vingt-cinq conseillers de ville. D'après le refus des administrateurs, ils ont laissé une pétition dont je vous enverrai copie. Les administrateurs ont d'abord envoyé deux députés à Bruxelles au général Dumouriez pour lui dire ce qui se passoit ; les conseillers ont ensuite pris séance, ont invité les citoyens à se rendre dans différentes églises de leur quartier pour nommer des échevins ; mais je ne sais quel contre-temps les a obligés hier à six heures du matin à se contredire partout. Ce matin à dix heures, les deux citoyens envoyés à Bruxelles sont revenus porteurs d'un ordre de Moreton, commandant général du Brabant et Hainaut, qui en avoit reçu l'ordre du général Dumouriez, qui défendoit à tous corps civils de s'assembler, sous quelque prétexte que ce soit, sans une permission ou réquisition des administrateurs des pouvoirs du peuple souverain librement et légalement élus par le peuple ; que tous ceux qui seroient pris sans cette permission seroient saisis comme perturbateurs du repos public, traités comme tels, envoyés à Valenciennes et de là à la Convention Nationale pour faire leur procès. Vous imaginez facilement combien cet ordre les abattit. Il ne s'agissoit de rien moins que de remettre les États, le Conseil, enfin de faire renaître l'aristocratie dans toute sa force. Vous savez que les nobles et les prêtres n'ont pas peu de partisans ici ; joignez-y tous les conseillers et les avocats qui ne sont pas en petit nombre, car presque toute la ville n'est composée que de gens de plume. Un de ces Messieurs dit hier à un officier de la légion Belgique qui vouloit leur faire entendre raison, qu'il étoit bien étonnant qu'il vint se mêler de leurs affaires, puisqu'il étoit étranger, et que ce n'étoit point sa place : mon père, qui étoit présent, lui dit : « Apprenez qu'il n'existe plus d'étrangers parmi nous que les ennemis de la patrie ; Monsieur est un défenseur, puisqu'il est officier de la légion Belgique, et vous n'êtes qu'un insolent qui aurez à répondre de ce que vous venez de me dire. »

De son côté, faisant allusion aux mêmes difficultés, Paridaens écrit dans son journal :

DU 25 NOVEMBRE :

On voit paraître une affiche de la part des administrateurs provisoires qui déclarent illégales et nulles les résolutions prises le 21 courant en l'église de Sainte-Waudru, etc. Ce même jour, le curé Jureur, du village de Bettignies en France, ardent apôtre du système françois, vient prêcher à trois heures après-midi dans l'église de Ste-Waudru, pour prouver que la constitution civile du clergé de France n'a rien de contraire aux principes de la religion catholique, apostolique et romaine. Ce sermon étoit annoncé par des affiches. Après le salut, le prédicateur se tournant vers le peuple sur la marche de la porte du chœur, lui dit : « Mes frères, dans un instant je suis à vous ; je ne saurois avoir de surplis ici quoiqu'il n'en manque pas à la sacristie, mais on va m'en apporter un tout à l'heure. » En effet, on lui apporta du dehors un surplis et une étole rouge, et il monta en chaire. Je sais ces circonstances d'un témoin oculaire, car je ne me trouvois point là ; l'on m'a dit aussi qu'il avoit prêché fort longtemps et avec véhémence.[1]

A Bruxelles, des symptômes de troubles avaient commencé presque aussitôt après la grande réunion de l'église Sainte-Gudule, et Dumouriez avait dû faire proclamer et afficher l'avis suivant :

Il est expressément défendu aux citoyens de Bruxelles de s'assembler dans quelque lieu que ce soit sans la permission écrite des représentants du peuple souverain de Bruxelles, élus le 18 librement dans l'église de Sainte-Gudule après la convocation générale du peuple, sous peine d'être punis comme perturbateurs du repos public.
Le général commandant à Bruxelles tiendra la main à l'exécution de cet ordre.

(Signé) DUMOURIEZ, général en chef [2].

Malgré cette défense, l'ordre fut troublé, et dans son numéro du 29 novembre, l'*Argus* imprima ceci :

Il y a beaucoup à dire sur la conduite des Belges envers les François, sur leur froideur et sur toutes les cabales qui se machinent dans toutes les contrées de la Belgique, mais je me réserve d'en donner d'amples détails, qu'il importe même aux François de connaître et de déjouer, s'ils ne veulent perdre, par trop de confiance, le fruit du sang qu'ils ont répandu pour conquérir la liberté aux Belges.....
Aujourd'hui même, la fermentation est des plus grandes parmi tous les esprits dans Bruxelles : des malveillants, des partisans des Etats et des moines, sont soudoyés pour exciter du trouble dans la ville, et, à la faveur de ce trouble, commettre sans doute de ces genres d'horreur dont ils ont donné la preuve cruelle pendant la dernière Révolution.
Ces malveillants, ayant fait circuler des billets d'invitation pour se réunir aujourd'hui 27 novembre, sur le Meinboom, à l'effet de casser la représentation provisoire et nommée par le peuple, de rétablir le Conseil du Brabant, les Etats,

---

[1] On trouvera dans l'*Argus* du 28 novembre, d'intéressants détails sur les délibérations de l'assemblée des délégués des diverses communes du Hainaut.

[2] *Argus*, no du 22 novembre.

et, par conséquent, le système aristocratique, et malgré la proclamation du général Moreton dont je donne ci-après copie, malgré les patrouilles multipliées, les malveillants ont été attroupés tout le jour; ils ont parcouru les rues en disant : « Au diable les Vonkistes, les François ! Vivent les Autrichiens qui reviendront bientôt ! » Deux de ces agitateurs du peuple ont été arrêtés par le citoyen Lescuyer; mais cela n'a pas empêché que ces agitateurs ne se soient réunis en très grand nombre aux environs du local des Amis de la liberté et de l'égalité, qui, malgré les menaces, malgré tous ces mouvements, ont tenu leur séance, et ont véritablement prouvé qu'ils étoient des amis de la liberté et de l'égalité, de vrais Jacobins.

La proclamation de Moreton, alors commandant à Bruxelles, datée du 26 novembre, est fort longue. On la trouvera dans l'*Argus* des 29 et 30.

D'Anvers, le même journal disait dans son numéro du 27 novembre :

Tout le monde est d'accord ici de conserver les anciennes constitutions et ne veut pas entendre parler de la suppression des monastères ; les Vonkistes y sont en horreur : on voit de fort mauvais œil que les François abattent les armoiries dans la ville et dans les campagnes des environs ; tout ceci nous présage que le serment de maintenir la liberté et l'égalité sera violé. Les Anversois n'ont pas assez d'esprit pour comprendre qu'ils n'ont point de vraie liberté sans l'égalité.....
Si l'armée françoise ou plutôt la Convention nationale ne prend un parti, la guerre civile est inévitable dans ces contrées, et le tyran autrichien pourroit bien y faire sentir le poids de sa *verge despotique*. Nos campagnes sont très fanatiques et très attachées à leurs prêtres, qui ne le sont pas moins.

Enfin, le 30 novembre, l'*Argus,* résumant son opinion sur la situation de la Belgique, s'écriait :

La liberté prendra avec aisance racine dans le pays de Liège, parce que les Liégeois ont de l'énergie et sont véritablement mûrs à la liberté; mais que les Belges sont encore éloignés de ces principes de liberté, et je crains bien que ce pays ne soit le véritable foyer d'une guerre civile et cruelle. Je regarde et vois avec peine qu'il sera impossible de former la Belgique en une république seule et indivisible : les caractères, les mœurs et les principes des habitants du Hainaut, des Brabançons, des Flamands, des Namurois, etc., sont trop différens les uns des autres pour jamais compter sur cette réunion de provinces.

Cette déconvenue de ceux qui croyaient pouvoir vraiment affranchir la Belgique était la suite naturelle des illusions qu'avaient entretenues les réfugiés sur l'état d'esprit de ces provinces, illusions que nous avons signalées dès nos premiers chapitres. Après bien des péripéties, elle allait avoir pour conséquence de changer notablement le caractère de la lutte entreprise par la France, et de la faire aboutir à une annexion pure et simple des pays qu'occupaient ses armées.

Au début de la guerre, l'Assemblée législative avait, nous l'avons dit, solennellement répudié pour la France toute idée de conquête. Mais, entraînés par de généreuses illusions, beaucoup d'esprits, nous l'avons dit aussi, croyaient toutes les autres nations dans les mêmes idées que les têtes les plus hardies du peuple initiateur. De là à charger la France d'écraser toutes les vieilles tyrannies, il n'y avait qu'un pas. Après des discours enthousiastes de Ruhl, de Fermont, de Legendre, de Brissot, de Grégoire, de Carra, de Lasource et de La Reveillère-Lépaux, ce pas fut officiellement franchi par la Convention dans sa séance du 19 novembre 1792, où elle adopta le décret suivant :

> La Convention nationale déclare, au nom de la Nation françoise, qu'elle accordera fraternité et secours à tous les peuples qui voudront recouvrer leur liberté, et charge le pouvoir exécutif de donner aux généraux les ordres nécessaires pour porter secours à ces peuples et défendre les citoyens qui auroient été vexés ou qui pourroient l'être pour la cause de la liberté.

Sergent demanda que ce décret fût traduit en toutes langues, ce que l'Assemblée adopta ; et un autre député, Guy de Kersaint, ne fit qu'en développer logiquement les prémisses lorsque, dans un discours prononcé le 1er janvier 1793, il voulut faire étendre à l'ensemble de la terre, par une conflagration maritime universelle, la guerre de propagande des bons principes et de délivrance des opprimés.

Ces conséquences, l'Assemblée les tira elle-même lorsque, le 4 décembre, plusieurs délégués des pays occupés par l'armée de Dumouriez ayant été admis à sa barre, elle adopta la résolution complémentaire suivante :

> La Convention nationale, après avoir entendu la députation des Belges qui expriment leur reconnaissance, leur enthousiasme pour la liberté, leur dévoûment au maintien des propriétés et de l'égalité, leur haine pour les rois et les despotes ; enfin, la demande qu'ils font que la Nation françoise s'engage à ne conclure aucun traité à moins que l'indépendance absolue de la Belgique et du pays de Liège ne soit formellement reconnue et établie, passe à l'ordre du jour motivé sur ce que son décret du 19 novembre dernier promet fraternité et secours aux pays qui combattent pour leur liberté ; ordonne que les discours des députés et la réponse du président seront imprimés et envoyés à tous les départemens de la République.

Ni Robespierre, ni Billaud, ni Danton, ni Camille Desmoulins n'avaient pris la parole dans la séance décisive du 19 novembre 1792. Tout en ayant l'air de suivre le courant, ils se réservaient évidemment de faire triompher à la première occasion des idées plus raisonnables. En effet, l'application de la décision précédente rendait à jamais impossible toute paix avec aucune des puissances monarchiques de l'Europe, et, en outre, elle aurait fait jouer un rôle de dupe à la France contrainte de délivrer à ses frais des peuples qui seraient ensuite restés politiquement les maîtres de leur lendemain. Aussi un autre décret « sur la conduite à tenir par les généraux français dans les pays occupés par les armées de la République », décret délibéré par les membres des Comités financier, militaire et diplomatique, par ceux du Conseil exécutif et par les directeurs de la trésorerie nationale ainsi que des administrations de la guerre, vint-il bientôt modifier singulièrement la situation.

Ce décret fut précédé d'un rapport de Cambon, dont nous extrayons les passages suivants, relatifs à la conduite des chefs militaires dans les pays envahis et aux nouveaux principes qui, d'après l'illustre conventionnel, devaient désormais gouverner leurs actions :

Les généraux, en entrant en pays ennemi, y ont trouvé les tyrans et leurs satellites ; notre courage a fait fuir les uns et les autres ; nous sommes entrés dans les villes en triomphateurs et en frères. Nous avons dit aux peuples : *Vous êtes libres*, mais nous nous sommes bornés à des paroles. Nos généraux, embarrassés sur la conduite qu'ils avoient à tenir, nous ont demandé des règles et des principes pour la diriger. Montesquiou nous adressa le premier un mémoire à ce sujet. Deux rapports vous furent faits par le Comité diplomatique, le 20 et le 21 octobre dernier. Ces rapports ont été imprimés ; mais les décisions qui y étoient projetées vous ont peut-être paru insuffisantes, et vous n'en avez pas encore fait le sujet de vos délibérations ; les principes qu'ils contiennent vous sont parfaitement connus. Voici les faits :

Le général Custine, à peine entré en Allemagne, vous a demandé s'il devoit supprimer les droits féodaux, les dîmes, les privilèges, en un mot tout ce qui tient à la servitude, et s'il devoit établir des contributions sur les nobles, les prêtres et les riches, en indemnité des secours qu'ils avoient accordés aux émigrés. Vous ne statuâtes rien sur ces objets. En attendant, il crut ne devoir pas laisser péricliter les intérêts de la République. Il exigea des contributions. On l'a accusé sur ce point, quoiqu'il vous eût soumis les motifs de ces contributions diverses ; et ses ennemis ont voulu en tirer avantage contre lui, notamment par rapport aux 1.500.000 florins qu'il imposa sur Francfort. Depuis ce temps, Francfort a été repris, et vous avez frémi au récit des nouvelles *vêpres siciliennes* qui ont ensanglanté cette ville.

Dumouriez, en entrant dans la Belgique, a annoncé de grands principes de philosophie ; mais il s'est borné à faire des adresses aux peuples. Il a jusqu'ici tout respecté, nobles, privilèges, corvées, féodalité, etc...; tout est encore sur pied ; tous les préjugés gouvernent encore ce pays, et le peuple n'y est rien, c'est-à-dire que nous avions bien promis de le rendre heureux, de le délivrer de ses oppresseurs, mais que nous nous sommes bornés à des paroles. Ce peuple, asservi à l'aristocratie sacerdotale et nobiliaire, n'a pas eu la force, seul, de rompre ses fers, et nous n'avons rien fait pour l'aider à s'en dégager.

Le général a cru, d'après les instructions du Conseil exécutif, devoir respecter sa souveraineté et son indépendance ; lorsque les convois passent à quelques barrières ou péages, ils y payent les droits ordinaires. Il a cru ne devoir pas même forcer les habitants à former des magasins et des approvisionnements à nos armées. *Ces principes philosophiques sont les nôtres ; mais nous ne voulons pas, nous ne devons pas respecter les usurpateurs.* Tous ceux qui jouissent d'immunités et de privilèges sont nos ennemis, il faut les détruire ; autrement, notre propre liberté seroit en péril. Ce n'est pas aux rois seuls que nous avons à faire la guerre ; car, s'ils étoient isolés, ce ne seroit que dix à douze têtes à faire tomber. Nous avons à combattre tous leurs complices, les castes privilégiées qui, sous le nom des rois, rongent les peuples et les oppriment depuis des siècles....,

Il faut donc que nous nous déclarions pouvoir révolutionnaire dans les pays où nous entrons..... Nous devons.... environner nos actes de tout l'éclat de la raison et de la toute puissance nationale. Il seroit inutile de déguiser notre marche et nos principes ; déjà les tyrans les connaissent....; lorsque nous entrons dans un pays ennemi, c'est à nous de sonner le tocsin. Si nous ne le sonnions pas, si nous ne proclamions pas solennellement la déchéance des tyrans et des privilégiés, le peuple, accoutumé d'être enchaîné, ne pourroit briser ses fers ; il n'oseroit se lever ; nous ne lui donnerions que des paroles et aucune assistance effective.

En entrant dans un pays, quel doit être notre premier soin ? *C'est de prendre pour gage des frais de la guerre les biens de nos ennemis;* il faut donc mettre sous la sauvegarde de la nation les biens meubles et immeubles appartenant au fisc, aux princes, à leurs fauteurs, adhérents, participants, à leurs satellites volontaires, aux communautés laïques et séculières, à tous les complices de la tyrannie. Et qu'on ne se méprenne pas sur les intentions pures et franches de la République françoise : vos Comités ne vous proposent pas de nommer des administrateurs particuliers pour l'administration et la régie de ces biens, mais d'en confier le soin à ceux qui seront nommés par le peuple. *Nous ne prenons rien, nous conservons tout pour les frais de la guerre.....*

A la fin de la guerre, vous aurez des comptes à régler. Vous compterez avec les représentants de chaque peuple, et des dépenses que vous aurez faites et des approvisionnements qu'on vous aura fournis. Si l'on vous doit, vous prendrez des arrangements comme vous en avez pris avec les Etats-Unis d'Amérique ; vous vous prêterez à tout ce qui pourra soutenir la liberté de vos voisins ; si, au contraire, vous êtes redevables, vous paierez comptant, car la République françoise n'a pas besoin de crédit.....

Un décret conforme fut voté le 15 décembre 1792.

Ses conséquences financières et politiques ne pouvaient manquer d'être considérables. En s'emparant des biens des ennemis comme garantie des frais de la guerre, la France donnait un gage sérieux à sa monnaie révolutionnaire, à l'assignat, que les peuples voisins, délivrés de leurs tyrans, mais privés de leurs revenus, devraient désormais accepter pour leurs transactions. De plus, par cela seul que la République avait stipulé le remboursement de ses dépenses militaires, elle devait garder, à titre de nantissement et jusqu'à remboursement complet, les pays occupés par ses armées. Et comme, d'un autre côté, ses armées se trouvaient peu à peu diminuées par les combats, elle devait être entraînée aussi à les recruter sur place, parmi les populations affranchies.

Ainsi que nous venons de le voir par les symptômes de recul qui déjà s'accentuaient en Belgique, celles-ci se montraient, du reste, incapables de garder leur liberté. Menacées de rentrer promptement sous le joug de ses anciens maîtres, leur portion la plus émancipée devait solliciter ellemême et à bref délai leur incorporation totale et définitive à leur généreuse libératrice, à la grande République française ; et l'on ferait un volume des adresses envoyées à la Convention à ce sujet.

La nouvelle politique de la Convention amena de graves conflits entre les commissaires et Dumouriez. Le 1er décembre 1792, Danton et Lacroix étaient partis pour la Belgique, afin de s'y occuper des affaires civiles et politiques, et, dès que le décret du 15 eut été promulgué, ils le firent exécuter fidèlement. Quant au général, il les contrecarrait en tous points, et cherchait à se créer un parti personnel. Il s'entourait d'une sorte de cour, et s'était publiquement donné une nouvelle maîtresse dans le pays. Son but, il l'a plus tard avoué cyniquement,[1] était de « se faire reconnaître le chef de la nouvelle République Belgique ! »

Depuis quelques semaines, il sollicitait un congé pour venir à Paris, afin, disait-il, de rendre compte au Conseil exécutif des opérations militaires qu'il avait accomplies, de lui exposer celles qu'il méditait pour la prochaine campagne, et de lui signaler les besoins de son armée. Mais il caressait aussi un autre dessein : le procès de l'ex-roi s'instruisait ; et, Dumouriez pouvait, s'il y trouvait son intérêt, avoir à tenter un coup de force. Aussi ne vint-il pas seul. Son armée, qu'il accusait tout le monde de désorganiser, il la désorganisait lui-même comme à plaisir, selon les vues de son ambition, car, nous dit une correspondance contemporaine,[2] il avait, de façon ou d'autre, avec ou sans armes, sous vingt prétextes, fait arriver autour de lui plus de dix mille hommes.

Rentré à Paris le 1er janvier 1793, après avoir laissé à Thouvenot le commandement intérimaire de la Belgique, Dumouriez put, le 3 janvier, voir voter à l'unanimité, par la Convention, la réunion de Nice à la France, et ajourner celle des provinces envahies depuis Jemmapes. On trouve dans ses *Mémoires* un assez long récit de ce séjour dans la capitale, des entrevues qu'il eut avec divers membres du parti girondin et de ses efforts, plus ou moins sincères, pour sauver Louis XVI. Renonçant bientôt à toute velléité de ce genre, il se borna à exprimer son mécontentement sur la politique récemment suivie en Belgique, et cela, avec la vivacité de son caractère et la hauteur d'un général victorieux, qui se croit indispensable. Tout en rejetant la plupart des réclamations qu'il avait présentées dans quatre mémoires, adressés au Conseil exécutif, — celle, notamment, demandant le retrait du décret du 15 décembre, — on lui donna néanmoins satisfaction sur les points qui pouvaient lui tenir le plus à cœur. On lui rendit ses deux commissaires ordonnateurs : Malus et Petit-Jean, qui lui avaient été enlevés ; on lui accorda de nombreux renforts et on adopta le plan général de la prochaine campagne conçu par lui. Enfin, Pache, qui avait succédé à Servan et à Lebrun, comme ministre de la guerre, dut être rem-

---

[1] Dans l'une de ses conversations avec Proly, Pereyra et Dubuisson, envoyés par le ministre Lebrun à Tournay, en mars 1793. On la trouvera dans *Les Volontaires* de Grille, tome 4, p. 293.

[2] Lettre de Belmonce à Pontmartel, écrite le 2 février 1793, et reproduite aussi dans le livre de Grille, tome 4 page 5. Elle est à lire en entier comme indiquant l'opinion de certains hommes perspicaces sur Dumouriez, « grand esprit, grand fripon, » avant même qu'il n'eût trahi.

placé par son ami Beurnonville, à peine remis d'une assez triste campagne d'hiver à l'armée de la Moselle, et qu'il devait lui-même livrer à l'ennemi quelques mois après.

Dumouriez était donc à moitié satisfait lorsque, le 26 janvier, il regagna son quartier-général, établi alors à Anvers. Mais il ne tarda point à y être surpris par deux événements importants : l'annexion de la Belgique à la République française, et la déclaration de guerre à l'Angleterre et à la Hollande.

Le premier de ces événements fut déterminé par un discours de Danton. Il était revenu le 14 pour le procès du roi, et le 31, à la suite d'une lettre de la municipalité de Liège, annonçant que, sur 9.700 votants, 9.660 avaient demandé leur incorporation, il monta à la tribune, et s'écria :

> Ce n'est pas en mon nom seulement, c'est au nom des patriotes belges, du peuple belge, que je viens demander aussi la réunion de la Belgique.
>
> Je ne demande rien à votre enthousiasme, mais tout à votre raison, mais tout aux intérêts de la République françoise.
>
> N'avez-vous pas préjugé cette réunion, quand vous avez décrété une organisation provisoire pour la Belgique? Vous avez tout consommé, par cela seul que vous avez dit aux amis de la liberté : « Organisez-vous comme nous. » C'étoit leur dire : « Nous accepterons votre réunion, si vous la proposez. »
>
> Eh bien! ils la proposent aujourd'hui.
>
> Les limites de la France sont marquées par la nature. Nous les atteindrons dans leurs quatre points : à l'Océan, au Rhin, aux Alpes, aux Pyrénées.
>
> On vous menace des rois! Vous leur avez jeté le gant; ce gant est la tête d'un roi; c'est le signal de leur mort prochaine. On vous menace de l'Angleterre! les tyrans de l'Angleterre sont morts.
>
> Vous avez la plénitude de la puissance nationale. Le jour où la Convention nommera des commissaires pour savoir ce qu'il y a dans chaque commune d'hommes et d'armes, elle aura tous les François.
>
> Quant à la Belgique, l'homme du peuple, le cultivateur, veulent la réunion. Lorsque nous leur déclarâmes qu'ils avoient le pouvoir de voter, ils sentirent que l'exclusion ne portoit que sur les ennemis du peuple, et ils demandèrent l'exécution de votre décret. Nous avons été obligés de donner la protection de la force armée au receveur des contributions, auquel le peuple demandoit la restitution des anciens impôts.
>
> Sont-ils mûrs, ces hommes-là?
>
> De cette réunion dépend le sort de la République dans la Belgique.
>
> Ce n'est que parce que les patriotes pusillanimes doutent de cette réunion, que votre décret du 15 a éprouvé des oppositions. Mais prononcez-la, et alors vous ferez exécuter les lois françoises, et alors les aristocrates, nobles et prêtres, purgeront la terre de la liberté. Cette purgation opérée, nous aurons des hommes, des armes de plus. La réunion décrétée, vous trouverez dans les Belges des républicains dignes de vous, qui feront mordre la poussière aux despotes.
>
> Je conclus donc à la réunion de la Belgique. [1]

---

[1] Nous reproduisons ce discours d'après le *Moniteur*. On en trouvera une version absolument identique au fond, bien qu'un peu différente en la forme, dans un journal du temps, intitulé, le *Logotachygraphe, journal de la Convention nationale de France*, par le citoyen F.-L. Guiraut, et d'après ses procédés.

Adoptée en principe, l'annexion fut soumise aux délibérations d'assemblées primaires ; et elle ne fut votée définitivement qu'après cette consultation préalable, à laquelle Danton, parti de Paris le soir du 31[1] alla présider avec plusieurs de ses collègues. De là divers décrets réunissant à la France :

1° Le 2 mars, le comté de Hainaut, sous le nom de département de Jemmapes, ainsi que le pays de Stavelot, de Franchimont et de Logne, la principauté de Salm et la ville de Gand ;

2° Le 4, Florennes avec 36 villages de son arrondissement ;

3° Le 6, Tournai et Louvain ;

4° Le 9, Ostende et Namur ;

5° Le 11, Hain-sur-Sambre, Charleville-sur-Sambre (nouveau nom de Charleroi), Fleurus et Wasseigne.

Comme il arrive toujours en pareil cas, l'intrigue et la pression ne furent pas étrangères au résultat du vote. Mais cette façon de procéder n'en était pas moins remarquable et nouvelle, différant autant, en principe, de l'ancienne conquête, où le peuple vaincu passait comme un troupeau sous le joug du vainqueur, qu'un légitime mariage d'un rapt suivi de viol.

Quant au second événement, il n'était que trop justifié, en dépit de l'enthousiasme que la Révolution avait excité dans une notable portion du peuple britannique, par la constante attitude de son gouvernement. « Rappel de lord Glower, l'ambassadeur d'Angleterre, le lendemain du 10 août ; cessation officielle de tous rapports avec l'ambassadeur de France, à Londres, depuis la suspension de Louis XVI ; refus de reconnaître les pouvoirs de la Convention ; opposition mise à des achats de grains et d'armes par des agents de la République ; détention de bateaux chargés de grains pour la France, en violation du traité de 1786 ; prohibition, par acte du Parlement, de la circulation de nos assignats dans la Grande-Bretagne ; acte vexatoire et inquisitorial rendu contre les Français habitant l'Angleterre, en violation de l'article 4 du traité de 1786 (*alien bill*) ; en violation de l'article 1er du même traité, secours d'argent aux émigrés et aux chefs de rebelles armés contre leur patrie ; armement maritime et augmentation des forces de terre faits sans provocation de la part de la République et

---

[1] Lire, sur ce point, le second *Rapport des Commissaires de la Convention en Belgique et dans le pays de Liège*, principalement, dans la deuxième partie, les chapitres I à VI : *Convocation, tenue et résultat des Assemblées primaires. — Effets et suite des vœux émis dans les Assemblées primaires*. — On trouvera aussi de nombreux documents sur l'annexion de la Belgique et les événements subséquents dans le *Recueil des Actes du Comité de Salut Public avec la correspondance officielle des représentants en mission et le registre du Conseil Exécutif provisoire*, publié par M. F.-A. Aulard.

dans le but avoué de la combattre; coalition avec les ennemis de la France, notamment avec l'Autriche et la Prusse ; ¹ » tels sont quelques-uns des griefs que la République mettait en avant contre la grande puissance insulaire.

Au stathouder, la Convention reprochait, non sans raison, d'avoir traité avec mépris les agents de la France, accueilli des émigrés, vexé des patriotes français, traversé leurs opérations, relâché des fabricants de faux assignats ; enfin d'avoir, dans les derniers temps, pour concourir aux desseins hostiles de la cour de Londres, nommé un amiral, ordonné à des vaisseaux hollandais de joindre l'escadre anglaise, ouvert un emprunt pour subvenir aux frais de la guerre ; empêché les exportations pour la France, favorisé les approvisionnements des magasins prussiens et autrichiens.

Les derniers actes d'hostilité des cabinets de Londres et d'Amsterdam, tiraient leur origine de l'occupation, par les Français, de la Belgique et des villes du Rhin. En effet, pays marchand avant tout, dépourvu de tout sentimentalisme en matière de politique étrangère, possédant en Hanovre le patrimoine de sa nouvelle dynastie, et voulant garder le monopole des grands approvisionnements de l'Allemagne, l'Angleterre ne pouvait voir d'un bon œil la France maîtresse à la fois d'Anvers et de Mayence. D'un autre côté, la Hollande ne voulait pas que l'Escaut, dont elle détenait les embouchures, et dont la navigation lui avait été vendue par l'empereur Joseph II, devînt soit un fleuve principalement français, soit une artère ouverte à tous les peuples. Rivales par leurs marines, l'Angleterre et la Hollande devaient donc nécessairement s'entendre à ce moment pour susciter à la France mille embarras.

Notons que, malgré la tension de leurs rapports, les négociations n'avaient jamais été interrompues entre les cabinets de Paris et de Saint-James, qu'une conférence avait même été convenue entre Dumouriez et lord Auckland pour le 10 février 1793, au Moër-Dyck, sur les yachts du prince d'Orange ². Inutile de dire que cette conférence ne put avoir lieu.

Mais n'oublions pas d'ajouter que la Convention ayant, le 7 février, déclaré la guerre à l'Espagne, ce qui rendit générale la conflagration de l'Occident européen, elle décréta, presque en même temps, pour faire face à cette foule d'ennemis, la levée en masse de 300.000 hommes. Ce fut le commencement de la grande réquisition de tous les non-mariés ou veufs sans enfants, de 18 à 40 ans. Elle fixa, pour 1793, la force totale des armées

---

1 Robinet, *Danton émigré*, Chapitre III.
2 Voir, aux Archives du ministère des affaires étrangères, la *Correspondance d'Angleterre*, t. 585.

à 502.000 combattants, et décida, en outre, de délivrer des lettres de marque pour la course maritime.

Le projet de faire la conquête de la Hollande avait été arrêté entre Dumouriez et le Conseil exécutif pour le cas où la guerre serait déclarée. Aussi, à peine arrivé à Anvers, le général eut-il à s'occuper de le mettre à exécution.

La Hollande pouvait être attaquée et envahie de trois manières différentes. Le premier plan consistait à jeter quelques milliers d'hommes dans la Zélande et à s'emparer du gouvernement s'il voulait s'y retirer. Il avait été conçu par les réfugiés bataves, sortis de leur patrie après la révolution de 1787. Le second, œuvre de Dumouriez, avait pour but la descente de la Meuse par Venloo jusqu'à Grave, la marche de Grave sur Nimègue et une soudaine irruption sur Amsterdam. « C'était le plus sûr, si on avait pu prévoir l'avenir, dit Thiers. » A Anvers, Dumouriez lui-même en imagina un beaucoup plus hardi, mais aussi beaucoup plus fécond en résultats immédiats et décisifs s'il eût réussi. L'illustre historien de la Révolution française approuve presque sans réserve cette troisième combinaison, que les écrivains militaires ont généralement critiquée. Elle consistait à faire descendre la Meuse aux généraux Miranda, Valence et Dampierre qui s'empareraient de Maëstricht, dont le siège n'avait pu être commencé avant la déclaration de guerre officielle à la Hollande, et de Venloo, dont la prise devait être facile. Pendant ce temps, Dumouriez, avec 25.000 hommes, se porterait rapidement entre Berg-op-Zoom et Bréda, arriverait ainsi au Moër-Dyck, traverserait la petite mer du Bielbos et parviendrait par les embouchures des fleuves jusqu'à Leyde et Amsterdam. Il devait pénétrer ainsi rapidement jusqu'au cœur de la Hollande avant que les troupes du stathouder aient pu être renforcées par les Anglais et les Autrichiens. En revenant d'Amsterdam, il prendrait les défenses à revers et enserrerait, comme dans une tenaille, l'armée hollandaise entre lui et ses lieutenants Miranda et Valence qui devaient le joindre par Nimègue et Utrecht [1].

Dès les premiers jours du mois de février, les préparatifs de cette expédition furent vivement faits et les ordres donnés pour les mouvements de troupes. Ces dispositions sont consignées dans le registre des ordres des généraux de l'armée du Nord, allant du 9 février au 23 mars 1793, conservé aux Archives du Nord [2]. Ils sont signés par Dumouriez, par son

---

[1] *Histoire de la Révolution française*, tome III, p. 250.
[2] Bibliothèque des Archives du Nord, manuscrit 235 du Catalogue.

chef d'état-major Thouvenot et par l'adjudant-général de Flers, à qui fut confié le commandement de l'armée de Hollande quand le général en chef fut obligé de le quitter pour aller se placer à la tête de l'armée de la Meuse. Nous allons soit reproduire intégralement les ordres principaux, soit analyser ceux qui n'offrent qu'un intérêt secondaire. Ces documents authentiques donneront pour ainsi dire jour par jour l'historique de cette première campagne de Hollande.

Le 9 février 1793, les instructions suivantes sont envoyées par le quartier-général :

ORDRE DONNÉ LE 9 FÉVRIER 1793, L'AN 2° DE LA RÉPUBLIQUE FRANÇAISE.

Anvers.

Ordre au maréchal de camp Sabrevoys de faire partir sur-le-champ, de Tirlemont, quatre pièces de huit avec leurs caissons et artilleurs pour se rendre à Anvers.

Ordre au 1ᵉʳ bataillon du 90° régiment de partir de Tournay pour se rendre le 14 à Anvers.

Ordre au citoyen Durtubie, de Douai, d'envoyer trois pontons avec leurs haquets.

Ordre aux quatre adjoints Serguel, la Pissé, Cattache et Lefebvre, de partir de Liége avec leurs équipages pour se rendre sur-le-champ à Anvers.

Ordre à l'adjudant-général Pille de se rendre avec son adjoint à Tournai auprès du général Omoran.

Ordre au colonel aide de camp Tilly de se rendre sur-le-champ à Anvers.

Ordre au capitaine d'artillerie St-Cyr de faire préparer deux cents cartouches à mitraille pour pièces de huit, quatre grilles à chauffer les boulets avec leurs outils, deux chariots chargés d'outils à pionniers.

Ordre au colonel La Bayette de partir sur-le-champ de Liége avec un officier d'artillerie à son choix pour se rendre à Anvers.

Prévenir le général Dangest que deux mille chevaux seront fournis par les administrateurs des charrois militaires, et leur envoyer l'ordre à Bruxelles pour la répartition de ces chevaux à Malines, Louvain et Tirlemont.

Le lendemain, voici quelle était la position de l'armée :

CANTONNEMENTS
du 10 février, l'an 2° de la République.

Avant-garde	Loenhout et tous les petits villages circonvoisins, Wuestwersel et ses hameaux, 300 hommes de cavalerie et 900 d'infanterie. Brecht et tous les villages circonvoisins, Westmael, Ostmael, 800 hommes de cavalerie, 3.000 hommes d'infanterie.
Droite	Hoogstraten, Minderhout, Wortel et Rickworsel et villages circonvoisins, 4.800 d'infanterie.
Gauche	Calmpthout, Kruistract, Putte et Capelle, ainsi que tous les autres petits villages, 4.800 hommes d'infanterie.
Réserve	St-Job-in't-Goor, S'gravenwesel, 1000 hommes d'infanterie, 500 chevaux.

Le 11, Dumouriez donne des instructions au capitaine Saint-Cyr et au maréchal de camp Thouvenot :

DU 11 FÉVRIER 1793.

Il est ordonné au capitaine d'artillerie Saint-Cyr de soutenir, jusqu'à nouvel ordre, l'activité de tous les établissements d'artillerie de Malines.
Il employera la fonderie à couler des canons de campagne de 4, de 8 et de 12, conformément aux ordres qu'il recevra. L'arsenal de construction sera employé aux préparations de l'artillerie des armées de Belgique et à construire les effets et les caissons des pièces qui seront coulées à la fonderie, ainsi qu'aux autres machines d'artillerie qui seront ordonnées. — La manufacture d'armes sera employée aux réparations de fusils, qui se trouvent à Malines ou qui y seront envoyés, ainsi qu'à remonter tous les canons qui sont dans les magasins après avoir été éprouvés. Si la quantité des ouvriers de la manufacture le permet, il fera aussi fabriquer des fusils neufs. — Il est autorisé à passer les marchés nécessaires à l'exécution de tous ces travaux et notamment avec le capitaine Montigny, chargé de la manufacture d'armes.

Anvers, 11 février 1793.

Le général Thouvenot se rendra à Malines où il inspectera l'artillerie de la légion du Nord, qui recevra l'ordre de marcher ; il lui fera donner, des arsenaux, tout ce qui lui manquera afin de la mettre en état de servir. Il autorisera de ma part le capitaine Saint-Cyr à faire toutes les réquisitions nécessaires pour se procurer les bois dont il aura besoin pour la construction des affûts et autres machines d'artillerie qu'il a ordre de construire. Le général Thouvenot remettra au capitaine Saint-Cyr, pour les dépenses, une somme de [1]   , dont il tirera un reçu. Il donnera ordre à quatre bombardiers de se rendre à Anvers. — De Malines, le général Thouvenot ira à Bruxelles où il passera la revue de la légion du Nord, pour déterminer la quantité d'hommes en état d'entrer en campagne. — Il se fera remettre, par le général Rosières, les états de situation des corps belges en état de marcher et il leur en donnera l'ordre ; il remettra à ces corps pour leur habillement une somme de [2]   ; il enverra à Malines toute l'artillerie belge, où elle sera formée sous les ordres du capitaine Saint-Cyr pendant l'absence du général Thouvenot. — Le général Rosières devra lui remettre le brevet de colonel commandant d'artillerie pour l'adjudant-général Thouvenot. Il est autorisé à acheter et faire acheter tous les fusils et autres armes qui pourroient servir à l'armement des troupes de la République et il enverra à Anvers tout ce qu'il pourra rassembler d'effets de campement. — Il donnera les ordres nécessaires à l'administration des charrois de l'armée suivant les instructions particulières qu'il a reçues de moi. — Il donnera des ordres de répartition des chevaux de remonte qui se trouvent à Bruxelles. — De Bruxelles, le général Thouvenot ira à Louvain où il inspectera le corps les Belges et, après avoir donné l'ordre de marcher à tout ce qui pourra l'exécuter, et laissera une somme de [3]   pour travailler à l'habillement des recrues. Arrivé à Liège, il se fera rendre compte des culottes vertes, habits et autres effets qui peuvent se trouver actuellement au magazin pour en proposer la distribution au général qui commande pendant mon absence.

---

[1] Le chiffre est en blanc dans le texte.
[2] *Idem*.
[3] *Idem*.

Le même jour, Dumouriez écrit au commissaire Lemonnier à Bruxelles afin de l'avertir des moyens qu'il a dû employer pour se procurer les fonds nécessaires aux premiers besoins de l'armée d'expédition :

Anvers, le 11 février 1793.

Au citoyen Le Monnier à Bruxelles,

Je viens d'être obligé, citoyen, vu l'urgence des besoins de l'armée et des mouvements que je lui fais faire, de prendre chez le citoyen Broëtat quatre mille deux cent louis faisant cent mille huit cent livres tournois, que j'ai remis à la disposition du maréchal de camp Thouvenot, chef de l'état-major de l'armée. J'ai mis, en place de cette somme, un billet de moi qui sera retiré par le citoyen Verbroeck sur un emprunt que j'ouvre sur les commerçants d'Anvers ; à moins que vous ne préfériez imputer cette somme sur les fonds que vous aurez à faire pour un corps de 15.000 hommes dans les environs d'Anvers pendant quinze jours. Le général Thouvenot vous en donnera l'état, ainsi que l'époque de son rassemblement. Je vous prie d'envoyer vos ordres à cet égard au citoyen Lagarde que j'ai trouvé établi à Anvers et qui remplira les mêmes fonctions à ce corps d'armée.

Le 13 février, des ordres sont envoyés aux commandants et officiers municipaux des villes de Bruxelles, Louvain, Malines, Liers, Gand, Alost, Bruges, Tenremonde et Rupelmonde et au commissaire de la marine, pour faire envoyer et assembler à Anvers tous les bateaux hollandais que l'on pourra recueillir.

En même temps avaient lieu à Mons des mouvements de troupes, ce que ne manque pas de noter le conseiller Paridaëns, tout en se trompant sur leur but et en accueillant de faux bruits sur la situation de l'armée française :

DU 13 FÉVRIER.

Les divers détachements militaires qui étoient allés en commission hier et qui étoient commandés pour trois ou quatre jours, sont rappelés précipitamment à Mons, avec ordre de se tenir prêts à marcher demain vers Bruxelles. On apprend par les gazettes d'Amsterdam et de La Haye, que les François ont dû évacuer Ruremonde avec perte, étant attaqués par les Prussiens.

DU 14 FÉVRIER.

Les troupes de ligne qui étoient en garnison à Mons, consistant en un bataillon du 25ᵐᵉ régiment autrefois Poitou, partent pour aller loger à Tubize et demain à Bruxelles où ils recevront des ordres ultérieurs. Il part aussi des gardes nationales, et une grande partie des chasseurs belges nouvellement levés ; les derniers, pour la plupart Montois, ne paraissent point partir de bon cœur ; on carillonne et on sonne la cloche à leur départ pour les égayer.

Le 15, Dumouriez ordonna à tous les chevau-légers belges, en garnison à Gand, de se rendre successivement et à mesure qu'ils seront habillés, à Anvers, d'où ils partiront le lendemain de leur arrivée pour aller cantonner à Wuest-Wesel.

Le 16, le maréchal de camp Lanolle est détaché pour aller à Tournai prendre, sous les ordres du lieutenant-général O'Moran, le commandement des troupes cantonnées dans la Flandre-Maritime. Des instructions très curieuses lui sont données sur la manière dont il doit remplir ses fonctions :

DU 16.

Il est ordonné au citoyen Lanolle, maréchal de camp de l'armée de la Belgique, de partir le 17 de ce mois pour se rendre à Tournay, près du citoyen Omoran, lieutenant-général de ladite armée, aux ordres duquel il sera, pour commander sous lui dans tout l'arrondissement de son commandement, mais plus particulièrement dans la Flandre Belgique maritime, c'est-à-dire à Furnes, Nieuport, Ostende et Bruges.

Il est ordonné à tous officiers et soldats des troupes de la République française, à tous administrateurs provinciaux et officiers municipaux, de lui obéir dans tout ce qui concernera le service militaire, et concourir avec lui pour tout ce qui intéressera l'avantage du pays et des habitants.

Le général Lanolle veillera particulièrement sur les côtes de la Flandre maritime, fera la visite des batteries établies, fixera avec les officiers du génie celles a établir, réglera le service des troupes et arrangera des points de rassemblement au cas de menace de descente sur les côtes, toujours d'après les ordres du lieutenant-général Omoran, auquel il rendra compte particulièrement de ce qui se passera dans son commandement. Il veillera avec le plus grand soin à la tranquillité du pays, en prenant vis-à-vis des habitants les manières les plus douces et les plus fraternelles, telles que cela convient vis-à-vis d'un peuple à qui nous rendons l'égalité, la liberté et la souveraineté.

Enfin il correspondra, pour le bien du service et la sûreté des côtes, avec le citoyen Paschal, maréchal de camp, commandant à Dunkerque, ainsi que dans l'arrondissement du département du Nord appelé ci-devant : la Flandre maritime française, pour pouvoir se prêter un secours mutuel en cas de besoin.

(Signé) DUMOURIEZ.

Le même jour, le colonel Lamy, ingénieur, reçut l'ordre de partir le lendemain 17, afin de reconnaître le chemin d'Anvers à Bréda et d'employer tous les moyens possibles pour le rendre praticable à l'artillerie de siège. Il devait, dans sa reconnaissance, s'approcher le plus près possible de Bréda, sans cependant se commettre avec les troupes que l'on pourrait faire sortir de cette ville. Il était autorisé à prendre, dans tous les cantonnements de la droite de l'armée et de l'avant-garde, les escortes et les détachements de cavalerie dont il croirait avoir besoin pour assurer le succès de sa mission.

Le 18, Dumouriez transmit de longues instructions au lieutenant-général Marassé pour la levée d'un bataillon de chasseurs belges qui devait être composé de huit compagnies dont les officiers seraient choisis après entente entre ledit général, le Comité militaire à Bruxelles, le général Rosières, qui en était le chef, et le général Thouvenot, chargé de l'inspection des troupes belges :

La couleur de l'habillement ne fait rien pourvu qu'il soit uniforme ; il seroit même peut-être avantageux, si on trouvoit promptement du drap jaune à bon marché, de renouveler cet habillement, d'autant plus que la plupart des chasseurs qui s'engageront dans cette troupe seront des anciens chasseurs qui se sont distingués contre les Autrichiens dans la dernière Révolution sous le nom de *Canaries*.

Comme l'armée avait besoin de chevaux et de chariots pour opérer son mouvement offensif et que les réquisitions n'en avaient fourni qu'un très petit nombre, la sortie de tous les chevaux de la ville d'Anvers fut interdite sur-le-champ et les autorités municipales furent sommées de livrer, le lendemain 19, tous les chevaux de la ville sans en excepter aucun, mais principalement ceux de luxe ; chaque propriétaire devait fournir un charretier par deux chevaux, les chevaux étant payés trois livres et les hommes 25 sols par jour. Ils devaient, en outre, suivre l'armée jusqu'au moment où il leur serait donné une permission de revenir chez eux : « Je préviens que si aucun d'eux est repris en fuyant sans permission, je le livrerai à la sévérité des loix et qu'il sera traité comme ennemi de la nation française ».

Le même jour, le citoyen Smeyr, commandant de l'arsenal de Malines, fut prévenu d'avoir à faire partir sur-le-champ pour Anvers 1.600 coups à boulet du calibre 4 et 800 à mitraille avec bourres et étoupilles à proportion, réservant, en outre, dans ledit arsenal 900 coups à boulet et 800 à mitraille du même calibre pour être à la disposition de l'artillerie de l'expédition. Il lui fut recommandé de faire faire le plus de cartouches possible en en gardant toujours 600.000 pour l'armée de Hollande, et d'envoyer à Anvers 600 fusils avec 100 chevaux d'artillerie.

Le 19, 1.200 outils de pionniers sont réclamés au capitaine Saint-Cyr et les ordres de marche et de manœuvre suivants sont donnés au maréchal de camp Berneron ainsi qu'au lieutenant-colonel La Martinière :

Anvers, 19 février.

On a donné ordre, mon cher Berneron,[1] au colonel Lami d'aller reconnaître Bréda ; il ne sait rien de votre destination ultérieure. Ainsi il a cru bien faire en s'emparant de Hage et de Gincken. Comme votre avant-garde a une autre destination, il ne faut pas la déranger, mais j'ordonne à la première brigade de la droite de se porter à Ipelaar, Gincken et Hage, et à la cavalerie de la légion du Nord, c'est-à-dire à 200 hommes, de se porter à Galgendonck et le reste à Dorst, pour achever le blocus de Bréda. Cela ne dérange rien à votre marche qui est retardée encore d'un jour parce que nous attendons encore deux bataillons et des voitures. Vous donnerez donc cet ordre à cette cavalerie, ou plutôt, comme Westermann passe par ses quartiers en allant joindre son quartier-général à Hoogstraten, il le portera directement. Faites un petit mouvement en

---

[1] Le maréchal de camp Berneron suivit Dumouriez dans sa défection et alla mourir en Angleterre.

avant demain matin pour vous approcher de la Merk en appuyant votre gauche à Oudenbosch et votre droite sur la Merk en avant de Galgendonck. Vous vous emparerez des bacs et vous ferez travailler à votre pont.

Anvers 19 février.

Il est ordonné au lieutenant-colonel La Martinière, commandant la division d'artillerie arrivée aujourd'hui à Weetwesel, et au capitaine Senarmont, qui doivent opérer de concert, d'en faire partir demain cette artillerie, pour lui faire faire, sur la route de Bréda, la plus forte marche possible et la porter le lendemain aux approches de Bréda et prendre, sans délai, les mesures les plus convenables pour la bombarder si, après l'avoir sommée de se rendre, elle n'ouvre pas ses portes.

Le 21, de nouvelles instructions sont envoyées à Berneron, chargé de se porter devant Klundert et Willemstadt, et au colonel Westermann, dont le rôle consistait à surveiller les troupes hollandaises qui auraient pu venir au secours de Bréda par Bois-le-duc. Le quartier-général de Dumouriez était alors à Brasschaet, encore sur le territoire belge, quoique l'armée française eût, dès le 17 au soir, franchi la frontière hollandaise. Nous donnons *in-extenso* le texte de ces ordres qui indique très clairement la marche des opérations :

Au quartier général de Brasschaet,
le 21 février 1793.

J'imagine, mon cher Berneron, que, d'après mon billet d'hier, vous êtes maître de Zeven-Bergen et que vous avez fait insulter Klundert. On y a porté, de la garnison de Dordrecht, à peu près 100 ou 150 hommes, qui, dans ce moment-ci, travaillent à arranger une batterie sur le fort qui est de notre côté ; mais ce vieux fort est tout ouvert du côté de Willemstad et, en faisant passer 200 ou 300 hommes de l'autre côté du canal, si vous pouvez trouver deux ou trois bateaux, soit du côté d'Oudenbosch, soit du côté d'Appelaar, cette faible garnison sera obligée d'abandonner Klundert et de se jetter dans Willemstad. J'espère que vous n'avez pas perdu de temps et que vous avez poussé l'avant-garde d'Aendels tout du long de la côte depuis le Moerdick jusqu'au canal d'Œmilia-polder pour s'emparer de tous les bateaux avant que le bâtiment de garde les force à passer de l'autre côté. Si cela n'est pas fait, ne perdez pas de temps. Je suis persuadé aussi que votre pont de la Merk doit être prêt aujourd'hui, auquel cas vous devez passer cette rivière avec votre avant-garde pour vous étendre entre Willemstad et Gertruidemberg. Il faut que vous mettiez un poste à Nieuw-Castel pour empêcher les bateaux de s'échapper par la rivière de Dintel. Vous pouvez, pour vous amuser, si cela ne vous prend pas par trop de temps et si vous remarquez de la consternation, insulter Willemstad. Mais pourvu que cette opération ne vous prenne pas plus de six heures et ne vous empêche pas de ramasser les bateaux. Je vous annonce que notre gauche, commandée par notre colonel Le Claire, occupera demain Rosendaal, Nyspen, Eschen jusqu'à Hoogerheyde. Notre artillerie sera après-demain à Eschen, n'ayant pas pu y arriver plutôt et se portera le jour suivant de manière à passer la Merk et le 24 être au Moerdick. Cela est indépendant de l'artillerie de siège qui doit être aujourd'hui devers Bréda : cette ville est entièrement environnée d'aujourd'hui. On prétend que des troupes, marchant de Gorcum, viennent par Capelle, pour se jetter dans cette place en passant par le grand chemin de Bois-le-duc. J'en avertis le colonel Westermann pour qu'il les empêche d'entrer et même qu'il leur tombe dessus le corps. Je serai demain de ma personne, avec le quartier-général, à Groot-Sundert ou Klein-Sundert, où M. Kock prétend qu'il y a un fort bon logement. Faites-en prévenir tous les chefs de corps à vos ordres, parce qu'ils pourroient croire que je suis à Loenhout comme je l'avois annoncé.

Quant à Westermann qui remplissait les fonctions d'adjudant-général à l'armée de Hollande, voici ses instructions :

Le colonel Westermann a dû déjà porter la brigade composée de la gendarmerie du 3º bataillon du Calvados et du 17º des volontaires nationaux à Hage, Gynegem, Ypelaar et Doorst. Il fera avancer les deux autres brigades, composées du 1ᵉʳ bataillon de Vervins qui est à Minderhout, du 15º des volontaires nationaux qui est à Vyneken, du 3º des fédérés qui est à Hogstraten, du 19º bataillon des volontaires nationaux qui est à Merexplas, du 2º bataillon de Cambrai qui est à Rykworsel et du 1ᵉʳ bataillon de l'Oise qui est à Wortel. Il enverra le 1ᵉʳ bataillon de Vervins à Molschot et Bavel ; le 15º bataillon des volontaires nationaux à Hoogstraten, le 3º des fédérés à Galder ; il portera le 19º bataillon des volontaires nationaux de Merexplas à Gilse ; le 2º bataillon de Cambrai à Alphen ; le 1ᵉʳ de l'Oise, qui est à Wortel, ira à Kaam. Le colonel Westermann est prévenu qu'une partie de la garnison de Gorcum doit marcher par le chemin de Bois-le-duc pour tâcher de se jetter dans Bréda. Ce chemin aboutit à la rivière de Dongen et passe par Eten et par la Justice de Breda auprès de Vandenbras. On passe la rivière de Dongen à trois endroits à gué au village de Dongen visà-vis de Thuis, et, par ce gué, on arrive sur Eten ; le second gué est entre le village de Diéren et le village de Reye, ce qui conduit au village de Dorst ; le troisième gué est à Hulten ; il conduit au village de Molschot et de Gilse. C'est par un de ces trois passages que les Hollandais peuvent chercher à pénétrer dans Bréda. Pour s'y opposer, le colonel Westermann portera le détachement du 7º régiment d'hussards à Hulten. Les troupes qui sont à Galgendonck, il les portera à Eten et elles auront un poste avancé à Thuis, sur la rivière de Dongen. Il donnera les ordres à tous ses cantonnements, tant infanterie que cavalerie, de se communiquer jour et nuit par des patrouilles croisées, et, si on voit l'ennemi d'un côté, on marchera sur lui en force et on l'attaquera de manière à le battre et le prendre en le poursuivant jusqu'à la rivière de Dongen. Toutes réflexions faites, je prends le parti d'envoyer moi-même les ordres à tous les différents bataillons par des ordonnances. Cependant le colonel Westermann fera bien d'envoyer les ordres par des paysans, de la fidélité desquels il s'assurera par une récompense ou par des coups de bâton.

P.-S. — Le colonel Westermann se chargera du mouvement des troupes qui sont à Galgendonck et du détachement du 7º régiment d'hussards.

Le lendemain, **22**, le quartier-général était à Groot-Zundert, sur le territoire hollandais. Dumouriez écrit de nouveau à Berneron pour se plaindre des retards signalés dans la marche de ses troupes :

Au Quartier-Général de Groot-Zundert, le 22 février.

J'ai été très étonné, mon cher Berneron, en arrivant ici, d'apprendre que les troupes de votre avant-garde n'ont reçu aucun ordre pour marcher en avant et que nommément la légion belge de Gand et de Bruges, commandée par le colonel Hostin, se trouve en arrière de moi à Hoogstraten, sans avoir reçu aucun ordre ou nouvelle de vous.

Je vous recommande deux choses très essentielles à l'avenir : 1º de ne négliger ou oublier dorénavant en arrière, des corps qui forment votre avant-garde et de leur envoyer des ordres à temps pour avoir votre avant-garde sous la main et ne pas être dispersé comme cela vous arrive aujourd'hui ; 2º dès que vous faites un mouvement en conséquence de mes ordres, je vous recommande de m'envoyer, au moment même, l'état nominatif de vos cantonnements

Pour réparer cette première faute, que je n'attribue qu'au désordre d'un premier rassemblement, je vous envoye les noms et la force de quelques villages sur la Merck, auprès du canal, et comme je vois que Eten est un point à peu près central, j'y adresse toutes les troupes que je trouve en arrière et vous les distribuerez de là comme vous voudrez ; en conséquence, je fais partir sur le champ pour Eten la cavalerie de la légion du Nord qui se trouve à Klein-Sundert et que vous ferez bien de faire partir sur Oudenbosch, qui naturellement forme votre gauche. Demain, la légion belge suivra et arrivera à Eten. Je ferai suivre le bataillon de l'Aube pareillement. Quant au 6e régiment de dragons, arrangez le du côté de Meersel de manière à ce qu'il couvre le blocus de Bréda. Si votre légion du Nord-infanterie avoit été avec vous, elle n'auroit pas commise à Meer des crimes atroces dont je fais dresser des procès-verbaux pour en faire une punition exemplaire. Je vous envoye un nouvel ordre de bataille parcequ'il y a quelques changements au premier.

Il faut absolument que vous soyez, aujourd'hui ou demain au plus tard, maître de Klundert, qui n'a aucune force du côté de Willemstadt. J'irai demain vous trouver ; il n'y a pas de temps à perdre.

Le maréchal de camp et ingénieur, Le Michaud d'Arçon, célèbre surtout comme étant l'inventeur des batteries flottantes employées à l'attaque de Gibraltar, était chargé de conduire le siège; Dumouriez lui donna, le 22, de longs détails sur ce qu'il aurait à faire en cas de capitulation de la place :

INSTRUCTIONS POUR LE GÉNÉRAL D'ARÇON, A COMMUNIQUER AU COLONEL WESTERMANN

Le général d'Arçon commande le siège à Bréda et le colonel Westermann commande sous ses ordres les troupes employées à ce siège. Le général d'Arçon est porteur d'une sommation au gouverneur et d'une lettre pour les magistrats de Bréda. Le lieutenant-colonel de Vaux, mon aide-de-camp, est chargé de porter cette sommation dans la ville ; le général n'enverra le colonel de Vaux que lorsque ses batteries de mortiers et d'obusiers seront prêtes à tirer ; le général doit juger qu'en cas de parlementage (sic), il faut perdre très peu de temps pour ne pas laisser rassurer le gouverneur et la garnison et ne pas les laisser soupçonner notre faiblesse.

Il y a deux sortes de capitulation possibles dans le cas où nous sommes ; la première, que nous ne pouvons pas supposer, qui seroit celle d'une terreur absolue, seroit de se rendre à discrétion. Il faut cependant tenter d'y amener si on trouve que les apparences de résistance sont faibles et fanfaronnes. La deuxième seroit la capitulation avec les honneurs de la guerre ; il est à souhaiter de prendre cette voie qui n'humilieroit point les troupes hollandaises, que décidément nous cherchons à amener à la cause du patriotisme pour les joindre à nous. Mais, dans tous les cas, il faut que la garnison soit prisonnière de guerre ou prête serment de défendre la souveraineté du peuple contre Guillaume d'Orange, stathouder et ennemi de la République françoise. Dans le cas simple de prisonnière de guerre, la garnison sera envoyée à Anvers où elle recevra d'autres ordres. Dans le cas du serment à la cause de la souveraineté du peuple, le gouverneur et tous les officiers qui auront refusé ce serment seront arrêtés et constitués prisonniers, et quant à la troupe, elle ne sera désarmée ni déshabillée, mais on la fera sortir de Bréda pour suivre l'armée en brigades avec la légion batave, et le Comité batave, conjointement avec moi, fera les nominations des officiers. Si le général d'Arçon parvient à faire capituler avant de se servir de son artillerie, il mettra la plus grande douceur dans la manière de modifier cette capitulation. S'il est obligé d'ouvrir son feu, il y mettra d'autant plus de sévérité et dans ce cas, si on bat la chamade, la première condition sera d'être maître d'une porte. Je n'ai pas besoin de prescrire au général beaucoup de promptitude, car c'est là notre moyen de réussir.

Il laissera dans la place deux bataillons que je ferai relever d'Anvers, et 30 hommes de cavalerie. Il choisira, parmi les officiers supérieurs qu'il a sous sa main, celui qu'il jugera le plus sage pour en faire un commandant temporaire ; il lèvera tout aussitôt l'appareil du siège et, comme il n'aura pas le temps de faire un inventaire exact, il verra seulement s'il y a quelques pièces légères qu'il puisse emmener avec lui et nous fera tout passer par le canal de la Merck.

Le texte de la sommation destinée au gouverneur de Bréda, le comte de Byland, était ainsi conçu :

Du 22.

Au nom de la République Française,

Le général en chef de l'armée française dans la Belgique déclare au gouverneur de Bréda qu'il n'entre point sur les terres de la République des Provinces unies comme ennemi de la nation hollandaise, mais seulement comme chargé de faire la guerre au stathouder et à ses partisans ; qu'en conséquence, il demande l'entrée pour les troupes françaises dans la ville de Bréda, sans résistance de la part des troupes de la République ; que, désirant épargner l'effusion du sang et la ruine des habitants, il proteste qu'en cas de résistance et après la reddition de la place, il rendra responsable, dans leurs personnes et dans leurs biens, le gouverneur et les officiers civils et militaires qui ont déjà provoqué les hostilités en faisant tirer et en ordonnant des sorties sur les troupes françaises avant que, par aucune sommation, j'aie fait connaître quelles étaient mes intentions dans cette approche.

Comme la cause qui met aux Français les armes à la main est celle de la liberté et de l'égalité, j'annonce à monsieur le gouverneur que tous les dégâts que, pour une vaine résistance, il occasionnera aux habitants, seront payés à leur juste valeur sur la confiscation des biens de tous les chefs militaires et civils qui auront forcé le maréchal de camp d'Arçon à employer l'effet terrible et destructeur du bombardement. Je laisse cet officier général le maître de donner un délai de quelques heures à M. le gouverneur pour se déterminer.

Fait au quartier général de l'armée française devant Bréda le 23 février.

Voici la lettre qui, en même temps, était adressée par

Le général Dumouriez aux magistrats et notables de la ville de Bréda.

MM.

Je vous envoie copie de la sommation que je fais au gouverneur de votre ville d'y laisser entrer l'armée que je commande sans attendre les terribles extrémités qui tomberoient sur des habitants, que nous regardons comme nos frères et comme nos amis. Si vous êtes remplis des sentiments de civisme et de paternité qu'exigent les fonctions dont vous êtes honorés, vous engagerez le gouverneur et les soldats de la république à ne pas exposer vos concitoyens aux calamités qui résulteroient d'une vaine résistance. Sinon, vous partagerez avec lui la plus terrible responsabilité. Comme cette sommation intéresse tous les habitants de Bréda qui nous sont également chers, j'espère que vous ne vous couvrirez pas du crime de leur cacher cette pièce.

Le même jour, ordre était donné au capitaine Philippe, commandant l'artillerie de la citadelle d'Anvers, d'en faire partir le lendemain les boulets et les obus qui lui avaient été envoyés de Malines et de leur faire prendre la route de Bréda en passant par Brasschaet, Wuest-Wesel, Groot-Zundert, Klein-Zundert, Reys-Bergen et Haage près Bréda, où il devait chercher le lieutenant-colonel de La Martinière, commandant l'artillerie au siège de Bréda, afin de prendre ses instructions.

Le 23, des ordres furent expédiés pour l'occupation de Lage-Swaluwe, petit port sur le bord du Bielbos, du Moër-Dyk, et pour la prise des bâtiments qui se trouvaient à Zeven-Bergen. Le général Berneron fut invité à presser le travail de l'épontillage des bateaux réunis à Oudenbosch où était alors le quartier-général, de manière à ce qu'ils pussent descendre deux jours après le canal de Klundert, car le siège de Bréda n'était qu'un incident destiné à couvrir le projet de passer le Bielbos, dessein qu'avaient, du reste, pénétré les Hollandais.

La série de ces ordres est intéressante, car elle montre le développement de la pensée stratégique qui avait guidé Dumouriez dans cette opération :

23 février.

Il est ordonné au capitaine le plus ancien de l'infanterie de la légion Batave cantonnée ce soir à Zeven-Bergen, de partir demain 24 à cinq heures du matin avec son détachement pour se rendre à Lage Swaluwe, petit port sur le bord du Biesbosch. Il aura avec lui 10 dragons du 6ᵉ régiment.

Il demandera dès ce soir un guide à l'hôtel de ville. Le rendez-vous pour le départ de ce détachement et des dragons est à cinq heures du matin devant mon logement, d'où il partira tout aussitôt, ayant soin que le guide ne le fasse pas attendre.

Arrivé à Lage-Swaluwe, ce capitaine arrêtera tous les bateaux de quelque espèce qu'il pourra trouver dans ce petit port ou aux environs jusqu'auprès de Gertruydemberg, en évitant cependant de se commettre avec la garnison de cette place. Il fera garder tous ces bâtiments et les fera rentrer le petit port de Swaluwe pour les mettre hors d'atteinte du feu de l'artillerie des bâtiments de garde, et il enverra sur-le-champ avis des prises qu'il aura faites au maréchal de camp Berneron, qui aura son quartier-général à Zeven-Bergen.

Indépendamment de cette mission, ce capitaine est chargé de rassembler tous les charpentiers de navires qu'il pourra trouver dans ces petits ports et les envoyer sur-le-champ à Zeven-Bergen ainsi que tous les matelots de tous ces petits endroits, excepté ceux qui sont nécessaires pour la manœuvre des petits bâtiments qu'il aura pris. S'il ne trouve aucun bâtiment, alors il enverra tous les matelots et charpentiers à Zeven-Bergen.

Le général en chef.

Pour le lieutenant du capitaine Sauvage, du 23.

Il est ordonné au lieutenant du capitaine Sauvage, cantonné à Zeven-Bergen d'en partir, demain 24, à cinq heures du matin, pour se rendre au Moërdick ; il aura avec lui 10 dragons du 6ᵉ régiment. Le rendez-vous pour le départ du détachement et des dragons est à cinq heures du matin devant mon logement d'où il partira tout aussitôt, ayant soin que le guide ne le fasse pas attendre. Arrivé au Moërdick ce lieutenant arrêtera tous les bateaux de quelque espèce qu'ils soient qu'il pourra trouver dans ce petit port ou dans les deux petits mouillages qui sont à côté ; il fera garder ces bâtiments, et il arrêtera tous ceux qui pourront venir avec des passagers, ayant soin d'envoyer les passagers à Zeven-Bergen au quartier général du général Berneron. Il gardera tous les matelots de ces bâtiments, en les assurant qu'ils seront payés exactement de leur travail et de leurs journées. S'il ne se trouve point de bâtiments, il prendra tous les matelots et les enverra à Zeven-Bergen avec une escorte. Il prendra pareillement tous les charpentiers de navire du port et de Moërdick et les enverra à Zeven-Bergen escortés. D'ailleurs, il traitera les habitants avec douceur.

23.

Il est ordonné au capitaine Sauvage de se porter en partant demain à cinq heures du matin avec son deuxième lieutenant et 30 hommes et 10 dragons à Roowart pour s'emparer des bâtiments de Zeven-Bergen qu'on m'a dit y être descendus au nombre de 7 ou 8. S'il trouve ces bâtiments, il s'en emparera, et enverra sur-le-champ une ordonnance au quartier-général de Zeven-Bergen pour qu'on envoye des secours en hommes et en matelots pour les faire remonter jusqu'à Zeven-Bergen. Si les bâtiments de garde se trouvent trop près pour qu'il puisse exécuter son ordre, alors il en avertira le général Berneron qui y enverra du renfort avec du canon. Dans ce cas, si ces bâtiments de Zeven-Bergen vouloient profiter du secours des bâtiments de garde pour se sauver, il tâchera d'empêcher leur manœuvre en faisant feu sur les matelots qui se présenteroient sur le pont. Il rendra compte au général Berneron de son expédition.

23.

Il est ordonné au capitaine de dragons du 6e régiment d'envoyer 30 dragons en trois détachements égaux de 10 hommes chacun qui se rendront à cinq heures du matin devant mon logement où ils trouveront de l'infanterie. L'un de ces détachements partira aux ordres du capitaine Pitécavine de la légion batave, avec 50 hommes d'infanterie, pour se rendre à Swaluwe où il exécutera les ordres de ce capitaine. Le deuxième détachement de 10 hommes partira aux ordres d'un lieutenant de la légion batave, avec 20 hommes d'infanterie, pour se rendre au Moërdick, où il exécutera les ordres de ce lieutenant. Le troisième détachement partira aux ordres du capitaine Sauvage avec 30 hommes d'infanterie.

Le capitaine de dragons et son lieutenant resteront ici auprès de moi avec les 5 et 6 dragons qui leur restent jusqu'à ce que les détachements rentrent auprès d'eux.

Je recommande au capitaine et à son lieutenant de se trouver demain à cinq heures précises devant mon logement, au moment du rassemblement de leurs dragons, pour faire l'inspection et la division de ces détachements.

Oudenbosch, le 23.

Le général Berneron fera presser le travail de l'épontillage des bateaux réunis à Oudenbosch, de manière qu'ils puissent descendre après-demain 25, le canal de Klundert. Dès que l'artillerie sera arrivée, le général sommera et fera attaquer très sérieusement le fort de Klundert dont la garnison est coupée par la position des cantonnements qu'il a pris.

Il aura soin de poser une garde à l'entrée du canal que l'on appelle Roowart ; il enverra au moins cinquante hommes au Moërdick et cent hommes à Lage-Swaluwe ; il fera marcher des détachements de dragons et d'infanterie le long des digues, aussi près qu'il pourra de Gertruydenberg ; il aura soin que ces détachements ne soient pas pris sur l'avant-garde qui doit rester complète, mais sur le reste de son avant-garde (sic) ; il aura soin de presser la construction du pont de Merck, qui devroit être fait.

Il sait à présent que le siège de Bréda n'est qu'un incident pour couvrir le projet de passer, qu'il est extrêmement essentiel que nous ne perdions pas de temps et qu'il ne s'agit plus de retarder notre projet pour le couvrir, puisque les Hollandais s'en sont douté et ont la précaution de retirer tous les soirs les bateaux à l'autre bord et qu'ils tiennent quatre ou six bâtiments de guerre croisant depuis Willemstadt jusqu'à Gertruydenberg, pour nous empêcher de passer.

A Zevenbergen le 23.

Le général Berneron fera partir demain 24, à la pointe du jour, le 3ᵉ bataillon de l'Aube pour se rendre le même jour à Zevenbergen ; l'artillerie et les équipages suivront. Il commandera quatre chevaux de plus par voitures et, dans le cas où il n'y auroit pas assez de chevaux pour mener les équipages, il les laissera à Oudenbosch jusqu'à ce qu'ils puissent venir par eau. Il fera venir le reste de son avant-garde sur la Merck ; il m'enverra une avant-garde de 100 hommes du bataillon de l'Aube, des meilleurs marcheurs, de manière qu'ils arrivent lestement ici à sept heures du matin. J'ai besoin de ces 100 hommes, n'ayant pas trouvé un seul soldat ici. Il enverra ici, avec cette avant-garde, 30 dragons du 6ᵉ régiment dont j'ai aussi besoin. Il seroit bon que le général Berneron vint ici comme nous en sommes convenu. Je lui annonce que, s'il a des mouvements d'artillerie à faire, ne fût-ce que de l'artillerie des bataillons, il pourra en mettre (*sic*), quatre de plus par voiture, car les digues sont très difficiles.

Le général en chef,

Notes du 23. — Zevenbergen.

Il n'y a plus un instant à perdre pour nos préparatifs ; la prise de Klundert est un accessoire qui peut être utile en ce qu'il nous donne quelques pièces de canon que nous pourrons employer sur nos bateaux ; mais le point principal étant de faire notre armement avec les bâtiments d'Oudenbosch et ceux que nous pourrons réunir et dont je me serois emparé dès ce soir, si j'avois eu de la troupe ici, comme le général Berneron l'imaginoit. Il faut mettre la plus grande célérité dans le travail des charpentiers pour pouvoir mettre de l'artillerie sur plusieurs de ces bâtiments, ainsi que dans le rassemblement des matelots nécessaires pour les conduire. J'ai vu avec étonnement et avec peine : 1° qu'on n'avoit point fait décharger les bâtiments arrêtés à Oudenbosch ; 2° qu'on ne travailloit qu'à un de ces bâtiments et avec beaucoup trop de lenteur ; 3° que le genre de travail de construction pour rebâtir le pont étoit aussi par lui-même trop long à exécuter et ne seroit peut-être pas aussi solide qu'un travail infiniment plus simple qui auroit été d'épontiller ou étançonner le pont tel qu'il est en diminuant simplement la courbe par une seconde plateforme à laquelle on auroit soin de diminuer le talus nécessaire pour rendre le recul moins dangereux, car il faut toujours conserver un talus par derrière la pierre ; 4° qu'on n'avoit pas même mis de gardes à ces bâtiments dont des gens mal intentionnés pouvoient enlever les agrès, gouvernail et même les brûler et dont les équipages pouvoient fuir, n'étant ni gardés ni payés. Pour éviter tous ces mécontentements qui suffisent pour faire manquer notre entreprise, voici ce à quoi je me détermine et ce que le général Berneron suivra à la lettre :

1° J'ai arrêté à Zevenbergen les deux détachements d'infanterie à sept heures du soir pour se rendre, l'un au Mœrdick, l'autre à Swaluwe. Ce qui me détermine à changer leur destination, c'est que j'ai appris ici que tous les bâtiments de Zevenbergen, au nombre de sept ou huit, sont partis par ordre du gouvernement dimanche dernier, à ce qu'on dit, et se sont retirés à Roowart à l'embouchure du canal de Zevenbergen. J'y enverrai demain matin de très bonne heure, un capitaine et 30 hommes d'infanterie et 10 dragons pour s'en emparer et les faire remonter à Zevenbergen où on les feroit arranger et où on feroit descendre tout de suite les bâtiments qui sont à Oudenbosch et, dans ce cas, nous ferions de Zevenbergen notre port de construction.

2° J'enverrai un lieutenant d'infanterie et 20 hommes avec 10 dragons, au Mœrdick, pour y arrêter tous les matelots et charpentiers ou autres ouvriers de navires ainsi que tous les bateaux et passagers qui viendront par le Mœrdick. Ce lieutenant sera chargé de faire conduire sous bonne escorte tous les matelots et charpentiers à Zevenbergen, d'où un détachement du bataillon de l'Aube les escortera jusqu'à Oudenbosch pour former les équipages des bâtiments ; 3° Le 2° détachement de 50 hommes se portera à Swaluwe avec le capitaine des dragons et le reste de sa troupe pour y faire la même opération jusqu'au Mœrdick ; 4° J'enverrai à Oudenbosch le commissaire des guerres Boursier, pour y prendre l'état de tous les matelots, former les rolles d'équipage et donner des ordres pour la paye de cette petite marine. Il assurera pareillement la solde des charpentiers qu'on fera travailler jour et nuit en les payant bien. Je ferai, demain matin, une levée de matelots et de charpentiers et je les enverrai sous escorte à Oudenbosch ; mais je recommande au général Berneron ; 1° de réunir tous les bateaux à portée les uns des autres et non pas étendus le long du canal comme je les ai vus ; 2° d'établir une garde soit à terre soit à bord du premier bâtiment pour empêcher qu'ils ne cherchent à s'échapper ; 3° d'établir une garde de 20 hommes au moins avec un officier à l'écluze qui est à une demie lieue de Zevenbergen ; 4° d'établir un poste de la même force au bac de la rivière de Merck. Certainement le général Berneron n'avoit point vu ce bac, car il ne m'auroit pas dit qu'il ne faudroit qu'un quart d'heure pour jeter un pont. En conséquence, il faudra se dépêcher de faire partir les pontons d'Oudenbosch pour les amener à l'endroit de ce bac, pour établir le pont. J'irai moi-même demain, visiter le Mœrdick, après ma conférence avec le général Berneron. Je pousserai peut-être à Swaluwe ou, tout au moins, j'y enverrai le colonel Denys.

Zevenbergen, le 23 février.

Donnez-moi des nouvelles, mon cher d'Arçon, directement de ce qui se passe à Bréda. Comment a-t-on pris votre message et où en êtes-vous ? Je suis obligé d'aller coucher à Zevenbergen pour quelques arrangements. J'y coucherai et demain matin, sur les nouvelles que vous me donnerez, je verrai ce que j'ai à faire ainsi que Westermann.

Idem.

Il est ordonné au citoyen Lapissé, adjoint aux adjudants-généraux de l'armée, de faire partir ce soir, par des ordonnances à cheval accompagnés de guides, l'ordre du jour de demain à tous les chefs de divisions et commandants de corps auxquels il est d'usage de l'envoyer. Il n'oubliera pas de mettre à l'ordre la note du commissaire Boursier pour tous les vivres de l'armée. Il avertira le colonel Tilly que la revue des hussards de la république n'aura pas lieu demain. Il mettra aussi à l'ordre que le général est, de sa personne, à Zevenbergen quoique son quartier soit toujours à Groot-Sundert. Les gros équipages et rien de ce qui a été laissé à Groot-Sundert ne bougera jusqu'à nouvel ordre ; il fera partir par le retour de l'ordonnance et même, pour plus de célérité, par une ordonnance à cheval accompagnée d'un guide à cheval, tous les paquets ou nouvelles qui sont arrivés à l'adresse du général et de la mienne. Si l'aide-de-camp De Vaux étoit venu, qu'il se repose jusqu'à demain ; et s'il vient au quartier général des nouvelles intéressantes postérieurement au départ de l'ordonnance, il faudroit en envoyer une autre avec un guide du pays.

Ces mesures eurent pour résultat la prise de Klundert par Berneron le 25 février. Ce petit fort ne possédait qu'un détachement de 150 hommes pour garnison ; mais il avait pour commandant un homme énergique. Après un siège de deux jours, voyant qu'il ne pouvait plus tenir à cause de l'incendie allumé dans la place, il encloua ses canons, chercha à se faire jour et se fit tuer glorieusement les armes à la main. On trouva sur lui les clefs de la place, et le détachement mit bas les armes.

Le général d'Arçon lança quelques bombes sur Bréda. Cette place était réputée très forte et se trouvait munie d'une garnison de 2.400 hommes, très suffisante, mais mal commandée par le comte de Byland. Emu par les menaces de l'aide-de-camp de Vaux, envoyé par le général d'Arçon pour porter la sommation, il se rendit. Ce fut le 27 au matin que les Français entrèrent à Bréda. On trouva 187 pièces de canon et une forteresse en bon état. La garnison fut renvoyée sur parole.

Dans les opérations qui avaient précédé la prise de Bréda s'était distingué un jeune volontaire nommé Ronzier qui, plus tard, devait parvenir au grade de général de brigade. Il chassait de race, ainsi que l'indique l'acte de mariage de ses parents, extrait des registres de la paroisse Saint-Jacques à Valenciennes :

L'an mil sept cens cinquante-huit, le dix de janvier, après la publication de trois bans de mariage en cette paroisse les premier, six et huit du présent mois, sans aucun empêchement entre Gabriel Ronzier, âgé de quarante ans, natif de Bourg en Dauphiné, fils légitime des deffuncts Pierre et Anne Jacob, soldat au régiment de Conty-infanterie, présentement résident en cette paroisse par congé, compagnie de M. Roussillon, capitaine audit régiment, d'une part ; et Marie-Honoré-Joseph Broudon, âgée de vingt-neuf ans, environ, fille des deffuncts M. Georges Honoré, en son vivant capitaine de milice, et de Birgite Rachmi, native de Noyelles-Godault près de Douay, couturière résidente en cette paroisse depuis deux ans et plus, de l'autre part ; vu le consentement dudit sieur Roussillon en datte du vingt-sept d'octobre dernier donné à Groningue qui permet audit Gabriel Ronzier de se marier, et après que les témoins soussignés nous ont attestés que les parties cy-dessus sont libres à contracter mariage, je soussigné, curé, leur ay donné la bénédiction nuptiale en présence de Nicolas Humbert, ouvrier à la manufacture au tabac, de Pierre Bronqui, d'Emmanuel Dufour, boulanger de son stil, de Joseph Pasqueron, tous quatre habitans de cette paroisse. Lesquels ont signés ce présens acte avec l'époux, l'épouse ayant déclaré ne scavoir écrire.

 RONZIER, Nicolas HUMBERT, Pierre BRONQUY,
 Manuel DUFOUR, Joseph PASQUERON.
 DUBRULLE, curé et doyen de Saint-Jacques.

Quant au futur général, il avait été baptisé plus de cinq ans après dans la même église :

L'an mil sept cents soixante-quatre, le neuf de juin, je, prêtre soussigné, ai baptisé le fils, né à cinq heures du matin, en légitime mariage, de Gabriel Ronzier, cabaretier de sa profession, et de Marie-Joseph Brodeau, ces père et mère habitans de cette paroisse, auquel on a imposé les noms de Pierre-François-Gabriel. Le parrain fut Pierre Bourgeois, de la paroisse de Saint-Géry, qui a signé, la marraine Anne-Marie Maneus, de cette paroisse, qui a déclarée ne sçavoir écrire. Le père seul a signé.

 Gabriel RONZIER, Pierre BOURGEOIS.
 A.-J.-F. TRUFFAUT, prêtre.

Par suite de son humble origine, Ronzier serait probablement resté enfoui dans les rangs inférieurs de l'armée, si la Révolution n'était venue ouvrir l'ère des rapides avancements. Après la campagne de Hollande et les retraites que nous ne tarderons guère à raconter, il combattit dans l'Ouest sous Hoche, plus tard en Italie sous Bonaparte, puis en Espagne quand le général corse eut coiffé la couronne impériale. Partout remarqué par sa bravoure, il eut l'honneur de périr les armes à la main, durant la campagne de France, au combat de Fismes, près Reims, le 19 mars 1814. Son nom a été, en 1887, dans sa ville natale, attribué à l'ancienne caserne de la Poterne.

Dès le 27, Dumouriez établit son quartier général à Bréda. On le voit, ce jour-là, ordonner à la municipalité de fournir pour le lendemain 57 voitures à quatre roues destinées au transport des munitions.

Le 28, il prescrit au lieutenant-colonel Custer, commandant temporaire de la place, de faire arrêter sur-le-champ les citoyens Forré, bourgmestre, Reigesman, échevin, Knibbe et Pitts et de les faire conduire sous bonne escorte à la citadelle d'Anvers. On confisqua les biens personnels du stathouder, mais on laissa aux particuliers leurs propriétés et même leurs bagages à ceux des soldats de la garnison qui avaient volontairement quitté leurs drapeaux.

Le 1er mars, Dumouriez s'occupa de hâter le passage du Bielbos qui était toujours son objectif, car de la rapidité avec lequel il serait effectué, devait dépendre le sort de la campagne. C'était, d'ailleurs, l'opération la plus difficile du projet. Il ordonna au commandant Custer de faire décharger quatre bâtiments trouvés dans le port de Bréda et pleins d'effets appartenant au prince d'Orange, à ses partisans ou à des émigrés. Ils devaient ensuite être mis à la disposition du colonel La Bayette pour être employés au transport de l'artillerie par le canal de la rivière de Merck. Cette artillerie se composait de : 12 pièces de 24 et de 18 avec leurs affûts et 200 coups par pièce ; 4 mortiers de la plus grande portée avec 200 bombes par mortier :

> Il lui sera fourni du bataillon du Nord 100 hommes choisis parmi les citoyens de Dunkerque qui ont navigué, pour aider à la manœuvre de ces bâtiments et pour aider en même temps à la construction des batteries. Rien n'est plus pressant que l'exécution de cet ordre ; le colonel La Bayette m'en rendra compte au Moërdyk où je vais m'établir, et tâchera d'y venir de sa personne après-demain pour présider au travail des batteries et y faire la distribution des servants pour les pièces.

Comme une certaine licence s'était introduite dans l'armée, il adressa, avant de quitter Bréda, un ordre du jour aux troupes leur rappelant que les Français qui avaient l'honneur de porter les armes pour la République et qui étaient venus en Hollande pour y faire triompher la cause de la Liberté et de l'Egalité, devaient cesser de déshonorer leurs succès par les vexations, les violences et les crimes qu'ils se permettaient contre les habitants paisibles et honnêtes qui les recevaient comme des frères. En conséquence, il ordonna de planter une potence sur la place du Marché de Bréda, déclarant que s'il trouvait parmi ses soldats un scélérat assez hardi pour continuer à déshonorer le nom français, il le punirait d'une mort infamante sans rémission et sans délai.

Le 1er mars, dans l'après-midi, Dumouriez arrive au Moër-Dyck d'où il expédie divers ordres au colonel Lecler afin de continuer à menacer Steenberg dont le blocus était commencé, au commandant Custer pour avoir un état des armes déposées dans les arsenaux de Bréda, et demander de lui en envoyer avec des sacs à terre.

Le 2, il prescrit au même officier de s'emparer de tous les bateaux qui sont au Leur et de les mettre à la disposition du colonel La Bayette qui s'en servira pour embarquer le reste de l'artillerie qu'il doit faire descendre au Rowart.

Le 4, l'adjoint La Fâche reçoit l'ordre de partir sur-le-champ pour Bréda où il prendra des mortiers au-dessus de 10 pouces et les munitions nécessaires, afin de les conduire à Willemstadt dont le siège allait être entrepris.

Après l'occupation de Bréda et de Klundert, le général d'Arçon avait reçu l'ordre de se porter sur Gertruydenberg pour en former le siège. Dumouriez désirait surtout s'emparer de cette ville importante, afin d'en faire une place d'armes destinée à protéger le passage du Bielbos. Elle était très bien fortifiée avec des ouvrages avancés et une forte garnison hollandaise. Mais elle fut attaquée avec tant de vigueur que, le lendemain de son investissement, d'Arçon se rendit maître du fort de Steellime, réputé imprenable.

Le 2 mars, l'ennemi fut obligé par le bombardement d'évacuer le fort, non moins redoutable, appelé Donk. De là le colonel d'artillerie de La Martinière foudroya celui de Spuy et la place elle-même, dont le commandant se hâta, après la dernière sommation, de capituler aux mêmes conditions que celles accordées à Bréda. C'est le 5 de ce mois que les Français entrèrent dans Gertruydenberg.

Le 6, le quartier général de Dumouriez était toujours au Moër-Dyck d'où il donna l'ordre suivant :

Moerdick, le 6 mars.

La capitulation de Gertruidenberg portant le régiment d'infanterie d'Hirzel à Bois-le-Duc, le détachement de ce régiment qui étoit en garnison à Bréda et dont les bagages ainsi que cinq femmes et quatorze enfants escortés par le lieutenant Houlfteggner, se trouvent maintenant sur un bateau au Rowart, en partira sous le plus court délai possible pour retourner à Bréda d'où ils partiront pour se rendre par terre à Bois-le-Duc.

Il sera fourni à cet officier ainsi qu'aux femmes et aux enfants, les vivres et subsistances jusqu'à leur arrivée à Bois-le-Duc ; le logement leur sera également fourni dans tous les endroits où ils passeront.

Les municipalités seront tenues, au vu de cet ordre, de fournir les chevaux nécessaires pour remonter le bateau jusqu'à Bréda ; les voitures et chevaux seront fournis à Bréda pour conduire le lieutenant Houlfteggner, les cinq femmes et quatorze enfants et tous les bagages.

Le citoyen Custer, commandant temporaire à Bréda, fournira une escorte au lieutenant Houlfteggner jusqu'à Bois-le-Duc et cette escorte sera spécialement chargée d'assurer la marche de cet officier et de son convoi.

J'ordonne de plus à tous les officiers, sous-officiers et soldats de l'armée, d'avoir pour le lieutenant Houlteggner tous les égards qui sont dus à un brave et loyal militaire, de le traiter en camarade et en frère et d'avoir pour les femmes et les enfants les attentions qu'exigent leur sexe et leur âge.

Je remets en outre, sous la loyauté des troupes hollandaises, le retour du détachement des troupes françaises qui escorteront le convoi jusqu'à Bois-le-Duc.

Le général en chef.

Le même jour, un lieutenant de vaisseau fut chargé de se rendre à Gertruydenberg, où le général d'Arçon devait lui fournir une embarcation quelconque avec laquelle il ferait, dans le plus bref délai, la reconnaissance nautique et militaire de toute la partie droite du Bielbos depuis Gertruydenberg jusqu'à Grootehet. Les instructions qui lui sont données à cet égard sont très intéressantes :

Du 6 mars, 1793, à Mœrdick.

Il est ordonné au lieutenant des vaisseaux de la République, Whit, de partir sur le champ pour se rendre à Gertruidenberg où il fera fournir par le commandant temporaire de cette place, d'après les ordres du général d'Arçon, un bateau ou une chaloupe ou un canot qu'il fera armer et équiper de suite et dont il prendra le commandement, pour aller faire, dans le plus court délai possible, la reconnaissance nautique et militaire de toute la partie droite du Biesboos depuis Gertruidenberg jusqu'à Grootehet, s'il est possible. Il observera soigneusement la profondeur du Biesboos dans cette partie, ses hauts fonds, ses écueils s'il y en a ; il relèvera les passages, en indiquant la force des bâtiments auxquels ils sont propres ; il reconnaîtra les points de débarquement, la nature des terres du rivage et généralement tout ce qui peut contribuer à faciliter ou à contrarier le débarquement et la première marche des troupes ; il cherchera à s'assurer s'il y a des bâtiments armés dans les divers canaux que forme l'embouchure de la Meuse dans le Biesboos ; il reconnaîtra s'il est possible les petites îles qui sont au milieu du Biesboos ; il évitera de se laisser surprendre par les ennemis et si, par malheur, il étoit pris, il jetteroit ses instructions à l'eau après les avoir déchirées et il cacheroit sous des prétextes plausibles le sujet de sa mission.

Le 7 mars, le lieutenant-colonel du génie, Crancé, est envoyé à Willemstadt, pour se mettre à la disposition du maréchal de camp Berneron, chargé du siège de cette place. Le capitaine du génie, Sauviau, employé à ce siège, reviendra au Moër-Dyck. Des instructions sont transmises au commissaire ordonnateur de l'armée de l'expédition de Hollande, afin qu'il approvisionne de vivres de toute espèce les places fortes de Bréda, Gertruydenberg et Klundert :

Mœrdick, 7 mars.

Il est ordonné au Commissaire ordonnateur de l'armée de l'expédition de Hollande d'approvisionner de vivres de toute espèce, les places fortes de Bréda, Gertruydenberg et Klundert. La garnison de Bréda sera de 5.000 hommes et 400 chevaux ; elle sera aprovisionnée pour 6 mois. La garnison de Gertruydenberg sera de 2.000 hommes et 200 chevaux ; elle sera approvisionnée pour 4 mois ; celle de Klundert sera de 1000 hommes et 100 chevaux ; elle sera approvisionnée pour 3 mois. Il portera la plus grande attention à ce que les vivres soient sains et que les magasins soient préparés de manière à les conserver ; il faut y comprendre de l'eau-de-vie ou du genièvre. Au cas que Berg-op-Zoom, Tholen, Steenberg et Willemstadt, tombent entre nos mains, il faut pourvoir à leur approvisionnement que l'on peut dans ce moment compter pour 8.000 hommes et 1.000 chevaux pendant 6 mois.

Au moment où il donnait cet ordre, Dumouriez avait sans doute reçu déjà de mauvaises nouvelles de l'armée de la Meuse. Celle-ci, dispersée dans divers cantonnements, sans chef, sans direction, sans surveillance, venait, en effet, de recevoir les premiers coups de la formidable avalanche qui, après avoir couvert la Hollande et la Belgique, et entamé l'ancien territoire national, ne devait s'arrêter qu'en l'an II, devant les prodigieux efforts de Carnot et de ses collaborateurs.

Le 1er mars, les Autrichiens avaient passé la Roër, par Adbenhoven, avec 45.000 hommes, culbutant un bataillon de Paris, cantonné dans les environs, et faisant une trouée qui allait livrer passage à toute la coalition.

S'étant présenté à Aix-la-Chapelle, le prince de Wurtemberg avait contraint les volontaires à plier devant lui. Dès lors, on ne comptait déjà plus les déroutes. Levant le siège de Maëstricht, le 3 mars, l'armée avait repassé la Meuse, tandis que la place de Vanloo, bombardée par Miranda, était délivrée par le duc de Brunswick-Oels. Le 5, son arrière-garde avait été surprise et battue par les Autrichiens à Tongres. Les troupes qui occupaient Liège se trouvaient en grand danger d'être coupées. Heureusement, le général Valence se mit à la tête de quelques bataillons de grenadiers, se précipita en désespéré au-devant de l'ennemi et parvint à l'arrêter assez de temps pour faciliter la réunion des différents corps des généraux Leveneur, Miaczinsky et Dampierre, avec les troupes de Miranda à Saint-Tron.

Après s'être distinguées à Tirlemont et à Liège, les demoiselles Fernig avaient assisté au siège de Maëstricht, entrepris avec trop peu de troupes et un matériel si insuffisant et mal approprié, que la plupart des boulets n'étaient point de calibre pour les pièces où on voulait les faire entrer ; et ensuite elles avaient pris part au combat de Tongres.

En apprenant les événements que nous venons d'esquisser, et de la gravité desquels il eut le tort de ne pas se rendre compte immédiatement, Dumouriez prévit néanmoins qu'un mouvement de recul serait peut-être nécessaire et que les villes qu'il venait de prendre seraient assiégées à leur tour.

Les nouvelles qui inquiétaient Dumouriez étaient, avec une extrême rapidité, parvenues à Mons, ce qui fit écrire les deux articles suivants à Paridaens :

DU 5 MARS.

Dans l'après-midi se répand un bruit que les François ont été battus près de Maëstricht, que le siège de cette ville est levé. Le bruit se confirme par la circonstance que le bal qui se trouvoit préparé pour le soir, au sujet de la réunion à la France, n'a pas eu lieu.

DU 6 MARS.

La nouvelle de la défaite des François et de la levée du siège de Maëstricht devient certaine ; on dit déjà que les Autrichiens sont à Saint-Trond. On a su depuis que le quartier-général des François étoit arrivé à St-Trond aujourd'hui.

Et, à titre de pièces justificatives, le conseiller transcrivait l'extrait suivant du *Journal de Bruxelles :*

COLOGNE, 4 MARS.

Ce fut le premier mars qu'une partie de l'armée impériale, sous la conduite du général comte Clerfayt, et le gros de cette armée, sous les ordres du maréchal prince de Cobourg, ayant passé de grand matin la Roër, attaqua et força les postes retranchés que les ennemis occupoient près de Deunhoven et de Heingen. Dans ces deux attaques, les François perdirent environ trois à quatre mille hommes qui furent tués sur la place. Cent hommes seulement furent faits prisonniers et l'on s'empara de toute leur artillerie consistant en 14 pièces de canon. Le même jour au soir, le duc de Wurtemberg, que le prince de Cobourg avoit laissé en arrière près de Eschweiler, où l'ennemi s'étoit également retranché, ayant tourné ce retranchement, on délogea les ennemis en et on les poussa le lendemain jusqu'à Aix-la-Chapelle, que ces derniers furent forcés d'abandonner en laissant en arrière plusieurs pièces d'artillerie. En même temps, l'armée impériale s'étant réunie, avança jusqu'à Robduc, délogea les François de tous leurs retranchements et les obligea, dans la nuit suivante, de lever le siège de Maëstricht.

A Valenciennes, où, dépassant l'ancienne frontière, des bruits pessimistes avaient également couru, fut affiché, dans le but de rassurer les populations, un placard, imprimé chez H.-J. Prignet, et composé des trois pièces suivantes :

PROCLAMATION

Citoyens,

Vous verrez sans doute avec indignation que des soldats français quittent leurs drapeaux, et que, non contens de cette lâcheté, ils répandent partout des nouvelles alarmantes et fausses ; pour obvier à une pareille perfidie, je suis autorisé, comme vous le verrez par la lettre ci-jointe, à faire arrêter tous les transfuges, à les dénoncer à l'administration du Département ; j'attends du zèle de tous les bons patriotes, qu'ils concourront avec moi pour arrêter ces hommes qui déshonorent le nom Français par une conduite aussi lâche.

Le commandant par intérim,
DUMESNIL.

Bruxelles, 7 mars 1793, l'an 2ᵉ de la République française.

Citoyen commandant,

En vertu des pouvoirs à nous délégués par les commissaires de la Convention près l'armée, et par les ministres :

Nous vous requérons de faire arrêter tous les volontaires et soldats de la troupe de ligne qui ont quitté leurs drapaux et se rendent dans leur foyer, et qui excusent leur lâcheté en répandant partout, des nouvelles alarmantes et fausses.

Nous vous envoyons copie de la lettre du général Miranda, qui nous donne la position de l'armée et qui nous répond du salut de la liberté dans la Belgique.

Vous voudrez bien faire imprimer, publier et afficher une proclamation par laquelle vous annoncerez aux fuyards que leurs noms seront inscrits sur un registre et envoyés à l'administration de département, pour être affichés dans leurs municipalités respectives, en leur annonçant qu'ils vont trouver devant eux et de tous les côtés des volontaires qui arrivent en force, etc.

Les commissaires nationaux du conseil exécutif dans la Belgique et réunis à Bruxelles.
GOUGET-DESLANDRES ; F. ETIENNE HÉBERT ; ROBERT ; P. CHEPY.

Saint-Tront, le 7 mars, l'an 2ᵉ de la République.

Le général Miranda aux commissaires nationaux députés dans la Belgique.

Je vous annonce avec plaisir, citoyens, que tous les postes qui étoient en arrière, et aux environs de Liège, ont rejoint l'armée ce soir, qui composoit un corps de 10.000 hommes, tant infanterie que cavalerie.

Le brave général Jhler les a ramassés et conduits avec intrépidité, ayant eu l'occasion ce matin de battre et de repousser un corps de cavalerie, qui a tenté de les attaquer ; mais ce qu'il y a de plus singulier, est qu'il a gardé la nuit passée un poste de la ville de Liège, pendant que les ennemis étoient dedans en force, sans qu'ils aient osé le déposter.

Nos troupes sont dans ce moment si parfaitement rassurées, voyant que nos ennemis se replient devant elles, qu'elles ne désirent que d'en venir aux prises, pour obtenir un avantage qui compense l'affaire désagréable d'Aix-la-Chapelle.

Je peux vous assurer, mes chers citoyens, que nous tiendrons actuellement ferme contre une force quelconque, et que nous battrons très probablement nos ennemis si l'occasion s'en présente.

La sûreté de la Belgique ne court plus aucun risque.

Votre concitoyen, signé le général MIRANDA
Certifié conforme à l'original.
GOUGET-DESLANDRE.

Commissaire du pouvoir exécutif.

Les désolantes nouvelles avaient continué leur route, et étaient parvenues jusqu'à Paris. La ville était entrée en effervescence, et Pache avait fait le 8, afficher sur les murs de la capitale, dont il était devenu le maire, une proclamation dont nous extrayons ces mots :

Aux armes, citoyens, aux armes !
Si vous tardez tout est perdu.

Une grande partie de la Belgique est envahie ; Aix-la-Chapelle, Liège, Bruxelles, doivent être maintenant au pouvoir de l'ennemi. La grosse artillerie, les bagages, le trésor de l'armée se replient avec précipitation sur Valenciennes seule ville qui puisse arrêter un instant l'ennemi. Ce qui ne pourra suivre sera jeté dans la Meuse. Dumouriez fait des conquêtes en Hollande, mais si des forces considérables ne le soutiennent pas, Dumouriez et avec lui l'élite des armées françaises peuvent être engloutis.

Parisiens, envisagez la grandeur du danger. Voulez-vous permettre que l'ennemi viennent encore désoler la terre de la liberté, brûler nos villes, nos campagnes ?...

... Que toutes les armes soient portées dans les sections, que tous les citoyens s'y rendent, que l'on y jure de sauver la patrie, qu'on la sauve !

Malheur à celui qui hésiteroit.

Que dès demain des milliers d'hommes sortent de Paris. C'est aujourd'hui le combat à mort entre les hommes et les rois, entre l'esclavage et la liberté.

Sauf que, dans l'émotion de la première heure, Pache pressait un peu les évènements, il n'était que trop bon prophète et il se rendait évidemment beaucoup mieux compte de la gravité des circonstances que Dumouriez lui-même.

En effet, le 8 mars, bien que les désastres fussent commencés celui-ci ne quitta pas le Moër-Dyck. On le voit charger le capitaine-ingénieur Ducloz de s'occuper sans retard de compléter les travaux de fortifications de Gertruydenberg et de faire armer cette place sous le plus court délai possible.

Le 9, il ordonna au commandant temporaire de Gertruydenberg de faire arrêter et conduire à Bréda, sous bonne escorte, les membres de la municipalité Vandoorn et Ruych. Ils iront rejoindre à la citadelle d'Anvers leurs collègues de Bréda, afin de servir comme eux d'ôtages pour la sûreté du colonel Micou et de deux patriotes qui sont avec lui au cachot à La Haye. Les 500 chevaux d'artillerie qui avaient été demandés aux entrepreneurs des charrois de l'armée devront jusqu'à nouvel ordre rester à Bruxelles.

Cependant l'état de désorganisation dans lequel se trouvait l'armée de la Meuse allait en s'aggravant. L'insouciance des généraux qui ne s'étaient pas concentrés assez tôt, leur trouble après l'attaque, l'impossibilité où ils étaient de se rallier en présence de l'ennemi et surtout l'absence d'un homme supérieur en autorité et en influence, avaient beaucoup facilité les succès des Impériaux. En vain, Dumouriez, toujours partisan des diversions, espérait-il, par la continuation de sa présence en Hollande, diviser l'ennemi en attirant sur lui une partie de ses efforts ; en vain, prétendait-il plus que jamais poursuivre l'expédition commencée si heureusement. On lui écrivait lettres sur lettres, pour le faire revenir. La terreur était devenue générale : plus de dix mille déserteurs, dont faisaient partie ceux que flétrit la proclamation de Dumesnil, avaient déjà abandonné l'armée et s'étaient répandus vers l'intérieur. Les commissaires de la Convention coururent à Paris, et firent intimer à Dumouriez l'ordre de laisser à un autre l'expédition tentée sur la Hollande, et de revenir au plus tôt se mettre à la tête de la grande armée de la Meuse. Cet ordre si raisonnable, et qu'imposaient si impérieusement les circonstances, il le reçut le 8 mars, et partit le 9 au soir.

C'est donc dans cette journée du 9, que son chef d'état-major Thouvenot expédia une série d'instructions très importantes pour envoyer devant Willemstadt, dont le siège continuait, le deuxième bataillon du 90e régiment d'infanterie, le premier bataillon du Calvados et le troisième de l'Oise. Ces troupes devaient y remplacer la partie de la légion du Nord, infanterie, cavalerie et artillerie qui, avec la 31e division de la gendarmerie nationale infanterie, était placée sous le commandement du colonel Westermann. Celui-ci recevait les instructions suivantes :

Moërdyck le 9 mars.

Il est ordonné au colonel Westermann, adjudant-général commandant la légion du Nord, de partir de Gertruidenberg demain dix ce mois, pour se rendre le même jour à Bréda à la tête de la partie de la légion attachée à la division de droite de l'armée.

Il trouvera à Bréda le reste de sa légion et la 31e division de la gendarmerie nationale à qui je fais passer l'ordre de se ranger sous son commandement.

Il partira le 11 de Bréda à la tête de toute sa légion et de la 31e division de la gendarmerie nationale pour se rendre le même jour à Turnhout où il restera avec ses deux corps jusqu'à nouvel ordre et fera partie des armées de la Belgique.

Il préviendra de son arrivée à Turnhout le général Lamarlière cantonné à Herenthals, le général Champmorin, cantonné à Lierre, et le commandant des troupes qui seront à Dieste. Si ces villes n'étaient point occupées par nos troupes et les deux premières par les généraux Lamarlière et Champmorin, le colonel les fera chercher pour les prévenir de son arrivée à Turnhout ; il en préviendra également les généraux Valence et Miranda à leur quartier-général respectif qui seront probablement à Saint-Tron, Tirlemont ou Louvain.

Le colonel Westermann fera cantonner les deux corps qu'il commande de manière à éclairer le plus possible la droite et la gauche de Turnhout, en se rapprochant autant qu'il pourra de Bréda et d'Hérentals.

Il préviendra chaque commandant des cantonnements particuliers qu'il est en présence de l'ennemi, qu'il doit par conséquent, surveiller nuit et jour ses cantonnements et éclairer par des patrouilles et des vedettes tous les points essentiels qui en dépendent.

Il établira dans tous les cantonnements un rapport continuel et un ordre tel que la générale, battant dans un point, puisse se communiquer à tous les autres et que les troupes se réunissent ainsi dans le plus bref délai possible aux points essentiels de défense qui seront d'avance indiqués à chaque commandant de corps pour les cas d'apparition de l'ennemi. Si l'ennemi se présente en force, le colonel Westermann se retirera..... lentement avec ordre et méthode et surtout de manière à ne pas être coupé ; il appuiera sa droite à Lierre et sa gauche à la division chargée du blocus de Berg-op-Zoom. Si l'ennemi n'est point en force, supérieur en nombre ou en position, il le combattra, le repoussera, s'il est possible, mais, au moins, se maintiendra dans ses cantonnements.

Si, à Turnhout ou dans ses environs, il trouve une position avantageuse à occuper, il s'y établira avec la plus grande partie de sa troupe et, dans ce cas, il étendra moins sa droite et sa gauche.

Dans tous les cas, il ne négligera aucun moyen pour être journellement instruit de la position de l'ennemi par rapport avec lui. Cette précaution est nécessaire pour éviter d'être surpris.

Les généraux Valence et Miranda seront prévenus que Turnhout et ses environs seront occupés par la légion du Nord et la 31e division de la gendarmerie nationale aux ordres du colonel Westermann. Cette précaution, jointe à celle que prendra le général Westermann de les en instruire lui-même, assureront l'arrivée des ordres qu'il devra recevoir pour ses mouvements ultérieurs.

Il remettra provisoirement le commandement de sa division de droite au colonel Devaux qui partira aujourd'hui pour se rendre à Gertruydenberg.

Le colonel De Vaux, le lieutenant-colonel commandant le 23e bataillon de Volontaires nationaux, le colonel Tilly, le maréchal de camp Berneron, le maréchal de camp De Flers reçoivent aussi des ordres importants pour prendre le commandement des divisions de l'armée chargée de continuer les opérations en Hollande :

Du 9 mars 1793, au Moerdick.

Il est ordonné au colonel Devaux de partir sur-le-champ du Moërdick pour aller prendre provisoirement le commandement de la division de droite qui lui sera remis par le colonel Westermann. Il établira son quartier général à Gertruydenberg.

Du 9 mars 1793, au Moerdick.

Il est ordonné au lieutenant-colonel, commandant le 23e bataillon de Volontaires nationaux, de prendre provisoirement le commandement de toutes les troupes cantonnées le long des digues du Moerdick, y compris le poste du Rooward. Il y commandera le service et fera placer une sentinelle à chaque batterie dont la consigne principale sera d'observer ce qui se passe sur l'eau, afin d'avertir si des bâtiments s'approchent auprès de la côte et cherchent à y mettre du monde à terre. Il fera faire des patrouilles de nuit et de jour pour maintenir l'ordre et la discipline dans les cantonnements et pour observer sur toute la côte ce qui s'y passe. Il ordonnera particulièrement au poste du Rooward de faire, la nuit, des patrouilles continues dont le but essentiel sera d'observer si les ennemis ne s'approchent pas de la batterie placée sur l'extrémité de la digue du canal.

Il se choisira un officier pour faire les fonctions d'adjudant de place, et qu'il emploiera pour le service des cantonnements.

(Signé) : THOUVENOT.

Du 9 mars 1793, Moerdick.

Il est ordonné au colonel Tilly, commandant la réserve de l'armée, de partir de Lage-Swaluwe, au reçu du présent ordre, pour se rendre à Gertruydenberg et y prendre le commandement en chef de cette place. Il aura pour commandant en second le lieutenant-colonel Belmont, commandant du 19e bataillon des Fédérés ; il se fera représenter l'ordre que j'ai donné au capitaine du génie Ducrot, et il veillera à ce qu'il soit promptement et soigneusement exécuté. Il aura pour garnison trois bataillons de volontaires nationaux et 50 hussards du 8e régiment. Il a été donné des ordres au commissaire de l'armée pour pourvoir cette place de quatre mois de vivres de toute espèce ; il veillera à ce que cet ordre soit exécuté et s'adressera, pour cet objet, au commissaire des guerres, Marchand, et même au Ministre de la guerre. Enfin il ne négligera rien pour mettre cette place sous le plus court délai possible dans l'état de défense le plus respectable.

(Signé) : THOUVENOT.

Du 9 mars 1793, Moerdick.

Il est ordonné au maréchal de camp Berneron d'aller prendre le commandement en chef de la ville de Bréda aussitôt qu'il aura pris la forteresse de Willemstadt ou que ce siège sera levé ; il aura sous ses ordres, pour commandant temporaire en cette ville, le lieutenant-colonel Custer. La garnison de cette place sera composée de six bataillons et du 8e régiment de hussards moins cinquante hommes qui seront détachés à Gertruydenberg ; le maréchal de camp Berneron est prévenu que j'ai donné l'ordre au commissaire des guerres de l'armée d'approvisionner de vivres de toute espèce la garnison de Bréda pour six mois, qu'il s'occupera à faire promptement exécuter cet ordre et m'en rendra compte. Il aura pour directeur du génie le lieutenant-colonel Crancé qui sera en même temps chargé de la direction des places de Bréda, Klundert, Gertruydenberg, et Willemstadt lorsqu'il sera pris (sic). Le maréchal de camp Berneron prendra une connaissance parfaite du jeu des inondations de la place de Bréda et fera faire, dans cette partie de sa déffense, tous les travaux nécessaires pour en tirer tous les avantages qu'elle présente. Avant de quitter Willemstadt et le commandement de l'avant-garde de l'armée, il nommera commandant temporaire de cette place l'officier supérieur qui se sera le mieux distingué dans son siège et sur lequel il pourra le plus compter sur une longue et vigoureuse résistance ; il remettra le commandement de l'avant-garde au colonel de Vaux chargé dans le moment de commander la division de droite. Comme dans une place destinée à éprouver un long siège, il est essentiel que les habitants soient eux-mêmes pourvus de vivres, le maréchal de camp Berneron se fera faire un recensement des habitants de la ville de Bréda et il prendra les mesures qu'il croira les plus convenables pour les faire se pourvoir de vivres pour six mois.

(Signé) : Le général en chef.

9 mars 1793, Moerdick.

Il est ordonné au colonel de Vaux, commandant provisoirement la division de droite de cette armée, de prendre celui de l'avant-garde aussitôt que le maréchal de camp Berneron la quittera pour aller prendre le commandement de Bréda. Il aura directement sous ses ordres le lieutenant-colonel Daendel, commandant la première avant-garde.

Les troupes de l'armée et certainement celles de l'avant-garde reconnaîtront le colonel de Vaux pour chef de l'avant-garde ; elles lui obéiront en tout ce qui concerne le service de la République.

(Signé) : Le général en chef.

9 mars 1793, Moerdick.

Il est ordonné au maréchal de camp Deflers de prendre le commandement de la division de droite de l'armée et à toutes les troupes de lui obéir en cette qualité dans tout ce qui concerne le service de la République ; aussitôt que le colonel de Vaux, qui en est chargé provisoirement, passera à celui de l'avant-garde commandée par le général Berneron, appelé au commandement de Bréda.

Il lui est, de plus, ordonné de prendre en mon absence le commandement de l'armée et toutes les troupes lui obéiront dans tout ce qui sera conforme au service.

Il se conformera particulièrement à l'instruction que je lui laisse par écrit, pour suivre le plan de mon expédition.

(Signé) : Le général en chef.

Le lendemain 10 mars, les ordres sont donnés et signés par le maréchal de camp, De Flers, qui prenait le titre de « commandant en chef en » l'absence du général Dumouriez ». Son quartier-général est encore au Moër-Dyck, d'où il expédie ses instructions au colonel Le Clerc, commandant la division de gauche de l'armée :

DU 10 MARS 1793.

Il est ordonné au colonel Le Clerc, commandant la division de gauche, de faire cantonner les troupes et les bataillons de l'état ci-après, de manière à ce que le blocus de Berg-op-Zoom et Stenberg soit le plus parfait possible. De cet état, il faudra envoyer au Mœrdick, le 3ᵉ bataillon de volontaires nationaux et le 3ᵉ régiment de cavalerie ; à Oudenbosch, le 2ᵉ bataillon des fédérés ; à Zevenberg, le 6ᵉ bataillon de la Seine-Inférieure ; au Mœrdick, la compagnie d'artillerie d'Aubert et les 15 hommes du 7ᵉ régiment d'artillerie.

A cet ordre était joint un

Etat des bataillons qui doivent remplacer la division de droite dans leurs cantonnements pour le blocus de Berg-op-Zoom :

Hussards de l'Egalité	70 hommes.
Belges de Bruges	200 »
Artillerie, compagnie de Charente	90 »
3ᵉ bataillon de volontaires nationaux	653 »
6ᵉ bataillon de la Seine-Inférieure	550 »
3ᵉ régiment de cavalerie	50 »
2ᵉ bataillon de fédérés	512 »
17ᵉ des volontaires nationaux	326 »
11ᵉ des volontaires nationaux	518 »
1 compagnie d'artillerie commandée par d'Aubert	65 »
Artillerie du 7ᵉ régiment	15 »
2ᵉ bataillon de volontaires nationaux	600 »
Grenadiers du Pas-de-Calais	60 »

Le projet de traverser le Bielbos n'avait pas encore été abandonné, et Dumouriez estimait que De Flers possédait assez de troupes pour l'exécuter. Il espérait toujours, par cette diversion, faciliter la concentration de l'armée de la Meuse et arrêter la marche en avant de l'ennemi. Il avait laissé des instructions spéciales à De Flers sur la manière dont cette délicate et difficile entreprise devait être conduite. Ce dernier avait, le 12 mars, son quartier-général à Gertruydenberg. C'est de là qu'il donna les ordres nécessaires, d'abord pour assurer la garde des places de Bréda et de Gertruydenberg pendant l'opération, et ensuite pour l'embarquement des troupes sur les bâtiments suivants : l'*Audacieux*, l'*Intrépide*, le *Prévoyant*, la *Précaution*, le *Suppléant*, le *Prudent*. Ils portaient, les deux premiers, 50, et les quatre autres ensemble 120 hommes, pourvus chacun de 20 cartouches. Ces bateaux étaient placés sous le commandement du lieutenant-colonel La Rue, qui reçut l'ordre suivant :

12 mars 1793.

Il est ordonné au lieutenant-colonel La Rue, aide de camp du général Dumouriez, commandant le bateau « l'Audacieux », de sortir demain matin, 13 de ce mois, du port de Gertruydenberg pour le mouiller en rivière ; il se tiendra prêt à mettre à la voile entre cinq et six heures du soir. Il sera armé, équipé conformément à l'état joint au présent ordre.

Il exécutera les instructions qui lui seront données et qu'il ne décachétera qu'au moment du départ.

Il commandera toutes les forces navales de l'expédition et formera une table de signaux pour établir l'ordre dans les mouvements de l'armée.

Il avait pour le seconder le lieutenant de vaisseau With, commandant l'*Intrépide*. Le service des ambulances fut prévenu d'avoir à se préparer. L'artillerie et les canonniers furent répartis sur les bâtiments indiqués ci-dessus et, en outre sur quatre autres appelés : l'*Etoile de Dumouriez*, le *Nécessaire*, l'*Utile* et le *Cambrésis*. L'aide-de-camp Remy accompagnait le lieutenant-colonel La Rue à bord de l'*Audacieux* et l'adjoint Manswelt, le lieutenant With sur l'*Intrépide*. Le nom l'*Etoile de Dumouriez*, donné à un navire, est significatif et indique le caractère personnel que le général prétendait imprimer de plus en plus à ses entreprises.

Le lendemain 13, les instructions suivantes furent transmises à La Rue :

Gertruydenberg, le 13 mars 1793.

Il est ordonné au lieutenant-colonel Larue, aide-de-camp du général Dumouriez et commandant les bâtiments l'*Audacieux* et l'*Intrépide*, de mettre à la voile, demain 14 de ce mois pour se rendre dans le Biesboss, et y combattre le plus gros des vaisseaux ennemis après la frégate. Il lui abandonne tous les détails et tous les mouvements nautiques pour l'exécution de cet ordre. Je lui observe seulement que si la frégate et d'autres bâtiments ennemis se portoient sur lui de manière à lui faire craindre d'être pris, ou coulé bas, il peut, dans ce cas, après une résistance honorable, se retirer le long des digues du Moerdick, où il trouvera de fortes et nombreuses batteries, pour faciliter sa retraite et assurer son mouillage. Mais lorsqu'il aura pris le bâtiment qu'il aura attaqué, il se portera successivement avec le vaisseau pris sur tous les bâtiments armés qui couvrent notre débarquement au Moerdick.

Comme l'*Invincible* est absolument sous ses ordres, il lui donnera ceux qu'il jugera convenables pour l'entière réussite de ce projet.

Le maréchal de camp, commandant en l'absence du général Dumouriez.

Mais il ne devait être donné aucune suite à ce projet de passer le Bielbos. En effet, parti le 9 de Moër-Dyck, Dumouriez arriva le 10 à Anvers, le 12 à Bruxelles et joignit le 13, en avant de Louvain, l'armée impatiente de le revoir. Immédiatement il jugea la situation grave et révoqua les instructions qu'il avait laissées pour la continuation de l'expédition de Hollande. Ces contre-ordres arrivèrent promptement à De Flers, car, dans la soirée du 13, on le voit prendre immédiatement les mesures nécessaires pour arrêter l'embarquement des troupes et du matériel et préparer la retraite de l'armée, qui devait se replier sur les places fortes de Gertruydenberg, de Bréda et d'Anvers. On remarquera avec quelle précision et quelle prévoyance fut fixée la conduite à tenir par les colonels La Bayette, Le Clerc, La Martinière et De Vaux :

13 mars.

Il est ordonné au colonel La Bayette, commandant l'artillerie de l'expédition de la Hollande, de faire cesser, au reçu du présent ordre, toute espèce d'embarquement à bord des bâtiments qui sont dans le port de Gertruydenberg.

Il fera débarquer toute l'artillerie et les munitions qui sont déjà à bord de plusieurs bâtiments, et il remettra dans les magazins de Gertruydenberg toutes les munitions qui en auroient été tirées. Il fera placer sur les remparts et dans l'arsenal tous les canons, fers coulés, attirails, dépendant de cette place.

Il fera recharger sur les voitures de l'armée toutes les munitions, fers coulés et autres attirails qui avoient été embarqués pour le passage du Moerdyck, et les tiendra prêtes à marcher.

Il prendra des moyens pour envoyer, sans délai et avec sûreté, à Anvers, 1.000 fusils hollandais, qu'il prendra dans l'arsenal de Gertruydenberg.

Il prendra l'état de la garnison qui lui sera fourni par le commandant de la place et il y laissera des cartouches d'infanterie en raison de sa force.

Même date.

Il est ordonné au colonel Le Claire, commandant la division de gauche, de se rendre demain, 14 de ce mois, au Moerdyck pour y prendre le commandement de toutes les batteries, postes, cantonnements qui s'y trouvent, y compris le poste de Roowart.

Il s'occupera de suite de faire désarmer les batteries par le lieutenant-colonel La Martinière chargé dans ce moment de commander cette partie. Il veillera à ce que les pièces tirées de Gertruydenberg y soient renvoyées par terre avec leurs munitions, que celles tirées de Klundert y soient également renvoyées, que celles tirées de Bréda y soient rembarquées sur les bateaux qui les conduiront le plus promptement possible dans cette place et qu'enfin celles de l'armée soient chargées sur leurs voitures afin de la suivre dans sa marche. Si cependant il n'avoit pas un nombre de voitures suffisant pour transporter ce dernier objet, il faudroit embarquer l'excédent sur les bateaux qui les conduiront à Bréda, d'où l'armée les tireroit au besoin. Je me rendrai compte de l'exécution du présent ordre afin que je puisse rallier à l'armée les bataillons que je lui laisserai pour cette opération à mesure qu'il n'en aura plus besoin.

Si l'occasion se présente de faire feu sur les vaisseaux ennemis, il en profitera pour masquer notre retraite qui, si elle étoit connue, pourroit servir d'encouragement à la garnison de Willemstadt.

Il est ordonné au lieutenant-colonel La Martinière de faire désarmer toutes les batteries de Moerdick, celles de Roowart comprises, et de donner, aux bouches à feu, ainsi qu'aux munitions qui sont dans cette partie, la destination qui leur sera indiquée par le colonel Le Claire, chargé particulièrement de cette partie de notre retraite.

Il rendra successivement compte de l'exécution de cet ordre au colonel La Bayette et il mettra dans son exécution toute la promptitude qu'exigent les circonstances.

Il est ordonné au 2ᵉ bataillon du 1ᵉʳ régiment d'infanterie de partir de Gertruydenberg demain, 14 de ce mois, avec armes et bagages, pour se porter à Gyneken près Bréda, où il sera aux ordres du colonel De Vaux, commandant la division de droite, devenue division de gauche par notre mouvement rétrograde.

Il est ordonné au 3ᵉ bataillon des fédérés de partir demain, 14 de ce mois, de Gertruydenberg avec armes et bagages pour se rendre le même jour à Avenhout où il sera sous les ordres du colonel De Vaux, commandant la division de droite de l'armée devenue division de gauche.

Il est ordonné au 2ᵉ bataillon de Cambrai de partir demain, 14 de ce mois, avec armes et bagages de Spuy, pour se rendre le même jour à Reysbergen, où il sera sous les ordres du colonel De Vaux, commandant la division de droite devenue division de gauche.

Il est ordonné au 1ᵉʳ bataillon de Vervins de partir demain, 14 de ce mois, de Lage-Swaluwe avec armes et bagages pour se rendre à Gyneken où il sera sous les ordres du colonel De Vaux, commandant la division de droite devenue division de gauche.

Il est ordonné au 15e des volontaires nationaux de partir demain, 14 de ce mois, avec armes et bagages de Wrakelen pour se rendre le même jour à Uvenhout où il sera sous les ordres du colonel De Vaux, commandant la division de droite devenue division de gauche.

Il est ordonné au 1er bataillon de l'Oise de partir d'Hoge-Made demain matin, 14 de ce mois, avec armes et bagages pour se rendre le même jour à Groot-Sundert.

Il est ordonné au 4e bataillon des volontaires nationaux de partir demain, 14 de ce mois, de Ramsdonck pour se rendre à Bréda et le 15 à Groot-Sundert.

Il est ordonné au 2e bataillon des fédérés de partir demain, 14 de ce mois, de Lage-Swaluwe pour se rendre le même jour à Meerle.

Il est ordonné au 7e régiment d'hussards de partir demain, 14 de ce mois, de Made pour se rendre à Gineken.

Il est ordonné au 6e bataillon de la Seine-Inférieure de partir demain, 14 de ce mois, de Lage-Swaluwe pour se rendre le même jour à Bréda et de là à Hoogstraten.

Il est ordonné aux 50 hommes du 3e régiment de cavalerie de partir demain, 14 de ce mois, de Zevenbergen pour se rendre à Bréda et le lendemain à Hoogstraten.

Il est ordonné au colonel De Vaux, commandant la division de droite de l'armée devenue division de gauche par le mouvement rétrograde, de partir de Gertruydenberg demain, 14 de ce mois, pour se rendre le même jour au centre des cantonnements de sa division dont l'état est ci-dessus.

Il est prévenu que sa division restera quelque temps isolée du reste de l'armée; que sa gauche doit, jusqu'à nouvel ordre, rester appuyée sur Bréda et sa droite dirigée sur Turnhout, le plus près possible de ce village, sans cependant trop ouvrir ses cantonnements qui doivent avoir ensemble des rapports continus et un tel arrangement que la générale qui battroit dans une de ces parties puisse se répéter en peu de temps dans toutes les autres.

Il conservera les cinquante hommes du 3e régiment de cavalerie à la droite de ses cantonnements, qu'il fera éclairer par eux et par les hussards du 7e régiment aussi souvent qu'il le jugera convenable et fort en avant, sans cependant les commettre avec des forces supérieures.

Il me rendra compte fréquemment de sa position par rapport aux ennemis et aux troupes de la République qui l'avoisinent. Il pourra faire dans ses cantonnements les changements que les circonstances exigeront, mais sans cependant changer l'appui de sa gauche qui restera toujours sur Bréda. Il est prévenu que la légion du Nord réunie à la 31e division de la gendarmerie est cantonnée à Turnhout. Le corps du général Lamarlière est à Lieres et celui de Champmorin à Diest.

Il préviendra de sa position les généraux Marassé, La Marlière, Champmorin et le commandant de Bréda, Custer, à qui il donnera ordre d'envoyer des éclaireurs sur la route de Bois-le-Duc.

Si le colonel De Vaux apprend que les ennemis se portent du côté de Gertruydenberg pour passer entre cette place et Bréda pour inquiéter le désarmement des batteries du Moërdyck et empêcher la rentrée des canons dans les places d'où on les a tirés, il portera promptement sa gauche sur Osterhout et sa droite vers Gineken ; il me préviendra de ce mouvement et je le soutiendrai avec le reste de l'armée.

Tous ces ordres et ceux qui suivent se rapportent à la levée du fameux camp des Castors sur les bords du Bielbos où nos soldats avaient, pendant un mois, bravé dans des huttes de paille le froid et les privations, soutenus par l'espoir de traverser bientôt ce bras de mer.

Le 14 mars, les bateaux l'*Audacieux* et l'*Invincible* sont désarmés et les canons qu'ils portaient placés sur les remparts de Gertruydenberg. Toutes les mesures sont prises pour mettre en état de défense cette place dont le commandement est donné au colonel de Tilly.

Le 18 mars, il est prescrit au colonel Maschet, conformément aux ordres du général Dumouriez, datés la veille de Tirlemont, d'abandonner la place de Klundert après avoir démantelé le fort qui donne du côté de Zeven-Bergen et du Rowart. Il devra faire conduire à Zeven-Bergen, pour y être embarqués et emmenés à Bréda, tous les objets de l'arsenal de Klundert transportables dans un court délai ; il fera casser à coups de masse les tourillons des canons de fer qu'il ne pourra emporter et tirer des boulets contre les pièces de bronze qu'il sera obligé de laisser, ou les dégrader de toute autre manière qu'il jugera convenable :

Il détruira l'arsenal, magasin à poudre et autres bâtiments militaires et emploiera enfin tous les moyens convenables pour rendre, dans le plus court délai possible, cette forteresse hors d'état d'être remise de longtemps à même d'être défendue et de servir de couverture à l'importante ville de Willemstadt ; il emploiera pour ce travail les plus forts détachements possible des troupes qu'il a sous ses ordres, tant d'infanterie que de cavalerie et ouvriers d'artillerie. Il fera sauter toutes les portes et barrières de la ville et il me rendra compte journellement du progrès de cette opération à laquelle il emploiera le moins de temps possible. Il veillera surtout à ce que ces travailleurs soient à couvert de toutes insultes de troupes de Willemstadt et de celles qui pourroient débarquer sur les plages voisines.

P.-S. — Il se servira de plus, pour la mission dont je le charge, des habitants de la ville et voisinage dont il requerra le travail par les corps administratifs sous leur responsabilité.

Le commandant du 1er bataillon du Finistère est invité à prendre des mesures pour, de concert avec le 1er bataillon du Calvados, s'opposer, vers le Rowart, au passage du bac et à la descente que les troupes ennemies pourraient effectuer sur les côtes qui l'avoisinent.

Les 20, 21 et 22 mars, le quartier général de De Flers est toujours à Zeven-Bergen d'où il expédie des instructions pour faire transporter à Bréda tous les grains appartenant à la République qui sont à Klundert, Zeven-Bergen, etc., et pour que la retraite des troupes s'effectue exactement. L'ordre suivant est transmis à cet effet au colonel Le Clerc :

22 mars, idem.

Il est ordonné au colonel Le Clerc, commandant la division de droite, de partir pour se rendre à Oudenbosch, après avoir mis, dans la marche des troupes de sa division, l'ordre et la méthode qu'elle exige, pour faire une retraite à l'abri de toute insulte de la part des ennemis, et de toutes craintes de la part des troupes.

Je le préviens qu'en attendant que sa division soit réorganisée, il aura le commandement de toutes les troupes chargées du dernier mouvement de notre retraite et dont je lui remets l'état. Ces troupes seront cantonnées aujourd'hui, la gauche à Hage et Rysbergen et la droite à Outkastel. Il portera demain, par les marches les plus fortes, toute sa division près d'Anvers, en plaçant son quartier général à Wynegen et étendant sa division à la droite de ce village. Il attendra dans cette position la réunion de la gauche de l'armée et du corps de Westermann qui sera à sa droite. Il est essentiel qu'il occupe ce poste, après-demain de très bonne heure.

Avant de quitter Zeven-Bergen avec les deux bataillons qui s'y trouveront, il fera partir sur des charettes du pays dont j'ai fait la réquisition ce matin, tous les blés qui nous sont venus de Klundert pour être envoyés à Bréda. Il veillera à ce que les trois bateaux partis hier pour cette ville continuent leur route ; et, s'ils sont trop chargés, il les fera alléger en faisant partir par terre une partie de leur chargement. Il préviendra, par une ordonnance, le général Deflers de l'état où il aura laissé cette partie du service dont il est chargé ; mais il fera en sorte qu'aucun de ces blés, soit ceux conduits par terre ou par mer, ne reste en chemin et qu'ils arrivent tous à Bréda.

Si le colonel Le Clerc étoit inquiété par les ennemis dans sa marche, il m'en donneroit avis sur-le-champ, soit à Groot-Sundert, soit à Loanhout, ou tout autre endroit qui se trouveroit dans ma position sur la route de Wynegen.

Il veillera également à ce que les grains qui arriveront avec la division du colonel Maschet parviennent avec sûreté à Bréda.

A son arrivée à Wynegen, il donnera avis de sa position au général Marassé à Anvers.

L'adjudant général commandant l'armée par intérim.

ORDRE DU 22 MARS, DE BRÉDA.

Il est ordonné au colonel Le Clerc de suspendre, jusqu'à nouvel ordre, le mouvement de sa division, s'il juge que sa position entre Oukastel et Haage ne peut être victorieusement inquiétée par les ennemis. Dans cette position, il protègera de tous les moyens les blés qui peuvent arriver par terre ou sur la Merck, venant de Klundert, de Zeven-Bergen ou du Princeland. La nécessité urgente de protéger l'approvisionnement de Bréda changera la marche que j'avois fixée à votre division. Demain, sur ce que vous me ferez connaître de la position de l'ennemi, je vous donnerai un ordre de marche.

Je coucherai à Bréda aujourd'hui et demain je serai à Groot-Sundert.

L'adjudant général.

Des instructions de même nature sont transmises au lieutenant-colonel Merlet, commandant la division de gauche de l'armée, et au colonel Westermann :

ORDRE DU 22 MARS, DE BRÉDA.

Il est ordonné au lieutenant-colonel Merlet, commandant la division de gauche de l'armée, de se maintenir dans tous les cantonnements de sa division jusqu'à nouvel ordre ; il les visitera fréquemment ; il exigera sous les peines les plus sévères que tous les officiers, sous-officiers et soldats soient continuellement à leur poste et qu'ils y fassent le service le plus régulier. Il me rendra compte jusqu'à demain, dix heures du matin à Bréda, de toute sa division.

L'adjudant général.

ORDRE DU 22 MARS, DE BRÉDA.

Il est ordonné au colonel Westermann de mettre en mouvement toute la division qu'il a sous ses ordres, après-demain, 24 de ce mois, et de fixer jusqu'à nouvel ordre ses cantonnements entre Riekevorsel et Wicheldersauden ; aussitôt qu'il y sera rendu, il m'en préviendra au quartier général de West-Wesel, en me rendant compte également de tout ce qu'il saura de la position des ennemis.

Il mettra dans sa retraite, de l'ordre, de la méthode, de la précision, de manière à ne pas donner de l'audace à l'ennemi ou de la timidité à ses troupes.

Je lui observe que le présent ordre est en vertu de celui que j'ai reçu du général Dumouriez, en date du 21 de ce mois, et qui me charge du commandement de l'armée pour effectuer sa retraite. Cet ordre dit aussi que j'en enverrai au colonel Westermann pour exécuter les marches de sa division.

L'adjudant général.

Le lendemain 23, il est enjoint au colonel La Bayette, commandant l'artillerie, de faire partir le 24 le plus matin qu'il sera possible, tout le parc de l'armée pour se rendre le même jour à Groot-Sundert où il trouvera le quartier général et où il recevra des instructions pour sa marche ultérieure. Il aura pour escorte les chasseurs bataves. Le citoyen Marchand, commissaire faisant fonction d'ordonnateur de l'armée, fera partir le Trésor militaire pour le faire arriver, sans coucher à Wuestwezel, à Anvers, si les circonstances le mettent dans le cas de presser sa marche et si elle peut se faire avec sûreté séparément de l'armée. « Vu l'urgence et la marche des ennemis, ajoute un post-scriptum, le présent ordre sera exécuté de suite par le commissaire Feres, suppléant le commissaire Marchand en son absence. »

Telles sont les dernières lignes inscrites sur le registre déposé aux Archives du Nord. On sait que, malgré les mesures prises pour soutenir des sièges assez longs, Gertruydenberg, Anvers et Bréda capitulèrent très vite. Une partie des troupes autrichiennes, victorieuses à la bataille de Nerwinden, dont nous parlerons au chapitre suivant, se réunirent au prince d'Orange, qui déjà se trouvait à la tête d'une armée composée de troupes hollandaises et anglaises. Ces forces parurent dès le 22 mars devant la place de Gertruydenberg qui fut immédiatement bloquée et attaquée le lendemain avec opiniâtreté. Sommé de se rendre à discrétion, le brave colonel Tilly résista avec énergie pendant plusieurs jours. La garnison ne se composait que du 3e bataillon du Calvados, des 19e et 23e bataillons nationaux, d'un bataillon batave et de 40 hussards du 8e régiment. Toutes ces troupes firent leur devoir et secondèrent l'activité du colonel Tilly qui obtint pour elles, par suite de leur belle défense, de sortir de la place avec les honneurs de la guerre. Le 8 avril, cette garnison se mit en marche pour rentrer en France [1].

---

[1] *Victoires et conquêtes*, t. I, p. 129.

Bréda, où commandait de Flers, capitula presque en même temps.

Ces deux villes auraient probablement pu prolonger leur défense quelques semaines sans la reddition inconcevable d'Anvers. Le général Marassé y avait été laissé par Dumouriez avec mission de tenir le plus longtemps possible afin de permettre à la plus grande partie de l'armée de Hollande de se retirer sur la frontière du Nord en traversant la Flandre occidentale.

Le 26 mars, le colonel Mylius, envoyé sur ce point par le général en chef autrichien avec 2.000 hommes seulement de troupes légères, eut l'audace de sommer la ville :

> Une partie de l'armée était déjà passée, mais au lieu d'attendre le reste, excepté un corps que le colonel Thouvenot arrêta à Gand, les autres se retiraient précipitamment par Bruges sur Dunkerque. Le général Marassé, d'après l'instruction de Dumouriez, avait fait couler la frégate *l'Ariel*, dont les mâtures, agrêts et artillerie avaient été embarqués sur le brick et sur les chaloupes canonnières, pour être transportés par les canaux à Dunkerque. Il avait fait embarquer sur d'autres bateaux tout ce qu'il avait pu d'approvisionnements, mais il en restait encore beaucoup dans la ville avec plus de 8.000 hommes. Comme la terreur et la confusion redoublaient à l'approche des Impériaux, il tint un conseil de guerre dans lequel il fut décidé tout d'une voix, qu'il valait mieux sauver cette partie de l'armée en capitulant pour emmener tous les effets et magasins appartenant à la nation française, que de risquer d'être forcés et de tout perdre en s'opiniâtrant [1].

Cette capitulation hâtive doit être d'autant plus sévèrement blâmée par l'histoire, qu'elle porta non seulement sur la ville, mais aussi sur la formidable citadelle qui fut rendue sans coup férir le 27 mars.

Telle fut l'issue de cette première tentative de conquête de la Hollande. Inaugurée sous de si heureux auspices, elle contribua, on doit le reconnaître, à aggraver nos revers et à nous faire perdre la Belgique. Sans la dispersion de ses forces, Dumouriez eût probablement résisté à Cobourg et à l'archiduc Charles, et gagné la bataille de Nerwinden au lieu de la perdre. Néanmoins le plan qu'il avait conçu était hardi et pouvait être fécond en heureux résultats ainsi que l'a fait remarquer le grand historien de la Révolution. Enfin on ne doit pas oublier le dénûment dans lequel se trouvait l'armée française, malgré ses récentes victoires, au mois de janvier 1793. En entrant en Hollande, Dumouriez nourrissait l'espoir d'y trouver les ressources qui lui manquaient pour la mettre sur un pied respectable, puis de relever son énergie par de nouveaux succès qui lui paraissaient certains. On peut toutefois s'étonner qu'un homme de guerre

---

1 *Mémoires*, tome IV, p. 131.

de sa valeur n'ait pas immédiatement vu, en rejoignant l'armée de la Meuse à Louvain, qu'il lui serait très difficile, sinon impossible, de résister à un ennemi victorieux avec des troupes dans un tel état de désorganisation matérielle et morale. Pourquoi n'a-t-il pas alors donné l'ordre à l'armée de Hollande de venir immédiatement le renforcer, en abandonnant les places de Gertruydenberg, de Bréda et d'Anvers ? Avait-il déjà des arrière-pensées d'entente avec le quartier général autrichien ? Espérait-il que la conservation de trois villes et de leurs garnisons qui lui étaient particulièrement dévouées, lui serait précieuse pour traiter avec l'ennemi d'abord, pour appuyer ensuite ses projets politiques ? L'histoire ne peut que former des conjectures sur ce point, mais elle a le droit de déclarer qu'il se montra dans cette circonstance ou très imprévoyant comme général ou très prévoyant comme conspirateur.

CHAPITRE VI

JOURNAL DU SOUS-LIEUTENANT MASTRICK, CONSERVÉ AUX ARCHIVES DU DÉPARTEMENT DU NORD. SES IMPRESSIONS SUR LES PREMIÈRES DÉFAITES DE L'ARMÉE DE LA MEUSE. BATAILLE DE NERWINDEN, LIVRÉE LE 18 MARS 1793. ÉVACUATION DE LA BELGIQUE. RETOUR DE L'ARMÉE AU CAMP DE MAULDE ET DANS LES PLACES FORTES DU NORD. TRAHISON DE DUMOURIEZ. IL LIVRE A L'ENNEMI QUATRE DÉPUTÉS DE LA CONVENTION VENUS POUR L'ARRÊTER, AVEC BEURNONVILLE, MINISTRE DE LA GUERRE. MESURES PRISES CONTRE LUI PAR LA CONVENTION, LE CONSEIL DU DÉPARTEMENT DU NORD, ET LES REPRÉSENTANTS EN MISSION. SON REMPLACEMENT PAR DAMPIERRE, COMME GÉNÉRAL EN CHEF DE L'ARMÉE DU CENTRE. IL TENTE DE LIVRER CONDÉ A L'ENNEMI. SA FUITE. APPRÉCIATION FINALE DE SA CONDUITE. [1]

Nous avons laissé Dumouriez ayant rejoint le 13 mars 1793, en avant de Louvain, l'armée de la Meuse qui, depuis ses premiers échecs, battait constamment en retraite. Dès le jour de sa rentrée en Belgique, le général s'était montré de la plus méchante humeur, faisant arrêter et envoyer sous escorte à Paris des commissaires de la Convention ; et il avait, le 12, de Louvain, écrit lui-même à l'Assemblée une lettre si impertinente qu'elle fut tenue secrète par le comité de sûreté générale. [2]

Les Archives du Nord possèdent, en fait de documents relatifs à ces évènements, le curieux journal écrit pour ainsi dire à chaque étape par un officier du nom de Mastrick, ancien inspecteur de la forêt de Saint-Germain, alors sous-lieutenant de la légion américaine commandée par le colonel Saint-Georges et attaché au quartier général de l'armée de Belgique. Nous retrouverons plus tard ce Mastrick à Douai remplissant les fonctions de commissaire des guerres. Son récit n'a d'autre mérite que celui d'éma-

---

[1] Ce chapitre a été rédigé par M. Jules Finot.
[2] On en trouvera le texte dans les *Volontaires* de Grille, tome IV, p. 285.

ner d'un témoin oculaire qui paraît véridique, consignant chaque jour ce qu'il a vu ainsi que ses impressions personnelles, évidemment semblables à celles de beaucoup d'autres officiers. Il ne faut lui demander ni style, ni méthode dans la narration. L'incorrection de ses phrases et son manque d'orthographe sont peut-être encore dépassés par le ridicule des tournures emphatiques alors à la mode et dont il se sert à tort et à travers. Mais on doit lui pardonner tous ses défauts en raison de quelques passages qui présentent un tableau assez pittoresque de l'état matériel et moral de l'armée de la Meuse en février et mars 1793. Enfin, dans des considérations assez vulgaires qu'il aime à développer avec redondance et prétention, on rencontre de temps à autre quelques réflexions sensées ou originales.

Nous ne possédons que le troisième cahier des *Notes et observations* de Mastrick,[1] les deux premiers et le suivant ayant disparu. Le troisième cahier comprend la période allant du 10 février au 9 mai 1793. Nous allons soit en analyser, soit en reproduire in-extenso les passages les plus curieux se rapportant à l'évacuation de la Belgique par l'armée de Dumouriez.

Le 10 février, Mastrick est à Liège attaché à l'état-major du général Valence. Le 15, il note le passage à Sainte-Valburge de plusieurs pièces de siège destinées au bombardement de Maëstricht qui va incessamment commencer.

C'est le 28 qu'il apprend la levée du siège de cette place, nouvelle qui lui inspire les lignes suivantes :

La levée du siège de Maëstricht est une de ces choses si extraordinaires, qu'il y a matière ample à faire beaucoup de réflexions sur l'avenir par raport à la position de nos armées. Je désire me tromper, mais j'ai bien peur que nous ne restions pas longtems dans ce beau pays de Liège. Le tems est un grand maître qui nous apprendra bien des choses.

Les jours suivants, il connaît la déroute d'Aix-la-Chapelle et les évènements qu'elle a entraînés :

1ᵉʳ et 2 mars.

Un passage considérable de convois de munitions de guerre, de pièces de siège, etc., venant de Maëstrick a lieu par Sainte-Valburge pour se rendre à Saint-Trond. Ce sont les canonniers qui escortoient les pièces, c'est-à-dire les chefs, qu'il falloit entendre raisonner sur la retraite qu'on leur faisoit faire. Faudra-t-il donc toujours que l'intérêt particulier l'emporte sur le général ? Que nous sommes encore loin de jouir de la tranquillité !

J'ay envoyé une caisse à ma femme remplie de mes effets et autres objets.

---

[1] Archives du Nord. Série L. Correspondance des représentants du peuple en mission dans le Nord. Liasse 1406.

3 et 4 mars.

Nous avons eu plusieurs alertes par l'aproche de l'ennemy, après la belle équipée de l'affaire d'Aix-la-Chapelle. Où cela nous mènera-t-il ?... En France, où je crains bien de plus grands malheurs. On me dira toujours que je suis l'oiseau de mauvais augure. Oui, je le suis. Cela doit être tant que les hommes seront injustes.

Le 4, encore, le détachement dont il faisait partie quitte Liège pour se replier ensuite sur Saint-Tron :

Nous sommes partis de Liège à huit heures du matin, après avoir resté trente-six heures à cheval et nous nous sommes portés sur la plaine de Rocoux d'après l'ordre du général, où nous avons attendu l'ennemy. Mais cependant une forte colonne d'infanterie, soutenue par plusieurs régiments de cavalerie, marchoit en ordre de bataille sur la route de Saint-Trond pour empêcher que l'ennemy ne nous coupât la retraite par le chemin. Ce que, effectivement, il avoit tenté de faire, comme je le dirai plus loin.

Notre petit détachement, composé au moment du départ d'environ quatre-vingts hommes, y compris six officiers, formoit l'arrière garde de la colonne pour la protéger et couvrir son flanc. Comme l'on voit, elle n'étoit pas garantie par un corps bien nombreux ; mais aussi c'étoient tous braves gens, car nos tirailleurs, que nous avons détachés de notre corps pour aller éclairer la plaine, ont tué deux hullans, et pris deux chevaux après avoir chargé trente cavalliers ennemis avec cinq hommes et les avoir obligés de se replier. Ce n'étoit pas mal débuter. C'étoit un brigadier de la 5ᵉ compagnie, nommé Sécherte, qui commandoit les quatre hommes et qui a tué, de sa main, les deux hullans.

Notre armée continuoit toujours sa marche sur Saint-Trond, mais notre avant-garde s'étant apperçu que l'ennemy s'étoit emparé d'un poste avantageux pour nous couper toute retraite, fit les préparatifs de deffence pour donner le tems à la colonne d'arriver, afin d'engager le combat. Nos tirailleurs escarmouchèrent, comme à leur ordinaire, jusque sous la barbe de l'ennemy, en leur tuant quelques hommes, faisant des prisonniers et prenant des chevaux. Enfin, à quatre heures précises, l'ennemi commença à nous envoyer quelques boulets qui ne nous firent pas grand mal à la vérité, mais nous leur ripostâmes d'une manière si vigoureuse et si terrible que nous leur tuâmes du monde, démontâmes quelques pièces de leur artillerie et les forçâmes à nous céder le terrain et à battre en retraite sous Tongres.

Cette affaire eut lieu dans un endroit qu'on nomme Oreye entre Liège et Saint-Trond. L'affaire finit à six heures du soir et l'armée alla camper le long de la route de Saint-Trond et même sous les murs de la ville, où elle passa la nuit au bivouaque.

Le 5 et le 6 eurent lieu les combats de Saint-Tron et de Tongres auxquels Mastrick prit une certaine part et qu'il raconte en ces termes :

Le 6.

Notre armée eut ordre de marcher sur trois colonnes pour aller trouver l'ennemi dans la plaine de Tongres et qui cherchoit à couper le passage à la petite armée que commandoit le général Jlher, qui avoit couvert Liège la veille et qui venoit rejoindre la grande armée.

Notre détachement ne s'est point trouvé à cette affaire, ayant été commandé pour aller chercher et escorter des convois de farines aux environs de Saint-Trond.

Quant à moi, je me suis trouvé à faire un service particulier auprès du général La Noue ayant un hussard avec moi. Nous sommes partis de Saint-Trond à neuf heures précises du matin pour nous porter sur la chaussée dudit Saint-Trond à Liège. Le général La Noue m'a chargé particulièrement de faire avancer tous les battaillons qui se trouvoient à droite de ladite chaussée en avant dans les terres, pour venir se former au plus vite en troisième ligne le long du pavé et marcher en ordre de bataille. J'ai exécuté cet ordre avec toute la célérité possible et l'intérêt que doit avoir un brave homme à remplir une telle mission.

Comme je n'ai pu rejoindre le général La Noue de la journée, je n'ay pas voulu m'en retourner sans avoir participé en quelque chose à la bataille qui devoit se donner. En conséquence, je suivis le premier officier général que je rencontrai, qui se trouva être le général Valence. Nous apperçûmes la petite armée du général Jlher qui s'avançoit sur le village d'Oreye le long de la chaussée. L'ennemi, qui avoit pris la position que nous avions la veille, sembloit vouloir s'opposer à son passage. En conséquence, le général Valence fit attaquer l'ennemy à grands coups de canon. Pendant ce tems, nos tirailleurs travailloient l'ennemi avec leur avantage ordinaire, en leur tuant du monde et leur faisant des prisonniers. On en a conduit 12 devant les généraux Valence et La Marche, tant tyroliens que hussards et fantassins. Les deux généraux les ont interrogés en langue allemande sur la force de l'ennemi et les noms des généraux. A quoi ils ont répondu. Ensuitte, on les a fait conduire à Saint-Trond au quartier général. Je rapellerai en sa place une scène intéressante que j'eus avec un de ces prisonniers, qui étoit officier tyrolien.

Je profitai d'un petit moment pour me faire connaître du général Valence. Il me demanda mon nom. Je le lui dis avec différentes circonstances qui devoient nécessairement me rappeler à son souvenir ; il me promit qu'il ne m'oublieroit pas dans l'occasion ; tout cela fut dit au bruit du canon et de la mousqueterie. Mais comme il commençoit à se faire tard et que le général Dampierre, brave guerrier, qui commandoit l'avant-garde, s'avançoit trop près des retranchements que les ennemis avoient sous Tongres, le général Valence dit aux personnes qui l'entouroient, aides de camp, officiers, etc., que celui qui avoit un bon cheval lui fasse le plaisir d'aller dire au général Dampierre de ne pas tant s'avancer et de battre en retraite et qu'il rendoit responsable des évènements tous les commandants des corps qui n'exécuteroient pas ses ordres. Comme personne ne s'empressoit à répondre, je me présentai et le général me dit de lui faire ce plaisir. On pense bien que je ne me le suis pas fait dire deux fois. Je pars comme un éclair et j'arrive au milieu des boulets et des obus rendre l'ordre du général Valence au général Dampierre avec toutes les circonstances A quoi il répondit : « Est-il possible ? » et haussa les épaules. Aussitôt la retraite fut ordonnée et exécutée d'une manière superbe et imposante.

Je trouvai réellement autant de plaisir à remplir cette mission, que quand j'allois, cy-devant, à la mort du cerf.

Comme je m'en revenois bon train rendre compte au général de la mission qu'il m'avoit donnée, je me sens frapper au talon gauche comme si cela avoit été avec une baguette. En même tems ma jument fit une pointe, j'avançois toujours. Je rendis compte au général et je mis pied à terre. Ensuite j'examine ma botte et je vis l'éperon qui étoit cousu à ma botte aux trois quarts défait, une petite partie du cuir de la botte déchirée, et une contusion fort peu douloureuse au talon, qui ne m'empêcha pas de faire une retraite de trois lieues à pied, mon cheval étant blessé sur le garot par la selle, à ne pouvoir le monter, ayant eu une si rude journée à travailler. Toute l'armée s'est retirée pour camper et bivouaquer comme elle l'avoit fait la veille.

J'observe que l'attaque et la retraite ont commencé et fini à la même heure que le jour précédent et que si jamais l'ennemi a dû être battu, c'étoit bien le 6 mars et nous serions rentrés à Liège à la satisfaction de bien des individus ; pouvant prendre prisonnière de guerre, fort aisément, la portion de troupes autrichiennes, qui y étoit entrée. Que les personnes qui sçavent mieux que moi le ressort de la politique militaire, fassent des réflexions ; il y a matière à en faire.

Je reviens à mon officier tyrolien prisonnier. C'étoit un homme d'environ trente-trois à trente-quatre ans, de moyenne taille, la figure marquée de beaucoup de petite vérolle, un nez aquilin, la figure assez intéressante, les cheveux noirs en queue, vêtu d'une redingote grisâtre. En général, il étoit extrêmement abattu de se voir en nos mains. Après que l'ordre du général fut donné de le conduire au quartier-général à Saint-Trond, je m'avançai près de lui et je lui fis comprendre (malgré qu'il n'entendoit pas le Français) que nous lui rendions sa captivité plus douce qu'il ne le croyoit et que, le lendemain, je ne manquerois pas d'aller le voir et qu'il se tranquilisa, qu'il ne lui arriveroit rien de fâcheux. On s'imagine bien que j'assimilois les mots avec le ton convenable à sa position. Ce malheureux me prit les mains et me les baisoit en les arrosant de larmes, ce qui m'en fit verser de bien amères en pensant que des êtres faits pour se secourir les uns aux autres, (sic) cherchent au contraire à se détruire ; et pourquoi ? Pour des choses que les trois quarts du monde n'entendent ni ne comprennent pas.

Le 7.

Enfin, je fus au quartier général. Je trouvai mon prisonnier avec onze autres dans une salle dans laquelle on avoit mis beaucoup de paille, mais malheureusement on ne leur avoit rien donné à manger, par ce qu'il me fit entendre. Je fus à l'instant à l'Etat-major en rendre compte et j'eus le plaisir de leur faire donner tout ce qui leur étoit nécessaire. Mais mon pauvre officier ne mangeoit pas du tout ; il avoit l'air occupé de choses plus sérieuses. Comme je ne pouvois pas me faire entendre de lui, ny lui de moi, je fis chercher un hussard d'Esterazzi qui étoit tout près et qui parloit allemand ; et, par ce moyen, nous parvinmes à nous entendre l'un et l'autre. Je lui fis demander : 1° S'il étoit père de famille, ayant femme et enfants, par conséquent ; 2° que je l'étois moi-même ; 3° que si le hazard de la guerre eût voulu que je tombasse entre ses mains comme il étoit entre les nôtres, s'il me traiteroit avec la même humanité ; 4° que nous n'ignorions pas qu'ils hâchoient tous les prisonniers qu'ils fesoient, notamment le massacre qu'ils avoient fait à Aix-la-Chapelle de malheureux soldats qui étoient malades languissants à l'hôpital qu'ils avoient égorgés comme des bêtes féroces sans humanité ny respect que l'on doit naturellement à ses semblables lorsqu'ils sont non-seulement désarmés, mais des malheureux qui ont soit une cuisse, jambe, bras, emportés dans les combats, etc., et qu'ils avoient commis une atrocité qui faisoit frémir la nature ; 5° qu'il m'articule seulement un seul reproche à faire aux Français contre leurs ennemys, qui approche de ces atrocités.

Ce pauvre malheureux, dont je ne perdois point la figure de vue pour voir les différentes sensations qu'il éprouveroit au récit que je lui fesois faire, changeoit de couleur, et ses yeux se couvroient de larmes à mesure que le hussard lui retraçoit le tableau des cruautés commises par eux.

Il me répondit par le hussard, qu'il étoit père de famille comme moi, mais plus malheureux de ce qu'on les soupçonnoit de pareils atrocités ; qu'elles n'avoient point été commises par les Autrichiens : que c'étoit les Hongrois, les Polonais, les soldats du Nord, qui s'étoient portés à de pareilles cruautés, malgré l'ordre qui leur avoit été donné de respecter tout homme qui se rend et que cela leur avoit fait autant de peine qu'à nous, quand ils ont appris ce qui s'étoit passé à Aix-la-Chapelle et que jamais sa troupe n'avoit hâché aucun prisonnier fait par eux.

Je lui ai dit : « Je veux bien le croire, mais, lorsque vous serez échangé, souvenez-vous bien, mon camarade, de porter dans l'armée de votre Empereur les marques d'amitié, de fraternité et d'humanité que tout bon Français et brave militaire doivent avoir pour tous les êtres en général et dites-leur bien ; « Voilà comment pensent les officiers français que l'on veut nous faire passer pour des anthropophages. »

Il me serroit et brisoit les mains en me disant : « Braves frantsoses. » Il a paru désirer avoir de l'encre, une plume et du papier pour écrire à sa femme :

quand il a vu que j'ay tiré de ma poche ce dont il avoit besoin, il m'a sauté au col et m'embrassant d'une force... Enfin, sa lettre écrite, je lui ai dit que j'allois la porter décachetée au général Valence pour qu'il en prenne connaissance, ce qu'il désiroit lui-même ; je la lui ai portée et il l'a gardée avec la promesse de la faire tenir à son adresse après lecture faite du contenu.

A mon retour, le commandant de la gendarmerie est venu les chercher pour les conduire à Bruxelles. Nous nous sommes fait nos adieux les larmes aux yeux. Je l'ay consolé autant qu'il a été en mon pouvoir et j'espère qu'un jour à venir il se souviendra de son officier français.

Je désirerois que ce pauvre officier soit échangé au plus vite pour rejoindre sa pauvre famille ; je crains bien qu'il ne lui soit arrivé quelque chose de fâcheux en entrant à Bruxelles. Mes regrets sont de ne lui avoir pas demandé son nom et le lieu de sa demeure et de sa famille. J'en suis inconsolable. Si je puis le déterrer sur la liste des prisonniers, je serai content.

Du 8 au 16, Mastrick note la retraite de l'armée de Saint-Tron sur Louvain et Tirlemont, l'arrivée de Dumouriez, sa proclamation à l'armée de la Meuse et signale comme une victoire l'affaire de Tirlemont, où, en effet, le 15 mars, l'ennemi fut repoussé et obligé d'évacuer la ville :

Le 8.

Notre armée est partie de Saint-Trond en partie pour venir camper à une lieue et demie de Tirlemont. J'ay fait la route à pied tenant mon cheval blessé par la bride. J'ay couché à Tirlemont chez de braves gens.

Une chose bien extraordinaire que mes hôtes de Saint-Trond et de Tirlemont m'ont affirmée : c'est que les Autrichiens, lorsqu'ils ont été obligés d'évacuer le pays, l'année dernière, leur ont dit : « Vous pouvez être sûrs que nous serons le 9 mars de l'année prochaine à Saint-Trond, le 10 à Tirlemont et qu'à Pâques, tous les François auront évacué le pays de la Belgique, après avoir battaillé pendant quelque tems. »

Il me paraît jusqu'à présent qu'ils ne se sont pas trompés dans leur calcul et qu'ils nous poursuivent bon train. Qu'est-ce que tout cela veut dire ?

Voilà une note qui m'est tombée entre les mains à Saint-Trond avant le départ. C'est le général Miaczinsky qui me l'a donnée lui-même pour que j'envoye le détachement le joindre. Il porte ces mots :

« Partez, mon cher général, comme je vous l'ay ordonné. Les ennemis ont pris la fuite à Hasselt. Vous trouverez un escadron d'hussards avec Segond et ferez faire du pain à Hasselt avec nos farines. »

« C. Valence. »

Je joins l'original à ce cahier.[1]

Le 9.

Nous sommes partis de Tirlemont et nous sommes venus coucher à Louvain. J'ay toujours fait la route à pied, tenant mon cheval par la bride. L'armée a campé dans une belle position, entre Tirlemont et Louvain.

J'ay trouvé, en arrivant à Louvain, la voiture des équipages et j'ay fait conduire tous les chevaux blessés, qui étoient venus avec moi, dans l'écurie de mon hôte (Van Michelem) où on les a pansés.

---

[1] Le billet autographe du général Valence est effectivement épinglé au feuillet du Journal de Mastrick où il est transcrit.

Le 10.

J'ai donné au général Thouvenot, chef de l'état-major de l'armée, un état nominatif des hommes et des chevaux blessés que j'avois avec moi.

Le 11.

Le général Thouvenot m'a donné l'ordre de rester à Louvain avec le dépôt que j'avois, pour faire le service particulier de l'état-major, et l'ay fait commencer aussitôt.

J'en ay rendu compte au capitaine Barrier par une lettre que je lui ay envoyée au flanqueur de gauche, lieu de son poste.

Le général Dumouriez est arrivé le soir à Louvain à la grande satisfaction de l'armée...

Je ne veux entrer dans aucun détail sur la déroute et l'indiscipline d'une bonne partie de notre armée, surtout des volontaires nationaux ; elle n'est malheureusement que trop vraie et trop connue.

Le 12.

Comme j'étois à l'état-major journellement, d'après l'ordre que m'en avoit donné le général Thouvenot, on y a reçu une expédition de l'Etat-major de l'armée de la Hollande, datée du quartier-général de Moërdik du 4 mars, dont voicy la teneur :

« LE GÉNÉRAL DUMOURIEZ

à l'armée de la Belgique.

Mes braves camarades, mes amis, mes enfants,

Vous venez d'essuyer un échec et il semble que votre fierté républicaine, que ce courage indomptable qui a fait mes succès, soyent diminués un moment. Ce revers est dû à votre négligence. Qu'il vous rende aussi sages et aussi prudents que je vous ay connus braves. Vous êtes plus forts du double que les ennemis qui vous ont fait quitter votre poste. Ces ennemis sont les mêmes que nous avons vaincus ensemble dans les plaines de la Champagne et de la Belgique.

Rappelez-vous que, n'étant qu'une poignée de monde, nous avons bravé plus de quatre-vingt mille hommes dans les camps de Grandprès et de Sainte-Menehoult.

Les mêmes généraux vous guidant encore, donnez leur une confiance entière. Si l'ennemy veut passer la Meuse, serrez vos bataillons, baissez vos bayonnettes, entonnez l'hymne des Marseillois et vous vaincrez.

Trois places fortes, hérissées d'une artillerie formidable, environnées d'inondations inaccessibles : Bréda, Klundert, Gertruydenberg, viennent, en huit jours de temps, de succomber sous les efforts des bataillons venus de France et qui n'avoient point encore combattu. Jugez ce que vous devez faire, vous qui avez toujours triomphé. Je ne peux pas vous rejoindre d'ici quelques jours. C'est pour me réunir à vous avec des vivres, des armes, de l'argent, des munitions, des nouveaux alliés, que je m'en suis séparé pour peu de temps.

Mais mon œil veille sur vous ; mes conseils guident vos généraux, qui sont mes amis et mes élèves. Rougissez d'avoir pu un moment manquer de fermeté et d'audace ; relevez vos fronts républicains ; pensez à la vengeance et mourez libres ou soyez vainqueurs.

Je vous embrasse et vous aime tous, comme un bon père aime ses enfants,

Le général en chef,

DUMOURIEZ. »

Voilà sans contredit une fort belle lettre, remplie de patriotisme et d'encouragement. etc. Je désire ardamment qu'elle fasse son effet pour la réorganisation de notre malheureuse armée, mais j'ay bien peur que.... Le tems nous fera ouvrir les yeux sur bien des choses.

Le 13.

Le capitaine Barié m'a envoyé un état pour toucher les trois premiers prêts du mois de mars se montant à la somme de 586 francs 6. Le payeur m'a remis laditte somme après lui en avoir donné une quittance. J'ay envoyé au capitaine 480 francs et j'ay gardé 106 fr. 5^s 6^d pour faire le prêt des hommes que j'avois avec moi.

Le 9, l'ennemy est entré à Saint-Trond, le 10 à Tirlemont : les 11 et 12, ils se sont avancés en présence de notre armée.

Les 13 et 14.

Il y a eu différentes attaques, sans trop d'avantages de part et d'autre.

Le 15.

J'ay reçu l'ordre du général Thouvenot de porter mon dépôt à deux lieues de Louvain sur la route de Bruxelles. En conséquence, j'ay fait partir les deux voitures escortées de seize hussards, douze chevaux, sous la conduite de Narcisse, lieutenant convalescent, de Cottin, maréchal des logis et du maréchal expert. Ils ont été s'établir au village de Cortembergh. Il y a eu ce jour-là une très forte affaire avec les ennemis.

J'ay appris de vrays patriotes de Louvain, le tort que faisoient aux Français, depuis longtems, les soi-disant patriotes dont je vais transcrire les noms qui m'ont été donnés, lesquels occupent les premières places dans l'administration de la ville au moment que j'écris :

Brunot, commandant temporaire de la place (Français) ; D'Iong, président de l'assemblée (de Louvain) ; Pache, celui qui a délivré mon billet de logement ainsi que celui du général Jlher ; Trouvé, Robains, Tonnelier, de Tournay, tous trois commissaires qui ont été porter à la Convention nationale le vœu soi-disant des Belges pour la réunion à la France tandis qu'il n'étoit rien moins que cela. Ils ont, au contraire, plus fait de tort aux armes de la République que toutes les puissances coalisées ne nous en ont fait, par les vexations en tous genres qu'ils ont fait éprouver au peuple de la contrée, comme venant de la part des Français. Ils nous ont fait des ennemis au lieu d'amis, car il est de fait qu'ils trompent la France et qu'ils sont vendus aux ennemis de notre Révolution. Ces gens-là se sont fait craindre des honnêtes gens. Lorsque l'ennemy fuyoit devant nos armées victorieuses, ils étoient de leur parti et portoient cocarde noire dans la ville ; mais aussitôt que les Français sont entrés dans la ville immédiatement après l'évacuation de l'ennemy, ces coquins ont arboré la cocarde tricolore et ont si bien joué leurs rôles, qu'ils ont sçu, par leurs intrigues, éloigner des places des honnêtes gens pour faire eux-mêmes tout ce qu'ils voudroient pour faciliter l'ennemy en temps et lieu. Car il est à remarquer que, lorsque les Autrichiens sont partis de Louvain, ils ont dit qu'ils y rentreroient à la mi-mars et qu'ils étoient sûrs des agens qu'ils y laissoient.

Est-il possible que les Français soient si aveugles sur leurs propres intérêts ? Voilà la suite des noms de ces mauvais patriotes :

Jenest, Cloué, Paltinez, Gans, Hambroch, Pierlut (Au caffé Belgique,) Francis, Veraedts, Vuaephain, les deux frères Van Ngasi, les 5 frères Peeters van Asbroch, Bormans, Comte Rosière, Moreton, commandant de Bruxelles, Van Dych, Elyninchese.

Il faudroit que tous ces noms fussent rendus publics, afin de se défier de pareils monstres, qui sont cause de la perte non-seulement d'un si beau pays, mais encore d'une infinité de braves gens.

Le 16.

Notre armée a repoussé l'ennemy et l'a fait évacuer Tirlemont. La bataille a commencé à quatre heures du matin et a fini à six heures du soir. Il y a eu beaucoup de monde de tué du côté de l'ennemy ; du nôtre, moins, mais beaucoup de blessés. Il y a eu un magazin à poudre qui a sauté en l'air dans Tirlemont même où il y a eu plus de 100 personnes de tuées. Comme c'étoit près des Récollets, il n'y en a pas resté un, ny un seul carreau dans la ville.

Le 18, Mastrick assiste à la bataille de Nerwinden, qu'il raconte en quelques mots :

Nous nous sommes battus depuis six heures du matin jusqu'à six heures du soir ; il n'y a pas d'exemple d'une pareille bataille où toute la science des généraux a été mise en œuvre, mais où il n'y a eu aucun avantage décidé ; on a conservé ses postes seulement. Il y a eu beaucoup de monde de tué et de blessé à cette bataille, mais beaucoup plus du côté de l'ennemi, quoique nous en ayons eu beaucoup de blessé du nôtre. Nos généraux ont chargé l'ennemi à la tête de la cavalerie. Le général de l'artillerie Huiscard y a été tué ; le général Valence y a reçu deux coups de sabre sur la tête et un sur le bras. Les généraux Dumouriez et Thouvenot ont failly être enveloppés par l'ennemy ; ils ont dû leur salut à la vitesse de leurs chevaux. Beaucoup d'adjudants généraux, d'aides-de-camp, d'officiers de tout grades, y ont perdu la vie ou blessés.

En général, cette bataille a été plus meurtrière que celle de Jemmapes sans être aussi décisive. Si l'aile gauche avoit donné avec la même valeur que le centre et l'aile droite, nous remportions une des victoires les plus complètes. Mais que penser de celà ? Miranda, qui devoit la commander, n'y étoit pas ; nous ne l'avons point vu. Une bonne partie des bataillons des volontaires qui composoient la majeure partie de cette aile gauche, ont pris la fuite : impossible de les ramener au combat. Point d'officiers généraux. Ah ! grand dieux, comment peut-on sacrifier de braves gens comme celà ? Notre pauvre petit détachement y a été favorisé de la divinité : il ne devoit pas y en revenir un seul et nous n'avons eu qu'un hussard de blessé. Cette mémorable bataille s'est donnée dans le fameux champ de bataille de Nervinde.

Le 19.

L'ennemy a attaqué notre aile gauche avec avantage ; le général Jlher y a été blessé, ainsi que beaucoup d'autres officiers de tout grades et soldats tués et blessés. Nous sommes obligés de céder du terrain ; si cela continue, nous serons bientôt sur nos frontières. Cette bataille a été encore meurtrière.

L'impression de Mastrick sur cette bataille est conforme à celle que donnent les historiens militaires : c'est-à-dire que Dumouriez put vraiment se croire vainqueur le 18 au soir, puisqu'il restait maître du terrain, et que ce fut la retraite précipitée, presque la fuite de l'aile gauche, commandée par Miranda, qui l'obligea le lendemain à se replier.

A Nerwinden, qui devait être leur dernier combat, les demoiselles Fernig s'étaient encore distinguées :

Le corps du général Chancel, a écrit Théophile[1], se retirait en désordre ; nous le ralliâmes, obligées d'employer le sabre pour arrêter les fuyards : un

---

1 Dans un passage cité par le docteur Duhem.

d'eux, se sentant frappé, se retourne et appuie la bayonnette sur la poitrine de l'une de nous. Elle ouvre son gilet et s'adresse au soldat : « Frappe, lui dit-elle, frappe, si tu l'oses, une femme qui te rappelle à l'honneur. » A ces mots, les camarades sortent de leur apathie, ils veulent faire justice du malheureux, ce que nous empêchons, et nous profitons de ce moment pour les ramener à leurs rangs. Les cuirassiers ennemis accourent pour les enfoncer ; ils sont vivement repoussés par la cavalerie française à laquelle nous nous joignons. L'une de nous blessa un cuirassier autrichien et eut son cheval blessé d'un coup de feu, l'autre donna la mort à un des assaillants. — Nous en appelons à l'armée, au corps du général Chancel, au général Chancel lui-même qui, les larmes aux yeux, nous remercia de l'avoir aidé à réparer son honneur. »

Ironie du sort ! Ce fut le 19 mars, le lendemain de cette bataille de Nerwinden, que la Convention rendit le décret réunissant à la France les communes d'Aeltre, de Thourout, de Blankenberg, avec la banlieue de Bruges, c'est-à-dire achevait l'incorporation de la Belgique juste à l'heure où ses armées allaient l'évacuer !

Sous la date du 21 mars, on trouve dans le *Journal* de Mastrick le curieux récit de l'arrivée au quartier-général de Sainte-Gertrude d'un parlementaire autrichien qui eut une entrevue avec Dumouriez, le général Thouvenot et l'adjudant-général. Ce parlementaire n'était autre que le colonel Mack, officier ennemi qui exerçait une grande influence sur les opérations des coalisés par la réputation dont il jouissait en Allemagne. C'est probablement ce jour-là, ou peut-être le lendemain, qu'ils convinrent de ne plus livrer de combats décisifs, de se suivre lentement et en bon ordre, pour épargner le sang des soldats et ménager le pays, théâtre de la guerre. Cette espèce d'armistice, dit Thiers, tout favorable aux Français, qui se seraient débandés s'ils avaient été attaqués vivement, convenait aussi au timide système de la coalition qui, après avoir recouvré la Meuse, ne voulait plus rien tenter de décisif avant la prise de Mayence. Telle fut la première négociation de Dumouriez avec l'ennemi [1]. »

Elle avait sans doute porté sur d'autres points encore, car l'annexion à la République française des Pays-Bas autrichiens ayant ruiné les vues ambitieuses du général qui, nous le savons, avait voulu devenir le chef de la République belgique, il rêvait maintenant, après avoir vaincu la Convention, de réaliser le même projet avec l'aide de l'ennemi [2]. Ajoutons que quant à la France, Dumouriez avait probablement l'intention d'y rétablir un trône constitutionnel où il aurait assis le jeune Egalité, tandis que Mack espérait qu'une fois la contre-révolution commencée, elle irait jusqu'au retour complet à l'ancien régime.

---

[1] *Histoire de la Révolution française*, tome III, p 302-303.

[2] Voir le *Procès-verbal* de sa conversation avec Proly, Pereyra et Dubuisson, dans le tome IV des *Volontaires* de Grille.

Sur cet épisode trop fécond en conséquences ultérieures, Mastrick s'exprime ainsi :

> D'après un ordre du général Duval, commandant à Bruxelles, qui m'a été apporté par Cottin, maréchal-de-logis, lequel ordre portoit d'évacuer Cortembergh, j'en fis part au général Thouvenot qui me dit que, dans l'état des choses, je ferois bien de me porter sur Bruxelles avec mes chevaux blessés.
>
> Comme je sortois du quartier général de Sainte-Gertrude, sur les quatre heures du soir, je vis arriver un parlementaire autrichien avec un trompette et cinq cuirassiers, ayant tous les yeux bandés avec leurs mouchoirs et désarmés ; ils étoient escortés par un fort détachement de cavalerie de notre armée, commandé par un adjudant-général.
>
> Le général Dumouriez a fait conduire l'officier autrichien dans une salle, où il s'est enfermé avec le général Thouvenot et l'adjudant-général, pour recevoir la mission de l'officier ennemi.
>
> Pendant cet intervalle de tems, on a fait descendre de cheval le trompette et les cinq cuirassiers, à qui on a fait ôter le mouchoir de dessus les yeux et on les a fait entrer dans un grand sallon où on leur a donné à boire et à manger.
>
> Aucun ne sçavoit parler français à moins que l'officier qui étoit porteur de la mission, ne le susse, ce que j'ignore. Ces cuirassiers sont habillés de blanc, un petit habit-veste, avec un petit liseré bleu autour de l'habit, une cuirasse devant l'estomac doublée de drap blanc et point gênante du tout ; ils n'en ont point derrière le dos ; ils ont pour coiffure un chapeau galonné de laine blanche ; ils sont parfaitement propres et bien tenus, ainsi que leurs chevaux et harnois ; ils ne manquent de rien du tout ; ils ont même dans leurs porte-manteaux jusqu'à du baume et de la charpie pour les blessures, etc. C'est bien autre chose pour la tenue que notre cavalerie.
>
> Enfin, au bout d'une heure et demie environ, ils sont partis, ayant une double escorte pour leur sûreté, mais sans avoir les yeux bandés, ce qui m'a fait présumer qu'il pourroit y avoir un arrangement tel que tel avec les généraux des deux armées.

Le 22, conformément aux ordres du général Duval, Mastrick rejoignit au village de Cortemberg le détachement de trente-trois hommes et de trente-six chevaux, dont vingt-six blessés, qu'il fut chargé de ramener à Lille. Il passa par Bruxelles, Hal, Ath, Enghien, Bassilly, Ramecroix et arriva le 25 à Lille, où il vint coucher au quartier Saint-André occupé par le dépôt de son régiment. Les 26, 27, 28, 29 et 30, il écrit dans son *Journal* : « Repos ; il n'y a rien de remarquable ».

Nous reprendrons plus loin la suite de son récit après avoir indiqué les incidents qui allaient marquer ce que l'histoire a le droit d'appeler la trahison de Dumouriez.

Pour en suivre le développement, nous analyserons ou transcrirons les pièces consignées dans le Livre des ordres adressés au général Rosières, commandant une des divisions de l'armée du Nord, par les généraux Dumouriez, Dampierre et Kilmaine, du 27 mars au 19 mai 1793 [1]. Ces

---

[1] Bibliothèque des Archives du Nord. Manuscrit 236 du Catalogue. La couverture de ce registre porte encore les quatre empreintes en cire rouge du sceau dont usaient les représentants du peuple en mission. Il est probable que les scellés y furent appliqués jusqu'au moment où la Convention et le Tribunal révolutionnaire ordonnèrent de prendre copie authentique des ordres de Dumouriez qu'il renfermait.

documents ont déjà servi de base à un très important et très consciencieux travail, resté manuscrit, que M. le commandant Parès a consacré à la défection de Dumouriez. Nous les lui avions signalés et comme ils sont encore inédits, du moins pour la plupart, nous croyons utile de les publier en faisant aussi des emprunts à la remarquable étude que nous venons d'indiquer.

Tout en méditant ses plans de trahison et en traitant avec hauteur les deux commissaires Danton et Lacroix, que le Comité de sûreté générale lui avait envoyés pour obtenir des explications sur sa lettre du 12 mars, Dumouriez était parvenu à donner à sa retraite une attitude plus ferme. Il avait séparé sa troupe de ligne des volontaires, l'avait réunie à l'artillerie et en avait composé ainsi un corps d'élite de 15.000 hommes avec lequel il s'était placé lui-même à l'arrière-garde. Le 24, Bruxelles fut évacuée avec beaucoup d'ordre et l'armée vint camper le 27 à Ath.

Dès la veille, Dumouriez était arrivé de sa personne à Tournai, où il fut rejoint par trois émissaires, Proly, Pereyra et Dubuisson que son ami, le ministre Lebrun, lui envoyait pour essayer de découvrir ses véritables intentions. Proly se rendit d'abord seul auprès de lui, et le trouva « dans une maison occupée par Mme Sillery [1], Mlles Egalité [2] et Paméla [3]. Le général était accompagné des généraux Valence, Egalité et d'une partie de son état-major. » Il était de plus, entouré de beaucoup de monde, et notamment d'une députation des districts de Valenciennes et de Cambrai [4]. Dumouriez se répandit en invectives contre la Convention, déclarant qu'il « était assez fort pour se battre *par devant et par derrière*, et que, dût-on l'appeler César, Cromwel ou Monck, il sauverait la France seul et malgré la Convention. » Dans une seconde conversation tenue en présence des trois émissaires, il répéta les mêmes folies, et partit ensuite pour Ath à huit heures du soir.

Là eut lieu une nouvelle entrevue avec le colonel Mack, et Dumouriez convint qu'une suspension d'armes arrêterait les hostilités ; que les Impériaux n'avanceraient pas sur Paris, pendant qu'il y marcherait lui-même, et que l'évacuation de la Belgique serait le prix de cette condescendance ; il stipula aussi que la place de Condé serait temporairement donnée en garantie, et que, dans le cas où il aurait besoin des Autrichiens, ils seraient à ses ordres. Les places fortes devaient recevoir des garnisons

---

[1] La célèbre Mme de Genlis.
[2] Mlle Adélaïde d'Orléans.
[3] Fille adultérine de Mme de Genlis et du duc d'Orléans. Elle épousa plus tard lord Fitz-Gérald.
[4] Le *procès-verbal* de cette conversation est reproduit, ainsi que nous l'avons déjà dit, dans les *Volontaires* de Grille.

composées d'une moitié d'Impériaux et d'une moitié de Français et, à la paix, elles devaient être rendues chacune à son ancien possesseur [1].

Dumouriez revint d'Ath vers les cinq heures du soir, avec son corps de bataille qu'il plaça aux environs et sous les murs de Tournai. Il se rendit ensuite à l'abbaye Saint-Martin, où il avait élu domicile, et d'où il fit expédier l'ordre suivant destiné sans doute à masquer ses intentions aux yeux des troupes et des généraux non prévenus et à leur faire croire, sinon à une reprise de l'offensive, du moins à une tentative de résistance sérieuse sur ce point :

DU QUARTIER GÉNÉRAL DE TOURNAY.

Ordre du général de l'armée du 27 au 28 mars 1793.

Mot : *Français — Mémoire.*
Ralliement : *Fontenoy.*

Le corps d'armée aux ordres des généraux Leveneur et Ditteman, représentant l'armée des Ardennes, se mettra en mouvement demain à la pointe du jour pour aller occuper le camp retranché de Maulde, en arrière de l'Escaut.

Les divisions aux ordres des généraux Rosière, Champ-Morin, Kermorvan, Chancel, Stetenhoven, et Champolan traverseront la ville et se porteront en arrière de la citadelle pour prendre position sur les hauteurs entre Cerq, Warnaf, Saint-Maur. Ce mouvement s'exécutera à la pointe du jour.

L'avant-garde des généraux Vouillers, Debaune et d'Armenouville se mettra en mouvement à dix heures du matin. Huit bataillons de cette avant-garde seront cantonnés dans la partie de la ville de Tournay qui se trouve à la droite de la rivière de l'Escaut ; le reste de l'infanterie de cette avant-garde cantonnera en avant de la ville dans les villages de Vaulx, Warchin, Ramegnies, l'abbaye du Saulchoix, et dans toutes les fermes et petits villages qui dépendent de ces paroisses. Quelques détachements de troupes à cheval seront placés avec l'infanterie pour l'éclairer et pousser des patrouilles en avant. Le reste de la cavalerie sera cantonné dans les villages d'Orcq, Froyenne, Villeman, Ere, Beurges, Protatraux, Vermont, et dans les censes et petits villages qui en dépendent [2].

Les flanqueurs de droite conserveront leur position d'Antoing et pousseront des patrouilles sur leur droite et avant d'eux.

Les flanqueurs de gauche passeront l'Escaut, laisseront leur infanterie légère à Kain et à la Trinité et feront occuper, à la gauche de l'Escaut, les villages de Ramegnies, Blandin et autres petits villages entre Ramegnies et Froyenne, le long de la rivière.

Chaque général enverra à l'Etat-Major un état qui comprendra le nombre et les noms des bataillons ou des régiments, soit à pied, soit à cheval, qu'il a à ses ordres ainsi que la quantité d'hommes qui sont restés à leurs drapeaux. Cet état est absolument indispensable pour former un nouvel ordre de bataille et faire la distribution des effets de campement.

Comme il est tard, on ne pourra distribuer que demain, avec l'ordre, les bulletins de la Convention nationale qui viennent d'arriver.

L'Etat-Major reste à Tournay près l'abbaye Saint-Martin.

Signé : L'adjudant-général : TORRERI.

---

[1] Thiers, *Histoire de la Révolution*, t. III, p. 306.

[2] On trouvera des détails sur la plupart de ces localités dans l'ouvrage de M. Cloquet sur *Tournai et le Tournaisis*.

Une fois cet ordre expédié, Dumouriez, de très mauvaise humeur, alla souper chez Mme Sillery, où les trois émissaires de Lebrun vinrent le retrouver. Il les renvoya, et leur donna un nouveau rendez-vous à son domicile, pour le soir. Là, il dévoila complètement ses desseins contre-révolutionnaires, manifestant même l'intention — lui, qui avait si chaudement approuvé la journée du 10 août et la proclamation de la République — de rétablir un roi ! La conversation dura jusqu'au 28 à trois heures du matin, et les émissaires reprirent le chemin de Paris, pleinement édifiés sur les dangers qu'allaient courir la Convention et la France.

A peine étaient-ils sortis que Dumouriez se mit à écrire une longue lettre militaire à Beurnonville. Il essayait de justifier tant bien que mal ses dispositions, et, entre autres désastres nouveaux, lui faisait part de l'évacuation de Mons [1]. C'est à cet événement que se rapportent les passages suivants du *Journal* de Paridaens :

DU 19 MARS.

On rase les cheveux et les sourcils de quelques-uns d'entre les chasseurs belges, qui étant partis il y a quelques jours vers Namur, étoient revenus à Mons. On dit qu'ils avoient été attaqués vers Sombreff par un détachement de cavalerie légère autrichienne, qui en avoit haché plusieurs et dispersé le reste.

DU 23 MARS.

Hier et aujourd'hui, on voit arriver à Mons une quantité innombrable de blessés, à chariot, à cheval, à pied, et des officiers en carosse, revenant de l'armée françoise près de Louvain.

DU 24 MARS.

Toute la nuit et toute la journée, on voit des troupes françoises débandées et des chariots militaires entrer dans Mons par la porte de Nimy. C'est le tableau d'une déroute complète. On dit que les Autrichiens sont entrés ce matin à Bruxelles.

DU 25 MARS.

On voit encore passer beaucoup de soldats débandés et des bagages retournant vers la France. Dans la matinée, tous les administrateurs émigrent de la ville ; ils se font escorter par un détachement de troupes.

DU 26 MARS.

Les François continuent à évacuer successivement la ville. Ils forment un petit camp du côté de Nimi et l'autre sur le mont Panisel, sans doute pour observer si les Autrichiens n'arrivent pas et pour donner des signaux.

DU 27 MARS.

Pendant la nuit, le reste des troupes françoises ont *(sic)* évacué Mons, et ils *(sic)* ont levé les petits camps qu'ils avoient sur le mont Panisel et à la porte de Nimi.

---

[1] On trouvera le texte de cette lettre, du plus haut intérêt, dans Grille, tome IV, p. 289.

Les ordres des 28, 29 et 30 mars sont encore datés du quartier général de Tournai. Les mots que Dumouriez fait mettre en tête sont de plus en plus curieux, et révèlent ses desseins. Voici le premier de ces documents :

Au quartier général à Tournay,
le 28 mars 1793, l'an 2me de la République française.

Mot d'ordre : *Camarades à vos drapeaux.*
Ralliement : *Je vous ferai vaincre.*

L'armée conservera la position qu'elle occupe. Les tentes et autres effets de campements sont prêts d'arriver et seront distribués demain et après-demain. Le général ordonne que les états qu'il a demandés par l'ordre du 25 de ce mois soient envoyés demain; il en rend les officiers généraux responsables et, à cet effet, il les autorise à punir sévèrement les chefs des corps qui n'auroient pas obéi. Les officiers généraux passeront la revue des corps à leurs ordres, et en enverront le livret à l'Etat-Major, conformément au modèle ci-joint.

Les désordres qui ont été commis dans les campagnes nous ont malheureusement aliéné les esprits des habitants et rendent très difficile le service des subsistances que l'on peut extraire du pays. C'est avec peine que le général se trouve forcé de sévir ; il rappelle à ses soldats qu'ils sont Français, qu'ils sont républicains ; il les engage, au nom de la patrie, de rester à leurs drapeaux et à mériter la confiance du pays par une discipline exemplaire. Qu'ils se souviennent que, sans discipline, il ne peut pas y avoir d'armée ; que, s'il n'y a point d'armée, la France est ouverte aux étrangers, à nos ennemis, que nous leur abandonnons lâchement nos femmes, nos enfants, nos amis, notre liberté, et que nous devons rendre à la République un compte sévère de notre conduite.

L'adjudant-général: TORRERI.

Le lendemain 29 eut lieu un incident très important. Les nouveaux commissaires de la Convention près les armées de la Belgique et les départements du Nord et du Pas-de-Calais, se trouvèrent réunis à Lille. Outre Lazare Carnot et Merlin, de Douai, ils comprenaient Gosselin, Delacroix qui, en 1799, devait devenir père de l'illustre peintre, Robert, ancien secrétaire de Danton au ministère de la justice et député de Paris, Treilhard, député de Seine-et-Oise et futur ministre de Napoléon, enfin Lesage-Senault, député du Nord.[1] Déporté à l'île de Ré après le 18 Brumaire, ce dernier devait mourir à Tournai en 1823. Son intelligente figure revit dans un beau portrait qu'a peint Wicar, et qu'expose le musée de Lille.[2] Les commissaires requirent Dumouriez de se rendre le jour même, dans l'après-midi, à Lille, « maison du citoyen Mousquet, place du Lion-d'Or », pour s'expliquer avec eux sur les inculpations graves qui le concernaient

---

1 Voir chapitre III, page 161.

2 Ce portrait, peint sur toile, mesure 0^{m}60 de haut sur 0^{m}54 de large. Il a été légué au musée par le fils du conventionnel.

et dont il lui serait donné connaissance. Mais, de Tournai, Dumouriez, sous divers prétextes tirés des circonstances militaires, refusa de se soumettre à cette injonction, déclarant fort cavalièrement qu'il ne pouvait à la fois plaider et commander, sa tête ne suffisant pas à ces deux genres de guerre [1].

Ce même jour fut publié l'ordre suivant :

ARMÉE DU NORD.

Au quartier général à Tournay,
le 29 mars 1793, l'an 2me de la République française.

Mot d'ordre : *Patrie, armée.*
Ralliement : *Soyons unis.*

L'armée conservera sa position. Le général défend expressément à qui que ce soit de prendre chez les habitans des pailles, foins et avoines, à moins qu'il ne soit mis dans l'ordre qu'on s'en procurera par ce moyen : alors on iroit dans le plus grand ordre et on laisseroit des bons aux propriétaires pour assurer leur payement. Les chefs des corps sont responsables de l'exécution de cet ordre. Il sera surveillé par les officiers généraux.

Les états demandés par les ordres du 25 et 27 de ce mois n'ont point encore été envoyés au bureau de l'Etat-Major en totalité : les officiers qui en sont chargés sont prévenus, pour la dernière fois, de les envoyer aujourd'hui.

Les bulletins du 18, 19, 20 et 21 seront distribués aujourd'hui avec quelques exemplaires d'une proclamation du général Dumourier aux départements du Nord et du Pas-de-Calais.

L'adjudant-général : TORRERI.

Voici le texte du document annoncé :

PROCLAMATION

Aux Départemens du Pas-de-Calais et du Nord,

Citoyens,

Je ne vous dissimulerai pas la grandeur des dangers qui nous menacent : ils existent moins dans le nombre et le courage de nos Ennemis, que dans l'abandon coupable des Soldats de la République, et dans leur indifférence pour la cause que nous avons juré de défendre. Ceux qui restent avec moi et avec les autres Généraux, sont de braves Soldats et de bons Citoyens. Nous ne fuyons pas ; nous reculons comme de vrais Guerriers, et chaque fois que l'Ennemi tente de nous entamer, nous nous défendons comme des hommes libres. Nous couvrons en ce moment votre Frontière. J'ai pourvu par des Garnisons à la sûreté de vos principales Places fortes ; nous les défendrons si on les attaque, et vous nous seconderez.

Mais pensez, chers Concitoyens, que nous avons à combattre un monstre bien plus dangereux que les Ennemis extérieurs, c'est l'Anarchie. Ce monstre

---

[1] Voir la lettre des commissaires et celle de Dumouriez dans l'ouvrage de Grille, tome IV, pages 274 et 275.

nous désorganise depuis longtems, il prend les formes et le langage d'un Patriotisme exagéré, et il nous conduit à la licence et au crime. Les lâches qui coupent des têtes ou qui conseillent les moyens violents, sont ceux qui donnent l'exemple de la fuite et qui n'osent soutenir le regard de l'Ennemi. L'homme vraiment courageux est vertueux et humain. Bientôt, lorsque mes Braves Camarades et moi, réduits à un petit nombre par la désertion, rentrerons dans l'intérieur de nos Frontières, nous serons assaillis d'une foule de dénonciations et de calomnies ; aucun de vos Généraux n'a pu encore y échapper.

J'ai été souvent menacé de mort ; ne craignez rien, Citoyens, nous défendrons nos têtes, parce qu'elles sont nécessaires à la République. Les Braves se rassembleront autour de nous ; les hommes égarés reviendront de leurs erreurs ; le règne des Loix renaîtra et nous défendrons la Patrie avec la même force contre l'Anarchie, que contre le Despotisme.

Le Général en chef: DUMOURIEZ.

A Tournai le 28 mars 1793,
l'an 2e de la République.

Cette proclamation avait été imprimée à Valenciennes chez Prignet. Nous la transcrivons d'après l'un des rares exemplaires échappés à la saisie qu'opérèrent les commissaires de la Convention, et dont ils rendirent compte quelques jours après par la lettre suivante [1] :

Valenciennes, 2 avril 1793.

Les dangers de la patrie sont extrêmes. Vous le verrez par les proclamations du scélérat Dumouriez. Nous avons mis le scellé sur la presse, mais des exemplaires de ces pièces ont circulé.

La garnison va s'assembler dans ses quartiers. Nous les haranguerons. Peut-être dans peu ne serons-nous plus, mais nous ne mourrons que patriotes.

Adieu : salut à la République !

LEQUINIO, BELLEGARDE, Ch. COCHON.

Cependant Dumouriez, qui avait jeté le masque, continuait à exécuter sa retraite :

ARMÉE DU NORD.

Au quartier général à Tournay,
le 30 mars 1793, l'an 2me de la République française.

Mot d'ordre : *Saint-Amant, Repos.*
Ralliement : *Organisation.*

Le commissaire ordonnateur adjoint du ministre de la guerre, au général de l'armée du Nord.

Général, j'ai rendu compte au ministre des obstacles qui s'opposoient à la confection des décomptes en fourrages de la campagne de 1792, attendu la difficulté de rassembler tous les bons de distributions faites aux troupes, une grande partie des bons se trouvant dans les mains des particuliers qui ont

---

[1] Reproduits par Grille, tome IV, p. 312.

fourni directement des fourrages aux divers corps d'armée dans les marches et étant disséminés sur toute la surface des pays qu'ils ont parcourus.

En attendant qu'il ait été pris des mesures pour accélérer le retrait de ces bons dont le retard pourroit occasionner de la part des troupes des plaintes contre l'administration des subsistances et une défaveur infiniment nuisible au bien du service, le ministre, par sa décision du 21 de ce mois, a approuvé que les décomptes de fourrages ne fussent faits aux troupes que jusqu'au 1er novembre 1792. Il vous prie, en même temps, général, de faire mettre cette décision à l'ordre pendant trois jours consécutifs, afin que les corps, les officiers et tous autres qui ont droit à ces décomptes, soient suffisamment instruits que leur suspension à compter du 1er novembre est une mesure indispensable qu'il a dû prescrire aux administrateurs des subsistances militaires pour assurer la comptabilité. Cette suspension, au surplus, bien loin d'être préjudiciable aux officiers, ne peut que leur être avantageuse en ce que la valeur des fourrages étant considérablement augmentée depuis cette époque, les décomptes seront soldés à des prix plus élevés.

Le corps d'armée aux ordres particuliers du général Valence, actuellement campé à Maulde, conservera sa position en faisant occuper les villages de sa gauche jusqu'à Saméon inclusivement. Le principal corps d'armée campé à Warnaf, Saint-Maur, se mettra en mouvement demain à quatre heures du matin pour aller camper sur les hauteurs de Bruille et Nivelle, ayant le moulin Gourdin au centre. On campera sur deux lignes si c'est nécessaire. Le quartier général de l'armée du Nord sera placé aux Bains de Saint-Amand, les administrations et le quartier général de l'artillerie à Saint-Amand. Le parc de l'artillerie se mettra aujourd'hui en mouvement à deux heures et ira parquer en arrière de Saint-Amand et de la Scarpe, à portée de la route de Valenciennes.

L'avant-garde se mettra en mouvement après que l'armée aura défilé, en se tenant toujours à une distance raisonnable, en prenant successivement des positions dans le cas où l'ennemi menaceroit de l'attaquer; elle fera occuper provisoirement par son infanterie les villages de Bruille, Château de l'Abbaye, Château de Mortagne, Abbaye de Thun, Château de Loire [1], Nivelles et Lecelles. Toute la cavalerie de l'avant-garde sera répartie derrière la Scarpe dans les villages de Hasnon, Warling, Hamages, Marchiennes et dépendance; les flanqueurs de gauche iront occuper le bourg d'Orchies ainsi que les villages de Landas, Aix, Nomain et Auchy. Le bourg d'Orchies sera sur-le-champ retranché et mis en état de faire une bonne défense; il en sera de même du bourg de Saint-Amant. Les flanqueurs de droite, aux ordres du général de division Dampierre, seront réduits aux troupes suivantes: deuxième bataillon du 5e régiment d'infanterie, les deux bataillons du 19e régiment d'infanterie, le 1er bataillon belge, le 3e bataillon franc, le 5e régiment de dragons et le 6e régiment de chasseurs à cheval. Ainsi composé, il se mettra en mouvement demain à quatre heures du matin, coupera le pont d'Antoing dès qu'il aura passé la rivière; il se portera par Saint-Amant jusqu'à Valenciennes et cantonnera aux environs de cette ville; le lendemain, il ira au Quesnoy où il établira son quartier-général et, en réunissant à son commandement toutes les troupes qui s'y trouvent, il fera occuper Bavai par un corps respectable qu'il placera tant dans cette ville que dans les villages voisins, pour mettre ce poste à l'abri d'un coup de main et assurer la communication entre Valenciennes et Maubeuge; il le fera sur le champ retrancher, en mettant à ce travail toute la célérité qu'exigent les

---

[1] Le château de Loire (ou de Le Loire) est situé sur le territoire de la commune de Sars et Rosières, comprise aujourd'hui dans l'arrondissement de Valenciennes. La première pierre en a été posée le 3 août 1403, par Louis Du Quesnoy, brave guerrier wallon, qui devait périr à la bataille d'Azincourt en 1415. On trouvera sur cet édifice, encore bien conservé, un article, emprunté à Arthur Dinaux, dans l'*Almanach de Valenciennes et de son arrondissement* pour 1880.

circonstances ; des autres corps de troupes qui sont aux ordres du général Dampierre, le 18e régiment de cavalerie sera renvoyé à l'armée des Ardennes au camp de Maulde ; les bataillons : 1er d'Indre-et-Loire, 3e de la Meurthe et 1er de Paris, seront envoyés sur la droite de l'armée cantonnée aux villages de Doumet, Notre-Dame-aux-Bois et Foret ; le 9e bataillon de la réserve sera envoyé sur la gauche de l'armée cantonnée à Marlière ; le 1er bataillon du 94e régiment sera envoyé cantonner jusqu'à nouvel ordre au village de Rosuth et les compagnies de chasseurs Brestois et les Cambrelots sur la gauche du camp de la grande armée au village de Hautril. Le corps de réserve, aux ordres du général Chancel, se mettra en mouvement avec le reste de l'armée et, lorsqu'il aura traversé Saint-Amand, il se portera, par le plus court chemin, sur une position entre Condé et Valenciennes en arrière de la rivière de l'Escaut près la Cense du Trou du Bois, où il fera camper six bataillons ; la garnison de Tournay s'y réunira ainsi que les 1er, 6e, 16e et 23e régiments de cavalerie. L'ordre leur en sera donné par le général Vouiller. Le général Chancel fera occuper, par sa cavalerie et ses troupes non campées, les villages de Sarts, Trieux, de Fresne, Aubri, Bruay, Abreuvages [1] ainsi que les petites dépendances de ces villages. Le général fera, sur-le-champ, reconnaître, à travers les bois, des communications sur le principal corps d'armée ; il les mettra en état d'y faire passer de l'artillerie au besoin.

L'adjudant-général : TORRERI.

Les *Bulletins* des 23, 24 et 25 seront distribués aujourd'hui.

Le même jour, ainsi que nous l'apprend Paridaens, des courriers étaient, par Dumouriez, envoyés à Mons, où arrivait de son côté le duc de Saxe :

DU 30 MARS.

Il passe encore beaucoup de troupes autrichiennes à Mons. Dans la matinée, vers neuf heures, arrive un trompette français que l'on conduit les yeux bandés. Le public ignore le sujet de sa mission. On dit que les gardes nationales de Maubeuge ont arboré la cocarde blanche et se sont déclarés pour le parti du Roi ; qu'ils envoyent demander du secours à l'armée autrichienne,

Vers deux heures après-dîner, arrive un autre trompette dont on ignore pareillement la mission.

Vers quatre heures, le prince de Saxe-Cobourg, général en chef de l'armée autrichienne, arrive à Mons, et vient fixer son quartier-général à l'hôtel du Grand-Bailliage. Le Magistrat en corps va à sa rencontre et le même cortège d'habitants de la ville que hier.

A ce moment déjà, par suite de toutes les circonstances que nous avons signalées, les projets de Dumouriez n'étaient plus un secret pour personne [2]. Les troupes de ligne et les volontaires s'observaient avec défiance, et tout annonçait qu'il allait lever le drapeau de la révolte. Le Comité de sûreté générale avait, sur les rapports alarmants parvenus au pouvoir exécutif, proposé et fait rendre, le 30 mars, un décret par lequel Dumou-

---

[1] Lisez : *Beuvrages*.
[2] Thiers, *Histoire de la Révolution*, tome III, p. 316.

riez était mandé à la barre de la Convention et par lequel aussi étaient rappelés les commissaires précédemment envoyés à l'armée du Nord. En même temps, quatre nouveaux commissaires recevaient la charge de se rendre à l'ancienne frontière avec le ministre de la guerre Beurnonville afin d'y notifier le décret au général récalcitrant. Ces commissaires étaient Bancal, du Puy-de-Dôme, Camus, de la Haute-Loire, Lamarque, de la Dordogne, enfin, Quinette, ex-baron de Richemont (ou Rochemont), député de l'Aisne, et qui déjà, après l'arrestation, par Lafayette, de plusieurs de ses collègues de l'Assemblée législative, avait rempli semblable ambassade auprès de l'armée de Sedan. Ils partirent de Paris dans la nuit même du 30 au 31, tandis que les Conventionnels restés à Lille et dont nous avons reproduit les noms, demandaient à Dumouriez des troupes afin de couvrir cette place et lui fournissaient ainsi inconsciemment l'occasion de faire occuper Lille par des soldats qui lui seraient dévoués. Après avoir prescrit à l'armée de conserver sa position et réglé différents points relatifs aux tentes, aux distributions et à l'artillerie, le général s'empressa donc d'ordonner le départ pour Lille du 1er bataillon de l'Allier, du 2e bataillon du 34e régiment d'infanterie, des 27e et 21e bataillons des volontaires nationaux de la réserve de Soissons. « Il est probable, dit M. le commandant Parès, qu'il y eut six bataillons au lieu de quatre, les ordres pour deux d'entre eux ne nous étant pas parvenus ; ce qui porterait l'effectif de ces troupes à 4.000 hommes environ. » Quant au 13e régiment de cavalerie qui semble, d'après un ordre transcrit dans le registre du général Rosières, avoir été destiné à éclairer et à renforcer cette infanterie, nous supposons qu'il ne prit point part à cette marche sur Lille et qu'il ne quitta point le camp de Bruille. Quoi qu'il en soit, l'ordre du jour suivant fut d'abord transmis à l'ensemble de l'armée :

ARMÉE DU NORD.

Au quartier général des Bains-Saint-Amant,
le 31 mars 1793, l'an 2e de la République françoise.

Mot d'ordre : *France, des Loix*.
Ralliement : *Bonheur*.

On répète l'ordre d'hier pour le payement des fourrages.
L'armée conservera sa position : les tentes et autres effets de campement seront distribués derrière la ligne. Il en sera de même de toutes les autres distributions. L'État-Major n'a pas encore reçu la totalité des états demandés ; le général se fera rendre compte demain des corps qui ne les auront pas fournis.
Les chefs de bataillons enverront au général Sabrevois, commandant l'artillerie, l'état de la quantité de pièces de canons, de caissons, de chevaux d'artillerie et de canonniers d'artillerie de ligne attachés à chaque bataillon.
Les officiers ou sous-officiers de division du parc d'artillerie ou de l'artillerie de position des divisions de l'armée enverront un pareil état.

L'adjudant-général : TORRERI.

Puis, en vue de la marche sur Lille, Thouvenot donna les ordres particuliers que voici à un certain nombre de bataillons :

ARMÉE DU NORD.

Au quartier général des Bains-Saint-Amant,
le 31 mars 1793, l'an 2e de la République françoise.

Il est ordonné au 1er bataillon de l'Allier de partir demain matin, à trois heures, pour se rendre dans le même jour à Lille. Le besoin du service exige cette marche un peu forcée.

. . . .

Il est ordonné au 2e bataillon du 34e régiment d'infanterie de partir demain matin, à trois heures, pour se rendre dans le même jour à Lille. Le besoin du service exige cette marche un peu forcée.

. . . .

Il est ordonné au 27e bataillon des volontaires nationaux de la réserve de Soissons de partir demain matin, à trois heures, pour se rendre dans le même jour à Lille. Le besoin du service exige cette marche un peu forcée.

. . . .

Il est ordonné au 21e bataillon des volontaires nationaux de la réserve de Soissons de partir demain matin, à trois heures, pour se rendre dans le même jour à Lille. Le besoin du service exige cette marche un peu forcée.

Le général de brigade, chef de l'Etat-Major
de l'armée du Nord : THOUVENOT.

Les quatre susdits bataillons qui partent pour Lille seront aux ordres du plus ancien officier supérieur.

ARMÉE DU NORD. — DIVISION DE GAUCHE.

Au quartier-général de Bruille, le 31 mars 1793,
l'an 2e de la République françoise.

Il est ordonné au 13e régiment de cavalerie de partir demain matin à trois heures pour se rendre dans le même jour à Lille. Le besoin du service exige cette marche un peu forcée.

Le lieutenant-général, chef de la division de gauche,
Signé : ROSIÈRES.

Cependant, après une journée et une nuit passées en chaise de poste, le ministre Beurnonville et les quatre commissaires de la Convention étaient arrivés à Lille le 1er avril au matin. Mastrick donne, par erreur, la date du 31 mars, qu'une inadvertance lui a fait sans doute inscrire après avoir accompagné, de Lille à Orchies, le ministre et les commissaires. Le récit qu'il fait du voyage paraît, d'ailleurs, exact et conforme aux dépositions du colonel Saint-Georges, du lieutenant-colonel Thomas-Alexandre Dumas, plus tard général de brigade et père du fameux romancier, enfin, du capitaine Collin qui commandaient l'escorte de hussards et de chasseurs, et qui furent un peu plus tard appelés comme témoins devant le tribunal révolutionnaire dans le procès du général Miaczinski [1] :

---

[1] Voir le 38e Bulletin du tribunal criminel révolutionnaire.

LE 31 [1].

Le ministre Beurnonville et cinq députés de la Convention sont arrivés à Lille et ils ont demandé un détachement de hussards pour les escorter jusqu'à Saint-Amand. Le colonel Saint-George, le lieutenant-colonel Dumas et beaucoup d'autres officiers dont j'étois du nombre, avec 150 hussards au moins, sommes partis à midy et avons été les conduire jusqu'à Orchies où le ministre de la guerre Beurnonville nous a congédiés et a demandé au général Miazinsky, qui étoit cantonné à Orchies, de lui donner une escorte de son corps, jusqu'à Saint-Amand. Nous avons couché à Orchies. Comme le ministre et les députés se sont arrêtés dans cette ville pour relayer, ce qui a tenu assez de tems, j'ay été témoin, en partie, d'une conversation des députés avec le général Miazinsky sur la position de notre armée. Le général leur disoit qu'il n'entendoit pas à faire des phrases, mais qu'il répondoit sur sa tête qu'avec sa petite division de 6.000 hommes, il défendroit le poste d'Orchies, tel qu'il l'avoit arrangé, contre 20.000 Autrichiens, et il parloit un peu lestement contre la Convention. Avoit-il tort ou raison? C'est ce que je ne sais pas. Quand on a fait un serment, rien dans le monde ne peut le faire fausser.....

Nombre de soldats pensaient comme Mastrick, et cinq, entre autres, ne craignirent pas d'orner leurs chapeaux d'inscriptions républicaines.

La journée du 1er avril fut décisive puisque Dumouriez y leva complètement le masque. Nous allons essayer de grouper méthodiquement les documents, pour la plupart inédits, que nous avons pu recueillir sur les événements qui la signalèrent.

En prévision des événements, Dumouriez adressa, le matin, à *ses braves soldats*, l'ordre du jour suivant afin de leur exposer, au moins d'une manière générale, ses projets et de les déterminer à se prononcer en leur faveur [2] :

ARMÉE DU NORD.

Au quartier général aux Bains de Saint-Amant,
le 1er avril 1793, l'an 2e de la République françoise.

Mot d'ordre : *Amis, confiance*.
Ralliement : *France sauvée*.

On répète l'ordre d'avant-hier pour le paiement des fourrages.

Le général Dumouriez déclare à ses braves soldats, c'est-à-dire à ceux qui sont restés fidèles à leurs drapeaux et qui ont effectué une retraite honorable avec leurs généraux et leurs officiers, que, par la suite d'un système désorganisateur qui a déjà affaibli et ruiné l'armée de la Belgique, on vient de faire arrêter le général d'Harville, qui a si bien combattu à Jemmappes et à toutes les autres affaires, qui vient encore de vaincre les Autrichiens devant Namur; que pareil sort menace tous les autres généraux; qu'on ne parle à Paris que de les massacrer à l'instigation des scélérats qui désorganisent la France. Le général Dumouriez invoque le témoignage de toute l'armée pour lui et ses collègues. Si elle juge qu'ils sont hors d'état de la commander, ils se retireront après avoir donné des preuves que leur vie est entièrement dévouée à la patrie. Si l'armée leur donne l'assurance que sa confiance est entière en eux, comme

---

1 Lire le 1er avril.
2 Thiers, *Histoire de la Révolution*, tome III, p. 318.

il a paru jusqu'à présent, ils resteront à leur poste, malgré les furieux qui ne parlent jamais que d'assassinats et de poignards. Le général Dumouriez a déjà sauvé deux fois la France, à la tête de cette brave armée. Il a obtenu des victoires éclatantes ; il vient de la ramener sur la frontière par une retraite savante et en appaisant les peuples irrités par nos crimes. Son intention est de rendre encore de plus grands services à la patrie, à la tête de ses braves compagnons d'armes ; mais il faut, pour cela, qu'ils fassent connaître franchement leurs opinions à la France entière.

Cette note sera lue deux fois aux troupes assemblées.

L'adjudant-général : TONNERI.

Ce fut le 1er avril au soir, et non le 2, comme le dit Thiers [1], et comme le répète M. Pelé dans son livre sur *Saint-Amand*, que le ministre Beurnonville et les quatre commissaires de la Convention arrivèrent au quartier général. On connaît le sort qui les attendait. Le récit de leur arrestation a été écrit bien des fois. Malgré la légère inadvertance que nous venons de relever, celui de M. Pelé, rédigé sur le théâtre même des événements, nous semble l'un des plus dignes d'attention. Avec la permission de l'auteur, nous lui ferons de nombreux emprunts.

Le quartier général de Dumouriez avait été installé dans le *Petit-Château*, immeuble situé à très peu de distance de l'établissement thermal et provenant du comte de Cernay, seigneur émigré, sur lequel il avait été confisqué. Il se composait alors de trois corps de logis, dont un seul, l'aile droite, bornant un petit jardin, subsiste aujourd'hui [2]. Depuis le matin, des officiers d'état-major ne cessaient de s'y succéder. « Celui qui parut le premier, nous dit M. Pelé, venait de Pont-à-Marcq où un poste de cavalerie avait été établi, dans le but d'intercepter les communications entre Lille et Douai. C'était un capitaine de chasseurs à cheval, qui venait rendre compte du passage du ministre de la guerre. Beurnonville avait dit qu'il serait dans l'après-midi à Saint-Amand. — Dédaigneux comme d'habitude, bien que prévoyant ce qui allait se passer, Dumouriez reçut cette

---

1 Thiers, *Histoire de la Révolution*, tome III, p. 319.

2 La destruction partielle du Petit-Château a eu lieu dans des circonstances assez curieuses pour que nous les résumions ici. — Jusque-là très bien conservé, cet édifice fut, les 9 et 12 décembre 1881, suivant acte reçu par Me Biller, notaire à Saint-Amand, vendu, moyennant 50.000 francs dont cinq seulement payés comptant, à un spéculateur qui, pour faire concurrence aux Bains départementaux situés à côté, voulait y créer un autre « grand établissement thermal et hydrothérapique ». Le 3 février 1882, l'immeuble fut donc apporté dans une « Société en commandite par actions, au capital de 1.500.000 francs, divisé en 15.000 actions de 100 francs, sous la raison sociale J. VAUTHIER et Cie », avec statuts reçus par Me Lagasse, notaire à Bruxelles. Un siège d'administration était en même temps établi à Paris, 4, cité Rougemont, et des prospectus lancés à profusion dans le public : « C'est au Petit-Château, rappelaient-ils, que le général Dumouriez, après avoir évacué la Belgique, établit le 1er avril 1793 son quartier général et qu'il fit prisonniers les députés de la Convention envoyés pour l'arrêter », et ils ajoutaient même : « Dans l'une des chambres du Petit-Château se trouve encore la table sur laquelle le général Dumouriez écrivit sa proclamation à l'armée française le 1er avril, à onze heures du soir. » Une partie des bâtiments avait déjà été renversée pour être reconstruite sur un plan plus grandiose lorsque, les fonds venant à manquer, la Société et son gérant furent déclarés en faillite, par le tribunal de commerce de Valenciennes, le 2 mai 1882.

nouvelle sans s'en montrer ému. — S'adressant à Valence, qui se trouvait alors près de lui : « Je suis surpris, dit-il, que Beurnonville, à qui j'ai rendu les plus grands services, se soit mis au service de pareils coquins. »

« Il se montra plus sensible à d'autres nouvelles qui lui arrivèrent presque au même moment. — Leveneur, qui commandait à Maulde, lui demandait, sous prétexte de santé, de le relever de son commandement. — Stetenhofen, officier étranger qui servait dans nos rangs, lui annonçait son départ pour Paris.... C'est alors qu'il commença à songer à la violence. — Le capitaine d'artillerie Lecointre, dont le père siégeait à la Convention, et de Piles, de l'état-major général, furent arrêtés comme fauteurs de désordres. Leur crime n'était, en réalité, que d'avoir tenu un langage patriotique. Ils furent livrés le même jour aux Autrichiens, en même temps que les cinq volontaires qui, dans la journée du 31 mars, s'étaient présentés au camp avec des inscriptions de « Vive la République » sur leurs chapeaux.

« Dumouriez réservait le même sort aux Conventionnels, si ceux-ci voulaient bien venir se jeter entre ses mains. C'étaient des otages qui répondraient de sa tête, dans le cas où lui-même viendrait à tomber au pouvoir de ses ennemis.

« Une dernière communication lui fut faite vers quatre heures de l'après-midi. — Deux courriers, envoyés d'Orchies par Miaczinski, annoncèrent qu'ils ne précédaient que de quelques instants le ministre de la guerre et donnèrent, sur l'attitude des populations et de l'armée, des détails qui n'étaient pas favorables. Interrogés par Valence et Thouvenot, ils ne balancèrent point à dire : « Que le général Dumouriez était perdu sans ressources ; qu'on venait le chercher pour le conduire à la barre de la Convention, en vertu d'un décret, mais qu'il n'arriverait pas jusqu'à Paris, parce qu'on avait disposé des assassins sur la route, par bandes de vingt et trente, à Gournay, à Roye et à Senlis, pour s'en défaire. »

« Les Conventionnels arrivaient à Saint-Amand, au moment même où les courriers qui les précédaient parvenaient à Fontaine-Bouillon. — Ce fut à l'hôtel du Lion d'Or, dans la maison qui fait l'angle des rues d'Orchies et de Tournai, chez Albert Duval, un excellent patriote, que le cocher Lenguet s'arrêta un instant. La voiture repartit presque aussitôt, escortée par un officier d'artillerie et quelques hommes à cheval. Elle s'engagea sur la route de la Croisette et pénétra, vers cinq heures, dans la cour du Petit-Château. Cinq personnes descendirent : d'abord Beurnonville qui courut embrasser Dumouriez, puis Camus, poudré comme un ci-devant, et ses collègues, Bancal, Lamarque et Quinette. — Dans la cour, où un escadron de Berchiny se trouvait en bataille, le colonel Nordmann disait déjà en allemand à ses hussards : « Ils viennent pour l'arrêter, mais l'entrevue ne sera pas longue ; la soirée ne se passera pas, sans que nous conduisions ces sans-culottes à Tournai. »

« Camus marcha droit à Dumouriez qu'il connaissait depuis longtemps et l'aborda chapeau bas. D'un ton poli mais ferme, il lui dit : « Je vous prie, général, de vous rendre dans votre cabinet, pour entendre lecture du décret de la Convention. »

« Mes actions ont toujours été publiques, répondit Dumouriez, et il n'y a aucun inconvénient à ce que mes camarades entendent ce qui a été décrété à Paris, dans une assemblée de plus de sept cents personnes. » Beurnonville ayant insisté, les Conventionnels furent introduits dans le cabinet de travail du général, mais la porte dut rester ouverte et Valence entra avec les commissaires. »

Nous ne donnerons pas ici le récit de la conversation qui suivit, parce qu'on le trouvera un peu plus loin, dans un procès-verbal dressé le lendemain par le district de Lille. Cette conversation se termina, on ne le sait que trop, par l'arrestation du ministre, des commissaires et de leur suite qui, le soir même, furent conduits à Tournai et livrés aux Autrichiens.

Les demoiselles Fernig avaient assisté à l'arrestation, et Théophile a plus tard consigné ses souvenirs dans la note ci-dessous [1] :

Sachant, lors de la retraite de la Belgique, que le quartier général devoit être transporté à Saint-Amand, nous demandâmes la permission de le devancer d'un jour, pour nous rendre à Bruai, près de nos deux sœurs, dans la maison que le département nous avoit donnée, en dédommagement de notre maison de Mortagne, brûlée par les Autrichiens. Le 2 avril,[2] nous étions de retour, vers six heures du soir, aux boues de Saint-Amand. Nous ne doutâmes point, en voyant à cheval le régiment de Berchiny, qu'on eût cerné ou surpris nos troupes. Nous nous hâtâmes de nous rendre au quartier général pour prendre des informations et, apercevant dans la cour plusieurs voitures et des courriers, nous demandâmes ce qui étoit arrivé. On nous répondit que c'étoient des commissaires de la Convention et le ministre de la guerre. Nous nous rendîmes alors dans la salle où se trouvoient les commissaires, le ministre, le général Dumouriez, le général Valence et beaucoup d'autres officiers de l'état-major de l'armée, et quand nous fûmes entrées, le général Dumouriez dit au citoyen Camus : « Pouvez-vous douter du civisme des citoyennes Fernig ? » Camus ne répondit rien. Ne sachant de quoi il étoit question et, devant toutes les figures agitées, nous nous approchâmes du ministre Beurnonville, notre ancien général d'avant-garde, et lui demandâmes la signification de tout ce que nous voyions : « Nous sommes, nous répondit-il, dans un moment bien critique ». Ces

---

[1] Extraite d'un *Mémoire justificatif* écrit par Théophile pour demander sa rentrée en France.

[2] Théophile Fernig dans ses *Mémoires* écrits longtemps après l'événement, assigne aussi par erreur la date du 2 avril à l'arrestation des commissaires de la Convention. Non-seulement le Journal de Mastrick, mais celui de Paridaens, cité plus loin, et les proclamations elles-mêmes de Dumouriez prouvent qu'elle eut lieu le 1er au soir. Les commissaires furent amenés, en effet, le 2 dans la nuit à Tournai et le soir du même jour à Mons.

paroles nous surprenant autant que les visages consternés des spectateurs, nous nous appuyâmes contre la cheminée, en attendant le dénouement de cette scène, qui finit par l'arrestation du ministre et des commissaires. — L'assemblée étant devenue plus calme, on nous dit que les commissaires étoient venus pour arrêter le général Dumouriez et le traduire à la barre ; que d'ailleurs il ne leur seroit pas fait de mal. — Nous fûmes trompées et pouvions-nous ne pas l'être ? Savions-nous ce que c'étoit qu'une faction, un Feuillant, un Girondin ? Non, nous ne connaissions que la liberté pour laquelle nous avions tout sacrifié. Nous avions confiance dans le général. On nous disoit l'intérieur de la France désolé par des troubles affreux ; on nous peignoit Dumouriez comme son sauveur. Que pouvions-nous faire autre chose que de rester à notre poste ?

Une fois le Rubicon passé, une fois Beurnonville et les Conventionnels envoyés à Tournai, Dumouriez commença à tenter la réalisation de son irréalisable dessein. Il devait livrer des forteresses dont il n'était pas le maître, entraîner à sa suite des généraux qui n'avaient aucune raison de se faire ses satellites et qui, aussi bien par patriotisme que par intérêt personnel, devaient bien plutôt l'abandonner comme lui-même avait abandonné La Fayette après le 10 août 1792. Mais avant tout, il devait convenir avec l'ennemi de nouvelles mesures à prendre réciproquement. Le lendemain, nous dit M. Pelé, Montjoie partit bien avant le jour, pour Mons, prévenir le colonel Mack de ce qui venait de se passer et Valence se mit en route pour Bruxelles, afin d'être à portée d'un congrès des puissances coalisées qui devait se tenir à Anvers. Deux manifestes, l'un à l'armée, l'autre aux départements du Nord furent immédiatement rédigés et mis à l'ordre du lendemain. Ils rendaient compte des faits de la veille et des motifs qui avaient déterminé l'arrestation des commissaires de la Convention.[1]

De Tournai, ceux-ci furent dirigés sur Mons où Paridaens va nous renseigner sur leur sort :

DU 2 AVRIL.

Tandis que l'archiduc danse à la redoute du Concert bourgeois, on vient lui faire rapport qu'on vient de ramener le Ministre de la guerre Bournonville et les Commissaires de la Convention nationale que le général Dumouriez avoit fait arrêter et qu'il envoyoit au prince Cobourg. On dit que Dumouriez étoit avec son armée au camp de Deuldre ; ayant été informé que des Commissaires étoient en route pour le mettre en état d'arrestation et pour déférer le commandement de son armée à Bournonville, il les avoit fait conduire sous bonne escorte jusqu'au premier poste autrichien.

Ces citoyens soupent à *la Couronne impériale* (ces briseurs de sceptres et de couronnes !) et ensuite, ils sont transférés chez le sieur De Familleureux qui a une grande maison et pas de famille, où ils sont gardés par un détachement de plus de cent hommes.

---

[1] Ces manifestes, datés du 1er avril à 11 heures du soir, sont reproduits dans Grille, tome IV, page 310. Dumouriez y ajouta une circulaire aux administrateurs du département du Nord, reproduite dans le même ouvrage, page 311.

DU 3 AVRIL.

La nouvelle de l'arrestation des commissaires françois, conduits hier soir à Mons, cause une joie universelle ; on dit qu'ils vont être conduits à Maëstricht par un détachement de hussards commandés à cet effet pour quatre heures après-diner ; mais l'un d'entre les prisonniers se trouvant indisposé, ils ont obtenu de ne partir que demain. On dit que Dumouriez et son armée ont d'abord arboré la cocarde blanche, qu'ils ont proclamé Louis XVII et qu'ils marchent ou qu'ils vont marcher vers Paris pour le mettre sur le trône.

Voici la liste des arrêtés, telle que je l'obtiens d'un lieutenant-colonel de nos troupes :

Bournonville, Ministre de la Guerre et un aide de camp.
Camus, Bancale. . . . . } Députés de la Convention.
Canote ou Quinet, Lamarle ou Lamarque }
Deux secrétaires.

DU 4 AVRIL.

Les commissaires françois et compagnie partent de Mons vers deux heures après-midi ; ils sont conduits vers Bruxelles sous une escorte de dragons. L'aide de camp de Bournonville reste seul ici, à cause d'indisposition.

Nous ne suivrons pas plus loin, dans leur odyssée à travers les Pays-Bas et l'Allemagne, les Conventionnels et leurs compagnons d'infortune. Rappelons seulement que leur captivité dura jusqu'en décembre 1795, époque du traité de Bâle, où tous furent échangés contre la jeune princesse Marie-Charlotte de France, devenue plus tard duchesse d'Angoulême.

Nous avons un peu anticipé sur les dates afin de reproduire au complet les renseignements que nous donne Paridaens sur les prisonniers. Le 2 avril, c'est-à-dire le jour même où ils étaient conduits à Mons, Dumouriez adressait à son armée un ordre du jour pour l'informer qu'il irait la passer en revue, et qu'une suspension d'armes avait été conclue avec les généraux autrichiens :

ARMÉE DU NORD.

Au quartier-général des Bains de St-Amand,
le 2 avril 1793 l'an 2ᵉ de la république françoise.

Mot d'ordre : *Camarades, suivez-moi.*
Ralliement : *Tout ira bien.*

L'armée conservera sa position. Le général la prévient qu'il ira la voir aujourd'hui à trois heures.

Pour laisser reposer ses braves troupes et pour mieux servir son pays, il est convenu d'une suspension d'armes avec les généraux de l'armée impériale : mais comme les deux armées sont très voisines, il ordonne une surveillance exacte pour la police, il défend sous peine de mort de passer les limites du territoire françois. Les généraux de l'armée impériale ont proclamé chez eux la même défense et sous la même peine.

Les bulletins des 28, 29 et supplément du 26 mars dernier seront distribués aujourd'hui.

L'adjudant aux adjudants généraux,
Signé : BROTIÈRE.

A trois heures, le général visita son armée ainsi qu'il l'avait annoncé. Il fut bien accueilli partout, excepté par deux ou trois bataillons de volontaires, dont celui de Seine-et-Oise.

Pendant ce temps-là d'autres évènements notables se passaient à Orchies, à Lille et à Douai.

Sur la nouvelle de l'arrivée de Beurnonville et des commissaires, Miaczinski avait sursis à l'exécution des ordres envoyés par Thouvenot le 31 mars et d'après lesquels divers bataillons devaient partir pour Lille le lendemain matin. Il les avait gardés auprès de lui et avait, dans l'expectative, passé toute la journée du 1er avril à Orchies. Après avoir, le 2, dès l'aube, connu l'arrestation des délégués de la Convention, et reçu par une lettre de Dumouriez de nouvelles instructions,[1] il partit, à huit heures du matin, pour Lille, avec les bataillons désignés. Nous pensons que ce départ tardif doit être attribué à la présence de l'escorte de hussards qui avait passé la nuit à Orchies et qui repartit le matin pour Lille, Miaczinski ne tenant probablement pas à faire route avec elle. Cependant, il avait confié au mulâtre Saint-Georges, qui commandait le 13e régiment de chasseurs et qui était, comme nous l'avons dit, à la tête de l'escorte, le secret de son entreprise en l'invitant à se joindre à lui. Mais Saint-Georges n'était nullement entré dans ses vues ; il s'était borné à répondre qu'il se trouvait aux ordres du général Duval et qu'il devait regagner immédiatement Lille. Il arriva donc dans cette ville avant Miaczinski et ses bataillons et y fut bientôt rejoint par le cocher qui avait conduit la voiture des délégués. Il eut ainsi le temps de prévenir le général Duval des coupables intentions de l'aventurier polonais.

Duval n'hésita point, et avec le colonel Saint-Georges, le lieutenant-colonel Dumas, et quelques autres officiers, il se rendit sur-le-champ au Directoire du district de Lille, où fut rédigé le procès-verbal suivant[2] :

L'an mil sept cent quatre-vingt-treize, le deux avril, onze heures du matin, s'est présenté en la Salle des séances du Directoire du District de Lille, le Général Duval, Commandant en chef, lequel nous a déclaré qu'il avoit des affaires de la plus haute importance à nous communiquer, et de convoquer sur-le-champ tous les Corps constitués, pour prendre les mesures analogues aux circonstances ; étant réunis, il nous a dit que le Colonel et le Lieutenant-Colonel du treizième Régiment de Chasseurs, qu'il nous amenoit, arrivoient ventre à terre d'Orchies, et lui annonçoient que le Ministre de la guerre et les quatre Commissaires de la Convention Nationale, qui s'étoient rendus hier à l'Armée de Dumourier, y

---

[1] La lettre de Dumouriez se trouve dans Grille, tome IV, p. 316.

[2] Nous le reproduisons d'après l'un des exemplaires imprimés à Douai, chez Marlier, — en une petite brochure de huit pages dont la dernière blanche, — en vertu de l'arrêté du Conseil du département du Nord, qu'on lira un peu plus loin.

avoient été arrêtés cette nuit, et que le Général Masensky, lui avoit dit avoir des ordres du Général Dumourier, de se porter à Lille et à Cambrai : le Général Duval nous a ajouté que, dans une circonstance aussi extraordinaire, ne voulant parler à qui que ce soit en secret, ni en particulier, il nous amenoit les Officiers, pour n'agir et n'écouter personne que de concert avec les autorités constituées.

Lesdits Officiers nous ont répété les mêmes choses ci-dessus, et dans cet intervalle, est arrivé Louis Lenguet, Courier de l'Armée de Dumourier, qui accompagnoit le Ministre, lequel nous a dit : « Qu'hier courant avec le Ministre de la Guerre, avec ses ordres de le suivre par-tout où il iroit, arrivant au Quartier-général, qui étoit aux bains de Saint Amand, le Ministre descendit de sa voiture, accompagné de son aide-de-camp et de son secrétaire, est entré dans l'appartement où étoit l'état-major, avec les quatre Commissaires de la Convention, ainsi que leur Secrétaire, pour faire part au Général Dumourier, de la mission dont ils étoient chargés par la Convention Nationale : aussitôt que le Citoyen Camus a porté la première parole au Général Dumourier, tout l'état-major, qui étoit dans l'appartement, a fait un grand mouvement, et ont sorti tour-à-tour, pour faire seller leurs chevaux ; aussitôt que les Commissaires ont fait part du décret qui mandoit le Général Dumourier à la barre, le Général s'est écrié, ainsi que tout son état-major, qu'il n'iroit point à la barre, parce qu'il savoit qu'il y avoit très-longtems que sa tête étoit menacée ; aussitôt les Commissaires se sont retirés dans un autre appartement qu'ils ont uni demandé, vu la désobéissance que le Général faisoit, de ne pas suivre le décret de la Convention ; ils ont resté dans l'appartement une heure de tems, et après ils se sont transportés vers l'état-major, pour réitérer au Général Dumourier, que du moment où sa désobéissance étoit de ne pas les suivre, le Commissaire Camus lui dit qu'il n'étoit plus Général, et qu'il falloit qu'il remît son porte-feuille, ainsi que tous les noms de ceux qui composoient son état-major, afin de pouvoir faire procès-verbal, pour en faire part à la Convention ; aussitôt le Général Dumourier a fait un coup-d'œil à un de ses aides-de-camp qui a été chercher des Hussards qui entouroient les voitures du Général et des Commissaires, qui sont entrés dans l'appartement où étoient le Général et les Commissaires ; après beaucoup de débats qui se faisoient, il est entré le Colonel des Hussards, avec son escorte, auquel Dumourier a dit de s'emparer des quatre Commissaires ainsi que du Ministre, qu'ils ont fait transférer dans un autre appartement avec tous les Hussards ; et en même tems, l'on m'a fait appeler, pour me demander si je restois avec le Ministre ; j'ai répondu à Dumourier que tant qu'il étoit Général, de lui obéir ; mais que du moment même où il y avoit un décret de la Convention, qui le rappeloit, et que le Ministre, ainsi que les Commissaires, de ne pas le quitter ; aussitôt on m'a mis avec eux prisonnier, auxquels j'ai prêté tout secours aux Commissaires de la Convention, en leur disant que je ne les quitterois pas, non plus que le Ministre ; un moment après, il est venu un Officier commandant, à dix heures et demie du soir, pour leur faire part qu'il falloit qu'ils montent en voiture : le Ministre a répondu qu'il ne sortiroit pas d'où il étoit, à moins qu'on ne lui dise l'endroit où il iroit, et a demandé s'il devoit retourner dans la République ; on l'a fait partir de force, avec les quatre Commissaires, dont le Citoyen Camus ne vouloit pas quitter le Ministre, et monter ensemble dans la même voiture ; mais, d'après les délibérations de plusieurs Officiers de l'état-major de Dumourier, qui les ont forcé à se disperser, pour les mettre dans leurs voitures à leur particulier ; le commissaire Quinette, me prit par la main, et me dit : « *Je n'ai pas mes pistolets pour me brûler la cervelle ; nous sommes perdus ! qu'allons-nous devenir ?* » Aussitôt je les ai accompagnés dans leurs voitures, autour desquelles il y avoit beaucoup de troupes armées, et pendant cet intervalle, je me suis esquivé pour pouvoir suivre les voitures, afin de voir de quel côté elles iroient. Comme je ne voulois point abandonner les voitures, je marchois derrière en versant des larmes ; ils ont pris la route de Tournai ; j'ai été arrêté un moment après par une escorte qui m'a conduit au quartier-général à Saint-Amand, où j'ai dit à des particuliers présens, qu'ils me connoissoient bien pour être le courier du Général ; que je n'étois pas un espion et qu'on pouvoit me laisser aller. Aussitôt Dumourier m'a demandé pourquoi je le quittois pour me mettre avec des gens qui étoient les auteurs de la perte de la France, et que je n'avois qu'à rester avec lui, et que bientôt nous serions délivrés de tous ces maux-là. Il m'a fait passer dans l'endroit où avoient été les Commissaires, et crainte qu'il ne m'arrivât aucun malheur, j'ai adhéré de rester avec lui comme ci-devant ; et aussitôt qu'il a vu cette façon de penser, il m'a envoyé en dépêche, avec une lettre pour le Général Masensky, qui étoit à Orchies, accompagné de deux cavaliers, afin de voir si je ferois ma mission ; en arrivant au Quartier-général d'Orchies pour y donner mes dépêches, j'ai trouvé le général Masensky avec le Colonel St-Georges, et d'autres Officiers de son corps ; j'ai pris le Général Masensky à son particulier, pour lui faire part du malheur qui venoit d'arriver ; aussitôt il a décacheté sa lettre, et voici les mots qui y étoient inscrits : « Qu'il venoit de faire arrêter les Commissaires de la Convention, ainsi que le Ministre, et qu'il falloit qu'il se transportât avec ses troupes du côté de Lille et de Cambrai ; » aussitôt le Général Masensky est entré dans l'autre appartement, et en a fait part au Colonel St-Georges, qui en a été bien surpris ; aussitôt il a dit au général Masensky qu'il falloit qu'il rejoignît à Lille son régiment ; St-Georges a monté bien vîte à cheval, d'après la nouvelle qu'il venoit d'apprendre, est venu au galop à Lille, pour en apprendre la nouvelle aux généraux. Aussitôt j'ai fait une feinte de sortir, j'ai été à la poste aux chevaux, et je suis accouru à la Ville de Lille, pour leur faire part de ce que je viens de dire. »

Fait sous la dictée dudit *Lenguet*, à commencer du mot *hier* de la neuvième ligne de la seconde page de l'original, jusqu'ici.

Fait au Directoire du District de Lille, le 2 avril 1793, l'an 2ᵉ de la République. Étoient signés, *Lenguet, St-Georges*, Colonel, le Général de division *Duval, Dumas*, Lieutenant-Colonel, *L. Nolf*, Président ; *Detoudy, Sifflet*, Commissaire-Procureur-Syndic, et *Sirjean*.

Ce procès-verbal fut transmis à Douai par un courrier spécial, et donna lieu, le même jour 2 avril, à l'arrêté que voici :

Le Conseil du Département du Nord, après avoir pris lecture du procès-verbal qui précède, et considérant que le maintien de la République est intéressé à ce que l'on déchire le voile qui couvre les êtres ambitieux et les conspirateurs ;

A arrêté, de concert avec les Citoyens *Carnot* et *Lesage-Senault*, Commissaires députés par la Convention nationale, sur la frontière du Nord, et ouï le Procureur-général-syndic, que ledit procès-verbal seroit imprimé cette nuit, au nombre de six mille exemplaires ; qu'il seroit adressé à la Convention nationale, aux Ministres et à tous les Départemens, ainsi qu'aux Districts et Municipalités du Département du Nord.

Fait à Douai, en la Séance publique du Conseil dudit Département, présens les Citoyens *Girard*, Vice-Président, *Bouly, Delsarte, Lebon, Fauviaux* et *Courtecuisse*, Administrateurs, *Desmoutier*, faisant les fonctions de Procureur-général-syndic, *Lagarde cadet*, secrétaire-général par intérim.

Tandis que le courrier spécial était en route pour Douai, des mesures étaient prises afin de déjouer les desseins de Miaczinski. Quand celui-ci se présenta à la porte des Malades ou de Paris, on l'engagea à pénétrer seul dans la ville. Le général se laissa naïvement entraîner et, une fois dans Lille, fut entouré et livré aux autorités militaires. Les portes ayant été fermées derrière lui, sa division erra sur les glacis. « Pendant ce temps, le conseil municipal envoyait des députés auprès de ses soldats pour s'assurer de leurs intentions. Les officiers prêtèrent le serment de fidélité et acceptèrent, pour tous les corps, le nom d'*armée de la République unie aux Lillois*. Cette armée reçut l'ordre d'aller camper à la porte de la Madeleine. La municipalité lui fit passer des effets de couchage et l'autorité militaire fit charger à mitraille les canons de la place pour maintenir cette troupe en respect. L'humanité et la prudence reçurent ainsi satisfaction. Le résultat de cette entreprise était que le général se trouvait sans soldats dans la place et les soldats sans général hors de la place.[1] »

Dumouriez apprit ces nouvelles dans la journée, et, sur-le-champ, il fit partir un de ses aides de camp, le colonel belge Philippe de Vaux, avec ordre de se mettre à la tête des troupes privées de chef, et de les ramener à Orchies. Mais de Vaux fut, à son tour, arrêté, envoyé à Paris, et plus tard guillotiné comme Miaczinski.

Les évènements de cette journée donnèrent lieu, de la part de Mastrick, à la note suivante que, par un nouveau *lapsus calami*, il a datée du 1er au lieu du 2 :

Nous sommes repartis d'Orchies pour Lille, mais nous avons bien été surpris lorsque le courrier de l'armée nous a appris que Dumouriez avoit fait arrêter les Commissaires de la Convention et le Ministre de la guerre, qu'il les avoit livrés aux Autrichiens et qu'il y avoit un complot abominable de tramé par lui contre la sûreté de la République.

Prodiguez donc de l'encens, bestes et volages François, à un individu avant de savoir s'il le mérite, de même comme vous condamnez............ Depuis le tems que cela ne vous guérit pas ; il en reparaîtra un autre et vous l'idolâtrerez encore sans attendre. Ah ! grands dieux !

Le soir, nous avons été bien surpris encore quand l'on nous a appris que le Général Miazinsky, avec lequel nous avions déjeûné le matin à Orchies, venoit d'être arrêté icy, ayant une mission de Dumouriez pour arrêter les deux commissaires de la Convention, tels que les journaux publics l'ont annoncé, etc.

Pour le coup, je me suis dit à moi-même : « Je ne suis pas étonné de ce qu'il n'étoit pas porté pour la Convention, il y a un coup de main de préparé et cela depuis longtems. Ah ! comme j'ay vu arriver cette débâcle de loin ! »

Et Mastrick continue à la date du 2 avril, par les réflexions suivantes, résumé des bruits qui couraient alors à Lille :

Nous avons appris que le général Dumouriez étoit décidément pour le parti contre-révolutionnaire et qu'il avoit passé chez l'ennemy avec une partie de nos troupes qu'il avoit vraisemblablement séduite, mais dont partie est rentrée dans ses camps respectifs.

Il y a eu une suspension d'armes entre l'armée ennemye et la nôtre, convenue par les généraux des deux armées..... vraisemblablement encore pour donner le tems au gros équipage de siège, de munitions, etc, de l'ennemy d'arriver afin d'opérer en conséquence par plusieurs attaques à la fois.

Pauvres François, comme vous êtes conduits !

---

1 *Défection de Dumouriez*, par le commandant Parès, p. 51.

Le lendemain 3 avril, Dumouriez, qui n'avait plus rien à ménager, adressa à ses troupes une nouvelle proclamation ainsi conçue :

ARMÉE DU NORD.

Au quartier-général à St-Amand le 3 avril 1793.

Mot d'ordre : *Enfants, suivez-moi.*
Ralliement : *Je réponds de tout.*

Mes amis, mes braves frères d'armes, nous touchons à un moment attendu depuis bien longtemps par les vrais amis de la patrie : tous voyent avec bien de la douleur ce temps d'anarchie où les bons citoyens ont tout à craindre et où les brigands et les assassins font la loi. Depuis cinq ans, notre malheureux pays est devenu leur proie. Une représentation populaire, la Convention nationale, au lieu de s'occuper de vos besoins, de votre subsistance, de créer des loix qui vous assurent un asile paisible et tranquille, passe son temps à l'intrigue, à former et combattre perpétuellement des factions ; elle employe les revenus publics à faire voyager des intriguans, des factieux sous le nom de commissaires : ils viennent près des armées non pas pour les secourir, non pas pour diminuer l'étendue de leurs besoins, mais pour les désorganiser par des rapports calomnieux, et envoyer à l'échafaud, en empruntant la forme des loix, vos braves frères d'armes, vos généraux que vous avez vus si souvent à votre tête braver les dangers de toute espèce. Il est temps de mettre fin à cette cruelle anarchie ; il est temps de rendre à notre pays sa tranquillité ; il est pressant de lui donner des loix. Les moyens sont dans mes mains. Si vous me secondez, si vous avez de la confiance en moi, je partagerai vos travaux et vos dangers. La postérité dira de nous : « Sans la brave armée de Dumouriez, la France seroit un désert aride ; elle l'a conservée, elle l'a régénérée ; soyons les dignes fils de si glorieux pères ! »
Je ferai demain connaître à mon armée, par un mémoire imprimé, ma conduite envers ma patrie, celle de la Convention nationale ; et l'armée pourra juger, entre elle et moi, qui de nous a plus à cœur le salut de son pays.
L'état-major du général d'armée est à Saint-Amand.[1]

L'adjudant-général : TORRENI.

Cette proclamation lancée, nous dit M. Pelé, Dumouriez monta à cheval « et fit une courte visite au camp de Maulde, où quelques régiments parurent approuver le parti qu'il avait pris. Il vint ensuite déjeuner à Saint-Amand, où était le corps d'artillerie. Quelques officiers donnèrent des marques d'approbation, mais le lieutenant-colonel Boubers déclina l'invitation qui lui avait été adressée.

« Une manifestation provoquée par les Thouvenot vint, pendant le déjeuner, donner quelque espoir aux partisans de la monarchie constitutionnelle. Les nommés Cherpieux, premier lieutenant-colonel, commandant le 5ᵉ bataillon de Saône-et-Loire, Lelong, adjudant-major, et vingt-

---

[1] Ce manifeste, extrait du *Registre des ordres de l'armée*, est complètement différent de celui publié dans les *Mémoires* de Dumouriez, tome IV, page 287. Pièce justificative D. Il a été plus exactement imprimé dans le 38ᵉ Bulletin du tribunal révolutionnaire (affaire du général Miaczinski).

six autres sous-officiers et volontaires présentèrent à Dumouriez l'adresse ci-dessous :

« Les méchants qui vous persécutent sont vos ennemis, sans doute, et ce sont vos vertus qui vous les attirent ; mais ils sont encore bien plus les nôtres, et nous les détestons, sans les craindre.

« Général, sauvez l'armée, sauvez encore votre patrie. C'est au nom de cette mère commune que nous vous en conjurons. La victoire a marché à votre voix, elle vous suivra partout ; notre obéissance et notre confiance vous en sont de sûrs garants. »

Néanmoins, dès ce jour, un revirement commença à devenir sensible dans l'esprit de ses troupes, non-seulement de celles sous les ordres des généraux Dampierre et Rosières, mais même des bataillons jusqu'alors si dévoués des camps de Maulde et de Bruille. La proclamation de Dumouriez ne produisit pas l'effet qu'il en attendait. « Les soldats qui l'avaient plaint tant qu'ils l'avaient vu calomnié, entravé dans ses opérations militaires par le gouvernement, ne comprenaient plus rien à sa conduite. Des esprits plus clairvoyants leur firent voir clairement la voie dans laquelle le général les engageait et alors ils aperçurent le danger et ne voulurent plus le suivre. Dès ce moment, Dumouriez commença à perdre de son prestige à leurs yeux ; c'était un traître à qui on ne devait que la haine et l'abandon. L'artillerie donna l'impulsion que les autres armes ne devaient pas tarder à suivre. [1] »

Dumouriez savait alors que Dampierre et plusieurs généraux de division l'abandonnaient pour obéir aux ordres de la Convention ; il n'ignorait pas que d'autres officiers attendaient le moment favorable pour quitter son parti, et qu'une foule d'émissaires travaillaient son armée. Parmi ceux qui le combattaient le plus énergiquement figurait l'adjudant-général Louis-Nicolas-Henri Chérin. Né à Paris en 1762, Chérin s'était d'abord distingué comme héraldiste et avait publié, entre autres généalogies, celle de la maison de Montesquiou-Fezensac. Il devait plus tard s'élever au grade de général de brigade, se lier avec Hoche le suivre en Vendée et à l'armée de Sambre-et-Meuse, puis s'attacher à Masséna, et périr à la bataille de Zurich le 14 juin 1799. En attendant, Dumouriez, dans la journée du 3, prescrivit de le faire arrêter et conduire sous sûre garde au quartier-général ; mais le général Rosières ne paraît pas avoir exécuté cet ordre ainsi libellé :

Il est ordonné au général Rosières, de faire arrêter sur le champ l'adjudant général Chérin et de le faire envoyer sous sûre garde au Quartier-Général, aussitôt qu'il sera arrêté.

A St-Amand, le 3 avril 1793.   Le Général en chef,
                                                 DUMOURIEZ.

---

[1] *La Défection de Dumouriez*, par le commandant Parès, p. 70.

Rosières, qui commandait l'aile gauche, avait transporté son quartier-général de Bruille au château de Forêt le 2 avril au matin, après avoir eu connaissance de l'arrestation des commissaires de la Convention. A dix heures, il adressa à ses troupes un ordre pour recommander, tant aux officiers qu'aux soldats, de rester fidèlement à leur poste et de ne s'en écarter sous aucun prétexte ; il prescrivit aux chefs de corps d'employer tous les moyens en leur pouvoir pour faire observer aux troupes cette exacte discipline, d'où dépendaient le succès de l'armée et le salut de la patrie ; il rappela à tous le serment que les Français avaient solennellement prêté de maintenir la République, la liberté et l'égalité, et il espérait qu'ils y resteraient religieusement fidèles.[1]

En même temps, les députés de la Convention présents à Douai, prenaient une mesure radicale et faisaient afficher la proclamation publiée plus loin, qui, entre eux et Dumouriez, ne laissait plus de place à aucune réconciliation.

Déjà la veille ils avaient adressé aux Conseils généraux des communes des départements du Nord et du Pas-de-Calais une réquisition énergique dénonçant la trahison du général en chef de l'armée et prescrivant les mesures à prendre pour en conjurer les conséquences. Voici ces documents :

RÉQUISITION DES COMMISSAIRES DE LA CONVENTION NATIONALE ADRESSÉE AUX CONSEILS GÉNÉRAUX DES DÉPARTEMENTS DU NORD ET DU PAS-DE-CALAIS.[2]

Citoyens administrateurs,

Le traître Dumouriez vient enfin de jetter son masque hipocrite et il a mis le comble à ses forfaits. Jamais Lafayette ne porta si loin l'audace et la félonie. Déjà, il ne dissimule plus qu'il a levé l'étendart de la Révolte, il a porté ses attentats jusqu'à faire arrêter des représentans du peuple et il annonce qu'il va marcher sur Paris et rétablir la royauté. Frémissés citoyens, en lisant la lettre suivante qu'il vient d'adresser aux administrateurs du département du Nord :

« La tyrannie, les assassinats et les crimes sont à leur comble à Paris, l'anarchie nous dévore et, sous le nom sacré de la liberté, nous sommes tombés dans le plus vil esclavage. Plus les dangers sont grands, plus la Convention nationale met de cruauté, de tyrannie et d'aveuglement ; les vérités que je lui ai dites dans ma lettre du 12 mars, ont poussé les Marat et les Robespierre à dévouer ma tête à leur vengeance, elle a envoyé pour m'arrêter ou plutôt pour se défaire de moi, quatre commissaires, et le Ministre de la guerre Beurnonville dont j'avois fait la fortune militaire les a accompagnés ; depuis plusieurs jours, l'armée frémissoit de tout ce qui se tramoit contre son général et si je n'avois pas

---

1 Registre des ordres du général Rosières. Bibliothèque des Archives du Nord. Manuscrit n° 236 du catalogue.

2 Cette pièce provient de la collection de M. Roger Laloy, de Quesnoy-sur-Deûle, qui a bien voulu nous la communiquer.

retenu son indignation, ils auroient été victimes de l'injustice de leurs commettans. Je les ai fait arrêter et je les ai envoyés en lieu sûr pour me servir d'otages en cas qu'on prétende commettre de nouveaux crimes. Je ne tarderoi pas à marcher sur Paris pour faire cesser la sanglante anarchie qui y règne. J'ai trop bien deffendu la liberté jusqu'à présent pour qu'on puisse imaginer que je change d'opinion. Nous avons juré en 1789, 1790 et 1791 une constitution qui nous assujettissoit à des loix et nous donnoit un gouvernement stable ; ce n'est que depuis que nous l'avons rejettée que nos crimes et nos malheurs ont commencé ; en la reprenant, je suis sûr de faire cesser la guerre civile et la guerre étrangère et de rendre à la France le repos, la paix et le bonheur qu'elle a perdus en prenant la licence et l'infraction de toutes les loix pour la liberté.

« Je connois la sagesse du département où je suis né, j'ai déjà été une fois son libérateur, j'espère être bientôt celui de la France entierre et je vous jure sur tout ce qu'il y a de plus sacré, comme un homme vertueux qui aime la gloire, que, bien loin d'aspirer à la dictature, je m'engage à quitter toutes fonctions publiques aussitôt après que j'auroi sauvé ma patrie. » Etoit signé, « le général en chef de l'armée du Nord, Dumouriez. »

Voilà, citoyen, le monstre qui avoit captivé notre confiance, voilà l'homme exécrable auquel on croyoit des vertus ; hâtons-nous de prendre des mesures efficaces, réunissons nos efforts et la patrie sera sauvée.

Nous vous requérons, citoyens, de vous saisir provisoirement, dans vos arrondissements respectifs, de toute l'étendue d'autorité qui vous paroîtra nécessaire dans ce moment de crise pour mettre la frontière sur le pied le plus respectable de deffense et pour déjouer tous les complots qui peuvent se tramer au-dedans.

Levés des trouppes et envoyés-les en garnison dans les villes de guerre, surtout dans celles de première ligne.

Requérés les commandans temporaires, les officiers de l'artillerie et du génie de prendre les mêmes mesures que s'ils étoient certains que leurs places vont être assiégées.

Rassemblés dans ces places toutes les subsistances des campagnes voisines, les fourages et les armes.

Faites rentrer dans l'intérieur, si les vivres manquent, toutes les bouches inutiles, prennés les précautions les plus rigoureuses contre les surprises, surtout à l'ouverture et à la fermeture des portes. Prévenés avec le plus grand soin tout engorgement à leur passage, principalement les jours de marchés et de fêtes.

Empêchés les rassemblements de gens douteux, mettés en état d'arrestation les personnes suspectes, multipliés les patrouilles ; ne recevés les trouppes qui vous viendront de l'armée, qu'après vous être bien assurés de leurs dispositions civiques.

Prennés tout l'argent nécessaire dans les caisses publiques en faisant un état exact de vos opérations.

Levés même au besoin, sur des personnes aisées, les sommes qui seront indispensables pour faire face à tout, en tenant des registres afin que ces sommes puissent être remboursées par le trésor national.

Faites passer aux districts et municipalités les ordres qui vous paroîtront neccessaires au salut de la chose publique ; engagés les sociétés populaires à redoubler de zèle et de vigilence ; que tous les citoyens s'enflamment aux cris de la patrie en danger ; que cependant toutes les mesures soient prises avec calme et sagesse ; qu'on se préserve et d'un enthousiasme aveugle et d'un découragement indigne de républicains françois.

Annoncés que quiconque livrera Dumouriez mort ou vif aura bien mérité de la patrie ; ralliés tous les citoyens au seul centre d'autorité qui puisse exister, la Convention nationale.

Nous attendons de vous, citoyens, de nouvelles preuves de la prudence et du courage qui n'ont cessé de vous animer.

A Douai, le deux avril mil sept cent quatre-vingt-treize, l'an 2 de la République.

Les Commissaires de la Convention nationale,
(Signé) L. Carnot [1].
Lesage-Senault [2].

Enregistré au district du Quesnoy en séance permanente le 3 avril 1793, l'an 2 de la République.

(Signé) Moine.

PROCLAMATION DES COMMISSAIRES DE LA CONVENTION NATIONALE.

Au nom de la République françoise,

Nous, Commissaires de la Convention nationale, déclarons le ci-devant Général *Dumouriez* infâme et traître à la Patrie.

Défendons à tous Officiers-généraux et Commandans de Place, à tout Officier, Soldat ou autre Agent militaire quelconque, à tous Commissaires des guerres, Payeurs et Pourvoyeurs des Troupes, de le reconnoître et de lui obéir.

Ordonnons à tous les Généraux de Division, de rallier les troupes de la République qui sont à leurs ordres, et de se retirer sous le canon des places fortes les plus exposées, avec les Vivres, l'Artillerie, les Munitions et Bagages de l'Armée et de s'y maintenir jusqu'à la mort contre les forces ennemies et celles que pourroit commander *Dumouriez*.

Invitons tous les Soldats restés fidèles à la Patrie, de courir sus et de nous livrer ledit *Dumouriez* mort ou vif, ainsi que tous ses complices et adhérens connus.

Soldats de la République, vengez la Nation, vengez votre honneur ; tant que cet homme eut des succès, vous étiez d'excellens Soldats ; depuis qu'il a essuyé des revers, il vous traite de lâches et de brigands à la face de l'Europe entière. Mais ses victoires ne prouvent que votre courage, et ses défaites son ignorance non moins profonde que sa perfidie. Il a semé parmi vous la division, il a vendu à nos ennemis communs votre Liberté et celle de son Pays, il a volé les trésors qui étoient prodigués par la Convention nationale pour que rien ne vous manquât, et il a eu la scélératesse d'attribuer à vos Représentans ses propres infamies. Méritez, Citoyens, la reconnoissance de la République, en la délivrant du Monstre le plus odieux qui ait jamais désolé la terre.

A Douai, le 3 avril 1793, l'an 2ᵉ de la République.

Signé : L. Carnot et Lesage-Senault.

Presque au même instant, la Convention montrait une vigueur et une décision analogues à celles déployées par l'Assemblée législative vis-à-vis de La Fayette. Depuis le 21 janvier, la plupart de ses membres n'avaient aucune illusion à se faire sur le sort que leur promettait une contre-révolution ; ils devaient à tout prix, sauver leur œuvre et eux-mêmes. Ils prirent donc un décret ainsi conçu :

La Convention nationale ordonne que le conseil exécutif provisoire nommera sur-le-champ un Général pour remplacer Dumouriez.

---

[1] Signature autographe.
[2] Idem.

Déclare à la nation Françoise que Dumouriez est traître à la Patrie, qu'il a juré la perte de la liberté et le rétablissement du despotisme.

Fait défense à tout général, à tout commandant de places, à tout soldat de la République, à toutes les autorités constituées en France, de reconnoître Dumouriez pour général, d'obéir à aucun ordre de lui et à aucune réquisition.

Décrète que tout François qui reconnoîtra Dumouriez pour général, sera regardé comme traître à la Patrie et puni de mort, et que ses biens seront confisqués au profit de la République.

Décrète que Dumouriez est mis hors de la loi ; autorise tout citoyen à courir sus, et assure une récompense de trois cent mille livres et des couronnes civiques à ceux qui s'en saisiront et l'amèneront à Paris mort ou vif, ou à leurs héritiers, et que les trois cent mille livres seront tenues à la disposition du conseil exécutif provisoire par la trésorerie nationale.

La Convention nationale met sous la sauvegarde de l'honneur et de la loyauté des soldats François qui sont dans l'armée qui étoit commandée par Dumouriez, les cinq commissaires par elle envoyés, et que Dumouriez tient en arrestation, et le Ministre de la guerre.

Ordonne que le présent décret sera envoyé par des courriers extraordinaires dans tous les départemens, aux corps administratifs, aux généraux et aux commandans de place, et qu'il sera de suite proclamé dans les villes et à la tête des corps des armées.

Collationné à l'original, par nous président et secrétaires de la Convention nationale. A Paris, les jour et an que dessus (3 avril 1793). *Signé* BRÉARD, *président ;* J. B. BOYER-FONFREDE, JEAN-PHILIPPE GARRAN, L. M. REVELLIÈRE-LÉPAUX, *secrétaires.*

Pour Dumouriez, les choses ne marchaient guère mieux à Valenciennes, ville à la possession de laquelle le général attachait, comme de juste, une extrême importance.

Dès les premiers insuccès de Dumouriez, elle avait été encombrée de fuyards. Mais, à partir du 27 mars, elle avait reçu une garnison régulière composée des troupes qui, dans la nuit, ainsi que Paridaens nous l'a appris, avaient évacué Mons. Dès lors, la place avait été commandée par Ferrand, tandis que celle de Condé l'était par le général Neuilly.

En quittant Mons, Ferrand, à qui nous savons que le pays était très familier, avait pris la précaution de faire rompre les ponts de Marchipont, de Quiévrain et de Crespin situés sur l'Aunelle et l'Honniau, petites rivières qui, après avoir longé l'ancienne frontière, vont se jeter dans la Hayne, non loin de Condé. Mais le 29 mars, l'ennemi, en grande force, les avait rétablis malgré les efforts de plusieurs bataillons et d'un peu de cavalerie envoyés par le commandant de Valenciennes.

Dès lors, cette ville demeura assez tranquille jusqu'à la nuit du 1ᵉʳ au 2 avril, où le régiment ci-devant de Foix se présenta pour y entrer. Vu les circonstances, les portes lui demeurèrent fermées, et il dut s'établir sur les glacis.

Bientôt après, Ferrand reçut de Dumouriez l'ordre formel d'arrêter trois Conventionnels, Lequinio, Cochon et Debellegarde, qui se trouvaient à Valenciennes.

Nous avons maintes fois parlé du dernier. Les deux autres comptaient parmi les régicides. Joseph-Marie Lequinio, né à Sarzeau près de Vannes, était député du Morbihan. Quant à Charles Cochon, né en janvier 1750 et député des Deux-Sèvres, nous ferons plus ample connaissance avec lui durant le siège de Valenciennes, auquel il assista. Disons simplement pour l'heure que, plus tard, Napoléon le créa comte de l'Apparent, préfet des Deux-Nèthes, sénateur, et que le gouvernement de la Restauration l'envoya mourir en exil.[1]

Craignant d'assumer sur sa tête une trop lourde responsabilité, Ferrand, dès qu'il eut reçu l'ordre de Dumouriez, convoqua officieusement la municipalité de Valenciennes, afin de lui demander un avis. Cet avis fut d'écrire au général en chef qu'il y avait à Valenciennes non pas trois députés mais six, de lui demander s'il fallait se saisir d'eux tous, et de gagner ainsi du temps. Ce qui fut fait.[2]

Nous avons vu ci-dessus que, le 2, les commissaires firent saisir les placards qui s'imprimaient chez Prignet.

Le lendemain, 3 avril, la municipalité valenciennoise lança une proclamation énergique. Des soldats débandés arrivèrent sans cesse, et madame Sillery avec la citoyenne Adélaïde Egalité, venant en voiture du camp de Dumouriez, passèrent sous les murs de la ville, d'où elles gagnèrent péniblement Quiévrain. Pour occuper à la fois et loger les troupes qui survenaient, Ferrand fit ce jour-là tracer un camp au sud de la ville en profitant d'une partie des retranchements élevés une année auparavant par Rochambeau. La guerre refluait ainsi vers sa source, vers ce camp de Famars d'où était sortie, le 27 avril 1792, la majeure partie des premières troupes destinées à marcher sur l'ennemi.

Enfin, le 4 avril, Ferrand, en sa qualité de commandant de place, fit afficher l'ordre suivant :[3]

Citoyens Républicains, mes Camarades d'armes, nous sommes tous Égaux en droits aux yeux de la Loi, mais cette même Loi a établi des grades différens dans l'Armée ; la Nation Françoise ne peut espérer d'avoir des Armées invincibles qu'autant qu'il règnera une obéissance graduelle, douceur, fermeté et

---

[1] Son portrait, dessiné au pastel par Julien Potier, et mesurant 0,45 de haut sur 0,35 de long, est conservé au musée de Valenciennes.

[2] Nous empruntons ces détails à la préface du *Précis du siège de Valenciennes*, par le général Ferrand. On en trouve de plus amples dans le rapport fait à la Convention le 23 avril 1793 par Lequinio, Cochon et Debellegarde.

[3] Cette pièce a été reproduite par Ferrand dans l'appendice de son *Précis du siège de Valenciennes*, mais avec des variantes considérables. Nous l'avons fait composer ici sur l'une des affiches originales sorties de l'imprimerie de H. J. Prignet, rue Saint-Géry, et appartenant à la collection de M. Charles Verdavainne.

CHARLES COCHON
Pastel de Julien Potiez
(Musée de Valenciennes)

justice avec les subordonnés. Celui qui commande à ses Camarades d'armes, doit toujours le faire au nom de la Loi, et si quelqu'autorité en abuse, cette même Loi rendra justice au subordonné.

Je vous réitère, mes Camarades d'armes, avec une satisfaction qui a comblé mon âme de joie et de reconnoissance, que pendant plus de cinquante ans de service, j'ai toujours commandé au nom de la Loi, je n'ai eu qu'à m'applaudir de l'obéissance que m'ont voué mes Camarades d'armes ; aussi je dois mes succès à leur entière soumission à la Loi, et au zèle qu'ils ont montré à exécuter les ordres que je donnois.

Il est un grand moyen de bien servir son Pays et de rendre à la République, le service qu'elle attend de tous ses défenseurs, c'est un entier dévouement à la chose publique, qui ne peut exister parmi le Militaire, que par une subordination exemplaire, qui seule peut rendre le vrai François à son devoir : en conséquence, nous convenons au nom de la Loi d'adopter les articles suivans.

1° Tout Militaire composant la garnison et qui sera trouvé ivre, de quelque grade qu'il soit, sera puni très sévèrement ; il n'est rien de plus déshonorant pour un François, que de se trouver dans un état qui le met dans l'impossibilité de rendre aucun service à la Patrie, et qui le déshonore.

2° Tout Militaire qui aura le malheur de tirer son fusil, soit dans la place, dans son quartier ou dans son camp, sera puni très sévèrement.

3° Je me flatte qu'il n'est pas besoin de prononcer pour cet article, et que l'obéissance à la Loi guidera seule nos Braves camarades d'armes sur le point suivant : qui est que, si l'on surprend des traîtres ou autres personnes suspectes, on les livrera à la rigueur des Loix, et qu'on ne se souillera pas de l'infamie de se rendre justice soi-même. Je ne prononce point de peine la dessus, car il n'y auroit pas de supplice assez fort pour tout individu qui se porteroit à cette barbarie.

Tels sont, mes Camarades, les sentimens d'un homme qui a blanchi dans les travaux guerriers, qui a répandu son sang plusieurs fois pour la Patrie, et qui se propose encore de verser ce qui lui reste pour le salut public et pour la défense de la Liberté, pour le maintien de la République ; j'abhore tous les traîtres à leur Patrie, je ne reconnois pour autorité suprême légitimement représentative du peuple François que la Convention nationale, et je défends à tous mes subordonnés d'obéir au ci-devant général Dumouriez, suspendu de toutes ses fonctions par les Commissaires de la Convention nationale, et en vertu de l'ordre que j'ai reçu d'eux.

A Valenciennes, le 4 avril de l'an 2° de la République.

Le Général de Brigade : FERRAND.

Le même jour, les Conventionnels firent aussi placarder une affiche, rédigée par eux l'avant-veille, portant en tête une couronne de lauriers entourée de rayons, avec, au centre, ces mots : LA NATION, LA LOI. En voici le texte complet d'après l'un des exemplaires originaux, imprimé sur deux colonnes :

PROCLAMATION.

Les Commissaires de la Convention Nationale pour les Frontières du nord, aux vrais amis de la République, à toutes les autorités constituées, civiles ou militaires, à tous les Citoyens.

Citoyens, la Patrie est en danger : le plus noir complot est formé, mais la trahison éclate et le traître se démasque ; par le Décret du 30 mars, la Convention Nationale a mandé à la Barre le Général Dumouriez, pour lui rendre compte de l'état de son Armée, et des causes qui ont nécessité l'évacuation de la Belgique ; par le même Décret, elle envoyoit à l'Armée du Nord, pour prendre toutes les informations utiles, quatre Députés Commissaires de la Convention Nationale et le Général Beurnonville, Ministre de la guerre : les Commissaires et le Ministre sont arrivés hier à l'Armée de Dumouriez, et lui ont fait connoître le Décret ; à l'instant ce Général ambitieux et traître, loin d'obéir et de se rendre à Paris, s'est emparé des quatre Représentans du peuple et du Ministre de la guerre, il les garde en otages, et le bruit public annonce qu'il les a transférés en la puissance de l'Ennemi, aux mains du Prince Cobourg à Tournay ; mais ce qui n'est que trop certain, c'est qu'il vient de répandre une Proclamation audacieuse, dans laquelle il ne rougit pas d'annoncer qu'il a mis en lieu de sûreté et gardé comme otages, *les quatre Représentans du peuple et le Ministre Beurnonville ; que la France a perdu son repos par les crimes de ses Représentans, et qu'il est tems de reprendre la Constitution qu'on avoit juré voici trois ans*, c'est-à-dire celle qui donne à la France un individu pour chef suprême, un Roi ; ce qui n'est plus douteux, c'est que Dumouriez a traité avec les Ennemis, qu'il a fait une suspension d'armes, et qu'il est avec eux de la plus parfaite intelligence ; nous en sommes instruits par des Soldats revenant à l'instant de son camp.

Citoyens, une pareille audace, une aussi profonde perfidie seroient incroyables, si l'exemple des Lafayette, des Cromwels et de tant d'autres traîtres dont l'histoire nous a transmis la scélératesse, ne nous instruisoit de la possibilité de ce forfait.

Citoyens, Lafayette avoit été pendant trois ans l'Idole de la France ; ce n'est pas pour la Liberté publique qu'il combattoit, c'étoit pour lui même, et dès que ses projets ont été arrêtés, il s'est démasqué en émigrant ; il a, dans un instant, dévoilé toutes ses trames et terni toute sa gloire : Dumouriez, Citoyens, fait aujourd'hui ce que faisoit Lafayette, il y a un an ; il a plus d'audace encore et plus de perfidie ; depuis longtems Dumouriez tramoit un plan d'élévation pour lui, et de trahison pour la France ; dans ses Proclamations, il humilioit sans cesse les Gardes-nationales afin de les avilir, de les dégoutter, de les forcer à la désertion ; c'est par ses combinaisons abominables, qu'après avoir conquis à la Liberté la Belgique, il en a ordonné l'évacuation, même avant que l'Ennemi se présentât, nous en avons vu l'Ordre écrit de sa main. Le Général Harville nous l'a exhibé ; c'est par ses combinaisons perfides que nos munitions sont tombées aux mains de l'Ennemi ; c'est par ses combinaisons perfides, enfin que trente mille François sont déjà morts victimes de son ambition en croyant défendre la République et la Liberté, tandis qu'ils ne combattoient que pour de nouveaux Tyrans.

Citoyens, sans de grandes qualités, un homme ne peut jamais acquérir la confiance publique, et monter à la souveraine puissance : tous les premiers Rois, tous les Tyrans ont montré du courage, des vertus guerrières, de l'intelligence et souvent même des vertus privées ; ils n'auroient point séduit la multitude sans cela ; ils ne l'auroient point dominée pour monter à la puissance suprême ; il falloit que Dumouriez se fît l'Idole de ses frères d'armes, il y est parvenu ; son courage et son intelligence lui ont conquis les cœurs des Soldats et quand il s'en est vu suffisamment le maître, il s'est dit leur père pour devenir le chef de la Constitution qu'il veut reproduire pour devenir Roi.

Citoyens, il importe peu aux Ennemis de la France quel en soit le Roi, pourvu qu'il y en ait un : les Tyrans et les Despotes étrangers veulent que le Despotisme se reproduise en France, pour que le leur se soutienne ; ils ont vu dans Dumouriez le seul homme qui pût y réussir, ils se sont arrangés avec lui, ils ont consenti une suspension d'armes afin de capter encore mieux, en sa faveur, le suffrage des Soldats fatigués de la guerre qu'ils soutiennent avec tant de courage depuis si longtems.

Vous voyez la perfidie au grand jour, elle éclatera bien davantage en peu. Dumouriez comme Lafayette, va pendant qu'il trompe encore ses Soldats, passer dans le camp de l'Ennemi ; il avoit tout disposé pour s'emparer, cette nuit même, de Valenciennes, et fixer dans cette place forte le trône de sa puissance ; notre surveillance l'a déjoué ; d'accord avec les corps Administratifs et Municipaux de cette ville et le brave Général Ferrand, nous avons fait manquer le complot : Valenciennes et la France sont encore sauvées de la Tyrannie d'un traître. Citoyens, la Patrie est tout, un homme n'est rien : quelque recommandable qu'il se soit montré, dès qu'il trahit la chose publique, il ne mérite plus que la vengeance Nationale et la haîne de tous les Citoyens ; vous avez tout fait pour anéantir le Despotisme et la Tyrannie : voudriez vous les voir renaître et vous forger de nouveaux fers ? Vous vous êtes donné des Représentans ; ils ne sont rien en eux-mêmes, ils ne sont rien que par vous et rien que pour vous ; celui qui attente à la Représentation Nationale, attente à votre propre Liberté. Dumouriez livre à l'Ennemi quatre de vos Représentans et son chef immédiat, le Ministre de la guerre, auquel il devoit toute obéissance. Abhorrés le traître Dumouriez, ralliés-vous à la Convention : chacun de ses Membres en particulier n'est rien ; mais, réunis, ils vous représentent, et ne peuvent ni vouloir, ni faire que votre bonheur. Dépouillés-vous de toute idolâtrie, périssent tous les Tyrans, vive la République !

Les Commissaires de la Convention Nationale Signés Lequinio, Ch. Cochon, et Debellegarde.

A cette proclamation, les Conventionnels en ajoutèrent immédiatement une seconde, spécialement adressée :

A TOUT MILITAIRE FRANÇOIS DE QUELQUE GRADE QU'IL SOIT.

Au nom de la Patrie, Citoyens, au nom de la République, au nom de la Loi dont nous sommes les organes par l'autorité du Peuple François, au nom de la Convention Nationale dont nous sommes Membres et qui nous a conféré pleins pouvoirs, nous avons dès [1]   de ce mois, suspendu le ci-devant Général en chef Dumouriez de toutes ses fonctions, pour cause de rébellion à la Loi, d'attentat à l'autorité du peuple Souverain, et à la Liberté Nationale ; pour cause de trahison enfin ; nous avons défendu à tout Militaire François de quelque grade qu'il soit, ou à tout autre Citoyen de quelque qualité que ce puisse être, de le reconnoître désormais pour Général, et de lui obéir ; nous avons enjoint à tous ceux qui en auront le pouvoir de se saisir de sa personne, et de le faire conduire *mort ou vif*, sous bonne et sûre escorte, à la Barre de la Convention Nationale ; nous renouvellons tous et chacun de ces mêmes ordres, nous chargeons de leur exécution tous les François en qui réside le pouvoir suffisant, et nous déclarons, au nom de la Patrie en danger, que celui-là aura bien mérité de la chose publique qui l'aura exécuté ; il aura rempli un acte de vrai Patriotisme, il sera illustre dans l'histoire de la révolution Françoise, et son nom passera glorieux à la postérité.

Citoyens, la Patrie sera sauvée malgré les monstres qui la trahissent, mais tâchons de punir les traîtres.

A Valenciennes, ce 4 avril de l'an 2.e de la République. Les Commissaires de la Convention nationale pour les frontières du Nord. Lequinio, Debellegarde et Ch. Cochon.

En même temps, les commissaires sachant qu'il fallait rendre promptement une tête à l'armée, proposèrent à Dampierre le poste de général en chef. Dampierre se trouvait alors au Quesnoy, et ses sentiments étaient connus. Dès la veille, il avait écrit pour protester contre la tentative de

---

[1] Cette date est en blanc dans le placard, provenant de la collection de M. Charles Verdavaine, que nous avons sous les yeux, et qui n'est peut-être qu'une épreuve.

Dumouriez, une lettre à la Convention et l'avait fait parvenir à Paris par un de ses officiers, le citoyen Tardif.[1] Il accepta donc, avec joie et empressement, la difficile mission qu'on lui offrait, et se hâta d'adresser « aux citoyens soldats composant la garnison de Quesnoy et à tous les soldats patriotes » le discours suivant, dont le texte écrit, remis aux commissaires de la Convention, fut immédiatement imprimé et affiché :

> Citoyens, vous venez d'entendre les ordres de la Convention nationale ; c'est de cette Assemblée des Représentans du peuple que ressortent tous les pouvoirs légitimes ; c'est donc à elle que nous devons obéir, puisque les ordres de la Convention nationale, émanent de la majorité du peuple qui l'a élue.
>
> Eh bien, cette obéissance légitime que Dumouriez lui-même a juré le premier, il est aussi le premier à y manquer : et dans quel moment? dans un tems où, par une suite de batailles et de combats, il a fait couler le sang des François et affaibli l'armée ; dans un tems où l'ennemi est à nos portes, et en concluant un traité perfide, avec cet ennemi victorieux, par lequel il veut lui livrer la France entière, c'est là l'instant qu'il choisit pour faire arrêter quatre de vos Représentans, députés du sein de la Convention et le Ministre de la guerre Beurnonville, votre frère d'armes, dont la tête et le bras vous guidoient dans les combats, et vous marquoient le chemin de l'honneur. Eh bien, le malheureux Beurnonville a été sur le point de perdre la vie, et lui et vos quatre Représentans, pour avoir obéi aux Loix, sont livrés aux Autrichiens par Dumouriez.
>
> Et nous, nous partagerions ces crimes affreux? Eh quoi ! Ne vous ressouvenez vous plus de vos frères tués à Gemmappe, à Waroux, à Nerwinden? Leurs mânes vous demandent vengeance. Eh quoi ! Nous aurions arrosé de notre sang ces champs de carnage, pour devenir les esclaves des Autrichiens ? Non, périr mille fois plutôt que de trahir la Patrie. Les traîtres passeront ; mais la Liberté restera entière, et la Patrie sera sauvée ; les braves garnisons de Lille, de Valenciennes et de Maubeuge, restent à leurs postes, et nous, nous demeurerons inébranlables au nôtre. Il est tems que nous déployons un caractère vraiment Républicain : les esclaves peuvent s'attacher au char d'un homme, mais les hommes Libres se rallient toujours à l'intérêt de la Patrie.
>
> Il n'y a plus à balancer entre la honte et l'honneur : la honte est de trahir ses sermens, l'honneur est de défendre le poste qui nous est confié par la Patrie.
>
> Je jure de conduire toujours mes frères d'armes dans le chemin de l'honneur, de ne jamais vous abandonner.
>
> Vous, enfans de la Patrie, qui combattez avec tant de courage pour la défendre, je jure de concert avec vous, que nous saurons braver tous les dangers pour repousser les Autrichiens et tous les ennemis de la Patrie.
>
> Signé : le Général en chef de l'armée du centre,
> DAMPIERRE.
>
> Au Quesnoy le 4 avril 1793,
> l'an 2ᵉ de la République Françoise.
>
> Pour copie conforme à l'original déposé dans nos mains ce 4 avril à Valenciennes,
>
> Les Commissaires de la Convention nationale ; signé LEQUINIO, DEBELLEGARDE, et Ch. COCHON.

---

[1] Cette lettre se trouve reproduite dans Grille, tome IV, p. 326.

Pendant que, dans la décisive journée du 4 avril, s'accomplissaient les évènements que nous venons de relater, Dumouriez gagnait la frontière après une infructueuse tentative sur Condé.

Il avait passé la soirée du 3 à Saint-Amand, à l'hôtel du Lion d'Or, où Montjoie lui rapporta, vers onze heures, une réponse du colonel Mack.

« Celui-ci, nous dit M. Pelé, assignait pour le lendemain un rendez-vous entre Boussu et Condé. Le prince de Cobourg, l'archiduc Charles et le baron de Mack devaient s'y rendre pour convenir des mouvements des deux armées et de la direction des secours des troupes impériales.

« C'était sur Condé qu'elles devaient se porter Les rapports qui arrivaient de cette place variaient à chaque instant. Dumouriez voulait y entrer le lendemain pour arranger le mouvement des Autrichiens, dont il n'avouerait le concours que quand il aurait commencé sa marche sur Paris. »

Le 4, avant de partir, il adressa à ses troupes, l'ordre du jour suivant, le dernier qui dût émaner de lui :

ARMÉE DU NORD

Au Quartier général de Saint-Amand, le 4 avril 1793.

Mot d'ordre : *Amis, confiance entière.*
Ralliement: *Tout va bien.*

Le général prévient la partie de ses braves soldats qu'il n'a pas vue hier, que des affaires indispensables l'ont obligé d'aller à Condé; il revient ce soir. Il adresse, avec cet ordre, l'exposé de sa conduite et de ses intentions qu'il a promis hier à l'armée. Il ne tentera point de leur donner aucune impulsion étrangère à leur volonté, il est bien persuadé que la force et la vérité de ses raisonnements et la pureté de ses intentions suffiront pour leur faire prendre et suivre avec courage le seul parti qui nous reste pour sauver notre pays.

Les officiers généraux et supérieurs des corps voudront bien donner beaucoup de publicité à cet ordre et à l'imprimé qu'il y joint.

Le général de brigade, chef de l'état-major de l'armée du Nord :
THOUVENOT.

Puis, nous dit M. Pelé, « Dumouriez quitta l'hôtel du Lion d'Or avec huit hussards, un assez grand nombre d'officiers généraux, parmi lesquels les frères Thouvenot, Montjoie, le duc de Chartres, les deux demoiselles Fernig, des officiers d'ordonnance et quelques domestiques, ce qui formait à peu près un groupe de trente chevaux. Une escorte de cinquante hussards, demandée à Fontaine-Bouillon, se fit longtemps attendre. Comme le temps s'écoulait et que l'heure du rendez-vous avec Mack le pressait, il laissa un de ses aides-de-camp pour indiquer à cette escorte la route qu'il avait suivie. Il prit ainsi le chemin de Condé, s'entretenant parfois avec le plus jeune des Thouvenot et son neveu le baron de Schomberg.

L'idée de son crime l'écrasait sans doute déjà, car il était sombre et sa voix était altérée.

« Arrivé à Odomez, il vit venir de Condé un officier d'ordonnance de Neuilly qui lui dit que la garnison était en grande fermentation, qu'il ne serait peut-être pas prudent d'y entrer et qu'il fallait attendre que ce mouvement se décidât pour ou contre. Se trouvant trop près pour reculer, il renvoya cet officier avec ordre au général Neuilly de faire sortir le 18e régiment de cavalerie pour venir à sa rencontre.

« Plusieurs bataillons de volontaires, partis du camp de Bruille, se montrèrent sur la route. Etonné de cette marche qu'il n'avait point ordonnée, Dumouriez demanda à des officiers de ces bataillons où ils allaient ; ceux-ci répondirent qu'ils se rendaient à Valenciennes.

« C'était en ce moment qu'était arrivé le message du général Neuilly. Combinant ensemble le rapport qu'il venait de recevoir et la marche irrégulière de ces trois bataillons, le conspirateur descendit de cheval et entra dans la première maison d'Odomez, tout près du vieux château qui existe encore aujourd'hui. La route, qui a été rectifiée depuis, longeait alors le mur de cette gentilhommière. Il s'assit dans l'une des salles de l'estaminet du sieur Durieux et donna l'ordre, par écrit, aux trois bataillons de volontaires, de retourner au camp de Bruille, d'où ils étaient partis. Dans ce moment, la tête de cette colonne, qui avait déjà dépassé les premières maisons, rebroussa chemin et se porta à toutes jambes, avec des cris tumultueux, sur l'estaminet où se trouvait le général. Alors celui-ci remonta à cheval avec son escorte et s'éloigna au petit trot. Il revint un peu en arrière et gagna les prairies qui se trouvent à gauche de la route, au-delà du mur du parc du château. Un obstacle se montra à quelques centaines de mètres ; il fallait franchir la Seuw, cours d'eau assez encaissé, qui va se jeter dans l'Escaut. Son cheval refusa de passer. Forcé de mettre pied à terre, après avoir cherché inutilement un passage plus facile, le général resta pendant un moment dans une situation dont chaque minute augmentait les difficultés.

« Les volontaires le poursuivaient en effet, et les cris : arrête ! arrête ! les injures, se faisaient entendre du côté de la route. La fusillade partait des bataillons qui se rapprochaient de plus en plus. Dumouriez se jeta dans la Seuw qu'il traversa, ayant de l'eau jusqu'aux épaules.

« Le colonel Thouvenot eut deux chevaux tués sous lui et sauva en croupe le fameux Baptiste. Deux hussards trouvèrent la mort sur le bord du fossé, ainsi que plusieurs domestiques dont un portait la redingote du général. Cantin, le secrétaire, fut pris et conduit à Valenciennes.

« Un instant encore et Dumouriez allait être arrêté. Le baron de Schomberg, son neveu, ayant mis pied à terre, voulut, en se sacrifiant, lui donner sa monture. Il s'y refusa et monta enfin le cheval d'un domestique du duc de Chartres qui, étant très leste, put se sauver à travers les prairies.

« Les fugitifs ne pouvant songer à rejoindre le camp de Bruille, longèrent l'Escaut et arrivèrent, toujours poursuivis d'assez près, au bac de la Boucaulde, en avant du village de Wiers, pays impérial.

« Heureusement pour eux, la passeuse, Bernardine Dehourt, femme de Gaspard Mixte, était à son poste. Dumouriez passa, lui sixième, avec les officiers généraux, les deux sœurs Fernig et le duc de Chartres. Les autres purent se retirer au camp de Maulde, au travers des coups de fusil.

« L'Escaut franchi, les conspirateurs gagnèrent à pied, sous la direction de Jacques Heulle, de Mortagne, et de Leclercq, de Wiers, un petit château de la commune de Bury. Ils s'y arrêtèrent pour prendre un peu de nourriture et Dumouriez écrivit immédiatement à Mack, pour lui faire part de la mauvaise tournure des évènements.

« Informé vers le soir, le général autrichien se rendit de suite à Bury, où l'ancien chef de l'armée du Nord se montra plus disposé que jamais à donner suite à ses projets. Comptant toujours sur sa popularité et rempli de cette idée que l'affaire d'Odomez avait dû exciter l'indignation des troupes du camp de Maulde, Dumouriez résolut de rentrer en France dès le lendemain matin. »

Son domestique, le fidèle Baptiste, qui l'avait rejoint en faisant le détour de Mortagne, lui avait raconté que les volontaires de l'Yonne, après avoir tiré sur lui, avaient été pourchassés jusque dans Valenciennes, et que les incidents de la journée n'avaient servi qu'à fortifier les sentiments de l'armée envers son chef.

Quoique, à son insu, il fût déjà remplacé, Dumouriez, le lendemain, nous dit M. Pelé, « après avoir convenu avec Mack des dispositions à prendre pour introduire une garnison autrichienne à Condé, partit de Bury et arriva aux avant-postes de Mortagne, escorté de cinquante dragons impériaux. On le laissa passer avec les officiers de sa suite, mais les soldats de Mack durent se tenir en dehors de la frontière.

» Arrivé à Maulde, il alla d'un régiment à l'autre, provoquant encore quelques applaudissements. Il avait tellement séduit le cœur du soldat par son courage, par ses propos, par ses écrits, qu'il retenait encore les uns par la crainte, les autres par cette espèce d'affection idolâtre qui semble être le partage du plus grand nombre des hommes, en faveur de celui qui a une fois capté leur estime. Il eut beau faire, les incidents de la veille avaient produit une impression contraire à celle qu'il attendait. Les troupes avaient vu le vainqueur de Jemmapes protégé par les dragons autrichiens et ne comprenaient qu'une chose, c'est que Dumouriez avait passé à l'ennemi. Sa querelle avec l'Assemblée nationale ne les regardait pas. Après avoir donné des ordres pour mettre l'armée en mouvement sur Orchies, il prit un chemin de traverse conduisant à Saint-Amand. Comme il approchait de la ville, après avoir traversé le hameau du Corbeau, un aide-de-camp vint lui annoncer que le corps d'artillerie venait de se prononcer contre lui et que les soldats, secondés par la plupart des officiers, attelaient leurs pièces pour les faire rentrer à Valenciennes.

« Ayant alors avec lui deux escadrons de Berchiny, un des hussards de Saxe et un autre de Bourbon, il eut d'abord l'idée de se porter sur Saint-Amand, avec cette cavalerie, mais on lui représenta les dangers et l'inutilité de l'opération n'ayant pas d'infanterie et sa troupe pouvant être foudroyée par l'artillerie. Il se rendit à ce raisonnement et se retira à Rumegies.

« L'armée commençait à se débander. Des régiments entiers partaient les uns vers Douai, les autres pour Lille Au camp de Bruille, le 56e régiment ainsi que plusieurs bataillons de volontaires mettaient bas les tentes et partaient pour Valenciennes. Le 58e, qui était à Saint-Amand, en faisait autant. Le trésor, deux millions en numéraire, fut pris et repris trois fois et resta enfin aux mains des troupes fidèles qui réussirent à le faire entrer à Valenciennes, vers trois heures de l'après-midi. Il ne restait plus à Dumouriez que de s'occuper de sa propre conservation. Il partit de Rumegies le 5 au soir, et se dirigea vers Tournai avec Valence, Egalité fils (duc de Chartres), les deux Thouvenot, le commissaire-ordonnateur Soliva, le colonel Montjoie et le lieutenant-colonel Barrois. Le régiment de Berchiny tout entier, 50 cuirassiers et un escadron de hussards de Saxe, en tout huit cents hommes, passèrent, en même temps que lui, à l'ennemi. »

Pendant ce temps, les commissaires de la Convention rendaient officielle la nomination de Dampierre au moyen de l'arrêté suivant :

Nous Députés et Commissaires de la Convention nationale aux places frontières du Nord, considérant que, par la trahison du général Dumouriez et de ses complices, les Armées du Nord et du Centre se trouveroient exposées à une désorganisation complette et dangereuse à la chose publique, s'il n'étoit incessamment pourvu au remplacement des chefs perfides qui ont si lâchement trahi la cause de la Liberté et de l'Égalité, et que la Loi suprême du salut public ne permet pas de laisser plus longtems les armées sans chefs ; requérons le Citoyen Dampierre, Lieutenant-général des armées de la République, de prendre sur le champ le Commandement général des troupes de la République, depuis Valenciennes inclusivement jusqu'à la division de l'armée de la Moselle.

Enjoignons au nom de la Patrie et de la République, à tous Militaires et à tous Citoyens de lui obéir en tout ce qu'il leur commandera pour le bien du service en cette qualité.

Au nom de la République, et en vertu des pouvoirs que nous tenons de la Convention nationale dont nous sommes membres, nous enjoignons à tout corps Militaire, individu portant les armes, Officiers de bouche et de santé, ouvriers, ou tout autre attaché au service des armées pour quelqu'objet que ce soit, de cesser toute obéissance au ci-devant général Dumouriez, suspendu de toutes ses fonctions depuis le 2 de ce mois. Enjoignons également de reconnoître à sa place, et faire reconnoître par les subordonnés, pour Général Commandant en chef la division de l'Armée, depuis Valenciennes inclusivement, jusqu'à l'armée de la Moselle, le Général de division Dampierre, et de lui obéir et faire obéir par ses subordonnés.

Enjoignons encore au nom du salut public, à tout Citoyen de la Classe de ceux énoncés ci-dessus actuellement aux camps de Maulde et St Amand, de se retirer au plutôt avec armes et bagages sous le canon de la place de Valenciennes, où ils recevront leur destination.

A Valenciennes, le 5 Avril, l'an 2ᵉ de la République Françoise.

Signé: LEQUINIO, DEDELLEGARDE, et CH. COCHON.

Sur les affiches imprimées chez Prignet, et qui portaient à la connaissance de tous l'arrêté qui précède, les Conventionnels, qui ignoraient encore la fuite de Dumouriez, y avaient ajouté ces mots:

Nota. — Nous apprenons à l'instant que, pour tromper l'armée, le traître Dumouriez, qui a une Imprimerie dans son camp, pousse la perfidie jusqu'à faire de faux décrets par lesquels il semble être autorisé à agir par la Convention Nationale elle-même; c'est la fausseté la plus atroce; il empêche tous les Décrets, les papiers instructifs, tous nos ordres particuliers, toutes nos proclamations, de parvenir à son camp; nous ne doutons pas, que pour mieux tromper encore, il n'affecte même bientôt de parler en notre nom; il fera de fausses proclamations auxquelles il mettra nos noms, comme si elles étoient signées de nous; enfin il prendra tous les moyens que l'hypocrisie, la scélératesse et l'audace peuvent inventer, pour égarer les braves soldats qu'il a d'abord séduits par son courage, et par l'apparence du Patriotisme et de la vertu; mais, Citoyens qui avez un cœur, Soldats qui aimez votre Patrie, et qui avez pris les armes pour la défendre, il n'y a point à s'y tromper: quelque forme que le traître puisse prendre, quelque langage qu'il puisse emprunter, quelque signature qu'il contrefasse, regardez où est votre Patrie, vous serez détrompés sur le champ; ce n'est pour aller, ni sur Paris, ni sur aucune autre ville françoise que vous avez pris les armes; c'est pour combattre les ennemis de la France; c'est pour combattre les tyrans de toute espèce; c'est pour soutenir la République; c'est pour empêcher qu'un nouveau Roi ne vienne occuper de nouveau le trône. Le Traître se lie avec les despotes étrangers pour venir porter la guerre en France; citoyens, voudriez-vous assassiner vous-même vos parens et vos amis? encore une fois, regardez votre Patrie; sauvez-la; quittez le Traître, si vous ne pouvez vous en saisir, *Mort ou Vif.*

Valenciennes, ce 5 Avril, l'an deuxième de la République Françoise.

Signé: LEQUINIO, DEDELLEGARDE, et Charles COCHON.

Le même jour, Dampierre qui avait quitté le Quesnoy, adressait son premier ordre à ses soldats:

Au quartier général à Valenciennes, le 5 avril 1793, l'an 2 de la République françoise.

Mot d'ordre: *Patrie, Scevola.*
Ralliement: *Guerre aux tyrans.*

L'armée est prévenue que le général de division Dampierre vient d'être revêtu des pouvoirs de général en chef de l'armée du centre par les commissaires de la Convention nationale et qu'en cette qualité il commande depuis Valenciennes jusqu'à Givet.

L'armée gardera sa position au camp de Famars.

Tous les chefs des corps enverront sur le champ les noms des corps qu'ils commandent et le nombre d'hommes qui les composent, à l'état-major, chez le citoyen Vannote, rue Cardon, à Valenciennes ; ils voudront bien mettre la plus grande célérité dans l'exécution de cet ordre.

Le général en chef de l'armée du centre :
DAMPIERRE.[1]

La maison du citoyen Vannote (ou Vanost) est devenue plus tard l'*Hôtel du Nord*. C'est là que, cinq semaines après, Dampierre devait être ramené sanglant, et qu'il devait ensuite mourir.

Cependant Rosières avait installé ses troupes dans le camp de Famars, et leur faisait passer l'ordre suivant [2] :

A Valenciennes, le 5 avril 1792, l'an 2e de la République Française.

Le général loge chez le citoyen Pierrard, rue derrière les murs de Bavay.

Chaque chef de corps enverra ce soir, chez le général de division Rosières, le nom des corps qu'ils commandent(*sic*), et le nombre d'hommes qui les composent ; ils enverront demain également l'état exact de ce qui manque à leurs bataillons. Il est expressément défendu à aucun sous-officiers ni soldat de venir en ville et de s'écarter du camp sous aucun prétexte sans une permission expresse de leurs chefs approuvées par leurs généraux de brigade, qui donneront demain à l'ordre leur demeure. Il est deffendu de faire aucune cuisine en avant du camp, le front devant être aplani pour se mettre en bataille en cas de besoin et elles se feront à quinze pas en arrière. Il sera envoyé chez le général de division un sous-officier d'ordonnance par brigade pour porter les ordres.

Etoit signé :
Le Général de Division : ROSIÈRES.

Ce même jour, la Convention, plus ignorante encore que ses commissaires de la fuite définitive du vainqueur de Valmy, adopta le texte de deux proclamations, l'une générale, à toutes les armées de la République, l'autre spéciale à celle de Belgique.

Voici la première :

SOLDATS DE LA LIBERTÉ,

Vous n'avez pas été vaincus dans la Belgique, vous n'avez été que trahis. La Nation avoit multiplié à côté de vous des approvisionnements de tout genre, la perfidie d'un infâme général les a livrés à l'Autrichien. Il a épuisé de numéraire le trésor public, pour en couvrir un pays qu'il devoit lâchement abandonner.

Rassurez-vous, la France a les plus grands moyens de faire la guerre pendant plusieurs campagnes, si la victoire, marchant avec des Républicains,

---

[1] Extrait du registre conservé aux Archives du Nord, no 236 du Catalogue de la Bibliothèque des Manuscrits.

[2] *Idem*.

n'assuroit la défaite prochaine des hordes étrangères. La France a pour elle sa population libre, son beau territoire et le soleil qui le fertilise. Elle a des domaines immenses sur lesquels repose la fortune publique ; et le bien seul des traîtres peut alimenter longtemps la guerre contre toute l'Europe.

Des subsistances, des habits, des armes s'amoncèlent, et les citoyens accourent de toutes parts dans les armées, tandis que les ennemis ont épuisé leurs trésors et dépeuplé leurs Etats.

Nos ennemis combattent à trois cents lieues du sol dont le despotisme les a arrachés pour les traîner sur nos frontières ; vous combattez sur vos foyers.

Nos ennemis se livrent aux hasards de la guerre pour une solde journalière ; vous êtes armés pour vos familles, vos propriétés et vos droits.

Nos ennemis sont des esclaves, des mercenaires ; vous êtes des hommes libres, des républicains.

Nos ennemis font une guerre d'armée ; vous faites une guerre de Peuple.

C'est un vil intérêt qui forme la ligue des tyrans, dont la haine et les rivalités réciproques préparent sourdement la ruine. C'est l'égalité et la liberté qui ont formé notre sainte coalition.

Connoissez tous les avantages que votre position vous donne et que votre courage vous assure. Les Autrichiens cherchent à vous tromper par des paroles de conciliation et des espérances de paix ; la paix est dans leur bouche, mais la guerre est dans leur cœur.

C'est avec ces paroles de paix qu'ils tentent d'énerver votre courage, d'éteindre votre ardeur et de flétrir vos lauriers. C'est avec ces propositions astucieuses que nos ennemis, ruinés par leurs dépenses, fatigués par leurs marches et divisés par leur ambition, veulent détruire l'esprit public de l'armée, diviser les citoyens et nous ramener au royalisme. C'est la paix des tombeaux qu'ils vous offrent ; c'est la vie de la liberté qu'il nous faut.

Les représentants du peuple sauront bien saisir le moment d'une paix honorable et digne de la République ; mais c'est votre constance, c'est votre indignation contre les traîtres, ce sont vos triomphes qui nous donneront la paix. Pour y parvenir, il faut combattre, et bientôt nos ennemis, épuisés devant nos places fortes, s'estimeront heureux de l'obtenir.

Ils vous parlent de paix et ils font une guerre atroce ; ils prennent le rôle de pacificateurs, et ils agissent comme des cannibales ; ils vous parlent de l'honneur national et ils violent tous les droits des Nations. Les perfides ! ils vous parloient aussi de paix, lorsque le trois avril, dans la forêt de Saint-Amant, leurs soldats vous embrassoient pour massacrer ensuite votre avant-garde.

Leur cri est *la paix et la royauté*, le vôtre doit être, *la République ou la guerre*.

Quant à la seconde proclamation, elle était ainsi conçue :

Braves Guerriers,

Dumouriez a trahi sa patrie. Ce conspirateur, sous lequel votre valeur obtint jadis des triomphes dont il s'attribuoit la gloire, ne cherche plus qu'à vous faire essuyer des défaites pour vous en attribuer la honte.

Il tente de tourner contre la liberté les armes que vous n'aviez prises que contre la tyrannie.

Vous, François, menacer votre Patrie?... vous, marcher contre vos amis, vos frères, vos femmes, vos enfans ! Non, non, vous n'êtes pas coupables du plus atroce des crimes: vous ne le ferez jamais.... Les soldats de la liberté ne sont pas devenus tout-à-coup les méprisables satellites d'un scélérat ambitieux.

Eh ! n'est-ce pas à la voix de la patrie en péril, que vous avez marché et vaincu? N'est-ce pas elle qui demande encore vos bras et vos armes?

Sa voix sacrée retentira au fond de vos cœurs : vous vous souviendrez de vos triomphes, et vous brûlerez d'en obtenir de nouveaux.

Ainsi vous jugent les Représentans de la Nation, dont vous avez la confiance et l'estime ; ils vous connoissent mieux que le chef perfide qui vous trompe, pour vous avilir et vous perdre.

Sa main audacieuse a violé la souveraineté du peuple, en saisissant ceux de ses représentans que la Convention nationale avoit envoyés vers vous. Son crime est connu, il veut vous donner un Roi. Son nom est voué à l'infamie, sa tête à l'échafaud. Vengez votre gloire et la patrie ; livrez le traître : une couronne civique est le prix qui vous attend.

Soldats François, s'il pouvoit y avoir parmi vous des hommes qui ne restassent pas fidèles par l'horreur de la trahison, qu'ils apprennent du moins à l'être par la terreur du châtiment.

Vous n'êtes que l'avant-garde de la Nation, elle est toute entière derrière vous, prête à protéger de sa puissance ceux qui sauront la servir, à écraser de sa foudre ceux qui oseroient être rebelles.

Le traître Dumouriez a calomnié Paris, pour vous irriter contre cette ville qui fut le berceau de la Liberté, qui doit en être le soutien ; Paris est calme, il veille à la sûreté des représentans du peuple, respecte les lois, est prêt à faire marcher ses phalanges républicaines.

Il vous a présenté la Convention nationale comme divisée en deux factions, il s'est prévalu de quelques débats que l'amour brûlant de la liberté, toujours ombrageux, sur-tout dans des temps révolutionnaires, a dû exciter parmi des hommes chargés des intérêts d'un grand peuple.

Soldats républicains, c'est de sa part une perfidie pour vous rendre les instrumens aveugles de l'anéantissement de la Convention, et du rétablissement de la Royauté.

La Convention nationale est une comme la nation, elle maintiendra l'indivisibilité de la république ; elle est ralliée autour de l'oriflamme de la liberté ; elle la portera, s'il le faut, dans vos rangs ; elle fait unanimement le serment de mourir avec vous, ou d'exterminer les conspirateurs, les tyrans et leurs satellites.

La Convention Nationale adopte à l'unanimité, la proclamation qui lui a été présentée par le comité de défense générale, pour éclairer l'armée de la Belgique sur la trahison de Dumouriez, et prévenir l'égarement dans lequel ce conspirateur cherche à l'entraîner.

Signé : J. F. B. DELMAS, Président, CAMBON, MELLINET, J. PH. GARRAN, BOYER-FONFREDE, ISNARD, RÉVEILLERE-LEPAUX, Secrétaires.

Ces deux proclamations ne parvinrent à leur adresse et, pour le Nord, ne furent imprimées sous forme d'affiches, chez Prignet, que plusieurs jours après. Dans l'intervalle, Paridaens avait écrit les petites notes suivantes, qui sont les derniers documents que nous devions reproduire dans ce chapitre :

DU 5 AVRIL.

On amène à Mons, sous bonne escorte autrichienne, deux officiers français de la garde nationale et plusieurs communs qui ont fait feu sur le général Dumouriez et que celui-ci est parvenu, au moyen de ses troupes de ligne, de faire arrêter et de conduire aux Autrichiens.

6 AVRIL.

On transfère le matin vers Bruxelles, les deux officiers et les soldats de la garde nationale qu'on a amenés à Mons hier.

Dumouriez est arrivé à Mons hier (la nuit dernière) ; il paraît que son projet de marcher sur Paris est un coup manqué par l'opposition d'une partie de son armée et qu'il a dû émigrer lui-même. On dit que quelques régiments français sont passés avec lui vers les Autrichiens.

Ainsi finit cette triste aventure où le vainqueur de Valmy et de Jemmapes ternit à jamais, aux yeux de l'histoire et de la postérité, la gloire que les immenses services qu'il avait rendus à la patrie et à la Révolution lui avaient justement acquise. Si on recherche les mobiles de sa criminelle conduite, on les trouve dans un immense orgueil froissé, dans un goût de l'intrigue inné chez lui et développé encore par son passage à la diplomatie secrète de Louis XV, enfin dans une suprême lâcheté devant la mort que lui réservait peut-être le tribunal révolutionnaire. Lui, qui n'avait pas tremblé sur les champs de bataille et avait eu deux chevaux tués à Nerwinden, trembla devant la guillotine. Ce sentiment perça dans sa conversation avec les commissaires de la Convention, telle que lui-même l'a rapportée : « Je ne serai pas assez dupe, avait-il dit à Camus, pour me rendre à Paris et me livrer au tribunal révolutionnaire : des tigres demandent ma tête, mais je ne veux pas la leur livrer. » Alors pourquoi, après avoir offert, comme il dit l'avoir fait, sa démission aux commissaires, ne les a-t-il pas sommés de l'accepter et ne s'est-il pas retiré purement et simplement ? Le sentiment de sa sûreté personnelle expliquerait sa conduite. L'arrestation des députés, la tentative qu'il fit pour détourner ses troupes de l'obéissance qu'elles avaient jurée à la République, ont, au contraire, indissolublement lié son nom à celui de trahison.

D'un autre côté, on est étonné de voir un homme d'un génie supérieur comme le sien, avoir pu nourrir un instant l'espoir d'entreprendre, avec succès, une telle lutte. Ainsi que l'a dit Mignet,[1] « les soldats devaient préférer longtemps encore la République à leur général : l'attachement à la Révolution était dans toute sa ferveur et la puissance civile dans toute sa force. Dumouriez éprouva, en se déclarant contre la Convention, le sort qu'avait éprouvé La Fayette en se déclarant contre l'Assemblée législative, et Bouillé en se déclarant contre l'Assemblée constituante. A cette époque, un général eût-il réuni la fermeté de Bouillé au patriotisme et à la popularité de La Fayette, aux victoires et aux ressources de Dumouriez, il eût échoué comme eux. La Révolution, avec le mouvement qui lui était imprimé, devait être plus forte que les partis, que les généraux et que l'Europe. » D'ailleurs, comme le fait observer le commandant Parès, « choisir le moment où il était vaincu et son armée désorganisée pour tenter un coup semblable, c'était aller au devant d'un échec certain et se perdre volontairement. Ah ! si après Valmy, si après Jemmapes, il avait fait une

---

[1] *Histoire de la Révolution*, chapitre VII.

pareille entreprise, elle aurait pu être dangereuse, car il serait arrivé à Paris, comme plus tard Bonaparte, avec l'auréole de la victoire. Mais après Nerwinden, c'était plus que de la témérité, c'était de la folie. » En outre, quel singulier et piètre conspirateur ! Toute sa conduite semblerait indiquer qu'il ne désirait pas réussir dans ses projets. Ainsi il veut renverser la Convention et au lieu de garder la discrétion la plus vulgaire, il prend trois agents qu'il ne connaît pas, qu'il n'a jamais vus, pour confidents, s'ouvre à eux, leur raconte ses projets et cherche à les associer à son entreprise. C'était le moyen le plus sûr de mettre tout le monde sur ses gardes. Aussi les commissaires de la Convention à Lille, à Valenciennes et à Condé, prévenus immédiatement, proclament l'état de siège. La Convention, prévenue à son tour, le mande à sa barre. « Il était impossible de plus mal combiner une entreprise. Pour nous, le projet de Dumouriez a toute la valeur d'un coup de tête et nous nous rangeons à l'avis de Carnot quand il dit : « Ce qui tenait le plus au cœur de Dumouriez, c'était sa réputation de bon général et il s'est fait conspirateur rétrospectif pour la sauver. » [1] En somme, si on nous permet le mot, il agit plutôt alors en soudard mécontent qu'en vrai conspirateur.

Il faut reconnaître qu'après avoir quitté la France, sa conduite fut assez correcte. Il refusa de porter les armes contre sa patrie qu'il ne devait plus revoir. Il a tristement vieilli, loin d'elle « et on ne peut, dit Thiers, se défendre d'un profond regret à la vue d'un homme dont cinquante années se passèrent dans les intrigues de cour, trente dans l'exil, et dont trois seulement furent employées sur un théâtre digne de son génie. [2] » On prétend, il est vrai, que durant l'Empire, Dumouriez rédigea un plan d'invasion de la France, tournant toute l'ancienne frontière de Vauban, et faisant entrer l'ennemi par Bâle et Porrentruy. De plus, ce serait lui qui aurait dirigé la tactique de Wellington dans la guerre d'Espagne et ce serait à ses conseils que le général anglais aurait dû le gain de la bataille de Vittoria. Mais ces faits sont loin d'être absolument établis. Que le doute profite donc à l'accusé !

En même temps qu'à Dumouriez, disons adieu, mais d'une manière provisoire, aux demoiselles Fernig, qu'il entraîna dans sa ruine et qui cessent ici d'appartenir à l'histoire. « Sans expérience des manœuvres politiques », ainsi que l'a écrit avec raison Théophile, pleines de déférence pour le général qui ne les appelait que ses enfants, et qui n'avait

---

[1] *La Défection de Dumouriez*, par le commandant Parès, p. 86 et 87.
[2] *Histoire de la Révolution*, tome III, p. 327.

manqué aucune occasion de mettre en relief leur courage, elles étaient revenues le 5 à Rumegies et ne comprirent qu'après avoir accompagné Dumouriez, le soir, à Tournai, le piège dans lequel elles étaient tombées. Elles lui remirent alors leur démission et se rendirent à Mortagne. Mais là, mal vues par certains de leurs compatriotes qui les croyaient complices de la trahison de leur chef, elles ne restèrent pas longtemps, et, Félicité étant tombée malade, profitèrent de sa convalescence pour se rendre à Bruxelles dans une famille amie. Alors commença pour les deux sœurs une vie d'exil, où leur conduite fut admirable. Nous en dirons plus tard quelques mots, quand, arrivés à l'an IV, nous aurons à parler du mariage de Félicité.

CHAPITRE VII

MESURES PRISES CONTRE LES COMPLICES DE DUMOURIEZ. CÉRÉMONIE EXPIATOIRE A CAMBRAI. CONGRÈS D'ANVERS. POLÉMIQUE ENTRE LES REPRÉSENTANTS EN MISSION ET LE DUC DE SAXE COBOURG. NOUVEL ENVAHISSEMENT DE LA FRONTIÈRE. CONCENTRATION DES TROUPES FRANÇAISES AU CAMP DE FAMARS. BLOCUS DE CONDÉ. RETRAITE MOMENTANÉE DE DAMPIERRE A BOUCHAIN. REPRISE PAR LUI DE SES POSITIONS PRÉCÉDENTES. CORRESPONDANCE DES REPRÉSENTANTS AVEC LA CONVENTION. OPÉRATIONS DE DAMPIERRE AUTOUR DE VALENCIENNES. COMBATS LIVRÉS PAR LUI LE 1er MAI SUR LES DEUX RIVES DE L'ESCAUT. COMBAT DE VICOIGNE LIVRÉ LE 8 MAI. MORT DE DAMPIERRE. SES FUNÉRAILLES MONUMENTS ÉLEVÉS EN SON HONNEUR [1].

La trahison de Dumouriez aggrava encore les périls déjà si grands qui menaçaient la République. Au point de vue matériel, elle n'avait pas entraîné une perte considérable, car le général n'avait emmené avec lui que peu de soldats et d'officiers. Il n'en était pas de même quant à l'effet moral et elle venait s'ajouter aux causes nombreuses qui avaient, depuis deux mois, affaibli la discipline de l'armée et amené sa désorganisation. Plus que tout autre événement, elle devait contribuer à lancer la Révolution dans les voies violentes. Les défaites éprouvées en Belgique avaient été la cause immédiate de la double création du tribunal révolutionnaire et du Comité de salut public. Arrivant après la défection de La Fayette, celle de Dumouriez jeta dans tous les esprits une incurable défiance, amena la mort de plusieurs généraux, compromit Danton et beaucoup des hommes politiques qui, par patriotisme et parce qu'ils pensaient que les talents du vainqueur de Valmy étaient encore nécessaires à la République, avaient continué jusqu'au bout à lui donner leur appui. Dès lors, même à l'égard des hommes les plus purs, aucune accusation ne parut invraisemblable, et, sur de simples soupçons, beaucoup, hélas! furent envoyés à l'échafaud.

---

[1] Ce chapitre a été rédigé par M. Jules Finot.

Par bonheur, la Révolution possédait à sa tête des hommes dont l'énergie s'éleva à la hauteur de tous les périls ; faisant volontairement le sacrifice de leur vie, de leur mémoire même, ils surent, au milieu de l'effroyable déchaînement de la fureur des partis, prendre et imposer, fût-ce au moyen de la terreur, les mesures décisives par lesquelles furent sauvées la France et la République. Par bonheur aussi, les coalisés commirent d'énormes fautes qui facilitèrent la résistance et permirent à la fin de sortir glorieusement d'une situation apparue d'abord comme presque désespérée. Fidèles au plan méthodique et timide conçu par eux au début de leur campagne, ils s'arrêtèrent comme paralysés après leurs foudroyants succès de Belgique, ne voulant pénétrer en France que lorsque le roi de Prusse, devenu maître de Mayence, pourrait s'avancer jusqu'au cœur de nos provinces. Or le blocus de Mayence ne commença que le 6 avril, et de longues semaines devaient encore s'écouler avant la reddition de la place. Ils étaient d'ailleurs divisés entre eux, Prussiens et Autrichiens ne pouvaient se mettre d'accord au sujet de leurs futures conquêtes. Ils avaient alors 90.000 hommes concentrés sur la frontière du Nord et les Français ne pouvaient leur en opposer, de Dunkerque à la Meuse, que 40.000 ; aussi, comme le dit Thiers [1], s'il s'était trouvé chez les généraux de la coalition un peu de génie ou un peu d'union, la cause de la Révolution était perdue.

Au moment où Dumouriez avait opéré sa retraite vers les places du Nord, celles-ci s'étaient enrichies de plusieurs corps créés sur les lieux mêmes, par suite de la levée en masse de tous les hommes de 18 à 25 ans, décrétée en janvier 1793. Mais, déjà à demi-épuisée par la création de 3 bataillons opérée en 1791, de 18 bataillons, de corps francs d'infanterie et d'escadrons de hussards et de dragons, opérée en 1792, la jeunesse du pays ne put, dans les premiers mois de l'année suivante, fournir que 4 bataillons nouveaux. Leur inexpérience militaire devait, pour plusieurs mois, les rendre d'un faible secours.

Dumouriez s'étant joint aux Autrichiens, personne ne savait exactement quels étaient ses desseins pour l'avenir. N'allait-il pas rentrer en France à la tête des troupes ennemies? N'y avait-il pas laissé des complices prêts à fomenter des troubles et à se soulever à son approche? Le pouvoir exécutif avait pour strict devoir de se prémunir contre de telles éventualités, et, tandis que d'énergiques mesures étaient prises quant à l'armée, le ministre de l'intérieur ordonnait la saisie de toutes les pièces impri-

---

[1] *Histoire de la Révolution*, tome IV, p. 101.

mées ou manuscrites que le transfuge pourrait tenter de répandre sur le territoire français.

En conséquence, il écrivit la lettre suivante :

Paris, le 7 avril 1793,
l'an 2e de la République françoise.

LE MINISTRE DE L'INTÉRIEUR AUX ADMINISTRATEURS DU DÉPARTEMENT DU NORD,

Je suis informé, citoiens administrateurs, que Dumouriez prépare une espèce de manifeste in-4°, que ce manifeste s'imprime à St-Amand et que le traître se propose de le répandre avec profusion dans tous les départements.

J'ignore la voie qu'il prendra pour remplir ce but, mais il importe de ne pas laisser circuler un écrit qui peut circonvenir la foiblesse et l'ignorance des uns, favoriser les vues et les efforts de nos ennemis intérieurs et secrets et fomenter nos divisions intestines.

J'abandonne donc à votre sollicitude de prendre les moiens les plus prompts et les plus sûrs de faire arrêter tous les exemplaires qu'on tentera de faire introduire dans la République, soit par la voie des messageries, des postes, soit par celle des voitures ordinaires. Ainsi, donnez des ordres, citoiens administrateurs, aux districts, aux municipalités, aux préposés aux douanes, aux gardes nationales et, en un mot, à tous les bons citoiens de notre département, pour déjouer les complots de ce nouveau conspirateur, et soyez exacts à me faire part du succès des mesures que vous aurez prises.

GARAT.

Cette lettre fut transmise sans aucun retard aux autorités municipales de Cambrai, ville où l'on présumait que Dumouriez avait laissé plus d'amis et de partisans qu'ailleurs :

LES ADMINISTRATEURS DU DÉPARTEMENT DU NORD A LA MUNICIPALITÉ DE CAMBRAI.

Douai, le 8 avril 1793,
l'an 2e de la République françoise.

Nous recevons, citoiens, la lettre ci-incluse sur laquelle nous appelons toute votre attention. Dumouriez ne peut justifier sa conduite, mais il peut chercher à tromper et, aidé des efforts des malveillans, il pourroit nuire à ceux que nous faisons pour maintenir le calme intérieur qui nous est si nécessaire. Ne négligez donc rien pour déjouer son projet.

Entre autres précautions, vous devez principalement veiller sur les postes et les messageries ; à cet effet, vous recommanderez à toutes vos municipalités de nommer un ou plusieurs commissaires qui surveilleront soigneusement les paquets qui arrivent par l'une ou l'autre de ces deux voies, et vous donnerez aux différens préposés de ces diverses administrations, l'ordre de tenir exactement note, sur leurs feuilles et registres, des personnes à qui seroient adressés des paquets susceptibles de quelque doute.

Vous ferez bien encore de tenir note des personnes qui recevroient habituellement de l'étranger des lettres qui annonceroient une correspondance suivie, et vous nous en donneriez avis avec des renseignements sur le caractère, les habitudes et les opinions de ces personnes.

Enfin, vous vous ferez aider, dans votre surveillance à cet égard, par les employés des douanes et la garde nationale, et vous mettrez, dans ces démarches, la prudence nécessaire pour que ces mesures extraordinaires n'excitent ni crainte ni trouble.

Vous voudrez bien nous rendre exactement compte de tout ce que vous ferez à cet égard.

Les administrateurs composant le conseil général du département du Nord.

GIRAU (?), vice-président, et HAGARDE, s. g.

P.-S. — Vous sentez que vos commissaires devront se trouver aux postes et messageries à l'arrivée des courriers et voitures, et qu'ils devront ouvrir les lettres et paquets adressés à des personnes notoirement suspectes après y avoir appelé ces personnes.

Signé : H. (avec paraphe).

Pour copie conforme à l'original : P. MERCIER-LERICHE, secrétaire.

Malgré cette pressante invitation, le directoire du district de Cambrai ne prit que plusieurs jours après un arrêté ainsi conçu :

Vu la lettre du ministre de l'intérieur qui charge les administrations d'empêcher la profusion dans le sein de la République, de toutes pièces contre-révolutionnaires, soit au nom de Dumouriez, soit au nom de tous autres individus quelconques, ennemis de l'ordre public.

Vu aussi, sur ce, le réquisitoire du citoyen Boisdon, commissaire-procureur-syndic.

Le directoire du district de Cambrai arrête que les municipalités de Cambrai et du Câteau devront nommer, sur-le-champ, un ou plusieurs commissaires qui surveilleront les lettres, paquets qui arrivent par la poste ou messageries. Ces commissaires tiendront, sur leurs registres ou feuilles, une note exacte des personnes à qui seront adressés des objets susceptibles de quelques doutes ; ils sont autorisés d'ouvrir les lettres et paquets adressés à des personnes notoirement suspectes après y avoir appelé ces personnes.

Lesdits commissaires tiendront note exacte des personnes qui recevroient habituellement de l'étranger des lettres qui annonceroient une correspondance suivie ; ils en donneront avis au directoire, avec des renseignements sur le caractère des personnes, leurs habitudes et leurs opinions.

Dans cette surveillance, les susdits commissaires pourront se faire aider par la garde nationale et ils mettront dans leurs démarches la prudence nécessaire pour que les mesures extraordinaires n'excitent ni trouble ni crainte.

Fait en directoire à Cambrai, le 11 avril 1793, l'an 2e de la République.

Pour extrait conforme : MERCIER-LERICHE, secrétaire.

En marge de la pièce qui précède, on lit cette annotation :

BROUTIN, TRIBOU, DELAMBRE, nommés commissaires le 12 avril 1793.[1]

Dès le 3 avril, avait été arrêté et conduit à Cambrai Alphonse Codron, cet ancien maire qui, ainsi que nous l'avons dit [2], avait rejeté l'écharpe

---

[1] Les trois documents que nous venons de reproduire sont tirés des Archives communales de Cambrai.

[2] Voir chapitre II, p. 120.

municipale pour suivre Dumouriez sur les champs de bataille de la Belgique. Durant près de deux mois, il fut enfermé dans l'ancienne abbaye de Saint-Aubert devenue alors un lieu de détention. Mais un de ses amis, Lallier, secrétaire du Conseil général, plaida chaudement sa cause dans un *Mémoire* d'où nous extrayons ces détails, et Codron fut mis en liberté le 30 mai suivant. Entré plus tard dans l'intendance, il mourut « inspecteur des vivres et viandes au parc général d'artillerie de la grande armée.... à Erfurt (pays de Thuringe, Allemagne) d'une hydropisie de poitrine, le 19 juin 1808 à onze heures du matin [1]. »

Cette arrestation de Codron fut suivie de plusieurs autres. Mais le Conseil général de la commune de Cambrai ne se borna point à ces actes d'une importance secondaire et il voulut, par une mesure solennelle, flétrir la conduite de l'ancien chef de l'armée du Nord. C'est ce que nous apprend une de ses délibérations, conçue en ces termes :

Séance publique du vendredi 26 avril 1793, l'an 2e de la République françoise.
Sur la demande des membres de la Société des Amis de la République, le Conseil général de la commune, voulant manifester d'une manière éclatante l'horreur profonde que lui a inspiré l'infâme trahison du scélérat Dumouriez, avoit délibéré hier : 1o Qu'il seroit fait une pétition à la Convention pour obtenir que la maison où il reçut le jour fût rasée, en indemnisant préalablement le propriétaire actuel ; 2o qu'entre tems, il seroit planté à l'extérieur de la ville des poteaux portant des inscriptions énonciatives de son crime et de l'exécration publique à laquelle ce monstre étoit pour jamais voué ; et 3o que les citoyens Gasparin et Le Sage-Senault, députés de la Convention, actuellement à Cambray, seroient invités à assister à cette opération.
En conséquence, cejourd'huy vers dix heures du matin, la cloche du beffroi ayant été sonnée pour appeler le rassemblement des citoyens, et la nombreuse garnison de cette ville étant rangée en bataille sur la place d'armes, les représentans du peuple et tous les corps constitués se rendirent à la Maison commune où se trouvoit déjà la Société des Amis de la République.
Ayant été arrêté que l'élévation du premier poteau seroit faite au dehors de la porte dite *de France*, le cortège se mit en marche, précédé d'une musique militaire et accompagné d'un peuple immense dont les cris multipliés répétoient avec enthousiasme : *Vive la République ! Vive la Convention nationale ! Guerre aux tyrans et aux traîtres !*
Parvenu au lieu de sa destination, le poteau fut dressé et il y fut attaché cette inscription :

La commune de Cambray
frémit d'avoir vu naître dans son sein
L'infâme, le scélérat
Dumourier.
Passans, partagez son horreur :
Traîtres tremblez.

---

[1] Registres de l'état-civil de Cambrai. Transcription.

Cette besoigne *(sic)* achevée et des couplets patriotiques, faits pour la circonstance, ayant été distribués, on revint dans le même ordre sur la place d'armes en les chantant, ainsi que l'hymne des Marseillois, dont la dernière strophe fut plusieurs fois répétée au pied de l'arbre de la Liberté.

Le cortège étant rentré en la maison commune, la séance fut terminée par un discours énergique que prononça le citoyen Gasparin et qui acheva d'émouvoir la sensibilité des citoyens, lesquels, par un élan général et spontané, y répondirent en jurant de vivre libres ou de mourir et de s'ensevelir plutôt sous les décombres de leur ville que d'en permettre l'accès aux satellites du despotisme.

A ce faire furent présens et ont assisté les citoyens Gasparin et Le Sage-Senault, députés de la Convention nationale ; tous les membres des corps constitués, tant civils que militaires, et ceux de la Société des Amis de la République séante en cette ville [1].

Les députés qui assistèrent à cette cérémonie ont laissé quelque trace dans l'histoire. — Nous connaissions Lesage-Senault. Quant à l'autre, Thomas-Augustin de Gasparin, né à Orange en 1750, ancien capitaine au régiment de Picardie, député des Bouches-du-Rhône à l'Assemblée législative et à la Convention, il devait un peu plus tard être envoyé en mission en Vendée, à l'armée des Alpes et à Toulon. où il distingua Bonaparte, et mourir d'épuisement et de fatigue, le 11 novembre 1793. La Convention ordonna que son cœur fût déposé au Panthéon, où il n'est jamais parvenu.

En rendant compte à la Convention de la cérémonie de Cambrai, les deux commissaires conclurent par ces mots :

En nous retirant, nous avons chanté avec toute la ville l'hymne des Marseillois et la fête s'est terminée par une farandole de toutes les autorités constituées avec nous autour de l'arbre de la Liberté. Le zèle qu'y ont apporté tous les citoyens nous assure de leur fidélité à la République et que le monstre n'a conservé aucun ami dans la ville qui le vit naître [2].

On peut dire, en effet, que Dumouriez ne laissa pas, après lui, de partisans ni dans l'armée du Nord, ni dans ce pays qui avait été témoin de ses victoires les plus éclatantes, car le mouvement fédéraliste qui éclata après le 31 mai fut tout à fait en dehors de son influence.

Tandis que ces événements se passaient ou se préparaient à Cambrai, d'importants mouvements avaient lieu dans l'armée ennemie. Dès le 29 mars, les coalisés qui, de Menin à la Sambre, avec Tournai et Mons comme avant-postes, attendaient le résultat des pourparlers alors entamés avec Dumouriez, s'étaient montrés en force sur l'Honniau, petite rivière située à 12 kilomètres de Valenciennes, vers l'est, et avaient rétabli les ponts

---

[1] Les délibérations du Conseil général de la commune de Cambrai sont conservées dans les Archives municipales de cette ville.
[2] Archives du Nord, série L, liasse 1406.

détruits par Ferrand lors de sa retraite sur cette place. Puis ils s'étaient arrêtés, pour attendre le résultat d'autres négociations diplomatiques auxquelles Anvers servait de théâtre. Dans un passage de son *Journal*, où le faux se mêle au vrai, Paridaens va, à ce sujet, nous mettre au courant de faits réels et de bruits chimériques :

8 AVRIL.

Pendant la nuit et le matin, la garnison de Mons part et va en avant vers la France. L'Archiduc Charles part pour Boussu vers trois heures et demie après-midi. Le général Clerfayt est à Mons ; il commande en chef, pendant l'absence du prince Cobourg qui est allé au Congrès d'Anvers.

D'abord après-midi, on débite que les Autrichiens sont entrés à Maubeuge à sept heures du matin. Dans l'après-dîner, les bourgeois enlèvent et mettent en prison plusieurs habitants de la ville, membres du ci-devant club des Jacobins ou leurs partisans.

Vers huit heures du soir, passe à Mons un train de grosse artillerie venant d'Allemagne et allant vers la France ; les conducteurs disent qu'on les a fait marcher jour et nuit, qu'ils ne devoient arriver que le 15 de ce mois.

Dans l'après-midi, on voit paraître une adresse ou manifeste du général Dumouriez à la nation françoise, datée des Bains de Saint-Amand le 2 de ce mois et une adresse ou manifeste du prince de Saxe Cobourg y relative, datée de son quartier général à Mons, le 5 de ce mois.

Ce prince, que nous avons vu diriger avec succès les mouvements de l'armée autrichienne à partir du 1er mars, mérite de nous arrêter quelques instants au moment où il va pénétrer en France. Célèbre déjà par une campagne en Valachie contre les Turcs, par la prise de Bucharest, et par de nombreuses cruautés, il allait trouver à la fois, dans la campagne nouvelle qu'il venait d'entreprendre, le couronnement et la fin de sa gloire. Vainqueur pendant une année, il devait plus tard perdre la bataille de Tourcoing contre Souham, celles de Fleurus et d'Aldenhoven contre Jourdan, se voir enlever dès lors le commandement des armées combinées et mourir en février 1815 après s'être longtemps survécu.

Le congrès d'Anvers s'était ouvert le 7 avril. Outre Cobourg, il réunissait le prince d'Orange, lord Auckland, le général prussien Knobelsdorf, ainsi que les comtes de Stharemberg et de Metternich. Ces personnages arrêtèrent d'abord la force des contingents à fournir par chacune des puissances belligérantes, et les fixèrent à peu près ainsi :

Autrichiens (armée du prince de Cobourg).	50.000	hommes.
Anglais, Hanovriens et Hessois (armée du duc d'Yorck). .	30.000	»
Hollandais (corps du prince d'Orange).	15.000	»
Prussiens (corps du général Knobelsdorf).	8.000	»
Corps du prince de Hohenlohe — Kirchberg	30.000	»
Total.	133.000	hommes.[1]

---

[1] Nous empruntons ce tableau au *Mémoire sur les opérations militaires des généraux en chef Custine et Houchard, pendant les années 1792 et 1793*, publié par le baron Gay de Vernon, ancien officier d'état-major, ouvrage que nous aurons plus d'une fois à citer.

C'était une augmentation d'environ 43.000 hommes sur les troupes déjà réunies et prêtes à continuer leur marche victorieuse.

Les membres du congrès réglèrent ensuite l'ensemble des opérations offensives sur la frontière des Pays-Bas et partagèrent à l'avance les dépouilles de la France. L'événement ayant tourné contre eux et rendu caduques leurs conventions, celles-ci n'ont jamais été connues d'une façon tout à fait exacte. On sait néanmoins que les plans militaires étaient tracés par les cabinets de Londres et de Vienne ; qu'ils comprenaient la double attaque de Condé et de Valenciennes, places qui devaient être livrées à l'Autriche ; puis celle de Dunkerque qui appartiendrait désormais à l'Angleterre. Quant au stathouder, il ne recevait aucun agrandissement territorial, trop heureux de se voir garantir ses possessions.

L'exécution suivit de près la menace, car, dès le 8, les coalisés s'emparaient du camp de Maulde, et se présentaient devant Condé.

La possession de cette petite ville était, pour les Alliés, d'une importance capitale. Par sa position au confluent de l'Escaut, de la Hayne et du canal de Mons, elle domine une grande partie des communications fluviales entre la France et les Pays-Bas ; et, antérieurement à la Révolution, les bateliers de Condé possédaient de nombreux privilèges contre lesquels s'élevait l'opinion publique.[1] Aussi tant que les Alliés ne s'en seraient pas rendus maîtres, ils ne pouvaient commodément faire venir ni leur gros matériel de siège, ni leurs approvisionnements. La position est même restée si importante que la loi du 30 mai 1889, qui a déclassé Valenciennes, Bouchain, Cambrai, Douai et d'autres villes, a conservé à Condé sa qualité de place forte.

Cette place était mal approvisionnée. Dans les derniers mois, beaucoup de troupes étaient passées sous ses murs, soit pour aller en Belgique, soit pour en revenir, et avaient dévoré ses vivres militaires. L'intendance en avait fait réclamer à Cambrai, mais rien n'eut le temps d'arriver. Quant aux habitants, la plupart possédaient des ressources alimentaires, qu'ils s'efforçaient de cacher pour ne pas avoir à en subir le partage.

Le général Neuilly, qui se trouvait précédemment dans la ville, avait suivi Dumouriez dans sa défection. Heureusement au moment même où elle allait être bloquée, le général Chancel se jeta dans ses murs avec quelques forces. C'est à lui que revient tout l'honneur de la défense, défense où, s'il n'eut pas à déployer de grandes qualités militaires, puisque la ville ne fut ni assiégée, ni bombardée, il montra tout au moins une grande énergie morale, et des talents administratifs de premier ordre.

---

[1] Voir à ce sujet *le Nord de la France en 1789*, par M. Ardouin Dumazet, chapitres IV et XXXVII.

L'inondation qui défend la place ayant été tendue, le blocus était facile, puisqu'il suffisait à l'ennemi de s'emparer des quelques chaussées que l'eau ne recouvrait point, et de les garder solidement. L'opération fut accomplie dans la journée du 8. Pour la surveiller, le prince de Wurtemberg s'installa au nord, dans le superbe château de l'Hermitage, appartenant à la famille de Croy, et le général de Beaulieu, au sud, dans un château plus modeste, bien que très agréable encore, celui de Fresnes-sur-Escaut.

Dès le 9, la ville de Condé fut sommée de se rendre. Chancel répondit au parlementaire qu'il avait juré fidélité à la République et garderait la place jusqu'à la dernière extrémité.[1] Le même jour, une partie des bois de Saint-Amand, de Raismes, de Vicoigne et d'Hasnon furent occupés par les coalisés ainsi que le village de Curgies, situé non loin de l'Honniau sur la rive droite de l'Escaut. L'écluse de la Folie, construite à Bruai entre Condé et Valenciennes, sur l'Escaut canalisé, tomba également au pouvoir de l'ennemi qui s'empressa de l'ouvrir afin d'empêcher la seconde de ces deux villes de tendre son inondation inférieure.

Le même jour, ceux des commissaires de la Convention qui se trouvaient à Valenciennes, avaient lancé la proclamation suivante « aux militaires français, » et l'avaient fait imprimer chez Prignet, sous la forme d'un grand placard divisé en trois colonnes :

Citoyens qui portez les armes pour la défense de votre Patrie, vous l'avez vu maintenant cette trahison du scélérat Dumouriez ; vous avez quitté ses infâmes Drapeaux et vous êtes venu vous rallier à l'arbre de la Liberté sous l'étendard républicain : le traître est émigré ; le traître est réuni aux ennemis de la France, à ceux même contre lesquels vous avez pris les armes ; il est maintenant le chef de cette horde d'émigrés réunis aux Autrichiens, Prussiens et à tous ceux qui viennent attaquer votre pays ; longtems il vous avoit trompés par son courage dans les combats et l'apparence de ses vertus ; vous le voyez aujourd'hui tel qu'il est, un assassin de sa Patrie, un ambitieux tyran qui, après avoir acquis votre estime et gagné vos cœurs, a voulu se servir de vos propres armes pour massacrer vos frères et s'élever un trône sur les débris de leurs cadavres et des vôtres ; vous connoissez en ce moment toute l'horreur de ses projets, mais vous n'en connoissez pas toute l'étendue.

Il falloit bien, pour mériter votre affection, qu'il fût brave et familier ; c'est ainsi qu'en ont agi tous les tyrans ; il falloit qu'il fût audacieux dans les combats et qu'il sût vaincre ; s'il n'avoit été qu'un lâche, auriez-vous pu l'aimer ? non ; il falloit qu'il commençat par vous séduire, et s'emparer de vos âmes en se montrant tel qu'il devoit être, chaud patriote, brave soldat et grand général ; *quand je serai sûr de ma troupe, se disait-il, je la mènerai partout, je veux m'en faire aimer jusqu'à l'idolâtrie.*

---

[1] Nous n'écrirons pas ici en détail l'histoire du blocus de Condé, parce qu'elle a fait l'objet d'un travail absolument complet ayant pour auteur M. Martel, ancien adjoint au maire de cette ville et officier de l'armée territoriale.

Il a donc commencé par vaincre parce qu'il le falloit ; il a commencé par être vertueux parce qu'il le falloit ; il a commencé par entrer dans les sociétés populaires, y parler, y porter le bonnet rouge et faire toutes les singeries patriotiques nécessaires pour capter la multitude, et s'obtenir les suffrages des soldats de la révolution ; il a juré lui-même la destruction de la royauté, le maintien de la République et le régime de liberté et d'égalité que vient d'adopter la France ; il falloit tout cela pour réussir. Voici d'ailleurs quel étoit son plan conçu de longue main : dès longtems il étoit d'accord avec Cobour et tous les généraux ennemis ; s'il ne l'avoit pas été l'année dernière, il auroit, dans les plaines de la Champagne, exterminé les Prussiens et saisi leur roi ; deux fois il en fut le maître, cela est prouvé maintenant ; les Prussiens, les Autrichiens et les émigrés français ne comptoient et ne pouvoient compter que sur lui en France ; c'est donc avec lui qu'ils devoient traiter et c'est ce qu'ils ont fait quoiqu'ils le méprisassent, car on méprise toujours un traître, alors même que l'on s'en sert, il falloit bien qu'ils employassent son crédit pour rétablir le despotisme en France.

Allié avec eux, il a dû néanmoins vaincre d'abord afin de plaire aux Français, et surtout de séduire l'armée : d'ailleurs la mort de trente mille hommes n'est rien pour les tyrans, les despotes et les rois. Il a reculé les bornes de la République ; il a fait conduire nos armes, nos bagages et nos vivres dans les pays qu'il venoit de conquérir en apparence à la Liberté ; il a transporté nos munitions et notre numéraire hors de France ; au lieu de laisser nos grands magasins dans les villes de nos anciennes frontières, il les a fait établir dans la Belgique ; il a fait transférer des habillemens pour plus de cent cinquante mille hommes à Liège, à Louvain, Namur, etc., il y a fait transporter des munitions de bouche en proportion ; il y a établi d'immenses magasins de fourrages ; il a fait venir de France, jusques de 50 et 60 lieues, des foins dont il est prouvé qu'une portion revient à *trente et sept sols la livre*, et pendant qu'il épuisoit ainsi notre ancienne frontière, il laissoit dans la Belgique, autour de lui, dans toutes les campagnes, une immensité de fourrages et de munitions de bouche qu'il se seroit procuré à dix fois meilleur compte que ceux qu'il tiroit de France.

Il visoit d'abord à s'établir Protecteur ou Roi de la Belgique ou de la Hollande, il en est convenu lui-même et dans ce cas, tout ce qu'il tiroit de chez nous et qu'il plaçoit dans la Belgique, devoit lui servir ; s'il manquoit ce but, il se trouvoit fort pour attaquer la France de concert avec les Autrichiens et les Emigrés ; c'est ainsi que les hypocrites, les scélérats et les traîtres comme Dumouriez, savent toujours se ménager des ressources ; n'agissant que par le crime, ils savent bien qu'ils peuvent trouver de grands obstacles à leurs succès ; il faut donc qu'ils calculent toujours de manière à se procurer une double issue ; et c'est ainsi qu'a fait Dumouriez. Songeant à devenir roi de la Hollande ou de la Belgique, s'il pouvoit, en trompant la France et la Hollande et les Belges et les Emigrés et les Autrichiens et tout l'univers, et songeant, si cela manquoit, à se bien montrer en faveur des Autrichiens et des Emigrés contre la France, et à marcher avec eux sur la Convention nationale et sur Paris ; songeant, dans tous les cas, à tirer ses approvisionnemens de France, quelque coûteux que cela fût, parce que cela plaisoit aux Belges, et parce qu'il nous affoiblissoit d'autant et qu'il devenoit, par là, maître de grands moyens contre nous.

Quand ses projets d'approvisionnemens ont été remplis, il a commandé la retraite de la Belgique sans la moindre cause, sans qu'il y en eût la plus petite raison ; nous avons vu l'ordre écrit et signé de sa main sans qu'il alléguât un motif raisonnable pour justifier cette conduite ; vous savez, Soldats, comment elle s'est effectuée, laissant derrière nous tous nos magazins, toutes nos munitions et tout ce que nous avions pris à l'ennemi ; à Malines seule, il y avoit trente mille fusils, huit mille paires de pistolets, vingt mille paires de roues et dix-sept millions valant de matière propre à faire des canons ; en plusieurs endroits, beaucoup de bateaux et de charriots sont revenus à vuide, pendant que les magazins sont demeurés pleins d'effets, ou qu'ils ont été livrés au pillage, etc.

Vous savez au reste comment Dumouriez a conduit ses dernières opérations, divisant son armée pour qu'elle succombât nécessairement et pour justifier la retraite qu'il projettoit ; vous savez comment il a ridiculement, avec sept mille hommes et quatre à cinq bouches à feu, fait attaquer Maëstricht, qui renfermoit une garnison de dix mille hommes et de plusieurs centaines de bouches à feu ; vous savez comment une multitude de soldats demeuroient sans armes et sans habits et comme il en accusoit la Convention, pendant qu'il tenoit dans les magazins de la Belgique, des habits pour cent cinquante mille hommes et des armes pour cinquante mille au moins.

Enfin, quand le moment de frapper son grand coup est venu, il a commencé par tenter d'avilir à vos yeux, la Convention nationale, par tous les moyens possibles ; il vous l'a peinte, comme composée d'un tas de factieux, qui ne vouloient que travailler à leur fortune particulière et qui ne pouvoient opérer que le malheur public, tandis que c'étoit lui-même qui contrarioit ses opérations ; il a toujours empêché l'instruction de vous parvenir, il vous a laissé toujours ignorer les décrets, et quoique la Convention envoye exprès aux armées tous les jours un bulletin qui expose ses travaux et ses séances, il ne vous les a presque jamais fait connoître ; enfin, il s'est emparé du droit de vous instruire à sa manière ; il vous a fait des proclamations inciviques, contraires aux sermens que vous aviez faits et qu'il avoit faits à votre tête, des proclamations liberticides et tendantes à vous faire désirer un Roi, à vous faire croire que l'on ne pouvoit être heureux que sous un Roi, et à vous déterminer à le seconder pour marcher sur la France et sur Paris, et faire de nouveau l'établissement d'un Roi : il ne vous disoit pas encore à quelle personne il falloit songer, parce qu'il vous eût révolté en parlant de lui-même ; il disoit au contraire qu'il ne vouloit que rétablir l'ordre et la liberté ; c'est ainsi qu'en agissent tous les ambitieux, les fourbes et les hypocrites ; ils vont toujours en employant le mensonge et la ruse, comme le serpent, en disant qu'ils ne veulent pas l'objet qu'ils convoitent le plus et après lequel seul ils soupirent.

Quand vous eussiez été rendus à Paris ; quand, d'accord avec les troupes Autrichiennes et les hordes des émigrés qui le secondoient, vous eussiez ravagé la moitié de la France, et qu'il eût ajouté à l'empire de la confiance, l'empire de la terreur ; quand enfin il seroit entré dans Paris tout couvert du sang françois, tout puissant par son triomphe et par les massacres de vos amis et de vos frères, c'est alors qu'il eût montré votre nouveau Monarque ; c'est alors qu'il se fût assis sur le trône et qu'il vous eût ramené vous et toute la France dans l'horreur de l'ancien esclavage.

Voilà ce qu'il devoit faire, Citoyens ; vous devez en juger par ce qu'il a fait ; il a lui-même combattu longtemps et avec énergie pour l'établissement de la République ; il étoit, dans le temps, l'ennemi juré de Lafayette qui vouloit le maintien de la Constitution Royale ; il a tout employé contre cet autre intrigant pendant qu'il lui faisoit ombrage, et dès que Lafayette lui a laissé le champ libre en émigrant, il a suivi le même plan d'ambition, mais avec cette différence qu'il y a mis bien plus d'hypocrisie, d'audace et de perfidie ; en un mot, citoyens, il a voulu se servir de vos propres mains pour assassiner vos frères et s'élever un trône ; il a laissé parmi vous encore des traîtres qui crient à la Royauté pour vous porter au désordre et à l'insurrection, pendant qu'il viendra, chef des brigands du dehors, des émigrés et des Autrichiens, vous attaquer et vous combattre, lui qui devoit avec vous combattre les Emigrés et les Autrichiens.

Il veut un Roi, parce qu'il veut l'être ; il veut un roi parce qu'il est d'accord avec nos ennemis pour cela, parce qu'il importe peu à nos ennemis quel soit le roi qui règne en France, pourvu qu'il y en ait un ; mais avez-vous réfléchi quelles sont les conséquences de la royauté ?... Citoyens, savez-vous qu'après un Roi vient toute sa suite ; qu'après un roi viennent tous ses courtisans : qu'après un Roi viennent le Despotisme et l'Esclavage.

Avec un roi viennent les Princes ; après les princes, les Ducs ; après les ducs, les Barons, les Comtes, la Noblesse, etc. ; avec un Roi vient toute la puissance du clergé, pour tromper le Peuple, aveugler son esprit, soumettre sa raison et le tenir dans l'avilissement et l'impuissance de tout ; avec un Roi, la Noblesse et le Clergé, viennent les Dîmes, les Droits Féodaux et Seigneuriaux, les Droits de Chasse, de Pêche et toutes les prérogatives dont jouissent les Privilégiés serviteurs du Monarque, Bas Valets à la Cour, et Despotes dans leurs pays, dans leurs campagnes ; avec les Privilèges viennent la défense au Peuple de porter les Armes, la défense de chasser de quelque manière que ce soit, de tendre des filets, etc., les Galères pour un Pigeon pris ou pour une Perdrix tuée ; avec les privilèges viennent l'obligation de souffrir qu'un Cerf, un Sanglier dévastent les campagnes du Laboureur, et les galères pour cet homme précieux s'il ose tirer dessus.

Soldats Français ; avec un Roi vient la Noblesse et avec la noblesse le mépris pour le soldat et l'interdiction de tout avancement ; il peut devenir caporal, sergent, fourrier, rien au-delà ; il est insulté, maltraité, méprisé par ses officiers ; il n'a pas le droit de se plaindre ; il n'est fait que pour toujours obéir et jamais commander ; il est fait pour recevoir des coups de plat de sabre ; il est fait, en un mot, pour servir toujours en simple soldat et mourir à l'hôpital, pendant qu'il voit un morveux qui sait à peine tenir son fusil lui commander, le conduire en maître, jouir de tous les honneurs, et se procurer autant de gloire que de fortune ; voilà comment c'étoit autrefois en France, Citoyens : voilà comme c'est encore dans tous les Empires voisins, et voilà comme cela sera toujours dans les Pays où existeront la Noblesse et les Rois ; quel est donc le Français assez vil, assez méprisable, assez abject, assez ennemi de lui-même pour oser encore appeller un Roi, songer à se donner un Tyran, songer à s'en donner mille, car c'est toujours autant de Tyrans que de nobles, et les Nobles existent partout autour des Rois. Soldats Français, vous qui avez une âme, vous qui avez tant fait déjà de sacrifices à la Révolution ; vous qui avez déjà tant fait d'efforts pour obtenir la Liberté ; vous qui avez versé tant de sang pour la conquérir ; renoncez donc désormais à vous faire une idole ; ne voyez jamais un homme ; jettez vos yeux sur la Patrie ; voyez-la toujours et ne voyez qu'elle : voyez la Convention Nationale qui vous représente et qui n'est composée que de vos égaux et vos frères ; abhorrez tous les Rois, tous les hypocrites et tous les monstres qui oseroient encore essayer de se rendre maîtres de votre confiance et qui tenteroient d'en abuser ; défendez votre liberté ; ne souffrez pas qu'un de vos frères se dégrade en appellant un Roi et demandant de nouvelles chaînes ; vivez glorieusement ; sachez souffrir et combattre ; versez votre sang s'il le faut ; mais que ce soit pour votre honneur, pour votre Liberté, pour la République.

Au nom de la République, nous requérons les Corps Administratifs et Municipaux, les Généraux Commandant des places et Commandant des Corps Militaires de donner, par lecture et affiches, la plus grande publicité à cette Proclamation. Nous en requérons spécialement la lecture aux Bataillons assemblés et l'affiche dans les Quartiers. A Valenciennes, ce 9 Avril l'an 2e de la République.

Les Commissaires de la Convention Nationale pour les frontières du Nord,

signé, Lequinio, Debellegarde et Charles Cochon.

En même temps avait lieu, par dessus la frontière, une polémique entre le prince de Saxe-Cobourg et les commissaires de la Convention.

Après une courte *Déclaration*, datée du 5 avril et dont nous a parlé Paridaens, le général autrichien, à peine sorti du congrès d'Anvers, avait, en effet, lancé le 9, de Mons, une *Adresse aux Français* où il s'efforçait de les rassurer sur ses intentions [1]. Mais Dubois-Dubais et Briez s'empressèrent de lui répondre en ces termes [2] :

Général,

Par votre dernière adresse aux Français, en date du 9 de ce mois vous dites que « votre déclaration du 5 précédent étoit un témoignage public de vos sentiments personnels pour ramener le plutôt possible, le calme et la tranquillité de l'Europe ».

Cette assurance, qui n'est que le langage ordinaire de la politique des cours, est complètement démentie par les faits ; car ce n'est point en outrageant un peuple paisible, en le forçant de prendre les armes pour défendre ses droits les plus légitimes et sa souveraineté, qu'on rétablit le calme et la tranquillité de l'Europe ; c'est ainsi, au contraire, qu'on y porte le trouble et la désolation.

Par le second paragraphe, vous dites que « vous y avez manifesté d'une manière franche et ouverte, votre vœu particulier pour que la Nation Française ait un gouvernement solide et durable », c'est-à-dire, Général, un gouvernement à votre manière et à celle des despotes.

Mais ce gouvernement, que vous voudriez pour le peuple Français, établi par la force, et qui conséquemment lui seroit en horreur, pourroit-il être solide et durable comme vous l'espérez, et le peuple ne se souleveroit-il pas à chaque instant pour le renverser ? ainsi votre but seroit manqué, parce qu'il ne peut y avoir de gouvernement solide et durable, pour un peuple énergique et puissant, que celui qui est de son choix. Mais vous est-il permis de vouloir pour la Nation Française, et lui présenter pour un bonheur, ce qui seroit réellement son malheur ? et prétendriez-vous ainsi vous rendre l'arbitre et le juge de son gouvernement ? A elle seule sans doute appartient le droit de juger et d'adopter celui qui lui convient le mieux, et ce droit, aucune puissance de la terre ne peut le lui contester ni l'anéantir, parce qu'il est aussi fort que la raison, aussi durable que la justice, et aussi ancien que la nature ; elle soutiendra donc celui qu'elle a adopté contre toutes les entreprises quelconques. Le nombre de ses ennemis ne l'épouvante pas ; les revers ne l'abattent pas ; elle peut subir des défaites ; des traîtres peuvent lui en occasionner ; mais elles ne serviront qu'à relever son courage et à donner plus d'activité à son énergie. Cette Nation puissante veut être Libre ; ses ressources sont immenses, et la République sortira triomphante, ou sera ensevelie sous un monceau de ruines. Qu'y gagneront donc les puissances coalisées dont vous la menacez ?

« Vos sentimens ont été méconnus », dites-vous. A quel titre prétendez-vous les faire reconnoître lorsque vous méconnoissez vous-même ceux du Peuple Français ? de qui tenez-vous le droit de nous dicter des Lois ? Il ne se mêle pas des vôtres, ni de votre gouvernement ; mais vous, au contraire, reconnoissés la légitimité de ses droits et sa souveraineté inaliénable ; ou plutôt laissés-le Libre et paisible, sans vous mêler de ce qui le regarde. Alors, Général, vous prouverez véritablement que vous voulez ramener le calme et la tranquillité de l'Europe.

Vous déclarez formellement que « l'état de guerre qui subsiste entre la cour

---

1 On trouvera cette *Adresse* dans les Mémoires de Dumouriez, t. IV, p. 296. Pièce justificative F.

2 Nous extrayons les trois pièces suivantes d'une brochure de seize pages, dont la dernière blanche, imprimée à Valenciennes chez Prignet, est intitulée : *Réponse des citoyens Dubois-Dubais et Briez, représentants du peuple français, députés par la Convention nationale aux armées de la République, sur la frontière du Nord, à l'*Adresse aux Français *du général prince de Saxe Cobourg, commandant en chef des armées de l'Empereur et de l'Empire, et à sa* Lettre *aux commissaires de la Convention nationale.*

de Vienne, les puissances coalisées et la France, se trouve dès à présent malheureusement rétabli ». Cette déclaration a droit d'étonner la Nation Française ; car vous n'avez fait aucun traité avec elle, ni avec aucun agent reconnu de sa part. Vous ne pensez pas sans doute qu'elle doive reconnoître des actes combinés dans le secret, avec des traîtres, ou avec des hommes sans mission légale.

Vous parlez « d'hommes pervers ». Comme vous, Général, nous reconnoissons qu'il en existe ; mais la Patrie saura déjouer tous leurs perfides projets ; les résultats n'en tourneront qu'à leur honte, et sans doute au profit de la République. Nous ajoutons encore à ces vérités que les seules causes du bouleversement dont vous vous plaignez, ne peuvent être attribuées qu'aux prétentions illégitimes des puissances coalisées. Ce sont elles qui provoquent journellement ce bouleversement par leur conduite tyrannique et hostile, et par leurs intrigues. Qu'elles abandonnent, encore une fois, leur système, et tout bouleversement cessera bientôt, au dehors comme au dedans de la République ; l'ordre et le calme s'y rétabliront, les Loix reprendront la vigueur qui leur convient, et le peuple content ne s'occupera plus que de jouir en paix du nouveau gouvernement qu'il a adopté.

Vous parlez, Général, « de vos armées victorieuses ». Il n'y a pas long-tems encore que nous pouvions parler aussi de nos victoires. Les armes sont journalières ; aujourd'hui vous êtes victorieux, demain ce sera nous. Au surplus, les défaites d'un peuple libre valent les victoires des despotes. Dans toutes les parties de la République, leurs armées retrouveront les plaines de la Champagne. Celles que la République a sur ses frontières ne sont que l'avant-garde de la Nation. Rome a vu Annibal à ses portes, et Rome est restée libre. La ville de Paris a quatre-vingt mille Citoyens dans son sein disposés à combattre, à vaincre ou à mourir plutôt que de cesser d'être Libres et Républicains ; et Paris, enseveli sous ses ruines, se retrouvera dans chaque Ville de la République avec la même résolution.

Nous applaudissons, Général, à la déclaration que vous faites, « de faire observer la plus rigoureuse discipline sur le territoire Français, et de punir toute contravention avec la dernière rigueure ». Ces sentimens de votre part ne seront point méconnus de la Nation, et ils obtiendront de la sienne le tribut d'estime et d'éloges qu'ils méritent. Nous regrettons seulement que ces mêmes sentimens n'aient pas eu leur effet la campagne dernière, et que les brigandages les plus opposés aux droits de la guerre et de l'humanité qu'elle comporte, ayent été commis avec l'atrocité la plus révoltante [1].

Vous parlez de « votre franchise et de votre loyauté, qui vous obligent à donner à votre adresse toute la publicité dont elle peut être susceptible ». Ces mêmes sentiments, dont nous ferons preuve dans toutes les circonstances, nous forcent également à donner la même publicité à notre réponse ; afin que l'Europe entière reconnoisse et les erreurs funestes qui dirigent vos attentats contre l'espèce humaine, et les principes éternels qui règlent la conduite de la Nation Française. Il faut que l'univers même reconnoisse que ses prétentions sont aussi légitimes que celles des puissances coalisées sont absurdes et tyranniques, et que c'est à elles seules que l'on doit imputer tous les maux qui ont existé, qui existent encore, et ceux qui résulteront des malheureuses suites de la guerre.

La Nation Française veut la paix sans doute, elle abhorre le redoutable et trop cruel fléau de la guerre ; mais elle veut une paix honorable et digne d'elle,

---

[1] Il faut que l'on sache quel est le résultat de cette promesse ; c'est que depuis que les hostilités sont recommencées, les Autrichiens pillent, assassinent, violent et mutilent avec plus d'atrocité qu'ils ayent jamais fait. C'est ainsi que l'on doit compter sur la parole des despotes ou de leurs agens. (*Note des commissaires.*)

et dont sur tout la condition préliminaire soit de reconnoître sa souveraineté et son gouvernement Républicain. Ainsi, Général, quand vous et les Puissances coalisées voudront véritablement et de bonne foi le calme et la tranquillité de l'Europe, elles le prouveront et l'obtiendront par tout autre voie que celle de la force et de la menace.

Il ne s'agit pas seulement, Général, de faire preuve de votre loyauté et de votre franchise. Un grand Général doit vouloir plus, c'est de se montrer juste et rigoureux observateur des droits de la guerre. Il est donc vrai que vous ne possédez point à titre de conquête, ni à aucun titre légitime quelconque les Citoyens *Quinette, Lamarque, Bancal* et *Camus*, Députés du peuple Français, et le général *Beurnonville*. La plus lâche et la plus noire des trahisons les a mis entre vos mains ; vous ne devez pas en profiter, et votre âme loyale doit repousser avec horreur le plus infâme des attentats. Nous avons donc tout lieu d'espérer, Général, que vous satisferez sans délai à cet acte de souveraine justice, que commandent les droits les plus sacrés des Nations civilisées. L'histoire ancienne nous offre ce trait de vertu d'un Général qui renvoya à sa Nation, pieds et mains liés, un traître qui avoit voulu livrer à des ennemis de jeunes Citoyens dont l'éducation lui étoit confiée. Il seroit sans doute digne de vous, d'être cité d'une manière semblable dans l'histoire de la guerre actuelle, en rendant libres et à leur pays les Citoyens que nous réclamons.

Signés, Dubois-Dubais, Briez.

A cette lettre, le prince de Saxe-Cobourg riposta au moyen de la réponse suivante, qu'il adressa, par erreur, aux députés Lequinio, Debellegarde et Cochon, lesquels avaient alors quitté Valenciennes :

Au Quartier-général de Boussu, le 12 avril 1793.

Je n'ai point regardé le Général Dumouriez comme un traître. Il n'a jamais parlé chez nous, que du bonheur de sa Patrie. C'est sur cette base respectable qu'a reposé son entreprise. C'est d'après ce vœu que je l'ai reçu et que vous devriez le juger. Vous différez d'opinions, voilà tout son crime. Ses principes le rappeloient à cette Constitution qui fut votre idole. Il y voyoit le bonheur de la France et le repos de l'Europe. Il n'y a pas là de quoi le livrer à l'infamie et à la mort des scélérats. Il n'a jamais été entendu avec nous, et nous nous sommes battus de manière à prouver que nous n'étions pas d'intelligence. Vous l'accusez dans vos proclamations d'avoir voulu livrer sa Patrie : la première condition, dès qu'on s'est rapproché, que lui et les Généraux qui l'ont suivi, ont solennellement posée, c'est qu'ils ne consentiroient jamais que d'autres Puissances se mêlassent de l'organisation intérieure de votre gouvernement, ou qu'on entamât l'intégrité de la France. Ils n'ont pas varié depuis.

Quant aux quatre Commissaires de la Convention Nationale, leur sort est entre vos mains. J'en appelle sur tous ces objets, des résolutions violentes, tyranniques et passionnées de quelques-uns des Membres de votre Assemblée, à ceux qui parmi vous aiment véritablement leur patrie. Puissent-ils trouver les moyens de faire cesser les convulsions qui déchirent la France, et bouleversent le reste de l'Europe. C'est là mon vœu autant que le vôtre.

Le Maréchal-Commandant les armées de
S. M. l'Empereur et de l'Empire.

Signé, Pr. Cobourg, Fd. M.

A leur tour, les deux conventionnels qui, seuls se trouvaient alors à Valenciennes, répliquèrent en ces termes :

Valenciennes, le 13 Avril 1793,
l'an 2ᵉ de la République Française.

Les Citoyens DUBOIS-DUBAIS et BRIEZ, représentans du Peuple Français, Députés de la Convention Nationale aux Armées de la République, sur la frontière du Nord,

Au Général Prince de SAXE-COBOURG, Commandant en chef les Armées de l'Empereur et de l'Empire.

Général,

Les Citoyens Députés auxquels vous avez adressé votre Lettre en date d'hier, ne sont plus à Valenciennes ; nous les y avons remplacés, mais nous partageons les mêmes sentimens qu'eux ; nous avons les mêmes devoirs à remplir, les mêmes sermens à soutenir, et nous tenons les mêmes pouvoirs de la Représentation Nationale de la République.

Nous convenons avec vous, Général, que différer d'opinions n'est pas un crime : car le crime légal n'est attaché qu'aux actions. Aussi est-ce d'après ses actions, coupables et criminelles aux yeux de toutes les nations, aux vôtres mêmes, que Dumouriez a été voué à l'infamie comme un traître ; il pouvoit se couvrir de gloire en servant utilement sa patrie et en mourant pour elle, s'il l'eût fallu. Il s'est à jamais couvert d'opprobre en essayant de la perdre.

Il commettoit un grand crime, seulement en prétendant mettre sa volonté à la place de celle de la Nation, pour lui donner un gouvernement tel qu'il fût. La volonté d'un Général d'armée, contre les autorités légales, fût-elle même bonne, est une violation de tous les principes et un grand attentat contre la Souveraineté Nationale.

Mais qu'a voulu Dumouriez ? tout ce que veulent nos ennemis les plus irréconciliables ; séduire nos troupes, les diriger contre leur patrie, nous donner un nouveau Tyran, se combiner avec nos ennemis pour remplir ses criminels desseins ; que pouvoit-il faire de pire ? Le coupable Lafayette, qu'il a condamné et voué lui-même à l'infamie, en avoit-il fait autant ? n'avoit-il pas juré aussi fidélité à la République et obtenu la confiance des Français, à ce seul titre ?.. Général, vous profitez de sa perfidie, mais vous ne la lui pardonnez pas.

Vous nous parlez de cette Constitution qui fut, dites-vous, notre Idole. Elle est tombée en ruines par la faute même de ceux qui la voudroient aujourd'hui et qui ne la vouloient pas alors. Elle ne pouvoit être durable puisqu'elle contenoit pour un Peuple qui vouloit la Liberté toute entière, des vices destructifs d'elle-même. La Nation en a fait un cruel essai qui l'en a dégoûtée pour toujours. Elle a voulu le Gouvernement Républicain, elle l'a juré, elle le soutiendra ou s'ensevelira sous ses propres ruines.

Sur ce que vous nous dites de quelques Membres de la Convention Nationale, nous vous observons qu'elle est une, indivisible ; nous n'y connoissons que des Membres dirigés par l'amour de la patrie ; et la violence de ses débats, dont personne n'a droit de se mêler, n'en est qu'une preuve de plus ; mais tous sont toujours d'accord sur les objets d'intérêt général, et sont résolus de vivre et mourir Républicains.

Vous nous dites, Général, que le sort de nos quatre Collègues est entre nos mains ; nous n'en sommes pas inquiets, parce qu'ils sont sous la sauve-garde de la souveraine justice et de la loyauté de nos ennemis, à laquelle nous croyons fermement : au surplus, Général, nous avions déjà préparé une réponse à votre adresse aux Français, du 9 de ce mois ; nous la joignons à cette lettre ; pesez mûrement tout ce qu'elle contient, et vous y reconnoîtrez tous les vrais principes qui doivent diriger les Nations, les unes envers les autres, et dont nous sommes vivement pénétrés.

Signés, DUBOIS-DUBAIS ; BRIEZ.

Les autorités républicaines ne bornaient point leur action à cette correspondance internationale, que la Convention crut devoir officiellement désavouer par un décret des 15 et 16 avril 1793. Elles s'efforçaient aussi de parer, par d'énergiques mesures, au double péril qui se dressait toujours menaçant et qui provenait d'abord de la présence d'une armée ennemie de 90.000 hommes sur la frontière du Nord, puis, du petit nombre et de la désorganisation des troupes qu'on avait à lui opposer. Les documents inédits que nous allons analyser ou publier montreront les tentatives auxquelles se livrèrent, pour porter remède à cette grave situation, les généraux Dampierre, La Marlière, Rosières et Kilmaine, ainsi que les représentants en mission : Lesage-Senault, Carnot, Gasparin, Florent-Guyot, etc. Ils sont extraits les uns, des livres d'ordres de ces généraux, conservés aux Archives du Nord, les autres, de la correspondance des représentants avec la Convention et le Comité de Salut public.[1]

Depuis sa nomination, Dampierre avait déployé une grande activité, et visité les camps de Cassel, de la Madeleine, de Maubeuge, de Philippeville et de Givet. Puis, le 6 avril, il prescrivit à ceux de ses soldats qui se trouvaient au camp de Famars de prendre les armes à neuf heures du matin et de se mettre en bataille devant le front de bandière pour passer la revue des commissaires de la Convention nationale. Dès ce début du nouveau général en chef, le choix des mots d'ordre et de ralliement indiqua de sa part le désir d'inspirer à ses soldats des sentiments de vertu républicaine et de dévouement à la patrie, et non plus celui de les exciter à s'abandonner aveuglément à la volonté de leur chef. Aux phrases significatives de : *Camarades, à vos drapeaux; France sauvée; Enfants, suivez-moi; Je réponds de tout ; Amis, confiance, tout va bien*, ont succédé les noms des personnages de l'antiquité célèbres par leur amour de la patrie : Scévola, Décius, Manlius, Epaminondas, et des maximes républicaines comme : *Guerre aux tyrans!*

Le 7, l'armée est prévenue qu'elle doit se tenir prête à marcher. Ce jour là en effet, l'ordre lui est donné de lever le camp le lendemain à trois heures du matin Dampierre avait jugé que sa position était dangereuse avec des forces disséminées sur une grande étendue et trop à proximité de l'ennemi, qui pouvait d'un moment à un autre reprendre l'offensive. Il préférait ramener son armée sur la ligne de l'Escaut et de la Selle, petite rivière qui, après avoir pris naissance dans l'Aisne, à Moulins, et avoir baigné Le Câteau et Haspres, se jette dans l'Escaut à Denain ; il la placerait

---

[1] Archives du Nord. Manuscrit No 236 du Catalogue de la Bibliothèque et cahier, coté L. 1406.

ainsi en avant de Bouchain, sur les positions connues sous le nom de camp de César, dont la valeur intrinsèque est célèbre dans la topographie militaire. Là, ses troupes pouvaient se réorganiser et s'aguerrir un peu avant de recommencer la lutte. Il ne laissait à Valenciennes que les forces nécessaires pour protéger la ville et occuper quelques villages aux environs.

Dampierre connaissait personnellement toutes les ressources du pays qu'il allait momentanément donner pour refuge à son armée. Dix mois auparavant, étant encore colonel, et lorsqu'il venait d'obtenir la réhabilitation de son régiment, dont l'honneur s'était trouvé terni dans la déroute du 1er mai 1792 [1], il l'avait occupé avec ses cavaliers, et c'est de là, qu'à un destinataire inconnu, il avait adressé la lettre suivante, destinée à faire valoir ses services et à réclamer de l'avancement :

> Monsieur,
>
> La bonté avec laquelle vous m'avez traité lorsque j'ai eu l'honneur de vous voir à Paris avec M. de Beauharnais m'engage à vous prier de vouloir bien engager M. Servan à me nommer au grade de maréchal de camp. Vous connaissez, monsieur, ma fidélité à la cause que nous servons. Ma conduite dans l'affaire de Mons a mérité quelques louanges. Je vous prie donc, monsieur, de vouloir bien m'accorder ma demande.
>
> Je suis avec respect, monsieur, votre très humble et très obéissant serviteur,
>
> Le colonel du 5e régiment de dragons,
> DAMPIERRE.
>
> A Denain, près Valenciennes, le 7 juin, l'an 4 de la liberté [2].

Quant à l'ordre de départ qu'il donna en même temps à l'armée des Ardennes et à l'armée du Nord, le voici :

> Au quartier général à Valenciennes, le 7 avril 1793,
> l'an 2e de la République.
>
> L'armée des Ardennes, aux ordres du général Diettmann, lèvera son camp à trois heures et demie du matin ; les tentes seront aussitôt chargées et les équipages se mettront en marche à quatre heures et demie. L'armée marchera après les équipages sur la chaussée de Cambray, se dirigeant ensuite sur Bouchain pour aller occuper les hauteurs de Lieu-Saint-Amand entre la rivière de Fosse et celle de Selle, ayant l'Escaut devant elle.
>
> L'armée du Nord, aux ordres du général Rosières, partira à cinq heures et demie précises faisant marcher ses équipages en avant d'elle pour aller occuper les hauteurs au-dessus de Douchy entre la rivière de Selle et celle de l'Ecaillon, ayant l'Escaut devant elle.

---

1 Voir chapitre II, page 80.

2 L'original de cette lettre, faisant partie de la collection de M. Étienne Charavay, a figuré à l'Exposition historique de la Révolution française, organisée en 1889, dans la salle des Etats, au Louvre.

Les deux armées camperont dans l'ordre désigné dans l'état qui a été envoyé aujourd'hui aux généraux, laissant des intervalles pour les bataillons qui manquent ou qui n'ont point de tentes.

Le Commissaire des guerres fera porter des tentes à Douchy, pour les bataillons qui pourroient en avoir besoin.

Les deux camps ont été reconnus par l'adjudant-général Desbruslys, qui donnera des instructions aux officiers d'état-major des deux armées, chargés d'aller les camper.

L'avant-garde et troupes à cheval cantonnées ne changeront pas de position.

Le parc d'artillerie suivra la colonne de l'armée du Nord pour se rendre aux lieux qui lui seront indiqués par un officier de l'état-major.

L'adjudant-général,

(Signé) GOBERT.

Le signataire de cet ordre avait contribué, en juillet 1792, à la fortification du camp de Maulde. Il s'était ensuite distingué durant les campagnes de l'Argonne et de la Belgique. Tué plus tard durant les guerres d'Espagne, un magnifique tombeau, sculpté par David d'Angers, lui a été élevé au cimetière du Père-Lachaise, en vertu du testament de son fils, le célèbre philanthrope.

Le 7 avril 1793 encore, le chef d'état-major La Marlière adressait au général Rosières le tableau de la division de l'armée du Nord qui formait alors la première ligne du corps de bataille des deux armées réunies. Cet envoi était accompagné des instructions suivantes :

Au quartier général de Valenciennes, le 7 avril 1793, l'an 2ᵉ de la République.

En vous envoyant, général, le tableau de la division de l'armée à vos ordres, représentative de l'armée du Nord, et formant pour ce moment la première ligne du corps de bataille des deux armées réunies, j'ai l'honneur de vous prévenir que l'intention du général en chef Dampierre est que chaque officier général établisse sa résidence proche la division qu'il commande ou à laquelle il est attaché. Vous sentez, général, la nécessité d'inspirer aux troupes la confiance qu'elles doivent avoir dans les généraux qui, comme elles, sont restés fidèles à leur patrie. Il n'est pas moins nécessaire de rétablir parmi elles la discipline et la régularité du service. Pour remplir ces objets aussi essentiels dans ces circonstances, votre présence proche du camp paroît absolument nécessaire au général d'armée.

Je vous prie de me faire connoître le lieu où vous aurez établi votre quartier général, afin que je puisse en rendre compte au général Dampierre et vous y faire parvenir ses ordres.

Je vous préviens que les troupes qui sont à vos ordres changeront demain de position. Je vous ferai connoître, dans la journée, le nouveau camp que je fais reconnoître et que je ferai marquer. Je vous prie de faire reconnoître l'emplacement des troupes qui composent le tableau que je vous envoye afin que je sois assuré de leur arrivée au camp et que je puisse en rendre compte au général en chef.

Le général de brigade, chef de l'état-major :

(Signé) LA MARLIÈRE.

Cette lettre était accompagnée du tableau suivant :

ARMÉE DU NORD.

Le Lieutenant-Général ROSIÈRES.

2ᵉ DIVISION.	1ʳᵉ DIVISION.
Le maréchal de camp DAVESNES.	Le maréchal de camp KERMORVAN.
1ʳᵉ BRIGADE. { 2ᵉ bat. de la Corrèze. / 1ᵉʳ » du 87ᵉ rég. d'inf. / 1ᵉʳ » des Républicains.	1ʳᵉ BRIGADE. { 1ᵉʳ bat. de l'Aisne. / 1ᵉʳ » du 81ᵉ rég. d'inf. / 2ᵉ » des Basses-Alpes.
2ᵉ BRIGADE. { 3ᵉ » de la Marne. / 1ᵉʳ » du 89ᵉ rég. d'inf. / 25ᵉ » de la réserve.	2ᵉ BRIGADE. { 1ᵉʳ » de St-Denis. / 1ᵉʳ » du 74ᵉ rég. d'inf. / 3 » du Lot.
3ᵉ BRIGADE. { 2ᵉ » de la Meurthe. / 1ᵉʳ » du 104ᵉ rég. d'inf. / 6ᵉ » de Soissons.	3ᵉ BRIGADE. { 1ᵉʳ » de Seine-et-Oise. / 1ᵉʳ » du 72ᵉ rég. d'inf. / 3ᵉ » de Seine-et-Oise.
4ᵉ BRIGADE. { 1ᵉʳ » du 78ᵉ rég. d'inf. / 2ᵉ » du 78ᵉ rég. d'inf. / 1ᵉʳ baˢ. de Cambray le bat. du district de Douay	4ᵉ BRIGADE. { 5ᵉ » de l'Oise. / 2ᵉ » du 72ᵉ rég. / 3ᵉ » des Ardennes.

État-major.

L'adjudant-général BÉLLIARD.
L'adjoint SALUS.
L'adjoint MARTIN.

Le général de brigade
chef de l'état-major.

L'armée du Nord comprenait donc alors deux divisions fortes de 24 bataillons.

L'adjudant-général dont la pièce qui précède nous a indiqué le nom, n'est autre qu'Augustin-Daniel Belliard, le célèbre guerrier et diplomate, comte de l'Empire, né à Fontenay-le-Comte, en 1769, mort en 1832 à Bruxelles où il avait été envoyé comme ambassadeur extraordinaire du gouvernement de Louis-Philippe. Une statue lui a été élevée dans cette dernière ville dont une rue porte son nom. Belliard, destitué de ses fonctions d'adjudant-général par les commissaires de la Convention comme suspect d'attachement à Dumouriez, rentra comme simple soldat au 3ᵉ régiment de chasseurs à cheval et fut, quelque temps après, réintégré dans son grade par Hoche. Il se distingua dans toutes les guerres de la République et de l'Empire, principalement pendant la campagne de France.

Le 8 avril, le mouvement prescrit la veille s'effectua et dès le soir, le général Rosières faisait publier l'ordre suivant :

Au quartier général de Douchy, le 8 avril 1793,
l'an 2ᵉ de la République françoise.

Le foin et la paille se délivrent au château de Valicourt en avant du camp. On y enverra en ordre et elle ne sera délivré que sur un bon du quartier-maître.

Chaque brigade enverra un sous-officier d'ordonnance au château de Douchy chez le général de division Rosières. La première brigade fournira 30 hommes de garde pour la police du magazin de foin et paille.

L'adjudant-général :
C.-A. Dardenne [1].

Le 9 avril, le quartier général fut établi à Bouchain, d'où l'ordre suivant est donné au général Rosières :

Au quartier général à Bouchain, ce 9 avril 1793,
l'an de la République françoise.

Mon général,

Le général en chef me charge de vous prier de faire décamper sur-le-champ les trois brigades de la gauche (celles du 89e, du 104e et du 78e régiments d'infanterie), et de les faire camper sur la hauteur vis-à-vis du village de Noyelles, à la droite de la chaussée de Bouchain à Valenciennes, en potence sur la ligne en arrière. Ces trois brigades détacheront un bataillon pour garder le village de Noyelles.

Etoit signé : L'adjudant-général Gobert.

Le général désire que ce mouvement se fasse le plus tôt possible.

Le même jour, des mesures sont prescrites pour régler les distributions et l'envoi des états de situation. Le général Rosières est invité à établir un poste de cavalerie sur la route de Valenciennes, au hameau de Rouvignies, dépendant du village de Prouvy, au-delà du pont sur l'Escaut.

De son côté, Rosières donne les deux ordres que voici :

Au quartier général de Douchy, le 9 avril 1793,
l'an 2e de la République françoise.

Le commandant de la brigade du 81e régiment occupant la droite du camp enverra à l'instant une garde de trente hommes commandée par un officier au pont de Fleury, près la grosse ferme qui lui fait face. Il y relèvera le poste de six hommes qui y est déjà placé. Demain matin, ce poste arrachera les clous des planches ou madriers du pont afin de le jetter bas au besoin.

(Etoit signé) L'adjudant-général :
C.-A. Dardenne.

Au quartier général de Douchy, le 9 avril 1793,
l'an 2e de la République françoise.

Il y aura tous les jours un officier supérieur de jour qui sera chargé de la police du camp, de visiter tous les postes, de voir si les gardes sont en règle. Il fera sa tournée la nuit ainsi que le jour.

---

1 Extrait du livre d'ordres du général Rosières, conservé dans la bibliothèque des Archives du Nord, no 236 du Catalogue.

L'officier de jour aura soin de faire éteindre les lumières dans les tentes à neuf heures précises. Il fera faire des patrouilles dans tout le camp par les gardes du camp pour empêcher tout désordre et qu'aucun soldat ne s'écarte pendant la nuit.

Il prendra les ordres du général Rosières avant de commencer son service et rendra de même compte de tout ce qui se sera passé.

Le général de division,

(Signé) : Rosières.

Le général ordonne que toutes les fois qu'il sera adressé un ordre à un chef de corps de telle brigade que ce soit, il sera tenu de le communiquer à toute la brigade, le rendant responsable des événemens qui pourroient en résulter. Il y a des brigades qui ont encore négligé d'envoyer un sous-officier d'ordonnance chez le général de division.

Le lendemain, ayant reçu les instructions de Dampierre, Rosières, après les avoir fait copier sur son registre, les faisait suivre de la mention suivante :

En conséquence de l'ordre ci-dessus, le commandant du 3e régiment de chasseurs à cheval enverra demain matin un détachement de douze hommes commandés par un maréchal-de-logis au hameau de Rouvigny au-delà du pont sur l'Escaut pour la correspondance de l'armée.

Le général de division : Rosières.

Et il y ajoutait ensuite ces quelques lignes :

Ordre particulier donné par le général de division Rosières, le 10 avril 1792, l'an 2e de la République françoise.

Le lieutenant-colonel Van Miert est nommé adjoint aux adjudants-généraux de l'armée du Nord.

Dans un ordre du même jour, émané de Dampierre et relatif à l'organisation de l'armée, on annonce que le général Gobert est employé à l'armée du Nord en qualité de chef de l'état-major ; le commissaire-ordonnateur Vaillant est ordonnateur en chef de l'armée du Nord ; le général de brigade Des Bruslys est employé à l'armée des Ardennes en qualité de chef de l'état-major ; le commissaire-ordonnateur Pinthon est ordonnateur en chef de l'armée des Ardennes :

Quoique les deux armées soient réunies en ce moment, l'état-major et l'administration de chacune d'elles sont absolument distincts. Chacun des corps des deux armées s'adressera, pour ses besoins, à leur état-major et à leur division respectifs.

Le général de brigade La Roque, ci-devant colonel du 10e régiment de dragons, est employé à l'armée en cette qualité et commandera l'avant-garde. Il aura sous son commandement le général Edouville ; et le colonel Rançonnet est particulièrement chargé de l'arrondissement de Marchiennes et d'Orchies.

On prévient qu'aucun soldat ni volontaire ne pourra entrer au quartier général sans une permission signée de son commandant, munie du cachet du régiment ou du bataillon.

Etoit signé : L'adjudant-général,
M. MESSIERS.

Le général Rosières fera visiter les villages de Noyelles et de Haspres, et il les fera occuper s'ils ne le sont pas.

Le 11, le quartier général de l'armée du Nord reste établi à Douchy; celui de l'armée des Ardennes se trouve à Lieu Saint-Amand. Le général Dampierre est toujours à Bouchain où il travaille à l'habillement et à l'équipement de son armée, comme le témoigne l'ordre du 12 avril indiquant que de nouveaux effets vont être distribués aux troupes.

Ce même jour, le 1er bataillon des volontaires de Maine-et-Loire, caserné depuis le 7 à Valenciennes, est envoyé à Bruay avec de l'artillerie, afin de débusquer un parti de hulans qui s'y montrait. Il atteint son but et passe la nuit au bivouac. Mais ce parti de hulans ne constituait qu'une avant-garde; le lendemain, un corps d'armée tombe sur les volontaires. La journée est chaude : les canons français fauchent à l'ennemi des files entières. A la fin pourtant, les Autrichiens, beaucoup plus nombreux, contraignent à reculer leurs adversaires, et ceux-ci vont se retrancher sur les hauteurs d'Anzin [1].

Le 13 encore, à la suite d'un conseil de guerre tenu à Valenciennes, l'armée du Nord est invitée à se tenir prête à marcher au premier ordre. Le lendemain, en effet, elle se porte en avant à Famars, où elle campe le soir, parallèlement au chemin de Famars à Valenciennes, à gauche en venant de Bouchain. Dampierre y établit son quartier général :

Au quartier général à Bouchain, le 14 avril 1793,
l'an 2e de la République.

ORDRE DU 14 AU 15

Mot d'ordre : *Rome, César.*
Mot de ralliement : *Guerre aux tyrans.*

L'armée est prévenue qu'elle doit se tenir prête à marcher au premier ordre.

Le général de brigade, chef de l'état-major,
DESBRUSLYS.

SUPPLÉMENT A L'ORDRE

On battra la générale sur le champ pour le départ de l'armée, qui observera dans sa marche l'ordre donné hier.

---

[1] Voir, au sujet de ces combats, dans *les Volontaires*, de Grille, tome IV, p. 375 et suivantes, des lettres écrites par Savary, du bataillon de Maine-et-Loire, les 12, 13 et 17 avril.

L'adjudant général d'Ardenne et les adjoints ne quitteront pas leurs colonnes et camperont l'armée parallèlement au chemin de Famars à Valenciennes, à gauche en allant d'ici.

Les deux régiments de cavalerie, le 3ᵉ et le 6ᵉ, dépendent de cette division et leurs états de situation seront envoyés avec les autres.

Le général, chef de l'état-major :
GODERT.

Ce jour-là, Dampierre se rua sur les bois avoisinant Anzin et sur les hauteurs que couronne ce village. Après quinze heures de combat les Français reculèrent devant la supériorité numérique de leurs adversaires et se retirèrent sous le canon de la place et au camp de Famars.

Cet échec aurait dû montrer la nécessité de concentrer les troupes éparpillées sur toute la frontière et de ne pas s'entêter à lancer contre un ennemi très nombreux et formidablement retranché dans les bois, de petites colonnes isolées et vouées, par cela même, à une destruction certaine. Sans avoir pris cette précaution, les Français recommencèrent le combat le lendemain 15, avec plus de violence encore que la veille. L'ennemi est refoulé jusqu'à Saint-Amand : succès inutile puisque les soldats de Dampierre ne peuvent conserver le terrain conquis sans risquer d'être coupés de la place de Valenciennes. Ils reculent donc et viennent reprendre leurs positions de Famars, en laissant une forte avant-garde à Anzin.

C'est à ce moment que Lamarche est nommé général en chef de l'armée du Nord sous les ordres de Dampierre.

Malgré leur insuccès de la veille, les coalisés occupent, dans la journée du 16, sur la rive gauche de l'Escaut, Maulde, Saint-Amand, Bruille et les bois d'Hasnon, de Vicoigne et de Raismes. Leurs éclaireurs atteignent Trith ; sur la rive droite, ils ont pris possession de Saint-Saulve, Préseau et lancent leurs vedettes à quelques portées de fusil de la partie sud du camp de Famars, qui ne correspond plus avec Anzin que par Valenciennes.

Dès ce moment, l'importante position du Roleur, qui domine la forteresse vers l'est entre Saint-Saulve et Marly, était fort compromise ; il n'était pas encore impossible de l'occuper et de la retrancher. Néanmoins, on n'y fit rien, et on laissa l'ennemi enserrer peu à peu Valenciennes.

Ce jour-là, un incident important se produisit. Depuis plus d'un mois les départements de l'Ouest étaient en pleine révolte ; la grande levée de 300.000 hommes avait servi d'occasion à leur soulèvement et les paysans de la Vendée déclarèrent une guerre civile pour ne pas prendre part à une guerre étrangère. Dans ces circonstances, le bataillon de Maine-et-Loire demanda au général en chef d'obtenir pour lui l'autorisation de retourner dans son pays pour y défendre la République.[1] Nous verrons un peu plus tard que l'envoi dans la Vendée de troupes empruntées à l'armée du Nord devint, pour cette armée, une grande cause d'affaiblissement.

Après avoir reçu l'adresse du bataillon angevin, Dampierre ordonna aux deux armées du Nord et des Ardennes de tenir chacune toujours deux bataillons prêts à marcher, ces deux bataillons devant être pris tour à tour dans tous ceux de l'armée ; il ordonna en outre à tous les régiments de cavalerie d'avoir sans cesse une grand'garde de trente hommes en avant de leurs cantonnements, avec des chevaux bridés et sellés, disposés à partir aussitôt l'ordre reçu. Enfin, il voulut que les deux armées fournissent vingt travailleurs par bataillon, pour se rendre à six heures du matin aux redoutes des hauteurs de Famars.

Le lendemain 17, le nombre de travailleurs à fournir par chaque bataillon fut porté à 30 et le travail des redoutes fixé de cinq heures du matin jusqu'à dix heures et de midi jusqu'à cinq heures du soir, avec un officier à la tête de ces travailleurs dans chacune des trois redoutes.

Le 18, on annonça la nomination du sieur Requain, comme premier médecin de l'armée des Ardennes en remplacement du citoyen Magot qui passa à l'hôpital de Strasbourg, et un atelier destiné à la réparation des armes fut établi à l'arsenal de Valenciennes.

Pour les travaux du camp de Famars qu'on voulait achever avec une grande rapidité, des ouvriers civils furent, vers la fin, adjoints aux militaires. Les autorités municipales de Valenciennes firent, à ce sujet, publier un avis ainsi conçu :

La Municipalité invite les citoyens d'engager les ouvriers de cette ville d'aller travailler aux Retranchemens au camp de Famars, ce 24 avril 1793. L'an 2e de la République Françoise.

MORTIEZ.

Deux jours après, elle le fit suivre de celui-ci :

La Municipalité prévient ses concitoyens que l'on a besoin de cent ouvriers de plus pour travailler aux travaux du camp de Famars. Ils voudront bien, à cet effet, se munir de pelles et pioches et seront payés à raison de vingt-cinq sols par jour. Ils s'adresseront pour cet effet au chef des travaux au camp de Famars.

Valenciennes, ce 26 avril 1793. L'an 2e de la République Françoise.

MORTIEZ.

---

[1] La pétition du bataillon est reproduite dans *les Volontaires* de Grille, tome IV, p. 376.

Douai le 4 avril 1793 l'an 2 de la république.

2

D'après plusieurs lettres, chers collègues, qui nous sont parvenues des environs de Cassel, nous avons lieu de croire que votre présence y seroit infiniment utile. On nous assure que les troupes du camp sont travaillées et on élève des doutes inquiétans sur le patriotisme du général Omoran. On assure aussi que ce camp regorge de vivres et de fourrages, quoiqu'il y ait très peu de cavalerie. Il seroit peut-être prudent de faire retirer les fourrages et une portion de ces vivres dans les villes de Bergues, aire et St Omer, afin qu'elles ne deviennent pas la proie de l'ennemi. Peut-être, conviendroit-il aussi, de changer peu à peu les troupes qui forment ce camp en les remplaçant par d'autres dont l'esprit seroit sûr. On dit qu'Omoran traverse les opérations du district d'Hazebrouck qui est très-patriote. Il règne donc sur tout cela un nuage qu'il est on ne peut plus urgent de dissiper tout de suite, et c'est ce que vous ferez facilement si vous voulez, chers collègues, vous transporter sur les lieux, vous assurer des faits et donner des ordres en conséquence. Nous vous prions d'entretenir avec nous une correspondance suivie. Nous vous joindrons au premier jour.

Vos collègues et amis,

Duquesnoy   L. Carnot

Fac-similé de la lettre des commissaires CARNOT et DUQUESNOY à leurs collègues de Lille, au sujet des approvisionnements et de la situation politique et militaire du district d'Hazebrouck. (Archives du Nord.)

Sur le registre auquel nous empruntons ces documents,[1] se trouve, après celui qui précède, une mention indiquant la façon dont il a été porté à la connaissance du public :

L'an mil sept cent quatre-vingt-treize. L'an 2ᵉ de la République françoise, le 27 avril, je, publieur juré de la municipalité de Valenciennes, ay lue publié la présente proclamation aux lieux accoutumés de cette dite ville. Fait les jours, mois et an susdite dont acte.

QUENOY.

Le 24 avril avait eu lieu une troisième tentative imitée de celles des 14 et 15. De nouveau, les Français donnèrent tête baissée sur les retranchements formidables que l'ennemi avait eu le temps d'élever dans les bois de Raismes et de Vicoigne ; mais, malgré tout le courage et toute la bravoure de nos soldats qui combattaient sous les yeux mêmes des représentants de la nation, le même insuccès continua à résulter d'un plan mal conçu.

Du côté de Valenciennes, le reste du mois d'avril se passa en escarmouches partielles et inutiles, où, tous les jours, l'armée française perdait des hommes et s'usait contre un ennemi impassible et très supérieur en nombre qui n'attendait que l'arrivée de son parc de siège pour foudroyer la ville.

Dubois-Dubais et Briez continuaient à s'occuper des affaires de cette place. Pendant le même temps, les Conventionnels qui se trouvaient dans d'autres parties du département ne mettaient pas moins d'énergie au service de leur œuvre patriotique. Le 8 avril, Carnot et Duquesnoy écrivaient à leurs collègues de Lille [2] :

Douai, le 8 avril 1793, l'an 2ᵉ de la République.

D'après plusieurs lettres, chers collègues, qui nous sont parvenues des environs de Cassel, nous avons lieu de croire que votre présence y seroit infiniment utile. On nous assure que les troupes du camp sont travaillées et on élève des doutes inquiétans sur le patriotisme du général Omoran. On assure aussi que ce camp regorge de vivres et de fourrages, quoi qu'il ait très peu de cavalerie. Il seroit peut-être prudent de faire retirer les fourrages et une portion de ces vivres dans les villes de Bergues, Aire et Saint-Omer, afin qu'ils ne deviennent pas la proie de l'ennemi. Peut-être conviendroit-il aussi de changer peu à peu les troupes qui forment ce camp en les remplaçant par d'autres dont l'esprit seroit sûr. On dit qu'Omoran traverse les opérations du district d'Hazebrouck, qui est très patriote. Il règne donc sur tout cela un nuage qu'il est on ne peut plus urgent de dissiper de suite et c'est ce que vous ferez facilement si vous voulez, chers collègues, vous transporter sur les lieux, vous assurer des faits et donner des ordres en conséquence. Nous vous prions d'entretenir avec nous une correspondance suivie. Nous vous joindrons au premier jour.

Vos collègues et amis :
L. CARNOT, DUQUESNOY.

---

[1] Archives de Valenciennes, H. 6, 10.
[2] La minute de cette lettre est conservée aux Archives du Nord, série L, liasse 1445.

Quant aux conventionnels qui se trouvaient à Lille, quelques extraits de leur correspondance avec la Convention et le Comité de salut public montreront quels efforts ils faisaient pour réorganiser les troupes stationnées dans les environs.

Le 11 avril ils écrivaient à la Convention :

          Lille, 11 avril 1793, 2ᵉ de la République.

Nous arrivons de Cassel ; nous avons là, dans une position très avantageuse, 14.181 hommes aux ordres du général Omoran. Il étoit essentiel que nous vissions cette troupe, qui nous a paru dans de très bons principes et a renouvellé en nos mains le serment de fidélité à la République. Nous prendrons toutes les mesures convenables pour la maintenir et la fortifier dans ces dispositions patriotiques.

Nous avons eu le plaisir d'y embrasser le citoyen ¹ ...... qui ramenoit trente dragons de son régiment qui ont échappé à Dumouriez avec partie des équipages du régiment et la forge de campagne. Il nous a assuré que presque tout le reste de son corps s'étoit échappé des mains du traître et qu'il ne lui restoit qu'environ 100 hommes et quelques officiers de ce corps.

Nos opérations se multiplient. Deux d'entre nous seront obligés d'être continuellement en campagne pour visiter les différents camps et cantonnements. Nous vous proposons de nous adjoindre notre collègue Lesage-Senault qui a si bien secondé Carnot avant notre arrivée et qui nous aide encore ici puissamment.

On nous rapporte à l'instant que six mille Autrichiens sont campés à Baizieux, quatre mille à Maulde, trois mille à Saint-Amand et que Condé est investi.

Dampierre nous envoye La Marlière pour commander le camp sous Lille qui se grossit tous les jours ; nous pourrons, demain, vous envoyer l'état de l'effectif de toutes les troupes qui sont sur la frontière. Que le Conseil exécutif ne néglige pas de nous faire parvenir les effets de campement annoncés depuis longtemps dont on est dépourvu.²

Ce sont les représentants en mission qui centralisent tous les renseignements qu'on peut recueillir sur les forces et les desseins de l'ennemi ; ce sont eux aussi qui les communiquent aux généraux, au Comité de Salut public et à la Convention. Le même jour, ils écrivent à Omoran :

AU GÉNÉRAL COMMANDANT L'ARMÉE DE CASSEL.

          Lille, 11 avril.

Nous recevons dans le moment, un avis de nos collègues de Valenciennes qui nous donne lieu de penser que les Autrichiens, qui ne se montrent que par petits pelotons sur Maulde, Valenciennes et Condé et qui affectent d'y faire des petites attaques, pourroient bien avoir pour but, dans ces dispositions, de cacher la marche du gros de l'armée qui se porte sur un autre point, et que ce

---

1 Le nom a été remplacé par des points dans le manuscrit.
2 Registre de la correspondance des représentants du peuple en mission dans le Nord pendant les mois d'avril et de mai 1793. Archives du Nord. L. 1406.

point pourroit être le vôtre. Nous croyons donc important de vous en instruire pour que vous vous teniez sur vos gardes et que vous recommandiez la plus exacte vigilance à toutes les municipalités de votre arrondissement. Il faudroit même qu'on y pratiquât un espionnage sûr afin de n'être pas surpris. Il n'y a rien à ménager pour connoître au vrai la marche de l'ennemi.

Les recommandations des députés étaient d'autant plus opportunes que 10.000 Anglais, récemment débarqués à Ostende, venaient dans la Flandre maritime pour y agir contre la France, d'accord avec les Hollandais.

Deux jours après, ils écrivaient au Comité de Salut public :

Lille, le 13 avril.

Nous recevons, citoyens collègues, votre dépêche du 11, relative à la sûreté de Bergues et Dunkerque. Deux d'entre nous, Carnot et Duquesnoy, doivent se rendre demain dans cette partie ; ils vérifieront les faits et prendront les mesures convenables.

Nous vous adressons cy-joint copie d'une lettre que le général La Marlière nous a écrite ce matin à cinq heures, pour nous rendre compte des événements de cette nuit. Vous y verrez que nos troupes ne sont pas encore assez rassurées pour tenir la campagne, mais nous avons lieu d'espérer qu'elles se remettront aisément.

Nous avons trouvé du républicanisme dans le camp de la Magdelaine que nous avons visité hier avec le général La Marlière. Nous craignons que les camps intermédiaires entre Paris et les frontières ne nuisent aux moyens d'approvisionnement des armées sur les frontières. Voyez dans votre sagesse à ne pas entraver notre défense naturelle par des opérations qui, dans ce moment, ne peuvent que nuire à l'organisation des armées.

P.-S. — L'on se bat actuellement à Marcq-en-Barœul et l'on entend le canon du côté de Condé, il est une heure après-midi.

Le même jour, ils écrivent à la Convention :

13 avril.

Nous avons visité hier le camp de la Madelaine sous Lille : l'esprit en est bon et le soldat ne demande qu'à réparer les trahisons précédentes de ses chefs. Le dénuement pour les fournitures de tout genre est extrême ; nous avons promis, au nom de la République, qu'on pourvoieroit à tout, et nous vous prions de prendre des mesures efficaces pour que tout ce qui se trouve en magasin dans l'intérieur soit porté aux frontières. La nuit dernière, l'ennemi attaqua quelques avant-postes et occupe maintenant Comines, Tourcoing et Roubaix. Il fut cependant repoussé à Flers où un détachement du 6ᵉ dragons, dont le chef perdit un doigt par l'effet d'une balle, se défendit vigoureusement et fit prisonniers trois hussards prussiens.

L'abbaye de Marquette, à un quart de lieue de la ville, est en grande partie consumée par les flammes.

Nos collègues Carnot et Duquesnoy vont partir pour Cassel, Dunkerque, Bergues, etc.

Nous envoyons au Comité de Salut public les détails des différentes attaques qui ont eu lieu et vous trouverez ci-jointe une proclamation de Cobourg qu'il est intéressant que vous connoissiez.

La proclamation dont parlent ici les commissaires est probablement celle adressée de son quartier général de Mons par Cobourg, aux Français, le 9 avril 1793, et dont nous avons déjà dit un mot.

Le lendemain, c'est au Comité de Salut public qu'ils donnaient de leurs nouvelles :

> Vous avez ci-jointe, citoyens nos collègues, copie de divers avis qui nous ont été communiqués par le général Omoran. Nous croyons intéressant de vous en donner connoissance. Vous n'y aurez que la confiance que des détails trop circonstanciés vous permettront. Voilà aussi un extrait d'une lettre du général Lamarlière qui porte le rapport des événements de cette nuit et de ses mesures pour couvrir Armentières.
> Nous venons de recevoir votre lettre du 11 relative au Comité de surveillance de la municipalité de Lille pour décacheter les lettres. Il n'existe pas de pareil Comité. Dans les premiers jours de la trahison de Dumouriez, les autorités réunies avoient nommé des Commissaires pour cet objet, mais cela a cessé. Nous attendrons votre réponse à notre lettre d'hier sur les lettres venant d'Angleterre par Ostende.
> Nos collègues Carnot et Duquesnoy viennent de partir pour Cassel et Dunkerque.
> Nous sommes continuellement inquiétés par les débris des corps belges et bataves qui se trouvent au service de la République et qui ne sont presque plus composés que d'officiers. Ils demandent des secours, des moyens de se recruter. Il conviendroit que la Convention nationale prît promptement un parti à cet égard et qu'en conservant les droits des individus, après un mûr examen, elle prononce la dissolution de ces corps.

Cette lettre était bientôt suivie de celle-ci, au même comité :

Lille, le 15 avril.

> Nous ne pouvons pas nous dispenser, citoyens nos collègues, d'appeler votre attention sur le projet de camp ou de rassemblement à Péronne ; il tend à affaiblir les armées qui sont sur les points de Bouchain, Valenciennes et Maubeuge et à empêcher l'approvisionnement des places frontières depuis Condé jusqu'Avesnes. Les magasins établis à Soissons, Guise, Chauny, Saint-Quentin, La Fère, Amiens, Abbeville, qui faisoient leur versement sur la frontière, étant réservés pour ce camp, comme il paroit par une lettre de l'administration des subsistances en date du 10, la défense la plus sûre de la République et même de Paris, — les villes frontières, — resteront dépourvues, et les armées seront peut-être obligées de quitter leurs positions. Nous vous en prions, citoyens nos collègues, pesez mûrement l'objet de notre vive inquiétude et n'exposez pas le territoire de la République à être insulté, en gênant, du côté des subsistances, les opérations militaires.
> Vous avez ci-joint l'état exact des troupes depuis Dunkerque jusqu'à Bouchain exclusivement. Il se porte à 37.365 hommes d'infanterie et 3.932 de cavalerie.

Le même jour, une seconde lettre était adressée au Comité de salut public :

Lille, 15 avril.

> Il résulte du rapport du général La Marlière, ce matin, qu'il commence à être plus content de la fermeté de ses avant-postes. Nos troupes de Bréda et de Gertruydenberg s'avancent ; elles sont aujourd'hui à Oudenarde et nous les

aurons ici demain. Si elles étoient encore égarées, l'exemple de celles qui sont entièrement revenues à la République, nous les ramènera bientôt. Il ne faut pas vous dissimuler cependant que les officiers de troupe de ligne sont, pour la plupart, peu disposés pour nous. Un de leurs grands moyens de séduire leurs soldats est de leur inspirer de l'éloignement et du mépris pour l'habit national, et, à cet égard, nous trouvons très raisonnable la demande du département du Nord à la Convention nationale, pour que, conformément à la loi sur l'organisation de l'armée, les officiers d'infanterie de ligne soient tenus de s'en revêtir le plus tôt possible et qu'on tienne la main pour qu'ils ne puissent plus faire d'habits neufs en blanc, ni pour eux, ni pour leurs troupes.

Nous joignons ici copie d'un avis que le général Omoran vient de nous faire passer. Le rapport que nous fait un lieutenant-colonel du génie, qui nous revient à travers tous les séducteurs et tous les égarements et qui dînoit encore hier au quartier général des Autrichiens, s'accorde assez avec ces avis qui nous paraissent cependant exagérés. Nous avons interrogé ce lieutenant-colonel sur la situation de nos collègues détenus ; il nous a assurés qu'ils étoient à Maëstricht, traités avec égard. Il nous a dit aussi qu'il régnoit peu d'intelligence entre les Prussiens et les Autrichiens, que les uns et les autres paraissoient extrêmement fatigués de la guerre et que ce qui les choquoit le plus étoit le principe de secours et d'union aux peuples qui voudroient recouvrer leurs libertés, principe qu'ils ont vu surtout avec indignation dans le projet de constitution. Nous croyons de notre devoir de ne vous rien cacher de ce qui viendra à notre connoissance et vous pouvez compter sur l'exactitude et la vérité de nos rapports qui seront très fréquents.

Il nous arrive dans le moment un commissaire du pouvoir exécutif chargé de rallier les soldats qui ont abandonné ou abandonneroient leurs drapeaux et qui reviendroient dans la République. Nous croyons qu'il aura peu d'ouvrage et que ces commissions sont trop multipliées, entravant les opérations des agents de l'ordre naturel qui ont suffi et suffiront encore pour tout rétablir, surtout avec les mesures que nous prenons pour les faire agir efficacement chacun dans leurs parties.

Puis vient une lettre à la Convention nationale :

Lille, 16 avril.

Nous avons lieu d'être satisfaits du bon esprit des troupes qui composent cette garnison, le camp et les avant-postes qui la couvrent ; elles commencent à se rasseoir, elles s'occupent d'exercices.

Hier nous avons visité le camp avec le général La Marlière et nous avons trouvé presque tous les bataillons travaillant à leur instruction. Nos avant-postes ont été inquiétés tous ces jours précédents par l'ennemi, qui nous serre de très près. Pour inspirer une plus grande confiance, nous avons été les visiter avec le général. Nous étions escortés d'environ quarante cavaliers. A peine avions-nous passé les premières vedettes, au-delà de Flers, que nous avons aperçu un parti d'hussards autrichiens qui nous a tiré des coups de pistolets de trop loin et qui s'est retiré tranquillement sur la chaussée. Nous étions parfaitement éclairés à droite, mais notre gauche étoit couverte par un petit bois et nous n'avions que six chasseurs à pied de ce côté-là. Nous avons poursuivi les hussards et lorsque nous avons été vis-à-vis du bois, nous avons essuyé une fusillade de tyroliens ennemis qui n'étoient qu'à quatre-vingts pas de nous et les balles ont sifflé assez violemment à nos oreilles ; heureusement personne n'a été atteint, mais un cheval en a eu une dans le col, un cavalier une autre dans son porte-manteau et un dragon une dans son casque. Dans l'impossibilité d'enlever ce petit poste dans le bois, n'ayant que de la cavalerie, nous avons fait tranquillement notre retraite sans être poursuivis, sans que même les tyroliens nous ayent fait une seconde décharge. Ils auront cru apparemment que nous étions accompagnés d'infanterie qui les tournoit et se seront retirés aussi de leur côté. Nous sommes persuadés que nos visites fréquentes aux cantonnements et au camp produiront un bon effet et nous accompagnerons souvent le général La Marlière, qui est infiniment actif.

La loi de l'organisation de l'armée relativement à l'avancement, à la paye, à l'habillement, etc., doit être en activité. Cependant, sous différents prétextes, on arrête l'avancement. Nous veillerons à son maintien qui nous paroît très essentiel pour détruire les préventions qu'on a cherché à éviter entre les troupes ci-devant de ligne et les volontaires nationaux ; préventions qui ont si bien servi jusqu'à présent les trahisons de nos généraux ; mais il faut le plus parfait accord entre vos commissaires sur ces objets généraux et c'est de votre centre que doit partir cet accord ; car il faut que les lois soient exécutées ou rapportées

Le général nous rapporte à l'instant que, dans la nuit, le poste de Werwick a été attaqué en force, a bien résisté, chassé et dispersé l'ennemi.

Nous vous adressons, en exécution de votre décret, 14 arrêtés que nous avons pris depuis notre arrivée à notre destination. Nous serons exacts à vous faire parvenir, toutes les vingt-quatre heures, ceux que nous prendrons dorénavant. Les Comités de salut public et de finance recevront, par le même courier, ceux que votre décret y renvoye.

P.-S. — La Municipalité de Lille, d'après l'avis du procureur-syndic du département de la Vienne, daté de Poitiers du 8 de ce mois, a mis en état d'arrestation le 15 courant, le chirurgien-major du 6ᵉ régiment de cavalerie ci-devant du Roi, nommé Begon, en conséquence de l'article 6 du décret du 9. Nous le faisons traduire aujourd'hui au tribunal révolutionnaire avec les pièces qui prouvent son adhésion aux principes contre-révolutionnaires de Dumouriez.

Le décret dont parle cette lettre avait décidé que trois conventionnels seraient constamment députés près de chacune des armées de la République et que, tous les mois, l'un des trois serait renouvelé ; il avait fixé leurs pouvoirs et dit, dans son article 6 :

Les représentans du peuple près les armées prendront sans délai toutes les mesures nécessaires pour découvrir, faire arrêter et traduire au tribunal révolutionnaire tout militaire, tout agent civil et autres citoyens qui ont aidé, conseillé ou favorisé d'une manière quelconque la trahison de Dumouriez, ou tout autre complot contre la sûreté de la nation, ou qui ont machiné la désorganisation des armées et tenté la ruine de la République.

Le même jour, les Commissaires s'adressaient encore au Comité de salut public, pour accentuer leurs plaintes relatives à l'organisation de l'armée :

Lille, le 16 avril.

Nous ne pouvons nous dispenser, citoyens collègues, de vous observer qu'il faut le plus grand accord dans l'exécution des lois. Cependant, nous sommes instruits que les généraux suspendent, sans y être autorisés par un décret, celle de l'organisation de l'armée en ce qui concerne le mode d'avancement et d'habillement ; et il y a même peu d'ensemble entre tous vos commissaires sur cet objet. Cela entretient entre les troupes de ligne et les volontaires nationaux une division qui a si bien servi les trahisons des généraux. Nous vous prions, au nom du salut de l'armée, de faire prononcer hautement la Convention sur cet objet important, comme aussi de modérer la grande latitude que vous avez donnée aux généraux en chef pour les nominations aux grades supérieurs. Puisque vous avez des commissaires à toutes les armées, vous pouvez leur confier, à eux seuls, cette autorité, sur la présentation des généraux. Il conviendroit même qu'ils n'eussent que le provisoire, qui devroit être confirmé par des brevets du Conseil exécutif. Autrement, nous vous prévenons qu'il y aura dans vos états-majors une confusion inextricable et très coûteuse.

Nous rendons compte, par notre dépêche à la Convention, des événements de la journée d'hier et de cette nuit. Les ennemis nous serrent de près, mais nos troupes se rassurent.

Les généraux en chef se permettent aussi la levée de nouveaux corps. Cela contrarie l'organisation des anciens et trois décrets positifs de la Convention interdisent toute création de nouveaux corps avant le complètement des cadres existants. Nous vous adressons copie des instructions pour les avant-postes des Autrichiens.

Nous vous adressons, conformément aux décrets, nos arrêtés qui ne doivent pas avoir de publicité.

Le lendemain, ils traitaient de nouveau avec le Comité de salut public la question des subsistances :

Lille, 17 avril.

Vous savez, citoyens nos collègues, que l'armée de la Belgique a toujours tiré ses approvisionnements de cette frontière, au moyen de quoi elle se trouve absolument épuisée pour les fourrages et, quoique nous n'ayons dans cette partie que 1.500 hommes de cavalerie, et que nous ayons renvoyé sur les derrières tous les chevaux inutiles, nous sommes tous les jours dans l'embarras pour les approvisionnements et nous joignons ici un état qui vous prouvera que, hier au soir, nous n'avions pas un brin de foin.

Nous avons fait des réquisitions aux différentes municipalités du district de Lille pour livrer à l'administration des subsistances militaires tout ce qu'elles ont au-dessus de leur nécessité journalière et cela nous produira quelques moyens ; mais ils ne seront pas considérables et nous retomberons dans l'embarras où nous nous trouvons, si l'on persiste à établir à Péronne un rassemblement qui nous prive de ce que nous devions tirer de l'intérieur. Nous vous en conjurons, citoyens nos collègues, voyez à nous tirer d'une inquiétude mortelle et fiez-vous un peu plus à une bonne frontière qui, bien défendue, est inexpugnable, mais qui ne pourra l'être si l'armée manque dans ses besoins.

Nous adressons à la Convention le rapport des évènements de la nuit.

Voici ce rapport :

Lille, le 17 avril.

Notre colonne de Bréda et de Gertruydenberg arrive par Courtrai. Deux trompettes autrichiennes viennent d'annoncer au général que les équipages du lieutenant-colonel de génie Sendrimont, qui est rentré avant-hier, arriveront avec cette colonne. Ces trompettes, dont le peuple ignoroit la mission, n'ont entendu en traversant la ville que les cris de « Vive la République ! » Il y a eu cette nuit une attaque au moulin de Flers. Les postes se sont bien conduits ; ils ont tué le commandant autrichien, vingt-deux hommes et fait cinq prisonniers ; mais ils n'ont perdu que cinq hommes. Nous écrivons au Comité de salut public relativement aux besoins de l'armée. Nous vous adressons quatre arrêtés que nous avons pris depuis notre dépêche d'hier.

Les 8 et 11 avril, la Convention avait voté et fait promulguer un décret relatif aux paiements à opérer par l'Etat, décret qui pouvait amener de vifs mécontentements dans les armées, et dont l'article 4 était ainsi conçu :

A compter du 15 avril présent mois, la partie de solde, appointemens, traitemens, qui, d'après les lois, étoit payée en numéraire aux officiers, soldats et autres personnes de tout grade et de toute dénomination, qui sont employés dans les départemens de la guerre et de la marine, et qui seront en Europe dans le territoire françois ou occupé par les armées françoises, sera payée en assignats, avec une plus value de moitié en sus de la somme qui étoit payée en numéraire, laquelle sera payée dans la même forme que les appointemens, solde et traitemens.

Le 18 avril, les Commissaires rendirent compte au Comité de salut public de l'effet produit par ce décret sur l'armée :

Lille, le 18 avril.

Nous avons prévenu vos intentions, citoyens nos collègues, dès que nous avons eu connaissance du décret relatif à toute suppression de paiement en numéraire. Nous avons fait une proclamation à l'armée dont nous vous envoyons des exemplaires. Il ne s'est point manifesté dans cette contrée de résistance positive à la loi, quoi qu'elle ait donné occasion à quelques propos par-ci, par là ; mais nous devons vous exposer qu'il y a des services tels que celui des espions qui ne peut se passer de numéraire. D'après votre lettre du 14 courant, nous nous croyons suffisamment autorisés à ordonner ce qui nous paroîtra absolument nécessaire pour cet objet. Comptez sur notre zèle pour ménager les intérêts de la République.

Le même jour ils écrivaient encore au Comité :

Lille, le 18 avril.

Nous vous adressons, citoyens nos collègues, les deux fidèles et braves officiers qui viennent de ramener sous nos murs l'intrépide garnison de Bréda. Nous ne vous les recommanderons pas : leur conduite et la capitulation honorable qu'ils ont obtenue de l'ennemi et qu'ils vous remettront eux-mêmes, parlent assez en leur faveur.

Deux jours après, nouvelle lettre à la Convention :

Lille, 20 avril.

Nous vous adressons, citoyens nos collègues, les arrêtés que nous avons pris depuis notre dernière dépêche. Nous pouvons vous assurer que vous pouvez compter sur la partie de l'armée réunie dans la ville de Lille et sous ses murs. Nous envoyons au général Dampierre six mille hommes dont il a besoin pour secourir la ville de Condé. L'arrivée de la colonne de Bréda et de Gertruydenberg nous a mis à même de satisfaire à sa demande. Nous veillons continuellement sur les traîtres et les désorganisateurs et nous vous conjurons d'ordonner à votre comité de salut public de prendre en considération les différentes observations que nous lui avons faites sur les abus qui ont lieu dans l'armée de la part des généraux et des administrateurs ainsi que de vous faire prononcer promptement sur l'organisation générale. L'inquiétude, à cet égard, est funeste au rétablissement de l'ordre.

Il nous arrive très peu des paquets qui nous sont adressés de Paris en notre qualité de représentants de la nation ; sur quatre paquets pour Duhem il n'en est parvenu qu'un parce qu'il étoit particulièrement envoyé à Lesage-Senault avec le titre de négociant. Veillez sur cet abus qui peut nuire à nos opérations. Nous sommes exacts à vous écrire et il ne paroît pas que vous ayez reçu toutes nos lettres.

Nous avons fait une proclamation à l'armée relativement à la solde en assignats et la loi s'est exécutée dans cette partie sans la moindre difficulté. Nos collègues de Valenciennes ont pris une mesure contraire : elle peut produire le plus mauvais effet sur toute la frontière. Deux d'entre nous se rendent demain dans cette ville pour se concerter avec eux.

Nous avons vu l'insistance avec laquelle les commissaires réclament une mesure qui était vraiment indispensable et pouvait seule rétablir la discipline et donner de la cohésion à l'armée. C'était la fusion, l'*amalgame*, comme on disait alors, des bataillons de volontaires avec ceux de la ligne. Ils avaient été jusque-là soumis à des règles différentes ; la ligne restait plus ou moins entachée d'idées favorables à l'ancien régime, tandis que les volontaires se composaient, en majorité, d'ardents républicains. La scission n'avait fait que s'accentuer à la suite de la mort de Louis XVI. Il fallait donc qu'un mélange de ces éléments divers donnât aux anciennes troupes un esprit meilleur, aux nouvelles, plus de force et de discipline. Nous savons, en effet, que les volontaires avaient eu peine à supporter les fatigues de la campagne d'hiver de Belgique ou bien que, placés en garnison dans les villes, n'ayant plus à déployer l'ardeur guerrière qui les avait excités et les avait improvisés soldats, ils y perdaient les habitudes d'obéissance sans lesquelles il n'y a pas de troupes solides. C'est ce qui explique comment, après Nerwinden, ils se débandèrent si rapidement. En outre, très jeunes pour la plupart, ils devinrent facilement la proie des maladies et encombrèrent les hôpitaux. Mastrick, qui était commissaire des guerres à Lille, inscrit dans son *Journal* les observations suivantes, à la date des 27 et 28 avril 1793 :

Il arrive journellement des détachements de volontaires nationaux, des contingents de différents districts de la République pour renforcer les bataillons qui ne sont pas à beaucoup près à leur complet. Ils ne feront seulement que remplacer la grande quantité de malades que nous avons dans notre armée et rien de plus, car on a beau dire que c'est un renfort, oui c'en seroit un, si les bataillons restoient tels qu'ils étoient après la retraite que nous venons de faire ; mais non du tout. Si dans toutes les autres villes des frontières et dans les camps, il y a autant de malades, de galeux, de v....., qu'il y en a de notre côté, les hôpitaux de quarante à cinquante lieues à la ronde ne seroient pas suffisants pour les contenir.

Cette calamité (car c'en est une) vient de la trop grande licence et du libertinage de la composition de nos armées. Je dis *en général*, car on ne peut pas se dissimuler que la liberté dont jouissent nos soldats (surtout les volontaires) est un penchant naturel à faire tout ce qu'on veut.

Il n'en est pas de même des troupes de ligne (tant qu'à présent), et cela est si vray, c'est que sur environ deux mille billets d'hôpital que j'ay visés, il y en avoit au moins les trois quarts pour les volontaires.

Les Commissaires remarquaient avec raison, qu'il était urgent de prendre une décision au sujet de l'organisation de l'armée :

> L'incertitude désespère et la ligne et les volontaires. Jamais moment plus favorable pour l'incorporation ; le soldat de ligne, reconnoissant pour l'augmentation de paye, la recevra sans peine, le volontaire avec joie, et les officiers de ligne à qui elle répugne, ayant à faire oublier leur sottise lors de la trahison de Dumouriez, n'oseront y résister. Prononcez donc sans hésiter une mesure qui déjouera pour toujours les trahisons des généraux qui ne peuvent se fonder que sur la division de l'armée [1].

Ils constatent aussi que cette armée se raffermit de jour en jour [2] :

> La troupe s'exerce continuellement. Les contingents arrivent et lorsque nous serons venus à bout de faire distribuer aux soldats de la Liberté tout ce qui leur manque, rien ne sera plus facile que d'établir la discipline la plus exacte [3].

Enhardis par la ferme attitude des troupes qui, dans quelques engagements, avaient bien soutenu le feu de l'ennemi, les représentants du peuple veulent qu'on reprenne l'offensive et qu'on cherche à débloquer Condé investie par les Autrichiens. Nous avons vu ce projet mis en avant dans leur lettre du 20 avril, adressée à la Convention, et le 23, l'un d'eux écrivait à ses collègues de Valenciennes :

Lille, 23 avril.

> Nous sommes assurés ici, par un espion sûr, que si les ennemis ne prennent pas Condé, ils se retirent. Talonnez donc Dampierre, donnez-lui des adjoints vigoureux, car pour lui, je ne le crois guère capable, et sauvez Condé à tout prix. Petitjean est ici ; à votre retour les mesures seront prises pour assurer le service dans toute la frontière. Payons et nous aurons tout. Je pars pour Quesnoy.[4]

Cette lettre paraît émaner de Lesage-Senault. Ce représentant exprime bien l'opinion de ses collègues à l'endroit de Dampierre qui, de soldat intrépide et même téméraire, était devenu un général en chef trop temporisateur, n'ayant que d'assez vagues idées sur le plan de la campagne à suivre. Voici, d'ailleurs, le jugement qu'il porte sur lui dans une lettre adressée au Comité de salut public, le 28 avril :

> Dampierre est plus occupé de sa gloire, du bonheur qu'il a eu de ne pas donner dans la trahison de Dumouriez, du service qu'il a rendu par là à la

---

[1] Archives du Nord. Série L, liasse 1406. Lettre des représentants du peuple en mission dans le Nord au Comité de Salut public.
[2] Idem. Lettre du 23 avril.
[3] Idem. Lettre du 27 avril.
[4] Idem.

République et d'en profiter pour placer ses amis, ses connoissances, que de son armée et des opérations à suivre. D'ailleurs, il paroît avoir des vues extrêmement resserrées et bornées à la partie des troupes amies et ennemies qu'il a sous ses yeux, sans prendre intérêt à un plan général de défense de toute la frontière qui lui est confiée.

Les généraux sous ses ordres et les officiers supérieurs de troupes de ligne sont encore courtisans auprès du général en chef comme au temps de la monarchie et cela : 1° parce que les nominations aux emplois d'officiers généraux lui ont été confiées et qu'il en a usé avec peu de modération ; 2° parce qu'il paroît peu porté pour le système de la réunion des troupes de ligne et volontaires ; 3° parce qu'il voit peu d'officiers de cette dernière classe.

Son camp est bien placé et assez bien tenu, mais il auroit besoin de visites fréquentes de la part des chefs et qu'ils y parlassent un peu République. Si cela venoit d'eux, il n'y auroit plus un seul royaliste dans l'armée ; mais ils sont muets là-dessus et ce mot là ne leur est pas familier. On parle de paix dans le camp comme d'une chose faisable, comme d'une chose désirable. Nos soldats se permettent même quelquefois d'aller boire et jaser d'amitié avec les ennemis. Le général Dampierre est convenu que cela étoit dangereux et il a été pressé de prendre les mesures les plus sévères pour l'empêcher.[1]

Les dissentiments qui existaient entre les représentants et Dampierre n'étaient pas ignorés de l'armée. Nous en retrouvons l'écho dans une lettre que, de Wallers, écrivait le 29 avril un soldat du 1er bataillon de Maine-et-Loire :[2]

Dampierre voudroit temporiser, laisser l'ennemi s'avancer, s'étendre, s'affaiblir avant de l'attaquer. Mais les commissaires de la Convention ne l'entendent pas ainsi ; ils veulent une bataille, une victoire, ils veulent délivrer nos places, refouler Cobourg et son armée sur le Rhin. On diroit qu'ils commandent à la fortune.

Des écrivains militaires ont, à maintes reprises et en termes violents, reproché aux députés leur impatience, la pression qu'ils exerçaient sur les généraux. Certes, et bien qu'on ait souvent exagéré la puissance de cette pression, ils ont parfois poussé ainsi à des entreprises téméraires, amené d'inutiles effusions de sang. Mais nous ne devons pas oublier qu'après de grandes défaites éprouvées par les armées, le découragement les gagne, et qu'alors l'énergie et l'audace, entretenues peut-être par une certaine inconscience des difficultés techniques, se conservent et s'exaltent davantage dans la population civile. C'est ce qui, en France, est arrivé après les terribles désastres du mois d'août 1870, et c'est ce qui, antérieurement, était arrivé déjà après la journée de Nerwinden et la trahison de Dumouriez. Du reste, on n'obtient des hommes tout le possible qu'en leur demandant l'impossible. Aux représentants qui ont péché par excès de zèle et

---

[1] Archives du Nord. Série L, liasse 1406.

[2] Elle est reproduite dans *les Volontaires* de Grille, tome IV.

d'opiniâtreté, il sera beaucoup pardonné, parce qu'ils ont beaucoup aimé la France, et que, finalement, après qu'elle eut chassé l'étranger, ils ont contribué à la laisser agrandie et glorieuse.

Sur les injonctions des commissaires de la Convention, Dampierre se détermina donc à renoncer aux petites attaques qui, jusque-là, n'avaient amené aucun résultat décisif, et à combiner, avec ses lieutenants, un ensemble d'opérations qui devaient s'étendre de la Lys à Valenciennes et dont l'objectif était encore de dégager Condé, que l'ennemi serrait de très près. Comme, en cas de défaite, l'armée française devait nécessairement se rabattre sur Bouchain, cette ville fut mise en état de défense. C'est ce qui résulte du procès-verbal suivant :

L'an mil sept cent quatre-vingt-treize, deuxième de la République françoise, le vingt-neuf avril, s'est présenté en la municipalité le citoïen Cornu, commandant temporaire de Bouchain, lequel a requis les citoïens maire et officiers municipaux, en vertu de la loi du 10 juillet 1791, laquelle règle dans quelles circonstances les commandants militaires des villes de guerre sont autorisés à demander la démolition des maisons attenantes à ces places lorsque le besoin de leur défense rend cette opération nécessaire ; et d'après une lettre du ministre de la guerre, en date du 16 avril 1793, relatives à la dite loi et ci-après transcrite ; ainsi que d'après une autre lettre, en date du 20 du même mois aussi transcrite ci-après, signée du général en chef de l'armée du Nord, Dampierre, par laquelle il est enjoint audit commandant Cornu de faire abattre les arbres croissants depuis la porte dite *Haute de la chaussée* de Bouchain à Douay, jusqu'au-delà de la portée du canon de la place et d'en agir de même à l'égard des bois qu'il croiroit pouvoir nuire à la défense de la place, de concourir pour parvenir de concert avec lui à remplir les intentions de la loi précitée ainsi que les ordres du général au sujet des arbres dont la proximité pouroit nuire à la deffense de cette place. Pourquoi il a été arrêté qu'avant de procéder à aucune démarche relativement à la démolition des bâtiments, qui sont dans ce cas, on écrivît au département par l'intermédiaire du district ; et quant aux arbres, il seroit fait de suite une réquisition aux propriétaires de jetter bas et transporter tous les arbres jugés nuisibles à la défense de la place.

Fait et arrêté en la maison commune, les jour, mois et an que dessus.

BOUCHÉ, maire, et BURGEAT, fils.

La lettre du ministre de la guerre était ainsi conçue :

Paris, le 16 avril 1793,
l'an 2ᵉ de la République françoise.

La loi du 10 août 1791 a réglé, citoïen, dans quelles circonstances les commandants militaires des villes de guerre sont autorisés à demander la démolition des maisons attenantes à ces places, lorsque le besoin de leur défense rend cette opération nécessaire. Vous voudrez donc bien, à la réception de cette lettre, en vous conformant aux dispositions prescrites par la loi, prendre les mesures que vous jugerez convenables, en ce genre, à la sûreté de la place dont le commandement vous est confié ; dans les cas prévus, vous pourrez en conséquence requérir les pouvoirs civils qui ne peuvent se dispenser de concourir à cette opération, et vous ne devez rien négliger pour parvenir, de concert avec eux, à remplir les intentions de la loi. J'écris au surplus aux corps administratifs sur cet objet et je vous prie de m'informer du résultat des mesures que vous aurez prises.

Le Ministre de la guerre,
J. Bouchotte.

Quant à l'ordre de Dampierre, le voici :

Il est ordonné au citoïen Cornu, commandant temporaire de la ville de Bouchain, de faire abattre les arbres croissants depuis la porte dite Haute de la chaussée de Bouchain à Douay jusqu'au-delà de la portée du canon de la place et de les faire transporter aux endroits les plus convenables pour être débités en blindage, fascinages et bois de communication ; il fera de même pour les bois qu'il croiroit pouvoir nuire à la défense de la place.

Le général en chef de l'armée du Nord,
Dampierre [1].

La grande attaque projetée par celui-ci d'accord avec les Commissaires fut fixée au 1ᵉʳ mai. La veille, les conventionnels en mission écrivirent donc au Comité de salut public :

Lille, 30 avril.

En conséquence de la lettre du général Dampierre, en date du 27 avril, dont nous vous avons envoyé copie par notre dernière du 28, le général La Marlière a demandé 5.000 hommes au général Omoran. Vous verrez par la pièce cy-jointe, sous le titre de *Représentations au général Omoran*, — représentations auxquelles nos collègues ont adhéré, — que nous n'avons pas dû compter sur les dispositions demandées à notre gauche. Cependant est arrivé cette nuit au général La Marlière l'ordre dont vous avez ici une copie. En conséquence, nous allons faire le mouvement et nous avons lieu de croire qu'il réussira et que, par là, nous atteindrons le grand but de débarrasser Condé, sur lequel nos inquiétudes deviennent plus sérieuses de jour en jour, puisque de jour en jour ses vivres diminuent sans que nous ayons espoir de la ravitailler autrement que par un mouvement général.

Les troupes sont dans les meilleures conditions imaginables et apprennent avec transport le mouvement. Le général La Marlière qui prévoit bien qu'il se pourra même, pour le succès de la partie du général Dampierre, qu'il se retire dans son camp, sa manœuvre n'étant qu'une feinte, aura soin de les prévenir à temps pour que son ordre à cet égard ne leur paroisse pas un malheur et qu'elles n'en soient pas découragées. Un de nous se rendra demain au rendez-vous général devant Orchies pour leur donner, par sa présence, l'attitude convenable. Comptez sur notre zèle ; tous nos momens, tous nos efforts sont à la République ; mais ayez égard à nos observations. La régularité de notre correspondance avec vous demande réciprocité et nous en avons besoin pour répondre continuellement aux demandes de l'armée dont la confiance pour la Convention est ranimée par l'assurance que nous lui donnons d'une prompte satisfaction sur toutes ces incertitudes.

La grande opération arrêtera la revue d'inspection que nous avons commencée hier et que nous devions continuer aujourd'hui et demain. Vous sentez

---

1 Ces trois pièces sont tirées des Archives municipales de Bouchain, D D4, où elles se trouvent dans le *Registre des délibérations* du Conseil général de la commune, de 1790 à 1794.

bien que des troupes en mouvement sont un obstacle à l'entière exactitude qu'il faut mettre une fois dans cette opération.

Vous avez ci-jointe copie d'une lettre du général Stetenoffen, qui renferme les détails que l'espionnage lui a procurés.

Nous recevons à l'instant le rapport officiel du général La Marlière, relatif à son mouvement. En voilà la copie.[1]

Le même jour, à dix heures du soir, Dampierre transmet à quelques-uns de ses lieutenants, pour celles de ses troupes qui se tiennent au camp de Famars, les ordres de marche et de bataille suivants :

Au quartier-général de Valenciennes, le 30 avril 1793,
l'an 2ᵉ de la République françoise.

ORDRE DU 30 AVRIL AU 1ᵉʳ MAI.

Mot d'ordre : *Vendôme, Villa-Viciosa*.
Ralliement : *Bravoure*.

Le général prévient qu'il se fera aujourd'hui une distribution d'eau-de-vie pour toute l'armée.

L'adjoint aux adjudants-généraux,
LAPONTONNIÈRE.

EXTRAIT DE L'ORDRE DONNÉ AU QUARTIER GÉNÉRAL DE VALENCIENNES,
LE 30 AVRIL 1793 A DIX HEURES DU SOIR.

L'armée marchera demain sur quatre colonnes dont trois d'infanterie et une de cavalerie, qui se mettront ensemble en mouvement à minuit. Celle de gauche, composée de quatre demi-brigades, aux ordres des généraux de brigade d'Avesnes, la Combe et Bossancourt, marchera dans l'ordre suivant :

La brigade du 98ᵉ régiment d'infanterie ;
Celle du 89ᵉ d'infanterie ;
Deux pièces de 8 ;
Deux de............ 12 ;
Deux de............ 16 ;
Deux obusiers ;
Le général Bossancourt { la brigade du 104ᵉ ;
{ celle du............ 78ᵉ.

Cette colonne sera conduite par l'adjudant-général d'Ardenne.

Elle prendra les armes à onze heures du soir, se mettra en mouvement à minuit ; elle appuyera sa droite à la porte de Cambrai ; elle est prévenue qu'elle sera précédée par le 6ᵉ régiment d'hussards, le 2ᵉ de dragons, le 13ᵉ de dragons et le 6ᵉ de cavalerie.

Cette cavalerie sera commandée par le général de brigade Colomb.

Les tentes resteront tendues, les bataillons laisseront au camp les recrues non armées, avec une garde de police. Ceux qui ont fourni des gardes les restitueront et les feront rentrer au corps à onze heures et demie. Le plus grand silence, le plus grand ordre est recommandé. Le général de brigade enverra un officier, monté s'il est possible, auprès du général de division pour porter les ordres.

Extrait certifié conforme à l'original :

L'adjudant-général : D'ARDENNE.

---

1 Archives du Nord. Série L, liasse 1406.

EXTRAIT DE L'ORDRE DONNÉ AU QUARTIER-GÉNÉRAL DE VALENCIENNES,
LE 30 AVRIL 1793.

L'armée marchera demain sur quatre colonnes dont trois d'infanterie et une de cavalerie qui se mettront ensemble en mouvement pour être rendue à une heure du matin, la droite appuyée près des glacis de Valenciennes.

La colonne formant le centre sera composée de quatre demies-brigades, aux ordres des généraux Kermoroan et Desponches.

Cette colonne marchera dans l'ordre suivant :

> La brigade du 81ᵉ régiment d'infanterie ;
> Celle du 74ᵉ régiment d'infanterie ;
> La division d'artillerie ;
> Deux pièces de 16 ;
> Quatre........ de 12 ;
> Quatre........ de 8 ;
> Deux obusiers ;
> La brigade du 72ᵉ régiment d'infanterie ;
> Celle du 54ᵉ régiment d'infanterie.

Cette colonne sera conduite par l'adjudant-général Emonon ; elle passera le long des glacis de la ville, entre la place et le village de Marly, et ira prendre une position en avant de ce village en appuyant sa droite au grand chemin du Quesnoy et sa gauche au moulin à vent.

Les bataillons sont prévenus que les tentes et effets de campement resteront dans la position où ils sont, ceux qui ont fourni des gardes les feront rentrer à minuit. On laissera au camp une garde de police et les soldats qui n'ont pas d'armes. Le plus grand silence et le plus grand ordre sont recommandés.

Chaque brigade enverra un officier, monté, s'il est possible, auprès du général Lamarche qui commandera les deux corps d'armée qui sont en mouvement.

Pour extrait conforme à l'original,

(Signé) : L'adjudant-général, D'ARDENNE.[1]

Depuis plusieurs jours, deux bateaux chargés de vivres flottaient sur l'Escaut, en aval de Valenciennes, prêts à être dirigés vers Condé, si, pour un instant, on arrivait à atteindre cette forteresse ; et, en outre, des chasses d'eau, lancées sur le marais de l'Epaix, avaient eu pour but de rendre impraticables les prairies marécageuses situées dans la vallée qui joint Valenciennes à Condé et de couper ainsi en deux les forces de l'ennemi. Le plan de Dampierre consistait à faire diriger de fausses attaques par La Marlière et Kilmaine sur la rive gauche, tandis que lui-même, sur la rive droite, avec l'aide de Lamarche, de Rosières appelé de Douai pour la circonstance, de Ferrand et de Laroque, essaierait de forcer le blocus. Mais ce plan échoua, grâce à la force des positions de l'ennemi et à sa supériorité numérique. Lamarche, qui devait attaquer les villages de Jenlain et de Sebourg, fut mis en déroute par une troupe de cavalerie, et refoulé jusqu'aux glacis de Valenciennes. Laroque, parti du Quesnoy avec

---

[1] Registre des ordres du général Rosières. Nº 236 du catalogue de la Bibliothèque des Archives du Nord.

les garnisons de cette ville, de Landrecies et d'Avesnes, arriva à Jenlain après la retraite de La Marche, et rétrograda lui-même jusqu'à son point de départ. Rosières, attaqué par des forces supérieures, rentra promptement dans le camp de Famars. Dampierre lui-même, arrêté près d'Estreux, dut reculer pour ne pas être cerné. Quant à Ferrand, placé en observation au Roleur, il se replia sur Valenciennes non sans difficultés, et avec une perte de plus de 150 hommes. Kilmaine seul se maintint toute la journée avec peu de soldats dans les bois de Raismes et de Vicoigne. Nous verrons un peu plus loin ce que devint La Marlière, avec ses troupes tirées partie de la garnison de Douai, partie du camp de la Madeleine.

La perte des Français fut, par les rapports autrichiens, évaluée à 2.000 hommes environ, tués, blessés ou prisonniers. Thiers juge ainsi l'entreprise : « Les combinaisons militaires étaient timides encore ; former une masse, saisir le point faible de l'ennemi et le frapper hardiment, était une tactique inconnue des deux partis Dampierre se jeta avec bravoure, mais en petites masses, sur un ennemi divisé lui-même, et qu'il eût été facile d'accabler sur un point ; puni de sa faute, il fut repoussé après un combat acharné »[1].

Les commissaires de la Convention ne manquèrent pas d'attribuer aussi cet insuccès à la mollesse de Dampierre qui, selon eux, avait un peu trop craint de se compromettre. Voici en quels termes ils rendirent compte de cette affaire au Comité de Salut public :

Lille, 2 mai.

Nous vous adressons, citoyens nos collègues, les rapports que Gasparin, qui avait suivi le général La Marlière, a reçus, l'un à dix heures du matin à son arrivée à Orchies, d'après lequel il s'est rendu près du général, l'autre à cinq heures du soir, après la fausse attaque de Saint-Amand. Ils vous rendront compte des évènements de la journée d'hier dans la division partie de Lille et de Douai, en conséquence des ordres que nous vous avons transmis par notre dépêche du 30 à six heures du soir. On la fit cantonner avec de forts bivouacs en avant, avec ordre de sortir en entier en bataille à la pointe du jour. L'état-major fut se loger à Orchies. À peine y étoit-il arrivé qu'un adjoint de Dampierre apporta l'ordre positif de se retirer aujourd'hui et de reprendre les positions qu'on avoit à Lille et à Douai. L'ennemi, prévenu par ses espions de la manœuvre, ne s'est pas laissé tenter de venir sur la colonne de La Marlière, d'autant plus que Dampierre ne l'a attaqué que faiblement sous Condé et que, voyant qu'il ne pouvoit l'entamer, il a renoncé à son opération. Gasparin, témoin de la conduite des troupes, ne peut se lasser de parler du courage avec lequel elles ont supporté le feu de l'ennemi et un temps abominable et le manque de plusieurs choses de nécessité que le secret et la célérité de l'opération n'avoient pas permis de faire arriver assez à temps, mais qui toutes étoient rendues le soir de façon que les besoins auroient été satisfaits complètement aujourd'hui, si l'on eût été dans le cas de suivre le plan combiné. L'ordre de se retirer, qui a été exécuté sans murmurer, a peiné cruellement le général, les troupes et notre collègue qui fondoit l'espoir d'un grand succès sur leur atti-

[1] *Histoire de la Révolution*, t. IV, p. 102.

tude et même sur leur adresse et leur précision dans l'exécution des mouvements, quoique tout fût presque volontaires nationaux ayant reçu beaucoup de recrues.

Dampierre a peut-être un peu trop craint de se compromettre. Il s'est trop pressé de faire retirer La Marlière qui, aujourd'hui ou demain, auroit pris Saint-Amand et le camp de Maulde, puisque l'ennemi, pour ne pas abandonner Condé, ne venait pas au secours de ces deux postes.

Le même jour, les Commissaires écrivaient à la Convention :

Lille, 3 mai.

D'après les ordres du général Dampierre, une partie des troupes des garnisons de Lille et de Douai s'est portée, le 30, en avant d'Orchies, pour simuler une attaque sur le camp de Maulde et sur Saint-Amand. Les soldats de la République se sont parfaitement montrés sur ces deux points dans la journée du 1er mai et les auroient emportés, si le général La Marlière, soumis aux combinaisons du général en chef, n'en avoit reçu l'ordre, le soir du 1er mai, de se retirer le lendemain. Nous n'avons perdu qu'un cheval à la fausse attaque de Saint-Amand et tous les rapports nous assurent qu'il y a eu beaucoup d'ennemis de tués. Notre collègue Gasparin, témoin de la conduite des troupes, en a été parfaitement content et nous avons chargé le général La Marlière de leur en témoigner notre satisfaction. Elles sont toutes rentrées hier dans leur camp de la Madelaine avec ordre et sans murmure, quoique les ordres du général en chef eussent contrarié leurs excellentes dispositions.

Nous vous adressons ci-joins nos différents arrêtés depuis notre dernière.

Et ils ajoutaient dans une seconde lettre adressée au Comité de salut public :

Lille, 3 mai.

Tous les rapports que nous recevons nous assurent que l'ennemi a perdu beaucoup dans notre fausse attaque de Saint-Amand et qu'il auroit été très aisé d'enlever ce poste et le camp de Maulde, le 2, si les bonnes dispositions des troupes n'avoient pas été contrariées par l'ordre de retraite du général en chef Dampierre. Tout est rentré à Douai, à Lille et au camp sous Lille, hier au soir mais avec peu d'ordre.[1]

Bien loin de décourager les troupes, cet échec leur inspira le désir de venger l'affront qu'elles venaient de recevoir. Les représentants du peuple, voulant mettre leur ardeur à profit pour remporter une victoire qu'ils avaient en quelque sorte promise à la Convention, pressèrent Dampierre d'ordonner une nouvelle attaque. Elle eut lieu le 6 mai. Ce jour-là, dès l'aube Dampierre sortit de Valenciennes, et fit faire une fausse attaque sur les bords de l'Escaut. L'aile droite renversa tout ce qui se présentait devant elle et parvint jusqu'à Quiévrain. Au même moment, l'aile gauche s'avança rapidement par la route de Valenciennes et aborda l'ennemi avec le même avantage. Mais le centre de l'armée française, assailli par le feu meurtrier des batteries autrichiennes qui se trouvaient sur son front, faiblit et recula. En vain Dampierre chercha à ranimer le courage de ses

---

[1] Cette lettre et les deux précédentes sont extraites de la liasse 1404, Série L, des Archives du Nord.

soldats et à les ramener au combat ; il fut impuissant à arrêter le désordre et ne put, afin d'éviter un désastre, que leur faire battre en retraite sur le camp de Famars.

Le même jour, il réclama de Douai des renforts d'artillerie que de Rosières ordonna, en ces termes, de lui envoyer :

A Douay, ce 6 may 1793, l'an 2e de la République françoise.

Il partira demain 7 à sept heures, par la porte Saint-Eloy, pour le camp de Famars, un convoy d'artillerie composé de deux pièces de 16, un obusier, deux pièces de 4 sur leurs affûts ; les pièces de 16 sur deux porte-corps, quatorze caissons, trois charettes à boulets ; et si le convoi de Lille arrive à tems, il partira en outre un mortier de dix pouces avec son affût.

L'escorte sera rendue pour sept heures précises sur la place où elle prendra le convoy à son passage pour l'escorter ; l'adjudant-général Boutain se trouvera sur la place pour le mettre en marche et le faire filer hors de la ville.

(Etoit signé) DE ROSIÈRES,
Général de division commandant à Douay.

Vers le même temps, la ville était mise en état de défense :

ORDRE ENVOYÉ AU COMMANDANT DU GÉNIE LE 7 MAY 1793.

En vertu des ordres des représentants du peuple, commissaires députés de la Convention nationale, le citoyen commandant du génie est requis de m'envoyer dans le plus court délai possible l'état de situation des fortifications de la place et forts en dépendant avec les observations nécessaires sur les moyens de leurs améliorations ; il m'enverra aussi chaque jour l'état des changements qui surviendront dans ces objets, le tout sur sa responsabilité puisque ces états doivent être signés de lui.

De semblables demandes de renseignements furent, le même jour, adressées par Rosières au directeur du parc d'artillerie, au commissaire des guerres chargé du service des approvisionnements, en vivres et en vêtements, des charrois et des hôpitaux ; enfin au commandant temporaire relativement aux forces exactes de la garnison.

Le lendemain, pour augmenter les défenses de Douai, le député Delbret[1] signait la réquisition suivante :

Nous, représentants de la nation, députés près l'armée du Nord, réquérons le citoyen commandant la place de Bapaume de faire transporter sur-le-champ en ville de Douay et d'y mettre à la disposition de l'officier commandant le génie, les dix mille palissades et les cinq mille litteaux qui se trouvent dans les magazins de ladite place de Bapaume. Authorisons à cet effet ledit citoyen

---

[1] Sur Delbret et sur ses collègues, on trouvera des renseignements étendus dans l'ouvrage intitulé : *Les Conventionnels*, listes par départements et par ordre alphabétique des députés et des suppléants à la Convention nationale, dressées d'après les documents originaux des Archives nationales, avec nombreux détails biographiques inédits, par Jules Guiffrey, Paris 1889, in-8.

commandant de faire aux corps administratifs toutes réquisitions nécessaires pour les voitures de transport. Et pour la garantie dudit commandant, nous avons signé et scellé la présente réquisition.

Ainsi fait et requis à Douay, le huit may 1793, l'an 2ᵉ de la République françoise.

Etoit signé : DELBRET, représentant du peuple,
député à l'armée du Nord.

Et Rosières s'empressait de transmettre au commandant de Bouchain une réquisition semblable en l'accompagnant de la lettre que voici :

Citoyen Commandant, je vous envoy ci-joint, les décrets et lettres des représentants, députés de la Convention nationale, qu'ils m'ont chargés de faire exécuter dans l'étendue de mon commandement ; comme la ville de Bouchain y est comprise, je vous prie de m'envoyer le plus tôt possible, les états demandés et de faire donner à l'ordre l'arrêté des représentants pour ce qui regarde l'uniforme nationale. Je vous prie aussi, citoyen commandant, de me rendre compte exactement de tout ce qui se passera dans votre place, les états de situations, munitions, les choses que vous croirez utile pour le bien du service. Au premier moment que j'aurai à moi, je vous irai voir à Bouchain. En attendant je suis très fraternellement

Le général de division, commandant en chef à Douai,
(Signé) : ROSIÈRES.[1]

Cependant, autour de Valenciennes, durant la journée du 7, des engagements avaient continué aux avant-postes, et chacun s'était préparé à une grande lutte pour le lendemain.

L'emploi de colonnes faibles et multipliées, dans lequel persévérait Dampierre, était loin d'obtenir l'approbation de tous. Un officier des plus distingués, Tholosé, colonel du génie, venu de Bréda à Douai vers la fin d'avril, n'était arrivé à Valenciennes que depuis peu de jours ; il devait, dans les mois suivants, se distinguer au plus haut point pendant le siège de la ville, et, pour le moment, il était chargé d'accompagner avec des troupes les deux bateaux de vivres pour Condé. Frappé des inconvénients du plan suivi jusque-là, il fit part de ses observations au général en chef, et voici ce que, dans un intéressant *Mémoire* relatif à la défense de Valenciennes,[2] il nous dit au sujet de la nouvelle attaque projetée :

---

[1] Les originaux des quatre pièces qui précèdent se trouvent dans le registre des ordres du général Rosières (bibliothèque des Archives du Nord, n° 236 du catalogue.)

[2] Le titre exact de ce travail, auquel nous ferons plus d'un emprunt, est celui-ci : *Mémoire qui rassemble tous les faits et opérations exécutés pendant le siège de Valenciennes, non-seulement pour en faire connaître la liaison et l'ensemble, mais encore pour éclaircir et mettre au grand jour la conduite et les procédés du colonel Tholosé, sous le double rapport du service de directeur et de général de brigade dont il a rempli les fonctions pendant le siège de cette place, avec le plan d'attaque d'après un aperçu rapide sur le terrain et dans la mémoire, trois mois après l'événement.* Le manuscrit appartient à la Société d'Agriculture, Sciences et Arts de Valenciennes.

On observera que cette attaque étant partielle sur les postes fortifiés, l'ennemi ne pouvoit facilement en être débusqué, et la chaîne de ces postes n'en étant pas rompue, cette place restoit toujours abandonnée à elle-même. Au lieu que si, par de grands mouvements et translation de l'armée entière, on l'avoit forcé ou de les abandonner, ou d'en affaiblir les forces, la tentative et les succès auroient été assurés. J'en fis part au général Dampierre qui approuva cette mesure, mais il m'avoua aussi que les moyens lui manquoient, qu'il étoit gêné dans ses opérations, et qu'il ne lui restoit d'autre espoir que de mourir sur le champ de bataille.

C'est dans ces fâcheuses dispositions morales que, le lendemain de cette conversation, c'est-à-dire le 8 mai, l'offensive est encore une fois reprise. Mais les Autrichiens, éclairés par le mouvement du 6, avaient renforcé leur gauche. Des détachements des garnisons de Landrecies et du Quesnoy vinrent l'inquiéter, tandis que Dampierre, à la tête de l'avant-garde, passe l'Escaut pour attaquer l'aile droite autrichienne et emporte de haute lutte le village de Raismes. La Marlière était parti, de son côté, du camp de la Madeleine et s'était avancé jusqu'auprès de Saint-Amand. Il charge le corps prussien posté sur le terrain coupé par la chaussée de Vicoigne à Saint-Amand de manière à le prendre à revers pendant que Dampierre l'attaque en face à Raismes. En même temps, les garnisons du Quesnoy et de Landrecies font une sérieuse diversion sur l'aile gauche de l'ennemi et s'emparent des villages de Saultain, Curgies et Jenlain. Après avoir traversé Raismes, Dampierre se porte contre la réserve ennemie.

Mais Clairfayt qui commande l'aile droite des Impériaux, s'est retranché dans les bois de l'abbaye de Vicoigne. Il fait un feu terrible sur toutes ces futaies magnifiques et sur les bataillons qui s'avancent à pas de loup pour prendre d'assaut ses redoutes. C'est une chasse au tigre et un champ de carnage. Les arbres et les hommes sont coupés en deux par les boulets, tout est rasé et de part ni d'autre on ne recule d'une semelle. De midi jusqu'au soir, le feu dure sans se ralentir un seul instant et c'est alors que Dampierre, impatient de cette résistance, se met à la tête d'une de ses colonnes, et, dans la charge, tombe frappé d'un boulet qui lui emporte la cuisse.

Je l'ai vu, j'étais là, nous avions tout le jour tiraillé dans le bois, lorsqu'à la brune, Guillot, qui commandoit le bataillon, reçut l'ordre de charger à la suite de la colonne que menoit Dampierre. Guillot, au lieu de traverser le bois en ligne droite, prit par la lisière, et nous fit faire un tour qui retarda le mouvement. Nous arrivâmes pour voir tomber le général. Ricou, Boré, Girard et moi, nous aidâmes à le relever. Il ne dit pas un mot. Ses yeux étaient fermés, son sang couloit à gros bouillons. Ah ! quelle scène ! On fait un brancard, on l'emporte, et, comme tu penses, un évènement pareil, tout de suite connu, ralentit l'ardeur des troupes. Au lieu de charger, on fait halte ; au lieu de s'exciter, on mollit, on bat en retraite. L'ennemi croit pouvoir profiter de cette confusion, il quitte ses retranchements et fond sur nos lignes, mais le bataillon de Maine-et-Loire et deux autres qui se trouvent là et s'affermissent entre eux, lui barrent le passage. Le général Ilher, qui a vu un commencement de désordre, s'écrie d'une voix de tonnerre : « Soldats, à vos rangs, vous fuyez ! » A ces mots on s'arrête, on se reforme et la retraite continue au pas ordinaire, sous un feu meurtrier qui ne s'éteint qu'à minuit.

L'auteur de ce récit, écrit à Valenciennes le 11 mai 1793, se nommait Savary, et appartenait au bataillon de Maine-et-Loire.[1]

Non loin de Dampierre, se trouvait encore, au moment où le boulet l'atteignit, le chef de bataillon Lahure. Né à Mons en 1767, il avait pris part à la révolution belge de 1790, et s'était ensuite réfugié en France. Lors de l'évacuation de la Belgique par Dumouriez, Lahure avait fait partie de l'avant-garde de la division de Dampierre, et, durant les marches rétrogrades de l'armée française, le général et lui s'étaient souvent entretenus des malheurs de la République. Les tirailleurs de Lahure se battaient chaudement et brillamment du côté de Raismes, lorsque tomba Dampierre. Ne pouvant quitter sa troupe dans un pareil moment, Lahure dépêcha quelques hommes qui aidèrent au transport du glorieux moribond.[2]

Dans son *Précis de la défense de Valenciennes*, Ferrand raconte cet événement autrement que nous ne venons de le faire :

En faisant des reconnaissances vers de nouvelles batteries que l'ennemi construisoit à l'avant-garde d'Anzin, le général en chef Dampierre eut une cuisse cassée par un boulet.

L'événement se serait passé entre Anzin et Petite-Forêt, au lieu dit *Bonne-Espérance*. Mais Ferrand écrivait plusieurs années après, et son récit, bien que confirmé par une note manuscrite de Verdavaine fils, nous semble devoir être primé par celui, absolument contemporain, de Savary, témoin oculaire.

Après la grave blessure du général en chef, La Marlière ramena ses troupes en bon ordre, sous le canon de Lille. La perte de l'ennemi fut évaluée à 1000 hommes ; celle des Français à 1500 tués ou blessés. Mais le résultat que l'on s'était proposé n'avait pas été atteint, puisque Condé n'était pas débloquée.

---

[1] La lettre entière adressée à un de ses amis, nommé Roger, se trouve, nous avons à peine besoin de le dire, reproduite dans les *Volontaires* de Grille, tome IV, page 379 et suivantes. Elle offre le plus vif intérêt.
La mort de Dampierre a été représentée par plusieurs gravures du temps. Dans l'une d'elles, au lavis, avec un texte en regard, le général est tombé avec son cheval ; il s'appuie de la main droite sur la croupe de l'animal et montre de la gauche l'ennemi. Un soldat s'approche de lui en tenant un drapeau, un autre se couvre la figure pour cacher ses larmes.

[2] Voir dans l'*Echo de la Frontière* du 5 janvier 1837, un article intitulé : *Souvenir sur Dampierre*, évidemment inspiré par le général Lahure. Il y est rappelé que, durant la retraite de Belgique, Dampierre disait souvent : « Je voudrais avoir un bras ou une jambe emportée pour pouvoir me retirer honorablement. » Mais il y a erreur, puisque nous avons vu avec quel empressement Dampierre accepta les fonctions de général en chef après la trahison de Dumouriez, ce qui n'est point l'attitude d'un homme dégoûté de la vie. Ce propos n'a pu être tenu qu'après l'échec du 1er mai, et vers le même temps que celui rapporté par Tholosé.

Le 8 au matin, les Commissaires avaient écrit à la Convention :

Lille, 8 Mai.

Citoyens nos collègues,

Nous entendons depuis un moment ronfler le canon du côté de St-Amand. L'affaire est sûrement chaude. Gasparin y est et nous attendons à chaque instant des nouvelles.

Nous vous adressons l'extrait du rapport du général Stetenhoffen, commandant à Cassel ; il vous prouvera que nos troupes sont toujours pleines de feu et de courage.

Le lendemain, ils lui transmirent le rapport du général La Marlière sur les événements de la veille dont ils garantissent la vérité, ne l'ayant pas quitté : [1]

Ce qu'il vous dit de la bonne contenance de nos soldats et de leur discipline est l'exacte vérité. Dans une expédition où tous les besoins de la troupe ne peuvent être satisfaits au moment même, malgré toute l'attention du général et des administrateurs, nos braves défenseurs n'ont témoigné de l'inquiétude que de ce qu'ils ne voyoient pas l'ennemi d'assez près et de l'impatience que pour en venir aux mains. Dans la relation pressée qu'envoie le général, il a oublié de dire que hier au soir à dix heures en nous retirant au quartier-général, nous avons vu le feu à l'abbaye de Vicogne. Il y a été mis par nos obusiers et comme il étoit très violent, il est à croire qu'il aura consumé les magasins de nos ennemis et je ne doute pas que nous n'en soyons maîtres dans la journée.

Cette espérance ne devait malheureusement pas se réaliser, la blessure de Dampierre ayant paralysé l'élan de l'armée. Le général n'y survécut guère, ainsi que le constate l'acte suivant, extrait des registres de l'état-civil de Valenciennes :

Aujourd'hui, neuvième jour du mois de may dix-sept cent quatre-vingt-treize, l'an deuxième de la République françoise, à six heures de relevée, par-devant moi, Amand-Joseph *Preuvost Hérent*, membre du Conseil-Général de la commune de Valenciennes, département du Nord, élu officier public par délibération du douze de décembre dernier, à effet de recevoir les actes destinés à constater la naissance, les mariages et le décès des citoyens des sections de Notre-Dame-la-Grande et de Sainte-Elisabeth, conformément à la loi du vingt de septembre dernier, est comparu en la salle publique de la Maison commune, le citoyen Jacques *Gobert*, général de brigade, chef de l'état-major de l'armée du Nord, âgé de trente-trois ans, et le citoyen Louis *Compère*, lieutenant-colonel au deuxième régiment d'infanterie et aide-de-camp de feu Marie-Henry Picot Dampierre, âgé de vingt-quatre ans, tous deux domiciliés dans la municipalité de Valenciennes, à l'état-major de laditte armée, lesquels m'ayant dit n'être parents ni alliés du citoyen *Henri Picot Dampierre*, général en chef des armées du Nord et des Ardennes, époux d'Anne *Picot de Cambreux*, ont déclaré que ledit général, est mort cejourd'hui à midi et demie, à son quartier-

---

[1] Le rapport de Lamarlière fut lu à la Convention le 12 mai. Il a été publié dans le *Moniteur* du 14.

général, chez le citoyen *Vanot*, rue Cardon, âgé de trente-sept ans. D'après cette déclaration que les citoyens Gobert et Compère ont certifiés conforme à la vérité, je me suis transporté au domicile du citoyen Marie-Henry Picot Dampierre, et j'en ai dressé le présent acte, que les citoyens Gobert et Compère ont signés avec moi. — Fait en la Maison commune de Valenciennes, les jour, mois et an que dessus.

J. GOBERT, L. COMPÈRE et PREUVOST HÉRENT, *off. public.*

La triste nouvelle fut, en ces termes, mais d'une manière légèrement inexacte quant à l'heure de l'événement, annoncée au Comité de salut public par les représentants en mission à Lille :

Dampierre est mort la nuit dernière. La Marlière arrive ici avec Gasparin et toute notre division. L'ennemi a été très maltraité à Raismes et à Vicogne. Mais l'ordre est venu de nous retirer. Il est probable que Condé ne sera pas ravitaillé, à moins que le général provisoire La Marche ne change de système. Nos troupes se sont supérieurement conduites.

L'opinion des représentants était alors peu favorable au général qui venait de mourir et, au chapitre suivant, dans une lettre du 24 mai 1793, nous les verrons critiquer vivement les opérations du 8. Celle de l'armée lui avait été plus bienveillante. Mastrick, qui s'en fait l'écho dans son *Journal*, écrit en effet :

Le 9.

Nous avons appris que le général Dampierre avait été blessé ; qu'un boulet de canon lui avait emporté la cuisse. Il a eu la fermeté et le courage que tous les militaires lui connaissent, il a même plaisanté dans le moment car il a dit lorsqu'il a eu la jambe emportée : « Hé bien, j'aurai une jambe de bois : cela ne m'empêchera pas de marcher et de faire la guerre. »

Le 10.

Nous avons appris sa mort avec bien de la douleur. Toute l'armée en a été consternée. La République perd un brave militaire.

Par suite de cet événement, le commandement en chef fut confié au général La Marche. Il était plein de bravoure et d'ardeur, mais ne se sentait nullement en état de sauver la situation. Il déclara franchement aux commissaires de la Convention ne vouloir faire qu'un intérim aussi court que possible, en attendant que le ministre de la guerre et le Comité de salut public eussent désigné un nouveau titulaire.

Cependant s'apprêtaient pour Dampierre des funérailles du plus beau caractère. Sur les bords de l'Escaut, dans l'enceinte du camp de Famars, s'élève une assez haute colline qui domine toute la vallée et du sommet de laquelle l'œil aperçoit une superbe perspective. Près de leur temple de Mars *(Fanum Martis)*, les Romains y avaient jadis dressé un autel dédié à Jupiter ; d'où le nom de *Mons Jovis*, devenu par corruption *Mont Jouy* ou

Mont Oui. C'est en ce lieu que s'était posté Louis XIV, lorsqu'en mars 1677 il avait quitté tout à coup Saint-Germain-en-Laye pour venir assister au siège de Valenciennes et c'est là aussi que l'on résolut d'enterrer le général.

La cérémonie fut fixée au 10 mai, et l'*ordre de marche* suivant fut adopté : [1]

Le convoi partira à trois heures après midi de la maison du citoyen Vanot, rue Cardon, passera par la rue Delsaut, s'arrêtera au Béguinage, traversera le pont Delsaut pour aller à la porte de Cambrai. Après avoir passé toutes les portes de la ville, il traversera le camp de Famars dans toute sa longueur, et s'arrêtera à la redoute du Mont Joui où le corps sera inhumé.

Le général en chef, La Marche, fera les fonctions de deuiller ; il sera accompagné par les commissaires de la Convention.

Les généraux de division Ferrand, Kilmaine, d'Hangest et Blaquetot porteront les coins du drap.

Les officiers généraux et ceux de l'état-major environneront le cercueil.

Le corps sera porté par seize sous-officiers de la garnison, qui seront relevés aux glacis de la porte de Cambrai, par le même nombre de sous-officiers du camp.

La marche sera ouverte par un corps de cavalerie de la garnison, précédé de vingt gendarmes à cheval.

Les corps administratifs et judiciaires marcheront après les commissaires de la Convention dans l'ordre suivant :

Les députés commissaires de la Convention nationale.
Les commissaires du département du Nord.
Les administrateurs du district.
Le conseil général de la commune.
Les juges du tribunal criminel du département.
Les juges du district.
Le tribunal de commerce.
Les juges de paix.
Les corps militaires, les commissaires des guerres, et les citoyens.

Un second corps de cavalerie, suivi de vingt gendarmes à cheval, fermera la marche.

Tous les corps militaires de la ville et du camp seront en bataille à deux heures précises de l'après-midi ; deux haies d'infanterie de la garnison et de la garde nationale de la ville, borderont les rues et les places, par lesquelles le convoi passera, depuis la maison du Cit. Vanot jusqu'aux glacis de la porte de Cambrai.

Les troupes du camp formeront deux haies, depuis le glacis de la porte de Cambrai, jusqu'à la redoute du camp de Famars, dite du Mont-Joui.

Les deux corps de cavalerie de la garnison précédant et fermant la marche, seront relevés aux glacis de la porte de Cambrai par le 3e régiment de cavalerie qui ouvrira la marche, avec une compagnie d'artillerie légère, et par le 6e régiment de cavalerie qui la fermera. Ces deux corps se tiendront en bataille sur les glacis, à deux heures après-midi, en attendant la sortie du convoi.

Toute la cavalerie de l'armée, excepté celle qui sera employée, se mettra en bataille en avant de la redoute du Mont-Joui à trois heures après-midi.

---

[1] Cet *Ordre de marche pour le convoi du général Dampierre*, a été imprimé chez H. Priguet, en quatre pages in-4º.

CITOYENS,

OUS êtes priés de la part d'*ACHILLE DAMPIERE* & du Général *GOBERT*, Chef de l'État-major de l'Armée du Nord, d'assister au Convoi de HENRI

DAMPIERE,

Général en Chef des Armées du Nord & des Ardennes, *décédé le neuf Mai mil sept cent quatre-vingt-treize, l'an deuxième de la République, qui se fera le dix dudit mois, à trois heures après midi, en l'Église du ci-devant Béguinage, & ensuite son corps transporté au Camp de Famars, pour être déposé dans la grande Redoute de gauche, dite Mont-Joui.*

A VALENCIENNES de l'Imprimerie de H. J. PRIGNET.

Le 1ᵉʳ bataillon de la Charente, et le 29ᵉ régiment d'infanterie accompagneront le convoi jusqu'aux glacis de la porte de Cambrai, où ils seront relevés par le 5ᵉ régiment d'infanterie et le 1ᵉʳ bataillon de l'Aisne.

Tous les corps enverront une députation d'un capitaine, d'un lieutenant, d'un sous-lieutenant, d'un sergent, d'un caporal, d'un fusilier ou d'un cavalier.

Les chefs de corps se tiendront à la tête de leur corps, tous les corps prendront le deuil et le porteront trois jours.

Le canon de Valenciennes tirera un coup par demi-heure, depuis le lever du soleil jusqu'à son coucher.

Tous les canons de la place, de l'avant-garde et des redoutes feront une décharge générale au moment de l'inhumation ; les redoutes de Famars donneront le signal en commençant à tirer.

Le Général de Division,
FERRAND.

Les corps constitués furent invités à la cérémonie par une lettre ainsi conçue :

DU 9 MAI.

Citoyens,

Nous sommes chargés par le chef de l'état-major du citoyen Dampierre, général en chef de l'armée du Nord et des Ardennes, de vous prier d'assister au convoi et inhumation de ce général, qui aura lieu demain, trois heures de relevée, sur le mon Ouï au camp de Famars.

L'assemblée en la maison mortuaire, chez le cit. Vanot, rue Cardon.[1]

Le 10, nous dit un témoin oculaire, Verdavainne fils,[2] « le corps du général était déposé dans un salon, la face découverte, revêtu de ses insignes de général en chef. » Le service fut chanté dans l'église du Béguinage, consacrée à sainte Elisabeth de Hongrie, et qu'un décret de la Convention, en date du 13 avril 1793, venait de donner pour siège à l'ancienne paroisse de Notre-Dame-de-la-Chaussée.[3] Puis le corps fut solennellement porté hors de la ville, et enterré au milieu d'une émotion universelle après avoir été placé dans un double cercueil.

Ce même jour, le général Rosières publiait l'ordre suivant :

Demain 11 may, toute la garnison de Douay prendra le deuil pour trois jours pour le général Dampierre.[4]

Aussitôt après la mort de Dampierre, Lequinio et Cochon avaient écrit à la Convention pour lui faire part de ce malheur. L'Assemblée l'apprit le 10, et ordonna aussitôt l'envoi d'une lettre de condoléance à la veuve du

---

[1] Extrait du *Registre de Correspondance* du Conseil général de la commune de Valenciennes, conservé aux Archives de cette ville, tome II, page 71.

[2] Dans le recueil manuscrit dont nous avons déjà parlé.

[3] On trouve un dessin de l'église du Béguinage, dans l'*Histoire ecclésiastique de la ville et comté de Valenciennes*, par Simon Le Boucq, publiée en 1844.

[4] Bibliothèque des Archives du Nord, manuscrit 236.

général. Un membre demanda pour lui les honneurs du Panthéon. Danton intervint alors dans le débat et dit avec beaucoup de sens :

> L'évènement malheureux que vous venez d'apprendre vous fournit l'occasion de consacrer un grand principe. Dampierre est déjà placé dans un temple de mémoire supérieur à tous ceux élevés par la main des hommes, celui de l'immortalité. Décrétons pour principe que nul ne pourra entrer au Panthéon Français que vingt ans après sa mort : laissons à une génération entière le soin de juger si cet honneur est mérité.

L'Assemblée vota un délai de dix ans. Mais son décret ne dura pas longtemps. En effet, le lendemain, Barère monta à la tribune, rappela les décisions prises en faveur de Mirabeau, de Beaurepaire, de Le Pelletier de Saint-Fargeau, et ajouta :

> Dans un moment où vous avez besoin de vous attacher de grands hommes par de grands actes de reconnaissance, la Révolution vous commande d'accorder à Dampierre les honneurs du Panthéon : l'armée du Nord toute entière y entrera avec ses cendres.

Les députés se laissèrent persuader, et votèrent un décret disant, dans son article IV :

> La Convention décrète les honneurs du Panthéon à Dampierre, mort en défendant la liberté et l'égalité à la tête de l'armée du Nord, dans la journée du 7 mai.[1]

Mais les événements empêchèrent de donner suite à ce vœu. Le siège de Valenciennes, l'occupation de la ville par les Autrichiens constituèrent les premiers obstacles ; puis vinrent la réaction thermidorienne, le Directoire, dans lequel figurèrent à certains moments des hommes qui s'étaient montrés peu favorables à Dampierre, le Consulat et l'Empire, où Bonaparte, absorbé par sa propre gloire, n'avait garde de rappeler d'une manière trop ostensible celle des premiers généraux de la République. Si le gouvernement de la Restauration devait s'en abstenir encore bien plus, Louis-Philippe n'avait pas les mêmes raisons. Quoiqu'ayant suivi Dumouriez dans sa défection, il voulut honorer son successeur : il ordonna donc de tirer le corps de Dampierre de la redoute du Mont-Oui et de le déposer dans un tombeau qui serait élevé plus près du lieu où était tombé le général.

L'emplacement choisi se trouva situé entre la place de Valenciennes et son hameau de Saint-Vaast-là-haut, non loin de la citadelle. En vertu d'une autorisation ministérielle du 26 mars 1836, bientôt suivie d'une ordonnance du 9 juillet de la même année, une parcelle de terre de 52 centiares fut

---

[1] Nous savons que cette date n'est pas exacte.

acquise des époux Renteur, moyennant un prix de 104 francs, suivant acte passé devant Me Lebret, notaire à Valenciennes, acte approuvé le 30 septembre par le ministre de la guerre. Puis, sans retard, on construisit un caveau, et on s'occupa d'y transporter le corps de Dampierre.

Un article paru à Valenciennes, le 22 octobre 1826, dans le journal *l'Echo de la Frontière*, va nous décrire les recherches faites pour le retrouver :

Les difficultés survenues pour l'exhumation du corps du général Dampierre sont enfin levées, et la cérémonie, à la fois militaire et religieuse, du transport des restes de ce brave défenseur de nos frontières, aura lieu le 25 de ce mois. Toutes les troupes de la garnison, infanterie de ligne et cuirassiers, seront sur pied et iront chercher le corps jusqu'à peu près l'emplacement du camp de Famars ; le clergé de la commune de Trith, dont le territoire s'étend en pointe jusqu'au champ où reposent les restes du général depuis quarante-trois ans, les escortera et le remettra au clergé de la paroisse du faubourg qui procèdera à la nouvelle inhumation dans le caveau préparé aux quatre chemins. Le cortège traversera la Ville en entrant par la porte de Famars et sortant par celle de Paris.[1] Les honneurs militaires, dus au grade de lieutenant-général, seront rendus au corps ; on a prévenu les membres de la famille de Dampierre du jour de la cérémonie ; on pense que le petit fils du général Dampierre assistera à cette solennité.

Jeudi matin, une reconnaissance du cercueil de Dampierre a été faite sur les hauteurs de Famars par le capitaine du génie Schœlcher, chargé d'élever le monument que le ministre de la guerre fait construire hors la porte de Paris. Après une fouille de six pieds de profondeur, les débris de planches dans un état de pourriture ont annoncé qu'on ne s'était pas trompé sur le lieu de la première inhumation. Sous ce bois gisait un cercueil en plomb précipitamment fait et non soudé, qui recouvrait une seconde bière en planches. Le tout, ouvert avec précaution, a présenté le corps du général enveloppé d'un manteau de drap jadis vert ; la figure était découverte et passée à l'état de momie, le cartillage du nez seul manquait, les dents étaient blanches et toutes entières ; la peau, collée sur les os, avait pris la couleur du bois d'acajou. Rien n'annonçait la décomposition ; aucune odeur ne se faisait sentir ; un vide dans la partie inférieure droite indiquait la perte de la jambe enlevée par les boulets autrichiens. Le général avait la tête couverte d'un bonnet de police à longue pointe ornée d'un gland tricolore fait en drap découpé : une couronne de laurier se trouvait placée par-dessus. Des boutons dorés et guillochés fermaient l'habit ; l'épée du général était placée près de lui ; une simple dragonne en laine, qui rappelle la simplicité républicaine, en ornait la poignée qui posait sur son ventre. Le corps du général est grand, encore entier, desséché, mais non passé à l'état de squelette. On peut attribuer cette circonstance au terrain sec, élevé et argileux dans lequel il a été enterré, comme aussi à la mort violente qui l'a enlevé.

Après que l'identité du corps fut reconnue, on procéda à la soudure du cercueil en plomb et on le remit dans sa fosse en attendant la cérémonie de mardi prochain. D'ici-là, une nouvelle bière en chêne sera préparée pour servir d'enveloppe au cercueil en plomb. On ne dit pas que la garde nationale sera convoquée pour le convoi ; cependant nos braves canonniers, successeurs de ceux qui ont jadis secondé les efforts du général Dampierre, seront sans doute chargés de lui rendre les derniers honneurs militaires.

---

[1] La porte de Famars est l'ancienne porte de Cambrai ; celle de Paris, l'ancienne porte Notre-Dame.

Un second article, paru dans le même journal le 27 octobre 1836, va nous décrire la cérémonie du transfert, en y joignant un certain nombre de réflexions trop profondément marquées du cachet du temps pour que nous voulions les supprimer :

Mardi, 25 de ce mois, dès neuf heures du matin, la fosse du général Dampierre, sur les hauteurs de Famars, fut de nouveau ouverte, et le cercueil de plomb soudé jeudi dernier, fut tiré au jour et introduit dans un cercueil en chêne amené exprès et fermé immédiatement, par les soins du capitaine du génie Schœlcher, qui a dirigé toutes les opérations de la translation. Le clergé de Trith s'était rendu de bonne heure sur les lieux et garda le corps religieusement jusqu'au moment où un peloton de grenadiers, conduit par les gardes du génie, vint l'enlever à force de bras et le conduire jusqu'à la route de Valenciennes au Câteau, où un char funèbre l'attendait. Ce premier mouvement fut salué par une salve de mousqueterie d'un bataillon de la ligne. Vers onze heures et demie, le cortège se mit en route vers la ville et rencontra les troupes de la garnison rangées en bataille vers la Croix d'Aulnoy, puis la garde nationale de Valenciennes et les autorités municipales qui stationnaient aux limites de la banlieue. A l'arrivée du corps, une décharge de mousqueterie fut exécutée par toute la garde nationale. Le cortège se compléta bientôt et, vers midi et un quart, il entra en ville par la porte de Famars dans l'ordre suivant : un escadron de cuirassiers précédé de la musique du régiment; les sapeurs de la garde nationale en grande tenue; la compagnie des sapeurs-pompiers; celles des grenadiers et des voltigeurs; un bataillon d'infanterie de ligne; des détachements d'escorte; le clergé des paroisses de Trith et du faubourg de Paris; le char funèbre orné aux quatre coins de trophées de drapeaux tricolores et traîné par quatre chevaux du train d'artillerie; les autorités municipales de Valenciennes en uniforme et plusieurs membres du Conseil de la ville; le président du tribunal en costume de ville; le maire de Trith en écharpe; le commandant de place, le sous-intendant militaire; le colonel du génie Maillard, venu de Lille; les officiers du génie et d'artillerie attachés à la place, des officiers de la garde nationale d'Anzin et plusieurs officiers en retraite entouraient le corps et suivaient le convoi avec recueillement.

S'il est une absence qui a été remarquée, c'est celle des membres de la famille du général dont on célébrait les secondes funérailles. Apparemment que le temps aura manqué à M. le marquis de Dampierre, pair de France, ou à quelqu'un des siens, pour venir rendre un dernier devoir à un parent dont la mort glorieuse n'est pas la moindre illustration de sa famille.

Suivaient l'officier de gendarmerie et quelques gendarmes; la compagnie d'artillerie de la garde nationale; la compagnie de la garde à cheval commandée par M. de Maingoval; quatre compagnies d'infanterie de Lille, et un escadron de cuirassiers. Les tambours étaient voilés de noir, les trompettes avaient des signes de deuil, et tous les officiers de la ligne portaient un crêpe au bras.

Le corps de Dampierre, ainsi accompagné d'une foule immense qui était doublée aux approches des glacis, traversa la même rue de Famars [1] qu'on lui avait fait parcourir il y a quarante-deux ans, le visage découvert et pour une cérémonie semblable. Plusieurs habitants de notre ville ont vu les deux solennités et ils ont pu remarquer qu'elles se sont faites sous les mêmes couleurs nationales, avec les mêmes bannières, mais dans des temps bien différents. La première avait lieu précipitamment et presque sous le feu de l'étranger; on était à la veille d'un envahissement, au milieu des horreurs de la guerre, et sous le régime de la terreur révolutionnaire. Aujourd'hui, la même cérémonie se passe avec calme, en pleine paix, sous un régime de liberté pour tous, qui

---

[1] L'ancienne rue de Cambrai.

permet de faire intervenir, au milieu des pompes militaires, le clergé, qui, la première fois, n'avait pu joindre ses prières aux regrets des soldats du général [1]. Quelle histoire que celle de ces quarante-deux ans de distance, et que d'efforts il a fallu pour gagner cette paix, cette prospérité qui nous arrivent après deux révolutions et deux invasions ! Telles étaient les réflexions de nos plus vieux concitoyens, qui voyaient pour la seconde fois, et escorté par leurs enfants, ce même général dont la mort fut pour eux un prélude de misères et de calamités.

Le convoi funèbre et militaire, après avoir parcouru la ville au son de toutes les cloches, arriva aux quatre chemins, lieu où va s'élever le monument, vers une heure de l'après-midi. La hauteur était couronnée de monde, et présentait un spectacle pittoresque et brillant par l'éclat des armes. Une musique funèbre, le chant des ecclésiastiques, les roulements de tambour, alternaient entre eux et portaient à l'âme des impressions mélancoliques qu'un ciel gris et voilé semblait encore augmenter. Les troupes furent rangées en bataille, avec un peu de désordre il est vrai, et le corps fut déposé dans le caveau dont il ne doit plus sortir. Deux décharges par feu de bataillon eurent lieu au moment où la terre recevait son dépôt, et alors un mouvement tumultueux eut lieu dans la gauche de la cavalerie par la frayeur que la mousqueterie trop rapprochée causa aux chevaux ; mais, on n'a à regretter aucun accident fâcheux ; l'infanterie défila de manière que chaque homme isolément put tirer un coup de fusil dans la tombe; et, à deux heures de l'après-midi, toutes les troupes et les curieux étaient rentrés en ville. Bien que le lieu et le sujet de la cérémonie dussent inspirer des mouvements oratoires, aucun discours n'a été prononcé.

L'absence d'un corps d'artillerie en ville a fait supprimer les trois salves de cinq coups de canon chacune qu'on doit, suivant les règlements, à tout général en chef ; l'artillerie de la garde nationale était occupée au convoi. En général, on a remarqué beaucoup d'exactitude et de zèle de la part de la garde nationale, dans une circonstance où sa présence était toute officieuse et n'avait rien d'obligatoire. C'est qu'aussi le général Dampierre a laissé dans le pays de glorieux souvenirs et un nom tout populaire. Son tombeau n'aura pas besoin de gardien ; il est confié à l'honneur des habitants de Valenciennes, pour lesquels il fut presque un concitoyen.

A ce récit, nous joindrons les deux actes officiels d'exhumation et d'inhumation nouvelle, tels qu'ils sont conservés dans les archives de l'état-civil de Valenciennes :

L'an mil huit cent trente-six, le vingt-cinq octobre, à huit heures du matin.

Nous, Maire de la commune de Trith-Saint-Léger, canton de Valenciennes, arrondissement de Valenciennes, département du Nord, en vertu de l'arrêté de Monsieur le Préfet du Nord, en date du 30 septembre dernier, nous sommes transportés sur le Mont-Oui, territoire de cette commune, dans un champ appartenant au sieur Delgrange, où, en présence de Monsieur Schœlcher, Marc-Antoine, capitaine du génie attaché à la place de Valenciennes, nous avons assisté à l'exhumation du corps du général Marie-Henry Picot, marquis de Dampierre, né à Paris le dix-neuf août mil sept cent cinquante-six, décédé à Valenciennes le neuf mai mil sept cent quatre-vingt-treize et enterré sur le dit Mont-Oui.

Le corps a été trouvé à la profondeur de deux mètres et renfermé dans un cercueil en bois, en état de pourriture, contenu lui-même dans un cercueil en

---

[1] Ceci n'est pas exact, puisque nous savons qu'en 1793, le service funèbre du général avait été célébré dans l'église du Béguinage.

plomb, en bon état. Le tout a été renfermé dans un cercueil en chêne ; et, avec les honneurs dus à son haut grade et à la gloire qu'il s'est acquise en défendant la patrie contre l'invasion étrangère, il a été conduit sur le territoire de Valenciennes au lieu dit des Quatre-Chemins, à l'embranchement des routes de Paris et de Condé où un monument s'élève à sa mémoire en exécution de l'Ordonnance royale du 9 juillet dernier.

De tout ce que dessus nous avons dressé le procès-verbal que M. le capitaine du génie a signé avec nous.

A Trith-Saint-Léger, les jour, mois et an ci-dessus.

(Signé) SCHOELCHER et C.-J. FONTAINE.

L'an mil huit cent trente-six, le vingt-cinq octobre, à onze heures du matin. Nous, Maire de la ville de Valenciennes, chevalier de la Légion d'honneur, en vertu de l'arrêté de M. le Préfet du Nord, en date du 30 septembre dernier, nous sommes transporté aux limites du territoire de Valenciennes, sur la route de Famars, et après la remise qui nous a été faite par M. le Maire de Trith-Saint-Léger, du procès-verbal d'exhumation du corps du général Marie-Henry Picot, marquis de Dampierre, né à Paris, le dix-neuf août mil sept cent cinquante-six, mort à Valenciennes le neuf mai mil sept cent quatre-vingt-treize, à midi et demi et enterré sur le Mont-Oui, commune de Trith, dans un champ appartenant au sieur Delgrange, nous avons, en présence de M. Vaneechout (Benjamin-Aubert-Ernest), chef de bataillon du génie, ingénieur en chef à Valenciennes, assisté à l'inhumation qui a eu lieu à une heure et demi sur le territoire de Valenciennes, en dehors de la porte de Paris à l'embranchement des routes de Paris et de Condé où un monument s'élève à sa mémoire en exécution de l'ordonnance royale du 9 juillet dernier.

En foi de quoi nous avons dressé le présent procès-verbal que Monsieur le chef du bataillon du génie a signé avec nous.

A Valenciennes, les jour, mois et an que ci-dessus.

(Signé) VANEECHOUT et J.-B. FLAMME.

Le monument construit sur le caveau se compose d'une colonne d'ordre dorique romain, sans cannelures, portée sur un piédestal qui repose sur deux marches, et surmontée d'une urne cinéraire. Le tout est taillé dans la pierre bleue de Soignies. On lit sur la face extérieure : A LA MÉMOIRE DE DAMPIERRE, GÉNÉRAL EN CHEF DE L'ARMÉE DU NORD ; sur la face postérieure : JEMMAPES, NERWINDE, VALENCIENNES ; sur l'une des faces latérales : NÉ A PARIS LE 19 AOUT 1752, et sur l'autre : TUÉ DEVANT VALENCIENNES LE 8 MAI 1793. Cette dernière formule n'est pas tout à fait exacte, puisque Dampierre, gravement blessé le 8 mai, ne mourut que le 9.

Quelques années plus tard, un autre monument vint encore rapppeler à Valenciennes le souvenir du général. Nous voulons parler du *Fort Dampierre*, élevé de 1845 à 1850, sur la rive gauche de l'Escaut, au sommet d'un mamelon, en avant et à 400 mètres du couronné de la citadelle, afin d'augmenter la résistance de ses fronts extérieurs, et de reculer leur ligne d'horizon jusqu'à Hérin, Aubry, Raismes et Beuvrages.

CHAPITRE VIII

INCERTITUDES DU GÉNÉRAL LAMARCHE. COMBATS DES 10 ET 12 MAI A HASNON, RAISMES ET VICOIGNE. CORRESPONDANCE DES COMMISSAIRES DE LA CONVENTION. AMNISTIE ACCORDÉE A LEURS DÉSERTEURS PAR LES AUTRICHIENS. ATTAQUE GÉNÉRALE DES LIGNES FRANÇAISES. ÉVACUATION DU CAMP DE FAMARS ET RETRAITE DE L'ARMÉE FRANÇAISE VERS BOUCHAIN. INFRUCTUEUX SUCCÈS REMPORTÉ PAR LA MARLIÈRE AU CAMP DE LA MADELEINE. EXAMEN DE LA SITUATION TOPOGRAPHIQUE DE VALENCIENNES, ET RETOUR SUR SON HISTOIRE INTÉRIEURE. MESURES ADOPTÉES PAR FERRAND, LES CONVENTIONNELS BRIEZ ET COCHON ET LA MUNICIPALITÉ, POUR ASSURER LES SUBSISTANCES. PRISE DU FAUBOURG DE MARLY ET BLOCUS DE LA VILLE. SERMENT PRÊTÉ LE 30 MAI DE LA DÉFENDRE A OUTRANCE. LES CANONNIERS VALENCIENNOIS. OUVERTURE DE LA PREMIÈRE PARALLÈLE VERS LE FRONT DE MONS, ET PREMIÈRE SOMMATION DU DUC D'YORK. COMMENCEMENT DU BOMBARDEMENT. ÉMEUTES DES 16 ET 21 JUIN. DIFFICULTÉS RELATIVES AU SERVICE DES POMPES. OUVERTURE DE LA SECONDE PARALLÈLE. INCENDIES DE L'ARSENAL ET DE L'ÉGLISE SAINT-NICOLAS. OUVERTURE DE LA TROISIÈME PARALLÈLE. PRISE DE CONDÉ PAR LES AUTRICHIENS LE 10 JUILLET. GRANDE ATTAQUE DE VALENCIENNES LE 25. SECONDE SOMMATION DU DUC D'YORK. OBSERVATIONS DE LA MUNICIPALITÉ. SOULÈVEMENT D'UNE PARTIE DE LA POPULATION ET DES TROUPES. CAPITULATION DE LA VILLE. DÉPART DE SES DÉFENSEURS [1].

---

[1] Ce chapitre a été rédigé par M. Paul Foucart.
Outre le *Précis* de Ferrand, et le *Mémoire* de Tholozé, les principaux ouvrages à consulter relativement au siège de Valenciennes sont les suivants :
1o *Rapport fait à la Convention nationale par les citoyens Charles Cochon et Briez, représentants du peuple, députés par la Convention nationale aux armées de la République sur la frontière du Nord; de leur mission près de la garnison et au siège et bombardement de Valenciennes*. — Imprimé par ordre de la Convention nationale;
2o *Relations militaires et précis des attaques et bombardement de la ville de Valenciennes*, par le capitaine du génie Dembarrère. — Imprimé à la suite du *Rapport* de Cochon et de Briez;
3o *Précis historique du siège de Valenciennes*, par un soldat du bataillon de la Charente. — Imprimé à Paris, l'an 2e de la République;
4o *Relation du siège et du bombardement de Valenciennes*, par A. Texier de la Pommeraye. — Imprimé à Douai en 1839, in-8o, ;
5o *Journal du siège et du bombardement de Valenciennes par les troupes combinées autrichiennes, anglaises et hanovriennes, dans les mois de juin et juillet de l'an 1793, dédié aux officiers de l'artillerie autrichienne*, par le baron de Unterberger, major-général et commandant de l'artillerie autrichienne du siège. — Traduit de l'allemand, avec le plan des attaques, par Souhait, capitaine du génie, et imprimé à Coblentz, sans date;
6o *Récit succinct du bombardement de Valenciennes en 1793*, par Hécart cadet. — Imprimé dans les *Almanachs de la commune et du canton de Valenciennes pour l'an V et l'an VI*.

Ainsi que nous l'avons dit, aussitôt que Dampierre eût été mortellement blessé, Lamarche avait pris l'intérim du commandement en chef de l'armée du Nord. Le 9, il campa avec le gros des troupes à Famars, tandis que la division de gauche, sous le général Chaumont, occupait Maulde, Mouchin et Orchies, que La Marlière demeurait entre l'Escaut et la Scarpe, un peu en arrière du lieu où Dampierre était tombé, et que la division de Béru se postait en avant de Marly, entre le Roleur et la Rhonelle, sous le canon de Valenciennes.

La tâche du nouveau chef était assurément des plus difficiles, et il semble avoir été si peu en état d'y suffire que, dans le *Mémoire* auquel nous avons déjà fait un emprunt, Tholozé critique en ces termes virulents ses premières opérations :

Incertain dans ses projets, il résolut de se tenir sur la défensive, et craignant même l'attaque de l'ennemi sur la gauche, vers le village d'Hasnon sur la Scarpe, il proposa d'inonder ce vallon pour s'opposer à ses mouvements. Je fus chargé de tendre cette inondation, qui n'eut pas lieu sur les représentations du représentant du peuple Briez qui fit connoître le tort immense que souffriroient les habitants de ce vallon.

Telle étoit la disposition des esprits et l'incertitude des chefs ; telle étoit la discordance des opérations militaires qui annonçoient la nullité des projets fixes de défense et l'oubli, ou peut-être l'ignorance, des principes qui devoient en être la base. On fortifioit le camp de Famars, on étendoit ses défenses sans aucun rapport aux troupes qui devoient le défendre, et sans liaison avec la place de Valenciennes qui en étoit l'appui, ou le Mont d'Anzin qu'occupoit l'avant-garde de cette armée, point inutile à conserver puisque le camp étoit couvert de ce côté par la place de Valenciennes qui pouvoit assurément lui servir d'avant-poste ; on formoit des lignes de défense au travers des bois par des abattis qui se dirigeoient sur Hasnon. Par ce moyen, on étendoit tellement le peu de forces qui nous restoit que l'armée, faible sur tous les points, pouvoit être attaquée sur l'un d'eux par l'ennemi qui pouvoit se réunir inopinément ; tandis que si l'armée, en appuyant la place de Valenciennes, eut occupé seulement le camp de Famars, jamais cet ennemi n'auroit osé l'attaquer et cette place, qui a été abandonnée à elle-même, n'auroit pas été assiégée.

Dans cette position, il est vrai de dire que l'ennemi auroit tenté quelques autres entreprises sur la gauche ou sur la droite ; mais alors on auroit levé le camp de Famars pour s'y opposer ; alors on auroit pu prendre telle autre position qui eut conservé les avantages de pouvoir s'y établir avant que l'ennemi ne fût en mesure d'y mettre obstacle. Encore une fois, on ne peut se dissimuler qu'il n'existoit aucun projet ni plan de campagne bien déterminé et que le salut de cette armée, de cette frontière, étoit abandonné aux événements imprévus, aux effets du hasard, à l'impéritie ou à l'insouciance la plus absolue.

Dès le 10, Clairfay, ayant sous ses ordres le baron d'Haspres, attaqua les Français dans le bois d'Hasnon et les en chassa entièrement. Le 12, les Français voulurent prendre leur revanche ; commandés par Lamarche lui-même, ils assaillirent de nouveau l'ennemi dans les futaies de Raismes et de Vicoigne, obtinrent quelques avantages, mais ne purent néanmoins le déloger.

Les jours suivants, le général en chef ordonna, pour renforcer à la fois son centre et ses ailes, quelques mouvements de troupes empruntées à la garnison de Douai, mouvements que nous font connaître les pièces suivantes [1] :

ORDRE DONNÉ AU 2ᵉ BATAILLON DU 56ᵉ RÉGIMENT LE 12 MAY 1793.

Il est ordonné au 2ᵉ bataillon du 56ᵉ régiment de partir demain 13 courant, à sept heures du matin, pour se rendre au village de Rennes [2], en exécution de l'ordre du général en chef La Marche.

Le général de division, commandant à Douay,
ROSIÈRES.

ORDRE DU 13 MAY 1793.

Il est ordonné au 3ᵉ bataillon du Nord de partir demain 14 may, pour se rendre le même jour au village de Ruesne, proche le Quesnoy, où il prendra les ordres du général Laroque, commandant le corps des flanqueurs de droite de l'armée.

Ce bataillon passera par Bouchain, Haspres et Bermerain.

Le général en chef,
LA MARCHE.

ORDRE DU 14 MAY 1793.

Il est ordonné au dépôt du 13ᵉ bataillon de volontaires, formé à Soissons, de partir de Douay le 15 de ce mois pour se rendre à Lille, où il rejoindra son corps campé à la Magdelaine.

Le commandant de ce dépôt ira, à son arrivée, prendre les ordres du général de brigade Durtubie qui lui indiquera l'heure du départ du convoy d'artillerie qu'il doit escorter jusqu'à Lille.

ROSIÈRES.

ORDRE DU 14 MAY 1793.

Il est ordonné au 1ᵉʳ bataillon du Nord de partir demain à huit heures avec armes et bagage, pour se rendre à Valenciennes. Ce bataillon et le 3ᵉ du Nord seront embrigadés avec le 2ᵉ bataillon du 83ᵉ régiment d'infanterie.

Le commandant du bataillon se fera précéder par un officier qui ira prendre les ordres de l'état-major général de l'armée du Nord.

ROSIÈRES.

ORDRE DU 14 MAY, A DIX HEURES ET DEMIE DU SOIR.

De nouvelles dispositions du général en chef de l'armée du Nord aïant changé la destination du 3ᵉ bataillon du Nord parti ce matin de Douay pour se rendre à Ruesnes, le commandant de ce bataillon fera changer la route de sa troupe et prendra, au reçu de cet ordre, celle de Valenciennes ; et, arrivé dans cette dernière ville, il se rendra à l'état-major général pour y prendre de nouveaux ordres.

ROSIÈRES.

---

1 Elles sont toutes extraites du *Registre des ordres du général Rosières* conservé, comme nous le savons, aux Archives du Nord.

2 Lisez : *Ruesnes*.

Pendant ce temps, les représentants en mission dans les diverses parties du département essayaient de faire face aux mille besoins d'une situation que chaque jour aggravait et, de Dunkerque, d'eux d'entre eux, dont l'un des plus illustres, écrivaient en ces termes à leurs collègues de Lille, au sujet de diverses mesures administratives et à un moment où ils ignoraient certainement encore la mort de Dampierre :

Dunkerque, le 10 may *1790*[1], l'an second
de la République.

Citoyens nos collègues,

Il n'est pas possible, pour le bien du service, que nous quittions cette vaste frontière que nous occupons, et où nous ne pouvons suffire, ayant au moins quinze places de guerre tant en première ligne qu'en seconde sous notre surveillance.

Nous vous engageons, citoyens nos collègues, à faire tout ce que vous pourez pour le bien de la chose et soïés persuadés que nous y concourrerons toujours et que nous approuverons tout ce que vous aurez fait à cet égard.

Nous vous observons que, s'il nous faut aller à Douay chaque semaine, nous passerons la moitier de notre temps à aller et venir, et il ne nous restera que trois jours pour travailler.

Nous n'avons pu envoyer à votre signature l'instruction pour la revue des troupe, parce qu'elle étoit à l'impression avant que nous fûmes à Douay.

Notre collègue Lequinio a paru, dans notre entrevue à Douay, désirer connoîttre notre frontière maritime ; comme il est impossible que Carnot et moi suffisent ici, nous vous engageons à nous l'adjoindre.

DUQUESNOY, L. CARNOT.

P.-S. — Nos arrêtés pour les fourages s'exécutent dans ce pays-cy, et si notre arrêté pour les subsistances ne s'exécute pas, c'est qu'il n'est pas encore connu, et je suis sûr qu'aussitôt qu'il le sera, il aura son exécution comme celui des fourages.

Cinq jours après, les destinataires de la lettre qui précède écrivaient, de leur côté, au Comité de Salut public pour lui faire part des renseignements, peu exacts, qu'ils avaient recueillis sur les forces et les intentions de l'ennemi :

Lille, 15 mai.

Je viens d'avoir une conversation avec quelqu'un de sûr qui revient de Tournai et qui m'a communiqué les renseignements suivants. Il est de mon devoir de vous les transmettre.

L'armée ennemie, sur notre frontière, n'est composée que de 51.000 hommes, savoir : 13.000 Autrichiens, 17.000 Prussiens, 6.000 Anglais, 5.000 Hanovriens et 10.000 Hollandais. Le duc d'York est à Tournai avec Bouillé, qui paroit son Mentor et son conseiller le plus intime ; ils ont une grande espérance sur les

---

[1] 1790 est écrit ici par erreur pour 1793. L'en-tête de la lettre suffit à l'indiquer. L'original est conservé aux Archives du Nord, série L, liasse 1445.

troubles de l'intérieur et, s'ils pouvoient se communiquer jusqu'à Paris, ils pousseroient une colonne sur cette ville en laissant même derrière eux les places de guerre et sans s'occuper de leur retraite. Mais autrement, ils ne tenteront pas l'invasion du territoire et ils chercheront seulement à nous forcer d'entretenir beaucoup de monde sur nos frontières pour donner beau jeu aux intrigans du dedans. Il paroit, par leurs propos, qu'ils sont fort instruits, et d'avance, des mouvements intérieurs, et la personne qui me communique ces observations ne doute point que le plan ne soit combiné entre eux et les chefs d'un parti au désespoir. Ils s'entretiennent quelquefois des projets de paix, mais ils ne parlent de rien moins que de ravoir toutes les conquêtes de Louis XIV sur les Pays-Bas et sur le Rhin, c'est-à-dire la Flandre, le Hainaut, l'Artois, le Cambrésis, la Lorraine et l'Alsace, ou bien de nous faire accepter pour roi le duc d'York avec la Constitution de 91 : car ils nous abandonneroient encore la maison de Bourbon et les émigrés Ils ont beaucoup de cavalerie en proportion de leurs moyens de subsistances. Ils tirent leurs avoines de Hollande. On croit qu'il seroit possible de leur soustraire cette faculté en faisant un marché pour nous dans ce pays-là ; des gens habiles pourroient traiter cette affaire, et il ne faudroit pas épargner de sacrifices. Au reste, de tous ces avis, rien de sûr comme la combinaison des troubles intérieurs avec la conduite de nos ennemis. Ainsi, ne négligez rien pour arrêter leurs progrès et les étouffer.

Je vous prie de vouloir bien faire décider promptement les différentes questions que nous vous avons proposées par nos lettres du 28 passé et du 13 courant. Nous promettons continuellement aux troupes votre attention et votre sollicitude. Surtout, citoyens, prononcez le plus tôt possible l'exécution de l'amalgame et vous aurez une bonne, une excellente armée ; sinon nos bataillons resteront sans instruction et sans discipline, nos troupes de ligne sans patriotisme et entièrement isolées des intérêts de la République, et nos généraux conserveront un moyen de trahison bien dangereux pour la République [1].

Nous voyons par cette lettre quelles craintes inspirait de plus en plus l'insurrection de la Vendée, craintes tellement poignantes que, malgré le péril de la frontière du Nord, certaines troupes en furent détachées pour être envoyées dans le Centre et dans l'Ouest. Si, contrairement à sa pétition du 16 avril, le 1er bataillon de Maine-et-Loire n'obtint pas de retourner tout entier en Anjou, il fournit du moins une compagnie de 65 hommes destinée à combattre les rebelles ; et c'est à un envoi du même genre que se rapporte la pièce suivante :

ORDRE DU 12 MAY 1793.

Il est ordonné au citoyen Long, capitaine de l'artillerie à cheval, de partir demain à six heures du matin, avec toute sa compagnie, armes et bagages, pour se rendre à Arras et de là à Tours, suivant l'ordre qu'il a reçu du Ministre de la guerre.

ROSIÈRES.[2]

---

[1] Cette pièce est tirée de la même liasse que la précédente.
[2] Pièce tirée du *Registre des ordres* du général.

Pendant que l'armée du Nord s'affaiblissait ainsi par suite des nécessités de la défense intérieure, les Autrichiens s'efforçaient de rappeler à eux leurs déserteurs. L'amnistie proposée par Albert de Saxe-Teschen le 12 octobre 1792 n'avait obtenu aucun succès.[1] Appuyés par leurs récentes victoires, ils espérèrent qu'une tentative nouvelle en obtiendrait davantage. Ils publièrent donc la pièce suivante que nous reproduisons avec ses annexes, afin de donner une idée du style de la chancellerie impériale dans les provinces belges :

Déclaration de Sa Majesté accordant l'amnistie à ceux de ses sujets qui ont servi dans les corps de *Béthunistes*.[2]

DU 13 MAY 1793.

Sa Majesté, persuadée que ceux de ses sujets qui ont servi dans les corps armés, connus sous le nom de *Béthunistes*, ne se sont portés à cette démarche critique qu'entraînés et séduits par les menées perfides de ses ennemis, et ne doutant pas qu'actuellement revenus de leur égarement, ils ne s'empressent de rentrer dans leur devoir et de donner des preuves d'un juste repentir, Elle s'est déterminée à user de clémence à leur égard : en conséquence, Elle a, à la délibération du sérénissime gouverneur général des Pays-Bas, accordé et accorde à ceux de ses sujets qui ont servi dans les dits corps, une amnistie générale et pardon absolu.

Déclarant Sa Majesté, que ceux d'entre eux qui sont encore maintenant dans les armées françoises, jouiront de la même amnistie si, dans les trois semaines de la présente Déclaration, ils rentrent dans ce pays et s'annoncent aux magistrats de leurs respectifs domiciles ainsi que les déserteurs de ses troupes qui servent dans lesdites armées françoises, si dans le même terme ils rejoignent leurs drapeaux, ou que, rentrés dans cette intention, ils s'annoncent au commandant militaire le plus prochain.

Mande et ordonne SA MAJESTÉ à tous ceux qu'il peut appartenir, de se régler et conformer selon ce. Fait à Bruxelles, sous le cachet secret de SA MAJESTÉ, le 13 mai 1793. Etoit paraphé, *Le C. vt.* Plus bas : par ordonnance de SA MAJESTÉ signé *L. C. Vandeveld*, et à côté étoit apposé le cachet secret de SA MAJESTÉ, imprimé sur une hostie vermeille, couverte d'un papier blanc.

LES GRAND-BAILLI, PRÉSIDENT ET CONSEILLERS en la noble et souveraine Cour à Mons, aïant vu cette, avec les Lettres de SA MAJESTÉ du 15 de ce mois, déclarent qu'elle sera imprimée, publiée et affichée dans les lieux et en la forme ordinaire. Fait à Mons le 21 mai 1793. Etoit paraphé : *Dc. vt*, et plus bas : par ordonnance, signé *Fleur*.[3]

---

[1] Nous en avons donné le texte au ch. V, pp. 264 et 265.

[2] Il a déjà été question de ces corps dans une pièce publiée par nous, chapitre II, page 91. Nous continuons à ignorer ce qu'était le Béthune-Charost qui les avait organisés, et s'il avait ou non quelque chose de commun avec Armand-Joseph de Béthune, duc de Charost, né à Versailles le 1er juillet 1735, mort à Paris le 27 octobre 1800, dont la philanthropie est restée célèbre.

[3] Nous extrayons cette pièce d'un recueil factice existant à la bibliothèque de Valenciennes et dont l'auteur est déjà connu de nous. Ce recueil est intitulé : *Collection des édits, ordonnances, déclarations et autres rescrits et placards, émanés pour le pays de Hainau, recueillis par moi, Albert-Joseph Paridaens, conseiller en la noble et souveraine Cour à Mons, avec deux tables, l'une suivant l'ordre chronologique, l'autre suivant l'ordre de l'alphabet.* Il comprend cinq volumes, partie manuscrits, partie imprimés, et s'étend de 1424 à 1794. La pièce que nous reproduisons porte au bas de la seconde page : « A Mons. chez M. J. Wilmet, imprim. de la noble et souveraine Cour à Mons, sur la grand'place. Prix : *un patar*. »

Malgré une certaine accalmie qui s'était produite autour de Valenciennes depuis les derniers combats, chacun s'attendait à voir, sous les murs de la ville, surgir à bref délai de graves événements. Un conseil de guerre fut donc convoqué ; plusieurs officiers généraux y assistèrent, ainsi que les députés en mission à Lille. L'un d'eux, Duhem, posa nettement les deux questions suivantes :

1º Peut-on secourir la place de Condé, et comment ?

2º Si l'ennemi attaque le camp de Famars et l'emporte, où se retirera l'armée ?

Tholozé demanda la parole, et, d'après ce qu'il nous apprend,[1] y répondit en ces termes :

> La première question a été malheureusement résolue par les combats sans succès des 21 avril et 8 mai ; les attaques partielles et de front étant toujours désavantageuses, il faut, si l'armée est assez nombreuse, faire un grand mouvement sur la droite ou sur la gauche pour forcer l'ennemi à changer de position et, par une manœuvre rétrograde, l'attaquer dans les points qu'il auroit affaiblis et se porter sur Condé pour le ravitailler. Pour éviter l'effet de la deuxième question, il faut resserrer le camp de Famars beaucoup trop étendu, lier ses défenses avec celles de Valenciennes qui le protègent et en supposant que, dans cette disposition, il puisse être attaqué et emporté, il faut pourvoir à une retraite facile derrière la rivière l'Ecaillon et au nombre de troupes qu'il seroit nécessaire de jeter dans la place pour en soutenir le siège.
>
> L'armée campée derrière l'Ecaillon ne sera pas encore hors de mesure pour protéger Condé et Valenciennes ; attaquée dans cette nouvelle position, elle devra occuper le camp de Paillencourt ; si elle était forcée, l'abandonner.

Le général Champmorin, ainsi que plusieurs autres officiers, appuyèrent ces deux propositions, et, le lendemain, un conseil plus secret adopta un plan d'attaque que nous fera connaître tout à l'heure une lettre adressée le 24 mai par les Commissaires de la Convention au Comité de Salut public.

Mais cette attaque fut devancée. En effet, le 23 mai, les Hollandais, les Anglais et les Autrichiens reprirent à la fois l'offensive : d'Ypres à Orchies et d'Orchies à Maubeuge, la ligne française fut, dès l'aube, simultanément assaillie sur presque tous les points.

La veille, le futur comte Hulin, qui, après avoir compté parmi les vainqueurs de la Bastille, devait présider la commission militaire chargée de juger le duc d'Enghien et être blessé plus tard par le général Malet, avait écrit à l'un des Commissaires la lettre suivante :

---

[1] Dans le *Mémoire* déjà cité.

Place de Landrecy, le 22 may 1793,
l'an 2ᵉ de la République une et indivisible.

Citoyen représentant,

J'ai l'honneur de vous envoier ci-joint les états d'approvisionnement de guerre et de bouche, avec ce qui nous manque pour les complletter en cas de siège. Je joins aussi une copie du conseil de guerre que j'ai fait tenir, pour me mètre en règle, d'après la loy du 10 juillet 1791.

Les fortifications sont en bon état : l'on travaille avec assiduité à établir des traverses dans les parties découvertes, et à réparer plusieurs bastions dégradés par le temps. Encore quelques jours, et nous serons en état de faire bonne contenance.

L'esprit de la garnison est bon et tout républicain. Vous pouvez compter, représentant du peuple, que je sçaurai deffendre la place qui m'est confiée, avec le même courage que j'ai conduit mes braves frères d'armes à la Bastille.

Le commandant temporaire de la place,
P. HULIN.[1]

Dès qu'il avait appris que les Autrichiens dirigeaient une attaque sur la ville d'Orchies, Rosières s'était empressé de dicter l'ordre suivant, bientôt suivi de plusieurs autres :

ORDRE DU 23 MAY 1793 A 5 HEURES 1/2 DU MATIN.

Il est ordonné au lieutenant-colonel Gely, de partir sur-le-champ pour se rendre à Rache avec 400 hommes pris sur les deux bataillons d'infanterie du 56ᵉ régiment et son canon ; il sera suivi immédiatement par 200 hommes du 1ᵉʳ bataillon des Côtes du Nord, et 200 hommes du 2ᵉ bataillon de l'Oise, et de forces plus considérables si les circonstances le rendent nécessaire.

La mission du lieutenant-colonel Gely sera de renforcer la garnison d'Orchies qui est attaquée en ce moment. Dans le cas où l'ennemi n'auroit pas occupé les hauteurs qui dominent ce poste du côté de la route qui conduit à Douay, il s'y portera ; si, au contraire, l'ennemi, très supérieur en force, occupoit cette position, il marchera sur lui avec précaution, le fera reconnoître par sa cavalerie, lui présentera des têtes de colonnes d'infanterie pour lui faire croire qu'il marche en force, et l'attaquera enfin pour l'éloigner et faire connoître à la garnison d'Orchies qu'elle est soutenue, que sa retraite est assurée si elle étoit obligée de céder. Pour remplir son but, le lieutenant-colonel Gely laissera un poste à Pont-à-Rache, occupera la croisée de Flines avec le fort de son détachement et se conduira de ce point militairement suivant les circonstances et me donnera souvent de ses nouvelles.

Le général de division : ROSIÈRES.

ORDRE DU 23 MAY 1793.

Il est ordonné à 25 cavaliers du 6ᵉ régiment de rester à Coutiches jusqu'à nouvel ordre. L'officier qui commandera ce détachement prendra toutes les précautions nécessaires pour éviter une surprise ; il correspondra avec Flines, où il y aura un détachement d'infanterie, et prendra les ordres du lieutenant-colonel commandant à Pont-à-Rache. Il fera demain, dez la pointe du jour, des reconnoissances sur Orchies et il en rendra compte.

---

[1] Archives du Nord, série L, liasse 1401.

ORDRE DU 23 MAY 1793.

Il est ordonné à 100 hommes du 1ᵉʳ bataillon des Côtes-du-Nord, d'occuper ce soir à 7 heures 1/2 le village de Flines et d'y rester jusqu'à nouvel ordre. Ce détachement sera commandé par 6 officiers ; il placera des avant-postes pour veiller à sa sûreté ; il sera aux ordres du lieutenant-colonel commandant à Pont-à-Rache.

ORDRE DU 23 MAY 1793.

Il est ordonné au 1ᵉʳ bataillon des Côtes-du-Nord de partir, à 7 heures 1/2, du poste qu'il occupe avec ses pièces de canons, pour se rendre à Pont-à-Rache. Le lieutenant-colonel de ce poste prendra le commandement de ce poste ; il gardera 6 cavaliers pour correspondre avec moi et avec le poste de Coutiches. Le reste de la cavalerie rentrera à Douay avec le bataillon du 56ᵉ.

ORDRE DU 23 MAY 1793.

Il est ordonné au commandant du 56ᵉ régiment d'infanterie de partir de la position qu'il occupe, après avoir fait passer les ordres ci-joints au commandant du 1ᵉʳ bataillon des Côtes-du-Nord. Après les avoir vus exécuter, il opérera sa retraite ; il se fera précéder par le reste de sa cavalerie, et se rendra à Douay.

ORDRE DU 23 MAY 1793.

Il est ordonné au commandant du bataillon de la Gironde de rassembler ses troupes à Pont-à-Rache et d'en partir pour rentrer au fort, dès qu'il sera relevé par le bataillon des Côtes-du-Nord : ce qui sera exécuté à huit heures et demie à peu près.[1]

Malgré l'émoi qu'elle avait causé, l'attaque sur Orchies n'avait qu'une importance secondaire. L'effort principal s'était porté en même temps sur la droite du camp de Famars et sur l'avant-garde d'Anzin. Les colonnes étaient dirigées par le duc d'York et le maréchal de Cobourg en personne. Ainsi que nous le dit Ferrand [2] :

Les redoutes de Famars, couvrant la droite du camp, furent emportées dès la première attaque ; les redoutes d'Aulnois, et celles du mont du bois de Fontenelle tinrent bon pendant quelques heures, ainsi que la plupart des postes d'Anzin. Le feu fut vif de part et d'autre ; la perte fut considérable ; il y eut beaucoup de blessés.

Une note manuscrite du temps, conservée dans la collection de M. Edouard Mariage, chef d'escadron d'artillerie de l'armée territoriale [3],

---

[1] Toutes ces pièces sont extraites du manuscrit 236 de la Bibliothèque des Archives du Nord.

[2] *Précis de la défense de Valenciennes*.

[3] M. Edouard Mariage est l'auteur d'un *Atlas* où il a recueilli ou reproduit plus de 120 plans relatifs à la topographie militaire de Valenciennes. Il l'a exposé d'abord à Douai, lors du congrès géographique de 1883, puis à Paris, en 1889, dans le pavillon construit par le ministère de la guerre sur l'esplanade des Invalides, et en a fait imprimer le catalogue à Valenciennes chez M. Louis Henry. — M. Edouard Mariage a bien voulu, pour ce chapitre, nous donner une foule de renseignements et de conseils dont nous sommes heureux de lui exprimer ici toute notre gratitude.

nous donne quelques renseignements complémentaires sur ce combat et sur les causes de son issue funeste :

> La tête du camp de Famars... étoit couverte par des ouvrages armés d'artillerie, dont les gorges n'avoient pas été fermées. Lors de l'attaque de ce camp, la cavalerie anglaise tourna ses redoutes et vint les prendre par leurs gorges, dans lesquelles elle entra à cheval et sabra ceux qui étoient chargés de leur défense, qu'elle fit prisonniers. Il n'y a pas de doute que le plus léger obstacle élevé le long des gorges de ces ouvrages les eût préservés d'un pareil accident, et que cette affaire malheureuse auroit pu alors avoir une autre issue. Cet exemple de Famars est une leçon qu'il ne faut pas oublier, pour ne pas tomber dans la même faute par la suite.

A quatre heures de l'après-midi, Lamarche rentra dans Valenciennes, et, en présence des représentants Bellegarde, Cochon, Courtois, Briez et Dubois-Dubais, déclara que, vu la supériorité de l'ennemi, il ne pouvait tenir plus longtemps dans le camp de Famars et dans les postes d'Anzin et d'Hasnon. Ayant fait appeler Ferrand, il annonça à ce général que l'honneur de défendre la ville allait lui échoir et que, sans doute, elle serait bloquée pendant la nuit. Ferrand n'était peut-être pas l'homme le plus apte à remplir la fonction qui lui était confiée ; quoique d'une bravoure éprouvée, ainsi qu'il venait encore de le montrer à Jemmapes, ses soixante et onze ans commençaient à lui peser ; longtemps confiné dans des rangs subalternes, nous verrons bientôt qu'il ne concevait pas avec toute l'ampleur nécessaire la défense d'une place ; enfin, les nombreuses relations qu'il avait nouées à Valenciennes depuis longues années, devaient lui rendre la sévérité difficile et nuire à la discipline. Quoi qu'on doive penser de ce choix, Ferrand proposa un nouveau plan de résistance ; mais Lamarche le jugea impraticable. La retraite de l'armée commença immédiatement, et la place ne garda, au lieu de vingt bataillons des plus complets qu'avait demandés son gouverneur, que dix-sept pris au hasard et très faibles.

Sur l'annonce du prochain blocus de la ville, et à la requête des Commissaires de la Convention, la municipalité fit publier l'arrêté suivant, dont la rédaction se ressent du trouble des circonstances :

> Maire et officiers municipaux de la commune de Valenciennes, déclarons que tous les étrangers doivent sortir de cette ville dès aujourd'hui et les femmes des militaires, aussi celles des employés à l'armée.
>
> Fait en séance, ce 23 may 1793, l'an 2ᵉ de la République françoise.
>
> HÉCART. BENOIST l'aîné. Pierre REBUT.
> LANEU-PLICHON. PILLION.
> WATTECAMPS, officier municipal [1].

---

[1] Archives de Valenciennes, H 6, 10.

Cet ordre fut publié dans les rues et dans les carrefours, en même temps que des visites domiciliaires avaient lieu dans toutes les auberges.

Pour donner plus de poids à l'injonction qu'il formulait, Ferrand fit sur-le-champ partir sa femme. A l'exception de Briez et de Cochon, qui allaient s'enfermer avec la garnison, l'un volontairement, l'autre par suite d'un tirage au sort [1], les conventionnels accompagnèrent cette dame, ainsi que les dépôts du premier d'artillerie et du sixième de dragons. Peu d'autres gens partirent. Les routes n'étaient guère sûres, et parmi les réfugiés, se trouvaient beaucoup de paysans qui, étant venus s'enfermer dans la ville avec leurs récoltes pour échapper aux réquisitions et aux brutalités de l'ennemi, ne voulaient pas la quitter juste au moment où la campagne allait être livrée sans défense aux fourrageurs des coalisés. Valenciennes se trouva donc contenir de 30 à 35.000 âmes, les troupes non comprises.

Parmi les étrangers qui refusèrent de quitter la ville figuraient beaucoup de boulangers, de conducteurs des charrois et d'autres employés militaires, sans compter nombre d'officiers et de soldats n'appartenant pas à la garnison. Ce n'était point la fleur de l'armée, et les insurrections qui éclatèrent par la suite y recrutèrent plus d'un adhérent [2].

Cependant, le poste d'Hasnon était évacué sur Marchiennes, tandis que ceux de Raismes, d'Aubry et d'Anzin gagnaient la rive droite de l'Escaut et traversaient la ville pour prendre la route de Cambrai. L'ennemi chercha à entraver la retraite, et le général de brigade de Baussancourt, qui commandait l'arrière-garde, dut charger plusieurs fois pour la protéger.

Le 24 au matin, tandis que le gros de l'armée descendait au sud de Valenciennes, Lamarlière, attaqué au camp de la Madeleine, repoussait l'ennemi et lui prenait un drapeau, ce dont les Commissaires présents à Lille s'empressèrent, en ces termes, de faire part à la Convention :

Lille, 24 mai.

Nous vous adressons, citoyens nos collègues, le rapport que nous recevons du général Lamarlière relatif aux succès de ce matin. Si quelque chose peut nous dédommager des événements d'hier à Valenciennes, c'est la bonne conduite de cette division. Nous pouvons garantir l'authenticité de la relation du général, ayant vu nous-mêmes tous les prisonniers. Nous avons donné des éloges aux braves républicains qui ont terrassé leurs ennemis, et nous leur avons promis la plus prompte satisfaction sur tous leurs besoins qui sont urgents. L'adjudant-général Levasseur, porteur de la présente, vous remettra l'étendard pris sur nos ennemis dont le général La Marlière vient de faire hommage à la Convention : nous l'envoyant au moment qu'on le lui a apporté, il n'a fait que passer de ses mains dans les nôtres.

---

1 *Precis* du soldat de la Charente, p. 16.
2 Voir le *Rapport* de Briez et de Cochon, p. 2.

Les Commissaires y joignirent cette lettre pour le Comité de Salut public :

Lille, 24 mai.

Dans la circonstance critique où nous nous trouvons, il est de notre devoir de vous dévoiler toute notre âme sur le compte des généraux.

Dampierre, que vous avez apothéosé, n'a pas su ou n'a pas voulu profiter de la bonne volonté des troupes le 1ᵉʳ de mai. Recommencer son opération le 8 sur le plan du 1ᵉʳ, c'étoit le comble de l'ineptie ou de la trahison, mais

Laïus est mort : laissons en paix sa cendre.

Quelques jours après la mort de Dampierre, il fut tenu un conseil de guerre à Valenciennes pour remédier aux événements du 8. Il y fut arrêté qu'on attaqueroit l'ennemi dans les points correspondants à Dunkerque et à Maubeuge ; que Lamarlière le tiendroit en échec vis-à-vis de Menin, et que Lamarche profiteroit de la diversion pour ravitailler Condé. Champmorin était chargé de l'attaque du côté de Dunkerque et Kilmaine de celle du côté de Maubeuge.

Cette opération demandoit du secret et de la promptitude. Il y a douze jours qu'elle est arrêtée et elle n'est pas exécutée ; et l'ennemi, instruit un quart d'heure après de la résolution, a pris ses mesures et s'est renforcé partout. Enfin il a su aussi qu'on s'étoit déterminé à agir aujourd'hui ; il a agit hier, et vous en savez le résultat. Nos avantages d'ici ce matin sont bien réels et bien brillants, mais ils ne nous dédommagent pas des malheurs d'hier qui peuvent devenir bien sérieux si nos communications de Lille à Douai étoient coupées. Ils nous ont prouvé seulement que l'activité des généraux et leur discrétion font beaucoup pour le succès des armes et nous devons reconnoître ces qualités en La Marlière.

Le lendemain, Carnot écrivit au même Comité une importante lettre où il dévoile toutes les difficultés au milieu desquelles il se débattait, et dont la minute autographe est précieusement conservée aux Archives du Nord [1] :

A Douai, le 25 mai 1793, l'an 2 de la République.

LES REPRÉSENTANS DU PEUPLE ENVOYÉS PRÈS DE L'ARMÉE DU NORD, AUX REPRÉSENTANS DU PEUPLE COMPOSANT LE COMITÉ DE SALUT PUBLIC.

Citoyens nos collègues,

Nous espérons que l'échec essuyé par nos troupes auprès de Valenciennes n'aura pas de suites malheureuses, mais nous ne pouvons vous dissimuler que si des inconvéniens fâcheux en étoient la suite, ils ne pourroient être attribués qu'à la pénurie dans laquelle nous laisse le Conseil exécutif. Nous manquons, vous le savez, de subsistances, de fourrages, de vêtemens, de poudre, d'affûts et des autres effets les plus nécessaires à une armée agissante. Nous eussions suppléé nous-mêmes à la plupart de ces choses si nous eussions eu des fonds ; nous eussions alors ordonné avec succès que les habitans des campagnes amenassent leurs grains, leurs foins et leurs pailles dans les places, parce que nous les eussions fait payer comptant ; nous eussions pu faire marcher l'administration des charrois qui sert mal parce qu'elle prétend être en avance de

---

[1] Série L, liasse 1404. — Les deux lettres qui précèdent sont puisées à la même source.

sept millions ; nous eussions pu habiller nos soldats parce que nous eussions fait travailler, l'argent à la main, dans toutes les municipalités ; nous l'avons fait tant qu'il nous a été possible, tant que les caisses de district ont fourni, mais elles sont à sec toutes et les réfusions qui devoient avoir lieu par la caisse militaire ne se sont nullement effectuées. D'après un apperçu dont les pièces justificatives sont jointes à cette lettre, il faut au moins cinquante millions pour les besoins extraordinaires de l'armée du Nord pendant le cours de cette campagne, c'est-à-dire pour restituer aux caisses des districts ce qui en est sorti et fournir aux approvisionnemens des subsistances, fourrages, habillemens et équipemens indispensables. Le deffaut de payement, il faut vous le dire, citoyens nos collègues, le deffaut de payement décourage et indispose tout le monde. Nous devons vous observer que l'incertitude des administrations sur les limites de leurs pouvoirs les rend d'une circonspection très nuisible dans les tems de crise. Tantôt vous paroissez applaudir à la vigueur de leurs mesures et les exciter à prendre sur elles, tantôt vous les accusez de contrarier les opérations du pouvoir exécutif et cependant le pouvoir exécutif ne fait rien, nous laisse mourir de faim, nous laisse sans armes et tout nuds. Nous-mêmes ne savons souvent quel parti prendre. Vous nous recommandez de ne jamais nous mêler d'administration, ni d'opérations militaires. Nous sentons que celà doit être ; mais faites donc que le ministre et les généraux marchent, faites que les soldats ne nous assiègent pas de plaintes évidemment légitimes et d'autant plus pressantes que, nous croyant tous les pouvoirs possibles, ils attribuent nos refus à mauvaise volonté et qu'en général, la considération s'attache à celui qui peut.

Le danger n'a point augmenté en lui-même par l'irruption des ennemis ; nous n'avons à craindre que les fausses alarmes que leur audace peut inspirer, mais cette audace doit les perdre : ils ont attaqué par le point le plus fort, ils se sont engagés dans une frontière hérissée de places fortes, ils doivent y périr tous, si nous avons des généraux pour conduire nos troupes qui sont pleines de bonne volonté et des administrations pour subvenir à leurs besoins.

Il est à vous observer, citoyens, que le payeur général a laissé dans Valenciennes, au moment où elle a été cernée, une somme de quatre millions pour les dépenses à faire pendant le siège ou le blocus de cette place, et qu'on sera obligé de laisser des sommes proportionnées dans les diverses places qui pourroient encore se trouver investies.

L. Carnot, Lesage-Senault [1].

Ainsi que nous l'apprend cette lettre, dès la veille, à deux heures du matin, la place de Valenciennes s'était trouvé cernée d'une manière complète, et dès lors avait commencé pour elle une vie propre, totalement séparée de celle de l'ensemble du pays et dont nous raconterons un peu plus tard les péripéties tragiques. Mais avant d'entamer ce récit, il n'est pas inutile de décrire exactement le terrain où est assise la forteresse, d'indiquer les ressources qu'elle offrait pour l'attaque et la défense, et de compléter ce que nous avons déjà dit de son histoire intérieure depuis le commencement de la guerre.[2]

---

[1] A la fin de la minute autographe se trouve la mention suivante : « Le 11 juin, adressé une copie de cette lettre aux députés de la Convention à Cambray, suivant la demande qu'ils en ont faite par la leur de ce jour. »

[2] Nous allons, pour un instant, céder la plume à un écrivain militaire des plus distingués, dont nous regrettons de ne pouvoir indiquer le nom.

Un des principaux caractères topographiques de Valenciennes est sa situation à cheval sur l'Escaut, lequel coule à peu près perpendiculairement à la frontière, depuis sa source jusqu'à Condé. Cette disposition permet de tendre, en amont et en aval, des inondations qui présentent de sérieux avantages pour la défense. En effet :

1° L'ennemi venant de Belgique doit employer deux corps d'armée distincts et diviser son parc de siège en deux sections, s'il veut investir Valenciennes et agir simultanément sur les deux rives de la vallée inondée.

2° Obligé de faire de longs détours pour passer d'une rive à l'autre, en évitant le canon de la forteresse, l'assiégeant n'a à sa disposition que des communications très défectueuses et même précaires, qu'il ne peut améliorer qu'au prix de difficiles travaux dans un terrain couvert d'eau ou détrempé.

3° Attaqué sur l'une des deux rives par des troupes campées à proximité de la place ou par une armée de secours, l'assiégeant ne peut que très difficilement réunir ses deux tronçons pour les faire donner ensemble.

De leur côté, les forces chargées de défendre Valenciennes peuvent, avec une sécurité relative, faire face soit à l'ouest pour défendre la rive gauche, soit à l'est pour défendre la rive droite, couvrant, dans les deux cas, la place de leur centre, et appuyant leurs ailes à la vallée que rend impraticable le débordement du fleuve.

Enfin, les deux inondations de l'Escaut, l'une inférieure, l'autre supérieure, mettent respectivement à l'abri d'une attaque rapprochée, les fronts du nord et du nord-est (dit de Tournai), ainsi que le front du sud-ouest (dit de Paris).

En retenant les eaux de la Rhonelle près du corps de place, on forme, au sud-est de Valenciennes, une petite inondation qui peut remonter jusqu'à 800 mètres de l'enceinte, vers Marly. Cette inondation met les fronts du Quesnoy à l'abri d'une attaque régulière et peut produire une solution de continuité dans les travaux d'approche que l'assiégeant dirigerait contre les fronts de Mons et de Famars. Elle resserre aussi sensiblement le terrain d'action de l'ennemi contre ce dernier front.

On peut donc dire que les points d'attaque de Valenciennes se réduisent à deux : à l'ouest, la citadelle avec son couronné et tous ses dehors ; à l'est, le front de Mons qu'on regarde, en définitive, comme constituant le défaut de la cuirasse.

Grâce à l'Escaut et à la Rhonelle, ce fleuve et cette rivière dont les artistes locaux se sont plu maintes fois à tracer des images allégoriques, Valenciennes se trouve donc dans d'excellentes conditions au point de vue de l'hydrographie.

Malheureusement il n'en est pas de même à celui de l'orographie, les dispositions du relief de son terrain extérieur l'exposant, au contraire, à de grands dangers. Le bassin de l'Escaut est borné au sud-est par les collines de Belgique, dont les pentes nord-ouest viennent mourir sur les rives mêmes du fleuve, et les derniers rameaux de certains contreforts de ces collines dressent leurs crêtes à l'horizon de Valenciennes sur les deux rives de l'Escaut. Nous disons : « sur les *deux* rives », parce que le mamelon isolé que l'on nomme pompeusement *le mont d'Anzin* n'est, en réalité, qu'un fragment d'un de ces rameaux dont il a été séparé par le lit même de la vallée que l'Escaut s'est creusée aux époques préhistoriques. Il résulte des dispositions de toutes ces hauteurs que les deux points d'attaque, et plus spécialement celui de l'est, sont dominés par des crêtes dangereuses à une distance moyenne de 1.200 mètres du corps de place, crêtes à l'abri desquelles l'ennemi peut s'approcher de la ville sans être aperçu, et sur les revers desquelles il peut construire ses batteries de première position et de bombardement, sans être exposé aux coups directs de l'artillerie garnissant la fortification.

Bien que la portée de l'artillerie ne fût point, à la fin du XVIIIe siècle, aussi considérable qu'elle le devint par la suite, la proximité des hauteurs environnant Valenciennes constituait dès cette époque un danger des plus graves.

Pour y parer en temps utile, il aurait fallu en couronner les crêtes, s'y retrancher solidement, faire cantonner ou camper la garnison en dehors du corps de place, occuper le terrain extérieur et ne l'abandonner ensuite qu'après l'avoir défendu pied à pied. Il aurait fallu, en un mot, se préparer à une défense active dont les opérations, combinées avec les mouvements de l'armée tenant la campagne, eussent très probablement changé le cours des événements.

Comme conception générale, il n'y avait rien à innover, car la défense active des places, loin d'être, ainsi que certains le croient, une invention moderne fruit de l'expérience des guerres du XIXe siècle, est connue depuis longtemps. Ne se souvient-on pas, en effet, que, pendant cette même année 1793, les Prussiens assiégeant Mayence furent tenus longtemps loin de ses bastions par les attaques extérieures dont ils furent le but, et se virent obligés d'ouvrir leur première parallèle à 2.400 mètres des saillants du chemin couvert ?

Pourquoi n'a-t-on pas fait de même à Valenciennes ? Pourquoi n'a-t-on point tiré parti des positions dangereuses en les retournant contre l'ennemi ? Est-ce par ignorance ? Non. C'est par esprit de système, et, ajoutons, de faux système. La preuve, la voici :

Dès l'époque du siège de Lille, la question de savoir quelle serait la meilleure défense à appliquer à la place de Valenciennes avait été fortement agitée tant par les militaires que par l'ensemble du public, et dans son numéro du jeudi 11 octobre 1792, l'*Argus* avait publié en ces termes une

ADRESSE AUX CITOYENS DE LA VILLE DE VALENCIENNES.

Citoyens,

Toute ville de guerre commandée par des hauteurs à la distance de 1000 à 12 cent toises,[1] moyenne portée du canon, est bientôt prise ou détruite ; sur tout, lorsqu'on la bat à boulets rouges. Votre ville est absolument dans cette position ; dominée principalement par les monts d'Anzin et du Roleux, elle ne pourroit tenir long-tems contre une attaque de ce genre. On vous persuade qu'il faut soixante à quatre-vingt mille hommes pour en tenter la conquête ; j'avoue que si ceux que vous avez à combattre suivoient les principes établis pour le siège des places, vous résisteriez aisément à ce nombre, avec 6 à 7 mille hommes bien commandés, des vivres et des munitions. Mais le tyran qui voudroit vous charger de nouveaux fers, ne respectant ni les loix de la guerre ni celles prescrites par l'humanité, et connoissant la foiblesse de votre position, s'établira en force sur le revers des hauteurs qui vous commandent, bombardera, battra votre ville à boulets rouges, et l'aura bientôt réduitte en cendres. Ce qui s'est passé à Lille prouve évidemment mon assertion. Citoyens, levez-vous donc ; profitez du tems que l'ennemi vous accorde malgré lui ; demandez avec instance, exigez même que l'on s'empare sur le champ de ces hauteurs, qu'on y retranche de l'artillerie, afin d'empêcher l'ennemi d'approcher assez près de la ville pour exécuter son cruel projet. Faites une invitation à tous vos concitoyens de la ville et des campagnes ; forcez-les même, au nom de la loi, s'il le faut, à concourir avec vous à cette urgente et indispensable défense ! Armez-vous de pelles, de pioches, en un mot de tous les instruments nécessaires à ce genre de travail, et sous la direction d'un ingénieur vraiment dévoué au salut de tous les citoyens, élevez des batteries formidables pour foudroyer les barbares qui sont sur le point de fondre sur nous.

Enfin, mettez tout en usage, si vous voulez préserver votre ville des horreurs où se trouve exposée aujourd'hui celle de Lille. On vous objectera peut-être que les retranchemens que je vous propose coûteront beaucoup à la République : mais, citoyens, quand on est assez ignorant ou scélérat pour faire abandonner sans nécessité, un camp de Maulde, dont la levée a produit des maux et des pertes incalculables, quand des traîtres qui, stipendiés par l'Etat, ont assez de bassesse pour laisser gâter et corrompre une infinité de sacs d'avoine qu'on a été obligé de faire jetter dans l'Escaut, exposer à l'intempérie de l'air des tas de foin dont la surface quarrément arrangée ne perdoit pas une goutte d'eau, tandis qu'on enlevoit dans les magasins des vivres et des fourrages qui y étoient parfaitement à couvert : ne seroit-ce pas le comble de l'injustice et de l'horreur de refuser à des citoyens des moyens de défense qui préserveroient indubitablement leur ville des fureurs de l'ennemi ?

Levez-vous et travaillez ; le temps presse.

Le rédacteur de l'*Argus* avait accompagné cette lettre de la note suivante :

Le commandant, maréchal de camp Ferrand, prend en ce moment les moyens les plus sages à cet égard.

---

[1] Une toise = 1 m. 9490365912, d'après l'*Aide-mémoire à l'usage des officiers d'artillerie*. Dans la pratique, on peut admettre, pour simplifier les calculs, que la toise vaut 2 mètres.

Mais lettre et note avaient piqué Ferrand au vif, et il s'était empressé, dans le numéro suivant, d'y répondre en ces termes :

Valenciennes le 12 octobre 1792, l'an 1ᵉʳ de la République françoise.

LETTRE A L'AUTEUR DE L'*Argus*.

J'ai vu avec étonnement, citoyen, dans votre numéro 158 du jour d'hier, l'*Adresse aux citoyens de la ville de Valenciennes*. Les détails dans lesquels vous entrés ne peuvent que m'inculper par les deux partis, s'il pouvoit en exister d'autre que celui de l'amour de la patrie ; et ce qui peut m'être le plus contraire, ce sont les deux lignes de renvoi que vous y ajoutés, puisqu'au moment que je vous écris, peut-être nombre de personnes ont déjà été voir si effectivement je fais travailler aux retranchemens que vous proposés pour préserver la ville du danger qu'a éprouvé celle de Lille. Il n'est pas, citoyen, que vous n'ayez été excité par quelqu'un qui peut-être désire ma place, pour être à même de faire mieux que moi. Il doit avoir la préférence, il a plus de talens, mais je lui dispute d'avoir plus de zèle pour servir la patrie que celui que j'ai manifesté depuis la révolution.

Je dois soumettre mon opinion au public. C'est pourquoi je vous prie de l'insérer dans votre numéro d'aujourd'hui :

1º Entre les deux rives de l'Escaut, c'est-à-dire depuis S. Saulve jusqu'au fauxbourg de Cambrai, il existe cinq éminences propres à favoriser l'ennemi à établir ses batteries pour attaquer la ville soit à bombes, soit à boulets rouges. Il faudroit au moins deux retranchemens, et entre les rives gauches de l'Escaut, il y a à peu près cinq positions, au moins quatre, où il faudroit aussi, par conséquent, faire les mêmes retranchemens.

2º J'admets ces retranchemens faits, qui ne pourront l'être qu'à très grands fraix, garnis de canons ; ils devront être gardés par 500, 1.000, 1.500 ou 2.000 hommes. Pendant le jour, quelque tentative que l'ennemi puisse faire, ces retranchemens seront à l'abri d'insultes, étant protégés par le canon de la place ; mais pendant la nuit, si l'ennemi venoit l'attaquer avec 3.000, 6.000, 9.000 ou 12.000 hommes, la place, dans cette circonstance, ne pouvant donner du secours à ces postes, ils ne peuvent manquer d'être enlevés ; ce seroit du monde égorgé ou pris prisonnier, une artillerie passée au pouvoir de l'ennemi, ainsi que le retranchement qui fourniroit alors des bateries toutes prêtes à tirer contre la place puisqu'il n'auroit qu'à changer la gorge du retranchement.

3º D'après mon plan de défense et les idées de tactique que je mets sous les yeux du public, je lui demande s'il ne sera pas plus avantageux de conserver précieusement le militaire dans la place, l'artillerie, faire autant que possible des plates formes sur les deux fronts indiqués, afin d'y pouvoir transporter tout le canon qu'on pourra vis-à-vis des endroits où l'ennemi auroit établi ses bateries ; car vous n'avez pas fait attention, ou celui qui vous a chargé de transmettre au public l'adresse qui présente un sarcasme contre moi, que les éminences dont vous parlez ont pour parallèle de très bons cavaliers, lesquels sont garnis de la plus grosse artillerie et de mortiers.

Le maréchal de camp commandant, FERRAND.

Après avoir inséré cette lettre, l'*Argus* s'était excusé, par une note ainsi conçue, de la liberté grande qu'avait prise son correspondant anonyme, de donner des conseils au général :

Je dois à la vérité de dire que l'adresse insérée dans mon numéro d'hier, m'a été fournie par un citoyen, dont le civisme m'est un sûr garant de la droiture de ses intentions ; mais il est facile de se tromper sur le choix des moyens, sur tout en fait d'opérations militaires, dont la tactique n'appartient souvent qu'à ceux d'une expérience consommée. Aussi lorsque moi-même j'ai ajouté que le commandant, maréchal de camp Ferrand, prenoit en ce moment les moyens les plus sages à cet égard, je n'ai pas prétendu insinuer qu'il alloit s'occuper d'aucun retranchement, mais bien parler des mesures plus promptes et plus certaines qu'il employoit.

L'ironie de cette note est visible, mais, ce qui doit nous occuper surtout, c'est la réponse de Ferrand. Le général reconnaît l'existence, autour de la place, sur les deux rives de l'Escaut, de neuf ou dix éminences « propres à favoriser l'ennemi à établir ses batteries pour attaquer la ville soit à bombes, soit à boulets rouges. » Mais il aime mieux s'en tenir aux murailles, parce qu'il n'a pas confiance dans les défenses de nuit ! Nous n'oserions pas croire qu'il ignorât les principes qui président à la construction et à la garde, même nocturne, des ouvrages de fortification passagère et qu'il n'eût aucune idée du nombre, du tracé, des formes, des dimensions et du profil des redoutes, des batteries et des tranchées à établir. Nous aimons mieux penser qu'il agissait sous l'empire d'idées préconçues, que la méditation et l'expérience n'avaient pas suffisamment rectifiées. Autrement, il aurait fait employer l'hiver de 1792-93 à construire au Roleur et à la Briquette des redoutes solides fermées à la gorge au moyen de palanques, d'un profil suffisant pour les mettre à l'abri d'un coup de main, tracées de manière à flanquer les villages de St-Saulve, de Marly, d'Aulnoy retranchés. Voilà pour la rive droite. Sur la rive gauche, il aurait organisé défensivement le Vignoble, St-Vaast et Anzin, et les aurait appuyés aussi par des redoutes et des batteries, les *éminences* ne manquant point. Enfin on eut pu, tout en lui assurant une ligne de retraite sur l'Ecaillon, mieux choisir l'assiette du camp de Famars qu'on aurait relié aux défenses de la place.

A la décharge de Ferrand, rappelons que, durant l'hiver de 1792 à 1793, il eut à faire autre chose qu'à remuer la terre ; que, peu de jours après sa réponse à l'*Argus*, il quitta Valenciennes pour aller combattre à Jemmapes ; qu'après la victoire de Dumouriez, il resta à Mons comme commandant d'armes[1], et ne revint à Valenciennes que le 27 mars 1793[2].

Que fit-on dans cette ville pendant les cinq mois d'absence de Ferrand ? Rien ou peu de chose. D'ailleurs était-il nécessaire de se donner tant de mal ? Les succès de Valmy, de Lille et de Jemmapes n'étaient-ils point les

---

[1] Voir chap. V, p. 285 et 286.
[2] Voir chap. VI, p. 379.

garants de triomphes futurs? Et même en cas de défaites momentanées dans les plaines de la Belgique, l'ancienne frontière de France ne serait-elle pas couverte par les forteresses de Mons et de Tournai dont on resterait les maîtres ? Ce calcul était rationnel, et il se serait réalisé sans l'infamie finale de Dumouriez. Disons néanmoins que l'incurie fut égale partout, et qu'on ne fit pas plus d'efforts à Tournai et à Mons qu'à Valenciennes, pour les mettre à même de se défendre.

On songeait si peu à un retour offensif des ennemis que l'état de siège, que nous avons vu proclamer par Moreton le 13 septembre 1792 [1], avait été levé en ces termes, peu de jours après la bataille de Jemmapes :

Nous Nicolas-François-Arnould-Roger Fontenay, commandant temporaire de la ville et citadelle de Valenciennes, en l'absence de tous autres officiers généraux et autres commandans supérieurs, étant de ce jour transporté à l'hôtel commun de la dite ville de Valenciennes ;

Considérant que les ennemis de la République sont en ce moment très éloignés du territoire françois par l'effet des victoires successives remportées par nos généraux et nos armées, et notamment sur le territoire de la Belgique qui avoisine le département du Nord et la dite ville de Valenciennes ;

Déclarons aux citoyens maire et officiers municipaux réunis en permanence, que la dite ville de Valenciennes ne doit plus être considérée comme en état de siège, et qu'en conséquence il seroit utile et nécessaire, pour la tranquilité des citoyens, que la présente déclaration fut connue, publiée et affichée partout ou besoin pourroit être, désirant, aux termes du décret du 10 juillet 1792, être dépouillé du pouvoir extraordinaire qui nous étoit conféré par celui du . . . pour les villes déclarées en état de siège.

Fait à Valenciennes, à l'hôtel commun, le 23 novembre 1792, l'an 2e de la République.

Le commandant de la ville et citadelle,
FONTENAY.[2]

Cet abandon de ses pouvoirs extraordinaires avait été une politesse faite par l'autorité militaire à de nouveaux administrateurs et juges civils qui justement avaient été installés ce jour-là. Comme ces administrateurs et ces juges se trouvaient encore en fonctions lors du siège, et que le nom de quelques-uns reviendra plus tard sous notre plume, nous croyons utile d'en emprunter la liste à l'un des manuscrits de Verdavainne fils :

ADMINISTRATION DU DISTRICT.

Landa, vice-président ; Lemoine, Lenglet, Joseph Goffart, Podevin, administrateurs ; Dupire, procureur-syndic ; Poirier, secrétaire.

---

[1] Voir chap. IV, p. 197.
[2] Pièce tirée des Archives de Valenciennes, H2, 23.

OFFICIERS MUNICIPAUX.

Pourtalès, maire ; Benoist, Hécart, Rebut, Remy Pillion, négociants ; Dufresnoy, pharmacien ; Doille, cordonnier ; Ravestin père, pharmacien ; Lanen-Plichon, négociant ; Fabre, aubergiste ; Wattecamps, marchand ; Constantin Brabant, négociant, tous officiers municipaux ; Hamoir-Dubroisier, procureur de la commune ; Menu fils, substitut du procureur de la commune ; Mortier, secrétaire-greffier.

CONSEIL MUNICIPAL.

Abraham, propriétaire ; Duquesnoy, négociant ; Menu père, propriétaire ; Hourez, marchand ; Prévost et Hollande, négociants ; Dufresnoy, orfèvre ; Dubus, marchand de meubles ; Verdavainne fils ; Finaux ; Delamme, marchand ; Scribe, négociant ; Delannoy, maître-couvreur ; J.-J.-J. Verdavainne, négociant ; Ravestin fils, pharmacien ; Delhaye, négociant.

TRIBUNAL DU DISTRICT.

Poncin, président ; Cambier, juge ; Hayot, commissaire national ; Farez, greffier.

TRIBUNAL DE COMMERCE

J.-J.-J. Verdavainne, président ; Delhayes, Ponsent-Montfort, Brohon et Carlier, juges ; Goube, greffier.

JUGES DE PAIX.

Ravestin fils, juge de paix ; Bondu aîné, Beaux, Deroubaix, Goffard aîné, Déblocq et Verdavainne fils, assesseurs.

Durant les mois suivants, Valenciennes n'avait été troublée dans sa tranquillité relative que par de nombreux passages de troupes, et par les luttes d'opinion qui s'étaient élevées entre ses habitants. Le parti royaliste, aristocratique et clérical y comptait encore de nombreux adhérents ; pour le moment, il courbait la tête et se taisait, sauf à la relever et à parler haut d'abord à la fin du siège, puis surtout pendant l'occupation autrichienne. La municipalité appartenait en majorité au parti républicain. Tous les signes de la royauté, conservés encore çà et là après le 10 août, disparurent par ses ordres. Nous avons vu le triste sort qu'avait infligé la populace à une statue de Louis XV par Saly, qui se dressait sur la place de Valenciennes. En 1788, Louis XVI avait fait don à la ville d'un fort beau portrait de lui, peint par Callet, et qu'a rendu célèbre une magnifique gravure de Berwic. Pour lui éviter une fin aussi lamentable, la municipalité chargea son professeur de peinture, Jacques-François Momal, né à Lewarde près Douai en 1754, et ancien élève de Durameau, de le recouvrir, à la détrempe, d'une figure de *la Liberté*[1]. En outre,

---

[1] Voir à ce sujet le *Catalogue du musée de Valenciennes*, par Julien Potier, no 35. Plus tard, un coup d'éponge effaça *la Liberté* et fit réapparaître le roi.

Momal est encore l'auteur d'un portrait de ce François Pie, « natif de Liveron, district de Valence, âgé de 28 ans, grenadier au 74e régiment, » dont nous avons, chapitre Ier, p. 30, et chap. II, p. 76 et 77, raconté l'histoire. Vu de face, en buste, dans un médaillon ovale, le grenadier porte un haut bonnet de fourrure. Ce portrait, gravé à l'aquatinte, se vendait « à Paris, chez Janinet, rue Hautefeuille, no 5. »

Lepelletier de Saint-Fargeau étant devenu, pour l'instant, une sorte de héros national, les autorités valenciennoises voulurent l'honorer par une fête spéciale qu'elles fixèrent au dimanche 3 mars 1793, et qu'elles firent précéder d'une proclamation ainsi conçue :

> Citoyens,
>
> Les Administrateurs composant le Directoire du district et les Officiers municipaux de la ville de Valenciennes, toujours disposés à donner des marques de leur zèle et de leur attachement au bien public et à affermir de tout leur pouvoir l'esprit de patriotisme, qui doit être la base du gouvernement républicain, qui a succédé au despotisme et a brisé les chaînes qui faisoient des citoyens autant d'esclaves que d'individus ; voulant honorer la mémoire du patriote Lepelletier, dans le sein duquel une main parricide a eu la témérité de plonger un fer assassin, ont délibéré de célébrer par une fête civique, aussi pompeuse que les circonstances actuelles peuvent le permettre, les vertus du grand homme qui en est l'objet.
>
> Pour cet effet, il a été déterminé de choisir, pour cette célébration, le dimanche trois mars 1793 ; elle sera annoncée la veille à cinq heures du soir, par la sonnerie générale de toutes les cloches de la ville et une décharge de l'artillerie des remparts.
>
> Elle commencera le dimanche à deux heures, par une marche, dont le cortège très nombreux, composé de tous les corps civils et militaires que la place renferme, parcourera les principales rues de la ville, par une station à la place Verte, au milieu de laquelle sera élevé un obélisque et où l'on chantera en grand chœur, l'*Hymne des Marseillois ;* de là, par les différentes rues désignées ci-après, se rendra sur la place d'Armes, au centre de laquelle sera élevé sur une estrade à quatre rampes de huit pieds de hauteur, l'autel de la Patrie surmonté d'un baldaquin très orné, et flanqué de quatre vases dans lesquels se brûleront des parfums ; sur cet autel, les Fédérés de 1790 déposeront le corps figuré du vertueux citoyen, objet de la fête, qu'ils auront porté sur un lit de parade, pendant la marche ; et au même instant, le serment auguste de maintenir de tout son pouvoir la Liberté, l'Egalité, l'Unité et l'Indivisibilité de la République, y sera prononcé par le citoyen maire, tout le cortège et les assistants, ce qui sera suivi d'une décharge générale de toute l'artillerie de la place.
>
> Immédiatement après, il sera prononcé un discours civique, analogue à la circonstance, suivi de l'hyme, « *Veillons au salut de la Patrie* », qui sera chantée en musique [1].

Le « discours civique », dont nous parle cette proclamation, fut, d'un style fort ampoulé, prononcé par le citoyen A.-J.-B. Maurin, « commissaire-inspecteur de l'habillement des troupes, et membre de la Société des amis de la Liberté et de l'Egalité [2]. »

Mais le moment des fêtes ne devait pas durer longtemps. Tout à coup, on apprit la bataille de Nerwinden et la retraite de l'armée française. D'après le récit d'un témoin oculaire, Arthur Dinaux :

---

[1] Cette proclamation est suivie de l'itinéraire et de la composition détaillée du cortège. Le tout forme une petite brochure in-8°, imprimée chez Prignet, avec la dernière page en blanc.

[2] Ce discours a été également imprimé chez Prignet, et dans le même format.

Dumouriez, ayant perdu beaucoup de monde, demanda des renforts aux représentants du peuple près l'armée du Nord, qui se trouvaient alors à Valenciennes. Ces représentants étaient les citoyens *Lequinio, Bellegarde* et *Dubois-Dubay;* ils prirent aussitôt un arrêté par lequel fut requis le quart des gardes nationales actives des départements du Nord, du Pas-de-Calais et de la Somme, ce qui devait fournir environ 30.000 hommes pour renforcer les garnisons des villes fortifiées de la Belgique, que l'on avoit dirigées vers la grande armée pour en réparer les pertes.

Le contingent fixé pour la ville de Valenciennes étoit de 300 hommes, demandés immédiatement pour la Belgique. Le citoyen Fliniaux, administrateur du département du Nord, étant en mission dans cette ville, se joignit à la municipalité pour faire exécuter l'arrêté des représentants du peuple. Il fut délibéré que le contingent des 300 hommes requis seroit tiré au sort parmi tous les jeunes gens et hommes non mariés faisant partie de la garde nationale. Aussitôt que ce mode fut connu, cent jeunes Valenciennois se rendirent spontanément à l'Hôtel-de-Ville et firent offre de partir de bonne volonté et à l'instant même pour voler au secours des François que le nombre des Impériaux forçoit à évacuer les récentes conquêtes de la République en Belgique.

Cette démarche, qu'on ne doit pas être étonné de voir faire si l'on connoît les annales valenciennoises, fut accueillie par l'autorité. A la tête de ce mouvement patriotique, se montrèrent les premiers, les plus jeunes hommes de la première compagnie de canonniers bourgeois, savoir : *Ponsart*, cadet, *J. Teinturier, M. Dinaux, Bourrier, L. Lenglet*, qui fut ensuite officier de dragons et blessé à Lubeck, *Debavay*, blessé au siège de Valenciennes quelques mois plus tard ; *Doncy, Delsarte, Duponchel, Bayard, Bottiau, Marlière, Lambert, Gaty, Carlier, Labouriau, Moneuse, Bar*, etc.

Le citoyen Ponsart cadet fut élu chef de cette centurie ; il en prit immédiatement le commandement et le 25 mars, au matin, jour fixé pour le départ, M. *Pourtalès*, maire de Valenciennes, fit préparer sur la plaine de Mons un déjeûner en l'honneur des *centeniers* volontaires, à la santé desquels on porta force toats, et qui reçurent les embrassements et les serrements de mains de leurs parents et amis.... La musique de la garde nationale de la ville les accompagna jusqu'au-delà du village de Saint-Saulve. Des intimes leur firent une plus longue conduite.

En trois étapes, le sac au dos et le fusil sur l'épaule, les cent Valenciennois franchirent la distance qui les séparoit de Bruxelles ; ils atteignirent cette ville le 27 mars au soir, et y furent casernés. Leur séjour ne fut pas long en ce lieu : Dumouriez étoit en pleine retraite. La perte de la bataille dite de *la Montagne de fer* avoit succédé à celle de Nerwinde, et dès lors il ne fut plus question que de défendre les frontières françoises en abandonnant toute la Belgique. Déjà l'artillerie de réserve se retiroit vers le camp de Maulde par Ath et Tournai ; l'ennemi venoit de couper la route de Valenciennes à Bruxelles ; dans cette occurrence, la présence des volontaires valenciennois et autres en Belgique n'étoit plus nécessaire et devenoit presqu'un embarras ; aussi ordre leur fut-il donné de retourner de suite chez eux pour servir à la défense de leurs foyers, mais en tâchant d'y parvenir à l'aide d'un détour par Ath, Tournai et Douai ; on leur défendit même de battre la caisse jusqu'au moment où ils auroient atteint le territoire françois, de peur d'attirer, sur d'aussi faibles détachements, des corps ennemis d'une force numérique supérieure.

Cependant à Valenciennes les inquiétudes étoient grandes : les communications avec Bruxelles étant rompues et la route directe se trouvant au pouvoir de l'ennemi, aucune lettre des volontaires ne parvenoit à destination ; on étoit sans nouvelles de ces cent généreux et braves jeunes gens ; on les croyoit pour le moins prisonniers de guerre : c'étoit la solution la plus consolante que l'on donnoit à leur courte campagne. Les camarades, les amis, les parents cherchoient chaque soir, du côté de la plaine de Mons, point de départ, s'ils ne voyoient rien venir, lorsque tout-à-coup le bruit se répand en ville qu'un détachement de volontaires fait sa rentrée par la porte Notre-Dame (aujourd'hui de

Paris), dans une direction parfaitement opposée à celle où on les attendoit. C'étoient nos cent jeunes volontaires ; pas un ne manquoit à l'appel. Ils venoient de Bruxelles par des voies détournées : ils avoient été dix jours absents de leurs foyers qu'ils revenoient défendre.[1]

Cependant les nouvelles apparaissaient comme de plus en plus désastreuses. Ainsi que nous l'avons vu, Ferrand, après avoir évacué Mons, rentrait à Valenciennes le 27 mars, et dès le lendemain, recevait de la municipalité une lettre ainsi conçue :

28 MARS.

Au général Ferrand,

Nous avons appris que l'on se disposoit à faire servir une partie de l'artillerie des remparts à garnir les redoutes en retranchements que l'on construit actuellement tant du côté d'Aulnoy que d'Aubry, Wallers et Hasnon. Cette mesure cause des inquiétudes aux habitants de cette commune.

Nous vous en faisons part pour que votre prudence vous porte à employer les moyens qui sont en votre pouvoir pour parer à cet inconvénient en prenant les canons dans les places moins menacées et moins frontières.

Les maire et officiers municipaux et signé,
MORTIER.[2]

Quelques jours après, Ferrand déjouait les coupables projets de Dumouriez sur Valenciennes [3]. Dès le 6 avril, il n'avait plus une minute à perdre pour mettre cette ville, ainsi que son terrain extérieur, en état de défense. Rien d'important ne fut pourtant fait sous ce rapport, mais les représentants prirent d'autres mesures énergiques : après un conseil de guerre, le 13 avril, Valenciennes reçut pour gouverneur Ferrand lui-même, qui lança sans délai la proclamation suivante :

Je requierre, au nom de la loi, les citoyens maire et officiers municipaux et corps administratifs réunis de vouloir bien faire connoître à tous nos concitoyens qu'ils ayent à suivre l'exemple de tous nos camarades d'armée qui ont renouvellé d'eux-mêmes leur serment de mourir plutôt sous le feu du tiran qui vient s'opposer au bonheur d'une famille réunie que de manquer à leur devoir. Et je les exhorte d'être tranquilles chez eux, car si il y avoit du trouble, je serois obligé de faire sur les perturbateurs un exemple sévère.

Je déclare dans ce moment-ci, la place en état de siège. Ils voudront bien enregistrer la présente réquisition et la faire connoître aux citoyens.

Valenciennes, le 13 avril 1793, l'an 2ᵉ de la République.

Le général de brigade,
FERRAND.[4]

---

[1] Nous extrayons ces lignes d'un article intitulé : *les Volontaires valenciennois en 1793*, publié par Arthur Dinaux, dans ses *Archives du Nord*.

[2] Extrait du *Registre des procès-verbaux du Conseil général de la commune de Valenciennes, du 22 février 1790 au 29 juin 1793*, conservé aux Archives de Valenciennes, D, 1, 7, p. 75.

[3] Voir chapitre VI, p. 380.

[4] Archives de Valenciennes, H, 2, 37.

En même temps, un siège semblant dès lors imminent, fut lancée une autre proclamation relative à la sûreté des maisons :

De la part du Comité de sûreté générale de la ville de Valenciennes, il est enjoint à tous citoyens, vu l'approche de l'ennemi, d'ôter sur le champ de leurs greniers toutes les matières combustibles qui peuvent y exister, à péril par eux de payer les frais de visites qui seront faites à cet égard, et sous peine d'amende en cas de non conformation au prescrit des présentes.

Fait en la séance du Comité de sûreté générale le 13 avril 1793, l'an 2ᵉ de la République françoise.

A. Pourtalès, maire. P. P. J. Courtecuisse,
Mortiez. administrateur du département du Nord.[1]

Cette proclamation fut suivie, dix jours après, d'un avis ainsi conçu :

Citoyens,

Sur la demande du général Ferrand, la municipalité vous annonce qu'il est deffendu à tous citoyens d'approcher des avants-postes à la distance de trois cent pas, sous telle peine qu'il appartiendra.

Ce 25 avril 1793, l'an 2ᵉ de la République françoise.
Mortiez.

Tous les actes administratifs de ce genre étaient soumis à un mode de publicité dont le certificat que voici, inscrit au bas de la pièce que nous venons de reproduire, va nous faire connaître la nature :

L'an mil sept cent quatre vingt treize, l'an 2ᵉ de la République françoise, le vingt six du mois d'avril, je, publieur juré de la municipalité de cette ditte ville, ay lue et publié a son de tambourg la présente proclamation. Fait le jour, mois et an susdit.
Quenoy.[2]

Ce modeste fonctionnaire gagnait bien ses appointements, car, avant la fin du mois, il eut encore à faire connaître aux habitants une importante mesure :

Citoyens,

La municipalité vous rappelle de venir déclarer au bureau de police tous les étrangers qui sont logés chez vous, ne faisant pas partie de l'armée.

Fait en séance ce 30 avril 1793, 2ᵉ de la République.
Mortiez.[3]

---

[1] Archives de Valenciennes, H 6, 10.

[2] Archives de Valenciennes, H, 6, 10.

[3] Même source.

En même temps, la municipalité s'occupait des approvisionnements nécessaires en vue du siège que rendait de plus en plus certain l'échec subi par Dampierre le 1er mai. Et, dans sa séance du 4, elle arrêta les termes de l'adresse suivante :

AUX CITOYENS LEQUINIO, DEBELLEGARDE, COCHON ET COURTOIS, REPRÉSENTANS DU PEUPLE FRANÇAIS, DÉPUTÉS A L'ARMÉE DU NORD.

Citoyens représentans,

Le Conseil général de la commune de Valenciennes, allarmé de la situation de cette ville menacée d'être cernée par l'ennemi, peut-être même assiégée, vous expose qu'il est pressant de pourvoir à l'acquisition d'une multitude d'objets qui lui seront nécessaires et pour lesquels obtenir, il lui faut une somme de cent trente mille livres. Cette somme devant s'étendre jusqu'aux objets de chauffage, vous sentez, citoyens représentans, qu'elle sera à peine suffisante. Les pouvoirs qui vous sont délégués, l'importance de cette place pour la République puisqu'elle en est une des clefs, nous assurent que vous nous procurerez aussitôt les moyens de faire ces acquisitions, et nous engageons en garantie le bénéfice qui nous est dû sur le 16e des domaines nationaux, qui est actuellement de 236,756 fr. 48 et dont nous n'avons encore rien reçu, et même les biens patrimoniaux de la commune.

Les membres du Conseil général de la commune ayant, sur les délibérations qui précèdent, ouï le procureur de la commune, les membres composant le Conseil général de la commune de Valenciennes ont signé :

J.-H. VERDAVAINNE,	DUFRENOY,	HOLLANDE,
WATTECAMPS,	REBUT,	DOILLE,
Ant. DUQUESNOY,	RAVESTIN père,	FABRE,	PREUVOST,
D. FINAUX,	D. RAVESTIN fils,	
SCRIBE,		DELEHAYE,
BENOIST,	VERDAVAINNE fils,	
	HOUREZ.	

(Suivent quelques noms illisibles).[1]

Les conventionnels en mission répondirent à cette juste demande par un arrêté ainsi conçu :

Nous représentans du peuple envoyés près l'armée du Nord,

Délibérant sur la demande qui nous a été faite par le Conseil général de la commune de Valenciennes d'un secours de 130.000 fr. pour pourvoir à l'acquisition des objets nécessaires pour l'approvisionnement des habitans de la ville, aux offres de tenir compte de cette somme sur le seizième revenant à la municipalité sur la revente de domaines nationaux qu'elle a acquis ;

Considérant la nécessité de mettre la ville en état de siège et de pourvoir à l'approvisionnement des grains, bois et autres denrées nécessaires pour assurer la subsistance des habitans ;

---

[1] Extrait du *Registre des procès verbaux du Conseil général de la commune de Valenciennes*, p. 160.

Désirant donner aux officiers municipaux les moyens de se procurer sans délai les objets de première nécessité pour l'usage des habitans de la ville en cas de siège ;

Arrêtons que le receveur du district de Valenciennes délivrera au Conseil général de la commune de Valenciennes, la somme de cent trente mille livres pour être employée à l'acquisition des objets les plus pressans et les plus nécessaires à l'approvisionnement de la ville, laquelle dite somme sera comptée en déduction sur le seizième revenant à la commune de Valenciennes dans la revente des biens nationaux par elle acquis.

A Valenciennes, ce 6 may l'an 2e de la République.

Charles COCHON, COURTOIS, LÉQUINIO et de BELLEGARDE.

Cet arrêté donna lieu, le lendemain, à la délibération suivante :

Le Conseil général de la commune de Valenciennes, qui a pris connaissance du présent arrêté, autorise les citoyens Benoist aîné et Verdavainne, membres dudit conseil, à recevoir la somme de cent trente mille livres de France dont il s'y agit et d'en donner quittance.

Fait en séance, ce 7 may mil sept cent quatre vingt treize, deuxième de la République.

J.-H. VERDAVAINNE, V. DELANNOY, RAVESTIN père, SCRIBE, BENOIST, HOLLANDE, W. DAILLE, D. RAVESTIN, HOURET, WATTECAMPS.

Dans la copie de l'arrêté des commissaires que nous trouvons au *Registre des procès-verbaux du Conseil général de la commune de Valenciennes* [1], est insérée une note nous apprenant que :

La dite somme de cent trente mille livres n'ayant pu être payée par le receveur du district de Valenciennes, les citoyens-commissaires de la Convention ont délégués la caisse du receveur général de l'armée pour y satisfaire.

Avec ces ressources, la municipalité opéra les approvisionnements les plus urgents. Elle reçut aussi de plusieurs villes voisines divers dons en nature. C'est en remerciment de l'un de ces envois que fut adressée la lettre suivante, aux maire et officiers municipaux de St-Quentin :

DU 15 MAY.

Citoyens,

Nous avons reçu, avec la lettre écrite par le maire de votre ville, les ballots de linge que vous nous avez adressés pour nos frères d'armes qui ont été ou pourraient être blessés.

Veuillez accepter, en leur nom et en celui de notre commune, les témoignages de reconnaissance qui sont dûs à vos concitoyens de St-Quentin.

---

[1] Page 162.

Depuis la mort du général Dampierre, l'armée des alliés continue à se fortifier dans sa position devant Condé ; et la nôtre en fait de même vis-à-vis la leur, et nous sommes persuadés qu'il ne se passera rien de marquant jusqu'au moment où le sort de cette forteresse bloquée sera décidé.

On assure que cette place a encore des vivres pour longtemps. Le drapeau tricolore flotte toujours sur la tour.

Nous sommes fraternellement,
Les maire, etc.[1]

Vers le milieu de mai, ne fût-ce que pour donner à l'opinion publique un semblant de satisfaction, on sentit le besoin de préparer à l'extérieur une défense quelconque. Un nommé Beauregard, homme brave et chaud patriote, mais « officier de deux ans, officier général de deux jours, » ainsi que le traite Tholozé, proposa de fortifier le faubourg de Marly. L'idée n'était guère heureuse, puisque ce faubourg est dominé à gauche par le Roleur, à droite, au delà de la Rhonelle, par les hauteurs de la Briquette et le mont Ouy. Néanmoins, elle fut approuvée par Ferrand, qui viola ainsi, et de la façon la moins opportune, les principes développés dans sa lettre du 12 octobre 1792. Tholozé combattit ce projet ; puis, quand il le vit adopté, s'efforça d'en rendre l'exécution aussi bonne que possible. Beauregard soutenait que la redoute qui fut construite et qui battait la plaine depuis le Roleur jusqu'à la droite de Saultain, résisterait un mois : « Il assuroit aux soldats qui défendoient Marly, que ce village inquiétoit plus Cobourg que Valenciennes même, et... leur montrant une couche de melons, il leur promettoit qu'ils les mangeroient là, sur la place même, quoique leur maturité fût encore très éloignée.[2] » Contrairement à ces vantardises, nous verrons que la fameuse redoute ne résista pas six heures.

C'est pendant que les soldats du génie et de l'artillerie fortifiaient Marly qu'eurent lieu la prise du camp de Famars, la retraite de Lamarche et l'investissement total de Valenciennes.

Dès que le blocus eut été complété par l'ennemi, Briez et Cochon s'empressèrent d'adresser la proclamation suivante aux habitants de la ville [3] :

Citoyens,

Des circonstances importantes au salut public et à la grande sûreté de la frontière du Nord, ont exigée la levée du camp de Famars et le déplacement de l'armée : ainsi que des troupes cantonnées dans les environs de cette ville. Vous devez vous reposer entièrement sur le courage des braves défenseurs de la Patrie, et sur les dispositions des Généraux, pour employer les moyens

---

[1] Extrait des Archives municipales de Valenciennes.
[2] *Précis* du soldat de la Charente, p. 9.
[3] Elle fut imprimée chez Prignet, en quatre pages.

les plus efficaces, afin de chasser les ennemis qui, de toute part, et sous vos yeux mêmes, dévastent, pillent, brûlent les maisons et les propriétés de vos frères des campagnes : et poussent le brigandage, l'horreur et l'atrocité jusqu'à violer, mutiler et massacrer les femmes et les enfans de vos concitoyens.

Mais en attendant l'heureux résultat des mesures prises par les Généraux, il a fallu laisser cette ville à sa propre défense, à ses fortifications multipliées, à la valeur et au courage de la brave garnison qui s'y trouve et de tous les bons Citoyens qui l'habitent.

Citoyens-soldats, Soldats-citoyens, la Patrie compte entièrement sur votre zèle, sur votre Civisme, sur votre amour pour la Liberté et sur votre dévouement au bonheur de la République, qui seul peut opérer le bonheur commun de tous.

Vous imiterez sans doute nos braves frères de Lille et de Thionville : vous ne souffrirez pas que des brigands, des scélérats et des incendiaires puissent pénétrer dans une place où il ne s'agit que de faire une sage et vigoureuse résistance, pour anéantir les ennemis qui voudroient abîmer vos propriétés les plus sacrées, comme ils font de celles de tous les environs.

Citoyens, la ville est bien approvisionnée de toute manière, du côté des subsistances, comme de tous les autres objets nécessaires. Vous pouvez être assurés qu'il ne vous manquera rien, pour vous, pour vos femmes et vos enfans.

Deux de vos Représentans restent au milieu de vous ; ils y sont comme vos frères et vos amis : ils y sont spécialement pour partager vos périls, vos dangers et votre gloire ; ils s'engagent formellement de vous procurer à tous, de concert avec la Municipalité et l'Administration du District, tous les secours qui pourront vous être nécessaires. L'indigent sera encore plus particulièrement l'objet de la sollicitude de vos Représentans, et si le malheur de la guerre vouloit que quelques maisons devinssent la proie de la barbarie des ennemis, la Patrie, comme une bonne mère, s'empressera de venir au secours de ceux qui pourroient en être les victimes.

Les Représentans du Peuple vont aussi s'occuper, de concert avec les Corps Administratifs et le Général Ferrand, des moyens d'assurer l'ordre, le calme et et la tranquillité publique dans cette ville. La confiance bien légitimement acquise à ce brave général, qui réside depuis vingt ans au milieu des habitans de cette ville, ne doit laisser aucune inquiétude sur les dispositions militaires.

Mais il est nécessaire, Citoyens, que vous y répondiez de votre côté par un zèle et un dévouement sans bornes. Celui qui chercheroit à troubler l'ordre public, qui employeroit la malveillance, ou qui ne se conformeroit pas aux Loix de la plus exacte police, seroit regardé comme un mauvais Citoyen et s'exposeroit aux peines et au châtiment le plus sévère. Celui sur tout, qui auroit le malheur d'oublier assez le sentiment de ses devoirs et l'amour de la Patrie, pour oser jamais proposer d'abandonner la place, ou de la rendre aux ennemis, payeroit de sa tête une si grande lâcheté, une conduite aussi indigne, et une aussi infâme trahison.

A Valenciennes, le 24 mai 1793, 2ᵉ de la République Française,

Signé : Charles Cochon, Briez.

Dans cette proclamation, les deux Conventionnels avaient peint avec des couleurs plus belles que celles de la réalité, l'état des approvisionnements. D'après la visite que, ce même jour, ils firent avec Ferrand dans les magasins militaires, ils ne les trouvèrent qu'insuffisamment garnis. La défense des remparts exigeait au moins 240 bouches à feu ; ils n'en virent que 138, plus quelques pièces de bataillon ; et les bombes, obus et boulets ne devaient pas permettre à chacune de tirer mille coups, chiffre alors consi-

déré comme le minimum nécessaire.[1] Quant aux fourrages, ils jugèrent tout à fait insuffisants ceux qui se trouvaient dans les magasins militaires.

Cette pénurie détermina Ferrand à faire nommer des commissaires chargés de parcourir la ville et ses faubourgs, afin de connaitre exactement les ressources de la population civile en animaux et en fourrages. Il s'adressa dans ce but, à la municipalité qui, sur le champ, dressa une liste d'inspecteurs à chacun desquels fut adressée cette circulaire :

Valenciennes, le 24 mai 1793, 2ᵉ de la République.

Le Conseil général de la commune, connoissant votre zèle et votre amour pour le bien public, vous a nommé pour être commissaire surveillant de (*tel ou tel quartier*), en vertu de sa délibération du 24 de ce mois, dont voici la teneur : a été délibéré, pour mettre à exécution la réquisition du général Ferrand, en date de ce jour, de nommer un citoyen de chaque quartier de la ville, qui sera chargé de prendre en chaque maison la quantité de grain qui y existe, la paille, le foin, avoine, orge, ainsi que la quantité de bœufs, de moutons, vaches et cochons.

Ils en dresseront un état qui indiquera en outre le numéro de la maison et le nom du locataire ou propriétaire, et le rapporteront au greffe de la municipalité où le dépouillement en sera fait sur un cahier particulier qui y restera déposé, pour y avoir recours au besoin.

Chacune des personnes nommées sera commissaire-surveillant de son quartier et chargée de nous transmettre les différentes demandes des habitans dudit quartier.

En conséquence, Citoyen, le Conseil général espère que vous voudrez bien vous charger de cette commission.

Les Maire, Officiers municipaux et membres du Conseil général de la commune.

Signé : BENOIST ainé, vice-président et MORTIER, secrétaire.

On remarquera la déplorable mollesse de cet arrêté : au lieu de se livrer à des perquisitions et d'examiner par eux-mêmes l'état des choses, les commissaires durent se contenter du simple dire des intéressés. Nous savons qu'il y avait à Valenciennes une société des Amis de la Liberté et de l'Egalité.[2] Le président de ce club était alors Desmarest, ce *Soldat du bataillon de la Charente* qui nous a laissé du siège dont il fut témoin un curieux récit. Interrogé par lui sur les motifs pour lesquels on n'opérait point de perquisitions, Briez déclara qu'il agissait ainsi avec son collègue et Ferrand pour des motifs particuliers que l'on connaitrait plus tard.[3] Ces

---

[1] Nous empruntons ces chiffres au *Précis* de Ferrand.

[2] Nous avons donné, chap. V, p. 263, le récit de la réception qu'elle fit à Dumouriez, et nous avons plus récemment parlé d'un de ses membres, Maurin, au sujet de la cérémonie célébrée en l'honneur de Lepelletier.

[3] *Précis* du soldat de la Charente, p. 5. — Dans leur *Rapport*, Cochon et Briez disent formellement, p. 4, qu'ils firent procéder à des visites domiciliaires. Mais ces visites se bornèrent à ce qu'indique notre texte.

motifs ne furent jamais connus ; mais ce que l'on ne sut que trop, c'est que, mensongères, la plupart des déclarations reçues furent, en outre, bientôt éludées.

Dès le 25 mai, Ferrand s'occupa d'un réglement de siège, qu'il compléta par l'organisation d'un conseil de guerre et d'un comité de siège.

Sous la présidence du général en chef, le conseil de guerre était composé de tous les officiers-généraux, des chefs des différents corps, des administrateurs militaires, des représentants du peuple, du directoire du district et de la municipalité. Le président et deux membres de la société des Amis de la Liberté et de l'Egalité y siégeaient aussi, mais sans voix délibérative. Témoin oculaire et auriculaire, Desmarest nous en dit ceci :

> Je n'ai pas remarqué qu'il y ait jamais eu beaucoup de suite, d'ordre ou d'intérêt dans les délibérations, peu ou point de discussion ; j'ai même vu que le conseil n'étoit pas précisément au fait des limites de sa compétence, puisqu'on y traitoit des objets qui certainement n'en étoient pas, et que souvent aussi on a terminé, sans lui en parler, des affaires majeures, qui sembloient lui appartenir. (Par exemple, le renvoi de Madame Meltier dont il sera question plus bas). Elle partit à six heures et demie, et le Conseil s'assembla à sept. Je croyois qu'on en feroit au moins un rapport quelconque au Conseil : il n'en fut pas dit un seul mot, quoique plusieurs des membres eussent des observations à présenter sur cette affaire. En général, il m'a paru que Ferrand avoit de la déférence pour l'avis des députés, et les chefs de corps plus encore pour celui du général. C'est ce qu'on remarquera dans toute assemblée composée de militaires de différents grades. L'inférieur y oublie difficilement qu'il délibère en présence de son chef, et celui-ci se souvient presque toujours que l'autre est son subordonné.

Le conseil de guerre ne se tenait que tous les deux jours. Au contraire, le comité de siège s'assemblait tous les matins. Tandis que le premier avait pour tâche l'administration, la police et la discipline, le comité s'occupait exclusivement des opérations militaires. Les représentants n'y assistaient point d'habitude, afin de laisser aux généraux leur entière responsabilité.

Le soir du 25, le duc d'York somma de se rendre le général Beauregard, qui commandait au faubourg de Marly. Sur son refus, il l'attaqua le lendemain. D'après le soldat de la Charente :

> Le feu des assaillans fut très violent ; les boulets rouloient dans la redoute de toutes les hauteurs voisines ou, pour mieux dire, ils y aboutissoient comme d'eux-mêmes ; et nous n'eûmes que le temps de sauver nos pièces, que nous rentrâmes heureusement dans la place vers les onze heures du matin.

La redoute abandonnée devint très préjudiciable à la ville assiégée. Ainsi que nous l'apprend Tholozé :

> L'ennemi s'y établit en force, et, par cet avantage, nous fit éprouver dans le courant du siège combien il est dangereux de trop fortifier un poste voisin

d'une place et qui, par sa disposition, ne peut y être lié d'une manière sûre et essentielle.

Dès lors, les Français se trouvèrent absolument enfermés dans la ville et n'eurent plus pour limites que leurs palissades.

Quelques jours avant l'investissement avait été tendue l'inondation de la Rhonelle. Nous avons vu que celle de l'Escaut est d'une bien autre importance. En aval de Valenciennes, cette inondation ne put être pratiquée, les Autrichiens s'étant, dès le 9 avril, emparés de l'écluse de la Folie qui la commande. Les vastes prairies marécageuses qui bordent cette portion de la vallée n'en furent pas moins impraticables, par suite de chasses d'eau qu'on y fit de la ville, et qui détrempèrent suffisamment le terrain pour empêcher les coalisés de rien tenter de sérieux contre ses fronts nord et nord-ouest. Quant à l'inondation supérieure, Ferrand l'avait retardée, d'abord pour permettre aux gens de la campagne d'enlever leurs foins, puis pour laisser ignorer à l'ennemi la hauteur exacte qu'elle devait atteindre. De la sorte, les Autrichiens construisirent plusieurs digues de communication trop basses, qui furent submergées et leur devinrent à peu près inutiles.

Le 23, à la suite de réponses qu'à tort ou à raison il avait jugées insuffisantes, Ferrand avait fait arrêter et transférer à Douai le capitaine du génie Bernière, éclusier principal. Heureusement, Tholozé, bien que porteur d'un ordre de se rendre à St-Quentin, resta dans la place et put se charger de l'inondation partielle, seule alors décidée. Mais les écluses avaient été fort mal entretenues, et une fouille considérable fut tout à coup découverte sous le radier de l'une d'elles. L'inondation manqua, d'abord pour cette cause, puis parce qu'un meunier avait intempestivement ouvert des vannes, et des cris de *trahison !* commencèrent à retentir contre les officiers du génie. Prévenu le 26 mai, à neuf heures du soir, Tholozé répara le désastre. Cependant Ferrand lui avait écrit une lettre, qu'un de ses aides de camp garda en poche ; et, le lendemain, n'y recevant pas de réponse, il s'en plaignit comme on va le voir :

SÉANCE DU 27 MAY 1793.

Le général Ferrand s'est présenté en l'assemblée du Conseil général de la commune où se trouvoient les représentans du peuple. Il a rendu compte des opérations relatives à l'inondation partielle délibérée au Conseil de guerre et des obstacles qu'il éprouvoit, soit par négligence ou malveillance, et notamment du défaut de réponse à une lettre qu'il avoit adressé hier soir au chef du génie. Pour remédier à tous les inconvéniens, le général Ferrand a fait part au Conseil général de la commune de la résolution où il étoit d'ordonner et de faire pratiquer la grande inondation. Le Conseil général de la commune et les représentans du peuple ont déclaré qu'ils ne pouvoient que s'en rapporter à la prudence et à la sollicitude du général Ferrand ; qu'ils applaudissoient à toutes les mesures qu'il jugeroit devoir prendre pour la sûreté et la deffense de la place, et qu'ils l'engageoient à employer tous les moyens qui sont en son pouvoir et toute l'autorité qui leur est déléguée par la loi pour l'exécution des ordres qu'il transmettra et pour l'obéissance qui lui est due par tous les chefs civils et militaires qui lui sont subordonnés.[1]

A la suite de cette dénonciation, Ferrand, les membres de la commune et les représentants du peuple se rendirent aux moulins de la porte Notre-Dame pour voir par eux-mêmes l'état des choses. Tholozé protesta avec indignation contre des soupçons qu'il devinait. Et, tandis qu'ils retournaient ensemble à l'hôtel de ville, ils rencontrèrent l'aide de camp négligent qui avoua ses torts[2]. Le procès-verbal de la séance, un instant interrompu, fut donc achevé en ces termes :

> Le citoyen Tholozé, chef du génie, a constaté qu'il n'avoit pas reçu la lettre du général Ferrand relative à l'inondation ; il a demandé en outre que l'éclusier Menveux et le meunier fussent appelés ici à l'effet d'y subir un interrogatoire sur la conduite qu'ils ont tenue relativement à la diminution de l'inondation à laquelle ils ont contribué en faisant tourner le moulin ; le citoyen Ferrand nous a fait la réquisition expresse à la suite de cette demande d'y faire droit.

Outre des animaux et des nourritures, les visites précédemment opérées avaient fait découvrir une partie des traînards qui, le 23 mai, n'avaient point suivi l'armée dans sa retraite. Ferrand incorpora sans retard les sous-officiers et les soldats dans ses bataillons restés les plus incomplets, particulièrement dans celui de Valenciennes. Puis il fit prendre la délibération suivante :

> La question a été ouverte sur la quantité de chevaux qui devoient être conservée dans la place. La disette de fourrage a nécessité d'en restreindre le nombre, ainsi qu'il a été fixé ci-après :
>
> | | |
> |---|---|
> | Arrêté que le général et ses aides de camp conserveront | 4 chevaux. |
> | Le général Blaquetot | 1 cheval. |
> | Trois officiers du génie | 1 » |
> | Deux généraux de brigade et leurs aides de camp, chacun | 3 chevaux. |
> | Le commandant temporaire | 1 cheval. |
> | Les chefs de corps des 87e, 73e et 29e seulement en auront chacun | 1 » |
> | Les commissaires des guerres, pour quatre | 1 » |
> | Total | 17 chevaux. |
>
> De suite, il a été réglé qu'il seroit conservé pour le service de l'artillerie cent chevaux cy . . . . 100 »
> et pour la troupe à cheval pareil nombre de . . . . 100 »
> ce qui formera, pour le total des chevaux employés pour le service de la place, deux cent dix-sept chevaux, cy . . . . 217 »

---

[1] Cette pièce est tirée du *Registre des procès-verbaux de la commune de Valenciennes*, du 22 février 1790 au 29 juin 1793, conservé aux Archives municipales, D, 1, 7.

[2] Nous avons tiré les éléments de ce récit du *Mémoire* de Tholozé.

Il a été observé par les officiers du génie, que le directeur des fortifications avoit besoin de six chevaux pour le transport des divers matériaux de construction. Arrêté qu'il conserveroit ces six chevaux, mais qu'il seroit tenu de pourvoir à ses frais à leur nourriture.

Il a été réglé qu'aucune ration de fourrages ne pourroit être délivrée que sur les bons signés des personnes autorisées à conserver des chevaux et dans la proportion du nombre fixé.

Les rations seront distribuées suivant les poids et mesures fixés par le dernier réglement des représentants du peuple, députés à la Convention.

Arrêté que les députés à la Convention et le général nommeroient un garde-magasin et un commis à la distribution des fourrages de concert avec les corps administratifs.

Arrêté que la municipalité sera requise de faire transporter dans les magazins qui seront désignés par le général tous les fourrages nécessaires à la nourriture des deux cens vingt-trois chevaux ci-dessus conservés, pendant quatre mois.

En conséquence des dispositions ci-dessus, il a été décidé que, d'ici au premier juin, tous autres chevaux attachés au service de l'armée seront tués et enfouis, après néanmoins qu'il aura été dressé un procès-verbal d'estimation d'iceux par des maréchaux-experts en présence d'un commissaire des guerres afin de parvenir au remboursement qui en sera fait par la République.

Sur la proposition du général que tous les officiers de différentes armes qui se sont trouvés dans la place depuis le départ de l'armée soient placés et mis en subsistance, il a été arrêté que ces officiers seront répartis dans tous les corps de la garnison où ils feront le service de volontaires et en recevront la subsistance sans néanmoins préjudicier aux réclamations qu'ils pourroient faire par la suite sur le traitement attribué à leur grade ; et dans ces dispositions ne sont point compris les officiers blessés ou malades qui se trouvent dans les hopitaux en ville.

La sûreté des malades et blessés qui sont dans les hôpitaux ayant fixé l'attention du général, il a été arrêté que les enfans trouvés et les vieillards céderoient les emplacemens qu'ils occupent à l'hopital général et seroient transférés dans un autre local pour faire place auxdits malades et blessés, et les dispositions nécessaires seront faites à cet égard dans le plus bref délai. Il sera placé aux cazemattes du bastillon Ste-Catherine cent vingt lits pour les blessés.

Il a été arretté que la grande inondation continueroit à être faite par suite des premiers ordres donnés à ce sujet.

Fait et arrêté à Valenciennes, le vingt-huit may 1793, l'an 2e de la République françoise.

On remarquera que, l'hippophagie n'étant guère en usage à la fin du xviiie siècle, on songe à abattre et à enfouir les chevaux militaires, non à les manger. La mesure s'exécuta, et les malheureuses bêtes reçurent pour cimetière une portion des glacis de la ville. Mais enterrés à une trop faible profondeur, leurs cadavres exhalèrent bientôt une telle puanteur que, dans la séance du comité militaire tenue le 4 juin, le commissaire-ordonnateur Morlet dut se faire autoriser à charger leurs tombeaux de décombres, de manière toutefois qu'il n'en résultât point d'inégalités « nuisibles à la surface naturelle des glacis. »

---

1 Archives de Valenciennes, H 6, 8. — Dans son *Précis*, Ferrand dit que le nombre des chevaux officiellement conservés fut de 369. Nous croyons que ses souvenirs l'ont mal servi.

Ce massacre était inutile peut-être, prématuré et nuisible certainement. Rien n'établissait d'une manière certaine la disette des fourrages, et nous verrons plus loin que, pour excuser la rareté et l'insuffisance des sorties, on invoqua le manque de cavalerie. Puisque, dans sa précipitation, Lamarche, qui en manquait également, avait commis la lourde faute de ne pas emmener ces chevaux avec lui, il eut été sage de les garder jusqu'à la dernière extrémité.

Des mesures analogues mais bien mieux justifiées, durent être prises à l'égard des chevaux appartenant à la population civile. Avec un beau trait de générosité du 73e régiment d'infanterie, c'est ce que va nous apprendre le procès-verbal de la séance tenue le 7 juin par le Conseil général de la commune :

Se sont présentés au Conseil général de la commune le citoyen Lebrun, colonel du 73e régiment, et le citoyen Vergnerie, adjudant dudit régiment, lesquels tous ont remis copie collationnée de leur adresse au général Ferrand, par laquelle ils consentent à la réduction du supplément du pain accordé en tems de guerre et renoncent à l'indemnité en argent qu'ils peuvent répéter, en faveur des pauvres de cette ville.

Le Conseil général de la commune a arrêté de remercier, au nom des pauvres, ledit régiment, et a chargé les citoyens Lebrun et Vergnerie de porter à leur régiment les témoignages de reconnoissance de la commune.

En outre, que la copie collationnée de l'adresse ci-dessus mentionnée seroit transcrite ès-registre du Conseil et qu'extrait de la présente délibération seroit remise audit régiment en la personne du citoyen Lebrun, colonel.

Ici le procès-verbal intercale l'adresse en question :

AU GÉNÉRAL FERRAND, COMMANDANT EN CHEF A VALENCIENNES.

Citoyen,

Pénétrés de la plus vive reconnoissance des soins paternels que vous prenez journellement pour vos camarades d'armes, nous nous empressons de répondre à la demande faite en votre nom de consentir à la déduction du quarteron de supplément de pain accordé en tems de guerre.

Non seulement nous acquiessons à cette proposition ; mais aussi nous renonçons à l'indemnité en argent que nous pourrions répéter.

Vous pourrez, citoyen, distribuer le montant de ce don patriotique aux pauvres pères de famille de cette ville ; tels sont les véritables sentimens de civisme des sous-officiers et soldats du 73e régiment qui a l'honneur de servir sous vos ordres ; suivent les signatures.

Collationnée conforme à l'original.

Signé : Le colonel chef de brigade,
LE BRUN.

Puis le procès-verbal reprend :

Le général Ferrand s'est présenté à notre séance et nous a fait connoître qu'il seroit impossible de nourrir longtems les chevaux qui restent dans la ville ; qu'il y a même des personnes qui les nourrissoient déjà avec du pain, ce qui devient préjudiciable à la subsistance générale qui est infiniment intéressante dans la situation où nous nous trouvons.

Il nous a rapporté, en outre, qu'il savoit que beaucoup de chevaux qui devoient être tués, existoient encore dans les maisons des citoyens, ce qui hâteroit la consommation des vivres destinés aux chevaux de la garnison et aux bœufs et vaches dont l'utilité est si bien sentie.

La partie militaire, qui avoit 12 à 1300 chevaux, a dû les sacrifier malgré la grande utilité et s'est restraint au nombre de 250 environs.

Cet exemple doit déterminer les citoyens à s'exécuter pour le bien général et à approuver la mesure de les priver promptement de leurs chevaux.

Il ne sera donc conservé que ceux reconnus d'une utilité réelle, et le Conseil, le déclarant ainsi, a délibéré qu'il ne seroit conservé que trente chevaux pour l'usage des pompes [1].

Le lendemain de cette décision furent adoptés les termes d'une très longue pièce qui, imprimée chez Prignet en une brochure de 12 pages, fut distribuée à profusion. Comme elle est fort connue, ayant été reproduite à la suite du *Rapport* de Cochon et de Briez, nous ne rééditerons ici que son dispositif [2] :

Article 1er. — Tous les citoyens qui ont des chevaux chez eux, soit qu'ils leur appartiennent, soit qu'ils appartiennent à autrui, seront tenus de les conduire ou faire conduire lundi prochain, 10 du présent mois de juin, à six heures du matin, sur la Grande-Place de cette ville.

Article 2e. — Tous les chevaux seront passés en revue. Il en sera rédigé un état général qui contiendra les noms des propriétaires ou dépositaires. Chaque conducteur sera muni du nom du propriétaire ou dépositaire, du signalement du cheval, et de la déclaration par écrit des foin, paille et avoine que chacun des citoyens s'obligera de fournir au magasin qui sera destiné à cet effet, ou qu'il aura déjà précédemment fourni au magasin militaire.

Article 3e. — Tous les chevaux généralement quelconques seront ensuite placés dans un ou plusieurs lieux ; ils y seront nourris et conservés aussi longtems et en aussi grande quantité que les circonstances le permettront, sous la surveillance des autorités civiles et militaires et l'inspection des propriétaires, et par des agens ou préposés qui seront choisis et désignés à cet effet.

Article 4e. — Si la nécessité exige de faire tuer une partie quelconque des dits chevaux, on choisira toujours de préférence les plus mauvais ; et il en sera dressé un état préliminaire qui sera communiqué aux propriétaires, lesquels seront admis à faire toutes les observations qu'ils croiront devoir présenter à ce sujet aux autorités civiles et militaires.

Article 5e. — Il sera pourvu à l'indemnité particulière due à chaque citoyen pour les fourrages et avoines qu'il aura fourni au magasin militaire.

Les citoyens doivent aussi se reposer entièrement sur la justice et la générosité nationales, relativement aux pertes et à tous les genres de sacrifices qu'ils pourroient faire pour l'utilité publique.

Article 6e. — Les représentans du peuple, le général Ferrand et les corps administratifs, employeront tous les moyens de surveillance et d'économie qui seront en leur pouvoir pour prolonger le plus longtems qu'il sera possible l'existance des chevaux qui seront rassemblés.

---

[1] Archives de Valenciennes, D 1, 17, p. 181 et 182.

[2] Elle est intitulée : *Proclamation importante adressée à tous les citoyens de Valenciennes de la part des représentans du peuple, du général Ferrand, et des corps administratifs réunis du district et de la commune de Valenciennes.*

Article 7e. — Les chevaux employés au service du parc, seront aussi réunis tous au parc lundi prochain à six heures du matin, et passés en revue. Ils seront de même réunis ensuite dans un seul local, et n'en seront détachés que pour faire le service.

Les chevaux de cavalerie, ceux d'artillerie, des vivres et des chefs militaires, seront également rassemblés le même jour et à la même heure, et passés en revue sur la Place Verte.

Les revues seront faites par un commissaire des guerres, en présence d'un officier général accompagné des commissaires de la municipalité, et d'un maréchal-expert, pour constater les chevaux malades qui seront placés dans un local séparé.

Article 8e. — Tous les chevaux qui seront ensuite trouvés chez les particuliers, quels qu'ils puissent être, en contravention aux dispositions ci-dessus, seront tués sur le champ ; et les propriétaires ou dépositaires d'yceux seront condamnés à une amende de 300 francs, indépendamment de la privation de toute indemnité et la confiscation des fourrages et avoine qui pourroient se trouver chez eux. Ils seront, en outre, inscrits sur un tableau qui sera imprimé et affiché avec la notice de MAUVAIS CITOYENS. Les mêmes peines de confiscation, amende et inscription auront lieu contre ceux qui, quoique n'ayant pas de chevaux, n'auroient pas déclarés, dans les vingt-quatre heures, la quantité de foin, paille et avoine qui se trouvent chez eux, ou auroient fait des déclarations infidèles.

A Valenciennes, en la maison commune, le huit juin 1793, l'an 2e de la République.

Signé : Charles Cochon, Briez, le général de division Ferrand, Birier, secrétaire du District, et Mortier, secrétaire-greffier de la municipalité.[1]

Malgré cet arrêté, les considérations qui le précédaient, et le recensement du 10 juin, beaucoup de chevaux furent conservés en fraude, et on les vit reparaître à la fin de juillet, durant les troubles qui précédèrent la capitulation.

En ce qui regarde le bétail, le maire, les officiers municipaux et les membres du Conseil général de la commune avaient, dès leur séance du 6 juin, arrêté les termes d'une affiche ainsi conçue :

Citoyens,

La grande quantité de bestiaux qu'on a entré en cette ville, lorsque l'ennemi l'a cernée assez promptement pour qu'on n'ait pu se munir des nourritures qui leur sont nécessaires, nous assure que beaucoup de citoyens ne peuvent continuer de les nourrir ; le besoin qu'ont la plupart d'entre-eux de faire usage du peu de ressources qui leur reste, nous impose le devoir de leur procurer les moyens de vendre leurs bœufs, vaches et moutons ; ils pourront s'adresser à nous ; nous leur indiquerons les bouchers qui ont consenti, pour un modique salaire, de tuer et débiter ces bestiaux, à charge par leurs propriétaires de les vendre et d'en recevoir le prix.

---

[1] Nous reproduisons ce fragment, non point d'après la brochure imprimée chez Prignet, mais d'après les procès-verbaux du Conseil général de la commune conservés aux Archives de Valenciennes. D 1, 7, p. 183 et suivantes.

Quelques jours auparavant, le même Conseil avait déterminé le prix du blé et du pain, interdit de faire du pain blanc, puis fixé le taux de toutes les autres « denrées de nécessité », au moyen de l'arrêté que voici :

Le Conseil général de la commune de Valenciennes, en conséquence de la réquisition des Représentans du Peuple français, députés par la Convention nationale aux armées de la République sur la frontière du Nord, après avoir réglé l'objet le plus essentiel, celui qui concerne le prix du bled et le prix du pain ; voulant aussi mettre de l'uniformité dans la vente et la distribution des autres denrées de nécessité, et empêcher qu'aucun individu ne profite des circonstances actuelles pour mettre de l'arbitraire et des prix exhorbitans à ses denrées et marchandises, au préjudice de ses concitoyens, et surtout au détriment de la classe indigente, a arrêté et arrête ce qui suit :

ARTICLE PREMIER

A compter du jour de demain, lundi 27 du présent mois de mai, les denrées de nécessité seront vendues aux prix ci-après désignés et déterminés.

SAVOIR :

La viande de boucherie à *vingt sols* la livre.
La viande de cochon à *vingt-cinq sols* la livre.
Le riz, à *douze sols* la livre.
Les œufs à *trente-cinq sols* le quarteron.
Le beurre salé à *trente-cinq sols* la livre.
Le fromage de Gruyère à *trente-cinq sols* la livre.
La bierre à *dix sols* le pot.
L'eau-de-vie à *sept livres dix sols* le pot, à dix-neuf degrés.
Le sel à *vingt livres* le sacq, ou *quinze sols* la pinte.
Le savon à *treize sols six deniers* la livre.
Les chandelles à *vingt-quatre sols* la livre.

II

Les bouchers, marchands et tous autres livranciers, ne pourront vendre aucune des denrées et marchandises ci-dessus désignées, à un prix plus fort que celui fixé par l'article précédent, sous peine de *cinquante livres* d'amende, à la charge de celui qui contreviendra ; sans préjudice de plus forte peine, en cas de récidive, et même de punition exemplaire s'il y échet.

III

Si des bouchers, marchands, ou autres livranciers, ont des réclamations à faire sur les prix ci-dessus déterminés, ils devront s'adresser au Conseil général de la commune, qui se charge de pourvoir à leur indemnité, s'il y a lieu :
En conséquence, il est enjoint auxdits bouchers, marchands et tous autres livranciers de se conformer exactement aux dispositions ci-dessus, sous les peines y portées.
A Valenciennes, le 26 mai 1793, l'an 2e de la République.

Signé : MORTIER, secrétaire-greffier.

Cet arrêté donna lieu, on le conçoit sans peine, à des conflits quotidiens entre l'autorité et les petits négociants qui dépassaient le tarif. Les procès-verbaux du Conseil général de la commune sont remplis de plaintes du public à ce sujet, et de condamnations contre les délinquants. Du reste, dès le 31 mai, le Conseil avait dû faire afficher un arrêté complétant celui précédemment pris quant au pain :

En défendant aux boulangers de faire autre pain que du bis, nous devions croire que ceux qui par état travaillent aux objets de sensualité, se seroient pénétrés de la nécessité où nous sommes de retrancher de notre nourriture toutes tartes, gâteaux, biscuits et tous autres objets de pâtisserie ; c'est avec douleur que nous voyons qu'on se permette encore un usage aussi contraire à l'économie et aux privations auxquelles nous devons nous déterminer dans notre situation présente.

En conséquence, nous défendons à tous boulangers, pâtissiers et autres, de faire et vendre aucune pâtisserie n'y autres objets résultans des farines, et ce, sous peine de confiscation des objets fabriqués et de l'amende portée par l'arrêté du Conseil-général du 26 du présent mois.

Signé : Mortier, secrétaire-greffier.

Le même jour, le Conseil dut décréter aussi un *maximum* pour d'autres industriels bien plus importants que les boulangers : les brasseurs, qui, depuis le moyen-âge, aussi bien dans le nord de la France qu'en Angleterre, dans les Pays-Bas et en Allemagne, ont constitué une véritable puissance :

Sur les diverses plaintes qui ont été faites au Conseil général, que les Brasseurs se permettoient de vendre la bierre à un prix qui mettoit les Cabaretiers dans l'impossibilité de suivre la taxe fixée par l'arrêté du 26 de ce mois.

Le Conseil considérant que les bases sur lesquelles il avoit assuré le prix du pot de bierre pour le débitant, dérivoient de la connoissance du prix des denrées dont se sert le Brasseur ;

A délibéré que les Brasseurs ne pourront vendre leur bierre plus de trente livres la tonne de 70 à 72 pots, et la tonne dite cabaretière plus de vingt-cinq livres.

Et que la présente délibération sera imprimée, pour être distribuée aux marchands Brasseurs et aux Cabaretiers, déclarant aux premiers qu'ils devront s'y conformer sous les peines portées par l'arrêté du 6 de ce mois.

Collationné conforme :

Signé : Mortier.

Après les producteurs de bière vinrent les débitants de boissons et leurs clients qui, dans l'intérêt du bon ordre à maintenir en ces moments de crise, eurent un jour le déplaisir de lire une affiche ainsi conçue :

AVIS.

Sur la demande du Général Ferrand, le Conseil-général de la Commune a délibéré, que les Cabaretiers et Aubergistes ne pourroient donner à boire après neuf heures du soir, ni retenir quelqu'un chez eux, sous peine de *Cinquante livres* d'amende, payable tant par le Cabaretier que par le Particulier.

Valenciennes, ce 7 juin 1793, 2e de la République.

Mortier, Secrétaire.

Plus tard, pour réprimer l'ivrognerie, le Conseil de guerre dut décider que ceux qui s'en rendraient coupables seraient dégradés et employés à la réparation des remparts.

Le premier effet des mesures qui précèdent fut de raréfier tous les aliments solides et de faire falsifier les boissons. Mais, ainsi que le dit Desmarest : [1]

> En manquant un but, on en atteignit, sans le savoir, un autre très utile : c'est que la consommation devenant moins forte par la rareté et la cherté des subsistances, cette sobriété forcée ménagea nos provisions pour des temps plus difficiles.

La veille, pour faciliter les transactions en un moment où toute monnaie d'or ou d'argent avait, pour ainsi dire, disparu de la France, Cochon et Briez avaient pris l'arrêté suivant :

> Nous, représentans du Peuple françois, députés par la Convention nationale aux armées de la République sur la frontière du Nord,
> Considérant que la grande multiplicité d'assignats de 400 fr. qui existe dans les caisses publiques de cette ville, est un obstacle au payement des objets de détails et que, dans la circonstance du blocus où se trouve la ville de Valenciennes, il faut nécessairement employer tous les moyens d'échange et de circulation,
> Autorisons le Conseil général de la commune de laditte ville à disposer des assignats existants dans la caisse du Receveur des Consignations et dans toutes les autres caisses publiques en y substituant des assignats de 400 fr. pour les premières sommes qui seront tirées des caisses et à charge d'y refournir les valeurs de détail immédiatement après la levée du blocus.
> A Valenciennes, le 6 juin 1793,
> 2ᵉ de la République française.[2]

Les représentants enfermés dans Valenciennes ne s'occupaient pas seulement des soins matériels à donner à la population ; ils s'occupaient aussi de la préparer aux cruelles épreuves qui l'attendaient, d'élever son esprit et son cœur à la hauteur des devoirs que lui imposait le salut de la Patrie. D'abord, ils firent, le 26 mai, imprimer chez Prignet et distribuer un extrait du *Traité de la défense des Places*, par Leblond, maître de mathématiques, sur les « moyens d'être à l'abri de la bombe et d'éviter les effets des boulets rouges, » extrait qu'ils appuyèrent d'une note ainsi conçue :

> Les citoyens de Valenciennes doivent s'empresser d'employer les mêmes moyens qui ont été mis en usage par les citoyens de Lille ; tels que la précaution

---

1 *Precis*, p. 6.
2 Archives de Valenciennes, D 1, 17, p. 180.

de mettre des cuvelles pleines d'eau dans les greniers, et des tonneaux ou cuvelles aussi remplis d'eau dans les cours et le long des rues, chacun vis-à-vis de sa porte, pour s'en servir en cas de besoin.

Il ne faut pas négliger non plus de se munir de casseroles, gros linges et chiffons mouillés, proche des tonneaux, des cuvelles et dans toutes les places des maisons, pour étouffer les bombes et les boulets rouges qui pourroient être lancés dans la ville.

Il faut aussi se munir d'un long bâton garni de linges mouillés, pour éteindre le feu que le boulet rouge traversant un toit ou un plancher peut y laisser.

Vive la République françoise ! Vive la gloire des bons citoyens de Valenciennes qui défendront courageusement leur ville, avec le secours de la brave garnison, à l'imitation de leurs braves frères de Lille et de Thionville !

Imprimé par ordre des citoyens Ch. Cochon et Briez, représentans du Peuple françois, députés par la Convention nationale aux armées de la République sur la frontière du Nord.

A Valenciennes, le 26 mai 1793, l'an 2ᵉ de la République.[1]

Puis ils firent placarder la loi sur la reddition de Longwy, en l'accompagnant de la proclamation suivante :

Les circonstances actuelles doivent réveiller plus que jamais l'attention, les soins et la surveillance des pouvoirs établis, et de tous les bons Citoyens.

La Convention Nationale se repose entièrement sur le courage et la bravoure des défenseurs de la Patrie. Les Soldats de la Liberté se souviendront toujours de leurs victoires. Ils ne négligeront pas les moyens d'obtenir de nouveaux succès.

La Nation entière compte absolument sur la fidélité, le zèle, l'énergie et l'active surveillance de tous les Soldats-citoyens et des Citoyens-soldats qui se trouvent actuellement dans cette Place.

Enfans de la Patrie, ils ne perdront jamais de vue que les places des frontières appartiennent à la République entière, puisqu'elles n'ont été élevées que pour la défense générale de l'État.

La ville de Valenciennes est une des principales clefs de la France. C'est l'un des premiers comme des plus forts boulevards de la République. Résister aux attaques de l'ennemi, conserver cette Place, c'est donc être appelé à l'honneur et à la gloire d'avoir opéré le salut de la Patrie.

L'intérêt personnel pourroit-il jamais être mis dans la balance avec cet intérêt si grand, si puissant du salut de la Patrie !

L'égoïsme oseroit-il encore se montrer lorsque la Nation a placé au rang des dettes les plus sacrées de l'État, l'indemnité due à chaque Citoyen dont les propriétés pourroient souffrir des hazards de la guerre ?

Les Représentans du Peuple rappelent à tous les Citoyens, et à tous les pouvoirs établis, les dispositions de la loi du 31 août 1792, *relative à la reddition de la Place de Longwi*. C'est dans cette loi que chacun verra la règle de ses devoirs, et le châtiment réservé à ceux qui auroient la lâcheté ou la pusillanimité d'abandonner la défense de la Place que la Patrie a confiée aux soins et à la vigilance de tous.

En conséquence, et en vertu des pouvoirs illimités qui nous sont délégués par la Convention Nationale, nous ordonnons que la loi du 31 août 1792, *relative*

---

[1] Publié chez Prignet en 4 feuillets, et, en outre, affiché.

à la *reddition de la Place de Longwi*, sera réimprimée, lue, publiée et affichée de nouveau à la suite de la présente Proclamation.

A Valenciennes, le 29 mai 1793, l'an 2ᵉ de la République.

Charles COCHON, BRIEZ.

Le même jour, pour exciter les habitants à la générosité, ils firent apposer sur les murs une *Réquisition*, conçue en ces termes :

Les représentans de la Nation, informés que le zèle, le civisme, le patriotisme et le dévouement de tous les bons citoyens de Valenciennes les portent, à l'exemple des citoyens des autres communes de la République, à faire des dons patriotiques en faveur des braves défenseurs de la patrie, des pauvres domiciliés en cette ville, et des citoyens des campagnes et autres étrangers qui s'y sont refugiés ;

Considérant que ces actes de patriotisme, en même tems qu'ils sont dignes de toute la reconnoissance nationale, doivent toujours être rendus publics par la voie de l'impression, parcequ'ils contribuent à calmer les inquiétudes que la malveillance peut faire répandre sur les ressources immenses qui de toute part répondent du salut de l'État, et garantissent l'affermissement de la liberté, et la félicité publique qui doit être l'heureux résultat de l'anéantissement des satellites des despotes coalisés contre la souveraineté du peuple français.

Considérant enfin, que la classe indigente et tous les citoyens qui ont droit à des secours, doivent y trouver particulièrement la certitude que rien ne leur manquera, et qu'ils seront dans tous les tems l'objet de la sollicitude particulière et immédiate des magistrats du peuple et de tous les bons citoyens, qui partagent volontairement leurs moyens de subsistance avec leurs frères.

Les Représentans du Peuple, députés par la Convention nationale aux armées de la république sur la frontière du Nord, requièrent le conseil-général de la commune de Valenciennes de faire imprimer et afficher la liste de tous les dons patriotiques offerts jusqu'à ce jour, et de ceux qui seront faits à l'avenir, avec la désignation des citoyens et de la destination que chacun d'eux aura spécialement affecté à son don patriotique.

Le tableau-général sera présenté à la Convention nationale aussi-tôt la levée du *blocus* de cette ville, pour être inséré au bulletin et envoyé dans tous les Départemens de la République.

A Valenciennes, le 29 mai 1793, l'an 2ᵉ de la République.

Charles COCHON, BRIEZ.

A ce moment, l'esprit de la garnison et de la majeure partie des habitants était excellent. On savait que l'armée française n'était pas éloignée, qu'elle s'était simplement retirée sur Bouchain, et chaque jour on espérait la voir revenir. Les gens qui se prétendaient initiés aux secrets de l'armée combinée débitaient, en outre, d'une manière mystérieuse, que le duc d'York était un prince humain et généreux, ayant ses raisons pour ne pas se faire malvenir de la Nation française, et que la ville de Valenciennes serait simplement bloquée. Les Valenciennois furent confirmés dans cette opinion par l'arrivée d'un trompette autrichien porteur d'une lettre signée : « Ferraris, commandant du blocus de Valenciennes », lettre réclamant quelques prisonniers que Custine avait dit être dans la ville. On sut ainsi que ce général avait été choisi pour succéder à Dampierre à la tête de l'armée du Nord.

Ces espérances d'un secours presque immédiat de l'armée française et d'une humanité relative de la part de l'ennemi avaient l'avantage de tranquilliser les esprits. Mais elles pouvaient offrir l'inconvénient de rendre moins énergiques les préparatifs de défense. Pour stimuler les courages, des patriotes fournirent aux presses de Prignet, diverses lettres signées du *Père Duchesne* et « qui, dans un style militaire et gai, faisaient circuler des vérités utiles et des sentiments généreux. La première de ces lettres s'adressait *Aux bons lurons de Valenciennes*; la seconde, *Aux peureux de Valenciennes*; la troisième, *Aux indifférens de Valenciennes*; et les autres sur divers sujets, tous analogues à la circonstance. » [1]

A ces publications, nous emprunterons les couplets suivants, assez lestement tournés :

Air : *La bonne aventure.*

Valencienne est entouré,
   Bien fou qui s'en fâche !
Pour cela, je n'en perdrai
   Rien de ma moustache.
Nous voilà bloqués ici,
Les filles le sont aussi.
La bonne aventure,
    O gué !
La bonne aventure.

Il nous en est arrivé
   D'Anzin, de Beuvrages ;
Les plus belles ont quitté
   Pour nous leurs villages.
Les laides et les mamans
Restent là pour les houlans ;
Ils seront bien sages,
    O gué !
Ils seront bien sages.

Je sais un chemin charmant,
   Fillettes gentilles,
Qui conduit l'heureux amant
   Droit au cœur des filles.
Celui-là n'est point barré,
Et toujours j'y passerai.
La bonne aventure,
    O gué !
La bonne aventure.

---

[1] *Précis* du soldat de la Charente, p. 7. C'est dans le même ouvrage que nous prenons la chanson qui suit.

> Amusons-nous de bon cœur,
> Combattons de même ;
> Que le prix de la valeur
> Soit l'objet qu'on aime,
> Car je défends aux poltrons
> De tâter de nos tendrons.
> Ma part sera bonne,
> O gué !
> Ma part sera bonne.

Vers le même temps, la Société populaire proposa de jouer des pièces patriotiques, telles que *le Siège de Lille* et *la Ligue des tyrans*, pour lesquelles furent distribués de nombreux billets gratuits ; elle proposa aussi de faire prêter aux habitants et aux soldats un serment solennel. C'est dans ce dernier but que les représentants en mission, le général Ferrand, le district et la municipalité de Valenciennes prirent de concert l'arrêté suivant :

Les Représentans du Peuple, voulant seconder par tous les moyens qui sont en leur pouvoir le zèle et l'empressement avec lesquels les Corps administratifs du District et de la Municipalité, demandent de réitérer leur Serment de fidélité à la République, de jurer de nouveau de mourir à leur poste en la défendant, et de s'ensevelir sous les ruines de la Ville, plutôt que de l'abandonner aux satellites des despotes coalisés contre la Liberté et la Souveraineté de la Nation Françoise ;

Applaudissant au vif désir que témoigne la Société des Amis de la Liberté et de l'Egalité, et la majeure partie des citoyens de cette ville, de réitérer le même Serment de fidélité à la République, de jurer également de s'ensevelir sous les ruines de la Ville, plutôt que de l'abandonner aux ennemis de la Patrie ;

Voulant aussi donner la même satisfaction à tous les autres Citoyens, et à la brave Garnison de cette Ville, qui est plus particulièrement appelée à l'honneur et à la gloire de défendre le premier et le plus important Boulevard de la République, et d'assurer par-là le Salut de l'Etat ;

Considérant que la dignité, l'éclat et l'appareil de la Cérémonie d'un Serment et d'un Engagement aussi saints et aussi religieux, doivent répondre à la majesté de la cause qui en est l'objet ; savoir, de l'amour sacré de la Patrie, et du plus précieux comme du plus doux de tous les devoirs qui lient les hommes entr'eux et au bonheur commun.

Les Représentans du Peuple délibérant de concert avec le Général Ferrand, et les Corps administratifs réunis du District et de la Municipalité de cette Ville, ont arrêté et arrêtent ce qui suit :

Article premier.

Demain jeudi 30 du présent mois de Mai, il sera élevé un Amphithéâtre sur la Grand'Place de cette ville.

Article II.

Les Représentans du Peuple, le Général Ferrand, le Conseil général du District, le Conseil général de la Commune, les Juges et Commissaire-National du Tribunal du District, les Membres du Tribunal de Commerce, les Juges de Paix, les Membres du Bureau de Paix et les Commissaires de Police, se rendront sur la Place, demain à trois heures précises après-midi ; et, placés sur l'Amphithéâtre, ils réitéreront leur Serment de fidélité à la République, et jureront de nouveau de mourir à leur poste, et de s'ensevelir sous les ruines de la Ville, plutôt que de l'abandonner aux ennemis de la Patrie.

Article III.

Le Serment des Représentans du Peuple sera prêté et prononcé publiquement à haute et intelligible voix, en présence du Peuple et sous les yeux de l'Assemblée.

Le Peuple rassemblé participera au Serment qui sera prêté par ses Représentans.

Le Serment des Chefs civils et militaires, et des autres Autorités constituées, sera prêté entre les mains des Représentans du Peuple et prononcé aussi publiquement à haute et intelligible voix en présence du Peuple et sous les yeux de l'Assemblée.

Article IV.

La Garde Nationale sera convoquée sous les armes, et rassemblée sur la Place à l'heure ci-dessus indiquée. Le Commandant de la Garde Nationale prêtera Serment entre les mains des Représentans du Peuple. Il recevra ensuite celui des Capitaines et Chefs des Compagnies, qui à leur tour le recevront de chaque Compagnie.

Article V.

Le Général Ferrand fera assembler la Garnison sous les armes. Il recevra le Serment des Généraux et autres Chefs militaires qui lui sont subordonnés, et ceux-ci le recevront des Commandans des Corps, des Chefs des Compagnies, qui ensuite recevront le Serment de chaque Compagnie.

Article VI.

Les Soldats-Citoyens et les Citoyens-Soldats employés dans les différens postes importans à la sûreté intérieure et extérieure de la Place, seront admis à prêter le même Serment entre les mains des Chefs de chaque poste.

Article VII.

La Cérémonie sera terminée par les cris répétés de *vive la République!* et par des chants d'allégresse, tels que *l'Hymne des Marseillois, la Carmagnole*, et autres analogues, au son des instrumens et de la musique civile et militaire.

Article VIII.

Le Général FERRAND fera toutes les dispositions nécessaires pour l'exécution du présent arrêté, et pour assurer toutes les mesures de police nécessaires à la sûreté et à la tranquillité publique.

Suit la formule du serment :

Je jure d'être fidèle à la République Une et Indivisible, de maintenir de tout mon pouvoir et de toutes mes forces la Liberté, l'Egalité et la Souveraineté du Peuple François, et de mourir à mon poste en les défendant.

Je jure, de plus, de ne jamais entendre ni consentir à aucune capitulation, et de m'ensevelir sous les ruines de la Ville plutôt que de l'abandonner aux ennemis de la Patrie.

A Valenciennes, le 29 Mai 1793, 2ᵉ de la République Française.

Signé : Charles Cochon, Briez.
Le Général de Division Ferrand.
Poirier, Secrétaire du District,
et Mortier, Secrétaire-Greffier de la Municipalité.

Le lendemain, s'éleva sur la Grand'Place un amphithéâtre au centre duquel était dressé l'autel de la Patrie. Pour décorer cet amphithéâtre, les organisateurs de la fête avaient emprunté à l'ancien greffe des Werps une admirable tapisserie du xve siècle représentant *un Tournois* et qui, si elle n'avait pas grand rapport avec la circonstance, possédait au moins ce mérite d'exalter le courage militaire [1]. Puis le serment fut prêté, et les commissaires de la Convention en dressèrent le procès-verbal suivant :

> L'an 1793, 2e de la République Française, le 30e jour du mois de Mai, à trois heures après-midi, en exécution de l'arrêté du jour précédent, des Représentans du Peuple, députés par la Convention Nationale aux armées de la République sur la frontière du Nord, du Général de division Ferrand et des Corps administratifs réunis du District et de la Municipalité de cette Ville ; tous les Corps de Troupes composant la garnison ont été rassemblés sous les armes sur la grande Place, ainsi que la Garde Nationale, avec les Généraux et tous les Chefs et Commandans militaires, conformément au tableau ci-annexé ; et là en présence du Peuple, également rassemblé, se sont présentés et placés sur l'amphithéâtre dressé à cet effet au milieu de la Place et décoré des emblèmes et attributs de la Liberté, les Citoyens Cochon et Briez, Représentans du Peuple ; le Général de division Ferrand, commandant en chef la Place et Citadelle ; le Général de division Blacquetot, Inspecteur des Fortifications ; les Généraux de brigade Boillaud, Beauregard et Chermont ; le Commandant temporaire Mongenot, le Commandant de la Garde Nationale Dechevrand ; le Commissaire Ordonnateur Morlet et les Commissaires des guerres Roman, Brucy et Peltier ; les Membres du Conseil-général du District ; les Membres du Conseil-général de la Commune ; les Juges et Commissaire national du Tribunal du District ; les Membres du Tribunal de Commerce ; les Juges de Paix ; les Membres du Bureau de Paix, et les Commissaires de Police.
>
> La Cérémonie a commencé au son des instrumens et de la musique civile et militaire, qui a exécuté les airs chéris *Ça ira,* et autres adoptés par la Nation.
>
> Au signal donné par le Général de division Ferrand, le plus grand silence a régné, et alors les Citoyens Cochon et Briez, Représentans du Peuple, ont renouvellé leur serment de fidélité à la République, à haute et intelligible voix, dans les termes suivans :
>
> « Nous jurons d'être fidèles à la République une et indivisible, de maintenir de tout notre pouvoir et de toutes nos forces la Liberté, l'Égalité et la Souveraineté du Peuple Français et de mourir à notre poste en les défendant.
>
> » Nous jurons, de plus, de ne jamais entendre ni consentir à aucune capitulation, et de nous ensevelir sous les ruines de la Ville, plutôt que de l'abandonner aux ennemis de la Patrie. »
>
> Le Peuple rassemblé a participé au serment de ses Représentans par le cri universel : *Nous le jurons.*

---

[1] Après bien des péripéties, dont on trouvera le récit sous le n° 355 du *Livret historique* de Julien Potier, cette tapisserie est arrivée au Musée de Valenciennes qui, lors de l'Exposition universelle de 1889, l'a prêtée au ministre de la guerre pour son pavillon de l'Esplanade des Invalides. L'origine exacte de cette œuvre d'art n'est pas connue. Une étude sérieuse des armoiries qui la décorent ferait presque certainement découvrir le nom des personnages qui y sont représentés.

Le Général de division Ferrand a prêté individuellement entre les mains des Représentans du Peuple le même serment, dont il a répété tous les termes à haute et intelligible voix.

Les Membres du Conseil-général du District ; les Membres du Conseil-général de la Commune ; les Juges et Commissaire national du Tribunal du District ; les Membres du Tribunal de Commerce ; les Juges de Paix ; les Membres du Bureau de Paix et les Commissaires de Police, ont prêté tous individuellement le même serment entre les mains des Représentans du Peuple, en répondant par ces mots : *Je le jure*, à la formule qui leur a été lue par l'un des Représentans du Peuple.

Le Général de division Blacquetot, les Généraux de brigade Boillaud, Beauregard, Chermont ; le Commandant temporaire Mongenot, le Commandant de la Garde nationale Dechevrand, et les autres Chefs et Commandans militaires ; ensemble le Commissaire ordonnateur Morlet, et les Commissaires des guerres Roman, Brucy et Peltier, ont prêté tous individuellement le même serment entre les mains du Général de division Ferrand, en répondant par ces mots : *Je le jure*, à la formule qui leur a été lue par le Général Ferrand.

Le même serment a été répété par tous les Chefs militaires subordonnés, de grade en grade, et par toutes les compagnies militaires et de la garde nationale, entre les mains de chaque chef de compagnie.

Des cris d'allégresse et de *vive la République !* réitérés à plusieurs reprises, ont succédé à la prestation de serment, au milieu de la musique et de l'hymne des Marseillois.

Toutes les troupes ont défilé en bon ordre vis-à-vis de l'amphithéâtre, et se sont retirées dans leurs quartiers respectifs.

Les Soldats-Citoyens et les Citoyens-Soldats employés dans les différens postes importans à la sûreté intérieure et extérieure de la place, ont prêté le même serment entre les mains des chefs de chaque poste.

La plus grande sérénité régnoit sur tous les visages ; la joie étoit peinte sur toutes les figures, et chacun défioit l'ennemi de vaincre ou d'abattre le courage des vrais Républicains, décidés à vivre Libres ou mourir, et à s'ensevelir sous les ruines de la Ville, plutôt que de l'abandonner aux ennemis de la Patrie.

Signé : Charles COCHON, BRIEZ.

Représentans du Peuple.

Le soir de la cérémonie, la Société des amis de la Liberté et de l'Égalité tint une séance du procès-verbal de laquelle voici un extrait :

Le Citoyen Desmarest a fait le rapport de la mission dont il avoit été chargé auprès des Commissaires de la Convention nationale, relativement au serment à prêter sur la Place.

L'ordre et l'ensemble qui régnoient dans cette cérémonie, et la célérité avec laquelle elle a été adoptée, ordonnée et exécutée ont paru à la société provoquer ses remerciemens envers les Commissaires et le Général.

Les Commissaires et le Général ont témoigné à la Société qu'elle avoit provoqué une mesure vraiment Républicaine, en demandant le serment qui avoit été prêté ; ils ont renouvellé ce serment devant tout le peuple assemblé, et le peuple et les militaires l'ont réitéré également avec le plus vif enthousiasme.

Un des Commissaires a annoncé que le procès-verbal de la cérémonie alloit être fait et qu'il seroit sous quatre ou cinq jours connu de la Convention ; le ballon qu'on prépare à cet effet est prêt et on n'attend plus qu'un vent favorable. La Société en a témoigné sa satisfaction par ses applaudissemens et résolu qu'extrait du procès-verbal sera remis aux Commissaires.

Beaucoup de citoyens connus ne s'étaient point présentés pour prêter le serment ; on parla de faire une enquête et de désarmer comme suspects ceux qui se seraient abstenus par suite d'idées contre-révolutionnaires. Mais, comme beaucoup d'autres formulées durant le siége de Valenciennes, cette proposition n'eut aucune suite. Parmi les abstentionnistes figurait le maire Pourtalès ; pour réparer sa maladresse, il s'excusa sur une maladie, vraie ou fausse, et adressa, quelques jours après, la lettre suivante aux membres du Conseil général de la commune :

> Citoyens et chers Collègues,
>
> Si le mauvais état de santé, dans lequel je me suis trouvé dernièrement, ne m'a pas permis de vous accompagner à la Cérémonie où vous fîtes la promesse solennelle de sacrifier jusqu'à vos jours, pour maintenir l'honneur du nom François et particulièrement celui des Habitans de cette Commune dans la défense de cette Place ; je crois pouvoir me flatter, que mes sentimens vous sont assez connus, pour que vous soyez persuadés, que d'accord avec vous sur tout ce qui touche un intérêt si cher, il n'y a pas de sacrifice, qui dépende de moi, auquel je ne puisse me déterminer pour vous prouver que je suis digne, à cet égard, que vous me mettiez au nombre de vos Collègues les plus dévoués au salut public et à la gloire de la Nation.
>
> Je suis avec respect votre Concitoyen et Collègue, le Maire de la ville de Valenciennes.
>
> Signé : P. POURTALÈS.
>
> Valenciennes, le 5 juin 1793, l'an 2e de la République.

Les quatre pièces ci-dessus reproduites furent, sans aucun retard imprimées chez Prignet en une brochure de 16 pages.[1] A la suite sont inscrits les noms d'un certain nombre de citoyens qui prêtèrent le serment. Nous ne retiendrons que ceux des principaux officiers de la garnison qui, outre Ferrand, étaient : Blacquetot, lieutenant-général de division ; V. Beauregard, Boillaud, Tholozé, Batin, Balland, Guillot, Okeeffe, Leféron, Léchelle, Richon, Gambin, Desvignes, Lauriston ; Monestié, sous-directeur de l'artillerie ; Dembarrère, capitaine du génie ; Carette, lieutenant-colonel du 25e régiment de cavalerie ; Grobel, lieutenant-colonel du 26e régiment de cavalerie ; Mongenot, commandant temporaire, et Dechevrand, commandant de la garde nationale.

La brochure dont nous venons de parler se termine par cette note :

> Un plus grand nombre de Signatures a paru inutile, pour attester une Cérémonie où tous les cœurs élevés vers le seul amour de la Patrie, ont présenté le plus beau spectacle de l'union la plus intime et la plus fraternelle entre tous les Citoyens-Soldats, et les Soldats-Citoyens, pour remplir un engagement aussi sacré.

---

[1] Elle a pour titre : *Procès-verbal de la Cérémonie civile et militaire qui a eu lieu à Valenciennes, le 30 Mai 1793, l'an 2e de la République Française, pour le renouvellement du serment de fidélité à la République, à l'occasion du Blocus de cette Ville et du siège et bombardement dont elle est menacée.*

Et elle y ajoute un tableau « des corps composant la garnison de Valenciennes à l'époque du 30 mai 1793, » tableau que nous complétons ou rectifions au moyen des renseignements donnés dans son *Précis* par le général Ferrand :

PREMIÈRE BRIGADE.

	Bataillons
1ᵉʳ Bataillon de la Côte-d'Or	1
Grenadiers de la Côte-d'Or	1
1ᵉʳ Bataillon de la Charente	1

DEUXIÈME BRIGADE.

87ᵉ Régiment, ci-devant Dillon	1
1ᵉʳ Bataillon de la Seine-Inférieure	1
1ᵉʳ Bataillon des grenadiers de Paris	1

TROISIÈME BRIGADE.

1ᵉʳ Bataillon des Deux-Sèvres	1
Détachement du 2ᵉ Bataillon des Deux-Sèvres	
2ᵉ Bataillon de l'Eure	1

QUATRIÈME BRIGADE.

73ᵉ Régiment (Ferrand dit : 75ᵉ, *ci-devant Royal-Comtois*)	1
1ᵉʳ Bataillon de Mayenne-et-Loire	1
Bataillon des Gravilliers	1

CINQUIÈME BRIGADE.

1ᵉʳ Bataillon du 29ᵉ Régiment, ci-devant Dauphin	1
2ᵉ Bataillon, idem	1
2ᵉ Bataillon permanent de Valenciennes	1

SIXIÈME BRIGADE.

Bataillon de Loir-et-Cher	1
1ᵉʳ Bataillon de la Nièvre (Ferrand dit : *de la Meurthe*)	1
4ᵉ Bataillon des Ardennes	1

Total. . . . . . 17 bataillons ou 7,900 hommes

Cavalerie.

Détachements des 25ᵉ et 26ᵉ régiments (Ferrand dit : *des ci-devant 24ᵉ et 25ᵉ, devenus Dragons de la République*) . . . 300 hommes

Artillerie

3ᵉ Régiment et Dépôt du 1ᵉʳ Régiment (Ferrand dit : *du 6ᵉ Régiment*).

Garde nationale de Valenciennes.

Trois Bataillons.

Quatre Compagnies de Canonniers, composées de Citoyens de la Ville, faisant le service militaire.

Ferrand, qui ne parle pas d'une Compagnie de mineurs quoi qu'elle fût certainement présente, ajoute à cette énumération :

Une Compagnie de Canonniers formée par les habitans de Douai ;
Huit Compagnies d'artillerie parisienne, commandées par MM. les Capitaines Suard, Langlade, Prélat, Laurent, Dugand, et Lagousse.

Il porte l'ensemble de ces détachements à . . . . 800 hommes

et trouve ainsi pour la garnison un total de. . . . . 9.000 hommes

Les compagnies de canonniers valenciennois dont nous venons de signaler l'existence méritent de nous arrêter quelques instants, à cause de leur antique origine, de leur importance dans l'histoire de la ville, et du rôle qu'elles jouèrent pendant le siège de 1793.

Ces canonniers semblent avoir reçu dès 1379 une organisation officielle et régulière. Mais leur charte ne date que de 1382, cent ans environ avant celle qui sanctionna l'existence des canonniers de Lille, dont nous avons parlé au chapitre IV. Plus tard protégés par Charles-Quint et Philippe II, ils subsistèrent après la conquête française et parurent pour la dernière fois en public les 30 et 31 mai 1790, lors d'une grande fête célébrée à Valenciennes en l'honneur de la Confédération des gardes nationales du Hainaut.[1]

Supprimés en 1790 avec toutes les autres corporations, les canonniers furent rétablis dès juillet 1791, sous le commandement d'un M. Lecocq, qui déjà avait servi dans l'artillerie de ligne. Ils formèrent alors une seule compagnie, revêtue de l'uniforme national.

Cependant l'ancien corps des canonniers avait, comme ceux des arbalétriers et des archers, laissé un certain passif. De là des difficultés pécuniaires, auxquelles se rapporte la pièce suivante datée du 28 mars 1792 :

Les ci-devant Compagnies d'armes bourgeoises de Valenciennes étoient les Gardes Nationales de cette Ville qui, lorsqu'elle étoit libre, se gouvernoit et se deffendoit elle-même. Ses habitans n'avoient alors besoin d'aucun privilège pour la préserver des attaques, des incursions des ennemis et des brigands ; il ne falloit pas former des Compagnies, créer une corporation particulière : les Citoyens se réunissoient et marchoient à la défense de leurs foyers, de leurs propriétés ; ils comptoient la chose publique parmi leurs propriétés ; ils étoient libres. Mais Valenciennes fut subjuguée. Alors l'intérêt particulier et l'intérêt public furent deux choses bien distinctes pour les Habitans de cette ville. Aussi ne s'occupèrent-ils que de leur intérêt particulier et ils laissèrent aux Princes, qui les avoient subjugués, le soin de la défense de la chose publique. De là vint, pour le Prince, la nécessité d'avoir des hommes particulièrement consacrés à la défense de la chose publique ; de là vint le soin qu'il prit d'accorder aux Compagnies d'armes, qu'il forma ou qu'il trouva formées, privilèges sur privilèges ; il leur assigna aussi ce qu'elles avoient à faire : arrêter les incursions de l'ennemi, l'attaquer, le repousser, défendre la ville, maintenir l'ordre et la tranquillité. Rien de plus publiques que ces fonctions, elles sont toutes à la charge publique.

Les ci-devant Compagnies bourgeoises de Valenciennes qui en furent spécialement chargées par les Princes auxquels appartenoit cette Ville, ainsi que le prouvent les différentes pièces rappellées en leur mémoire, peuvent donc, avec toute raison, se dire corporations publiques, non seulement autorisées, mais formées et entretenues par les Princes. Les patentes et confirmations qu'ils

---

[1] Nous avons déjà parlé de cette fête, ch. V, p. 285. On trouvera de plus amples détails, relativement à nos canonniers, dans l'*Essai sur l'organisation militaire de Valenciennes*, par M. H. Caffiaux.

leur accordèrent en tout tems, prouvent qu'ils les jugeoient utiles à la chose publique et les privilèges qu'ils leur avoient cédés et leur conservoient étant leur payement, il ne peut être mis en doute que ces Compagnies soldées par l'Etat n'existoient que légalement en vertu de patentes, et qu'ainsi elles ne peuvent être comparées, confondues avec nombre de Compagnies bourgeoises telles qu'il s'en trouve dans beaucoup de villes et dont l'existence ne fut jamais patentée, approuvée spécialement du Prince.

Les ci-devant Compagnies bourgeoises de Valenciennes approuvées et employées par le Prince ont pu acquérir et emprunter pour leur équipement, pour leur armement. Leurs Concitoyens, ne voyant en eux qu'une corporation politique légalement existante, leur ont prêté partie de leur fortune. Toujours ces Compagnies ont rempli les engagements qu'elles prenoient. Aujourd'hui que le bien de l'Etat a demandé la suppression et extinction de toutes corporations politiques, les Citoyens ne peuvent craindre la perte de leur fortune pour avoir eu confiance dans ce que la loi approuvoit ; l'esprit et la lettre des décrets les rassurent ; ils ne peuvent être trompés dans leur attente. La suppression des maisons religieuses emporta la nécessité de charger la Nation de leurs dettes. Plusieurs d'elles n'ont aucun actif et ce ne fut pas pour le soutien de l'Etat qu'elles firent des dettes. La Nation ne s'en chargea donc que parce qu'elle avoua que son avantage demandant la suppression des corporations politiques, elle devoit rendre indemnes tous ceux qui avoient traité avec ces corporations. Ainsi rien ne peut la dispenser de traiter les ci-devant Compagnies bourgeoises de Valenciennes qu'elle supprima, comme elle traita toutes les autres corporations politiques qu'elle éteignit.

Tel est le but du Mémoire que les ci-devant Compagnies bourgeoises de Valenciennes viennent de présenter à la Municipalité de la Ville. Les pièces qui appuyent les allégués de ces Compagnies ne laissent aucun doute, les argumens qui découlent en leur faveur des Décrets de l'Assemblée Nationale, argumens sensibles pour toutes personnes non prévenues et qui ne veulent pas se refuser à la raison, nous convainquent que la demande de ces ci-devant Compagnies bourgeoises sera accueillie de l'Assemblée Nationale.

La Municipalité de Valenciennes appuye donc de tous les moyens en son pouvoir ladite demande des ci-devant Compagnies bourgeoises et elle espère que le Département, convaincu comme elle de sa justice, ne négligera rien pour faire obtenir à cette corporation supprimée ce qu'obtiennent toutes les autres.

Les Maire et Officiers municipaux de Valenciennes.

Signé : Mortier, Secrétaire.[1]

Une seconde compagnie de canonniers fut créée pendant la retraite de Belgique sous le commandement de Baudoux, et, avec son aînée, elle fut, durant plusieurs semaines, seule chargée de la manœuvre des pièces, de l'armement de la place, des travaux de l'arsenal, aucun détachement d'artillerie de ligne ne tenant alors garnison dans la ville.

Une troisième compagnie, dont le chef se nomma Dorus, fut organisée un peu plus tard, ainsi qu'une quatrième dont l'existence n'eut pas longue durée.

Le capitaine de la 1re compagnie étant hors la ville à l'époque du

---

[1] L'original de cette pièce manuscrite existe à Lille dans la collection Quarré-Reybourbon.

blocus, se trouva séparé de sa troupe ; le capitaine en second nommé Scribe, étant en même temps conseiller municipal, opta pour ces dernières fonctions ; le commandement fut donc dévolu pendant le siège à Simon Massy, qui eut sous ses ordres deux officiers nommés Dupuis et Dinaux. Cette compagnie arma le bastion national (en avant de la Place-Verte) et le bastion Cardon ; la compagnie Baudoux eut pour poste d'honneur le bastion au Bois, la courtine de Mons et le bastion des Capucins ; enfin Dorus et ses hommes durent défendre le bastion Sainte-Catherine.

Dans les premiers jours du blocus, de fréquentes contestations surgirent entre le général Ferrand et les canonniers :

Ceux-ci tiroient le canon du rempart sur les pelotons d'ennemis qu'ils pouvoient découvrir dans la plaine ; le Général s'en plaignit, disant qu'outre la perte de la poudre, on indiquoit par là aux assiégeants le nombre, la position et la portée de nos batteries, et qu'il étoit de principe qu'on ne devoit tirer que lorsque l'assiégeant commençoit sa deuxième parallèle. Les Canonniers, qui résistoient difficilement à l'envie de chatouiller l'ennemi lorsqu'il paroissoit, cédèrent enfin à l'ordre formel du Général. On laisse à ceux qui connoissent bien cette partie, d'apprécier les raisons de part et d'autre : ce que je puis affirmer, c'est qu'un Canonnier, déserteur du régiment de Bezanson, au service des Anglois durant le siège, assura à nos gens, que si nous avions fait dès le commencement un feu tel que celui que nous fîmes par la suite, les assiégeants n'auroient jamais pu pousser leurs travaux aussi près de nous qu'ils les poussèrent.[1]

Pendant que Ferrand imposait à ses artilleurs cette attitude passive, l'ennemi, loin de vouloir se borner à un blocus ainsi que certains l'avaient soutenu à l'intérieur de la place, se préparait à faire du siège de Valenciennes l'un des plus violents du xviiie siècle.

Dès le mois de mars 1793, peu de jours après la triomphante entrée en campagne de l'armée de Cobourg, et avant même la bataille de Neerwinden, un train important de grosse artillerie était parti de Vienne. Il se composait de :

82 canons de siège, comprenant	30 pièces de 24 livres.
	40 » de 18 »
	12 » de 12 »
24 obusiers	. . de 10 »
60 mortiers, comprenant . . .	16 mortiers de 10 »
	24 » de 30 »
	20 » de 60 »
12 pierriers.	. de 60 »

Soit, au TOTAL, 178 bouches à feu.

---

[1] *Précis* du Soldat de la Charente, p. 8. Le fait est confirmé par Ferrand lui-même.

Chaque canon était approvisionné de 1.000 boulets, et les autres pièces chacune de 600 obus ou bombes, avec tous les accessoires et les servants nécessaires.

Le major-général Calowrath accompagnait le premier convoi ; le baron de Unterberger, — au *Journal* de qui nous empruntons tous ces détails, — le second. Arrivé aux frontières de Bavière, Unterberger reçut l'ordre de gagner en poste l'armée des Pays-Bas où il arriva le 19 avril. Cobourg et le colonel Mack, quartier-maître général, ayant jugé insuffisantes pour leurs futures opérations les 178 bouches à feu que leur faisait expédier l'empereur, l'envoyèrent de là à La Haye pour y demander du renfort. A grand peine, et en se chargeant du transport, il obtint les bouches à feu et les munitions suivantes :

70 canons, comprenant	40 pièces de 24 livres	40.000 boulets et 4.000 grappes de raisin.¹
	30 » de 12 »	30.000 boulets et 4.800 bombes de calibre.
24 mortiers, »	6 mortiers de 75 »	6.400 bombes de calibre.
	10 » de 50 »	6.400 » ou obus.
	8 » de 24 »	6.400 » de 16 ou de 24.
4 pierriers. . . .	. de 100 »	8.000 grenades.
16 obusiers »	8 obusiers de 24 »	3.000 quintaux de poudre, avec quantité
	8 » de 16 »	de mèches, de lances, d'étoupilles, etc.

Soit, au TOTAL, 114 bouches à feu, avec leurs affûts, leurs avant-trains, et tout l'attirail nécessaire.

Beaucoup de ces pièces étaient surannées et d'un métal de qualité si médiocre qu'elles n'offraient aucune sécurité pour les charges à longue portée. Néanmoins, c'était là un appoint considérable que vinrent encore augmenter 7 pièces de 24 fournies par la ville de Cologne, mais privées d'affûts ; plus quelques autres bouches à feu provenant de Maëstricht et qui d'abord avaient été destinées à attaquer Condé. Toute cette artillerie fut réunie à Ath, où eurent lieu les réparations indispensables et où se préparèrent les bois de plate-forme, les sacs à gargousses, et les autres accessoires dont le siège de Valenciennes allait réclamer l'emploi.

Les troupes chargées de cette grande opération s'étaient divisées en deux corps. Le premier constitua l'armée d'observation, aux ordres du prince de Cobourg ; le second, où se trouvaient compris les contingents anglais et hanovriens, l'armée de siège, aux ordres du duc d'York et du général impérial grand-maître de l'artillerie, le comte de Ferraris, dont nous avons déjà cité le nom. L'armée d'observation ayant pris position sur la rive gauche de l'Escaut, à cheval sur la route de Paris, côté par lequel

---

[1] En matière d'artillerie, on nomme *grappes de raisin* des sachets de balles ou de biscaïens qu'on tire comme mitraille.

pouvait revenir l'armée du Nord, le prince de Cobourg établit son quartier-général à Hérin. Quant à l'armée de siège, elle contourna, sur l'autre rive, une portion de la ville. Le duc d'York établit en conséquence son quartier-général à Etreux et le comte de Ferraris à Onnaing.

Le colonel-ingénieur de Froon, le major Devau et le baron de Unterberger furent chargés le 30 mai, — juste au moment où les assiégés prêtaient leur serment — de reconnaitre Valenciennes pour en déterminer le point vulnérable. De la décision qui fut prise, le troisième nous donne les motifs suivants dans son *Journal* :

> Cette place paroit du premier abord être plus aisée à attaquer du côté de la citadelle tant parce qu'elle ne présente de ce côté qu'un front étroit et peu soutenu par les ouvrages collatéraux, que parce que le terrain aux environs est très propre à l'ouverture des tranchées et à la construction des batteries. Nous eûmes néanmoins des avis certains que les glacis et ouvrages de la citadelle étoient très bien minés, et d'après les nouvelles méthodes ; par là, nous nous exposions aux lenteurs d'une guerre souterraine. De plus, nous savions que les grands fossés de cette citadelle pouvoient être remplis d'eau, soutenus par des écluses bien couvertes, ce qui en rendoit le passage de la dernière difficulté. Aussi nous choisimes le côté de la place opposé qui prend depuis le faubourg de Marly jusqu'au bastion de poterne près de la porte de Mons, quoique ce front nous présentât quatre bastions, quatre cavaliers, trois demi-lunes, deux contregardes, un grand et un petit ouvrages à cornes avec leurs demi-lunes, et quelques lunettes ; mais là, nous n'avions affaire qu'à un petit nombre de mines disposées à l'ancienne manière ; les fossés étoient secs et le terrain également favorable aux travaux du siège ; on découvroit et pouvoit battre de loin le revêtement de plusieurs de ces ouvrages d'un relief défectueux. Enfin on étoit à portée du grand parc de siège placé sur la chaussée de Mons ; il y avoit tout près de là une grosse ferme pour le laboratoire, et, un quart de lieu plus à droite, un château pour le grand dépôt des poudres, tandis qu'en attaquant par la citadelle, on eût eu bien de la peine à transporter de ce côté là le parc d'artillerie, puisque l'ennemi avoit tendu ses inondations ; de plus, à cause de la mauvaise qualité et de la longueur du chemin, on s'exposoit à perdre une grande partie de l'artillerie s'il nous falloit lever le siège par un temps de pluie. Après avoir bien pesé ces raisons pour et contre, on se décida à attaquer par le côté désigné, quoique nous dussions essuyer et combattre le feu d'une nombreuse artillerie disposée sur un front d'un si grand développement.

Les soldats destinés à la construction des saucissons et des gabions arrivèrent d'Ath le 31 mai. Ils furent installés dans les bois près d'Escautpont, et reçurent l'aide de 5 à 600 ouvriers requis dans le pays.

Dans les premiers jours de juin, Unterberger arrêta avec de Froon un projet d'attaque. Tandis que de Froon traçait sur le plan une première parallèle munie de trois communications en arrière, Unterberger déterminait d'abord le nombre et la nature des batteries à y placer, puis la quantité de matériaux, d'outils et d'ouvriers indispensables pour leur construction, ainsi que celle des munitions dont on aurait besoin durant les six premiers jours. Il envoya le résultat de ce travail à Ath afin d'en faire partir sur-le-champ tout le nécessaire.

Ses ordres s'exécutèrent promptement. Les Autrichiens construisirent en planches deux magasins à poudre à une bonne distance l'un de l'autre, et placèrent le reste de leur poudre dans le château dont on nous a tout à l'heure signalé l'existence. Puis ils préparèrent les munitions de premier besoin. Leur parc d'artillerie n'ayant pas tardé à être formé, la garde en fut confiée à un bataillon de troupes de Munster.

Unterberger, ainsi qu'il nous l'apprend par son *Journal*, réfléchit alors à la façon la plus efficace de faire jouer l'artillerie :

> Comme nous étions instruits qu'il y avoit dans Valenciennes une garnison et une bourgeoisie nombreuse et qu'il ne se trouvoit pas de casemates à l'abri de la bombe, je proposois au commandant du siège de ne faire diriger que de jour tout le feu des batteries contre les ouvrages, et de tirer pendant la nuit de toutes celles à mortier dans la ville, ainsi que de deux batteries de six pièces chacune à boulets rouges. De cette manière, le feu ne manqueroit pas de prendre en plusieurs endroits ; une partie des vivres et magasins de la garnison seroit détruit, et en général, les habitans seroient si fatigués de ce feu continuel, qu'ils demanderoient bientôt à se rendre. On agréa la proposition et je pris mes mesures en conséquence.

Et il ajoute :

> Sur ces entrefaites, le major des pionniers de Zack fut chargé de faire jeter une digue de quelques cent toises de longueur au delà de l'Escaut, à travers l'inondation au dessus de la place qui commençoit à se tendre. Des milliers d'hommes y travailloient jours et nuits. Cette digue étoit percée et joignoit par des ponts à différents endroits, afin de laisser un libre cours aux eaux qui s'éléveroient en aval. Elle étoit destinée à racourcir la communication entre l'armée d'observation et celle de siège ; mais, ayant été prise un peu trop étroite sur toute sa longueur, elle n'auroit pu rendre le service qu'on s'en promettoit, surtout dans les temps de pluie. Heureusement, les circonstances ne la rendirent pas nécessaire.

Les généraux en chef avaient témoigné le désir de voir, pour le 10 juin au plus tard, ouvrir la tranchée devant la place, afin de construire ensuite les batteries destinées à commencer le feu. Néanmoins, l'opération dut être remise au 12 par suite de la pénurie de voitures et de bras de réquisition. Mais le 12, il plut aux Anglais de changer de camp ; et les Autrichiens profitèrent de cette nouvelle cause de retard pour installer de l'autre côté de l'Escaut, à Anzin, une batterie de mortiers destinée à battre la citadelle.

Cependant les défenseurs de Valenciennes ne restaient pas inactifs ; et, tandis qu'une certaine partie de la population continuait à croire à un simple blocus, ils se préparaient à supporter un siège. Parmi eux, Tholozé se distinguait par son intelligence et son activité. Avec Cochon, il opérait la reconnaissance des souterrains, des poternes, et généralement de tous les couverts et de tous les magasins propres à garder en sûreté des hommes et des provisions pendant le bombardement futur ; avec le capitaine des

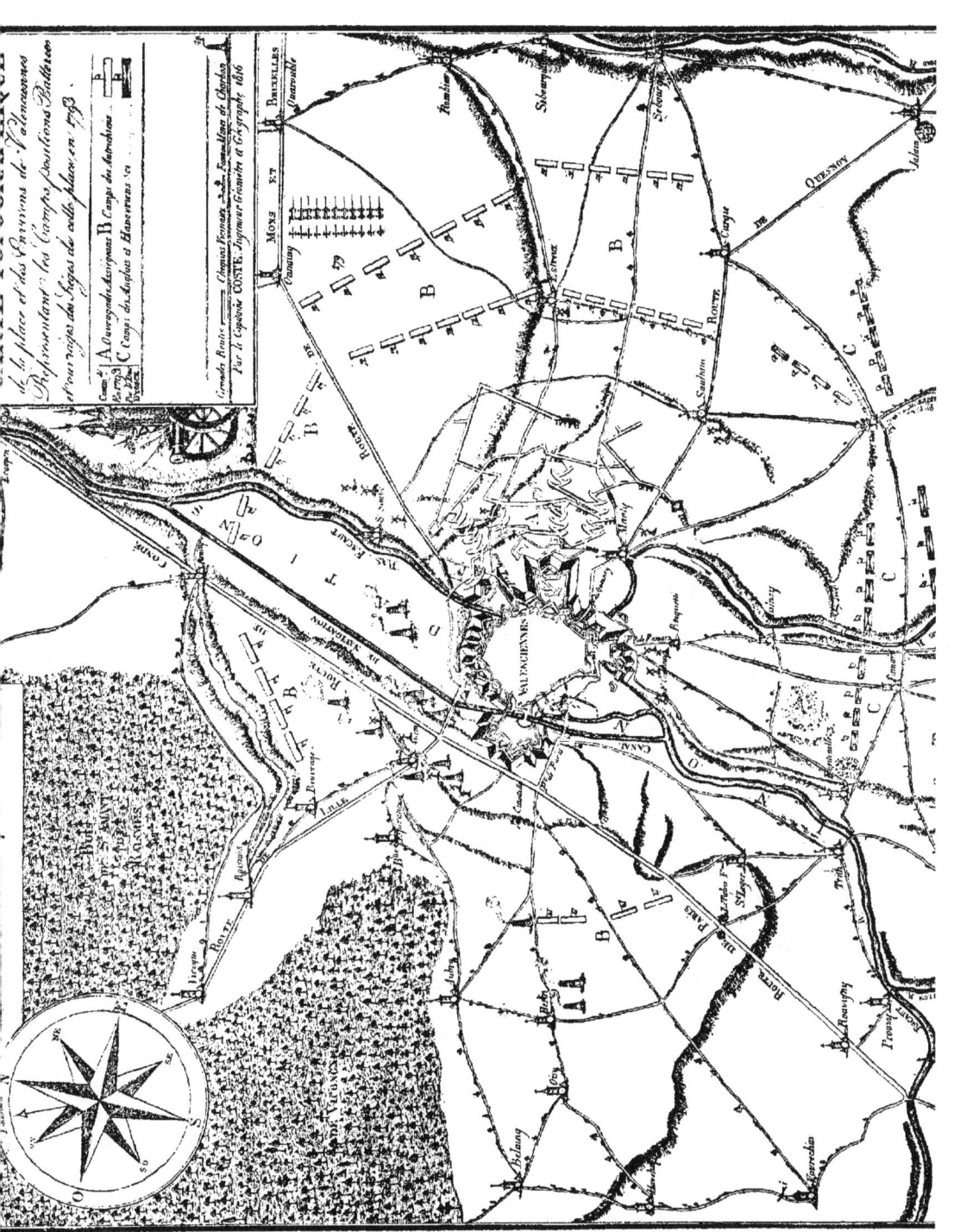

mineurs, il visitait les galeries déjà creusées pour en connaître le système et le relier au système général de la place. Son mérite fut bientôt tellement apprécié que, vers la fin du blocus, Cochon lui annonça qu'avec Briez et Ferrand, il se proposait de lui confier un emploi d'officier général, et même de lui donner le commandement en chef si, pour un motif quelconque, Ferrand se trouvait empêché de remplir ses fonctions. Son brevet lui fut expédié, en même temps que le capitaine Dembarrère était adjoint au général Beauregard et chargé des ouvrages de fortifications relatives à la défense.

Vers la partie haute de la ville, à mi-route à peu près entre la porte Montoise et la porte Cardon, s'élevait bien au-dessus des remparts la tour de l'église Saint-Nicolas.[1] Les Français l'avaient transformée en observatoire, et, d'après ce que nous dit Texier de la Pommeraye,[2] y avaient juché un guetteur :

> Jean-Baptiste Louain, placé dans une petite guérite en bois bâtie au haut du clocher, plat comme le toit d'une maison, jetoit avec exactitude d'heure en heure des bulletins qui informoient le Général Ferrand de tous les mouvemens des Autrichiens. Mais le Général ne s'en tenoit pas là seulement ; il montoit très souvent dans ce clocher avec les Généraux Tholosé et Dembarrère, pour y voir par ses propres yeux et faire armer en conséquence les batteries les plus propres à opposer de la résistance.

C'est de là que, dès le 9 juin, les défenseurs de la place aperçurent les tranchées d'approche de l'ennemi et surent que l'attaque aurait lieu, non point du côté de la citadelle, — par où un préjugé populaire, renouvelé du siége de 1677, faisait croire que la forteresse devait être assaillie et prise, — mais vers les fronts de Mons et de Saint-Saulve. Ordre fut donc donné, sans délai, de porter la majeure partie de l'artillerie vers les parties menacées.

De leur côté, depuis quelques jours, les ingénieurs autrichiens avaient fait travailler plusieurs centaines d'hommes à creuser les trois communications qui devaient déboucher dans la première parallèle, mais seulement dans les endroits où les plis du terrain empêchaient les vues directes de la place. Enfin, durant la nuit du 13 au 14 juin, cette parallèle fut ouverte par le baron de Froon : elle passait à deux cent quatre-vingts toises du saillant de la demi-lune du grand ouvrage à corne, et à deux cents de celui de la flèche en avant du petit ; elle avait cent toises de développement. Les canons

---

[1] Nous en avons déjà dit un mot, ch. I, p. 26. et on en trouvera un dessin dans l'*Histoire ecclésiastique de la ville et comté de Valenciennes*, par Simon Leboucq.

[2] Dans sa *Relation du siège et du bombardement de Valenciennes*.

de la ville tonnèrent immédiatement, mais avec modération, parce que le transport des pièces d'artillerie n'était pas encore achevé.

Vers midi, arriva un trompette envoyé par le duc d'York. Il était porteur de deux lettres, l'une pour Ferrand, l'autre pour la municipalité. Après qu'il eut été introduit dans la place avec les précautions d'usage, il les remit au général, qui se rendit à la maison commune pour les y ouvrir.

Celle adressée à Ferrand était ainsi conçue :

Monsieur,

Avant de commencer un siège meurtrier et destructif, je viens vous sommer de rendre à S. M. l'Empereur, la Place où vous commandez, et vous offrir une capitulation qui sauveroit l'honneur, la vie et les propriétés de la garnison et des habitans. L'alternative en sera terrible. Je vous invite très-sérieusement, Monsieur, à balancer deux partis dont l'un seroit la conservation et la protection, l'autre la ruine irrémédiable de toutes les possessions dans cette Ville. Puissiez-vous répondre à ma proposition, par le même esprit d'humanité qui me l'a dictée !

De la tranchée devant Valenciennes, ce 14 Juin 1793.

FRÉDÉRIC D. D'YORCK.

Le général français s'empressa de répondre en envoyant au prince anglais une copie du serment prêté quelques jours auparavant par les Valenciennois et leurs défenseurs :

Monsieur,

J'ai reçu la Lettre que vous m'avez fait l'honneur de m'écrire, datée du 14 Juin 1793, où vous me faites une sommation de rendre la Place, que j'ai l'honneur de commander au Nom de la République Françoise. Il m'est aisé, Monsieur, de vous faire une réponse ; vous voudrez bien en juger par la copie du Serment que j'ai renouvellé avec ma garnison et les habitans.

J'ai l'honneur d'être, etc.

Le Général de Division,
FERRAND.

Quant à la lettre adressée à la municipalité, la voici :

Messieurs,

Le Siège que je dois faire nécessairement de la ville que vous habités entrainera inévitablement la ruine de vos maisons et de vos fortunes, la perte de vos propriétés et plus ou moins celle de votre existence. Je sens vivement combien ce devoir est terrible : c'est pourquoi, persuadé que l'honneur des armes s'accorde très-bien avec les sentimens de l'humanité, j'ai envoyé au Commandant de la Place, la sommation ci-jointe ; J'y ai plaidé votre cause avec franchise et loyauté. Si vous êtes attaché à vos propriétés, à votre existence, écartez, prévenez par vos conseils et par votre influence, la ruine d'une ville aussi florissante que la vôtre. Après ce que vous venez de lire, vous ne pourrés plus m'accuser de cruauté, mais je vous réitère que la résolution que vous prendrés va décider de votre sort : il sera heureux ou terrible.

De la tranchée devant Valenciennes, le 14 Juin 1793.

FRÉDÉRIC D. D'YORCK.

Le Conseil général de la commune s'assembla aussitôt pour en délibérer, et les deux commissaires de la Convention assistèrent à la séance. Quelques membres proposèrent de mettre aux voix s'il était nécessaire de répondre, et si la lettre de Ferrand ne suffisait pas. Mais Cochon et Briez s'opposèrent à cette façon de procéder, et firent adopter cette vigoureuse réplique :

> Nos propriétés et notre existence ne sont rien auprès de notre devoir. Nous serons fidèles au serment que nous avons fait conjointement avec notre brave Général ; et nous ne pouvons qu'adhérer à la réponse qu'il vous a faite.
>
> *Fait à la maison Commune, le conseil du District réuni à celui de la commune, le 14 Juin 1793, l'an 2ᵉ de la République Française.*
>
> A. P. POURTALÈS, Maire ; MORTIER, Secrétaire.

Le trompette retourna avec ces lettres vers le camp ennemi. Ainsi que le remarque Unterberger, celle de Ferrand fut trouvée « conçue en termes honnêtes, avec quelques fiertés républicaines. » Pendant que les assiégés les faisaient imprimer et répandre à profusion,[1] les Autrichiens donnaient l'ordre d'attaque :

> Il y avoit à peine un quart-d'heure que le duc d'Yorck avoit reçu la réponse à sa sommation, que le feu commença. La première bombe, partie d'Anzin, éclata dans la rue de Tournay, au milieu de cent-cinquante personnes, sans blesser qui que ce fût. Un aide-de-camp qui se trouvoit là à cheval, resta ferme sans faire le moindre mouvement, et à l'instant, comme le remarque le Père Duchêne dans sa *Réponse à la sommation du Duc d'Yorck*, les cris de *Vive la Nation* éclatèrent aussi promptement et plus fort encore que la bombe. Deux batteries seulement donnèrent ce soir-là, l'une à Famars, de deux ou trois pièces, qui battoient sur les quartiers de Cambrai, de Notre-Dame et du Béguinage ; l'autre établie à Anzin, étoient de six mortiers qui jouoient tous à la fois de quart-d'heure en quart-d'heure. La majeure partie des bombes de celle-ci tomba dans les fossés et sur les ouvrages avancés ; le reste porta sur la rue de Tournai, On y répondoit de la citadelle et de la porte de Tournay par des bombes, des boulets et des obus. A deux heures du matin, on parvint à incendier une ou deux maisons à Anzin. Dès ce moment la batterie se tut pour ne plus tirer que la nuit suivante, à cinq pièces seulement, tandis que celle de Famars continua toute la journée du samedi.[2]

Pour empêcher le rebondissement des projectiles les assiégés avaient commencé à dépaver certaines rues Mais ils renoncèrent bientôt à ce mode de procéder, plein d'inconvénients parce qu'il empêchait la circulation des pompes.

---

[1] Voir, aux Archives municipales de Valenciennes, le registre des procès-verbaux du Conseil général de la commune, D, 1, 7, p. 190. On conserve aussi dans le même établissement les originaux des deux lettres du duc d'Yorck. Elles sont écrites sur grand papier satiné, sans en-tête. La signature seule est autographe.

[2] *Précis* du Soldat de la Charente.

Le 15, la première parallèle étant terminée, les Autrichiens y placèrent quinze batteries composées de quarante canons de siége, de dix de bataille et de vingt mortiers, soit en tout de soixante-dix bouches à feu. Les Français répondirent à ces dispositions par des décharges très violentes et d'autant plus meurtrières pour l'ennemi qu'il ne pouvait encore s'en défendre. Le même jour, ils hissèrent le drapeau tricolore au beffroi, et firent partir trois ballons.

Les deux premiers n'avaient d'autre but que de vérifier la direction du vent. Outre plusieurs lettres, dont une des Commissaires au président de la Convention, à laquelle étaient annexées leurs diverses proclamations, le troisième renfermait un pigeon qui devait rapporter des nouvelles de l'extérieur. Ordre était donné aux autorités françaises entre les mains de qui tomberait le tout, de le transmettre à Paris par un courrier extraordinaire :

Le ballon s'éleva très bien, le vent le plus favorable le dirigeoit vers la France. La garnison l'aperçut en l'air : les cris de *Vive la Nation* le suivirent longtemps tandis que les ennemis, sortis de leurs tentes près de Famars, le contemploient en nous criant que *c'étoit les députés qui se sauvoient de Valenciennes*. Nous le suivîmes plus de vingt-cinq minutes, à la lunette et nous ne le perdîmes qu'après qu'il eut fait au moins deux lieues.[1]

Par malheur, ce ballon n'arriva pas à destination ; il tomba entre les mains de Cobourg, et l'oiseau, dont les Valenciennois attendaient anxieusement le retour et sous l'aile duquel ils comptaient trouver l'annonce de leur délivrance, reçut probablement pour tombeau l'estomac de quelque pandour de l'armée impériale.

L'idée de se servir des pigeons était venue évidemment trop tard aux Valenciennois ; sans cela, avant d'être investis, ils auraient envoyé leurs colombes à l'extérieur et en auraient fait venir du dehors. L'échange des correspondances se fut ainsi trouvé assuré. Au chapitre X, nous verrons le général Gobert, plus prudent, prendre en temps utile toutes les mesures nécessaires pour établir ce genre de communication entre Le Quesnoy et Cambrai.

Le 16 juin, l'ennemi perfectionna ses batteries qui, sans cesse canonnées par l'artillerie des remparts, ne furent achevées que le lendemain soir, tandis que de graves événements se passaient à l'intérieur de la ville. En effet, ainsi que nous l'apprend Desmarest[2] :

Dès le 16, il y avoit eu un rassemblement considérable de femmes, que la cavalerie avoit dissipé. Il se forma de nouveau le soir, sous les auspices de la

---

1 *Précis du Soldat de la Charente*, p. 66
2 *Précis*, p. 13.

municipalité, et je vis avec inquiétude, mêlés parmi ces femmes, des hommes mornes et sombres, de ces âmes fortes et sensibles, telles qu'on en trouve dans la masse du peuple, bons, mais terribles quand ils sont exaspérés : « Va », disoit l'un d'eux à sa femme, les lèvres tremblantes et pâles, « s'il t'arrive quelque chose, tu ne périras pas seule. » Il fut ordonné aux hommes de rester à la porte, et les femmes, en entrant, se précipitèrent avec leurs enfants aux pieds des Municipaux, les priant avec larmes de prendre pitié de leur sort. Les Municipaux, qui avoient arrangé la scène, prirent alors un rôle et adressèrent cette multitude de femmes éplorées au Général et aux Commissaires qui étoient présents. Cochon répondit avec la douceur et la fermeté convenables : une des femmes lui dit, avec le cri d'une douleur furieuse, comme si elle se fut adressée à une divinité terrible : « Monsieur, quand cesserez-vous donc votre colère sur nous ? » Paroles énergiques, sublimes même, qui seront pour ceux qui ont une âme, le trait caractéristique de ce tableau. On jugera par là que Cochon portoit tout l'odieux des malheurs de Valenciennes. La longue vénération qu'on avoit pour Ferrand, son caractère doux et paternel, écartoient la haine de dessus ses cheveux blancs, tandis que Briez, quoiqu'uni de sentiment et d'intentions avec son collègue, étoit ménagé, tant parce que son caractère le portoit moins en avant, que parce que ses habitudes à Valenciennes, faisoient espérer qu'il prêteroit plutôt l'oreille à quelque tempéramment. Ainsi Cochon restoit seul en but aux mortifications amères de la municipalité, et à toute la malveillance populaire. Aussi, dès les premiers jours, il fut exposé à des violences, et dans un attroupement un homme lui porta sur la poitrine la pointe de son sabre. « Faut-il, » disoit-on, « pour un étranger, laisser perdre une ville toute entière, pour un homme qui n'a ici ni femme, ni enfants, ni propriétés, sacrifier les femmes, les enfants, les propriétés de tant de citoyens ? »

La municipalité était-elle réellement l'instigatrice des troubles qui éclataient, et que suffit à expliquer le premier effroi d'une population surprise par les bombes ennemies ? Qu'on nous permette d'en douter. Certes, tous les officiers municipaux n'étaient ni également républicains, ni également patriotes; nés à Valenciennes, ou y résidant depuis longtemps, propriétaires, pères de famille, ils devaient plus que la garnison et les députés se montrer sensibles aux souffrances des habitants, à la ruine de leurs immeubles. Mais de là à de coupables manœuvres destinées à livrer prématurément la ville, il y a loin. Ce n'est que vers la fin du siége, lorsque tout espoir de secours extérieurs fut définitivement perdu, lorsque la forteresse se trouva menacée d'un assaut, qu'ils insistèrent avec énergie pour obtenir sa reddition. Qu'avant cette date, quelques-uns aient nourri semblable dessein, nous l'admettons tellement que nous en donnerons nous-même la preuve; que leur majorité ait partagé cet avis, nous en doutons et faisons nos réserves contre l'opinion que vient, à ce sujet, d'exprimer le *Soldat de la Charente*.

Appartenant pour la plupart à de riches familles, les émeutières du 17 avaient été conduites à l'Hôtel de Ville par un officier de la garde nationale. Le juge de paix les interrogea successivement en présence des commissaires de la Convention ; les plus coupables furent incarcérées, et cette tentative de trouble échoua complètement.

Afin d'en empêcher le retour, les commissaires songèrent à l'organisation d'un Tribunal révolutionnaire. Mais on leur opposa une loi prononçant la peine de mort contre tout citoyen qui accepterait une place dans un tribunal non autorisé par un texte précis. Puisque, dans leurs proclamations, les députés parlaient souvent des pouvoirs illimités qu'ils tenaient de la Convention, c'était le cas d'en user quand même cette loi eût été applicable dans l'espèce ; et d'autant plus que trois ou quatre citoyens très recommandables acceptaient de remplir les fonctions de président et d'assesseurs.[1] Au pis aller, on eut pris des militaires. Par malheur, si Ferrand se refusait à jouer le rôle de grand-prévôt, les commissaires n'étaient guère d'humeur à le suppléer sur ce point. Ils se bornèrent donc à ordonner des incarcérations que rendit bientôt illusoire la destruction partielle des prisons. On y suppléa alors par l'exil, en chassant les délinquants au delà des palissades : mesure désastreuse, qui révéla plus d'un secret à l'ennemi.

Animés d'un ardent patriotisme, les artilleurs avaient été indignés qu'on eût parlé de se rendre, et ils avaient menacé de bombarder eux-mêmes la ville s'ils voyaient se reproduire des scènes semblables à celles du 16 et du 17. Les malveillants se tinrent donc tranquilles pour le moment. Ils se bornèrent à maudire Cochon, que les patriotes, au contraire, défendirent avec énergie. Malgré sa vigueur morale, le conventionnel était parfois ému de la haine qu'il sentait autour de lui. Le soir de l'émeute, étant allé sur le rempart, il déclara avoir espéré qu'une bombe ou un boulet l'emporterait. Le lendemain, il vint à la citadelle. Là, on lui proposa de casser la municipalité, de créer un comité militaire composé de soldats et de quelques bourgeois bien connus pour leur civisme ; enfin, de le loger dans cette portion de la forteresse, d'où il ne sortirait que bien accompagné. Certains parlaient même de faire arrêter Briez, que l'on supposait capable de se laisser circonvenir par les malveillants ; mais Cochon défendit vivement son collègue. Il avait raison, car sous des formes un peu plus douces que les siennes, Briez ne démentit jamais par sa conduite les virils conseils qu'en septembre 1792, nous lui avons vu donner aux habitants de Wandignies [2].

Le lundi 17, tandis que la garnison se trouvait encore sous le coup de l'émotion causée par la petite émeute qui venait d'éclater, une sortie fut

---

[1] Sur la possibilité de trouver à Valenciennes les éléments d'un Tribunal révolutionnaire, les commissaires (p. 8), et Desmarest (p. 59) sont en désaccord. Nous suivons la seconde version.
[2] Voir ch. IV, p. 200.

tentée. Elle avait pour but de sonder les tranchées ennemies qui déjà se prolongeaient à une portée de pistolet vers l'ouvrage à corne :

> Cent hommes du vingt-neuvième, et autant de la Nièvre, furent commandés, et s'avancèrent vers les sept heures du soir. Mais une mousqueterie terrible sur tout le front du boyau et des pièces à mitraille, placées sur les flancs, eurent bientôt averti nos gens que l'approche étoit impossible : en conséquence, on rentra précipitamment dans le chemin couvert [1].

Cette apparition hors des palissades fit grand bruit en France, et se transforma, sous la plume de certains journalistes, en un héroïque exploit. Pour se moquer des assiégés, le duc d'York ordonna d'insérer dans un obus non chargé un numéro du *Courrier français* relatant ces fables ; mais l'obus ne fut pas fouillé, et les Valenciennois n'apprirent que plus tard cette plaisanterie du général anglais.

> Le 18, c'est-à-dire le lendemain de la sortie dont on a parlé plus haut, nous fûmes assaillis d'un feu terrible, qui dura sans interruption depuis deux heures et demie du matin jusqu'à dix. Les bombes et les boulets froids et chauds pleuvoient sur la ville, et leur sifflement continuel déchiroit l'air : on nous battoit de trois points principaux, Famars, Marly et Saint-Sauve, outre quelques pièces ambulantes, qui rouloient dans le chemin creux, entre ces deux derniers endroits. Le rempart répondit avec non moins de vigueur ; on démonta plusieurs pièces aux assiégeants, et le Général Ferrand parut fort content de la matinée. Il assura ce jour-là, que notre feu nous coûtoit 57 milliers de poudre. Les boulets criblèrent beaucoup de maisons et les bombes firent quelque ravage. Les habitans respiroient depuis dix heures, on voyoit déjà régner dans les maisons cette joie qui succède à un grand danger auquel on vient d'échapper, lorsque tout-à-coup le feu de la tranchée recommença avec une nouvelle violence. En un instant, les rues qui s'étoient repeuplées, furent désertes ; chacun rentra dans ses maisons ; on s'ensevelit dans les caves, redoutant à chaque minute le coup dont sa personne et sa propriété étoit menacées. Une partie des militaires gagnèrent la citadelle qui se trouvoit hors de la portée des bombes, et qui voyoit se noyer à sa droite et à sa gauche des milliers de boulets. Depuis, et ce fut probablement sur un avis donné à l'ennemi, il resserra l'angle que formoient ces deux batteries, et la citadelle reçut un assez bon nombre de boulets, dont beaucoup même enfiloient presque l'entrée [2].

Après cette terrible canonnade, le sol des bastions et des courtines se trouva partout semé de boulets et criblé de trous de bombes, principalement depuis la porte Cardon jusqu'au bastion Poterne ; le rempart aurait ressemblé à un long cimetière, où l'on aurait creusé des milliers de fosses, si çà et là des mortiers et des canons ébréchés, renversés, brisés même, n'avaient rappelé la réalité :

---

1 *Précis* du Soldat de la Charente, p. 17.
2 *Précis* du Soldat de la Charente, p. 23.

Il parut bientôt que le véritable point de l'attaque étoit sur le bastion Poterne : il étoit battu avec tant de force, qu'il demeura quelque tems abandonné, et le désordre y étoit tel, que nous l'appellions entre nous *la porte du Duc d'Yorck*. Les ouvrages avancés devant ce bastion, ainsi que devant la courtine de Mons, et le bastion national, n'étoient pas moins vivement foudroyés : et une pluie presque continuelle de bombes, de boulets, d'obus, de grenades et de pierres rendoient cette partie très meurtrière pour la garnison [1].

De la séance tenue le 18 par le Conseil général de la commune fut dressé le procès-verbal suivant :

Les circonstances du bombardement d'aujourd'hui nécessitent des mesures promptes pour parer aux incendies nombreux qui arrivent à chaque instant. Délibéré de nommer les Citoyens Bouchelet l'aîné, charpentier, Blot et Drapier, l'un et l'autre maîtres-maçons, à l'effet de s'étendre dans les divers quartiers de cette ville pour s'assurer de l'état des bâtimens abimés par la bombe, déclarer aux Citoyens quand ils auront à craindre en continuant de demeurer dans leurs maisons et nous donner à connoître lorsque les façades des bâtimens devront être étagées.
Sur la réquisition du Citoyen Briez, Représentant du peuple, de donner ordre au Citoyen Dechevrand de mettre en état d'arrestation le Citoyen Dusaillant, Capitaine de la Garde Nationale, qui avoit conduit en la séance du Conseil, des femmes chargées d'une Requette tendante à contrarier les résolutions prises par les Autorités constituées ; — délibéré de donner l'ordre demandé et de donner audit Citoyen Briez acte de la demande en conformité de la Réquisition. Ayant sur les délibérations qui précèdent ouï le Procureur de la Commune.
      Les Membres composant le Conseil Général
        de la Commune de Valenciennes.

Les mesures prises pour combattre les incendies furent, dans le procès-verbal de la séance du lendemain, complétées en ces termes :

Les Commissaires-Directeurs des pompes à incendie ont représentés que le nombre des Pompiers étoit de beaucoup insuffisant pendant ce terrible bombardement et les Commissaires de la Convention Nationale ayant été consultés, il a été délibéré qu'il seroit demandé deux cents hommes de la garnison pour satisfaire à ce service important et que, vû le surcroit de fatigue que ce service leur occasionnera, il leur sera payé à chacun dix sols par journée, aux huit Sergens chacun vingt sols, et aux seize Caporaux chacun quinze sols, et qu'à cet effet le Receveur de la Commune mettra à la disposition du Commissaire aux finances une somme de cent seize livres par jour aussi longtemps que ce service sera jugé nécessaire.
Ayant, sur les délibérations qui précèdent, ouï le Procureur de la Commune, les Membres composant le Conseil Général de la Commune de Valenciennes ont signé [2].

Si le feu de l'ennemi resta terrible durant cette journée du 19, celui de la place ne le fut pas moins : plusieurs bombes françaises tombèrent

---

[1] Même ouvrage, p. 28.
[2] Ces deux pièces sont extraites des Archives de Valenciennes, D, 1, 7, pp. 194 et 195.

dans la tranchée autrichienne, où bon nombre d'assiégeants furent tués ou blessés.

Vers le soir, le bruit, venu on ne sait d'où, se répandit subitement dans toute la ville que la porte de Tournay était débouchée, qu'une avant-garde française occupait le village de Raismes et qu'une puissante colonne suivait, bousculant l'ennemi à droite et à gauche. A cette heureuse nouvelle, la joie des habitants fut inexprimable ; mais elle ne dura guère, et bientôt fit place à un abattement plus profond.

Une pluie abondante étant venue à tomber, le feu diminua, puis cessa des deux côtés ; mais dans la nuit, le bombardement ayant repris, la ville reçut 800 bombes et 580 boulets rouges.

Cette nuit encore, l'ennemi, débouchant de sa première parallèle par quatre endroits, et cheminant en zigzag, avança considérablement sa seconde parallèle qu'il avait commencée la veille.

Pendant ce temps, à l'intérieur de la ville, les accidents se multipliaient d'une manière effroyable : le Mont-de-Piété était en partie détruit et l'arsenal entièrement brûlé.

Quelques jours auparavant, ce lieu de dépôt des réserves de la défense avait encore pour directeur un lieutenant-colonel d'artillerie nommé Monestier. Dans sa séance du 11 juin, le Conseil de guerre avait ordonné au District de fournir à cet officier 250 milliers de plomb pour couler des balles ; mais en même temps, Ferrand et les députés, qui le soupçonnaient de trahison, l'avaient fortement malmené. A la suite de cette scène, Monestier s'était brûlé la cervelle dans son lit, et Ferrand s'était empressé de le remplacer provisoirement par le capitaine d'artillerie Lauriston, commandant du 3e régiment d'artillerie, qui lui-même céda sa place à un de ses officiers nommé Manceau ; il s'était empressé aussi de faire unanimement approuver ces nominations par le Conseil de guerre tenu le 16 juin. Dans sa séance du 18, le même Conseil avait, en outre, ordonné au payeur-général de l'armée de verser à Lauriston dix mille livres en petits assignats pour subvenir aux plus pressants besoins du service de l'artillerie. [1]

C'est dans ces circonstances que le feu se déclara à l'arsenal. On ne put arrêter l'incendie, d'abord parce que l'ennemi, qui éclatait de joie dans

---

[1] Nous empruntons ces détails, et nous en emprunterons beaucoup d'autres, aux *Procès-verbaux du Conseil de guerre de Valenciennes*, conservés aux Archives de cette ville, H. 6, 8. Afin de ne pas multiplier inutilement les notes, nous signalons cette origine une fois pour toutes, la seule indication de la date des séances devant permettre de retrouver facilement les procès-verbaux correspondants dans la liasse où ils sont renfermés.

Dans le même but, nous n'indiquerons plus d'ordinaire que par le nom de leur auteur les renvois aux divers ouvrages dont nous avons donné la liste au début de ce chapitre.

ses tranchées et criait : *Vivat, Victoria, Victoria !* ne cessa de jeter des bombes sur le brasier pour en écarter tout secours ; puis parce que quatorze mille fusils de rechange, emmagasinés en cet endroit, se trouvèrent chargés et, par une disposition stupide ou coupable attribuée à Monestier et que Lauriston n'avait pas eu le temps de modifier, placés horizontalement sur des chevalets de manière à diriger leurs balles sur les maisons voisines et à tuer ceux qui voudraient s'en approcher. On ne sauva qu'un petit nombre de pots à feu, qu'un canonnier intrépide alla chercher au péril de sa vie et rapporta à travers les flammes. Après quatre heures d'inutiles efforts, on dut laisser le feu s'éteindre de lui-même.

Lauriston promit de réparer dans la mesure du possible les conséquences de ce désastre, et il tint sa parole grâce à l'aide puissante que lui donna le capitaine Georgin, du 3e régiment d'artillerie, chargé de diriger l'atelier de réparations d'armes. [1]

Dans le procès-verbal du Conseil de guerre tenu le 8 juin, nous lisons que :

Sur la proposition du Citoyen Cochon, il a été arrêté que la Municipalité seroit requise de faire, d'après l'état qu'elle doit en avoir, le recensement des fusils et gibernes qu'elle a distribués à tous les Citoyens, ainsi que des sabres et pistolets qui pourroient se trouver chez les marchands et autres. Au surplus, le Général a été invité à mettre en usage les mesures que lui dictera sa sagesse pour l'exécution du présent arrêté. Les fusils de munition survenant de la recherche cy-dessus seront déposés à l'arsenal et ceux de chasse, à la Municipalité.

Mais ce n'avait été qu'une précaution contre l'émeute. En présence de la destruction de l'arsenal, la même mesure visa encore un autre but, et dans la séance du 20 juin, il fut itérativement décidé « que la Municipalité mettroit à exécution l'arrêté d'un précédent Conseil de Guerre concernant les fusils de munition qui se trouvent chez les fripiers et autres citoyens

---

1 De l'arsenal, un joli modèle en relief, exécuté vers 1780, est conservé par le Musée de Valenciennes.

Dans leur *Rapport*, Cochon et Briez, qui en attribuent l'incendie à la malveillance, affirment que « *la veille même* de cet incendie, le citoyen Monestié, sous-directeur de l'artillerie, s'étoit brûlé la cervelle dans son lit. » De son côté, Ferrand dit : « Dans la même nuit, 19 juin, il se brûla la cervelle ; et, *immédiatement après cet évènement*, le feu se manifesta dans toutes les parties de l'arsenal. »

Il est certain que l'arsenal fut incendié durant la nuit du 19 au 20 juin ; mais il est certain aussi que Monestier se tua le 16 et non le 19. Le feu ne prit donc ni le lendemain ni immédiatement après. Quels que fussent ses torts, Monestier ne doit donc pas être regardé comme ayant voulu périr au milieu de circonstances particulièrement dramatiques. Desmarest dit bien de lui « qu'il n'aimoit guère la Révolution, que sa tête étoit au-dessous de sa besogne » et que « les papiers déchirés qu'on trouva chez lui après sa mort, ne donnèrent pas sujet de le regretter. » Mais ce témoin, presque toujours si bien informé, ne l'accuse pas de crime et, à la page 39 de son *Précis*, il fixe seul sa mort au 16 juin, qui est la vraie date.

comme aussi d'en donner au Conseil prochain le recensement général. »
Il fut en même temps accordé à Georgin quatre mille livres en assignats pour les travaux de son atelier.

Ce même jour, le feu avait recommencé avec violence de part et d'autre. Un colonel-ingénieur anglais, Moncrief, s'étant obstiné, malgré les conseils d'Unterberger, à placer sur les hauteurs de la Briquette une batterie de mortiers à ricochet,[1] qui ne pouvait servir à favoriser la grande attaque, perdit à cette entreprise beaucoup de temps et beaucoup de monde : mésaventure que le major autrichien ne manque pas de relater avec une satisfaction mal dissimulée. Elle n'empêcha point l'ennemi de jeter, durant la nuit suivante, huit cents bombes et cinq cents boulets rouges dans la ville et d'allumer, en plusieurs endroits, des incendies violents.

Quoique inondés par une pluie continuelle et à demi-noyés dans la boue, les assiégeants travaillèrent le 21 juin, avec la plus grande activité, à la seconde parallèle qu'ils achevèrent presque entièrement, sans pour cela diminuer leur feu ni ménager des bombes dont la place souffrit beaucoup.

En même temps, dès neuf heures du matin, éclataient dans la ville de nouveaux troubles, dont Cochon et Briez nous rendent compte en ces termes :

> Les hommes, les femmes, tous s'en mêlèrent, tous se présentèrent en foule à la Municipalité, pour présenter une pétition dont le but étoit de demander une suspension d'armes pendant un certain nombre de jours, avec promesse de rendre la place si elle n'étoit pas secourue dans le délai. Nous étions étouffés au milieu de la multitude et exposés aux plus grands dangers. Nous leur parlâmes avec douceur, nous leur fîmes sentir qu'il falloit consulter le Général Ferrand, que nous l'enverrions chercher, mais qu'il ne pouvoit pas arriver dans une telle presse. Les femmes obtinrent de rester à la Municipalité, et alors elles engagèrent les hommes à se tenir à la porte. Dans l'intervalle, le Général Ferrand arriva ; il parla avec la plus grande fermeté sur ses devoirs envers la République et sur sa résolution formelle de les observer. Dans le même instant, les cavaliers de la République des vingt-cinquième et vingt-sixième régimens à qui, de concert avec le Général Ferrand, nous avions fait donner l'ordre de monter à cheval, se rendirent sur la Grande Place, où ils chargèrent leurs armes et répétèrent les cris de *Vive la République !* Cette mesure en imposa aux malveillants qui se retirèrent d'eux-mêmes.

Dès que l'attroupement fut dissipé, les autorités tant civiles que militaires s'efforcèrent, par diverses mesures, de calmer un peu les esprits. C'est

---

[1] Les batteries à ricochet, dont les Alliés usèrent beaucoup au siège de Valenciennes, se pointent vers le haut du parapet des ouvrages dont on veut enfiler les faces. La pièce de ces batteries n'a pas sa charge ordinaire : elle reçoit seulement assez de poudre pour pouvoir porter son projectile dans l'ouvrage qu'on attaque. Là, bondissant, ce projectile fracasse tout ce qu'il rencontre.

dans ce but que, séance tenante, les commissaires prirent un arrêté ainsi conçu :

Nous, Représentans du Peuple, Députés par la Convention Nationale aux armées de la République sur la frontière du Nord,

Considérant la malheureuse situation de la Ville de Valenciennes, occasionnée par le Bombardement de cette Ville ; considérant aussi combien il est instant de donner les premiers secours aux familles dont les personnes et les propriétés sont les malheureuses victimes de la barbare férocité avec laquelle agissent les ennemis de la Nation Françoise.

En vertu des pouvoirs illimités qui nous sont délégués par la Convention Nationale,

Arrêtons qu'il sera mis à la disposition du Conseil-général de la Commune de cette Ville, une somme de cent mille livres de France pour être employée à donner les premiers secours aux familles qui en éprouvent le premier besoin et particulièrement à celles dont les personnes et les propriétés ont été ou pourroient devenir les victimes du Bombardement.

Autorisons, en conséquence, le Commissaire-ordonnateur Morlet à ordonnancer la dite somme de cent mille livres sur la caisse du payeur de l'armée, laquelle somme sera délivrée entre les mains du Préposé du Conseil général de la Commune, moitié en coupures d'assignats.

Fait à Valenciennes le 21 Juin 1793, l'an 2e de la République Françoise.

Charles COCHON, BRIEZ.

En vertu de cet arrêté, le Conseil général de la commune prit, deux jours après, la délibération suivante :

Les Commissaires de la Convention Nationale, Députés à l'armée du Nord, ayant accordé au Conseil-général de la Commune une somme de cent mille livres de France pour être distribuée aux personnes qui ont besoin de secours dans la situation malheureuse de cette Ville.

Délibéré que copie de l'Arrêté qui accorde cette somme, sera insérée à la suite de la présente délibération, et que le Citoyen Benoist, notre Commissaire aux finances, est autorisé à toucher cette somme du trésorier général, de la déposer aux Archives et d'en délivrer cinq mille livres au citoyen Mallez que nous nommons à l'effet de payer journalièrement les diverses sommes qui seront accordées.[1]

De son côté, Ferrand adressa la proclamation suivante « à tous les Citoyens de Valenciennes, » proclamation dont il avait fait approuver les termes par les députés et le Conseil de guerre :

Citoyens !

Le Conseil-général de la Commune m'a rendu compte des représentations que plusieurs citoyens et plusieurs citoyennes lui ont faites relativement à la malheureuse situation qu'ils éprouvent.

Comme vous, chers concitoyens, je suis sensible à ce malheureux événement, j'en verse même des larmes ; mais je ne peux envisager que mon devoir envers

---

[1] Ces deux pièces sont tirées des Archives de Valenciennes, D, 1, 7, p. 199.

la Patrie. La Loi me prescrit sous peine de mort de ne pas abandonner la défense des remparts jusqu'au terme qu'elle indique. Voudriez-vous qu'après avoir rempli jusqu'ici ma carrière avec honneur, je trahisse la Nation, et que j'aille porter ma tête sur l'échaffaud ? Je peux bien être victime d'un assassin, mais je ne serai jamais traître à la Patrie, et je mourrai à mon poste.

Songez, citoyens, que la ville de Valenciennes appartient à la Nation entière. Elle est une des principales clefs de la France. Voudriez-vous que je trahisse 25 millions de vos frères qui se reposent sur la force de cette Place, et qui vraisemblablement font marcher une armée considérable pour venir à notre secours ?

Vous voyez la barbare férocité avec laquelle les ennemis de la République bombardent et brûlent vos maisons. Vous courreriez à un malheur bien plus grand si ces hommes cruels et sanguinaires pouvoient jamais entrer dans vos murs. Vous savez les atrocités qu'ils ont commises dans les campagnes où des maisons brûlées, des femmes et des filles violées, des enfans égorgés même au berceau et à la mamelle, présentent le tableau le plus horrible. Le même sort vous arriveroit ; mais ce n'est pas tout encore. Les François tireroient de vous tous la vengeance la plus terrible. Ils puniroient votre foiblesse en faisant raser la ville entière, au lieu des indemnités qu'elle vous assure. Vos maisons seront reconstruites aux dépens de la Nation, vos pertes vous seront payées en entier, les blessés et les familles de ceux qui auront eu le malheur de périr seront toujours les enfans de la Patrie, et pensionnés. Les Représentans du Peuple viennent de mettre à la disposition du Conseil général de la Commune une somme de cent mille livres de France pour donner les premiers secours, en attendant que les pertes puissent être constatées et liquidées. Reposez-vous donc sur la Providence pour tous les moyens de délivrance que nous attendons chaque jour. Croyez-vous jamais que ma Brave garnison trahisse, non plus que moi, le Serment que nous avons fait d'être fidèles à la Nation et à la Loi ?

Citoyens, Citoyennes, je vous conjure de vous reposer entièrement sur mes soins. Vous pouvez disposer de ma vie, mais jamais de mon devoir. Je vais m'occuper des moyens de donner des aziles à toutes les femmes et à tous les enfans. Rendez donc justice à ma conduite, méfiez vous des malveillans et des suggestions perfides de tous ceux qui voudroient parler de Capituler avec l'ennemi avant le terme permis par la Loi. Voudriez-vous m'exposer à faire la guerre à vous-mêmes, pour ne pas être accusé de lâcheté et de trahison ? Voudriez-vous exposer vos Magistrats, vos époux, vos pères, vos enfans, à porter leur tête sur un échaffaud, si, par un mouvement de compassion que la Loi leur interdit, ils se portoient à des actes de foiblesse ?

Je vous exhorte donc, Citoyens et Citoyennes, à prendre en considération toutes mes observations. Je vous exhorte surtout à maintenir le calme et la tranquillité publique ; car si je voyois le moindre tumulte, le moindre rassemblement, ou le moindre acte défendu par la Loi, je ne pourrois plus me dispenser de faire mon devoir, et d'user de la plus grande rigueur, quoiqu'il pût en coûter à mon cœur et à mon affection pour vous tous.

A Valenciennes, ce 21 Juin 1793, l'an 2ᵉ de la République.

Le Général de Division commandant la Place,

FERRAND.

Cette proclamation ne tarda pas à être complétée et commentée par une « Adresse de la garnison de Valenciennes aux Citoyens de la ville, » adresse que reproduit Desmarest à la fin de son *Précis* pour faire voir « de quel style écrit un Républicain sous le canon de l'ennemi », et dont il est probablement l'auteur :

Citoyens nos frères !

Si nos corps pouvoient vous faire un rempart impénétrable aux boulets et aux bombes, soyez sûrs qu'aucun n'atteindroit vos maisons. Vous le savez, nous sommes allés jusqu'au Rhin pour écarter loin de vous le fléau de la guerre ; et depuis même que la trahison a ramené l'ennemi sur nos frontières, nous n'avons jamais balancé à l'aller harceler, à le chercher jusque dans ses retranchemens. Alors paisibles au sein de vos foyers, vous entendiez le canon qui grondoit sur nos têtes. Quoiqu'exposés au feu le plus violent, nous étions satisfaits, parce qu'au moins les enfans et les femmes de nos frères reposoient tranquillement.

Mais aujourd'hui ce n'est plus à nous qu'on fait la guerre ; on la fait aux maisons, on la fait au citoyen paisible, et une explosion terrible menace à chaque instant le père au milieu de sa famille. Nos ennemis se sont dit : « En » attaquant les Français par tout ce qu'ils ont de plus cher, nous les vaincrons » plus facilement : le spectacle d'une ville désolée va amollir les courages ; et » Valenciennes, où nous épuiserions dans une attaque régulière nos trésors » et notre sang, ne nous coûtera que quelques bombes. » Tel est le calcul qu'ont fait les ennemis de la République, mais en déplorant cet affreux genre de guerre, nous, Soldats de la Nation, nous déclarons solennellement que l'ennemi n'en tirera nullement le fruit qu'il en espère.

D'insolentes clameurs se sont fait entendre au milieu de vous. Etonnés, nous avons du haut de nos remparts jetté un coup d'œil sur la ville ; le petit nombre et la foiblesse des malveillans a contenu notre indignation, nous avons vu la masse des citoyens, souffrant avec une résignation héroïque des maux inévitables, et le malheur, loin de les écarter de la ligne du devoir, n'a fait qu'accroître leur haine contre nos féroces ennemis, et leur amour pour la Patrie, qui saura bien réparer leurs pertes. Ils savent, ces généreux citoyens, que Valenciennes est une Redoute, un Poste avancé de la République, et que céder au mouvement d'une lâche terreur, c'est compromettre les propriétés, la vie, la liberté de vingt-cinq millions de Français. Eh ! quoi, la Nation aura-t-elle sacrifié des sommes immenses à fortifier, et approvisionner Valenciennes ? aura-t-elle levé, habillé, nourri, armé des milliers de défenseurs, pour voir cette Place importante devenir en quatre jours la proie de l'Étranger ? Non, non, nous n'ouvrirons pas ainsi le sein de la Patrie au glaive des Brigands. Les plaintes des mères éplorées nous déchirent l'ame, mais la voix du devoir parle plus haut au fond de nos cœurs ; et si la douleur respectable de tant de bons Citoyens n'ébranle point notre résolution, ce ne sera pas sans doute des cris séditieux qui pourront nous arracher de notre Poste.

Notre Général, dans sa Proclamation, nous parle d'assassin. Ah ! l'idée seule d'un tel attentat fait bouillonner tout notre sang. Eh bien ! que les assassins comptent d'avance le nombre de victimes qu'il leur faudra frapper, ou plutôt qu'ils comptent les milliers de bras levés sur leurs têtes pour les écraser du poids de la plus terrible vengeance, et qu'ils osent se déterminer au crime ! On a dit au Maire de cette Ville : *c'est en vous que nous avons confiance, c'est sur vous que reposent nos espérances, et non pas sur des étrangers.* On vous entend, lâches ; mais sachez qu'il n'y a ici d'étrangers que ceux qui n'ont pas le cœur François ; les étrangers sont les brigands qui font pleuvoir sur vos maisons la destruction et la mort ; les étrangers sont ceux qui, de concert avec eux, parlent ou souffrent qu'on parle de capituler avec l'ennemi de la France.

Encore une fois, nous respectons votre infortune ; nos mains vont, s'il le faut, vous creuser des retraites profondes, où vous serez à l'abri ; mais laissez-nous nous livrer à la défense de la ville, ne nous détournez pas de ce soin sacré pour nous. Si donc quelques insensés, mis en avant par des scélérats, osoient renouveller une proposition que nous attribuons à l'erreur d'un instant, une proposition désastreuse pour les citoyens eux-mêmes, puisqu'elle leur ravit la juste indemnité que la Nation doit à ceux qui souffrent pour elle, puisqu'elle les expose à toutes les horreurs d'un second siège de la part des François, ces hommes criminels seroient les premiers qui tomberoient sous nos coups, toute la rigueur du pouvoir Militaire sera déployée contr'eux, et s'ils trouvoient quelqu'appui dans des autorités foibles ou parjures, nous saurons, avec les hommes braves et fidèles à leurs Serments, nous saurons conserver Valenciennes à la République. Tel est notre devoir ; et malheur au traître qui ne se souviendroit pas que nous avons tous juré de nous ensevelir sous les ruines de la Place plutôt que de la rendre à l'ennemi.

Un autre incident notable avait encore marqué la journée du 21. Jusque-là, le citoyen Perdry, ancien membre de l'Assemblée constituante, avait commandé les pompiers valenciennois, et malgré bien des obstacles, dont plusieurs furent attribués à de coupables manœuvres, avait suffi à sa tâche ; mais, en dépit de l'accroissement récemment reçu par son corps, il se découragea et, par une coïncidence qui fut très mal interprétée, vint, à l'instant même de l'émeute, présenter sa démission. D'après ce que nous disent les commissaires :

Il mit en fait que toutes les pompes étoient hors de service, qu'il étoit impossible de les réparer ; que tous les pompiers refusoient de marcher et qu'il falloit se résoudre à laisser brûler la Ville entière, ou, pour terminer plutôt, consentir à y faire mettre le feu aux quatre coins.
On sent aisément tout ce que présentoit de dangereux, de pareilles assertions. L'un de nous (Briez) chercha à en écarter les funestes effets. Il rappella les moyens de corruption employés envers les pompiers et la malveillance qui ne présentoit jamais d'incendie que dans la nuit, tandis que, dans la journée et sous les yeux clairvoyans du Peuple et des bons citoyens, le mal étoit toujours arrêté dans sa source. Il termina par dire que lui seul se chargeoit de la direction des pompiers ; qu'il les organiseroit d'une manière plus fructueuse, plus active et plus efficace ; que, dans la journée même, toutes les pompes seroient réparées et en état de service, et qu'il défieroit bien la malveillance de porter obstacle aux mesures qui alloient être prises, de concert entre nous et le Général Ferrand.
Effectivement et à l'aide de quelques bons et intrépides citoyens, parmi lesquels il faut compter deux officiers Belges qui étoient en subsistance dans le bataillon permanent de Valenciennes ; à l'aide encore d'une partie des grenadiers bourgeois de la Garde Nationale de Valenciennes qui ont constamment rempli leur service avec zèle et exactitude pendant tout le tems du bombardement, et sans jamais avoir calculé aucun des dangers, et plus particulièrement enfin avec le secours de dix hommes de bonne volonté par bataillon, que le Général Ferrand adjoignit au service des pompes : ce service prit le plus grand caractère de vigilance et d'assiduité. D'un autre côté, un atelier permanent, jour et nuit, établi sur la Grande Place, dans un local situé à côté de la Municipalité, et composé de serruriers et ouvriers de tout genre, choisis parmi les meilleurs citoyens, pourvut non-seulement à rétablir toutes les pompes, dans la journée même du 21 juin, mais encore à tous les accidents qui y arrivèrent par la suite.

En outre, ainsi que le constate Desmarest :

Ce fut alors qu'on s'occupa avec activité du soin de loger les familles dans les souterrains et les casemates réservés aux soldats, et que la Garnison de la Citadelle offrit généreusement de céder tous ses lieux couverts, et de coucher sous la toile pour placer les femmes et les enfans dans ses quartiers. C'étoit le seul moyen d'éviter l'explosion de la douleur désespérée du peuple ; car l'existence des bourgeois dans leurs maisons étoit intolérable sous la pluie des boulets et des bombes, et ceux qui ont observé le mouvement des esprits, savent que la multitude se seroit plutôt jetée sur nos batteries, que de continuer à vivre encore quelques jours dans un pareil état.

Le bataillon de la Côte-d'Or fut des premiers à renoncer à ses casemates. Parmi ceux de ses membres qui prirent l'initiative de cet acte généreux figurait un de ses capitaines, Joseph Jacotot, fameux plus tard par ses études pédagogiques et sa « Méthode d'émancipation intellectuelle ». Fils du peuple, et ayant montré de bonne heure une grande indépendance d'esprit, Jacotot avait, dès 1788, organisé une « Fédération de la jeunesse dijonnaise avec celle de Bretagne et d'autres provinces », pour la défense des principes qui devaient amener la Révolution [1]. Plus tard, élu capitaine lors de la formation du bataillon de la Côte-d'Or, il avait pris part avec lui à la campagne de Belgique, avait connu dans les Pays-Bas deux jeunes républicains, les Defacqz, dont il devait épouser la sœur, et avait ensuite été enfermé dans Valenciennes.

Malgré une délibération prise le 28 mai et que nous avons reproduite, nombre de femmes et d'enfants conservèrent un refuge dans l'Hôpital général, vaste monument élevé vers le milieu du XVIIIe siècle non loin de la manutention militaire et des casernes de Poterne. Il se compose de casemates situées juste au niveau du sol, surmontées de deux hauts étages aux salles voûtées et construites presque exclusivement au moyen de pierres bleues et de briques. Jusqu'au 6 juin, une portion de l'édifice avait été encombrée d'effets de campement et d'équipement ; mais, à cette date, le Conseil de guerre avait ordonné de transporter tous ces objets dans l'ancienne église des Jésuites [2] et en d'autres lieux. Dès lors, on avait, dans l'Hôpital, porté à six cents le nombre des lits destinés aux malades et aux blessés. Mais, en dépit de cet accroissement et de tous ceux qui devinrent plus tard nécessaires, bien des espaces purent y être gardés par les habitants.

Quoique considéré en ses parties basses comme à l'abri de la bombe, l'Hôpital, situé non loin de la portion des remparts attaquée par les Alliés, restait exposé à certains dangers. Beaucoup d'habitants trouvèrent un asile

---

[1] A. Guiart, *Biographie de J. Jacotot*, publiée en 1860, à Paris, chez Dentu.

[2] Postérieurement au Concordat de 1801, cette église a été rendue au culte catholique sous le vocable de Saint-Nicolas ; mais on doit bien se garder de la confondre avec celle qui, avant le siège, était, sur la place Verte, consacrée au même saint.

plus sûr encore dans un souterrain construit de 1780 à 1786 au flanc droit du bastion Sainte-Catherine, établi lui-même vers la droite de la rue de Cambrai. A l'intérieur du bastion s'ouvre une porte donnant sur un long couloir incliné aboutissant à une embrasure ; arrivé à ce point, on découvre à gauche un cabinet obscur et à droite une vaste salle, ayant la forme d'un parallélogramme, divisée dans les deux sens en quatre nefs que séparent neuf robustes piliers de grès d'un mètre environ de côté. L'écartement de ces piliers est de 4^{m}40 dans la direction parallèle au flanc du bastion, de 3^{m}40 seulement dans la direction inverse ; les arcades surbaissées qui s'y appuient, supportent elles-mêmes des voûtes ellipsoïdales en briques. Enfin, sur deux côtés de la salle, entre les pilastres correspondants aux piliers centraux, se creusent des niches qui en augmentent la surface, laquelle est, au total, de 450 m. carrés. Cette salle prend un peu d'air et de jour à la partie supérieure au moyen de quatre regards percés à travers les terres qui la recouvrent, et, dans le flanc du bastion, au moyen de sept créneaux ayant vue, comme l'embrasure dont nous avons parlé plus haut, sur le long fossé qui sépare la ville du faubourg Notre-Dame. Dans l'esprit de ses constructeurs, elle devait servir d'Hôpital de siége et la délibération du 28 mai lui avait conservé cet usage, en ordonnant d'y placer cent vingt lits pour les blessés ; mais elle fut reconnue trop malsaine, et l'on aima mieux y entasser le plus qu'on put de femmes et d'enfants [1].

Abandonnant leurs maisons effondrées ou menacées, certains bourgeois voulurent partager le sort du soldat et aussi loger sous la tente. Dès le 14 juin, le Conseil de guerre avait ordonné d'en délivrer, dans ce but, un certain nombre à la municipalité. Quant à beaucoup d'autres tentes trop vieilles pour servir encore sous cette forme, elles furent transformées en toiles à matelas.

Ces diverses mesures calmèrent un peu l'effervescence. Soit par des fusées que lançaient au delà des remparts certains traîtres de l'intérieur, soit plus simplement par les communications qui avaient lieu entre soldats aux avant-postes, l'ennemi ne tarda pas à connaître la proclamation de Ferrand.[2] Dans le supplément de son numéro 88, paru à Bruxelles le

---

[1] Parmi eux se trouvait l'aïeule maternelle de l'auteur du présent chapitre, Jeanne-Sophie-Joseph Levant, alors âgée de onze ans, laquelle épousa plus tard un Franc-Comtois, soldat de Mayenne et de la Vendée, nommé Charles Ducret.
Depuis 1875, la salle que nous venons de décrire a été transformée en magasin d'artillerie et légèrement modifiée par la fermeture de l'embrasure et des créneaux. En outre, un second couloir en pente, parallèle au premier, a été creusé pour y accéder.

[2] Quoiqu'on vît quelquefois partir des fusées, on ne put jamais saisir les coupables. C'est ainsi que le 12 juillet, le commandant du bataillon de Mayenne et Loire déclara au Conseil de guerre en avoir aperçu une lancée d'une maison située rue des Glatignies et appartenant à un sieur Dubois. Mais cette maison était occupée par de nombreux locataires, et le Conseil se borna à leur défendre d'avoir, pendant la nuit, des lumières apparentes au dehors.

dimanche 30 juin, le *Journal général de la guerre*, organe autrichien, la reproduisit en la faisant suivre des réflexions suivantes adressées aux Valenciennois, et dont un grand nombre d'exemplaires furent jetés dans la place :

> On vous trompe. L'intérêt d'un seul se met à la place de l'intérêt général. Le Commandant de Valenciennes nous nomme des barbares, il nous attribue des atrocités dont la seule idée nous fait horreur, pour vous forcer à supporter les malheurs de votre situation par la crainte de plus grands maux. Il sacrifie les propriétés et l'existence de tous les habitans à la tyrannie de vos Lois et à sa conservation personnelle. Il entend vos cris, et il ne voit que son propre danger.
> Habitans de Valenciennes, ne cédez pas à ce stratagème affreux et à des insinuations aussi perfides. Voyez l'abyme où l'égoïsme et la mauvaise foi vont vous plonger. Vos maisons en flammes vont s'écrouler sur vous. A peine vos malheurs ont-ils commencé. Vos ennemis approchent : tout ce que la guerre, tout ce qu'un siège meurtrier et sanglant a de terrible va être employé contre votre malheureuse ville. Aucune armée ne vient, ni ne peut vous secourir. L'ennemi est en force partout. On menace, on entame au contraire, de tous les côtés de la France, plusieurs autres points de votre frontière. La guerre civile est dans votre Patrie. L'insurrection contre vos tyrans fait tous les jours de nouveaux progrès. L'anarchie, la désunion et les revers déchirent la France. Vos armées sont en déroute et dispersées. Ce langage est celui de la vérité et de la compassion. Ouvrez les yeux ; réunissez-vous ; montrez-vous. Sauvez des flammes et de la destruction vos biens, vos femmes, vos enfans, vous-mêmes. Que l'intérêt d'un seul ne fasse pas de Valenciennes un monceau de cendres et de cadavres. Votre ennemi actuel est grand et généreux. Peut-être est-il temps encore.....

Comme les Autrichiens avaient un peu trop rapproché leur deuxième parallèle, les assiégés avaient, le soir du 21, commencé un feu de mousqueterie du chemin couvert et diminué ainsi l'ardeur de l'artillerie adverse. Mais le bombardement avait, durant toute la nuit, repris avec une violence qui n'avait point encore eu d'exemple et brûlé l'hôtel du gouverneur ainsi que l'église Saint-Nicolas avec sa tour. Comme le dit Texier de la Pommeraye :

> Le Duc d'Yorck qui n'ignoroit pas que du haut de cette Tour on découvroit, même au clair de la lune, toute l'étendue de ses tranchées, cherchoit, depuis le commencement du bombardement, à détruire un point de vue qui lui étoit si préjudiciable. Jusqu'alors, plusieurs bombes et plusieurs boulets rouges étoient tombés tant sur l'église que sur le clocher sans être parvenus à pouvoir les incendier totalement, tant il est vrai que l'on mettoit la plus grande activité à éteindre le feu dès qu'il prenoit : cependant cette nuit, à deux heures du matin, l'incendie s'y manifesta avec une telle force et une telle rapidité, que les secours les plus prompts devinrent inutiles, et, quoique cet incendie ne fût pas à beaucoup près aussi effrayant que celui de l'arsenal, on voyoit néanmoins l'église embrasée comme un vaste édifice de feu. Le clocher vomissoit des torrents de fumée, au travers desquels s'élevoient des flammes tournoyant comme des serpens ; les ouvrages de l'ennemi étoient éclairés de manière qu'on les voyoit mieux qu'en plein jour. Les cloches, dépourvues de soutien, tomboient sur les voûtes et les écrasoient avec un fracas épouvantable.

Cette destruction a été reproduite par un témoin oculaire, le peintre Adrien-Albert-Joseph Coliez, né à Valenciennes le 6 juin 1754, mort dans la même ville le 10 juin 1824 [1]. Sa toile mesure 1^{m}73 de haut sur 0^{m}90 de long. Il nous montre la tour jetant des flammes par ses fenêtres et dominant encore l'église embrasée dont le toit vient de s'effondrer. A ce spectacle, une femme se sauve, tandis qu'à gauche, près d'un arbre, trois officiers regardent l'incendie. Pour tout secours, un baquet d'eau posé sur une poussette à deux roues vient d'être péniblement amené par un homme qui, agenouillé, prépare un seau de cuir.

Le 22 juin, les assiégeants déterminèrent l'emplacement des batteries dans leur deuxième parallèle. Ils se décidèrent à en construire onze, composées de 64 bouches à feu, dont 40 canons, 12 obusiers et 12 mortiers [2].

Nous ne rendrons point compte par le menu des incidents du bombardement durant les jours qui suivirent. Ceux qui désireront les connaître pourront lire une sorte de *Journal du siège de Valenciennes*, attribué à un M. Plouvain, conseiller à la Cour de Douai [3]. Ils pourront avec plus d'intérêt encore, mais seulement pour ce qui regarde l'attaque, se reporter au *Journal* d'Unterberger.

Les assiégeants établissaient sans cesse de nouvelles batteries que les assiégés s'occupaient immédiatement à contre-battre, et qu'ils arrivaient souvent à détruire. Mais le temps continuait à être très mauvais pour cette époque de solstice, la pluie fréquente ; de telle sorte que l'ennemi, noyé dans ses tranchées, éprouvait infiniment de peine à s'approvisionner. Pour traîner certaines pièces de 24, il dut même atteler jusqu'à 200 hommes. Néanmoins, de part et d'autre, l'artillerie ne se taisait presque point : ainsi que le dit Desmarest,

> Le tonnerre de tant de bouches à feu répété au loin par l'écho, l'élan majestueux et terrible des bombes, le sifflement du boulet, mille éclairs qui sillonnoient le ciel, tout cela formoit la nuit sur la ville une magnifique horreur, je veux dire, un mouvement aussi imposant à l'œil et à l'imagination qu'il étoit déchirant pour l'âme. Je comptoi une nuit, depuis onze heures jusqu'à deux,

---

[1] On trouvera des détails complets sur cet artiste dans l'étude intitulée : *Le peintre Coliez et les fêtes révolutionnaires à Valenciennes*, publiée par M. Paul Foucart dans le *Compte-rendu du Congrès des sociétés des beaux-arts des départements*, pour l'année 1889.

[2] On trouvera la liste de toutes les pièces, avec leur calibre, dans le *Journal* d'Unterberger.

[3] Ce travail a paru d'abord sous le titre de *Notes et renseignemens pour servir à l'histoire de la guerre dans l'arrondissement de Douai*, dans l'*Annuaire statistique et historique de l'arrondissement de Douai pour l'année 1809*. On sait qu'alors, et depuis 1796, les deux arrondissements actuels de Valenciennes et de Douai n'en formaient qu'un seul, ayant pour chef-lieu cette dernière ville. C'est ce qui explique à la fois le texte de l'ouvrage et son contenu. Il a été réimprimé plus tard, par les soins de M. J. Lecat, dans la *Revue agricole, industrielle, littéraire et artistique de l'arrondissement de Valenciennes*.

723 bombes ; on en voyoit souvent 15 ou 18 en l'air, et j'en ai vu partir 8 à la fois de la même batterie à Saint-Saulve. L'incendie qui se manifestoit dans plusieurs endroits ajoutoit encore à l'affreux intérêt de ce tableau. Alors on dirigeoit sur ce point un grand nombre de mortiers, afin d'écarter les secours, et la maison se consumoit sous une voute de bombes.

Le 23 juin avait été détruit le moulin Delsaut. Celui de Saint-Géry ne tarda guère à être mis hors de service, et à partir de ce moment, la mouture ne put plus s'opérer que dans les seuls moulins des Moulineaux et de la citadelle.

Ces quatre moulins se trouvant installés sur des cours d'eau et leur mise en marche dérangeant l'inondation, le Conseil de guerre eût désiré se priver entièrement de leurs services et les remplacer par ceux de moulins à bras. Mais par malheur, les moulins de cette dernière espèce, existant dans les magasins militaires, ne fonctionnaient que très médiocrement. Aussi, dès le 31 mai, ayant entendu dire que des moulins à bras d'un autre système, inventé par un citoyen Crespy, entrepreneur des fortifications, donnaient d'excellents résultats, avait-il chargé un citoyen Mazure, mécanicien, d'en transformer deux selon ce mode perfectionné. Il avait décidé, de plus, que l'église des ci-devant Jacobins serait vidée des fourrages qui la remplissaient, pour servir de lieu de travail. En attendant l'effet de ces résolutions, il avait décidé en même temps de faire lever deux poutrelles de l'écluse de la Rhonelle afin de faciliter l'usage du moulin Delsaut, et, le 4 juin, avait envoyé le directeur du génie avec un commissaire de la municipalité visiter à la fois ce moulin et ceux des Moulineaux et de Saint-Géry. Un peu plus tard, le 12 juillet, les meuniers des Moulineaux et de la citadelle, s'étant mis en grève, furent remplacés dans leurs propres établissements par d'autres ouvriers dont les produits parurent si bons que, deux jours après, on résolut, ainsi que nous le verrons, de supprimer les moulins à bras qui n'en donnaient décidément que de très inférieurs.

Nous avons légèrement anticipé sur les dates pour achever d'un seul coup cette histoire des moutures. A l'époque vers laquelle nous revenons, les Autrichiens semblèrent prendre pour cibles favorites l'Hôtel de Ville, et l'Hôpital Général, dans l'un des caveaux duquel, celui marqué G, Ferrand avait installé son habitation et ses bureaux. Comme certaines batteries ennemies n'étaient plus très éloignées des palissades, les soldats français furent armés de fusils de rempart, afin d'en menacer les servants.

Cependant les Autrichiens se préparaient à une canonnade plus formidable encore que les précédentes, et qu'Unterberger décrit ainsi :

Le 27 Juin toutes nos batteries étant en bon état et ayant ordre positif de faire taire l'artillerie de la place, je fis tirer à la pointe du jour de toutes les batteries des deux parallèles, avec la plus grande vivacité. Un tel feu se fit entendre de toutes parts que la terre en trembloit aux environs. Le tems, l'humidité de l'air empêchoient le bruit de s'étendre au loin. C'étoit vraiment un spectacle formidable que le feu suivi de tant de batteries.

Le courage le plus assuré, le plus froid eut été saisi de frisson et d'horreur au son retentissant de ce tonnerre d'artillerie, au bourdonnement de tant de boulets, bombes et obus, à leurs secousses et à leurs explosions bruyantes contre les murailles et les remparts, au fracas des bâtimens ébranlés. Il faut avoir été témoin de cette scène terrible pour s'en former une juste idée.

La violence de notre feu parut décontenancer l'ennemi, car il y répondit fort peu. Le tems s'étant éclairci sur les dix heures, on vit tout le bon effet de nos contre-batteries sur les parapets et les revêtemens découverts de la Place, particulièrement de la courtine de la porte de Mons, et du bastion de Poterne.

Le feu général continua pendant tout le jour, avec d'autant plus d'ordre et d'effet, que le tems étoit plus clair.

Quoique nous eussions ruiné presque toutes les embrasures de l'ennemi, il fit paroître cependant vers midi, sans qu'on s'en fut douté, quelques pièces ambulantes du calibre de 16 qu'il plaça hors de la direction de nos contre-batteries et dont il nous ruina quelques embrasures. Il se retira dès qu'on lui eut jetté plusieurs bombes, et reparut bientôt à un autre endroit.

Il ne cessoit de lancer des bombes et des obus sur nos tranchées et batteries. Cependant il ne pouvoit tenir longtems à un endroit, que nos batteries ne l'en chassassent. Il avoit pour lui l'avantage de nous présenter un front de parapets très étendus, dont plusieurs lignes ne pouvoient être enfilées du ricochet ; il avoit quantité de ces nouvelles pièces à haut affûts qui, tirant par-dessus les parapets, lui permettoient de les replacer bien vite et d'éviter le tir de nos contre-batteries, tandis que nous ne pouvions ni changer, ni rétablir les embrasures avec la même facilité ; encore moins apposer de nouvelles pièces à celles que l'ennemi avoit déplacées. Il n'y eut donc rien de mieux à faire pour l'inquiéter partout, que de faire pleuvoir les bombes dans les endroits que le canon ne pouvoit entamer.

Durant la nuit du 28 au 29, protégés par leurs batteries à ricochet qui tiraient sans cesse sur les chemins couverts, les Autrichiens débouchèrent de leur deuxième parallèle par quatre sapes, en cheminant vers les glacis, et s'avancèrent de cent cinquante pas afin d'ouvrir la troisième parallèle.

Ils continuèrent leur feu le 29. ainsi que la nuit suivante, et démolirent dans la ville une grande partie des prisons. En même temps, ils construisirent une batterie de quatre pièces de canons de 24 dans la redoute de droite de la première parallèle, batterie destinée à contre-battre la redoute de Saint-Roch et une lunette à droite du petit ouvrage à corne. De plus, ils continuèrent à diriger leurs boyaux de tranchée vers le saillant de l'ouvrage à corne de Mons et de sa demi-lune, ainsi qu'un autre cheminement de tranchée vers le saillant de la lunette de Saint Saulve. De la sorte furent déterminés deux points d'attaque principaux devant se soutenir mutuellement, l'un sur l'ouvrage à corne de Mons, l'autre sur les ouvrages situés en avant du bastion de Poterne et sur la longue courtine qui, de ce bastion, s'étend jusqu'à la porte de Mons ; plus, un point d'attaque secondaire sur le bastion des Huguenots et sa demi-lune.

Les morts et les ruines s'accumulaient dans la place. Le 29, à l'Hôtel de Ville, le feu prit au dépôt des testaments, des titres de propriété et des registres de l'état-civil. Presque à la même heure, un autre incendie éclata à l'hospice de l'Hôtellerie, où six personnes furent écrasées et d'autres blessées. Un troisième atteignit encore les prisons. Le 30, vers trois heures de l'après-midi, un éclat de bombe brisa quelques poutrelles à l'écluse de la Rhonelle, d'où l'inondation de certains quartiers de la ville ; et une bombe, tombée sur l'Hôpital Général, y tua plusieurs personnes réfugiées dans un souterrain, en faisant craindre le même sort à toutes celles qui avaient recherché la même protection.

Pendant ce temps, Ferrand s'attachait, en faisant déblayer les éboulements, à rendre impraticables les brèches que l'ennemi pratiquait au corps de la place. Dès que les Autrichiens s'en apercevaient, ils dirigeaient au pied des remparts un feu très vif, mais incapable de ralentir le zèle des braves employés à cette besogne, dans la conduite de laquelle se distinguèrent singulièrement d'Hautpoul, officier du génie adjoint, et un aide de camp nommé Moraux.

De plus, en vue des futurs assauts, le Conseil général de la commune, avait, dans sa séance du 25 juin, pris l'arrêté suivant :

En conséquence de la Réquisition du citoyen Tholozé faisant les fonctions d'Officier-Général pendant le siège, portant l'exposé suivant :
Qu'il seroit nécessaire dans les circonstances présentes, où tout les moyens de la deffense doivent être mis en usage, de former des chevaux de frise armés de fer, il convenoit que la Municipalité voulut bien se concerter avec lui pour remplir cet objet en lui faisant fournir des fers et des serruriers à cet usage,
Délibéré de s'adresser au District à l'effet d'être autorisé à en prendre dans les maisons religieuses pour être mis à la disposition du citoyen Hyole, ce qui a été accordé par son arrêté du 22 du courant.
Délibéré, en outre, qu'il seroit fait un marché pour la main-d'œuvre avec ledit citoyen Hyole qui a été arrêté au prix de 4 sols la L. pose compris, lequel Hyole a accepté moyennant que le charpentier préparcroit les bois qui y sont destinés.[1]

On sait que des chevaux de frise sont des pièces de bois longues de dix à douze pieds, et taillées à cinq ou six pans armés de pointes de fer, destinées à être mises en travers d'une brèche pour en rendre l'accès plus dangereux.

Tholozé aurait voulu faire davantage, ainsi qu'il nous le dit lui-même :

C'étoit ici, c'étoit en ce moment que les sorties de la garnison combinées avec art, conduites avec intelligence et exécutées avec énergie et courage, auroient étonné l'ennemi, détruit ses ouvrages et retardé ses approches ; c'étoit

---

[1] Archives de Valenciennes, D, 1, 17.

ici que les plans savants, les conceptions grandes et hardies pour le déconcerter, dont parle le Soldat du Bataillon de la Charente, Président de la Société populaire de Valenciennes, dans son Mémoire historique, très-bien fait, du siège de cette Place, c'étoit ici, dis-je, que ces grandes opérations auroient pu avoir lieu. Mais pouvoit-on les entreprendre avec confiance ? Le seul courage des troupes pouvoit-il suffire au succès, lorsqu'il manquoit des Officiers nécessaires pour les commander et des Officiers du génie pour les conduire et des Officiers de bataillon pour les instruire, pour les exécuter ? Non sans doute, tous ces moyens étoient insuffisans. Le Général Ferrand éloignoit cette mesure de résistance active que je crus de mon devoir de lui proposer plusieurs fois ; mais par les motifs bien connus, auxquels il ajoutoit le manque de cavalerie, arme si nécessaire pour ces expéditions, il s'y refusa constamment.

Néanmoins, ce Général fit sortir des troupes du chemin couvert, de jour, qui se portèrent sans ordre vers les tranchées pour savoir si les ennemis les occupoient avec forces. L'évènement nous en fit connoître l'existence : un feu roulant et bien nourri sur toute l'étendue ne laissa aucun doute. Depuis lors, le Général, d'après mon avis, ordonna et fit exécuter de petites sorties pour inquiéter les travailleurs aux têtes des tranchées et boyaux de communication.

Depuis que le bombardement avait acquis l'effroyable intensité que nous lui avons vue, depuis que la majeure partie des habitants s'était réfugiée dans les casemates, la plupart des maisons se trouvaient abandonnées. De nombreux vols y étaient commis. Pour les réprimer, le Conseil de guerre avait, le 24 juin, pris un arrêté organisant une Commission militaire dont les membres seraient choisis par l'Etat major de la place, afin de statuer, en qualité de Tribunal de sûreté générale, sur tous les délits commis dans les maisons incendiées ou écrasées par les bombes, et ce « d'après la forme et ainsi que le prescrit la loi du 9 octobre dernier concernant le mode de prononcer la peine de mort contre les émigrés pris les armes à la main. » Ce tribunal eut pour président tantôt Tholozé, tantôt Beauregard, tantôt quelque autre officier supérieur.[1]

En même temps, les dangers que couraient les habitants déterminèrent quelques membres de la municipalité à tenter de nouvelles démarches pour presser la reddition de la place. Le 26 juin, les députés s'aperçurent dans l'après-midi que des billets étaient distribués pour une séance du Conseil général de la commune qui aurait lieu à dix heures du soir ; et ils prirent des mesures que leur *Rapport* nous fait connaître en ces termes :

Une Assemblée aussi extraordinaire, à une heure aussi indue, et tandis que si la Municipalité avoit des propositions importantes au salut public à faire, elle pouvoit s'assembler de suite, et les présenter au Conseil de guerre du même jour, sept heures du soir : toutes ces circonstances nous déterminèrent à inter-

---

[1] On trouvera plusieurs de ses jugements aux Archives de Valenciennes, H 6, 1, 15, et H 6, 1, 16.

dire l'Assemblée de 10 heures du soir, avec injonction de la tenir le lendemain, 9 heures du matin, et d'y convoquer l'Administrateur du District. En même temps, nous fîmes imprimer et distribuer une Adresse à tous les citoyens [1], dans laquelle, en leur rappelant tout ce qu'on pouvoit de plus fort sur leurs devoirs envers la Patrie, et sur les malheurs qui seroient à résulter pour eux, de se trouver sous le joug d'un ennemi qui les traitoit d'une manière aussi cruelle et aussi barbare ; nous les engagions à attendre avec confiance, des secours et leur délivrance, de la sollicitude de la Convention Nationale.

Le même jour, on sut que de l'argent était répandu dans le but de faire publier de fausses et décourageantes nouvelles :

Le Conseil a été ouvert par un raport sur des mesures de sûreté pour la Place, d'après la dénonciation faite par un jeune homme nommé Baudry, attaché au 1ᵉʳ Bataillon des 2 Sèvres ; lequel ce matin a été arrêté par ordre des Députés de la Convention ; lequel dit dans son interrogatoire devant le Juge de Paix qu'il avoit été ce matin rencontré par des femmes dans la rue Cardon qui lui dirent de publier que l'armée de Custine n'étoit composée que de quinze mille hommes et que Valenciennes ne pouvoit se deffendre, lesquelles femmes procurèrent de l'argent au dit Baudry et lui donnèrent dix sols pour aller boire, et qu'aussi cet enfant a ajouté « qu'il en reconnoîtroit bien une si elle lui étoit représentée. » Sur ce, le Conseil a nommé deux Commissaires pour extraire momentanément le dit Baudry de la prison et le conduire à la maison où il avoit reçu de l'argent afin d'y reconnoître les femmes qui lui avoient donné dix sols.

Le Conseil a arrêté, comme mesure de sûreté générale dans les circonstances actuelles, que, s'il se formoit des attroupemens, ils seroient dissipés par la force armée qui pourroit arrêter sur-le-champ toutes personnes qui tiendroient des propos séditieux.

De l'argent n'était pas seulement donné à des gamins tels que le jeune Baudry ; il en était encore distribué à des soldats. Ce fait grave résulta des aveux que fit un sergent-major avant d'être fusillé pour vol, le 30 juin :

Ce malheureux, trois minutes avant de subir son sort, dit au prêtre qui l'accompagnoit, qu'il vouloit au moins dans ses derniers momens servir sa Patrie ; que beaucoup de soldats de la garnison et lui-même avoient reçu de l'argent pour enlever les pièces du rempart et ne tirer qu'à poudre sur les retranchemens ennemis, etc., etc.[2]

Comme nouvelle preuve des manœuvres variées par lesquelles on tendait au but visé, nous lisons, sous la même date, dans le procès-verbal du Conseil de guerre :

Le Général Ferrand a fait le rapport au Conseil d'une lettre à lui écrite par beaucoup de Citoyens de la ville contenant proposition de capituler. Le Général a de même fait part de sa réponse négative et des motifs consignés dans sa réponse.

---

[1] Elle est reproduite sous le nᵒ 7 des *Pièces justificatives* jointes au *Rapport*.
[2] *Précis* de Desmarest.

Enfin, dès le 1ᵉʳ juillet, les mécontents du Conseil général rédigèrent une note dans laquelle ils déclaraient formellement : 1° que la ville était envahie par la peste ; 2° qu'elle manquait presque entièrement d'officiers de santé et tout à fait de médicaments ; 3° qu'une brèche était faite à ses remparts.

Ce chef-d'œuvre devoit être arrêté définitivement le soir même, et sans doute imprimé, pour être répandu avec profusion. Les Patriotes en eurent avis, et Briez, qui communiquoit davantage avec les Municipaux, leur en fit tant de honte et de peur, en leur assurant que son collègue vouloit les laisser s'enferrer dans cette démarche, pour les faire juger un jour, qu'ils se décidèrent à retirer leur procès-verbal menteur [1].

Briez ne se borna point à ces protestations. Il rédigea un projet de proclamation qu'il soumit le lendemain au Conseil de guerre, dont, à ce sujet, le procès-verbal s'exprima ainsi :

Il a été fait lecture par le citoyen Briez d'une Proclamation sur les moyens rassurants pour les propriétés et les personnes. Le Conseil a, sur le champ, à l'unanimité, arrêté l'impression de cette Proclamation et qu'elle sera répandue demain dans le public, et de suite le Conseil a arrêté et arrête que quiconque, homme, ou femme, parlera, proposera, signera ou fera signer ou provoquera directement ou indirectement des Adresses et Pétitions, tendantes à rendre la Place ou Capituler, sera sur le champ chassé de la ville et ses propriétés ou effets mobiliers abandonnés au profit des pauvres, outre la privation de toute indemnité ; et ce indépendamment des mesures prises et ordonnées pour réprimer par la force Militaire tout rassemblement contraire à la Loy et à la tranquillité publique.....

Fait et arrêté à Valenciennes à la Maison Commune les jour, mois et an que dessus.

FERRAND, Ch. COCHON, BRIEZ, BLACQUETOT, MORLET, ÉVRARD, CARETTE, GERAUD, LE BRUN, THOLOSÉ, LAMBERT, BATIN, GROBEL, et LANGLOIS.

Le manuscrit de Briez fut, sans aucun retard, envoyé chez l'imprimeur, et, le lendemain matin, la garnison et les habitants purent lire sur les murs une affiche ainsi conçue :

PROCLAMATION DU CONSEIL DE GUERRE TENU A VALENCIENNES, EN LA MAISON COMMUNE,

Le 2 Juillet 1793, l'an 2ᵉ. de la République.

Le Conseil de guerre n'a pu entendre avec indifférence les rapports qui lui ont été faits sur les moyens par lesquels on cherchoit à répandre la terreur dans l'esprit des habitants, en leur inspirant la crainte que l'ennemi ne par-

---

[1] *Précis* de Desmarest.

vienne à entrer dans les murs de cette ville, soit par une surprise, soit par une escalade ou une attaque de vive force.

La Garnison chargée de la défense de cette Place, a cru devoir mépriser d'abord les premiers propos qui ont été tenus à ce sujet. Le zèle, l'activité du Général, et des autres Officiers-supérieurs, et le courage de tous les Militaires qui composent la Garnison, sont de sûrs garants qui doivent tranquilliser parfaitement tous les citoyens. Les allarmes que l'on a pu concevoir sur un point aussi majeur, et la nécessité de convaincre tous les habitans que leur dévouement, leurs efforts et les maux qu'ils ont soufferts jusqu'à présent pour le salut public, ne seront point infructueux, ont déterminé le Conseil à s'expliquer d'une manière positive.

Le Conseil de guerre déclare donc formellement à tous les citoyens, tant en son nom qu'en celui de tous les militaires qui composent la Garnison : qu'il est de toute impossibilité que l'ennemi ne pénètre dans l'intérieur de la Place, ni par surprise, ni par escalade, ni par une attaque de vive force : et qu'il répond à cet égard de la sûreté de tous les habitans.

Il déclare aussi que toutes les fortifications sont encore intactes ; que l'ennemi ne s'est encore rendu maître d'aucun point, ni d'aucun des ouvrages avancés, et que la Garnison occuppe encore tous les terreins jusqu'aux palissades, comme au premier moment du blocus.

Il déclare également que l'ennemi ne peut approcher des remparts avant qu'il ne se soit rendu maître des chemins couverts et de tous les ouvrages avancés ; ce à quoi il ne parviendra pas sans éprouver de grandes pertes.

Le Conseil de guerre déclare enfin qu'il a en sa puissance tous les moyens de défense nécessaires, et que, dans aucun cas, il n'exposera jamais la vie ni de la Garnison, ni des Citoyens, s'il arrivoit malheureusement à une époque où la Place ne seroit plus tenable, sans compromettre la vie des habitans et de la garnison.

Au moyen de ces déclarations, le Conseil de guerre a tout lieu d'espérer que les Citoyens rejetteront loin d'eux toutes les idées de crainte et de terreur qu'on chercheroit à leur inspirer.

Au surplus, le Conseil de guerre a pris toutes les mesures nécessaires pour assurer la conservation des propriétés mobiliaires et des effets abandonnés à la foi publique, ainsi que pour maintenir la police et la tranquillité intérieure. Tous ceux qui seront convaincus de vol et de pillage seront fusilliés militairement, et un coupable a déjà éprouvé ce châtiment. D'un autre côté, tout militaire qui s'abandonnera à l'ivrognerie sera rasé et chassé de la ville ; et l'exemple qui a encore eu lieu ce matin doit satisfaire tous les braves militaires, et tranquilliser en même tems tous les bons citoyens. Tout Officier qui désobéira aux ordres qui lui seront donnés, sera cassé sur le champ. Le Conseil de guerre usera de la même fermeté et fera tenir exactement la main à ce que l'on punisse également tous les autres attentats qui pourroient se commettre contre le bon ordre, la sûreté, la tranquillité publique, et l'exécution des Lois relatives aux Places assiégées et bombardées.

Le Conseil de guerre a Arrêté et Arrête que quiconque, homme ou femme, parlera, proposera, signera ou fera signer, ou provoquera directement ou indirectement, des Adresses et Pétitions tendantes à rendre la Place ou à capituler, sera sur le champ chassé de la ville, et ses propriétés ou effets mobiliers abandonnés au profit des pauvres, outre la privation de toute indemnité ; et ce, indépendamment des mesures prises et ordonnées pour réprimer par la force militaire tout rassemblement contraire à la Loi et à la tranquillité publique.

Certifié conforme au Procès-verbal du Conseil de guerre.

Signé Brucy, Com**re**. des guerres, par ord**ce**.

L'affiche qui précède ne tarda pas à être accompagnée de celle-ci, où l'ensemble de la municipalité s'efforça de pallier le mauvais effet produit par la démarche à laquelle s'étaient, le 1ᵉʳ juillet, livrés quelques-uns de ses membres :

ADRESSE DES MAIRE, OFFICIERS MUNICIPAUX ET MEMBRES COMPOSANT LE CONSEIL GÉNÉRAL DE LA COMMUNE DE VALENCIENNES A LEURS CONCITOYENS.

Citoyens,

Le Conseil général de la Commune qui partage bien sincèrement tous les maux dont vous êtes accablés, n'a pas appris sans être pénétré de la plus vive douleur que plusieurs d'entre vous pensent qu'il dépend de lui de les faire cesser ; une pareille pensée en faisant son tourment, auroit accablé son courage et anéanti toute son énergie, s'il n'avoit pardevers lui la conviction intime qu'il a fait les plus grands efforts pour remplir ses devoirs et pour prouver à ses Concitoyens qu'il est vraiment leur père et leur ami.

En effet, Citoyens, avez vous pu penser que ceux que vous avez choisis pour être vos Représentans, pussent ou trahir vos intérêts ou vous laisser seuls vuider le Calice amer des maux qui nous accablent tous ?

Pourriez-vous croire qu'en ne nous écartant pas de la ligne stricte des devoirs que la Loi nous a tracés, nous ne remplissions d'un autre côté la tâche que vous nous avez imposée en nous investissant de votre confiance ?

Songez, Citoyens, à ce qu'une semblable pensée produiroit sur vous ! Pensez à ce que notre sensibilité a dû souffrir en apprenant que vous aviez de nous cette idée injuste ! Comme vous, nous avons des pères, des épouses, des enfans, des parens, des amis, et nous avons de plus la charge immense d'être responsables envers vous de tout le bien que nous aurions négligé de faire.

Ils sont pénibles, sans doute, les devoirs que la Loi nous impose ; mais plus il coûte à nos cœurs de ne pas nous en écarter, et plus vous devez nous plaindre d'être obligés de les remplir.

Au moment où une ville est assiégée, tous nos pouvoirs cessent ; ils passent entre les mains du Commandant qui réunit alors tous les Pouvoirs Civils et Militaires ; ce Commandant a aussi des devoirs à remplir envers la nation qui a placé sa confiance en lui ; il vous a témoigné combien il étoit sensible à votre infortune, et l'arrêté du Conseil de guerre du 2 de ce mois, est une preuve incontestable qu'il a l'œil ouvert sur votre conservation ainsi que sur celle d'une partie considérable de l'armée de la République qui défend cette Place.

Quant à nous, il ne nous reste que la prérogative, bien chère à nos cœurs, de délivrer à nos concitoyens souffrans les secours que les Représentans du Peuple qui sont parmi nous, ont mis à notre disposition ; de les consoler et de les encourager à supporter leurs maux avec patience et résignation ; de recevoir leurs plaintes et leurs réclamations et d'y faire droit lorsque nous le pouvons.

Quelqu'un de vous a-t-il à se plaindre ? Qu'il vienne parmi nous sans craindre d'être éconduit. C'est dans notre sein qu'il doit répandre ses alarmes, ses peines, ses souffrances ; il peut être assuré de trouver des cœurs sensibles qui partageront ses maux, et de recevoir des paroles de consolation ; nous sommes ses véritables intermédiaires auprès de l'autorité supérieure ; représentans immédiats de nos concitoyens, nous serons toujours jaloux de leur prouver que ce n'est pas en vain qu'ils ont mis leur confiance en nous.

Nous vous invitons donc, Citoyens, à supporter vos maux avec courage, et soyez persuadés que tous nos momens sont consacrés à veiller à vos intérêts les plus chers ; soyez persuadés encore que tous les Membres qui composent le Conseil-général de cette Commune, en partageant vos pertes et vos malheurs, ne cessent de porter leur attention sur les moyens qui peuvent assurer votre conservation.

Fait à Valenciennes le 4 Juillet 1793, l'an 2ᵉ. de la République.

Signé MORTIER, Secrétaire-greffier.

Enfin, pour achever le raffermissement des esprits, de petites circulaires ainsi conçues furent, de la main à la main, distribuées dans toute la ville :

ARRÊTÉ DU CONSEIL DE GUERRE, TENU A VALENCIENNES, EN LA MAISON COMMUNE, LE 6 JUILLET 1793, L'AN 2ᵉ DE LA RÉPUBLIQUE.

Le Conseil de guerre délibérant sur les mesures nécessaires à prendre contre tous ceux qui, de la garnison ou de la bourgeoisie, se livrent à des actes et à des excès contraires au maintien du bon ordre, de la police et de la tranquillité publique, particulièrement en s'abandonnant à l'ivrognerie, à des rixes et à des querelles nuisibles au repos des bons Citoyens.

A arrêté et arrête, indépendamment des dispositions déjà réglées précédamment, que quiconque, militaire ou bourgeois, sera arrêté, soit de jour, soit de nuit, pour cause de tumulte, excès, tapage ou ivrognerie, sera sur le champ conduit sur les remparts pour y travailler par corvée, aux réparations nécessaires pendant le tems qui sera déterminé pour sa punition, équivalant au terme de l'emprisonnement qu'il auroit dû subir : et dans le cas où son état physique empêcheroit de le conduire sur le champ au travail, il sera provisoirement détenu dans l'église St. Pierre sur la grand place de cette ville, sous bonne et sûre garde, pour être ensuite employé aux travaux des remparts.

Le Conseil de guerre, de concert avec les Représentans du Peuple, requiert la Municipalité et le Conseil-général de la Commune, ainsi que les Juges de Paix, et tous autres Officiers de Police, de tenir exactement la main à l'exécution du présent arrêté.

Au surplus, le Conseil de guerre rappelle à tous les Citoyens les dispositions de l'Art. 10 du Tit. 1ᵉʳ. de la Loi du 10 juillet 1791, qui porte formellement que « Dans les Places de guerre et Postes militaires, lorsque ces Places et Postes » seront en état de Siège, toute l'autorité dont les Officiers Civils sont revêtus, » pour le maintien de l'ordre et de la police intérieure, *passera au Commandant* » *militaire qui l'exercera exclusivement sous sa responsabilité personnelle.*

Pour Extrait conforme à l'Original,
Par ordonᶜᵉ. signé BRUCY, comᵐᵉ. des guerres.

A partir du 2 juillet, l'ennemi sembla comprendre qu'il devait renoncer à provoquer de la part des habitants une explosion de désespoir tant que leurs fortifications seraient en état de résister. Aussi ses projectiles tombèrent-ils désormais un peu moins sur la ville et beaucoup plus sur les palissades.

Poussant avec vigueur ses sapes, il les étendit à la fois vers la droite et vers la gauche, de façon à en former sa troisième parallèle. Celle-ci ne fut guère ouverte que le 5 juillet et ne commença à être armée que le 8. Elle reçut finalement 48 bouches à feu.[1] Les assiégeants mirent quelque lenteur à les monter, parce que le 6, éclatèrent d'excessives chaleurs qui causèrent la mort de plusieurs hommes dans leurs tranchées, et plus

---

[1] On en trouve la liste détaillée dans le *Journal* d'Unterberger

encore parce que, à partir du 8, ils ne voulurent pas gêner le travail de leurs mineurs qui commençaient à s'enfoncer derrière la troisième parallèle, devant le grand ouvrage à corne du front de Mons afin d'y établir des globes de compression, de détruire ensuite les galeries que les Français pouvaient avoir creusées dans les environs, et peut-être même de renverser le chemin couvert et la contrescarpe dans le fossé. A la surface du sol, l'activité reprit aussi bientôt, car comme nous le dit Dembarrère :

> L'ennemi pratiquoit de nouvelles batteries qui écrasoient de plus en plus la Ville, ruinoient nos défenses et battoient en brèche le bastion et courtine de Poterne, dont les revêtements étoient découverts du dehors ; il nous accabloit de grenades et de pierres dans les ouvrages extérieurs ; son feu de mousqueterie étoit presque continuel, et tout cela nous faisoit éprouver des pertes qui affoiblissoient la Garnison. Celles de l'ennemi étoient encore plus considérables, car, à tous égards, l'emploi de nos moyens destructifs, quoique moins étendus que les siens, ne lui laissoit pas la supériorité. L'artillerie qui nous restoit redoublant d'activité, lui avoit démonté grand nombre de pièces, et sembloit même en imposer à la sienne, au point que nous espérions le rebuter.

Les canonniers des remparts tiraient tantôt de batteries fixes, tantôt de batteries mobiles, qui rapidement changeaient de place, et Unterberger avoue que, dans la seule matinée du 12, ils lui tuèrent ou blessèrent quarante hommes. Toutefois, dans les premiers jours du mois, ils avaient commis la faute de faciliter l'établissement de la troisième parallèle, en visant les bouches à feu qu'ils parvenaient à apercevoir dans la plaine plutôt que de concentrer leurs efforts sur la tête des sapes.

Malgré l'accalmie relative du bombardement, de nombreux incendies s'étaient encore déclarés dans la ville. C'est ainsi que le 3, les environs de l'ancienne Salle-le-Comte prirent feu et achevèrent presque d'être détruits. Le 5, ce fut le tour de la Cour des Veuves, ainsi que des deux casernes de Poterne.

Le 6 juillet, pour réprimer certaines mauvaises volontés, avait été publié un arrêté ainsi conçu :

> Le Conseil de guerre a arrêté que la Garde-nationale de cette ville étoit en réquisition permanente conformément à la Loi.
> Qu'en conséquence tout Citoyen qui sera réquis, soit pour le service de l'intérieur de la Place, soit pour travailler à des ouvrages de son style ou de sa profession, pour l'utilité publique, sera tenu d'y déférer sur le champ, sur les ordres qui seront transmis par le Commandant de la Garde-nationale, et par l'intermédiaire des chefs des Compagnies.
> Quiconque s'y refusera sans cause légitime, sera réputé suspect, et comme tel privé de tout droit et prétention aux indemnités, sans préjudice des autres peines, s'il y échet.
> *Pour extrait conforme au Procès-verbal du Conseil de guerre du 6 juillet 1793, l'an 2ᵉ de la République.*
> Par ordon[ce]. signé Brucy, Com[re] des guerres.

Quant aux assiégeants, ils avaient eu, le 9, une alerte résultant de rapports d'espions, d'après lesquels une armée française allait venir du Quesnoy au secours de Valenciennes ; ils avaient donc un instant renforcé le corps du prince de Cobourg au moyen de quatre bataillons et de deux escadrons empruntés à l'armée du duc d'York.

A compter du 12, les Autrichiens modérèrent leur feu pour ne pas brûler trop de munitions avant l'achèvement de leurs travaux de mines ; mais ce feu était destiné à recommencer avec la dernière violence deux jours avant l'attaque qui devait immédiatement suivre l'explosion de leurs globes de compression.

Les deux parties gagnèrent ainsi le 14 juillet, anniversaire de la prise de la Bastille, qui ménageait aux défenseurs de la place un grand espoir trop tôt suivi d'une cruelle déception. Ainsi que nous l'apprend Desmarest :

> Ce jour-là, à six heures du matin, un feu de file extraordinaire et supérieurement nourri, parti d'abord de la hauteur de Famars, se prolongea à trois reprises différentes sur toute la longueur de la tranchée. Nous nous disposions alors à faire la Fédération ; on ne songea plus qu'à la célébrer en combattant vaillamment à l'appui de l'attaque de Custine, car personne ne douta d'abord que la tête de son armée ne fût déjà aux prises avec les assiégeans. On battit la générale, et tout le monde prit les armes pour faire une sortie, qui assurément eût été vigoureuse. Mais n'entendant plus rien dans la plaine, ni derrière les hauteurs, nous restâmes en ville, nous épuisant en conjectures sur ce mouvement singulier. Les uns pensoient que le Duc d'Yorck avoit voulu se réjouir à nos dépens, en nous faisant croire un moment à la présence de notre armée dans le voisinage, d'autant plus qu'on affirmoit que la fusillade s'étoit faite le dos tourné à la ville. Ceux qui savent que l'ennemi ne perd point sa poudre à de pareilles amusettes, croyoient plutôt qu'il avoit voulu faire une fête en contre-partie de la Fédération. Les cris de *Vive le Roi* qu'on entendoit dans les boyaux, et les plaisanteries sur la Convention, confirmoient assez cette opinion.

Desmarest ajoute que, dans la tranchée, un braillard se tuait à crier sans cesse : « Président, je vous demande la parole ! » ; que d'autres annonçaient aux défenseurs des palissades françaises que depuis plus d'une demi-semaine déjà, Condé leur appartenait. La nouvelle n'était que trop vraie ; mais sur ce point, les Valenciennois demeurèrent encore deux jours dans l'incertitude.

Pendant cette attente, le Conseil de guerre tenu le 14 inséra dans son compte-rendu, au milieu de diverses décisions relatives aux vivres et que nous reproduirons plus loin, le passage suivant :

> Le Conseil de guerre a arrêté qu'il seroit fait mention au présent Procès-Verbal de la cérémonie Civile et Militaire quy a eu lieu ce jourd'huy pour le Renouvellement du Serment de la Fédération, tant à l'endroit de l'ouvrage à corne de la Porte de Cambray qu'à la Citadelle, en se félicitant sur les bonnes dispositions qui ont été prises à cet égard dans l'occurrence présente, ainsy que des sentimens civiques et de l'enthousiasme qui ont accompagné cette Céré-

monie de la part des Soldats-Citoyens et des Citoyens-Soldats, ainsy qu'il sera constaté par le Procès-Verbal détaillé de ladite cérémonie. Il a été également arrêté que tous les membres des Corps administratifs qui, pour raison de santé ou autres empêchemens légitimes, n'ont pu se rendre à la Cérémonie, seroient tenus d'envoyer par écrit et dans la journée de demain, leurs Sermens Fédératifs signés de leurs mains, pour être mentionnés et annexés au Procès-Verbal.

Le lendemain soir, nous apprend Desmarest :

Un trompette apporta au Général Ferrand une lettre de Custine portant l'ordre de permettre la sortie de Valenciennes à la Citoyenne Meltiez, femme du rédacteur de l'*Argus*, qui étoit grosse et près d'accoucher. A la lettre de Custine étoit joint le consentement du Général Autrichien, mais avec cette condition que la personne ne rentreroit point en France, et se transporteroit à son choix ou à Mons, ou à Bruxelles, ou à Condé, ce qui avertissoit assez que Condé n'étoit plus à la France.[1] On présumoit pourtant encore que ce pouvoit être une ruse de guerre ; mais dans la matinée du lendemain, la présence du trompette chargé de la réponse ayant suspendu le feu, il y eut une espèce de cession d'armes, durant laquelle les Anglais et les Français, sortis de leurs ouvrages, se mêlèrent dans la plaine ; on but ensemble, on causa, on s'embrassa. C'est là que les Soldats et les Officiers s'accordèrent à nous protester sur l'honneur que Condé étoit rendu, et que la fusillade de la veille [2] s'étoit faite à cette occasion. Ils donnèrent même des détails sur l'état déplorable et glorieux de la garnison, à sa sortie de cette ville.

La reddition de Condé s'était accomplie le 10 juillet. Bien que, depuis la retraite de l'armée du Nord et le blocus, bientôt suivi du siège de Valenciennes, Chancel eût perdu presque tout espoir d'être secouru, il avait résolu de résister jusqu'à son dernier morceau de pain, afin de continuer à immobiliser autour de lui une portion des forces des adversaires, et à couper leurs communications fluviales avec les Pays-Bas autrichiens. De temps en temps, le *Journal général de la Guerre*, qui, ainsi que nous le savons, paraissait à Bruxelles, avait imprimé des nouvelles de ses opérations actives, d'ailleurs peu nombreuses par suite de la faiblesse de sa garnison. C'est ainsi que, sous la date du 1er juin, il avait dit :

Le Prince de Wurtemberg a donné avis que l'ennemi a canonné aujourd'hui de la forteresse de Condé, depuis 4 heures du matin jusqu'à 7 heures, et qu'il a avancé contre ses chasseurs avec environ 50 hommes. On tira environ 400 coups de canon, qui ne firent reculer aucune de nos sentinelles, ni aucun de nos

---

[1] Dans son *Précis*, d'où nous extrayons ce passage, Desmarest dit que c'est le 14 au soir qu'arriva la lettre de Custine, et que c'est le 15 qu'eut lieu l'armistice. Il y a là une erreur d'un jour que nous corrigeons d'après le *Journal* d'Unterberger.

[2] Il faut lire : *de l'avant-veille*. La citoyenne Meltiez, « républicaine déclarée », fut conduite à Mons avec une petite fille âgée de 9 ans et une servante.

piquets ; il y eut seulement 2 hommes de Joseph Collorédo et un de Mahony de blessés, 2 chevaux des hussards de Berchiny de tués et 3 de blessés.

C'est ainsi encore que, dans son numéro du samedi 29 juin, publiant une correspondance d'Hérin datée du 26, il avait ajouté :

> Le 25, il y eut un petit mouvement du côté de Condé. Les François, à la faveur du canon de la ville, établirent une redoute entre la forteresse et le poste de Lecocq, dans le dessein de le déloger. Ils étoient sur le point d'y poser les canons, lorsque le Prince de Wurtemberg, qui dirige ce blocus, donna ordre d'attaquer ; ce que l'on fit avec le plus grand succès malgré le feu à cartaches [1] de la Forteresse où l'ennemi fut contraint de se retirer : on s'empara de la redoute, et, en peu de temps, elle fut entièrement démolie et l'on revint ensuite reprendre le poste de Lecocq.

Depuis lors, Chancel avait essayé, mais en vain, de se mettre en rapport avec l'extérieur ; il avait lancé un ballon de papier qui, partageant le sort de celui lancé de Valenciennes, tomba aux mains de l'ennemi et lui fournit d'utiles renseignements sur la famine dont la place était menacée à bref délai. Enfin, au moment de mourir de faim, il s'était décidé à envoyer un parlementaire à l'ennemi. Les deux parties n'avaient pas tardé à tomber d'accord sur les articles de la capitulation, et le prince de Wurtemberg avait, sans délai, offert à Chancel un bœuf avec quelques autres provisions que le général français s'était empressé de transmettre à ses malades.

Voici en quels termes le *Journal* autrichien avait annoncé à ses lecteurs cette grande nouvelle [2] :

> Marli 10 juillet. — Nous apprenons à l'instant que Condé s'est rendu par capitulation, vers une heure après-midi. Toute la Garnison est faite prisonnière de guerre ; on la fait monter à quinze ou dix-huit cents hommes en état de servir ; le reste est dans les hôpitaux où l'on s'est empressé de faire porter les secours dont ils manquoient absolument. — Au départ du courrier, on comptoit déjà 120 canons à Condé.
>
> La reddition de cette place nous ouvre la communication de l'Escaut jusqu'à Valenciennes. Elle nous donne un emplacement pour des magasins et un renfort des troupes qui étaient occupées au blocus, pour l'armée devant Valenciennes.

Et il avait fait suivre cette correspondance des réflexions que voici :

> On observe que la reddition de Condé tombe à l'époque de 3 mois de blocus, terme après lequel, selon les Décrets de la Convention, une ville peut se rendre, si elle n'a pas eu de secours.

---

[1] *Feu à cartaches* ou *à cartouches* se disait anciennement pour *tir à mitraille*.

[2] Dans son N° 100, portant la date du vendredi 12 juillet.

On dit que la Garnison de Condé étoit à peu près de 2.000 hommes au commencement du blocus, qu'il n'en restoit au moment de la reddition que 1.900 dont 1.400 se trouvèrent malades dans le moment.

De son côté, à Mons, Paridaens avait, le lendemain, écrit sur son registre :

DU 11 JUILLET.

A 5 heures et demie du matin, le carillon et la grosse cloche du château annoncent que la ville de Condé s'est rendue par capitulation aux troupes Autrichiennes qui la tenoient bloquée.

Et sous la date du même jour, le *Journal général de la Guerre* avait dit [1] :

Marli 11 juillet. — Il paroit que le nombre des malades à Condé n'est pas aussi considérable qu'on l'avoit cru dans le premier moment ; on ne le fait plus guère monter qu'à 300, mais on augmente beaucoup celui de la Garnison. On ne sait pas au juste la quantité de munitions qui se trouve dans la ville : on n'en a pas encore l'état.

Enfin, le même *Journal* ajoutait encore :

Marli 14 juillet. — Hier, à 8 heures du matin, la Garnison de Condé, ayant à sa tête le Commandant Chancel, est sortie de la ville par la porte de Tournay. Arrivée à Lecocq, elle a mis bas les armes et a continué sa route, pour sa destination par Péruwez.[2]
... Dans le même temps, la Garnison Autrichienne est entrée en ville au son de la musique guerrière et dans le meilleur ordre possible.[3]

Et le 16, le jour même où les Valenciennois recevaient la confirmation de la triste nouvelle, Paridaens constatait

L'arrivée à Mons d'une partie de la Garnison Françoise de Condé faite prisonnier de guerre à la reddition de cette ville.

La fusillade entendue le 14 avait suivi un *Te Deum* célébré par l'armée alliée en l'honneur de la prise de Condé ; et, le lendemain, quatre mille Hessois, tirés des troupes ayant bloqué cette ville, étaient venus se joindre à celles qui assiégeaient Valenciennes.

Dès lors, la position des armées combinées devant Valenciennes devint

---

[1] Dans son N° du 13 juillet.
[2] N° du 17 juillet.
[3] N° du 18 juillet.

telle que nous l'indique le *Journal général de la Guerre* dans son numéro du 17 juillet :

> Les Wallons s'étendent depuis l'inondation du bas Escaut jusque près d'Hérin. Au bas d'Anzin est une batterie dirigée sur la porte de la ville, au cas que l'ennemi voulût tenter une sortie de ce côté. Les Hanovriens occupent depuis Hérin jusqu'à Fontenelle, où commencent deux digues de communication, qui traversent l'inondation jusqu'au pied du mont d'Ouy. Elles sont chacune de la largeur d'un chariot ; les convois passent sur l'une et reviennent sur l'autre. Les Anglois sont établis depuis l'inondation jusqu'à Marli et Saultain. Au haut du mont d'Ouy est une batterie de 10 pièces, qui joue sur la branche droite de l'ouvrage à cornes. Les Autrichiens occupent depuis Marli jusqu'à St-Sauve. La première parallèle s'étend entre le chemin de Bavai et celui de Mons. Elle a 12 à 1300 toises et est éloignée de la place de près de 300. La seconde n'en est qu'à 150 et la troisième est à 36. Entre St-Sauve et Onnaing sont le parc d'artillerie et les dépôts de fascines, gabions, etc. Sur l'inondation du côté de Condé est encore une large digue de communication sur laquelle deux chariots peuvent passer de front...
>
> L'armée d'observation sous les ordres de M. de Clerfait, s'étend depuis Wavrechain et est appuyée au bois de Vicoigne. Au bas de Famars, du côté de la France, est un petit corps d'armée avec quelques batteries. Un autre, aux ordres de M. de Bellegarde, est établi sur le chemin du Quênoi.

A mesure que le temps s'écoulait, la situation des assiégés devenait de plus en plus pénible, et toutes les autorités devaient prendre des dispositions énergiques pour y remédier autant que possible.

Nous avons indiqué les arrêtés publiés dès le début du blocus, quant aux nourritures. Par bonheur, la plupart des aliments usuels ne manquaient pas, et, plus heureuse que les Condéens et les Mayençais, la population valenciennoise ne se trouva jamais menacée de famine. Presque seule, la viande fraîche était rare ; aussi dut-on en limiter la consommation C'est à quoi, le 4 juin, se décida le Conseil de guerre en réduisant à sept livres et demie la quantité qui, mensuellement, en serait livrée à chaque soldat. Dans sa séance du 12, il alla plus loin et fit rédiger un procès-verbal ainsi conçu :

> L'Assemblée a été ouverte par un Rapport sur les subsistances fait par le citoyen Cochon, Député de la Convention ; d'après lequel il a été arrêté à l'unanimité, vu l'extrême consommation et dilapidation qui ont eu lieu dans les abats et distributions des viandes fraîches et la très-petite quantité de bœufs qui restent dans la Place et dont la plus grande partie est destinée pour le service des Hôpitaux :
>
> 1°) Qu'à compter de ce jour, il ne sera plus délivré de viande fraîche à la troupe que deux fois chaque semaine non plus qu'à qui ce soit attaché à l'armée ;
>
> 2°) Que le citoyen Morlet, Ordonnateur des guerres, est autorisé à faire acheter des habitants de la campagne et autres réfugiés en ville la quantité de vaches qu'il pourra se procurer pour subvenir au manque de bœufs destinés à l'approvisionnement de la Place ;
>
> 3°) Qu'il ne sera plus, à compter de ce jour, délivré aucune ration en viande aux pionniers, ouvriers, boulangers, et journaliers à quelque service qu'ils soient attachés ;

4°) Que, pour indemniser les pionniers de la suppression des rations en viande qui leur étoient accordées par le réglement, il leur est attribué cinq sols par jour en sus de leur paye pour leur en tenir lieu ;

5°) Que les gardes magasins et premiers commis de toutes les Administrations généralement quelconques seront aussi, à compter de ce jour, réduits à une seule et unique ration tant en grain, qu'en viande et légume ;

6°) Que les Chefs de tous atteliers d'habillement, équipement et armement ne recevront plus, à compter de ce jour, aucune espèce de ration.

Enfin, le 18 juin, le Conseil de guerre arrêta à l'unanimité que, le lendemain 19, « la viande fraîche seroit délivrée pour la dernière fois aux troupes de la Garnison, attendu que le peu qui en reste est réservé pour le service des malades et blessés. » Mais, en revanche, le 6 juillet, il accorda « une once de biscuit par homme chaque jour », et, à cause des fortes chaleurs qui venaient d'éclater, « un seizième de pinte de vinaigre. »

En outre, supplice horrible pour d'aussi grands fumeurs que les hommes du Nord, surtout pendant l'été, la bière allait manquer ! Soumis au *maximum* par l'arrêté du 31 mai que nous avons reproduit, les brasseurs se vengeaient en s'abstenant de fabriquer. On ordonna un recensement des bières existant dans les caves, mesure plus mal exécutée encore que celle de même nature précédemment décrétée quant aux chevaux. Sans un meilleur succès, on rechercha aussi le nombre exact des vaches encore existantes dans la place. Puis le Conseil de guerre prit, le 14 juillet, les résolutions suivantes :

D'après les Représentations de l'Inspecteur des vivres sur les inconvéniens qu'il y auroit à employer les moulins à bras pour la mouture des farines, le Conseil a arrêté qu'il n'en seroit pas fait usage.

Sur les représentations faites par le Citoyen Cochon, de l'utilité qu'il y auroit à exciter de l'encouragement parmy les Brasseurs pour faire la bierre, dans une saison surtout où cette boisson devient une nécessité première, eue égard à la mauvaise qualité des eaux et principalement dans un tems où elle est au moment de manquer aux habitans : le Conseil, prenant unanimement en considération cette demande, a arrêté qu'il seroit accordé à chaque Brasseur, ou autre qui fera de la bierre, une prime de dix francs par chaque tonne de la contenance de soixante dix pots par forme de gratification et indépendamment du prix, pour lequel on se conformera à la taxe ; que la Municipalité sera invitée de donner des bons nécessaires pour la délivrance de cette bierre aux particuliers qui n'en pourront recevoir sans cette formalité..... [1]

Sur la proposition du Général, il a été arrêté que, sur le nombre de vaches existantes dans la Ville, soit sur celles déjà déclarées, soit sur celles soustraites à la visitte, il en sera affecté le nombre de vingt au service des Hôpitaux pour servir à compenser, avec les cinq cent moutons et les cinquante deux bœufs restans, les Distributions dans une proportion assez égale pour que les bœufs et moutons finissent ensemble.

---

[1] C'est ici que s'intercalle le fragment du même procès-verbal relatif à la fête de la Fédération et que nous avons reproduit ci-dessus.

Le lendemain, était affichée sur les murs une

PROCLAMATION DU CONSEIL-GÉNÉRAL DE LA COMMUNE, SUR LA DISTRIBUTION DE LA VIANDE DE BOUCHERIE.

Le Conseil-général de la Commune considérant que la Viande fraiche devient très-rare par le défaut de Bestiaux ; qu'il est très-essentiel de réserver le peu qui en existe au service des malades, et que la plus sévère économie doit être apportée dans la distribution de ce comestible ;

A règlé les points suivans :

1. Il sera établi une seule Boucherie.

2. L'établissement de cette Boucherie est arrêté provisoirement chez le Citoyen Lefranc, Boucher rue St. Génois.

3. Ledit Citoyen Lefranc, surveillera le tuage et la distribution.

4. Il sera permis aux propriétaires des Bestiaux de s'arranger de grè à grè avec des Bouchers pour tuer leurs bêtes dans l'emplacement ci-dessus désigné.

5. Aucun propriétaire de Bestiaux ne pourra faire tuer sans un consentement par écrit d'un Membre du Conseil-général qui sera dénommé à cet effet, et qui devra indiquer le jour du tuage.

6. Il ne pourra être tué que quatre Bœufs ou Vaches chaque jour.

7. Il ne sera délivré de permis à la Municipalité pour avoir de la Viande, que sur les billets de Médecin, qui devront constater la nécessité, depuis huit heures du matin jusqu'à trois heures du soir, après lequel tems il sera libre aux Bouchers ou propriétaires de vendre le reste de leur viande à tous ceux qui se présenteront, sous la condition expresse que toutes les permissions seront remplies : il est interdit d'en donner à qui que ce soit une plus grande quantité que celle règlée par l'article 12.

8. Tout Boucher qui sera convaincu d'avoir tué au mépris du présent Règlement, sera condamné à *cent cinquante livres* d'amende, outre la confiscation de la bête qu'il auroit tuée.

9. Les Médecins qui sont autorisés à délivrer des billets aux malades, sont les Citoyens : Camus, à l'Hôpital-général ; Lejuste, au souterrain du Citoyen Lengrand, rue de Beaumont ; Mercier, rue derrière le Paon ; Bauduin, rue de Tournay ; Wattecamps, place à Lille ; Wolff, rue de Mons, chez le Cit. H. Perdry; Bonjour, rue Capron, chez le Cit. Laplace, Mᵉ. des Postes.

Les Citoyens pourront s'adresser à eux pour tous les autres secours relatifs à leur art.

10. Il sera nommé un Commissaire pour être présent à la distribution, qui ne pourra se faire qu'en sa présence.

11. Tout Citoyen porteur de permis qui se rendra à la Boucherie, devra le présenter au Commissaire qui l'enfilacera par ordre de présentation, s'il n'y avoit pas de viande à la boucherie au moment où il se présentera, pour attendre la distribution du lendemain.

12. Il ne pourra être délivré à chaque particulier que deux à trois livres de viande.

13. Le prix de la Viande demeure irrévocablement fixé à *vingt sols* la livre, conformément à l'arrêté du 26 may dernier et sous les peines y portées.

Le conseil-général, ouï les conclusions du Substitut du Procureur de la Commune, a délibéré que la présente Proclamation seroit imprimée, publiée et affichée à ce que personne n'en ignore.

Fait en Séance permanente, le 15 Juillet 1793, l'an 2. de la République.

Signé Mortier, *Secrétaire-greffier.*

Loin de se plaindre du régime qui lui était imposé, Desmarest nous dit que

> Le Soldat ne fut jamais mieux nourri, ayant, outre sa ration ordinaire, des légumes secs, du fromage et du lard..... Je voyois les femmes que nous logions dans nos quartiers, non pas nous porter envie, car nous partagions avec elles, mais nous féliciter sur notre nourriture. L'eau-de-vie et le vin étoient en abondance dans nos magasins, et généralement dans la ville, surtout le vin, et l'ennemi a dû trouver à son entrée près de 50 bœufs [1], 14 mille livres de beurre, une très-forte quantité d'excellente viande salée, et le reste en proportion.

Au lieu d'offrir leur superflu aux jolies réfugiées d'Anzin ou de Beuvrages, certains, moins galants, en tiraient un profit pécuniaire ; d'où, le 16 juin, cette décision du Conseil de guerre :

> Il sera défendu, par une affiche, à tout Militaire de quelque grade qu'il soit, de vendre ses rations de bouche sous peine de quinze jours de prison, pendant lequel tems ils feront le service aux palissades, en augmentant la punition en raison du grade, depuis le Volontaire ou Soldat jusqu'à l'Officier. Enjoint aux Chefs de corps de tenir la main à l'exécution du dit arrêté.

Un peu plus tard, le 8 juillet, le bien-être relatif de tous les militaires fut encore accru par l'octroi d'un double prêt de cinq jours.

Le bourgeois était beaucoup moins heureux. A des conditions débattues avec l'Administration militaire, la municipalité prenait pour lui, dans les magasins de la guerre, des sacs de farine qui, à partir du 10 juillet, furent quotidiennement de cent. A son pain, il joignait du vin et quelques salaisons. « Deux livres de viande fraîche, » nous dit Desmarest, « faisoient un repas de noce pour toute une famille ». Mais ce maigre régime finit par amener de la faiblesse, des maladies, et surtout bien des récriminations.

Celles-ci éclataient plus vives et plus bruyantes qu'ailleurs dans les casemates de l'Hôpital général où grouillait une partie de la population civile. Mécontentes de leur ordinaire, certaines femmes du peuple en arrivaient parfois aux injures et aux voies de fait. Pour rétablir l'ordre, le Conseil de guerre avait dû, le 24 juin, prendre des mesures rigoureuses :

> Le Citoyen Brucy, Commissaire des guerres, ayant, à l'ouverture de la séance, fait un Rapport sur les abus et malversations, désobéissances aux chefs de l'Administration par une infinité de citoyens et citoyennes, le Conseil a arrêté que perpétuellement il y auroit une garde de huit officiers, huit sous-officiers et quinze fusiliers pour veiller au bon ordre et empêcher tous les abus qui s'y commettent.

---

[1] Nous croyons que le nombre des bœufs vivants encore le 1er août dût être moindre, puisque le 14 juillet, Ferrand disait n'en plus posséder que 52. Aux bœufs, Desmarest joint probablement les vaches, et veut dire : « 50 bêtes à cornes. »

En outre, au citoyen Talbut, directeur de l'hôpital, le Conseil adjoignit comme sous-directeur le citoyen Fradel, qui avait jadis dirigé les hôpitaux ambulants de l'armée et qui, depuis le siège, était devenu le chef de l'atelier de confection des habits. C'est à eux qu'échut, le 4 juillet, le soin de réprimer une sorte d'émeute amenée par des accaparements de lait.

Tous les jours, et souvent deux fois, Cochon se rendait tant à l'Hôpital général qu'au couvent des Sémériennes, à l'ancienne abbaye de Saint-Jean, et dans les autres lieux où se trouvaient déposés des malades et des blessés, pour se rendre compte de leurs besoins. Leur nombre augmentait dans des proportions effrayantes, et, dès le commencement de juillet, les pharmaciens ambulants, chargés de donner les premiers secours aux soldats qui tombaient sur les remparts, manquèrent de médicaments. De son côté, le citoyen Isambart, « apothicaire de l'Hôpital sédentaire », déclara ne plus pouvoir continuer le service « tant par le défaut de drogues nécessaires que parce que le terme de son marché étoit expiré ». Mais, par bonheur, un autre pharmacien, qui était en même temps officier municipal, le citoyen Ravestin père, menacé d'être écrasé sous les ruines de sa maison, avait transporté ses bocaux, ses alambics et ses mortiers au sein du colossal édifice et s'y était installé « dans le quartier dit des Fours. » Le 4 juillet, le Conseil de guerre l'autorisa à opérer toutes les fournitures nécessaires, et, grâce à deux aides qu'il prit dans l'hôpital même, ainsi qu'à certains produits qu'il emprunta à quelques-uns de ses collègues, il pourvut momentanément aux plus pressants besoins.

Appelé à chaque instant soit aux remparts, soit dans les maisons particulières, le personnel médical ne jouissait pas d'un moment de repos. Les forces humaines ayant des limites, il ne pouvait faire face à tout, et bien des plaintes, peut-être injustifiées, étaient proférées contre lui. Pour se rendre un compte exact des mérites et des torts de chacun, le Conseil de guerre arrêta, le 14 juillet, que :

Les Directeurs de chaque Hôpital seront tenus, sous leur Responsabilité, de donner, dans la journée de demain, au Général Ferrand l'état exact des Officiers de Santé et autres Employés dans les Hôpitaux avec la note de tous ceux qui n'y ont pas fait le service depuis le Blocus et notamment depuis le Bombardement.

Et, deux jours après, au double titre de punition et d'exemple :

Sur l'exposé fait par le Général du refus fait par le Citoyen Mallet, chirurgien, de se rendre à la maison d'un particulier pour y prêter des secours à une fille qui venoit d'avoir les membres mutilés par une bombe,
Le Conseil a arrêté que le chirurgien Mallet sera conduit à la prison Saint

Pierre [1] d'où il se rendra partout où il sera requis chez les Citoyens et notamment dans les souterrains de l'Hôpital-général, pour y visiter et soigner les malades. Il sera escorté par deux Fusiliers dans les visites, dont il rendra compte, par écrit, tous les jours, au Général Ferrand.

Enfin, le 18 juillet, les officiers de santé trouvés disponibles furent répartis entre les différents hôpitaux et les différents quartiers de la ville, afin d'assurer partout des secours plus réguliers.

Cependant la charpie vint à manquer, et un appel ainsi conçu, imprimé sur un papier de petit format, fut distribué dans toute la ville :

Maire, Officiers Municipaux et Membres du Conseil-général de la Commune de Valenciennes

Invitons les Citoyens et Citoyennes qui ont de la charpie et des étoupes de fin lin, de vouloir bien les apporter à la Maison-commune, le besoin de cet objet se faisant vivement sentir dans les Hôpitaux pour panser nos concitoyens blessés et les Défenseurs de la Patrie.

Ceux ou celles qui exigeront le payement, en feront la déclaration, et il lui sera fait à l'instant. Nous les invitons aussi à continuer de faire de la charpie pour satisfaire au besoin qui se renouvelle tous les jours.

Ce 18 Juillet 1793, l'an 2e. de la république.

Signé MORTIER, Secrétaire-greffier.

Sans délai, dans les casemates de l'hôpital et dans celles du bastion Sainte-Catherine, aussi bien que dans maintes maisons de la ville, les femmes et les enfants se mirent à effiler de petits morceaux de vieille toile. Mais les besoins croissant plus vite que le produit de leur travail, deux jours après fut affiché, en ces termes, un « Avis Pressant » :

Citoyens,

Nos Frères d'Armes, blessés à la défense de la Place, méritent toute notre sollicitude, ils ont un besoin pressant de Charpie, nous vous l'avons annoncé le dix-huit de ce mois, nous vous réitérons qu'il est urgent de vous occuper tous, à leur en procurer. Nous vous demandons qu'aussitôt le présent Avis reçu, vous nous annonciez par écrit que vous vous occupez de ce travail essentiel et urgent ; que journellement vous nous envoyez ce qui sera fait.

Nous vous donnons aussi à connoître que les étoupes de fin lin peuvent suppléer à ce que le tems ne vous aura pas permis de faire jusqu'à présent. Nous vous invitons à nous envoyer aussitôt tout ce que vous en avez et vous en serez payé à l'instant.

Signé MORTIER, *Secrétaire-greffier.*

Tandis que, d'après Desmarest, la garnison de Condé « se trouva sans le sou dès le premier mai, » nous savons, par une lettre de Carnot et de Lesage-Senault, [2] que le payeur-général de l'armée du Nord avait laissé

---

[1] Cette prison, dont il a déjà été question p. 532, était installée dans la chapelle Saint-Pierre, attenant à l'Hôtel de Ville, et située au coin de la Grand'Place et de la ruelle Buriane.

[2] Nous l'avons reproduite p. 463.

dans Valenciennes quatre millions. Mais nous savons aussi que cette somme était représentée en grande partie par des assignats de quatre cents livres [1]. Aussi, d'accord avec le Conseil général du district et celui de la commune, les représentants décidèrent-ils d'émettre des *Billets de confiance*, destinés à remédier à la pénurie de petits assignats.

C'était non une innovation, mais le renouvellement d'une mesure qui l'année précédente, avait été appliquée d'une manière quasi-générale. En effet, les billets créés au nom de la Nation n'étaient pas d'abord descendus au-dessous de cinquante livres. De là l'impossibilité d'en faire usage pour l'acquisition d'objets d'un moindre prix, à moins que le vendeur ne remît la différence en numéraire. Comme sous l'empire de la panique causée par la Révolution et par la guerre, l'or et l'argent étaient devenus presque introuvables, les marchands refusaient de rendre l'appoint, à moins de bénéficier d'un fort escompte. D'où une notable dépréciation des assignats. Pour y porter remède et faciliter le commerce, une foule de départements, de districts, de municipalités et de sociétés particulières avaient émis, sous le nom de *Billets de secours*, de *Billets de confiance* ou de *Bons patriotiques*, de petites coupures qu'ils avaient échangées au pair contre des assignats de cinquante livres, lesquels devaient rester dans leur caisse à titre de garantie. Suivant l'impulsion partie d'ailleurs, la municipalité valenciennoise en avait, dans l'ancien couvent des Ursulines, fait imprimer un grand nombre conformes au type suivant, que nous prenons au hasard parmi les exemplaires aujourd'hui conservés au Musée de la ville :

F° 268

COMMUNE DE VALENCIENNES

BILLET D'ÉCHANGE, NON FORCÉ.

BON POUR DIX SOLS

N° 1600

Il sera, à Bureau ouvert, rendu au Porteur, un Assignat de cinquante livres, en rapportant même valeur en Billets de dix sols.

BARRÉ.

Registre 131

---

[1] Voir p. 489 un arrêté du 6 juin 1793.

Vers le même temps, Condé et Marchiennes eurent aussi leurs billets de confiance ; mais, nous apprend Dinaux [1], « les plus curieux et peut-être les plus rares sont ceux de la petite commune de Fourmies, de l'arrondissement d'Avesnes, dont la valeur nominale n'était que de deux liards, et qui portaient cette légende philosophique : « Ne me refuse pas à l'indigent qui t'implore. »

Bientôt la confusion créée par la multiplicité de ces billets et la crainte de voir ceux qui les avaient émis en faire disparaître le gage, étaient devenues telles que, par un décret du 8 novembre 1792, la Convention en avait arrêté sur-le-champ la mise en circulation, et ordonné le remboursement avant le 1er février 1793. Par suite des passages de troupes qui, depuis la déclaration de la guerre, n'avaient cessé de se multiplier à Valenciennes, cette ville était, plus qu'aucune autre, encombrée de ces papiers d'origine variée et souvent lointaine. Aussi, pour liquider la situation, la direction du district et le Conseil général de la commune avaient-ils, le 5 décembre 1792, par un long arrêté en vingt-un articles, fixé les formes dans lesquelles la caisse municipale rembourserait en assignats tous les billets quelconques, et se chargerait elle-même, par pure complaisance, de les représenter à ceux qui les avaient créés. [2]

Depuis lors, par respect pour l'article 22 du décret du 8 novembre 1792, qui défendait « de souscrire, ni d'émettre aucun effet au porteur, sous quelque titre ou dénomination que ce soit, sous peine, par les contrevenans, d'être poursuivis et punis comme faux-monnayeurs, » aucun billet nouveau n'avait été répandu dans le public. Mais, vu les nécessités des temps, les députés passèrent outre à cette défense, et firent prendre, le 24 juillet, la délibération suivante par le Conseil général de la commune :

En la séance de ce jour, dix heures du matin, convoquée spécialement par les Représentans du Peuple, et où s'est trouvé réuni le Conseil-général du District, ainsi que lesdits Représentans, il a été arrêté, sur la réquisition formelle des mêmes Représentans, que la Municipalité mettrait sur le champ en émission les trente-neuf registres de Billets de confiance qui lui restoient et qu'elle se chargeoit seule de cette besogne. Il a été arrêté, en outre, que les souches des anciens registres de Billets de confiance seroient employées à faire imprimer des billets de cent sols de monnoie obsidionale, aiant cour pendant le siège et échangeables contre des Assignats, en telle quantité qui sera nécessaire. Le Citoïen Prignet, imprimeur, a été chargé de faire la planche du modèle pour être agréée et, de concert, il a été choisi pour signaturer des Billets de monnoie obsidionale, les Citoïens Lemoine, Lenglé, Podevin et Goffart, Administrateurs

---

[1] *Archives historiques et littéraires du Nord de la France et du midi de la Belgique*, nouvelle série, t. 2, p. 556.

[2] La délibération du 5 décembre 1792 a été imprimée chez Prignet en une brochure de 8 pages.

du District, Hayoit, Administrateur du Département, Poirier, Secrétaire du District, Courouble, employé dans les bureaux du District, Dépoutrel l'aîné, receveur des consignations, et Donné, négociant. Il a été arrêté enfin qu'il sera fourni à la municipalité des assignats de 400 l. pour la valeur des billets de confiance qui seront émis, et que les billets de monnoie obsidionale seront versés dans la caisse du payeur de l'armée qui fournira des assignats de quatre cent livres en équivalent desquels seront déposés dans la caisse du District (sic). Cette dernière opération sera sous la surveillance de la ditte administration du district.

La séance a été levée et une deuxième séance indiquée à trois heures après-dînée pour juger de l'épreuve confiée au citoyen Prignet.

Du même jour, trois heures de relevée, l'épreuve dont il s'agit aïant été examinée attentivement, il a été arrêté à l'unanimité que le citoïen Prignet la mettroit en usage pour sa responsabilité, auquel effet il lui sera délivré des registres des anciennes souches. Les impressions seront faites au dos des souches, déjà numérotées et où se trouvent les signatures transversales. L'Administration du District tiendra la main à la célérité de l'impression et fera travailler les signataires au fur et à mesure de l'impression d'un registre.

Il sera provisoirement emploié à cette opération jusqu'à la concurrence de quarante registres, lesquels seront confiés à l'imprimeur Prignet, toujours sous la surveillance du District, à qui ledit imprimeur les remettra successivement. La signature sera mise en marge du billet où il se trouve plus de blanc et sur la partie gauche.

Charles COCHON, BRIEZ, LENGLÉ, LEMOINE, LANDAS, HARTOIT et GOFFART.[1]

Le même jour, se termina une assez sotte affaire qu'avait, le 14 juillet, introduite une plainte ainsi conçue, adressée « aux Citoyens Membres du Conseil de guerre séant à Valenciennes » :

Citoyens,

Le 12 juillet, l'an 2ᵉ de la République, Claude Jourdain, volontaire du 1ᵉʳ bataillon de la Côte-d'Or, étoit en faction sur le rempart de la citadelle à onze heures du soir. Un citoyen se présente pour passer devant lui. Ce citoyen étoit sans uniforme, sans armes et se promenoit avec deux femmes. « On ne passe pas », crie le factionnaire. « Je passe partout » répond le citoyen, « car je suis le général Beauregard. » Puis il demande quelle est la consigne. Claude Jourdain refuse de la lui donner et répète qu'il ne passera pas. Le général demande si les généraux n'ont pas le droit de passer partout. « Oui » répond le factionnaire, « mais quand ils ont été reconnus. » — « Je te ferai mettre au cachot » reprend le général en colère. « On ne craint rien quand on fait son devoir » répond le factionnaire avec tranquillité. Alors le général n'est plus maître de lui-même ; il laisse là les deux femmes, court au corps de garde, ordonne au sergent de relever le factionnaire et le fait jeter au cachot pour avoir exécuté sa consigne. Cependant, le général a réfléchi de suite à la faute qu'il avoit commise, et le volontaire a été remis en liberté le lendemain à 7 heures et demie du matin.

Présidé par Tholozé, le Conseil de guerre entendit Claude Jourdain et les témoins appelés de part et d'autre. Le général établit tant bien que

---

1 Archives de Valenciennes, D 1, 7, p. 223.

mal que les deux personnes qui l'accompagnaient étaient d'honnêtes femmes et le Tribunal décida à l'unanimité que le fait, dont était plainte, ne constituait ni crime ni délit militaire. Mais cette petite aventure n'augmenta point le prestige de Beauregard.[1]

A l'heure où fut rendu ce jugement, le siége était, depuis plusieurs jours déjà, entré dans sa période décisive, et chacun comprenait qu'à moins d'un secours extérieur de moins en moins probable, Valenciennes ne devait pas tarder à tomber au pouvoir de l'ennemi.

Dès que celui-ci avait eu achevé sa troisième parallèle, et commencé à creuser ses mines, Tholozé avait adressé à Ferrand un mémoire détaillé sur les mesures à prendre, mesures dont Tholozé lui-même décrit ainsi l'exécution :

D'abord, toutes les Places d'armes furent numérotées pour la facilité du service ; toutes furent occupées par des troupes, mais en plus grand nombre dans les Places saillantes du front attaqué.

Les réserves et les renforts furent placés les uns aux arrondissements de la contrescarpe où se trouvoit l'entrée des Mines, les autres dans les caponnières et ouvrages extérieurs du front d'attaque ; en cas d'attaque sur les saillants, la gauche et la droite formant les rentrants éloignés devoient les secourir en ne laissant que quelques hommes de garde sur les points abandonnés. Il n'auroit pas suffi de disposer l'emplacement des troupes pour la défense du chemin couvert et la conservation des Mines : il falloit encore instruire le Général de brigade, les Chefs de corps et les Officiers particuliers de la Garnison, ce qui fut exécuté par des leçons de théorie sur des tracés en grand des fortifications, et par des leçons de pratique sur le terrain et sous le feu de l'ennemi.

Les assiégés ne tardèrent pas à s'apercevoir que les Alliés cherchaient à s'avancer près des chemins couverts, à en faire le couronnement et à détruire par des contre-mines les galeries creusées par les défenseurs de la place. Ceux-ci s'efforcèrent de les contrecarrer ; mais, ainsi que nous l'apprend encore Tholozé :

Le Capitaine des Mineurs, qui avoit été tué, avoit laissé ce service incertain et sans chef profondément instruit des principes et des règles de cet art. J'avois pris, avant la mort de cet Officier, des renseignemens sur ces moyens de défense pour les lier au système général, d'où il résultoit que les dispositions des Mines sur le front de l'ouvrage à cornes de Mons étoient très imparfaites. D'abord, les entrées dans l'arrondissement des contrescarpes, sans galerie d'enveloppe et d'écoute, les rendoient accessibles à l'ennemi, soit par des contre-mines sans coup férir, soit par une attaque de vive force et soutenue des saillants du chemin couvert. De plus, en suivant les progrès formés pour l'exécution de ces Mines, il avoit été arrêté qu'on prolongeroit les galeries de

---

[1] Les pièces relatives à cette affaire et à d'autres jugées par le Conseil de guerre, sont conservées aux Archives de Valenciennes, H 6, 1, 13.

manière à établir des fourneaux à la hauteur de la troisième parallèle et d'autres à 4 ou 5 toises des crêtes des chemins couverts sous l'emplacement des batteries de brèche de l'ennemi. Mais bien loin d'être en mesure avec lui, qui s'avançoit assez rapidement sur ce front, les galeries n'étoient formées que jusqu'au 1ᵉʳ fourneau et quelques pieds en avant. Le calcul de temps nécessaire pour perfectionner ces Mines, comparé à celui que l'ennemi pouvoit employer dans son cheminement, détermina le Comité de défense à en suspendre la continuation pour avoir celui de charger les deux premiers fourneaux et de barrer les Mines.

Telle était la situation lorsque, le 19 au matin, un déserteur se présenta aux palissades. Ce n'était pas le premier, et, de leur côté, les Autrichiens en avaient reçu bon nombre. D'après l'ordre formel du général, assez peu conforme, semble-t-il, à l'intérêt des assiégés, une sentinelle menaça de tirer sur lui. Mais, bien que couché en joue, il s'avança en criant : « Sentinelle française, vous serez coupable d'avoir tué un citoyen qui vient pour sauver Valenciennes et la République de France ! » Etonnée, la sentinelle appela l'officier de poste, lequel prévint Ferrand, qui se décida à l'admettre. C'était, nous dit Desmarest, un Franc-Comtois fait prisonnier à l'affaire de Glisuelle, le 11 juin 1792 [1] ; et le soldat de la Charente continue ainsi :

Après nous avoir donné des nouvelles positives de notre armée, ce déserteur nous détailla avec la dernière précision tous les travaux des ennemis, le nombre des soldats et des travailleurs. Il nous apprit qu'ils avoient fouillé la terre jusqu'aux palissades sur trois points différents, et qu'ils cherchoient nos Mines pour les faire sauter, n'osant pas se présenter à l'attaque directe des chemins couverts. Il parla sur tous ces objets avec tant d'exactitude et d'assurance, décrivant l'étendue, la profondeur et la distance des diverses galeries qu'on lui demanda comment, étant simple Soldat, il pouvoit être aussi instruit. Il répondit qu'il avoit préféré travailler à la contre-mine, plutôt que de monter la tranchée, qui étoit très-meurtrière, et qu'il s'étoit appliqué à étudier les ouvrages, dans l'intention de nous être utile. Sur le soir, on le conduisit aux palissades habillé en volontaire ; là il indiqua tous les endroits dont il avoit parlé le matin, demandant que sa tête répondît de tout ce qu'il avançoit.

On s'attendoit à voir prendre quelque grande mesure, d'après des déclarations aussi motivées, qui confirmoient d'ailleurs les indices que nous avions déjà. Il fut résolu d'abord qu'on jetteroit le lendemain des cominges [2] sur la place, où le déserteur avoit montré qu'étoient les galeries, afin de crever le terrein, et d'y étouffer les travailleurs ; cette idée s'exécuta en effet, mais sans succès. En même tems, on débourra les Mines, afin de pouvoir juger plus sûrement si l'ennemi travailloit ; on se mit aux écoutes, et tous ceux qui y descendirent, les Mineurs eux-mêmes, s'accordèrent à déclarer qu'on n'entendoit rien. Enfin, on commença deux fouilles en diagonale, partant du saillant de l'ouvrage à cornes ; on n'eut pas assez de tems pour pousser ces ouvrages. Nous étions

---

[1] Nous avons parlé de ce combat, ch. II, p. 85.

[2] Au XVIIIᵉ siècle, on nommait ainsi de grosses bombes, en souvenir de la taille et de la corpulence du comte de Cominges, aide de camp de Louis XIV.

pourtant déjà assez près des fourneaux de l'ennemi, puisque le jeu des globes de compression, le 25, ensevelit deux ou trois de nos Mineurs dans une de ces galeries. Le même jour, quelqu'un proposa au Comité de mettre le feu aux Mines ; mais on observa que cette opération ne se faisoit que lorsque l'assiégeant étoit maître du chemin couvert, et cherchoit à s'y établir ; que c'étoit un grand hasard qu'il rencontrât précisément nos Mines, et par le fait, il est certain qu'elles ne furent point éventées. Le Comité s'en tint donc aux mesures dont j'ai parlé ci-dessus, et l'on attendit l'événement.

A force de tirer, les Alliés étaient parvenus à former trois brèches, dont l'une, celle du bastion des Huguenots, fut, ainsi que nous l'apprend Ferrand, praticable dès le soir du 19 juillet :

> Elle étoit d'une étendue à pouvoir faire monter trente à quarante hommes de front ; je pris le parti de faire gonfler les eaux des fossés autant que possible, aux dépens de l'inondation supérieure ; comme l'ennemi étoit maître de la digue qui soutenoit ces eaux, il auroit pu mettre à sec ces fossés en moins de 24 heures, et d'autant plus aisément que les ouvrages de la partie de ce front n'avoient pas été achevés depuis que M. l'Ingénieur en chef Filet, l'avoit fortifié de nouveau. Il n'existoit que le tracé du chemin couvert.
>
> La brèche du bastion de Poterne et celle de la longue Courtine, n'étoient point aussi praticables que la première, et l'accès en étoit d'autant plus difficile que la partie du mur du rempart qui n'avoit pas été atteinte par les boulets étoit chaque jour dégagée de l'encombrement des terres éboulées du parapet et du rempart. D'après les intelligences qu'il avoit dans la place, l'ennemi fût bientôt informé de la précaution que j'avois prise de faire déblayer les éboulemens. Alors il dirigea au pied des brèches un feu d'artillerie très vif ; mais rien ne fut capable de ralentir le zèle des braves que j'employais au déblayement. Pendant le plus grand feu, ils se mettoient dans les fossés des ouvrages voisins, où ils étoient à l'abri de tout danger ; aussitôt que le feu devenoit moins vif, ils revenoient aux brèches déblayer les terres éboulées. Sans cette mesure, les brèches auroient été praticables un mois plus tôt, et, pour les former, l'assiégeant usa tant de munitions, qu'il tiroit ensuite dans nos ouvrages et sur la place avec des pavés arrondis.

Ajoutons que, pour dégager les feux de flanc qui avaient des vues sur l'une des brèches, Tholozé fit sauter trois arches du pont de la porte de Mons.

Durant la nuit du 21 au 22 juillet, les assiégeants firent jouer deux nouvelles batteries placées sur la rive gauche de l'Escaut, un peu au-dessus de la route qui d'Anzin conduit à Bruai, en face de l'Hôpital général, batteries construites par le colonel anglais de Funck, et qui, dans le moindre temps, furent celles qui causèrent le plus de mal à la ville. En outre, toutes leurs précautions furent prises pour ne manquer de rien durant les grandes canonnades qu'ils préparaient : ils amenèrent de Condé un certain nombre de pièces supplémentaires ; au moyen de trois machines, ils remirent des grains à la lumière de beaucoup de leurs bouches à feu ; ils demandèrent à Luxembourg des projectiles, et, de plus, pour en fabriquer, remirent en activité diverses fonderies du pays. C'est ainsi qu'ils parvinrent à approvisionner de cinquante coups chacune des cent trentedeux pièces qui garnissaient alors leurs trois parallèles.

De son côté, Ferrand avait fait scier ses canons égueulés, et, bien que plus courts, les avait de la sorte rendus au service. Puis, nous dit Desmarest, les projectiles se raréfiant à l'intérieur de la place.

> Le Général avoit accordé une prime de dix sols par chaque obus chargée, qu'on rapportoit, et le Soldat, en descendant de bivac, en ramassoit ordinairement lorsqu'il en trouvoit dans les fossés, et il appeloit cela : gagner son bivac. Quelques jours après, une obus tomba sur une maison où se trouvoient plusieurs personnes, entre autres un Officier de la Côte-d'Or. Comme elle n'éclata point, on la déboucha, et on trouva dedans, au lieu de la charge de poudre, un papier sur lequel étoit écrit : *Bon pour dix sols payable au porteur.*

On obtint ainsi une preuve nouvelle de l'exacte façon dont l'ennemi était prévenu de ce qui se passait à l'intérieur. Mais, chose plus essentielle, on se procura environ six mille obus, qui furent très utiles.

Nous savons qu'un feu général des assiégeants devait précéder de peu l'attaque du chemin couvert. Tout étant prêt, nous apprend Unterberger :

> Le 23 juillet à quatre heures du matin, le signal de commencer le feu se donna par une salve de huit mortiers de la batterie n° 4 de la deuxième parallèle ; toutes les batteries y répondirent par un feu épouvantable dont on ne peut se former l'idée. Des masses entières de parapets s'ébranlèrent, des pans de murailles immenses tombèrent dans les fossés, nos bombes faisoient voler les roues et les affûts en l'air, les boulets des batteries de plein fouet, tirés trop haut ou frisant la crête des ouvrages, siffloient à travers la ville et, perçant les murailles, les toits des bâtimens, causoient un fracas terrible. Le feu par salves entières avec lequel l'ennemi répondoit d'abord au nôtre de sa nombreuse artillerie qu'il faisoit jouer avec la dernière violence, redoubloit l'horreur de la scène. Par là s'élevoit un combat épouvantable d'artillerie, tel qu'il y en a peut-être jamais existé ; il faut avoir été au milieu de ces tonnères pour en avoir une juste idée.
> Au bout de quelques heures enfin, le feu de la place se ralentit et son canon cessa bientôt de tirer. Les mortiers jouèrent encore de tems en tems.
> Quand il fit bien clair, on remarqua que l'ennemi avoit, pendant la nuit, construit sur la courtine de la porte de Mons, deux embrassures de bois à *la Montalembert* couvertes par dessus ; mais toutes nos batteries de ce costé, tirans dessus comme sur un point de mire tout nouveau, les eurent bientôt ruinées à force de bombes et de boulets, de façon qu'on y vit une grande brèche dans le parapet...
> Notre feu se ralentit aussi vers midi pour laisser refroidir les pièces. Dès que l'ennemi s'en apperçut, il fit tirer sur-le-champ, de quelques endroits, sur nos batteries, qui le réduisirent encore au silence.

Durant la nuit suivante, tandis qu'ils s'apprêtaient à charger leurs fourneaux, les Alliés recommencèrent leur feu de tranchée, afin de rendre très périlleuse aux assiégés la réparation des parapets. En même temps, les fronts de Poterne et de Mons, enfilés par les nouvelles batteries de la rive gauche, devinrent presque intenables malgré les nouvelles traverses qui y furent construites.

Dans la journée du 24, quoique la troisième parallèle fût très proche du chemin couvert et que les assiégés tirassent sans cesse dessus, les ingénieurs autrichiens, ayant débouché par la sape en quatre endroits différents, s'avancèrent beaucoup. Le soir, à l'intérieur de la place, afin d'exciter tout le monde à mieux agir encore, le Conseil de guerre fit insérer dans son procès verbal le passage suivant :

Le Conseil de guerre a entendu avec la plus vive satisfaction le raport qui luy a été fait de la manière active et distinguée avec laquelle les officiers généraux, les officiers supérieurs et la garnison ont fait le service ; il a été arrêté qu'il en seroit fait mention honorable au présent procès-verbal.

Dans la nuit du 24 au 25, l'ennemi reçut beaucoup de bombes et perdit trois magasins qui sautèrent ; en revanche, de deux batteries de plein fouet de la troisième parallèle, il tirait à mitraille pour empêcher le travail de la place. Comme, du reste, il avait déjà tenté de le faire les deux nuits précédentes, il se présenta aussi aux palissades ; mais il y trouva Dambarrère avec Tholozé, et se retira en présence de la ferme attitude des troupes françaises.

Le 25 juillet, les sapes avançant toujours plus près, les assiégés s'efforcèrent de les arrêter par leur mousqueterie : d'où un feu réciproque très violent et très meurtrier. Par leur tir supérieur, les Alliés cherchèrent à empêcher les Français de replacer de nouvelles pièces, et ils y réussirent si bien qu'à peine quelques jets de pierre partirent encore du grand ouvrage à cornes.

Mais l'heure fatale allait sonner ; vers le soir, en vertu d'un plan depuis longtemps arrêté, ils prirent leurs dernières mesures pour l'explosion de leurs globes et l'attaque de vive force du chemin couvert.

Ils divisèrent donc leurs forces en trois colonnes correspondant aux trois points qu'ils avaient résolu d'assaillir et qui étaient : à gauche, le saillant du chemin couvert du demi-bastion sud de l'ouvrage à cornes du front de Mons ; au centre, le saillant du chemin couvert du demi-bastion nord du même ouvrage ; enfin à droite, au delà de la route qu'avaient prise pour se rendre en Belgique les futurs vainqueurs de Jemmapes, sur un terrain déclinant doucement vers le vieil Escaut, le saillant de la flèche de St-Roch.

La colonne de gauche se composait d'infanterie anglaise obéissant au général Avercromby, aidé du colonel Leigh et du lieutenant-colonel Dhoyl, et renforcée d'un détachement du génie placé sous le commandement du capitaine-ingénieur comte Orlandini.

La colonne du centre avait à la tête de ses fantassins deux Français, Armand-Emmanuel-Sophie-Septimanie du Plessis, duc de Richelieu, et

Andrault, comte de Langeron, colonels au service de la Russie, qui, pour le moment, servaient comme volontaires dans l'armée impériale Le duc de Richelieu est devenu plus tard célèbre en qualité de gouverneur d'Odessa et il a rendu de véritables services à la France, sous la Restauration, en hâtant le départ des armées étrangères qui foulaient le sol natal. Quant à Langeron, il employa presque toute sa vie à combattre son pays et il devait, en 1814, s'emparer pour les Alliés des hauteurs de Montmartre. Ce n'est pas sans regret que nous voyons, en 1793, accolé au sien le nom de Richelieu pour la consommation d'un crime de lèse-patrie que, dans sa langue énergique, le grand cardinal aurait assurément qualifié de « sale » et de « honteux ».[1]

Des détachements de volontaires, commandés par le capitaine-ingénieur comte Friangi, complétaient la seconde colonne.

Opérant à une faible distance, celle-là et l'autre étaient également soumises, en ce qui concernait le génie, à la direction du lieutenant-colonel ingénieur comte Dietrichstein.

Quant à la colonne de droite, elle comprenait, comme infanterie, des contingents hongrois et valaques commandés par le général baron Wenkheim, renforcés d'un détachement de troupes du génie obéissant au capitaine-ingénieur comte Mobili, sous la direction supérieure du major-ingénieur de Vaux.

A chaque colonne était adjoint le nombre d'ingénieurs, d'ouvriers, d'outils et de matériaux nécessaires pour construire sans retard des logements sur la partie des remparts dont on s'emparerait.

L'ensemble des opérations avait pour chef le lieutenant-général comte d'Erbach, aidé pour le génie par de Froon, et pour l'artillerie par Unterberger, qui va lui-même nous raconter les événements subséquents [2] :

Déjà le jour étoit tombé ; le feu le plus violent se faisoit entendre de tous les poincts de notre attaque et l'ennemi y répondoit en quelques endroits, avec assez de suite ; dans la tranchée, tout étoit dans l'attente du moment fatal.

---

[1] *Testament politique*, ch. 1er.

[2] Dans la description des colonnes d'attaque, nous avons complété les indications d'Unterberger par celles, beaucoup plus précises, inscrites au bas d'une précieuse estampe d'origine autrichienne, rehaussée de couleur, que garde le Musée de Valenciennes. « Dessiné d'après nature par Petrich, 1er lieutenant-ingénieur, » « exécuté et gravé par Charles Schutz », ce document, dont chaque partie porte des lettres distinctives, est commenté par la légende suivante, que nous croyons utile de reproduire intégralement : A, le grand ouvrage à corne. B, les entonnoirs formés par les trois globes de compression que les assiégeans firent sauter le soir du 25 juillet et qui donnèrent le signal pour l'attaque. C, la flèche de St-Roch devant le petit ouvrage à corne. D, une mine que les ennemis firent sauter au saillant de la flèche de St-Roch. E, troisième parallèle des assiégeans. F, attaque des troupes angloises sous le général Avercromby, le colonel Leigh et le lieutenant-colonel Dhoyl. G, le capitaine-ingénieur comte Orlandini à la tête des

Enfin, vers neuf heures, notre globe éclata au saillant du chemin couvert de la droite du grand ouvrage à corne ; le fracas en fut terrible ; la terre trembla aux environs, et vomit, comme un volcan enflammé, des masses énormes. Le bruit de cette explosion, l'élèvement de cette terre si haut, et tant de pierres lancées de ses entrailles, imitoit celui d'une tempête horrible et dura quelques secondes, mais on ne pouvoit bien distinguer que dans le court moment où cessoit le tonnerre continuel de tant de batteries ; enfin, c'étoit un spectacle majestueux et terrible à la fois.

Le feu de la Place cessa pendant quelque tems ; mais le nôtre continuoit avec la même violence. Dix à douze minutes après, le second globe prit feu devant la place d'armes rentrante ; et enfin le troisième, après un pareil intervalle, devant le saillant de la demi-lune du grand ouvrage à corne. L'effet fut pareil à celui du premier.[1] A peine la terre lancée par le dernier globe étoit-elle tombée, qu'un cri affreux se fit entendre sur la gauche : c'étoit la colonne des Anglois qui s'élançoit avec furie et bravoure vers la palissade du chemin couvert. Presqu'en même temps, la colonne impériale s'ébranla, et, se trouvant placée plus près du chemin couvert, elle y arriva en même tems que les Anglois. Les assaillans n'eurent d'abord pas grand peine de sauter par dessus la palissade, l'effet terrible de nos globes ayant épouvanté et fait retirer l'ennemi ; mais il reparoit bientôt, et alors la fusillade s'anime de part et d'autre ; on se mêle bien vite à la bayonnette, il se fait de tous côtés un carnage terrible mêlé des cris les plus perçants ; on fait main-basse sur tous les François qui se trouvent dans le chemin couvert ; on les précipite dans les fossés ; nos soldats les y poursuivent par les pas de souris, pénétrent dans l'ouvrage à corne, sa demi-lune et même dans la contre-garde en arrière ; ils y tuent tout et y enclouent les pièces.

Volontaires. H. les ennemis dans le chemin couvert. I. le lieutenant-colonel ingénieur comte Dietrichstein avec son cosaque. K, le duc de Richelieu et le comte de Langeron, colonels au service de Russie attachés comme volontaires à l'armée impériale. L, deuxième attaque sur le chemin couvert du grand ouvrage à corne faite par les troupes impériales. M, le capitaine ingénieur comte Friangi à la tête des volontaires. Cet officier monta avec les volontaires sur le grand ouvrage à cornes. Ces deux attaques furent dirigées par le lieutenant-colonel comte Dietrichstein ; elles n'avoient eu d'autre but que le logement sur la crête du chemin couvert, cependant on s'empara du grand ouvrage à corne et de sa demi-lune et l'on y fit le logement ; on découvrit les mines et fougasses de l'ennemi prêtes à sauter ; on coupa les mèches et l'on prit les mineurs ennemis. N, attaque des troupes impériales sur la flèche de St-Roch dirigée par le major-ingénieur de Vaux, le capitaine-ingénieur comte Mobili, avec les volontaires ; les troupes pour cette attaque commandées par le général baron Wenkheim, et le tout ensemble par le lieutenant-général comte Erbach, son Altesse le général d'infanterie comte de Ferraris commandant sous S. A. R. Monseigneur le duc d'Yorck, les troupes impériales que son Altesse Sérénissime Monseigneur le feld-maréchal Prince de Saxe-Cobourg avait détachées pour le siège ; le colonel-ingénieur baron de Froon dirigeant la partie du génie et le général Unterberger celle de l'artillerie, »

Une autre gravure, très inférieure à la précédente comme valeur documentaire, mais très supérieure comme œuvre d'art, a été exécutée en Angleterre d'après une toile « *painted by P. J. de Loutherbourg, R. A* » On sait que, né à Strasbourg en 1740, l'artiste avait émigré et s'était fait recevoir membre de l'Académie royale de Londres. Cette gravure porte les inscriptions suivantes : « *The grand attack on Valenciennes, by the combined armies under the command of His royal highness the duk of Yorck.* » — « *Dedicated by permission to the kings most excellent Majesty, by His Majestys most devoted humble subjects and servants, V. et R. Green and Chr. de Mechel.* » — « *Published december 1801 V. et R. Green, by R Cribb, n° 288, Holborn, and by Chr. de Mechel at C. Geiswellers, n° 42, Parliament street, London.* » A droite, le duc d'Yorck, à cheval, donne des ordres. A gauche, s'écoule une maison devant laquelle, dans un chemin creux, des artilleurs poussent des bouches à feu et des caissons. Au premier plan sont assis trois soldats anglais, dont l'un fume. Au fond s'étend la ville, dont les murailles sont dominées par la tour incendiée de Saint-Nicolas.

[1] D'après Desmarest, les entonnoirs creusés par l'explosion étaient si grands que, pour être comblés, chacun aurait exigé au moins six mille bottes de foin.

Sur ces entrefaites, le général Wenkheim, à la tête de ses Hongrois et de ses Valaques formant la troisième colonne, s'avançoit en silence par un détour vers la lunette du petit ouvrage à corne. Dès qu'on l'aperçoit, le feu part du chemin couvert, une mine saute sous ses pieds. Rien n'ébranle ses braves soldats ; ils font retentir l'air de leurs *Allah !* (cris turcs), s'élancent de toutes parts dans le chemin couvert, percent les François à coups de bayonnettes, ou les assomment avec des éclats de bombes qui s'y trouvoit en quantité.

La hache fait ouverture à la fraise de la flèche ; on l'emporte d'assaut, avec le petit ouvrage à corne et les autres collatéraux ; on encloue les pièces et on poursuit l'ennemi jusque dans le fossé de la courtine de la porte de Mons. Peu s'en faut que, dans leur furie, nos soldats n'entrent pêle-mêle dans la place avec les fuyards, par la poterne de gauche du bastion de Poterne, qui heureusement se ferme à tems, laissant dans les fossés tous ces infortunés à la merci du vainqueur irrité qui ne fait de quartier à personne.

Pendant cette action, notre brave général Bekray, à la tête de ses troupes légères, attaquoit avec la dernière résolution la redoute de St-Roch et celle du Noir-Mouton près d'Anzin ; on passe à travers l'inondation, on s'empare de ces deux ouvrages, on fait main-basse sur leurs gardes à l'exception de quelques prisonniers, on jette quatre canons à l'eau, et on en ramène deux.

Quoique les globes de compression eussent éclaté juste aux lieux indiqués par le déserteur, et que Tholozé eût pris, ainsi que nous l'avons dit, tous les soins nécessaires pour instruire chacun de son devoir en prévision de cette éventualité, les troupes garnissant les palissades s'étaient trouvées fort démoralisées. Ce soir-là, elles étaient commandées par Batin, colonel du 29e régiment, homme brave que l'âge commençait néanmoins à refroidir, ayant sous lui Leféron, chef du 1er bataillon des Deux-Sèvres, et Cumel, adjudant-général belge. Tout meurtris par les terres qu'avaient lancées les globes et affolés par le bruit, les survivants quittèrent leurs postes et dégringolèrent jusqu'au fond du fossé au moyen des escaliers appuyés sur la contrescarpe, pour rejoindre les corps de réserve ; mais ceux-ci, précédemment installés les uns dans le fossé, les autres dans les ouvrages avancés, avaient été pris de panique, ainsi que les mineurs qui se sauvèrent sans avoir mis le feu à leurs mèches. En un mot, selon le jugement de Tholozé, « jamais une attaque de chemin couvert n'a été suivie d'une déroute aussi complète. »

Malgré quelques velléités de mécontentement vite réprimées [1], les troupes avaient, jusqu'au 25 juillet, admirablement fait leur devoir. Par trahison peut-être, ce soir-là, plusieurs canonniers se trouvèrent ivres à ce point de ne pouvoir tirer, et d'autres, qui auraient dû rester à la courtine de Mons d'où ils pouvaient faire le plus de mal à l'ennemi, quittèrent leurs batteries. Lorsque, prévenu des événements, Ferrand accourut vers

---

[1] On en trouvera le détail dans le *Rapport* de Cochon et de Briez, p. 18.

le rempart, il les rencontra qui fuyaient ; il les exhorta à le suivre ; beaucoup restèrent sourds à sa voix, d'autres l'écoutèrent et allèrent reprendre leur poste. Le général arriva juste dans un moment où les assiégeants, répandus dans les fossés et les ouvrages extérieurs, forçaient les Français à opérer un mouvement rétrograde et à rentrer précipitamment dans la place. Ferrand borda aussitôt le rempart de fantassins, et fit faire de toutes les parties du front d'attaque, tant sur le fond du fossé que sur les glacis, un effroyable feu de mousqueterie, de grenades, de bombes, d'obus et de mitraille.

Dès le premier bruit de la catastrophe, Tholozé s'était, de son côté, rendu à l'Hôtel de ville ; il y avait trouvé Cochon auquel il avait déclaré que si Ferrand voulait lui confier trente compagnies de volontaires, il répondait sur sa tête de débusquer l'ennemi de tous les ouvrages tombés en son pouvoir. Ils allèrent ensemble au rempart pour y chercher Ferrand, ne l'y trouvèrent pas et le rejoignirent à l'Hôtel de ville. Poussé par sa conviction qu'une sortie vigoureuse remettrait les assiégés en position du terrain perdu, Tholozé réitéra son offre en disant que si l'on tardait jusqu'à l'aurore, l'ennemi, retranché, serait alors en mesure de résister, et qu'une abstention pusillanime de la part des Français abrégerait le siége d'au moins huit jours. Mais, après un échange de paroles vives, Ferrand refusa, jugeant les troupes trop découragées pour tenter pareille aventure

Une partie de la nuit fut employée à masquer les poternes avec des blocs de pierre et d'autres matériaux, à garnir les brèches de barils foudroyants et des chevaux de Frise précédemment construits, et à y poster des défenseurs, parmi lesquels figura le capitaine Jacotot. Quelques soldats, restés au fond du fossé, y errèrent jusqu'au matin, redoutant à chaque instant la mort et ne l'évitant qu'en se couchant au milieu des cadavres. « Je me rappelle, » nous dit Desmarest, « qu'un soldat du 29e, légèrement blessé à la tête, se sauva ainsi, fut dépouillé parce qu'on le crut mort, et rentra dans la ville par la brèche, absolument nud. » D'autres furent hissés sur le rempart au moyen de cordages.

Dès que les Alliés s'étaient rendus maîtres des ouvrages extérieurs de la place, leurs ingénieurs avaient couronné l'entonnoir du globe le plus rapproché ainsi que la crête du chemin couvert du grand ouvrage à cornes, et fait un logement dans toute sa largeur : ils devaient, dès le lever du soleil, y placer des mortiers. Ils s'étaient logés de même dans la lunette du petit ouvrage à cornes et dans son chemin couvert ; mais, ayant reconnu l'impossibilité de pratiquer des logements et des communications sûrs dans les autres ouvrages, ils les avaient abandonnés.

Aussitôt qu'il s'aperçut de cette retraite partielle, Ferrand ordonna à des généraux et à des officiers supérieurs tels que Tholozé, Beauregard, Boilaud, Batin, Leféron, Gambin, Le Comte, Cumel, Richon et autres, de les réoccuper. L'ennemi s'étant contenté d'obstruer les lumières des pièces avec des clous ordinaires, ces pièces furent promptement remises en batteries; et, avec une vigueur qu'on n'attendait plus d'eux, les Français ripostèrent au feu de l'ennemi, criblant de leurs projectiles la lunette du petit ouvrage à cornes. Ferrand espérait ainsi contraindre les Alliés à abandonner les deux positions qu'ils avaient conservées; mais son espoir ne tarda guère à être déçu.

En effet, les fuyards qui, la veille au soir, s'étaient répandus à travers la ville, avaient propagé parmi leurs compagnons, déjà fatigués de la longueur du siége, une telle crainte du service dans les chemins couverts, que, lorsqu'ils furent commandés pour réoccuper les ouvrages extérieurs délaissés par l'ennemi, beaucoup s'y refusèrent et demandèrent à être rangés sur le rempart de la place. Bien plus, vers onze heures, ceux qui avaient d'abord consenti à se rendre à ces postes d'honneur et de péril, les quittèrent sans avoir été attaqués. En vain Ferrand leur adressa de suprêmes exhortations : il ne put plus faire garder que le premier fossé de la place et le corps du rempart comprenant les trois brèches.

Tout à coup, le bruit se répandit de l'arrivée d'un parlementaire, et Beauregard, avec quatre cavaliers, alla le recevoir à l'extrémité des ouvrages de la porte de Tournai. Là, un trompette, le drapeau blanc à la main, précédait un général anglais accompagné de trois dragons. Ils venaient proposer à la ville et à la garnison une capitulation honorable, avec menace de l'assaut et de ses suites à défaut d'une réponse affirmative avant quatre heures du soir. Deux lettres furent remises à Beauregard, dont l'une, adressée à Ferrand, était ainsi conçue :

Le désir de retrancher autant que possible des malheurs irrémédiables qu'entraîne une résistance inutile, m'avoit dicté la proposition que je vous ai faite le 14 Juin; vous ne l'avez point écoutée, soit que vous crussiez être en état de faire face à la manière dont vous seriez attaqué, soit que vous vous flattassiez d'être secourus.

Mais aujourd'hui qu'il semble que cette double erreur doit être détruite, le même amour de l'humanité vient vous offrir une Capitulation qui sauveroit votre honneur avec ce qui reste de propriétés aux malheureuses victimes de votre obstination. Voulez-vous arracher aux nécessités de la guerre, la destruction complette de cette belle ville, ou voulez-vous conserver ce qui a échappé jusqu'à présent ?

Je dois vous dire en gémissant sur les horribles suites d'une opiniâtreté qui n'a plus de termination ni politique ni militaire. Votre réponse va procurer irrévocablement le sort de Valenciennes; après ce jour vous ne serez admis à capituler. Je n'écouterai aucune proposition, et la ville étant prise d'assaut, vous ne savez que trop qu'elles en seront les suites terribles.

Signé : Fréderick.

La seconde lettre, contenant un double de la première, était adressée à la municipalité :

> Je vous envoie copie de ce que j'écris au Commandant de votre Ville, en vous prévenant qu'il va vous exposer à un traitement horrible, s'il refuse cette fois d'accepter l'offre d'une Capitulation qui sauveroit l'honneur de sa Garnison et le reste de vos propriétés. Vous devrez ce traitement à une opiniatreté bien mal vue dans la circonstance où il ne vous échappera pas qu'il ne peut ni vous défendre ni être secouru. Sa Proclamation du 21 Juin est un libelle contre les armées qui sont devant vos murs.
> La réputation de ces armées braves et disciplinées ne peut être tachée par de pareilles calomnies : mais craignez la vengeance d'un soldat irrité par de tels écrits. Le Chef le plus humain ne pourroit vous y soustraire si vous en laissez venir à des extrèmités. Gardez-vous des insinuations qui sacrifient tout ce que vous possédez à l'intérêt d'un seul, et que ceux d'entre vous qui peuvent et veulent le bien, écartent vite par une détermination sage, la dévastation et le carnage qui suivroient une résistance prolongée infructueusement de quelques jours. Si votre Commandant ne capitule pas aujourd'hui, demain il ne sera plus admis. Si votre ville est prise d'assaut, elle sera pillée, et rien ne pourra empêcher que les Soldats et les Bourgeois ne soient massacrés. Puisse cet exemple terrible, que j'aurois voulu vous éviter, influer sur les autres villes et donner assez d'énergie aux bons habitans pour les soustraire au sort qu'une impardonnable molesse leur fait partager dans la vôtre avec les méchans.
>
> *Signé :* Frédérick.

Ferrand convoqua sur-le-champ un Conseil de guerre extraordinaire, dont Tholozé nous dit ceci :

> Il y fut traité de l'état de la Garnison, de son peu d'énergie et de l'effet qu'avoit produit sur elle l'événement de la nuit, des moyens de lui rendre la confiance et le courage qu'un service long et meurtrier avoit fléchi. Il fut enfin traité de l'état des munitions de guerre, de bouche et de celui des défenses que la fortification de la Place pouvoit encore faire espérer.
> Interpellé par le général Ferrand et le Conseil de guerre sur ce dernier objet, je présentai un mémoire succinct et fait sur le bureau, la position et l'établissement de l'ennemi avant la nuit du 25 au 26 juillet et sa position après l'abandon funeste qui avoit été fait des chemins couverts et ouvrages avancés des fronts attaqués.... Après avoir estimé le tems nécessaire pour tous les ouvrages, retardés par les obstacles des eaux qu'on pouvoit faire circuler dans les fossés du front menacé, il résultoit que la Place pouvoit encore tenir six jours. Sous le rapport des résistances matérielles à opposer à l'ennemi, l'Ingénieur en chef d'Embarrère fut consulté par moi à cet égard.
> Les Membres du Conseil de guerre donnèrent aussi leur avis, chacun respectivement aux moyens dont il pouvoit répondre, avec les observations sur les circonstances éventuelles qu'ils ne pouvoient prévoir.
> Pendant le Conseil, on vint à différentes reprises rendre compte au Général des attroupemens et insurrections du Peuple ; il donna ses ordres pour les dissiper et arrêter tous mouvemens contraires à la police de la Place.

Mais ces ordres devaient rester sans effet. Nous avons vu à quel point était atteint le moral de la garnison. D'après Desmarest et tous les autres témoins oculaires, son physique n'était pas meilleur :

> L'état des individus, je parle de ceux en activité, étoit déplorable par la dyssenterie, la galle et un commencement de scorbut, résultat des fatigues, de

la chaleur, et des nourritures salées. Les Hôpitaux étoient combles ; on y manquoit des choses les plus nécessaires..... Aussi plusieurs de ceux qui recevoient une blessure, demandoient-ils avec instance à leurs camarades de les achever sur la place, et j'ai douté quelquefois si ce n'eût pas été un véritable devoir d'humanité, de terminer par ce triste service les cruelles et incurables douleurs de nos amis.

Quant aux Valenciennois et aux réfugiés, eux aussi avaient vraiment trop souffert : mal nourris, étouffés dans leurs casemates, incessamment exposés à une mort violente, ils étaient à bout de force, et même chez les plus dévoués, l'instinct de la conservation finissait par l'emporter sur le patriotisme. Beaucoup avaient péri ; les cimetières, les jardins, les remparts eux-mêmes étaient encombrés de leurs cadavres, et, à un moment, les fossoyeurs avaient refusé de continuer leur service si on n'augmentait leur nombre et leur salaire.

L'espoir d'être délivrés par l'armée de Custine avait longtemps soutenu les assiégés. N'en recevant aucune nouvelle, ils avaient voulu lui envoyer des émissaires, bien qu'ils ne sussent pas exactement où elle était campée. Trois hommes de bonne volonté s'étaient offerts, mais ils furent tous trois reconnus et pendus par l'ennemi. L'un d'eux fut exécuté sur le Mont-Ouy, non loin du tombeau de Dampierre. Dans la jarretière de la culotte d'un autre, les Autrichiens avaient simplement trouvé, cousu, un petit billet, sur lequel était écrit : *Confiance*, avec les signatures de Briez, Cochon et Ferrand. Nous savons que les ballons librement lancés n'avaient pas eu meilleur sort. Un nouvel aérostat, d'un volume plus considérable, se construisait ; mais il ne put être achevé, et les ennemis en trouvèrent, quelques jours après, les fuseaux préparés au réduit de la citadelle.

A la douleur de se croire abandonnés par la France lorsqu'ils lui sacrifiaient tout, s'ajoutaient pour les habitants de nouvelles excitations provenant des royalistes enfermés dans la place. Jusque-là, nous savons que le résultat de ces manœuvres avait été assez mesquin ; mais trouvant enfin un terrain favorable, elles allaient hâter la reddition de la ville. Une lettre pseudonyme, signée d'un prétendu « Louis Noté, au nom d'un grand nombre de citoyens de Valenciennes », et reçue le 24 juillet par le secrétaire-greffier de la municipalité [1], avait indiqué ce qui s'était tramé dans l'ombre et ce qui allait désormais éclater au grand jour.

Depuis quelques instants, la Grand'Place et toutes les rues environnantes se trouvaient encombrées d'une multitude d'individus dont beau-

---

[1] On en trouvera le texte à la p. 21 du *Rapport* de Cochon et de Briez.

coup brandissaient des armes en proférant des cris tumultueux. Parmi les plus enragés figurait un courtier de toilettes nommé Pierre-Joseph Morcrette, plus tard condamné à mort par le Tribunal criminel du Nord et dont le jugement, que nous publierons, nous fera connaître les méfaits. Ne pouvant délibérer au milieu de ce vacarme, les membres du Conseil général de la commune suspendirent leur séance et inscrivirent ces lignes en tête de leur procès-verbal :

> Lecture faite de la sommation du Duc d'Yorck à la Municipalité, proposition a été faite de nommer des Commissaires pour rédiger un Rapport de l'état de situation intérieure de la Place.
> A l'instant ont été nommés Pourtalès, Benoist, Huart, Lanen et Hamoir, qui sont convenus de se transporter dans la maison de ce dernier pour être plus tranquilles.....[1]

Ces commissaires se hâtèrent de faire imprimer et distribuer à profusion les deux lettres du duc d'York. Puis, ils se mirent à rédiger des « Représentations » au général Ferrand.

Pendant ce temps, le désordre augmentait, et Cochon dut haranguer la multitude pour l'encourager à prolonger la défense. Mais son discours fut accueilli par des cris répétés de : « A bas Cochon ! à bas la République ! »[2] Ces derniers mots pénétrèrent le conventionnel de la plus vive indignation ; il déclara que, s'il entendait encore crier « A bas la République ! », il mettrait lui-même le feu aux quatre coins de la ville avant de la quitter, dût-il être haché en mille morceaux ; et, dès lors, il serait tombé sous les coups des contre-révolutionnaires qui venaient de sortir de leurs caves, si un détachement des dragons de la République ne l'avait protégé et n'avait, sur sa réquisition, dissipé le gros de l'attroupement.

Dès que les cinq commissaires municipaux eurent terminé leur travail, ils revinrent vers la Grand'Place, et, nous dit Desmarest :

> Tout ce morceau fut lu publiquement le 26 à une heure sur le perron de la maison commune, au bruit des applaudissemens et des bravos de la multitude. La fermentation croissoit sensiblement et Cochon, qui étoit près de là à la porte d'un de ses amis, rentra prudemment pour se soustraire à des insultes qui pouvoient dégénérer en mauvais traitemens. Ce fut alors que le Bataillon de la Charente descendit de la citadelle, et s'avança sur la Place en bon ordre au pas de charge, bien décidé à protéger la liberté des délibérations du Conseil et à écarter l'influence de la multitude. On eut la foiblesse, que peut-être on appellera prudence ou humanité, de le faire rentrer sur le champ dans ses quartiers, en vertu d'un ordre supérieur, et la Grande Place devint alors le

---

[1] Archives de Valenciennes, D, 1, 7, p. 224.
[2] L'analyse s'en trouve dans son *Rapport*, p. 27.

théâtre de la sédition. On cria « Aux armes ! » de toutes parts, on menaça d'égorger tous ceux qui ne vouloient pas accepter la Capitulation, et deux régimens parurent presqu'au même instant pour appuyer l'insurrection populaire. Dans le même tems des soldats pilloient les magasins de vivres et d'habillemens ; on les voyoit revenir par les rues avec des charges énormes de bas, de souliers, de culottes, etc., etc., qu'ils vendoient au prix le plus bas. D'autres portoient des bidons pleins d'eau-de-vie ou de vin. Ceux-ci étoient la plupart dans un état pitoyable d'ivresse, et ce souvenir m'inspire encore en ce moment un sentiment de dégoût et d'indignation.

Il faut ajouter, pour compléter ce tableau, que les deux régiments dont parle Desmarest et que Ferrand réduit à deux bataillons, étaient commandés pour garder les avant-postes des fronts d'attaque ; et que ce ne fut qu'avec peine, qu'ils se laissèrent persuader par le général de gagner au moins l'intérieur des remparts.

Cependant, à deux heures, le Conseil général de la commune s'était de nouveau réuni. Il adopta à l'unanimité le projet de ses commissaires, dont le texte, immédiatement transmis à l'imprimerie Prignet, fut répandu à de nombreux exemplaires. Ce document est ainsi conçu :

REPRÉSENTATIONS DU CONSEIL-GÉNÉRAL DE LA COMMUNE,
AU GÉNÉRAL FERRAND.

Personne n'ignore les sacrifices que cette ville vient de faire ; la plus grande partie des propriétés détruites ; un grand nombre d'habitans écrasés sous les ruines des maisons, ou tués par le fer de l'ennemi ; presque toutes les femmes et les enfans ensevelis dans des souterrains, y respirant un air fétide dont la malignité se propage et les conduit à la langueur et à l'anéantissement, et dont quantité se trouve déjà victime de cette maladie par le défaut de médecins et de chirurgiens dont la plûpart sont malades ou blessés.

La désolation des campagnes environnant cette cité, réunie à tant de maux intérieurs, fait penser au Conseil-général de cette Commune qu'il a acquis le droit de représenter au Général Ferrand, Commandant de cette Place, que depuis *quatre-vingt-sept jours*, c'est-à-dire depuis le premier Mai, elle est Assiégée ; qu'elle est Bombardée depuis *quarante-deux jours*, que néanmoins depuis cette époque notre Armée ne s'est point présentée à notre vue ; cependant la résistance présumable d'une Place telle que celle-ci, quand elle est assiégée, est connue du Conseil exécutif de la République et des Généraux de nos Armées.

Nous ne pouvons nous dissimuler que notre Armée a tenté trois fois sans succès de secourir Condé ; que cette Ville a dû succomber, et qu'au moment où nous avions le plus de besoin de sa présence, cette Armée a abandonné presque sans résistance la position qui empêchoit l'Ennemi de nous attaquer.

On observe que cette Armée est partie de Famars moins forte de vingt-trois mille hommes que lorsqu'elle a tenté de secourir Condé.

Les obligations de la République envers nos Concitoyens et de nos Concitoyens envers la République sont réciproques. Les Citoyens de cette Ville s'en acquittent et les remplissent. La République au contraire, peut-être par des raisons majeures et pour ne pas compromettre le sort de son Armée, n'est aucunement venue à notre secours ; et par là elle est censée nous abandonner à nous-mêmes et à la première de toute les Loix, celle de la nature, qui nous commande impérieusement le soin de notre conservation.

Après une résistance si opiniâtre et telle que l'histoire n'en montre pas d'exemple, pourquoi lorsqu'il en est tems aujourd'hui, ne pas conserver l'honneur et la vie de la Garnison par une Capitulation honorable, qui nous est offerte par le Général des Armées combinées ? Il n'y aura point plus tard de motifs suffisants à présenter à l'Ennemi pour le déterminer à renoncer à prendre la Ville à discrétion, lorsque, si l'on peut se servir de cette expression, *il nous tiendra au collet*. Comment alors le Général pourra-t-il, malgré son désir, remplir la promesse solemnelle consignée dans la Proclamation de l'arrêté du Conseil de guerre du 2 de ce mois, par laquelle il s'engage à ne pas compromettre la vie des habitans et de la garnison, et surtout après ce qui s'est passé cette nuit ?

Comme toute défense doit avoir un but utile, d'après les considérations ci-dessus, et d'après la Sommation adressée particulièrement à la Municipalité par le Duc d'Yorck, le Conseil-général est convaincu que quelques jours de plus d'une résistance inutilement prolongée, entraîneroient dans une perte inévitable une grande Cité, une multitude de Citoyens qui ont déjà tant souffert, et une portion considérable de l'Armée de la République, sans utilité pour elle.

Général,

Vous devez être assez fier d'une résistance telle qu'aucune Ville Assiégée ou Bombardée tout à la fois d'une manière si terrible n'en montre pas d'exemple, pour croire avoir déjà éminemment rempli votre devoir et mériter un témoignage honorable de la Nation.

Sont signés : *Benoist l'aîné ; Pourtalès, Maire ; Remi-Pillion, Lanen-Plichon ; Hécart ; P. Rebut ; C. Verdavaine fils ; D. Ravestin fils ; G. Doille ; Scribe ; Dufresnoy ; Jos. Verdavaine ; D. Fenaux ; Ravestin père ; C. Brabant ; Hamoir, procureur de la Commune ; Wattecamps ; Preuvost-Herent ; Hourez ; Hollande ; Abraham ; Delehaye et Mortier, Secrétaire-greffier.*

Ces Représentations ayant été lues en présence du Peuple tout entier, il les adopta, et comme il étoit impossible que tout le monde signât, la Municipalité l'engagea à nommer onze députés pour les signer, ce qui fut exécuté.

Les onze députés sont : *Perdry le cadet ; Flory fils ; Becart ; Lussigny ; Deruesne ; Vanier ; J. B. Henry ; Duquesne ; Henry de Bavay ; Chefdeville et Rhoné-d'Ath.*

Valenciennes, le 26 Juillet 1793, l'an 2ᵉ de la République.

Signé Mortier, Secrétaire-greffier.

Après avoir constaté l'adoption par le Conseil général de la commune du texte des « Représentations », le procès-verbal de la séance fut d'abord continué en ces termes, puis achevé par le Conseil de guerre dont il sera bientôt parlé :

Délibéré qu'il seroit présenté au Général Ferrand, au Conseil de guerre qui aura lieu cet après-dîner...

Le Conseil général a arrêté en outre que, dans le cas où le Général Ferrand refuseroit d'entrer en accommodement, il seroit nommé par le Conseil général de la Commune deux Commissaires pour porter sa réponse au Général de l'Armée combinée pour s'assurer qu'elle seroit fidèlement rendue.

Délibéré en outre qu'il seroit demandé, au nom du Peuple, que la séance du Conseil de guerre fût publique.

Le Conseil de guerre assemblé, les Représentations ont été lues et présentées au Général ; il a été arrêté qu'il seroit écrit une lettre au Duc d'Yorck pour lui demander une armistice de vingt-quatre heures.

Il a été ensuite délibéré que les mêmes Commissaires qui avoient rédigé ce mémoire, dresseroient les articles de la Capitulation au nom de la Commune pour l'intérêt des habitans.

L'armistice dont la municipalité avait pris l'initiative fut demandé et accordé. Si la défense avait encore été possible, cet armistice l'aurait évidemment énervée. Comme Desmarest en faisait l'observation à Cochon, celui-ci lui répondit que ce délai pouvait donner à l'armée française le temps de se présenter ; mais, par la même raison, l'ennemi l'aurait évidemment refusé, si l'armée française eût été en état de lui causer quelque inquiétude.

Ce second Conseil de guerre se tenait à l'Hôtel de ville, dans une salle envahie par la foule. Quelques chefs, entre autres le colonel du 87e régiment, ci-devant Dillon, et le commandant du bataillon de la Charente, déclarèrent s'en tenir à leur serment et vouloir s'ensevelir sous les ruines de Valenciennes. Vu l'impossibilité bien reconnue de tenir plus longtemps, d'autres opinèrent pour une capitulation honorable. On remit au lendemain la rédaction du procès-verbal de cette séance, afin de rédiger immédiatement le projet de capitulation.

Pendant ce temps, l'émeute continuait à gronder. Beaucoup de soldats y prenaient part, principalement des Suisses ou des déserteurs autrichiens qu'on avait eu le tort de garder ou d'introduire dans l'armée républicaine. Plusieurs officiers des troupes de ligne, restés attachés à l'ancien régime, jetaient même déjà la cocarde nationale. On entendait sur la place des cris de « Vive Dillon », régiment dont le colonel presque seul était patriote, et « Apportez de la paille pour brûler Cochon », que d'autres, par une transparente allusion à son nom, menaçaient de mettre dans un saloir. Plusieurs bourgeois, montés sur des chevaux qu'ils avaient conservés en fraude, donnaient le branle ; et les députés, avec plusieurs autres membres du Conseil de guerre, furent gardés à vue. Pour obtenir un peu de silence dans la salle où l'on délibérait à l'Hôtel de ville, Ferrand dut même, en d'énergiques paroles, menacer de refuser toute capitulation si la foule ne se conduisait pas mieux.[1]

Le 27 au matin, les troupes envoyées aux avant-postes des fronts d'attaque les abandonnèrent encore. Ni les officiers généraux, ni les chefs de bataillon n'en furent écoutés ; plusieurs subirent des mauvais traitements de la part de leurs soldats, qui se mirent à renouveler les pillages de la veille. Ce fut sous le coup de ces incidents que se tint la réunion du Conseil de guerre, où devait être signée la résolution prise la veille. Mais la nuit avait porté conseil. Desmarest nous décrit la scène :

---

[1] Le résumé de son discours se trouve dans une longue note, à la page 33 du *Rapport* de Briez et de Cochon.

Je vis le moment où il se trouveroit que personne n'avoit voté la reddition, qui pourtant étoit arrêtée. Chacun se défendoit, commentoit son opinion de la veille ; mais les Municipaux concilièrent tout, en prenant tout sur eux, parce que, restant à Valenciennes, ils n'encouroient qu'une responsabilité incertaine, ou, au moins, très éloignée.

Enfin, cet épineux procès-verbal fut rédigé en ces termes :

L'an 1793, 2º. de la République Française, le 27 Juillet.

LE CONSEIL DE GUERRE ASSEMBLÉ EXTRAORDINAIREMENT POUR DÉLIBÉRER SUR LA SITUATION DE LA PLACE DE VALENCIENNES.

Considérant 1º. Que le Siège et le Bombardement de cette Place qui ont eu lieu sans interruption depuis le 14 du mois de Juin dernier, d'une manière dont l'histoire n'offre pas d'exemple, ont réduit cette ville dans l'état le plus déplorable ; que la moitié des Bataillons est écrasée et l'autre moitié est très-endommagée.

2º. Que le nombre de victimes encombrées, écrasées sous les débris, ainsi que tous les Citoyens et Citoyennes qui ont été frappés de la bombe et des boulets, présente également le spectacle le plus déchirant.

3º. Qu'il n'existe plus d'asyles pour réfugier les vieillards, les femmes, les enfans et la Garnison, la maladie épidémique s'y étant manifestée, et cette maladie exerçant les plus cruels ravages dans toute la Ville.

4º. Que l'Hôpital-général dont les emplacemens paroissent les plus à l'abri, sont criblés de bombes et de boulets, au point que le local destiné au logement des Soldats malades n'est plus habitable.

5º. Qu'il n'existe plus aucun autre emplacement pour les malades, plusieurs des chirurgiens ont été tués et écrasés, que les autres sont attaqués de maladies, et qu'il n'y a plus aucun moyen de pourvoir au soin des malades.

6º. Que les malheurs du Peuple sont à leur comble, et que c'est au milieu des cris, des douleurs et des gémissemens de tous les infortunés, que le Conseil-général de la Commune, d'après la nouvelle menace de Frédérick d'Yorck, a présenté le vœu de ses Concitoyens pour la Capitulation, vœu qui a été soutenu et appuyé par une multitude de citoyens présens, et par onze députés que la Commune a choisis en conformité de la Loi.

7º. Que l'incendie de l'Arsenal, la consommation de la plus grande partie des munitions, et la circonstance qu'un grand nombre de bouches à feu sont hors de service, ne laissent plus de ressources certaines.

8º. Que la Garnison est diminuée de moitié, tant par mort, que par maladies et blessés ; que le reste est exténué de fatigues, ayant à peine une nuit sur cinq.

9º. Que le 25 de ce mois, vers 10 heures du soir, l'ennemi ayant fait sauter nos mines, s'est emparé des chemins couverts et de l'ouvrage avancé, qu'il en est résulté de grandes pertes, et que les Soldats n'ont pu tenir leur poste, que ceux qu'on y a renvoyé ensuite, en sont revenus aussi pêle-mêle aux deux poternes, au point que l'ennemi a falli entrer par les poternes par force majeure.

10º. Qu'il est constaté que la Place ne peut tenir plus de six jours, en supposant même que ce qui reste de Garnison, accablé et harassé de fatigues, puisse apporter la résistance convenable, dans la circonstance surtout qu'on pourroit monter à l'assaut de deux côtés.

11º. Que la brèche est déjà faite et que les six jours que la Place peut encore tenir, ne sont pas à mettre en balance avec les inconvéniens cruels qui résulteroient d'un pillage et d'un massacre universel.

12º. Que le Conseil de guerre s'est solennellement engagé envers les Citoyens par son arrêté du 2 de ce mois, de sauver la vie, l'honneur et les propriétés de tous les habitants.

13°. Considérant aussi qu'il n'y a aucune certitude, ni même l'espoir bien fondé d'avoir du secours dans un si court intervalle, après avoir attendu inutilement l'espace de plus de six semaines, et sans que depuis la première époque du *blocus*, l'on ait jamais reçu aucunes nouvelles de l'intérieur directement ou indirectement, outre la crainte que la Garnison ne puisse plus tenir à de nouvelles fatigues.

14°. Que déjà les troupes envoyées le 26 à midi et le 27 au matin, aux avant postes du front d'attaque, les ont abandonnés, parce que ceux de la Garnison envoyés à ce poste avoient déjà perdu leur énergie, ce qui ne peut provenir que de la grande fatigue et de l'affoiblissement qu'ils éprouvent. Que les Officiers Généraux qui commandoient ces avant-postes, n'ont jamais pu les contenir.

15°. Qu'aujourd'hui après ce refus, plusieurs soldats se sont portés au pillage du magasin des effets militaires, ce qui ajoute l'indiscipline à l'insubordination et à tous les autres effets du découragement.

Mû par toutes ces considérations et déterminé principalement et uniquement par la demande formelle et fortement exprimée de tous les habitans de la Commune.

Le Conseil de guerre a arrêté et **arrête** de proposer la Capitulation suivante.....

Nous en donnons plus loin le texte, qui fut envoyé au duc d'Yorck, le 27 juillet, à 4 heures après-midi, par l'aide de camp Lavignette. Mais nous devons faire remarquer que l'exposé qui précède renferme une erreur en ce qui concerne les mines de la place, que nous savons n'avoir pas sauté. Ainsi que nous l'apprend Tholozé :

On attendoit la réponse du duc d'York séance tenante, lorsque le retard détermina le Général Ferrand à aller visiter les portes de la Place. Il étoit 11 heures du soir. Je l'accompagnoi dans sa tournée et fus témoin, ainsi que plusieurs officiers, que les troupes, au lieu d'occuper les ouvrages avancés, étoient couchées dans les fossés de la Place et aux points les plus voisins des poternes, malgré les ordres qu'il avoit déjà donnés et que les chefs n'avoient pu faire exécuter. On revint à la Maison Commune.

La réponse du duc d'York arriva à une heure après minuit. La réponse du duc d'Yorck fut affligeante pour le militaire attaché à la gloire et aux intérêts de la Patrie. Plusieurs articles demandés par le Général Ferrand étoient modifiés ou refusés cruellement.

Tout annonçoit l'orgueil d'un vainqueur sûr de sa conquête. D'abord le duc d'Yorck, accordant les honneurs de la guerre à la Garnison, la rendoit prisonnière de guerre, sans autre explication. Tout ce qui existoit dans la Place relatif au Gouvernement : artillerie, munitions, vivres, caisses militaires et notamment les papiers de toutes les administrations civiles et militaires (voyez la réponse du duc d'York, article II de la Capitulation), devoient être remis à l'Empereur. Cette rigoureuse exigence révolta tous les esprits et ceux les moins intimidés par les menaces du duc d'Yorck en frémirent de rage.

Le Général Ferrand ayant pris la parole, déclara vouloir mourir sur la brèche plutôt que de se rendre à ces conditions et exigea *par oui et par non*, le vœu de chaque Membre du Conseil de guerre. A mon tour d'opiner, je fus du même avis que le Général Ferrand. Pendant cette sérieuse délibération, l'agitation du peuple s'accroissoit et fut portée à un excès que l'autorité du Général ne put réprimer. Tous les liens furent rompus et chacun se livrant à son action naturelle, le gouvernement expira. Alors le Général annonça qu'il alloit écrire au duc d'Yorck et qu'il enverroit des Commissaires avec tous les pouvoirs pour arrêter les conditions de la Capitulation avec le moins de désavantage possible. Les Commissaires furent nommés et partirent accompagnés d'un détachement de la cavalerie bourgeoise qui voulut s'assurer de leur sortie.

La lettre de Ferrand était ainsi conçue :

Du 28 Juillet 1793, l'an 2e de la République Françoise.

A la réception de votre lettre j'ai assemblé le Conseil de guerre ; d'après que nous avons pris connoissance des articles qu'elle contient *(sic)*, il nous a paru très évident que la promesse que vous nous avez faite hier, n'avoit pas lieu, en ce qu'il n'est pas mention de Capitulation honorable dans les articles que vous nous proposez.

En conséquence, je persiste, ainsi que les Membres du Conseil de guerre, dans l'article premier en son entier ; nous demandons en outre que les Citoyens Cochon et Briez, Représentans du Peuple et leurs deux Secrétaires, accompagneront la Garnison. Nous persistons sur l'article 2 par la demande d'une pièce de campagne de 4 ou de 8, et leur caisson par Bataillon ; nous persistons également dans l'article 3 en restreignant la sortie de la Garnison à trois jours et enfin, dans l'article 6, réduisant notre demande à six chariots au lieu de douze ; à l'égard des articles huit, dix et onze, dans tout leur contenu.

J'ai l'honneur de vous envoyer six Commissaires tant civils que militaires qui vous remettront cette lettre ; ils sont chargés d'entrer en arrangement et ont tout pouvoir à cet effet.

La Garnison que j'ai l'honneur de commander a combattu si glorieusement pendant le Siège, qu'elle s'immortalisera en défendant la Place et terminant sa carrière militaire sur la brèche lorsqu'elle existera.

(Signé) Le Général de Division, FERRAND.

Tholozé continue son récit en ces termes :

Arrivée au quartier-général de l'ennemi, la Députation, munie de la lettre du Général Ferrand, la remit au duc d'Yorck qui en interrompit la lecture par cette expression : « Le Général me refuse ? » Brunière, Capitaine au Bataillon de la Nièvre, un des Commissaires, prit la parole et dit : « Votre Altesse Royale ne sera pas étonnée de ce refus, si elle se rappelle que, dans sa dernière écrite au Général Ferrand, elle avait promis d'accorder les honneurs de la guerre à la Garnison et que la réponse à cet article est contraire à cette première intention. Nous pensons que sa conduite valeureuse pendant la défense de Valenciennes, et les moyens qui lui restent pour la continuer, méritent que Votre Altesse lui accorde les honneurs de la guerre dont elle est jalouse. Cet honneur, M. le Duc, est d'autant plus mérité que la Place est bien loin d'être réduite et que, si nous avons l'honneur de vous parler dans ce moment au nom du Général Ferrand et du Conseil de Guerre, ce n'est que par un sentiment d'humanité pour les habitans de cette ville infortunée, qui ont souffert constamment et avec courage tous les maux d'un Siège cruel et désastreux. D'ailleurs, M. le Duc, vous ne pouvez vous dissimuler qu'il reste encore à la Garnison de Valenciennes, outre son courage, des moyens de résistance qu'offre cette Place dans les ouvrages extérieurs, les manœuvres d'eau, son escarpe qui n'est ébréchée que dans sa partie supérieure, qu'il reste encore la citadelle qui est intacte, entière, qu'il reste encore enfin, à cette garnison valeureuse, un général et des chefs qui peuvent faire aux troupes que vous commandez une résistance très-meurtrière dans ces derniers instants de gloire. Vous voudrez bien, M. le Duc, par toutes ces considérations, accorder les articles de la Capitulation offerte par le Général Ferrand, qui portent la plénitude des honneurs de la guerre pour la Garnison de Valenciennes. »

Le duc d'York, après quelques réflexions sur l'état de la Place et de la Garnison et surtout sur le succès que ses troupes avoient obtenu dans la nuit du 25 au 26, accorde néanmoins que, prisonnière avec les honneurs de la guerre, la Garnison seroit libre de retourner en France.

Tous les autres articles furent discutés dans le même esprit, surtout celui des papiers concernant l'administration des fortifications et après avoir obtenu des modifications avantageuses pour quelques-uns et surtout celui qui concernoit les Représentans du Peuple que le duc d'Yorck garantit de sa parole d'honneur contre toute insulte qui pourroit leur être faite à leur sortie de la Place, on rédigea de nouveau tous les articles en négociation ; ils furent insérés dans la Capitulation qui fut signée en double par les Commissaires respectifs et par le duc d'Yorck.

De retour dans la Place, nous remîmes la Capitulation au Général Ferrand, présent au Conseil de guerre toujours assemblé et retenu en otage dans la Maison commune par le peuple révolté et une partie de la Garnison qui protégeoit cette faction criminelle ; nous y joignîmes la négociation qui avait été de même rédigée et signée par tous les Commissaires.

Nous allons reproduire le texte qu'avait proposé Ferrand. Nous reproduirons en marge les modifications qu'y apporta finalement le duc d'Yorck, et nous ferons suivre le tout des « Articles additionnels » qui y furent adjoints dans l'entrevue dont Tholozé vient de nous rendre compte.[1]

ARTICLES DE CAPITULATION	RÉPONSES.
Proposés par le Général de division FERRAND, *Commandant les Troupes de la République Française à Valenciennes.*	
A FRÉDÉRICK DUC D'YORCK, Commandant l'Armée combinée du Siège de Valenciennes.	*Le Général* FERRAND *remettra à son Altesse Royale le* Duc D'YORCK, *Commandant en chef l'armée combinée employée au siège de Valenciennes, pour sa Majesté l'Empereur et Roi, la Ville et Citadelle de Valenciennes, aux conditions ci-après stipulées :*
Le Général FERRAND *remettra au Duc* D'YORCK, *la Ville et Citadelle de Valenciennes aux conditions suivantes :*	
ART. 1. La garnison sortira avec les honneurs de la guerre, ainsi que tout ce qui tient au militaire.	ART. 1er. La Garnison sortira par la porte de Cambray avec les honneurs de la guerre, et mettra bas les armes à la maison dite la Briquette, où elle déposera ses Drapeaux et Canons de campagne, sans les avoir endommagés d'une manière quelconque ; il en sera de même des chevaux de Cavalerie, Artillerie, des Vivres et autres services militaires ; ceux des Officiers leur seront laissés avec leurs épées.
2. Toutes les munitions quelconques, pièces d'artillerie et tout ce qui compose et fait partie de l'armée lui sera conservé.	2. Refusé.

---

[1] Toutes ces pièces, augmentées de la dernière lettre de Ferrand, ont été imprimées chez H. J. Prignet, en une brochure de 8 pages.

3. La garnison sortira de la place le sixième jour après la signature de la capitulation par la porte de Tournay, pour se rendre dans tel lieu de la République que le Général Ferrand jugera convenable, avec armes et bagages, chevaux, tambours battans, mèches allumées par les deux bouts, drapeaux déployés, et tous les canons qu'elle pourra emmener.

4. Les autres pièces d'artillerie seront évacuées dans la huitaine après le départ de la garnison, ainsi que les munitions et le mobiliaire militaire.

5. Les voitures et chevaux nécessaires pour le transport des bagages et pour monter les officiers, seront payés de gré à gré.

6. Il sera fourni le nombre de douze chariots couverts, c'est-à-dire qui ne seront point visités.

7. Les soldats convalescents en état d'être transportés seront emmenés et les voitures nécessaires pour ce transport seront fournies également par les assiégeants.

8. Quant aux malades qui ne pourront souffrir le transport, ils resteront dans les hôpitaux qu'ils occupent, soignés aux frais de la République par les officiers de santé qui y sont attachés, sous la surveillance d'un commissaire des guerres, et lorsque ces malades seront en état d'être transportés, il leur sera de même fourni des voitures.

9. Les Représentans du Peuple et toute personne attachée à la République, sous quelque dénomination que ce puisse être, participeront à la Capitulation du militaire et jouiront des mêmes conditions.

3. La Garnison sortira le premier d'août ainsi qu'il est dit à l'art. 1er. et comme elle sera prisonnière de guerre, il lui sera indiqué, 24 heures avant sa sortie, l'endroit où elle se rendra en France pour y prendre la parole d'honneur et le revers des Officiers ainsi que les autres arrangemens relatifs aux Soldats, qui s'engageront à ne pouvoir servir pendant toute la durée de la présente guerre contre les armées de sa Majesté et celles de ses Alliés, sans avoir été échangés conformément aux cartels et sous les peines militaires.

4. Refusé pour ce qui concerne l'Artillerie et généralement toutes les munitions de guerre et de bouche, et autres objets militaires, mais accordé pour tous ce qui est du mobile *(sic)* personnel des Officiers et Soldats de la garnison.

5. Il sera fourni, parmi payant, à la garnison ce qui lui sera nécessaire en voitures et chevaux pour le transport de ses bagages, et les commissaires de guerre qui resteront de sa part dans la place seront personnellement responsables du retour desdites voitures et chevaux.

6. Refusé.

7. Accordé sous les conditions de l'article 5.

8. Accordé, bien entendu que les commissaires restés pour l'administration économique des hôpitaux seront soumis à la police militaire, ainsi que ceux dont il est question dans l'art. 5, et que les soldats convalescens seront prisonniers, comme il est stipulé à l'art. 3.

9. Tout ce qui n'est pas militaire étant réputé bourgeois, jouira du traitement accordé à cette classe.

10. Les déserteurs resteront réciproquement dans les corps où ils sont, sans être inquiétés ; à l'égard des prisonniers, ils pourront être échangés.

11. Il sera nommé de part et d'autre des commissaires pour constater les objets qui seront adjugés à la République, ainsi que tous les papiers concernant l'artillerie, les fortifications et greffe militaire, tant ceux de cette Place que de toute autre Place appartenante à la République. Il en sera de même pour les papiers de toutes les administrations civiles et militaires.

12. Les habitans des deux sexes actuellement en cette ville, ou y réfugiés ; les fonctionnaires publics et tous autres agens de la République française, auront leur honneur, leur vie, et leurs propriétés sauves, avec la liberté de se retirer où ils voudront.

13. Pour le maintien de l'ordre, de la police, la sûreté des personnes et la conservation des propriétés, les autorités constituées et les tribunaux resteront en fonctions, jusqu'à ce qu'il y soit autrement pourvu. Les jugemens des tribunaux seront maintenus, et aucune autorité constituée ne pourra être recherchée pour les faits légaux de son administration ou de sa juridiction.

14. Personne ne pourra être inquiété pour ses opinions telles qu'elles ayent été, ni pour ce qu'il aura dit ou fait légalement avant ou pendant le Siège.

15. Les habitans ne seront pas assujettis au logement des gens de guerre.

10. Refusé, les déserteurs seront livrés scrupuleusement avant la sortie de la garnison, et l'on fera les perquisitions nécessaires pour trouver ceux qui pourroient être cachés. Les prisonniers autrichiens et ceux des puissances alliées, seront rendus de bonne foi.

11. Il sera nommé des commissaires de tous les départemens militaires et civils pour recevoir les papiers, effets et bâtimens militaires, artillerie, fer coulé, arsenaux, munitions de guerre et de bouche, caisses militaires et civiles, en un mot tous les autres objets appartenants au gouvernement, sous quelle dénomination que ce puisse être, les commissaires seront introduits dans la Place immédiatement après l'échange des Otages, les chefs des différens corps seront personnellement responsables des infidélités qui se seroient commises dans la remise des papiers, caisses, artillerie et autres objets ci-dessus nommés.

12. L'ordre et la discipline des Armées alliées garantissent les Bourgeois de toute espèce d'insulte dans leur personne et leurs effets.

13. Refusé, mais les corps administratifs et judiciaires seront maintenus jusqu'à ce qu'il y ait été autrement pourvu par S. M. Impériale.

14. L'intention de sa Majesté l'Empereur et Roi est que les habitans ne soient aucunement inquiétés.

15. Accordé, autant que l'existence et la capacité des bâtimens militaires le permettront.

16. Les habitans ne pourront être obligés à aucun service militaire, et ceux qui l'ont fait jusqu'à présent ne pourront être considérés comme tels.

17. Les habitans ne pourront non plus être tenus aux corvées militaires.

18. Ceux qui voudront aller habiter ailleurs, seront libres de sortir de la ville avec leurs ménages, bagages, meubles et effets, de disposer de leurs immeubles ou réputés tels, au profit de qui bon leur semblera, dans le terme de six mois.

19. Tous ceux qui voudront rester ou venir habiter en cette ville y seront reçus et jouiront des mêmes avantages que les autres habitans.

20. Les monnoies actuelles, notamment les assignats, continueront d'avoir cours.

21. Les domaines nationaux vendus en conformité aux lois existantes seront conservés aux acquéreurs.

22. La commune continuera de jouir des propriétés qu'elle possède actuellement, tant mobiliaires qu'immobiliaires, notamment les bleds qu'elle a en magasin pour la subsistance des habitans.

23. Les collèges, hôpitaux et autres établissemens de charité demeureront en la libre et paisible possession et jouissance de tous leurs biens, tant meubles qu'immeubles.

24. Toutes dettes contractées avant et durant le Siège par la Municipalité et le Conseil général de la Commune et autres autorités constituées, tant liquidées qu'à liquider, seront tenues pour légales et bien contractées.

25. S'il survient quelques difficultés dans les termes et conditions de la Capitulation, on les entendra toujours dans le sens le plus favorable à la Garnison de la Place et aux Habitans.

A Valenciennes, le 27 Juillet 1793, 2°. de la République française.

Signé, Le Général de division,
FERRAND.

16. Les habitans ne seront obligés de faire de service militaire que dans le cas usités dans les provinces de sa Majesté l'Empereur aux Pays-bas. Quant à ceux qui seront armés ou en uniforme, ils seront traités comme les autres militaires, selon l'article 3.

17. Renvoyé à l'article 16.

18. Il sera permis aux habitans de se retirer avec leurs effets dans l'espace de six mois où bon leur semblera, et il leur sera délivré des passeports en conséquence.

19. Accordé.

20. Refusé de reconnoitre les assignats comme monnoye jusqu'à disposition ultérieure.

21. Cet art. n'étant point du rapport militaire, sera réservé comme le précédent à des dispositions ultérieures.

22. Renvoyé à l'article précédent. Quant aux Bleds, aux magasins, on en disposera au profit de celui à qui il appartient de droit.

23. Accordé pour toutes les propriétés légitimes.

24. Les dettes contractées par la Garnison, les militaires, bourgeois et habitans quelconques seront liquidées à la satisfaction des parties.

25. Toutes les réponses ci-dessus, étant clairement énoncées, cet article est sans objet.

ARTICLES ADDITIONNELS.

Art. 1er. Aujourd'hui 28 juillet à 7 heures du soir, la Garnison livrera aux troupes de l'Armée du siège, les dehors, la demi-lune, la couronne, la contregarde et le pâté de la porte de secours de la Citadelle, ainsi que la demi-lune et l'ouvrage à corne de la porte de Cambray et afin que l'ordre soit observé jusqu'à la sortie de la Garnison, elle gardera l'intérieur des portes du corps de la Place, de la Citadelle et de la Ville jusqu'à la sortie.

2. Si la réponse n'est pas rendue par le Général Ferrand avant 7 heures du matin, on lui déclare que le feu de la tranchée recommencera à 9 où la trêve sera rompue par son silence.

3. Les Chefs des différens corps qui ont des papiers ou effets à remettre resteront dans la Place, jusqu'à ce que les remises et inventaires ayent été clos par les Commissaires Impériaux.

4. Aussitôt que la Capitulation sera signée, on enverra dans la Place des Otages, savoir un Colonel, un Major et un Capitaine qui seront échangés contre des Officiers de grade pareil de la Garnison, lesquels Otages seront rendus aussitôt après l'exécution des articles de la Capitulation.

Donné à mon Quartier-général, devant Valenciennes, le 28 juillet 1793.

Signé, Frédéric duc d'Yorck, Commandant l'Armée combinée au siège de Valenciennes.

Nous commissaires soussignés nommés et envoyés vers S. A. R. le Duc d'Yorck, en vertu des pouvoirs à nous délégués par le Général Ferrand, commandant de la ville et citadelle de Valenciennes, et contenus en sa lettre du 28 juillet 1793 adressée au Duc d'Yorck, laquelle demeurera annexée en l'original à la présente capitulation ; avons signé et consenti les articles ci-dessus.

Fait au Quartier-général de S. A. R. le Duc d'Yorck, le 28 juillet 1793.

Sont signés : Tholosé, Directeur des fortifications, faisant les fonctions de Général de Brigade ; le Général de Brigade Boillaud ; Brunière, Capitaine au 1er bataillon de la Nièvre. Hamoir ; Lanen-plichon ; J. C. Perdry, le cadet.

Collationé conforme à l'Original,
Mortier, Secrétaire-greffier.

Le soir du 28, pour annoncer la grande nouvelle, le lieutenant-colonel comte de Dietrichstein fut dépêché à Vienne vers l'empereur ; le prince de Reuss à Mayence vers le roi de Prusse ; et un officier anglais à Londres.

En même temps, des détachements autrichiens occupèrent les ouvrages avancés ainsi que les postes extérieurs de la place et de la citadelle, et les royalistes de la ville se mirent à donner aux soldats français restés dans ses murs, le honteux spectacle de la contre-révolution. Le drapeau national fut enlevé du beffroi, l'arbre de la Liberté coupé. Des cavaliers bourgeois fonçaient sur les citoyens désarmés, ou même sur les soldats auxquels ils voyaient des cocardes tricolores pour les forcer à les enlever ; et le général Boillaud lui-même fut, à ce sujet, menacé de mort. Démoralisées, les sentinelles avaient laissé entrer dans la ville une foule d'officiers étrangers et d'émigrés. Parmi ceux-ci figurait Charles-Eugène de Lorraine d'Elbeuf, prince de Lambesc, ce cousin de Marie-Antoinette qui, le 12 juillet 1789, avait chargé le peuple dans le jardin des Tuileries et, depuis, avait quitté la France avec tout son régiment. Malgré la pluie qui tombait à torrents, il parada à cheval sur la Grand'Place, et son succès y fut complet. Les six jours de répit demandés par Ferrand après la signature de la capitulation, et heureusement réduits à trois, avaient pour but, comme la suspension d'armes précédemment sollicitée, de permettre de se réaliser le chimérique espoir d'un secours de l'armée de Custine. Ils furent infiniment dangereux pour la garnison, qui vit insulter sous ses yeux le gouvernement qu'elle devait défendre, et qui, d'un autre côté, était exposée à un massacre s'il avait plu à quelque fou ou malintentionné de violer la Capitulation en tirant ne fût-ce qu'un coup de feu sur un Autrichien.

Le 30, Unterberger, de Froon, le major Devau et le lieutenant-colonel d'artillerie Muller se rendirent dans la ville afin d'y prendre livraison du matériel et des provisions. Quoiqu'ils sussent lui avoir lancé 157.372 projectiles, ils furent étonnés des ravages qu'ils y avaient causés. En effet, nous dit Desmarest :

> Je ne crois pas qu'il existe une seule maison qui n'ait été touchée par le boulet ; les bombes ont presque anéanti la rue de Mons, la place Verte, et tout le voisinage de l'Hôpital et du munitionnaire. Les rues de Cardon, de Tournay, Saint-Géry, Cambrai, les quartiers du Béguinage et du Marché-aux-Poissons, sont aussi extrêmement maltraités : en un mot, la Ville, vue de la plaine de Mons, présente, dans les deux tiers de sa circonférence, un amas de maisons ouvertes ou démolies, tandis qu'elle paroît intacte sur le revers, c'est-à-dire si on la regarde de la citadelle.

D'après le relevé d'Unterberger, les commissaires autrichiens trouvèrent dans la place 175 bouches à feu [1], 68.355 projectiles, 3.546 fusils d'infanterie, 282.800 livres de poudre, 7 800 gargousses et cartouches, une assez grande quantité de vins, 121.089 livres, 10 sols en espèces sonnantes et 1 412.986 francs, 10 sols en assignats. Surpris par les événements, Tholozé n'avait détruit aucun des papiers de la place avant les pourparlers entamés avec l'ennemi, et depuis, il les avait tous conservés pour ne pas violer la Capitulation ; de telle sorte que, de l'aveu d'Unterberger, les Alliés y trouvèrent d'excellents plans de forteresses très utiles pour les siéges qu'ils entreprirent ultérieurement. En outre, Ferrand avait tenu un

---

[1] Nous avons dit plus haut, d'après Ferrand, que la ville ne contenait, au moment de l'investissement, que 138 bouches à feu, plus quelques pièces de bataillon. C'est en comptant celles-ci qu'Unterberger arrive à en trouver 175, dont les deux tiers hors de service.

Journal de ses opérations ; il le refusa d'abord aux commissaires ; mais, comme la discussion s'envenimait, il finit, d'après l'avis de Cochon, par leur en faire remettre une copie où manquait le récit des dix derniers jours, c'est-à-dire la portion la plus importante.

Durant l'interrègne, les députés, privés de tout pouvoir effectif, coururent certains dangers. Suivant Desmarest :

> On parloit tantôt de les immoler sur les ruines des maisons saccagées, disoit-on, par leur obstination, tantôt de les garder en garantie des indemnités qu'on osoit bien encore prétendre de la République, ou en ôtage, en cas d'un second bombardement de la part des François. La nuit même, la veille du départ, on les chercha dans les maisons où l'on savoit qu'ils fréquentoient, et ce fut le fils du Maire qui fit cette recherche, ou plutôt qui conduisit les quatre estafiers déguisés en Keizerliks qui la firent. Leurs deux secrétaires furent arrêtés et détenus ; on vouloit qu'ils déclarassent où étoient les deux députés.

Mais on ne vint point relancer ceux-ci à la citadelle, où ils étaient gardés par de zélés patriotes qui avaient refusé l'entrée de ce refuge au prince de Lambesc lui-même.

En vue de son retour vers l'intérieur de la France, Ferrand, dont la maison qu'il possédait à Valenciennes venait d'être effondrée avec tant d'autres, avait donné l'ordre suivant :

> Le Général de Division Ferrand, commandant la Garnison de Valenciennes, a besoin d'un fiacre à quatre places, un chariot pour porter ses effets (le nommé Dargent s'est offert pour les conduire), et d'un cheval de selle.
>
> Les Commissaires des guerres voudront bien me comprendre dans l'état des voitures et chevaux qu'ils demanderont.
>
> Valenciennes, le 30 Juillet 1793, l'an 2ᵉ de la République.
>
> Le Général de Division, FERRAND [1].

Cet ordre s'exécuta, et le 1ᵉʳ août, de bon matin, la garnison sortit de la place, ainsi que la Capitulation l'avait prévu. De cet exode, voici ce que nous dit Desmarest :

> Nous défilâmes par la porte Cambrai, entre deux hayes de cavalerie et d'infanterie des armées combinées ; les Anglois tenoient la droite. La bande joyeuse des émigrés, prêtres, femmes, etc., etc., se tenoit là prête à entrer dans la Ville. Excepté quelques sarcasmes partis des groupes de ceux-ci, je n'entendis pas le moindre propos offensant, ni même railleur. La contenance du Soldat étoit froide et tranquille, celle des Officiers fière, et la tenue des uns et des autres très-propre et même parée. Cochon étoit dans les rangs de Dauphin, il

---

[1] Archives de Valenciennes, H 6, 12.

ne fut point remarqué [1] ; mais Briez fut arrêté, grâces encore aux attentions du fils du Maire.

Le Duc d'Yorck, qui en eut promptement avis par notre Général, parla sévèrement à l'Officier qui s'étoit permis ce procédé, et en témoignant au Député combien cela étoit éloigné de ses intentions, il ajouta : « *Monsieur, ce sont vos compatriotes qui vous ont vendu.* » Après avoir déposé nos armes à la Briquette, cérémonie à laquelle on n'ajouta absolument rien d'humiliant, nous continuâmes notre route par le bas de Famars, en longeant les marais de Notre-Dame. C'est là que nous apperçûmes une chaussée établie au milieu des eaux pour la communication de l'armée, coupée par l'inondation. Cet ouvrage dont nous n'avions qu'une connoissance confuse durant le siège, parce qu'il étoit entièrement masqué par des massifs d'arbres verds, me parut hardi et d'une belle exécution. La joie qu'eurent tous les soldats, en découvrant les postes avancés de l'armée françoise, seroit difficile à décrire ; pour moi, je ne ferai pas difficulté d'avouer que la vue de la première vedette fit couler les larmes de mes yeux.

La garnison proprement dite n'avait pas seule quitté Valenciennes : elle avait été suivie par une partie de la garde nationale, dont deux compagnies de canonniers, par plusieurs membres de la municipalité, et par d'autres républicains qui craignaient, en restant dans la place, d'y subir des persécutions de leurs ennemis politiques. En revanche, malgré les ordres formels de Ferrand, le général de division Blacquetot, inspecteur des fortifications [2], le commissaire ordonnateur Morlet, le commissaire des guerres Peltier, avec quantité d'autres personnes attachées à l'armée, avaient obstinément refusé d'en sortir, et révélé ainsi l'esprit de trahison qui les avait toujours animés.

Au moment du blocus, nous savons que la garnison proprement dite se composait de 9.000 hommes environ. D'après les chiffres donnés par Ferrand, elle aurait perdu 550 tués [3] et aurait eu, au moment de la capi-

---

[1] Unterberger dit au contraire : « Cochon, premier commissaire national à Valenciennes, chaud Républicain, marchoit fièrement à la tête d'un bataillon, vêtu d'un surtout foncé, sans regarder personne. »
Lorsque Ferrand passa devant le duc d'York et le prince de Cobourg, ceux-ci le félicitèrent sur sa défense et lui déclarèrent voir avec intérêt les braves qu'ils avaient dû combattre pendant si longtemps, malgré leurs intelligences dans la place. Le duc d'York avait déjà dit aux commissaires envoyés près de lui, et en leur montrant un gros paquet de bulletins, que, pendant les deux derniers jours, il avait été prévenu heure par heure de ce qui se passait dans la ville.

[2] Nous devons toutefois remarquer que Ferrand traite Blacquetot de « brave et loyal militaire », mais « âgé et malade. »

[3] Le chiffre de Ferrand, relevé sans doute sur des états officiels, ne peut être contrôlé au moyen des registres de l'état-civil de Valenciennes, fort incomplètement tenus vers la fin du siège et remplacés même en partie par de simples *billets d'entrée* à l'hôpital ou *de sortie* de cet établissement, sur lesquels est inscrit le décès du titulaire. Un volume est formé de 256 de ces billets, allant du 23 mai 1793 au 31 juillet, mais plusieurs se rapportent à des personnes étrangères à la garnison. Un relevé dressé à l'Hôpital général, et produit devant le Tribunal de Valenciennes le 7 mars 1794, indique en mai 66 morts, en juin 118, en juillet 201, en août, jusqu'au 8, 35 ; total : 420. Il est très insuffisant puisqu'il ne tient compte ni des soldats décédés dans les autres dépôts, ni de ceux tués sur les remparts.

tulation, environ 2.500 indisponibles par suite de blessures ou de maladies. Néanmoins, Unterberger la porte encore à 451 officiers, 9.260 soldats ou sous-officiers, plus 700 blessés hors d'état de marcher. Il n'arrive évidemment à cette évaluation qu'en y comprenant toute la garde nationale.

Quant aux habitants qui avaient péri « tant par l'effet de la bombe que par l'écroulement de leurs maisons, ou par la maladie épidémique qui provenoit du mauvais air des souterrains où ils s'étoient réfugiés », Ferrand estime leur nombre à 4.000 [1].

Après le départ de la garnison, les Alliés pénétrèrent dans la ville, au milieu de manifestations contre-révolutionnaires sur lesquelles nous reviendrons plus tard. Ils y trouvèrent neuf déserteurs, dont huit furent remis par eux à l'autorité militaire. Le dernier était leur ancien prisonnier de Glisuelle ; il fut pendu sans délai.

Le soir du 1er août, le duc d'Yorck célébra sa victoire par un festin de cent quarante couverts donné à son quartier-général d'Estreux ; les principaux émigrés y portèrent probablement des toasts impies qui, par bonheur, ne nous sont point parvenus ; et le vin coula à flots non loin des lieux où venait de couler tant de sang.

Le siège dont nous venons de raconter les péripéties principales, constitue incontestablement l'un des épisodes capitaux de la défense nationale dans le Nord à l'époque révolutionnaire et doit, malgré des faiblesses et des fautes que nous n'avons nullement dissimulées, rester un titre de gloire pour la majeure partie de ses coopérateurs.

Au premier rang de ceux qui ont droit à l'éloge figurent Cochon et Briez, dont le dévouement et l'activité ne se démentirent pas un seul instant ; puis Ferrand lui-même, dont nous avons critiqué le système de défense et le manque de largeur dans les vues, mais qui montra, dans les limites de ce qu'il regardait comme son devoir, une ardeur, un patriotisme

---

[1] *Le Tableau du mouvement annuel de la population de la ville de Valenciennes depuis le 1er janvier 1700 jusqu'au 31 décembre 1848*, publié par M. Clément, chef du bureau de l'État-civil, dans le tome IX des *Mémoires de la Société d'agriculture, sciences et arts*, indique, d'après les registres et les relevés connus, 3.249 morts à Valenciennes pendant l'année 1793. Pour obtenir le chiffre relatif à la population civile, il faut en retrancher les 550 morts militaires indiqués par Ferrand, ce qui le ramène à 2.699. Mais ce chiffre est bien au-dessous de la réalité, car, au milieu du désarroi général, beaucoup de décès ne furent ni officiellement constatés, ni même connus puisque, de longs mois après le bombardement, on retirait encore des cadavres des décombres.

Le chiffre des morts avait été à Valenciennes de 900 en 1792 et devait être de 933 en 1794. En le comparant à ceux qui précèdent, on peut se faire une idée de la part due en 1793 aux événements militaires.

D'un autre côté, on constate 825 naissances en 1792, 909 en 1793 et 691 en 1794 ; 201 mariages en 1792, 311 en 1793 et 301 en 1794. L'excédant de 1793 provient évidemment de la population réfugiée. Il nous montre que l'amour, même légitime, ne chômait point en ces années calamiteuses.

et une dignité qu'on ne saurait méconnaître sans injustice. Auprès de lui doivent prendre place Tholozé [1], Dambarrère et quelques autres officiers. Parmi les corps de troupes qui, sous leurs ordres, se firent le plus honorablement remarquer, le *Rapport* des deux conventionnels cite les premiers bataillons de la Côte-d'Or, de la Charente, de Mayenne et Loire, des Deux-Sèvres, celui de Loir-et-Cher, et les dragons de la République ; mais il cite surtout l'artillerie, y compris celle d'origine locale. En effet, nous dit-il :

> On doit spécialement les plus grands éloges à deux des quatre compagnies de Canonniers bourgeois de Valenciennes, qui, dès longtemps avant, comme pendant toute la durée du siège, ont constamment fait leur service avec zèle, intrépidité et un courage sans borne, sans vouloir accepter aucune solde ni paie.

Et Unterberger ajoute :

> Ce furent les Canonniers qui se distinguèrent particulièrement dans la défense de Valenciennes, tant par le courage, le zèle infatigable et l'habileté qu'ils déployèrent en soutenant avec tant de constance leur artillerie contre le feu bien supérieur de l'attaque et cela à travers des dangers si grands et si continus. Ce sont sans contredit, pour tous les corps d'artillerie européenne, des modèles glorieux de la vertu militaire.

En le commentant, nous ne pourrions qu'affaiblir cet éloge d'un ennemi.

Pour rehausser le mérite de ses compagnons d'armes, Dambarrère a, de son côté, établi entre le siége de Lille et celui de Valenciennes le parallèle suivant, que nous reproduisons sans vouloir en rien décider la grave question de prééminence qu'il soulève :

> 1º) L'armée ennemie qui parut..... devant Lille n'étoit que d'environ 30.000 hommes [2] avec 24 pièces de canon et douze mortiers ; l'entreprise qu'elle formoit ne devoit être regardée que comme une folle tentative de quelques jours ; mais l'armée qui, dans des circonstances bien plus critiques, a entouré et attaqué Valenciennes, étoit d'environ 80.000 hommes ayant un train d'artillerie immense, et des ressources inépuisables en munitions de toute espèce. Son entrée en France étoit la suite de trahisons et de grands revers que nous avions éprouvés ; c'étoit le résultat de la plus formidable coalition des puissances de l'Europe, le fruit d'un vaste plan de combinaisons contre la liberté françoise.

---

[1] Nous avons presque toujours imprimé le nom ainsi, mais certains documents du temps l'écrivent *Tholosé*, qui est peut-être la véritable orthographe. De même, nous avons quelquefois, d'après des manuscrits peu déchiffrables, nommé *Laneu-Plichon* l'un des membres de la municipalité valenciennoise qui se nommait réellement *Lanen-Plichon*.

[2] Nous avons, ch. IV, p. 211, montré que cette armée était beaucoup moindre ; mais nous laissons à Dambarrère la responsabilité de ses chiffres.

2°) L'armée devant Lille n'occupoit qu'un seul côté qui, par conséquent, conservoit ses libres communications avec les pays voisins, et en recevoit toute sorte de secours ; au contraire Valenciennes a resté complétement cerné depuis le 24 Mai jusqu'au 28 Juillet, sans pouvoir se procurer aucune communication au dehors, quoique manquant de beaucoup de choses nécessaires.

3°) Le bombardement de Lille ne dura que huit jours, et n'étoit accompagné d'aucun autre genre d'attaque ; mais le bombardement de Valenciennes a duré, dans toute son activité, pendant quarante-trois jours, et c'étoit l'affreux accessoire d'un siège de plus de deux mois, qui a fait périr le tiers de la Garnison.

4°) Lille n'étant bombardé que d'un seul côté, il n'y avoit qu'une partie de la ville qui fut exposée, tout le reste étoit tranquille, ce qui procuroit aux Citoyens et aux troupes, la facilité de se mettre à l'abri. Au contraire, Valenciennes dominé de tous côtés, étoit foudroyé de toutes parts et de toutes les manières à la fois. Il n'y avoit pas un seul quartier, un seul bâtiment qui en fut exempt ; aussi a-t-il péri beaucoup de monde et des familles entières se sont trouvées ensevelies sous les ruines.

5°) A Lille, la Garnison étoit secondée par l'ardent patriotisme des Citoyens : au contraire à Valenciennes, elle a été en butte à un parti nombreux de malveillants, et, sur la fin, la majorité des habitans s'est réunie pour l'obliger à capituler.

Cette dernière allégation est assurément exacte ; mais elle ne doit pas nous faire oublier qu'abstraction faite de quelques criailleries provenant surtout des femmes, la plupart de ces habitants, jusqu'au 26 juillet, supportèrent stoïquement les plus rudes épreuves, et, dans leur ensemble, ne se montrèrent pas indignes du rôle qui leur était échu. Très sévères pour la municipalité et les aristocrates, Cochon et Briez le proclament eux-mêmes :

Il est... de notre devoir, comme de la plus grande justice, de parler de l'énergie, du courage, de la vertu, des souffrances et de la résignation des bons Citoyens de Valenciennes. La masse du Peuple, et particulièrement la classe indigente, a toujours été en général dévouée au salut de la Patrie. Nous avons été témoins des spectacles les plus attendrissants, des scènes les plus touchantes.

Et, d'après Desmarest :

Le courage alloit même jusqu'à la gaîté : je ris encore de ce gros éclat de bombe, qu'un citoyen s'avisa de coëffer d'un bonnet rouge, trophée d'un genre nouveau qu'il exposa sur sa fenêtre. Au premier boulet que reçut le patriote G., ses amis coururent au corps de garde, lui en donner la nouvelle, en lui portant un bouquet ; et on but largement à la bien venue du boulet. Un jour que je dinois au Béguinage sous le feu d'une batterie, qui cribloit tout ce quartier, trois boulets tombèrent presque à la fois sur une petite maison du voisinage. Le propriétaire, chassé de chez lui, se tenoit à la porte, criant de toute sa force : « Eh ! eh ! qui est-ce qui veut loger à l'enseigne des Trois Boulets ? » « En voilà quatre, » ajouta-t-il bientôt ; « cinq, six, etc. ; » enfin, jusqu'à 27 qui démolirent sa pauvre habitation dans cette après-diner. Quand on vint annoncer au Citoyen Pouqué la chute de sa cinquième maison, sa première question fut : « Y a-t-il quelqu'un de blessé ? » « Non, » lui répondit-on. « Eh bien ! tant mieux, » reprit-il, « les hommes font des maisons, au lieu que les maisons ne font pas des hommes. »

Plus tard, nous verrons le procès de la malheureuse cité s'instruire devant la Convention ; et, après des débats passionnés où, dans une exacte balance, furent pesés le pour et le contre, nous verrons la grande assemblée, tenant compte à la ville de ses dures souffrances, de sa résistance prolongée, de l'abandon où elle avait été laissée, déclarer que Valenciennes a bien mérité de la Patrie.

Ce jugement restera celui de l'Histoire.

C'est qu'en effet, partiellement entourée par les Alliés dès le 8 avril, la forteresse les avait maintenus devant elle pendant plus de trois mois et demi, leur faisant manquer leur campagne, et permettant, par contre, à la République de résister au premier choc de ses ennemis intérieurs et de réorganiser les forces qui devaient, quelques mois après, reprendre l'offensive pour chasser l'étranger. Plus que tout le reste, elle avait ainsi, par son martyre, contribué à sauver la France.

CHAPITRE IX

HISTOIRE DE L'ARMÉE DU NORD PENDANT LE SIÉGE DE VALENCIENNES. NOMINATION DE CUSTINE COMME GÉNÉRAL EN CHEF. RETRAITE DE L'ARMÉE VERS LE CAMP DE CÉSAR. MISE EN ÉTAT DE DÉFENSE DE DOUAI ET DE SES ENVIRONS. EFFORTS DE CUSTINE POUR RÉTABLIR LA DISCIPLINE. FORCE DE SON ARMÉE. SON PLAN DE CAMPAGNE DIFFÉRENT DE CELUI DE CARNOT. SES RÉCRIMINATIONS CONTRE BOUCHOTTE. SON VOYAGE A PARIS ET SON INSPECTION DES CAMPS ET DES PLACES FORTES. ACCEPTATION DE LA NOUVELLE CONSTITUTION PAR LES LILLOIS. COMBATS DIVERS. DÉPART DE CUSTINE QUI CÈDE LE COMMANDEMENT INTÉRIMAIRE A KILMAINE ; SON ARRESTATION ET SA MORT. EFFORTS DE CARNOT DANS LA FLANDRE MARITIME POUR RAVITAILLER L'ARMÉE EN FOURRAGES. MISE DE BOUCHAIN EN ÉTAT DE DÉFENSE. LE GÉNÉRAL LE VENEUR. ARRESTATION DE HOCHE ET SON ÉLOGIEUX ACQUITTEMENT PAR LE TRIBUNAL RÉVOLUTIONNAIRE DU NORD [1].

Qu'était devenue l'armée du Nord ? Pourquoi n'avait-elle pas secouru Valenciennes ? Telles sont les questions principales auxquelles nous allons répondre dans ce chapitre.

Nous savons qu'après la mort de Dampierre, Lamarche n'avait accepté le commandement que d'une manière absolument provisoire et jusqu'à ce que le Comité de Salut public eut fait choix d'un titulaire définitif. Ce titulaire fut Custine. Nous avons, à la fin de notre chapitre III, analysé son caractère et résumé quelques-uns de ses plus brillants exploits. Depuis lors, n'ayant plus guère éprouvé que des insuccès, son étoile avait bien pâli. Néanmoins, il avait obtenu de Bouchotte, successeur de Beurnonville comme ministre de la guerre, le double commandement des armées du Rhin et de la Moselle ; et grâce à sa jactance non moins qu'à sa bravoure, il conservait la réputation de l'un des meilleurs généraux de la République.

---

[1] Ce chapitre a été rédigé par M. Paul Foucart.

Ce fut le 15 mai que Custine apprit sa nomination et qu'il reçut l'ordre de partir sans délai pour le Nord. Malgré l'extrême confiance qu'il avait en lui-même, il n'accepta qu'à regret. Selon les instructions du Comité de Salut public, il remit le commandement en chef à Houchard auquel restait subordonné Diettmann, qui dirigeait spécialement l'armée du Rhin.

Déjà vieux, Diettmann n'avait fait, pendant une partie de sa vie, que présider au service de la petite gendarmerie à Lunéville. Quant à Houchard, peu capable de diriger de grandes opérations, c'était un brillant officier d'avant-garde qui aurait conservé la réputation d'un excellent général de second ordre, s'il était toujours resté à la tête d'un corps de troupes légères. Né à Forbach en 1740, il s'était engagé à quinze ans dans le régiment de Royal-Allemand, cavalerie, avait fait en qualité de capitaine la guerre de Sept-Ans, était ensuite passé en Corse où il avait reçu au visage une blessure dont il garda toute sa vie la cicatrice. La Révolution l'avait trouvé lieutenant-colonel d'un régiment de dragons et, rapidement, l'avait transformé en général.

Dans une lettre confidentielle au ministre de la guerre, Custine critiqua, non sans raison, le choix qui venait d'être fait :

> Je dois vous dire avec franchise que la conduite de deux armées, que vous avez confiée au général Houchard, est fort au dessus de ses forces, et je dis avec la même franchise qu'une seule armée seroit même au-dessus de ses forces s'il n'étoit pas dirigé. Il en étoit si persuadé lui-même qu'il avoit refusé le commandement et qu'il ne l'a conservé sans m'en parler que, parce qu'étant mon ami et voulant me seconder, il avoit appris qu'un intrigant faisoit des démarches pour obtenir ce commandement.[1]

Cette lettre fut connue d'Houchard lorsqu'il passa à Paris au mois d'août et, bien à tort, l'aigrit fortement contre Custine, dont il avait été longtemps le collaborateur favori.

Ayant remis le commandement en chef à un nouveau titulaire, tout autre que Custine se serait abstenu de donner aucun ordre et de conduire aucune opération militaire. Lui, au contraire, se ravisa et, de concert avec Diettmann, pour essayer de finir par un coup d'éclat, résolut d'enlever des brigades ennemies imprudemment placées sur la rive droite de la Queich. « L'historien militaire le plus exercé », a écrit Jomini[2], « aurait peine à

---

[1] Nous empruntons cette citation au *Mémoire sur les opérations militaires des généraux en chef Custine et Houchard pendant les années 1792 et 1793*, publié en 1844, par le baron Gay de Vernon, ancien officier d'état-major, d'après les papiers de son père, adjudant-général sous Custine et Houchard.

[2] *Histoire critique des guerres de la Révolution*, t. III, p. 226. Le rapport de Custine, adressé le 18 au ministre de la guerre, a été publié par le *Moniteur* le 23 mai 1793.

rendre un compte exact de cette affaire. » Les adversaires gardèrent leurs positions, et les Français regagnèrent péniblement les leurs, diminués de 500 hommes, dont 120 chasseurs, dragons et cavaliers. Au lieu de se reconnaître au moins en partie coupable, Custine voulut rejeter toute la responsabilité de son échec sur un de ses lieutenants, le général Ferrière. Une vive altercation s'éleva entre les deux officiers ; Ferrière finit par déclarer à Custine que celui-ci n'avait plus le droit de demander aucun compte puisqu'il avait remis le commandement ; Custine accusa gravement Ferrière dans le rapport qu'il adressa au président de la Convention ; et, de son côté, Ferrière, dénonçant Custine, obtint quelque temps après, de Diettmann, l'autorisation d'envoyer à Paris, pour soutenir son dire, un adjudant-général nommé Cousso.

Telles furent les déplorables circonstances dans lesquelles Custine quitta l'armée du Rhin. Celles dans lesquelles il trouva l'armée du Nord ne valaient guère mieux, lorsque le 25 mai il arriva à Cambrai.

Depuis la veille, nous savons que, battant en retraite, Lamarche avait abandonné Valenciennes à son sort. Avec 88 bataillons et 3.000 chevaux, formant en tout 35.000 hommes environ, le général s'était réfugié sous le canon de Bouchain. Il avait pris position entre l'Escaut et la Sensée, petite rivière qui, après être née à Eaucourt dans le Pas-de-Calais, vient se jeter là dans le fleuve, sur un plateau où se trouve un ancien camp romain dit « camp de César », au sud de la partie principale de la commune d'Estrun, à laquelle il appartient. Lamarche s'appuyait de gauche sur Bouchain même, de droite sur Cambrai, en front au fleuve dont il occupait la rive gauche, au nord à la rive droite de la rivière. Et comme le camp était trop petit pour renfermer tant d'hommes, il en avait cantonné le surplus dans les villages environnants, particulièrement dans celui de Paillencourt.

L'état de ces troupes était pitoyable. Les bataillons de ligne ne possédaient pas au delà de 250 à 300 soldats, ceux de volontaires pas au delà de 400. S'il faut en croire Custine, qui probablement exagérait, « dix mille étaient sans fusils, six mille autres n'avaient que des fusils sans baïonnettes. »[1]

Durant la retraite de l'armée, beaucoup de soldats s'étaient débandés et, découragés, avaient profité de l'occasion pour essayer de rentrer chez eux. D'où la lettre suivante du conventionnel Pierre Delbrel[2], né à Moissac

---

[1] Tribunal criminel extraordinaire : affaire Custine (*Moniteur* du samedi 24 août 1793).
[2] C'est par erreur que, p. 438, son nom a été écrit *Delbret*.

en 1764, député du Lot, qui se trouvait alors en mission vers l'ancienne frontière septentrionale de la France :

AU NOM DE LA RÉPUBLIQUE FRANÇAISE.

Les Représentans de la Nation, députés de la Convention nationale aux armées du Nord, au Commandant de la force armée dans la place de Douay.

Citoyen,

Nous vous requerrons de donner les ordres les plus prompts pour faire arrêter et ramener tous les militaires, de quelque grade que ce puisse être, qui rentreroient sans congés dans l'intérieur ; le salut de l'armée, celui de la République dépendent du zèle et de la vigilance avec lesquels vous ferez exécuter les consignes à ce sujet.

DELBREL.

Au bas de cette lettre, Rosières qui, ainsi que nous le savons, avait son quartier-général à Douai, ajouta une note conçue en ces termes :

Le Commandant Pohl fera exécuter les ordres des Représentans de la Nation [1].

Dès avant la réception de la lettre de Delbrel, et sur les nouvelles qui lui étaient parvenues de la retraite de l'armée, Rosières avait fait occuper autour de Douai divers points importants. Les premiers détachements disponibles furent envoyés vers l'ouest et le nord-ouest de la place, avec mission de couper un pont situé sur la Traitoire, canal de desséchement qui, prenant sa source dans les marais d'Anchin, va, après un parcours de 29 kilomètres, se jeter dans la Scarpe au-dessus de Thun, près de Château-l'Abbaye, et un autre pont bien plus important, sur la Scarpe elle-même :

ORDRE DU 24 MAY 1793.

Il est ordonné au lieutenant-colonel Malbrand de partir avec tout ce qui est arrivé et en état de servir dans son Bataillon et ses canons pour se rendre à Saumin, d'où il fera les dispositions pour occuper les postes de Péquincourt, Beaurepaire et Riolet ; il fera couper, s'ils ne le sont déjà, les ponts de la Trotoire et de Vré [2] ; il fera des abbatis et toutes les dispositions militaires

---

[1] Cette pièce, ainsi que toutes celles relatives à la place de Douai que nous publierons dans ce chapitre, est extraite du *Registre des ordres du général Rosières*, conservé aux Archives départementales du Nord.

[2] L'orthographe actuelle de ces communes est *Somain*, où a été établie dans la seconde moitié du XIXe siècle une très importante station de chemin de fer, *Pecquenrourt*, *Rieulay* et *Vred.*— Nous avons, ch. II, p. 71, donné une légère idée du système hydraulique de cette région ; mais on trouvera des détails beaucoup plus circonstanciés dans une brochure intitulée : *La vallée de la Scarpe, sa situation géographique, son desséchement*, publiée en 1889, à Marchiennes, par M. Émile Dubois, conseiller général, devenu depuis député du Nord.

pour conserver la communication entre Bouchain et Douay et communiquera avec le Commandant de Pont-à-Rache pour l'informer des mouvemens de l'ennemi.

Peu après deux nouveaux ordres furent donnés, le premier prescrivant d'autres ruptures de ponts, mais d'une importance très minime, un petit affluent de la Traitoire existant seul entre Somain et Marchiennes :

Il est ordonné à un Officier et cinquante chasseurs belges-françois, commandés par le Chef de Brigade Osten, de partir sur le champ pour se rendre à Saumin ; il passera par Auberchicourt et se fera précéder avec précaution par sa cavalerie pour arriver jusqu'à Saumin. Établi dans ce poste, il fera couper sur le champ les ponts qui se trouveront en avant de lui sur la route de Marchiennes et sera aux ordres du Lieutenant-Colonel Malbrancq qui lui donnera des ordres ultérieurs. Douay, le 24 May 1793, l'an 2ᵉ de la République.

Le Général de Division commandant en Chef
à Douay et arrondissement,

ROSIÈRES.

ORDRE DU 24 MAY 1793.

Il est ordonné à un Officier et 13 dragons du 13ᵉ Régiment de partir sur le champ pour se rendre à Pecquincourt et y prendre les ordres du Lieutenant-Colonel Malbrancq ; il le préviendra que j'ai mis en marche cinquante chasseurs à pied et dix dragons pour lui aider à occuper le poste de Saumin.

Ceci fait, Rosières voulut se garantir vers le nord. Dans cette direction, en s'infléchissant toutefois un peu vers l'ouest, part de Douai une route qui, après avoir traversé la Scarpe à Anhiers, atteint à Raches un cours d'eau du même nom, la Rache, lequel, après être sorti de la Deûle à Dorignies, va se jeter dans la Scarpe à Marchiennes. Puis la route continue et, arrivée à Flines-les-Raches, se divise en deux parties : l'une, à droite, va sur Orchies en laissant sur la droite le village de Bouvignies ; l'autre, à gauche, vers Lille en passant par Le Pont-à-Marcq.

ORDRE DU 24 MAY 1793.

Il est ordonné au général Ransonnet de se rendre à Pont-à-Rache avec les bataillons 9ᵉ de la réserve, 1ᵉʳ de la Somme, 2ᵉ de l'Orne et 30 dragons du 13ᵉ Régiment.
Tout ce qui ne sera pas armé dans ces troupes restera à Douay. Le Général Ransonnet fera ses dispositions de manière à occuper le poste de Lalain par un fort détachement d'infanterie ; l'abbaye et le village de Flines par un autre corps de même arme. Il placera une partie de sa cavalerie à Flines pour observer la route d'Orchies et de Bouvigny ; il placera un autre corps d'infanterie à Arache et le reste de sa cavalerie, pour observer les hauteurs, sur la route de Lille ; il placera ses poste à Pont-à-Rache derrière la rivière dans les retranchemens qui sont déjà faits ; il en construira des nouveaux dans les

endroits qu'il jugera nécessaires. Ses postes avancés seront assez surveillans pour que, dans le cas où ils seroient attaqués et forcés de se replier, ils effectuent leur retraite derrière la rivière où ils tiendront dans les postes qui leur seront indiqués. L'artillerie sera placée derrière la rivière. Le Général Ransonnet fera faire des reconnoissances aussi en avant qu'il le pourra, se conduira militairement, et m'informera de ce qui se passera à son poste.

Le Général Ransonnet m'enverra un état exact, par bataillon, des troupes qui sont sous ses ordres et chargera le Commandant des hommes non armés qui rentreront à Douay, de former ce même état.

Les postes établis par Rosières dessinaient à peu près un quart d'ellipse de Somain à Raches, en passant par Rieulay, Pecquencourt et Lallaing. De Somain, ils entraient en communication avec les postes avancés de Bouchain. Tout était donc habilement disposé pour éviter une surprise.

Puis, conformément à des instructions qu'il venait de recevoir du général en chef, Rosières s'appliqua à mettre Douai en mesure de résister à une attaque :

ORDRE DU 24 MAY.

Etant très nécessaire que la place de Douay soit dans un état de deffense respectable, il est ordonné au lieutenant-colonel d'artillerie Boubers d'employer tous les moyens les plus prompts pour remplir cet objet. Il avisera le district et le Commandant de la place pour avoir tous les ouvriers qui lui seront utils.

ORDRE DU 24 MAY.

Le Citoyen Lieutenant-Colonel du génie Fréville fera exécuter sur le champ l'inondation ordonnée par le général en chef Lamarche et par le chef de l'état-major Desbruslys.

DU 24 MAIX 1793.

Il est ordonné au Colonel commandant à Pont-à-Rache, Hosten [1], de protéger le citoyen d'Hivert pour l'exécution de toutes les manœuvres d'eau dont il est chargé, de le faire escorter par des dragons et d'enjoindre les municipalités de lui fournir les hommes nécessaires pour cette prompte exécution.

Un ordre semblable au précédent fut donné au citoyen Malbrand ou Malbrancq, commandant du premier bataillon de Paris, et celui-ci adressé à Arras :

DU 24 MAY.

Nous, Général de division commandant en chef à Douay, requérons le Commandant d'Arras de faire ouvrir toutes les écluses de la Scarpe supérieure, de Douay à Arras, et de les laisser ouvertes jusqu'à nouvel ordre, la deffence de la place l'exigeant.

---

[1] Dans un autre ordre reproduit ci-dessous, nous avons vu son nom écrit *Osten*. Nous ne savons quelle est la véritable orthographe.

Le lendemain, Rosières fit poster des canonniers et des fantassins sur le front de Douai qui regarde Bouchain. Puis il vida la ville de plusieurs des dépôts qui s'y trouvaient. Celui du 2e régiment de dragons fut envoyé à Guise, tandis que les dépôts des 3e et 8e régiments d'infanterie, du 1er bataillon de la Haute-Vienne, du 6e bataillon de Paris, du 7e bataillon du Pas-de-Calais et du 3e bataillon du Nord, étaient envoyés à Amiens. En même temps, le dépôt du 18e régiment de cavalerie reçut l'ordre de se rendre à Cambrai et d'y rester, à moins qu'il ne pût encore gagner Le Quesnoy. Enfin, le 27, un détachement du 3e régiment de cavalerie dut partir le lendemain pour Bouchain, en même temps que le dépôt du 6e régiment de cavalerie recevait l'ordre, après avoir le 29 versé dans les escadrons de campagne tout ce qu'il pouvait mettre en ligne, de partir le 30 pour Bapaume.

Pendant que ces événements se passaient à Douai, Custine prenait possession de son commandement et complétait les dispositions défensives ébauchées par Lamarche. Ainsi que le dit Gay de Vernon [1] : « Notre gauche s'étendait le long des marais de la Sensée et du canal de communication avec la Scarpe. De ce côté, on avait retranché et armé d'artillerie les hauteurs d'Oisy et les postes de Pallué et d'Arleux ; le village d'Aubigny-au-Bac fermait le débouché qui vient de Douai. La droite se retournait sur Cambrai et bordait la rive gauche de l'Escaut ; au-dessous de cette place, on traça huit emplacements pour des batteries de gros calibre, dont les tirs allongés et à ricochets devaient défendre les approches du fleuve ; la cavalerie se cantonna dans les villages de Cantain, Marcoing et Crèvecœur et se disposa de manière à pouvoir déboucher rapidement dans la plaine de Solesmes. La division du général Ilher fut envoyée à Hecq, sur la lisière de la forêt de Mormal. Ce détachement de 7.000 hommes était destiné à former un camp qui couvrirait Landrecies et porterait au besoin du secours à la garnison du Quesnoy. » — « C'était une faute, et une faute bien grande », continue Gay de Vernon, « d'aventurer un corps aussi faible à douze lieues du gros de l'armée [2] et de le placer hors de toute relation de défense avec les troupes du camp de César. On ne doit cependant pas attribuer ce tort tout entier à Custine, qui savait parfaitement que 15.000 hommes au moins étaient nécessaires dans une semblable position. Et quand même il eût pu disposer de ces

---

1 Ouvrage cité, ch. IX.

2 Gay de Vernon évalue la distance en tenant compte des détours de la route. A vol d'oiseau elle n'est pas de six lieues.

15.000 hommes, ne valait-il pas mieux les garder près de lui ? Mais quel autre parti pouvait-il prendre, puisque le Conseil exécutif lui envoyait ordre sur ordre pour qu'il fît occuper, coûte que coûte, un poste intermédiaire entre Le Quesnoy et Landrecies ? Il aurait été plus utile d'occuper la position du Castelet, afin que notre extrême droite fût à portée de disputer avec succès les passages près des sources de l'Escaut. Mais Custine ne voulut pas y consentir et s'obstinait à blottir son armée dans un camp retranché de toutes parts. Malgré les plus sages observations, il donna l'ordre de tracer une ligne d'ouvrages fortifiés dont le front faisait face en arrière et qui, comprenant le village et le bois de Bourlon, tirait droit sur Marquion et finissait au bord de la Gache, petit affluent de la rive droite de la Sensée. »

C'est à ces sortes d'ouvrages, inutiles et même dangereux parce qu'ils sont presque toujours impossibles à défendre, et qu'ils déshabituent l'armée de l'idée d'une lutte en rase campagne, que fait allusion l'entrefilet suivant du *Journal général de la guerre* [1] :

Lille, 1er Juin. — Le général en chef Custine est toujours à Cambrai ; il a fait commander six mille pionniers pour travailler à des retranchemens entre Bouchain et Douai, où un camp nombreux se forme.

En même temps, les blessés et les malades étaient transportés partie à Péronne, partie à Saint-Quentin ; et, afin d'armer ses trop longs retranchements, le général envoya à Lille l'adjudant-général Gay de Vernon pour y prendre des bouches à feu ; 46 pièces de gros calibre, dont 8 obusiers, furent destinées au camp de César ; 30 canons de 12 ou de 48 à celui de la Madeleine. Bien que Lille possédât un large superflu d'artillerie, son commandant, le général de division Favart, poussa des cris de paon quand il sut qu'on allait lui en emprunter, réclamant à la fois auprès du général en chef et auprès du ministre de la guerre. La lutte dura plusieurs semaines ; mais, par une lettre du 2 juillet, Custine déclara persister dans ses résolutions [2] et fournit ainsi à ses ennemis l'une des armes au moyen desquelles, peu de semaines après, il devait être envoyé à la mort.

Chez des troupes surtout jeunes et encore relativement inexpéri-

---

[1] N° du mardi 11 juin 1793. — Nous rappelons une fois pour toutes dans ce chapitre que le *Journal* en question était un organe officiel autrichien paraissant à Bruxelles.

[2] On trouve les deux lettres dans l'ouvrage de Gay de Vernon, ch. IX.

mentées, la démoralisation et l'indiscipline suivent d'habitude la défaite, quand elles ne l'ont pas amenée ; et ici elles s'étaient aggravées encore par des habitudes de maraude, résultant de la pénurie des denrées et de l'irrégularité des distributions. Pour y couper court, le général en chef adressa le 1er juin à ses soldats un ordre du jour des plus sévères où il disait :

> Je suis obligé de vous parler en chef, moi qui voudrois vous parler en père ; car, sachez-le bien, je suis par mes services le plus vieux soldat de l'armée.

Custine annonçait ensuite qu'il punirait impitoyablement les maraudeurs :

> Car ce n'est jamais qu'une armée indisciplinée qui éprouve une détresse de vivres.

Il terminait en s'étonnant que certains membres du 2e bataillon de Saône-et-Loire eussent proféré des cris de « Vive le Roi ! »

> La trahison de l'infâme Dumouriez auroit-elle conduit quelques-uns de vous à cet état de dégradation de l'âme qui les porte à vouloir se donner un maître ? L'homme vraiment digne de la liberté n'a recours pour se protéger qu'à sa force..... Plutôt mourir que de recevoir la loi d'aucun roi !....

Le général ne se borna point à de vaines paroles. Avec son intempérance habituelle, violant toutes les lois et tous les règlements militaires [1], et renouvelant des actes de cruauté dont trois fois au moins déjà il s'était rendu coupable, il fit, sans jugement, fusiller un grand nombre de pillards ou prétendus tels. Cette injustifiable conduite ayant de toutes parts soulevé d'énergiques protestations, il se résigna à une marche plus correcte. C'est alors que, d'après ses instructions, fut donné l'ordre suivant :

---

[1] Les textes applicables à l'armée du Nord avaient été, peu de semaines avant l'invasion de la Belgique, réunis sur l'ordre de Dumouriez dans un volume imprimé à Valenciennes chez H.-J. Prignet. Ce volume porte pour titre : *Instruction provisoire sur le campement de l'infanterie. — Règlement provisoire sur le service de l'infanterie en campagne, du 5 avril 1792, l'an 4e de la Liberté. — Code militaire. — Règlement du général d'armée Dumouriez*. Il se compose d'une série de 236 pages comprenant les deux premiers documents, suivie d'une seconde série de 26 pages comprenant les deux autres. Le *Code militaire* est celui des 30 septembre-19 octobre 1791. Quant au *Règlement* de Dumouriez, il avait été « fait au quartier-général de Grandpré, le 9 septembre 1792. » Il ajoutait beaucoup au *Code militaire* et la valeur obligatoire de nombre de ses dispositions aurait pu être contestée. L'article XV du *Code* disait : « Tout militaire convaincu d'avoir été en maraude sera puni conformément au règlement du général d'armée ; » et, selon le cas, Dumouriez avait fait appliquer un an ou deux ans de fers. Custine pouvait, par un nouveau règlement, décréter toute autre peine, même la mort ; mais il ne pouvait la prononcer et la faire appliquer à lui seul.

AU NOM DE LA RÉPUBLIQUE.

Il est ordonné au Chef de Brigade Osten, Commandant à Pont-à-Rache, de donner toute force et assistance à la réquisition du Citoyen Dunillac, juge de paix et officier de police et de sûreté de la ville de Douay, à l'effet de prendre tous les renseignemens qu'il trouvera convenir et d'informer sur tous les délits militaires et civils, nommément des dilapidations, déprédations et pillages, menaces d'incendie et d'homicides envers les habitans des campagnes.

Ordonnons de faire arrêter et conduire dans les prisons de Douay tous les délinquans, ainsi que ceux qui pourroient troubler le Citoyen Dunillac dans ses fonctions, ou lui manquer, devant le respecter étant l'organe de la Loi ; ordonnons de faire citer et comparoître devant lui tous militaires de quelque grade qu'il soit qu'il citera comme témoin ou autrement.

La présente réquisition sera remise audit Juge de paix qui ne sera tenu que d'en donner communication au Chef de Brigade ou Commandant le poste, qui sera responsable personnellement de l'exécution du présent ordre.

Douay, le 11 juin, l'an 2ᵉ de la République.

ROSIÈRES.

Pendant que l'armée poursuivait sa réorganisation, un engagement assez important avait lieu dans la Flandre maritime. A Ghyvelde, village situé vers l'extrême frontière, avait été créé un camp sur lequel le *Journal général de la guerre* publia la note suivante [1] :

Dunkerque, 28 Mai. — Les troupes qui étoient cantonnées dans nos environs se sont réunies à Ghivelde, village distant de deux lieues ; c'est le point de ralliement pour les contingens que nous attendons ; on les fait déjà monter à neuf ou dix mille hommes.

Ces troupes ne restèrent pas longtemps inactives ; car, le 31 mai, 40.000 Français tirés de ce camp et de celui de Cassel, commandés par les généraux Richardot et Stettenhoffen, se présentèrent devant Furnes, dans la Flandre autrichienne, l'attaquèrent à coups de canon, brisant les portes et entrant dans la ville à l'instant où la garnison, composée de 1.300 Autrichiens environ, en sortait par le côté opposé. C'est ce que, dans son Nº du vendredi 7 juin, nous apprend le même journal :

Du 31 Mai. — Selon les avis reçus du prince héréditaire d'Orange et du colonel Milius, l'ennemi attaqua la ville de Furnes occupée par les Hollandais, où on lui fit, pendant quatre heures, la plus vigoureuse résistance ; mais l'ennemi étant beaucoup supérieur en nombre, et cherchant par ses mouvemens à couper aux Hollandais, qui étaient en petit nombre, la retraite sur Nieuport, ceux-ci se retirèrent sur cette dernière ville dans le meilleur ordre et sans la moindre perte.

---

[1] Dans son Nº du mardi 11 juin 1793.

Du 1er Juin. — Le colonel Milius, ayant appris que l'ennemi avait pénétré dans Furnes, fit un mouvement vers Etsendam, envoya quelques petits détachemens par Giverinkhove, et droit par Alveringem. A peine ces détachemens parurent à Furnes que l'ennemi commença à se retirer. Le colonel Milius ordonna au capitaine Mesko, des hussards de Blankenstein, de poursuivre l'ennemi et d'attaquer, s'il étoit possible, son arrière-garde. Le colonel avança avec 30 hommes de London-verd et 200 Hollandais. Le capitaine Mesko réussit fort bien dans cette opération, fonça l'arrière-garde, tua 6 hommes, fit un capitaine, un lieutenant et 25 soldats prisonniers.

On poursuivit l'ennemi jusqu'à Adinkerke, et on reprit Furnes.

Vers le même temps, des engagements de moindre importance avaient lieu du côté de Douai.

Le 28 mai au matin, Rosières se livra personnellement à une inspection des différents postes des environs, en particulier de celui de Pont-à-Rache. Puis, ayant appris par des espions que ce poste devait être attaqué le lendemain, il résolut de faire une diversion et ordonna d'assaillir celui que les ennemis avaient établi à Anchin. En conséquence, il s'empressa d'écrire au colonel Osten qui y commandait :

ORDRE DU 28 MAY, NEUF HEURES DU SOIR.

Je suis prévenu, Colonel, que l'ennemi se dispose à nous attaquer demain matin à Pont-à-Rache et veut occuper le château de Bernicourt où conduit le pavé que vous nous avez montré ce matin comme propre à favoriser votre retraite ; il faut, au contraire, lui tenir tête à Pont-à-Rache et le dégoûter de son entreprise s'il se présente devant vous. J'ordonne, par l'ordre ci-joint que vous ferez passer au Commandant Malbrancq, que le poste d'Anchin soit attaqué pour faire diversion. Vous enverrez à Lalain dès ce soir une partie de vos dragons et un bataillon. Je vais vous faire passer tout ce que j'ai de cavalerie : deux cens hussards du 7e régiment, et quatre cens hommes du 56e régiment d'infanterie. J'aurai deux bataillons sous les armes à trois heures du matin et, au premier signal, ils marcheront à votre secours. C'est vous dire qu'il est de la plus haute importance de faire triompher dans cette occasion les armes de la République. L'ennemi ne peut vous surprendre puisque vous êtes prévenus. Votre pièce de 8 le contiendra sur la chaussée de Flines, mais je présume qu'il cherchera plutôt à vous prendre par celle de Lille. Ainsi il faut que votre cavalerie se porte en avant de ce côté pour le découvrir de loin. Vous ferez bien de porter dès ce soir un détachement au château de Bernicourt et de tenir bon à la tête de cette chaussée. Votre pièce de 8 vous sera encore très utile dans cette partie. Au reste, avec des éclaireurs, vous aurez des nouvelles de l'ennemi et vous m'en donnerez pour que je vous aide à l'arrêter ; je m'en rapporte du reste à toutes les dispositions que vous ferez.

Les hussards étant bien fatigués, ils ne seront rendus à Pont-à-Rache qu'à une heure.

Je vous envoye un caisson de cartouches dans le cas où vous en manqueriez. Il part avec la pièce de 8.

L'ordre auquel fait allusion celui qui précède était ainsi conçu :

ORDRE DU 28 MAY, NEUF HEURES DU SOIR.

Il est ordonné au Commandant Malbrancq, Lieutenant-Colonel du 2e bataillon de Paris, d'attaquer demain à deux heures précises le poste d'Anchin avec son bataillon et le renfort qu'il recevra de Pont-à-Rache tant en cavalerie qu'en infanterie. Cette attaque aura pour but de prévenir l'ennemi qui, selon les rapports que j'ai reçus, doit faire une tentative pour s'emparer de Pont-à-Rache. Le Lieutenant-Colonel Malbrancq, en faisant son mouvement un peu avant le jour, forcera l'ennemi à conserver ses forces de son côté et à lui faire connoître que son projet est découvert. Il se concertera avec le Colonel Osten.

D'autres instructions étaient en même temps envoyées à 400 hommes du 56e régiment d'infanterie afin qu'ils se rendissent à Pont-à-Rache, ainsi qu'à 500 hommes du 1er bataillon des Côtes-du-Nord et au 8e régiment d'infanterie, qui devaient constituer la réserve.

L'établissement d'un camp à Sin-le-Noble, et l'incendie de l'Abbaye des Prés qui eut lieu le 2 juin par l'imprudence de volontaires qui y étaient casernés, ne détournèrent guère du poste de Pont-à-Rache l'attention de Rosières, car, le lendemain, il donnait encore à son sujet les instructions suivantes :

ORDRE DU 3 JUIN.

Le Colonel Osten fera prendre les armes à ses troupes demain à deux heures du matin ; il recevra ce soir un renfort de 100 hommes du fort l'Escarpe et, à une heure du matin, deux cens hommes du camp et cent dragons. Il disposera ses postes de manière à ce qu'ils se soutiennent et puissent protéger sa cavalerie qu'il portera sur Coutiche, sur deux points, pour reconnoître l'ennemi de près, en repliant tous ses avant-postes jusqu'à ce qu'il ait trouvé des forces supérieures qui l'empêchent d'aller plus loin sans se compromettre : il seroit bon que l'infanterie, dans la retraite, eût accès par les bois et pût montrer aussi quelques têtes de colonnes. Ce mouvement n'ayant pour but l'attaque d'aucun poste, mais une reconnoissance, le Colonel fera sa retraite lorsqu'il aura suffisamment reconnu la position de l'ennemi et il m'en rendra compte.

Le Général de Division, ROSIÈRES.

DU 3 JUIN.

Il est ordonné à 100 dragons du 13e régiment de partir de Douay de manière à être rendus à Pont-à-Rache à une heure du matin. Ce détachement, commandé par un Lieutenant-Colonel, prendra, en arrivant au poste qui lui est désigné, les ordres du Chef de Brigade Osten qui le fera rentrer à Douay lorsqu'il aura rempli la mission dont il est chargé.

Le Général de Division, ROSIÈRES.

DU 3 JUIN.

Le Commandant de bataillon Malbrancq fera prendre les armes à son bataillon à deux heures précises du matin ; il occupera ses postes et s'approchera d'Anchin pour le reconnoître et pour s'en emparer s'il n'étoit pas deffendu par des forces trop supérieures. Il lui arrivera cent hommes d'infanterie et 12 dragons à une heure pour le renforcer. L'objet de cet ordre est de faire voir à l'ennemi que cette partie est gardée, dans le cas où le Commandant Malbrancq jugeroit qu'il est impossible de surprendre Anchin. Ce mouvement facilitera aussi une colonne que le Colonel Osten doit pousser sur Coutiches, pour connoître la position et la force de l'ennemi du côté d'Orchies.

Je suis informé que Pékincourt est occupé par l'ennemi. Dans ce cas, c'est ce poste qu'il faudroit surprendre, s'il est possible, mais en se conduisant avec précaution pour n'être pas tourné et conserver sa retraite assurée, parce qu'il y a du monde dans le bois.

ROSIÈRES.

Le 7 juin eut lieu encore une escarmouche qui, si nous devons en croire le *Journal général de la guerre* [1], aurait été désastreuse pour les Français :

Orchies, 8 Juin. — Hier quatre cents hommes du régiment national, ci-devant de *Monsieur*, vinrent pour surprendre un poste de trente Prussiens, placé entre Marchiennes et Bouvignies. Leur projet ayant été éventé, un détachement des hussards de Goltz et un détachement de carabiniers s'embusquèrent dans les bois et les laissèrent passer ; mais à peine les nationaux avaient-ils attaqué le poste, qui se défendit avec fermeté, que les hussards et les carabiniers les chargèrent par derrière, taillèrent en pièces trois cens et soixante hommes, et firent une quarantaine de prisonniers, la plupart dangereusement blessés. Il n'est pas échappé, de cette affaire, un seul des quatre cens nationaux.

Le même Journal publia encore, le 16, la note suivante :

Tournai, 14 Juin. — Les Autrichiens sont près de Douay, à Anchin et Flines.
Il est arrivé ici, hier, 32 chasseurs à cheval pris par les Prussiens près le Pont-à-Marque.
Les Hollandais ont battu les Français à Verwick et leur ont pris 14 pièces de canons.

Et le 4 juillet il donna à ses lecteurs une correspondance de Douai, datée du 28 juin, et dont nous extrairons seulement quelques paragraphes :

Notre garnison est forte d'environ 200 hommes d'infanterie, de troupes de ligne et de 4 dépôts de nouvelle levée, formant à peu près 150 hommes ; mais nous avons un camp à un quart de lieue de la ville, près d'un bois, à Sin.
Il y a un détachement de cavalerie d'environ 50 hommes à Déchi. Les détachements qui étoient à Masni et Lewarde se sont repliés sur le camp d'Aubigni-au-Bac.
Il y a à Lalaing un détachement de Marseillois, avec une partie du bataillon de Paris et une pièce de canon.....
Le 25, nous avons attaqué vers le Pont-à-Marque, avec 400 hommes et 2 pièces de canon, un piquet prussien qui s'est d'abord replié jusqu'à Genech ; mais ayant reçu un faible renfort, il nous a repoussés jusqu'à Pont-à-Marque et a enlevé nos deux pièces de canon, en nous tuant beaucoup de monde.

---

[1] N° du 12 juin 1793.

Dans les premiers jours du mois, Custine s'était transporté au camp de la Madeleine pour se rendre compte de son assiette et de ses forces. De là une escarmouche que raconte en ces termes le *Journal général de la guerre* [1] :

Du 4. — Le Général Custine, nouvellement arrivé pour commander l'armée françoise contre nous, a fait sortir (sous prétexte d'en faire la revue) les troupes du camp de la Magdeleine, près de Lille, pour aller sur Douai. Son intention étoit d'attaquer le Général prussien baron de Knobelsdorff dans son camp, à Orchies ; il se porta effectivement ce matin avec ces troupes sur cet endroit.

Le Lieutenant-Général de Knobelsdorff détacha un officier avec quelques fusiliers qui donnèrent sur l'avant-garde ennemie. Ils furent soutenus par les deux lieutenans de hussards de Bonin et Valzon, qui attaquèrent l'avant-garde ennemie avec la plus grande bravoure, lui tuèrent douze hommes, parmi lesquels se trouve un Colonel. Un Lieutenant-Colonel, trois officiers, onze bas-officiers, un trompette, seize soldats furent faits prisonniers, et on prit six chevaux.

Cet événement fit croire au Général Custine que le corps des troupes prussiennes marchoit contre lui et vouloit l'attaquer ; il se retira.

Le lendemain, d'après le même Journal, le trop bouillant guerrier aurait couru un danger assez grand :

Anzin, 6 Juin. — Custine a failli être pris hier par les Prussiens. Il étoit allé à la découverte avec un gros de cavalerie. Il est tombé sans le savoir dans les avant-postes prussiens. Les hussards de Goltz ont couru dessus, et ont tué un Colonel et beaucoup de dragons ; ils ont fait prisonniers un Lieutenant-Colonel, un major, un capitaine, sept autres officiers, et vingt-quatre communs. Custine n'a dû son salut qu'à la célérité de son cheval [2].

Mais, ainsi que va encore nous l'apprendre la gazette autrichienne [3], des mouvements plus importants se préparaient du côté de l'ennemi :

Turcoin, 8 Juin. — L'armée hollandaise, commandée par le prince héréditaire d'Orange, et un corps d'Autrichiens ont quitté hier le camp d'Orcq et se sont étendus sur les frontières de France. Le quartier-général est à Menin. On occupe Turcoin, Lannoi et Roubaix. Avant-hier les Hollandais ont démonté deux canons que les François avoient établis au pont de Verwick. Pendant que les Hollandais séparent Lille de la West-Flandre, les Autrichiens forment un camp à Cysoing. M. le Général Clerfayt, avec un corps de 15.000 hommes, coupe la communication de Lille avec Douai et Arras. Le Colonel Mylius veille sur la Lis et sur Armentières. Ainsi Lille va se trouver très resserré.

On attend aujourd'hui à Courtrai la dernière colonne hollandaise.

P.-S. — Nous apprenons que les Autrichiens et les Hollandais ont attaqué un corps de François entre Templeuve et Tourcoin, l'ont battu et lui ont pris un canon ou deux.

---

1 N° du 7 juin 1793.
2 N° du 9 juin 1793.
3 Dans son N° du 10 juin 1793.

Cette attitude agressive subitement prise par les Alliés, qui semblaient vouloir attaquer Lille, détermina le général en chef à renforcer les troupes qui défendaient cette place. De là l'ordre suivant transmis par Rosières :

9 JUIN.

Il est ordonné au Chef de Brigade La Fontenelle de partir du camp de Sin, pour se rendre à Lille aux ordres du Général La Marlière avec un détachement composé ainsi qu'il suit :
- 50 dragons du 13e Régiment.
- 4 pièces de campagne.
- 4 bataillons formés ainsi qu'il suit :

1er Bataillon	8e Régiment d'infanterie . . .	200	400 hommes.	
	71e » » . . .	200		
2e Bataillon	1er Bataillon des Cotes-du-Nord.	400	500	»
	9e » de la Réserve. . .	100		
3e Bataillon	2e » de l'Oise.	400	500	»
	2e » de l'Orne	100		
4e Bataillon	1er » de la Gironde . .	200	500	»
	2e » de Paris.	300		

Ce détachement marchera militairement en se faisant éclairer par sa cavalerie et gardant ses distances pour être prêt à se former en bataille au besoin.

Le jour même où cet ordre était donné avait lieu, en avant du territoire occupé par l'armée de la Moselle, un combat glorieux mais malheureusement inutile par suite de l'état d'inertie où demeurait le gros de l'armée de Custine. Le général Delaage attaqua, avec douze mille hommes, le général autrichien Schrœder, retranché non loin d'Arlon et ayant sous ses ordres huit mille hommes environ. Après une lutte acharnée, la position ennemie fut conquise au pas de charge et les Autrichiens, en déroute, se sauvèrent du côté de Luxembourg en laissant quinze cents prisonniers aux Français. Ceux-ci avaient eu, de leur côté, 194 tués et 632 blessés.

Dans le Nord, les combats devinrent presque quotidiens. On en aura la preuve par les trois extraits suivants du *Journal général de la guerre* :

Courtray, 10 Juin. — Ce matin, les nationaux attaquèrent le poste hollandais de Waterlau, et ils furent chargés avec tant de fermeté qu'ils se retirèrent précipitamment, sans que le poste de Moucron, qui se disposait à les prendre en flanc, ait eu le tems de se mettre en mouvement [1].

---

[1] No du 12 juin 1793.

Tournay, 11 Juin. — L'armée prussienne, qui est venue remplacer les Hollandais, a fait un mouvement pour aller attaquer un poste de Français, au Pont-à-Tressin. Les François ont pris la fuite après avoir tiré quelques coups de fusils ; les Prussiens se sont rendus maîtres de Pont-à-Tressin, y ont établi un camp, ainsi qu'à Baisieux et Cisoing.

Hier il y eut une petite affaire près de Turcoin et Roubaix, entre les Hollandais et les François. Ceux-ci ont été repoussés avec perte [1].

Menin, 12 Juin. — Hier à 11 heures du soir, les Hollandais ont levé leur camp de Wevelghem, ont traversé cette ville et remonté la rive droite de la Lys. Ce matin, à quatre heures moins un quart, ils ont attaqué le poste avancé des Nationaux à Boesbeck et l'ont forcé de se replier ; à 5 heures, ils ont attaqué le poste plus important de Vervik et l'ont emporté après deux heures et demie d'un combat sanglant.

Le brave bataillon de Quadt a attaqué, la baïonnette au bout du fusil, la batterie des Français ; mais comme elle a eu le temps de faire plusieurs décharges à bout-portant, ce bataillon a extrêmement souffert ; un régiment de hussards hollandais l'a bientôt vengé, et a enlevé la batterie, après l'avoir tournée. La perte des Nationaux est très considérable, mais elle ne peut pas dédommager de la perte de plusieurs braves officiers hollandais, et de la blessure au moins très dangereuse, si elle n'est pas mortelle, du prince de Waldeck, colonel propriétaire d'un régiment au service de la Hollande. Il a été atteint par des cartaches à la cuisse et au bras gauche [2].

C'est le lendemain de ce combat sanglant que les députés présents à Lille adressèrent la lettre suivante à la Convention nationale :

Lille, 12 Juin.

Citoyens nos Collègues,

Depuis quelque temps l'ennemi nous avoit laissés assez tranquilles sur cette partie de la frontière, malgré la guerre de postes continuelle que le Général Lamarlière lui faisoit, pour attirer sur lui une partie des forces qui sont devant Condé. Mais hier, un corps de six mille hommes s'est campé sur la plaine de Cysoing, un de quatre mille entre Roubaix et Lannoi ; à Menin, il y a aussi des forces considérables et presque tous nos avant-postes ont été attaqués à la fois. Toutes ces troupes ennemies sont des renforts arrivés nouvellement. L'ennemi n'a eu aucun avantage réel ; mais, par sa marche, il a jeté l'alarme dans nos campagnes qu'il ravage à loisir partout où il passe et l'on ne voit rentrer dans Lille que des cultivateurs éperdus et ruinés par le pillage. Nous sommes très bien fortifiés, mais il nous manque du canon et surtout des affûts qui ne nous arrivent pas, malgré les promesses et les ordres du Ministre donnés à l'arsenal de Paris. Il nous manque des fusils, des pistolets et de la cavalerie. Pourquoi ne faites-vous pas exécuter le décret pour le contingent en cavalerie ?

Pendant le calme passager dont nous avons joui, nous nous sommes mis à la poursuite des fripons de toutes espèces et nous commençons à débrouiller un peu ce chaos de scélératesse, au moyen duquel les entrepreneurs, les magasiniers, en un mot presque tous les agents de la République, la ruinoient impunément et avoient trouvé le secret de lui faire payer deux et même trois fois les mêmes effets. Nous espérons qu'avec de l'ordre et de la fermeté, nous

---

[1] N° du 13 juin 1793.
[2] N° du 15 juin 1793.

viendrons à bout d'empêcher en partie ces abus de renoître, et le Général Custine, avec qui nous allons nous aboucher pour cet effet, paroît disposé à nous seconder efficacement.

La comptabilité des corps est tellement embrouillée qu'on peut dire qu'elle est nulle. Tout ce désordre et l'espèce d'anarchie qui règne encore dans l'armée, disparaîtroient à l'instant si vous décrétiez de suite l'amalgame qu'une faction conspiratrice a fait ajourner indéfiniment. Toute l'armée le demande à grands cris ; les généraux sont convaincus de sa nécessité ; et, si vous tardez encore, nous vous annonçons avec douleur que tous nos efforts seront absolument inutiles pour ramener l'ordre, la discipline et le bon esprit dans l'armée [1].

Par bonheur, le combat de Wervick fut suivi d'une accalmie relative, et c'est seulement deux semaines environ après que le *Journal général de la guerre* nous annonce d'abord un mouvement de troupes :

Tournai, 20 juin. — Avant-hier 2.000 Anglais, presque toute cavalerie, sont venus cantonner à Froyennes, une demi-lieue de cette ville. Les Prussiens occupent toujours la même position [2].

Puis un nouvel engagement :

Turcoin, 25 Juin. — Les patriotes françois avoient résolu de tomber aujourd'hui sur toute la ligne des avant-postes hollandais, mais les trois hussards nationaux de la légion de Saint-George, qui portoient à Comines l'ordre d'attaquer, ont préféré de passer à Verwick, d'où ils ont été remettre l'original de ces ordres à S. A. S. le prince d'Orange, à Menin. D'après cet avis, les Hollandais ont été sur leurs gardes et les Nationaux qui s'en sont aperçus n'ont rien osé entreprendre, si ce n'est sur Turcoin ; mais ils ont été reçus si vigoureusement qu'ils ont pris la fuite sur-le-champ, en laissant dix morts sur la place, et deux prisonniers. Les Hollandais n'ont pas eu un seul homme tué ou blessé. Leur cordon est si bien établi qu'on ne doit avoir aucune inquiétude pour la Flandre [3].

Tout en aguérissant son armée et en l'exerçant par les petits combats mêlés de succès et de revers dont nous venons de voir quelques épisodes, Custine réclamait avec énergie des renforts. Selon lui, pour reprendre l'offensive et dégager Valenciennes, il devait recevoir au moins 20.000 hommes d'infanterie, 10.000 hommes de cavalerie, et 200 attelages pour le service de l'artillerie et des charrois. Ni parmi les représentants en mission, ni dans le Comité de Salut public personne ne jugea ces chiffres exagérés.

---

[1] Cette lettre est extraite, ainsi que plusieurs autres publiées plus loin, de deux registres déposés aux Archives du Nord, Série L., liasse 1406, renfermant la copie de la correspondance des représentants du peuple en mission dans le Nord pendant les mois d'avril et de mai 1793.

[2] N° du dimanche 23 juin 1793.

[3] N° du jeudi 27 juin 1793.

Mais le Comité, la Convention et la France républicaine se trouvaient alors en butte à des difficultés intérieures de plus en plus terribles. Le combat de Thouars, la prise de Fontenay, la défaite de Montreuil, préludes des revers de Saumur et de l'attaque de Nantes, montraient toute la puissance de l'insurrection vendéenne ; en outre, les journées des 31 mai et 2 juin, dirigées contre les Girondins, avaient été précédées et devaient être suivies d'un mouvement fédéraliste, dont la révolte de Lyon est restée le plus triste épisode. Nous avons dit que déjà sous Lamarche des troupes avaient été empruntées à l'armée du Nord pour être dirigées vers les provinces centrales [1]. Au lieu des renforts qu'il demandait, Custine vit d'abord ces emprunts se continuer, et perdit par là 6.000 auxiliaires expérimentés. On constitua ce détachement au moyen de 57 hommes pris dans chaque bataillon de ligne et de volontaires de 1791, savoir : 3 officiers, 3 sergents, 6 caporaux, 44 soldats et 1 tambour. Il fut réuni à Cambrai et, vu l'urgence, transporté à Orléans sur des chariots menés en poste. En outre, l'armée du Nord restait avec moins de 4.000 chevaux devant un ennemi possédant plus de 300 escadrons. Un millier des montures ou des bêtes de trait que Lamarche avait si sottement laissées dans Valenciennes lui eussent été bien nécessaires. Néanmoins les renforts promis finirent par arriver, et elle forma de nouveau une masse très respectable.

En ordonnant le départ pour la Vendée des 6.000 hommes de l'armée du Nord, Bouchotte n'avait fait qu'obéir à de cruelles nécessités. Mais Custine, qui se croyait apte à tout, avait été furieux de le voir nommer ministre de la guerre au lieu de lui, et il le traitait dans sa correspondance de la façon la plus injurieuse. Le général avait déjà beaucoup d'ennemis. Cette attitude agressive et insolente ne fit qu'en augmenter le nombre, juste à l'heure où la chute des Girondins, auxquels il avait beaucoup d'attaches, lui enlevait ses principaux appuis politiques, juste à l'heure aussi où les dénonciations de Ferrière et de Cousso faisaient retentir tous les échos de la presse démagogique. Custine se trouvait à Aire lorsqu'il apprit la publication par Ferrière, dans *le Républicain français* du 12 juin, d'une virulente critique de ses opérations des 16 et 17 mai ; transporté de fureur, il écrivit le 21 au président de la Convention pour demander des juges, disant, entre autres choses :

Il faut que Ferrière et moi comparoissions devant un Conseil de guerre. La Convention doit un exemple ; il faut que ma tête ou celle de Ferrière tombe.....

---

[1] Voir ch. VIII, p. 455.

Ferrière s'est lâchement conduit à l'affaire du 17 mai ; il devoit tourner la gauche des Autrichiens et les poursuivre à travers les bois d'Herxheim ; il s'est arrêté à l'entrée. Pourquoi n'a-t-il pas exécuté mes ordres ?

Puis, reprenant ses accusations habituelles contre Bouchotte, il ajoutait :

Je le répète, il faut à la République des ministres fiers et habiles, et conséquemment bien différents de ceux que l'intrigue ou les passions nous ont donnés jusqu'à ce jour.

L'une des principales accusations de Custine contre Bouchotte avait pour cause les envois de journaux que le ministre faisait à son armée, où ils auraient jeté la défiance et l'indiscipline. Mais Bouchotte était en cette circonstance un simple instrument, puisqu'il ne faisait qu'exécuter les ordres du Comité de Salut public. Ainsi qu'il l'a dit plus tard dans un *Mémoire justificatif* [1] :

On donna l'ordre d'envoyer des journaux aux armées après la défection de Dumouriez.... Dans ces journaux, les noms de Patrie, de Chose publique, de Gouvernement, s'y trouvoient souvent répétés ; en les mettant sous les yeux des soldats, on leur rappeloit sans affectation les objets auxquels ils devoient se rattacher. Tel étoit l'unique but : ni le Comité, ni le Ministre ne souhaitoient de diminuer la considération du Général et l'obéissance du soldat ; ils vouloient des succès, et ce n'eût pas été le moyen d'en obtenir. On ne vouloit qu'empêcher le renouvellement de l'abus qu'avoit fait le Général Dumouriez d'une grande fonction....

Assurément des attaques fâcheuses, des personnalités regrettables avaient lieu dans ces journaux. Mais Bouchotte nous répond qu'il n'appartenait pas au ministre de la guerre de réprimer les écrivains, que cette fonction eût regardé le ministre de l'intérieur si les circonstances l'eussent permis. Du reste, ajoute le ministre :

L'envoi par jour de tous les journaux ensemble ne s'est jamais élevé au-delà de huit à dix mille feuilles ; le prix de tous n'a jamais excédé trente à trente-cinq mille livres-assignats par mois, correspondant à dix, à douze mille francs en numéraire.

Les reproches de Custine se soutiennent donc difficilement. Néanmoins, Bouchotte en est resté longtemps sali. Mais l'histoire est arrivée à rendre plus de justice à cet officier modeste, infatigable, qui porta le poids du ministère de la guerre durant l'une des crises les plus terribles qu'ait traversées la France et qui, tandis que Carnot dressait d'admirables

---

[1] Une partie de ce *Mémoire* a été reproduite dans les *Lundis révolutionnaires* de M. Georges Avenel, p. 323.

plans de campagne, eut presque seul l'honneur de la reconstitution des états-majors.

L'hostilité étant à son comble entre le général et le ministre, Custine publia le 1er juillet, un ordre du jour où il repoussait certaines accusations lancées par Laveau dans le *Journal de la Montagne*, et dont il crut reconnaître l'inspirateur. Bien plus, à sa requête, deux conventionnels alors à Cambrai, Beffroy et Bollet, firent arrêter et mettre à la citadelle un nommé Celliés et son secrétaire, agents de Bouchotte. Enfin, tout devenant entre eux matière à conflit, la question de savoir si, à Lille, Favart devait être subordonné à Lamarlière, ou Lamarlière à Favart, donna lieu à d'interminables correspondances.

La veille du jour où Custine écrivait la lettre si compromettante dont nous avons reproduit deux fragments et qui, par malheur pour lui, ne devait être prise qu'en trop grande considération, la Convention avait rendu un décret déclarant que les administrations et tous les citoyens du département du Nord continuaient à bien mériter de la patrie. Ce décret, provoqué par une adresse relative aux Girondins, était ainsi conçu :

La Convention Nationale, après avoir entendu la lecture d'une adresse des Conseils généraux du département du Nord, du District et de la commune de Douai à leurs concitoyens, sur les journées des 31 mai et 2 juin, et où les principes du plus pur républicanisme sont énergiquement développés, décrète que ces Administrations et tous les Citoyens de ce département ont continué à bien mériter de la Patrie, ordonne que cette adresse sera insérée au *Bulletin*, imprimée et envoyée aux départemens, aux municipalités, aux armées et aux sociétés populaires.

Cette décision fut reproduite par « l'Imprimerie nationale exécutive du Louvre » et affichée dans toutes les parties du département non occupées par l'ennemi [1].

Sur ces entrefaites, le général Sauviac arriva de l'armée des Ardennes pour soumettre à Custine un plan d'opérations offensives consistant à faire mouvoir 300.000 hommes entre la mer et le Rhin. C'était grandiose, mais inexécutable. Quant à Carnot, qui avait vivement blâmé les attaques de front où s'était usé Dampierre, il appuyait un projet infiniment plus simple : c'était celui d'une marche rapide à travers la Flandre maritime où les Alliés n'étaient pas en force, de façon à couper leurs communications avec la mer, à gêner leurs approvisionnements, à menacer Bruxelles, où se trouvaient leurs dépôts, à s'emparer d'Ostende, par où leur par-

---

[1] L'affiche se divise en deux colonnes : la première contient le décret ; la seconde, la formule exécutoire.

venaient des secours d'Angleterre, et à les contraindre ainsi peut-être à lever le siége de Valenciennes. L'armée de la Moselle aurait vraisemblablement appuyé cette opération principale au moyen d'un mouvement quelconque vers l'extrême droite. La prise de Furnes avait été un premier pas dans l'exécution de ce plan ; mais les Français avaient dû évacuer la ville à la suite de scènes de pillage et d'ivrognerie fort peu honorables pour leur armée. A contre-cœur, Carnot, dès le 10 juin, fut donc contraint de renoncer à son projet, non sans songer néanmoins à le reprendre quelque jour [1].

De son côté, dès le 28 mai, Custine avait soumis au Comité de Salut public un plan tout à fait différent. Le général projetait de former lui-même un camp retranché à la tête de la forêt de Mormal et d'inquiéter l'ennemi par une attaque contre Arlon. Puis il hésita. Le 1er juin, il écrivit à Kilmaine, qui se trouvait alors à l'armée des Ardennes, en lui conseillant d'occuper le haut de la forêt de Mormal, dont Ilher, avec sa division, surveillait l'un des côtés, de compléter son armement par des emprunts faits aux dépôts de matériel de Sedan, de Mézières et de Charleville, et de se faire aider par les troupes du camp de Maubeuge. Mais le lendemain, il écrivit au ministre de la guerre qu'il renonçait à son idée, l'ennemi étant trop fort à Bavai [2]. Le combat d'Arlon, que nous avons vu livrer le 9 juin, se rattachait à cette conception.

Enfin, Custine sembla avoir arrêté quelque chose. Laissant le commandement provisoire des armées du Nord et des Ardennes au général Le Veneur, il voulut d'abord aller exposer à Paris son nouveau projet, puis procéder à une inspection générale de son armée. Celle-ci, d'après Gay de Vernon [3], se trouvait distribuée de la manière suivante, depuis Yvoy-Carignan, sur le Chiers, jusqu'à Dunkerque.

---

[1] Voir à ce sujet *les Représentants du peuple en mission et la justice révolutionnaire dans les départements*, par M. Henri Wallon, tome IV, p. 106 et suivantes. L'auteur y blâme le projet de Carnot qui nous semble, au contraire, très rationnel.

[2] Même ouvrage tome IV, p. 104.

[3] Au chapitre X de l'ouvrage cité. — Il peut ne pas être inutile d'indiquer quelle était, vers la même époque, l'organisation totale des armées de la République. Le 7 juin, d'après une liste publiée par *l'Echo de Paris*, ces armées s'élevaient, non comprises celles du Nord et des Ardennes, au nombre de neuf, savoir :
1° L'armée de la Moselle, général Houchard, quartier général à Sarrelouis ;
2° L'armée du Rhin, général Alexandre Beauharnais, quartier général à Wissembourg ;
3° L'armée des Alpes, général Kellerman, quartier général à Chambéry ;
4° L'armée d'Italie, général Brunet, quartier général à Nice ;
5° L'armée des Pyrénées orientales, général Deflers, quartier général à Perpignan ;
6° L'armée des Pyrénées occidentales, général Dubouquet, quartier général à Bayonne ;
7° L'armée des côtes de la Rochelle, général Biron, quartier général à Doué ;
8° L'armée des côtes de Brest, général Canclaux, quartier général à Nantes ;
Enfin, 9° l'armée des côtes de la Manche, général Félix Wimpfen, quartier général à Bayeux.

EMPLACEMENTS DES TROUPES	FORCE numérique des troupes.	GÉNÉRAUX.	OBSERVATIONS
	hommes.		
Camp d'Yvoy-Carignan.	4.500	. . . . .	Ce corps surveillait le cours de la Sémoy.
Sedan	2.000	Beauregard.	
Givet	2.300	Delaage.	
Philippeville . . .	900	Vich.	
Camp de Maubeuge . .	10.000	Montchoisy. . . Tourville . . .	Ces deux divisions observaient les mouvements des corps autrichiens cantonnés à Bavay et à Bettignies.
Avesnes	500	. . . . .	
Le Quesnoy . . .	1.600	Goulus	Cette garnison fut augmentée de 2.400 hommes au moment du siége.
Camp de Hecq . .	7.500	Ilher	Ce camp tenait la défensive derrière les lignes d'abatis qui traversaient la forêt de Mormal.
Camp de César . .	36.000	Le Veneur, d'Hédouville Lamarche, Chaumont, Kilmaine.	
Cambrai . . . . Bouchain	6.000	Declaye.	
Camp de la Madeleine .	12.000	La Marlière. Béru.	
Lille (garnison) . .	6.000	Favart.	
Camp de Bailleul .	3.000	Dumesnil.	
Camp de Cassel . .	2.000	O'Moran.	
Camp de Ghyvelde .	4.000	Souham.	
Bergues . { camp . garnison .	3.500	Leclair. Stetenhoffen. O'Méara.	
Dunkerque . . .	3.000	. . . . .	
Douai, Arras, etc. .	7.000	. . . . .	
Condé . . (pour mémoire)	3.000	Chancel.	
Valenciennes	12.000	Ferrand.	
TOTAL . . .	126.800	hommes.	

A Paris, Custine exposa véhémentement ses besoins et ses projets. Le tout devait demeurer secret et fut néanmoins publié sans délai non seulement en France, mais à l'étranger, puisque, dans son numéro du 12 juillet, le journal autrichien auquel nous avons déjà fait tant d'emprunts imprima une correspondance de Paris datée du 5, et qui place dans la bouche de Custine le discours suivant, qu'il aurait tenu devant le Comité de la guerre :

> Citoyens, vous m'avez confié le commandement d'une armée que des défaites multipliées avoient affaiblie. L'échec le plus difficile à réparer, c'est celui de l'abandon du camp de Famars, position importante que vos généraux n'auroient jamais dû abandonner ; ce qui leur auroit été aisé, s'ils avoient empêché l'ennemi de les entourer. Les manœuvres que ce dernier a faites étoient aussi savantes que celles de vos généraux l'étoient peu. Quelques-uns de ceux à qui j'ai parlé des fautes qu'on avoit faites nous dirent qu'on avoit demandé des secours à la Convention, mais qu'elle n'avoit pas répondu ; que l'armée qui étoit à Famars n'étant pas assez forte pour résister, on avoit cru plus prudent d'abandonner ce camp que de s'y faire enfermer. Il s'agit aujourd'hui de réparer ce mal. Cela n'est pas aisé. Je doute qu'on puisse sauver Valenciennes ; je ferai tous mes efforts pour obliger d'en lever le siége, mais je ne réponds de rien : il faut livrer bataille à l'ennemi. Je réponds, dans la position où je suis, qu'il ne viendra pas m'attaquer. Je vous ai envoyé mes plans. Il me faut du monde : je suis assuré de faire une forte diversion du côté de la West-Flandre et du côté du pays de Liége, mais soixante mille hommes au moins doivent être employés à cette expédition, dont un de mes projets a pour objet de détruire les magasins de l'ennemi, et l'autre de couper le cordon qui favorise la communication entre les armées combinées. Je dois avoir au moins cent et vingt mille hommes à mes ordres pour attaquer le prince de Cobourg. J'ai un moyen pour faire passer des avis à Valenciennes, et prévenir la garnison du moment où elle pourra faire une vigoureuse sortie que je soutiendrai. Je ne puis vous dissimuler que mon plan est subordonné aux circonstances, que le moindre événement peut le faire manquer ; sa réussite dépend de la bravoure des troupes que j'aurai sous mes ordres : celles que j'aurai à combattre sont encouragées par quatre mois de succès, mais elles ne sont pas invincibles ; leurs victoires leur ont coûté cher, *sans avoir fait une conquête sur nous*. La nation doit donc se lever tout entière et faire dans ce moment les plus grands efforts pour se soustraire à l'esclavage et aux fers que les vainqueurs veulent lui faire porter. Je promets de mourir à mon poste et de ne vous revoir que victorieux.

On le voit, Custine n'adoptait pas le plan de Carnot : il le mélangeait avec ses premières idées personnelles ; au lieu d'une seule attaque principale vers la Flandre maritime, il voulait combiner deux attaques latérales également sérieuses, ainsi que le projet en avait été formulé antérieurement dans une lettre des députés en mission, datée du 24 mai 1793, que nous avons publiée [1], et ainsi que l'exécuta l'armée française durant la glorieuse campagne de l'an II. Mais ce programme exigeait du

---

1 Ch. VIII, p. 462.

temps et des forces dont il ne disposait point, de telle sorte que, pour avoir voulu trop faire, il ne fit rien.

Pendant la tournée de Custine eurent lieu divers incidents militaires sur lesquels nous trouvons dans le *Journal général de la guerre* les entrefilets suivants :

Marchiennes, 28 Juin. — Le 26, le Prince de Cobourg faisant une reconnoissance avec plusieurs officiers et un corps de cavalerie, entre Escaillon et Bouchain, rencontra 200 chevaux tous sellés et harnachés, sans être montés ; il fit avancer son corps de cavalerie pour s'en emparer ; alors on vit débusquer 40 hommes à cheval qui les gardoient pendant que les cavaliers étoient dispersés dans les villages. La cavalerie autrichienne tomba leur dessus, les tailla en pièces et s'empara de 200 chevaux [1].

Orchies, 1er Juillet. — Le Général prussien comte de Knobelsdorff ordonna hier une reconnoissance du terrain entre Templeuve et Pont-à-Marque, qui fut exécutée avec toute l'intelligence possible par le Colonel comte de Hohenzollern. Les François s'étoient montrés à Capelle, forts d'environ 300 hommes d'infanterie et 150 hommes de cavalerie. Le Colonel-Commandant envoya un détachement occuper le chemin d'Orchies, détacha sur la droite et sur la gauche et s'avança sur la chaussée de Capelle, malgré le feu de l'ennemi et la mousqueterie que l'on tiroit des fenêtres. Il força l'ennemi à la fuite, le fit poursuivre par la cavalerie jusqu'à Pont-à-Marque. On tua 60 hommes et 2 officiers dont un lieutenant, et on fit 13 prisonniers [2].

Ipres, 2 Juillet. — Hier les Carmagnols ont été vivement battus auprès de Turcoin par les Hollandais qui leur ont sabré un bataillon entier et leur ont pris 2 pièces de canon [3].

La ville de Lille était fort mal approvisionnée, et nous savons que l'enlèvement, sur l'ordre de Custine, d'une partie des canons surabondants de son arsenal, avait jeté dans les esprits une inquiétude exagérée. Le conventionnel Florent Guyot, qui s'y trouvait, réclamait de toutes parts des vivres, et c'est vraisemblablement à lui que Carnot écrivait en ces termes :

Cassel, le 2 Juillet 1793, l'an 2e de la République.

J'espère, mon cher Collègue, quelque succès de notre expédition. Le Commissaire Chivaille a déjà fait des découvertes ; nous vous enverrons tout ce qui nous arrivera et si nous pouvons gagner le 15 du mois, j'espère que vous serez approvisionné. Il faut aussi s'occuper de la ville de Douai, car l'ennemi l'aimeroit peut-être autant avoir en sa possession que Lille. Je vous engage à faire sortir les bouches inutiles, d'abord par voie d'exhortation et, si cela ne suffit pas, par réquisition ; car ce sont les clameurs des femmes et des enfans qui accélèrent la reddition des places ; on ne peut pas supposer que des hommes seroient assez lâches pour capituler avant que la brèche soit faite.

---

1 N° du 1er juillet 1793.
2 N° du 3 juillet 1793.
3 N° du 4 juillet.

J'ai donné des ordres précis pour empêcher l'embarcation des denrées de première nécessité désignées par le décret sur les accaparemens ; plusieurs navires alloient partir qui sont restés dans le port provisoirement et jusqu'à la réponse du Comité de Salut public à qui j'en ai écrit.

On m'informe qu'une certaine Caroline Lambert, connue sous le nom de *Gasbaeck,* arrivée à Lille le 31 juillet, est une intriguante envoyée par nos ennemis pour fomenter des troubles ; il paroit qu'elle a des relations intimes avec les otages de Bruges que vous avez à la citadelle. C'est une personne très dangereuse dont il seroit essentiel de vous saisir. Si vous pouvez faire main basse sur ses papiers, vous y trouverez probablement des choses très importantes. Tâchez de la découvrir. On songe à vous cerner, prenez-y garde.

Salut et fraternité.

L. CARNOT [1].

Non loin du Quesnoy eurent encore lieu des engagements assez importants, dont le *Journal général de la guerre* nous dit ceci :

Hérin, 5 Juillet. — Aujourd'hui, une heure avant le jour, l'ennemi attaqua avec vigueur l'aile gauche de M. le Général comte de Bellegarde, postée près de Villerspol, et la poussa depuis Haye-de-Gomignies jusqu'à Frannoi. M. le Major Bransvatzki prit la résolution d'attaquer l'ennemi avec la réserve qui accouroit, et il le força de rebrousser chemin. Celui-ci tenta une seconde fois de donner suite à son projet, et, soutenu par trois bataillons sortis du Quesnoy avec six pièces de canon, et par le feu redoublé de Valenciennes, il fit les plus grands efforts, et gagnoit déjà du terrain, quand nos soldats, animés par l'exemple de leurs officiers, tombèrent dessus, la bayonnette au bout du fusil, l'enfoncèrent et le repoussèrent avec perte. Nous avons fait sept prisonniers.

Les bonnes dispositions établies par M. le Prince de Swartzemberg, et son intrépidité, ont contribué le plus au succès de cette affaire, dans laquelle se distinguèrent aussi beaucoup M. Albert, premier lieutenant de *Deutsmeister,* et M. le Lieutenant Oochevchitz ; mais ce dernier a été grièvement blessé.

Après que tous nos postes eurent été rétablis dans leur premier ordre, M. le Général de Bellegarde fit une reconnoissance des postes ennemis vers Maison-Rouge et fit chasser leurs piquets placés vers Gomignies. Pendant cette opération, M. le Comte Sinzendorff, capitaine des chasseurs de Mahony, entrevit la possibilité de forcer le retranchement que l'ennemi avoit établi devant Maison-Rouge et il s'y porta, tandis que M. Sivkawitz, capitaine du corps franc de Serviens, attaqua de front. Ces deux officiers réussirent dans leur entreprise après avoir déployé autant de prudence que de bravoure.

M. le Comte de Goltz, Général-Major prussien, occupé à une reconnoissance au-delà de Bouvines, a reçu un coup de feu à la cuisse droite [2].

Hérin, 6 Juillet. — Ce matin, l'ennemi a fait un mouvement du côté de Villerspol : nos avant-postes se sont repliés, jusqu'à ce que leurs forces fussent suffisamment concentrées ; alors ils sont tombés sur l'ennemi qu'ils ont vivement repoussé [3].

Le même jour, l'extrémité opposée du département servait de théâtre à un autre petit combat, que la gazette autrichienne relate en ces termes :

---

[1] Archives du Nord, série L, liasse 1445.

[2] N° du mercredi 10 juillet.

[3] N° du jeudi 11.

Cassel le 2 juillet 1793 l'an 2 de la république —

J'espère, mon cher Collègue, quelques succès de notre expédition le Commissaire Chivaille a déjà fait des découvertes, nous vous enverrons tout ce qui nous arrivera et si nous pouvons gagner les 15 du mois j'espère que vous serez approvisionné il faut aussi s'occuper de la ville de Douai, car l'ennemi l'aimerait peut-être autant avoir en sa possession que Lille je vous engage à faire sortir les bouches inutiles, d'abord par voie d'exhortation et si cela ne suffit pas par réquisition, car ce sont les clameurs des femmes et des enfans qui accélèrent la reddition des places, on ne peut pas supposer que des hommes seraient assez lâches pour capituler avant que la brèche soit faite.

J'ai donné des ordres précis pour empêcher l'embarcation des denrées de 1ère nécessité designées par le décret sur les accaparemens, plusieurs navires alloient partir qui sont restés dans le port provisoirement et jusqu'à la réponse du comité de Salut public à qui j'en ai écrit.

On m'informe qu'une certaine Caroline Lambert connue sous le nom de Gasbaeck arrivée à Lille le 31 juillet, est une intriguante envoyée par nos ennemis pour fomenter des troubles à Lille, il paroit qu'elle a des relations intimes avec les otages de Bruges que vous avez à la citadelle c'est une personne très dangereuse dont il seroit essentiel de vous saisir si vous pouvez faire main basse sur ses papiers vous y trouverez probablement des choses très importantes tâcher de la découvrir. On songe à vous cerner prenez y garde

Salut et fraternité

L. Carnot

Fac-similé de la lettre de CARNOT à son collègue FLORENT GUYOT au sujet des approvisionnements. (Archives du Nord.)

Extrait d'une lettre de Warneton, du 6 Juillet. — Nous venons d'apprendre au juste, par un témoin oculaire, le résultat de la canonnade que nous avons entendue ce matin. Environ 1.500 Carmagnols, avec 3 pièces de canon, sortis d'Armentières, se portèrent à deux heures du matin à Neuve-Eglise. 30 Tiroliens et London-verds les arrêtèrent près de la Trompe, située au bas de Neuve-Eglise, sur le chemin de Vulverghem. Les Carmagnols tirèrent un grand nombre de coups de canons, les chasseurs ripostèrent par un feu soutenu. Le Commandant carmagnol, étonné de la hardiesse de nos gens, s'avança sur eux en criant : « Rendez-vous, Messieurs... » Un London-verd lui répondit qu'il étoit émigré et qu'il ne se rendroit pas. Le Commandant s'avança sur le Lieutenant de la troupe autrichienne qui se disposoit à le recevoir avec une contenance ferme. L'émigré le coucha par terre. On tira de part et d'autre pendant trois quarts d'heure. Alors arrivèrent les détachemens de Vulverghem et de Kemmel ; les Carmagnols prirent la fuite, les hussards les poursuivirent jusque sur leur territoire. On dit qu'ils en ont fait un grand carnage. Nous avons eu un lieutenant blessé, un chasseur tué, et quelques autres blessés légèrement. On a conduit à Ipres beaucoup de prisonniers françois [1].

Enfin, le même journal [2] nous donne le renseignement suivant sur la fin de la tournée d'inspection du général en chef :

Mézières, 8 Juillet. — Custine est arrivé ici hier au soir. Ce matin à neuf heures, après avoir visité les fortifications de la place, il est parti pour Sedan ; de là il se rend à Carignan où est le quartier-général de l'armée des Ardennes, pour se concerter avec les Généraux qui les commandent ; il doit repasser ici cette nuit, pour rejoindre son armée dont il a laissé le commandement au Général Leveneur. Il paroît qu'on craint que l'ennemi ne divise ses forces qu'il a réunies sur Valenciennes, Condé et le Quênoi, et n'en envoie une partie sur Rocroi, Mézières et Sedan.

Le lendemain, Custine rentra au camp de César ; puis il se rendit à Cambrai d'où il écrivit une lettre ainsi conçue :

Cambrai, le 11 Juillet 1793, l'an 2ᵉ de la République.

LE GÉNÉRAL CUSTINE AUX REPRÉSENTANTS DU PEUPLE COMPOSANT LE BUREAU CENTRAL A ARRAS.

Vous êtes trop sages, Citoyens représentants, pour vouloir faire peser sur moi la responsabilité dont vous me grévez par votre arrêté du .... [3].

Entièrement livré aux combinaisons et aux calculs immenses de mes opérations de campagne, comment pouvez-vous entendre que je m'abandonne à surveiller l'exécution de vos arrêtés dont souvent je n'ai pas connoissance ? Cette tâche appartient directement au Chef de l'Etat-Major. Il est bien vrai que je dois avoir connoissance de vos arrêtés ; mais ils doivent lui être égale-

---

[1] Nᵒ du 10 juillet 1793.

[2] Nᵒ du jeudi 18 juillet.

[3] La date est restée en blanc dans la minute de la lettre conservée aux Archives du Nord, série L, liasse 1401.

ment envoyés et c'est lui qui doit être responsable de leur communication à tous les corps de l'armée et de leur exécution.

Je vous déclare, Citoyens, que je ne puis ni ne veux consentir à cette surcharge de responsabilité que la loi et la raison ne peuvent m'imposer. Je ne suis qu'un homme, je connois l'étendue de mes forces et ne puis être à tout et encore moins faire tout.

Je déplore comme vous les abus qui ont donné lieu à votre arrêté ; mais ce n'est pas lorsqu'on multiplie les entraves autour de moi que je puis les réprimer et ces entraves même n'existeroient pas que je ne pourrois, je vous le répète, Citoyens représentants, sacrifier à tous ces détails le temps précieux que je donne aux méditations et aux reconnoissances.

Le Général en Chef des armées du Nord
et des Ardennes,
CUSTINE.

Il se trouvait encore à Cambrai lorsque, deux jours après, les environs de son quartier-général furent émus par une assez forte alerte dont nous empruntons encore le récit au *Journal général de la guerre* [1] :

13 Juillet. — Le Général Otto, commandant des avant-postes, a fait attaquer aujourd'hui à la pointe du jour les piquets ennemis à Avesne-le-Sec et Lieu-St-Amand, dans la forêt près de Neuville-sur-l'Escaut, et dans les bois près de Noyelle, consistant en 300 hommes d'infanterie et 100 de cavalerie, par le colonel Quietovsky du régiment de Barco, à la tête d'une division de son régiment et de trois compagnies de chasseurs tiroliens. Notre attaque fut si brusque que l'ennemi abandonna ses différents postes avec la plus grande précipitation, sans presque songer à se défendre. Nos hussards poursuivirent les fuyards jusqu'au petit camp retranché près d'Ordaing et jusqu'à la redoute du pont près de Bouchain. Ils en sabrèrent au moins une centaine et en firent 15 prisonniers.

Dans le même temps le colonel des hussards d'Esterhazy, Devai, envoya plusieurs patrouilles par Marcq-sur-Ferhain. Une de ces patrouilles consistant en 15 housards, conduite par le lieutenant Benizky, tomba sur une patrouille ennemie à cheval de 80 hommes, et se jeta, sans hésiter, dessus avec tant de bravoure qu'elle la mit en fuite après en avoir tué plusieurs et fait quatre prisonniers.

Pour favoriser l'expédition projetée par le général Otto, S. A. le général-major prince de Cobourg s'est portée, avec un détachement des dragons de Latour, sur les hauteurs de Saulzoir situé sur *la Selle*, ruisseau qui tombe dans l'Escaut. Son avant-garde a rencontré une patrouille ennemie de 200 hommes, qu'elle a mise en fuite, après en avoir sabré quelques-uns. Toutes ces attaques d'avant postes ne nous ont coûté ensemble que 3 morts et 5 blessés ; ce qui ne paraîtroit pas croyable, si l'on ne faisoit attention à la promptitude de la fuite des ennemis.

Le 24 juin avait été décrétée une nouvelle constitution, mise par l'Assemblée « sous la garde de toutes les vertus. » La Convention y répudiait définitivement la guerre de propagande, dont les défaites

---

[1] Nº du jeudi 18 juillet 1793.

éprouvées en Belgique avaient fait voir tous les dangers et, revenant à une politique plus sage, y formulait en ces termes les « rapports de la République françoise avec les nations étrangères » :

118. Le Peuple françois est l'ami et l'allié naturel des peuples libres.
119. Il ne s'immisce point dans le gouvernement des autres nations ; il ne souffre pas que les autres nations s'immiscent dans le sien.
120. Il donne asile aux étrangers bannis de leur patrie pour la cause de la Liberté. Il le refuse aux tyrans.
121. Il ne fait point la paix avec un ennemi qui occupe son territoire.

A cette constitution qui, du reste, ne fut jamais appliquée, les diverses parties du territoire durent adhérer successivement. Lille et le camp de la Madeleine l'acceptèrent avec un certain enthousiasme. Le 9 juillet, les députés en avertirent la Convention et le lendemain ils complétèrent ainsi leur récit :

Lille, 10 Juillet.

Citoyens nos Collègues,

Nous avons annoncé hier l'adhésion unanime de tous les Lillois à la Constitution.

Nous vous faisons passer aujourd'hui l'adresse de la division que commande Lamarlière. Cette adresse, énergique et pleine de républicanisme, est dictée par 60 mille soldats qui tous ont juré la mort des tyrans et la défense, contre tous les ennemis, de la Constitution que vous venez de donner à la France.

Jamais spectacle plus beau, plus imposant que celui que viennent de donner à l'Europe la frontière et les départemens du Nord : au même instant où un peuple immense recevoit avec acclamation le gage du bonheur des François, au même instant mille bouches à feu annonçoient à nos ennemis la réunion de tous les partis qui divisoient la France et leur destruction prochaine.

La République peut compter sur les habitants du Nord : ce peuple est vraiment digne de la cause qu'il soutient : il mérite d'être libre.

Qu'ils seront honteux, ces départements égarés par des mandataires perfides, d'avoir osé prendre les armes contre ceux-là mêmes qui travailloient à leur bonheur, qui ont porté le trouble et la discorde chez leurs voisins et qui auront retardé la félicité commune ! Ils reviendront de leurs erreurs : ils verront que la Montagne, Paris et les Jacobins veulent la République une et indivisible et une Constitution fondée sur la Liberté et l'Égalité : ils verront qu'ils auront été trompés et ils écraseront ceux qui leur auront fait faire un pas rétrograde dans la carrière de la Révolution !

Les attaques qui ont eu lieu tous les jours sur cette partie de la frontière sont toujours à notre avantage. Depuis que le général Lamarlière commande cette division, nous avons eu onze cents prisonniers de guerre et douze cent trente déserteurs ; il nous en arrive continuellement.

Cette belle défensive équivaut bien certainement à une bataille gagnée [1].

Le style ampoulé de la lettre qu'on vient de lire montre bien qu'elle devait être rendue publique. La suivante parle un langage à la fois plus

---

[1] Cette lettre, ainsi que les cinq suivantes, sont conservées en minutes, aux Archives départementales du Nord, série L, liasse 1401.

simple et plus énergique. Adressée au Comité de Salut public, elle a pour but de faire réprimer le zèle d'un jacobin trop zélé :

Lille, 12 Juillet.

Nous avons reçu, chers Collègues, votre lettre du 6 courant et la note ci jointe du citoyen Desforges-Beaumé, Commissaire national à Lille.

Il ne faut avoir que la plus simple notion du caractère doux et humain des Lillois pour sentir qu'il ne s'agit ici que d'une liste d'expulsion en cas de siège et ce, à titre de bouches inutiles et non comme gens suspectés.

L'étude que nous avons faite du moral de nos concitoyens nous a fait prendre cette mesure qui nous a fait bénir de toutes les personnes, mêmes équivoques, et tandis que, par une fausse interprétation de la loi, de petites bicoques incarcèrent des centaines de victimes et exaspèrent les esprits, 6 à 10 aristocrates justement suspects et détenus ici ont suffi pour tenir les autres en respect, et il n'y a peut-être pas une ville dans la République où l'acceptation de la Constitution soit plus réellement et plus sincèrement unanime qu'ici.

Nous avons mandé le citoyen Desforges-Beaumé pour qu'il nous exhibât ses pouvoirs et en quelle qualité il étoit à Lille. Il nous a répondu que, depuis la retraite de la Belgique, il n'avait reçu aucun ordre des Ministres et qu'il n'exerçoit aucunes fonctions : nous allons encore lui demander pourquoi, n'ayant aucune mission, il prend le titre de Commissaire national dans sa lettre au Ministère des affaires étrangères.

Reposez-vous, citoyens nos collègues, sur nos soins pour le salut de la République et recevez nos sincères salutations.

Trois jours après, reprenant leur style emphatique, les députés présents à Lille écrivaient en ces termes à leurs collègues d'Arras :

Lille, 15 Juillet.

Nous avons reçu, Citoyens nos Collègues, les deux arrêtés que vous nous avez fait passer, le 1er concernant l'abolition sur toutes les armes des marques de la Royauté, et le 2e relatif aux soldats qui emportent leurs fusils pour aller à l'hôpital. Nous avons de suite ordonné l'impression de 400 exemplaires de chaque arrêté, pour les distribuer à l'armée et nous veillerons avec grand soin à son exécution.

Nous avons assisté hier, chers Collègues, à une fête civique bien touchante : elle nous a procuré trop de jouissances pour ne pas tâcher de vous les faire partager en vous en offrant le tableau.

C'est hier 14 Juillet, que les braves Lillois ont célébré l'anniversaire de la prise de la Bastille et l'acceptation de la Constitution par tous les habitants de cette cité. Le patriotisme et la cordialité ont fait les frais de cette fête ; tout y portoit au cœur, et nous en sommes revenus tout attendris. Réunion de citoyens de tout âge et de tout sexe, garnison nombreuse, canonniers, gendarmes, gardes nationales, hussards, dragons, vétérans, enfants, généraux, représentants du peuple, autorités constitués, juges des tribunaux, société populaire, musique guerrière et brillante, jeunes filles ornées de fleurs, entrelacées de guirlandes, intéressantes par leurs costumes, leur grâces et leur jeunesse ; hommes et femmes vêtues à la grecque et à la romaine ; des emblèmes, des bustes, des inscriptions ; six chars majestueux, d'un goût simple et antique, offrant aux yeux du peuple des traits analogues à la Révolution et chargés de petits enfants qui, les bras tendus vers le ciel, chantoient avec expression des hymnes à la Liberté ; une foule immense de citoyens bordant les rues et joignant leurs acclamations aux nôtres par des cris mille fois répétés de : « Vive la République ! Vive la Constitution ! », beaucoup de joie et de franchise ;

aucun désordre ; l'union et la fraternité ; voilà, chers Collègues, en abrégé, le tableau de cette fête vraiment civique et digne d'un peuple libre. Vous suppléerez à la faiblesse de notre description en vous retraçant tout ce que peut avoir de touchant une réunion de citoyens heureux et libres, jurant à la face du ciel et en présence de l'ennemi, la liberté ou la mort. Nous vous saluons bien cordialement.

Le même jour, les députés écrivirent à la Convention. Leur lettre, fort semblable à la précédente dans ses premiers paragraphes, se termine, à la suite de la réception d'un grave renseignement déjà tardif et qui montre combien l'armée du Nord possédait peu d'espions avisés, par d'importantes considérations militaires où l'on sent la griffe de Carnot. Un coûteux service d'observation était pourtant entretenu le long de la frontière par le ministre des affaires étrangères. Un de ses agents, nommé Gadolle, devait écrire le 29 juillet :

J'ai dans la Belgique huit émissaires et deux chefs de station ; j'ai quatre rôdeurs *intra limites* pour observer et recevoir les avis de ceux de l'intérieur de la Belgique. La machine est très bien montée, elle va de même ; et j'ai la douleur de la voir, au premier jour, s'arrêter faute de fonds [1].

Mais, comme beaucoup de ses semblables, Gadolle exagérait évidemment les services qu'il rendait. Quant à la nouvelle lettre des représentants en mission, la voici :

Lille, 15 Juillet.

Citoyens nos Collègues,

Si quelque chose peut nous dédommager du plaisir d'être au milieu de vous et d'y jouir du spectacle attendrissant que présente la réunion des Français à tous leurs représentants : si quelque chose peut nous encourager dans la lutte longue et pénible et souvent infructueuse que nous soutenons contre les abus de tout genre et les fripons de toute espèce, c'est sans doute le tableau charmant que nous avons sous les yeux depuis l'arrivée de la Constitution.

Nous vous avons déjà annoncé son acceptation par toutes les sections de la ville, par toute la division de l'armée confiée à nos soins et à notre vigilance ; nous y joignons l'adhésion de toutes les compagnies d'artilleurs attachées à la place, au nombre de 1500, et qui n'avoient pu émettre leur vœu avec leurs corps respectifs dont ils sont détachés.

C'est aujourd'hui que toutes les assemblées primaires des campagnes se réunissent et nous pouvons vous assurer que leur patriotisme ne le cédera en rien à celui de la ville. Tout le monde brigue l'honneur de signer son adhésion et nous avons vu pleurer de désespoir des patriotes de la campagne chassés de leur domicile par les brigands de Prusse et d'Autriche par ce que les assemblées primaires de leurs communes ne pouvoient pas avoir signé. Ils voteront dans le canton où ils sont réfugiés, et leur joie sera parfaite. Hier, toute la ville célébra par une fête civique, dont nous vous envoyons l'annonce, l'acceptation unanime

---

[1] Archives du ministère des affaires étrangères, France, registre 327, f° 280.

de la Constitution et, quoique les satellites du despotisme nous attaquassent au même instant sur plusieurs points à la fois et dans différents postes, les Citoyens et les Soldats de la garnison, aussi tranquilles qu'en pleine paix, ne s'en livrent pas moins à la joie ; et le bruit du canon est étouffé par la musique guerrière et les cris d'allégresse qui, depuis dix jours, se font entendre sans interruption.

Depuis plusieurs jours, l'on dit que Condé s'est rendu ; les déserteurs, les prisonniers l'assurent, mais, comme le Général, nous n'avons pas de certitude, et nous suspendons notre jugement. Il est cependant bien essentiel que le gouvernement mette le Général de l'armée du Nord à même de frapper les grands coups en le faisant seconder par les armées du Rhin et de la Moselle. Sans cet ensemble d'efforts, nous craignons bien que la guerre ne puisse finir de sitôt et que les immenses sacrifices du peuple français ne produisent pas tout le bien qu'on a le droit d'en attendre.

Nous vous adressons, en même temps, un libelle adressé de Bordeaux au commandant de Lille, le Général de brigade Lavalette, qui nous l'a dénoncé. Cette lecture vous fera connaître de plus en plus l'esprit d'intrigue et de scélératesse qui anime les meneurs de la faction liberticide des hommes d'Etat.

Cependant, le bruit de la prise de Condé persistant, les auteurs de la lettre qui précède voulurent décidément savoir à quoi s'en tenir. D'où cette missive écrite le lendemain :

LIBERTÉ.   ÉGALITÉ.

Lille, le 16 Juillet 1793, l'an 2e de la République.

LES REPRÉSENTANS DU PEUPLE ENVOYÉS PRÈS L'ARMÉE DU NORD A LILLE,
A LEURS COLLÈGUES A CAMBRAI.

L'on répend avec affectation que Condé s'est rendu. Si celà étoit, Chancel dans tous les cas en auroit informé Custines ; nous vous prions, Chers Collègues, de vous instruire si Custines a reçu officiellement la nouvelle de cette reddittion ; nous espérons que ce ne sera qu'un faux bruit.

Rien de nouveau dans notre division, les déserteurs viennent toujours en foule. La ville est encore en fête, sur l'acceptation unanime des Lillois à la Constitution ; il paroît que la République entière l'accepte avec empressement et il faut espérer que tout ira.

LESAGE-SENAULT et P.-J. DUBOIS.

L'émotion causée par la prise de Condé fut très vive à Lille. Elle détermina quelques têtes enthousiastes et patriotes à une démarche dont un courrier extraordinaire porta en ces termes le récit à la Convention :

Lille, 17 Juillet.

Citoyens nos Collègues,

Le plus bel éloge que nous puissions faire de la Constitution, le tableau le plus vrai que nous puissions vous offrir de l'enthousiasme avec lequel cette charte immortelle a été sanctionnée par tous les habitants de cette fière cité, est le mouvement sublime et révolutionnaire qui vient de succéder aux scènes attendrissantes que nous avons depuis huit jours sous les yeux. Les braves Lillois sont pleins de reconnoissance pour vos travaux, impatients d'en recueillir les fruits et de mettre en pratique toutes les vertus dont la Constitution sera le germe. Lassés enfin de voir des Barbares envahir nos frontières, saccager leurs propriétés, massacrer leurs enfants, ils ont conçu une idée grande et bien digne des plus beaux jours de Rome : ils ont résolu de se concerter avec les quatre départements qui les avoisinent, d'indiquer une époque fixe où, sur tous les points de cette vaste frontière, la générale seroit battue, le canon d'allarme seroit tiré et le tocsin sonneroit partout à la fois pour faire lever en un instant trois cent mille hommes libres et guidés par l'intrépide armée du Nord qui leur ouvriroit le chemin de l'honneur et de la victoire, de tomber en masse, à la manière des anciens Gaulois, sur ces hordes de brigands, de les exterminer et de porter ainsi à l'Europe étonnée la terreur et la consternation.

Une députation nombreuse de Citoyens est venue nous faire part de cette mesure et nous demander notre adhésion pour la faire exécuter. Nous avons applaudi aux sentiments qui l'avoient dictée en leur faisant cependant quelques réflexions ; mais leur énergie étoit si fortement prononcée que nous n'avons pu la rallentir qu'en leur promettant de faire partir sur-le-champ un courrier extraordinaire pour la Convention nationale afin de l'en instruire. Nous leur avons observé ensuite qu'un élan aussi sublime, aussi généreux, devoit être dirigé et combiné de manière à ne produire aucun désordre et à opérer tout l'effet qu'on avoit droit d'en attendre ; qu'il falloit pourvoir à la subsistance d'un aussi grand rassemblement d'hommes, et se concerter avec les Généraux pour qu'ils puissent faire agir leurs forces d'une manière vigoureuse et seconder ainsi l'ardeur des Citoyens réunis et armés pour une si noble cause. L'esprit public est parvenu, dans ces départements, à un tel degré d'énergie que nous sommes convaincus que le jour de cette majestueuse insurrection sera un jour de fête pour tous les habitants de cette frontière et qu'il n'en est aucun qui ne sacrifie volontiers ses intérêts les plus chers pour quelque temps et ne préfère, aux longueurs et aux incertitudes d'une guerre de tactique, l'honorable émulation de faire un dernier effort, et de porter le coup de la mort aux rois et à leurs esclaves.

Vous sentirez vous-mêmes, Citoyens nos Collègues, quelles ressources un Général habile pourroit tirer d'un aussi grand mouvement, en le dirigeant avec prudence. Combien seroit imposante une armée disciplinée de cent vingt mille hommes, ayant, par derrière elle, une seconde armée non moins brave et plus nombreuse, animée du saint amour de la patrie, qui, par des diversions heureuses ou seulement par son nombre et sa contenance républicaine, en imposeroit à l'ennemi et fourniroit au Général les moyens de disposer de toutes les garnisons, de réunir toutes ses forces et d'agir enfin d'une manière offensive et terrible !

Nous écrivons par le même courrier à tous nos Collègues sur cette frontière, aux administrations des départements voisins et au Général en Chef pour nous concerter sur l'exécution de ce grand mouvement et le faire tourner à l'avantage et à la gloire de la République [1].

Le général en chef ne devait pas recevoir la lettre dont parlent ici les députés car, le même jour, il quittait l'armée du Nord pour marcher vers l'échafaud.

Les lettres imprudentes qu'il avait déjà écrites, non moins que son inaction à l'égard de Condé et de Valenciennes, avaient exaspéré la majorité

---

[1] Voir, sur ce projet des habitants de Lille, la séance de la Convention du 20 juillet, au *Moniteur* du 22, t. XVII, p. 186.

de l'opinion. Certes, s'il avait été moins absorbé par son injurieuse polémique avec Bouchotte, il aurait pu sortir de la misérable défensive où les retranchements exagérés du camp de César avaient marqué dès les premiers jours qu'il voulait se confiner, et, au moyen de renforts momentanément empruntés aux armées voisines, ainsi que la seconde lettre écrite par les députés le 15 juillet en suggérait l'idée, hâter les diversions qu'il projetait. Il aurait pu tout au moins ne pas abandonner moralement Valenciennes, et — puisqu'il avait déclaré en avoir le moyen — tenter de lui envoyer des émissaires porteurs d'encourageantes paroles, ou même, des hauteurs d'Avesnes-le-Sec ou de Noyelles-sur-Selle dont il restait le maître, lancer la nuit des fusées tricolores pour signaler aux défenseurs de la place la proximité de l'armée de secours. Mais on ne pouvait changer Custine, bouillant, emporté, aussi capable d'un coup de main ou d'un coup de tête qu'inapte à combiner une grande opération militaire.

Certains l'accusèrent de trahison. C'était une infâmie doublée d'une maladresse, car, à force de l'en croire capable, on pouvait lui en suggérer la pensée. Nous avons vu dans une lettre du 15 juillet que des libelles étaient arrivés de Bordeaux à l'adresse du général Lavalette. Bien plus que celui-ci, Custine avait servi de but à mainte tentative d'embauchage. L'un de ses amis, le général Félix Wimpfen, le défenseur de Thionville, qui venait de quitter son commandement de l'armée des côtes de la Manche pour prendre celui d'une armée départementale dirigée contre la Convention, voulait l'attirer à soi. Mais en dépit de ses affections girondines, Custine résista, répondit le 14 juillet par un refus aux membres de la Société populaire de Bordeaux, écrivit le 15 une lettre de blâme à Wimpfen, et, le même jour, envoya copie de toute sa correspondance au président de la Convention. Rien de plus correct ; mais ce qui l'était moins, ce furent les paroles suivantes par lesquelles, revenant à son idée fixe, il terminait sa dépêche :

> Je dois vous dire que le Ministre de la guerre, ignorant ou coupable, semble marcher sur les traces de ses prédécesseurs. Il enlève des bataillons entiers et la cavalerie à l'armée du Nord, pour les faire marcher d'un autre côté. Dussè-je en être la victime, je déclare que je donne les ordres les plus exprès pour empêcher qu'aucun des corps des deux armées que je commande se mette en mouvement sans une autorisation de la Convention.

Le soir même, Custine reçut l'ordre de se rendre à Paris ; le ministre l'engageait à venir combiner définitivement ses plans avec ceux du Comité de Salut public pour la campagne qui allait s'engager. Le général s'empressa d'obéir ; il était certain que sa seule présence au milieu du Comité suffirait à confondre Bouchotte et à lui faire retirer le portefeuille de la guerre. Après avoir remis le commandement provisoire à Kilmaine, il partit le 17 juillet de Cambrai avec le général Baraguey-d'Hilliers, l'adjudant-général Gay de Vernon et le capitaine-adjoint Doué. Mais le même jour, sans l'entendre, le Conseil exécutif le destitua et proposa à la Convention de le remplacer par Diettmann, ce qui fut approuvé. Custine ne tarda pas à être arrêté dans son hôtel, conduit à l'Abbaye, poursuivi devant le tribunal révolutionnaire et exécuté le 28 août [1].

Le départ de Custine fut suivi d'un petit combat du côté de Lille et de plusieurs autres arrestations dont le *Journal de la guerre* nous rend compte dans deux petits articles :

Lille, 20 Juillet. — Il ne s'est rien passé, hier, de remarquable sur l'extrême frontière, si ce n'est que le Général de division Lamarlière a couru le plus grand danger au-dessus du poste de Lapanpon. S'étant avancé, accompagné seulement de 10 à 12 hommes à cheval, pour reconnoître la position de l'ennemi, une patrouille ennemie de 15 à 16 embusquée derrière une chaumière a fait sur son escorte une décharge qui, heureusement, n'a blessé personne. Le premier mouvement a été de mettre le sabre à la main et de courir sus ; mais l'ennemi, tapis dans un fossé, ne pouvant être forcé, la prudence a exigé de se retirer [2].

Lille, 24 Juillet. — ... Le Général de division Lamarlière, ayant reçu l'ordre des Citoyens-députés, Commissaires auprès des armées du Nord et des Ardennes, de se rendre à Paris, est parti hier.

Les Représentans du Peuple à l'Armée du Nord ont suspendu de ses fonctions Lavalette, contre lequel des dénonciations graves étoient accumulées. Son Adjudant-Général Dufresne a été mis en état d'arrestation. Le Général Berru, secondé par l'Adjudant-Général Dupont, est chargé de remplacer provisoirement Lamarlière. Chevalleau restera seul chargé du commandement temporaire de la Place [3].

On sait qu'Antoine-Nicolas Collier, ex-comte de La Marlière, fut vivement accusé par Lavalette et exécuté le 26 novembre 1793, mais que cette mauvaise action ne profita guère au dénonciateur qui eut lui-même la tête tranchée par le couperet révolutionnaire le 28 juillet 1794 [4].

La nouvelle de l'arrestation de Custine excita une vive émotion dans son armée. Auprès d'ennemis déclarés, l'ancien général en chef y comptait de chauds partisans, au premier rang desquels figuraient les bataillons d'Ille-et-Vilaine, du Finistère et des Côtes-du-Nord. Pour calmer les esprits, le Comité de Salut public se hâta d'y envoyer Pierre Delbrel, accompagné de Levasseur de la Sarthe. Ces deux commissaires agirent

---

[1] On peut consulter, sur le procès de Custine, l'*Histoire du Tribunal révolutionnaire de Paris*, par M. Henri Wallon, t. I, p. 226 et suivantes.

[2] N° du 25 juillet 1793.

[3] N° du 26 juillet.

[4] Voir, sur le procès de Lamarlière, l'*Histoire du Tribunal révolutionnaire de Paris*, par M. Henri Wallon, t. II, p. 102 et suivantes.

avec énergie et habileté et réussirent dans leur tâche, grâce surtout à la proximité du danger qui excitait vigoureusement l'honneur militaire, sans guère laisser de place à d'autres soucis. Le Comité se hâta aussi d'annoncer l'arrivée de Diettmann ; mais ce général refusa et fut remplacé par Houchard qui, malgré la meilleure volonté du monde, ne pouvait être rendu dans le Nord que vers le 9 ou le 10 août.

En attendant, on informa Kilmaine que des troupes, tirées des armées de la Moselle et du Rhin, s'avançaient vers le camp de César ; qu'il allait avoir des forces suffisantes pour reprendre l'offensive en se conformant à un plan d'opérations remis à l'adjudant-général Gay de Vernon et qui n'était autre que celui de Carnot ; qu'en conséquence, il devait abandonner la trouée entre Landrecies et Cambrai, se réunir sous Lille aux troupes du camp de la Madeleine, prendre cette forteresse pour base d'opérations, se jeter entre l'Escaut et la Lys, enfin tomber sur Tournai, Furnes, Nieuport, en mettant tout le pays à contribution jusqu'à Gand, Bruges et Ostende.

Mais, excellent quelques semaines auparavant, ce plan ne valait plus rien, puisqu'il supposait que Valenciennes se défendrait encore plusieurs semaines, tandis que la place avait atteint presque l'extrême limite de sa résistance. La nouvelle de sa reddition arriva à l'armée du Nord presque avec celle de la prise de Mayence ; en même temps, divers symptômes marquaient que les Alliés allaient, sans désemparer, poursuivre leur marche en avant. Tel le double combat que nous conte en ces termes le *Journal général de la guerre* :

Tournai, 27 Juillet. — Avant-hier deux mille François s'étant avancés dans les villages de Sainghin et Pont-à-Bouvines, furent entourés par la cavalerie prussienne. Une petite partie a trouvé moyen de se retirer sur Lille ; le reste a été sabré, excepté 84 prisonniers que nous avons vu amener ici, dont deux officiers ; ils sont partis pour Ath.
Hier les Prussiens ont attaqué le poste important de l'abbaye de Flines, près Douai. Les François ont été forcés à la retraite. 70 Gardes nationaux qui se trouvoient dans l'église, n'ayant pas voulu se rendre, ont été hâchés [1].

Carnot se trouvait dans la Flandre maritime lorsque lui parvint le bruit de la prise de Valenciennes. Lui aussi pensait, bien à tort, que la place tiendrait plus longtemps. Il s'empressa de faire part de ses impressions à son collègue Florent-Guyot :

Bergues, 30 Juillet.

Je suis abasourdi, mon cher collègue, par l'affreuse nouvelle que vous me donnez de la prise de Valenciennes. Quels sont donc les lâches qui ont deffendu

---

[1] N° du 30 juillet 1793, auquel une faute d'impression donne à tort la date du 20.

cette place ! et à quels hommes, grand Dieu ! sommes-nous livrés. Non : quoique vous m'en disiez, je ne puis y croire encore. On nous disoit hier que les ennemis avoient été repoussés et qu'ils avoient perdus 6.000 hommes ; je m'y perds.

Avez-vous de nouvelles causes de soupçons contre Omoran ? Si nous le destituons, qui mettrons-nous à la place ? Je n'ai dans toute la division que lui, Richardot qui est malade et hors d'état de bouger, et Carole qui est un noble et un imbécile. Le camp de Cassel et celui de Ghyvelde vont tomber au pouvoir de l'ennemi si je supprime tout à coup le chef. Je crois qu'il faut attendre la réponse du Comité de Salut public. Envoiez-lui, si vous croiez que cela soit urgent, un courier extraordinaire pour lui peindre notre situation. Oui cela est urgent ; envoiez-lui un courier. Je n'ose me hazarder à une désorganisation totale. Qu'on nous envoie donc des sans-culottes qui ayent au moins une ombre de talent. En attendant, je reste à Cassel pour observer Omoran.

Si vous faites arrêter Beaumé, je pense aussi qu'il faut vous saisir de Jouy. Suivez l'instinct de votre prudence ; la crise est terrible, mais il faut cacher les inquiétudes et montrer du sang-froid. C'est le seul moyen de sauver la chose publique.

Je suis bien étonné de ce que vous me dites des deffences que vous trouvez de tirer des subsistances du district de Bergues ; il est totalement épuisé par vous. J'ai fait partir tout ce qu'on a demandé pour Lille et cependant les besoins sont tels que nous n'avons plus de grains tant à Dunkerque qu'à Bergues que pour un mois au plus, et que nous sommes obligés de faire faire du pain de seigle pour les chevaux parce qu'il ne nous reste plus un grain d'avoine. Nous en avons fait acheter 600 malheureux sacs à Béthune : au moment où nous l'envoions chercher pour le camp de Cassel, nous apprenons que les 600 sacs sont enlevés par l'ordre de nos collègues de Cambray sans que nous en soions prévenus. Le grain que vous regardez comme pourri à Lille, nous le mangeons ici et c'est en le comptant que nous avons pour un mois de vivres. Vous voiez que nous sommes bien loing d'être égoïstes. Je sais que Lille et Douay sont les plus pressés et, malgré notre pénurie, je feroi filer vers vous ce que je pourroi.

Si vous envoiez un courier au Comité, donnez-lui copie de cette lettre parce qu'elle servira à lui faire connoître davantage notre position.

J'en reviens à la prise de Valenciennes : c'est le comble de la lâcheté et de la trahison, je n'y crois pas. Si l'on eût marché sur Ostende quand je le voulois, l'état des choses seroit bien différent. Je ne puis vous exprimer ma douleur. Adieu, je vous embrasse. Salut et fraternité.

L. CARNOT.

P.-S. — Je viens d'écrire à Dunkerque aux Officiers municipaux et au Commissaire de la marine pour qu'ils empêchent autant qu'il leur sera possible l'exportation des marchandises pour Hambourg. Je sais que c'est le projet des spéculateurs. Il faut que la Convention fasse un décret pour déjouer la cupidité de ces égoïstes abominables [1].

Deux jours après, il écrivait encore à l'Assemblée et à ses collègues en mission :

Cassel, 1er Août 1793, l'an 2e de la République.

J'arrive en ce moment de Dunkerque et je reçois avec le cœur navré la confirmation de la malheureuse nouvelle de la prise de Valenciennes ; on m'assure que les ennemis se portent sur Maubeuge. Ainsi, comme vous voyez, on a bien fait de s'y approvisionner. On vient de me remettre un ordre donné en vertu

---

1 Cette lettre et la suivante sont tirées des Archives du Nord, série L, liasse 1415.

d'une de vos réquisitions et dont l'objet est de faire rétrograder sur Lille toutes les voitures qui cheminent vers Dunkerque. Il y a sans doute quelque mal entendu dans cet ordre qui arrêteroit tout court toute espèce de commerce intérieur et priveroit nos armées des effets d'habillement et équipement les plus indispensables. D'ailleurs vous sentez que les représailles porteroient les habitants à arrêter les subsistances qu'ils envoient à Lille et qui couvrent les routes. C'est une guerre intestine qui souléveroit les esprits ; nous avons bien assez des ennemis du dehors. De quoi s'agit-il ? D'empêcher que les denrées désignées comme de première nécessité par la loi sur les accaparemens ne sortent de la République par le port de Dunkerque. J'ai donné et réitéré à cet égard les ordres les plus sévères : et enfin je vous assure qu'en revenant de Dunkerque tout à l'heure, j'ai à peine rencontré quatre voitures chargées allant à Dunkerque et je doute qu'elles vinssent de Lille. Je viens de donner la réquisition la plus forte pour vous procurer des subsistances en oubliant nos propres besoins. La force armée va se mettre en campagne ; on va faire des visites domiciliaires partout ; Chivaille est à la tête chargé de l'expédition, avec toute la latitude de pouvoir dont il a besoin. Je crois que nous pourrons vous envoyer du bled. Pour de l'avoine, n'y comptez pas. Vous savez que ce pays n'en produit point ou très peu, et qu'on la tire du côté de Cambray. Je vous ai déjà dit que nous allons donner du pain de seigle à nos chevaux, trop heureux si nous pouvons en avoir. Je crois qu'Arras pourroit vous procurer quelques secours. Au moins devriez-vous y envoyer toutes vos bouches inutiles et tous les chevaux qui ne sont pas indispensables au service. Il n'y a pas un seul instant à perdre, c'est la seule mesure qui puisse vous sauver.

L'expédition de Chivaille durera au moins dix jours, car il doit passer par Aire, Saint-Venant, Hesdin, Saint-Pol et Arras pour ramasser tout ce qui s'y trouve.

Votre collègue :
L. Carnot [1].

Au moment où cette lettre était écrite, venait d'être découvert une conspiration dont, en France, les journaux regardaient Pitt comme le principal auteur. D'après ce que nous dit Thiers [2], « un portefeuille, trouvé sur les murs de l'une de nos villes frontières, renfermait des lettres qui étaient écrites en anglais et que des agents anglais en France s'adressaient entre eux. Il était question dans ces lettres de sommes considérables envoyées à des agents secrets répandus dans nos camps, nos places fortes et nos principales villes. Les uns étaient chargés de se lier avec les généraux pour les séduire, de prendre des renseignements exacts sur l'état de nos forces, de nos places et de nos approvisionnements ; les autres avaient mission de s'introduire dans les arsenaux, dans les magasins avec des mèches phosphoriques et d'y mettre le feu. » Après quelques détails sur ses découvertes en fourrages, Carnot va nous indiquer les mesures prises dans le Pas-de-Calais et le Nord pour couper court aux efforts des conjurés :

---

[1] On lit au dos de la minute de cette lettre : *Convention nationale et Collègues.*
[2] *Histoire de la Révolution*, t. IV, p. 248.

BUREAU CENTRAL.

LIBERTÉ.  **ÉGALITÉ.**

Cuffel le 6 août 1793, l'an deuxième de la République, Une et Indivisible.

LES REPRÉSENTANS
DU PEUPLE
ENVOYÉS PRÈS L'ARMÉE DU NORD,

à ses collegues à Lille.

Je viens de recevoir, chers Collegues, de recevoir votre lettre par laquelle vous m'invitez à vous aller trouver le plus promptement possible. c'est à regret que je me vois dans l'impossibilité de le faire en ce moment. c'est pour vous que je travaille. je m'occupe à vous ramasser des subsistances, et à vous les faire passer; j'apprends aussi que le Comité de salut public a des renseignemens à me demander, de sorte que j'ai pris le parti de me rendre sur le champ à paris pendant que j'ai deux collegues duquesnoy et le bas qui peuvent me remplacer. je serai très peu de jours absent et je passerai par Lille à mon retour.

Salut et fraternité.

L. Carnot

Fac-simile de la lettre de Carnot *informant ses collègues de Lille de son départ pour Paris où il va conférer avec le Comité de Salut public.*

(Archives du Nord.)

Cassel, le 4 Août 1793, l'an 2e de la République.

C'est avec bien de la satisfaction, mon cher Le Sage, que je vous annonce le succès de nos recherches pour vos approvisionnemens. Chivaille a fait des merveilles et, dans peu de jours, vous aurez du bled ; quant à l'avoine, elle est d'une rareté extrême ou plutôt il n'en existe point du tout. J'ai aussi fait filer de Saint-Omer sur Lille une certaine quantité de foin.

Il y eut hier dans cette dernière ville une expédition ; un vaste plan de conjuration ayant été découvert et les preuves en ayant été remises au Comité de Salut public, Billaud-Varennes et Niou, nos Collègues, furent envoyés pour faire mettre en état d'arrestation les personnes prévenues. Il s'en est trouvé 15 à Saint-Omer. Aujourd'hui ils font la même expédition à Dunkerque. Le fond de cette affaire vous sera connu par les journaux, mais j'ai voulu vous prévenir en deux mots de ce qui avoit eu lieu à Saint-Omer parce que je sais qu'on fait là-dessus les contes les plus ridicules. Nos Collègues m'ont communiqué le plan de conjuration remis au Comité de Salut public. Il embrassoit la République entière, assassinats, incendies, trahisons, rien n'y étoit épargné. Elle devoit avoir lieu du 15 au 20 de ce mois [1].

Salut et fraternité,

L. CARNOT.

Enfin, deux jours après, l'illustre conventionnel écrivait encore de Cassel la lettre suivante, qui sera la dernière que nous devions publier de lui dans ce chapitre :

LIBERTÉ   ÉGALITÉ

Cassel, le 6 Août 1793,
l'an 2e de la République, une et indivisible.

LE REPRÉSENTANT DU PEUPLE, ENVOYÉ PRÈS L'ARMÉE DU NORD,
A SES COLLÈGUES A LILLE.

Je viens, chers Collègues, de recevoir votre lettre par laquelle vous m'invitez à vous aller trouver le plus promptement possible. C'est à regret que je me vois dans l'impossibilité de le faire en ce moment : c'est pour vous que je travaille, je m'occupe à vous ramasser des subsistances et à vous les faire passer. J'apprends aussi que le Comité de Salut public a des renseignemens à me demander, de sorte que j'ai pris le parti de me rendre sur-le-champ à Paris pendant que j'ai deux Collègues, Duquesnoy et Lebas, qui peuvent me remplacer. Je seroi très peu de jours absent et je passeroi par Lille à mon retour.

Salut et fraternité,

L. CARNOT [2].

Philippe-François-Joseph Lebas, le nouveau collègue dont nous parle ici Carnot, est fort connu. Né à Frévent dans le futur département du Pas-de-Calais, dont il devint plus tard député, il fut chargé de plusieurs missions auprès des armées du Nord, de Sambre-et-Meuse et du Rhin, et partagea le sort de Robespierre.

---

1 Archives du Nord, série L, liasse 1415.
2 Archives du Nord, série L, liasse 1415.

Tandis que les événements dont les lettres qui précèdent viennent de nous rendre compte se passaient dans la Flandre maritime, Kilmaine s'occupait de la défense des places qu'il prévoyait devoir être, à bref délai, attaquées par l'ennemi. Bouchain se trouvait en première ligne : d'où la lettre suivante adressée à la municipalité par le citoyen Lageste, capitaine-chef du génie de la forteresse :

Bouchain, le 23 Juillet 1793,
l'an 2e de la République, une et indivisible.

Citoiens Maire et Officiers municipaux,

Il est indispensable de faire une communication couverte sur la rive droite du Bas-Sensée depuis l'écluse d'aval du bassin de Bouchain jusque la redoute qui est sur le bord de cette rivière. Cette opération oblige à prendre sur cette longueur une langue de terre de douze à quinze toises de large : je vous prie en conséquence de vouloir bien en prévenir ceux de vos Concitoiens qui y ont des possessions, afin qu'ils nomment des experts qui, conjointement avec ceux que vous nommerez, estimerons la valeur du terrain que l'on prendra. Si vous adoptez cette mesure, je vous prie de m'en faire part. Il est aussi indispensable et de la plus grande nécessité de réparer la digue gauche de l'Escaut, depuis la porte du petit bois jusqu'à sa jonction avec la digue droite de la Sensée ; on sera obligé pour celà de faire un fossé tout le long et celà endommagera les jardins ; il faudroit aussi une estimation relative aux dommages qu'on y causera. La loi dit que l'indemnité sera préalable, mais le besoin est pressant et s'il falloit attendre que les particuliers fussent indemnisés, nous n'aurions peut-être plus besoin de leur terrain : il suffit, je crois, que l'indemnité que la Nation leur doit soit constatée d'une manière légale, de manière qu'ils soient sûrs de ne rien perdre.

Le Capitaine du génie,
LAGESTE.

Cette lettre ayant été communiquée le même jour à l'Assemblée communale, celle-ci prit la délibération suivante :

En conséquence, les propriétaires intéressés à l'emprise que l'on doit faire pour la confection des travaux jugés indispensables à la défense de la Place, lecture préalablement faite de la susdite lettre, il leur a été proposé de nommer conjointement avec la Municipalité un arpenteur et des experts pour l'expertise et évaluation du terrain à emprendre. Le Citoien Jacques Barbotin a été nommé pour l'arpentage sus-mentionné et les Citoiens Decarpentrie et Lecocq pour experts ; et en leur absence il a été arrêté qu'on leur feroit part du choix que l'on avoit fait d'eux, avec invitation s'ils acceptoient de venir signer le présent arrêté.

Ainsi fait et arrêté en la Maison commune les jour, mois et an que dessus.

P.-S. — Arrêté qu'en cas de non conciliation entre les deux experts, il en seroit nommé un troisième pour l'accord.

BOUCHÉ, Maire ; RIGAUT, PONCIN père, PASCALS, LEFEBVRE, PUJAT, J. TRELLE, WATTELLE, BARBOTIN, BURGEAT fils, municipal.

Puis Kilmaine prit la décision suivante :

Il est ordonné au Chef de Bataillon Permette, du premier Bataillon de la Somme, de prendre le commandement en chef de la Place de Bouchain. Le Chef de Bataillon Cornu, commandant temporaire, y commandera en second sous les ordres du Chef de Bataillon Permette qui prendra ceux du Général Lapallière, commandant à Cambray.

Au quartier général de Cambray, le 29 Juillet 1793, l'an 2ᵉ de la République.

Le Général en chef, Commandant provisoirement
les deux armées, du Nord et des Ardennes.
Jeuninge KILMAINE [1].

On ne s'étonnera pas du prénom que porte ici le général quand on se souviendra qu'il était d'origine irlandaise, étant né à Dublin en 1754.

Deux jours après la décision de Kilmaine, avaient lieu le départ des défenseurs de Valenciennes, leur arrivée au camp de César, à Bouchain et à Cambrai, les élans de joie des survivants du siége en se retrouvant au milieu de leurs frères d'armes, l'indignation de ces derniers au récit de certaines trahisons. L'âme ulcérée, Briez et Cochon ne tarissaient point sur les révoltes qui avaient accompagné l'agonie militaire de la cité [2]. Ils n'eurent point de peine à mettre dans les mêmes sentiments leurs collègues qui, le lendemain, afin d'empêcher le retour de pareils événements dans les places que l'ennemi assiégerait encore, écrivirent la lettre que voici :

LIBERTÉ   ÉGALITÉ

Cambray, le 2 Août 1793,
l'an 2ᵉ de la République françoise.

LES REPRÉSENTANS DU PEUPLE ENVOYÉS PRÈS L'ARMÉE DU NORD, AUX ADMINISTRATEURS COMPOSANT LE DIRECTOIRE DU DÉPARTEMENT DU NORD.

Citoiens,

Nous sommes dans une position à ne pouvoir sauver nos places et la République que par des mesures extraordinaires. Le tableau que nos Collègues Briex (sic) et Cochon nous ont fait de toutes les perfidies de certains habitants de Valenciennes nous apprend tout ce que nous avons à redouter dans les places menacées de siège si nous n'en fesions sortir tout ce qu'il peut y avoir non seulement de gens suspects, mais encore tout ce qui n'a pas manifesté, depuis le commencement de la Révolution, le zèle brûlant qui anime les Patriotes.

Il existe dans toutes les places des hommes ennemis de la Révolution ; ces hommes attendent avec impatience l'arrivée des Prussiens, des Autrichiens ; ils se tiennent cachés d'abord, mais quand les habitants commencent à gémir des horreurs du siège et que les garnisons sont accablées par des fatigues longues

---

[1] Les trois documents qui précèdent sont tirés des Archives municipales de Bouchain, DD1, où elles se trouvent dans le *Registre des délibérations* du Conseil général de la commune de 1790 a 1794, auquel nous avons déjà fait plusieurs emprunts.

[2] Ils s'étaient empressés dès la capitulation de Valenciennes, d'écrire à la Convention. Voir à ce sujet le rapport fait au nom du Comité de Salut public le 1ᵉʳ août, dans le *Moniteur* des 8 et 9 août, t. XVII, p. 331 et 338.

et continuelles, alors les mauvais Citoiens se montrent pour exciter et augmenter les murmures et porter les soldats de la garnison à la révolte. C'est ainsi que nos Collègues Briex et Cochon se sont vus exposés à tous les outrages et à toutes les violences, à tous les mauvais traitemens possibles ; c'est ainsi qu'ils ont vu diriger sur leur tête les bayonnettes et les poignards des assassins ; c'est ainsi qu'une partie de la garnison de Valenciennes, excitée à l'insubordination, a refusé tout service ; c'est ainsi que la ville de Valenciennes a été forcée trois semaines au moins plus tôt qu'elle ne devoit. Citoiens, vous frémiriez d'indignation si nous pouvions vous retracer ici tout ce qu'a fait une partie des habitants de cette ville pour hâter sa reddition et la joie bruyante et scandaleuse qu'ils ont fait éclater, lors de l'entrée du traître et triomphateur Lambesc.

Citoiens, nos places sont en ce moment les boulevards de notre liberté et il n'y a que ceux qui l'aiment, il n'y a que ceux qui s'en sont montrés les admirateurs fidèles qui puissent réclamer aujourd'hui le droit de les défendre ; tous les autres sont dangereux. Qu'ils sortent ! Point de grâce, point de délai. C'est à vous que nous nous adressons pour l'exécution de cette grande mesure de sûreté générale. C'est vous qui nous paroissez, par votre énergie, les plus propres à l'exécuter. Nous vous prions, nous vous requérons au nom du Salut public, de nommer sur-le-champ des Commissaires, mais chauds et brûlants, de ceux enfin qui ne voient que la Patrie, qui ne connoissent aucune considération particulière, qui sont à l'abri de toute faiblesse, des vôtres enfin ; qu'ils partent et que, dans deux jours, à l'instant même s'il est possible, nos places ne renferment plus dans leur sein que des zélés défenseurs de la République. Votre responsabilité à cet égard égalera la confiance que nous vous témoignons.

Levasseur, Delbrel et Le Tourneur.

Les places où il importe que vos Commissaires se rendent d'abord sont celles qui sont menacées de plus près, comme Bouchain, Maubeuge et Lille [1].

Le 3 août, faisant droit à cette réquisition, le Conseil général du département du Nord nomma, afin de renvoyer les gens suspects des villes menacées de siége, les citoyens Delahaye et Delsarte, pour Lille ; Girard et Courtecuisse pour Le Quesnoy et Maubeuge ; enfin, Bruyère pour Bouchain.

Celui-ci se rendit le jour même à son poste. Il s'enquit de tout ce qui regardait sa mission et assista, le lendemain, à une réunion du Corps municipal, à laquelle se rapportent les deux procès-verbaux suivants :

Ce jourd'hui quatre août mil sept cent quatre-vingt-treize, l'an 2ᵉ de la République, le Conseil général de la commune assemblé en présence du Citoien Bruyère, administrateur du département du Nord et du Directoire du district de Valenciennes, il a été arrêté qu'il seroit demandé une somme de vingt-cinq mille livres au département du Nord pour être mise à sa disposition, afin de subvenir aux dépens que nécessitera le siège dont la Place est menacée, sauf à en rendre compte, et que le Citoien Bruyère seroit invité à se charger de la délibération pour la présenter lui-même au département.

Bouché, Maire ; Burgeat fils, Municipal ; Dronsart, Leclercq, Dque-J. Coplo, Barbotin, Burgeat père, Remy Tampan, Batonnier, Delille, P. Margerint, Tasquin, Tétar.

---

[1] Archives de Bouchain, D D1. Les deux pièces qui suivent ont la même origine.

Ce jourd'hui quatre août mil sept cent quatre-vingt-treize, l'an 2ᵉ de la République une et indivisible, le Conseil général de la commune de Bouchain assemblé, le Citoien Maire a fait lecture de différentes pièces présentées par le Citoien Bruyère. Il a été arrêté, après une longue discussion réfléchie, que les personnes qui paroissent suspectes ayant été mises en état d'arrestation, devront y rester dans le même état jusqu'à ce que la Place soit déclarée en état de siège et que le Commandant militaire puisse prendre, à cet égard, tel parti que sa prudence et le salut de la République lui dicteront.

BOUCHÉ, Maire ; BARBOTIN, BURGEAT fils, Dque-J. COPLO, DELILLE, Remy TAMPAN, BURGEAT père.

En même temps qu'ils prenaient des mesures contre les suspects des places fortes, les conventionnels présents à Cambrai ordonnèrent l'arrestation d'un guerrier peu connu encore, mais qui n'allait pas tarder à devenir l'un des plus illustres soldats de la République, l'un des héros les plus purs dont puisse s'enorgueillir la France, l'adjudant-général Hoche.

En qualité de lieutenant de l'ancien régiment de Rouergue, Hoche s'était distingué au siège de Thionville. Il y avait gagné l'affection et l'estime du général Le Veneur, homme de grande culture, élevé dans l'ancienne armée royale, mais franchement rallié à la République, qui plus tard, après que son protégé eut combattu bravement à la retraite de Grandpré et eut été, après l'invasion de la Belgique, nommé capitaine au 58ᵐᵉ d'infanterie, le prit pour aide de camp. Cet événement fut décisif dans la vie de Hoche, car Le Veneur l'aima comme un fils, s'appliquant à compléter son instruction générale, à lui enseigner à la fois l'art de la guerre, l'art d'écrire et l'histoire. Pour récompenser sa conduite dans la campagne de Hollande, à Neerwinden et dans bien d'autres rencontres, on lui offrit le grade de chef de bataillon qu'il refusa pour rester auprès de son protecteur. Il revint vers l'ancienne frontière française à la suite de Dumouriez, releva les courages au moment de la trahison du général, fut chargé de porter à Paris des nouvelles de l'armée, remplit sa mission avec tact et, sans sortir de la réserve que lui commandaient ses fonctions militaires, vit les principaux chefs politiques.

Mais l'infamie de Dumouriez faisait soupçonner tout le monde ; Le Veneur, dénoncé par quelques aboyeurs des clubs, fut jeté en prison. Hoche ne l'abandonna point, multiplia les démarches pour lui faire rendre justice et, entre autres lettres, écrivit à Danton la suivante, dont l'original est conservé dans les papiers de la famille du conventionnel [1] :

---

[1] Nous en devons la communication à M. le docteur Robinet.

Paris, le 13 Avril 1793, l'an 2ᵉ de la République.

Citoyen,

L'affaire du général Le Veneur étant entre vos mains, permettez-moi de vous supplier d'en hâter la décision.

Je n'emploierai aucun moyen pour vous intéresser en sa faveur, car, quel est son crime, où sont ses dénonciateurs ?

Je vous observerai seulement que vous allez ajouter un service à ceux que vous avez rendus à la Patrie, en le rendant à son armée, dont il possède la confiance.

C'est un acte de justice auquel vous ne pouvez vous refuser ; et puis, quelle jouissance que celle de mettre en liberté l'homme innocent, et de le rendre à son épouse et à ses enfants !

L. Hoche,
Aide de camp du général Le Veneur,
rue du Cherche-midi, N° 294.

Bientôt relâché, nous savons que Le Veneur revint à l'armée du Nord qu'il commanda un instant d'une manière provisoire ; mais après avoir été compromis par Dumouriez, il le fut par Custine. A propos d'un fait auquel il avait été mêlé et que l'on imputait à son ancien chef, il écrivit le 27 juillet 1793, du quartier-général d'Abancourt, une lettre au Comité de Salut public [1]. Mais il ne sauva point Custine et ne fit qu'amener de nouveau sa propre arrestation.

A cette nouvelle, Hoche ne put retenir l'expression ni de sa douleur, ni de sa colère, et il prononça le 31 juillet quelques paroles imprudentes, qui occasionnèrent la lettre que voici :

Cambray, 6 Août 1793, l'an 2ᵉ de la République françoise,
une et indivisible.

LES REPRÉSENTANS DU PEUPLE A L'ARMÉE DU NORD, AU GÉNÉRAL KILMAINE.

Citoyen,

L'indignation qu'ont inspirée les propos indiscrets de l'adjudant-général Auch (sic) lors de l'arrestation du Général Le Veneur, nous force à exiger de vous que vous le suspendiez de ses fonctions, et le fassiez conduire au tribunal de Douai. Nous joignons les dénonciations l'une du 4 du courant, signée Bigame N° 1, l'autre du 5 signée Galain N° 2 et la 3ᵉ de ce jour signée Morvaise. Toutes ces pièces que nous vous envoyons devront accompagner l'accusé et être remises par les gendarmes qui seront chargés de le conduire à l'accusateur du tribunal.

Il est douloureux pour des hommes sensibles d'user de sévérité : ce n'est point comme individus que nous demandons punition, mais au nom du peuple qui ne peut et ne doit vouloir être insulté dans la personne de ses représentans.

Delbrel, Letourneur et Cochon [2].

---

[1] Elle est reproduite dans l'ouvrage de Gay de Vernon, N° 19 des pièces justificatives.
[2] Archives du Nord, série L, liasse 1405.

Sur cette dénonciation formelle, Hoche, dont le nom avait été outrageusement écorché par le scribe des députés en mission, ne tarda pas à être arrêté, et l'on prétend qu'au moment de se constituer prisonnier, il remit aux gendarmes le manuscrit d'un mémoire que lui avait demandé Couthon, sur la défense de la frontière du nord-est, en leur disant : « Voilà la preuve du complot que je tramais contre la République ! » Transféré à Douai, son affaire n'y traîna point. Son ardeur, son patriotisme, ses hautes capacités militaires déjà connues de toute l'armée lui avaient créé d'enthousiastes partisans. Les témoins ne déposèrent que mollement, et son attitude à l'audience lui conquit tous les suffrages. D'où la décision suivante, aussi honorable pour l'accusé que pour les juges :

Vu par le Tribunal criminel révolutionnaire du département du Nord la réquisition en copie des Citoyens Letourneur, Cochon et Delbrel, représentans du peuple auprès de l'armée du Nord du six du présent mois d'aoust, l'ordre d'arrestation du Citoyen Louis-Lazard Hoche, adjudant-général à ladite armée du Nord, *prévenu d'avoir dit qu' « il vaudroit beaucoup mieux que Cobourg commandât toutes nos armées parce qu'ils seroient traités avec plus de douceur que par ces messieurs-là* [1] », au bas de ladite réquisition dudit jour, l'ordre de l'arrestation dudit Hoche en la Maison de justice du département, du même jour,

Ouïs à l'audience, en leurs dépositions orales, Jean-Baptiste Galain, Louis-François Mitre, François Bigame et Théodore Morvaise, témoins bien et dûment assignés,

L'interrogatoire aussi subi à l'audience par ledit Louis-Lazard Hoche,

L'accusateur public entendu en ses conclusions verbales et l'accusé sur ses moyens de défense par l'organe du citoyen de Bavay, homme de loy en cette ville, son conseil :

Considérant que le délit dont Hoche est prévenu n'est pas prouvé, que les quatre témoins produits racontent diversement les propos qu'il a tenus le trente et un Juillet dernier, les uns dans un sens qui rendroit ces propos coupables, les autres dans le sens le plus innocent et les feroient considérer comme l'expression de l'indignation que ressentoit ce militaire des perfidies et des trahisons auxquelles la France est journellement exposée ; que, dans cette variété de témoignages, il est de la justice de se décider pour l'accusé, surtout lorsque, comme au cas présent, cet accusé a fait preuve de patriotisme et de valeur,

Le Tribunal déclare que le délit n'est pas constant ; en conséquence, acquitte Louis-Lazard Hoche de l'accusation intentée contre lui ; ordonne au gardien de la Maison de justice du département de le mettre sur-le-champ en liberté ; ordonne qu'à la diligence de l'accusateur public le présent jugement sera mis à exécution ; permet audit Hoche de faire imprimer le présent jugement.

---

[1] Ces mots sont, sur la minute du jugement, soulignés et en renvoi. Cette minute est conservée elle-même au folio 32 de l'un des registres du Tribunal criminel et révolutionnaire du Nord, faisant aujourd'hui partie des Archives de la Cour de Douai.

Fait à Douay, en l'audience du Tribunal criminel révolutionnaire du département du Nord, le vingt aoust mil sept cent quatre-vingt-treize, l'an second de la République Françoise une et indivisible.

   BÉTHUNE,   GRANGER.   HONNOYE.
   Président.

Hoche sortit ainsi triomphant du pas où il aurait pu se briser ; et, réparant l'erreur commise, le Ministre de la guerre s'empressa d'ouvrir à son génie une vaste carrière en l'envoyant à Dunkerque, que menaçaient déjà les Anglais.

CHAPITRE X

Précautions prises a Cambrai et au Quesnoy dès le blocus de Valenciennes. Le général Gobert et les pigeons voyageurs. Efforts de la Société populaire de Cambrai pour retenir dans cette ville le général Declaye. Mesures prises pour l'approvisionnement de la place. Retraite de l'armée du Nord décidée vers la Scarpe. Mise en marche de l'armée austro-anglaise le 7 août. Attaque du camp de César. Départ des conventionnels présents a Cambrai. Blocus de la place. Célébration de la fête du 10 août par les habitants. Levée du blocus. Polémique relative au départ des représentants. Entrée de Carnot au Comité de salut public. Levée en masse. Séparation des Anglais d'avec les Autrichiens. Pillage des environs de Cambrai par les maraudeurs ennemis. Nouvelle de la bataille d'Hondschoote. Sorties combinées des garnisons de Cambrai et de Bouchain sous les ordres de Declaye. Massacre de ces garnisons le 12 septembre. Condamnation a mort de Declaye. Renforts envoyés a Cambrai. Stagnation des opérations militaires pendant l'hiver [1].

Les événements de guerre qui s'accomplissaient non loin de Cambrai depuis les premiers mois de l'année 1793, avaient mis ses habitants sous la menace d'un investissement prochain. Aussi, déjà le 30 mai, en vue de parer autant que possible à cette triste éventualité, prenait-on les précautions jugées nécessaires. Des dépôts de fumier étaient établis sur divers points de la ville pour amortir les funestes effets des projectiles ; on débarrassait les greniers des maisons des matières combustibles, telles que le bois et la paille, qu'ils pouvaient renfermer, et des cuves, maintenues constamment pleines d'eau, étaient prêtes en cas d'incendie. (1er c., f. 255 v.) [2]

---

[1] Ce chapitre a été rédigé par M. A. Durieux.

[2] Pour ne pas multiplier les notes, on indiquera ainsi, dans le texte, les emprunts faits aux *Registres des délibérations du Conseil général de la commune de Cambrai* et le numéro d'ordre de ces registres. (Archives municipales, D. I.) — c signifie Cahier.

En même temps que l'on arrêtait ces dispositions matérielles, on faisait appel au patriotisme des habitants. « La Société des amis de la République, » en manifestant « la ferme résolution de s'ensevelir sous les ruines de la ville plutôt que de consentir à la rendre, et de poignarder celui qui s'aviseroit d'en faire la proposition, » demande, le 31 mai, l'établissement d'un registre où « tous les bons citoyens » puissent s'inscrire en témoignage « qu'ils sont animés des mêmes sentiments. » (1er c., f. 257 v.) Ce registre, ouvert le 24 juin suivant, reçoit les noms des citoyens qui font le serment de mourir plutôt que de se rendre « et de livrer au poignard de la loi » ceux qui feraient « une proposition aussi infâme et aussi criminelle. » (1er c., f. 293 v.)

Copie de ce registre est envoyée à la Convention nationale [1].

Le jour précédent, 23 juin, le colonel d'artillerie d'Ustebie, qui venait d'inspecter la place, promettait de la pourvoir de tout ce qui pouvait contribuer à la mettre en état de résister à une attaque. (1er c., f. 292.)

Des redoutes et des ouvrages avancés avaient été établis sur divers points et en dernier lieu à Fontaine-Notre-Dame (1er c., f. 293 v.), commune située sur la route de Bapaume, à 4 kilomètres de Cambrai.

Depuis le 14 juin, nous savons que Valenciennes était assiégé par les Autrichiens. Le 23 juillet, pour obéir à un arrêté pris par les représentants du peuple à l'armée du Nord afin d'en assurer la subsistance, les membres du Conseil général de la commune avaient fait appel, pour cette raison, sous leur garantie personnelle de remboursement, aux caisses du mont-de-piété et de la fondation Vanderburck afin d'obtenir par prêt, en argent, partie des ressources nécessaires, les finances municipales étant épuisées. Simultanément, le Conseil se préoccupait avec non moins d'activité d'assurer l'approvisionnement en vivres de la ville, en prévision du siège possible que l'on supposait devoir être long.

Des observations furent adressées aux représentants du peuple pour obtenir une diminution sur la quantité de subsistances militaires par eux réclamées, ce qui eût été, par compensation, un appoint pour les besoins de la cité. Ces observations n'avaient pas été accueillies. En conséquence, quatre-vingts chariots étaient réquisitionnés pour le transport des blés que Guénin, président du Conseil, et Lenglet, de Valenciennes, devaient aller chercher à Hazebrouck. (1er c., f. 118.) Mais les émeutes populaires, qui ne tardèrent pas à se produire dans le district dont cette ville était le

---

[1] Lettre du Conseil général au Directoire du district. (Archives municipales de Cambrai, D. 2.)

chef-lieu, rendirent alors ces mesures nulles, partiellement du moins, en en retardant l'exécution. (1er c., f. 326 v.)

Le général Gobert commandait en premier, le général Lapallière en second, et le général Declaye commandait la ville. (1er c., 7 juillet 1793, f. 307 v.) Le même jour, 23 juillet, une lettre de Lapallière prescrit « que tous les habitants des faubourgs, dont les maisons gênoient la manœuvre de la défense de la place, soient avertis de faire enlever au plus tôt leurs effets, parce qu'incessamment elles devront être démolies. » (1er c., f. 319 v.)

Le Conseil, de son côté, décide qu'en cas de bombardement il tiendra ses séances dans les caves de l'hôtel de ville. (2e c., f. 1.)

Le 30 juillet, le général Guillen, qui remplaçait alors Kilmaine dans le commandement des armées du Nord et des Ardennes, écrivait de Cambrai à la Convention nationale :

> Depuis trois jours, le canon ne se fait plus entendre du côté de Valenciennes, mais les rapports venant de l'ennemi me font conjecturer la prise de cette place. — Les rapports de samedi m'annoncent qu'elle a capitulé. Ceux de dimanche me confirment cette affligeante nouvelle. Ceux de lundi m'annoncent que les ennemis ont pris possession de cette place importante. Des lettres de Douai du 28 annoncent que le camp des Autrichiens a tiré plusieurs salves d'artillerie en signe de réjouissance..... Les ennemis ont divisé leurs forces ; ils ont doublé leurs postes du côté du Quesnoy et de Maubeuge et dirigé le reste de leurs forces du côté de Lille. En vain dira-t-on aujourd'hui qu'il falloit secourir Condé et Valenciennes, nous n'avions pas de moyens. Comment faire des entreprises de ce genre sans troupes à cheval ? La cavalerie agissante de l'armée du Nord n'est que d'environ cinq mille hommes. Plusieurs bataillons sont partis ce matin pour prendre position du côté de la forêt de Mormal. Si les ennemis se portent en force pour investir Le Quesnoy, je me porterai aux sources de l'Escaut.

Le général, on le voit, craignait la marche sur Paris. Il ajoutait en *post-scriptum* :

> A l'instant je reçois la nouvelle officielle de la perte de Valenciennes [1].

Le 28, en effet, cette ville avait capitulé.

Possesseurs de Condé et de l'ancienne capitale du Hainaut français, les Autrichiens ne voulaient laisser derrière eux aucune place dont ils ne fussent les maîtres. Ils se présentaient devant Le Quesnoy pour le bloquer bientôt, en attendant l'instant prochain de l'assiéger. Cet événement avait été prévu par le général Gobert dès avant la prise de Condé. Il comman-

---

[1] *Moniteur* du samedi 3 août 1793.

dait alors les arrondissements du Quesnoy et de Cambrai, ville où il se trouvait dans les premiers jours de juillet. Il songea à la possibilité de continuer à entretenir quand même, avec la place menacée, des rapports réciproques. Il écrivait donc, le 8, au président du district :

> Citoyen,
> Vous savez combien il est intéressant d'avoir des nouvelles d'une ville bloquée : on vient de m'en présenter les moyens et je me hâte de les mettre en usage. Le Quesnoy peut être bloqué d'un moment à l'autre et j'ai reçu avis que cette place étoit menacée. J'ai demandé en conséquence une partie des pigeons qui sont nourris dans cette ville. On les nourrira ici dans une chambre fermée et au moment où l'on voudra faire parvenir des nouvelles dans Le Quesnoy, on leur donnera l'essor en leur attachant à la patte un papier qui contiendra les nouvelles ou projets intéressants qu'on veut faire parvenir. Ce moyen peut être précaire ; mais si l'on n'en trouve pas d'autre il faut l'employer et je vous requiers de me procurer, s'il est possible, cent paires de pigeons de Cambrai pour faire rentrer au Quesnoy en échange de ceux qu'on doit m'envoyer. On sait par expérience que le pigeon retourne toujours à son ancien gîte, lorsqu'il n'est pas bien accoutumé au nouveau. Il faudra bien noter les colombiers d'où l'on tirera les pigeons que je vous demande afin d'y établir un homme qui reçoive les nouvelles que les pigeons apporteront.
> *Nota.* — Il ne faut que des pigeons qui soient habitués à sortir et non ceux qui restent enfermés [1].

Le président du district, Renaut, envoyait le même jour la demande du général Gobert au Conseil général, avec prière « de prendre les mesures nécessaires pour y satisfaire » [2].

Le Conseil voulant seconder de tous ses moyens la louable intention du général Gobert, charge son Président de s'occuper des moyens de fournir les cent couples de pigeons demandés, pourvu toutefois que le prix en soit payé de gré à gré au propriétaire et qu'il ne soit pas à la charge de la commune, trop circonscrite dans ses finances pour pouvoir faire un semblable sacrifice. (1er c., f. 309.)

Le Conseil général était pratique. D'autre part, si le moyen préconisé par Gobert se trouvait quelque peu « renouvelé des Grecs », il ne manquait pas d'à propos et nous savons quels services il a rendu depuis, durant le siége de Paris en 1870-71.

Le général dut néanmoins réitérer sa demande deux jours après, et le lendemain 11, les citoyens François et Tribou étaient envoyés au district pour lui demander les pigeons des hôpitaux Saint-Jean et Saint-Julien, mis par lui à la disposition du commandant [3].

---

[1] Archives municipales de Cambrai, D. 2.
[2] Id.
[3] Apostille à la lettre de rappel du district du 10 juillet. (Archives municipales, D. 2.)

Les graves événements qui venaient de s'accomplir rendaient plus imminent le danger menaçant Cambrai. Le 1ᵉʳ août, l'Assemblée populaire républicaine insistait près du Conseil général sur le « besoin immédiat de veiller à l'approvisionnement, » et attirait l'attention des administrateurs de la commune sur l'état insuffisant des remparts et de la citadelle. (1ᵉʳ c., f. 328 v.) La chose avait été déjà constatée un an auparavant par les députés de l'Assemblée nationale Debellegarde, Delmas et Dubois-Dubais, envoyés en mission dans le Nord, auxquels le Conseil général de la commune avait remis des *Notes* disant, entre autres choses :

> La ville et la citadelle n'ont en tout que trente-six bouches à feu dont la moitié à peine mises en batterie, le reste étant sans affûts et, par conséquent, hors de service.... Les fortifications sont en mauvais état ; rien n'est palissadé et la résistance en cas de siège seroit vigoureuse, mais sûrement insusceptible de continuité [1].

La récente visite du colonel d'Ustebie ne semble pas avoir apporté d'amélioration sensible à ce fâcheux état de choses.

Le 22 juillet, le citoyen Declaye, commandant temporaire de la ville, ayant reçu une autre destination de Kilmaine, avait présenté au Conseil le général Baudry, appelé à le remplacer. Au moment où la commission de ce dernier allait être enregistrée, une députation de l'Assemblée populaire fut introduite devant le Conseil. Elle y développa « de nombreux et puissants motifs pour chercher à retenir le citoyen Declaye dont le patriotisme brûlant et la franche loyauté inspiroient la plus grande confiance. » Elle déclara « que, sans entendre porter atteinte au civisme du citoyen Baudry qui lui étoit inconnu, elle tenoit infiniment à la conservation du premier et qu'elle étoit disposée à tout tenter pour l'obtenir. » Elle réclama enfin la nomination de quatre commissaires pour l'accompagner « chez le général Kilmaine » et lui demander « de concert, de laisser à Cambrai, au moins provisoirement, le citoyen Declaye. » (1ᵉʳ c., f. 317 et v.)

La Société populaire, dont Declaye partageait les opinions, représentait le parti avancé de la Révolution. Elle exerçait une influence notoire sur l'administration. « Le Conseil, applaudissant à sa demande, » nomma les quatre commissaires requis, après quoi une démarche collective en faveur du maintien du commandant temporaire fut faite près de Kilmaine, qui l'accueillit.

---

[1] La pièce dont nous avons extrait le fragment qu'on vient de lire porte ce titre : « Notes remises par le Conseil général de la commune de Cambray, en état de permanence, à MM. Bellegarde, Delmas et Dubois-Dubrais, députés de l'Assemblée nationale, commissaires par elle envoyez dans le département du Nord. » (Archives municipales de Cambrai, D. 2.)

Le 1er août, Declaye présente au Conseil réuni la commission qui le maintient au commandement temporaire de Cambrai. Cette commission porte que « ce brave républicain, cet excellent officier est nommé général de brigade pour commander cette ville et son arrondissement. » Cette nouvelle est saluée par des applaudissements peignant « sans équivoque la confiance des citoyens dans le patriotisme, l'énergie et les talents militaires du général. » (1er c., f. 329 et v.)

Le 3, Declaye propose « d'éclairer la place à cinq cents toises du glacis et, en conséquence, d'abattre dès le jour suivant tous les arbres et, en dedans un très bref délai, toutes les maisons qui se trouvent dans ce rayon » (1er c., f. 330 v.)

Avant de délibérer sur cette proposition jugée alors trop radicale, le Conseil général décide prudemment qu'il attendra sur ce point l'avis du Conseil de guerre. (1er c., f. 331.)

Le 5, le citoyen Pierre Soyez est nommé commandant temporaire de la ville et prête serment en cette qualité. (1er c., f. 331 v.)

Declaye ne tarde pas à prendre toutes les mesures qu'il croit nécessaires. Il ordonne, le 4, l'envoi de quarante milliers de poudre à Bouchain, sur la route, suppose-t-il, que suivra l'ennemi. Il demande au commandant de cette place, dès qu'il aura tendu l'inondation des abords de la ville, de l'en informer afin qu'il puisse retenir les eaux à son tour pour prendre les mêmes précautions à Cambrai [1].

Ordre est donné par lui, le 6, « à toute la cavalerie disponible de la place, hussards, chasseurs et cavaliers, de se rendre sur-le-champ à Thun-Saint-Martin (sous le camp d'Estrun), où elle prendra les ordres du général Quessal ou du général en chef [2]. »

Le soin de l'intérieur n'occupe pas moins Declaye. Dans un nouvel ordre du même jour, il dit :

Le Commandant temporaire de Cambrai commandera sur-le-champ cent hommes d'infanterie qu'il divisera de manière qu'ils puissent faire toute la nuit des patrouilles aux environs des magasins de Prémy, de Saint-Sépulcre, des Récollets, de Saint-Aubert, du château de Selles, du Séminaire, de Sainte-Agnès [3], rue des Capucins (grand magasin aux vivres). Des raisons de la plus

---

[1] Nous empruntons ces renseignements aux « ordres du général de brigade De Claye, commandant à Cambrai, du 4 août au 14 septembre 1793, » conservés dans la bibliothèque des Archives du Nord sous le No 237. Tous ces ordres sont datés « du quartier général de Cambrai » et signés « le Général de brigade commandant en chef Cambrai et son arrondissement, De Claye. » Après le 11 août, ce nom est écrit « Declaye ». Nous possédons plusieurs lettres autographes du général avec cette dernière signature.

[2] *Ordres* du général Declaye.

[3] Etablissements religieux (sauf le château-fort de Selles) transformés en magasins militaires.

haute importance nécessitent cette mesure. Vous voudrez bien recommander aux patrouilles le plus grand ordre et la plus grande surveillance,

En même temps, un détachement de douze hussards du 10ᵉ régiment, commandé par un sous-officier, ira s'établir à Vis, sur la route de Cambrai à Arras, « jusqu'à nouvel ordre, pour y faire le service de la correspondance militaire entre les deux villes. » Il est recommandé aux hommes de vivre en bon ordre et discipline et au commandant de tenir à toute heure des courriers prêts à partir. La municipalité de Vis fournira le logement à cette petite troupe [1].

De nouvelles sollicitations sont adressées, le 6 également, par le Conseil général aux représentants pour obtenir une atténuation à leur réquisition de blé ; elles sont l'objet d'un nouveau refus. On se retourne alors vers le commissaire ordonnateur général de l'armée du Nord, Petitjean, qui semble animé de dispositions plus favorables, afin de « compléter l'approvisionnement de siège de la ville. » On lui transmet la liste des vivres jugées nécessaires « pour tenir six mois et plus s'il est possible. » (1ᵉʳ c., f. 333.)

Cette liste comporte :

1° Cinq mille livres par jour de viande fraîche et salée ;
2° Dix-huit cents pièces de vin ;
3° Trois cents pièces d'eau-de-vie ;
4° Cinquante mille livres de beurre ;
5° Mille livres par jour de légumes secs ;
6° La plus grande quantité possible de blé, de riz, huile et bois. (1ᵉʳ c., f. 333 v.)

L'exemple récent encore de Mayence, où l'on mangeait « du chat mort et les chevaux crevés » [2], inspirait aux Cambrésiens une crainte salutaire.

Le 7, Petitjean consentait à mettre à la disposition de la commune deux mille mencauds de blé qu'il avait en magasin, si la demande lui en était faite — ce qui eut lieu sur-le-champ. On réquisitionnait en même temps six chariots avec une escorte suffisante pour prendre aux moulins de Thun-Lévêque, sur l'Escaut, en aval de la place, et les y ramener, cent vingt sacs de farine que les agents des subsistances militaires avaient dans ces moulins. (2ᵉ c., f. 1 v.) Mais la mesure était trop tardive et on ne put l'exécuter.

C'est que, depuis la veille, l'armée des Alliés avait commencé à quitter Valenciennes pour marcher en avant. Kilmaine s'était trouvé dès lors dans

---

[1] *Ordres* de Declaye.
[2] *Moniteur* du mardi 6 août.

une position très critique, puisqu'il allait être assailli par des troupes triples de celles qu'il pouvait leur opposer. Le 6 août, ayant voulu s'étendre sur sa droite pour occuper avec 18 bataillons une importante position située entre Honnecourt et Le Catelet, l'ordre fut révoqué parce que l'officier, chargé de reconnaître les lieux où devait s'établir cette division, apprit que l'avant-garde de l'armée autrichienne se massait dans la plaine d'Avesnes-le-Sec. D'autres officiers n'avaient pas tardé à faire savoir au général en chef que le duc d'York traversait la Selle pour camper entre Villers-en-Cauchies et Solesmes, opération qu'il n'acheva que fort avant dans la soirée.

Ce mouvement des Alliés indiquait de leur part le dessein de tourner la droite des Français, à moins que ceux-ci n'acceptassent un combat qui ne pouvait que leur être défavorable. Le soir, Kilmaine tint un Conseil de guerre composé de ses principaux officiers, plus de Marin et de Scellier, commissaires de la Convention. Quelques-uns furent d'avis de tenir dans le camp de César ; mais on leur répondit que l'ennemi s'emparerait des routes de Bapaume et d'Arras et resserrerait si fort le gros de l'armée du Nord que celle-ci, en cas de défaite, n'aurait plus d'autre retraite que la chaussée d'Arleux à Douai, étroit passage bordé de marais, où l'on ne pouvait songer à faire en sécurité défiler tant de troupes avec leur artillerie. D'autres, auxquels se joignirent Scellier et Marin, opinèrent de s'établir entre Péronne et Saint-Quentin afin de couvrir Paris, dont le salut importait avant tout. Ce parti semblait, à première vue, le plus raisonnable et le plus rassurant ; mais ce n'était pas l'avis de Kilmaine. Non sans motifs, le général en chef voulait, au moyen d'une marche vers le nord-ouest, prendre position derrière la Scarpe entre Arras et Douai. Par là, on s'attacherait aux places de la Flandre maritime ; on aurait Lille derrière soi, une bonne place à gauche, une passable à droite, et, devant, un cours d'eau difficile à franchir. On abandonnerait, il est vrai, une riche plaine aux fourrageurs de l'ennemi, mais on aurait l'avantage de se placer sur le flanc de sa ligne probable d'opérations et de pouvoir la couper. Ces raisons l'emportèrent, et à l'unanimité la retraite vers la Scarpe fut décidée pour le 8 [1].

Antérieurement, dès les premiers jours d'août, à l'aide des intelligences par eux entretenues dans l'armée ennemie, le général et les commissaires de la Convention près de l'armée du Nord avaient été informés [2] que les

---

[1] Gay de Vernon, *Custine et Houchard*, ch. XI.
[2] O. Dehaisnes et A. Bontemps, *Histoire d'Iwuy*. p. 208.

Alliés devaient, par une diversion sur Cambrai, essayer de surprendre le camp d'Estrun et de mettre ainsi ceux qui l'occupaient hors d'état de continuer la campagne. Si ce coup de main réussissait, c'était la route libre pour l'ennemi, soit qu'il se dirigeât après sur Lille, soit qu'il continuât sa marche sur Paris, dont une quarantaine de lieues le séparerait alors.

Declaye se tint en garde. Le 7, par l'intermédiaire du commandant temporaire de Cambrai, il ordonne au 25ᵉ régiment de cavalerie de se porter sans retard à la découverte sur Awoingt, à quatre kilomètres sud de la ville.

En vertu de l'arrêté du Conseil de guerre, le second lieutenant d'artillerie, Robineau, se rend à l'armée du Nord à l'effet d'obtenir du général d'artillerie une compagnie de canonniers de Lille, deux ouvriers en bois, deux ouvriers en fer et un artificier pour concourir à la défense de la place.

Par un autre ordre, Declaye stimule la vigilance qui s'est relâchée dans le service. Il recommande de ne laisser entrer aucun militaire non muni d'une permission écrite du général en chef et prescrit de fréquentes patrouilles « aux fins d'arrêter ou d'éloigner tous les malintentionnés », car alors on voyait des traîtres ou des espions partout. — Cet ordre est réitéré.

On apprend que la route de Bapaume est coupée. Le dépôt du 2ᵉ bataillon d'Ille-et-Vilaine, prêt à partir, doit changer son ordre de route.

Sur ces entrefaites, le général de brigade écrit au général en chef :

Vous m'aviez promis, Général, pour la défense de cette Place, les trois bataillons qui sont derrière le camp. Je comptois aussi que vous me laisseriez des troupes à cheval suffisamment pour faire mes découvertes et mes ordonnances ; par quelle fatalité donc tout cela me manque-t-il ? Comment veut-on que je défende Cambrai avec des hussards noirs sans armes et la moitié des troupes à pied qui me sont nécessaires ? Ce n'est point pour moi que je vous fais ces observations : je sauroi mourir à mon poste et le peu de braves François qui sont avec moi périront aussi, mais de quelle utilité (sera) pour la République la mort de braves gens, si elle n'empêche point les généraux des tyrans de salir nos murs de leur proclamation victorieuse ? Je vous demande donc, pour l'honneur de ma patrie, pour les braves habitants de Cambrai, les secours que vous m'avez promis.

Kilmaine avait en ce moment d'autres préoccupations qui auraient pu lui faire oublier la ville assise à sa droite. Il s'empressa néanmoins de répondre à Declaye.

On prend au parc les outils nécessaires aux travaux de l'artillerie de la place et de la citadelle. Puis des éclaireurs ennemis s'étant montrés sur la route de Valenciennes, on désigne, sur l'ordre de Declaye, un nombre suffisant de canonniers pour la garde du bastion N° 2 (bastion du Nord) de la forteresse et, au-dessous, du bastion Robert qui le couvre, ces deux bastions commandant la porte Notre-Dame ou de Valenciennes.

Enfin un dernier ordre au commandant temporaire est donné, au nom du général, par Vallart, son aide-de-camp, dans les termes suivants :

> Vous voudrez bien, Citoyen, redoubler d'exactitude et de surveillance cette nuit. Je vous défends d'ouvrir aucune porte ou de baisser aucun pont de la ville, si ce n'est pour les ordonnances. Vous commanderez quatre officiers instruits et des plus intelligents pour examiner les pouvoirs de ceux qui entreront, et, pour surveiller le service, une garde de douze hommes et un caporal. A l'hôtel commun, un piquet de troupes à cheval de cinquante hommes toujours bridés (sic) pour patrouiller nuit et jour. De même, à la pointe du jour, vous commanderez un supplément de service de deux cents hommes pour établir des gardes dans les ouvrages extérieurs tels que redoutes et demi-lunes ; vous placerez les factionnaires de manière que, la nuit, le cri de guerre puisse se faire entendre d'une sentinelle à l'autre, et, le jour, que les sentinelles puissent se faire signe. Vous augmenterez les factionnaires sur les remparts et les placerez militairement comme dans les ouvrages avancés. Les gardes extérieures iront à leurs postes par les poternes. Vous aurez soin d'aller vous-même les fermer.

Dès le 7 au matin, l'armée du duc d'York, divisée en trois colonnes couvertes par une nombreuse cavalerie que soutenaient 30 pièces d'artillerie légère, s'avança lentement. Malgré « une chaleur accablante paralysant hommes et chevaux », Kilmaine, ainsi qu'il nous le dira lui-même tout à l'heure, s'opposa à sa marche. Au commencement de la soirée, il revint au quartier-général et donna à l'avant-garde l'ordre de contenir l'ennemi, de façon à rester jusqu'au matin maîtresse des passages de l'Escaut en amont de Cambrai. Mais soit par négligence, soit par faiblesse, sa cavalerie ne se conforma point à ses instructions et abandonna trop facilement Noyelles, Marcoing et Crèvecœur.

Pendant que le duc d'York s'avançait ainsi vers la droite des Français, le prince de Cobourg contraignait à se replier tous leurs postes situés en avant de l'Escaut, de la Sensée et du canal d'Arleux. Entre Bouchain et Cambrai, le camp de César fut attaqué par deux colonnes autrichiennes ; la première tenta le passage de l'Escaut à Hordain, la seconde près d'Escaudœuvres. Mais ce n'étaient que de simples démonstrations, l'ennemi ayant porté son principal effort vers les sources de l'Escaut dans le but de fermer la retraite à l'armée française, qu'il croyait en train de se replier sur Paris. Ce mouvement détermina dans le bourg du Catelet la fuite des femmes, des enfants et des vieillards, qui se réfugièrent à Saint-Quentin [1].

---

[1] *Moniteur* du 19 août 1793.

En même temps, les représentants du peuple Delbrel, Chasles, Letourneur et Colombel [1] quittaient Cambrai où, « par leur présence, » dit le Conseil général déplorant cet éloignement avec une certaine aigreur, « ils eussent encouragé la défense. » Le jour même de leur départ, ils prescrivaient par un arrêté de faire sortir de la ville les bouches inutiles, et ordonnaient le recensement des vivres et comestibles qu'elle renfermait. (2e c. f. 2.)

Declaye déclarait qu'il entendait que le premier coup de canon de la place fut pour chacun le signal d'être à son poste. (2e c. f. 3.)

L'ennemi étant à moins de mille toises de l'enceinte (2e c. f. 3), « on propose de déclarer la ville en état de siége, » sauf ratification par le Conseil de guerre. (Id.)

Le général avait pour défendre Cambrai sept mille hommes de garnison environ. On y comptait le 10e hussards, les hussards noirs dits « hussards de la mort » à cause de la tête de squelette posée sur des os en sautoir qu'ils portaient au frontal de leur coiffure, cavalerie peu disciplinée qui causait le tourment des habitants par ses exigences et ses méfaits. Venaient ensuite le 25e régiment de cavalerie, le 3e bataillon des gardes volontaires du Nord, arrivé le 1er août, et dont les officiers avaient assuré le Conseil de leurs « sentiments du plus parfait patriotisme et du dévouement le plus absolu à la défense de la place. » (1er c. f. 329) ; le 3e bataillon de la Meurthe ; le 3e bataillon de l'Aube. Peu après leur arrivée, les officiers de ce bataillon allaient de même protester, le 9 août, de leur « inébranlable attachement à la République, » ajoutant qu'ils se montreraient « pendant tout le siège, avec l'énergie qui doit caractériser les défenseurs d'une cité aussi importante. » (2e c. f. 60.) A ces troupes se joignait encore le 83e régiment, etc. Il y avait de plus les services du génie et de l'artillerie commandés chacun par un capitaine, une compagnie de canonniers venue de Lille, les canonniers bourgeois et « la garde nationale citoyenne » comme on la nommait alors. L'armement des remparts comportait moins de quarante bouches à feu, canons et obusiers (2e c. f. 73 v.)

Le 7 août, disait Declaye dans son *Rapport* à la Convention nationale, (lu dans la séance du 16) :

L'armée ennemie parut devant la place de Cambrai que je commande ; elle a paru me cerner en longeant la gauche depuis la porte Notre-Dame jusqu'à la hauteur de la porte Saint-Sépulcre (ou de Paris) en poussant ses postes jusqu'à

---

[1] N'est-ce pas plutôt Levasseur qu'il faut lire ?

Rumilly [1]. Réduit à moi-même par la retraite précipitée de l'armée, dont je ne pus recevoir les forces qui me manquoient, dans la plus grande détresse, par l'insouciance que le général Lapallière a apportée à mettre la ville en état de défense, par le défaut d'approvisionnement, par ma faible garnison, surtout en cavalerie ; et le général en chef Kilmaine, qui m'avoit annoncé par une lettre du 7 en réponse à une de même date, que le 25ᵉ régiment de cavalerie, qui faisoit partie de ma garnison et dont il avoit disposé la veille, devoit y rentrer avec environ trois cents hussards qui avoient été le matin à la disposition du général Kiessac, ne me tenoit point parole : tout étoit contre moi, et me força de croire qu'il existe encore des êtres qui, par la haine qu'ils portent à la République, trouvent toujours les moyens d'entraver ceux qui veulent la servir et la défendre jusqu'à la mort. Tout paraissoit concerté pour m'enlever les moyens de sauver cette Place.

Non-seulement on ne nous avoit point approvisionnés, malgré toutes mes réclamations, mais encore on vouloit enlever de nos magasins deux mille sacs de froment, et cela dans le moment où le peuple crioit à la famine et où le blocus paroissoit inévitable [2].

Le 8, une ambulance établie dans l'église Saint-Sépulcre faisait place à un bataillon de renfort arrivé depuis peu (celui de l'Aube), qui l'occupa. La garde de la porte Notre-Dame était doublée. Défense était faite à tous autres qu'aux militaires de se présenter aux remparts ou aux fortifications. L'ordre était que, chaque jour, les trois quarts de l'infanterie allassent aux ouvrages extérieurs, que les canonniers demeurassent à leurs pièces, que la cavalerie fît des patrouilles [3].

On régloit de même l'ordre spécial du service de siège par bataillon en commençant par le plus ancien, avec obligation de présence effective pour les chefs.

De l'eau-de-vie était distribuée aux soldats à raison d'une bouteille par douze hommes [4].

Les portes devant rester fermées à cause du blocus, le cimetière intérieur de Saint-Fiacre est désigné pour les inhumations pendant la durée de l'investissement. Les grains, vivres, bestiaux et meubles des habitants des faubourgs, exposés à devenir la proie de l'ennemi, sont abrités dans la ville. (2ᵉ c., f. 30.)

Le Conseil étant assemblé vers dix heures du matin, « un officier de Cobourg-dragons, dépêché avec un trompette par le général de Boros, commandant les avant-postes des armées combinées, est introduit à la séance, les yeux bandés. Il remet deux lettres, dont l'une adressée

---

[1] Village à 5 kilomètres sud de Cambrai.
[2] *Moniteur* du 17 août 1793.
[3] *Ordres* de Declaye.
[4] *Idem*.

au général commandant, l'autre au Conseil général de la commune. » (2ᵉ c., f. 4.)

La première porte :

LE GÉNÉRAL-MAJOR COMMANDANT LES AVANT-POSTES DE L'ARMÉE COMBINÉE DE L'EMPEREUR ET DE SES ALLIÉS, A M. LE COMMANDANT DE CAMBRAI.

Vous avez été témoin de ce que l'armée combinée vient d'entreprendre, et vous voyez sa position actuelle : Bouchain est investi ; nous sommes maîtres de tous les camps et de tous les postes occupés par vos troupes ; une colonne nombreuse est derrière vous ; je viens vous offrir la capitulation la plus honorable. C'est à vous, Monsieur, à calculer maintenant si vous voulez exposer à toutes les horreurs d'un siége et à une destruction inévitable, dont la ville de Valenciennes vous offre le triste exemple, la ville où vous commandez, ou bien si vous voulez accéder à une proposition qui ne se renouvellera plus, et qui sauveroit l'existence et les propriétés d'un si grand nombre de personnes.

De Boros.

Aux avant-postes devant Cambrai, le 8 août 1793.

Le commandant répondit :

LE GÉNÉRAL DECLAYE, COMMANDANT EN CHEF A CAMBRAI, AU GÉNÉRAL-MAJOR COMMANDANT LES AVANT-POSTES DES ARMÉES COMBINÉES.

Quartier-général de Cambrai, 8 août 1793.

J'ai reçu, Général, votre sommation de ce jour, et je n'ai pour toute réponse à vous faire que je ne sais pas me rendre, mais que je sais bien me battre.

Declaye [1].

La lettre adressée à la Municipalité était ainsi conçue :

LE GÉNÉRAL-MAJOR COMMANDANT LES AVANT-POSTES DE L'ARMÉE COMBINÉE DE S. M. L'EMPEREUR ET DE SES ALLIÉS.

A la Municipalité de Cambray,

J'écris au Commandant de Cambray pour lui offrir la plus honorable capitulation. Je vous exhorte, Messieurs, au nom de l'humanité, au nom de l'existence et des propriétés des habitants de Cambrai d'appuyer, par tout ce que vous pouvez avoir d'influence, une démarche faite uniquement dans le but de sauver votre ville des horreurs d'un siège et des malheurs infinis qui seroient la terrible suite d'un refus. Je vous promets sûreté, protection assurée des propriétés et des personnes, tranquillité, le meilleur traitement. Il en est temps encore. Calculez cette alternative. C'est la dernière proposition de cette espèce que vous avez à attendre.

De Boros.

Aux avant-postes devant Cambrai, le 8 août 1793.

---

1 *Rapport* de Declaye.

« Le Conseil général de la commune réuni au district et à la Société populaire, après avoir eu connaissance de la réponse du général Declaye et y avoir applaudi, » répondait ainsi à la sommation de de Boros :

Aucun sacrifice ne coûte à des républicains ; nous nous battrons comme nos frères ! (2ᵉ c., f. 4 v.) [1]

Et l'officier de Cobourg porteur de la double réponse, précédé du trompette, fut reconduit, les yeux bandés de nouveau, jusqu'aux gardes avancées.

Il existe dans les prisons un grand nombre de détenus pour des fautes légères ; ils pourraient être utiles à la défense ; on les fera sortir incontinent. (2ᵉ c., f. 5.) Une proclamation sera faite aux citoyens et à la garnison pour les engager à la résistance. (Id.) Des poudres sont déposées dans les tours de la porte Saint-Sépulcre, à la cathédrale, à l'église Saint-Géry : pour éviter les explosions, on sollicite le général de les faire mettre en lieu moins exposé. (Id.)

Le service est fait concurremment par les troupes et la garde nationale que l'on oublie, le premier jour, pendant vingt-quatre heures, sur les remparts et aux palissades. (2ᵉ ch., f. 6.) Sur la plainte de son commandant Martin, la milice citoyenne ne sera plus chargée que du soin de l'intérieur. (Id.)

Le soir du 8 août, les confédérés occupèrent le camp de César ; et, dès ce moment, ainsi que le dit Thiers, Cambrai et Bouchain « se trouvèrent abandonnés à leurs propres forces, comme l'avaient été Condé et Valenciennes. »

Bouchain avait pour commandant de place le citoyen François Permette, chef du premier bataillon de la Somme. Ce même jour, en vertu de l'article 11 de la loi du 10 juillet 1790, « les troupes ennemies occupant les villages de Lieu-Saint-Amand, Hordain, Etrun, Mastaing et Rœulx, » la ville « se trouvoit coupée du dedans au dehors » et fut, par suite, déclarée en état de siége [2].

Le 9, à Cambrai, le peuple demande du pain ; le général, tous les

---

[1] Le procès-verbal de la séance où fut délibérée cette réponse se termine ainsi :
« A ce faire furent présents les citoyens Guénin, président ; Mabire, Aug. Broutin, Flandrin, Ch. Lefebvre, François Defrémery. Tribou, officiers municipaux ; Leroy, Delambre, Martin, Farez, Dupuis, Delsaux, Gamez, Crétinier, Lemoine, Podevin, Després, Fournier fils, Guille fils, Moniez, Degond, Thiéry-Gouy, Louis Caron dit Saint-Roch, Delange, notables ; Sellier, procureur de la commune ; Milot, Lespomarède, Haynaut, Moniez, Debrun, Dubois, Catté, Vitrant, Biache et Lallier, secrétaire ; Carpentier, Laleu, P.-L. Petit, Lefort, La Grue. »

[2] Conseil de guerre tenu le 8 août à Bouchain. Archives municipales de cette ville, DD 1.

charpentiers pour aider aux travaux du génie. Le Conseil se déclare en permanence [1] avec un minimum de présence d'au moins cinq membres désignés à tour de rôle. (2ᵉ c., f. 7.) On établit l'ordre dans la distribution des blés aux habitants (id.) ; on interdit aux cordiers de vendre des cordes à puits sans autorisation, et l'on fait au citoyen Mouton, mécanicien, l'achat d'une nouvelle pompe à incendie. (2ᵉ c., f. 7 v.)

Le 9 Kilmaine écrivait :

Cambrai, abandonné à ses propres forces, a pour plusieurs mois de vivres [2].

Mais il avait été mal renseigné, car Declaye dit encore dans son *Rapport* :

Comme les provisions me manquoient absolument, je crus devoir faire quelques sorties (le 8) pour m'en procurer ; les tirailleurs des ennemis furent repoussés et je réussis. Enfin le soir je fus entièrement bloqué. La nuit je fus assez tranquille.

Les Alliés avaient établi des postes autour de la ville, à Rumilly, à Marcoing où Cobourg et York avaient leur quartier général, et jusqu'à Bourlon.

Le sergent de l'avancée de la porte Notre-Dame, dit l'adjudant-général Thuillier dans un ordre du 9 au capitaine Cabeau, commandant l'artillerie, avait prévenu « que l'ennemi travailloit » proche de son poste, à l'abri d'un bouquet de bois :

A la pointe du jour, l'ennemi s'approcha et la fusillade fut très vive et continua jusque vers le soir. Dans la nuit, l'ennemi chercha à s'établir et à commencer ses travaux ; mais je les éclairoi et le forçoi à coups de canon de les abandonner. Le reste de la nuit se passa en quelques fusillades [3].

De nouvelles gardes sont établies : trente hommes sur la place d'armes ; un cavalier et cinquante hommes d'infanterie pour maintenir l'ordre dans la place par des patrouilles ; douze hommes à la maison commune ; huit à la grande poterne près de la casemate de la citadelle ; six hommes et un caporal à chaque magasin.

Des soldats sont mis à la disposition du génie, de l'artillerie et du commissaire des guerres pour leurs travaux. Les clefs des portes, poternes et

---

[1] Dans sa séance du 24 mai précédent, le Conseil s'était déjà déclaré en séance publique permanente jour et nuit. (1ᵉʳ c., f. 249.)

[2] *Moniteur* du mercredi 14 août.

[3] *Rapport* de Declaye.

ponts de secours, tous fermés, sont remises au commandant de place, sauf celles nécessaires au génie pour la construction du pont de secours de la citadelle qu'il achevait. Nulle ordonnance venant du dehors n'était admise dans la place si elle ne portait un ordre verbal ¹.

Pendant que ces événements se passaient à Cambrai, Kilmaine avait accompli sa retraite et sauvé son armée. Le 8 août, écrivant au ministre de la guerre, il lui avait dit :

> Hier matin, une colonne ennemie de vingt-deux mille hommes a tourné notre position et, dans le même moment, tous nos postes ont été attaqués. Ils ont soutenu avec intrépidité cette attaque ; j'ai été obligé de changer de position. J'ai pris pendant la nuit celle de la Fontaine-Notre-Dame ² pour protéger la retraite. Elle n'étoit pas tenable et j'en prends une autre entre le canal de Douai et la Sensée. J'étois suivi de six mille hommes de cavalerie : je n'en avois que deux mille. Nous avons chargé trois fois les ennemis ; nous leur avons tué soixante hommes ; notre audace les a dégoûtés ; nos forces sont réunies et nous sommes rentrés dans nos cantonnements. La cavalerie s'est battue en véritables héros ; nous laissons Cambrai presque cerné, mais bien approvisionné ; des convois en grains sont entrés dans Landrecies et Le Quesnoy, je me charge de Douai et Lille. L'ennemi a trois fois plus de cavalerie que nous. Rien ne nous seroit plus nécessaire.
>
> On s'étonnera que nous ayons pu faire une retraite avec une cavalerie aussi inférieure à celle de l'ennemi, et sans perdre un seul homme, car nous n'en avons eu que trois blessés ³.

L'affaire dont, au sortir de l'action, Kilmaine parle si brièvement, mérite un peu moins de laconisme. Le 8 au matin, les bagages, les parcs de réserve, quatre divisions d'infanterie et un régiment de chasseurs à cheval appartenant à l'armée du Nord avaient traversé la Sensée au bac d'Aubencheul et à Pallué, se dirigeant sur Douai, Brebières, Vitry et Biache ; appuyé par 8 bataillons, un autre corps avait, à gauche, couvert les postes d'Arleux et de Pallué et, avant de se retirer, défendu Lécluse, Sailly et Guemapes ; enfin, le général en chef s'était placé à l'arrière-garde avec un gros de cavalerie et 12 pièces d'artillerie volante. Il eut l'occasion d'intervenir d'une manière décisive. Partis de Thun-Lévêque, deux bataillons de la division d'Hédouville devaient traverser la Sensée à Aubencheul ; mais, s'étant trompés de chemin et ayant pris la route d'Arras, ils arrivèrent à Marquion, où ils se trouvèrent tout à coup enveloppés par la cavalerie anglaise. Ils se défendirent longtemps avec un courage digne de tout éloge ; mais, écrasés par le nombre, ils n'avaient plus qu'à se rendre

---

1 *Ordres* de Declaye.
2 Village situé sur la route de Cambrai à Bapaume.
3 *Moniteur* du mercredi 14 août 1793.

lorsque Kilmaine, averti, s'empressa d'accourir. L'ennemi n'avait pas d'artillerie ; le général en chef fit faire, de la sienne, plusieurs décharges heureuses, puis, se mettant à la tête de ses cavaliers, arrêta net la poursuite des Anglais. Les deux bataillons dégagés purent dès lors continuer leur marche sur Arras.

A part cet incident et un fâcheux désordre qui, vers le soir, à l'avant-garde, près de la Scarpe, dispersa pour un instant quelques petits corps de troupes, la retraite s'accomplit d'une manière honorable pour tous. Le soir du 8, le quartier général fut établi à Vitry et le lendemain l'armée s'installait à Gavrelle, ayant, suivant le programme précédemment adopté, sa gauche appuyée à Douai, sa droite à Arras et son front couvert par la Scarpe.

Certains journaux ne comprirent rien à l'habile manœuvre de Kilmaine, qui n'avait point reculé, mais seulement marché de côté. « On se déchaîne contre lui, » dit Thiers, « oubliant le service immense qu'il vient de rendre par sa belle retraite. » .

Le lendemain de son installation, dans une nouvelle lettre qui fut insérée au *Moniteur* [1], on affirmait que la région qu'il occupait était celle où il fallait alors « réunir toutes nos forces. » Kilmaine, revenant sur un sujet auquel il attachait, à juste titre, une grande importance, disait :

L'armée du Nord, qui a le plus besoin de cavalerie puisqu'elle combat dans les plaines, en a moins qu'une autre.

Puis il ajoutait :

L'ennemi, à quelque prix que ce soit, s'établit dans la Flandre maritime et le Hainaut. Là, appuyant son flanc droit sur des ponts et ses derrières par des places fortes en sa possession, il peut ouvrir la campagne prochaine avec beaucoup d'avantages.

De son côté, dès le 8, dans une lettre écrite de Bruxelles, un correspondant autrichien avait passé cet aveu sur les desseins de l'ennemi, aveu exact en partie, mais incomplet, puisqu'il ne parlait pas de leurs projets sur Dunkerque :

Depuis que nos troupes sont maîtresses de Valenciennes et de Condé, on sent combien il seroit avantageux pour nous d'avoir Lille ; par là, nous serions en état de couvrir tout le pays depuis la mer jusqu'à la Meuse ; mais comme la saison est trop avancée pour attaquer cette forteresse qui demanderoit au moins quatre mois de temps, il y a toute apparence qu'on se bornera à entreprendre les siéges de Maubeuge, du Quesnoy et de Landrecies.

---

[1] N° du 24 août.

Quant à Houchard qui, le 9, était arrivé à Vitry et y avait pris possession de son commandement, il croyait que, malgré tout, les Alliés voudraient s'emparer de Lille, et il était maintenu dans cette opinion par la persistance avec laquelle leurs troupes légères attaquaient les communications entre cette ville et Douai [1].

Le 10 août 1793, premier anniversaire d'un événement fameux, le bruit de l'artillerie et les dangers de la situation n'empêchèrent pas les Cambrésiens de manifester leur adhésion à la Constitution qui venait d'être votée par la Convention nationale : la séance du Conseil général tenue ce jour-là n'eut point d'autre but.

A cette occasion, un ordre donné la veille par l'adjudant-général portait :

La fête de la Fédération générale de la République sera célébrée demain dans cette ville avec tout l'éclat et la solennité qui doivent la signaler.

Cette fête sera ouverte par la musique, les trompettes et tambours de tous les corps qui composent la Garnison.

Tous les corps militaires, ainsi que la Garde nationale citoyenne, enverront, pour assister à cette cérémonie, un détachement qui sera composé d'un des principaux chefs, d'un officier, un sergent, un caporal et dix fusiliers par compagnie, qui retourneront à leurs postes après la célébration de cette fête.

Le rassemblement se fera sur la Place d'armes à onze heures du matin.

Le reste est spécial au service de la forteresse.

Comme dans les autres communes de France, pour obéir au décret ordonnant la fête de la Fédération, toutes les autorités civiles et militaires et la Société populaire se rendirent vers onze heures du matin dans la salle des séances du Conseil général. Sur la Place d'Armes, les détachements de la garnison et de la « garde citoyenne » étaient rangés en bataille. Le cortége, précédé d'une « musique bruyante », s'ébranla aux sons du beffroi. En tête marchait le général entouré de douze hommes bien armés du 10e hussards, son escorte journalière [2]. Après avoir parcouru les principales rues de la ville, les autorités vinrent se ranger sur la place d'Armes autour de l'arbre de la Liberté, au pied duquel était élevé l'autel de la Patrie. Sur ses degrés, les délégués du peuple, après avoir prêté le serment prescrit par la Constitution, « jurèrent de défendre la ville jusqu'à la dernière goutte de leur sang » aux acclamations de la foule. (2e c., f. 8 v.)

---

[1] *Moniteur* du 19 août.
[2] *Ordres* de Declaye du 10 au 11 août.

Alors le président du Conseil, Guénin, prit ainsi la parole :

Citoyens,

C'est au milieu des ennemis de la République qu'il est beau d'inaugurer la Constitution qui doit consolider et perpétuer le gouvernement républicain. C'est à la face des tyrans qu'il est glorieux de renouveler nos serments à la Liberté. C'est sous le canon des despotes de l'Europe que les hommes libres de Cambrai osent célébrer l'anniversaire du despotisme françois.

Mes Concitoyens, l'instant qui doit décider le sort de la République et le nôtre est arrivé ; la France entière a les yeux fixés sur nous : nous avilirons-nous au point de tromper son attente ? Cambrai démentira-t-il la conduite qu'il a tenue depuis l'époque de la Révolution ? Nous parjurerons-nous au point d'abandonner lâchement la cause de la Liberté ? Non, le patriotisme brûle encore dans vos âmes, l'étendart tricolore est toujours la bannière sous laquelle vous voulez vous ranger. Cet arbre, que vous plantâtes dans des conjectures plus heureuses, ne succombera sans doute que lorsque vous n'aurez plus de bras pour le défendre.

Promettons que, quelles que soient les destinées, elles ne sauroient altérer l'amour de la Patrie dont nos cœurs sont enflammés ; promettons de nous réunir en frères et de travailler de concert au soutien des intérêts de la grande famille des François. Et, s'il faut que nous périssions, que ce soit du moins pour notre Patrie ! Les palmes du civisme valent bien sans doute le joug autrichien et l'ignominieuse existence des esclaves qui le portent.

Citoyens-Soldats de la Garnison, nous avons pleine confiance en votre valeur, nous ne doutons pas que vous défendrez efficacement nos murs communs et que, sous tous les rapports, nous n'aurons qu'à nous applaudir de votre conduite généreuse et républicaine. Comptez sur notre entier dévouement comme nous comptons sur le vôtre ; agissons de concert et nous sommes tous certains de bien mériter de la Patrie. (2° c., f. 9 et v.)

La cérémonie étant terminée, le Conseil rentra en séance pour expédier les affaires courantes.

Le même jour, Declaye jugeait nécessaire la destruction du faubourg Notre-Dame dont les constructions pouvaient rendre à l'ennemi ses approches favorables. Le général donne à cet effet au capitaine d'artillerie légère, Raine, l'ordre, « pour être pris en considération à l'instant qu'il faudra faire des sorties, » de se tenir prêt avec un obusier, une pièce de 8 et ses munitions moitié mitrailles, moitié boulets, les chevaux nécessaires, pris aux hussards noirs, pour traîner les canons et monter les canonniers, vingt-cinq cavaliers du même régiment et soixante grenadiers [1].

Dans l'après-midi, la fête à peine terminée, Declaye opérait une nouvelle sortie dans laquelle, selon son *Rapport* :

On fit quatre prisonniers dont un officier autrichien. A l'instant parut un gros de cavalerie ennemi que cinq coups de canon firent retirer immédiatement.

---

1 *Ordres de Declaye.*

Puis, dit le général en terminant :

> Le 11, à la pointe du jour, mes découvertes m'apprennent que l'ennemi avoit fait retraite de toutes parts. Je résolus de faire éclairer les routes, surtout celles de Valenciennes, Saint-Quentin et Arras ; partout on reconnut que l'ennemi s'étoit retiré dans la nuit.

Declaye n'en continuait pas moins à se garder prudemment. Dans la même journée, pour parer à toute surprise, il rassemblait sur l'esplanade de la citadelle les deux pièces de 4 du 3e bataillon de la Meurthe, avec leur caisson à mitraille et seize chevaux de hussards, sellés et bridés ; un obusier avec huit chevaux ; une prolonge et douze projectiles chargés [1].

Quelques jours après, l'officier désigné par le général commandant pour annoncer la retraite de l'ennemi à la Convention nationale, s'y présentait. Il « étoit admis à la barre » porteur d'un « drapeau aux armes angloises » pris par nos soldats dans une sortie, trophée dont, à la suite de son *Rapport*, Declaye disait :

> Le drapeau que je vous envoie est un sûr garant de l'énergie que la Garnison a déployée dans ses sorties. Acceptez, Citoyens représentants, mon hommage et le serment le plus sacré de défendre la République jusqu'à la dernière goutte de mon sang !

Mais, la suite des événements ne l'a que trop prouvé, Declaye avait plus de courage que de capacité et il finit par payer de sa tête, un mois plus tard, son évidente impéritie.

La liberté relative rendue à la place par le recul des envahisseurs n'avait inspiré qu'une juste défiance. On redoutait un retour soudain suivi d'une attaque plus vive. On continua mieux que jamais à prendre les mesures préventives de défense jugées nécessaires.

Le même jour 14 août, lors de sa séance publique, le Conseil général renforcé du district, du Conseil de guerre et de la Société populaire, « gémit avec amertume sur la conduite des représentants du peuple, des commissaires des guerres, des agents militaires, des administrations de toutes espèces qui ont fui avec précipitation, » dès que la menace de siège est devenue sérieuse. Deux adresses sont alors envoyées par courrier extraordinaire à la Convention nationale (2e c., f. 10 v.), l'une au nom de la commune, l'autre par le Conseil permanent du district. Les voici toutes les deux :

---

[1] *Ordres* de Declaye.

LE CONSEIL GÉNÉRAL DE LA COMMUNE DE CAMBRAI A LA CONVENTION NATIONALE.

Le 7 de ce mois, on a crié dans cette ville que l'ennemi nous cernoit. Pourquoi les Représentants du Peuple Delbret, Levasseur et Letourneur [1] sont-ils sortis ce jour-là de nos murs avec une précipitation scandaleuse? Pourquoi le camp de César et les camps environnants ont-ils été enlevés sans coup férir? Pourquoi l'état-major de l'armée du Nord, les payeurs et les commissaires de guerre, les directeurs des chariots et l'administration des campements ont-ils fui honteusement? Pourquoi, dans ce moment inconcevable, nous sommes-nous vus, pour ainsi dire, absolument réduits à nous-mêmes? Pourquoi cette Place auroit-elle été abandonnée sans ressources, sans l'énergie du Général Declaye? Pourquoi vouloit-on atténuer ses subsistances lorsqu'elle en avoit à peine assez de quoi soutenir un siège de quelque durée? Pourquoi l'ordonnateur Petitjean ordonnoit-il, au moment du cernement, l'enlèvement de vingt mille sacs de grains de notre ville, enlèvement qui eut été effectué si le Général Declaye n'eût menacé le garde-magasin d'une punition sévère? Pourquoi le Commissaire des guerres, Deflers, n'a-t-il pas répondu sur l'état de situation des bâtiments militaires que nous lui demandions? Pourquoi le payeur-général, qui avoit reçu l'ordre du Conseil de guerre de laisser dans cette ville 600.000 livres, a-t-il fui précipitamment après ne nous en avoir laissé que la moitié? Pourquoi le Général Lavalette n'a-t-il pas mis cette ville dans un état de défense imposant? Pourquoi sommes-nous convaincus, dans ce moment, qu'il y a eu un projet pour nous livrer à l'ennemi? Pourquoi les Représentants du Peuple, qui sont restés ici pendant deux mois sans approcher de la Maison commune et de la Société populaire, nous ont-ils quittés sans nous en prévenir? Pourquoi ces Commissaires ont-ils refusé de se rendre à une séance extraordinaire que nous avions convoquée pour délibérer sur les mesures de défense, en nous disant qu'ils étoient à leur poste, occupés à délibérer sur les affaires générales; qu'ils n'étoient pas disposés à faire auprès des Municipalités des visites de cérémonie, et qu'il ne tenoit qu'à nous d'envoyer des Commissaires à leur bureau? Pourquoi a-t-on voulu faire sortir de nos murs le brave Général Declaye? Pourquoi la ville et la citadelle étoient-elles à peine approvisionnées pour quinze jours? Rien de plus décourageant que ces *pourquoi*. Nous le disons avec franchise, il y a eu de la trahison; nous sommes bien déterminés à mourir pour la Patrie, soutenus par l'espoir qu'une vengeance éclatante épouvantera les traîtres.

Suivaient les signatures des membres du Conseil général [2].

Quant à l'adresse du Conseil permanent du district de Cambrai, elle était ainsi conçue :

Du 11 août 1793.

Citoyens, des orages de maux et de cruautés menaçoient nos murs depuis la reddition de Valenciennes; chaque jour nous nous efforcions d'employer des moyens efficaces pour les prévenir et les éloigner de nos foyers; cependant nous ne pouvons vous dissimuler que, malgré nos soins et nos sollicitudes extrêmes sur le sort de nos frères, les Représentants du Peuple souverain, envoyés près de nous pour pourvoir à nos besoins et coopérer à notre défense, ont quitté le 7 de ce mois, jour du cernement de la Place, leurs logements, les effets nationaux y existants, et cette ville, sans avoir jamais dans leur séjour fraternisé avec notre administration, et sans la prévenir même de leur départ précipité. Nous vous laissons à juger quels peuvent être les motifs de la conduite de ces élus du peuple surtout lorsque vous saurez qu'ils ont donné l'ordre à un

---

[1] On voit qu'il n'est point question de Colombel.

[2] Cette adresse avait été rédigée par « les citoyens Catté, Biache, Lespomarède, Guéniu, Guille et Lallier. » (2ᵉ C., f. 10 v.)

convoi de farines et de blés, destinés pour le service de l'armée ou de la Place, de sortir de nos murs. Une pareille conduite feroit bien croire sans doute qu'ils étoient persuadés que cette ville ne pourroit tenir. En ce qui concerne les agents des subsistances militaires, nous vous prévenons que, différentes fois, nous les avons invités à nous tranquilliser sur l'approvisionnement de la Place en cas de siège ; qu'ils n'ont que machinalement répondu à nos questions, que ces réponses contenoient toujours des espérances illusoires et flatteuses, et qu'ils se sont aussi retirés précipitamment au moment du cernement et sans en prévenir également notre administration.

Nous ne sommes pas moins affligés de la levée subite du camp de César qui seul pouvait, par sa position avantageuse et ses retranchements formidables, protéger notre arrondissement, arrêter et repousser même les barbares jusque sur leur territoire. Ce départ, qui apporte la désolation dans nos âmes, nous prévient des maux qui nous menacent et qui ne peuvent être actuellement éloignés que par le secours de nos frères de l'intérieur, particulièrement des braves Parisiens, qui ont déjà tant fait pour la Révolution, et qui ont juré de la maintenir. Nous vous informons aussi que le Commissaire ordonnateur en chef, Petitjean, n'a cessé de nous assurer que la ville étoit suffisamment pourvue de vivres et qu'aucune inquiétude à cet égard ne devoit nous alarmer ; que d'ailleurs il en faisoit son affaire, et qu'on pouvoit avoir confiance en ses travaux ; que cependant si le Général Declaye, de concert avec nous, n'avoit pas expressément défendu au Citoyen Godart, préposé des subsistances, de dégarnir aucunement les magasins militaires, nous serions peut-être exposés aux horreurs de la disette. Vous ne pourrez que gémir, Citoyens, sur le sort affreux qui nous est réservé par la trahison de la plus grande partie des agents militaires que la République salarie dans nos armées.

Nous sommes convaincus, Citoyens, que vous ne souffrirez pas que la ville de Cambrai soit aussi tyrannisée que les villes de Condé et de Valenciennes, dont la désolation ne peut provenir que de la scélératesse de Custine ; sauvez-nous, et il en est encore temps. Nous vous en conjurons, ne tardez pas à nous envoyer des canons, de la poudre, des boulets et des forces surtout en cavalerie, afin de pouvoir soutenir un siége avec honneur, et prouver avec énergie notre attachement à la République, attachement qui se trouve d'ailleurs manifesté par la réponse faite au nom des corps constitués réunis, à la sommation du Général Boros, commandant des avant-postes ennemis, dont nous vous adressons copie avec cette réponse. Nous espérons, Citoyens, que vous aurez égard à nos observations, qu'elles seront communiquées de suite au Corps législatif, qui prendra tous les renseignements convenables, et emploiera (sic) les mesures les plus actives et les plus puissantes pour empêcher que la fureur des despotes ne désole d'autres villes que celles qui en sont aujourd'hui les victimes. C'est avec douleur que nous faisons ce tableau affligeant, mais notre dévouement à la Patrie et la crainte de voir nos frères de l'intérieur exposés aux mêmes cruautés, nous en imposent le devoir jusqu'à la perte de notre existence.

Vous savez, Citoyens, que nous fûmes cernés le 7 de ce mois, vers quatre heures de relevée ; mais cette circonstance n'empêcha point que la fête civique du 10 août n'eût lieu avec toute la pompe digne des plus chauds républicains.

Nous oublions de vous informer encore que Cobourg et York se tenoient avec leur quartier-général à Marcoing, distant d'une lieue de Cambrai, et que les ennemis, dispersés dans tous les villages de notre arrondissement, y ont commis les plus horribles cruautés, en pillant et ravageant toutes les propriétés sans respecter même les biens des émigrés.

Nous ignorons en quel état et dans quel endroit se trouve en ce moment notre armée ; nous gémissons enfin sur les causes des malheurs de la République, mais nous pouvons vous assurer que dans toutes les circonstances nous serons fidèles à nos serments [1].

---

[1] *Moniteur* du dimanche 18 août 1793.

Suivent les signatures des administrateurs du Conseil permanent du district.

Les représentants blâmés trouvèrent des défenseurs dans leurs collègues. Après qu'on eût donné lecture des précédentes adresses à la Convention nationale dans la séance du 16 août, Roux-Fazillac, l'un de ses membres, défendit en ces termes Delbrel, député du Lot, contre l'accusation qui semblait porter atteinte à son courage :

> Il partit l'année dernière, au commencement de la guerre, le sac sur l'épaule. Il se rendit à l'armée de la Moselle ; il y fit la campagne comme simple volontaire, quoiqu'on voulut le faire commandant de bataillon. Il y étoit encore quand il fut nommé député. Depuis qu'il est commissaire vous avez appris qu'il s'est distingué dans divers combats de cavalerie contre les Anglois, et avant-hier un officier de l'armée du Nord me dit : « Dans toutes les attaques de cavalerie, un petit député nommé Delbret, monté sur un cheval blanc, se bat comme nos meilleurs cavaliers. »

Un autre membre, Perrin, disait à son tour :

> J'arrive de l'armée du Nord..... Deux Officiers municipaux de Cambrai, des plus patriotes, annoncoient que la ville ne tiendroit pas quinze jours ; je vous demande si nos collègues, chargés de surveiller les mouvements généraux de l'armée, pouvoient se renfermer dans une ville qui ne devoit pas tenir quinze jours ? [1]

Celui-ci donnait peut-être le vrai motif du départ des représentants.

Vasseur, également incriminé, plus calme que ses deux précédents collègues, revenant quatre jours après, dans la séance du 20 août, sur les adresses envoyées de Cambrai, ajoutait :

> Le Conseil général de la commune de Cambrai ignoroit sans doute que, par arrêté de la Commission centrale, je devois me rendre à Lille où Bentabole m'attendoit. Je n'ai pas quitté Cambrai parce qu'il étoit menacé, mais pour aller m'enfermer dans Lille qui ne l'étoit pas moins [2].

Cependant, les mesures contre les étrangers et les bouches inutiles et celles en faveur de l'accroissement des subsistances continuaient d'être prises par l'administration municipale. (2ᵉ c , f. 10 v.) Il en était de même pour la sûreté de la ville : il existait encore, au nord, des arbres debout gênant « la vue de ceux qui veillent à la sécurité » de la place ; Declaye se charge de les faire abattre. (2ᵉ c , f. 11 v.)

---

[1] *Moniteur* du 18 août.
[2] *Moniteur* du jeudi 22 août.

De nouveau, un trompette autrichien, les yeux bandés, est amené au Conseil. Il précède une escorte de neuf hommes commis, dit-il, à la conduite de « deux cents François blessés au siège de Valenciennes » que les Autrichiens évacuent sur Cambrai. Le trompette, n'étant porteur d'aucune pièce qui établisse le caractère de sa mission, est retenu prisonnier. Pour la même raison, semblable mesure avait été prise aux avant-postes contre l'escorte qui l'accompagnait, lorsqu'un major et un chirurgien valenciennois, l'apothicaire Ravestin fils [1] et Fayol, se présentent, réclamant pour les deux cents blessés un abri et les secours que leur état exige et qui leur sont aussitôt fournis. (2ᵉ c., f. 12.)

Dans son adresse du 11 août à la Convention, le Conseil permanent du district exprimait, sous forme d'aveu d'ignorance, son désir de connaître la situation de l'armée. Le 13, la générale était battue par toute la ville, les troupes sous les armes, le Conseil en séance pour l'arrivée du représentant Chasles. Il venait renseigner les Cambrésiens sur nos troupes campées à Vitry sous le commandement de Houchard. Ainsi que le dit le procès-verbal de la séance :

Il apporte des paroles de consolation et de sécurité..... Il annonce des renforts de Paris et de l'armée de la Moselle.

Le 12, en effet, Barère avait informé la Convention nationale que l'armée du Nord venait d'être renforcée de quinze mille hommes et que le général Chombourg marchait à son secours avec trente mille combattants de la Moselle [2].

Le représentant Chasles, continue le procès-verbal du Conseil général, s'adresse ensuite aux soldats de la garnison ; il les félicite de « la brave et courageuse conduite qu'ils ont tenue pendant le blocus..... Il leur déclare que leur intrépidité a sauvé non seulement la ville, mais encore la République entière, dont le département du Nord est le plus ferme boulevard. » (2ᵉ c., f. 14.)

Le 14 août, « on représente que, la ville étant débloquée, rien n'empêche qu'à l'avenir on se serve pour les inhumations des cimetières extérieurs. » Cette proposition sera soumise au général commandant. (2ᵉ c., f. 15.)

Les pillages continuaient dans les campagnes. Un ordre de Declaye du

---

[1] Voir, sur Ravestin père, le ch. VIII, p. 542.
[2] *Moniteur* du mardi 13 août.

même jour les attribue en partie à la négligence des chefs des postes avancés qui ne lancent point leurs patrouilles avec exactitude [1].

L'ennemi ne cessait pas ses manœuvres dans l'arrondissement. Le lendemain 15, une colonne, commandée par le prince de Saxe-Cobourg en personne, s'abattait au sud-est de la ville sur les communes de Beauvois et de Fontaine-au-Pire, sur la route de Cambrai au Câteau, les ravageait et les dévastait pendant vingt-quatre heures. A la suite de cette malheureuse journée, trois mille Autrichiens, pour couvrir les opérations projetées devant Le Quesnoy, établissaient un premier camp dans les fonds de Boistrancourt, un second proche et au nord-est de Solesmes et un troisième près de Troisvilles, à portée de la chaussée Brunehaut, ancienne voie romaine de Vermand à Bavai. Les Anglais se postaient à Neuvilly, entre la ferme de Rambourlieu, le chemin de Troisvilles et la route de Cambrai au Câteau, sur une hauteur d'où ils pouvaient facilement surveiller les environs [2]. Les soldats alliés faisaient dans les villages d'alentour de fréquentes réquisitions de vivres. Ils poussèrent, un jour de foire au Catelet, jusqu'en cette commune d'où ils ramenèrent des bestiaux en grand nombre. Tous hivernèrent sur leurs positions respectives [3].

Lorsqu'il avait quitté le Nord, Carnot avait manifesté l'intention d'y revenir promptement [4], mais il fut retenu à Paris et, le 14 août, nommé membre du Comité de Salut public. La France était alors au plus bas, et c'est lui surtout qui allait la relever ; à l'incohérence et à l'hésitation allaient succéder, dans les opérations militaires, une logique rigoureuse, une inébranlable énergie. Deux jours après son entrée dans le Comité, paraissait le décret ordonnant la levée en masse. Elle donnait à la République treize armées et 1.200.000 soldats qui, guidés par celui qu'on a si justement surnommé depuis l'*Organisateur de la victoire*, allaient sous peu changer la face des choses. Mais il fallait le temps de les mettre en marche.

En attendant, l'armée du Nord ne restait pas inactive. Trois mois avaient été employés par les coalisés aux siéges de Condé, de Valenciennes et de Mayence ; un autre mois se passa pour eux en préparatifs de nouvelles opérations. Tandis que, sur le Rhin, ils remontèrent de Mayence vers les lignes de la Lauter et de la Sarre qui couvraient l'Alsace et la Lorraine, au nord ils se divisèrent : les Autrichiens seuls pour com-

---

[1] *Ordres* de Declaye.

[2] Ce lieu a conservé le nom de « redoute ». On y voit encore des traces des fossés qui protégeaient le camp. Voir Douchez : *Notice historique sur Beauvois*, p. 138.

[3] Douchez, p. 138 et 141.

[4] Voir au chapitre précédent, p. 615, sa lettre écrite de Cassel le 6 août 1793

mencer un quatrième siége, celui du Quesnoy ; les Anglais avec une partie de leurs alliés pour marcher sur Dunkerque, l'objectif favori de nos ennemis d'Outre-Manche, qu'ils convoitaient de longue date.

Le 10 août, les Anglais et les Hanovriens passèrent la Sensée à Aubigny-au-Bac et furent rejoints par les Hessois des généraux Wurmb et d'Alton, ainsi que par la division autrichienne d'Alvinzy. Le duc d'York se trouva ainsi à la tête de 42.000 hommes. Il se dirigea sur Orchies et d'Orchies sur Furnes [1] ; Cobourg reprit sa position d'Hérin et disposa sa gauche autour de Bavay. Latour continua à contenir les troupes françaises campées auprès de Maubeuge ; d'Erbach se rendit maître de la forêt de Mormal, dont il débusqua le général Ilher, et Clairfayt commença à assiéger Le Quesnoy avec 20 bataillons, 12 escadrons et une portion du matériel qui avait déjà assuré le succès des Alliés à Condé et à Valenciennes. Quant aux généraux Bellegarde, Otto et Collorédo, ils observèrent Bouchain et Cambrai et occupèrent, au moyen de leur cavalerie, Douchy, Haspres, Saulzoir, Villers-en-Cauchie et Solesmes.

A Cambrai, du 14 au 19 août, l'attention du Conseil général avait été absorbée presque tout entière par les mesures concernant les bouches inutiles et le soin sans cesse renaissant d'assurer la subsistance des habitants. En même temps, on appliquait à Bouchain la loi des suspects, et on faisait savoir à ceux-ci qu'en vertu d'un arrêté du directoire du département du Nord en date du 13 août, ils devaient se retirer dans l'Aisne ou dans la Somme.

Le 19 août, les administrateurs du département du Nord, le président Dupuich et Fliniaux viennent à Cambrai pour y annoncer que, par leurs sollicitations jointes aux efforts du député Gossuin, ils ont obtenu de la Convention, en faveur de Cambrai, un subside de quarante mille livres pour les approvisionnements extraordinaires et un secours, extraordinaire également, de cent mille livres pour la ville dont les finances sont épuisées. Ils ont de plus, pour cette place, du Comité de Salut public, la promesse de tout l'aide désirable. (2e c., f. 21 v. et 22.)

Les craintes de siège immédiat commençaient à se calmer. Pour s'assurer autant que possible des dispositions de l'ennemi et comme mesure de sûreté, Thuillier, au nom de Declaye, commandait le 20 quatre-vingt-dix chevaux, lesquels, divisés en trois détachements, devaient, jusqu'à instruction contraire, faire des reconnaissances journalières dans les environs. D'après l'ordre du général :

---

[1] Voir les incidents de cette marche au chapitre suivant.

Le premier passera à Beauvois, et poussera des patrouilles jusqu'à Inchy-Beaumont, et, s'il n'y trouvoit personne, il iroit jusqu'au Cateau, retournera par Béthencourt, Bevillers, Boussières, Saint-Hilaire, Avesnes-lez-Aubert, Rieux, Villers-en-Cauchie, Avesnes-le-Sec, Hordain, Iwuy, Escaudœuvres et Cambrai.

Le deuxième passera à Cagnoncles, Avesnes-lez-Aubert, y restera poussant des postes en avant jusqu'à ce que les deux autres patrouilles, dont l'une venant du Cateau et l'autre de Hordain, aient passé ; alors il fouillera Saint-Hilaire, Quiévy, Bévillers, Caudry, Ligny, Crèvecœur, Masnières, Rumilly, Cambrai.

Le troisième détachement passera par Escaudœuvres, Iwuy, Hordain, Avesnes-le-Sec, Villers-en-Cauchie, Avesnes-lez-Aubert, Bévillers, Beauvois, Estourmel, Awoingt.

Un brigadier était, de plus, envoyé avec quatre cavaliers à Fontaine-Notre-Dame où, disait-on, on avait vu l'ennemi

Ces mesures furent-elles régulièrement exécutées ? Nous l'ignorons.

Le 21, comme on n'apercevait plus l'ennemi, dit le *Registre du Conseil général*, et aucun ouvrage d'attaque n'ayant été établi par lui, le procureur de la commune Sellier, s'appuyant sur cette situation prévue par « l'article 12 de la loi du 10 juillet concernant les fortifications des places, » demanda que l'état de siége fut levé. (2ᵉ c., f. 25.)

Malgré les dispositions prises par Declaye, les déprédations des soldats autrichiens ne cessaient point de désoler les campagnes. L'ennemi les accomplissait avec d'autant plus de hardiesse qu'il savait la garnison trop peu nombreuse pour craindre d'en être inquiété. En effet, cette garnison ne comptait guère que 7.000 hommes de troupes, en dehors de la garde nationale et des canonniers bourgeois qui payaient partout de leur personne avec courage [1] Le général Houchard, qui venait de recevoir des renforts, la Convention nationale, le Comité de Salut public, sont donc suppliés, le 22 août, de prendre en considération la position de Cambrai et de son territoire, dénués de moyens de défense suffisants. (2ᵉ c., f. 28 v.)

La même raison fait demander aux représentants du peuple à l'armée du Nord, en appuyant cette demande sur les articles qui traitent des exceptions à la loi du 4 août 1791, ordonnant la levée de forces extraordinaires, de dispenser Cambrai de l'application de cette loi. (2ᵉ c., f. 29.) Trois jours après, le 25, les délégués du Conseil général Mabire et Leroy, envoyés à cette fin « à Arras vers le bureau central, » en rapportaient, signée des représentants, l'exemption sollicitée. (2ᵉ c., f. 34 v.)

Les nombreuses questions sur lesquelles le Conseil se trouve amené à délibérer ne lui font point oublier les devoirs de la reconnaissance. Le 23 août, il vote une adresse de remerciements à Gossuin, député du Nord à la

---

[1] *Ordre* de Declaye du 11 août.

Convention, lequel a rendu à la ville d'importants services en réclamant à la tribune les secours dont Dupuich et Fliniaux se sont faits les messagers. Cette adresse lui est immédiatement envoyée « comme un monument de la reconnaissance du Conseil pour sa sollicitude envers les habitants du canton de Cambrai. » (2ᵉ c., f. 30 v.)

La série des précautions continue. Des carrières existent à l'entrée du village d'Escaudœuvres du côté de la ville ; elles pourraient être utilisées par l'assaillant s'il effectuait un retour offensif; on propose à Declaye de les faire combler. En même temps, on décide de ramener dans l'enceinte urbaine le bois abattu aux abords de la place ; il servira en partie aux travaux de l'artillerie, en partie au chauffage des citoyens. (2ᵉ c., f. 31) Les portes de Saint-Sépulcre et de Cantimpré (ou d'Arras) restent ouvertes; celles de Selles (ou de Douai) et de Notre-Dame, faisant plus directement face au côté envahi, continuent à être « fermées de nuit et de jour, sans qu'on puisse les ouvrir pour toutes raisons que ce puisse être. » [1]

Le 24, par les soins des membres du Conseil délégués dans la Somme et l'Aisne, trois cents sacs de froment, à 115 livres le sac, sont amenés à Cambrai, venant de Roye, avec la certitude de pouvoir se procurer ainsi tous les grains nécessaires à la nourriture de la population. (2ᵉ c., f. 32.)

L'état de siége subsiste toujours : une lettre de Declaye lue à la séance du 25 « demande qu'en dedans quatre jours les habitants des faubourgs, à la distance de deux cent cinquante toises du front du glacis, aient abattu leurs maisons et les arbres de leurs jardins à péril d'exécution militaire. » Cette demande est aussitôt proclamée dans la ville et la banlieue. (2ᵉ c., f. 35.)

Le lendemain, par une singulière contradiction, le Conseil de guerre était invité à prendre en considération la demande du procureur de la commune pour la levée de l'état de siège. (2ᵉ c., f. 36.)

Les ennemis semblaient vouloir se diriger alors vers Saint-Quentin ; ils s'étaient avancés jusqu'au Câteau [2]. Le 28, les postes extérieurs et intérieurs de la ville étaient doublés. Le général rappelait d'une façon plus instante la nécessité, selon lui, d'éclairer les abords du glacis A cet effet, disait-il :

Il sera commandé tous les jours un bataillon pour l'abattis des arbres, commandé par tous les officiers dudit bataillon. Le rassemblement s'en fera tous les jours à cinq heures du matin, sur la Place d'Armes où il leur sera distribué des outils nécessaires pour cette exécution. Il sera pareillement commandé

---

1 *Ordres* de Declaye.
2 *Moniteur* du 30 août 1793.

trois compagnies de la garde nationale citoyenne, qui se rendront également sur la Place d'Armes à cinq heures du matin où ils trouveront les outils nécessaires pour les différents ouvrages auxquels elles doivent être employées. Comme il est urgent de terminer tous ces ouvrages, personne ne pourra être exempt et les dites compagnies seront commandées par leurs officiers respectifs [1].

Bien que l'avis de cette dure extrémité eût soulevé dans les faubourgs, lors de sa récente publication, les récriminations les plus violentes, le Conseil général, sous le joug omnipotent de l'autorité militaire, se vit forcé d'obéir à l'injonction réitérée du général et rédigea le même jour la proclamation suivante, partout lue et affichée :

Citoyens,

Les dangers de notre ville sont arrivés au dernier période. Il s'agit de la sauver et il faut des moyens prompts, immédiats. Il faut que les entours soient éclairés conformément à la loi.

Que le vrai républicain, que celui qui a le sentiment de sa dignité se hâte de marcher sur les pas des autorités constituées qui, la hache à la main, vont se mettre à l'œuvre.

Venez, suivez-nous et que le soleil, en reparoissant demain sur l'horizon, ne retrouve plus d'obstacle à la défense la plus efficace de notre cité.

Plus de ménagements, plus de délais. Vaincre ou mourir, voilà notre lot. La liberté ou l'esclavage, voilà notre avenir. Notre sort est dans nos mains. La République entière a les yeux sur nous ; elle compte sur notre énergie ; bientôt elle viendra la seconder. Répondons donc à son attente et nous servirons la Patrie, et bientôt délivrés de la présence des satellites du despotisme, tous nous jouirons des douceurs de la paix.

Citoyens, nous comptons sur votre dévouement ; et quiconque d'entre vous est jaloux de l'estime publique se trouvera à une heure précise devant l'hôtel commun d'où le cortége partira pour se porter, avec les outils nécessaires, partout où il sera conduit.

Fait à Cambray, en la séance du Conseil général de la commune, le 28 août 1793, l'an 2ᵉ de la République françoise, une et indivisible [2].

Pour obvier à toute contestation et à tout malentendu, un arrêté du Conseil, voté sur l'avis du procureur de la commune le 31 août, réglementait l'exécution de la décision prise le 28. (2ᵉ c., f. 45 v.)

Les actes du pouvoir national avait naturellement leur écho en province. Depuis le 3 avril, Cambrai avait son « Comité de sûreté. » Le 30 août, « le Conseil général, réuni aux autorités constituées et aux députés de la Société populaire, pour faire cesser la confusion qui régnoit dans les opérations de son administration, y établir l'ordre et assurer l'exécution

---

[1] *Ordres* de Declaye.

[2] Cette proclamation avait été rédigée par le secrétaire du Conseil, Lallier. (Archives municipales de Cambrai, D. 2.)

de ses arrêtés, » avait établi un « Comité de Salut public. » (2ᵉ c., f. 43.) Mais cette institution n'eut qu'une rare influence sur l'état militaire de la ville, le général commandant gardant intacte son autorité absolue.

Le 28, des détachements de l'armée du Nord avaient pris aux Autrichiens les postes de Roncq, Tourcoing et Lannoy. Le second, enlevé à la baïonnette par nos troupes, était défendu par quatre mille Autrichiens [1]. Clerfayt continuait d'enfermer Le Quesnoy ; Cobourg, dont le quartier général avait été transféré à Bavai, s'était porté du côté de Maubeuge [2]. Autour de Cambrai, l'ennemi tenait constamment les campagnes sous les funestes effets de son occupation. Il continuait ses réquisitions et ses ravages dans les communes suburbaines, sûr de ne « rencontrer aucune force françoise pour le combattre. »

De nouveau, on adresse, le 1ᵉʳ septembre, « les plus vives représentations au général Houchard, en le priant d'envoyer dans le district de Cambrai une partie de troupes suffisantes au moins pour protéger les propriétés de ses malheureux habitants, et réprimer les ravages auxquels ils sont depuis trop longtemps en proie de la part d'un ennemi féroce et qui abuse aussi étrangement de sa force momentanée. » (2ᵉ c., f. 48.)

On promet le jour suivant aux faubouriens, dont les propriétés bâties ont été abattues par mesure de défense, de faire d'actives démarches pour obtenir en leur faveur, du gouvernement, des indemnités proportionnelles aux pertes par eux éprouvées. Elles ne seront pas les dernières, car dans la séance du 5, « on représente qu'il est plus que temps de continuer les abattis déjà commencés. » (2ᵉ c., f. 56.)

La garnison aidée des bourgeois n'en poursuit pas moins ses sorties toujours infructueuses, lit-on dans la séance du 2, parce que « des traîtres ont la perfidie d'en prévenir l'ennemi. » Aussi, pour les surveiller, propose-t-on la création « d'agents stipendiés » à la rétribution desquels on affecterait une somme de « 12.000 livres. » (2ᵉ c., f. 50 v.)

Le 4, le général organise encore une de ces expéditions, pendant laquelle le Conseil reste en permanence. Vers quatre heures, une ordonnance envoyée par Declaye annonce que nos soldats et nos gardes nationaux ont avec les Autrichiens un engagement sérieux. La générale est battue, les citoyens armés se rendent aux remparts avec les canonniers bourgeois auxquels il est distribué des munitions pour quarante coups, et de fortes patrouilles parcourent la ville pour y assurer l'ordre. Lorsque

---

1 *Moniteur* du lundi 2 septembre 1793.

2 *Moniteur* du 20 septembre (correspondance de Bruxelles).

vers huit heures les troupes rentrent à Cambrai, c'est avec satisfaction que l'on apprend que « la sortie a eu pour résultat de chasser l'ennemi de plusieurs villages. » (2ᵉ c., f. 53 v. et 54.)

Ce petit succès mettait Declaye en confiance. Sept jours après, alors que le Conseil recevait du camp d'Arleux une lettre annonçant la défaite des Anglais à Hondschoote, le général l'informait de son côté qu'il allait « effectuer une nouvelle sortie avec une forte partie de la garnison, et que, pour empêcher qu'aucuns malveillants aillent prévenir l'ennemi, il avait cru devoir prendre la précaution de tenir les portes fermées. » Le corps expéditionnaire devait sortir par la porte Notre-Dame ; quatre commissaires étaient désignés par le Conseil général pour « inspecter les sortants. » (2ᵉ c., f. 66 et v.) Declaye donnait en même temps, par l'intermédiaire de son adjudant-général, l'ordre suivant au commandant temporaire de la place :

Cambrai, 11 septembre 1793, 2ᵉ de la République françoise.

Citoyen,

Le Général me charge de vous prévenir que vous ayez à donner des ordres pour que toute la Garnison se trouve prête à marcher, qu'elle emporte ses vivres pour vingt-quatre heures et qu'elle soit rendue sur la Place à minuit précis.

Vous voudrez bien donner ordre au Citoyen Quétard [1] de lever les ponts de la citadelle à six heures du soir.

L'Adjudant-Général,
THUILLIER.

Après minuit, Declaye quittait la ville avec sa troupe. Le 12, une dépêche plus complète, imprimée par ordre du département, était apportée par l'un de ses administrateurs, Fliniaux, et lue au Conseil en séance publique. Ce pli énumérait « la longue série d'avantages remportés par les François sur l'armée angloise. » Après cette lecture, « un peuple nombreux présent à la séance, joint ses applaudissements à ceux du Conseil » En attendant que cette lettre, qu'on décide d'imprimer à quatre cents exemplaires, puisse être distribuée, la publication en est faite « avec la plus grande solennité » dans les rues et sur les places publiques, par « le Conseil général de la commune revêtu de sa décoration. » (2ᵉ ch., f. 67.)

Les airs patriotiques joués par le carillon de l'hôtel de ville en réjouissance de ces succès sont tout à coup interrompus, vers midi, par le bruit de la générale battue « pour rassembler tout ce qui reste de la garnison et

---

[1] Portier-consigne.

de la garde citoyenne, afin que chacun se porte à son poste. » On vient d'apprendre que les troupes de Declaye « ont éprouvé un revers et ont été obligées de se replier sur Bouchain, d'où, peut-être, elles ne pourront rentrer à Cambrai qu'avec une extrême difficulté. » Dans ces circonstances critiques, on « écrit de suite au général Houchard et aux représentants du peuple à Arras, pour leur peindre la situation..... et leur demander des secours en hommes »

La permanence est doublée « incontinent » et restera telle jusqu'à nouvel ordre.

De « bons citoyens » sont lancés à cheval à la découverte, pour connaître plus complètement ce qui s'est passé.

L'assemblée se transporte « de suite sur la Place pour haranguer la garde nationale, l'exhorter à venger l'échec que nous venons d'essuyer et qui n'est que peu de chose, » ajoute-t-on, « en comparaison du succès de nos armes vers Dunkerque » Et l'on profite de la circonstance pour provoquer la plus prompte organisation possible de « la levée en masse ordonnée par la loi, » qui ne paraît pas avoir excité à Cambrai tout l'enthousiasme désirable. (2ᵉ c., f. 67 v)

Le 12 septembre à minuit, moins de vingt-quatre heures après notre défaite sous Bouchain, les représentants du peuple à l'armée du Nord écrivaient d'Arras au général Houchard :

Il nous arrive à l'instant, Citoyen Général, des députés de la commune de Cambrai, porteurs d'une lettre où sont consignés les détails de l'affaire qui a eu lieu ce matin du côté d'Avesnes-le-Sec et d'Ypres [1]; ces détails sont affligeants ; mais il paroît, d'après le rapport verbal d'un caporal du 4ᵉ bataillon des Fédérés qui est rentré à Cambrai couvert de blessures, que les Garnisons de Cambrai et de Bouchain, que l'on disoit avoir été dans le plus grand désordre à la suite de l'affaire, se sont ralliées sous le canon de la Place de Bouchain. Quoiqu'il en soit, cette journée n'a pas été heureuse, et la Garnison de Cambrai étant sortie presque entière, il ne reste dans cette dernière Place que deux ou trois cents hommes qui ne sont nullement en état de la défendre, même avec le secours de la garde nationale.

Nous vous transmettons une lettre dans laquelle la commune de Cambrai vous expose ses besoins et vous demande des secours ; nous attendons de votre surveillance que cette demande aura son effet, et que vous couvriez, autant que possible, cette partie importante de la République, avec les forces qui sont à votre disposition.

Le lendemain, une autre lettre des représentants, répondant au général Davesnes, disait :

...... Votre lettre nous rassure un peu, nous attendons les renseignements ultérieurs que nous vous prions de nous faire parvenir. Nous présumons bien

---

1 *Ypres* est évidemment ici pour *Haspres*, village contigu à Avesnes-le-Sec.

que les malheurs ont été grossis par les députés de Cambrai. Nous approuvons toutes les mesures que vous avez prises, par lesquelles sans mettre cette frontière (celle du Nord) à découvert, vous avez fourni des secours à cette Place. Si le Commandant Declaye a pris la même précaution, s'il a fait avancer la Garnison et fait éclairer le mouvement de l'ennemi, la perte doit être peu de chose.

Elie LACOSTE.

Enfin le chef d'état-major de l'armée du Nord, Berthelmy, écrivait à son tour du quartier général d'Armentières, le 12 septembre :

> La Garnison de Cambrai n'a pas réussi dans sa sortie ; elle ne devoit faire qu'une fausse attaque, et elle se sera peut-être aventurée inconsidérément [1].

Le mouvement avait donc été imposé à Declaye, et il se rapportait à un ensemble d'opérations dont on trouvera le compte-rendu au chapitre XII.

Declaye était parti avec l'intention de débusquer l'ennemi posté entre Bouchain et Valenciennes. Le général avait avec lui le régiment de Foy, le 4e et le 5e bataillons des volontaires fédérés, le 104e de ligne, cent vingt artilleurs bourgeois et leurs pièces, trois escadrons de cavalerie, en tout six mille hommes. De plus, partie des deux mille cinq cents soldats formant la garnison de Bouchain devait agir concurremment avec ceux de Cambrai.

Declaye commit la faute impardonnable de ne pas faire éclairer préalablement la route qu'il voulait suivre. A la hauteur et presque en front du camp d'Estrun, dans les plaines légèrement ravinées entre Avesnes-le-Sec et Iwuy, il fut surpris par un gros de cavalerie ennemie de Bellegarde comptant dix escadrons de hussards autrichiens, les chevau-légers de Kinski et deux escadrons de Nassau et de Royal-Allemand. Pour faire face à une attaque si imprévue, le général s'obstina — malgré les sages avis du capitaine Boquet, qui fut plus tard chef du 2e bataillon de la 154e demi-brigade [2] — à vouloir engager son artillerie dans l'un des plis de terrain détrempés par les pluies, « boueux et impraticables, où les roues des canons s'enfonçaient jusqu'à l'essieu, » rapportait un témoin qui avait pris

---

[1] Les trois fragments qui précèdent sont empruntés au *Moniteur* du mardi 17 septembre.

[2] Près d'une année plus tard, le 24 août 1794, Boquet, sur sa demande, recevait du Conseil général l'attestation suivante : « Nous, maire et officiers municipaux et membres du Conseil général de la commune de Cambray, certifions et attestons à tous ceux qu'il appartiendra, qu'après la malheureuse affaire du 12 septembre dernier (vieux style) qui eut lieu près de Bouchain, il ne nous parvint aucune plainte relativement au citoyen Boquet, commandant au 2e bataillon de la 154e demi-brigade ; qu'au contraire plusieurs de ses frères d'armes rapportèrent qu'il s'était conduit dans cette affaire avec distinction. » (5e c., f. 2 v.)

part à l'action [1]. L'ennemi attaqua nos artilleurs embourbés sans qu'ils eussent pu établir leurs pièces, sur lesquelles ils essuyèrent le premier choc et se firent hacher. Ils se défendirent en désespérés, tandis que les bouches à feu du camp de César, balayant les accès, empêchaient tous secours s'ils avaient été possibles de la part des Français. Bientôt accablés par le nombre et le défaut de la position, les nôtres ne durent plus songer qu'à la retraite, qui fut une déroute, un sauve-qui-peut. Ils s'élancèrent vers Bouchain dont la route était restée libre. C'était d'ailleurs l'abri le plus proche qui leur fut offert. La cavalerie ennemie divisée en deux troupes suivait la même direction, gagnait les fuyards de vitesse et, les ayant dépassés, repliait par une brusque conversion interne ses têtes de colonne, prenant nos malheureux soldats et nos gardes nationaux comme dans une tenaille et les sabrait sans merci. Cette manœuvre plusieurs fois répétée mit hors de combat la majeure partie de nos forces, jusqu'à ce que le reste se fut placé sous la protection du canon de Bouchain.

Le 14, Declaye, audacieux ou inepte, reparaissait à Cambrai; il réclamait la solde journalière pour la garde nationale à laquelle échéait seule pendant quelque temps presque tout le service de la place, vu la pénurie de la garnison.

Le Conseil décidait que chaque homme recevrait, à partir du lundi précédent 9 septembre, et continuerait à recevoir jusqu'à ce qu'il en fût autrement décidé, trente sous par jour. (2ᵉ c., f. 72.)

Le 14 également, « sur la demande des canonniers bourgeois, le Conseil de guerre tout entier étoit appelé en la séance du Conseil général composé de toutes les autorités constituées. » Il allait être procédé à l'examen des inculpations qu'avait fait naître l'affaire d'Avesnes-le-Sec, lorsqu'on eut connaissance de la prise du Quesnoy [2].

Par suite des pertes qu'elle vient de subir, la garnison de Cambrai se trouve réduite à mille hommes. L'ennemi nous a enlevé quatorze canons et cinq drapeaux. Bouchain n'a plus, pour la même cause, que six cents hommes et a perdu quatre bouches à feu. (2ᵉ c., f. 73 v.) Le 16 septembre, le général de brigade Ant. Chaumont se hâte d'y expédier de Douai le citoyen Monier, capitaine au corps du génie, avec charge de défendre la place [3]. A cause du nombre des réfugiés qu'elle a reçus après le combat,

---

[1] *Souvenirs recueillis de la bouche d'un canonnier cambrésien* mort vers 1845. — *Histoire d'Iwuy*, p. 301 et 302. — Bouchez, p. 140.

[2] On trouvera, sur le siège du Quesnoy, des détails plus étendus au chapitre XIII.

[3] Archives municipales de Bouchain, DD1.

cette ville se voit exposée à manquer de vivres si on ne lui envoie bientôt des bœufs en quantité suffisante pour la subsistance de tous. D'où la délibération suivante prise le 16 :

Le Conseil municipal assemblé, composé des Citoiens Bouché, Maire; Coplo, Dronsart, Burgeat fils et Barbotin, Officiers municipaux; le Procureur de la Commune présent;
Il a été arrêté que le Citoien Burgeat fils, Officier municipal, se rendra à Cambray près le Représentant du Peuple et lui rendra compte de la triste journée du douze de ce mois, et sollicitera des secours de toutes espèces pour le maintien de notre Commune; ce qui a été accepté par ledit Citoien Burgeat fils. A Bouchain les jour, mois et an que dessus.

Bouché, Maire [1].

En même temps, un exposé de la déplorable situation de Cambrai est envoyé à Paris au Comité de Salut public, à la Convention nationale, au ministre de la guerre, à la Société des Jacobins alors dominante. (2ᵉ c., f. 74.) Le Comité de Salut public s'était déjà ému. Le 15 septembre, « les citoyens Royer et Bonhommet, » commissaires délégués par le Comité, se présentent au Conseil général avec la mission spéciale de recueillir tous les renseignements contradictoires. Sur leur demande, toutes les autorités sont convoquées en séance publique. Declaye vient y rendre compte de sa conduite devant la foule qui se presse à la barre; tous ceux qui veulent parler sont entendus. Les commissaires du Comité tiennent note de tout et en dressent procès-verbal. (2ᵉ c., f. 75 v.) Du peuple partent à chaque instant des reproches mérités d'imprévoyance contre celui qui semble déjà un condamné. Les militaires et surtout les gardes nationaux échappés au massacre, présents à la discussion, chargent leur chef avec véhémence. L'un de ces derniers, un canonnier dont le sabre d'un hussard autrichien a abattu la main droite de laquelle il se cramponnait à sa pièce, joignant le geste à l'accusation, montre de son autre main, au général qui pâlit, son bras mutilé dans les linges qui l'enveloppent [2]. Excessif dans ses haines comme dans ses enthousiasmes, de ce peuple « immense », qui moins de deux mois auparavant avait acclamé le commandant, s'élève un cri unanime de réprobation. Accusé d'ignorance et d'incapacité par tous, Declaye est arrêté et emmené à Paris [3].

Trois jours après, le 18, le malheureux, condamné comme « traître (?) et lâche, » portait sa tête sur l'échafaud.

---

1 Archives municipales de Bouchain, DD 1.
2 *Souvenirs d'un canonnier cambrésien.*
3 *Moniteur* du 23 septembre 1793.

— 658 —

Le même jour, « un citoyen qui avoit été présent à tout » donnait à la Société des Jacobins, sur « l'affaire du douze » — comme on la nommera désormais, — « des détails plus certains que ceux des commissaires qui avoient été induits en erreur » dans une première heure d'affolement. « Quatre mille hommes, dit-il, tiennent encore ; on n'a pas perdu le nombre qu'on a dit ; mais ce qui est vrai, c'est la barbarie avec laquelle on a traité nos malheureux soldats mourants sur le champ de bataille. »[1]

Le 18 encore, « plusieurs bons citoyens » au nombre de plus de deux cents, pour combler autant qu'ils le pouvaient les pertes de la nuit néfaste, proposaient « la formation d'un corps de hussards du district de Cambrai. Ils se chargeoient de se monter et équiper en dedans quinze jours. » On applaudissait à leur proposition. (2ᵉ c., f. 80.) Ces volontaires remplacèrent avec avantage les hussards noirs dits « hussards de la mort » partis pour Châlons le 5 septembre, et dont le départ fut accueilli avec un sentiment réel de satisfaction par les habitants. (2ᵉ c., f. 54 v.)

Dans la même séance du 18, le brigadier Chapuy présentait au Conseil sa commission de général commandant en remplacement de Declaye et prêtait serment en cette qualité.

Le 19, un trompette autrichien demandait un échange de prisonniers. Cette demande fut renvoyée à Houchard.

La situation, on le comprend, ne s'était point améliorée dans notre région ; le représentant Bentabole écrivait le 22 septembre à la Convention :

Nos colonnes de l'armée du Nord semblent devoir être le point de réunion de nos ennemis :
1° Les revers éprouvés à Cambrai et au Quesnoy anéantissent nos avantages à Dunkerque et à Menin en obligeant notre armée à venir couvrir ces Places ;
2° Cette armée a besoin de renforts ; il faut quarante mille hommes d'infanterie et de cavalerie tirés des armées de la Moselle et du Rhin. Faites tous vos efforts pour que l'armée du Nord termine avantageusement cette campagne ; il pourroit en résulter la paix.
Il est important de remplir nos anciens cadres et de former notre cavalerie. C'est le seul moyen de sauver la République[2].

Briez, l'un des deux commissaires enfermés dans Valenciennes pendant le siége, écrivait aussi :

La défaite du corps d'armée près Cambrai a livré aux ennemis les campagnes du Hainaut, du Cambrésis, de la Flandre et de la Picardie[3].

---

1 Même numéro.
2 *Moniteur* du vendredi 27 septembre 1793.
3 Même numéro.

Par bonheur, l'ennemi, encore ému de sa défaite de Dunkerque, ne sut point profiter de nos embarras.

Les blessés d'Avesnes-le-Sec avaient afflué à Cambrai : les hôpitaux en regorgeaient. On fut contraint, pour les abriter, d'installer en hâte des ambulances dans les abbayes et les couvents alors déserts.

Le 29 septembre, sur un ordre parti du camp de Graverelle, le citoyen Andibert, porteur de dix mille livres, fut, en vue d'un siège possible, envoyé à Bouchain pour examiner l'état des vivres de la place, laissés en grand désarroi par la fuite d'un sieur Dehaut. Cet ordre disait :

> L'approvisionnement de la Place de Bouchain devant être le principal objet des sollicitudes dudit Citoien inspecteur, il devra le porter à la hauteur indiquée dans l'état envoyé par l'Administration générale des subsistances militaires, en conséquence des ordres du Ministre de la Guerre, dans lequel état ladite Place doit être approvisionnée pour trois mois sur le pied de 2.050 hommes de Garnison, ce qui nécessite une masse d'approvisionnements de deux mille cinquante quintaux de farine. Si, néanmoins, il étoit possible de verser de quelque Place de l'arrondissement trois à quatre cents quintaux, cet excédent seroit employé à la consommation journalière et ménageroit l'approvisionnement de siége. A cet égard, le Citoien Andibert n'agira que de concert et par l'ordre des autorités civiles et militaires, et il fera remplacer de Péronne les trois ou quatre cents quintaux de farines qu'il auroit versés d'une autre Place. Il en usera de même pour le riz s'il en est besoin [1].

Le 7 octobre, un escadron du 9ᵉ hussards vint tenir garnison dans Cambrai. (2ᵉ c., f. 106.) [2]

---

[1] Archives municipales de Bouchain, DD 1.

[2] D'après la *Biographie nouvelle des contemporains* publiée en 1822 par Arnault, Jay, Jouy et Norvins, et généralement bien renseignée, l'introduction d'une nouvelle garnison dans les places de Cambrai et de Bouchain aurait été due au représentant Pierre Delbrel. Après la bataille d'Hondschoote, y lit-on, « il apprend que la place du Quesnoy s'étoit rendue aux armées coalisées, qui étaient déjà en possession de Condé et de Valenciennes ; et que si Cambrai et Bouchain, dont les garnisons avaient été en grande partie détruites par des sorties imprudentes, tombaient au pouvoir de l'ennemi, la frontière du Nord étant coupée, on pourrait marcher sur Paris presque sans obstacles. Il se rend en toute hâte au camp de Graverelle, où il y avait environ 18.000 hommes sous les ordres des généraux d'Avesne et Ransonnet, se concerte avec eux sur les moyens d'introduire une garnison nouvelle dans Cambrai et dans Bouchain, chose difficile, puisque l'ennemi occupait tout l'espace compris entre le camp et ces deux places. Après avoir donné les ordres et les instructions nécessaires aux généraux d'Avesne et Ransonnet, il part avec un hussard déguisé qui lui sert de guide, passe avec autant d'adresse que de bonheur au travers des troupes étrangères et arrive à Cambrai, où il espère que sa présence ranimera le courage des habitants et de la garnison, déterminé d'ailleurs, si la défense de la place devenait impossible, à se renfermer dans la citadelle. Son arrivée produisit l'effet qu'il s'en était promis. De là il correspondit avec le commandant et les officiers municipaux de Bouchain, et ranima leur courage. Il avait donné l'ordre de faire marcher les troupes de nuit, en silence, sans artillerie, sans bagages, et avec des guides sûrs choisis dans le pays. Une première tentative fut infructueuse; mais, à la seconde, six bataillons entrèrent à Cambrai et un bataillon à Bouchain. » — Nous avons tenu à reproduire ce récit qui émane probablement de Delbrel lui-même, lequel vivait encore en 1822, mais en faisant observer que les procès-verbaux des délibérations de la commune de Cambrai, pourtant si complets d'ordinaire, ne font pas mention des circonstances qui y sont relatées.

Le 8 octobre, on demandait que le reste des bataillons détruits quittât Cambrai pour aller se recompléter dans l'intérieur (2e c., f. 112), ce qui fut accordé.

Le 10, sur l'avis du général, l'inondation était de nouveau tendue jusqu'au moulin du Plat, sur l'Escaut, en amont et au sud-ouest de la place. (2e c., f. 117.)

La ville avait alors pour commandant temporaire le chef du 5e bataillon de Paris, Chopelet, qui avait remplacé Soyez le 29 septembre. Les habitants étaient, en raison des événements, accablés par les logements militaires. Certaines maisons, lit-on dans la séance du 4 octobre, abritaient jusqu'à dix et douze hommes. (2e c., f. 105.) On manquait d'effets de couchage. Le 2e jour de la 1re décade du 2e mois de l'an II (23 octobre), on réquisitionnait les matelas des émigrés et l'on invitait les citoyens à donner leur superflu pour coucher nos soldats. (2e c., f. 135.) Ces mesures demeuraient insuffisantes. Un grand nombre n'avaient que de la paille pour lit.

Maîtres de l'Escaut par la prise de Condé et de Valenciennes, d'une partie de la Sambre par la prise du Quesnoy, les coalisés attaquaient Maubeuge pour compléter leur conquête, lorsque Jourdan débloqua cette ville en battant le prince de Cobourg à Wattignies le 16 octobre. Cette victoire amena l'évacuation du camp de César par les Autrichiens. Cet abandon ne les empêcha point de continuer leurs courses dans les villages. Ceux-ci n'opposaient point toujours de résistance à l'invasion des étrangers. C'est pour les rappeler au devoir de la défense que le 17 octobre, sur un rapport à lui fait, touchant « la lâcheté des habitants de Cagnoncles » qui n'avaient pas même « résisté à un seul ennemi, » le représentant Laurent ordonnait l'arrestation des maire et officiers municipaux de cette commune, qui furent amenés, comme exemple, à la prison de Cambrai. (2e c., f. 128.)

L'hiver étant venu interrompre le cours actif des opérations, on l'employa, ainsi que le lecteur le verra plus loin, à réorganiser l'armée du Nord, et jusqu'au printemps suivant la guerre resta à l'état latent dans le Cambrésis.

TABLE DES CHAPITRES

DU

TOME PREMIER

PAGE

CHAPITRE Ier. — Causes générales des guerres entre la France et les États monarchiques européens. Réclamations des princes allemands contre les conséquences de la nuit du 4 août. Émigration d'une partie de la noblesse française. Appui donné à ces princes et à cette noblesse par l'Autriche et la Prusse. Préparatifs militaires de la France. Nomination des généraux en chef, Rochambeau à l'armée du Nord, La Fayette à l'armée du Centre, Luckner à l'armée du Rhin. Déclaration de guerre à l'Autriche le 20 avril 1792. Premières opérations militaires de l'armée du Nord. Combat de Quiévrain, gagné par Biron sur les Autrichiens le 28 avril. Déroute de Biron survenue le lendemain. Le même jour 29 avril, déroute de Théobald Dillon à Baisieux. Son massacre à Lille. Démission de Rochambeau 1

CHAPITRE II. — Démarches faites par Arthur Dillon pour obtenir vengeance et réparation de la mort de Théobald. Mesures prises dans ce but par l'Assemblée législative. Nomination de Luckner comme général en chef de l'armée du Nord. Attaque de Bavay par les Autrichiens. Affaire de Rumegies. Les demoiselles Fernig. Départ de Rochambeau. Récompense des actes de bravoure et punition de ceux de lâcheté. Combat de la Glisuelle, près Maubeuge, livré par Gouvion le 11 juin. Marche de Luckner le long de la frontière. Prise de Courtrai, le 18 juin. Arrivée de Dumouriez à l'armée du Nord. Retraite de Luckner sur Valenciennes. Déclaration de la Patrie en danger le 11 juillet. Départ de Luckner pour l'armée de l'Est. Son remplacement à l'armée du Nord par Arthur Dillon. Intérim confié à Dumouriez. Prise d'Orchies par les Autrichiens, et reprise de la ville par les Français. Arrivée d'Arthur Dillon. Conseil de guerre réuni par lui. Dispositions adoptées par Dumouriez pour renforcer le camp de Maulde et par l'assemblée pour régulariser la situation des déserteurs belges 48

CHAPITRE III. — Manifeste du duc de Brunswick. Mise en marche des armées de la coalition le 26 juillet. Journée du 10 août. Révolte et destitution de La Fayette le 19 août. Nomination de Dumouriez comme général en chef des armées du Nord et du Centre, et de Kellermann, de l'armée de l'Est. Mise en réquisition, le 26 août, de 30.000 gardes nationales pour renforcer l'armée du Nord. Prises de Longwy et de Verdun par les Prussiens. Appel de Labourdonnaie à l'armée de Valenciennes. Départ de Dumouriez pour le camp de Sedan. Ses hésitations sur le plan de campagne à suivre. Sa résolution de renoncer momentanément à la conquête de la Belgique pour défendre la Champagne. Sa demande de renforts à l'armée du Nord. Levée du camp de Maulde et départ de troupes sous les ordres de Beurnonville. Licenciement du régiment suisse de Courten. Bataille de Valmy, livrée le 20 septembre 1792. Proclamation de la République. Négociations de Danton et de Dumouriez. Retraite des Prussiens. Pointe de Custine au-delà du Rhin   127

CHAPITRE IV. — Mesures prises par le Conseil général du département et par les délégués de l'Assemblée pour essayer d'arrêter les incursions de l'ennemi dans le Nord dégarni de troupes. Escarmouches diverses vers le sud-est du département. Conseils énergiques du député Briez, suivis par les habitants de Wandignies. Marche de l'armée du duc de Saxe-Teschen sur Lille. Reprise et abandon de Saint-Amand. Bombardement de Lille à partir du 29 septembre 1792. Levée du siège le 7 octobre. Défense d'Hasnon. Décrets des 11 octobre 1792 et 3 février 1793 déclarant que Lille et Hasnon ont bien mérité de la Patrie. Monuments élevés en souvenir de ces deux décrets   184

CHAPITRE V. — Retour de Dumouriez dans le Nord. Réception triomphale à Cambrai, puis à Valenciennes. Évacuation de la frontière par les Autrichiens. Bataille de Jemmapes. Prises de Mons, de Tournai et de Gand. Débuts de Vandamme. Combat d'Anderlecht et prise de Bruxelles. Occupation totale de la Belgique et du pays de Liège. Difficultés soulevées par l'organisation politique des provinces envahies. Décrets des 19 novembre et 15 décembre 1793. Envoi de commissaires de la Convention en Belgique. Leurs conflits avec Dumouriez. Voyage de celui-ci à Paris le 1er janvier 1793. Annexion de la Belgique à la France. Déclaration de guerre à l'Angleterre, à la Hollande et à l'Espagne. Plan de Dumouriez pour l'invasion de la Hollande. Prises de Gertruydenberg et de Bréda. Le valenciennois Ronzier. Siège de Maëstricht. Rappel de Dumouriez en Belgique par suite des défaites de l'armée de la Meuse. Commandement de de Flers en Hollande. Abandon du pays par les Français   260

CHAPITRE VI. — Journal du sous-lieutenant Mastrick, conservé aux Archives du département du Nord. Ses impressions sur les premières défaites de l'armée de la Meuse. Bataille de Nerwinden, livrée le 18 mars 1793. Évacuation de la Belgique. Retour de l'armée au camp de

Maulde et dans les places fortes du Nord. Trahison de Dumouriez. Il livre à l'ennemi quatre députés de la Convention venus pour l'arrêter, avec Beurnonville, ministre de la guerre. Mesures prises contre lui par la Convention, le Conseil du département du Nord, et les représentants en mission. Son remplacement par Dampierre, comme général en chef de l'armée du Centre. Il tente de livrer Condé à l'ennemi. Sa fuite. Appréciation finale de sa conduite 343

CHAPITRE VII. — Mesures prises contre les complices de Dumouriez. Cérémonie expiatoire à Cambrai. Congrès d'Anvers. Polémique entre les représentants en mission et le duc de Saxe-Cobourg. Nouvel envahissement de la frontière. Concentration des troupes françaises au camp de Famars. Blocus de Condé. Retraite momentanée de Dampierre à Bouchain. Reprise par lui de ses positions précédentes. Correspondance des représentants avec la Convention. Opérations de Dampierre autour de Valenciennes. Combats livrés par lui le 1ᵉʳ mai sur les deux rives de l'Escaut. Combat de Vicoigne livré le 8 mai. Mort de Dampierre. Ses funérailles. Monuments élevés en son honneur 396

CHAPITRE VIII. — Incertitudes du général Lamarche. Combats des 10 et 12 mai à Hasnon, Raisme et Vicoigne. Correspondance des commissaires de la Convention. Amnistie accordée à leurs déserteurs par les Autrichiens. Attaque générale des lignes françaises. Évacuation du camp de Famars et retraite de l'armée française vers Bouchain. Infructueux succès remporté par Lamarlière au camp de la Madeleine. Examen de la situation topographique de Valenciennes, et retour sur son histoire intérieure. Mesures adoptées par Ferrand, les conventionnels Briez et Cochon et la municipalité, pour assurer les subsistances. Prise du faubourg de Marly et blocus de la ville. Serment prêté le 30 mai de la défendre à outrance. Les Canonniers valenciennois. Ouverture de la première parallèle vers le front de Mons, et première sommation du duc d'York. Commencement du bombardement. Émeutes des 16 et 21 juin. Difficultés relatives au service des pompes. Ouverture de la seconde parallèle. Incendies de l'arsenal et de l'église Saint-Nicolas. Ouverture de la troisième parallèle. Prise de Condé par les Autrichiens le 10 juillet. Grande attaque de Valenciennes le 25. Seconde sommation du duc d'York. Observations de la municipalité. Soulèvement d'une partie de la population et des troupes. Capitulation de la ville. Départ de ses défenseurs 451

CHAPITRE IX. — Histoire de l'armée du Nord pendant le siége de Valenciennes. Nomination de Custine comme général en chef. Retraite de l'armée vers le camp de César. Mise en état de défense de Douai et de ses environs. Efforts de Custine pour rétablir la discipline. Force de son armée. Son plan de campagne différent de celui de Carnot. Ses récriminations contre Bouchotte. Son voyage à Paris et son inspection des camps et des places fortes. Acceptation de la nouvelle constitution par les Lillois. Combats divers. Départ de Custine qui cède le commandement intérimaire à Kilmaine ; son arrestation et sa mort. Efforts de Carnot dans la Flandre maritime pour ravitailler l'armée en fourrages. Mise de Bouchain en état de défense. Le général Le Veneur. Arrestation de Hoche et son élogieux acquittement par le tribunal révolutionnaire du Nord 578

CHAPITRE X. — Précautions prises à Cambrai et au Quesnoy dès le blocus de Valenciennes. Le général Gobert et les pigeons voyageurs. Efforts de la Société populaire de Cambrai pour retenir dans cette ville le général Declaye. Mesures prises pour l'approvisionnement de la place. Retraite de l'armée du Nord décidée vers la Scarpe. Mise en marche de l'armée austro-anglaise le 7 août. Attaque du camp de César. Départ des conventionnels présents à Cambrai. Blocus de la place. Célébration de la fête du 10 août par les habitants. Levée du blocus. Polémique relative au départ des représentants. Entrée de Carnot au Comité de Salut public. Levée en masse. Séparation des Anglais d'avec les Autrichiens. Pillage des environs de Cambrai par les maraudeurs ennemis. Nouvelle de la bataille d'Hondschoote. Sorties combinées des garnisons de Cambrai et de Bouchain sous les ordres de Declaye. Massacre de ces garnisons le 12 septembre. Condamnation à mort de Declaye. Renforts envoyés à Cambrai. Stagnation des opérations militaires pendant l'hiver 623

ÉTAT SOMMAIRE

DES

principaux documents publiés dans le tome premier.

CHAPITRE Ier

Lettre de la Société des Amis de la Constitution de Valenciennes au député Prouveur, relative à la nomination proposée par lui, de Rochambeau et de Lückner comme maréchaux de France, p. 12.

Décret de l'Assemblée législative contre les Français qui prendraient part aux conciliabules des émigrés, pp. 13-14.

Décret de la même assemblée déclarant la guerre au roi de Hongrie et de Bohême, p. 20.

Procès-verbal de la bénédiction des nouveaux drapeaux des régiments en garnison à Valenciennes, p. 26.

Extraits du *Journal* du conseiller Paridaens, de Mons, relatifs aux événements militaires, p. 27.

Extraits de *l'Argus* donnant le récit fait à l'Assemblée des Amis de la Constitution, de Valenciennes, des opérations du général Biron pendant les journées des 28, 29 et 30 avril 1792, pp. 28, 29, 30.

Lettre de la Société des Amis de la Constitution, de Valenciennes, au député Prouveur, lui transmettant ledit récit, p. 31.

Lettre des officiers municipaux de Valenciennes au sujet des mesures à prendre pour réprimer les désordres commis par les soldats et assurer la sûreté de la place, p. 32.

Réponse de d'Aoust, aide de camp du maréchal Rochambeau, à ladite lettre, pp. 32-33.

Lettre de l'adjudant-général Jarry aux officiers municipaux de Valenciennes au sujet du cantonnement des troupes, p. 33.

État de ces cantonnements, pp. 33-34.

Extrait des délibérations du Conseil général de la commune de Valenciennes renfermant le procès-verbal qui relate les désordres commis dans la ville le 30 avril 1792, pp. 34-35, 36, 37-38.

Lettre de Closen, aide de camp de Rochambeau, annonçant que les ennemis ont été contraints de se retirer au-delà du village de Quarouble, p. 38.

Délibération de la municipalité de Valenciennes adressée à l'Assemblée nationale pour lui exposer la situation de la ville, pp. 39-40.

Acte d'inhumation de Théobald Dillon, de quatre cadavres présumés étrangers, et de Pierre-Augustin Berthois, massacrés à Lille, p. 45.

Acte de baptême du dernier enfant de Théobald Dillon, p. 45.

Lettres de Rochambeau au Roi lui rendant compte des événements militaires des 28, 29 et 30 avril 1792, pp. 46-47.

CHAPITRE II

Lettres de la municipalité de Valenciennes à l'Assemblée législative, au Roi et à l'Administration du département du Nord, au sujet des événements du 30 avril 1792 et de la situation de la ville, pp. 50, 51, 52, 53.

Motion de l'Assemblée législative à cette occasion, p. 53.

Lettre de la municipalité de Valenciennes au député Prouveur, pp. 53-54.

Décret de l'Assemblée législative au sujet des poursuites à exercer contre les auteurs des attentats commis contre Théobald Dillon, Berthois, Chaumont, et autres, p. 54.

Documents divers relatifs à ces poursuites et à la réhabilitation de la mémoire des victimes de la journée du 29 avril 1792 à Lille, pp. 54, 55, 58, 59, 60, 61, 63, 64, 65.

Extraits du *Journal* du conseiller Paridaens, relatifs aux mouvements des armées ennemies et aux événements militaires, pp. 66, 84, 85, 86.

Extraits du journal *l'Argus*, relatifs aux demoiselles Fernig et aux événements militaires, pp. 75, 77, 78, 79, 83, 90, 91, 93-94, 98, 99, 100, 101-102, 107-108, 111, 117, 123.

Décret de l'Assemblée législative établissant une cour martiale pour juger les crimes commis lors de l'affaire, dite de Mons, par les 5e et 6e régiments, pp. 79-80.

Pièces relatives aux poursuites contre les auteurs de ces crimes, pp. 81, 82, 83.

Extrait du *Rapport* du député Dubuget sur l'état des armées françaises, p. 103.

Lettre de Lückner au ministre de la guerre annonçant qu'il se porte avec son armée à Valenciennes, pp. 104-105.

Observations présentées à l'encontre des affirmations de cette lettre par le Comité général révolutionnaire des Belges et des Liégeois réunis, pp. 105-106.

Relation de l'affaire d'Orchies, p. 113-114.

Lettre de la Société des amis de la Constitution, de Valenciennes, au député Prouveur sur la situation politique et militaire, pp. 116-117.

Lettre du maire de Cambrai à Dumouriez au sujet de la formation d'une compagnie franche de *Cambrelots*, pp. 119-120.

Réponse de Dumouriez, p. 120.

Délibération du Conseil général de la commune de Cambrai et lettre de cette assemblée à Dumouriez, pp. 121-122.

Acte de baptême de la fille du caporal Laruc, dont Dumouriez et Félicité Fernig furent parrain et marraine, p. 122.

Décret de l'Assemblée législative relatif aux déserteurs belges, p. 124.

Décret de la même assemblée réglant le sort des sous-officiers et soldats des armées ennemies qui abandonneraient leurs drapeaux pour se ranger sous celui de la France, pp. 125-126.

CHAPITRE III

Décrets de l'Assemblée législative prononçant la suspension du pouvoir royal, pp. 132, 133.

Adresse du bataillon de l'Allier à l'Assemblée législative pour donner son adhésion aux événements du 10 août, pp. 135-136.

Extraits des registres des délibérations du Conseil général de la commune de Maubeuge, relatifs à l'arrestation d'Alexandre Lameth, pp. 136-137.

Extrait des registres des délibérations du Conseil général de la commune de Valenciennes, au sujet de la proclamation des décrets de l'Assemblée législative suspendant le roi, chef du pouvoir exécutif, p. 139.

Ordre du jour du général Arthur Dillon, au sujet des événements du 10 août, p. 140.

Arrêté du Conseil général du district de Douai rendu pour atténuer le mauvais effet de cet ordre du jour, p. 141.

Extrait de la liste de souscription en faveur des veuves et des orphelins des citoyens morts dans la journée du 10 août, p. 146.

Félicitations adressées par la municipalité de Cambrai à Dumouriez à l'occasion de sa nomination comme général en chef de l'armée du Nord, pp. 147, 148-149.

Lettre du ministre de la guerre Servan à Dumouriez sur la conduite à tenir à l'égard de l'ennemi après la prise de Longwy, p. 152.

Extraits du *Journal* du conseiller Paridaëns, relatifs aux mouvements des armées ennemies, p. 153.

Extraits de *l'Argus* relatant divers faits d'armes, pp. 156, 157, 158, 159, 163, 165, 168-169.

Lettre de Dumouriez au sujet de l'habillement des troupes, p. 160.

Procès-verbal de la délibération du Conseil de guerre tenu le 6 septembre 1792 au camp de Maulde, relative à la levée de ce camp et au cantonnement des troupes à Bruille, pp. 161-162.

Délibération du Conseil général de la commune de Valenciennes au sujet du logement des troupes, pp. 162-163.

Procès-verbal relatant les incidents qui ont précédé et suivi le massacre à Valenciennes de Dutordoir, maître des postes à Saint-Amand, pp. 166-167.

Proclamation et arrêtés des députés Delmas, Debellegarde et Dubois-Dubais au sujet de cet événement et de la levée du camp de Maulde, p. 167, 168, 169, 170.

État des officiers du régiment suisse de Courten, en garnison à Valenciennes, p. 171-172.

Pièces relatives au licenciement de ce régiment, pp. 173-174.

Pièces relatives à la concentration des troupes de l'armée du Nord à Avesnes pour se diriger de là sur les Ardennes et rejoindre Dumouriez, pp. 175-176.

CHAPITRE IV

Arrêtés du Conseil général du département du Nord pour la mise en état de défense des places fortes de la frontière du Nord et la réglementation des réquisitions, pp. 185, 186, 187, 188, 189, 190.

Proclamations du Conseil général du département du Nord et des Commissaires de l'Assemblée législative près l'armée du Nord avec l'arrêté de ces derniers ordonnant la levée en masse, pp. 190, 191, 192, 193, 194.

Extraits de l'*Argus* relatant plusieurs événements militaires, ou reproduisant les arrêtés et les lettres des Commissaires en mission dans le Nord, pp. 195, 196, 197, 198, 199, 200, 201, 208, 209, 210, 216, 247, 248, 249, 253, 254, 255.

Lettres de Delannoy, citoyen lillois, à sa fille Rose Delannoy, réfugiée à Paris, donnant le récit des principaux événements qui ont signalé le bombardement de Lille, pp. 203, 204, 221-222, 230, 231.

Lettre du maire André à l'administration des Hospices de Lille pour que le moulin de l'Hôpital-Général soit affecté à la mouture des grains nécessaires à l'approvisionnement de la place, p. 204.

Lettres du Ministre de l'Intérieur Roland, aux officiers municipaux de Lille et réponses de ces derniers, pp. 205, 206, 207.

Lettre des Commissaires en mission dans le Nord aux officiers municipaux de Lille, pp. 207-208.

Extraits du *Moniteur* relatifs au bombardement de Lille, pp. 210, 213, 214, 221, 223-224, 228-229, 230, 232-233, 235-236.

Proclamation du duc Albert de Saxe-Teschen aux habitants de la Flandre française, p. 211.

État des troupes composant la garnison de Lille, p. 212.

Sommations adressées par le duc Albert de Saxe-Teschen au général Ruault, commandant la place de Lille, ainsi qu'à la municipalité de ladite ville ; réponses du général et de la municipalité, pp. 217, 218.

Proclamation du Conseil de guerre aux habitants de Lille, p. 218.

Adresses du Conseil général du département du Nord à la municipalité et au district de Lille, pp. 218-219.

Lettre du Conseil général du département du Nord au Ministre de l'Intérieur lui annonçant les décisions prises par la municipalité de Lille et le commencement des opérations de l'ennemi contre cette ville, pp. 219, 220.

Lettres du Conseil du District de Lille au Conseil général du département du Nord pour lui rendre compte des effets du bombardement, pp. 220, 225.

Proclamation du Conseil de guerre aux habitants de Lille, en date du 1er octobre 1792, pp. 220, 221.

Lettres des administrateurs du département du Nord à ceux du district de Lille, au Ministre de la guerre, au président de la Convention nationale et à la Convention, leur rendant compte des événements qui ont signalé le bombardement de Lille et faisant l'éloge de l'héroïsme des Lillois, pp. 222, 223, 224, 226, 231, 232.

Délibération du bureau de Charité générale au sujet des distributions de secours à faire aux incendiés, p. 232.

Proclamation des commissaires de la Convention aux habitants de Lille après la levée du siége, p. 234.

Arrêté des administrateurs du district de Lille pour la recherche et l'enlèvement des boulets, bombes et éclats de bombes, pp. 235-236.

Attestations par les officiers municipaux, le Conseil de guerre et les sous-officiers de la garde nationale de Lille, des services rendus pendant le bombardement par Alexandre-Modeste Bolle, pp. 237-238.

Lettre du général La Bourdonnaye, commandant en chef de l'armée du Nord, à la Convention, annonçant la retraite de l'ennemi, p. 238.

Décret de la Convention proclamant que les habitants de Lille ont bien mérité de la patrie, p. 239.

Proclamation de ce décret à Lille par le maire André, pp. 239-240.

Lettre du Ministre de l'Intérieur Roland au sujet de l'indemnité de 400,000 fr. à répartir entre les victimes du bombardement, p. 241.

État estimatif des pertes et dégâts dans la commune de Wazemmes, pp. 241, 242, 243, 244, 245.

Récit de la cérémonie civique du dimanche 14 octobre 1792 à Lille, en l'honneur des canonniers bourgeois, pp. 245-246.

Procès-verbal de la remise d'un sabre d'honneur au citoyen Bolle, p. 247.

Lettre du citoyen Cadot à Rose Delannoy lui donnant le récit du bombardement de Lille, pp. 250, 251, 252.

Décret de la Convention proclamant que la commune d'Hasnon a bien mérité de la patrie, p. 256.

Motion du peintre David, député à la Convention Nationale, demandant l'érection d'un monument destiné à perpétuer le souvenir du courage des habitants de Lille et de Thionville, p. 257.

Cession de l'église des Urbanistes aux canonniers sédentaires de Lille, pp. 258-259.

CHAPITRE V

Extraits des registres des délibérations du Conseil général de la ville de Cambrai, au sujet de l'arrivée de Dumouriez dans le Nord, pp. 261-262.

Extraits de *l'Argus*, relatifs au même objet, pp. 262, 263 ; aux préparatifs et aux événements militaires, pp. 265, 266, 267, 268, 270, 271, 272, 273-276 (récit de la bataille de Jemmapes), 278, 279, 280, 281, 282, 283, 284, 287, 288, 289, 290, 291, 292, 293, 294, 295, 296, 297, 298, 300, 301.

Proclamation de Dumouriez aux Belges et à son armée, p. 269.

Extrait des *Mémoires* de P.-P.-J. Harmignies (manuscrit de la bibliothèque de Mons), relatif à la bataille de Jemmapes, pp. 276-277.

Extrait du *Journal* de Paridaens, concernant le même objet, p. 277 ; et la suite des événements militaires, pp. 285, 300, 328.

Acte de baptême du général Vandamme, p. 283.

Lettre relative à l'habillement et à l'armement des *Cambrelots*, p. 296.

Rapport de Cambon et décrets de la Convention Nationale au sujet de l'indépendance de la Belgique, pp. 302, 303, 304.

Fragment du discours de Danton demandant la réunion de la Belgique à la France, p. 306.

Extraits du livre des ordres du général Dumouriez (manuscrit conservé aux Archives du Nord) relatifs à l'expédition de Hollande et aux autres événements militaires à partir du 9 février 1793, pp. 310, 311, 312, 313, 314, 315, 316, 317, 318, 319, 320, 321, 322, 324, 325, 326, 327, 331, 332, 333, 334, 335, 336, 337, 338, 339.

Acte de la bénédiction nuptiale des père et mère du général Ronzier, de Valenciennes, et acte de baptême dudit général, p. 323.

Proclamation de Dumesnil, commandant de place par intérim à Valenciennes, p. 328.

Lettres des commissaires nationaux du Conseil exécutif dans la Belgique, p. 329.

Proclamation de Pache, maire de Paris, pp. 329-330.

CHAPITRE VI

Journal de Mastrick, officier de la légion américaine et plus tard commissaire des guerres, (manuscrit conservé aux Archives du Nord), donnant le récit des événements militaires à partir du 28 février 1793 (levée du siège de Maëstricht, déroute d'Aix-la-Chapelle, bataille de Nerwinden, retraite de Belgique et défection de Dumouriez), pp. 344, 345, 346, 347, 348, 349, 350, 351, 353, 364, 373.

Registre des ordres adressés au général Rosières par les généraux Dumouriez, Dampierre et Kilmaine, du 27 mars au 19 mai 1793 (manuscrit conservé aux Archives du Nord), pp. 355, 357, 358, 359, 360, 361, 362, 363, 364, 365, 369, 374, 375, 385, 389, 390.

Extraits du *Journal* de Paridaens, pp. 356, 368, 369, 392.

Procès-verbal dressé au directoire du district de Lille le 2 avril 1793, donnant le récit officiel de l'arrestation des commissaires de la Convention par Dumouriez, pp. 370-371-372.

Arrêté du Conseil du département du Nord prescrivant l'impression à six mille exemplaires de ce procès-verbal et son envoi à toutes les municipalités du département, p. 372.

Réquisition des commissaires de la Convention Nationale, Carnot et Lesage-Senault, adressée aux Conseils généraux du Nord et du Pas-de-Calais, pp. 377-378.

Proclamation des mêmes commissaires déclarant le ci-devant général Dumouriez infâme et traître à la patrie, p. 378.

Décret de la Convention mettant Dumouriez hors la loi, pp. 378-379.

Ordre du général Ferrand à la garnison de Valenciennes pour le rétablissement de la discipline militaire, p. 380-381.

Proclamation des commissaires de la Convention Nationale en mission sur les frontières du Nord, Lequinio, Cochon et Debellegarde, aux vrais amis de la République, à toutes les autorités constituées civiles ou militaires, à tous les citoyens, au sujet de la défection de Dumouriez, écrite à Valenciennes, le 4 avril 1793, pp. 381-382-383.

Proclamation à l'armée, p. 383.

Proclamation du général Dampierre, à la garnison du Quesnoy et à tous les soldats patriotes, p. 384.

Arrêté des commissaires Lequinio, Cochon et Debellegarde, requérant le général Dampierre de prendre sur le champ le commandement général des troupes de la République depuis Valenciennes, inclusivement, jusqu'à la division de l'armée de la Moselle, pp. 388-389.

Adresse de la Convention Nationale aux armées française et belge, pp. 390-391.

CHAPITRE VII

Lettres et arrêtés relatifs aux mesures à prendre contre les complices de Dumouriez, pp. 398, 399.

Procès-verbal de la cérémonie expiatoire qui eut lieu à Cambrai, ville natale de Dumouriez, pp. 400-401.

Extraits du *Journal* de Paridaens, p. 402.

Proclamation des commissaires Lequinio, Cochon et Debellegarde, « aux militaires français, » pp. 405, 406, 407.

Lettres échangées entre les commissaires de la Convention et le duc de Saxe-Teschen, pp. 408-409, 410, 411.

Extraits du registre des ordres du général Rosières, pp. 413, 414, 415, 416, 417, 418, 419, 445.

Extraits du registre aux réquisitions conservé aux Archives de Valenciennes, pp. 420-421.

Lettre des commissaires Carnot et Duquesnoy à leurs collègues de Lille au sujet des approvisionnements et de la situation du district d'Hazebrouck (Archives du Nord), pp. 421-422.

Extraits du registre de la correspondance des représentants du peuple en mission dans le Nord pendant les mois d'avril et de mai 1793 (Archives du Nord), pp. 422, 423, 424, 425, 426, 427, 428, 429, 430, 433, 434, 436, 437, 438, 439, 442, 443.

Extraits du *Journal* de Mastrick, pp. 429, 443.

Pièces relatives à la mise en état de défense de la place de Bouchain, pp. 432, 433.

Extraits du *Mémoire* de Tholosé sur les faits qui ont signalé la défense de Valenciennes, p. 440.

Extrait de la lettre de Savary, volontaire au bataillon de Maine-et-Loire, au sujet de la mort du général Dampierre, p. 440.

Extrait du *Précis de la défense de Valenciennes* de Ferrand, relatif au même objet, p. 441.

Acte de décès du général Dampierre, pp. 442-443.

Ordre de marche pour le convoi du général Dampierre, pp. 444, 445.

Pièces relatives à l'exhumation du corps du général Dampierre en 1836, et à son inhumation dans le nouveau tombeau qui lui fut alors élevé à Valenciennes, pp. 447, 448, 449, 450.

CHAPITRE VIII

Extraits du *Mémoire* de Tholosé sur les faits qui ont signalé la défense de Valenciennes, pp. 452, 457, 480, 482, 483, 526-527, 547, 548, 564, 565, 566.

Extraits du registre des ordres du général Rosières, pp. 453, 455, 458, 459.

Lettre des commissaires Carnot et Duquesnoy au sujet de diverses mesures administratives (Archives du Nord), p. 454.

Lettre des représentants du peuple en mission au Comité de Salut public pour lui donner des renseignements sur les forces et les projets de l'ennemi. (Archives du Nord), pp. 454-455.

Extrait de la collection des *Édits, ordonnances, déclarations, etc., relatifs au Hainaut*, recueillis par Albert-Joseph Paridaens (Bibliothèque de Valenciennes), p. 456.

Lettre du commandant temporaire de Landrecies, P. Hullin, à un représentant du peuple, au sujet de la défense de cette place. (Archives du Nord), p. 458.

Extraits du *Précis de la défense de Valenciennes* par le général Ferrand, pp. 459, 460, 481, 498, 549.

Extraits du registre des procès-verbaux du Conseil général de la commune de Valenciennes du 22 février 1790 au 29 juin 1793 ; des procès-verbaux du Conseil de guerre, des actes et arrêtés de la municipalité et des dossiers des affaires militaires, (Archives municipales de Valenciennes), pp. 460, 473, 474, 475, 476, 477, 479, 481-482, 483, 484, 485, 486, 487, 488, 489, 497, 506, 507, 512, 514, 516, 517, 526, 528, 529, 530, 531, 532, 533, 534, 538, 539, 540, 541, 542, 543, 545, 546, 551, 556, 557, 559, 560-561, 563, 564, 565, 566-570 (capitulation de la ville de Valenciennes), p. 572.

Extrait du registre renfermant la correspondance des représentants en mission dans le Nord avec la Convention et le Comité de Salut public, pendant les mois d'avril et de mai 1793, (Archives du Nord), p. 462.

Lettre de Carnot et de Lesage-Senault au Comité de Salut public pour lui présenter le tableau de la situation militaire dans le Nord à la date du 25 mai 1793, (Archives du Nord,) pp. 462-463.

Extraits de *l'Argus* relatifs à la défense de Valenciennes, pp. 466, 467, 468.

Arrêté de Fontenay, commandant temporaire de Valenciennes, levant l'état de siége de cette place, le 23 novembre 1792, p. 469.

Liste des officiers du district, de la municipalité et des divers tribunaux de Valenciennes, pp. 469-470.

Proclamation de la municipalité au sujet de la fête civique en l'honneur de Lepelletier-Saint-Fargeau, p. 471.

Extrait d'un article intitulé : « les Volontaires valenciennois en 1793 », par Arthur Dinaux, pp. 472-473.

Proclamation des représentants Briez et Cochon aux habitants de Valenciennes à la suite de la levée du camp de Famars, pp. 477-478.

Arrêtés pris par les mêmes représentants pendant le siège, pp. 489, 490, 491.

Extraits du *Précis historique du siège de Valenciennes* par Desmarest, soldat du bataillon de la Charente, pp. 480, 489, 492-493, 501, 507, 508, 511, 512, 514, 518, 519-520, 523, 524, 528, 529, 534, 535, 541, 548, 550, 557-558, 559-560, 571, 572-573, 576.

Extrait de la brochure ayant pour titre : *Procès-verbal de la cérémonie civile et militaire qui a eu lieu à Valenciennes le 30 mai 1793, l'an 2ᵉ de la République, pour le renouvellement du serment de fidélité à la République à l'occasion du blocus et du siége et bombardement dont elle est menacée*, pp. 493, 494, 495, 496, 497, 498.

Document relatif aux canonniers et aux compagnies bourgeoises de Valenciennes, pp. 499-500.

Extraits du *Journal du siége et du bombardement de Valenciennes par les troupes combinées autrichiennes, anglaises, hanovriennes, dans les mois de juin et juillet de l'an 1793*, dédiée aux officiers de l'artillerie autrichienne, par le baron Unterberger, major-général et commandant de l'artillerie autrichienne audit siége, pp. 501-502, 503, 504, 524-525, 550, 552, 553, 554, 575.

Extraits de la *Relation du siége et du bombardement de Valenciennes*, par Texier de la Pommeraye, pp. 505, 522.

Extraits du *Rapport fait à la Convention par les citoyens Charles Cochon et Briez, représentants du peuple, députés par la Convention Nationale aux armées de la République sur la frontière du Nord, sur leur mission près de la garnison de Valenciennes et pendant le siége et le bombardement de cette ville*, pp. 515, 519, 527-528, 576.

Extraits du *Journal général de la guerre*, gazette autrichienne publiée à Bruxelles, pp. 522, 535, 536, 537, 538.

Extraits des *Relations militaires et précis des attaques et bombardement de la ville de Valenciennes* par le capitaine du génie Dembarrère, pp. 533, 575, 576.

Extraits du *Journal* du conseiller Paridaens, p. 537.

Billet d'échange non forcé ayant eu cours à Valenciennes, p. 544.

CHAPITRE IX

Extraits du *Mémoire sur les opérations militaires des généraux en chef Custine et Houchard, pendant les années 1792 et 1793*, par le baron Gay de Vernon, pp. 579, 599.

Extraits du registre des ordres du général Rosières, (Archives du Nord), pp. 581, 582, 583, 587, 588, 589, 592.

Extraits du *Journal général de la guerre*, publié en Belgique, pp. 585, 587, 588, 590, 591, 592, 593, 594, 600, 601, 602, 603, 604, 611, 612.

Extraits des registres de la correspondance des représentants du peuple en mission dans le Nord avec le Comité de Salut public et la Convention Nationale, et lettres de ces représentants, (Archives du Nord), pp. 593-594, 606, 607, 608, 609.

Lettres de L. Carnot à ses collègues Florent-Guyot et Lesage-Senault, à la Convention Nationale, etc., datées de Cassel, 2 juillet 1793 ; Bergues, 30 juillet 1793 ; Cassel, 1ᵉʳ, 4 et 6 août 1793, relatives aux approvisionnements de l'armée et des places fortes, à la prise de Valenciennes et à la découverte d'une conspiration, (Archives du Nord, Série L, liasse 1415), pp. 601-602, 612-613, 613-614, 615.

Lettre de Custine aux représentants du peuple composant le bureau central à Arras, (Archives du Nord), pp. 603-604.

Extraits du registre des délibérations du Conseil général de la ville de Bouchain, pp. 616, 617, 618, 619.

Documents relatifs à l'arrestation et au jugement de l'adjudant-général Hoche, pp. 620, 621-622.

CHAPITRE X

Extraits des registres du Conseil général de la ville de Cambrai et des dossiers des Archives communales, pp. 625, 626, 627, 629, 635, 636, 641, 643-644, 646, 651.

Extraits du registre des ordres du général Declaye, commandant à Cambrai, du 4 août au 14 septembre 1793, (Archives du Nord), pp. 628-629, 631, 632, 640, 649, 650-651, 653.

Extraits du *Moniteur* donnant les rapports de Declaye et de Kilmaine, ainsi que d'autres documents sur les opérations militaires des mois d'août et septembre 1793, pp. 633-634, 635, 637, 638. 639, 640, 641, 642, 645, 654-655, 658.

Extraits du registre des délibérations du Conseil général de la ville de Bouchain, pp. 657, 659.

TABLE

DES

PLANS, GRAVURES ET FAC-SIMILE D'AUTOGRAPHES

contenus dans le premier volume.

Carte générale du département du Nord et d'une portion des Pays-Bas autrichiens, d'après Ferraris. . . . . *frontispice*

Lettre initiale L, reproduisant un dessin de l'architecte François Verly, relatif au bombardement de Lille, conservé dans la collection de M. Hippolyte Verly . . . . *préface*

Buste de Merlin, d'après l'original en marbre de David d'Angers, conservé au musée de Douai . . . . page 56

Carte des environs de Saint-Amand et de Valenciennes, d'après Cassini. 68

Buste de Dumouriez, d'après la terre cuite d'Houdon, appartenant au musée d'Angers. 112

Portrait d'Alexandre-Modeste Bolle, et sabre d'honneur à lui offert par la ville de Lille, d'après les originaux appartenant à M. le docteur Folet. 237

Croquis de François Verly : Vues extérieure et intérieure de l'église Saint-Étienne à Lille après le bombardement. — Vue prise des greniers du citoyen Dathis, rue de Fives. — La rue du Croquet, vers la rue de Fives. — La rue du Croquet, vers Saint-Sauveur. — Angle des rues du Curé-Saint-Sauveur et du Croquet. — La rue du Curé-Saint-Sauveur, vue de l'angle de la rue du Croquet. — La rue du Curé-Saint-Sauveur, vue du côté de l'église. — L'église Saint-Sauveur après le bombardement ; dessins appartenant à M. Hippolyte Verly. 240

Portrait de Charles Cochon, député à la Convention, d'après le pastel de Julien Potiez, appartenant au musée de Valenciennes 380

Fac-simile de la lettre des commissaires Carnot et Duquesnoy à leurs collègues de Lille, au sujet des approvisionnements et de la situation politique et militaire du district d'Hazebrouck, datée de Douai le 8 avril 1793 421

Billet de mort du général Dampierre, d'après l'un des originaux conservés dans la collection de M. Charles Verdavainne, à Valenciennes . . . 445

Plan du siége de Valenciennes en 1793, d'après Coste. 504

Fac-simile de la lettre de Carnot à son collègue Florent Guyot et au sujet des approvisionnements, datée de Cassel le 2 juillet 1793 602

Fac-simile de la lettre de Carnot informant ses collègues de Lille de son départ pour Paris où il va conférer avec le Comité de Salut public, datée de Cassel le 6 août 1793. 615

www.ingramcontent.com/pod-product-compliance
Lightning Source LLC
Chambersburg PA
CBHW061949300426
44117CB00010B/1277